# 정본완역 소동파시집 3

정본완역
# 소동파시집 3

**초판 1쇄 인쇄** 2016년 9월 1일
**초판 1쇄 발행** 2016년 9월 5일

**역주자** 류종목
**펴낸곳** 서울대학교출판문화원
**펴낸이** 성낙인

**책임편집** 박희자
**디자인** 장혜원

**출판등록** 제15-3호

**주소** (08826) 서울 관악구 관악로 1
**대표전화** 02-880-5252 **팩스** 02-888-4148
**마케팅팀(주문상담)** 02-889-4424, 02-880-7995
**이메일** snubook@snu.ac.kr
**홈페이지** www.snupress.com

**ISBN** 978-89-521-1832-5 94820
978-89-521-0695-4 (세트)

ⓒ류종목 · 2016
역주자와의 협의하에 인지는 생략합니다. 잘못된 책은 바꾸어 드립니다.
이 책의 무단 전재나 복제 행위는 저작권법 제98조에 따라 처벌받게 됩니다.

# 정본완역 소동파시집 3

류종목 역주

서울대학교출판문화원

# 제3책을 내며

제3책은 왕문고 집주본 《소식시집》 권17부터 권23까지의 일곱 권에 수록되어 있는 시 377수를 번역하고 주해한 것이다. 사실 제3책의 초고는 2014년 5월에 완성되었는데 재검토할 시간을 내지 못해 1년 넘게 방치해 두었다. 필자는 2002년 8월부터 2010년 8월까지 일곱 차례에 걸쳐 총 105일 동안 소식 시문의 창작 현장을 두루 답사했거니와, 답사가 끝난 직후 그때그때 정리해 두었음은 물론 그 뒤에 열 차례나 퇴고해 놓아서 금방 마무리될 것으로 생각했던 이 답사기(《소동파 문학의 현장 속으로》)가, 보다 정확하고 신빙성 있는 서술을 위해 인용 작품의 출전과 서술의 근거를 일일이 명시하기로 갑자기 방침을 바꾸는 바람에, 최종 정리에 상당히 많은 시간을 필요로 했기 때문이다. 세계 최초의 본격적 소식 문학 답사기인 만큼 소식 애호가들의 기대에 부응하도록 쓰지 않으면 안 된다는 강박 관념에서 비롯된 결과였다.

그동안 제3책이 언제 나오는지 궁금해하는 독자가 더러 있었는데 이 책의 출간을 기다려 온 독자들에게 죄송하기 짝이 없다. 그래도 다행스러운 것은, 출전을 밝히고 서술의 근거를 명시하기 위해 관련 자료들을 확인하는 과정에서 새로이 알게 된 사실이 적지 않은데 이 사실들을 통해 소식의 시를 보다 정확하게 이해하는 데 도움을 받은 바가 적지 않다는 점이다. 특히 제3책에는 〈동파(東坡八首)〉(0713)·〈홍매(紅梅三首)〉(0734)·〈서림사의 벽에(題西林壁)〉(0800)와 같은 시, 〈적벽부(赤壁賦)〉와 같은 문장, 〈염노교(念奴嬌)—적벽회고(赤壁懷古)—〉와 같은 사(詞) 등 인구에 회자하는 명작들을 많이 탄생시킨, 소식의 문학

생애에 있어서 가장 중요한 시기라고 할 수 있는 황주유배기(黃州流配期)의 시가 고스란히 들어 있기 때문에 그의 시를 분석하는 데에 창작 현장 및 관련 자료에 대한 이해가 더욱이나 주효했다고 생각된다.

현장 답사를 통해 너무 모호하거나 추상적이어서 좀처럼 이해하기 어려운 구절을 무난히 해결할 수 있었을 뿐만 아니라, 답사기 정리 과정에서 추가로 알게 된 여러 가지 사실을 통해 미흡한 부분을 적지 않게 보완할 수도 있어서 다행이지만, 그럼에도 불구하고 여전히 많은 문제점이 남아 있음을 부인할 수 없다. 독자 여러분의 변함없는 애정과 기탄없는 질정을 고대한다.

2016년 8월 22일

관악산 자락에서 류종목

# 차례

## 卷18 古今體詩四十八首

## 卷19 古今體詩四十八首

## 卷20 古今體詩五十七首

## 卷21 古今體詩八十六首

## 卷22 古今體詩四十一首

## 卷23 古今體詩四十四首

卷17

# 古今體詩五十三首

## 고체시 및 근체시 53수

권17에는 상서사부원외랑직사관권지서주군주사(尙書祠部員外郞直史館權知徐州軍州事)로 근무 중이던 원풍 원년(1078) 7월부터 그해 12월까지의 작품 53수가 수록되어 있다.

# 0557. 答仲屯田[1]次韻

중둔전의 시에 화답하여 차운한다

| | |
|---|---|
| 秋來不見渼陂岑,[2] | 가을이 되어도 미피의 잠씨가 안 보이는데 |
| 千里詩盟忽重尋.[3][4] | 천 리 밖에서 시를 주고받자던 맹약을 홀연 상기시키니 |
| 大木百圍生遠籟,[5] | 백 아름짜리 거목 구멍에서 그윽한 소리가 천연스레 나고 |
| 朱絃三歎有遺音.[6][7] | 붉은 현을 울리면 세 사람이 찬탄하듯 긴 여운이 있군요. |
| 淸風卷地收殘暑,[8] | 서늘한 바람이 휘몰아쳐 남은 더위를 걷어 가고 |
| 素月流天掃積陰. | 하얀 달이 하늘을 돌며 쌓인 음기를 쓰는 이때 |
| 欲遣何人賡絶唱,[9] | 누구더러 절창에 창화하게 하시려오? |
| 滿階桐葉候蟲吟.[10] | 섬돌을 덮은 오동잎의 가을벌레 소리겠지요. |

**[해설]**

중백달이 보내온 시에 차운한 것으로 그의 시를 극구 칭송했다.

**[주석]**

(1) 仲屯田(중둔전): 仲伯達을 가리킨다. 〈次韻呂梁仲屯田〉(0496) 주 (2) 참조.

(2) 渼陂(미피): 섬서성 西安의 서남쪽에 있는 큰 못. 《元和郡縣志》에 "미피는 호현에서 서쪽으로 5리 되는 곳에 있으며 둘레가 14리이다(渼陂, 在鄠縣西五里, 周圍十四里)"라고 했다. 杜甫의 시 〈渼陂行〉에 "잠삼 형제는 모두 다 기이한 걸 좋아하여, 날 데리고 머나먼 미피로 와서 논다(岑參兄弟皆好奇, 攜我遠來遊渼陂)"라는 구절이 있다. '渼陂岑'은 서주 동남쪽의 呂梁洪 부근에 살

고 있는 중백달이 원시에서 자신과 소식의 관계를 잠삼과 두보에 비유한 것을 받아서 '여량홍에서 함께 놀던 중백달'을 가리키는 것으로 보인다.

(3) 千里詩盟(천리시맹): 천 리 밖에서 서로 시를 주고받기로 한 맹약.

(4) 重尋(중심): 다시 상기시키다. 이 구절은 중백달이 시를 보내 온 것을 보고 문득 비록 두 사람이 멀리 떨어져 있을지라도 시를 자주 주고받자고 한 옛날 약속을 떠올렸다는 말이다.

(5) 遠籟(원뢰): 멀리서 들려오는 그윽한 소리.

(6) 朱絃三歎(주현삼탄): 《禮記·樂記》에 "청묘악에서 연주하는 슬은 붉은 현에서 시원스러운 소리를 내는데 한 사람이 창도하면 세 사람이 찬탄하는바 넘쳐 흐르는 여운이 있다(淸廟之瑟, 朱弦而疏越, 壹倡而三嘆, 有遺音者矣)"라고 했다.

(7) 遺音(유음): 끊이지 않고 이어지는 여운. 이 연은 중백달이 보내온 시를 극구 칭송한 것이다.

(8) 卷地(권지): 대지의 흙을 말아 올리다. 흙먼지를 뽀얗게 일으킨다는 뜻이다.

(9) 賡絶唱(갱절창): 중백달이 보내온 시에 창화하는 것을 가리킨다.

(10) 候蟲(후충): 계절에 따라 나타나는 벌레. 이 연은 사람은 창화하기 힘들고 가을을 알리는 벌레 소리나 창화할 수 있을 정도로 중백달의 시가 훌륭하다는 뜻이다.

## 0558. 次韻子由[1]送趙屼[2]歸覲[3]錢塘[4]遂赴永嘉[5]

전당으로 가서 어버이를 뵙고 마침내 영가로 가려는 조궤를 전송한 자유의 시에 차운하여

歸舟轉河曲, 그대의 귀향선이 강 굽이를 돌아가면
稍見楚山蒼.[6] 푸르스름한 초 땅의 산이 희미하게 보이는데
候吏來迎客,[7] 역리가 달려나와 손님을 맞이하면
吳音已帶鄉.[8] 오 땅의 방언에 벌써 고향 내음이 나겠군요.
言從謝康樂,[9] 영가 땅의 산수를 읊은 사강락을 따르게 됐다며
先獻魯靈光.[10] 부친께 먼저 〈노영광전부〉를 지어 바쳤을 테고
已擊三千里,[11] 이미 물을 삼천 리나 높이 튀게 치셨나니
何須四十强.[12] 강인해지는 마흔 살까지 기다릴 거 뭐 있나요?
風流半刺史,[13][14] 걸출하기는 반자사의 지위에 이르렀고
清絶校書郎.[15][16] 청빈하기는 교서랑과 맞먹었으며
到郡詩成集,[17] 한 고을에 갈 때마다 시집이 이뤄지리니
尋溪水濺裳. 개울 가를 찾아가서 물을 옷에 튀기셔요.
芒鞋隨采藥,[18][19] 짚신 신고 약초꾼을 따라다니고
繭紙記流觴.[20] 고치 종이에 곡수유상의 흥취를 적으실 터
海靜蛟鼉出, 고요한 바다에는 교룡과 악어가 나타나고
山空草木長. 인적 없는 빈 산에는 초목만 무성하겠지요.
宦遊無遠近,[21] 벼슬을 따라 먼 데 가까운 데 구분 없이 다니자면

| | |
|---|---|
| 民事要更嘗.(22) | 백성의 일을 몸소 겪어야 할 터이니 |
| 願子傳家法,(23) | 바라건대 그대는 가풍을 이어받아 |
| 他年請尙方.(24) | 언젠가 상방검을 하사해 달라 청하셔요. |

**[해설]**

조궤가 온주통판에 임명되어 온주로 부임해 가는 도중 남도(지금의 하남성 商丘)에 들러 소철을 찾아갔을 때 소철이 그를 전송하며 지은 시에 차운한 것으로, 조궤에게 온주의 산수도 마음껏 즐기고 백성을 위해서도 헌신하라고 충고했다.

**[주석]**

(1) 子由(자유): 소식의 동생 蘇轍의 字.

(2) 趙屼(조궤): 王十朋의 《百家註分類東坡先生詩》에 "조궤는 청헌공의 둘째 아들이다. 청헌공이 항주지주로 있을 때 조궤가 장차 온주통판으로 부임하게 되어 먼저 부친을 찾아뵙고 난 다음에 관직에 부임하려고 남도에 들렀을 때 자유가 시를 지어서 전송했다. 당시에 동파선생은 서주에 있으면서 그의 시에 차운한 것이다(屼, 淸獻公之仲子也. 淸獻守杭, 屼將倅溫, 先歸覲親, 而後之官, 過南都, 子由作詩送之. 時先生在徐次其韻)"라고 했고, 《東都事略 · 趙抃傳》에 "아들 궤 역시 행실이 돈독한 군자로 어사를 지낸 적이 있는데 일을 논하는 것이 통치의 체계를 아는 듯했다. 나중에 태복소경을 지내고 죽었다(子屼亦篤行君子, 嘗爲御史, 論事知治體, 後爲太僕少卿以卒)"라고 했다. 또 《宋史 · 趙抃傳》에 "조변은 자가 열도이며 구주 서안(지금의 절강성 衢縣) 사람이다. 진사급제 후 무안군절도추관이 되었다.……궤는 자가 경인이며 음덕으로 급제하여 강주통판을 지내다가 온주통판으로 옮겼다(趙抃, 字閱道, 衢州西安人. 進士及第, 爲武安軍節度推官…… 屼, 字景仁, 由蔭登第, 通判江州, 改溫州)"라고 했다.

(3) 歸覲(귀근): 어버이가 계신 곳으로 가서 문안을 드리다.

(4) 錢塘(전당): 지금의 절강성 杭州.

(5) 永嘉(영가): 지금의 절강성 溫州.

(6) 楚山(초산): 옛날 초나라의 영토에 속하는 산. 지금의 하남성 商丘 남쪽에 있는 산을 가리킨다.

(7) 候吏(후리): 빈객을 영접하거나 전송하는 관리. 대개 驛吏를 가리킨다.

(8) 吳音(오음): 춘추시대에 오나라의 영토였던 지금의 강소성 및 절강성 일대의 방언. 조궤의 고향은 지금의 절강성 衢縣이었다.

(9) 謝康樂(사강락): 남조시대 송나라의 시인 謝靈運을 가리킨다. 그는 康樂公의 작위를 세습했기 때문에 세상 사람들이 그를 사강락이라고 불렀다. 영가(지금의 절강성 溫州) 태수를 지냈는데 그곳의 산천을 읊은 산수시를 많이 지었다.

(10) 魯靈光(노영광): 〈魯靈光殿賦〉. 여기서는 조귀가 부친을 찾아가기 전에 미리 보낸 편지를 가리킨다. 이 편지는 운문 형식이었을 가능성이 크지만 운문이 아니어도 무방할 것이다. 소식의 사 〈虞美人〉(歸心正似三春草)에 대한 傅幹의 주에 "후한 왕일은 사부를 잘 지었는데 한번은 〈노영광전부〉를 짓기 위해 아들 왕연수에게 그 모습을 적어 오라고 했다. 왕연수가 아버지의 말씀을 거행하여 그것을 운문으로 묘사하여 아버지께 보냈다. 아버지가 그것을 보고 '내가 더 보탤 것이 없구나'라고 하고는 마침내 다시 짓지 않았다(後漢王逸工詞賦, 嘗欲作〈魯靈光殿賦〉, 命其子延壽錄其狀. 延壽因韻之, 以簡其父. 父曰: '吾無以加.' 遂不復作)"라고 했다.(傅幹, 《注坡詞》 참조)

(11) 三千里(삼천리): 《莊子·逍遙遊》에 "붕이 남극 바다로 옮겨 갈 때는 물을 쳐서 3천 리나 튀어 오르게 하고 회오리바람을 붙잡고 빙빙 돌면서 9만 리나 올라가 6개월을 날아간 뒤에 쉰다(鵬之徙於南冥也, 水擊三千里, 摶扶搖而上者九萬里, 去以六月息者也)"라고 했다. 이 구절은 조귀가 벼슬길에서 이미 충분히 영달했다는 말이다.

(12) 四十强(사십강): 태어난 지 40년이 되어 강인해진 상태. 《禮記·曲禮上》에 "사람이 태어나서 10년이 되면 어리다고 하는데 이때 학문으로 나아가고, 20년이 되면 약하다고 하는데 이때 관례를 치르고, 30년이 되면 장성하다고 하는데 이때 가정을 갖게 되고, 40년이 되면 강인하다고 하는데 이때 벼슬길에 나아간다(人生十年曰幼, 學; 二十曰弱, 冠; 三十曰壯, 有室; 四十曰强, 而仕)"라고 했다.

(13) 風流(풍류): 걸출하여 범상하지 않다.

(14) 半刺史(반자사): 知州 바로 다음 관직인 通判을 가리킨다. 《太平御覽·職官部六十一》에 "유량 문집 중의 〈答郭遜書〉에 '별가는 옛날에 자사와 별개의 수레를 타고 함께 다니며 임금의 교화를 천하에 펼쳤으니 그 임무가 자사의 절반을 차지하거늘 어찌 그런 능력을 지니지 않은 사람에게 그 일을 맡기겠습니까?'라고 했다(庾亮集〈答郭遜書〉曰: '別駕舊與刺史別乘, 同流宣化於萬里者, 其任居刺史之半, 安可任非其人?')"는 말이 있다. 조귀가 당시 溫州通判으로 부임할 예정이었기 때문에 한 말이다.

(15) 清絶(청절): 지극히 맑다.

(16) 校書郎(교서랑): 서적의 교감을 담당하던 正九品의 하급 관리. 직위는 낮고 봉록이 적지만 책을 가까이하기 때문에 선비들이 선호하던 관직이었다. 王十朋의 《百家註分類東坡先生詩》에 "교서랑은 비서성 소속으로 선비들 중에서 가장 청빈한 벼슬아치라고 할 수 있다(校書郎隸秘書省, 最爲仕林清選)"라고 했다.

(17) 詩成集(시성집): 시가 많이 모여서 시집을 이루다. 남조시대 梁나라 사람 王筠은 관직을 한 번 옮길 때마다 문집을 한 권씩 만들었다.(《南史·王筠傳》 참조)

(18) 芒鞋(망혜): 짚신.

(19) 采藥(채약): 동한 영평(58-75) 연간에 剡縣 사람인 劉晨과 阮肇가 함께 천태산으로 약초를 캐러 들어갔다가 여자 둘을 만나 그녀들을 따라가서 반 년 동안 살다가 집으로 돌아갔더니 벌써 일곱 세대가 지나 있었다고 한다.(《天中記·山》 참조) 이 구절은 조귀에게 세속적인 욕심을 버리

고 신선적인 삶을 살라고 권유한 것이다.

(20) 繭紙(견지): 섬유질이 얽혀 있는 모양이 마치 명주실을 얽어 놓은 것 같은 종이. 동진 영화 9년(353) 3월 王羲之 등 42명의 명사들이 會稽 山陰(지금의 절강성 紹興)의 蘭亭에 모여서 曲水流觴하며 지은 시를 모아 《蘭亭集》을 만들었는데 왕희지가 이 시집에 서문을 썼다. 이 〈蘭亭集序〉는 그 뒤 유명한 서첩이 되었거니와 《文房四譜》에 "왕우군의 〈난정첩〉은 누에고치로 만든 종이에 쥐의 수염으로 만든 붓으로 썼다(右軍〈蘭亭帖〉, 用蠶繭紙·鼠須筆書)"라고 했다. 이 구절은 조궤에게 왕희지처럼 대자연 속에서 풍류를 즐기고 또 그것을 시로 노래하라고 권유한 것이다.

(21) 宦遊(환유): 관직을 따라서 각지로 돌아다니다.

(22) 更嘗(경상): 몸소 겪다. 경험하다.

(23) 家法(가법): 한 집안의 전통과 가풍. 권세가를 두려워하지 않고 탄핵한 부친 趙抃의 강직한 처신을 가리킨다. 소식의 〈趙淸獻公神道碑〉에 "전중시어사가 되었을 때 권세가 있어서 황제의 총애를 받는 신하라고 할지라도 피하지 않고 탄핵하였기 때문에 경사 사람들이 공을 철면어사라고 불렀다(爲殿中侍御史, 彈劾不避權倖, 京師號公鐵面御史)"라고 했다.

(24) 尙方(상방): 황실에서 사용하는 기물을 만드는 관서. 여기서는 거기서 만든 검 즉 尙方寶劍을 가리킨다. 《漢書·朱雲傳》에 "'원컨대 상방에서 만든 말 베는 칼을 신에게 하사하시어 간신 한 명을 베어 버리게 하심으로써 나머지 신하들이 정신 차리게 하시옵소서'라고 하자 황상이 '누구 말인가?' 하고 물었다. 그러자 주운이 '안창후 장우이옵니다' 하고 대답했다('臣願賜尙方斬馬劍, 斷佞臣一人, 以厲其餘.' 上問: '誰也?' 對曰: '安昌侯張禹.')"라는 일화가 있다. 이 연은 부친을 본받아서 백성을 괴롭히는 자가 있으면 권세가를 두려워하지 말고 가차없이 탄핵하라고 충고한 것이다.

# 0559. 中秋月寄子由[1]三首

중추절의 달을 읊어 자유에게 부친다

## 其一

| | |
|---|---|
| 殷勤去年月,[2] | 다정하게도 지난해의 밝은 달빛은 |
| 瀲灩古城東.[3][4] | 낡은 성곽 동쪽에서 넘실대는데 |
| 憔悴去年人, | 초췌하게도 지난해의 늙은 사람은 |
| 臥病破窗中. | 병이 들어 부서진 창문 밑에 누웠다. |
| 徘徊巧相覓, | 이리저리 배회하다 신통하게 찾아내어 |
| 窈窕穿房櫳. | 조심조심 나의 창을 뚫고 들어왔지만 |
| 月豈知我病, | 달이 어찌 나의 병을 알고 찾아왔으리? |
| 但見歌樓空.[5] | 풍악 울릴 누각이 텅 빈 것만 보였으리. |
| 撫枕三歎息, | 베개를 어루만지며 세 번 탄식하고 나서 |
| 扶杖起相從. | 지팡이 짚고 일어나 달을 따라가노라니 |
| 天風不相哀, | 바람이 안쓰러워 않고 매몰차게 불어와 |
| 吹我落瓊宮.[6] | 나를 날려 옥궁전에 떨어뜨리려는데 |
| 白露入肺肝,[7] | 흰 이슬이 폐부로 파고 들어오는 통에 |
| 夜吟如秋蟲, | 가을벌레 울 듯이 밤중에 읊조리니 |
| 坐令太白豪,[8][9] | 이태백의 호방한 기백이 변해 |

化爲東野窮.[10] 맹동야의 궁상이 되게 한 꼴이로다.
餘年知幾何, 앞으로 몇 해나 더 남았을까?
佳月豈屢逢. 고운 달을 어떻게 여러 번 볼 수 있을까?
寒魚亦不睡, 차가운 물속의 고기도 자지 않고
竟夕相噞喁.[11] 밤새도록 마주보고 입을 벌름거린다.

其二

六年逢此月,[12] 여섯 해 동안 저 달과 만났었는데
五年照離別. 그 가운데 다섯 해는 헤어진 모습 비추었네.
歌君別時曲,[13] 헤어질 때 지어 준 그대 노래 부르며
滿座爲凄咽.[14] 너도나도 그로 인해 슬피 흐느꼈다네.
留都信繁麗,[15] 남도는 참으로 번화할 터이지만
此會豈輕擲.[16] 이 모임을 어떻게 가벼이 팽개치리?
鎔銀百頃湖,[17] 백 경 되는 호수에는 은을 녹여 뿌려 놨고
挂鏡千尋闕.[18] 천 길 되는 성문에는 거울이 걸렸었네.
三更歌吹罷, 삼경에 노래와 피리 연주 다 끝나
人影亂淸樾. 나무 그늘에 사람 그림자 부산하게 움직일 제
歸來北堂下,[19] 우리 집 북당으로 되돌아가니
寒光翻露葉. 이슬맞은 나뭇잎에 찬 빛이 번득였네.
喚酒與婦飮, 술상을 차리게 해 부인과 함께 마시면서
念我向兒說. 날 그리며 애들에게 이야기해 주련만
豈知衰病後, 이 몸이 쇠약해져 병이 든 뒤로
空盞對梨栗.[20] 빈 잔이 배와 밤을 마주하게 놓아둔 채
但見古河東,[21] 옛날 황하 동쪽에 메밀꽃이 피어서
蕎麥花鋪雪. 눈 뿌리는 모습이나 보는 줄을 어찌 알리?
欲和去年曲,[22] 작년의 그 노래에 창화하고 싶지만
復恐心斷絕. 가슴이 찢어질까 두렵기도 하다네.

## 其三

舒子在汶上,[23][24] 서선생은 지금쯤 문수 가에서
閉門相對淸. 문을 닫고 바라보며 조용히 앉았겠고
鄭子向河朔,[25][26] 정선생은 황하의 북쪽을 향해
孤舟連夜行. 밤새도록 외로운 배를 저어 가겠고
頓子雖咫尺,[27] 돈선생은 지척에 있을지라도
兀如在牢扃.[28] 감옥에 갇힌 듯이 오똑 앉아 있겠고
趙子寄書來,[29] 조선생은 편지를 보내왔는데
水調有餘聲.[30] 〈수조가두〉 여운을 지니고 있다 하네.
悠哉四子心,[31] 이 네 분의 우정이 깊디깊으니
共此千里明.[32] 천 리를 비추는 명월을 함께 보련만
明月不解老, 저 명월이 늙음을 이해하지 못해서
良辰難合幷.[33] 좋은 때가 한꺼번에 몰려오긴 어렵다네.
回頭坐上人, 좌중에 있는 이들 되돌아보니
聚散如流萍. 만났다 헤어졌다 부평초와 같은데
嘗聞此宵月, 일찍이 들었나니 오늘 밤의 저 달은
萬里同陰晴.[34] 만 리 안에 맑고 갬이 같다 하였네.
天公自著意, 하느님이 스스로 뜻하신 바 있거늘
此會那可輕. 이 모임을 어떻게 경시할 수 있으리?
明年各相望, 내년이면 각자 서로 바라보면서
俯仰今古情.[35] 순식간에 지났다는 금석지감에 빠지리.

**[해설]**

서주에서 두 번째로 맞은 중추절에 밝은 달을 바라보며 동생을 생각하고 아울러 친구들을 생각하면서 이로 인해 일어난 인생무상의 감개를 노래한 것이다. 제1수는 중추절을 맞아 병약한 몸을 이끌고 연회석에 참석했다가 일찌감치 돌아가 가까운 사람들에 대한 그리움에 빠진 일을 노래했고, 제2수는 남도에서 중추절을 쇠고 있을 동생의 모습을 상

상했으며, 제3수는 옛날에 중추절을 함께 쇠었던 사람들이 지금은 뿔뿔이 흩어져 있는 것을 생각하면서 인생무상의 감회에 젖었다.

## [주석]

(1) 子由(자유): 소식의 동생 蘇轍의 字.

(2) 去年月(거년월): 희령 10년(1077)의 중추절에도 비쳤고 지금도 비치고 있는 달을 가리킨다. 희령 10년(1077) 4월 소식이 서주지주로 부임해 갈 때 동생 소철이 동행해 가서 100여 일 동안 함께 지내고 중추절이 지난 8월 16일에 서주를 떠났다.

(3) 瀲灩(염염): 밝은 빛이 아른거리는 모양.

(4) 古城(고성): 徐州城을 가리킨다.

(5) 歌樓(가루): 중추절을 맞아 풍악을 울리며 연회를 벌일 누각을 가리킨다. 이 연은 달이 명절임에도 불구하고 누각에 풍악이 울리지 않는 것을 멀리서 보고 의아하게 생각하여 찾아왔다가 우연히 병석에 누워 있는 자신을 발견했을 것이라고 상상한 것이다.

(6) 瓊宮(경궁): 옥으로 지은 궁전. 소식의 사 〈水調歌頭〉(明月幾時有)에 "바람을 잡아타고 돌아가고 싶건만, 한편으론 구슬로 지은 멋진 그 집이, 너무 높아 추위를 못 이길까 두렵다(我欲乘風歸去, 又恐瓊樓玉宇, 高處不勝寒)"라는 구절이 있는바, '瓊宮'은 이 사의 '瓊樓玉宇'와 마찬가지로 달나라에 있는 궁전을 가리키는 것으로 보인다. 이 연은 병이 들어서 으슬으슬한 자신에게 찬 바람이 세차게 불어오는 것을 보고 마치 바람이 자신을 달나라로 날려보내려는 것이 아닌가 하는 환상에 빠졌다는 말이다.

(7) 肺肝(폐간): 폐와 간. 폐부. 체내를 가리킨다. 이 연은 이슬이 유난히 차게 느껴지는 바람에 달나라에 가서 노닐려는 환상에서 깨어나 처량한 목소리로 시나 읊는다는 말이다.

(8) 坐令(좌령): ~로 하여금 ~하게 하기에 이르다. '致使'와 같은 뜻이다.

(9) 太白豪(태백호): 이백의 호방한 시풍. 이 연은 바람을 타고 달나라로 가서 호기롭게 노닐다가 이백의 〈月夜獨酌〉처럼 탈속적이고 호방한 시를 짓겠다는 환상에 젖어 있었는데 차가운 이슬 기운에 정신이 번쩍 들어서 이렇게 궁상맞은 시나 읊조리게 되었다는 말이다.

(10) 東野(동야): 孟郊의 字. 王十朋의 《百家註分類東坡先生詩》에 "이백의 시는 호방하고 맹교의 시는 궁상맞다(白詩豪放, 郊詩窮苦)"라고 했다.

(11) 噞喁(엄옹): 물고기가 입을 벌름거리는 모양. 이 연은 물고기들조차도 한데 모여서 함께 추운 밤을 지내는 것을 보니 자기 형제가 멀리 떨어져서 중추절을 쇠고 있는 것이 더욱 가슴 아프다는 말이다.

(12) 六年(육년): 소식의 자주에 "중추절에 달이 떠 있은 것이 모두 여섯 해인데 오직 작년에만 여기서 자유와 만났다(中秋有月, 凡六年矣. 惟去歲與子由會於此)"라고 했다. 소식은 희령 4년(1071) 가을 杭州通判으로 부임해 가는 도중 陳州에 들러 진주교수로 재임 중이던 동생과 함께 중추절

을 쇠었다. 그리고 희령 5년(1072)부터 금년 즉 원풍 원년(1078)까지 모두 일곱 번의 중추절을 맞았는데, 소식의 자주를 보면 이 가운데 여섯 번은 밝은 달을 보고 한 번은 밝은 달을 보지 못한 모양이다.

(13) 君別時曲(군별시곡): 소철의 사 〈水調歌頭〉(離別一何久)를 가리킨다. 소식이 서주지주로 부임해 가던 희령 10년(1077) 2월 소철은 형을 따라 서주까지 가서 100여 일 동안 함께 지내다가 중추절이 지난 직후에 자신의 임지인 開封으로 돌아갔다. 소철의 이 사는 형과의 이별을 앞두고 석별의 정을 노래한 것으로 '자유의 서주 중추절(子由徐州中秋)'이라는 題序와 함께 소식의 詞集에 덧붙여져 있기 때문에 소식의 사로 오인되는 경우도 있다. 소식의 사 〈水調歌頭〉(安石在東海)의 제서에 "내가 작년에 동무에서 〈수조가두〉를 지어 자유에게 부쳤는데 금년에 자유가 팽성까지 따라와 백여 일 동안 나와 함께 지내다가 중추절을 쇠고 난 뒤에 떠나면서 이 노래를 지어 나에게 작별을 고한바 그 말이 너무 슬퍼서 내가 이에 화답했거니와 일찌감치 벼슬에서 물러나지 않는 것을 경계하고 물러나서 함께 지내는 즐거움을 위안으로 삼자는 것이 그 내용이다(余去歲在東武, 作〈水調歌頭〉以寄子由. 今年, 子由相從彭城百餘日, 過中秋而去, 作此曲以別余. 以其語過悲, 乃爲和之. 其意以不早退爲戒, 以退而相從之樂爲慰云耳)"라고 했는데 이 題序 중의 '이 노래(此曲)'가 바로 '君別時曲'이다. 소철의 이 사에 "이별이 어찌하여 이리도 긴지, 올해로 중추절을 일곱 번 쇠는군요. 작년에 동무에서 지내신 오늘 밤엔, 밝은 달을 바라보며 슬픔에 찼겠군요(離別一何久, 七度過中秋. 去年東武今夕, 明月不勝愁)"라는 구절이 있다.

(14) 滿座(만좌): 자리에 있는 모든 사람.

(15) 留都(유도): 留守를 두어 다스리는 제2의 도읍지. 북송의 남경 즉 南都인 應天府(지금의 하남성 商丘)를 가리킨다. 당시 소철은 남경유수 張方平의 천거로 簽書應天府判官을 맡아서 남경에 머물고 있었다.

(16) 此會(차회): 서주에서 형제가 함께한 희령 10년(1077)의 중추절 연회를 가리키는 것으로 보인다. 이 연은 동생이 있는 남도는 다른 고을보다 더 번화한 만큼 중추절을 쇠는 것도 다른 고을보다 더 활기차겠지만, 그렇다고 할지라도 작년에 함께 한 서주에서의 중추절을 어떻게 쉬이 잊고 모르는 체할 수 있겠느냐는 말이다.

(17) 鎔銀(용은): 호수에 달빛이 반짝이는 모습을 가리킨다.

(18) 挂鏡(괘경): 둥근 달이 떠 있는 모습을 가리킨다.

(19) 北堂(북당): 소식의 거처를 가리킨다. 이 구절은 소식과 소철이 공식적인 연회가 끝난 뒤에 함께 소식의 집으로 돌아간 일을 회상한 것으로 보인다.

(20) 梨栗(이율): 술안주를 가리킨다. 이 구절은 자신이 요즘 술을 마시지 못한다는 말이다.

(21) 古河東(고하동): 서주를 가리킨다.

(22) 去年曲(거년곡): 소철의 사 〈水調歌頭〉(離別一何久)를 가리킨다.

(23) 舒子(서자): 徐州教授 舒煥을 가리킨다. 〈雨中過舒教授〉(0545) 주 (1) 참조.

(24) 汶上(문상): 지금의 산동성 서부에 있는 汶水 유역을 가리키는데, 소식의 자주에 "서환은 운주

(지금의 산동성 東平)에서 擧人試를 관장했다(舒煥試擧人鄆州)"라고 했으므로 여기서는 鄆州를 가리킨다.

(25) 鄭子(정자): 소식의 자주에 "정근은 북경호조로 부임해 갔다(鄭僅赴北京戶曹)"라고 한바, 大名府 司戶參軍 鄭僅을 가리킨다. 당시의 북경은 대명부(지금의 하북성 대명 일대)이다. 〈送鄭戶曹〉(0547) 주(1) 참조.

(26) 河朔(하삭): 황하 이북. 대명부를 가리킨다.

(27) 頓子(돈자): 소식의 자주에 "돈기는 서주에 와서 擧人試를 관장했다(頓起來徐試擧人)"라고 했다.

(28) 牢扃(뇌경): 감옥의 문을 잠그는 빗장. 감옥을 가리킨다. 이 구절은 돈기가 과거시험을 관장하느라 몸이 매여 있다는 뜻이다.

(29) 趙子(조자): 密州州學 敎授 趙杲卿을 가리킨다. 〈送碧香酒與趙明叔敎授〉(0453) 주 (2) 참조. 소식의 자주에 "오늘 조고경의 편지를 받았는데 내가 동무에서 중추절에 지은 〈수조가두〉를 아직도 기억하고 있었다(今日得趙杲卿書, 猶記余在東武中秋所作〈水調歌頭〉)"라고 했다.

(30) 水調(수조): 소식이 희령 9년(1076) 중추절날 밀주에서 지은 〈水調歌頭〉(明月幾時有)를 가리킨다.

(31) 四子心(사자심): 舒煥·鄭僅·頓起·趙杲卿의 友誼를 가리킨다. 이 구절은 이들 네 사람과 사귄지가 오래되었고 따라서 자신에 대한 이 사람들의 우의가 깊다는 말이다.

(32) 千里明(천리명): 천 리 밖을 두루 비추는 밝은 달을 가리킨다. 이 구절은 네 사람이 자신과 마찬가지로 밝은 달을 바라보면서 서로를 생각할 것이라는 말이다.

(33) 合并(합병): 한데 합쳐지다. 이 연은 자신에게 남은 인생이 얼마 되지 않는데 명월이 작년에 이어서 올해도 또 동생이나 위에서 말한 네 사람과 함께 중추절을 쇠는 것을 허락하지 않는다는 푸념인 동시에, 세상 돌아가는 이치로 볼 때 그런 일은 원래부터 기대하기 어려웠던 일이라는 자위이기도 한 것으로 보인다. 소식의 사 〈水調歌頭〉(明月幾時有)에서 말한 "사람은 슬프다가 기쁘고 헤어졌다가 만나고, 달은 찼다가 기울고 흐려졌다가 개나니, 이 일은 예로부터 늘 좋을 수 없었도다(人有悲歡離合, 月有陰晴圓缺, 此事古難全)" 및 〈陽關曲〉(暮雲收盡溢淸寒)에서 말한 "우리 삶에 이날 밤이 늘 좋지는 않을 터, 명월을 명년에는 어디서 보게 될까?(此生此夜不長好, 明月明年何處看?)"와 유사한 意境이다.

(34) 同陰晴(동음청): 소식의 자주에 "친구 사생이 나에게 '바다에서 장사하는 상인을 만난 적이 있는데 중추절에 달이 나오면 이해에는 진주가 많이 생산되고 알도 둥글다고 하더군. 상인들이 이것을 가지고 예측하는데 비록 만 리나 떨어져 있어도 훗날 만나서 그날 날씨가 흐렸는지 맑았는지 서로 물어보면 똑 같지 않은 경우가 없다고 하더군' 하고 말해 주었다(故人史生與余言: '嘗見海賈云: 中秋有月, 則是歲珠多而圓. 賈人以此候之, 雖相去萬里, 他日會合, 相問陰晴, 無不同者.')"라고 했다.

(35) 俯仰(부앙): 고개를 들었다 숙이는 지극히 짧은 시간.

## 0560. 中秋見月和子由[1]

중추절에 달을 보고 자유의 시에 화답하여

| | |
|---|---|
| 明月未出羣山高, | 우뚝 솟은 산 위로 명월 아직 뜨기 전엔 |
| 瑞光萬丈生白毫.[2] | 서광이 만장 뻗어 하얀 털이 생겼더니 |
| 一杯未盡銀闕湧, | 술 한 잔 채 비우기 전에 은빛 궁궐 솟아나니 |
| 亂雲脫壞如崩濤.[3] | 파도가 부서지듯 구름이 흩어진다. |
| 誰爲天公洗眸子,[4] | 그 누가 하느님 위해 눈동자를 씻었는지 |
| 應費明河千斛水.[5] | 틀림없이 은하수 물 천 섬을 들였을 터 |
| 遂令冷看世間人, | 마침내 그 눈으로 세인을 냉철히 보게 하고 |
| 照我湛然心不起.[6] | 나를 비춰 담담하여 잡념이 안 나게 한다. |
| 西南火星如彈丸,[7] | 서남쪽의 작은 유성은 탄환과 같고 |
| 角尾奕奕蒼龍蟠.[8][9][10] | 각성과 미성은 청룡이 서린 듯 반짝이련만 |
| 今宵注眼看不見,[11] | 오늘 밤엔 눈 닦고 봐도 안 보이는데 |
| 更許螢火爭清寒. | 반딧불이마저 맑은 가을에 누가 밝은지 다툰다. |
| 何人艤舟臨古汴,[12] | 그 누가 배를 대고 옛 변하에 임해 있나? |
| 千燈夜作魚龍變.[13][14] | 등불 천 개가 밤을 맞아 물고기와 용으로 변한 채 |
| 曲折無心逐浪花,[15] | 구불구불 생각 없이 물보라를 따르면서 |
| 低昂赴節隨歌板.[16] | 박판에 따라 박자를 맞추며 고개를 끄덕인다. |
| 青熒滅沒轉山前,[17] | 파란 등불 꺼져 갈 때 산 앞을 돌아가나니 |

| 浪颾風廻豈復堅. | 물결이 일고 바람이 도는데 어찌 더 이상 버티겠나? |
|---|---|
| 明月易低人易散, | 명월은 쉬이 지고 사람은 쉬이 흩어지매 |
| 歸來呼酒更重看. | 돌아와서 술 내오라 하고 다시 달을 바라본다. |
| 堂前月色愈淸好, | 대청 앞의 달빛이 더욱 맑고 고운데 |
| 咽咽寒螿鳴露草.(18) | 처절하게 쓰르라미가 이슬 내린 풀에서 울고 |
| 卷簾推戶寂無人, | 발 걷히고 문 열린 채 사람 없이 적막하여 |
| 窗下咿啞惟楚老.(19)(20) | 창 밑에서 초로가 옹알이할 뿐이다. |
| 南都從事莫羞貧,(21)(22)(23) | 남도의 종사관은 가난을 부끄러워 말게나. |
| 對月題詩有幾人. | 달을 보며 시 짓는 이 몇 명이나 되겠나? |
| 明朝人事隨日出,(24) | 내일 아침 해가 뜨면 일이 생길 것이니 |
| 怳然一夢瑤臺客.(25) | 요대에서 노는 꿈이나 황홀하게 꾸게나. |

**[해설]**

소철의 시 〈중추절에 달을 보며 자첨 형의 시에 화답하여(中秋見月和子瞻)〉에 차운하여 지은 것으로, 자신이 중추절을 쇠는 장면을 이야기하고 동생에게 중추절을 즐겁게 지내라고 당부했다. 당시 소식은 누각 위에서 중추절 연회를 벌이며 등불을 켜고 고변거(古汴渠) 위에 떠다니는 배를 구경하다가 연회가 끝난 뒤에 집으로 돌아가 혼자서 다시 술잔을 들고 동생 생각에 빠진 것으로 보인다.

**[주석]**

(1) 子由(자유): 소식의 동생 蘇轍의 字.
(2) 白毫(백호): 달이 뜨기 직전에 산등성이 부근에 비치는 하얀 광선을 가리킨다.
(3) 脫壞(탈괴): 두꺼운 구름이 바람에 날아가는 현상과 얇은 구름이 달빛 때문에 안 보이게 되는 현상을 가리킨다.
(4) 眸子(모자): 눈동자. 명월을 가리킨다. 이하의 네 구절은 실체를 알 수 없는 모종의 절대적인 힘에 대한 경외심을 노래한 것이다.
(5) 明河(명하): 맑게 빛나는 은하수.
(6) 湛然(잠연): 담박하다. 담담하다. 이 연은 '誰'로 표현된 모종의 절대적인 힘이 '眸子' 즉 명월로 하여금 인간적인 감정이 배제된 평정심으로 세상 사람들을 보게 하며 자신을 비추어 잡념이 없는 담담한 상태로 만들어 준다는 말이다.

(7) 彈丸(탄환): 탄력을 이용하여 발사하는 활, 즉 彈弓의 탄알. 흙으로 만든 것, 돌로 만든 것, 쇠붙이로 만든 것 등이 있는데 여기서는 쇠붙이로 만든 것을 가리킨다. 이 구절은 환하게 빛을 내면서 휙 하고 떨어지는 작은 유성들을 '둥글다'·'빛난다'·'빠르게 움직인다' 등의 이미지를 지닌 금속 탄환에 비유한 것이다.

(8) 角(각): 角星. 二十八宿의 하나로 東方蒼龍七宿 가운데 첫 번째 별자리이다.

(9) 尾(미): 尾星. 이십팔수의 하나로 동방창룡칠수 가운데 여섯 번째 별자리이다.

(10) 蒼龍蟠(창룡반): 동방창룡칠수는 모양이 청룡과 같고 각성과 미성은 모두 동방창룡칠수에 속한다.

(11) 注眼(주안): 주시하다. 주목하다.

(12) 古汴(고변): 古汴渠. 지금의 하남성 滎陽 동북쪽에서 황하로부터 갈라져 나와 동남쪽으로 흘러 開封의 남쪽 및 商丘의 북쪽을 지나 강소성 서주의 북쪽에서 泗水로 유입되던 강. 이 강과는 별도로 개봉에서 갈라져서 이 강의 남쪽으로 흘러 하남성 상구 남쪽을 지나 강소성 盱眙에 이르러 淮河로 유입되는 汴河가 있다. 여기서는 고변거 중의 서주를 지나가는 부분을 가리킨다. 소철의 시 〈中秋見月和子瞻〉은 모처럼 형과 함께 쉰 희령 10년(1077)의 중추절을 회상한 것인데 여기에 "일엽편주가 밝은 달 아래 고변거를 떠 다녔네(扁舟明月浮古汴)"라는 구절이 있는 것을 보면 소식은 고변거에 장사꾼의 배가 떠 있는 것을 보고 작년에 동생과 함께했던 일을 떠올린 것으로 보인다.

(13) 千燈(천등): 소식의 자주에 "이날 밤에 장사꾼들이 배에 등을 달았다(是夜, 賈客舟中放水燈)"라고 한 것을 보면, 장사꾼들이 水燈을 수면 위에 띄운 것이 아니라 배 안에 단 것으로 보인다. 배 안에 달아도 멀리서 보면 수면 위에 띄운 것과 같은 형상일 것이다.

(14) 作魚龍變(작어룡변): 물고기와 용으로 변하다. '變作魚龍'이 도치된 것이다.

(15) 浪花(낭화): 물보라. 물결을 가리킨다.

(16) 歌板(가판): 拍板. 박자를 맞추는 데 사용하는 타악기. 이 연은 수많은 등불을 단 장사꾼의 배가 물결에 따라 흔들거리는 것이 마치 사람이 박판에 따라 고개를 끄덕이며 박자를 맞추는 것 같다는 말이다.

(17) 滅沒(멸몰): 꺼지다. 이 연은 밤이 깊어지자 배가 휴식처를 찾아가 버린 것을 가리키는 것으로 보인다.

(18) 咽咽(열열): 애절하게 우는 모양.

(19) 咿啞(이아): 어린아이가 말하거나 우는 소리.

(20) 楚老(초로): 소식의 자주에 "근래에 손자가 하나 생겼는데 이름을 초로라고 한다(近有一孫, 名楚老)"라고 했고, 查愼行의 《蘇詩補註》에 인용된 소식의 〈與李公擇尺牘〉에 "저에게는 손자가 하나 있는데 덩치가 매우 큽니다. 8월 12일에 태어났으며 이름을 초로라고 합니다(某有一孫, 體頗碩重. 八月十二日生, 名楚老)"라고 했다.

(21) 南都(남도): 應天府(지금의 하남성 商丘)를 가리킨다.

(22) 從事(종사): 관직 이름. 漢나라 이후 三公이나 州郡의 장관들은 스스로 보좌관을 선발했는데 이들 보좌관을 통틀어 종사라고 했다. 소철은 당시 南京留守 張方平의 보좌관인 簽書應天府判官을 맡고 있었다.

(23) 羞貧(수빈): 소철의 시 〈中秋見月寄子瞻〉에 "남도의 종사관은 늙을수록 가난해져, 하늘에서 사람을 비추는 달 보기가 부끄럽네(南都從事老更貧, 羞見靑天月照人)"라는 구절이 있다.

(24) 人事隨日出(인사수일출): 한유의 〈答殷侍御書〉에 "일이 해를 따라 생깁니다(事隨日生)"라는 말이 있고, 武元衡의 시 〈夏夜作〉에 "아름다운 풍경은 붙잡아 둘 길 없고, 해가 뜨면 또다시 일이 생기네(無因駐淸景, 日出事還生)"라는 구절이 있다.

(25) 瑤臺客(요대객): 신선의 세계에서 노니는 사람.

## 0561. 答王鞏[1]
왕공에게 화답하여

| | |
|---|---|
| 汴泗遶吾城,[2][3] | 변수와 사수에 에워싸인 우리 성 |
| 城堅如削鐵. | 쇠를 깎아 지은 듯 참으로 견고한데 |
| 中有李臨淮,[4] | 이 안에 임회군왕 이광필이 있어서 |
| 號令肝膽裂. | 호령하면 간담이 찢어졌나니 |
| 古來彭城守,[5] | 그러기에 예로부터 팽성 땅의 태수는 |
| 未省怕惡客.[6][7] | 고약한 손님을 겁낸 적이 없다네. |
| 惡客云是誰, | 고약한 손님이 누구냐 하면 |
| 祥符相公孫.[8][9] | 대중상부 시절의 재상님의 손자인데 |
| 是家豪逸生有種,[10] | 이 집안의 호기는 날 때부터 씨가 있어 |
| 千金一擲頗黎盆.[11] | 유리그릇에 천금을 단숨에 던지기에 |
| 連車載酒來, | 몇 수레가 줄을 지어 술을 싣고 오나니 |
| 不飮外酒嫌其村.[12] | 바깥 술은 촌스러워 안 마시기 때문이네. |
| 子有千瓶酒, | 그대에겐 천 병의 맛있는 술이 있고 |
| 我有萬株菊. | 나에게는 만 그루의 국화꽃이 있으니 |
| 任子滿頭揷, | 그대더러 마음대로 머리 가득 꽂게 하면 |
| 團團見花不見目. | 동글동글 꽃만 뵈고 눈은 아니 보이는 채 |
| 醉中揷花歸, | 취중에 꽃을 꽂고 집으로 돌아가면 |

花重壓折軸.[13]　　무거운 꽃에 눌려 수레 굴대가 꺾이겠네.
問客何所須,　　손님에게 필요한 게 무엇인지 물으니
客言我愛山.　　손님이 나는 산을 좋아한다 하는데
青山自遶郭,[14]　　산은 본래 성곽을 에워싸고 있는지라
不要買山錢.　　산 사는 데 쓸 돈이 필요하지 않다네.
此外有黃樓,[15]　　이 밖에 또 황루가 우뚝하게 서 있는데
樓下一河水.　　누각 밑에 강을 메운 맑은 강물이
美哉洋洋乎,[16]　　아름답디아름답게 넘실대고 있어서
可以療飢幷洗耳.[17][18]　　그것으로 요기도 하고 귀도 씻을 수 있네.
彭城之游樂復樂,　　팽성에서 노는 것은 즐겁고 또 즐거울 터
客惡何如主人惡.[19]　　손님과 주인 중에 누가 더 고약할까?

**[해설]**

친구 왕공의 시에 화답한 것으로, 왕공이 원시에서 자신은 술을 너무 좋아하는지라 자신의 집에서 빚은 술을 많이 싣고 간다고 말하며 자기가 소식을 귀찮게 할 고약한 손님이 될 것이라고 하자 소식은 오히려 자신이 자꾸 놀자고 요구함으로써 왕공을 귀찮게 할 고약한 주인이 될 것이라고 허물없는 농담을 했다.

**[주석]**

(1) 王鞏(왕공): 소식의 절친한 친구. 烏臺詩案이 일어났을 때 이에 연루되어 賓州(지금의 광서장족자치구 賓陽)로 폄적되었다. 〈送顔復兼寄王鞏〉(0486) 주 (2) 및 〈王鞏屢約重九見訪,……家有侍者, 甚惠麗〉(0497) 주 (1) 참조.

(2) 汴泗(변사): 古汴渠와 泗水를 가리킨다. 徐州에서 두 강이 합류했다. 〈中秋見月和子由〉(0560) 주 (12) 참조.

(3) 吾城(오성): 서주성을 가리킨다.

(4) 李臨淮(이임회): 적은 군사로 많은 군사를 물리치는 뛰어난 용병술로 安史의 난을 평정하고 臨淮郡王에 봉해진 李光弼을 가리킨다. 郝廷玉이 진을 잘 친다는 소문을 듣고 魚朝恩이 한번 보기를 청했다. 학정옥이 호령하자 군사들이 마치 한 사람이 움직이는 것처럼 일사분란하게 움직였다. 어조은이 보고 감탄하자 학정옥이 말하기를 "이것은 임회왕이 남기신 법도입니다. 임회왕께서는 군대를 잘 통솔하셔서 공이 있으면 상을 내리고 죄가 있으면 엄한 벌을 내리셨지요. 이로

부터 사람들이 스스로 목숨을 돌보지 않고 앞으로 달려 나가 싸워서 심장이 으깨지고 간담이 찢어졌지요"라고 했다.(《新唐書·郝廷玉傳》 참조) 《新唐書·李光弼傳》에 "보응 원년(762)에 임회군왕으로 승진되었다. 나중에 동도유수에 임명되어 서주로 돌아갔다(寶應元年, 進封臨淮郡王. 後拜東都留守, 歸徐州)"라고 했다. 〈送鄭戶曹〉(0547) 주 (8) 참조.

(5) 彭城(팽성): 지금의 강소성 서주.

(6) 未省(미생): ~한 적이 없다. '未曾'과 같은 뜻이다.

(7) 惡客(악객): 소식의 자주에 "왕공이 장차 나를 찾아오려고 하면서 시를 지어 보낸 것이 있는데 자신을 고약한 손님이라고 불렀기 때문에 그를 놀린 것이다(鞏將見過, 有詩, 自謂惡客, 戲之)"라고 했다. 고약한 손님이 어떤 사람인가에 대하여 元結의 시 〈將船何處去〉에 "어쩌다가 고약한 손님을 만날 때도, 집으로 돌아와서 약간 얼큰해지네(有時逢惡客, 還家亦少酣)"라는 구절이 있는데 그의 自注에 "술꾼이 아닌 사람이 바로 고약한 손님이다(非酒徒, 卽爲惡客)"라고 했다. 그러나 王十朋의 《百家註分類東坡先生詩》에는 "원결은 술 못 마시는 사람을 고약한 손님이라고 했지만 후세 사람들은 술 많이 마시는 사람을 고약한 손님이라고 했다(元結謂不飮者爲惡客, 後人以痛飮爲惡客)"라고 한 바와 같이 이 시에서는 술을 많이 마시는 손님이라는 뜻으로 쓰였다.

(8) 祥符(상부): 大中祥符(1008-1016). 북송 眞宗의 연호.

(9) 相公孫(상공손): 북송 초에 재상을 지낸 王旦의 손자 왕공을 가리킨다. 소식의 〈鄧公硯銘〉에 "왕공은 위국문정공의 손자이다(王鞏, 魏國文正公之孫也)"라고 했고, 소식의 〈三槐堂銘〉에 "병부시랑 진국왕공은 후한과 후주에 걸쳐 능력이 두드러졌는데 태조와 태종을 섬겼다……그의 아들 위국문정공은 경덕(1004-1007)·대중상부(1008-1016) 연간에 진종 황제의 재상을 지냈다(兵部侍郎晉國王公, 顯於漢周之際, 歷事太祖太宗……其子魏國文正公, 相眞宗皇帝於景德祥符之間)"라고 했다. 또 《宋名臣言行錄·王旦魏國文正公》에 "자가 자명이고 위주 사람인데 진사에 급제하여 관직이 태위에 이르렀으며 진종의 사당에 배향되었다(字子明, 魏州人, 中進士第, 位至太尉, 配享眞宗廟庭)"라고 했다.

(10) 生有種(생유종): 《漢書·陳勝傳》에 "왕후장상이 어찌 씨가 있으리오?(侯王將相寧有種乎?)"라는 말이 있다.

(11) 頗黎盆(파려분): 유리로 만든 술그릇. 이백의 시 〈自漢陽病酒歸寄王明府〉에 "늘어선 배에 좋은 술 사기를 아까워 마오, 천금을 단숨에 던져 봄 향기를 사려오(莫惜連船沽美酒, 千金一擲買春芳)"라는 구절이 있다. 유리로 만든 술그릇에 천금을 쾌척한다는 것은 좋은 술을 사는 데 돈을 아끼지 않는다는 뜻이다.

(12) 村(촌): 촌스럽다. 조악하다. 이 연은 왕공이 소식과 함께 마시기 위하여 자기 집에서 빚은 좋은 술을 많이 싣고 온다는 말을 듣고 우스갯소리를 한 것으로 보인다.

(13) 壓折(압절): 눌러서 꺾다.

(14) 自(자): 본래. 이 연은 서주에 산이 많기 때문에 왕공의 요구를 얼마든지 들어줄 수 있다는 말이다.

(15) 黃樓(황루): 소식이 홍수를 막아낸 뒤 서주성을 개축하고 성문 위에 세운 누각. 오행상극설에서

흙이 물을 제압한다고 했기 때문에 벽에다 황토를 바르고 황루라고 명명했다. 소식의 자주에 "고을에 청사가 하나 있었는데 세상 사람들이 패왕청이라고 했다. 옛날부터 그 속에는 들어가 앉으면 안 된다고 전해져 왔지만 내가 그것을 헐어서 황루를 지었다(郡有廳事, 俗謂之霸王廳. 相傳不可坐, 僕拆之以蓋黃樓)"라고 했고, 秦觀의 〈黃樓賦序〉에 "태수 소공이 팽성을 다스리기 시작한 이듬해에 황하의 둑이 터진 변고가 수습되어 백성들이 갱생하게 되자 또 그곳의 성을 수선하여 동문 위에 황루를 지었으니, 물이 흙에 제압된다고 여기는데 흙이 노란색이기 때문에 여기에서 이름을 취한 것이다(太守蘇公守彭城之明年, 旣治河決之變, 民以更生, 又因修繕其城, 作黃樓於東門之上, 以爲水受制於土, 而土之色黃, 故取名焉)"라고 했다.

(16) 洋洋(양양): 가득찬 모양.

(17) 療飢(요기): 현자의 초연한 은거생활을 노래한 《詩經 · 陳風 · 衡門》에 "샘물이 넘실대니, 요기를 할 수 있네(泌之洋洋, 可以樂飢)"라고 한 구절을 인용함으로써 그 意境을 깃들여 놓았다. '樂'와 '療'는 서로 통용할 수 있다.

(18) 洗耳(세이): 세속적인 욕심을 멀리한다는 뜻이다. 요임금이 許由에게 천하를 물려주겠다고 하자 허유가 이를 거부하고 은거하기 위하여 箕山 밑으로 가서 潁水에 귀를 씻었다. 巢父가 송아지에게 물을 먹이러 갔다가 허유에게 그 까닭을 듣고는 송아지에게 허유의 귀를 씻은 물을 먹일 수 없다며 더 상류로 올라가서 물을 먹였다.(《高士傳》 참조)

(19) 主人惡(주인악): 소식 자신의 고약함을 말한다. 이 연은 왕공이 서주에 오면 자꾸 함께 놀자고 졸라댐으로써 자신이 오히려 왕공에게 고약한 주인이 될 것이라고 우스갯소리를 한 것이다.

## 0562. 次韻王定國[(1)]馬上見寄[(2)]

왕정국이 말 위에서 보낸 시에 차운하여

| | |
|---|---|
| 昨夜霜風入裌衣, | 어젯밤에 서릿바람이 겹옷으로 파고들드니 |
| 曉來病骨更支離.[(3)] | 새벽 되자 병든 몸이 더욱 초췌해졌네. |
| 疎狂似我人誰顧,[(4)] | 나처럼 멋대로 사는 사람 거들떠보는 이 없는데 |
| 坎坷憐君志未移.[(5)] | 곤경 속에도 변심 않는 그대가 좋네. |
| 但恨不攜桃葉女,[(6)] | 도엽 같은 여인을 안 데리고 온 것이 한스러울 뿐 |
| 尙能來趁菊花時. | 그래도 국화 시절에 때맞춰 올 수 있었네. |
| 南臺二謝人無繼,[(7)(8)] | 남쪽 누대의 두 사씨는 뒤이을 사람이 없었는데 |
| 直恐君詩勝義熙.[(9)(10)(11)] | 그대 시만이 의희 시절을 뛰어넘을 것 같네. |

**[해설]**

친구 왕공이 소식을 찾아 서주로 오는 도중 말 위에서 지어 보낸 시에 차운한 것으로, 왕공의 방문을 받게 된 반가움을 노래하고 왕공의 인품과 시재를 칭송했다.

**[주석]**

(1) 定國(정국): 소식의 절친한 친구 王鞏의 字. 〈答王鞏〉(0561) 주 (1) 참조.

(2) 見寄(견기): 나에게 부치다. '見'은 동사 앞에 쓰여서 목적어에 충당되는 일인칭 대명사의 역할을 한다. 李密의 〈陳情表〉에 "태어난 지 여섯 달 만에 자상하신 아버지는 저를 버리셨습니다(生孩

六月, 慈父見背)"라고 한 것과 楊萬里의 〈次日醉歸〉에 "해 저물어 무척이나 돌아가고 싶은데, 주인이 한사코 나를 붙잡네(日晩頗欲歸, 主人苦見留)"라고 한 것은 직접목적어로 쓰인 예이고, 《南史·江淹傳》에 "내가 가지고 있던 붓이 경에게 있은 지 여러 해 되었으니 이제 나에게 돌려주어도 되겠지(吾有筆在卿處多年, 可以見還)"라고 한 것은 간접목적어로 쓰인 예이다.

(3) 支離(지리): 초췌하다.

(4) 踈狂(소광): 성격이 치밀하지 않아 구속을 싫어하고 멋대로 행동하다.

(5) 坎坷(감가): 길이 험난하여 고통을 당하다. 불우한 처지에 놓이다. 이 연은 다른 사람들이 다들 소식을 경계하는데도 불구하고 왕공은 집권파의 눈치를 보지 않고 의연하게 그를 찾아준다는 말이다.

(6) 桃葉(도엽): 晉나라 王獻之의 애첩. 애첩 또는 사랑하는 여자를 두루 가리킨다. 〈答王鞏〉(0561)에 왕공이 술을 잔뜩 싣고 온다고 했는데 이 구절을 보면 미인은 데리고 오지 않은 모양이다.

(7) 南臺(남대): 徐州城 동남쪽에 있는 戲馬臺를 가리킨다. 희마대는 서주성 동남쪽에 있는, 項羽가 말을 달리며 즐기던 곳이다. 《元和郡縣圖志·彭城》에 "희마대는 현에서 동남쪽으로 2리 되는 곳으로 항우가 축조하여 말을 달리며 즐기던 곳이다(戲馬臺在縣東南二里. 項羽所造, 戲馬於此)"라고 했고, 소식의 〈上皇帝書〉에 "그 성은 삼면이 깊은 강으로 둘러싸여 있고 성곽 밑에는 변수와 사수로 해자를 만들어 놓아 오로지 남쪽만 거마가 통할 수 있는데 거기에 희마대가 있습니다. 희마대는 높이가 열 길이고 넓이가 백 보입니다. 무력을 사용할 때가 되면 그 위에 천 명을 주둔시키고 공격해 올라오는 적에게 구를 둥근 나무토막과 대포에 넣어서 쏠 돌 탄환을 쌓아 놓는 등 공격과 방어에 필요한 도구를 모두 갖추어 놓음으로써 성곽과 더불어 표리를 이루고 있습니다. 그리고 성안에는 3년 먹을 양식을 비축해 두어서 비록 10만 대군을 가지고 공격해 온다고 해도 쉽게 취할 수 없을 것입니다(其城三面阻水, 樓堞之下, 以汴·泗爲池, 獨其南可通車馬, 而戲馬臺在焉. 其高十仞, 廣袤百步. 若用武之世, 屯千人其上, 聚櫑木砲石, 凡戰守之具, 以與城相表裏, 而積三年糧於城中, 雖用十萬人, 不易取也)"라고 했다. 查愼行은 〈臺頭寺送宋希元〉(0604)의 주에서 "남대란 바로 희마대이다. 서주성 남쪽에 있기 때문에 그렇게 불렀다(南臺卽戲馬臺, 以在徐州城南, 故名)"라고 했다.(查愼行, 《蘇詩補註》 참조)

(8) 二謝(이사): 소식의 자주에 "두 사씨는 송나라 무제를 따라 9월 9일에 희마대에서 잔치를 벌였다(二謝從宋武帝九日燕戲馬臺)"라고 했고, 施元之의 《施注蘇詩》에 "《송서·칠지》에 '송나라 무제가 공이던 시절에 9월 9일을 기하여 항우의 희마대에 나가 놀면서 여러 관료들과 함께 시를 지었는데 사첨과 사령운이 지은 것이 나란히 당시에 으뜸을 차지했다'라고 했거니와, 무제가 공이던 시절은 의희 14년(418)이었다(《宋書·七志》: '宋武帝爲公時, 九月九日, 出游項羽戲馬臺, 與百僚賦詩, 謝瞻·謝靈運所作, 幷冠於時.' 按, 武帝爲公, 在義熙十四年)"라고 했다. 〈送鄭戶曹〉(0547) 주 (9) 참조.

(9) 直(직): 단지 ~할 뿐이다. '只'와 같은바, '只'로 된 판본도 있다.

(10) 恐(공): 아마도 ~일 것이다.

(11) 義熙(의희): 동진 안제의 연호(405-418). 查愼行의 《蘇詩補註》에 “진나라 안제의 연호이다. 당시 송나라 무제는 진나라의 신하로서 서주를 관할했다(晉安帝年號. 時宋武帝爲晉臣鎭徐州)”라고 했다. 이 구절은 왕공의 시가 사령운과 사첨의 시를 능가할 것이라는 말이다.

# 0563. 與頓起[1]·孫勉[2]泛舟, 探韻[3]得未字

돈기 및 손면과 뱃놀이를 하면서 압운할 운자로 '未'자를 찾아

| | |
|---|---|
| 窗前堆梧桐, | 창문 앞엔 오동잎이 수북하게 쌓이고 |
| 牀下鳴絡緯. | 침상 밑엔 베짱이가 울어대는 이때에 |
| 佳人尺書到,[4] | 고운 임의 한 자짜리 편지가 오매 |
| 客子中夜喟.[5] | 나그네는 한밤중에 한숨을 쉬었다네. |
| 朝來一樽酒, | 아침 되자 술 한 동이 사이에 놓고 |
| 晤語聊自慰.[6] | 서로 만나 얘기하며 그럭저럭 자위하니 |
| 秋蠅已無聲, | 가을 맞은 파리는 이미 소리를 잃었고 |
| 霜蟹初有味. | 서리 맞은 게는 이제 맛이 나기 시작하네. |
| 當爲壯士飮, | 모름지기 장사처럼 벌컥벌컥 마시며 |
| 眥裂須磔蝟.[7][8] | 눈이 째지고 수염이 고슴도치처럼 갈라져야지 |
| 勿作兒女懷, | 아녀자의 마음으로 공연스럽게 |
| 坐念蠨蛸畏.[9] | 갈거미나 생각하며 겁낼 것이 없다네. |
| 山城亦何有,[10] | 산성에는 역시나 아무것도 없지만 |
| 一笑瀉肝胃.[11] | 한바탕의 웃음이 내장을 씻어 주고 |
| 泛舟以娛君, | 배를 띄워 그대들을 즐겁게 함에 |
| 魚鼈多可鱠.[12][13] | 고기와 자라가 많아 회쳐 먹을 수 있으니 |
| 縱爲十日飮, | 열흘 동안 쉬지 않고 마신다 해도 |

未遽主人費.[14][15] 이 주인의 재물을 탕진하지 못할 것이네.
吾儕俱老矣, 우리 모두 늙었으니
耿耿知自貴.[16] 조심조심 자신을 귀하게 여길 줄 알아야지
寧能傍門戶,[17] 어떻게 권문세가의 문으로 다가가서
啼笑雜猩狒.[18] 울다 웃다 성성이와 비비의 모습을 번갈아 보이리?
要將百篇詩, 그러느니 차라리 시 백 편을 가지고
一吐千丈氣. 단번에 천 길의 기염을 토해야 할 것이네.
蕭條歲行暮,[19][20] 쓸쓸하게 한 해가 저물려 하니
迨此霜雪未.[21] 눈서리가 아직까지 아니 내린 이때에
明朝出城南, 내일 아침 성곽의 남쪽으로 나가서
遺跡觀楚魏.[22] 초나라와 위나라의 유적을 보노라면
西風迫吹帽,[23] 서풍이 불어닥쳐 모자를 날려 버리고
金菊亂如沸. 금빛 국화가 물 끓듯이 어지러이 피었을 터
願君勿言歸, 그대들이여 돌아간다 하지 마시게.
輕別吾所諱. 쉬이 헤어지는 것은 내가 싫어하는 것이네.

**[해설]**

돈기·손면과 함께 배를 타고 놀면서 '未'자를 운자로 얻어서 지은 것이다. 세속에 찌든 일상에서 탈피하여 친구들과 함께 오래도록 대자연 속에서 놀고 싶은 심정을 노래했다.

**[주석]**

(1) 頓起(돈기): 査愼行의 《蘇詩補註》에 "운주 사람인데 당시 서주에 와서 거인시를 관장했다(鄆州人, 時來徐試擧人)"라고 했다. 〈和頓敎授見寄, 用除夜韻〉(0415) 주 (1) 및 〈中秋月寄子由三首〉(0559) 주 (27) 참조.

(2) 孫勉(손면): 사신행의 《소시보주》에 "선생이 손면을 전송하면서 지은 시를 보면 회남인 손신로의 동생임에 틀림없다. 당시 돈기와 함께 고시관이었다(觀先生送勉詩, 當是淮南人莘老之弟也. 時與頓起同爲考官)"라고 했는데, 손면이 孫覺의 동생이라는 사실은 〈送孫勉〉(0569)의 소식 자주에 밝혀져 있다. 〈送孫勉〉(0569) 주 (17) 참조.

(3) 探韻(탐운): 시를 짓기 위해서 韻字를 찾다.

(4) 尺書(척서): 길이가 한 자인 편지. 漢나라 蔡邕의 시 〈飮馬長城窟行〉에 "멀리서 온 손님이, 나에게 잉어를 한 쌍 주었네. 아이를 불러서 잉어를 삶았더니, 배 속에 한 자나 되는 편지가 들어 있네(客從遠方來, 遺我雙鯉魚. 呼童烹鯉魚, 中有尺素書)"라고 한 말에서 비롯되어 사랑하는 사람이 보낸 장문의 편지를 가리킨다. 여기서는 돈기와 손면이 자신을 찾아온다는 사실을 알리기 위해 보낸 편지를 가리키는 것으로 보인다.

(5) 客子(객자): 객지에서 생활하는 소식 자신을 가리키는 것으로 보인다. 이 연은 편지를 받고 만감이 교차하여 한숨이 나왔다는 말이다.

(6) 晤語(오어): 만나서 이야기하다.

(7) 眥裂(자열): 눈초리가 찢어지다. 《史記·項籍紀》에 "번쾌가 눈을 부릅뜨고 항왕을 노려보는데 머리카락이 하늘을 찌르고 눈초리가 다 찢어졌다(樊噲瞋目視項王, 頭髮上指, 目眦盡裂)"라는 말이 있다.

(8) 磔蝟(책위): 《晉書·桓溫傳》에 "환온의 눈은 자석릉과 같고 수염은 고슴도치 털처럼 갈라졌다(溫眼如紫石稜, 鬚作蝟毛磔)"라는 말이 있다.

(9) 蠨蛸(소소): 갈거미. 갈거밋과의 절지동물로 몸길이는 2cm가량 되고 다리가 길며 넓적다리 마디에 잔털이 나 있다. 등은 황갈색이고 배는 황백색인데 인가 가까이에 둥글게 그물을 쳐서 곤충을 잡아먹고 산다. 《詩經·豳風·東山》에 "방에는 쥐며느리 있고, 문에는 갈거미 있고, 사슴 언덕에 사슴이 놀고, 반딧불이가 반짝여도, 두려울 것 하나 없고, 그저 그리울 뿐이로다(伊威在室, 蠨蛸在戶. 町畽鹿場, 熠燿宵行. 不可畏也, 伊可懷也)"라는 구절이 있다.

(10) 山城(산성): 산골 고을인 徐州를 가리킨다.

(11) 肝胃(간위): 간과 위. 내장 즉 마음 속을 가리킨다. 이 연은 도회지에서 멀리 떨어진 산성에서 골치 아픈 세상일을 잊고 활짝 웃으면 속이 후련할 것이라는 말이다.

(12) 魚鼈(어별): 물고기와 자라를 비롯한 각종 어물의 총칭.

(13) 鱠(희): 날로 먹다. 회치다. 명나라 陳士元의 《論語類考·鳥獸考》에 "누린내 나는 것을 '鱠'라고 한다. '鱠'와 '飪'을 대비하여 말하자면 '飪'은 익힌 고기이고 '鱠'는 날고기이다(腥曰鱠也. 以鱠與飪對言, 則飪是熟肉, 鱠是生肉也)"라고 했다.

(14) 遽(거): 다하다. 탕진하다.

(15) 費(비): 비용. 재물. 이 연은 돈을 들이지 않고 물고기나 자라 따위의 안주를 구할 수 있기 때문에 이것을 안주 삼아 술을 얼마든지 마실 수 있다는 말이다.

(16) 耿耿(경경): 초조하고 불안한 모양. 이 구절은 자신들의 인간적 존엄성을 잃지 않고 고귀하게 산다는 말이다.

(17) 傍門戶(방문호): 문벌이나 집단에 빌붙다.

(18) 猩狒(성비): 성성이와 비비. 오랑우탄과 개코원숭이. 左思의 〈吳都賦〉에 "성성이는 눈물을 흘리면서 붙잡혀 가고, 비비는 웃음을 흘리면서 맞아죽는다(猩猩啼而就禽, 狒狒笑而被格)"라는 구절이 있다. 또 王十朋의 《百家註分類東坡先生詩》에 "성성이는 생김새가 개와 비슷하면서 사람의

얼굴을 가지고 있는데 사람과 이야기를 잘하고 붙잡혀서 죽을 때가 되면 마주보고 운다(猩猩形若狗而人面, 善與人言, 被執將死則相對而泣)"라고 했고, 명나라 鄭若曾의 《鄭開陽雜著 · 安南圖說》에 "비비는 생김새가 사람과 비슷한데 팔이 길고 몸통이 검으며 머리카락을 드리우고 빠른 속도로 달려 사람을 잡아먹는지라 사람을 보면 웃음을 짓는다(狒狒狀如人面, 長臂黑身, 披髮迅走食人, 見人則笑)"라고 했다. 이 연은 권문세가에 빌붙어서 비굴한 자세를 취하기도 하고 그렇게 해서 얻은 권력으로 거드름을 피우기도 하는 것을 가리키는 것으로 보인다.

(19) 蕭條(소조): 적막하고 쓸쓸하다.

(20) 行(행): 장차.

(21) 霜雪未(상설미): '霜雪未降之時'의 뜻이다.

(22) 楚魏(초위): 왕십붕의 《백가주분류동파선생시》에 "팽성(지금의 강소성 서주)은 본래 송나라의 땅이었는데 나중에 제나라 · 초나라 · 위나라가 송나라를 멸망시키고 그 땅을 셋으로 분할했다(彭城本宋地, 而其後齊 · 楚 · 魏滅宋, 三分其地)"라고 했다. 이 구절은 '觀楚魏遺跡'이 도치된 것이다.

(23) 吹帽(취모): 劉孝標의 《世說新語 · 識鑒》 주에 "孟嘉의 별전에 말했다.……나중에 정서대장군 환온의 참군이 되었다. 9월 9일 날 환온이 용산에 놀러 갔을 때 참모와 막료들이 다 모였는데 좌사들이 모두 군복을 입고 있었다. 바람이 불어 맹가의 모자가 떨어지자 환온이 좌우 사람들에게 아무 말도 하지 말라고 하고는 그의 행동거지를 살폈다. 맹가는 처음 이 사실을 깨닫지 못한 채 한참 뒤에 변소에 갔다. 그러자 환온이 그의 모자를 주워서 돌려주도록 명하고 또 孫盛에게 명하여 맹가를 조롱하는 글을 지어서 완성되면 그것을 맹가의 자리에 갖다 놓게 했다. 맹가가 돌아와 즉시 화답하자 자리에 있던 사람들이 모두 감탄했다(嘉別傳曰……後爲征西桓溫參軍. 九月九日, 溫遊龍山, 參寮畢集, 時佐史并著戎服, 風吹嘉帽墮落, 溫戒左右勿言, 以觀其擧止. 嘉初不覺, 良久如厠, 命取還之, 令孫盛作文嘲之, 成, 著嘉坐. 嘉還卽答, 四坐嗟嘆)"라는 일화가 소개되어 있다. 이 연은 곧 다가오는 중양절을 쇠고 나서 가야지 서둘러 돌아가 버리면 섭섭하다는 말이다.

## 0564. 次韻答頓起[1]二首

차운하여 돈기의 시에 화답한다

### 其一

| | |
|---|---|
| 挽袖推腰踏破紳,[2] | 소매를 당기고 허리를 밀고 띠를 밟아 찢어 가며 |
| 舊聞攜手上天門.[3] | 손을 잡고 천문에 올랐단 말 들었나니 |
| 相逢應覺聲容似,[4] | 만나서 목소리와 용모가 닮았다고 느꼈을 터 |
| 欲話先驚歲月奔. | 이야기를 하려다 세월이 빠름에 깜짝 놀라네. |
| 新學已皆從許子,[5][6] | 다들 이미 허자의 신학을 따르지만 |
| 諸生猶自畏何蕃.[7][8] | 생도들은 여전히 하번을 경외하네. |
| 殿廬直宿眞如夢,[9][10] | 궁전 옆의 오두막에서 숙직하던 일 돌아보니 참으로 꿈만 같은데 |
| 猶記憂時策萬言.[11] | 시절을 걱정하는 만 자나 되는 대책을 올린 일이 아직도 기억나네. |

### 其二

| | |
|---|---|
| 十二東秦比漢京,[12][13] | 장안에 비길 만한 천혜의 요지 동진 땅 |
| 去年古寺共題名.[14][15][16] | 작년에 그곳 옛 절에다 함께 이름을 썼는데 |
| 早衰怪我遽如許,[17] | 그대는 내가 이토록 갑자기 노쇠해졌다 괴이해하고 |
| 苦學憐君太瘦生.[18] | 나는 그대가 어렵게 공부해 너무 여위었다 연민하네. |

茅屋擬歸田二頃,[19] 띠집 지어 이 경의 밭으로 돌아가려 하나니
金丹終掃雪千莖.[20][21] 금단이 마침내 눈 천 가닥을 쓸어 내리.
何人更似蘇司業,[22] 그 누가 더 이상 소사업처럼
和遍新詩滿洛城.[23][24] 새 시에 두루 화답하여 낙양성을 채우리?

**[해설]**

돈기의 시에 차운하여 지은 것으로, 돈기의 인품과 문장력을 칭송하고 돈기와 소철, 돈기와 자신이 교유한 일을 회상했다.

**[주석]**

(1) 頓起(돈기): 〈與頓起 · 孫勉泛舟, 探韻得未字〉(0563) 주 (1) 참조.

(2) 紳(신): 옛날에 사대부들이 허리에 매던 긴 띠.

(3) 上天門(상천문): 소식의 자주에 "돈군이 급제할 때 내가 전시의 고시관이었기 때문에 그가 답안으로 작성한 대책을 보았는데 말이 아주 강직했다. 그 뒤 자유와 함께 서경(지금의 하남성 洛陽)의 거인시를 관리하고 끝난 뒤에 함께 숭산 꼭대기에 올라갔다. 나는 일찍이 그들이 주고받은 시 10여 수를 본 적이 있거니와 돈군의 시에도 언급되어 있었다(頓君及第時, 余爲殿試編排官, 見其答策語頗直. 其後與子由試擧人西京, 旣罷, 同登嵩山絶頂. 嘗見其唱酬詩十餘首, 頓詩中及之)"라고 했고, 査愼行의 《蘇詩補註》에 "그가 자유와 함께 숭산에 오른 일을 말한다. 선생의 자주에 아주 명확하게 나타나 있다(言其同子由登嵩山事, 先生自注甚明)"라고 했다. 天門은 숭산 中峰의 서쪽에 있는 대문처럼 생긴 두 개의 바위를 가리킨다.

(4) 相逢(상봉): 소식과 돈기의 만남을 가리킨다. 이 연은 돈기가 소식의 목소리와 용모가 소철의 그것과 닮았음을 보고 문득 희령 5년(1072)에 본 소철을 떠올리고는 그 사이에 벌써 세월이 많이 흘렀음을 느꼈을 것이라는 말이다.

(5) 新學(신학): 王十朋의 《百家註分類東坡先生詩》에 "신학은 왕개보의 새로운 경학을 말한다(新學以言王介甫新經之學也)"라고 했다.

(6) 許子(허자): 許行을 가리킨다. 王文誥의 《蘇軾詩集》에 "이 구절은 진상을 가지고 여혜경 무리를 비유하고 허행을 가지고 왕개보를 비유한 것이다. 돈기는 비록 여혜경의 문하에서 나왔지만 홀로 옛날 학문을 고수하였으므로 마지막 구절에서 '憂時策'으로 자신의 생각을 설파하였으니 거듭 칭송하는 방법이다(此句以陳相比呂惠卿輩, 以許行比王介甫也. 頓起雖出呂惠卿門下, 而獨守故學, 故末句用憂時策叫破, 所以重予之也)"라고 했다. 神農氏는 농기구를 만들어 농사 짓는 법을 가르치고 백성들과 함께 몸소 농사를 지은 사람인데, 《孟子 · 滕文公上》에 의하면 儒家인 陳相이 滕나라에 가서 신농씨를 추앙하는 허행을 만나 보고는 자신이 배운 것을 모두 버리고 허행

을 따랐다고 한다.

(7) 猶自(유자): 여전히. 아직.

(8) 何蕃(하번): 韓愈의 〈太學何蕃傳〉에 "태학생 하번은 태학에 입학한 지 20여 년이 되었는데, 해마다 진사과에 응시하여 학문이 성숙하고 행실이 고상하여 자연히 태학의 여러 생도들이 추앙하고 칭송하며 감히 하번과 맞먹으려고 하지 못했다(太學生何蕃, 入太學者二十餘年矣, 歲擧進士, 學成行尊, 自太學諸生推頌, 不敢與蕃齒)"라고 했다. 왕문고의 《소식시집》에 "하번은 돈기를 가리킨다. 아마 이때의 과거에서 섭조흡 등은 모두 아첨을 통하여 최고의 성적으로 급제했는데, 기풍과 절개가 있는 돈기만은 유독 그러지 않았다(何蕃指頓起也. 蓋是科葉祖洽輩, 幷以諂諛登上第, 而頓起之風節獨不然也)"라고 했다.

(9) 殿廬(전려): 숙직하는 관리들이 머물 수 있도록 궁전 옆에 지은 작은 집.

(10) 直宿(직숙): 숙직하다. 돈기가 殿試에 응시했을 때 소식이 고시관으로서 숙직한 일을 가리킨다. 주 (3) 참조.

(11) 憂時策萬言(우시책만언): 태평스럽지 못한 시절을 걱정하여 지은, 길이가 만 자나 되는 장문의 對策. 돈기가 과거시험의 답안으로 작성한 대책을 가리킨다. 주 (3) 참조.

(12) 十二東秦(십이동진): 10분의 2를 가지고 다른 제후국과 대적할 수 있는 전국시대의 제나라를 가리킨다. 전국시대 秦나라의 昭王은 西帝라고 칭했고, 제나라의 湣王은 東帝라고 칭했는데, 두 나라는 모두 부강하여 동쪽과 서쪽을 차지하고 있었기 때문에 나중에 이로 인하여 제나라 또는 제지방을 東秦이라고 불렀다. 《史記・高祖本紀》에 "진나라는 지세가 빼어난 나라로 주변에 험난한 강과 산이 에워싸고 있고 다른 나라와 천 리나 되게 뚝 떨어져 있으므로 다른 나라가 창 백만 개를 가지고 있다면 진나라는 그 100분의 2인 2만 개만 가지고도 이에 대적할 수 있습니다. 제나라는 땅이 사방으로 2천 리나 되므로 다른 나라가 창 백만 개를 가지고 있다면 천 리 밖에 뚝 떨어져 있는 제나라는 그 10분의 2인 20만 개만 가지고도 이에 대적할 수 있습니다. 그러므로 이것이 동진・서진입니다. 폐하의 친자제가 아니면 제나라로 보내어 왕 노릇 하게 할 수 없습니다(秦, 形勝之國, 帶河山之險, 縣隔千里, 持戟百萬, 秦得百二焉. 齊, 地方二千里, 持戟百萬, 縣隔千里之外, 齊得十二焉. 故此東西秦也. 非親子弟, 莫可使王齊矣)"라고 했다.

(13) 漢京(한경): 한나라의 도성이었던 장안(지금의 섬서성 西安)을 가리킨다.

(14) 去年(거년): 소식의 자주에 "작년에 청주(지금의 산동성 益都)에서 그를 만났다(去歲見之於青州)"라고 했다.

(15) 古寺(고사): 돈기와 함께 노닌 청주의 어느 절을 가리킨다.

(16) 題名(제명): 비석이나 기둥 따위에 이름을 쓰다. 당나라 때는 새로 진사급제한 사람들이 장안의 曲江에서 연회를 벌인 뒤 雁塔에 이름을 쓰는 풍습이 있었는데, 왕십붕의 《백가주분류동파선생시》에 "당나라 때 자은사의 안탑에 이름을 쓴 이후 선비들이 이것을 본뜨는 경우가 많았다(唐自慈恩寺鴈塔題名之後, 士人多效之)"라고 한 것을 보면 이런 풍습이 다른 지역으로까지 확대되었음을 알 수 있다.

(17) 如許(여허): 이와 같다.

(18) 太瘦生(태수생): 너무 수척하다. '生'은 의미 없는 助字이다. 歐陽修의 《六一詩話》에 "'太瘦生'은 당나라 때 사람들의 말인데 오늘날도 '作麽生'·'何似生' 따위와 같이 '生'을 어조사로 삼고 있다(太瘦生, 唐人語也, 至今猶以'生'爲語助, 如'作麽生'·'何似生'之類)"라고 했다.

(19) 田二頃(전이경): 《史記·蘇秦傳》의 "나에게 낙양성 주변의 땅 2경이 있었다면 내가 어떻게 육국 재상의 도장을 찰 수 있었으랴!(使我有雒陽負郭田二頃, 吾豈能佩六國相印乎!)"라는 말에서 유래한 말로 은거의 근거지를 가리킨다.

(20) 金丹(금단): 황금을 단련하여 만든 丹藥. 도가에서는 이것을 먹으면 장생불사한다고 믿었다.

(21) 雪千莖(설천경): 수많은 백발을 가리킨다. 이 연은 전원으로 돌아가서 단약이나 구우며 은거하면 젊음을 회복할 수 있을 것이라는 말이다. 두보의 시 〈鄭駙馬池臺喜遇鄭廣文同飮〉에 "흰 머리는 천 가닥의 눈이 되었고, 일편단심은 한 치의 재가 되었네(白髮千莖雪, 丹心一寸灰)"라는 구절이 있다.

(22) 司業(사업): 교육을 담당하는 관직의 이름. 왕십붕의 《백가주분류동파선생시》에 "소사업은 소원명이다. 바로 당나라 때의 시인인데 선생이 이로써 동생 자유를 비유한 것이다(蘇司業, 源明也. 乃唐之詩人, 先生以比子由云)"라고 했다.

(23) 和遍(화편): 두루 화답하다. '遍'은 동사 뒤에 붙어서 동작이 두루 미쳤음을 표시하는 결과보어이다. 왕문고의 《소식시집》에 "희령 5년(1072)에 자유는 낙양으로 가서 거인시를 관리하고 돌아갈 때 길이 숭산의 소실산으로 뻗어 있어서 돈기와 함께 낙양과 등봉을 한적하게 유람하고 소림사까지 갔다가 허주(지금의 하남성 許昌)에서 헤어졌다. 돈기에게 지어준 시 총 4편이 모두 《난성집》에 실려 있다(熙寧五年, 子由赴洛考試擧人, 及還, 道出嵩少, 閒同頓起游洛城·登封, 至少林寺, 別於許州. 與頓起詩凡四篇, 並載《欒城集》)"라고 했다. 이 연은 소철은 돈기의 모든 시에 다 화답했지만 자신은 그럴 능력이 없다는 말이다.

(24) 洛城(낙성): 낙양성.

## 0565. 九日黃樓[1]作

9월 9일 황루에서

去年重陽不可說,
南城夜半千漚發.
水穿城下作雷鳴,
泥滿城頭飛雨滑.
黃花白酒無人問,
日暮歸來洗靴韈.
豈知還復有今年,
把盞對花容一呷.[2]
莫嫌酒薄紅粉陋,[3]
終勝泥中千柄鍤.[4]
黃樓新成壁未乾,
淸河已落霜初殺.[5][6]
朝來白霧如細雨,
南山不見千尋刹.[7]
樓前便作海茫茫,[8][9]
樓下空聞櫓鴉軋.[10]
薄寒中人老可畏,[11][12]

지난해의 중양절은 말할 수도 없나니
남쪽 성에 한밤중에 물거품이 부글부글
성 밑을 뚫고 들어온 물은 우레소리 일으키고
성 위에 가득한 진흙탕은 비를 맞아 미끌미끌
국화 보며 술 마실지 묻는 사람 없었고
해 저물면 돌아와서 신과 버선 빨았거늘
어떻게 알았으리 금년에 또 중양절 맞아
술잔 들고 꽃을 보며 함께 한잔 마실 줄을?
술이 맛없고 여인이 못났다 싫어하지 말게나
아무래도 진흙 속의 삽 천 자루보다는 나을 테니.
막 완공된 황루에는 벽이 아직 덜 말랐고
물이 빠진 청하에는 서리로 초목이 시드는데
아침이면 가랑비처럼 흰 안개가 끼어서
남산의 천 길짜리 불탑이 안 보이고
누각 앞이 다름 아닌 망망대해로 변했지만
누각 밑에 오로지 노소리만 들린다.
선득한 추위에도 늙은이는 겁이 나서

熱酒澆腸氣先壓. 따뜻한 술을 속에 부어 한기를 먼저 가라앉히니
烟消日出見漁村, 안개 걷히고 해가 나며 어촌이 보이는데
遠水鱗鱗山齾齾.[13][14] 긴 강은 넘실넘실 산줄기는 들쭉날쭉
詩人猛士雜龍虎,[15][16] 시인들과 용사들은 용과 범이 섞인 모습
楚舞吳歌亂鵝鴨.[17][18] 초나라 춤과 오나라 노래는 거위와 오리가 뒤엉긴 모습
一杯相屬君勿辭, 술 한 잔을 권하노니 사양하지 말게나
此景何殊泛淸霅.[19] 이 광경이 삽계의 뱃놀이와 다를 것이 없으니.

**[해설]**

중양절을 맞아 황루에서 연회를 벌인 감회를 노래한 것이다. 앞부분에서 홍수를 만나 중양절 행사는 생각조차 할 수 없었던 지난해의 상황을 회상하고, 뒷부분에서 올해의 유쾌한 중양절 상황을 묘사했다

**[주석]**

(1) 黃樓(황루): 소식이 홍수를 막아 낸 뒤 서주성을 개축하고 성문 위에 세운 누각. 〈答王鞏〉(0561) 주 (15) 참조.
(2) 容一呷(용일합): 한 번 마시는 일을 허용하다.
(3) 紅粉(홍분): 곱게 단장한 미인을 가리킨다.
(4) 泥中千柄鍤(이중천병삽): 진흙탕 속에서 성을 쌓는 수많은 인부들이 든 삽을 가리킨다.
(5) 淸河(청하): 泗水의 일부로 서주를 지나가는 廢黃河를 가리킨다. 황루는 바로 폐황하의 둑에 있다. 〈送鄭戶曹〉(0547) 주 (15) 참조.
(6) 已落(이락): 이미 물이 빠지다. 歐陽修의 〈醉翁亭記〉에 "들꽃이 피어서 향기가 그윽하고, 싱그러운 나무가 우뚝하여 그늘이 짙으며, 바람이 높이 불고 서리가 깨끗하며, 물이 빠져서 바위가 드러나는 것은 산속의 사철이다(野芳發而幽香, 佳木秀而繁陰, 風霜高潔, 水落而石出者, 山間之四時也)"라는 말이 있다.
(7) 千尋刹(천심찰): 아주 높은 佛塔.
(8) 便作(변작): 바로 ~이 되다.
(9) 海茫茫(해망망): 황루 앞의 폐황하와 벌판이 안개에 덮여 있는 모습을 가리킨다.
(10) 鵶軋(아알): 노 젓는 소리. 이 구절은 폐황하에 떠 있는 배가 안개 때문에 형체는 보이지 않고 노 소리만 들린다는 뜻이다.
(11) 薄寒(박한): 약한 추위.

(12) 中(중): 습격하다. 傷害를 입히다.

(13) 鱗鱗(인린): 물고기의 비늘이 늘어선 것처럼 파도가 치는 모양.

(14) 齾齾(알알): 이가 빠진 것처럼 높아졌다 낮아졌다 하는 모양.

(15) 猛士(맹사): 소식의 자주에 "좌객 30여 명 가운데 이름이 널리 알려진 사람이 많았다(坐客三十餘人, 多知名之士)"라고 했는데 그중에는 문인뿐만 아니라 무관도 섞여 있었던 것으로 보인다.

(16) 龍虎(용호): 걸출한 인물을 가리킨다.

(17) 楚舞(초무): 초지방의 전통적인 춤.

(18) 吳歌(오가): 오지방의 전통적인 노래.

(19) 淸霅(청삽): 절강성 湖州를 지나 북쪽으로 흘러 太湖로 들어가는 霅溪를 가리킨다. 삽계 부근에 松江이 있는데 송강의 垂虹亭은 당시 사람들이 즐겨 연회를 벌이던 명소였다. 소식이 《東坡志林·記游松江》에서 "내가 옛날에 항주에서 밀주로 옮겨 갈 때 양원소와 같은 배를 탔는데 진영거와 장자야가 모두 나를 따라서 호주의 이공택에게 들렀다가 마침내 유효숙과 함께 다 같이 송강으로 갔다. 밤이 깊어 달이 뜨자 수홍정에 술상을 차렸다. 나이 85세로 가사로써 천하에 소문이 나 있던 장자야가 〈정풍파령〉을 지었다(吾昔自杭移高密, 與楊元素同舟, 而陳令擧·張子野, 皆從余過李公擇于湖, 遂與劉孝叔俱至松江. 夜半月出, 置酒垂虹亭上. 子野年八十五, 以歌詞聞于天下, 作〈定風波令〉)"라고 한 바와 같이, 소식도 희령 7년(1074) 9월 항주통판의 임기를 마치고 밀주지주로 부임해 가는 길에 이곳에서 호주지주 李常의 송별연을 받은 적이 있었다. 이 수홍정 연회에서 張先이 지은 사 〈定風波令〉(西閣名臣奉詔行)은 속칭 六客詞라고 하는데 이 사의 서문에 "삽계의 모임에 자리를 같이한 사람이 여섯 있었으니 양원소 시독, 유효숙 이부, 소자첨 학사, 이공택 학사, 진영거 현량이었다(霅溪席上, 同會者六人, 楊元素侍讀·劉孝叔吏部·蘇子瞻·李公擇二學士·陳令擧賢良)"라고 한 것을 보면 당시 사람들이 수홍정이 있는 송강 일대를 삽계로 간주했음을 알 수 있다. 삽계와 송강이 서로 연결되어 있는데다 거리도 가깝기 때문일 것이다. 그러므로 이 시에서 말한 '泛淸霅' 역시 수홍정에서의 연회를 가리키는 것으로 보인다. 〈至濟南, 李公擇以詩相迎, 次其韻二首〉(0468) 주 (12) 참조.

## 0566. 太虛[1]以黃樓賦[2]見寄[3], 作詩爲謝

진태허가 〈황루부〉를 부쳐 보냈기에 시를 지어서 감사한다

| 我在黃樓上, | 내가 황루 위에서 |
|---|---|
| 欲作黃樓詩. | 황루를 읊은 시를 지으려 할 때 |
| 忽得故人書, | 갑자기 친구의 편지를 받았는데 |
| 中有黃樓詞. | 그 가운데 황루를 읊은 노래가 있네. |
| 黃樓高十丈, | 황루는 높이가 열 길에 달하는데 |
| 下建五丈旗. | 그 밑에 다섯 길짜리 기를 세워 놓았고 |
| 楚山以爲城,[4] | 초산을 성으로 둘러 놨으며 |
| 泗水以爲池.[5] | 사수를 해자로 삼고 있다네. |
| 我詩無傑句, | 나의 시엔 멋들어진 구절이 없거니와 |
| 萬景驕莫隨.[6] | 풍경들이 뻗대며 내 말을 안 듣는데 |
| 夫子獨何妙,[7] | 선생은 유독 어찌 이토록 절묘한지 |
| 雨雹散雷椎.[8][9] | 우박을 내리려고 우레 망치로 마구 두드려 |
| 雄辭雜今古, | 웅장한 말이 고금을 한데 섞어 놓았는데 |
| 中有屈宋姿.[10] | 그 속에 굴원과 송옥의 자태가 있네. |
| 南山多磬石,[11] | 남산에는 경쇠 만드는 돌이 많은데 |
| 淸滑如流脂. | 기름기가 흐르는 듯 맑고도 매끈하고 |
| 朱蠟爲摹刻,[12][13] | 붉은색 납석에다 베껴 써서 새기면 |

| | |
|---|---|
| 細妙分毫釐.(14) | 세밀하고 절묘하여 호리도 분간하리. |
| 佳處未易識, | 멋진 곳은 쉬이 알기 어려운 바 있으나 |
| 當有來者知.(15) | 뒤에 오는 현자 중에 아는 이가 꼭 있으리. |

**[해설]**

소식이 홍수를 물리치고 난 뒤 서주성 동문 위에 황루를 세우자 진관이 〈황루부〉를 지어 소식에게 보냈다. 이 시는 진관에게 감사의 뜻을 표시하기 위하여 지은 것으로 진관의 뛰어난 문장력을 극구 칭송했다.

**[주석]**

(1) 太虛(태허): 북송의 유명한 詞人으로 蘇門四學士 가운데 한 사람인 秦觀의 字.

(2) 黃樓賦(황루부): 진관이 지은 부.

(3) 見寄(견기): 나에게 부치다. 〈次韻王定國馬上見寄〉(0562) 주 (2) 참조.

(4) 楚山(초산): 초지방에 있는 산. 서주는 한때 초나라에 속했다. 〈與頓起・孫勉泛舟, 探韻得未字〉(0563) 주 (22) 참조.

(5) 泗水(사수): 산동성에 있는 蒙山에서 발원하여 曲阜와 강소성 서주를 거쳐 대운하로 흘러드는 강. 〈次韻子由與顔長道同遊百步洪相地築亭種柳〉(0482) 주 (11) 참조.

(6) 萬景(만경): 온갖 경물. 백거이의 시 〈夏日獨直寄蕭侍御〉에 "땅이 귀함을 스스로 느끼지 못했는데, 마음이 한가하니 경물이 따라 오네(地貴身不覺, 意閑景來隨)"라는 말이 있다. 이 구절은 제5-8구에서 말한 황루 일대의 풍경들이 자기 시에는 제대로 묘사되어 있지 않다는 뜻이다.

(7) 夫子(부자): 진관을 가리킨다.

(8) 雨雹(우박): 우박을 내리다. 王十朋의 《百家註分類東坡先生詩》에 "뇌주에 뇌우가 크게 칠 때 어떤 사람이 번개 만드는 도끼와 우레 일으키는 망치를 주웠는데 모두 돌이었다(雷州大雷雨時, 人有收得雷斧・雷椎, 皆石也)"라고 했다.

(9) 雷椎(뇌추): 우레의 신이 우레를 일으키는 망치. 멋지고도 힘이 있는 문장을 비유한다.

(10) 屈宋(굴송): 屈原과 宋玉. 둘 다 뛰어난 초사 작가였다.

(11) 磬石(경석): 경쇠의 재료로 사용되는 돌. 《尙書・禹貢》의 "사수 가에 떠 있는 경쇠(泗濱浮磬)"라는 구절에 대한 孔安國의 주에 "사수 가에 있는 돌은 경쇠를 만들 수 있다(泗水涯石, 可以爲磬)"라고 했다. 여기서는 글자를 새기기에 좋은 돌을 가리킨다.

(12) 蠟(납): 蠟石. 곱돌. 기름과 같은 광택이 있고 표면이 양초처럼 매끈매끈한 돌. 역시 글자를 새기기에 좋은 돌을 가리킨다.

(13) 摹刻(모각): 글씨를 비석에 베껴 써서 새기다. 진관의 〈황루부〉를 돌에 새긴다는 말이다.

(14) 毫釐(호리): 만분의 1尺과 천분의 1尺. 지극히 짧은 획을 가리킨다. 이 구절은 돌에 새겨진 글자의 상태가 아주 좋아서 분명하게 알아볼 수 있다는 말이다.

(15) 來者(내자): 후세 사람을 가리킨다. 마지막 여섯 구절은 '磬石'이나 '朱蠟'처럼 질이 좋은 돌에다 진관의 〈황루부〉를 새겨서 그것을 잘 보존함으로써 그 가운데 함축적이고 고상하여 이해하기 힘든 부분을 해독하는 후세 사람이 나타나기를 기다리고 싶다는 뜻이다.

# 0567. 九日次韻王鞏(1)

9월 9일에 왕공의 시에 차운하여

| | |
|---|---|
| 我醉欲眠君罷休,(2)(3) | 내가 취해 자고 싶으니 그대도 쉬시지요. |
| 已教從事到青州.(4)(5)(6) | 이미 종사가 청주까지 가게 했으니까요. |
| 鬢霜饒我三千丈, | 그대는 백발이 나보다 삼천 길이나 더 길고 |
| 詩律輸君一百籌.(7)(8) | 나는 시가 그대에게 일백 수나 뒤지지요. |
| 聞道郎君閉東閣,(9)(10) | 듣자하니 낭군께선 동쪽 누각을 닫았다던데 |
| 且容老子上南樓.(11) | 늙은이가 남루에 오르는 걸 잠시 허용하는군요. |
| 相逢不用忙歸去, | 이렇게 서로 만났는데 바삐 돌아갈 거 없지요. |
| 明日黃花蝶也愁.(12) | 내일이면 노란 꽃에 나비도 근심에 빠질 텐데요. |

**[해설]**

자신을 찾아 개봉에서 서주까지 온 왕공과 함께 술을 마시는 감회를 노래한 것으로, 오랫동안 함께 지내고 싶은 간절한 소망이 담겨 있다.

**[주석]**

(1) 王鞏(왕공): 소식의 절친한 친구. 〈答王鞏〉(0561) 주 (1) 참조.

(2) 我醉欲眠(아취욕면): 《宋書 · 陶潛傳》에 "도잠은 만약 자기가 먼저 취하면 곧 손님에게 '제가 취해서 자고 싶으니 그대는 그만 가시지요'라고 했다(潛若先醉, 便語客: '我醉欲眠卿可去.')"라는

기록이 있고, 이백의 시 〈山中與幽人對酌〉에 "내가 취해 자려 하니 그대 일단 갔다가, 내일 아침에 기분 내키면 거문고 안고 오게나(我醉欲眠卿且去, 明朝有意抱琴來)"라는 구절이 있다.

(3) 罷休(파휴): 그만두다. 술 마시기를 그만둔다는 뜻이다.

(4) 教(교): ~로 하여금 ~하게 하다. 이 구절은 술이 어지간히 취했다는 뜻이다.

(5) 從事(종사): 관직 이름. 州郡 장관의 보좌관.

(6) 青州(청주): 지명. 지금의 산동성 益都. 《世說新語・術解》에 "환공에게는 술을 잘 감별하는 주부가 한 사람 있어 술이 생기면 매번 그로 하여금 먼저 맛을 보게 했는데 그는 좋은 술을 '青州從事'라고 하고 나쁜 술을 '平原督郵'라고 했다. 청주에는 齊郡이 있고 평원에는 鬲縣이 있으며 종사란 '臍(배꼽)'까지 갔다는 말이고 독우란 '鬲(횡격막)' 위에 머물러 있다는 말이다(桓公有主簿, 善別酒, 有酒輒令先嘗, 好者謂'青州從事', 惡者謂'平原督郵'. 青州有齊郡, 平原有鬲縣, 從事言到臍, 督郵言在鬲上住)"라고 했다. 청주종사는 제군에 거주하고 평원독우는 격현에 거주한다는 것을 전제로 하고, 또한 '齊郡'의 '齊'와 배꼽이라는 뜻의 '臍'가 같은 발음이고 '鬲縣'의 '鬲'과 횡격막이라는 뜻의 '膈'이 같은 발음임을 이용한 우스갯소리로, 좋은 술은 배꼽까지 내려가고 나쁜 술은 횡격막에 걸려서 더 이상 안 내려간다는 뜻이다.

(7) 輸(수): 지다. 뒤지다.

(8) 一百籌(일백주): 100개. 100首. 王文誥의 《蘇軾詩集》에 "왕정국은 팽성에 가서 열흘 동안 머물 때 오락가락하며 지은 시가 거의 백여 편에 달했는데, 소식이 이 시를 지을 당시에 이미 수십 편이 있었기 때문에 이 시에 '나는 시가 그대에게 일백 수나 뒤지지요'라는 구절이 있는 것이다(王定國至彭城, 留十日, 往反作詩, 幾百餘篇. 時大約已有數十篇矣. 故詩有'詩律輸君一百籌'句)"라고 했다.

(9) 聞道(문도): ~라고 하는 말을 듣다.

(10) 郎君(낭군): 귀한 집 자제에 대한 존칭. 왕공을 가리킨다. 이 구절은 왕공이 평소에 손님들과 함께 술을 마시며 놀지 않는다는 뜻이다.

(11) 老子(노자): 늙은이. 소식 자신을 가리킨다. 晉나라 사람 庾亮이 武昌을 다스리고 있던 어느 가을날 밤에 殷浩 등의 보좌관들이 휘영청 밝은 달빛을 받으며 南樓에 올라가서 놀았다. 이때 갑자기 유량이 나타나자 모두들 일어나 그를 피하려고 했다. 이것을 본 유량이 "잠시들 기다리게나. 이 늙은이도 감흥이 적지 않다네"라고 하며 胡牀에 앉아 밤새도록 함께 담소도 하고 시도 읊었다.(《歲時廣記・登南樓》 참조)

(12) 黃花(황화): 국화를 가리킨다. 鄭谷의 시 〈十日菊〉에 "중양절이 지나 벌은 근심해도 나비는 아직 모르는데, 새벽 뜰에는 아직도 꺾어진 가지가 둘러서 있네(節去蜂愁蝶不知, 曉庭還繞折殘枝)"라고 한바, 이 구절은 이것을 변형시킨 것으로 세월이 빨리 흘러감을 안타까워한 것이다. 소식의 사 〈南鄉子〉(霜降水痕收)에도 같은 구절이 있다.

## 0568. 送頓起[1]

돈기를 전송하며

| | |
|---|---|
| 客路相逢難, | 객지에서 정든 이를 만나기는 어려운데 |
| 爲樂常不足. | 즐길 일이 언제나 부족한지라 |
| 臨行挽衫袖, | 떠날 때가 다 돼서야 적삼 소매 붙잡고 |
| 更賞折殘菊. | 다 꺾어진 국화나마 다시 구경하나니 |
| 佳人亦何念,[2] | 가인은 또 무엇을 생각하기에 |
| 悽斷陽關曲.[3][4] | 저토록 처량하게 〈양관곡〉을 부르시나? |
| 酒闌不忍去, | 술자리가 끝나 가도 차마 떠나지 못해 |
| 共接一寸燭.[5] | 둘이 함께 초 한 치씩 이어 붙여 보지만 |
| 留君終無窮, | 그대를 붙잡자면 끝내 한이 없을 터 |
| 歸駕不免促.[6] | 서둘러 돌아가지 않을 수 없겠지요. |
| 岱宗已在眼,[7] | 태산이 지금 이미 눈앞에 서 있으니 |
| 一往繼前躅.[8] | 한번 가서 옛 자취를 이어 보실 터 |
| 天門四十里,[9] | 천문 길 사십 리를 올라가셔서 |
| 夜看扶桑浴.[10] | 밤중에 부상에서 목욕하는 해를 보고 |
| 回頭望彭城,[11] | 고개 돌려 팽성을 바라보시면 |
| 大海浮一粟. | 대해에 좁쌀이 한 알 떠 있겠지요. |
| 故人在其下,[12] | 친구가 그 아래에 있을지라도 |

塵土相陿蹴.(13) 흙먼지가 몰아쳐서 보이지 않고
惟有黃樓詩,(14) 황루를 노래한 그대의 시만
千古配淇澳.(15) 천고토록 〈기욱〉에 짝할 테지요.

**[해설]**

돈기와의 작별에 즈음하여 석별의 정을 토로한 것으로 인생무상감이 진하게 배어 있다.

**[주석]**

(1) 頓起(돈기): 〈與頓起・孫勉泛舟, 探韻得未字〉(0563) 주 (1) 참조.
(2) 佳人(가인): 송별연 자리에서 노래를 부르는 歌妓를 가리킨다.
(3) 悽斷(처단): 한없이 처량하다.
(4) 陽關曲(양관곡): 중국 송별가의 대명사라고 할 수 있는 王維의 시 〈送元二使安西〉를 가리킨다. 〈渭城曲〉이라고도 한다.
(5) 一寸燭(일촌촉): 율시 한 수를 짓는 데 소요되는 초의 길이를 가리킨다. 《南史・王僧孺傳》에 "경릉왕 蕭子良은 일찍이 밤에 학사들을 모아 놓고 초에 눈금을 새겨 가며 시를 지은 적이 있는데, 4운짜리 한 수를 짓는 데는 한 치의 눈금을 새기고 길이가 다른 시는 이것을 기준으로 초의 길이를 가감했다(竟陵王子良嘗夜集學士, 刻燭爲詩, 四韻者則刻一寸, 以此爲率)"라고 했고, 《新唐書・柳公權傳》에 "(文宗이) 한번은 밤에 유공권을 불러 작은 정자에서 마주 앉아 이야기를 나누는데 초가 다 타도 이야기가 끝나지 않자 궁인들이 촛농을 종이에 적셔서 이어 나갔다(嘗夜召對子亭, 燭窮而語未盡, 宮人以蠟液濡紙繼之)"라고 했다. 이 구절은 이 두 가지 典故를 혼용하여 헤어지기 아쉬운 마음에 두 사람이 초를 이어 붙여 가며 시를 주고받는 모습을 묘사한 것이다.
(6) 不免促(불면촉): 서두르지 않을 수 없다.
(7) 岱宗(대종): 泰山. 王十朋의 《百家註分類東坡先生詩》에 "돈씨는 아마 연주로 갈 예정이었던 것 같다(頓蓋之兗州)"라고 했다. 태산은 兗州의 북쪽에 있다.
(8) 前躅(전촉): 옛 사람의 발자취. 옛날 사람들이 태산을 유람한 일을 가리킨다.
(9) 天門(천문): 漢나라 應劭의 《漢官儀》에 "태산의 꼬부랑길을 구불구불 올라가면 모두 50여 굽이나 되는데 소천문과 대천문을 지나노라면 동굴의 천장에 난 구멍으로 하늘을 보는 것 같다(太山盤道, 屈曲而上, 凡五十餘盤, 經小天門・大天門, 如從穴中視天窗矣)"라는 말도 있고, 또 "태산 동쪽에서 40리를 올라가면 천문에 이른다(泰山東上四十里, 至天門)"라는 말도 있다.
(10) 扶桑(부상): 중국 신화 속의 나무로 동해 바다의 暘谷에 있는데 태양이 이 나무 밑에서 목욕을 하고 아침이 되면 하늘로 떠오른다고 한다.

(11) 彭城(팽성): 지금의 강소성 徐州.

(12) 故人(고인): 돈기의 친구인 소식을 가리킨다.

(13) 豗蹴(회축): 몰아치다. '豗蹙'과 같다. 杜甫의 시 〈三川觀水漲二十韻〉에 "깊은 산에서 내려온 빗물이 하도 많아, 도랑물이 콸콸 서로 부딪치며 흐른다(自多窮岫雨, 行潦相豗蹙)"라는 구절이 있다.

(14) 黃樓詩(황루시): 소식의 자주에 "돈씨에게는 황루의 자초지종을 기록한 시가 있다(頓有詩記黃樓本末)"라고 했다.

(15) 淇澳(기욱): 《詩經·衛風》의 편명. 〈毛詩序〉에 "〈기욱〉은 무공의 덕을 찬미한 것이다(〈淇奧〉, 美武公之德也)"라고 했다. 소식이 〈淇奧〉의 어떤 이미지를 취했는지 확실히는 알 수 없지만, 강가를 배경으로 한 시 중에서 오래도록 애송되는 훌륭한 시라는 이미지를 취했을 가능성이 있다. 돈기의 황루시 역시 강가를 배경으로 하고 있을 것이기 때문이다. 마지막 네 구절은 돈기가 서주를 떠나 시야에서 멀어지면 머지않아 서로의 존재를 잊어 버릴 것이라는 무상감을 토로하면서 동시에 황루를 노래한 돈기의 시를 칭송한 것이다.

## 0569. 送孫勉[1]

손면을 전송하며

| | |
|---|---|
| 昔年罷東武,[2] | 옛날에 밀주태수의 임기를 끝마치고 |
| 曾過北海縣.[3] | 북해현을 지나온 적이 있는데 |
| 白河翻雪浪,[4][5] | 하얀 강엔 쌓인 눈이 물결 되어 요동치고 |
| 黃土如蒸麪.[6] | 누런 흙은 찐빵처럼 소복하고 하얬지요. |
| 桑麻冠東方,[7] | 뽕과 삼은 동방에서 으뜸이지만 |
| 一熟天下賤.[8] | 풍년 들면 온 천하가 천하게 여겼는데 |
| 是時累飢饉,[9] | 이때에는 거듭하여 기근마저 든지라 |
| 嘗苦盜賊變.[10] | 도적들이 설쳐서 괴로운 적 있었는데 |
| 每憐追胥官,[11] | 그때마다 포졸들을 가련하게 여겼나니 |
| 野宿風裂面. | 노숙으로 바람 맞아 얼굴이 다 텄지요. |
| 君爲淮南秀,[12] | 그대는 회남 땅의 우수한 인물이라 |
| 文采照金殿. | 문채가 황금빛 궁전을 비췄거늘 |
| 胡爲事奔走,[13] | 무엇 때문에 여기저기 쫓아다니길 일삼아 |
| 投筆腰羽箭.[14] | 붓을 던지고 허리에 화살을 차셨나요? |
| 更被髯將軍,[15] | 게다가 텁석부리 손장군이 보내준 |
| 豪篇來督戰.[16][17] | 전쟁을 독려하는 시도 받았다지요. |
| 親程三郡士,[18] | 세 고을의 선비들을 친히 품평하셨으니 |

| | |
|---|---|
| 玉石不能衒. | 현혹되어 옥과 돌이 뒤바뀔 리 없겠지요. |
| 欲知君得人, | 그대가 사람을 선발하는 방법을 알고 싶나니 |
| 失者亦稱善.[19] | 실패한 사람마저 훌륭하다 한다지요. |
| 君才無不可, | 그대의 재주로는 안 될 것이 없겠지만 |
| 要使經百鍊.[20] | 백 번의 단련을 거치게 하려 하는군요. |
| 吾詩堪咀嚼,[21] | 나의 시도 조금은 씹어 볼 만하거니 |
| 聊送別酒讌.[22] | 그런대로 이별주의 안주로 삼으셔요. |

**[해설]**

손면을 전송하는 송별연 자리에서 지은 것으로, 그의 능력을 칭송하고 아울러 북해처럼 열악한 고을로 가서 일해야 하는 회재불우한 그의 처지를 위로했다.

**[주석]**

(1) 孫勉(손면): 〈與頓起・孫勉泛舟, 探韻得未字〉(0563) 주 (2) 참조.
(2) 東武(동무): 密州(지금의 산동성 諸城)에 속한 현인 제성의 옛날 이름. 밀주를 가리킨다.
(3) 北海縣(북해현): 지금의 산동성 濰坊으로 靑州 동쪽에 위치한 濰州의 속현이었다. 〈除夜大雪, 留濰州, 元日早晴, 遂行, 中途雪復作〉(0466) 주 (1) 참조. 소식은 희령 9년(1076) 12월에 밀주지주의 임기가 끝나 河中府知府로 옮겨 갔는데 이때 북해현을 지나갔다. 이때 그가 지은 시 〈除夜大雪, 留濰州, 元日早晴, 遂行, 中途雪復作〉(0466)과 〈大雪, 靑州道上, 有懷東武園亭, 寄交代孔周翰〉(0467)을 보면 당시에 눈이 많이 내렸음을 알 수 있다. 손면의 다음 목적지가 북해현 일대였기 때문에 자신이 그곳에서 경험한 일을 이야기한 것으로 보인다.
(4) 白河(백하): 얼음과 눈에 덮인 강을 가리키는 것으로 보인다.
(5) 雪浪(설랑): 쌓인 눈이 바람에 요동치는 모양을 물결에 비유한 것이다.
(6) 蒸麪(증면): 이 구절은 누런 땅 위에 흰 눈이 소복하게 쌓여 있는 모양을 찐빵 또는 호빵에 비유한 것이다.
(7) 冠東方(관동방): 밀주에 뽕과 삼이 많았다는 말이다. 〈和蔣夔寄茶〉(0434)에 "배를 버리고 동무로 들어온 뒤론, 비옥한 들로 나가면 곧 뽕과 삼의 개울이라오(自從捨舟入東武, 沃野便到桑麻川)"라는 구절이 있다.
(8) 熟(숙): 무르익다. 풍년이 들다.
(9) 是時(시시): 소식이 북해를 지나갈 무렵을 가리킨다.
(10) 盜賊變(도적변): 도적들이 일으키는 변고.

(11) 追胥官(추서관): 도적을 쫓아내거나 붙잡는 일을 하는 관리.

(12) 淮南秀(회남수): 회수 남쪽 지방의 빼어난 인물. 손면은 高郵(지금의 강소성 고우) 사람인 孫覺의 동생이다. 〈和孫莘老次韻〉(0534) 주 (1) 참조. 소식의 자주에 "손군은 진사시험에서 일등으로 합격했었다(君嘗考中進士第一人)"라고 했다.

(13) 胡爲(호위): 무엇 때문에.

(14) 羽箭(우전): 화살. 꼬리에 새의 깃털이 꽂혀 있기 때문에 이렇게 불렀다.

(15) 髯將軍(염장군): 손면의 형 손각을 가리킨다. 〈次韻秦觀秀才見贈, 秦與孫莘老·李公擇甚熟, 將入京應擧〉(0543) 주 (28) 참조.

(16) 豪篇(호편): 뛰어난 작품. 손각이 동생 손면에게 보낸 시를 가리킨다.

(17) 督戰(독전): 소식의 자주에 "그의 형 신로가 그에게 시를 보냈는데 온통 전쟁에 관한 얘기였다(其兄莘老, 以詩寄之, 皆言戰事)"라고 했다. 이 이야기는 소식이 손면에게 들었을 것이다.

(18) 三郡(삼군): 소식의 〈徐州鹿鳴燕賦詩敍〉에 "원풍 원년(1078)에 세 고을의 선비들이 모두 서주에서 거인시를 보았다(元豊元年, 三郡之士, 皆擧於徐)"라고 했는데 查愼行의 《蘇詩補註》에는 이것을 근거로 "서주 및 기주 · 운주 등의 세 고을을 말한다(謂徐及沂 · 鄆三州也)"라고 했다. 그러나 王文誥의 《蘇軾詩集》에는 "소식 문집 중의 〈徐州鹿鳴燕賦詩敍〉에 세 고을에 관한 명확한 문구가 없기 때문에 서주와 기주 이외에 나머지 하나가 어느 고을인지는 상세하지 않다. 소식 문집 중의 〈중추월〉 시 가운데 '舒子云云' 하는 구절의 자주에 '서환은 운주에서 擧人試를 관장했다'라고 하고, 또 '頓子云云' 하는 구절의 자주에 '돈기는 서주에 와서 거인시를 관장했다'라고 했으므로 운주 선비들은 서주에서 거인시를 보지 않은 것이다(本集〈詩敍〉無三郡明文, 徐 · 沂之外, 其一不詳何郡. 本集〈中秋月〉詩'舒子'句自註云: '舒煥試擧人鄆州.' 又'頓子'句自註云: '頓起來徐試擧人.' 是鄆不擧於徐也)"라고 했다. 이 구절은 손면이 서주에 와서 거인시를 관장한 일을 가리킨다.

(19) 稱善(칭선): 훌륭하다고 말하다. 이 연은 손면이 인재를 선발하는 방식, 즉 과거시험 답안지를 채점하는 방식이 공정해서 불합격한 사람조차도 그의 채점에 불만을 토로하지 않았다는 말이다.

(20) 百鍊(백련): 온갖 시련. 손면은 당시 자기 재능에 걸맞는 관직에 있지 않았던 것으로 보이는바, 이 연은 천부적으로 타고난 그의 재주와 후천적으로 경험한 갖가지 시련이 결합되면 더할 나위 없이 좋은 작품이 탄생할 것이라며 회재불우한 손면을 위로한 것이다.

(21) 咀嚼(저작): 씹다. 음미하다.

(22) 送別酒(송별주): 이별의 술을 마셔서 배 속으로 내려보내다. 이 연은 불우한 현실로 인하여 우울해 하지 말고 자기 시를 안주 삼아 술이나 마시자는 말이다.

## 0570. 李思訓[1]畫長江絶島圖[2]

이사훈이 그린 〈장강절도도〉

山蒼蒼,
水茫茫,
大孤小孤江中央.[3][4]
崖崩路絶猿鳥去,[5]
惟有喬木攙天長.
客舟何處來,
棹歌中流聲抑揚.[6][7][8]
沙平風軟望不到,[9]
孤山久與船低昂.
峨峨兩烟鬟,[10][11]
曉鏡開新粧.[12]
舟中賈客莫漫狂,[13][14]
小姑前年嫁彭郎.[15][16][17]

청산은 푸릇푸릇
녹수는 가물가물
대고산 소고산이 강 가운데 떠 있는데
낭떠러지 무너지고 길이 끊기고
원숭이도 떠나가고 새도 떠나고
높다란 나무들만 먼 하늘을 찔러 댄다.
조그만 배 한 척 어디에서 오는지
뱃노래가 강 안에서 오르락내리락 울리고
산들바람 불어대는 평평한 모래밭은
뚫어져라 바라봐도 끝이 보이지 않고
대고산과 소고산은 오랫동안 흔들흔들
배를 따라 들렸다 놓였다 한다.
우뚝하게 솟아 있는 두 개의 쪽머리가
새벽 거울 앞에 앉아 새로 단장할지라도
배 안에 있는 도붓장수여 괜히 설레지 말게나
아가씨는 작년에 팽도령에게 시집갔단다.

## [해설]

당나라 현종 때의 화가 이사훈의 그림 〈장강절도도〉를 보고 지은 제화시이다. 원래 파양호와 장강이 만나는 지점에 있는 대고산과 장강 안에 있는 소고산의 아름다운 경치를 그린 이사훈의 그림은 지금 전해지지 않는데, 소식이 이 그림을 보고 그것을 시로 바꾸어 놓음으로써 그림의 대략적인 면모를 엿볼 수 있다. '대고(大孤)'·'소고(小孤)'가 각각 '대고(大姑)'·'소고(小姑)'와 통하고 '팽랑(澎浪)'이 '팽랑(彭郎)'과 통한다는 사실에 착안하여 기발한 상상을 해 본 것이다.

## [주석]

(1) 李思訓(이사훈): 당나라 張彦遠의 《名畫記》에 "이사훈은 황족으로 이임보의 백부이다. 그의 그림은 한 시대를 풍미하는 절묘한 작품이라는 칭송을 들었고 그의 관직은 좌무위대장군에 이르렀다.……당시 사람들이 그를 이장군이라고 불렀다(李思訓, 宗室也. 林甫之伯父. 畫稱一時之妙, 官至左武衛大將軍.……時人謂之李將軍也)"라고 했다.

(2) 長江絶島圖(장강절도도): 이사훈이 그린 산수화. 이 그림은 현재 전해지지 않지만 소식의 이 시를 통하여 장강 안의 외딴 섬인 大孤山과 小孤山 일대의 풍경을 그린 것임을 짐작할 수 있다.

(3) 大孤(대고): 대고산. 鄱陽湖와 장강이 만나는 지점에 위치하여 멀리 장강 안에 있는 소고산과 서로 마주 보고 서 있다. 《太平寰宇記》에 "팽려호(즉 파양호)는 둘레가 450리인데 호수 중심에 대고산이 있어서 덕화현과 도창현의 경계를 이룬다(彭蠡湖, 周圍四百五十里, 湖心有大孤山, 以別德化·都昌之界)"라고 했다.

(4) 小孤(소고): 소고산. 《태평환우기》에 "소고산은 높이가 30장이고 둘레가 1리인데 팽택현 고성에서 서북쪽으로 90리 되는 곳에 있다(小孤山, 高三十丈, 周圍一里, 在彭澤縣古城西北九十里)"라고 했다.

(5) 猿鳥去(원조거): 원숭이와 새가 그림에 나타나 있지 않은 것을 뜻하는 것으로 보인다.

(6) 棹歌(도가): 노를 저으면서 부르는 노래. 뱃노래.

(7) 中流(중류): 강 가운데.

(8) 聲抑揚(성억양): 소리가 낮아졌다 높아졌다 하여 아름다운 선율을 이룬다는 뜻이다.

(9) 望不到(망부도): 바라보아도 시선이 미칠 수 없다. 아득히 멀다는 뜻이다.

(10) 峨峨(아아): 높이 솟은 모양.

(11) 烟鬟(연환): 안개에 덮인 쪽머리. 대고산과 소고산이 둥그스름하게 솟아 있는 모양을 쪽머리에 비유한 것이다.

(12) 曉鏡(효경): 잔잔한 수면을 가리킨다.

(13) 漫(만): 공연히. 헛되이.

(14) 狂(광): 미혹되다. 넋이 빠지다.

(15) 小姑(소고): 소고산의 '小孤'는 발음이 같기 때문에 '小姑'로도 쓰는데 '小姑'가 '시누이', 즉 '아가씨'를 뜻한다는 사실을 이용하여 해학적으로 표현한 것이다. 歐陽修의 《歸田錄》에 "강남에 대고산과 소고산이 있는데 세상 사람들이 '孤'를 '姑'로 바꾸었다(江南有大小孤山, 而世俗轉孤爲姑)"라고 했다.

(16) 前年(전년): 작년. 재작년.

(17) 彭郎(팽랑): '澎浪磯'의 '澎浪'을 발음이 같은 다른 글자로 고쳐 쓴 것으로 팽씨 도령이라는 뜻이 된다. 歐陽修의 《歸田錄》에 "강 옆에 澎浪磯라고 하는 바위가 하나 있는데 마침내 '彭郎'으로 바꾸고는 '팽랑은 소고의 남편이다'라고 한다(江側有一石磯, 謂之澎浪磯, 遂轉爲彭郎, 云: '彭郎, 小姑壻也.')"라고 했다.

# 0571. 張安道[1]見示[2]近詩[3]

장안도가 근래에 지은 시를 보여 주셔서

| | |
|---|---|
| 人物一衰謝,[4] | 인물들이 하나같이 시들어 떨어지매 |
| 微言難重尋.[5] | 미묘한 말씀을 다시 찾기 어려운데 |
| 殷勤永嘉末,[6][7] | 영가 말에 다시 한 번 은근하게도 |
| 復聞正始音.[8] | 정시 때의 청아한 말을 들려 주시네. |
| 淸談未足多,[9][10] | 나의 시는 청담이 많다고 할 건 없고 |
| 感時意殊深. | 시절에 대한 감개는 생각이 무척 깊나니 |
| 少年有奇志, | 젊을 때는 남다른 의지가 있어 |
| 欲和南風琴.[11] | 〈남풍〉 타는 거문고에 화답하려 했었네. |
| 荒林蜩蚻亂,[12] | 황량한 숲 속에는 매미 소리 어지럽고 |
| 廢沼蛙蟈淫.[13][14] | 버려진 늪에서는 개구리 소리 요란하여 |
| 遂欲掩兩耳, | 마침내 귀를 막고 시를 쓰려 하셨으나 |
| 臨文但噫瘖.[15][16] | 한숨만 푹푹 쉴 뿐 말문을 못 여셨네. |
| 蕭然王郎子,[17][18] | 말쑥하게 잘 생긴 왕도령께선 |
| 來自緱山陰.[19] | 구씨산의 북쪽에서 오시는 길에 |
| 云見浮丘伯,[20] | 부구백이 퉁소를 부는 모습을 |
| 吹簫明月岑. | 밝은 달이 비치는 봉우리에서 보았는데 |
| 遺聲落淮泗,[21] | 그 여운이 회수와 사수에 떨어지자 |

| | |
|---|---|
| 蛟鼉爲悲吟.(22) | 교룡과 악어가 슬피 울었다 하네. |
| 願公正王度,(23) | 공께서 임금님의 덕망을 바로잡아 |
| 祈招繼愔愔.(24)(25) | 온화한 기초를 계승하면 좋겠네. |

**[해설]**

왕공이 서주로 올 때 가지고 온 장방평의 시 《낙전당잡영》을 보고 지은 것이다. 장방평의 시가 현실문제를 외면하고 있음에 아쉬움을 느끼고 공허한 청담 대신 현실문제를 해결하는 데 도움이 될 만한 실용적인 시를 지었으면 좋겠다는 소망을 노래했다.

**[주석]**

(1) 安道(안도): 張方平의 字. 〈張安道樂全堂〉(0424) 주 (1) 참조.

(2) 見示(견시): 나에게 보여 주다. 〈次韻王定國馬上見寄〉(0562) 주 (2) 참조.

(3) 近詩(근시): 근래에 지은 시. 소식의 자주에 "그의 사위인 왕공이 가지고 왔다(其壻王鞏攜來)"라고 했고, 《烏臺詩案》에 "원풍 원년(1078) 8월 중에 장방평이 왕공으로 하여금 시 한 권을 가지고 서주로 오게 했는데 봉함 부분에 《낙전당잡영》이라고 쓰여 있었다. 뜯어서 보니 바로 장방평이 옛날에 지은 시였다(元豊元年八月內, 張方平令王鞏將詩一卷來徐州, 題封曰《樂全堂雜詠》. 拆開看, 乃是張方平舊詩)"라는 말이 있다.

(4) 衰謝(쇠사): 시들어 떨어지다. 쇠락하다.

(5) 微言(미언): 깊은 뜻이 담겨 있는 미묘한 말.

(6) 殷勤(은근): 바라는 마음이 간절하다.

(7) 永嘉(영가): 西晉 회제의 연호(307-313).

(8) 正始音(정시음): 魏나라 정시(240-249) 연간에 시작되어 위진 시기에 성행한 玄談, 즉 淸談을 가리킨다. 정시 연간에는 사대부들이 노장사상을 숭상함에 따라 시풍도 그 영향을 받아 淸虛하고 초탈한 내용이 주류를 이루었는데 이러한 시풍을 정시체라고 했다. 晉나라 衛玠는 어릴 적부터 재주가 총명하여 주위 사람들을 탄복하게 했는데 자라서 현담을 좋아했다. 나중에 그가 豫章으로 가자 예장을 지키고 있던 대장군 王敦이 長史 謝鯤에게 "옛날에 왕보사는 조정에서 쇠로 만든 종의 소리를 내더니 이 사람은 또 강남에서 옥으로 만든 경쇠의 소리를 내어 미묘한 말의 실마리가 끊어졌다가 다시 이어지는지라 영가 말년에 뜻하지 않게 다시금 정시의 소리를 듣는구려(昔王輔嗣吐金聲於中朝, 此子復玉振於江表, 微言之緒, 絶而復續. 不意永嘉之末, 復聞正始之音)"라고 했다.(《진서·위개전》 참조) 이상의 네 구절은 정시 연간 이후 듣기 힘들었던 청담을 영가 연간에 위개가 다시 들려주었던 것처럼 근래에는 듣기 힘들었던 청담을 장방평이 다시 들려주었다는 뜻으로 《낙전당잡영》에 수록된 장방평의 시가 현실문제에 대하여 매우 초연함을

가리키는 것으로 보인다.

(9) 淸談(청담): 위진 시기에 사대부들이 노장사상을 숭상한 나머지 즐겨 주고받던 청아하고 미묘한 담론. 위나라의 何晏·夏侯玄·王弼 등에서 비롯되어 진나라의 王衍에 이르러 더욱 성행했으며 제나라와 양나라 때까지 지속되었다.

(10) 未足(미족): ~라고 할 수 없다.

(11) 南風(남풍): 옛날 악곡의 이름. 《孔子家語·辨樂解》에 "옛날에 순임금이 오현금을 연주하며 〈남풍〉 시를 지으셨으니 그 가사에 '남풍의 훈훈함이여! 백성의 화를 풀어 줄 수 있겠네. 남풍의 시의적절함이여! 백성의 창고를 채워 줄 수 있겠네'라고 했다(昔者舜彈五絃之琴, 造〈南風〉之詩, 其詩曰: '南風之薰兮, 可以解吾民之慍兮. 南風之時兮, 可以阜吾民之財兮')"라는 말이 있다. 이 연은 자신이 젊은 시절에 백성에 대한 사랑을 노래하고자 했다는 말이다.

(12) 蜩蚻(조찰): 매미.

(13) 蛙蟈(와괵): 개구리. 매미 소리와 개구리 소리는 모두 신법파 인사들의 가치 없는 주장을 가리키는 것으로 보인다.

(14) 淫(음): 난잡하다.

(15) 臨文(임문): 글짓기에 임하다.

(16) 噫瘖(희음): 한숨만 쉬고 말을 하지 않다. 이 연은 장방평이 현실문제를 풍자하는 시를 짓자니 아무런 결과도 얻지 못한 채 물의만 일으킬 것 같아서 초연한 마음으로 정시체의 시를 지었음을 뜻하는 것으로 보인다.

(17) 蕭然(소연): 말끔하다. 초탈하다.

(18) 王郎子(왕랑자): 왕씨 도령. 王仙客의 외삼촌인 劉振에게는 왕선객보다 몇 살 아래인 劉無雙이라는 딸이 있어 나중에 왕선객과 결혼했다. 왕선객과 유무쌍은 어릴 때 서로 스스럼없이 지냈는데 그때 유진의 부인이 왕선객을 왕랑자라고 불렀다.(《劉無雙傳》 참조) 나중에는 왕씨 성을 가진 사위를 왕선객이라고 불렀는바, 여기서는 장방평의 사위인 왕공을 가리킨다.

(19) 緱山(구산): 緱氏山. 하남성 嵩山 서북쪽에 있는 산. 《元和郡縣圖志·河南道一》에 "구씨산은 구산현에서 동남쪽으로 29리 떨어진 곳에 있으니 주나라 靈王의 왕자 진이 신선이 된 곳이다(緱氏山, 在縣東南二十九里, 王子晉得仙處)"라고 했다.

(20) 浮丘伯(부구백): 옛날 신선의 이름. 《列仙傳》에 "부구백은 본래 숭산의 도사였는데 나중에 신선이 되어서 떠나갔다(浮丘伯, 本嵩山道士, 後得仙去)"라고 했고, 《河南通志·僊釋》에 "주나라 왕자 교는 이름이 진으로 주나라 영왕의 태자인데 날 때부터 신통하고 남다른 데가 있었으며 생황을 불어서 봉황 소리 내기를 좋아했다. 이수와 낙수 일대에서 노닐 때 도사 부구공이 그를 데리고 숭산으로 올라간 뒤 30여 년이 지나 거기를 떠났다(周王子喬名晉, 周靈王太子, 生而神異, 好吹笙作鳳鳴. 遊伊洛間, 道士浮丘公接上嵩高山, 三十餘年, 已而去之)"라고 했다. 여기서는 정시체의 시를 지은 장방평을 가리킨다.

(21) 淮泗(회사): 회수와 사수 일대. 당시 장방평이 미물고 있던 남경(지금의 하남성 商丘)을 가리킨

다. 장방평은 당시 南京留守로 재임 중이었는데 왕공은 서주로 오는 길에 남경에 들러서 장방평을 배알했다. 〈送顔復兼寄王鞏〉(0486) 주 (12) 참조.

(22) 蛟鼉(교타): 수중의 포악한 동물을 가리킨다.

(23) 王度(왕도): 임금의 도량과 덕망.

(24) 祈招(기초): 주나라 때의 逸詩 제목이기도 하고 거기에 등장하는 사람 이름이기도 하다. 여기서는 후자의 뜻으로 쓰였다. 주나라 穆王이 천하를 주유하려고 하자 祭公謀父가 〈祈招〉라는 제목의 시를 지어서 그것이 부당한 일이라고 간했다. 너무 자신의 욕심을 채우려고 하지 말고 백성의 고통을 잘 헤아리라는 내용의 이 시에 "기초의 안락하고 평화로운 그 모습은, 해맑은 덕망의 소리에서 나오네. 가만히 생각하니 임금님의 도량은, 옥과 같고, 금과 같네(祈招之愔愔, 式昭德音. 思我王度, 式如玉, 式如金)"라는 구절이 있다.(王十朋, 《百家註分類東坡先生詩》 참조) 杜預의 《左傳 · 昭公二十二年》 주에 "謀父는 주나라의 집정관이고 祈招는 祈父招라는 뜻이다. 祈父는 주나라의 사마이고 招는 그의 이름이다(謀父, 周卿士; 祈招卽祈父招之意. 祈父, 周司馬; 招, 其名)"라고 했다.

(25) 愔愔(음음): 마음이 안락하고 평화로운 모양.

# 0572. 次韻王鞏[(1)]・顔復[(2)]同泛舟

왕공과 안복이 함께 뱃놀이를 하며 지은 시에 차운하여

沈郎清瘦不勝衣,[(3)(4)] 심랑은 수척하여 자기 옷을 못 이기고
邊老便便帶十圍.[(5)(6)(7)] 변노인은 배가 불러 허리띠가 열 뼘인데
蹀躞身輕山上走,[(8)] 사뿐사뿐 경쾌하게 산 위를 걸어다니다
歡呼船重醉中歸.[(9)] 배가 무겁도록 환호하며 취해서야 돌아가네.
舞腰似雪金釵落,[(10)] 눈발같이 춤추는 허리에 금비녀가 떨어지고
談辯如雲玉麈揮.[(11)(12)] 구름 가듯 얘기하며 옥총채를 흔드네.
憶在錢塘正如此,[(13)] 생각해 보면 전당 시절엔 나도 꼭 이랬거니와
回頭四十二年非.[(14)] 돌아보니 마흔두 해가 잘못되었네.

**[해설]**

왕공과 안복이 함께 뱃놀이를 하면서 서로 차운시를 주고받았는데 이 시는 이들의 시에 차운하여 지은 것이다. 두 사람이 즐겁게 논 모습을 묘사하고 자신이 지금까지 그렇게 살지 못한 것을 아쉬워했다.

**[주석]**

(1) 王鞏(왕공): 소식의 절친한 친구. 〈答王鞏〉(0561) 주 (1) 참조.
(2) 顔復(안복): 소식의 친구. 〈次韻子由與顔長道同遊百步洪相地築亭種柳〉(0482) 주 (2) 및 〈送顔復

兼寄王鞏〉(0486) 주 (1) 참조.

(3) 沈郎(심랑): 梁나라 시인 沈約을 가리킨다. 《양서 · 심약전》에 "백 몇십 일 동안 혁대를 맬 때 늘 구멍을 안으로 옮겨야 하고 손으로 팔을 잡아 보면 한 달에 반 푼씩 가늘어지는 셈이라네. 이것을 기준으로 미루어 헤아려 보건대 어찌 오래 버틸 수 있겠나?(百日數旬, 革帶常應移孔, 以手握臂, 率計月小半分. 以此推算, 豈能支久?)"라는 말이 있고, 李璟의 사 〈浣溪沙〉에 "심랑은 병이 많아 옷 무게를 못 이긴다(沈郎多病不勝衣)"라는 구절이 있다.

(4) 淸瘦(청수): 여위다.

(5) 邊老(변로): 후한 사람 邊韶를 가리킨다. 그는 몸이 뚱뚱하여 배가 많이 나왔다고 한다. 〈李行中秀才醉眠亭三首〉(0386) 주 (15) 참조.

(6) 便便(편편): 배가 나온 모양. 〈李行中秀才醉眠亭三首〉(0386) 주 (15) 참조.

(7) 十圍(십위): 열 뼘. 《世說新語 · 容止》에 "유자숭은 키는 일곱 자가 채 안 되는데 허리띠는 열 뼘이다(庾子嵩長不滿七尺, 腰帶十圍)"라고 했다. 馮應榴의 《蘇軾詩集合注》에 "사초백(査愼行)이 왕공과 안공 중에 한 사람은 뚱뚱하고 한 사람은 여위었기 때문에 전반부에서 이렇게 말한 것이라고 말했다(査初白謂王 · 顔二公, 想當一肥一瘦, 故前半云然)"라고 했다.

(8) 蹀躞(섭접): 종종걸음으로 걷는 모양.

(9) 歡呼船重(환호선중): 환호로 인하여 배가 무거워지다. 두보의 시 〈陪王侍御登東山最高頂宴〉에 "삼경에 바람 일어 찬 물결이 솟구치니, 즐거움에 시끌벅적 배가 더 무거운 듯(三更風起寒浪涌, 取樂喧呼覺船重)"이라는 구절이 있다.

(10) 舞腰似雪(무요사설): 무희의 허리가 빠른 속도로 도는 모양을 눈이 뱅뱅 돌며 떨어지는 모양에 비유한 것이다.

(11) 如雲(여운): 구름이 흘러가듯 거침이 없다는 뜻이다.

(12) 玉麈(옥주): 옥 손잡이가 달린 총채. 동진 때 사대부들이 淸談할 때 항상 손에 들고 있었다.

(13) 錢塘(전당): 지금의 절강성 杭州. 이 구절은 전당 시절에만 산수를 유람하며 즐겁게 잘 지냈다는 말이다.

(14) 四十二年(사십이년): 소식이 지금까지 살아온 세월을 가리킨다. 漢나라 高誘의 《淮南鴻烈解 · 原道訓》에 "거백옥은 나이 50세이 되어서 지나간 49년이 그릇되었음을 알았다(蘧伯玉年五十而知四十九年非)"라는 말이 있는바 이 구절은 이 말을 차용한 것이다.

## 0573. 次韻張十七(1)九日(2)贈子由(3)

장십칠이 중양절날 자유에게 지어 준 시에 차운하여

| | |
|---|---|
| 千戈萬槊擁篋籬,(4) | 창들이 천 개 만 개 방어막을 에웠으니 |
| 九日淸樽豈復持.(5) | 중양절의 술잔을 어찌 다시 잡았으리? |
| 官事無窮何日了, | 공무는 한이 없어 끝날 날이 없건만 |
| 菊花有信不吾欺. | 국화는 신의 있어 우리를 안 속이네. |
| 逍遙瓊館眞堪羨,(6) | 구슬 집에서 소요하는 것 참으로 부럽나니 |
| 取次塵纓未可縻.(7)(8) | 갓끈이란 차례차례 맬 것이 못 된다네. |
| 迨此暇時須痛飮,(9) | 이처럼 한가할 때 실컷 마실 일이니 |
| 他年長劍拄君頤.(10) | 언젠가는 장검이 그대 턱을 받치리. |

**[해설]**

장방평의 아들 장서가 중양절을 맞아 소철에게 지어 준 시에 차운한 것으로, 그에게 제대로 된 관직에 나아가기 전에 마음껏 즐길 것을 권유했다.

**[주석]**

(1) 張十七(장십칠): 張方平의 아들인 張恕를 가리킨다. 查愼行의 《蘇詩補註》에 "장십칠은 바로 장서 시승이다(張十七卽張恕寺丞)"라고 했다. 〈張寺丞益齋〉(0512) 주 (1) 참조.

(2) 九日(구일): 9월 9일 즉 중양절을 가리킨다.

(3) 子由(자유): 소식의 동생 蘇轍의 字.

(4) 笓籬(비리): 돌・창・화살 따위가 날아오는 것을 막기 위하여 대나무를 엮어서 성 위에 설치하는 기구.

(5) 豈復持(기부지): 소식의 자주에 "이날 남도의 칙사가 병력을 주둔시켰다(是日南都敕使按兵)"라고 했다. 남도는 장서와 소철이 머물고 있던 남경이다.

(6) 瓊館(경관): 옥으로 지은 집. 장씨 일가가 머물고 있던 집을 가리키는바, 당시 장서는 아직 장방평과 한 집에서 지냈던 듯하다. 王十朋의 《百家註分類東坡先生詩》에 "'구슬 집에서 소요하는 것'이라는 말로써 장공이 宮觀使였음을 이야기했다('逍遙瓊館', 以言張公之宮祠)"라고 했는데, 宮祠 즉 宮觀使는 주로 전직 또는 현직의 재상들에게 맡겨서 道觀을 관리하게 한 명예직으로 실제로 하는 일은 없었다. 《송사・장방평전》에는 그가 "중태일궁사에 임명되었다(除中太一宮使)"라고 했는데 이 宮使는 宮觀使를 가리키는 것으로 보인다. 〈送顔復兼寄王鞏〉(0486) 주 (15) 참조.

(7) 取次(취차): 차례대로 번갈아.

(8) 塵纓(진영): 속세의 갓끈. 세속의 관직을 가리킨다.

(9) 此暇時(차가시): 장서가 아직까지 제대로 관직에 나아가지 않은 지금과 같은 때를 가리킨다.

(10) 拄君頤(주군이): 그대의 턱을 떠받치다. 장서가 아주 긴 검을 손에 들고 있다는 말로 높은 관직에 올라 임금을 섬긴다는 뜻이다. 《戰國策・齊策》에 "전단이 적의 군사를 공격했는데 석 달이 지나도록 승리하지 못하자 제나라 아이들이 노래하기를 '머리에 쓴 관은 키만큼 크고, 기다란 장검은 턱을 찌르는구나. 적군을 공격해도 무너뜨리지 못해, 고구 땅에 보루를 세우는구나'라고 했다(田單逶攻狄, 三月而不克之也. 齊嬰兒謠曰: '大冠若箕, 脩劍拄頤. 攻狄不能下, 壘枯丘.')"라는 기록이 있고, 이백의 시 〈答王十二寒夜獨酌有懷〉에 "엄자릉은 높이 읍하고 한나라 천자를 떠났거늘, 장검으로 턱을 받친 채 조정을 섬길 게 무어람(嚴陵高揖漢天子, 何必長劍拄頤事玉階)"이라는 구절이 있다.

## 0574. 次韻王鞏[1]獨眠

혼자 자는 심경을 노래한 왕공의 시에 차운하여

| | |
|---|---|
| 居士身心如槁木,[2][3] | 거사는 심신이 다 마른 나무 같으니 |
| 旅館孤眠體生粟.[4] | 여관에서 혼자 자노라면 몸에 좁쌀이 생기겠군요. |
| 誰能相思琢白玉,[5] | 그 누가 백옥을 쪼아 그리움을 빚을 수 있으랴만 |
| 服藥千朝償一宿.[6][7] | 하룻밤의 독숙이 천 일의 복약과 같다지요. |
| 天寒日短銀燈續,[8] | 날이 차고 해 짧은데 등불을 자꾸 잇는다니 |
| 欲往從之車脫軸.[9] | 그대에게 가서 놀고 싶건만 수레 굴대가 빠졌네요. |
| 何人吹斷參差竹,[10][11] | 그 누가 퉁소를 자꾸만 불어내나? |
| 泗水茫茫鴨頭綠.[12][13][14] | 아득한 사수는 오리 머리처럼 푸른데. |

**[해설]**

서주에 와 있는 왕공이 여관에서 혼자 자는 심정을 노래한 시를 소식에게 보내어 소식이 자기한테로 와서 함께 놀아 줄 것을 요청하자 갈 형편이 못 되는 소식이 해학적인 말투로 거절한 것이다. 왕공이 소식에게 자신의 여자가 되어 달라고 농담하자 소식도 여자의 입장에서 그럴 수 없다고 사절한 것으로 보아도 좋을 것 같다. 그리고 이 시의 상당 부분이 왕공의 말을 받아서 약간 추가하거나 변형시킴으로써 자신의 대답으로 삼은 것일 가능성이 크다.

### [주석]

(1) 王鞏(왕공): 소식의 절친한 친구. 〈答王鞏〉(0561) 주 (1) 참조.

(2) 居士(거사): 왕공을 가리킨다.

(3) 槁木(고목): 마른 나무. 감정의 동요가 없다는 뜻과 여위었다는 뜻을 동시에 지닌 중의적인 표현인 것으로 보인다. 《莊子 · 庚桑楚》에 "몸은 마른 나무와 같고 마음은 다 꺼진 재와 같소. 이와 같은 사람은 화도 닥치지 않고 복도 오지 않소. 화와 복이 없는데 어찌 사람에 의한 재앙이 있겠소?(身若槁木之枝, 而心若死灰. 若是者, 禍亦不至, 福亦不來. 禍福无有, 惡有人災也?)"라고 했다.

(4) 生粟(생속): 추위로 인하여 소름이 돋는 것을 가리킨다.

(5) 琢白玉(탁백옥): 盧仝의 〈與馬異結交詩〉에 "백옥 덩어리 속에서 그리움의 마음을 빚어내고, 황금 덩어리 속에서 그리움의 눈물을 빚어내리(白玉璞裏琢出相思心, 黃金鑛裏鑄出相思淚)"라는 구절이 있다. 소식은 노동의 말을 뒤집어서 사용한 것이다. 이 구절은 비록 표현하지는 못하지만 자신도 왕공을 보고 싶은 마음이 간절하다는 뜻인 것으로 보인다.

(6) 服藥千朝(복약천조): 천 일 동안 丹藥을 복용하다. 《神仙傳》에 "팽조가 말하기를 '도가 아주 높은 사람은 다른 침대에서 자고 도가 보통인 사람은 다른 이불을 덮나니, 단약 백 봉지를 먹는 것이 혼자 자는 것만 못하다'라고 했다(彭祖曰: '上士別牀, 中士異被, 服葯百裹, 不如獨臥.')"라는 말이 있다.

(7) 償(상): 맞먹다. 이 구절은 해학적인 말투로 혼자 자는 것이 더 낫다고 위로한 것이다.

(8) 銀燈(은등): 은으로 만든 등잔의 불을 가리킨다. 이 구절은 밤 늦게까지 잠을 이루지 못한다는 말이다.

(9) 車脫軸(거탈축): 자신이 왕공에게 갈 수 없는 상황이라는 말이다.

(10) 吹斷(취단): 한없이 불다. '斷'은 '盡'과 마찬가지로 동사 뒤에 붙어서 '다 ~한다'는 뜻을 표시한다.

(11) 參差竹(참치죽): 퉁소를 가리킨다. 《風俗通》에 "순임금이 만든 퉁소는 그 모양이 들쑥날쑥하였으니 봉황의 날개를 본떴기 때문이었다(舜作簫, 其形參差, 以象鳳翼)"라고 했다.

(12) 泗水(사수): 산동성에 있는 蒙山에서 발원하여 曲阜와 강소성 서주를 거쳐 대운하로 흘러드는 강. 〈次韻子由與顔長道同遊百步洪相地築亭種柳〉(0482) 주 (11) 참조.

(13) 茫茫(망망): 넓고 먼 모양.

(14) 鴨頭綠(압두록): 푸른 강물을 오리 머리의 파란 깃털에 비유한 것이다. 이 연은 퉁소 소리 때문에 왕공에게 가서 놀고 싶은 마음이 더욱 간절해진다는 말인 것으로 보인다.

# 0575. 登雲龍山(1)

운룡산에 올라서

醉中走上黃茅岡,(2) 취중에 걸어서 황모강에 올라가니
滿岡亂石如羣羊. 언덕에 가득한 어지러운 바위가 양떼 같구나.
岡頭醉倒石作牀, 언덕 위에 쓰러져 누우니 바위가 나의 침대
仰看白雲天茫茫.(3) 눈을 들어 구름을 보니 하늘이 아득하구나.
歌聲落谷秋風長, 노랫소리가 계곡을 내려가 추풍을 타고 멀리 가자
路人擧首東南望,(4) 길 가던 사람이 고개를 들어 동남쪽을 바라보며
拍手大笑使君狂.(5) 태수가 미쳤다고 박장대소하는구나.

**[해설]**

사신행의 《소시보주》에 "이 시는 선생이 손수 써서 돌에 새긴 것으로 시 뒤에 '원풍 원년(1078) 9월 17일 장천기 · 소식 · 안복 · 왕공이 처음으로 이 산에 올랐다'라고 써 놓았다(此首先生手書刊石, 詩後題云: '元豊元年九月十七日, 張天驥 · 蘇軾 · 顔復 · 王鞏始登此山.')"라고 한 바와 같이, 친구들과 함께 서주 서남쪽에 있는 운룡산에 올라가서 호쾌하게 논 감회를 노래한 것이다.

**[주석]**

(1) 雲龍山(운룡산): 서주 서남쪽에 있는 산. 《名勝志》에 "운룡산은 서주성에서 서쪽으로 2리 떨어

진 곳에 있는데 산에서 구름이 나와 용처럼 구불구불한 형상을 이루기 때문에 생긴 이름이다(雲龍山在徐州城西二里, 山出雲氣, 蜿蜒如龍, 故名)"라고 했다.

(2) 黃茅岡(황모강): 누런 띠풀이 많이 나 있는 언덕이라는 뜻인데 여기서는 언덕의 이름으로 쓰였다. 《徐州志》에 "운룡산은 서주성의 동쪽에 있는데 산의 북쪽을 황모강이라고 한다(雲龍山在徐州城東, 山之陰曰黃茅岡)"라는 기록이 있고, 《명승지》에도 "언덕은 운룡산의 북쪽에 있다(岡在雲龍山之陰)"라는 기록이 있다.

(3) 茫茫(망망): 넓고 먼 모양.

(4) 路人(노인): 황모강 서북쪽에서 길 가는 행인을 가리킨다.

(5) 使君(사군): 태수. 소식 자신을 가리킨다.

# 0576. 題雲龍草堂[1]石磬[2]

운룡초당의 석경에 쓴 시

| | |
|---|---|
| 折爲督郵腰,[3] | 꺾어져서 독우에게 굽힌 도연명의 허리가 되고 |
| 懸作山人室.[4] | 매달려서 산속 은자의 방이 됐구나. |
| 殊非濮上音,[5] | 아무래도 복수 가의 음란한 소리는 아니고 |
| 信是泗濱石.[6][7] | 참으로 사수 가의 돌이로구나. |

**[해설]**

서주의 운룡초당에 걸려 있는 석경의 매끈하고 구부러진 모양을 보고 재치를 발휘하여 해학적으로 묘사한 것이다.

**[주석]**

(1) 雲龍草堂(운룡초당): 운룡산에 있던 張天驥의 초당인 것으로 보인다.

(2) 石磬(석경): 돌로 만든 경쇠. 석경. 돌경. 모양이 낫처럼 꺾여 있다.

(3) 督郵(독우): 郡에 소속된 官吏로 태수를 대신하여 속현을 관리하고 감독하는 업무를 담당했다. 陶淵明은 彭澤縣令으로 있을 때 군에서 督郵가 온다며 아전이 그에게 의관을 정제하고 맞이하라고 하자 "나는 쌀 다섯 말을 얻기 위하여 시골 소인배에게 허리를 굽힐 수 없다(我不能爲五斗米折腰向鄕里小人)"라고 하고는 즉시 관복을 벗고 〈歸去來辭〉를 읊으며 고향으로 돌아갔다. (《南史 · 陶潛傳》 참조) '督郵腰'는 이 고사를 뒤집어 사용함으로써 허리 부분이 구부러져 있는 석경의 모양을 해학적으로 묘사한 것이다.

(4) 山人室(산인실): 아무것도 갖추어진 것이 없는 가난한 산속 은자의 방. 《左傳 · 僖公二十六年》에 "방은 매달려 있는 경쇠처럼 아무것도 없고 들판에는 아직까지 푸른 풀도 안 났으니 무엇을 믿고 두렵지 않으리오?(室如懸磬, 野無靑草, 何恃而不恐?)"라는 말이 있다. '室如懸磬'은 아무것도 가진 것이 없는 극도로 가난한 상태, 즉 씻은 듯이 가난한 상태를 가리키는 말이다.

(5) 濮上(복상): 濮水의 가. '濮上'은 춘추시대에 사치스럽고 음란한 음악으로 소문이 났을 뿐 아니라 남자와 여자가 은밀하게 만나는 곳으로도 유명했기 때문에 나중에 음란한 음악이나 풍속이 유행하는 곳을 지칭하는 말이 되었다. 《禮記 · 樂記》에 "뽕나무 틈과 복수 가의 음악은 망국의 음악이다(桑間 · 濮上之音, 亡國之音也)"라고 했다.

(6) 信是(신시): 참으로 ~이다.

(7) 泗濱石(사빈석): 泗水의 가에 있는 돌. 《尙書 · 禹貢》의 "사수 가에 떠 있는 경쇠(泗濱浮磬)"라는 구절에 대한 孔安國의 주에 "사수 가에 있는 돌은 경쇠를 만들 수 있다(泗水涯石, 可以爲磬)"라고 했다.

## 0577. 次韻王鞏[1]留別[2]

떠나는 아쉬움을 노래한 왕공의 시에 차운하여

| | |
|---|---|
| 去國已八年,[3] | 도성을 떠난 지 이미 여덟 해 |
| 故人今有誰. | 친구 중에 이제 누가 남아 있으리? |
| 當時交游內, | 그 당시에 교유하던 사람들 중에 |
| 未數蔡克兒.[4] | 채극의 아들은 끼어 있지 않았네. |
| 豈無知我者, | 나를 아는 사람이야 어찌 없으랴마는 |
| 好爵半已縻. | 좋은 관직에 이미 반쯤 묶여 있으리. |
| 爭爲東閣吏,[5] | 남들은 다투어 동각의 아전이 되어 |
| 不顧北山移.[6] | 북산의 이문을 아랑곳하지 않는데 |
| 公子表獨立,[7] | 공자께선 독립의 뜻을 표명하시고 |
| 與世頗異馳. | 세인들과 사뭇 다른 방향으로 달리시다 |
| 不辭千里遠, | 머나먼 천리길을 마다하지 않으시고 |
| 成此一段奇.[8] | 이 멋진 만남을 성사시켰네. |
| 蛾眉亦可憐,[9] | 아미 지닌 미인 역시 가련하게도 |
| 無奈思餠師.[10][11] | 떡장수가 그리운 걸 어쩌지 못했는데 |
| 無人伴客寢, | 나그네와 함께 잘 사람이 없어 |
| 惟有支牀龜.[12] | 침대를 받쳐 주는 거북이만 있었네. |
| 君歸與何人, | 돌아가서 누구와 함께하려나? |

文字相娛嬉.(13) 글이나 짝하여 서로 즐기리.
持此調張子,(14)(15) 이 일을 가지고 장선생을 조롱하면
一笑當脫頤.(16) 한바탕 웃느라고 턱이 빠질 지경이리.

**[해설]**

왕공이 서주를 떠나면서 석별의 정을 노래한 시에 차운하여 그가 서주에 있는 동안 미인을 멀리하고 시나 지으며 지낸 일에 대하여 우스갯소리를 한 것이다.

**[주석]**

(1) 王鞏(왕공): 소식의 절친한 친구. 〈答王鞏〉(0561) 주 (1) 참조.
(2) 留別(유별): 떠나가는 사람이 남아 있는 사람에게 작별 인사를 하다.
(3) 去國(거국): 도성을 떠나다. 소식은 희령 4년(1071)에 개봉을 떠나 杭州通判으로 부임했으니 원풍 원년(1078)인 올해로 8년째가 되었다.
(4) 蔡克(채극): 蔡謨의 아버지. 晉나라 司徒 채모가 王導를 놀리자 왕도가 화가 나서 사람들에게 "내가 옛날에 낙양에서 여러 현인들과 교유했는데 채극의 아들이 있다는 소리는 듣지 못했어요"라고 했다.(《진서 · 왕도전》 참조) 여기서는 왕안석의 일파인 蔡確을 가리킨다. 王文誥의 《蘇軾詩集》에 "원풍 원년(1078) 5월에 채확이 참지정사가 되었고 이 시는 9월에 지어졌기 때문에 '채극의 아들은 끼어 있지 않았다'라고 한 것이다(元豐元年五月, 蔡確參知政事, 此詩作於九月, 故云: '不數蔡克兒'也)"라고 했다. 채확은 경우 4년(1037)에 태어났기 때문에 소식과 동년배이지만 소식은 制科에 급제함으로써 관직이 동년배들보다 훨씬 높았다. 그렇기 때문에 채확이 지금은 비록 부재상에 해당하는 참지정사이지만 8년 전에는 매우 미미한 존재였을 것이다. 이 구절에는 신법파 신진인사들에 대한 불만이 다소 반영되어 있는 것으로 보인다.
(5) 東閣(동각): 몸채의 동쪽에 있는 누각. 재상이 손님을 초청하여 접대하던 곳이다. 한나라 때 薛宣이 승상이 되자 朱雲이 그를 찾아갔다. 설선이 정중하게 예를 갖추고 나서 조용하게 말했다. "초야에 있으면 할 일이 없을 테니 잠시 우리 동각에 머무시면 사방의 훌륭한 인사들을 볼 수 있을 것이오." 그러나 주운이 "소생이 어찌 승상의 보좌관이 되고 싶겠습니까?"라고 했다. 설선이 더는 감히 말을 하지 못했다.(《한서 · 주운전》 참조) 이 구절은 다투어 벼슬길에 나아간다는 말이다.
(6) 北山移(북산이): 북산의 신령이 移文을 보내다. 이문은 정부에서 작성한 공문의 일종으로 정부의 명령을 반포하거나 백성들에게 교화를 실시할 때 썼는데, 제나라 孔稚珪는 북산 산신령의 뜻에 가탁하여 〈北山移文〉을 지어서 북산에 은거하다가 관직이 내려지자 얼른 그곳을 떠나 버린 제나라 周顒을 질책했다.

(7) 公子(공자): 왕공을 가리킨다. 이 연은 왕공이 신법파를 추종하지 않고 독야청청한 것을 칭송한 것이다.

(8) 一段奇(일단기): 한 가지의 기이한 일. 왕공이 서주로 와서 소식과 상봉한 일을 가리킨다. 王羲之의 〈雜帖〉에 "이 인연이 결실을 맺을 수 있게 된 것은 하나의 기이한 일이다(得果此緣, 一段奇事也)"라고 했다.

(9) 蛾眉(아미): 나방의 촉수처럼 가늘고 긴 미인의 눈썹. 개봉에 있는 왕공의 부인을 가리킨다.

(10) 無奈(무내): 어찌할 수 없다.

(11) 餠師(병사): 떡 만드는 기술자. 떡장수. 당나라 寧王의 집 부근에 떡장수가 있었는데 그의 아내는 살결이 부드럽고 용모가 아름다웠다. 영왕이 한눈에 반해 그녀의 남편에게 후하게 보답하고 그녀를 데리고 와서 극진히 사랑했다. 그렇게 1년이 지난 뒤에 그녀에게 "아직도 떡장수가 그리우냐?" 하고 묻자 아무런 대답도 하지 않았다. 영왕이 떡장수를 불러서 서로 만나게 했더니 아내가 감정을 억제하지 못하는 듯 떡장수를 주시하며 두 뺨에 눈물을 주르륵 흘렸다. 그 자리에 있던 좌객 10여 명은 모두 당시의 문사였는데 그녀를 안쓰럽게 여기지 않는 사람이 없었다. 영왕이 시를 지으라고 했더니 王維가 가장 먼저 지어 "오늘날 입고 있는 총애 때문이 아니라, 그 옛날의 은정을 잊기가 어려운지, 꽃을 보며 눈에 가득 눈물을 글썽이며, 초왕과는 아무 말도 안 하는구나(莫以今時寵, 難忘舊日恩. 看花滿眼淚, 不共楚王言)"라고 했다.(孟棨, 《本事詩·情感》 참조) 여기서는 관운이 막혀 있는 왕공을 가리킨다.

(12) 支牀龜(지상귀): 침상을 받치는 거북이. 남방의 한 노인이 거북이를 가지고 침상의 다리를 받쳤는데 20여 년 뒤에 그 노인이 죽어서 침상을 옮기노라니 거북이가 아직도 살아 있었다. 호흡법으로 먹지 않고도 살아갈 줄 알았던 것이다.(《史記·龜策傳》 참조) 이 연은 왕공이 서주에 있는 동안 미인을 가까이하지 않았다는 말이다.

(13) 娛嬉(오희): 즐기다. 한유의 시 〈病中贈張十八〉에 "문장으로 스스로를 즐겁게 하고, 쇠와 돌을 날마다 두들기누나(文章自娛戲, 金石日擊撞)"라는 구절이 있다. 이 연은 왕공이 서주에 있는 동안 시나 지으면서 지냈음을 암시한다.

(14) 此(차): 소식의 이 시를 가리킨다. 왕공이 서주에 있는 동안 미인을 가까이하지 않고 시나 지으면서 지낸 일을 가리킨다고 볼 수도 있다.

(15) 張子(장자): 王十朋의 《百家註分類東坡先生詩》에는 "한퇴지에게 〈調張籍〉이라는 시가 있다. 왕공은 바로 장안도의 사위이므로 이 장선생은 아마도 장안도를 말할 것이다(韓退之有〈調張籍〉詩. 王鞏乃張安道壻, 此張子豈謂安道耶?)"라고 했고, 王文誥의 《蘇軾詩集》에는 "장안도의 아들 장후지를 말한다(謂安道之子厚之也)"라고 했다. 장방평을 가리키든 그의 아들 張恕를 가리키든 마찬가지일 것으로 보인다.

(16) 脫頤(탈이): 턱이 빠지다. 극도로 우습다는 뜻이다. 이 연은 왕공이 서주에 머무는 동안 미인들과 어울리기를 싫어하고 소식과 함께 시나 지으면서 지냈다는 사실을 처가인 장씨 집안에 이야기하면 장씨 집안 사람들이 농담인 줄 알고 크게 웃을 것이라는 말인 것 같다. 당시 사대부들의 일반적인 행태와는 거리가 멀기 때문이다.

## 0578. 次韻僧潛[1]見贈[2]

승려 도잠이 보내 준 시에 차운하여

| | |
|---|---|
| 道人胸中水鏡淸,[3][4] | 도인의 가슴은 맑기가 물과 거울 같아서 |
| 萬象起滅無逃形.[5] | 온갖 형상이 숨길 데 없이 생기고 사라지는데 |
| 獨依古寺種秋菊, | 혼자 절에 살면서 가을 국화 심어 놓고 |
| 要伴騷人餐落英.[6][7] | 굴원을 짝하고자 떨어진 꽃을 먹네. |
| 人間底處有南北,[8][9][10] | 이 세상 어느 곳에 남북의 차이가 있겠으며 |
| 紛紛鴻雁何曾冥.[11] | 분분히 오가는 기러기가 어찌 멀리 갔으리? |
| 閉門坐穴一禪榻,[12] | 그래서 문을 닫고 동굴 속의 선탑에 앉아 |
| 頭上歲月空崢嶸.[13] | 머리 위에 세월만 수북하게 쌓았으리. |
| 今年偶出爲求法,[14] | 금년에 어쩌다 나와 불법을 찾으려 하고 |
| 欲與慧劍加礱硎.[15][16] | 지혜의 검을 숫돌에 갈려고 하니 |
| 雲衲新磨山水出,[17][18][19] | 승복을 새로 꿰매 산수가 나타나고 |
| 霜髭不剪兒童驚.[20] | 흰 수염을 깎지 않아 아이들이 놀랐으리. |
| 公侯欲識不可得,[21] | 고관대작을 알고 싶어도 그럴 수 없고 |
| 故知倚市無傾城.[22][23][24] | 장사가 좋은 줄 알지만 경성지색이 없네. |
| 秋風吹夢過淮水,[25] | 가을바람이 꿈을 날려 회하 너머로 보냈나니 |
| 想見橘柚垂空庭.[26] | 귤과 유자가 빈 뜰에 드리운 줄 알았네. |
| 故人各在天一角, | 친구들이 제각기 하늘 한쪽 끝에서 |

| | |
|---|---|
| 相望落落如晨星.(27)(28) | 새벽별처럼 띄엄띄엄 서로 바라보는데 |
| 彭城老守何足顧,(29) | 팽성의 늙은 태수가 거들떠볼 게 뭐 있다고 |
| 棗林桑野相邀迎.(30) | 대추나무 숲과 뽕밭에서 이렇게 서로 만났나? |
| 千山不憚荒店遠,(31) | 천 첩 산도 황량한 주막도 아랑곳하지 않고 |
| 兩脚欲趁飛猱輕. | 두 다리가 날쌘 원숭이를 좇아가듯 했겠네. |
| 多生綺語磨不盡,(32)(33) | 전생의 말 잘한 죄가 없어지지 않아서 |
| 尙有宛轉詩人情.(34)(35) | 아직까지 주저리주저리 시인의 정이 넘치나니 |
| 猿吟鶴唳本無意,(36) | 원숭이 노래와 학의 울음은 본래 생각이 없어서 |
| 不知下有行人行. | 그 아래에 행인이 걸어가는 줄 모르고 |
| 空階夜雨自淸絶,(37) | 빈 섬돌의 밤비는 절로 맑을 뿐이지 |
| 誰使掩抑啼孤惸.(38)(39) | 그 누가 소리 죽여 외로움에 울게 하리? |
| 我欲仙山掇瑤草,(40) | 나는야 선경에서 기화요초 줍고 싶어 |
| 傾筐坐歎何時盈.(41) | 광주리가 언제 찰까 앉아서 탄식컨만 |
| 簿書鞭扑晝塡委,(42)(43)(44) | 공문서와 옥사가 낮에도 가득하고 |
| 煮茗燒栗宜宵征.(45)(46) | 차 끓이고 밤 삶아서 밤길도 가야 하네. |
| 乞取摩尼照濁水,(47) | 염주를 잠시 빌려 흐린 물을 비추며 |
| 共看落月金盆傾.(48) | 엎어 놓은 금대야인 지는 달을 함께 보길. |

**[해설]**

소식의 절친한 친구인 시승 도잠이 보내온 시에 차운한 것으로, 도잠의 인품과 그의 생활, 그의 시재 등을 칭송하고 자신을 찾아 서주까지 와 준 것에 대한 고마운 마음도 표시했다.

**[주석]**

(1) 潛(잠): 道潛. 절강성 於潛 출신의 스님으로 字가 參寥이다. 어릴 때 출가하여 불경을 두루 읽었을 뿐만 아니라 시문에도 능하여 소동파와 함께 지내면서 자주 시를 주고받았다. 그의 원래 이름은 曇潛이었는데 소식이 道潛으로 고쳐 주었다. 그는 소식을 좋아하여 소식이 徐州에 있을 때 그를 방문했고, 소식이 湖州에 있을 때 松江에서 만났으며, 소식이 黃州에 유배가 있을 때 2천 리 길을 멀다 하지 않고 찾아갔다가 1년 동안 머문 뒤 소식이 汝州로 유배지를 옮겨 갈 때 함께

廬山을 유람했고, 소식이 항주지주로 재임할 때도 시문을 주고받았다. 施元之의 《施注蘇詩》에 "승려 도잠은 자가 참료이며 어잠 사람으로 문장에 능했는데 특히 시 짓기를 좋아했다. 그가 지은 시에 '하늘하늘 부들이 유연함을 뽐내니, 앉고 싶은 잠자리가 뜻대로 되지 않네. 오월 달의 임평산 산아랫 길엔, 수도 없이 핀 연꽃이 연못에 가득하네'라는 구절이 있는데 그가 팽성으로 동파선생을 찾아갔을 때 동파선생이 그것을 매우 좋아하여 문여가에게 편지로 그의 시구가 극도로 청아하여 임포와 어금버금하며 도리에 통달하여 보고 있노라면 산뜻한 느낌이 든다고 했다(僧道潛, 字參寥, 於潛人, 能文章, 尤喜爲詩. 嘗有句云: '風蒲獵獵弄輕柔, 欲立蜻蜓不自由. 五月臨平山下路, 藕花無數滿汀洲.' 過先生於彭城, 甚愛之, 以書告文與可, 謂其詩句清絶與林逋上下, 而通了道義, 見之令人蕭然)"라고 했다.

(2) 見贈(견증): 나에게 주다. 〈次韻王定國馬上見寄〉(0562) 주 (2) 참조.

(3) 道人(도인): 도잠을 가리킨다.

(4) 水鏡(수경): 맑은 물과 밝은 거울.

(5) 逃形(도형): 형체를 숨기다. 이 연은 도잠은 마음이 너무나 맑기 때문에 마치 삼라만상이 거울 앞에 있으면 비치고 거울에서 멀어지면 사라지는 것처럼 굴절되지 않고 있는 그대로 다 보인다는 말이다.

(6) 騷人(소인): 〈離騷〉의 작자인 屈原을 가리킨다.

(7) 落英(낙영): 굴원의 〈이소〉에 "아침에는 목란에 떨어진 이슬을 마시고, 저녁에는 국화의 떨어진 꽃을 먹는다(朝飮木蘭之墜露兮, 夕餐秋菊之落英)"라는 구절이 있다.

(8) 人間(인간): 속세.

(9) 底處(저처): 어느 곳. 어디.

(10) 南北(남북): 《傳燈錄》에 "32조인 홍인대사는 노혜능이라는 거사가 찾아오자 '그대는 어디서 왔는가?' 하고 물었다. '영남지방에서 왔습니다'라고 대답하자 대사가 다시 '무슨 일을 하고 싶은가?' 했다. '부처가 되고 싶습니다' 하고 대답하자 '영남 사람에게는 부처님이 될 성질이 없는데 어떻게 성불하겠는가?'라고 했다. 그러자 노혜능이 '사람이야 남방인과 북방인의 구별이 있다지만 부처님이 어찌 그렇겠습니까?' 하고 대답했다(三十二祖弘忍大師, 有居士盧慧能來謁, 師曰: '汝自何來?' 曰: '嶺南.' 師曰: '欲何事?' 曰: '求作佛.' 師曰: '嶺南人無佛性, 若何得佛?' 曰: '人有南北, 佛性豈然?')"라는 일화가 수록되어 있다. 禪宗五祖인 弘忍大師 이후로 선종이 남종과 북종으로 나뉘었으니 남방에서 성행한 남종은 六祖 慧能이 처음 연 것으로 頓悟說을 주장하고, 북방에서 성행한 북종은 神秀가 처음 연 것으로 漸悟說을 주장한다.

(11) 紛紛(분분): 한데 뒤섞여 어수선하다. 이 구절은 여러 마리가 떼를 지어 날아다니는 기러기는 아득히 높은 곳에 이르지 못한다는 뜻으로, 여러 명이 종파를 이루어 생각을 같이하는 스님은 득도의 경지가 높지 않음을 가리키는 것으로 보인다.

(12) 禪榻(선탑): 참선할 때 앉는 의자.

(13) 崢嶸(쟁영): 높은 모양. 세월이 빠르게 흘러가는 모양. 이 구절은 머리 위에 세월이 흘러간 흔적

이 남아 있다는 뜻인 것으로 보인다.

(14) 求法(구법): 불법을 추구하다.

(15) 慧劍(혜검): 지혜의 검. 일체의 번뇌를 잘라 버리는 지혜를 검에 비유한 불교 용어이다. 《維摩經》에 "지혜의 검으로 번뇌라는 도적을 격파한다(以智慧劍, 破煩惱賊)"라는 말이 있다.

(16) 礱硎(농형): 숫돌에 갈다.

(17) 雲衲(운납): 승복. 가사.

(18) 磨(마): 얽어매다.

(19) 山水(산수): 무늬비단을 여러 조각 오려 붙여서 만든 승복을 山水衲이라고 하는바, 그 옷의 얼룩무늬를 가리키는 것으로 보인다.

(20) 霜髭(상자): 서리를 맞은 것처럼 하얀 수염.

(21) 公侯(공후): 공작과 후작. 고위 관리를 가리킨다. 이 구절은 도잠의 벼슬길이 여의치 않은 것을 여인이 고관대작의 家妓나 官妓가 되지 못하는 것에 비유한 것으로 보인다.

(22) 故(고): 본래.

(23) 倚市(의시): 시장에서 물건을 팔다. 《史記 · 貨殖傳》에 "가난한 상태에서 부유한 상태를 추구함에는 농업이 공업만 못하고 공업이 상업만 못하며 자수를 놓는 것이 시장에서 물건을 파는 것만 못하다(夫用貧求富, 農不如工, 工不如商, 刺繡文不如倚市門)"라고 한 것에서 비롯된 말로 기녀가 웃음을 파는 일을 가리킨다.

(24) 傾城(경성): 한 번 돌아보면 성을 넘어뜨릴 만한 미색. 이 구절은 도잠을 여인에 비유하여 세속적인 삶이 여의치 않음을 가리키는 것으로 보인다.

(25) 淮水(회수): 회하. 이백의 시 〈江夏贈韋南陵冰〉에 "서쪽에서 친구를 그려도 만날 수가 없더니, 동풍이 꿈길에 불어 장안으로 보내네(西憶故人不可見, 東風吹夢到長安)"라는 구절이 있다. 이 구절은 자신이 꿈에 도잠을 찾아 항주로 갔었다는 말이다.

(26) 想見(상견): 추측하여 알다.

(27) 落落(낙락): 드문 모양. 사람이나 사물이 매우 드물고 적은 모양을 가리킨다.

(28) 晨星(신성): 새벽별.

(29) 彭城老守(팽성노수): 서주지주인 소식 자신을 가리킨다.

(30) 棗林桑野(조림상야): 서주 땅을 가리킨다.

(31) 荒店(황점): 황량한 객점.

(32) 多生(다생): 자신이 생전에 지은 업보에 따라 다른 세상에 태어난다는 윤회의 세계를 말한다.

(33) 綺語(기어): 공교롭게 꾸며서 겉과 속이 다른 말. 불교에서 말하는 十惡 가운데 하나이다.

(34) 宛轉(완전): 정이 많다.

(35) 詩人情(시인정): 朱弁의 《風月堂詩話》에 "참료가 항주에서 팽성으로 소동파를 찾아갔는데 하루는 그 고을 관료들에게 연회를 벌여서 손님들에게 '참료가 비록 이 모임에 참석하지는 않았지만 그를 고뇌에 차게 하지 않을 수 없소'라고 하고는 관기 마반반으로 하여금 종이와 붓을 들고 그

에게 가서 시를 받아 오게 했다. 참료가 붓을 들고 선 자리에서 완성했는데 그 가운데 '참선하는 마음이 이미 진흙에 빠진 버들개지가 되어, 춘풍을 따라 아래 위로 미친 듯이 날지 않네'라는 구절이 있었다. 동파가 그것을 보고 기뻐하면서 '내가 일찍이 버들개지가 진흙에 빠져 있는 것을 보고 시로 읊을 만하다고 생각했지만 어쩌다가 아직까지 시로 읊지 못했는데 마침내 이 사람에게 선수를 빼앗겼구나'라고 했다(參寥自杭謁坡於彭城, 一日燕郡寮, 謂客曰: '參寥雖不與此集, 然不可不惱之也.' 遣官妓馬盼盼持紙筆就求詩. 參寥援筆立成, 有'禪心已作沾泥絮, 不逐春風上下狂'之句, 坡喜曰: '吾嘗見柳絮落泥中, 謂可以入詩, 偶未收入, 遂爲此人所先.')"라는 일화가 있다.

(36) 無意(무의): 의도가 없다. 이 연은 도잠이 무심코 읊은 시가 옆 사람의 심금을 울린다는 뜻으로 도잠의 詩才를 칭송한 말이다.

(37) 淸絶(청절): 극도로 맑다.

(38) 掩抑(엄억): 소리를 죽이다.

(39) 孤惸(고경): 외롭다.

(40) 瑤草(요초): 仙境에 난다는 아름다운 화초. 琪花瑤草.

(41) 傾筐(경광): 삼태기처럼 생긴 얕은 광주리. 사랑하는 사람에 대한 그리움을 노래한 《詩經・周南・卷耳》에 "도꼬마리 캐는데, 바구니에 안 차네. 아! 그 사람 그리워, 바구니를 길에 놓네(采采卷耳, 不盈頃筐. 嗟我懷人, 寘彼周行)"라고 했다. 이 구절은 자신이 도잠에게로 가서 그와 함께 지내고 싶었다는 뜻인 것 같다.

(42) 簿書(부서): 관아의 문서. 공문.

(43) 鞭扑(편복): 형벌. 獄事.

(44) 塡委(전위): 쌓이다.

(45) 煮茗(자명): 施元之의 《施注蘇詩》에 "당나라 시인 왕조의 시에 '차 끓이고 죽순 삶아 스님과 함께 먹네'라는 구절이 있다(唐王操詩: '煮茶燒筍伴僧餐.')"라고 했다.

(46) 宵征(소정): 밤길을 가다. 《詩經・召南・小星》에 "성큼성큼 밤길 가네. 아침저녁 할 것 없이 공무로 시달리네(肅肅宵征, 夙夜在公)"라는 구절이 있다. 이 연은 공무가 매우 바쁘다는 말이다.

(47) 摩尼(마니): 摩尼珠, 즉 염주. 두보의 시 〈贈蜀僧閭丘師兄〉에 "오로지 염주만이, 흐린 물의 원천을 비출 수가 있지요(惟有摩尼珠, 可照濁水源)"라는 구절이 있다. '濁水'는 소식 자신의 마음을 가리키는 말로, 첫 구절에서 도잠의 마음을 가리켜 '水鏡淸'이라고 한 것과 호응한다.

(48) 金盆傾(금분경): 황금대야가 엎어져 있는 모양. 둥근 달을 가리킨다. 두보의 시 〈贈蜀僧閭丘師兄〉에 "밤 깊도록 도란도란 이야기가 꼬리 무니, 서산에 지는 달이 황금대야 같군요(夜闌接軟語, 落月如金盆)"라는 구절이 있다. 이 연은 도잠이 밤새도록 맑고 고상한 이야기를 들려줌으로써 자신의 혼탁한 마음을 맑게 해 주기를 당부한 것이다.

## 0579. 次韻潛師[1]放魚

물고기의 방생을 노래한 도잠법사의 시에 차운하여

| | |
|---|---|
| 法師說法臨泗水,[2] | 법사가 사수 가에서 불법을 설하시자 |
| 無數天花隨麈尾.[3][4] | 총채를 따라 무수한 천화가 생기는데 |
| 勸將淨業種西方,[5][6][7] | 청정한 선업을 서방에다 심어야지 |
| 莫待夢中呼起起.[8] | 꿈속에 일어나라고 부르기를 기다리지 말라 하네. |
| 哀哉若魚竟坐口,[9] | 아아 나는 물고기처럼 끝내 입이나 지키나니 |
| 遠愧知幾穆生醴.[10][11][12] | 단술이 없자 눈치채고 떠난 목생에게 부끄러운데 |
| 況逢孟簡對盧仝,[13][14] | 더구나 맹간이 노동을 대한 상황에 부닥쳐서 |
| 不怕校人欺子美.[15][16] | 연못지기가 자미를 속이는 것 겁내지 않네. |
| 疲民尙作魚尾赤,[17][18] | 지친 백성들 아직도 물고기 꼬리 신세라 |
| 數罟未除吾顙泚.[19][20] | 촘촘한 그물 걷지 못해 내 이마에 땀이 나는데 |
| 法師自有衣中珠,[21] | 법사는 스스로 옷에 여의주를 차고 있으니 |
| 不用辛苦泥沙底.[22] | 진흙 바닥을 뒤지느라 고생할 필요 없겠네. |

**[해설]**

왕십붕의 《백가주분류동파선생시》에 "《참료자시집》에 이 시를 수록해 놓았는데 그 서문에 '허백재에서 소자첨과 함께 앉아 있는데 어떤 사람이 자첨에게 물고기를 보냈다. 자첨이 그것을 놓아주게 하고는 마침내 이 시를 짓게 했다'라고 했다(《參寥子詩集》載此詩,

其序云: '盧白齋與子瞻共坐, 有客饋魚於子瞻. 子瞻遣放之, 遂命賦是詩.')"라고 한 바와 같이, 승려 도잠이 물고기의 방생을 노래하는 시를 짓자 그것에 차운한 것이다.

**[주석]**

(1) 潛師(잠사): 道潛法師. 〈次韻僧潛見贈〉(0578) 주 (1) 참조.

(2) 泗水(사수): 산동성에 있는 蒙山에서 발원하여 曲阜와 강소성 徐州를 거쳐 대운하로 흘러드는 강. 〈次韻子由與顔長道同遊百步洪相地築亭種柳〉(0482) 주 (11) 참조.

(3) 天花(천화): 하늘나라의 仙花. 《維摩經》에 "마침 그 안에 한 천녀가 있어서 하늘나라의 꽃을 여러 보살에게 뿌리자 모두 떨어지더니 대제자에 이르러서는 꽃이 몸에 달라붙어서 떨어지지 않았다. 그러자 천녀가 말하기를 '번뇌가 다 없어지지 않았기 때문에 꽃이 몸에 달라붙는 것이오. 번뇌가 다 없어지면 꽃이 몸에 달라붙지 않아요'라고 했다(會中有一天女, 以天花散諸菩薩, 悉皆墮落, 至大弟子, 便著不墮. 天女曰: '結習未盡, 故花著身. 結習盡者, 花不著身.')"라는 일화가 있다. 이 구절은 총채 주위에 천화가 많이 떨어진다는 뜻으로 도잠법사가 번뇌를 다 씻어 버렸다는 말이다.

(4) 麈尾(주미): 淸談을 나눌 때 곤충을 쫓기 위하여 사용하던 총채.

(5) 將(장): ~을. ~으로.

(6) 淨業(정업): 청정한 善業. 양나라 무제의 〈淨業賦〉에 "청정한 선업의 인과응보를 보나니, 살생하지 않은 것이 원인이로다(見淨業之愛果, 以不殺而爲因)"라는 구절이 있다.

(7) 西方(서방): 서방정토를 가리킨다.

(8) 起起(기기): 사람을 불러서 일어나게 하는 소리. 《後漢書·鄭玄傳》에 "5년 봄 꿈에 공자가 나타나서 그에게 '일어나게, 일어나! 금년은 용의 해이고 내년은 뱀의 해일세'라고 했다. 일어나서 예언서와 맞추어 보고는 명이 끝난 줄을 알았는데 이윽고 병이 들어 자리에 누웠다.……그해 6월에 죽었다(五年春, 夢孔子告之曰: '起起, 今年歲在辰, 來年歲在巳.' 旣寤, 以讖合之, 知命當終, 有頃寢疾.……其年六月卒)"라고 했다. 馮應榴의 《蘇軾詩集合注》에 "이것은 죽을 때가 되어서야 참회하면서 복을 빌지 말라는 말이다(此言不待臨死而懺悔求福也)"라고 했다.

(9) 坐口(좌구): 입을 지키다. 먹고 사는 일에 얽매이다. 이 구절은 물고기가 미끼를 탐하다가 낚시에 걸리듯이 자신도 먹고 사는 일로 인하여 관직에 묶인 채 벗어나지 못한다는 말이다.

(10) 遠愧(원괴): 멀리 부끄러워하다. 오래전의 사람에게 부끄럽다는 말이다.

(11) 知幾(지기): 기미를 알다.

(12) 穆生醴(목생례): 漢나라 때 楚 元王 劉交는 申公 등을 공경하고 예의를 다했는데 목생이 술을 좋아하지 않았기 때문에 원왕은 술상을 차릴 때마다 매번 목생을 위하여 단술을 준비했다. 그의 손자 초왕 劉戊가 즉위한 뒤에도 매번 단술을 준비했으나 그 뒤로는 잊어 버리고 준비하지 않았다. 그러자 목생이 떠나면서 "이제는 떠나야겠다. 단술을 준비하지 않는 것은 초왕의 마음이

나태해진 것이니 떠나지 않으면 초나라 사람들이 저잣거리에서 내 목에 칼을 씌울 것이다"라고 했다.(《한서·초원왕전》 참조) 이 연은 자신이 물고기처럼 먹을 것을 얻기 위해 관직에 연연한다고 탄식한 것이다.

(13) 孟簡(맹간): 《唐詩紀事》에 "맹간은 자가 기도이며 덕주 사람이다. 원화(806-820) 연간에 과거에 급제했다(孟簡, 字幾道, 德州人. 元和中擢第)"라고 했고, 王十朋의 《百家註分類東坡先生詩》에 "맹간이 상주자사가 되었을 때 노동과 함께 북호에 가서 놀다가 어부가 잡은 고기를 몽땅 사서 방생하자 노동이 〈觀放魚歌〉를 지었다(孟簡爲常州刺史, 與盧仝遊北湖, 盡買漁人所獲魚, 放之, 仝作〈觀放魚歌〉)"라고 했다. 소식 자신을 가리킨다.

(14) 盧仝(노동): 당나라 때의 시인. 參寥子를 가리킨다. 이 구절은 자신이 맹간이 노동 앞에서 물고기를 방생한 것과 같은 상황에 부닥쳤다는 말이다.

(15) 校人(교인): 연못을 관리하는 하급 관리. 소식 자신의 아랫 사람을 가리키는 것으로 보인다. 《孟子·萬章上》에 "옛날에 어떤 사람이 정나라 자산에게 산 물고기를 보내자 자산이 연못 관리인에게 연못에서 기르라고 했는데 연못 관리인이 그것을 삶아 먹어 버리고는 '처음 놓아주니까 빌빌하더니 조금 있으니까 꼬리를 치며 슬슬 헤엄치다가 휙 하고 가 버렸습니다' 하고 결과를 보고했다. 그러자 자산이 '제자리를 찾은 게야! 제자리를 찾은 게야!' 했다. 연못 관리인이 나와서 '자산이 지혜롭다고 누가 말했나? 내가 벌써 삶아 먹어 버렸는데도 "제자리를 찾은 게야! 제자리를 찾은 게야!"라고 하거늘' 했다(昔者有饋生魚於鄭子產, 子產使校人畜之池. 校人烹之, 反命曰: '始舍之, 圉圉焉, 少則洋洋焉, 攸然而逝.' 子產曰: '得其所哉! 得其所哉!' 校人出曰: '孰謂子產智? 予旣烹而食之, 曰: "得其所哉! 得其所哉!"')"라는 일화가 있다.

(16) 子美(자미): 鄭나라 子產. 소식 자신을 가리킨다. 《左傳·襄公二十五年》에 "자미가 들어와서 포로를 세어 보고 나갔다(子美入, 數俘而出)"라는 말이 있는데 杜預가 "자미는 자산이다(子美, 子產也)"라고 했다. 참료자의 원시 〈虛白齋〉에 "아무쪼록 요리사에게 주어 버리지 말고, 백보홍의 맑은 물에 놓아주라 하셨으니, 고개 돌려 순박한 정자산을 속이고, 물결 밑으로 유유히 헤엄쳐 갔다 하지 말게(傳呼愼勿付庖人, 百步洪邊放淸泚. 回首無欺子產淳, 謾道悠然泳波底)"라고 했다. 이 구절은 校人 즉 아랫 사람에게 시켜서 물고기를 방생하는 불확실한 처사를 목민관인 자신이 도탄에 빠진 백성들을 확실하게 구제하지 못하는 일에 비유하여 자책한 것으로 보인다.

(17) 疲民(피민): 홍수 때문에 지친 서주 주민을 가리킨다. 《烏臺詩案》에 "이때는 서주에 홍수가 지나간 뒤라 큰 부역이 자주 있었으므로 소식이 백성들의 피폐함이 물고기가 지쳐서 꼬리가 빨개진 것과 같다고 말했다(是時, 徐州大水之後, 大役數起, 軾言民之疲病如魚勞而尾赤也)"라고 했다.

(18) 魚尾赤(어미적): 《詩經·周南·汝墳》에 "방어의 꼬리가 벌겋다(魴魚赬尾)"라고 했는데 주희의 集傳에 "물고기는 지치면 꼬리가 빨개진다. 방어의 꼬리는 본래 흰색인데 이제 그것이 빨개졌다면 심하게 지친 것이다(魚勞則尾赤. 魴尾本白, 而今赤, 則勞甚矣)"라고 했다. 《左傳·哀公十七年》에도 "물고기가 꼬리가 빨개진 채 거센 물결 속에서 버둥거리는 것 같다(如魚赬尾, 衡流而方揚裔)"라는 말이 있다.

(19) 數罟(촉고): 촘촘한 그물. 《烏臺詩案》에 "촘촘한 그물이란 촘촘한 어망을 말한다. 이로써 백성들이 이미 지치고 병들었는데도 조정에서 또 청묘법과 조역법을 시행하여 백성들을 가만히 놓아두지 않는 것이 마치 촘촘한 그물로 고기를 잡는 것과 같다고 말한 것으로, 모두 조정의 신법이 불편함을 비난하고 나아가 홍수의 재앙에까지 이른 것이다(數罟, 謂魚網之細密者, 以言民旣疲病, 朝廷又行靑苗・助役, 不爲除放, 如密網之取魚, 皆以譏朝廷新法不便, 以致大水之災也)"라고 했다.

(20) 顙泚(상체): 《맹자・등문공상》에 "먼 옛날에 자기 어버이를 매장하지 않는 사람들이 있었으니 그들은 어버이가 죽으면 들어다 골짜기에 버렸다. 뒷날 그곳을 지나가노라니 여우와 너구리가 뜯어 먹고 파리와 모기가 빨아 먹는지라 그의 이마에 진땀이 나고 슬쩍 흘겨볼 뿐 바로 쳐다보지 못했다(蓋上世嘗有不葬其親者, 其親死則擧而委之於壑. 他日過之, 狐狸食之, 蠅蚋姑嘬之, 其顙有泚, 睨而不視)"라는 말이 있다. 나중에는 마음속의 부끄러움이나 두려움을 나타내는 말로 쓰이게 되었다.

(21) 衣中珠(의중주): 漢나라 무제가 昆明池에서 노닐다가 커다란 물고기가 새끼줄을 입에 물고 있는 것을 보고 그것을 방생했는데 사흘 뒤에 못가에서 明月珠 한 쌍을 줍고 나서 무제가 말했다. "아마도 물고기의 보답일 게야."(《三秦記》 참조) 《楞嚴經》에 "비유하자면 어떤 사람이 자기 옷에 여의주를 묶어 놓은 것과 같다(譬如有人於自衣繫如意珠)"라는 말이 있고, 《法華經》에 "어떤 사람이 술에 취해 누워 있는데 옷에 값을 매길 수 없을 만큼 귀한 여의주가 매여 있었다(有人醉臥, 以無價寶珠繫其衣裏)"라는 말이 있다.

(22) 泥沙底(이사저): 진흙이 쌓인 못의 밑바닥. 이 연은 굳이 물고기가 가져다준 명월주를 찾으려고 애쓸 필요가 없다는 말이다.

## 0580. 滕縣[1]時同年[2]西園
등현에 있는 과거급제 동기 시씨의 서원

| | |
|---|---|
| 人皆種楡柳,[3] | 남들은 다 느릅나무 버드나무를 심어 놓고 |
| 坐待十畝陰. | 앉아서 열 이랑의 그늘을 기다리는데 |
| 我獨種松柏,[4] | 나는 혼자 소나무와 잣나무를 심어 놓고 |
| 守此一片心. | 이 일편단심을 지키고 있네. |
| 君看閭里間,[5] | 그대도 보다시피 여항간에는 |
| 盛衰日駸駸.[6] | 흥성하고 쇠망함이 날마다 말이 달리듯 하니 |
| 種木不種德, | 나무를 심을 뿐 덕을 심지 않는다면 |
| 聚散如飛禽. | 모이고 흩어짐이 나는 새와 같다네. |
| 老時吾不識,[7] | 시 형을 나는 아직 잘 모르지만 |
| 用意一何深. | 마음을 쓰는 것이 어떻게나 깊은지 |
| 知人得數士,[8] | 사람을 볼 줄 알아 몇 사람을 얻었고 |
| 重義忘千金. | 의리를 중시하여 천금을 잊었네. |
| 西園手所開, | 서원은 그대가 손수 만든 것 |
| 珍木來千岑. | 진귀한 나무들을 이 산 저 산에서 옮겨 오고 |
| 養此霜雪根, | 이 눈서리 밑의 뿌리를 지닌 나무들을 기르며 |
| 遲彼鸞鳳吟,[9] | 저 난새와 봉황의 노래를 기다리네. |
| 池塘得流水, | 연못에는 강물이 흘러들어서 |

| | |
|---|---|
| 龜魚自浮沈. | 거북이와 물고기가 스스로 자맥질하고 |
| 幽桂日夜長,(10) | 그윽한 곳의 계수나무는 밤낮으로 자라서 |
| 白花亂青衿. | 하얀 꽃이 푸른 옷에 어지러이 떨어지리. |
| 豈獨蕃草木, | 어찌 다만 초목만 우거지게 했으리? |
| 子孫已成林. | 자손들도 이미 숲을 이루고 있어 |
| 拱把不知數,(11) | 손에 잡히는 작은 나무가 수도 없이 많으니 |
| 會當出千尋.(12)(13) | 틀림없이 천 길짜리 큰 나무가 나오리. |
| 樊侯種梓漆,(14)(15) | 번후는 가래나무 옻나무를 심은 덕에 |
| 壽張富華簪.(16)(17) | 수장후가 되어서 화려한 비녀가 많았나니 |
| 我作西園詩, | 내가 지금 서원을 읊은 시를 지어서 |
| 以爲里人箴.(18) | 마을 사람들을 위한 잠언으로 삼으려 하네. |

**[해설]**

진사급제 동기로서 등현 현령으로 재임하고 있는 시씨의 서원에서 노닐다가 지은 것이다. 서원의 아름다운 풍치를 노래하고 시씨의 인품을 칭송함과 동시에, 그가 더욱 어진 사람이 되어 주기를 축원했다. 시씨는 서원을 만들 때 훌륭한 인재들과의 교유를 주목적으로 삼았고 실제로 몇몇 젊은 인사들이 그것을 계기로 그와 교유하고 있었던 것으로 보인다.

**[주석]**

(1) 滕縣(등현): 지금의 산동성 滕州. 송나라 때는 徐州의 속현이었다.

(2) 時同年(시동년): 소식과 함께 진사급제한 사람인 時씨. 구체적인 행적은 알려져 있지 않다.

(3) 楡柳(유류): 성장 속도가 빠르다는 속성을 지니고 있다. 杜甫의 시 〈憑何十一少府邕覓榿木栽〉에 "오리나무는 3년이면 자란단 말 많이 들어, 개울 가의 열 이랑에 그늘을 이루려네(飽聞榿木三年大, 與致溪邊十畝陰)"라는 구절이 있다.

(4) 松柏(송백): 추위에도 시들지 않는 강인성을 지니고 있다. 《論語 · 子罕》에 "날씨가 추워진 뒤에야 소나무와 잣나무가 다른 나무보다 나중에 시드는 줄을 안다(歲寒, 然後知松柏之後彫也)"라는 말이 있다. 이 연은 시동년의 입장에서 빠른 시일 내에 결실을 볼 수 있는 느릅나무와 버드나무를 심는 대신 결실은 느리지만 꿋꿋하고 변함없는 소나무와 잣나무를 심는다는 말이다.

(5) 閭里(여리): 평민들이 모여 사는 마을. 閭巷間. 巷間.

(6) 駸駸(침침): 말이 빠른 속도로 달리는 모양. 이 연은 염량세태가 극도로 심하다는 말이다.

(7) 老時(노시): 時同年을 가리킨다. '老'는 姓 앞에 붙여서 경의를 표시하는 접두사이다.

(8) 數士(수사): 西園을 찾아옴으로써 알게 된 사람들로 시동년은 당시 그들을 돌보아 주고 있었던 것으로 보인다. 이 연은 시동년이 뜻있는 젊은 선비들을 불러들이기 위하여 많은 비용을 들여서 서원을 만들고 그리하여 얻은 젊은 선비들을 돌보아 주고 있는 사실을 가리키는 것으로 보인다.

(9) 遲(지): 기다리다. 이 연은 어려운 환경 속에서도 꿋꿋하게 자라는 나무들을 길러 그것들이 커서 봉황이나 난새가 날아와 울기를 기다린다는 뜻으로, 젊은 인재들을 길러서 태평성대가 이루어지기를 기대한다는 말이다.

(10) 幽桂(유계): 그윽한 곳에 나 있는 계수나무. 《本草》에 "균계는 꽃이 희고 꽃술이 노란색이며, 모계는 백화라고도 하는데 잎이 겨울 여름 할 것 없이 항상 푸르다(菌桂, 花白蕊黃; 牡桂亦曰白花, 葉冬夏常靑)"라고 했다. 이 연은 표면상 서원의 실제 모습을 묘사한 것이면서 비유적으로는 시동년이 돌보아 주고 있는 젊은 선비들 중에서 과거에 급제하여 나라를 위해 일할 훌륭한 인물이 많이 배출될 것이라고 예언한 것이다.

(11) 拱把(공파): 두 손으로 잡을 수 있는 굵기와 한 손으로 잡을 수 있는 굵기. 아직 어린 나무를 가리킨다. 명나라 사람 康海의 〈中山狼〉에 "1년이 지나면 꽃이 피고, 2년이 지나면 열매가 열리며, 3년이 지나면 한 손이나 두 손으로 잡을 만큼 굵어지고, 10년이 지나면 두 팔로 안을 만큼 굵어진다(一年開花, 二年結果, 三年拱把, 十年合抱)"라고 했다.

(12) 會當(회당): 틀림없이.

(13) 尋(심): 길. 1심은 8자라는 설, 7자라는 설, 6자라는 설 등이 있다. 이 연은 시동년의 자손들 중에서 큰 인물이 나올 것이라는 말이다.

(14) 樊侯(번후): 후한 사람인 壽張侯 樊宏을 가리킨다. 그의 부친 樊重이 목기를 만들려고 마음 먹고 먼저 가래나무와 옻나무를 심자 사람들이 다들 웃었다. 그러나 세월이 지나 나무가 쓸 만하게 되자 웃었던 사람들이 모두 변명을 둘러댔다. 그는 재물을 많이 모아 종족과 마을 사람들에게 베풀었다. 그는 수많은 사람들에게 재물을 빌려 주었는데 죽을 때 차용증을 태워 버리라고 했다. 건무 15년(39)에 그의 아들 번굉이 수장후에 봉해졌다.(《후한서 · 번굉전》 참조) 소식은 번굉이 목기를 만들기 위해 나무를 심은 것으로 착각한 것으로 보인다.

(15) 梓漆(재칠): 가래나무와 옻나무. 琴瑟을 만드는 데 많이 쓰였다.

(16) 壽張(수장): 수장후 번굉을 가리킨다.

(17) 華簪(화잠): 고관대작들이 사용하던 화려한 고급 비녀.

(18) 里人箴(이인잠): 마을 사람들을 일깨우는 잠언.

## 0581. 次韻王廷老[1]和張十七[2]九日[3]見寄[4]二首

왕정로가 장십칠이 9월 9일 날 지은 시에 화답하여 나에게 부친 시에 차운하여

### 其一

| | |
|---|---|
| 霜葉投空雀啅籬, | 낙엽이 허공에 뿌려지고 참새가 울타리를 쫄 적에 |
| 上樓筋力强扶持.[5] | 누각에 오를 근력을 억지로 부지하고 |
| 對花把酒未甘老,[6] | 꽃을 보며 술잔 들고 늙음을 못 받아들여 |
| 膏面染鬚聊自欺.[7][8] | 얼굴 광내고 수염 물들여 자신을 속여 보았다오. |
| 無事亦知君好飮,[9] | 일이 없으니 역시 그대가 술을 즐길 줄 알지만 |
| 多才終恐世相縻.[10] | 재주가 많으니 언젠가는 세상이 그대를 얽맬 것이오. |
| 請看平日銜杯口,[11] | 두고보시오 평상시에 술잔 물고 있으면 |
| 會有金椎爲控頤.[12][13] | 틀림없이 쇠망치가 턱을 두드릴 것이오. |

### 其二

| | |
|---|---|
| 接果移花看補籬,[14][15] | 접붙이고 모종하고 울타리 고치는 광경도 보고 |
| 腰鐮手斧不妨持.[16][17] | 낫 차는 것도 도끼 드는 것도 상관하지 않으며 |
| 上都新事長先到,[18] | 도성의 새로운 일 늘 먼저 듣지만 |
| 老圃閑談未易欺.[19] | 늙은 원예가의 한담도 쉬이 무시하지 않겠네. |
| 釀酒閉門開社甕,[20] | 술을 빚어 문 닫은 채 사일주 독을 열어 놓고 |

殺牛留客解耕縻.[(21)(22)] 소를 잡아 손님 잡으려고 소 고삐를 풀겠네.
何時得見纖纖玉,[(23)(24)] 언제나 그대 집의 섬섬옥수를 보면서
右手持杯左捧頤. 오른손에 술잔 들고 왼손으로 턱 받칠까?

**[해설]**

중양절을 맞아 장서가 소철에게 시를 지어 보내자 왕백양이 장서의 시에 화답하는 시를 지어서 소식에게 보냈다. 이 시는 왕백양의 시에 차운하여 지은 것이다. 제1수는 관직에서 밀려나 일 없이 지내는 왕백양을 위로한 것이고, 제2수는 전원에서 한가로이 지내는 장서의 생활을 상상하면서 그러한 그의 생활을 부러워한 것이다. 제2수는 다른 판본에는 모두 〈왕정로가 은퇴생활을 하면서 나에게 보낸 시에 차운하여(次韻王廷老退居見寄二首)〉(0587)의 제2수로 편입되어 있다.

**[주석]**

(1) 王廷老(왕정로): 查愼行의 《蘇詩補註》에 "이름이 백양이며 벼슬이 괵주태수에 이르렀다. 그의 아들이 동파의 사위였다(名伯敭, 官至虢州守. 其子爲東坡壻)"라고 했으나, 王文誥의 《蘇軾詩集》에는 "사신행의 주에 정로의 아들이 동파의 사위라고 여겼는데 이것은 전혀 근거가 없는 일이다(查註以廷老之子爲東坡壻, 此乃毫無蹤影之事)"라고 했다. 《續資治通鑑長編》에 "희령(1068-1077) 연간에 양절제점형옥전운사가 되었다(熙寧間, 兩浙提點刑獄轉運使)"라고 했고, 王文誥의 《蘇軾詩集》에 "동파공이 항주통판으로 재임할 때가 바로 왕정로가 양절제점형옥전운사일 때였다. 이때는 관직에서 파면되어 송주(지금의 하남성 商丘)에 거주했기 때문에 자유 및 장서와 시를 주고받았다(公倅杭, 正王廷老爲提轉時也. 是時罷官居宋, 故與子由・張恕唱和)"라고 했다.
(2) 張十七(장십칠): 張方平의 아들인 張恕를 가리킨다. 〈次韻張十七九日贈子由〉(0573) 주 (1) 참조.
(3) 九日(구일): 9월 9일, 즉 중양절을 가리킨다.
(4) 見寄(견기): 나에게 부치다. 〈次韻王定國馬上見寄〉(0562) 주 (2) 참조.
(5) 上樓(상루): 중양절을 맞아 登高하는 것을 말한다. 杜牧의 시 〈冬日題智門寺北樓〉에 "산에 가려고 근력을 시험하지 않는다면, 어찌 추운 날 구름 속의 높은 누각에 오를 수 있으리?(不爲尋山試筋力, 豈能寒上背雲樓?)"라는 구절이 있다.
(6) 甘老(감로): 늙었다는 사실을 감수하다.
(7) 膏面(고면): 얼굴에 기름을 발라 윤기를 내다.
(8) 自欺(자기): 자신을 속이다. 자신의 본래 모습을 감추는 것을 가리킨다.
(9) 無事(무사): 《史記・陳軫傳》에 "서수가 진진을 만났더니 진진이 '공은 어째서 술 마시기를 좋아

하시오' 하고 물었다. 서수가 '일이 없어서요' 하고 대답했다(犀首見之, 陳軫曰: '公何好飮也?' 犀首曰: '無事也.')"라는 기록이 있다.

(10) 世相縻(세상미): 세속이 그를 속박한다는 뜻으로 왕백양이 다시 관직에 나아가게 될 것이라는 말이다.

(11) 平日(평일): 평상시. 휴일이나 명절이 아닌 날을 가리킨다.

(12) 會(회): 틀림없이.

(13) 控頤(공이): 턱을 두드리다. 선비 두 사람이 《시경》과 《예기》에 근거하여 남의 무덤을 도굴하러 갔다. 큰 선비가 "동방이 밝아 오는데 일이 어떻게 되어 가는가?" 하고 묻자 작은 선비가 "옷은 아직 벗기지 못했고 입을 보니 입에 구슬이 있습니다"라고 대답했다. 그러자 큰 선비가 말했다. "《시경》에 본래 '푸릇푸릇한 보리가, 무덤 위에 나 있네. 살아서 은혜를 베풀지도 않았는데, 죽어서 어찌 입에 구슬을 물겠는가?'라는 말이 있다. 그의 머리카락을 잡고 턱수염을 누른 다음 쇠망치로 턱을 치고 천천히 뺨을 벌려서 입 안의 구슬이 깨지지 않도록 해라."(《莊子·外物》 참조) 이 연은 왕백양이 원시에서 술로 세월을 보낸다고 했기 때문에 술을 너무 많이 마셔서 몸을 해치지 말고 언젠가 있을 다시 나라와 백성을 위해 헌신할 날에 대비하라고 충고한 것으로 보인다.

(14) 接果(접과): 과일나무를 접붙이다.

(15) 移花(이화): 화초를 옮겨 심다.

(16) 腰鐮(요겸): 허리에 차는 낫.

(17) 手斧(수부): 손에 드는 도끼.

(18) 上都(상도): 도성. 경성. 장서는 南京留守 장방평의 아들이기 때문에 도성 소식에 밝았을 것이다.

(19) 老圃(노포): 노련한 채소재배가. 《論語·子路》에 "나는 노련한 농부만 못하다(吾不如老圃)"라는 말이 있다.

(20) 社甕(사옹): 토지신에게 제사 지낼 때 쓸 祭酒인 社日酒가 담겨 있는 독.

(21) 殺牛留客(살우유객): 王十朋의 《百家註分類東坡先生詩》에 "수나라 말에 유흑달이 장남지방에 은거했는데 여러 장수들이 찾아가자 유흑달이 마침 채소를 심고 있다가 즉시 농사 짓는 소를 잡아 함께 술을 마셨다(隋末劉黑闥, 屛居漳南, 諸將詣之, 黑闥方種蔬, 卽殺耕牛, 與之共飮)"라고 했다.

(22) 耕縻(경미): 농사 짓는 데 쓰는 소의 고삐. 이 연은 장서가 상식 밖의 행위도 불사할 정도로 손님과 함께 술 마시기를 좋아한다는 말이다.

(23) 得(득): ~할 수 있다.

(24) 纖纖玉(섬섬옥): 王文誥의 《蘇軾詩集》에 "장십칠은 시첩을 많이 두었거니와 이 시 끝머리의 말을 보면 꼭 맞아떨어진다(張十七多蓄姬侍, 觀此詩結語, 正合)"라고 했다.

## 0582. 鹿鳴宴[(1)]
녹명연

連騎悤悤畫鼓喧,[(2)(3)] 줄지은 말은 우르르 북소리는 둥둥둥
喜君新奪錦標還.[(4)] 그대들이 새로 우승기 타고 돌아감을 기뻐하네.
金罍浮菊催開宴, 금빛 술독에 국화 띄운 채 잔치 열기를 재촉하며
紅蕊將春待入關.[(5)(6)] 붉은 꽃이 봄 기운 지닌 채 관문에 들기를 기다리리.
他日曾陪探禹穴,[(7)] 지난날엔 누군가와 우혈을 찾아다녔을 테고
白頭重見賦南山.[(8)] 백발 되어 다시 만나면 〈남산유대〉를 읊으리.
何時共樂昇平事,[(9)] 언제나 다 함께 태평성세를 즐기며
風月笙簫坐夜閑. 청풍명월에 한가히 앉아 생황과 퉁소를 불리?

**[해설]**

소식의 〈서주녹명연부시서(徐州鹿鳴燕賦詩敍)〉에 "원풍 원년(1078)에 세 고을의 선비들이 모두 서주에서 향시에 합격하였으므로 9월 신축일 그믐날에 황루에 모여서 옛날 관례대로 연회를 거행했다(元豐元年, 三郡之士, 皆擧於徐, 九月辛丑晦, 會於黃樓, 修舊事也)"라고 한 바와 같이, 원풍 원년(1078) 9월 그믐날 서주의 황루에서 향시 합격자들에게 연회를 베풀고 지은 것이다.

## [주석]

(1) 鹿鳴宴(녹명연): 鄕試가 끝난 뒤 州郡의 장관이 고시관과 향시 합격자들에게 베풀던 연회. 이 자리에서 《詩經·小雅》의 〈鹿鳴〉을 불렀기 때문에 이런 이름이 생겼다.

(2) 悤悤(총총): 바쁜 모양. 급한 모양. '怱怱'과 같다.

(3) 畫鼓(화고): 알록달록하게 색칠한 북.

(4) 錦標(금표): 우승기. 옛날에 경기에서 우승한 사람에게 주던 깃발. 나중에는 그 상품을 가리키기도 했다. 여기서는 향시에 급제한 사실을 가리킨다. 당나라 사람 盧肇와 黃頗는 둘 다 宜春 사람으로 함께 과거에 응시하러 갔는데 군수가 황파에게만 송별연을 벌여 주었다. 이듬해에 노조가 장원급제하여 돌아오자 군수가 매우 융숭하게 대접했다. 이에 노조가 시를 지어서 "옛날에는 용이라 해도 좀처럼 안 믿더니, 과연 우승기를 쟁탈하여 돌아왔다오(向道是龍剛不信, 果然奪得錦標歸)"라고 하자 군수가 매우 부끄러워했다.(《南部新書》 참조)

(5) 紅蕊(홍예): 붉은 꽃. 과거시험 합격자에게 주는 꽃을 가리킨다. 杜牧의 시 〈及第後寄長安故人〉에 "진지방의 소년들이 많이들 술을 빚어, 봄빛을 지니고 관문으로 들어오길 기다리리(秦地少年多釀酒, 待將春色入關來)"라는 구절이 있다. 이 구절은 향시 합격자들의 고향 사람들이 합격자들의 금의환향을 기다릴 것이라는 말이다.

(6) 將(장): 가지다. 취하다.

(7) 禹穴(우혈): 하나라 우임금의 무덤. 절강성 紹興의 會稽山에 있다. 《史記·太史公自序》에 "스무살에 남쪽으로 가서 장강 및 회하 일대를 유람했는데 회계산에 올라가서 우임금의 무덤을 탐방했다(二十而南遊江淮, 上會稽, 探禹穴)"라고 했다. 이에 대한 裴駰의 集解에 張晏의 말을 인용하여 "우임금이 순수하다가 회계에서 돌아가시자 그곳에 장사 지냈는데 위에 구멍이 있으므로 민간에서 말하기를 우임금이 이 구멍으로 들어갔다고 했다(禹巡狩至會稽而崩, 因葬焉. 上有孔穴, 民間云禹入此穴)"라고 했다. 이 구절은 향시 합격자들이 옛날에 선배나 스승을 모시고 중요한 유적지를 탐방함으로써 견문을 넓혔을 것으로 추측한 말인 것으로 보인다.

(8) 南山(남산): 《시경·소아》의 〈南山有臺〉를 가리킨다. 〈毛詩序〉에 "〈南山有臺〉는 현인을 얻은 것을 즐거워한 것이다. 현인을 얻으면 나라를 다스릴 수도 있고 태평의 기초를 닦을 수도 있다(〈南山有臺〉, 樂得賢也. 得賢則能爲邦家, 立太平之基矣)"라고 했다. 이 구절은 향시 합격자들이 나중에 고관대작이 되어 인재를 선발하는 위치에 서게 될 것이라고 그들의 재능을 칭송한 말인 것으로 보인다.

(9) 昇平(승평): 향시 합격자들이 언젠가 태평성세를 이루어 줄 것으로 믿는다는 기대감을 담은 말이다.

## 0583. 與舒教授[1]·張山人[2]·參寥師[3]同遊戲馬臺[4], 書西軒[5]壁, 兼簡[6]顏長道[7]二首

서교수·장산인·참료법사와 함께 희마대에서 노닐다가 서헌의 벽에 쓰고 아울러 안장도에게 부친다

### 其一

| | |
|---|---|
| 古寺長廊院院行,[8][9][10] | 옛 절의 장랑 따라 이 방 저 방 다녔는데 |
| 此軒偏慰旅人情.[11] | 이 서헌이 유난히도 나그네 마음을 위로하오. |
| 楚山西斷如迎客,[12][13] | 초산은 서쪽이 끊어져서 손님을 맞는 것 같고 |
| 汴水南來故遶城.[14] | 변수는 남으로 흘러와서 변함없이 성을 감싸 주오. |
| 路失玉鉤芳草合,[15] | 길에는 옥고리가 사라진 채 방초가 가득하고 |
| 林亡白鶴古泉清.[16] | 숲에는 백학이 없어진 채 오래된 샘물이 맑다오. |
| 淡游何以娛庠老,[17] | 담담한 놀이에 무엇으로 노선생을 즐겁게 하리오? |
| 坐聽郊原琢磬聲.[18] | 가만히 앉아 들판에서 경쇠 쪼는 소리를 듣는다오. |

### 其二

| | |
|---|---|
| 竹杖芒鞋取次行,[19] | 대지팡이에 짚신 신고 닥치는 대로 다니다가 |
| 下臨官道見人情.[20][21] | 대로를 내려다보면 사람 사는 정경이 보이나니 |
| 天寒菽粟猶棲畝,[22] | 날이 춥건만 콩과 조는 아직 이랑에 쌓여 있고 |
| 日暮牛羊自入城. | 해가 저물자 소와 양이 제 발로 성으로 들어오오. |
| 沽酒獨教陶令醉,[23][24] | 술을 사서 도연명만 취하게 했거니와 |

題詩誰似皎公淸.(25) 　시를 지음에 교공처럼 청아한 사람이 누구리오?
更尋陋巷顏夫子,(26) 　다시 누추한 골목으로 안부자를 찾아가
乞取微言繼此聲.(27)(28)(29) 　심오한 말로 이 소리를 이어 주길 바라오.

**[해설]**

서환 · 장천기 · 참료와 함께 서주의 희마대에서 노닌 감회를 노래하여 안복에게 보냄으로써 그에게 희마대로 와서 함께 놀기를 청한 것이다.

**[주석]**

(1) 舒敎授(서교수): 徐州敎授 舒煥을 가리킨다. 〈雨中過舒敎授〉(0545) 주 (1) 참조.
(2) 張山人(장산인): 서주 雲龍山에 은거하던 張天驥를 가리킨다. 〈訪張山人得山中字二首〉(0518) 주 (1) 참조.
(3) 參寥師(참료사): 참료법사.
(4) 戲馬臺(희마대): 서주성 동남쪽에 있는, 項羽가 말을 달리며 즐기던 곳. 〈次韻王定國馬上見寄〉(0562) 주 (7) 참조.
(5) 西軒(서헌): 희마대에 있던 건물. 《名勝志》에 "희마대는 높이가 몇십 길이고 주위가 온통 흙언덕이다. 송나라 때 그 위에 대두사를 지어 놓고 돌계단을 파서 올라갔는데 그 안에 서헌이 있다(戲馬臺, 高數十仞, 周圍皆土阜. 宋時於上建臺頭寺, 鑿磴以升, 中有西軒)"라고 했다.
(6) 簡(간): 書簡을 부치다.
(7) 長道(장도): 顏淵의 48세손인 顏復의 字. 〈次韻子由與顏長道同遊百步洪相地築亭種柳〉(0482) 주 (2) 및 〈送顏復兼寄王鞏〉(0486) 주 (1) 참조.
(8) 古寺(고사): 희마대에 있는 臺頭寺를 가리킨다.
(9) 長廊(장랑): 길게 이어진 낭하.
(10) 院(원): 방. 王建의 시 〈宮詞一百首〉 제89수에 "방마다 등불 밝혀 한낮 같구나(院院燒燈如白日)"라는 구절이 있다.
(11) 偏(편): 매우. 유난히.
(12) 楚山(초산): 옛날 초나라의 영토에 있는 산을 가리킨다.
(13) 西斷(서단): 소식의 〈放鶴亭記〉에 "팽성의 산은 산줄기가 사방을 에워싸고 있어서 아련히 보이는 것이 꼭 커다란 고리와 같다. 오직 그 서남쪽만 끊어져 있는데 산인의 정자는 바로 그 끊어진 곳에 있다(彭城之山, 岡嶺四合, 隱然如大環. 獨缺其西南面, 而山人之亭, 適當其缺)"라고 했다.
(14) 汴水(변수): 하남성 滎陽縣에서 황하로부터 갈라져 나와 開封 남쪽과 商丘 북쪽을 지나 서주에 이르러 泗水로 흘러드는 강. 《名勝志》에 "변수는 하남 준의현의 경계 지역에서 동쪽으로 흘러

소현을 지나고 서주성 동북쪽에 이르러 사수와 합류한다(汴水自河南浚儀縣界東流, 過蕭縣, 至州城東北, 與泗水合)"라고 했다.

(15) 玉鉤(옥구): 王十朋의 《百家註分類東坡先生詩》에 "《계원총담》에 '이위가 함통(860-873) 연간에 관할 지역을 대량에서 회해로 옮겨 가니 군내에 명승지가 별로 없는지라 희마정 서쪽에 옥구사도와 연결하여 정자를 지으라고 명하고 이름을 상심정이라고 했다'라고 했는데 이제 이 시에 '길에는 옥고리가 사라졌다'라고 한 것은 이 양주 희마정의 일을 잘못 인용한 것이다(《桂苑叢談》: '李蔚, 咸通中, 自大梁移鎭淮海, 見郡寡勝遊之地, 命於戲馬亭西連玉鉤斜道葺亭, 名曰賞心.' 今云: '路失玉鉤', 誤用此揚州戲馬亭事也)"라고 했는데, 이에 대하여 王文誥의 《蘇軾詩集》에는 "옥고리 같은 비탈길은 누구나 다 양주의 일인 줄 알고 있는데 동파공만 유독 몰랐다고 할 수 있겠는가? 또 옥고리 같은 비탈길이란 그 모양을 형용한 것이지 진짜로 옥고리가 있는 것이 아니므로 다른 곳으로 옮겨 가서 깎을 수가 없다. 이 시는 희마대로 인하여 차용한 것으로 희마대 아래의 길이 모두 방초에 뒤덮여 고리 같은 모양이 보이지 않음을 말한 것일 따름이다(玉鉤斜, 人盡知爲揚州事, 可謂公獨不知乎? 且玉鉤斜道者, 像其形也, 非眞有玉鉤之一物, 不可移掇他處者. 此詩因戲馬臺借用, 猶言臺下之路, 悉爲芳草所合, 不見如鉤之形而已)"라고 했다.

(16) 古泉(고천): 陳師道의 〈白鶴觀記〉에 "서주의 산에는 샘이 솟지 않는데 서주 관아 남쪽에 평천이 있어 아주 맑고 물맛이 좋으며 가물든 장마가 지든 변함이 없다. 샘 위에 도교 사원이 있는데 그 땅이 팽성의 서쪽이기 때문에 고을에서 다들 白鶴觀이라고 한다. 논자들은 '샘에 학이 내려오기 때문에 道觀의 이름을 백학관이라고 부른다'고 한다(徐山不泉, 州治之南, 有平泉焉, 深明潔甘, 旱潦自如. 泉之上有老氏宮, 其地爲彭城之西, 鄉皆曰白鶴. 說者曰: '泉有鶴下焉, 故名觀.')"라고 했다.

(17) 庠老(상로): 지방학관에 대한 경칭. 서주교수 서환을 가리킨다. 《禮記・王制》에 "유우씨는 국로를 상상에서 봉양하고 서로를 하상에서 봉양했다(有虞氏養國老於上庠, 養庶老於下庠)"라고 했는데, 이에 대한 孔穎達의 疏에 熊安生의 말을 인용하여 "국로는 경대부 중에서 사직한 사람을 말하고 서로는 사를 말한다(國老, 謂卿大夫致仕者; 庶老, 謂士也)"라고 했다.

(18) 琢磬聲(탁경성): 경쇠를 만들기 위하여 磬石을 쪼는 소리. 泗水 가에는 경석이 많이 난다. 〈太虛以黃樓賦見寄, 作詩爲謝〉(0566) 주 (11) 참조.

(19) 取次(취차): 기분 내키는 대로.

(20) 官道(관도): 관아에서 닦은 길. 대로.

(21) 人情(인정): 사람들이 살아가는 정경. 민정.

(22) 棲畝(서묘): 남은 곡식을 논밭에 쌓아 둔다는 뜻으로 풍년이 들었음을 가리킨다. 左思의 〈魏都賦〉에 "남은 양식을 논밭에 쌓아 두고 거두지 않으니 칭송하는 소리가 거리에 차고 넘친다(餘糧棲畝而弗收, 頌聲載路而洋溢)"라고 했다.

(23) 教(교): ~로 하여금 ~하게 하다.

(24) 陶令(도령): 도현령. 彭澤縣令을 지낸 陶淵明을 가리킨다. 王十朋의 《百家註分類東坡先生詩》에

"여산의 스님 혜원은 도잠과 놀 때 늘 술을 사다가 먹였다(廬山僧慧遠, 與陶潛遊, 常沽酒飲之)"라고 했고, 馮應榴의 《蘇軾詩集合注》에 "시의 의미는 장산인을 도연명에 비유한 것이다(詩意以淵明比張山人也)"라고 했다. 이 구절은 장천기가 특별히 술을 좋아하여 혼자 취했다는 말이다.

(25) 皎公(교공): 당나라 때의 시승 皎然. 교연의 시 〈五言九日陪顏使君眞卿登水樓〉에 "어쩌다가 용을 탄 사람을 만나, 함께 희마대에 가서 놀았네(偶見登龍客, 同遊戲馬臺)"라는 구절이 있다. 馮應榴의 《蘇軾詩集合注》에 "교공은 참료를 가리킨다(皎公指參寥)"라고 했다. 이 구절은 참료법사가 청아한 시를 특별히 잘 짓는다는 말이다.

(26) 顏夫子(안부자): 顏淵의 후손인 顏復을 가리킨다. 《論語 · 雍也》에 "한 그릇의 밥과 한 바가지의 물로 가난한 마을에서 살게 되면 다른 사람들은 그 근심을 견디지 못하는데, 회는 그렇게 살면서도 자신의 즐거움을 바꾸지 않으니 훌륭하도다 회는!(一簞食, 一瓢飲, 在陋巷, 人不堪其憂, 回也不改其樂, 賢哉回也!)"라고 했다.

(27) 乞取(걸취): 빌다. 청하다.

(28) 微言(미언): 심오하고 오묘한 말.

(29) 此聲(차성): 소식의 이 시를 가리킨다.

## 0584. 夜過舒堯文[1]戲作

밤에 서요문에게 들러 장난 삼아 짓는다

| | |
|---|---|
| 先生堂上霜月苦,[2][3] | 선생의 학당 위에 수고로운 차가운 달 |
| 弟子讀書喧兩廡. | 제자들이 책 읽느라 양쪽 곁채가 웅성웅성 |
| 推門入室書縱橫, | 방으로 들어가니 여기저기 책이 있고 |
| 蠟紙燈籠晃雲母.[4][5][6] | 밀랍 종이 등롱에 운모가 번쩍이네. |
| 先生骨清少眠臥,[7] | 선생은 성품이 맑아 잠이 적으매 |
| 長夜默坐數更鼓.[8] | 긴긴 밤에 말 없이 앉아 경고 소리 헤아리는데 |
| 耐寒石硯欲生冰,[9] | 추위 참는 돌 벼루엔 얼음이 얼려 하고 |
| 得火銅缾如過雨.[10] | 불을 만난 구리 병엔 비가 지나가는 것 같네. |
| 郎君欲出先自贊,[11] | 낭군을 내놓으려 먼저 자찬했는데 |
| 坐客斂衽誰敢侮. | 좌객들이 옷깃을 여미며 아무도 업신여기지 않나니 |
| 明朝阮籍過阿戎,[12][13] | 내일 아침 완적이 왕융에게 들르면 |
| 應作羲之羨懷祖.[14][15] | 틀림없이 왕희지가 되어 회조를 부러워하겠네. |

**[해설]**

서주교수 서환을 찾아갔다가 학당의 모습과 서환의 생활상을 해학적인 필치로 묘사한 후 그가 아들을 잘 두어서 아들 덕을 많이 보겠다고 우스갯소리를 한 것이다.

**[주석]**

(1) 堯文(요문): 徐州教授 舒煥의 字. 〈雨中過舒教授〉(0545) 주 (1) 참조.

(2) 先生(선생): 서환을 가리킨다.

(3) 霜月(상월): 서리가 내리는 추운 밤의 달. 이 연은 달이 고생을 감수하며 애써 공부하는 학생들을 비추어 주고 있다고 해학적으로 표현한 것이다.

(4) 蠟紙(납지): 표면에 밀랍을 바른 종이.

(5) 燈籠(등롱): 가는 대나무 가지나 철사 따위로 윤곽을 얽고 그 위에 종이나 비단 천을 덮어 씌워서 등불을 넣을 수 있게 만든 기구.

(6) 雲母(운모): 《圖經本草》에 "운모 조각 중에는 아주 크고 빛나는 것이 있는데 요즘 사람들은 그것으로 등롱을 장식한다(雲母片, 有絶大而瑩潔者, 今人咸以飾燈籠)"라고 했다.

(7) 骨淸(골청): 본성이 맑다. 속되지 않고 초탈한 것을 가리킨다.

(8) 更鼓(경고): 五更으로 나눈 밤 시간을 알리기 위해서 치던 북.

(9) 耐寒石硯(내한석연): 벼루에 물이 얼 듯 말 듯한 모습을 보고 벼루가 물이 얼지 않게 하기 위하여 안간힘을 쓰고 있다고 생각하여 해학적으로 표현한 것이다.

(10) 過雨(과우): 찻물이 끓는 소리를 빗발이 지나가는 소리에 비유한 것이다.

(11) 郎君(낭군): 다른 사람의 아들을 높여 부르는 말. 查愼行의 《蘇詩補註》에 "서요문의 아들로 이름이 언거이다(舒堯文之子, 名彦擧)"라고 했다. 북위 사람 崔道固는 재주가 뛰어났는데 첩실의 소생이기 때문에 본처 소생의 형들이 최도고 모자를 멸시했다. 초기에 그가 송나라 여러 왕들의 參軍이 되어 淸州로 파견되었을 때 長史 이하의 모든 관리들이 그를 찾아갔다. 그러나 그의 형들은 그의 소생을 핍박하고 직접 손님들에게 술과 안주를 가져다 드리게 했다. 최도고가 그것을 보고 깜짝 놀라 일어나서 집안에 일할 사람이 없기 때문에 노친께서 직접 시중을 드는 것이라고 해명했다. 손님들이 형들의 소행인 줄 알아차리고는 다들 최도고의 모친에게 절을 하자 모친이 자신은 천한 사람이라 귀빈들에게 감히 답배를 할 수 없다며 최도고에게 대신 답배를 하라고 했다. 손님들이 모두 최도고 모자를 칭송하고 형들을 멸시했다.(《北史·崔道固傳》 참조) 晉나라 사람 裴秀는 어릴 때부터 학문을 좋아하고 품행이 바른 사람이었으므로 유명 인사인 숙부 裴徽를 만나러 간 사람들은 나오면서 꼭 배수에게 들렀다. 그러나 배수의 모친은 미천한 신분이었기 때문에 본처 宣氏가 그녀에게 예를 갖추지 않고 손님들에게 음식을 내가게 했는데 손님들이 그것을 보고는 모두 자리에서 일어났다.(《晉書·裴秀傳》 참조) 이 연은 서환이 자기 서자를 불러내어 손님들에게 인사시키려고 미리 그의 훌륭한 점을 이야기하여 소개를 좀 했는데, 그 아들이 나왔을 때 보니까 과연 훌륭한지라 아무도 그의 아버지인 서환을 멸시하지 못했다는 뜻으로 그의 서자를 극구 칭송한 말이다.

(12) 阮籍(완적): 삼국시대 위나라 시인으로 죽림칠현의 한 사람이었다. 그는 王渾의 친구로 왕혼의 아들 王戎보다 스무 살이 많았지만 나이를 따지지 않고 왕융과도 친하게 지냈다. 왕융이 열다섯 살이었을 때 그는 왕혼을 찾아갈 때마다 매번 왕융과도 만나 한참 동안 이야기를 나눈 뒤에 방

에서 나와서는 왕융과 이야기하는 것이 왕혼과 이야기하는 것보다 더 낫다고 했다.(《晉書·王戎傳》 참조)

(13) 阿戎(아융): 왕융을 가리킨다. '阿'는 사람의 성이나 이름 앞에 붙여서 친근감을 표시하는 접두사이다. 여기서는 서환의 아들을 가리킨다. 이 구절은 왕혼을 찾아갈 때마다 그의 아들 왕융을 찾아간 완적처럼 소식 자신이 내일 아침에 서환의 아들을 찾아가겠다는 말이다.

(14) 羲之(희지): 왕희지. 王述이 높은 관직에 오르자 왕희지는 자기가 그보다 관직이 낮은 것을 부끄럽게 여겨 아들들에게 말했다. "내가 왕술보다 못할 게 없는데도 지위가 크게 차이가 나는 것은 너희들이 왕술의 아들 王坦之에게 못 미치기 때문이다"라고 했다.(《晉書·王羲之傳》 참조)

(15) 懷祖(회조): 진나라 사람 왕술의 字. 이 구절은 서환의 아들이 자기 아들보다 훌륭한 것을 보고 부러워할 것이라는 말이다.

# 0585. 十月十五日觀月黃樓(1), 席上次韻

10월 15일 황루에서 달을 보며 좌중에서 차운하여

| | |
|---|---|
| 中秋天氣未應殊, | 중추절의 날씨와 다를 리가 없으니 |
| 不用紅紗照座隅.(2) | 붉은 비단 등롱으로 자리 비출 필요 없다. |
| 山上白雲橫匹素,(3) | 산 위의 흰 구름은 가로로 펼친 흰 명주요 |
| 水中明月臥浮圖.(4) | 물속의 밝은 달엔 부도가 누워 있다. |
| 未成短棹還三峽,(5) | 노를 저어 삼협으로 돌아가진 못했으나 |
| 已約輕舟泛五湖.(6) | 오호의 뱃놀이는 이미 약속했도다. |
| 爲問登臨好風景,(7) | 묻노니 높은 데서 멋진 풍경 굽어보며 |
| 明年還憶使君無.(8)(9) | 내년에도 이 태수를 기억하려나? |

**[해설]**

10월 보름날 서주의 황루에 올라가 달을 구경하다가 일어난 감회를 노래한 것이다.

**[주석]**

(1) 黃樓(황루): 소식이 홍수를 막아낸 뒤 서주성을 개축하고 성문 위에 세운 누각. 〈答王鞏〉(0561) 주 (15) 참조.

(2) 紅紗(홍사): 붉은색 비단을 씌워서 만든 등롱을 가리킨다. 이 연은 10월 15일에는 중추절과 마찬가지로 보름달이 뜨고 또 날씨도 여전히 맑기 때문에 사방이 훤한데 그날도 달빛이 밝았기 때문에 등불을 켤 필요가 없었다는 말이다.

(3) 匹素(필소): 한 필의 흰색 비단.

(4) 浮圖(부도): 고승의 사리를 안치한 탑. 이 구절은 물속에 달과 탑이 함께 비쳐 있는데 마치 탑이 달을 베고 누워 있는 듯한 형상이라는 말이다.

(5) 三峽(삼협): 瞿唐峽·巫峽·西陵峽 등 長江 상류에 있는 세 개의 험난한 협곡. 李源은 사천지방에 있는 青城山과 峨眉山을 구경하려고 圓澤스님과 함께 장강을 거슬러 올라갔는데, 원택스님이 12년 뒤의 중추절 달밤에 杭州 天竺寺에서 다시 만나자고 하고는 도중에 갑자기 사라져 버렸다. 12년 뒤에 이원이 항주로 갔더니 한 목동이 葛洪川 가에서 소의 뿔을 두들기며 노래를 부르는 소리가 들렸다. 목동은 “오월 땅의 산천은 두루두루 다 봤으니 노를 돌려 구당으로 올라가리라” 하고 노래를 부르면서 자취를 감춰 버렸다. 그가 바로 원택스님이었다. 〈過永樂文長老已卒〉(0372) 주 (7) 참조. 이 구절은 고향으로 돌아가는 일이 이루어지지 않았다는 말이다.

(6) 五湖(오호): 몇 가지 설이 있으나 太湖로 보는 것이 일반적이다. 춘추시대 월나라의 대부 范蠡는 浣紗溪에서 빨래하던 미인 西施를 교육시켜 吳王 夫差에게 보내는 미인계를 씀으로써 越王 勾踐으로 하여금 會稽에서의 치욕을 설욕하게 한 후 서시를 데리고 오호에서 배를 타고 어딘가로 사라졌다는 전설이 있다. 이 구절은 사명을 다한 뒤에 전원으로 돌아갈 것을 이미 약속했다는 말인 것으로 보인다.

(7) 登臨(등림): 높은 곳에 올라가서 내려다보다.

(8) 使君(사군): 태수. 서주지주인 소식 자신을 가리킨다.

(9) 無(무): 문장 끝에 붙어서 의문을 표시하는 부사이다.

# 0586. 答王定民[1]

왕정민에게 화답하여

| | |
|---|---|
| 開緘奕奕滿銀鉤,[2][3][4] | 편지를 여니 번쩍번쩍 은갈고리가 가득한데 |
| 書尾題詩語更遒.[5] | 편지 끝에 써 놓은 시는 시어가 더욱 힘차군요. |
| 八法舊聞宗長史,[6][7] | 팔법은 옛날에 들으니 장종사를 받든다 했고 |
| 五言今復擬蘇州.[8] | 오언시는 이제 또 위소주를 본떴네요. |
| 筆蹤好在留臺寺,[9][10][11] | 필적이 아직까지 대두사에 남아 있어 |
| 旗隊遙知到石溝.[12][13] | 기를 든 대열이 석구로 올 줄 멀리서도 알겠기에 |
| 欲寄鼠鬚幷繭紙,[14][15] | 쥐수염 붓과 고치 종이를 보내려 하니 |
| 請君章草賦黃樓.[16][17] | 황루를 읊은 시를 장초로 써 주셔요. |

**[해설]**

왕정민의 시에 화답하여 그에게 황루를 읊은 시를 써 달라고 부탁하는 형식으로 그의 글씨와 시를 칭송했다.

**[주석]**

(1) 王定民(왕정민): 王十朋의 《百家註分類東坡先生詩》에 "정민은 자가 좌재이며 박주 사람으로 준민의 동생이다(定民, 字佐才, 亳人, 俊民弟也)"라고 했고, 施元之의 《施注蘇詩》에 "정민은 동래 사람으로 마지막 관직이 통성현령이었다. 《쌍회편》 24권을 지었다(定民, 東萊人, 終通城縣令.

嘗著《雙誨編》二十四卷)"라고 했다.

(2) 開緘(개함): 편지의 봉함을 열다.

(3) 奕奕(혁혁): 빛나는 모양.

(4) 銀鉤(은구): 《晉書・索靖傳》에 "초서의 형상은 은갈고리처럼 구부러지고 놀란 난새처럼 회오리친다(草書之爲狀也, 婉若銀鉤, 飄若驚鸞)"라고 했고, 《法書苑》에 "삭정은 자신의 글씨에 자부심을 느껴 은갈고리와 전갈꼬리라고 불렀다(索靖矜其書, 名曰銀鉤蠆尾)"라고 했다.

(5) 題詩(제시): 시를 쓰다.

(6) 八法(팔법): 側・勒・努・趯・策・掠・啄・磔 등 漢字의 획을 긋는 여덟 가지 運筆法. 王十朋의 《百家註分類東坡先生詩》에 "서예에는 여덟 가지 운필법이 있는데 '永'자를 예로 삼는다.……채옹이 신인에게서 전수받아 이 사람 저 사람에게 전해지다가 장욱에게 이르렀는데 장욱이 그것을 이양빙과 안진경에게 전했다(書有八法, 以永字爲例云……. 蔡邕得之神人, 相傳至張旭, 旭以傳李陽冰・顔眞卿)"라고 했다.

(7) 長史(장사): 左率府長史를 지낸 당나라 서예가 張旭을 가리킨다. 그는 특히 초서에 뛰어나 草聖이라 불렸다.

(8) 蘇州(소주): 중당 시인 韋應物을 가리킨다. 蘇州刺史를 지냈기 때문에 위소주라고 불렸다. 白居易의 〈與元九書〉에 "위소주의 가행은 청려할 뿐만 아니라 비흥과 풍유에 매우 가깝고, 그의 오언시는 또 고상하고 우아하고 한적하고 담박하여 스스로 일가를 이루었다오(韋蘇州歌行, 淸麗之外, 頗近興諷; 其五言詩, 又高雅閒澹, 自成一家之體)"라고 했다.

(9) 筆蹤(필종): 필적.

(10) 好在(호재): 여전히.

(11) 臺寺(대사): 徐州 戲馬臺 위에 있던 臺頭寺를 가리킨다. 《名勝志》에 "희마대는 높이가 몇십 길이고 주위가 온통 흙언덕인데 송나라 때 그 위에 대두사를 지었다(戲馬臺, 高數十仞, 周圍皆土阜, 宋時於上建臺頭寺)"라고 했다.

(12) 旗隊(기대): 기를 든 대열. 왕정민의 행렬을 가리킨다.

(13) 石溝(석구): 서주에 있는 雲龍湖를 가리킨다. 〈重修雲龍湖碑記〉에 의하면 운룡호는 簸箕洼・石溝湖・石狗湖・爾家川・蘇伯湖 등의 다른 이름으로 불리다가 1960년 2월 준설공사가 끝난 뒤에 처음으로 운룡호라는 새로운 이름이 붙여졌다고 한다. 그렇다면 이 구절은 먼 곳에 있으면서도 왕정민이 서주로 올 줄을 알겠다는 뜻이다.

(14) 鼠鬚(서수): 쥐의 수염으로 만든 붓.

(15) 繭紙(견지): 섬유질이 얽혀 있는 모양이 마치 명주실을 얽어 놓은 것 같은 종이. 〈次韻子由送趙屼歸觀錢塘遂赴永嘉〉(0558) 주 (20) 참조.

(16) 章草(장초): 초서의 일종으로 글자가 서로 붙어 있지 않고 각 글자가 독립되어 있다. 《法書苑》에 "두조는 초서를 잘 썼는데 장제가 그것을 좋아하므로 詔書와 상소문도 초서로 썼다. 이리하여 마침내 그것을 장초라 부르게 되었다(杜操善作草書, 章帝愛之, 詔令章表, 亦作草字, 遂謂之章

草)"라고 했다. 이와 달리 아주 자유분방하고 변화가 많으며 글자가 서로 얽혀 있는 것을 狂草라고 하는데, 광초는 漢나라의 張芝에게서 시작되었고 당나라의 장욱과 懷素에 이르러 널리 보급되었다.

(17) 黃樓(황루): 소식이 홍수를 막아낸 뒤 서주성을 개축하고 성문 위에 세운 누각. 〈答王鞏〉(0561) 주 (15) 참조.

## 0587. 次韻王廷老[1]退居見寄[2]

왕정로가 은퇴생활을 하면서 나에게 보낸 시에 차운하여

| | |
|---|---|
| 浪蕊浮花不辨春,[3] | 봄에는 예사 꽃과 구별되지 않다가 |
| 歸來方識歲寒人.[4] | 돌아오고 나서야 세한인인 줄 알았으리. |
| 回頭自笑風波地,[5] | 풍파의 땅 돌아보며 스스로 웃음 짓다 |
| 閉眼聊觀夢幻身. | 눈을 감고 잠시 동안 몽환 같은 몸을 보리. |
| 北牖已安陶令榻,[6][7] | 북쪽 창에 도현령의 침대를 이미 놓고 |
| 西風還避庾公塵.[8] | 서풍이 불면 유공의 먼지도 피하리. |
| 更搔短髮東南望,[9] | 짧아진 머리 더 박박 긁으며 동남쪽을 바라볼 터 |
| 試問今誰裹舊巾.[10] | 묻거니와 지금 누가 헌 두건을 썼으리? |

**[해설]**

사신행의 《소시보주》에 "《난성집》 중의 〈왕정로 조산을 전송하며(送王廷老朝散)〉에 '한 번 버림받은 뒤로 십오 년이 지났나니, 그건 오직 재주가 많은 탓일 따름이네'라는 구절이 있거니와 바로 그가 은퇴생활 할 때를 말한다(《欒城集》中〈送王廷老朝散〉詩, 有'一廢十五年, 直坐多才耳'之句, 正謂其退居時也)"라고 한 바와 같이, 당시 관직에서 밀려나 은퇴생활을 하고 있던 왕백양이 보내온 시에 차운한 것으로, 그의 은퇴생활을 상상하여 묘사했다. 이 시는 다른 판본에는 다 제목이 〈次韻王廷老退居見寄二首〉로 되어 있고 왕문고의 《소식시집》에만 두 번째 시를 〈왕정로가 9월 9일 날 지은 장십칠의 시에 화답하여 나에게 부친 시에 차운하여(次韻王廷老和張十七九日見寄二首)〉(0581)로 옮겨 놓았다.

**[주석]**

(1) 廷老(정로): 王伯敭의 字. 〈次韻王廷老和張十七九日見寄二首〉(0581) 주 (1) 참조.

(2) 見寄(견기): 나에게 부치다. 〈次韻王定國馬上見寄〉(0562) 주 (2) 참조.

(3) 浪蕊浮花(낭예부화): 평범한 꽃. 소식의 사 〈賀新郎〉(乳燕飛華屋)에 "반쯤 핀 석류꽃은 구겨진 붉은 수건, 시시한 보통 꽃들 다 지기를 기다렸다, 쓸쓸한 그대의 동반자가 되어 주네(石榴半吐紅巾蹙, 待浮花浪蕊都盡, 伴君幽獨)"라는 구절이 있다.

(4) 歲寒人(세한인): 지조가 굳은 사람, 즉 왕백양을 가리킨다. 《論語 · 子罕》에 "날씨가 추워진 뒤에야 소나무와 잣나무가 다른 나무보다 나중에 시드는 줄을 안다(歲寒, 然後知松栢之後彫也)"라는 공자의 말이 있다.

(5) 風波地(풍파지): 정치적 소용돌이가 심한 官界를 가리킨다.

(6) 北牖(북유): 북쪽 창. 陶淵明의 〈與子儼等疏〉에 "오뉴월에 북쪽 창문 밑에 누워서 언뜻언뜻 불어오는 시원한 바람을 맞으며 자신을 일컬어 희황상인(욕심 없이 초연하게 산 복희씨 이전의 태곳적 사람이라는 뜻)이라고 했다(五六月中, 北窗下臥, 遇涼風暫至, 自謂是羲皇上人)"라고 했다.

(7) 陶令(도령): 彭澤縣令을 지낸 도연명을 가리킨다.

(8) 庾公塵(유공진): 庾亮이 일으킨 먼지라는 뜻으로 권세를 가리킨다. 유량은 외지로 나가 있을 때에도 조정의 권세를 쥐고 있었기 때문에 권세를 좇는 사람들이 다들 그에게 귀의했다. 그러나 王導는 심기가 편할 수 없었는데, 한번은 서풍이 불어 먼지가 일어나자 부채로 먼지를 막으면서 "유량의 먼지가 사람을 다 더럽히는구나!"라고 했다.(《晉書 · 王導傳》 참조)

(9) 東南(동남): 소식이 머물고 있는 서주는 왕백양이 머물고 있는 宋州(지금의 하남성 商丘)의 동남쪽에 있다.

(10) 舊巾(구건): 은거하는 사람이 쓰는 낡은 두건. 이 구절은 요즘 세상에 왕백양처럼 꼿꼿한 기질을 지닌 사람이 또 어디에 있겠느냐는 뜻으로 그의 지조 있는 처신을 칭송한 것으로 보인다.

## 0588. 百步洪[1]二首

백보홍

王定國[2]訪余於彭城[3], 一日, 棹小舟, 與顏長道[4]攜盼[5]・英[6]・卿[7]三子, 游泗水[8], 北上聖女山[9], 南下百步洪, 吹笛飮酒, 乘月而歸. 余時以事不得往, 夜著羽衣[10], 佇立於黃樓[11]上, 相視而笑, 以爲李太白[12]死, 世間無此樂三百餘年[13]矣. 定國旣去逾月, 復與參寥[14]師放舟洪下, 追懷曩游, 已爲陳迹, 喟然而歎. 故作二詩, 一以遺參寥, 一以寄定國, 且示顏長道・舒堯文[15]邀同賦云.(왕정국이 팽성으로 나를 찾아왔다가 하루는 작은 배를 저어 안장도와 함께 반・영・경 등 세 아이를 데리고 사수를 유람하며 북쪽으로 성녀산에도 오르고 남쪽으로 백보홍에도 내려가서 피리를 불고 술을 마시다가 달빛을 타고 돌아왔다. 나는 당시 일 때문에 갈 수가 없었는지라 밤에 깃털 옷을 입고 황루 위에 우두커니 서서 그들을 보고 웃으며 이태백이 죽은 뒤로 세상에 이런 즐거움이 없어진 지 300여 년이 되었다고 생각했다. 왕정국이 떠난 지 한 달이 넘었을 때 다시 참료법사와 함께 백보홍 밑에 배를 띄워 놓고 지난날의 놀이를 돌이켜 보니 이미 옛날 일이 되고 만지라 휴 하고 탄식이 나왔다. 그러므로 시를 두 수 지어서 한 수는 참료법사에게 드리고 한 수는 왕정국에게 부치고 또 안장도와 서요문에게 보여 주며 함께 짓기를 청했다.)

### 其一

| | |
|---|---|
| 長洪斗落生跳波,[16] | 기다란 급류가 뚝 떨어지며 물결을 일으키는데 |
| 輕舟南下如投梭.[17] | 가벼운 배가 북을 던진 듯 남쪽으로 내려간다. |
| 水師絶叫鳧雁起,[18] | 뱃사공의 고함에 물오리와 기러기가 날아오르고 |
| 亂石一線爭磋磨.[19] | 어지러운 바위가 한 줄로 서서 다투어 스칠 듯 다가온다. |
| 有如兎走鷹隼落,[20] | 우리 배는 토끼가 뛰자 송골매가 덮치듯 |
| 駿馬下注千丈坡. | 천 길의 내리막에 준마가 달려가듯 |
| 斷絃離柱箭脫手,[21] | 끊어진 거문고 줄이 기러기발에서 튕겨 나가듯 |
| | 시위를 당긴 손에서 화살이 날아가듯 |
| 飛電過隙珠翻荷. | 조그만 문틈으로 번개가 지나가듯 |
| | 연잎에서 구슬이 구르듯이 흐른다. |

四山眩轉風掠耳, 사방의 산은 빙빙 돌고 바람은 귀를 스치는데
但見流沫生千渦. 소용돌이 천 개에서 물거품 이는 것만 보이나니
嶮中得樂雖一快, 험한 산에서 즐거움을 얻어 한바탕 유쾌했지만
何意水伯誇秋河.[22][23] 어찌 하백이 가을 황하를 자랑하는 꼴이 되리?
我生乘化日夜逝,[24] 우리 인생은 조화를 타고 주야로 흘러가는지라
坐覺一念逾新羅.[25][26] 생각이 신라를 지나가는 느낌인데
紛紛爭奪醉夢裏,[27] 취중의 꿈속에서 아등바등 다투는 이야
豈信荊棘埋銅駝.[28] 구리 낙타가 가시덤불에 묻힌다는 걸 어찌 믿으리?
覺來俯仰失千劫,[29] 정신이 들자 순식간에 천겁이 지났는데
回視此水殊委蛇.[30] 돌아보니 이 물이 몹시 느긋하구나.
君看岸邊蒼石上, 언덕 위의 거무튀튀한 저 바위를 보게나.
古來篙眼如蜂窠.[31] 긴 세월의 삿대 자국이 벌집 같구나.
但應此心無所住,[32] 이 마음을 따라갈 뿐 집착하는 데 없다면
造物雖駛如吾何.[33] 조화옹이 날쌔다 한들 나를 어쩌리?
回船上馬各歸去,[34] 배 보내고 말에 올라 각자 돌아가자꾸나.
多言譊譊師所呵.[35][36] 시끌벅적 떠들어대면 스님께서 야단치리.

## 其二

佳人未肯回秋波,[37] 가인들이 추파를 거두려 하지는 않지만
幼輿欲語防飛梭.[38] 유여가 말하려면 날아오는 북을 막아야 했고
輕舟弄水買一笑,[39] 가벼운 배에서 물장난 쳐 웃음을 자아내는가 하면
醉中蕩槳肩相摩.[40] 취중에 노를 저어 어깨가 서로 부딪쳤겠네.
不學長安閭里俠,[41][42] 장안 골목의 협객들이 담비가죽 옷을 입고
貂裘夜走臙脂坡.[43][44] 밤중에 연지파를 내달리는 것 배우지 않고
獨將詩句擬鮑謝,[45][46] 오로지 시구를 포조와 사령운에 비기며
涉江共採秋江荷. 강을 건너 가을 강의 연꽃을 함께 땄겠네.
不知詩中道何語,[47] 시에서 무슨 말을 했는지는 잘 모르고

| | |
|---|---|
| 但覺兩頰生微渦. | 두 뺨에 작은 보조개가 생긴 것만 알았나니 |
| 我時羽服黃樓上,(48)(49) | 나는 당시 깃털 옷 입고 황루 위에 올라가 |
| 坐見織女初斜河.(50) | 앉아서 직녀가 은하수 기울이는 것 보았네. |
| 歸來笛聲滿山谷, | 돌아올 땐 피리 소리가 산골짝에 가득하고 |
| 明月正照金叵羅.(51) | 명월이 금파라를 비춰 주고 있었을 터 |
| 奈何捨我入塵土, | 어찌 나를 먼지 속에 들어가게 버려 두어 |
| 擾擾毛羣欺臥駝.(52)(53)(54) | 바글바글 짐승들이 누운 낙타를 놀리게 했나요? |
| 不念空齋老病叟,(55) | 빈 서재의 늙고 병든 이 늙은이가 |
| 退食誰與同委蛇. | 퇴근하고 누구와 느긋하게 밥 먹을지 생각 않으매 |
| 時來洪上看遺跡, | 때때로 백보홍에 와서 그대 자취를 찾노라면 |
| 忍見屐齒青苔窠.(56) | 움푹 패인 채 이끼에 덮인 나막신 자국이 보인다오. |
| 詩成不覺雙淚下,(57) | 시가 다 지어지자 남몰래 흐르는 두 줄기 눈물 |
| 悲吟相對惟羊何.(58) | 슬프게 읊으며 마주 보는 이는 하장유와 양선지뿐 |
| 欲遣佳人寄錦字,(59) | 가인에게 비단 글자를 부치라고 하려 해도 |
| 夜寒手冷無人呵.(60) | 날이 추워 손이 찬데 불어줄 사람이 없다오. |

**[해설]**

원풍 원년(1078) 겨울에 승려 친구인 참료법사와 함께 서주 동산현에 있는 백보홍에 놀러 갔다가 지은 것으로, 제1수는 참료법사에게 준 것이고 제2수는 왕공에게 부친 것이다. 제1수는 백보홍의 웅장한 모습을 묘사하는 가운데 인간은 왜소하고 인생은 무상하며, 인생은 늘 즐거울 수도 없고 늘 슬플 수도 없다는 인생철학을 곁들여 놓은 것이고, 제2수는 지난날 왕공이 백보홍에 가서 놀았던 일을 회상하면서 그에 대한 그리움을 토로한 것이다.

**[주석]**

(1) 百步洪(백보홍): 강소성 徐州市 銅山縣의 廢黃河에 있던 급류로 일명 서주홍이라고도 한다. 〈次韻子由與顔長道同遊百步洪相地築亭種柳〉(0482) 주 (3) 참조.

(2) 定國(정국): 소식의 절친한 친구 王鞏의 字. 〈答王鞏〉(0561) 주 (1) 참조.

(3) 彭城(팽성): 지금의 강소성 서주.

(4) 長道(장도): 顔復의 字. 〈次韻子由與顔長道同遊百步洪相地築亭種柳〉(0482) 주 (2) 및 〈送顔復兼寄王鞏〉(0486) 주 (1) 참조.

(5) 盼(반): 기녀 馬盼盼을 가리킨다. 賀鑄의 시 〈和彭城王生悼歌盼盼〉의 주에 "반반이는 성이 마씨로 서화에 능했다. 죽은 뒤에 남대에 장사 지냈으니 바로 봉황원이다. 왕생이 시 열 편을 지었으므로 그 가운데 한 수에 화답한다(盼盼, 馬氏, 善書染. 死葬南臺, 卽鳳皇原也. 生賦詩十篇, 因和其一)"라고 했다.

(6) 英(영): 기녀 張英英을 가리킨다. 陳師道의 사 〈南鄕子〉(風絮落東鄰)의 서문에 "조대부가 피운루을 확장하여 황루를 압도하도록 하려고 애썼다. 장씨와 마씨 두 사람은 모두 당시에 명성이 높던 사람들로 세상에서 영영·반반이라고 불렀는데 반반은 죽고 영영은 시집을 갔다(晁大夫增飾披雲, 務欲壓黃樓, 而張·馬二子, 皆當年奪, 下世所謂英英·盼盼者. 盼卒, 英嫁)"라고 한바, 반반이 마씨이기 때문에 영영은 장씨임을 알 수 있다.

(7) 卿(경): 기녀의 이름. 행적이 분명하지 않다.

(8) 泗水(사수): 산동성에 있는 蒙山에서 발원하여 曲阜와 강소성 서주를 거쳐 대운하로 흘러드는 강. 〈次韻子由與顔長道同遊百步洪相地築亭種柳〉(0482) 주 (11) 참조.

(9) 聖女山(성녀산): 강소성 서주에 있는 산으로 일명 桓山이라고도 한다. 〈有言郡東北荊山下……二子有詩, 次其韻, 二首〉(0505) 주 (6) 참조.

(10) 羽衣(우의): 깃털로 만든 옷. 주로 도사나 신선이 입는다.

(11) 黃樓(황루): 소식이 홍수를 막아 낸 뒤 서주성을 개축하고 성문 위에 세운 누각. 〈答王鞏〉(0561) 주 (15) 참조.

(12) 太白(태백): 당나라 시인 이백의 字.

(13) 三百餘年(삼백여년): 이백이 세상을 떠난 보응 원년(762)부터 이 시가 지어진 원풍 원년(1078)까지의 기간을 가리킨다.

(14) 參寥(참료): 절강성 於潛 출신의 스님으로 소식의 절친한 친구인 道潛의 字. 〈次韻僧潛見贈〉(0578) 주 (1) 참조.

(15) 堯文(요문): 徐州敎授 舒煥의 字. 〈雨中過舒敎授〉(0545) 주 (1) 참조.

(16) 斗(두): 갑자기. 급히. '陡'와 같다.

(17) 梭(사): 북. 베를 짤 때 날실 사이를 왔다 갔다 하면서 씨실을 넣는 기구. 이 연은 배가 급류를 타고 급히 내려가는 것이 마치 북이 날실 사이를 지나가는 것과 같다는 뜻으로 계곡이 좁다는 사실과 배가 빠르다는 사실을 아울러 말해 준다.

(18) 水師(수사): 뱃사공. 이 구절은 배가 위험한 곳을 지나갈 때 뱃사공이 놀라거나 주의를 환기시키느라 크게 소리치는 모습을 형용한 것이다.

(19) 磋磨(차마): 스칠 정도로 바짝 다가오다. 이 구절은 배가 좁다란 물길을 따라 구불구불하게 늘어선 바위에 닿을락말락하며 아슬아슬하게 지나가는 모습을 묘사한 것이다.

(20) 有如(유여): ~와 같다. 이하의 네 구절은 여섯 가지의 비유를 동시에 사용하는 博喩의 기법으로 백보홍의 급한 물살을 묘사한 것이다.

(21) 柱(주): 雁柱. 기러기발. 현악기의 줄을 고르는 기구. 단단한 나무를 기러기의 발 모양으로 만들어서 줄 밑에 괸다.

(22) 何意(하의): 왜. 어찌하여.

(23) 水伯(수백): 河伯. 황하의 신 하백은 가을에 물이 불어 넓디넓은 황하를 보고 자기가 천하의 으뜸이라고 여겼는데, 나중에 끝없이 넓은 바다를 보고는 부끄러움을 이기지 못하고 바다의 신 海若을 향해 탄복했다고 한다.(《莊子·秋水》 참조) 이 연은 백보홍에서 한바탕 즐겁게 놀았지만 이것보다 더 큰 즐거움이 있을 것이므로 뽐낼 일은 아니라는 말이다.

(24) 乘化(승화): 자연의 造化에 순응하다.

(25) 坐(좌): 이에. 이리하여. 白居易의 시 〈別元九後詠所懷〉에 "마음 같은 한 사람이 떠나가셔서, 장안이 텅 빈 듯한 느낌이 드네(同心一人去, 坐覺長安空)"라는 구절이 있다.

(26) 新羅(신라): 우리나라 삼국시대의 신라를 가리킨다. 《傳燈錄》에 "한 스님이 金鱗寶資大師에게 '금강이라는 화살은 어떠합니까?' 하고 묻자 대사가 '신라국을 지나간다'라고 했다(僧問金鱗寶資大師: '如何是金剛一隻箭?' 師曰: '過新羅國去.')"는 말이 있고, 王十朋의 《百家註分類東坡先生詩》에 "《전등록》에 '한 스님이 종성선사에게 "이 눈앞의 일은 어떠합니까?" 하고 묻자 선사가 "신라국까지 간다"고 했다'라는 말이 있거니와, 신라는 바다 너머에 있는데 생각이 단번에 그곳을 지나간다는 것은 바로 《장자》에서 말한 사람의 마음은 고개를 숙였다 드는 짧은 시간에 사해를 다 돌아다닐 정도로 빠르다는 것이다(《傳燈錄》: '有僧問從盛禪師: "如何是覿面事?" 師曰: "新羅國去也."' 新羅在海外, 一念已逾. 卽《莊子》所謂俯仰而拊四海也)"라고 했다. 이 연은 생각이 순식간에 신라를 지나가는 것만큼이나 인생이 짧고 덧없음을 깨닫는다는 말이다.

(27) 醉夢(취몽): 술에 취해서 꾸는 꿈처럼 허망한 인생을 가리킨다.

(28) 荊棘埋銅駝(형극매동타): 세상이 크게 바뀐다는 말이다. 晉나라 사람 索靖은 미래의 일을 잘 예측했는데, 천하에 변란이 일어날 조짐이 보이면 洛陽의 궁문 밖에 서 있는 구리로 만든 낙타를 가리키며 "네가 가시덤불에 묻히겠구나"라고 했다.(《晉書·索靖傳》 참조) 이 연은 세상 사람들이 꿈처럼 허망한 인생을 세속적인 다툼으로 낭비한다는 말이다.

(29) 俯仰(부앙): 고개를 한 번 숙였다 드는 짧은 시간. 배가 백보홍의 위에서 아래까지 내려오는 데 걸린 짧은 시간을 가리킨다.

(30) 委蛇(위이, 압운 때문에 여기서는 '위사'로 읽어야 한다): 느긋한 모양. 《詩經·召南·羔羊》에 "공무에서 돌아와 식사를 하네, 느긋하게 천천히 식사를 하네(退食自公, 委蛇委蛇)"라는 구절이 있다. 이 연은 배를 타고 백보홍을 내려오는 데 걸린 실제 시간은 얼마 안 되었지만 심리적으로는 아주 긴 것처럼 느껴졌고, 그렇게 험난하게 여겨지던 급류도 다 내려온 뒤에 되돌아보니 아무렇지도 않게 보인다는 뜻으로, 매사가 마음 먹기에 따라 다르게 받아들여질 수 있다는 말이다.

(31) 古來篙眼(고래고안): 옛날부터 지금까지 오랜 세월에 걸쳐 배를 밀어서 바위 위에 생긴 상앗대

의 자국. 이 구절은 사람들이 상앗대로 배를 민 자국이 수없이 많다는 뜻으로 급류가 끝나자 물살이 아주 느려졌다는 말이다.

(32) 所住(소주): 집착하는 것.

(33) 駛(사): 빠르다. 이 구절은 세월이 아무리 빠르게 지나가도 느긋한 내 마음을 어쩌지 못할 것이라는 말이다.

(34) 回船(회선): 그동안 타고 있던 배를 돌려보낸다는 말이다. 배를 탄 채로 하류에서 상류로 돌아갈 수는 없기 때문에 뱃사공이 배를 비워서 상류로 끌고 간 다음 다른 유람객을 태웠을 것으로 보인다.

(35) 譊譊(요뇨): 왁자지껄한 모양.

(36) 師(사): 參寥法師를 가리킨다. 이 연은 소식이 열을 올려 가며 자꾸 이야기하자 인생에 대한 깨달음이 깊은 참료법사가 잠자코 듣고만 있다가 마지막에 가서 "이제 가시지요"처럼 담담하고 초연한 말을 한 마디 던진 것에 대한 해학적인 표현인 것으로 보인다.

(37) 回秋波(회추파): 추파를 회수하다. 추파 던지기를 그친다는 뜻이다.

(38) 幼輿(유여): 晉나라 사람 謝鯤의 字. 이웃집에 사는 高氏의 딸이 뛰어난 미인인지라 사곤이 유혹하려고 하자 그녀가 북을 던져서 그의 이를 두 개 부러뜨렸다. 당시 사람들이 이를 두고 "제멋대로 까불더니 유여가 이를 부러뜨렸다"라고 했다. 사곤이 이 말을 듣고는 오만한 태도로 길게 휘파람을 불면서 "그래도 휘파람 불고 노래를 부르리라"라고 했다.(《진서 · 사곤전》 참조) 이 연은 미인들, 즉 시의 서문에서 말한 '三子'가 계속해서 추파를 던지기는 하지만 왕공을 비롯한 남자들이 그들을 함부로 대하는 것은 싫어했을 것이라는 말이다.

(39) 買(매): 자아내다. 일으키다. 漢나라 때 江都王 劉建이 郎官 두 사람에게 작은 배를 타고 물속으로 들어가게 한 뒤 배가 뒤집어져서 두 사람이 배를 붙잡고 가라앉았다 나왔다 하는 것을 보고 폭소를 터뜨린 일이 있었다.(《한서 · 강도왕전》)

(40) 摩(마): 문지르다. 마찰하다. 馮應榴의 《蘇軾詩集合注》에는 "'磨'는 査愼行의 《蘇詩補註》에 '摩'로 되어 있지만 운서에 의하면 '磨'와 '摩'가 통용된다. 그러나 이 시는 같은 운자를 다시 쓰기 때문에 여기에도 '磨'를 써야 한다('磨', 査本作'摩', 但韻書, '磨'與'摩'通. 詩疊韻, 仍當作'磨')"라고 했고, 王文誥의 《蘇軾詩集》에는 "동파공은 〈臘日遊孤山訪惠勤惠思二僧〉(0180)의 운자를 다시 사용하여 지은 시 〈再和〉(0182)에서 '蒲'자 운을 쓸 자리에 '捕'를 썼고, 정정보의 시에 화답하여 지은 시 〈次韻正輔同遊白水山〉(1440)에서 '碇'자 운을 쓸 자리에 '木' 변의 '椗'자를 썼다고 자주에서 밝혔다. 이 밖에도 이와 같은 예가 없지 않다(公疊孤山, '蒲'字韻, 作'捕'; 和程正輔, '碇'字韻, 從'木', 作'椗', 見於自註. 且似此者, 尙不乏也)"라고 했다. 왕문고가 언급한 소식의 자주는 "정정보가 인삼 싹 하나를 나누어 주기에 돌아가는 길에 소양(지금의 광동성 韶關 서쪽)에다 심었다. 그가 보내온 시에는 본래 '碇'자를 썼는데 혜주에는 책이 없는지라 이 글자가 어디서 나왔는지 알 수 없으므로 일단 '木' 변의 '椗'자를 써서 화답한다(正輔分人參一苗, 歸種韶陽. 來詩本用'碇'字, 惠州無書, 不見此字所出, 故且從'木'奉和)"라고 한 말을 가리킨다.

(41) 長安(장안): 지금의 섬서성 西安.

(42) 閭里俠(여리협): 평민들이 사는 거리의 협객. 《漢書・游俠傳》에 "여리의 협객 중에서 원섭이 우두머리이다(閭里之俠, 原涉爲魁)"라는 말이 있다.

(43) 貂裘(초구): 담비의 털가죽으로 만든 옷.

(44) 臙脂坡(연지파): 京本 《異聞集》에 수록되어 있는 〈書仙歌〉의 "장안의 남쪽 비탈은 연지파라 부르고, 조씨 집에 있는 여인은 채문희라 부르네(長安南坡名臙脂, 曹家有女名文姬)"라는 말과 王十朋의 《百家註分類東坡先生詩》에서 한 "연지파는 장안의 기생집이 모여 있는 동네 이름이다(臙脂坡, 長安妓館坊名)"라는 말을 종합해 보면 장안에 있던 사창가임을 알 수 있다. 李濂의 《汴京遺跡志》에 "연지파는 개봉부성의 서북쪽에 있는데 아침저녁으로 햇빛이 비쳐 연지와 같거니와 세상에서는 홍사강이라고 부른다(臙脂坡在開封府城西北, 朝暮斜暉照之, 若臙脂, 俗呼爲紅沙岡)"라고 했으나 이 시의 맥락과는 어울리지 않는다. 이 연은 왕공 일행이 건달들처럼 놀지 않았다는 말이다.

(45) 將(장): ~을.

(46) 鮑謝(포사): 鮑照와 謝靈運. 杜甫의 시 〈遣興〉에 "시를 많이 지을 필요 어디 있으랴? 포조와 사령운을 왕왕 능가하는데(賦詩何必多, 往往凌鮑謝)"라는 구절이 있다. 이 연은 왕공 일행이 비록 기녀들을 데리고 가기는 했지만 서로 시를 주고받거나 연꽃을 따며 고상하게 놀았다는 말이다.

(47) 詩(시): 왕공 일행이 백보홍에서 놀 때 지어서 기녀들에게 보여 준 시를 가리킨다. 이 연은 기녀들이 아직까지 즐거운 표정을 짓고 있는 것을 보니 직접 보지 않아도 왕공 일행이 지은 시에 기녀들이 매우 흐뭇해했음을 알겠다는 말이다.

(48) 羽服(우복): 깃털로 만든 옷. 주로 신선이나 도사가 입었다. 시의 서문에 "이태백이 죽은 뒤로 세상에 이런 즐거움이 없어진 지 300여 년이 되었다고 생각했다(以爲李太白死, 世間無此樂三百餘年矣)"라고 한 것을 보면 소식은 그날의 모임을 신선들의 모임으로 여겼던 것으로 보인다.

(49) 黃樓(황루): 소식이 홍수를 막아낸 뒤 서주성을 개축하고 성문 위에 세운 누각. 〈答王鞏〉(0561) 주 (15) 참조.

(50) 斜河(사하): 《太平廣記・沈警傳》에 "더구나 항아가 질투하여 빛을 남겨 주려 하지 않고, 직녀도 무뢰하게 이미 은하수를 기울였습니다(況姮娥妬人, 不肯留照; 織女無賴, 已復斜河)"라고 했다. 시간이 흐름에 따라 은하수가 방향을 바꾸는 현상에 대한 해학적인 표현인 것으로 보인다.

(51) 金叵羅(금파라): 금으로 만든 술잔의 이름. 《北齊書・祖珽傳》에 "신무가 수하의 벼슬아치들에게 연회를 열어 주었는데 술자리 도중에 금파라가 없어졌다. 두태가 술 마시는 사람들에게 모두 모자를 벗으라고 하여 조정의 상투 위에서 찾았다(神武宴寮屬, 於坐失金叵羅. 竇泰令飮酒者皆脫帽, 於珽髻上得之)"라고 했는데, 이에 대하여 吳曾은 《能改齋漫錄・事實一》에서 "조정이 신무의 금파라를 훔쳤거니와 아마도 술그릇일 것이다(祖珽盜神武金叵羅, 蓋酒器也)"라고 했다. 백보홍에서 돌아오는 도중 배 안에서 술 마실 때 사용한 술잔인 것으로 보인다.

(52) 擾擾(요요): 어지러운 모양.

(53) 毛羣(모군): 털 달린 짐승을 가리킨다. 班固의 〈西都賦〉에 "털 달린 짐승은 안에 가득하고, 깃털 달고 나는 새는 위에서 뒤덮는다(毛羣內闐, 飛羽上覆)"라고 했다.

(54) 臥駝(와타): 짐을 지고 다니다 지쳐서 사막에 엎드려 쉬는 낙타라는 뜻으로 속세에서 고생하는 자기 자신을 가리킨 것으로 보인다.

(55) 老病叟(노병수): 소식 자신을 가리킨다. 이 연은 왕공이 떠난 뒤로 소식을 전하지 않음을 가리킨다.

(56) 忍見(인견): 차마 보기 힘든 광경을 본다는 뜻이다.

(57) 詩(시): 소식의 이 시를 가리킨다.

(58) 羊何(양하): 남조시대의 송나라 사람으로 사령운의 친구였던 羊璿之와 何長瑜를 가리킨다. 《宋書·謝靈運傳》에 "원가 5년(428)에 사령운은 동쪽으로 돌아가서 집안 동생 사혜련, 동해 사람 하장유, 영천 사람 순옹, 태산 사람 양선지와 한데 모여 문장을 감상하고 함께 산수에서 노닐었으니 당시 사람들이 이들을 네 친구라고 불렀다(元嘉五年, 靈運旣東還, 與族弟惠連, 東海何長瑜, 潁川荀雍, 太山羊璿之, 以文章賞會, 共爲山澤之游, 時人謂之四友)"라고 했다. 풍응류의 《소식시집합주》에 "양씨와 하씨는 서요문과 안장도를 가리킨다(羊何, 借指舒堯文·顔長道也)"라고 했다.

(59) 錦字(금자): 十六國時代 前秦 사람 蘇蕙는 流沙에 가 있는 남편 竇滔에 대한 그리움을 담은 840자에 달하는 긴 回文詩를 비단에다 수놓아서 보냈다.(《晉書·列女傳》 참조) 사랑을 고백한 편지를 가리킨다.

(60) 呵(가): 입김을 불어서 따뜻하게 하다.

# 0589. 次韻顔長道[(1)]送傅倅[(2)]

안장도의 시에 차운하여 부통판을 전송한다

兩見黃花掃落英,[(3)] 노란 낙화 쓰는 모습 두 번 보는 동안에
南山山寺遍題名.[(4)] 남산의 절 곳곳에다 이름을 써 놨지요.
宗成不獨依岑范,[(5)(6)] 종씨와 성씨처럼 잠씨 범씨에게 기댔을 뿐 아니라
魯衛終當似弟兄.[(7)] 노나라와 위나라처럼 결국은 형제와도 같아질 것이오.
去歲雲濤浮汴泗,[(8)] 작년에는 구름 같은 파도가 변수와 사수에 떠다닐 제
與君泥土滿衣纓. 그대와 함께 옷과 갓끈에 진흙을 잔뜩 묻혔으니
如今別酒休辭醉, 이제는 이별의 술 취한다고 사양 말고
試聽雙洪落後聲.[(9)] 두 급류가 등 뒤에 떨어지는 소리를 들어 보시오.

**[해설]**

안복과 함께 여량홍으로 가서 그동안 서주통판으로 있다가 다른 곳으로 떠나가는 부석을 전송하는 송별연을 벌이고 있을 때 안복의 시에 차운하여 석별의 정을 노래한 것이다.

**[주석]**

(1) 長道(장도): 顔復의 字. 〈次韻子由與顔長道同遊百步洪相地築亭種柳〉(0482) 주 (2) 및 〈送顔復兼寄王鞏〉(0486) 주 (1) 참조.

(2) 傅倅(부쉬): 당시 徐州通判으로 재임 중이던 國子博士 傅裼을 가리킨다. 〈與梁左藏會飮傅國博

家〉(0520) 주 (2) 참조.

(3) 黃花(황화): 국화를 가리킨다. 이 구절은 소식이 서주에서 가을을 두 번 보냈다는 말이다.

(4) 題名(제명): 찾아간 일을 기념하기 위하여 이름을 써 두는 것을 말한다.

(5) 宗成(종성): 宗資와 成瑨을 가리킨다. 汝南太守 종자도 功曹 范滂에게 일을 일임하고 南陽太守 성진도 功曹 岑晊에게 일을 일임했기 때문에 두 고을에 "여남태수는 범방이라 종자는 결재나 하고, 남양태수는 잠질이라 성진은 휘파람이나 분다"라는 말이 퍼졌다.(《後漢書·黨錮傳》 참조) 이 구절은 서주지주인 소식이 서주통판인 부석에게 서주 관아의 업무를 일임했다는 말이다.

(6) 岑范(잠범): 잠질과 범방을 가리킨다.

(7) 魯衛(노위): 《漢書·馮奉世傳》에 "대풍군과 소풍군 형제가 전후하여 연이어 다스리자 정치가 노나라와 위나라에 덕화가 두루 퍼진 것과 같았다(大馮君·小馮君兄弟, 繼踵相因循, 政如魯衛德化均)"라는 말이 있고, 《論語·子路》에 "노나라와 위나라의 정치는 형제지간이다(魯衛之政, 兄弟也)"라는 말이 있다. 부석이 어느 고을의 태수로 부임하기 위해 서주를 떠났을 가능성이 있는데, 그렇다면 이 구절은 그 고을도 결국은 부석의 보필을 받아 소식이 다스려 온 서주와 마찬가지로 덕화가 가득한 살기 좋은 고을이 되지 않을 수 없을 것이라는 말이 된다.

(8) 汴泗(변사): 古汴渠와 사수. 고변거는 서주에서 사수로 합류되던 강이다. 이 연은 작년에 황하가 터져서 홍수가 났을 때 그것을 막느라 두 사람이 함께 고생한 일을 가리키는 것으로 보인다.

(9) 雙洪(쌍홍): 《宋史·河渠志》에 "여량홍과 백보홍이라는 두 급류는 물살이 세고 험악하여 배를 파괴하는 경우가 많다(呂梁·百步兩洪, 湍急險惡, 多壞舟楫)"라고 했고, 《徐州志》에 "여량홍은 성에서 동남쪽으로 50리 되는 곳에 있는 것으로 상하 두 급류가 있는데 큰 바위가 이빨처럼 늘어서 있고 물살이 드세다. 여량홍 서쪽 언덕에 울지성이 있으니 당나라 울지공이 두 급류를 준설하고 성을 쌓은 것이다(呂梁洪在城東南五十里, 有上下二洪, 巨石齒列, 波流洶湧. 呂梁西岸有尉遲城, 唐尉遲恭疏二洪, 因築城)"라고 했다. 백보홍은 서주성에서 동남쪽으로 2리 떨어져 있고 여량홍은 동남쪽으로 50리 떨어져 있기 때문에 이들 두 급류의 소리는 동시에 들을 수가 없으므로 이 구절의 '雙洪'은 여량홍에 있는 상하 두 개의 급류를 가리킬 가능성이 크다. 이 구절은 급류 소리를 풍악 삼아 술을 실컷 마시라는 뜻인 것으로 보인다.

## 0590. 雲龍山[1]觀燒得雲字

운룡산에서 불 지르는 것을 구경할 때 '雲'자를 운자로 받아

| | |
|---|---|
| 丁女眞水妃,[2][3] | 불이란 참으로 물의 짝이라 |
| 寒山便火耘.[4][5] | 차가운 산에 금방 화전이 일궈진다. |
| 隕霜知已殺, | 서리가 내려 풀이 이미 죽은 줄을 아나니 |
| 坯戶聽初焚.[6][7] | 벌레가 문틈을 막고 풀 타는 소리 듣겠다. |
| 束緼方熠燿,[8][9] | 솜 뭉치가 흔들흔들 한창 흔들리더니 |
| 敲石俄氤氳.[10][11] | 부싯돌을 치자 갑자기 연기가 자욱하다. |
| 落點甘泉烽,[12][13] | 허공에 떨어지는 점은 감천 땅의 봉화요 |
| 橫烟楚塞氛.[14] | 흩날리는 연기는 초나라 요새의 분위기로다. |
| 窮蛇上喬木, | 궁지에 몰린 뱀이 교목에 올라가고 |
| 潛蛟躡浮雲. | 물속에 있던 교룡이 구름으로 올라간다. |
| 驚飛墮傷雁, | 다친 기러기가 놀라서 날아가다 떨어지고 |
| 狂走迷癡麐. | 멍청한 노루가 미친 듯 달리다 길을 잃는다. |
| 谷蟄起蜩燕,[15] | 계곡에서 겨울잠 자던 매미와 제비가 일어나고 |
| 山妖竄夔羵.[16][17][18] | 산속에 사는 요괴 기와 분이 달아난다. |
| 野竹爆哀聲, | 절로 자란 대나무는 슬픈 소리를 터뜨리고 |
| 幽桂飄冤芬.[19] | 그윽한 곳의 계수나무는 억울한 향기를 흩날린다. |
| 悲同秋照蟹,[20] | 슬프기는 가을철에 게를 잡는 것 같고 |

快若夏燎蚊.[21]　신나기는 여름철에 모깃불로 모기를 쫓는 것 같다.
火牛入燕壘,[22]　불 붙은 소가 연나라의 진영으로 들어가고
燧象奔吳軍.[23]　횃불을 단 코끼리가 오나라 진영으로 달려간다.
崩騰井陘口,[24][25]　정형관의 어귀로 달려가는 만 마리의
萬馬皆朱幩.[26]　말들이 다 붉은색의 재갈 장식 찼도다.
搖曳驪山陰,[27]　여산의 북쪽에서 흔들거리는
諸姨爛紅裙.[28]　양귀비 자매들의 붉은 치마 찬란하다.
方隨長風卷,　멀리서 온 바람 따라 한창 휘말리더니
忽値絶澗分.[29]　깊숙한 계곡 만나 홀연 둘로 갈라진다.
我本山中人,　나는 본래 산속에서 자라난 사람이라
習見匪獨聞.　들었을 뿐 아니라 익히 보기도 했다.
偶從二三子,[30]　어쩌다가 여러 분을 뒤따라와서
來訪張隱君.[31]　장은자를 찾아뵙게 되었거니와
君家亦何有,[32]　그대 집에 역시나 뭣이 있겠나?
物象移朝曛.　조석으로 변화하는 물상이나 있으렷다.
把酒看飛燼,　술잔 들고 날아다니는 불티를 보니
空庭落繽紛.[33]　빈 뜰에 분분하게 흩날려 떨어진다.
行觀農事起,[34]　이제 곧 농사가 시작되는 것을 보면
畦壟如繡紋.[35]　밭두둑과 밭고랑이 무늬 비단 같으리.
細雨發春穎,[36]　가랑비를 맞아서 이삭이 패고
嚴霜倒秋蕡.[37]　찬 서리가 내릴 때면 풍성하게 수확하리.
始知一炬力,　횃불의 위력이 여우와 토끼 떼를
洗盡狐兎羣.[38]　말끔히 몰아냄을 비로소 알겠도다.

**[해설]**

서주에 있는 운룡산에서 화전을 만들기 위해 산에 불을 질러 놓고 그것을 구경하면서 여러 사람이 각자 다른 운자를 분배하여 시를 지을 때 '雲'자를 운자로 배정받아 지은 것으로, 각종 비유를 다 동원하여 불이 활활 타오르는 모습을 실감나게 묘사했다.

**[주석]**

(1) 雲龍山(운룡산): 徐州 서남쪽에 있는 산. 〈登雲龍山〉(0575) 주 (1) 참조.

(2) 丁女(정녀): 성년에 달한 여자. 도교에서 불을 가리킨다.

(3) 水妃(수비): 물의 배필. 불을 가리킨다. 《左傳 · 昭公九年》에 "불은 물의 배필이다(火, 水妃也)"라고 했는데 이에 대한 杜預의 주에 "불은 물을 두려워하기 때문에 배필이라고 여기는 것이다(火畏水, 故爲之妃)"라고 했다.

(4) 便(변): ~하자 곧.

(5) 火耘(화운): 산에 불을 질러 초목을 태워 없앤 뒤 그 자리에 곡식을 심어서 농사짓는 것을 가리킨다. 화전을 일구다. 이 연은 농사짓는 데 물이 중요한 역할을 하는 것처럼 불도 농사짓는 데 요긴하게 쓰인다는 말이다.

(6) 坯戶(배호): 문이나 창에 나 있는 틈을 막다. 《禮記 · 月令》에 "이 달이 되면 낮과 밤이 반반씩으로 나누어지고 우레 소리가 비로소 사라지며 칩거하는 벌레들이 문틈을 막는다(是月也, 日夜分, 雷始收聲, 蟄蟲坯戶)"라고 했다.

(7) 初焚(초분): 명아주 따위의 마른 풀을 태우기 시작하다. 王十朋의 《百家註分類東坡先生詩》에 "늦가을에 서리가 내려서 풀이 말라 죽게 하면 임금은 자연의 섭리에 따라 토벌을 단행하고 칩거하는 벌레들은 문틈을 막고 몸을 숨김으로써 한기를 피하나니 이때가 되어야 비로소 명아주 태우는 소리를 듣게 된다(季秋, 隕霜殺草, 王者順天行誅, 蟄蟲墐戶, 以避殺氣, 始聽焚萊)"라고 했다.

(8) 束縕(속온): 헌솜을 묶다. 한나라 때 蒯通의 마을에 사는 어느 집 며느리가 밤에 고기를 잃어버렸는데 시어머니가 도둑질한 줄 알고 화가 나서 며느리를 쫓아내 버렸다. 며느리가 평소에 사이좋게 지내던 아주머니에게 가서 이야기하자 아주머니가 "어디로 갈 거야? 내가 당신 집에 이야기해서 당신을 찾으러 가게 할 게"라고 하고는 즉시 헌솜을 묶어 들고 그 집으로 가서 "어젯밤에 개가 고기를 물고 가서 다른 개와 물고 뜯고 싸웠기 때문에 불로 다스리려고 합니다"라며 불을 좀 빌려 달라고 했다. 그러자 고기를 잃어버린 집에서 황급히 쫓아가 며느리를 불렀다.(《漢書 · 蒯通傳》 참조) 여기서는 단순히 시어만 차용한 것이지만 약간의 해학미를 더하는 효과는 내고 있다.

(9) 熠燿(습요): 흔들리다.

(10) 敲石(고석): 부싯돌을 쳐서 불을 일으키다.

(11) 氤氳(인온): 연기가 가득한 모양.

(12) 落點(낙점): 떨어지는 점. 먼 곳에 있는 봉화를 가리킨다. 두보의 시 〈夕烽〉에 "변방의 요새에서 전해 오는 작은 빛, 구름 가에 떨어지는 희미한 점 하나(塞上傳光小, 雲邊落點殘)"라고 했는데 이 점은 평화를 알리는 한 개짜리 봉화를 묘사한 것이다.

(13) 甘泉(감천): 지금의 산서성 稷山 일대. 《한서 · 흉노전》에 "효문제 때 오랑캐의 기마대가 代縣에 있는 句注山 주변으로 들어와 감천과 장안에 봉화가 이어졌다(孝文帝時, 胡騎入代句注邊, 烽火通於甘泉 · 長安)"라고 했다.

(14) 楚塞氛(초새분): 《左傳 · 襄公二十七年》에 "진나라와 초나라가 송나라에서 동맹을 맺자 백숙이 조맹에게 '초나라의 분위기가 몹시 좋지 않아서 겁이 납니다'라고 했다(晉楚會盟于宋, 伯夙謂趙孟曰: '楚氛甚惡, 懼難.')"라는 기록이 있다.

(15) 谷蟄(곡칩): 계곡에서 칩거하던 동물. 王十朋의 《百家註分類東坡先生詩》에 "매미와 제비는 가을이 지나면 칩거한다(蜩燕二物, 過秋則蟄)"라고 했고, 馮應榴의 《蘇軾詩集合注》에 "시는 산골짜기에 숨어 있던 동물 중에서 추위에 떠는 매미와 제비가 모두 놀라서 날아오르는 것을 말한다(詩言山谷幽伏中, 寒蜩與冷燕具驚起耳)"라고 했다.

(16) 山妖(산요): 산속의 요괴.

(17) 夔(기): 발이 하나 달렸다는 전설상의 동물. 《國語 · 魯語》에 "나무와 바위의 요괴를 기망량이라고 하고, 물의 요괴를 용망상이라고 하고, 땅속의 요괴를 분양이라고 한다(木石之怪曰夔魍魎, 水之怪曰龍罔象, 土之怪曰羵羊)"라고 했다.

(18) 羵(분): 羵羊. 흙 속에서 산다는 전설상의 괴물.

(19) 冤芬(원분): 계수나무의 입장에서 본 억울한 향기. 이 구절은 향기로운 꽃을 피운 계수나무가 죄도 없이 억울하게 타 죽는다는 말이다.

(20) 照蟹(조해): 백거이의 시 〈重題別東樓〉에 "봄비 내리고 별이 총총하면 게 잡는 불을 찾는다(春雨星攢尋蟹火)"라는 구절이 있는데, 주석에 "여항의 풍속에 매년 한식의 비가 내린 뒤 밤공기가 서늘해지면 집집마다 촛불을 들고 게를 찾는다(餘杭風俗, 每歲寒食雨後夜凉, 家家持燭尋蟹)"라고 했다.

(21) 燎蚊(요문): 모깃불을 피워서 모기를 쫓다.

(22) 火牛(화우): 꼬리에 불이 붙은 소. 제나라 사람 田單이 卽墨을 지킬 때 소 천여 마리를 구하여 용 무늬를 그려 넣은 붉은색 비단 옷을 입히고 뿔에다 칼을 묶은 다음 꼬리에 기름 바른 갈대를 묶어서 불을 붙이고 연나라 진영으로 쫓아 보냈다. 꼬리가 뜨거워진 소들이 용 무늬를 단 채 미친 듯이 연나라 진영으로 돌진하자 연나라 군사들이 들이받쳐서 모두 죽었다.(《史記 · 田單傳》 참조)

(23) 燧象(수상): 꼬리에 횃불이 매달린 코끼리. 오나라가 초나라를 칠 때 초나라 昭王이 鍼尹固에게 꼬리에 횃불을 매단 코끼리를 끌고 오나라 진영에 들어가라고 했다.(《左傳 · 定公四年》 참조)

(24) 崩騰(붕등): 달려가다.

(25) 井陘(정형): 지금의 하북성 井陘縣 서북쪽의 정형산 위에 있는 관문. 韓信이 趙나라를 공격할 때 정형관 어귀 30리 못 미친 곳에서 묵다가 밤에 기마병 2천 명을 선발하여 각자 붉은 깃발을 하나씩 들고 사잇길로 질러가서 조나라 군사를 바라보며 "조나라 군사들이 내가 도망가는 것을 보면 틀림없이 진영을 비워 둔 채 나를 쫓아올 것이니 이때 얼른 들어가서 조나라 깃발을 뽑아 버리고 한나라 깃발을 꽂아라"라고 했다. 과연 조나라 군사가 나중에 진영으로 돌아가자 진영 안에 온통 한나라의 붉은 깃발뿐이라 대경실색하고 도망갔다.(《漢書 · 韓信傳》 참조)

(26) 朱幩(주분): 붉은색의 재갈 장식.

(27) 驪山(여산): 섬서성 臨潼縣 동남쪽에 있는 산. 그 북쪽 기슭에 당나라 현종과 양귀비가 즐겨 찾던 온천장인 華淸池가 있다.

(28) 諸姨(제이): 양귀비의 자매들을 가리킨다. 현종은 양귀비를 총애한 나머지 그녀의 자매들도 각각 韓國夫人・虢國夫人・秦國夫人에 봉했다. 매년 10월 현종이 화청궁에 행차하면 양귀비의 자매 다섯 집안이 수행했는데 각 집안이 하나의 대오를 이루고 각각 한 가지 색깔의 옷을 입어서 온갖 꽃이 환하게 핀 형상을 이루었다.(《구당서・양귀비전》 참조)

(29) 絶澗(절간): 높은 절벽 밑에 있는 계곡.

(30) 二三子(이삼자): 소식과 함께 운룡산에 간 사람들을 가리킨다.

(31) 張隱君(장은군): 운룡산에 은거하는 도사 張天驥를 가리킨다.

(32) 君家(군가): 장천기의 집을 가리킨다. 이 연은 은자의 집이라 역시 자연 경물 이외에는 아무것도 없다는 말이다.

(33) 繽紛(빈분): 어지러운 모양.

(34) 行(행): 이제 곧.

(35) 纈紋(힐문): 여러 가지 빛깔의 무늬.

(36) 春穎(춘영): 봄철에 패는 곡식의 이삭.

(37) 蕡(분): 초목의 열매가 풍성하다. 이 구절은 가을이 되어 알차게 결실한 곡식을 벤다는 말이다.

(38) 狐兎(호토): 여우와 토끼. 교활한 존재를 가리킨다. 이 연은 이 시 전체의 결론으로 어떤 막강한 힘의 소유자가 나타나서 조정을 차지하고 있는 교활한 무리를 소탕해 주기를 바라는 염원을 넌지시 내비치고 있다.

## 0591. 祈雪[1]霧豬泉[2], 出城馬上作, 贈舒堯文[3]

무저천에서 눈을 내려 달라는 제사를 지내려고 성을 나가 말 위에서 지어서 서요문에게 드린다

| | |
|---|---|
| 三年走吳越,[4] | 삼 년 동안 오월 땅을 돌아다니며 |
| 踏遍千重山. | 이 산 저 산 두루 다 밟아 봤나니 |
| 朝隨白雲去, | 아침이면 흰 구름을 따라 나가고 |
| 暮與棲鴉還. | 저녁이면 둥지 찾는 까마귀와 함께 왔네. |
| 翩如得木狖,[5] | 나무 만난 원숭이처럼 날렵하게 다녔으니 |
| 飛步誰能攀. | 나는 듯한 그 걸음을 누가 따라잡았으리? |
| 一爲符竹累,[6] | 대나무 부절에 한 번 연루된 뒤론 |
| 坐老敲榜間.[7] | 곤장 틈에 앉아서 청춘을 다 보냈는데 |
| 此行亦何事, | 이번 걸음은 또 무슨 일로 하게 됐을까? |
| 聊散腰脚頑. | 아쉬운 대로 뻣뻣해진 허리 다리나 풀어 보리. |
| 浩蕩城西南,[8] | 성곽 서남쪽에 있는 넓디넓은 곳 |
| 亂山如玦環.[9] | 어지러운 산들이 동그랗게 에웠는데 |
| 山下野人家, | 산 밑의 시골집엔 |
| 桑柘雜榛菅.[10] | 뽕나무와 산뽕나무가 잡초와 섞여 있고 |
| 歲晏風日暖,[11] | 한 해가 저무는데 날씨가 따뜻하여 |
| 人牛相對閑. | 사람과 소가 서로 느긋하게 쳐다보네. |
| 薄雪不蓋土, | 엷은 눈이 대지를 덮어 주지 못하매 |

麥苗稀可刪.[12] 벨 만하게 잘 자란 보리 싹이 드무니
願君發豪句, 그대가 호방한 시로 약을 올려서
嘲詼破天慳.[13] 하늘의 인색함을 깨어 주기 바라네.

**[해설]**

눈이 내리기를 비는 기우제를 지내려고 성을 나가 무저산에 있는 저천으로 가는 길에 지어서 서주교수 서환에게 준 것이다.

**[주석]**

(1) 祈雪(기설): 하늘에 제사를 지내 눈이 내리게 해 달라고 빌다.
(2) 霧豬泉(무저천): 《徐州志》에 "소현에서 동남쪽으로 50리 되는 곳이 대관산인데 그곳에 무저산이 있는바 그 샘을 저천이라고 한다. 그 샘은 저룡(돼지의 몸통에 용의 머리가 달린 짐승)이 엎드려 있는 곳이라 날이 가물 때 여기서 기우제를 지내면 아주 효험이 있다(蕭縣東南五十里爲大觀山, 其處有霧豬山, 其泉曰豬泉, 爲豬龍所伏, 歲旱禱雨極應)"라고 했다.
(3) 堯文(요문): 서주교수 舒煥의 字. 〈雨中過舒教授〉(0545) 주 (1) 참조.
(4) 吳越(오월): 춘추시대의 오나라와 월나라 땅이었던 지금의 강소성과 절강성 일대를 가리킨다. 소식은 희령 4년(1071)부터 희령 7년(1074)까지 杭州通判으로 재임했다.
(5) 得木狖(득목유): 나뭇가지를 타고 마음대로 돌아다니는 원숭이.
(6) 符竹(부죽): 대나무로 만든 符節. 태수의 직권을 가리킨다.
(7) 敲榜(고방): 죄인을 때리는 몽둥이. 이 연은 태수가 된 이래 죄인 다스리는 일로 세월을 다 보냈다는 말이다.
(8) 浩蕩(호탕): 넓고 툭 트인 모양.
(9) 玦環(결환): 한 쪽이 트인 반원형의 패옥. 이 구절은 산이 병풍처럼 둘러싸고 있고 한 군데만 낮아서 길이 나 있다는 말이다.
(10) 榛菅(진관): 잡초 덤불.
(11) 風日(풍일): 날씨.
(12) 稀可刪(희가산): 나중에 수확할 만한 보리나 밀이 드물다는 말이다. 겨울에 눈이 많이 와야 보리농사가 잘된다. 보리나 밀을 포근하게 덮어 줄 눈이 많이 와야 그 싹이 찬 공기에 얼어 죽는 것을 막을 수 있기 때문이다.
(13) 天慳(천간): 하늘이 인색하여 강수량이 적은 것을 가리킨다.

# 0592. 次韻舒堯文[1]祈雪霧豬泉[2]

서요문이 무저천에서 눈이 내리기를 기원한 시에 차운하여

長笑蛇醫一寸腹,[3] 　언제나 웃었거니 도롱뇽의 한 치 배가
銜冰吐雹何時足.[4] 　얼음을 머금고 우박을 토한들 언제 충분해지리?
蒼鵝無罪亦可憐,[5] 　파리한 거위도 죄 없이 가련하게 되나니
斬頸橫盤不敢哭. 　목이 베인 채 쟁반에 누워 감히 울지도 못한다네.
豈知泉下有豬龍,[6][7] 　어떻게 알았으리 샘물 밑에 저룡이 있어
臥枕雷車踏陰軸.[8][9] 　우레 수레를 베고 누운 채 지축을 밟고 있음을?
前年太守爲旱請,[10] 　옛날 태수가 가뭄 때문에 여기서 간청을 드렸더니
雨點隨人如撒菽. 　빗방울이 콩을 뿌리듯 사람을 따라왔었네.
太守歸國龍歸泉, 　태수는 서울로 돌아가고 용은 샘으로 돌아갔지만
至今人詠淇園綠.[11] 　지금도 사람들이 기원이 푸르다 노래하네.
我今又復罹此旱, 　내가 지금 또 이렇게 이 가뭄을 만나서
凜凜疲民在溝瀆.[12][13] 　벌벌 떠는 지친 백성이 도랑에 있는지라
却尋舊跡叩神泉, 　옛날 자취 다시 찾아 신비한 샘에 비는데
坐客仍攜王子淵.[14] 　좌객으로 여전히 왕자연을 데려왔네.
看草中和樂職頌,[15] 　〈중화〉와 〈낙직〉 같은 송덕시의 초안을 보니
新聲妙語慰華顛.[16] 　새로운 소리와 절묘한 말이 흰머리를 위로하니
曉來泉上東風急,[17] 　새벽 되면 무저천에 동풍이 세게 불어

| | |
|---|---|
| 須上冰珠老蛟泣.(18) | 늙은 교인이 수염 위로 언 진주를 쏟겠네. |
| 怪詞欲逼龍飛起,(19) | 기이한 말이 용을 다그쳐 날아오르게 할 듯하고 |
| 險韻不量吾所及.(20) | 험운을 써서 내 사정을 봐주지 않았으니 |
| 行看積雪厚埋牛,(21)(22) | 이제 곧 소가 묻히게 눈이 두께이 쌓일 터 |
| 誰與春工掀百蟄.(23)(24) | 그 누가 봄빛과 함께 동면 동물을 일으키리? |
| 此時還復借君詩, | 이때는 또 그대 시의 힘을 빌릴 것인데 |
| 餘力汰輈仍貫笠.(25) | 힘이 남아 끌채를 지나고 삿갓도 관통하리. |
| 揮毫落紙勿言疲, | 피곤하다 하지 말고 일필휘지로 써 내려가면 |
| 驚龍再起震失匙.(26) | 놀란 용이 다시 일어나는 소리에 숟가락을 떨어뜨리리. |

**[해설]**

서주 무저천에 가서 눈이 내리기를 기원하는 기우제를 지낼 때 서주교수 서환이 지은 시에 차운한 것으로, 기우제를 지낸 상황을 묘사하고 지난날의 일을 회상한 뒤 해학적인 필치로 서환의 시재를 극구 칭송했다.

**[주석]**

(1) 堯文(요문): 徐州敎授 舒煥의 字. 〈雨中過舒敎授〉(0545) 주 (1) 참조.

(2) 霧豬泉(무저천): 서주에 있던 샘. 〈祈雪霧豬泉, 出城馬上作, 贈舒堯文〉(0591) 주 (2) 참조.

(3) 蛇醫(사의): 蠑螈. 도롱뇽과에 속하는 양서류 동물. 당나라 尙書 王彦威가 汴州에 있을 때 袁王의 師傅 李玘가 변주에 묵게 되어 그를 위해 연회를 벌였다. 원왕이 가뭄에 대해서 이야기하자 계기가 술에 취한 채 말했다. "비가 내리게 하는 거야 쉬운 일이지요. 도롱뇽 네 마리와 열 섬들이 독 두 개를 구하여 독마다 물을 채워서 도롱뇽 두 마리씩을 넣은 다음 나무 뚜껑을 덮고 진흙으로 밀봉하여 서로 떨어진 곳에 놓습니다. 독 앞뒤에 돗자리를 깔아 향을 피워 놓고 열 살 이하의 어린 아이 10여 명을 선발하여 작은 대나무 막대기로 밤낮없이 쉬지 않고 독을 두드리게 하십시오." 원왕이 그의 말대로 했더니 1박 2일 동안 큰 비가 내렸다. 옛말에 의하면 용과 도롱뇽은 동족이라고 한다.(段成式, 《酉陽雜俎》 참조)

(4) 吐雹(토박): 劉居中이 嵩山 꼭대기에 은거하고 있는데 길이가 서너 자씩 되는 커다란 도마뱀이 나타났다. 하루는 도마뱀들이 물동이 주위에 모여서 각기 물을 마시는데 물이 입에 들어가자마자 금방 토해 내어 순식간에 탄환처럼 동글동글한 물체가 땅에 가득 쌓였다. 그때 갑자기 우레 소리가 진동하더니 탄환처럼 생긴 물체가 사라졌다. 이튿날 어떤 사람이 와서 어제 낮에 우박이

많이 내린 것이 도마뱀의 소행임을 안다고 했다.(《夷堅乙志》 참조)

(5) 蒼鵝(창아): 회백색의 거위. 기우제의 제단에 올려진 거위를 가리킨다. 《宋史·禮志》에 "기우제 지내는 법도에 거위의 목을 찔러서 그 피를 쟁반에 담아 둔다(祈雨法, 刎鵝頸, 血置槃中)"라고 한 바와 같이 송나라 때에는 기우제를 지낼 때 거위를 희생으로 삼았다. 《東坡志林》에 "거위는 도적을 지킬 줄 알 뿐 아니라 뱀을 쫓을 줄도 안다. 거위의 똥이 뱀을 죽이기 때문에 촉인들이 정원 연못에 거위를 키우면 뱀이 멀리 사라진다. 이 두 가지 능력을 지니고 있음에도 불구하고 죽음을 면치 못하여 기우제의 재앙을 만나기도 하니 슬픈 일이로다!(鵝不獨能警盜, 亦能却蛇. 其糞蓋殺蛇, 蜀人園池養鵝, 蛇卽遠去. 有此二能, 而不能免死, 且又有祈雨之厄, 悲夫!)"라고 했다. 이상의 네 구절은 도롱뇽을 이용하거나 거위를 희생으로 삼아 눈비를 비는 것은 썩 좋은 방법이 아니라는 말이다.

(6) 泉下(천하): 황천의 밑. 원래 사람이 죽으면 묻히는 곳을 가리키지만 여기서는 그냥 지하를 가리킨다.

(7) 豬龍(저룡): 돼지의 몸통에 용의 머리가 달린 짐승. 《北夢瑣言》에 "공주에 못이 하나 있는데 암퇘지가 들락거리기 때문에 저룡추라고 부른다(邛州有湫, 有牝豕出入, 號豬龍湫)"라고 했다.

(8) 雷車(뇌거): 우레의 신이 타는 수레. 진나라 영화(345-356) 연간에 周씨라는 사람이 시골길을 가다가 어느 여자의 집에서 하룻밤 묵게 되었는데 밤중에 문밖에서 한 아이가 "관아에서 당신에게 우레의 수레를 밀래요"라고 하자 阿香이라는 이름의 이 여자가 집에서 나갔다. 그리고 그날 밤에 뇌우가 쏟아졌다. 새벽에 주씨가 지난밤에 누워 잔 곳을 살펴보니 무덤이 하나 있을 뿐이었다.(《搜神後記》 참조)

(9) 陰軸(음축): 지축. 《博物志》에 "땅 밑에 네 개의 기둥과 36만 개의 굴대가 개 이빨처럼 솟아 있다(地下四柱, 三十六萬軸, 犬牙相擧)"라고 했다. 이 연은 우레의 수레가 운행해야 눈비가 오는데 저룡이 운행을 저지하고 있기 때문에 눈비가 안 온다는 말이다.

(10) 前年太守(전년태수): 서주지주를 지낸 傅堯俞를 가리킨다. 소식의 자주에 "부흠지가 일찍이 여기서 기도를 올려 비가 내린 적이 있다(傅欽之曾禱此得雨)"라고 했고, 《續資治通鑑長編·熙寧七年十一月》에 "서주지주 부요유가 숭복궁을 관리했다(知徐州傅堯俞管勾崇福宮)"라고 했다.

(11) 淇園(기원): 淇水 가에 있는 정원. 《詩經·衛風·淇澳》은 武公의 덕을 찬양한 시인데 여기에 "저 기수의 물굽이를 바라보자니, 시퍼런 대나무가 우거졌구나(瞻彼淇奧, 綠竹猗猗)"라는 말이 있는바, 이 구절은 이 말을 빌려서 서주 사람들이 아직도 옛날의 서주태수 부요유의 공덕을 찬양하고 있음을 말한 것이다.

(12) 凜凜(늠름): 두려움에 떠는 모양.

(13) 在溝瀆(재구독): 도랑의 물을 논으로 퍼 올리려고 애쓴다는 뜻과 곤경에 처해 있다는 뜻을 동시에 지닌 중의적 표현이다.

(14) 子淵(자연): 한나라 辭賦家 王褒의 字. 宣帝 때 益州刺史 王襄의 청을 받아 교화를 찬송하는 시 〈中和〉·〈樂職〉·〈宣布〉 등을 지었다. 소식의 자주에 "흠지 때의 사람으로 오로지 舒씨만 있

다(欽之時客, 惟舒在矣)”라고 했으므로 서주교수 서환을 가리킴을 알 수 있다.

(15) 中和樂職(중화낙직): 〈中和〉와 〈樂職〉. 주 (14) 참조.

(16) 華顚(화전): 흰머리. 소식 자신을 가리킨다.

(17) 東風急(동풍급): 용이 나타날 징조가 일어난다는 말이다. 청룡·백호·주작·현무를 四神이라고 하는데 이들은 각각 동방·서방·남방·북방의 신이다.

(18) 蛟(교): ‘鮫’와 같다. 《博物志》에 “남해 바깥에 교인이 있어 물고기처럼 물속에 살며 베 짜기를 멈추지 않는데 그들의 눈은 눈물 대신 진주를 잘 쏟아 낸다(南海外有鮫人, 水居如魚, 不廢織績, 其眼能泣珠)”라고 했다. 소식은 〈有美堂暴雨〉(0300)에서도 폭우를 교인의 눈물에 비유한 적이 있다.

(19) 怪詞(괴사): 눈을 내려 달라고 기원한 서환 시의 비범한 표현을 가리킨다.

(20) 險韻(험운): 압운하기 어려워서 잘 쓰지 않는 운. 시재가 뛰어난 사람이라야 험운을 쓸 수 있다. 이 구절은 차운하는 소식이 얼마나 힘들지를 생각하지 않고 험운을 써서 시를 지었다고 푸념하는 형식으로 서환의 시재를 칭송한 것이다.

(21) 行(행): 장차.

(22) 厚埋牛(후매우): 눈이 많이 쌓인다는 말이다. 《戰國策·魏策》에 “위나라 혜왕이 죽은 뒤 장례를 치르는 데 여러 날이 걸렸다. 이때 하늘에서 큰 눈이 내려 소의 눈 있는 데까지 쌓였다(魏惠王死, 葬有日矣. 天大雨雪, 至於牛目)”라는 말이 있다.

(23) 春工(춘공): 봄빛을 빚어내는 솜씨. 봄의 신을 가리킨다.

(24) 百蟄(백칩): 겨울잠을 자는 온갖 동물. 이 연은 서환의 시가 너무 감동적이어서 눈이 지나치게 많이 내리는 바람에 봄이 와도 다 녹지 않을 것 같으니 그때 다시 시를 지어서 눈을 녹이는 비를 내리게 하지 않으면 안 되겠다는 해학적인 표현으로 서환의 시를 칭송한 것이다.

(25) 汰輈(태주): 수레의 끌채를 지나가다. 강력하다는 말이다. 《左傳·宣公四年》에 “월초가 초왕을 쏘자 화살이 수레 끌채를 지나 북의 받침대까지 가서 징 있는 곳에 박혔다. 또 한 번 쏘자 수레 끌채를 지나 신하들이 들고 서 있는 삿갓을 관통했다(越椒射楚王, 汰輈, 及鼓跗, 著於丁寧. 又射, 汰輈, 以貫笠轂)”라고 했다.

(26) 震失匙(진실시): 깜짝 놀라서 숟가락을 떨어뜨리다. 《三國志·蜀志·先主傳》에 “이때 조공(曹操)이 조용하게 선주(劉備)에게 말하기를 ‘지금 천하의 영웅은 오로지 그대와 나 둘뿐이오. 본초(袁紹) 같은 무리는 칠 것도 없소’라고 했다. 선주가 한창 식사를 하고 있다가 수저를 떨어뜨렸다(是時曹公從容謂先主曰: ‘今天下英雄, 唯使君與操耳. 本初之徒, 不足數也.’ 先主方食, 失匕箸)”라고 했다.

## 0593. 和田國博[1]喜雪

눈이 내리는 것을 기뻐한 국자박사 전씨의 시에 화답하여

| | |
|---|---|
| 疇昔月如晝,[2] | 옛날에는 달빛이 대낮 같더니 |
| 晚來雲暗天. | 저녁 되자 구름으로 하늘이 어두워져 |
| 玉花飛半夜, | 백옥 꽃이 밤중에 날아다니니 |
| 翠浪舞明年.[3][4] | 푸른 물결이 내년에 춤을 추겠네. |
| 螟螣無遺種,[5] | 마디충과 박각시가 씨도 없이 사라져 |
| 流亡稍占田.[6][7] | 떠돌이들도 좀 정착하여 농사짓겠네. |
| 歲豊君不樂,[8] | 풍년이 들어도 그대는 풍악을 울리지 않을 테니 |
| 鐘磬幾時編. | 편종과 편경을 언제나 엮으려나? |

**[해설]**

국자박사 전숙통의 시에 화답한 것으로 기우제를 지낸 결과 눈이 내려 주어서 내년에 풍년이 들게 되었음을 기뻐했다.

**[주석]**

(1) 田國博(전국박): 查愼行의 《蘇詩補註》에 "국자박사 전씨는 자가 숙통이다. 선생의 문집에 〈留別叔通・元弼・坦夫〉(0618)라는 시가 있는데 이 시의 첫 구절에 '전씨 집안 셋째는 옛날 동료로'라는 구절이 있으니 바로 이 사람이다. 당시 국자박사로서 서주통판을 맡고 있었기 때문에

선생이 시를 지어 준 것이다(田國博, 字叔通. 本集有〈留別叔通元弼坦夫〉詩. 首句云: '田三昔同僚', 卽其人也. 時以國子博士爲徐州通判, 故先生贈詩)"라고 했다. 傅裼의 후임으로 부임한 서주 통판이었다.

(2) 月如晝(월여주): 하늘에 달을 가릴 구름이 없다는 말이다.

(3) 翠浪(취랑): 푸른 보리 싹이 바람에 흔들리는 것을 가리킨다. 王十朋의 《百家註分類東坡先生詩》에 "백옥 꽃은 눈을 말하고 푸른 물결은 보리를 말한다(玉花言雪, 翠浪言麥也)"라고 했다.

(4) 舞明年(무명년): 내년에 보리가 무성할 것이라는 말이다. 施元之의 《施注蘇詩》에 "눈이 많이 내리면 보리 풍년이 든다(雪盛則麥熟)"라고 했다.

(5) 螟螣(명등): 마디충과 박각시. 둘 다 벼를 갉아먹는 해충이다.

(6) 流亡(유망): 고향을 떠나 객지에서 떠도는 사람.

(7) 占(점): 《漢書・宣帝紀》에 "유민들이 스스로 3만여 명을 명부에 올렸다(流民自占三萬餘口)"라고 했는데 이에 대한 顔師古의 주에 "'占'이란 스스로 자신의 호구를 헤아려 명부에 올리는 것이다(占者, 謂自隱度其戶口而著名籍也)"라고 했다.

(8) 君(군): 國子博士 田叔通을 가리킨다. 소식의 자주에 "전씨는 상중이어서 풍악을 울리지 않았다(田有服, 不樂)"라고 했다.

## 0594. 宋復古[1]畫〈瀟湘晩景圖[2]〉三首

송복고가 그린 〈소상만경도〉

### 其一

| | |
|---|---|
| 西征憶南國,[3][4] | 서쪽으로 멀리 나가 남쪽 고을 추억하며 |
| 堂上畫瀟湘. | 대청에서 소상강의 풍경을 그려 |
| 照眼雲山出,[5] | 눈부신 높은 산이 구름 속에 솟아 있고 |
| 浮空野水長.[6] | 허공에 뜬 강물이 길다랗게 뻗어 있네. |
| 舊游心自省, | 옛날에 놀던 곳을 마음속에 생각하며 |
| 信手筆都忘. | 완전히 붓을 잊고 손놀림에 맡겼나니 |
| 會有衡陽客,[7][8] | 틀림없이 형양에서 온 사람이 있어서 |
| 來看意渺茫.[9] | 이 그림을 보고 난 뒤 고향 생각 아련하리. |

### 其二

| | |
|---|---|
| 落落君懷抱,[10] | 그대의 회포가 너무나 고고하여 |
| 山川自屈蟠.[11] | 산천이 스스로 구불구불해졌나니 |
| 經營初有適,[12] | 애당초에 구도를 적절하게 잡은지라 |
| 揮灑不應難.[13] | 틀림없이 어렵지 않게 일필휘지로 그렸겠네. |
| 江市人家少, | 강가의 시장께엔 인가 몇 채 서 있는데 |

煙村古木攢. 안개 덮인 그 마을에 고목이 모여 있네.
知君有幽意,(14) 그대에게 깊은 뜻이 있는 줄을 아나니
細細爲尋看. 세세하게 그것을 찾아봐야 되겠네.

其三

咫尺殊非少,(15) 좁은 화폭에 담긴 것이 결코 적지 않아서
陰晴自不齊.(16) 흐린 모습 갠 모습이 자연히 섞여 있네.
徑蟠趨後崦,(17) 오솔길은 또아리 틀며 뒷산으로 넘어가고
水會赴前溪. 계곡 물은 한데 모여 앞 개울로 나아가네.
自說非人意,(18) 스스로 말하기를 자기 생각이 아니라
曾經入馬蹄. 말을 타고 들어가 본 곳이라고 하시니
他年宦遊處, 훗날에 벼슬살이 하실 곳으로
應指劍山西.(19) 검산의 서쪽을 가리켜야 되겠네.

**[해설]**

송적이 호남지방에 있는 소수와 상강 주변의 아름다운 풍광 여덟 곳을 여덟 폭의 그림으로 그린 〈소상팔경도〉를 보고 그 소감을 노래한 것이다. 이 시 제1수에 의하면 송적은 〈소상팔경도〉를 소상강 일대에 있을 때 그린 것이 아니라 나중에 그것을 회상하여 그린 것임을 알 수 있다.

**[주석]**

(1) 復古(복고): 송나라 화가 宋迪의 字. 그에게는 호남성 남쪽에서 동정호로 흘러드는 소수와 상강 일대의 아름다운 경관 여덟 곳을 그린 〈瀟湘八景圖〉가 있는데 역대의 많은 시인들이 이 그림을 시로 노래했다. 우리나라에는 고려 시인 李仁老가 지은 시 〈瀟湘八景〉과 고려 詞人 李齊賢이 〈巫山一段雲〉 곡조에 맞추어 읊은 사 〈瀟湘八景〉 2組가 있다. 이제현은 또 자신의 사 〈瀟湘八景〉을 응용하여 개성에 있는 여덟 군데의 경관을 〈巫山一段雲〉 곡조에 맞추어 읊은 사 〈松都八景〉 2組도 지었다. 《事實類苑》에 "탁지원외랑 송적은 그림을 잘 그렸거니와 특히 가까운 산에서 먼 산을 바라보는 수법으로 그리는 평원산수를 잘 그렸다. 그 가운데 득의한 것으로 〈平沙雁落〉·〈遠浦帆歸〉·〈山市晴嵐〉·〈江天暮雪〉·〈洞庭秋月〉·〈瀟湘夜雨〉·〈烟寺晩鐘〉·〈漁

村落照〉가 있는바 이것을 팔경이라고 한다(度支員外郞宋迪工畫, 尤善爲平遠山水, 其得意者, 有平沙雁落 · 遠浦帆歸 · 山市晴嵐 · 江天暮雪 · 洞庭秋月 · 瀟湘夜雨 · 烟寺晚鐘 · 漁村落照, 謂之八景)"라고 했다. 〈虔州八境圖八首幷引〉(0515) 주 (1) 참조.

(2) 瀟湘晩景圖(소상만경도): 한결같이 저녁 풍경을 그린 〈瀟湘八景圖〉 8폭을 통칭하는 것으로 보인다.

(3) 西征(서정): 서쪽으로 멀리 나가다. 송적이 섬서지방에 재임한 일을 가리킨다. 《續資治通鑑長編 · 熙寧七年九月》에 "영흥진봉로교자제거 송적이 영흥진봉로교자제치가 되었다(提擧永興秦鳳路交子宋迪, 制置永興秦鳳路交子)"라고 했다.

(4) 南國(남국): 소상강 일대를 가리킨다.

(5) 雲山(운산): 구름 속으로 우뚝 솟은 높은 산.

(6) 野水(야수): 사람의 손길을 거치지 않은 자연 그대로의 물줄기. 이 구절은 강이 멀리 지평선을 향하여 뻗어 있다는 말이다.

(7) 會(회): 틀림없이.

(8) 衡陽(형양): 형산의 남쪽. 소상강 일대를 가리킨다.

(9) 意渺茫(의묘망): 고향 그림을 보고 고향 생각이 간절해져서 마음이 멀리 고향으로 날아간다는 말이다.

(10) 落落(낙락): 고고한 모양.

(11) 屈蟠(굴반): 구불구불하다. 이 연은 구불구불한 그림 속의 산천을 보고 한 우스갯소리인 것으로 보인다.

(12) 經營(경영): 예술작품의 구상.

(13) 揮灑(휘쇄): 붓을 휘두르고 먹을 뿌리다. 자유자재로 붓을 놀린다는 뜻이다.

(14) 幽意(유의): 깊은 속뜻. 그림에 담긴 심오한 뜻을 가리킨다.

(15) 咫尺(지척): 아주 좁은 공간. 화폭을 가리킨다. 이 구절은 조그만 화폭에 드넓은 풍경을 많이 그려 넣었다는 말이다.

(16) 陰晴(음청): 흐린 날의 풍경과 맑은 날의 풍경을 가리킨다. 예컨대, 江天暮雪과 瀟湘夜雨는 흐린 날의 풍경이고 洞庭秋月과 漁村落照는 맑은 날의 풍경이다.

(17) 徑蟠(경반): 오솔길이 꼬불꼬불하게 멀리 뻗어 있는 것을 가리킨다.

(18) 人意(인의): 송적의 상상을 가리킨다. 이 연은 이 그림이 송적의 상상에서 나온 것이 아니라 자기 눈으로 직접 본 풍경을 그린 것임을 스스로 증언했다는 말이다.

(19) 劍山(검산): 劍門山. 섬서성 서남부와 사천성 동북부 사이에 있는 험난한 산으로 대검산과 소검산이 있다. 이곳에 검문관이 있다. 이 연은 송적이 소식의 고향인 사천에 가서 벼슬살이를 하며 그곳 풍경을 몸소 경험한 후 그것을 그려 주면 좋겠다는 말이다.

## 0595. 贈狄崇班[1]季子

내전숭반 적씨의 막내아들에게

| | |
|---|---|
| 狄生臂鷹來,[2][3] | 적생은 팔에 매를 얹고 오면서 |
| 見客不會揖. | 손님을 보아도 절을 할 줄 모르네. |
| 踞牀咤得雋, | 평상에 앉아 멋진 놈을 잡았다고 자랑하고 |
| 借筯數禽入.[4] | 젓가락을 빌려서 새를 세어 넣는데 |
| 短後椰豹裘,[5][6] | 뒤가 짧은 노송 무늬의 표범 갖옷이 |
| 猶濺猩血濕.[7] | 성성이 피를 축축하게 뿌려 놓은 것 같네. |
| 指呼索酒嘗, | 손가락질로 주모를 불러 술을 청하여 맛볼 때면 |
| 快作長鯨吸. | 어찌나 빠른지 큰 고래가 물을 들이켜는 꼴이요 |
| 半酣論刀槊, | 술이 조금 거나해져 칼과 창을 논할 때면 |
| 怒髮欲起立. | 성난 머리카락이 꼿꼿이 서려 하네. |
| 北方老猘子,[8] | 북방에 자리잡은 늙은 맹견이 |
| 狂突尚不縶. | 아직 묶이지 않은 채 미쳐 날뛰고 있으니 |
| 要須此慓悍,[9] | 이 날래고 용맹스러운 기백을 이용하여 |
| 氣壓邊烽急. | 변방의 급한 봉화를 잠재워야 할 것이네. |
| 夜走追鋒車,[10] | 밤중에 추봉거를 몰고 달려가 |
| 生斬符離級.[11][12] | 부리의 모가지를 산 채로 베어 |
| 持歸獻天王,[13] | 가지고 돌아와서 임금님께 바치면 |

封侯穩可拾.[14][15][16] 땅에서 풀을 줍듯 높은 자리 얻을 텐데
何爲走獵師, 무엇을 하려고 사냥꾼을 몰고 가서
日使羣毛泣.[17] 날마다 짐승들을 울게 하는가?

**[해설]**

벼슬길에 나아가는 데 뜻을 두지 않고 사냥이나 열심히 다니는 적 모씨의 막내아들에게 그 뛰어난 기백을 나라에 바치라고 충고한 것이다.

**[주석]**

(1) 崇班(숭반): 內殿崇班. 송나라 때 설치한 무관의 일종이다. 《職官分紀》에 "순화 2년(991)에 내전숭반을 설치했으니 공봉·시금·전직의 위에 있었다(淳化二年, 置內殿崇班, 在供奉·侍禁·殿直之上)"라고 했다.

(2) 狄生(적생): 내전숭반 적씨의 막내아들을 가리킨다. 구체적인 행적이 알려져 있지 않다.

(3) 臂鷹(비응): 팔에 사냥용 매를 얹다. 양나라 사람 張充은 어릴 때부터 놀기를 좋아했다. 그의 아버지 張緖가 휴가를 얻어서 집으로 돌아가다가 고향 부근에서 오른팔에 매를 얹고 왼팔에 사냥개를 끄는 장충을 만났다. 장충이 아버지의 배가 도달하는 것을 보고 인사를 드리자 아버지가 "한 몸으로 두 가지 일을 하느라 고생이 많구나"라고 했다.(《梁書·張充傳》 참조)

(4) 借筯(차저): 초나라와 한나라가 싸울 때 酈食其가 漢王 劉邦에게 六國의 후대를 세워 그들과 함께 초나라를 칠 것을 제의했다. 그런 뒤 유방이 식사를 하고 있는데 張良이 들어와서 그런 계책을 써서는 안 된다고 했다. 왜 안 되느냐는 물음에 장량은 "앞에 있는 대왕님의 젓가락을 빌려서 대왕님께 설명해 드리겠습니다"라고 하고는 유방의 젓가락으로 당시의 형세를 설명했다.(《史記·留侯世家》 참조) 해학적인 맛을 더하기 위하여 이 표현을 차용한 것일 뿐 실제로는 젓가락처럼 생긴 나무 꼬챙이로 새를 헤아렸을 것이다.

(5) 短後(단후): 뒤가 짧은 웃옷. 《莊子·說劍》에 "그러나 저희 임금님께서 만나시는 검객들은 모두 쑥대머리에 살쩍이 삐져나온 채 갓을 푹 눌러쓰고 장식 없는 거친 갓끈을 매고 뒤가 짧은 상의를 입고 눈을 부릅뜨고 더듬거리며 말합니다(然吾王所見劍士, 皆蓬頭突鬢垂冠, 曼胡之纓, 短後之衣, 瞋目而語難)"라고 했다.

(6) 㯶豹(국표): 노송나무의 잎처럼 얼룩덜룩한 무늬가 있는 표범. 張道의 《蘇亭詩話》에 "노송나무는 측백나무 종류이다. 《이아》에 '측백나무는 노송나무이다'라고 했고 《비아》에 '노송나무는 성질이 견고하며 기름기가 있고 향기가 난다'라고 했다. '국표'란 노송나무 잎이 표범의 형상이기 때문에 한 말이다. 당나라 때는 국표금이 있었다(㯶, 柏屬. 《爾雅》: '柏, 㯶.' 《埤雅》: '㯶性堅, 有脂而香.' 㯶豹, 言以㯶葉豹形也. 唐時有㯶豹錦)"라고 했다.

(7) 猩血(성혈): 《華陽國志》에 "성성이는 그 피로 붉은 융단을 염색할 수 있다(猩猩, 其血可以染朱罽)"라고 한 것을 보면 성성이의 피를 붉은색 염료로 썼음을 알 수 있다. 이 구절은 붉은색과 검은색이 섞여 있는 표범의 가죽으로 만든 적생의 옷을 묘사한 것이다.

(8) 猘子(제자): 미친 개. 맹견. 馮應榴의 《蘇軾詩集合注》에 "늙은 광견은 거란을 가리킨다(老猘子, 謂契丹也)"라고 했다.

(9) 慓悍(표한): 날래고 용맹스럽다.

(10) 追鋒車(추봉거): 옛날에 전투용으로 사용하던 가볍고 빠른 수레.

(11) 符離(부리): '活離'로 되어 있는 것을 王文誥가 陳漢章의 《蘇詩註補》에 따라 '符離'로 고치고 오랑캐 나라의 이름으로 보았다. 韓愈의 〈賀徐州張僕射白兎狀〉에 "부리는 사실 오랑캐 나라의 이름이다(符離, 實戎國名)"라고 했다. 여기서는 적군을 가리킨다.

(12) 級(급): 首級. 적군의 머리.

(13) 天王(천왕): 천자.

(14) 封侯(봉후): 제후에 봉하다. 높은 관직을 내리다.

(15) 穩(온): 확실하다.

(16) 可拾(가습): 漢나라 때의 대학자 夏侯勝은 학문을 강론할 때면 늘 생도들에게 "선비의 병폐는 경전에 밝지 못한 것이다. 경전에 밝으면 높은 벼슬을 얻는 것이 땅에서 잡초를 줍는 것처럼 쉽다"라고 했다.(《한서・하후승전》 참조)

(17) 羣毛(군모): 여러 마리의 털 달린 짐승. 사냥감을 가리킨다.

# 0596. 石炭幷引

석탄을 읊은 시와 그 서문

彭城[(1)]舊無石炭，元豊元年十二月，始遣人訪獲於州之西南白土鎭[(2)]之北，冶鐵作兵，犀利[(3)]勝常云.(팽성에는 옛날에 석탄이 없었는데 원풍 원년(1078) 12월에 처음으로 석탄을 잘 아는 사람을 보내 서주 서남쪽에 있는 백토진 북쪽으로 가서 캐 오게 하여 그것으로 철을 야금하여 무기를 만들었더니 보통의 무기보다 더 단단하고 날카로웠다.)

| | |
|---|---|
| 君不見 | 그대는 보지 못했는가 |
| 前年雨雪行人斷, | 작년에 눈비 내려 행인의 발길이 끊겼을 때 |
| 城中居民風裂骭. | 성 안의 주민들이 바람에 정강이가 다 튼 채 |
| 濕薪半束抱衾裯, | 젖은 장작 반 묶음 때고 이불을 안고 자는데 |
| 日暮敲門無處換.[(4)] | 해 저물어 문 두들겨도 땔감 바꿀 데 없음을? |
| 豈料山中有遺寶,[(5)] | 그런데 어찌 알았으리 산속에 남겨진 보물이 있어 |
| 磊落如豎萬車炭.[(6)(7)] | 수북이 쌓인 검은 돌 같은 만 수레의 숯이 된 줄을? |
| 流膏迸液無人知,[(8)] | 기름이 흐르고 진액이 솟아도 아는 이 없이 |
| 陣陣腥風自吹散.[(9)(10)] | 계속 부는 비릿한 바람에 저절로 사라졌는데 |
| 根苗一發浩無際,[(11)] | 뿌리와 싹이 한 번 나오자 끝도 없이 뻗어 가매 |
| 萬人鼓舞千人看. | 만 사람이 북치며 춤추고 천 사람이 함께 봤네. |
| 投泥潑水愈光明, | 진흙에 던지고 물을 뿌리자 더욱 밝게 빛나더니 |
| 爍玉流金見精悍.[(12)(13)] | 옥을 녹이고 쇳물을 흘리며 맹렬함을 보이네. |
| 南山栗林漸可息,[(14)] | 남산의 밤나무 숲도 차츰 쉴 수 있게 됐고 |
| 北山頑礦何勞鍛. | 북산의 단단한 광석인들 제련하기 어찌 힘들리? |
| 爲君鑄作百鍊刀,[(15)] | 그대 위해 백 번 단련한 칼을 만들 것이니 |
| 要斬長鯨爲萬段.[(16)] | 긴 고래를 만 토막으로 잘라 주기 바라네. |

**[해설]**

서주(徐州) 백토진(白土鎭) 북쪽에서 대량으로 매장된 석탄을 채굴하여 그것으로 더없이 단단한 병기를 만든 기쁨을 노래한 것으로 석탄의 성상과 효능이 형상적으로 잘 묘사되어 있다.

**[주석]**

(1) 彭城(팽성): 지금의 강소성 徐州.
(2) 白土鎭(백토진): 《九域志》에 "서주 소현에 영안진과 백토진이라는 두 진이 있다(徐州蕭縣, 有永安・白土二鎭)"라고 했다.
(3) 犀利(서리): 단단하고 날카롭다.
(4) 無處換(무처환): 다른 물건을 주고 땔감을 바꾸어 올 곳이 없다는 말이다.
(5) 遺寶(유보): 남겨진 보물. 석탄을 가리킨다.
(6) 磊落(뇌락): 많이 쌓인 모양.
(7) 黳(예): 검고 아름다운 돌.
(8) 流膏迸液(유고병액): 기름이 흐르고 진액이 솟다. 석탄에서 나는 윤기가 흐르고 주변의 흙이 축축한 현상을 가리킨다.
(9) 陣(진): '一陣狂風'의 경우처럼 바람이나 소리 따위가 지속되는 시간을 나타내는 단위명사이다.
(10) 腥風(성풍): 비릿한 냄새가 나는 바람. 석탄 냄새가 섞인 바람을 가리킨다. 이 연은 옛날에는 사람들이 석탄을 알아보지 못하고 그냥 지나쳤다는 말이다.
(11) 根苗(근묘): 처음 발견된 작은 석탄을 가리킨다. 이 구절은 석탄이 한번 발견되자 일망무제로 끝없이 매장되어 있었다는 말이다.
(12) 爍玉流金(삭옥유금): 옥을 녹이고 쇠붙이를 녹여서 흐르게 한다는 뜻으로 열이 굉장히 강하다는 말이다. '爍石流金'이라고도 하며 '爍'은 '鑠'과 같다. '玉'이 '石'으로 된 판본도 있는바 의미가 더 잘 통한다.
(13) 精悍(정한): 맹렬하다. 제련용으로 사용된 석탄의 화력이 매우 강하다는 말이다.
(14) 南山(남산): 王十朋의 《百家註分類東坡先生詩》에 "'남산의 밤나무 숲'은 숯을 말한다('南山栗林', 以言木炭也)"라고 했다. 백거이 시 〈賣炭翁〉의 "숯 파는 노인, 남산에서 나무 베어 숯을 굽는다(賣炭翁, 伐薪燒炭南山中)"라는 표현을 차용함으로써 해학미를 더한 것으로 보통의 산을 가리킨다.
(15) 百鍊(백련): 석탄은 화력이 좋기 때문에 여러 번 단련해도 힘이 들지 않는다는 뜻을 내포하고 있다.
(16) 萬段(만단): 석탄으로 단련한 칼은 단단하기 때문에 날이 잘 무디어지지 않는다는 뜻을 내포하고 있다.

## 0597. 與參寥[1]師行園中, 得黃耳蕈[2]

참료법사와 함께 정원을 거닐다가 황이심 버섯을 발견하고

遣化何時取衆香,[3] 그 언제 화보살을 보내 뭇 향기를 취해 왔나?
法筵齋鉢久淒涼.[4][5][6] 법석과 바리때가 오래 썰렁했었네.
寒蔬病甲誰能採,[7] 껍질 병든 찬 채소는 아무도 캐지 않고
落葉空畦半已荒. 잎 떨어진 빈 밭은 반이 이미 황폐할 제
老楮忽生黃耳菌,[8] 닥나무 고목에 갑자기 황이심이 생기고
故人兼致白芽薑.[9] 친구가 가지고 온 백아강도 있는데
蕭然放箸東南去,[10] 쓸쓸히 젓가락 놓고 동남쪽으로 가셔서
又入春山筍蕨鄉. 죽순과 고사리 고장의 봄산으로 또 드시겠네.

**[해설]**

승려 친구인 참료법사의 방문을 받아 함께 정원을 산책하다가 황이심이라는 버섯을 발견하고 그 반가운 마음을 해학적인 필치로 노래하면서, 아울러 참료법사가 곧 서주를 떠나게 된 일을 아쉬워한 것이다.

**[주석]**

(1) 參寥(참료): 절강성 於潛 출신의 스님으로 소식의 절친한 친구인 道潛의 字. 〈次韻僧潛見贈〉(0578) 주 (1) 참조.

(2) 黃耳蕈(황이심): 버섯의 일종. 색깔이 노랗고 모양이 사람의 귀와 같다.

(3) 化(화): 化菩薩을 가리킨다. 維摩詰이 화보살을 衆香國에 보내어 부처님의 발에 예를 갖추고 세존께서 잡숫고 남은 것을 얻어 사바세계에 불사를 행하고 싶다고 말하게 했다. 이에 중향국의 부처인 香積佛이 衆香鉢에 香飯을 가득 담아 화보살에게 주어서 여러 사람이 포식하게 했다. (《維摩詰經·香積佛品》 참조) 이 구절은 황이심이 향기를 뿜는 것을 보고 화보살이 중향국에서 향반을 얻어 온 것을 연상한 해학적인 표현이다.

(4) 法筵(법연): 불법을 강설하는 스님이 앉는 자리. 불법을 강설하는 집회. 법석.

(5) 齋鉢(재발): 바리때. 나무로 대접처럼 만든 스님의 밥그릇. 이 구절은 참료법사가 절을 떠나 소식과 함께 지낸 시간이 오래되어 불법을 강설하는 일이나 공양을 하는 일이 매우 적었다는 말이다.

(6) 淒涼(처량): 한산하다.

(7) 病甲(병갑): 시들어서 딱딱해진 채소의 껍질을 가리키는 것으로 보인다. 劉得仁의 시 〈寄春坊顧校書〉에 "몇 두둑에 채소의 껍질이 나와 있다(數畦蔬甲出)"라고 했다.

(8) 黃耳菌(황이균): 사람의 귀처럼 생긴 노란색 버섯. 黃耳蕈이라고도 한다.

(9) 白芽薑(백아강): 싹이 흰 생강. 참료의 차운시에 "서쪽으로 가서 촉 땅의 토란을 먹기는 어려울 터, 남쪽으로 오면 오 땅의 생강을 함께 먹을 수 있으리(西去想難陪蜀芋, 南來應得共吳薑)"라는 구절이 있는 것으로 보아 참료가 항주에서 올 때 가지고 온 생강을 가리킨다는 것을 알 수 있다.

(10) 東南(동남): 王文誥의 《蘇軾詩集》에 "강번이 '마지막 말 두 마디는 참료가 서주를 떠나려고 하는 것을 말한다'라고 했다(江藩曰: '結二語, 謂參寥將去徐州也.')"라고 한바, 참료가 머무는 항주는 서주의 동남쪽에 있다.

## 0598. 次韻參寥[1]師寄秦太虛[2]三絶句, 時秦君擧進士不得

진사시에 응시했다가 급제하지 못한 진태허에게 부친 참료법사의 시에 차운하여

### 其一

| | |
|---|---|
| 秦郞文字固超然,[3] | 진랑은 문장이 참으로 초연하여 |
| 漢武憑虛意欲仙.[4] | 한무제가 허공을 다니며 신선이 되려는 격인데 |
| 底事秋來不得解,[5] | 무슨 일로 이 가을에 급제하지 못했는지 |
| 定中試與問諸天.[6][7][8] | 선정에 들어 천신들께 한번 물어봐 주시구려. |

### 其二

| | |
|---|---|
| 一尾追風抹萬蹄,[9][10] | 모든 말을 쓸어 버릴 한 마리의 추풍이라 |
| 崑崙玄圃謂朝隮.[11][12][13] | 곤륜산 현포에선 아침 무지개라 하는데 |
| 回看世上無伯樂,[14] | 속세를 돌아보니 백락이 없어 |
| 却道鹽車勝月題.[15][16] | 오히려 소금 수레 끄는 말이 월제를 단 말보다 낫다 하네. |

### 其三

| | |
|---|---|
| 得喪秋毫久已冥,[17][18] | 추호를 얻고 잃는 것에 오래전에 이미 눈 어두워져 |
| 不須聞此氣崢嶸.[19] | 기개가 탁월한 이 사람의 말을 들으려 하지 않으니 |

何妨却伴參寥子, 차라리 참료자의 짝이 되어서
無數新詩咳唾成.[20] 기침하듯 무수한 새 시를 지어본들 어떠리?

**[해설]**

진관이 진사시험에 낙방했을 때 그에게 지어 보낸 참료법사의 시에 차운한 것으로, 제1수에서는 진관의 문장이 아직 세상의 인정을 받지 못하는 것을 안타까워하는 자신의 심경을 참료법사에게 하소연했고, 제2수에서는 고시관들이 인재를 알아보지 못하는 현실을 비판했고, 제3수에서는 진관에게 세속적인 욕심을 버리고 초연하게 살라고 충고했다.

**[주석]**

(1) 參寥(참료): 절강성 於潛 출신의 스님으로 소식의 절친한 친구인 道潛의 字. 〈次韻僧潛見贈〉(0578) 주 (1) 참조.

(2) 太虛(태허): 북송 詞人 秦觀의 字. 그는 蘇門四學士의 한 사람으로 소식의 총애를 많이 받았다.

(3) 秦郎(진랑): 진관을 가리킨다.

(4) 漢武(한무): 한나라 무제. 《漢書 · 司馬相如傳》에 "〈대인부〉를 바치자 천자께서 크게 기뻐하셨으니 아득히 구름 위로 날아올라가고 하늘과 땅 사이를 소요하는 기세가 있었다(既奏〈大人賦〉, 天子大說, 飄飄然有凌雲氣游天地之間意)"라는 말이 있고, 《法書要錄》에 "장백영의 글씨는 한나라 무제가 도가를 좋아하여 허공을 밟고 다니며 신선이 되려고 한 것과 같다(張伯英書, 如漢武帝愛道憑虛欲仙)"라는 말이 있다. 이 연은 진관의 문장이 하도 초연해서 한나라 무제가 신선이 되려고 한 것과 같다는 말이다.

(5) 不得解(부득해): 鄕試에 급제하지 못하다. 唐宋 시기에는 진사시험에 급제하려면 먼저 각 지방에서 가을에 실시하는 향시를 통과해야 했는데 향시에 급제하는 것을 '解'라고 했다.

(6) 定(정): 마음을 한곳에 집중하여 움직이지 아니하는 안정된 상태. 禪定.

(7) 與(여): 대신하여. 위하여. 뒤에 목적어로서 진관을 가리키는 말이 생략된 것으로 보인다.

(8) 諸天(제천): 불법을 수호하는 여러 天神.

(9) 追風(추풍): 준마의 이름. 《古今注》에 "진시황에게는 명마가 일곱 마리 있었으니 그 가운데 하나가 추풍이다(秦始皇有七名馬, 一曰追風)"라고 했다.

(10) 萬蹄(만제): 수많은 말을 가리킨다.

(11) 崑崙(곤륜): 파미르고원에서 청해성까지 뻗어 있는 큰 산. 높이가 해발 7,719m나 되기 때문에 옛날부터 중국인들이 신성시하던 산이다.

(12) 玄圃(현포): 곤륜산 꼭대기에 있다는 신선들의 거처. 기이한 화초와 괴상한 돌이 많이 있다고 한다.

(13) 朝隮(조제): 아침 무지개.

(14) 伯樂(백락): 춘추시대 秦나라 穆公 때 사람으로 본명이 孫陽인데 명마를 잘 알아본 것으로 유명하다. 한유의 〈雜說〉에 "세상에 백락이 있고 난 뒤에야 천리마가 있는데 천리마는 늘 있지만 백락은 늘 있지 않다(世有伯樂, 然後有千里馬, 千里馬常有, 而伯樂不常有)"라고 했다.

(15) 鹽車(염거): 소금을 실은 수레. 평범한 말이 끄는 수레를 가리킨다. 천리마가 소금 수레를 끌고 땀을 뻘뻘 흘리며 太行山 언덕을 올라가는 것을 백락이 보고 안타까워했다는 고사가 있다.(《戰國策·楚策》 참조)

(16) 月題(월제): 말의 이마에 다는 달처럼 생긴 장식품. 이 구절은 이마에 월제를 다는 우수한 말보다 소금 수레나 끄는 평범한 말을 더 높이 평가한다는 뜻으로, 당시의 집권자들이 훌륭한 인재를 알아보지 못하고 용렬한 인사나 등용하는 것을 풍자한 것이다.

(17) 得喪(득상): 얻거나 잃다.

(18) 秋毫(추호): 작은 존재를 가리킨다. 아직은 두드러진 능력이 없다는 뜻에서 과거시험을 통하여 선발하는 인재를 가리키는 것으로 보인다.

(19) 崢嶸(쟁영): 높고 가파른 모양. 우뚝 솟은 모양. 이 구절은 과거시험의 고시관을 위시한 조정의 집권자들이 진관처럼 기개가 뛰어난 사람의 말, 즉 진관의 답안지에 나타난 그의 정치적 주장에 귀를 기울이지 않는 현실을 개탄한 것으로 보인다.

(20) 咳唾成(해타성): 주옥 같은 시를 기침을 하거나 침을 뱉는 것처럼 쉽게 짓는다는 말이다.

## 0599. 送參寥[1]師

참료법사를 전송하며

| | |
|---|---|
| 上人學苦空,[2][3] | 고승들은 인생이 괴롭고 공허함을 배운지라 |
| 百念已灰冷. | 이미 온갖 생각이 재처럼 싸늘하여 |
| 劍頭惟一吷,[4] | 칼 끝의 구멍에서 작은 소리만 나는 격이요 |
| 焦穀無新穎.[5] | 그을린 곡식에서 새 이삭이 안 나는 격이거늘 |
| 胡爲逐吾輩, | 그대는 무엇 때문에 우리를 쫓아다니며 |
| 文字爭蔚炳.[6] | 문자의 아름다움을 다투시는지 |
| 新詩如玉屑, | 새로 지은 멋진 시가 옥가루 같아 |
| 出語便淸警.[7] | 말이 입에서 나오자마자 정신이 맑아지네요. |
| 退之論草書,[8] | 한퇴지는 초서를 논함에 있어 |
| 萬事未嘗屛.[9] | 어느 것도 물리친 적이 없나니 |
| 憂愁不平氣, | 근심과 걱정으로 평온하지 않은 기세를 |
| 一寓筆所騁.[10] | 달려가는 붓 끝에 맡긴 것도 좋아했고 |
| 頗怪浮屠人,[11] | 무척이나 희한한 어느 스님이 |
| 視身如丘井.[12] | 자기 몸을 언덕 위의 우물로 본 것도 좋아했지요. |
| 頹然寄淡泊, | 밋밋하게 담박함을 깃들인다면 |
| 誰與發豪猛. | 누구에게 호방함을 발산하랴만 |
| 細思乃不然,[13] | 가만히 생각하면 그렇지가 않나니 |

| | |
|---|---|
| 眞巧非幻影. | 진정으로 교묘한 건 환영이 아니지요. |
| 欲令詩語妙, | 시어가 절묘하게 하고 싶으면 |
| 無厭空且靜. | 텅 빈 것과 고요한 걸 싫어하지 않나니 |
| 靜故了羣動, | 고요하여 갖가지 움직임을 이해하고 |
| 空故納萬境. | 텅 비어서 온갖 경지를 다 받아들이지요. |
| 閱世走人間, | 세상을 겪으려고 속세를 돌아다녀도 보고 |
| 觀身臥雲嶺. | 자기 몸을 살펴보며 산에 누워도 보아서 |
| 鹹酸雜衆好, | 짠맛도 있고 신맛도 있고 온갖 좋은 맛이 어우러졌으니 |
| 中有至味永. | 그 가운데 지극하고 오래가는 맛이 있겠지요. |
| 詩法不相妨, | 시와 불법이 서로를 방해하지 않는다는 |
| 此語更當請.(14) | 이 말을 실천하기를 더욱 청해야 되겠군요. |

**[해설]**

서주를 떠나는 참료법사를 전송하는 자리에서 지은 것으로, 그가 세상사에 대해서 초연하고 담담한 다른 스님들과 달리 생동적이고 정감이 넘치는 시를 잘 짓는다고 칭송하면서 앞으로 이런 면을 더욱 발전시키라고 충고했다.

**[주석]**

(1) 參寥(참료): 절강성 於潛 출신의 스님으로 소식의 절친한 친구인 道潛의 字. 〈次韻僧潛見贈〉(0578) 주 (1) 참조.

(2) 上人(상인): 智德을 갖춘 고승에 대한 존칭.

(3) 苦空(고공): 인생이 괴롭다는 사실과 공허하다는 사실.

(4) 一吷(일혈): 퓨 하고 나는 작은 소리. 《莊子·則陽》에 "피리를 불면 아름다운 소리가 나지만 칼 끝에 있는 구멍을 불면 퓨 하는 작은 소리가 날 뿐입니다. 요임금과 순임금은 사람들이 칭찬하는 분이지만 대진인 앞에서 그들과 비교하여 이야기한다면 퓨 하는 작은 소리가 나는 것과 같습니다(夫吹管也, 猶有嗃也. 吹劍首者, 吷而已矣. 堯舜, 人之所譽也, 道堯舜於戴晉人之前, 譬猶一吷也)"라고 했다.

(5) 焦穀(초곡): 《維摩經》에 "그을린 곡식의 싹과 같고 석녀의 아이와 같다(如焦穀芽, 如石女兒)"라고 했고, 소식의 〈觀妙堂記〉에 "이 방이 어째서 나를 찾는가? 하물며 오묘한 일이라면 조금도 볼 만한 것이 없고 볼 만한 것이 없을 뿐만 아니라 이야기할 만한 것도 없다. 조금 볼 만한 것을

찾는다면 그것은 석녀의 아이와 같아서 이 세상에 끝내 존재하지 않는다(是室云何而求我? 況乎妙事, 了無可觀, 旣無可觀, 亦無可說. 欲求少分可以觀者, 如石女兒, 世終無有)"라고 했으므로 '焦穀芽'는 '石女兒'와 마찬가지로 이 세상에 존재하지 않는 것을 가리킴을 알 수 있다. 이 구절은 생기를 발하지 않는다는 뜻인 것으로 보인다.

(6) 蔚炳(위병): 문장이 아름답다. 이 연은 스님인 참료가 소식 같은 속인들과 함께 시를 주고받으며 교유한다는 말이다.

(7) 淸警(청경): 청신하고 자극적이다.

(8) 退之(퇴지): 한유의 〈送高閑上人序〉에 "옛날에 장욱은 초서를 잘 써서 다른 재주는 익히지 않고 기쁘거나 성날 때, 고생스럽거나 곤궁할 때, 근심스럽거나 슬플 때, 즐겁거나 유쾌할 때, 원망스럽거나 한탄스러울 때, 생각나거나 그리울 때, 술이 얼큰해지거나 취할 때, 무료하거나 마음이 편치 않을 때 마음속에서 무언가가 꿈틀거리면 반드시 초서로 그것을 발산했다.……그러므로 장욱의 글씨는 변화하고 움직이는 것이 마치 귀신과 같아서 예측할 수 없는데, 이런 식으로 평생을 지냈으되 후세에 이름을 남겼다. 이제 고한도 초서에 대해서 장욱과 같은 마음을 가지고 있도다.……이제 고한선사는 스님으로서 삶과 죽음을 동일시하고 바깥에 붙은 것을 떼어 냈으니, 이는 그의 마음이 담박하여 욕심을 일으키는 바가 없고 이 세상에 대해서 담담하여 좋아하는 바가 없는 것이다.……그러니 그것이 그의 글씨에 나타나지 않을 수 있겠는가?(往時張旭善草書, 不治他技, 喜怒・窘窮・憂悲・愉懌・怨恨・思慕・酣醉・無聊・不平, 有動於心, 必於草書發之.……故旭之書, 變動猶鬼神, 不可端倪, 以此終其身, 而名後世. 今閑之於草書, 有旭之心哉……今閑師, 浮屠氏, 一死生, 解外膠, 是其爲心泊然無所起, 其於世淡然無所嗜.……則其於書, 得無象之然乎?)"라고 했다.

(9) 未嘗屛(미상병): 물리친 적이 없다. 한유가 장욱처럼 동적인 글씨도 찬양하고 고한처럼 정적인 글씨도 찬양한 것을 가리킨다.

(10) 一寓(일우): 하나같이 기탁하다. 이 연에 대하여 王文誥의 《蘇軾詩集》에 "장욱을 가리킨다(指張旭也)"라고 했다.

(11) 浮屠人(부도인): 스님. 한유가 〈送高閑上人序〉에서 말한 高閑을 가리킨다. 이 연에 대하여 왕문고의 《소식시집》에 "고한을 가리킨다(指高閑也)"라고 했다.

(12) 丘井(구정): 늙어서 생기가 없는 몸을 가리킨다. 백거이의 시 〈郡齋暇日憶廬山草堂〉에 "몸은 늙어 언덕 위의 우물과 같고, 마음은 텅텅 비어 도량과 같다(身老同丘井, 心空是道場)"라는 구절이 있다.

(13) 不然(불연): 담박함을 깃들이면 호방함을 발산할 데가 없다는 말을 부정하는 것이다.

(14) 此語(차어): '詩法不相妨'을 가리킨다.

卷18

# 古今體詩四十八首

## 고체시 및 근체시 48수

권18에는 상서사부원외랑직사관권지서주군주사(尙書祠部員外郎直史館權知徐州軍州事)로 근무 중이던 원풍 2년(1079) 1월부터 상서사부원외랑직사관권지호주군주사(尙書祠部員外郎直史館權知湖州軍州事)로 근무 중이던 그해 5월까지의 작품 48수가 수록되어 있다.

## 0600. 人日[1]獵城南, 會者十人, 以'身輕一鳥過, 槍急萬人呼[2]'爲韻, 得鳥字

인일에 서주성 남쪽에서 사냥할 때 모인 사람 열 명이 '身輕一鳥過, 槍急萬人呼'를 운자로 삼아 시를 지었는데 '鳥'자를 배정받아

| | |
|---|---|
| 兒童笑使君,[3] | 아이가 이 태수를 보고 근심과 분노로 |
| 憂慍常悄悄.[4] | 항상 우울하다고 웃어댔지만 |
| 誰拈白接䍦,[5] | 그 누가 백접리 모자를 집어 들고 |
| 令跨金騕褭.[6] | 나에게 황금빛 요뇨를 타게 했나? |
| 東風吹濕雪,[7] | 동풍이 싸락눈을 휘몰아 오매 |
| 手冷怯淸曉. | 손이 시려 해맑은 새벽이 겁나는데 |
| 忽發兩鳴髇,[8] | 홀연히 소리 내는 화살을 두 대 날려 |
| 相趁飛鳶小.[9] | 날아가는 조그만 등에를 쫓아가자 |
| 放弓一長嘯, | 활을 놓고 휘파람을 길게 불면서 |
| 目送孤鴻矯. | 두 눈으로 날아가는 기러기를 따라가네. |
| 吟詩忘鞭轡, | 우리는 시 읊느라 채찍과 고삐를 잊고 |
| 不語頭自掉.[10] | 말이 없는 가운데 고개가 절로 흔들리며 |
| 歸來仍脫粟,[11] | 돌아와서 언제나처럼 현미 찧어 밥을 짓고 |
| 鹽豉煮芹蓼. | 소금과 된장으로 미나리와 여뀌나 찌니 |
| 何似雷將軍,[12] | 이것이 어떻게 뇌장군의 두 눈이 |
| 兩眼霜鶻皎.[13] | 송골매처럼 반짝반짝 빛나는 것과 같으리? |
| 黑頭已爲將,[14] | 그는 머리가 검을 적에 이미 장군이 되어 |

| | |
|---|---|
| 百戰意未了.[15] | 백 번을 싸웠어도 전의가 식지 않고 |
| 馬上倒銀瓶,[16] | 말 위에서 은병을 기울이다가 |
| 得兎不暇燎.[17] | 토끼를 잡으면 그을 새도 없다네. |
| 少年負奇志,[18] | 젊을 땐 흔히 남다른 포부를 품고 |
| 蹭蹬百憂繞.[19] | 실의에 차 온갖 근심에 싸여 있지만 |
| 回首英雄人, | 돌아보면 이렇게 영웅스런 인물 중에 |
| 老死已不少. | 늙어 죽은 사람이 이미 적지 않다네. |
| 青春還一夢, | 청춘은 역시나 한바탕의 꿈이요 |
| 餘年眞過鳥. | 여생도 참으로 새가 지나가듯 할 터 |
| 莫上呼鷹臺,[20] | 매를 날린 호응대엔 올라가지 마시고 |
| 平生笑劉表.[21] | 평생토록 유표를 비웃으시길. |

**[해설]**

원풍 2년(1079) 1월 7일에 열 명이 모여서 함께 사냥을 하다가 두보의 시 〈농우로 돌아가는 채희로 도위를 전송하고 그 편에 고삼십오 서기에게 부친다(送蔡希魯都尉還隴右, 因寄高三十五書記)〉 가운데 '몸이 날렵하기는 눈앞을 지나는 새 한 마리, 창 놀림이 빠르기는 만인이 환호할 정도(身輕一鳥過, 槍急萬人呼)'라는 두 구절의 각 글자를 운자로 삼아 시를 지을 때 '鳥'자를 운자로 배정받아서 지은 것으로 뇌승 장군의 뛰어난 무예와 넘치는 투지를 칭송한 것이다.

**[주석]**

(1) 人日(인일): 음력 1월 7일.

(2) 身輕一鳥過, 槍急萬人呼(신경일조과, 창급만인호): 이 열 자는 두보의 시 〈送蔡希魯都尉還隴右, 因寄高三十五書記〉 제4연으로 채희로의 잽싼 동작과 창 다루는 솜씨를 칭송한 것인데, 사냥과 관련이 깊기 때문에 이 연의 각 글자를 韻字로 취한 것이다. 구양수의 《六一詩話》에 "진공이 그때 우연히 두보 시집의 옛날 판본을 얻었는데 탈자와 오자가 많아서 〈送蔡希魯都尉還隴右, 因寄高三十五書記〉라는 시의 '身輕一鳥' 아래에 한 글자가 빠져 있었다. 진공은 이로 인해 여러 손님과 함께 각자 한 글자씩을 가지고 그것을 채워 보았는데, 어떤 사람은 '疾'이라고 하고, 어떤 사람은 '落'이라고 하고, 어떤 사람은 '起'라고 하고, 어떤 사람은 '下'라고 하여 단정할 수가

없었다. 그 후에 선본 하나를 얻어서 확인해 보았더니 바로 '몸이 날렵하기는 눈앞을 지나는 새 한 마리(身輕一鳥過)'였다. 진공이 탄복하며 한 글자에 여러 사람이 달라붙어도 그 경지에 도달할 수 없다고 여겼다(陳公時偶得杜集舊本, 文多脫誤, 至〈送蔡都尉〉詩云'身輕一鳥', 其下脫一字. 陳公因與數客各用一字補之, 或云'疾', 或云'落', 或云'起', 或云'下', 莫能定. 其後得一善本, 乃是'身輕一鳥過'. 陳公嘆服, 以爲雖一字, 諸君亦不能到也)"라는 일화가 소개되어 있다.

(3) 使君(사군): 태수. 徐州知州인 소식 자신을 가리킨다. 《晉書·山簡傳》에 "산간은 한가로이 노닐면서 세월을 보내며 오로지 술에만 탐닉했다. 습씨 집안은 형주에서 호족으로 멋진 정원과 연못을 가지고 있으므로 산간은 바깥으로 나가서 노닐 때면 매번 그 연못으로 가서 술자리를 벌이고 취하도록 마시곤 하며 그것을 고양지라고 불렀다. 당시 한 아이가 '산공은 어디서 나와, 고양지로 가시는지, 날 저물면 거꾸로 실려 돌아가는데, 곤드레만드레 아무것도 모른다네'라고 노래했다(簡優遊卒歲, 唯酒是耽. 諸習氏, 荊土豪族, 有佳園池, 簡每出嬉遊, 多之池上, 置酒輒醉, 名之曰高陽池. 時有童兒歌曰: '山公出何許, 往至高陽池. 日夕倒載歸, 茗艼無所知.')"라는 기록이 있는바, 이 연은 만약 산간을 보고 노래를 지어 부른 그 아이가 있다면 산간과 대조적으로 너무 현실에 얽매이는 자신을 비웃겠다는 말이다.

(4) 悄悄(초초): 근심하는 모양.

(5) 白接䍦(백접리): 백로의 깃털로 장식한 모자. '白接籬'와 같다. 《世說新語·任誕》에 "산계륜은 형주를 다스릴 때 자주 밖으로 나가 술을 마시곤 했는데 사람들이 '산공은 때때로 한 번씩 취하나니, 그럴 때면 곧바로 고양지로 간다네. 해가 지면 거꾸로 실려 돌아가는데, 곤드레만드레 아무것도 모른다네. 이따금 준마도 탈 줄 아는데, 백접리 모자를 거꾸로 쓰고 간다네'라는 노래를 지어서 불렀다(山季倫爲荊州, 時出酣暢, 人爲之歌曰: '山公時一醉, 徑造高陽池. 日暮倒載歸, 茗艼無所知. 復能乘駿馬, 倒著白接籬.')"라고 했다.

(6) 騕褭(요뇨): 준마의 이름. 이 연은 산간처럼 실컷 마시고 취할 기회가 없었다는 말이다.

(7) 濕雪(습설): 싸락눈. 《埤雅》에 "싸락눈을 민지방의 민간인들은 '米雪'이라고 한다. 지금의 이름은 '濇雪'이라고도 하고 '濕雪'이라고도 한다(霰, 閩俗謂之米雪. 今名濇雪, 亦曰濕雪)"라고 했다.

(8) 鳴髇(명효): 소리를 내면서 빠른 속도로 날아가는 화살.

(9) 飛蝱(비맹): 등에. 파리와 비슷한 곤충으로 황갈색 몸통에 투명한 날개가 달려 있다. 여기서는 먼 하늘에 가물가물 날아가는 기러기를 가리킨다.

(10) 頭自掉(두자도): 두보의 시 〈送孔巢父謝病歸遊江東, 兼呈李白〉에 "소보는 머리를 내저으며 머물려 하지 않고, 동쪽으로 바다로 가서 연무를 좇으려 하네(巢父掉頭不肯住, 東將入海隨煙霧)"라는 구절이 있다.

(11) 脫粟(탈속): 현미를 만들다. 쌀을 찧는다는 말이다.

(12) 雷將軍(뇌장군): 雷勝을 가리킨다. 施元之의 《施注蘇詩》에 "경동제2장 뇌승은 농서인인데 용맹으로 인재 선발에 응모하여 관직을 얻었다. 무예가 남달라 말타기와 활쏘기가 민첩하고 절묘했다. 서주를 순시할 때 서주 사람들이 그의 재능을 보고 싶어 하므로 동파공이 그들을 위하

여 서주성 서쪽에서 작은 사냥 모임을 가졌다. 이날은 비가 조금 온 뒤에 날이 개어 흙에서 윤기가 나고 바람이 온화했는데 구경꾼이 수천 명이나 되었다. 동파공이 〈獵會詩敍〉를 지었다(京東第二將雷勝, 隴西人, 以勇敢應募得官. 武力絶人, 騎射敏妙. 按閱於徐, 徐人欲觀其能, 公爲小獵城西. 是日, 小雨甫晴, 土潤風和, 觀者數千人. 公作〈獵會詩敍〉)"라고 했다.

(13) 霜鶻(상골): 송골매. 여기서는 송골매의 눈동자를 가리킨다.

(14) 黑頭(흑두): 한창 젊은 시절을 가리킨다.

(15) 意(의): 적과 싸우고자 하는 마음, 즉 전의를 가리킨다.

(16) 銀甁(은병): 술병을 가리킨다. 두보의 시 〈少年行〉에 "통성명도 않은 채 몹시 거칠게 굴고, 은병을 가리키며 술을 찾아 맛보네(不通姓字麤豪甚, 指點銀甁索酒嘗)"라는 구절이 있다.

(17) 不暇燎(불가료): 불에 그을 겨를도 없이 날로 먹는다는 뜻으로 뇌장군의 용맹스러운 모습을 칭송한 것으로 보인다.

(18) 奇志(기지): 범상하지 않은 포부.

(19) 蹭蹬(층등): 실의하다.

(20) 呼鷹臺(호응대): 《襄陽耆舊傳》에 "유표는 형주자사로 재임할 때 누대를 지어 호응대라고 명명하고 〈야응래곡〉도 지었다(劉表任荊州刺史, 築臺名呼鷹, 仍作〈野鷹來曲〉)"라고 했고, 《襄沔記》에 "유표의 호응대는 현에서 동쪽으로 7리 떨어진 곳에 있는데 높이가 3장이고 둘레가 70장이다(劉表呼鷹臺, 在縣東七里, 高三丈, 周七十丈)"라고 했다.

(21) 劉表(유표): 후한 말 사람으로 字가 景升이다. 초평 원년(190)에 荊州刺史가 된 뒤 호남지방과 호북지방을 점거했으며 나중에 荊州牧이 되었다. 군벌이 혼전을 벌이는 당시의 정세에 대해서 관망하는 태도를 취했기 때문에 그가 할거한 지역은 전란의 상처가 비교적 적었으며 난리를 피해 중원으로부터 찾아오는 사람이 매우 많았다. 《水經注》에 "면수의 남쪽에 높은 누대가 있으니 이름하여 경승대라고 하는데 아마 유표가 양양을 다스릴 때 지은 것인 듯하다. 유표는 매를 좋아하여 이 누대에 올라 〈야응래곡〉을 부른 적이 있는데 그 소리가 맹달의 〈상도음〉과 비슷했다(沔水南有層臺, 號曰景升臺, 蓋劉表治襄陽之所築. 表好鷹, 嘗登此臺, 歌〈野鷹來曲〉, 其聲韻似孟達〈上堵吟〉矣)"라고 했다. 소식의 시 〈野鷹來〉(0048-1)에 매를 날려 사냥하는 유표의 모습이 묘사되어 있다. 이 연은 활을 잘 쏘는 뇌장군이 매를 이용하여 사냥하는 것을 좋아하지 않았다는 뜻으로 그가 앞으로도 계속 활솜씨를 갈고 닦으라고 당부한 것이다.

## 0601. 將官[(1)]雷勝[(2)]得過字代作

'過'자를 운자로 배정받은 장관 뇌승을 대신하여

| | |
|---|---|
| 胡騎入回中,[(3)] | 오랑캐의 기마가 회중 땅에 들어와 |
| 急烽連夜過. | 다급한 봉화가 밤낮으로 지나갈 땐 |
| 短刀穿虜陣, | 단도 들고 오랑캐의 진영으로 쳐들어가 |
| 濺血貂裘涴. | 피를 뿌려 담비 갖옷 물들였었네. |
| 一來輦轂下,[(4)] | 임금님의 수레 밑으로 한번 들어온 뒤론 |
| 愁悶惟欲臥.[(5)] | 근심과 번민으로 잠만 자고 싶었는데 |
| 今朝從公獵,[(6)] | 오늘 아침 공을 따라 사냥을 하다 보니 |
| 稍覺天宇大.[(7)] | 천하가 넓다는 게 좀 느껴졌네. |
| 一雙鐵絲箭,[(8)] | 실처럼 가느다란 한 쌍의 화살 |
| 未發手先唾. | 쏘기 전에 먼저 손에 침을 뱉어서 |
| 射殺雪毛狐, | 눈처럼 털이 하얀 여우를 쏘아 잡고 |
| 腰間餘一個.[(9)] | 허리춤에 아직도 한 개가 남아 있네. |

**[해설]**

원풍 2년(1079) 1월 7일에 열 명이 모여서 함께 사냥을 하다가 두보의 시 〈농우로 돌아가는 채희로 도위를 전송하고 그 편에 고삼십오 서기에게 부친다(送蔡希魯都尉還隴右, 因寄高三十五書記)〉 가운데 '몸이 날렵하기는 눈앞을 지나는 새 한 마리, 창 놀림이 빠르기는 만인이 환호할 정도(身輕一鳥過, 槍急萬人呼)'라는 두 구절의 각 글자를 운자로 삼아 시를 지을 때 '過'자를 운자로 배정받은 뇌승을 대신하여 지은 것으로, 뇌승의 입장에서 용감하고 씩씩한 그의 기개를 잘 나타냈다.

**[주석]**

(1) 將官(장관): 고급 무관을 가리킨다. 《職官分紀》에 "본조는 하북과 우호적인 관계를 맺은 이후 특별히 장수를 나누어 하북 · 하동 · 경동 등지에 관청을 두고 관할 지역의 병사를 통솔하게 한 바 이것을 장관이라고 했다(國朝自河北通好, 特分將領置官於河北 · 河東 · 京東等處, 以統領所部兵, 謂之將官)"라고 했다.

(2) 雷勝(뇌승): 〈人日獵城南, 會者十人, 以'身輕一鳥過, 槍急萬人呼'爲韻, 得鳥字〉(0600) 주 (12) 참조.

(3) 回中(회중): 변새지방을 가리킨다. 《漢書 · 匈奴傳》에 "효문제 14년에 흉노의 선우가 기병으로 하여금 회중궁으로 들어가 불태우게 했다(孝文十四年, 匈奴單于使騎兵入燒回中宮)"라고 했는데 이에 대한 顔師古의 주에 "회중은 안정에 있는데 그 안에 궁궐이 있다(回中, 地在安定, 其中有宮也)"라고 했고, 《한서 · 무제본기》의 주에 "회중은 안정군 고평현에 있는데 지세가 높고 험난하다. 소관이 그 북쪽에 있다(回中在安定高平, 有險阻. 蕭關在其北)"라고 했다.

(4) 輦轂下(연곡하): 황제의 수레 밑. 도성을 가리킨다.

(5) 愁悶(수민): 나라에 대한 근심과 번민을 가리킨다. 이 구절은 무인인 뇌승이 도성에서 지내자니 국토방위가 걱정되기도 하고 생활이 답답하기도 하다는 말이다.

(6) 公(공): 뇌승의 입장에서 본 소식을 가리킨다.

(7) 天宇(천우): 천하.

(8) 鐵絲箭(철사전): 화살대가 가늘고 화살촉이 뾰족한 화살을 가리킨다.

(9) 餘一個(여일개): 주어진 두 발의 화살을 다 사용할 필요도 없이 단번에 쏘아 죽였다는 말이다.

## 0602. 和參寥[(1)]見寄[(2)]

참료가 부쳐온 시에 화답하여

| | |
|---|---|
| 黃樓南畔馬臺東,[(3)(4)] | 황루의 남쪽이요 희마대의 동쪽인 이곳 |
| 雲月娟娟正點空.[(5)(6)] | 구름 속의 달이 마침 허공에 곱게 점을 찍네요. |
| 欲共幽人洗筆硯,[(7)] | 은자와 둘이 함께 붓과 벼루도 씻고 싶고 |
| 要傳流水入絲桐.[(8)(9)] | 거문고 가락에 흐르는 물소리도 싣고 싶네요. |
| 且隨侍者尋西谷,[(10)] | 잠시 동안 시자를 따라 계곡을 찾을지언정 |
| 莫學山僧老祝融.[(11)] | 고승을 본받아 축융봉에서 늙진 마시고 |
| 待我西湖借君去, | 제가 서호로 그대를 빌리러 가면 |
| 一杯湯餠潑油葱.[(12)(13)] | 한 그릇의 탕병에 기름과 파를 뿌려 주셔요. |

**[해설]**

참료가 부쳐 온 시에 차운하여 지은 것으로, 그에 대한 그리움을 토로하고 그가 너무 고답적인 승려가 되지 말고 자신과 자주 어울리는 인간미 넘치는 시승이 되어 주기를 당부했다.

**[주석]**

(1) 參寥(참료): 절강성 於潛 출신의 스님으로 소식의 절친한 친구인 道潛의 字. 〈次韻僧潛見贈〉(0578) 주 (1) 참조.

(2) 見寄(견기): 나에게 부치다. 〈次韻王定國馬上見寄〉(0562) 주 (2) 참조.

(3) 黃樓(황루): 소식이 홍수를 막아낸 뒤 徐州城을 개축하고 성문 위에 세운 누각. 〈答王鞏〉(0561) 주 (15) 참조.

(4) 馬臺(마대): 戲馬臺. 서주성 동남쪽에 있는, 項羽가 말을 달리며 즐기던 곳. 〈次韻王定國馬上見寄〉(0562) 주 (7) 참조.

(5) 娟娟(연연): 자태가 아름다운 모양.

(6) 點空(점공): 달이 드넓은 하늘에 떠 있는 모양을 가리킨다.

(7) 幽人(유인): 은자. 참료를 가리킨다.

(8) 傳流水(전유수): 伯牙는 成連先生에게 거문고를 배웠는데 3년이 지나도록 완성하지 못했다. 그러자 성련이 "나의 스승 方子春은 지금 동해에 계시는데 사람의 감정을 거문고로 옮길 수 있다"고 하면서 백아를 데리고 동해로 갔다. 蓬萊山에 이르러 백아에게 혼자 연습을 하라고 하고 자신은 스승을 찾으러 간다면서 배를 타고 어딘가로 가 버렸다. 그러나 열흘이 지나도록 돌아오지 않아 백아가 목을 빼고 바라보았으나 사람은 보이지 않고 철썩거리는 바닷물 소리와 산림에서 뭇 새들이 지저귀는 소리만 들려왔다. 이에 거문고를 타며 노래를 불렀는데 노래가 끝나자 성련이 돌아왔다. 이리하여 백아는 마침내 거문고의 명수가 되었다. 琴曲 〈水仙操〉와 〈高山流水〉는 그가 지은 곡이라고 알려져 있다.(《樂府解題》 및 蔡邕의 《琴操·水仙操》 참조) 백아의 거문고 소리는 고묘해서 다른 사람들은 잘 이해하지 못했는데 유독 鍾子期만은 잘 알아들어서 백아의 뜻이 높은 산을 묘사하는 데 있으면 종자기가 듣고는 "훌륭하도다 태산과 같이 높디높구나!"라고 하고, 백아의 뜻이 흘러가는 물을 묘사하는 데 있으면 종자기가 듣고는 "훌륭하도다 장강이나 황하처럼 넓디넓구나!"라고 했다. 이런 종자기가 죽자 백아는 거문고의 줄을 끊어 버리고 다시는 거문고를 타지 않았다.(《列子·湯問》 참조)

(9) 絲桐(사동): 거문고를 가리킨다. 오동나무로 몸통을 만들고 여기에 실을 매어서 현으로 사용하기 때문에 이렇게 불렀다. 이 구절은 함께 거문고를 타고 싶다는 말이다.

(10) 侍者(시자): 원로 스님을 모시고 다니는 젊은 스님.

(11) 祝融(축융): 축융봉. 남악 형산의 72개 봉우리 가운데 최고봉이요 주봉이다. 당나라 때 형산의 승려 明瓚은 천성이 게을러서 남이 먹다 남은 음식을 즐겨 먹었기 때문에 사람들이 '懶殘'이라고 불렀다. 李泌이 그 절에서 공부를 하다가 비범한 사람이라고 여겨서 밤중에 그를 찾아갔다. 나잔이 불을 피우고 토란을 구워 주면서 "아무쪼록 말을 많이 하지 말아서 10년 동안 재상 자리를 차지하시오"라고 했다. 이필이 절하고 물러났다.(贊寧, 《宋高僧傳·唐南嶽山明瓚傳》 참조)

(12) 湯餅(탕병): 물에 삶아서 익힌 떡이나 국수 따위의 음식.

(13) 潑油葱(발유총): 馮應榴의 《蘇軾詩集合注》에 "뜻이 분명하지 않다(未詳)"라고 했고, 日人 岩垂憲德 등의 《蘇東坡全詩集》에는 《後漢書·光武帝紀》의 "기운이 참 왕성하도다, 울울창창하도다(氣佳哉, 鬱鬱葱葱然)"라는 말을 근거로 湯餅이 익어서 佳氣를 내뿜는 것을 가리킨다고 보았다. 탕병이 익은 뒤에 기름과 다진 파 따위의 양념을 뿌리는 것이라고 단순하게 생각할 수도 있

을 것 같다. 이 연은 자기가 참료를 찾아가면 懶殘처럼 식은 음식을 주지 말고 따뜻한 음식을 만들어 달라는 뜻으로, 참료가 나잔과 같은 고승이 되어 세상을 완전히 등지는 것보다 차라리 인간미 넘치는 시승으로 남아 주기를 바라는 마음을 해학적으로 표현한 것이다.

# 0603. 臺頭寺[(1)]步月[(2)]得人字

대두사에서 달빛을 밟으며 노닐다가 '人'자를 운자로 배정받아

| | |
|---|---|
| 風吹河漢掃微雲, | 은하수에 바람 불어 얇은 구름 쓸어 낼 제 |
| 步屧中庭月趁人.[(3)] | 뜰을 거니노라니 달이 사람을 따라온다. |
| 浥浥爐香初泛夜,[(4)] | 모락모락 향이 막 피어나는 이 밤에 |
| 離離花影欲搖春.[(5)] | 하늘하늘 꽃 그림자가 봄을 마구 흔들려 한다. |
| 遙知金闕同淸景,[(6)(7)] | 멀리 황금 궁궐에도 경치가 이 같을 터 |
| 想見氈車輾暗塵.[(8)(9)(10)] | 담요 지붕 수레가 먼지를 내며 구르겠다. |
| 回首舊游眞是夢, | 옛날에 놀던 일 돌이켜 보니 참으로 일장춘몽 |
| 一簪華髮岸綸巾.[(11)(12)] | 흰머리에 비녀 꽂고 관건을 젖혀 본다. |

**[해설]**

어느 달밤에 서주에 있는 대두사의 정원을 거닐다가 옛날에 황궁의 정원을 거닐며 꽃구경하던 일을 회상하여 지은 것이다.

**[주석]**

(1) 臺頭寺(대두사): 徐州의 戲馬臺 위에 있던 절.
(2) 步月(보월): 달빛 아래 산책하는 것을 가리킨다.
(3) 步屧(보섭): 천천히 거닐다.

(4) 浥浥(읍읍): 향기가 진한 모양.
(5) 離離(이리): 흔들리는 모양.
(6) 遙知(요지): 멀리서도 알다.
(7) 金闕(금궐): 황궁을 가리킨다.
(8) 想見(상견): 미루어 알다.
(9) 氈車(전거): 담요로 지붕을 덮은 수레.
(10) 暗塵(암진): 짙은 먼지.
(11) 岸(안): 모자나 두건을 뒤로 젖혀서 이마를 드러내다.
(12) 綸巾(관건): 굵고 광택이 있는 푸른색 실로 짠 두건의 일종. 제갈량이 군중에서 즐겨 썼기 때문에 제갈건이라고도 했다.

## 0604. 臺頭寺[(1)]送宋希元[(2)]

대두사에서 송희원을 전송하며

| | |
|---|---|
| 相從傾蓋只今年,[(3)] | 서로 만나 잘 지낸 것 금년 한 해뿐인데 |
| 送別南臺便黯然.[(4)(5)] | 남대에서 송별하자니 금방 마음이 슬퍼지오. |
| 入夜更歌金縷曲,[(6)] | 밤이 되어 연달아 〈금루곡〉을 부르나니 |
| 他時莫忘角弓篇.[(7)] | 훗날에 〈각궁편〉을 잊지 마시오. |
| 三年不顧東鄰女,[(8)] | 그대는 삼 년 동안 이웃 여자를 멀리했고 |
| 二頃方求負郭田.[(9)] | 나는 한창 교외에 있는 이 경의 땅을 찾거니와 |
| 我欲歸休君未可, | 나는 돌아가려 해도 그대는 아직 안 되나니 |
| 茂先方議劚龍泉.[(10)] | 무선이 한창 용천을 파낼 궁리를 하고 있다오. |

**[해설]**

서주에 있는 대두사에서 송희원을 떠나보내는 아쉬움을 노래하면서 아울러 그의 능력을 칭송한 것이다.

**[주석]**

(1) 臺頭寺(대두사): 徐州의 戲馬臺 위에 있던 절.

(2) 宋希元(송희원): 구체적인 행적이 알려져 있지 않다.

(3) 傾蓋(경개): 수레용 日傘을 기울인다는 뜻으로 수레를 바짝 붙이고 이야기를 나누는 것을 가리

킨다. 《史記・魯仲連鄒陽傳》에 "속담에 '머리가 허옇게 되도록 사귀어도 처음 사귀는 것 같은 사람이 있고, 지나가다가 수레용 일산을 기울여 붙이고 잠시 얘기를 나누어도 오래 사귄 친구 같은 사람이 있다'라고 했거니와 어째서 그런가? 서로가 상대방을 잘 아느냐 모르느냐의 차이이다(諺曰: '白頭如新, 傾蓋如故.' 何則? 知與不知也)"라고 했는데, 司馬貞의 《史記索隱》에 "수레용 일산을 기울여 붙인다는 것은 길을 가다가 서로 만나 수레를 맞대고 이야기를 나누노라면 두 수레의 일산이 가까이 붙은 채 약간 기울어지기 때문에 그렇게 말하는 것이다(傾蓋者, 道行相遇, 軿車對語, 兩蓋相切, 小欹之, 故曰傾)"라고 했다.

(4) 南臺(남대): 서주성 동남쪽에 있는 희마대를 가리킨다. 〈次韻王定國馬上見寄〉(0562) 주 (7) 참조.

(5) 黯然(암연): 마음이 울적하다.

(6) 金縷曲(금루곡): 당나라 때 鎭海節度使 李錡의 시첩이 된 기녀 杜秋娘이 잘 부른 〈金縷衣〉를 가리킨다. 전문이 다음과 같다. "금실로 지은 옷을 아까워하지 말고, 한창 좋은 젊은 시절 아까워하시어요. 꽃이 피어 꺾을 만할 때 바로 꺾을 일이지, 꽃이 진 뒤 가지만 꺾지 마셔요.(勸君莫惜金縷衣, 勸君惜取少年時. 花開堪折直須折, 莫待無花空折枝.)" 이 구절과 제5구를 보면 송희원은 주색에는 관심이 없고 자기 일에만 열중했던 것으로 보인다.

(7) 角弓(각궁): 《詩經・小雅》의 편명. 형제간에 친하게 지낼 것을 권고한 시이다. 노나라 昭公 2년(기원전 540) 晉나라 제후가 韓宣子를 노나라로 보내왔을 때 소공이 잔치를 베풀어 주자 한선자가 〈각궁〉을 읊었다. 이어서 季武子의 집에서 또 잔치를 열었는데 그 집에 귀한 나무가 있는 것을 보고 한선자가 칭송하자 계무자가 "제가 감히 이 나무를 잘 키움으로써 〈각궁〉을 읊어 주신 뜻을 잊지 않도록 노력하지 않을 수 있겠습니까?"라고 했는데(《左傳・昭公二年》 참조), 소식의 자주에 "이날 송군과 함께 절에다 소나무를 심었다(時日, 與宋君同裁松寺中)"라고 한 것을 보면 이 구절이 소나무 심은 것을 계기로 자신과 송희원의 우정이 변치 않기를 희망한 것임을 알 수 있다.

(8) 東鄰女(동린녀): 소식의 자주에 "송옥의 말을 빌린 것이다(取宋玉)"라고 했는데 宋玉의 〈登徒子好色賦〉에 "천하의 미인 가운데 초나라 미인 같은 사람이 없고, 초나라 미인 가운데 저희 동네 미인 같은 사람이 없으며, 저희 동네 미인 가운데 저희 집 동쪽 이웃의 여자와 같은 사람이 없습니다. 저희 집 동쪽 이웃의 여자는 한 푼을 늘이면 너무 크고 한 푼을 줄이면 너무 작으며, 흰 분을 바르면 너무 희고 붉은 연지를 바르면 너무 붉으며, 눈썹은 깃털 같고 살결은 백설 같으며, 허리는 흰 명주를 묶어 놓은 것 같고 이빨은 조개를 물고 있는 것 같아서 씨익 한 번 웃으면 양성의 주인을 호리고 하채의 주인을 미혹되게 합니다. 그러나 이 여자가 담장에 올라가서 저를 3년 동안 엿보는데도 불구하고 지금까지 제 마음을 허락하지 않았습니다(天下之佳人莫若楚國, 楚國之麗者莫若臣里, 臣里之美者莫若臣東家之子. 東家之子, 增之一分則太長, 減之一分則太短; 著粉則太白, 施朱則太赤; 眉如翠羽, 肌如白雪; 腰如束素, 齒如含貝, 嫣然一笑, 惑陽城, 迷下蔡. 然此女登牆窺臣三年, 至今未許也)"라고 했다. 여기서는 보통의 여자를 가리킨다. 이 구절은 성이 같은 인물인 송옥의 고사를 빌려 송희원이 여색에 관심이 없는 근실한 사람이라고 말한 것이다.

(9) 負郭田(부곽전): 성곽 주변의 근교에 있는 농지. 소식의 자주에 "蘇秦의 말을 빌린 것이다(取季子)"라고 했는데 《사기 · 소진전》에 "나에게 낙양성 주변의 땅 2경이 있었다면 내가 어떻게 육국 재상의 직인을 찰 수 있었으랴!(使我有雒陽負郭田二頃, 吾豈能佩六國相印乎!)"라고 했다. 이 구절은 성이 같은 인물인 소진의 고사를 빌려 소식 자신이 은거지를 찾고 있다고 말한 것이다.

(10) 茂先(무선): 晉나라 사람 張華의 字. 북두칠성과 견우성 사이에 늘 보랏빛 기운이 서려 있을 때, 장화가 豫章 사람 雷煥이 천문에 통달했다는 소문을 듣고 그에게 함께 천문을 살펴보기를 청하고 누각에 올라가 하늘을 올려다보았다. 뇌환이 "보검의 정기가 위로 하늘을 꿰뚫었습니다"라고 하므로 장화가 정기가 어느 고을에 있는지 물으니 "예장군 풍성현에 있습니다"라고 했다. 장화가 즉시 뇌환을 풍성현령으로 임명했다. 뇌환이 풍성현에 도착하여 감옥 터를 파 보니 4장 남짓 팠을 때 보검 두 자루가 들어 있는 돌 상자가 나왔는데 그 가운데 하나에는 '龍泉'이라는 글씨가 쓰여 있고 다른 하나에는 '太阿'라는 글씨가 쓰여 있었다. 그날 저녁에는 보랏빛 정기가 보이지 않았다.(《진서 · 장화전》 참조) 이 연은 송희원이 국가적인 사업에 꼭 필요한 인재라는 말이다.

## 0605. 種松[1]得徠字

소나무를 심다가 '徠'자를 운자로 얻어

| | |
|---|---|
| 春風吹楡林, | 봄바람이 느릅 숲에 살랑살랑 불어서 |
| 亂莢飛作堆. | 느릅 깍지가 어지러이 무더기를 이룰 제 |
| 荒園一雨過, | 황폐해진 정원에 비 한바탕 지나간 뒤 |
| 戢戢千萬栽.[2] | 천 그루 만 그루를 빽빽하게 심는다. |
| 青松種不生, | 푸른 솔은 심어도 잘 살지 않으니 |
| 百株望一枚. | 백 그루 중 한 그루가 살아 주길 바라나니 |
| 一枚已有餘, | 한 그루만 살아도 이미 남아돌 정도라 |
| 氣壓千畝槐. | 그 기세가 천 이랑의 홰나무를 압도한다. |
| 野人易斗粟, | 촌사람이 한 말의 곡식과 바꿔 와서 |
| 云自魯徂徠.[3][4] | 노지방의 조래에서 가져왔다며 |
| 魯人不知貴, | 노지방 사람들은 귀한 줄을 모르고 |
| 萬竈飛青煤.[5] | 집집마다 부엌에서 그을음을 날린단다. |
| 束縛同一車, | 꽁꽁 동여매인 채 한 수레에 실렸으니 |
| 胡爲乎來哉.[6] | 무엇 하러 이곳에 왔단 말인가? |
| 泫然解其縛,[7] | 눈물을 흘리며 묶인 것을 풀어서 |
| 清泉洗浮埃.[8] | 맑은 물로 먼지를 씻어 주어도 |
| 枝傷葉尚困, | 가지에 상처가 나 잎이 아직 시들시들 |

生意未肯回. 생기가 돌아오려 하지 않는다.
山僧老無子, 스님은 늙도록 자식이 없어
養護如嬰孩. 어린아이 돌보듯 소나무를 기르며
坐待走龍蛇,(9) 용과 뱀이 마구 달려 희마대 위에
淸陰滿南臺.(10) 시원한 그늘이 가득해지고
孤根裂山石, 외로운 뿌리가 바위를 깨고
直幹排風雷.(11) 곧은 줄기가 비바람을 밀어내길 기다린다.
我今百日客,(12) 나는 이제 머물 날이 백 일뿐인 나그네로
養此千歲材. 천 년짜리 이 재목을 기르려 한다.
茯苓無消息,(13) 복령은 언제 날지 기미가 안 보이고
雙鬢日夜摧. 두 살쩍은 밤낮으로 하얗게 변해 가니
古今一俯仰,(14) 고금이 한순간에 휙 지나가는지라
作詩寄餘哀. 시를 지어 넘치는 슬픔을 달래 본다.

**[해설]**

송희원과 함께 서주에 있는 대두사에 소나무를 심은 감회를 노래한 것이다. 소식의 자주에 "제4수는 회고당에 있고 제6수는 석경원에 있다(其四在懷古堂, 其六在石經院)"라고 한 것을 보면 동시에 지은 시가 여러 수 있었음을 알 수 있는바, 당시 함께 있던 사람들이 운자를 나누어 지은 시들을 가리키는 것으로 보인다. 그러나 현재로서는 구체적인 내용을 확인하기 어렵다. 산동지방의 조래산에서 가져온 소나무를 심으면서 느낀 인생무상의 감개가 깃들여져 있다.

**[주석]**

(1) 種松(종송): 〈臺頭寺送宋希元〉(0604) 주 (7)의 소식 자주 참조.
(2) 戢戢(즙즙): 밀집해 있는 모양.
(3) 魯(노): 춘추시대에 노나라의 영토였던 지금의 산동성 남부 지역을 가리킨다.
(4) 徂徠(조래): 조래산. 태산의 동남쪽에 있는 산. 《詩經 · 閟宮》에 "조래산의 소나무와, 신보산의 잣나무(徂來之松, 新甫之柏)"라는 말이 있을 정도로 옛날부터 소나무가 많은 곳으로 유명하다.
(5) 飛靑煤(비청매): 귀한 조래산의 소나무를 땔감으로 삼는다는 뜻이다. 王十朋의 《百家註分類東坡

先生詩》에 "연주에는 좋은 먹이 나는데 대개 조래산의 소나무를 태운 그을음을 사용하여 만든다(兗州出佳墨, 多用徂徠山松燒煤)"라고 했다.

(6) 胡爲乎(호위호): 무엇을 위하여. 이백의 시 〈蜀道難〉에 "아! 그대 먼 길 온 이여 무엇 하러 왔는가?(嗟爾遠道之人, 胡爲乎來哉?)"라는 구절이 있다.

(7) 泫然(현연): 눈물을 흘리는 모양.

(8) 浮埃(부애): 물체의 표면에 앉아 있는 먼지. '浮'는 표면이라는 뜻이다.

(9) 龍蛇(용사): 소나무 가지를 가리킨다. 백거이의 〈草堂記〉에 "계곡 양쪽에 오래된 소나무가 있는데 마치 용과 뱀이 달려가는 것 같다(夾澗有古松, 如龍蛇走)"라고 했다.

(10) 南臺(남대): 徐州城 동남쪽에 있는 戲馬臺를 가리킨다. 〈次韻王定國馬上見寄〉(0562) 주 (7) 참조.

(11) 排風雷(배풍뢰): 바람과 우레를 막아 준다는 뜻이다.

(12) 百日客(백일객): 소식의 자주에 "당시 여기를 떠나 다른 데로 갈 날이 100일이 안 남았다(時去替不百日)"라고 했다.

(13) 茯苓(복령): 불완전 균류의 하나로 땅속의 솔 뿌리에 기생하며 약재로 쓰인다. 《抱朴子》에 "송진이 흙속에 들어가서 천 년이 되면 복령으로 변한다(松脂入地千年化爲茯苓)"라고 했다.

(14) 一俯仰(일부앙): 고개를 한 번 들었다 숙이는 지극히 짧은 시간을 가리킨다.

## 0606. 遊桓山[1], 會者十人, 以'春水滿四澤, 夏雲多奇峰'爲韻, 得澤字

환산에서 노닐 때 모인 사람 열 명이 '春水滿四澤, 夏雲多奇峰'을 운자로 삼아 시를 지었는데 '澤'자를 배정받아

| 東郊欲尋春, | 성곽 동쪽 교외로 봄을 찾아 나갔더니 |
|---|---|
| 未見鶯花迹. | 꾀꼬리와 꽃은 아직 흔적이 안 보이고 |
| 春風在流水, | 따스한 봄바람이 강물 위에 부는데 |
| 鳧雁先拍拍.[2] | 물오리와 기러기가 먼저 나와 퍼득인다. |
| 孤帆信溶漾,[3] | 우리 배는 출렁이는 물결에 몸을 맡겨 |
| 弄此半篙碧.[4] | 상앗대가 반쯤 잠기는 이 푸른 물을 희롱하다 |
| 艤舟桓山下, | 환산 밑에 배를 대고 |
| 長嘯理輕策.[5] | 휘파람을 길게 불며 가벼운 지팡이를 따라간다. |
| 彈琴石室中, | 석실에서 금을 타니 |
| 幽響淸礫礫.[6] | 그윽한 그 소리가 맑게 쨍쨍 울린다. |
| 弔彼泉下人,[7] | 황천 밑의 그 사람을 애도하나니 |
| 野火失枯腊.[8] | 들불에 타 버렸나 마른 육포가 없어졌다. |
| 悟此人間世, | 이 세상이 어떤 건지 깨달았나니 |
| 何者爲眞宅.[9] | 그 무엇이 진정한 나의 집일까? |
| 暮回百步洪,[10] | 해가 저물 무렵에 백보홍에 돌아와 |
| 散坐洪上石. | 바위 위에 여기저기 흩어져 앉았도다. |
| 愧我非王襄,[11] | 부끄럽게도 이 몸은 왕양이 못 되는데 |

子淵肯見客.(12)　　왕자연이 기꺼이 초대에 응해 주어
臨流吹洞簫,(13)　　물가에 앉아서 퉁소를 부니
水月照連璧.(14)　　물속의 밝은 달이 꿰인 옥을 비춘다.
此歡眞不朽,(15)　　이 기쁨은 참으로 없어지지 않는 거라
回首歲月隔.(16)　　돌아보니 세월이 많이 떨어져 있다.
想像斜川遊,(17)　　사천에서 논 일을 상상해 보며
作詩寄彭澤.(18)　　시를 지어 저 멀리 팽택으로 부친다.

**[해설]**

서주성 동쪽에 있는 환산에 놀러 갔다가 함께 간 사람 열 명이 각각 진(晉)나라 사람 고개지(顧凱之)의 시 〈표정(神情)〉의 첫 연인 "春水滿四澤, 夏雲多奇峰"의 각 글자를 운자로 삼아 시를 지을 때 이 가운데 '澤'자를 자신의 운자로 배정받아 지은 것이다. 인생이 무상함과 '세속적인 부귀영화가 무가치함을 깨달아 도연명처럼 대자연 속에서 초연하게 살고 싶다는 의지를 강력하게 표명했다.

**[주석]**

(1) 桓山(환산): 서주 동쪽에 있는 산. 일명 聖女山이라고도 한다.
(2) 拍拍(박박): 새가 날개를 퍼득이는 소리.
(3) 溶漾(용양): 물결이 흔들리는 모양.
(4) 半篙碧(반고벽): 깊이가 상앗대 반 정도 되는 푸른 물을 가리킨다.
(5) 理(리): 따르다.
(6) 磔磔(책책): 거문고 소리.
(7) 泉下人(천하인): 황천에 있는 사람. 춘추시대의 송나라 사람 司馬桓魋를 가리킨다. 공자가 曹나라에서 송나라로 가는 길에 제자들과 함께 큰 나무 밑에서 예법을 연습하고 있을 때 그가 공자를 죽이려고 그 나무를 뽑았다는 일화가 있다.(《史記·孔子世家》 참조) 그의 무덤에 대해서는 《水經注》에 "사수는 또 남쪽으로 송나라 대부 사마환퇴 묘의 서쪽을 지나간다. 그곳에는 산이 물을 베고 있고 주위에 온통 바위뿐인데 바위를 뚫어 무덤을 만들었다. 오늘날 사람들이 그것을 석곽이라고 하는데 널이 이중으로 되어 있으며 아주 멋지게 생겼다(泗水又南逕宋大夫桓魋冢西. 山枕水上而盡石, 鑿而爲冢. 今人謂之石槨, 槨有二重, 石作工巧)"라고 했고, 《太平寰宇記》에 "사마환퇴의 무덤은 팽성현에서 북쪽으로 27리 되는 곳에 있다(桓魋墓, 在彭城縣北二十七里)"라고

했다.

(8) 枯腊(고석): 마른 육포. 마른 시체를 가리킨다.

(9) 眞宅(진택): 《漢書·楊王孫傳》에 "사지는 꽁꽁 묶이고 입에는 옥석이 물린 채 화하고 싶어도 그러지 못하고 마른 육포가 된다. 천 년이 지난 뒤에 관이 썩어 없어지면 흙으로 돌아갈 수 있으니 자신의 진정한 집으로 돌아가는 것이다(支體絡束, 口含玉石, 欲化不得, 鬱爲枯腊, 千載之後, 棺槨朽腐, 乃得歸土, 就其眞宅)"라는 말이 있다.

(10) 百步洪(백보홍): 강소성 徐州市 銅山縣의 廢黃河에 있던 급류로 일명 서주홍이라고도 한다. 〈次韻子由與顏長道同遊百步洪相地築亭種柳〉(0482) 주 (3) 참조.

(11) 王襄(왕양): 주 (12) 참조.

(12) 子淵(자연): 한나라 辭賦家 王褒의 字. 宣帝 때 益州刺史 王襄의 청을 받아 교화를 찬송하는 시 〈中和〉·〈樂職〉·〈宣布〉 등을 지었다.

(13) 洞簫(동소): 王十朋의 《百家註分類東坡先生詩》에 "왕포에게 〈동소부〉가 있다(王褒有〈洞簫賦〉)"라고 했다. 실제로 퉁소를 불었다는 의미와 〈동소부〉와 맞먹는 시를 지었다는 의미를 동시에 지니고 있는 것으로 보인다.

(14) 連璧(연벽): 소식의 〈遊桓山記〉에 "원풍 2년(1079) 정월 그믐날 봄옷이 완성되어 몇몇 사람을 따라 사수 가에 가서 환산에도 오르고 석실에도 들어갔다. 도사 대일상에게 뇌씨의 금으로 〈履霜操〉 옛 곡조를 연주하라고 하고 '아아! 슬프도다. 이것은 송나라 사마환퇴의 무덤이로다'라고 했다.……따라와서 함께 노닌 사람으로 필중손·서환·구창조·왕적·왕휼·왕이 및 우리 아들 매와 서환의 아들 언거가 있었다(元豐二年正月己亥晦, 春服旣成, 從二三子, 遊於泗之上, 登桓山, 入石室. 使道士戴日祥鼓雷氏之琴, 操〈履霜〉之遺音, 曰: '噫嘻悲夫! 此宋司馬桓魋之墓也.'……從遊者八人: 畢仲孫·舒煥·寇昌朝·王適·王遹·王肄·軾之子邁·煥之子彦擧)"라고 했다. 이들 8명에 소식과 대일상 도사를 합치면 이 시의 제목에서 말한 바와 같이 10명이 된다. 이 구절에 대한 소식의 자주에 "왕씨 형제를 말한다(謂王氏兄弟)"라고 했다.

(15) 此歡(차환): 산수 속에서 노니는 즐거움을 가리킨다.

(16) 歲月隔(세월격): 도연명이 斜川에서 '이 즐거움'을 누린 뒤로부터 소식이 또 '이 즐거움'을 누리는 지금까지 상당히 긴 세월이 지났음을 뜻한다.

(17) 斜川遊(사천유): 소식의 사 〈江城子〉(夢中了了醉中醒)의 서문에 "도연명은 1월 5일에 사천에 가서 놀았는데 냇물에 임하여 줄지어 앉아서는 남쪽 언덕을 돌아보고 증성의 홀로 빼어남을 좋아하여 〈遊斜川〉라는 시를 지었거니와 그것은 지금도 그곳을 머리에 떠올리게 한다(陶淵明以正月五日遊斜川, 臨流班坐, 顧瞻南阜, 愛曾城之獨秀, 乃作〈斜川〉詩, 至今使人想見其處)"라고 했다.

(18) 彭澤(팽택): 도연명이 현령을 역임한 고을.

# 0607. 戴道士[1]得四字代作

대도사가 '四'자를 배정받았기에 그를 대신하여 짓는다

| | |
|---|---|
| 少小家江南,[2] | 어릴 때는 강남에 집이 있어서 |
| 寄跡方外士.[3][4] | 방외의 인사에게 몸을 의탁하다가 |
| 偶隨白雲出, | 우연히 흰 구름을 따라 나와서 |
| 賣藥彭城市.[5][6] | 팽성의 시장에서 약초를 파네. |
| 雪霜侵鬢髮, | 눈서리가 살쩍과 머리를 침범하고 |
| 塵土汚冠袂. | 흙먼지에 갓과 소매 더럽혀진 채 |
| 賴此三尺桐,[7] | 오동나무 석 자에 의지하는데 |
| 中有山水意.[8] | 산과 물을 향한 마음 그 안에 있네. |
| 自從夷夏亂,[9] | 외국과 중원의 음악이 섞인 뒤로 |
| 七絲久已棄.[10] | 칠현금이 오래전에 이미 버림받은지라 |
| 心知鹿鳴三,[11] | 마음으로 알거니와 〈녹명〉 삼 장이 |
| 不及胡琴四.[12] | 네 줄짜리 비파를 따라가지 못하지만 |
| 使君獨慕古,[13] | 태수님께선 유독 옛것을 흠모하여 |
| 嗜好與衆異. | 기호가 뭇사람과 서로 다르네. |
| 共弔桓魋宮,[14] | 사마환퇴의 석실에서 함께 조의를 표하며 |
| 一灑孟嘗淚.[15] | 맹상군처럼 눈물을 한 번 뿌린 뒤 |
| 歸來鎖塵匣,[16][17] | 돌아와서 먼지 앉은 통에 넣어 잠가 두고 |

獨對斷絃喟. 끊어진 줄을 향해 홀로 탄식하나니
挂名石壁間,(18) 바위 절벽에 이름을 써 둘지라도
寂寞千歲事. 천 년토록 적막한 일일 것이네.

**[해설]**

서주성 동쪽에 있는 환산에 놀러 갔다가 함께 간 사람 열 명이 각각 진(晉)나라 사람 고개지(顧凱之)의 시 〈표정(褾情)〉의 첫 연인 "春水滿四澤, 夏雲多奇峰"의 각 글자를 운자로 삼아 시를 지을 때 이 가운데 '四'자를 운자로 배정받은 도사 대일상을 대신하여 지은 것이다. 음악이 무상한 눈앞의 현실을 통하여 새삼스럽게 인생이 무상함을 느끼게 되어 그 감개를 토로했다.

**[주석]**

(1) 戴道士(대도사): 도사 戴日祥을 가리킨다. 〈遊桓山, 會者十人, 以'春水滿四澤, 夏雲多奇峰'爲韻, 得澤字〉(0606) 주 (14) 참조.
(2) 江南(강남): 王十朋의 《百家註分類東坡先生詩》에 "대일상은 강남 사람이다(戴日祥, 江南人也)"라고 했다.
(3) 寄跡(기적): 잠시 몸을 의탁하다.
(4) 方外士(방외사): 승려·도사·은자처럼 세속적인 일에 구애되지 않고 초연하게 사는 사람.
(5) 賣藥(매약): 속세에 있으면서 도사 생활을 한다는 말이다. 《後漢書·韓康傳》에 "항상 명산에서 약초를 캐어다 장안의 시장에서 팔았는데 입으로 두 가지 가격을 부르지 않았다. 그렇게 한 것이 30여 년 되었다(常采藥名山, 賣於長安市, 口不二價, 三十餘年)"라고 했다.
(6) 彭城(팽성): 지금의 강소성 서주.
(7) 三尺桐(삼척동): 거문고를 가리킨다. 《廣雅》에 "신농씨의 거문고는 길이가 석 자 여섯 치 여섯 푼이었다(神農氏琴, 長三尺六寸六分)"라고 했고, 《琴操》에 "거문고의 길이가 석 자 여섯 치 여섯 푼인 것은 366일을 상징한다(琴長三尺六寸六分, 以象三百六十六日)"라고 했다.
(8) 山水意(산수의): 伯牙는 거문고를 잘 타고 鍾子期는 거문고 소리를 잘 알아들어서 백아가 높은 산을 묘사하면 종자기가 "훌륭하도다! 우뚝한 것이 태산과 같구나!"라고 하고, 백아가 흘러가는 강물을 묘사하면 종자기가 "훌륭하도다! 넘실거리는 것이 장강이나 황하 같구나!"라고 했다. (《列子·湯問》 참조) 이 연은 대일상이 산수에 대한 사랑을 거문고에 깃들인다는 말이다.
(9) 夷夏亂(이하란): 왕십붕의 《백가주분류동파선생시》에 "당나라의 법곡은 비록 우아한 소리를 잃었지만 본래 중원의 소리에 뿌리를 두고 있기 때문에 대대로 시행했다. 천보 13년(754)에 처음

으로 어명을 내려 도조와 법곡을 호부의 신성과 함께 연주하도록 했다. 이로부터 외국 음악과 중원 음악이 서로 뒤섞여서 다시는 분변하는 사람이 없었다(唐法曲雖失雅音, 然本諸夏之聲, 故歷朝行焉. 天寶十三載, 始詔道調·法曲與胡部新聲合作. 自爾夷夏之聲相亂, 無復辨者)"라고 했다.

(10) 七絲(칠사): 거문고 현의 수. 거문고를 가리킨다.

(11) 鹿鳴(녹명): 《시경·소아》의 편명. 우아한 음악을 가리킨다. 왕십붕의 《백가주분류동파선생시》에 "《좌전·희공4년》에 '〈녹명〉의 세 번째를 불렀다'라고 했고, 《금조》에 '〈녹명〉 곡은 3절이다'라는 말이 있다(《左傳·僖公四年》: '歌〈鹿鳴〉之三.', 而《琴操》有'〈鹿鳴〉曲三疊.')"라고 했다.

(12) 胡琴(호금): 비파. 왕십붕의 《백가주분류동파선생시》에 "호금은 비파이다. 본래 오랑캐 나라에서 말 위에서 연주하던 것인바 네 줄로 사철을 상징한다(胡琴, 琵琶也. 本胡中馬上所鼓, 四絃以象四時)"라고 했다. 외국에서 들어온 통속적인 악기를 가리킨다.

(13) 使君(사군): 태수. 대일상의 관점에서 서주지주인 소식을 가리킨다.

(14) 桓魋宮(환퇴궁): 사마환퇴의 무덤이 있던 석실. 〈遊桓山, 會者十人, 以'春水滿四澤, 夏雲多奇峰'爲韻, 得澤字〉(0606) 주 (7) 참조.

(15) 孟嘗淚(맹상루): 孟嘗君처럼 흘리는 눈물. 춘추시대 제나라 사람 맹상군이 雍門周가 거문고로 슬픈 가락을 연주하여 사람들을 곧잘 울게 한다는 말을 듣고 그를 불러서 자기도 울게 할 수 있느냐고 물었다. 옹문주가 맹상군이 죽고 나면 무덤 위에 잡초와 가시덤불이 생기고 짐승들이 파헤치고 목동들이 올라가서 놀 것이라고 하자 맹상군의 눈에 눈물이 맺히고, 옹문주가 거문고를 타자 맹상군이 그만 흐느껴 울었다.(《說苑》 참조) 施元之의 《施注蘇詩》에 "서주에 맹상군의 무덤이 있다(徐州有孟嘗君墓)"라고 했으나 소식 일행이 맹상군의 무덤까지 찾아가서 애도를 했다고 보기는 어렵다. 이 연은 사마환퇴의 무덤이 있던 석실에 가서 거문고로 애도하는 의미의 옛날 가락을 울렸다는 말이다.

(16) 歸來(귀래): 桓山에서 백보홍으로 돌아온 것을 가리킨다. 〈遊桓山, 會者十人, 以'春水滿四澤, 夏雲多奇峰'爲韻, 得澤字〉(0606) 주 (10) 및 해당 본문 참조.

(17) 塵匣(진갑): 오랫동안 쓰지 않아 먼지가 앉은 거문고의 통.

(18) 挂名(괘명): 이름을 쓰다. 두보의 시 〈夢李白〉에 "천년만년 이름이 남는다 해도, 적막한 사후의 일일 뿐이네(千秋萬歲名, 寂寞身後事)"라는 구절이 있고, 이백의 시 〈將進酒〉에 "예로부터 성현은 모두 다 적막하고, 술 마신 사람만이 이름을 남겼다네(古來聖賢皆寂寞, 惟有飮者留其名)"라는 구절이 있는바, 이 연은 이 시구들을 변형시켜서 절벽에 이름을 쓰지 말고 술이나 실컷 마시자고 제의한 것으로 인생무상의 감개를 토로한 것이다.

# 0608. 往在東武[1], 與人往反作粲字韻詩四首, 今黃魯直[2]亦次韻見寄[3], 復和答之

옛날에 동무에서 사람들과 주거니 받거니 하며 '粲'자 운을 쓰는 시를 4수 지었는데 이제 황노직도 차운하여 보내왔기에 다시 그에게 화답한다

| | |
|---|---|
| 苻堅破荊州,[4][5] | 부견은 형주를 격파한 뒤에 |
| 止獲一人半. | 한 명 반을 얻는 데 그쳤을 따름이고 |
| 中郎老不遇,[6] | 중랑장은 늙어서 때를 만나지 못해 |
| 但喜識元歎.[7] | 원탄을 알게 된 걸 좋아했을 따름인데 |
| 我今獨何幸, | 나는 지금 무슨 복이 유독 이리 많은지 |
| 文字厭奇玩.[8][9] | 문자를 실컷 기특해하며 감상했는데 |
| 又得天下才, | 게다가 천하의 재주꾼을 만나서 |
| 相從百憂散. | 함께 노니 온갖 근심 다 사라진다. |
| 陰求我輩人, | 우리 같은 사람을 넌지시 찾아와서 |
| 規作林泉伴. | 산천에서 노니는 벗이 되려 하시니 |
| 寧當待垂老, | 어찌 늙을 때까지 기다려야 하리오 |
| 倉卒收一旦.[10] | 하루아침에 갑자기 얻게 됐는데? |
| 不見梁伯鸞,[11] | 세상에 양백란이 안 보이는 건 |
| 空對孟光案.[12] | 밥상을 든 맹광이나 바라보고 있기 때문 |
| 才難不其然,[13] | 인재 얻기 어렵단 말 과연 옳지 않은가? |
| 婦女厠周亂.[14] | 부인까지 참여해야 주나라가 잘 다스려졌으니. |
| 世豈無作者,[15] | 세상에 현인이 어떻게 없으랴만 |

| | |
|---|---|
| 於我如旣盥.(16) | 나에게는 강신례를 마친 뒤만 같았는데 |
| 獨喜誦君詩,(17) | 그대 시를 읊는 것만은 기쁨이 넘치나니 |
| 咸韶音節緩.(18)(19) | 운율이 느릿한 〈대함〉과 〈대소〉로다. |
| 夜光一已多, | 야광주는 하나만 해도 이미 많은 것이거늘 |
| 矧獲纍纍貫.(20) | 하물며 여러 개가 주렁주렁 꿰였도다. |
| 相思君欲瘦, | 그리움에 그대가 수척해질 지경인데 |
| 不往我眞懦. | 안 갔으니 내가 참 우유부단하도다. |
| 吾儕眷微祿, | 우리는 쥐꼬리만 한 봉록에 연연하여 |
| 寒夜抱寸炭.(21) | 추운 밤에 숯 부스러기 끌어안고 있으니 |
| 何時定相過, | 언젠가 꼭 한 번 이곳에 들리시어 |
| 徑就我乎館.(22) | 우리 집에 곧장 와서 묵으시기를. |
| 飄然東南去,(23) | 동남쪽으로 훌쩍 떠나 내려오시면 |
| 江水淸且暖. | 강물이 맑고도 따뜻할 테니 |
| 相與訪名山, | 우리 함께 명산을 찾아다니며 |
| 微言師忍粲.(24)(25) | 말 없이 굉인스님과 승찬스님을 본받읍시다. |

**[해설]**

북경국자감 교수로 재임 중인 황정견이 자기 시에 차운하여 보내온 시에 화답한 것으로, 인재란 참으로 얻기 어려운 법인데 황정견처럼 빼어난 인재를 얻게 되어서 정말 행복하다며 그의 능력과 시를 극구 칭송하고 그와 함께 지내고 싶은 심정을 토로했다.

**[주석]**

(1) 東武(동무): 密州(지금의 산동성 諸城)에 속한 현인 제성의 옛날 이름. 밀주를 가리킨다.
(2) 魯直(노직): 蘇門四學士의 한 사람인 黃庭堅의 字.
(3) 見寄(견기): 나에게 부치다. 〈次韻王定國馬上見寄〉(0562) 주 (2) 참조.
(4) 苻堅(부견): 오호십육국 시기 前秦의 임금. 부견이 襄陽을 함락시켰을 때 평소 習鑿齒의 명성에 대하여 소문을 듣고 있었기 때문에 釋道安과 함께 수레를 타고 찾아갔더니 그가 다리에 병이 나서 집에 머물고 있었다. 그러자 부견이 "옛날에 晉나라는 오나라를 평정하여 陸機·陸雲 형제를 얻었었는데 이제 나는 한수 이남을 격파하여 겨우 한 사람 반을 얻었을 뿐이로구나"라고 했

다.(《晉書·習鑿齒傳》 참조) 《高僧傳》에는 또 "부견이 복야 권익에게 '짐이 양양을 빼앗아 단지 한 사람 반을 얻었도다. 안공이 한 사람이고 착치가 반 사람이다'라고 했다(苻堅謂僕射權翼曰: '朕取襄陽, 惟得一人半. 安公一人, 鑿齒半人也.')"라는 기록이 있다.

(5) 荊州(형주): 지금의 호북성 형주. 《爾雅·釋地》에 "한수의 남쪽이 형주이다(漢南曰荊州)"라고 했다.

(6) 中郎(중랑): 한나라 때 左中郎將을 지낸 蔡邕을 가리킨다.

(7) 元歎(원탄): 삼국시대 오나라 사람 顧雍의 字. 채옹에게 거문고를 배웠는데 재주가 비범하여 채옹이 찬탄해 마지 않았다. 그리하여 채옹이 그에게 자기와 같은 이름을 지어 주고('邕'과 '雍'은 통한다) 자를 元歎이라고 했다.(《吳郡志·人物》 참조)

(8) 文字(문자): 제목에서 말한 '粲'자 운을 쓰는 시를 주고받았다는 사람들의 시를 가리키는 것으로 보인다.

(9) 奇玩(기완): 기이해하며 완상하다.

(10) 收(수): 거두어들이다. 수확하다.

(11) 伯鸞(백란): 후한 때의 유명한 은사 梁鴻의 字. 조정을 떠나 지방관으로 나가 있는 황정견을 가리키는 것으로 보인다.

(12) 孟光(맹광): 양홍의 부인. 《후한서·양홍전》에 "집으로 돌아가면 매번 부인이 그를 위해 음식을 차려서 감히 양홍을 한 번 쳐다보지도 못하며 밥상을 눈썹까지 올라가도록 높이 들고 들어갔다(每歸, 妻爲具食, 不敢於鴻前仰視, 擧案齊眉)"라는 일화가 있다. 황정견의 부인을 가리키는 것으로 보인다. 그렇다면 이 연은 황정견의 지방관 생활을 양홍의 은거생활에 비유한 것이다.

(13) 才難(재난): 《論語·泰伯》에 "순임금에게는 훌륭한 신하 다섯 명이 있었는데 천하가 잘 다스려졌다. 무왕이 말하기를 '나에게는 훌륭한 신하 열 명이 있다'라고 했다. 이에 대하여 공자가 '인재를 얻기가 어렵다더니 과연 그렇지 아니한가? 요순시대 이후 이때에 인재가 가장 융성했건만 이 가운데 부인이 끼어 있었으니 이를 빼면 아홉 명뿐이었다. 천하의 3분의 2를 차지했으면서도 은나라를 섬겼으니 주나라의 덕은 틀림없이 지극한 덕이었다고 할 수 있을 것이다'라고 했다(舜有臣五人而天下治. 武王曰: '予有亂臣十人.' 孔子曰: '才難, 不其然乎? 唐虞之際, 於斯爲盛, 有婦人焉, 九人而已. 三分天下有其二, 以服事殷. 周之德, 其可謂至德也已矣.')"라는 말이 있다.

(14) 婦女厠(부녀측): 부녀가 끼어 있다. 무왕의 훌륭한 신하 10명 가운데 무왕의 어머니 太姒가 포함되어 있음을 가리킨다.

(15) 作者(작자): 실행하는 사람. 현인을 가리킨다. 《論語·憲問》에 "공자가 '현명한 사람은 바르지 않은 세상을 피하여 은둔하고, 그다음 가는 사람은 바르지 않은 지역을 피하여 다른 지역으로 가 버리고, 그다음 가는 사람은 바르지 않은 안색을 피하여 다른 데로 가 버리고, 그다음 가는 사람은 바르지 않은 말을 피하여 다른 데로 가 버린다'라고 하고 이어서 또 '이것을 실행한 사람은 일곱 사람이다'라고 했다(子曰: '賢者辟世, 其次辟地, 其次辟色, 其次辟言.' 子曰: '作者七人矣.')"라는 말이 있다.

(16) 盥(관): 降神禮. 제사 지낼 때 술을 부어서 신령을 불러 내리는 의식. '灌'으로 된 판본도 있다. 이 구절에 대하여 王十朋의 《百家註分類東坡先生詩》에 "보고 싶지 않다는 말이다(謂不欲觀也)"라고 했다. 《論語·八佾》에 노나라의 禘祭가 예에 맞지 않음을 지적하여 "체제에 있어서 강신례가 끝난 이후의 것을 나는 보고 싶지 않다(禘, 自旣灌而往者, 吾不欲觀之矣)"라고 한 공자의 말이 기록되어 있다. 이 연은 세상에 현인이 없는 것은 아니지만 자기 마음에 쏙 드는 사람은 없었다는 말인 것으로 보인다.

(17) 君詩(군시): 황정견이 보내온 시를 가리킨다.

(18) 咸韶(함소): 요임금의 음악인 〈大咸〉과 순임금의 음악인 〈大韶〉의 병칭. 우아한 옛날 음악의 통칭이다.

(19) 音節(음절): 운율.

(20) 纍纍(누누): 여러 개가 한 줄에 꿰인 모양. 황정견의 원시에 〈見子瞻粲字韻詩和答三人, 四返不困而愈崛奇, 輒次韻寄彭門, 三首〉라고 한 것을 보면 이 연은 황정견이 주옥 같은 시를 세 수나 보내왔음을 가리킴을 알 수 있다.

(21) 寸炭(촌탄): 이 구절은 숯이 충분하지 않아 난방도 제대로 되지 않는 관아에서 밤늦게까지 일하는 것을 가리키는 것으로 보인다.

(22) 就我乎館(취아호관): 우리 집에 와서 묵다. 《禮記·檀弓上》에 "손님이 왔는데 묵을 곳이 없자 선생님(공자)께서 '살아 계실 때는 우리 집에 와서 묵으시게 하고 돌아가시면 우리 집에 草殯하도록 해라'라고 하셨다(賓客至, 無所館. 夫子曰: '生, 於我乎館; 死, 於我乎殯.')"라는 말이 있다.

(23) 東南(동남): 소식이 있는 서주는 황정견이 있는 북경, 즉 大名府의 동남쪽이었다. 당시 황정견은 북경국자감 교수로 재임 중이었다.

(24) 微言(미언): 말이 없다.

(25) 忍粲(인찬): 고승 宏忍과 僧粲을 가리킨다. 두보의 시 〈夜聽許十一誦詩〉에 "저도 역시 僧粲과 慧可를 스승으로 삼지만, 몸이 아직 좌선의 적멸에 매여 있습니다(余亦師粲可, 身猶縛禪寂)"라고 했고, 《傳燈錄》에 "제30조 승찬과 제32조 굉인은 바로 중화 3조와 5조이다(第三十祖僧粲·三十二祖宏忍, 卽中華三祖·五祖也)"라고 했다.

## 0609. 月夜與客[1]飮杏花下

달밤에 살구꽃 밑에서 손님과 한잔하며

| | |
|---|---|
| 杏花飛簾散餘春, | 살구꽃이 발로 날아와 남은 봄을 쓸어 내고 |
| 明月入戶尋幽人.[2] | 밝은 달이 문으로 들어와 외로운 이를 찾기에 |
| 褰衣步月踏花影, | 바지 걷고 달빛 아래 꽃 그림자 밟노라니 |
| 炯如流水涵青蘋.[3] | 휘영청 달이 밝아 강에 개구리밥 뜬 듯하네. |
| 花間置酒清香發, | 꽃 사이에 술상 차리니 아련한 향이 피어 나고 |
| 爭挽長條落香雪. | 다투어 긴 가지 휘어잡으니 향긋한 눈이 내리네. |
| 山城酒薄不堪飮, | 산골 술은 맛이 없어 마실 수가 없으니 |
| 勸君且吸杯中月. | 술잔 속의 달이나 들이켜기 바라네. |
| 洞簫聲斷月明中, | 달빛 속에 사라지는 퉁소 소리 들으며 |
| 惟憂月落酒杯空. | 달이 지면 술잔 빌까 그것만이 걱정이네. |
| 明朝捲地春風惡,[4] | 내일 아침 봄바람이 땅을 쓸고 지나가면 |
| 但見綠葉棲殘紅. | 푸른 잎에 붉은 꽃이 깃든 것만 보이겠네. |

**[해설]**

서주지주의 관사에 묵고 있던 왕적·왕휼 형제 및 그를 찾아온 촉인 장사후와 함께 살구나무 밑에 앉아서 한창 젊은 나이의 두 왕씨가 멋들어지게 부는 퉁소 소리를 안주 삼아 술을 마시는 흐뭇한 기분과 봄이 얼마 남지 않음에 대한 아쉬움을 노래한 것이다.

**[주석]**

(1) 客(객): 《東坡志林 · 憶王子立》에 "내가 서주에 있을 때 왕자립과 왕자민이 모두 관사에 묵고 있었는데 촉인 장사후가 나를 찾아왔다. 한창 젊은 두 왕씨가 퉁소를 부는 가운데 살구나무 밑에서 술을 마셨다(僕在徐州, 王子立 · 子敏皆館於官舍, 而蜀人張師厚來過. 二王方年少, 吹洞簫, 飮酒杏花下)"라는 말이 있다. 왕자립과 왕자민은 형제지간으로 본명이 각각 王適 · 王遹이었다. (蘇軾, 〈王子立墓誌銘〉 참조)

(2) 幽人(유인): 외진 곳에 사는 사람. 소식 자신을 가리킨다.

(3) 靑蘋(청빈): 개구리밥. 땅 위에 비친 살구꽃 그림자를 물 위에 뜬 개구리밥에 비유한 것이다.

(4) 春風惡(춘풍악): 봄바람이 모질게 불다.

# 0610. 送蜀人張師厚[1]赴殿試[2]二首

전시를 보러 가는 촉인 장사후를 전송하고

其一

| | |
|---|---|
| 忘歸不覺鬢毛斑, | 돌아가길 잊은 채 어느새 반백인데 |
| 好事鄉人尚往還.[3] | 호기심 많은 고향 사람 아직도 왕래한다. |
| 斷嶺不遮西望眼,[4] | 끊긴 산이 서쪽을 보는 눈길을 안 가리니 |
| 送君直過楚王山.[5] | 초왕산을 지날 때까지 그대를 전송하리. |

其二

| | |
|---|---|
| 雲龍山下試春衣,[6] | 운룡산 밑에서 봄옷을 시험하며 |
| 放鶴亭前送落暉.[7] | 방학정 앞에서 석양을 전송한다. |
| 一色杏花三十里, | 살구꽃이 일색으로 삼십 리나 뻗은 곳을 |
| 新郎君去馬如飛.[8] | 새 낭군이 날아가듯 말을 타고 달려가리. |

**[해설]**

개봉으로 전시를 보러 가는 사천 사람 장사후를 전송하면서 지은 것으로 자신의 고향 생각과 장사후의 급제를 기원하는 마음이 담겨 있다. 장사후가 떠난 뒤 이별의 슬픔을 가누지 못해서 지은 것으로 볼 수도 있으나 장사후와의 관계가 그 정도로 친밀했던 것 같지는 않다.

**[주석]**

(1) 張師厚(장사후): 사천 사람으로 소식을 만나기 위해 서주로 와 있던 사람이다. 〈月夜與客飮杏花下〉(0609) 해설 참조.

(2) 殿試(전시): 과거시험에서 마지막 단계의 시험. 廷試라고도 한다.

(3) 好事(호사): 소식을 찾아올 필요가 없는데도 불구하고 굳이 찾아오는 번거로움을 감수한다는 뜻이다.

(4) 西望(서망): 장사후가 갈 개봉은 서주의 서쪽에 있다.

(5) 楚王山(초왕산): 查愼行의 《蘇詩補註》에 "바로 서주의 환산이니 초나라 원왕의 무덤이 있다(卽徐州之桓山, 有楚元王墓)"라고 했다. 이 연은 장사후가 초왕산 고개를 넘어갈 때까지 눈을 떼지 않고 죽 바라보고 있을 것이라는 말이다.

(6) 雲龍山(운룡산): 서주 서남쪽에 있는 산. 〈登雲龍山〉(0575) 주 (1) 참조.

(7) 放鶴亭(방학정): 서주 운룡산에 있던 정자.

(8) 郎君(낭군): 새로 과거에 급제한 사람에 대한 존칭. 이 구절은 장사후가 과거에 급제할 것임을 전제로 한 말이다. 《唐摭言》에 "신룡(705-707) 이래로 새로 급제한 진사들은 행원에서의 연회가 끝난 뒤 모두 자은사탑 밑에다 이름을 썼다(神龍以來, 新進士杏園宴後, 皆於慈恩塔下題名)"라고 했다.

## 0611. 雪齋(1)
설재

| | |
|---|---|
| 君不見 | 그대는 보지 못했는가 |
| 峨眉山西雪千里,(2) | 아미산 서쪽에 눈이 천 리나 덮였는데 |
| 北望成都如井底.(3) | 북쪽으로 성도를 보면 우물 밑과 같은 것을? |
| 春風百日吹不消, | 봄바람이 백 일 불어도 눈을 녹이지 못해 |
| 五月行人如凍蟻.(4) | 오월달의 행인이 언 개미와 같은 것을? |
| 紛紛市人爭奪中, | 시정배들이 분분하게 다투는 곳에 살지만 |
| 誰信言公似贊公.(5)(6) | 법언공이 찬공과 같다 누가 믿으리? |
| 人間熱惱無處洗,(7)(8) | 이 세상의 번민을 씻을 곳이 없는지라 |
| 故向西齋作雪峰. | 서쪽의 서재에다 설산을 만들었네. |
| 我夢扁舟入吳越,(9) | 꿈속에 조각배 타고 오월 땅에 들어가니 |
| 長廊靜院燈如月. | 긴 복도와 고요한 뜰에 등불은 달 같은데 |
| 開門不見人與牛,(10) | 문을 열자 사람도 소도 보이지 않고 |
| 惟見空庭滿山雪.(11) | 빈 마당의 산을 덮은 눈만 보였네. |

**[해설]**

항주 법혜원의 법언스님이 지은 설재를 아미산에 비견할 만한 멋진 설경으로 묘사하면서 법언스님의 초연하고 고상한 인품을 칭송하고 아울러 그에 대한 그리움을 노래한 시이다.

### [주석]

(1) 雪齋(설재): 건물 이름. 法言스님이 항주 法惠院에 지은 서재와 부속 시설을 가리킨다. 법언스님은 설재를 지어 놓고 물을 길어 와서 연못을 만들고 바위를 쌓아서 작은 산을 만들었다. 그리고 봉우리에 심어 놓은 초목에 하얀 가루를 뿌려서 눈이 내린 것처럼 만들었다. 소식이 항주통판으로 있을 때 이것을 좋아하여 '설재'라고 명명했다.(秦觀, 〈雪齋記〉 참조) 《西湖游覽志》에 "법언이 동헌을 만들자 소자첨이 '설재'라고 명명했다(法言作東軒, 蘇子瞻題曰雪齋)"라고 했고, 소식의 자주에 "항주의 법언스님이 서재에 설산을 만들었다(杭僧法言, 作雪山於齋中)"라고 했다.

(2) 峨眉山(아미산): 사천성 남쪽에 있는 산. 해발 3,100m에 달하는 높은 산이다.

(3) 成都(성도): 지금의 사천성 성도. 아미산의 동북쪽에 있다.

(4) 凍蟻(동의): 몸을 잔뜩 웅크린 채 아주 느리게 걸어가는 모습을 가리키는 것으로 보인다.

(5) 言公(언공): 法言스님을 가리킨다. 진관의 〈설재기〉에 "법사는 이름이 법언이고 자가 무택으로 욕심이 없고 초연한 사람이다. 설재를 지어서 소태사와 교유한 것을 보면 물어보지 않아도 그의 위인을 알 수 있다(師, 名法言, 字無擇, 泊然蕭灑人也. 蓋能作雪齋從蘇太史遊, 則不問可知其爲人)"라고 했다.

(6) 贊公(찬공): 두보의 시 〈別贊上人〉에 "찬공은 불문의 원로이신데, 도성에서 이곳으로 쫓겨 왔건만, 아직도 세속의 티끌에 얽매인 채, 초췌한 안색을 무척 많이 띠고 있네(贊公釋門老, 放逐來上國. 還爲世塵嬰, 頗帶憔悴色)"라고 했다. 이것은 진관이 〈설재기〉에서 말한 법언의 자태와는 상당히 다르다.

(7) 人間(인간): 속세.

(8) 熱惱(열뇌): 초조해하며 번뇌하다.

(9) 吳越(오월): 춘추시대의 오나라와 월나라 땅이었던 지금의 강소성과 절강성 일대. 설재가 있는 항주를 가리킨다.

(10) 人與牛(인여우): 소식의 자주에 "법언스님이 나에게 부쳐 온 시에 '숲속에서 한가로이 무소를 바라보네'라는 구절이 있다(言有詩見寄云: '林下閑看水牯牛.')"라고 했다.

(11) 山(산): 설재 안에 만든 인공 산을 가리킨다. 주 (1) 참조.

## 0612. 以雙刀遺子由[1], 子由有詩, 次其韻

자유에게 한 쌍의 칼을 주었더니 자유가 시를 지어 보냈기에 그 운에 차운하여

| | |
|---|---|
| 寶刀匣不見, | 보도의 칼집은 눈에 보이지 않고 |
| 但見龍雀環.[2] | 용작의 칼 고리만 보이나 보네. |
| 何曾斬蛟蛇, | 교룡과 뱀을 베어 본 적 없을 뿐만 아니라 |
| 亦未切瑯玕.[3] | 아직까지 옥돌조차 잘라 보지 않았거늘 |
| 胡爲穿窬輩,[4][5] | 뭣 때문에 담을 뚫고 담을 넘는 무리들은 |
| 見之要領寒.[6] | 이걸 보고 간담이 서늘해진 것일까? |
| 吾刀不汝問,[7] | 내 칼이 너희에게 묻지도 않았는데 |
| 有愧在其肝. | 마음속에 자괴감이 들었나 보네. |
| 念此力自藏,[8] | 이것을 생각하곤 스스로 힘껏 감춰 |
| 包之虎皮斑.[9] | 얼룩덜룩한 호랑이 가죽에 싸 두었었네. |
| 湛然如古井,[10][11] | 그랬더니 담담하기가 오래된 우물 같아 |
| 終歲不復瀾. | 한 해 내내 다시는 파란이 안 일었다네. |
| 不憂無所用, | 쓰이는 곳 없다고 걱정할 것 없나니 |
| 憂在用者難. | 쓰는 사람이 어려운 게 걱정이라네. |
| 佩之非其人,[12] | 그것을 찰 마땅한 사람이 아니라면 |
| 匣中自長歎. | 칼집 속에서 스스로 장탄식을 한다네. |
| 我老衆所易, | 나는 늙어 사람들이 업수이 여겨 |

屢遭非意干.(13) 여러 차례 악의적인 모함을 당하였고
惟有王玄通,(14) 오로지 왕현통 한 사람만이
堦庭秀芝蘭.(15)(16) 마당에 지초와 난초가 우뚝하네.
知子後必大,(17) 그대는 후손이 꼭 크게 될 것인지라
故擇刀所便. 칼이 편하게 여기는 곳을 선택한 것이라네.
屠狗非不用,(18) 개를 잡는 데에도 못 쓸 거야 없지만
一歲六七刓.(19) 한 해에 예닐곱 번 무디어질 것이네.
欲試百鍊剛,(20) 백 번 단련한 강철을 시험하려면
要須更泥蟠.(21) 진흙 속에 똬리를 더 틀고 있어야 하니
作詩銘其背, 시를 한 수 지어서 칼등에 새겨
以待知者看. 아는 이가 보기를 기다려 볼 일이네.

**[해설]**

동생 소철에게 칼 한 쌍을 보내자 동생이 시를 지어 보낸지라 그 시에 차운하여 지은 것이다. 동생의 원시에 그 칼을 써서 혼탁한 사회를 맑게 하고 싶은 마음이 많이 담겨 있는 것을 보고 이 시로써 그의 마음을 위무하고 진정시켜 주었다.

**[주석]**

(1) 子由(자유): 소식의 동생 蘇轍의 字.
(2) 龍雀(용작): 새의 몸통과 사슴의 머리를 지닌 전설상의 새. 晉나라 사람 赫連勃勃이 자기 寶刀의 이름으로 삼았다. 여기서는 소식이 동생에게 보낸 雙刀를 가리킨다. 소철이 원시 〈子瞻惠雙刀〉에서 칼을 유용하게 사용하지 못함을 안타까워하는 것을 보고 한 말이다.
(3) 瑯玕(낭간): 옥돌. 주옥처럼 아름다운 돌.
(4) 胡爲(호위): 무엇 때문에.
(5) 穿窬輩(천유배): 담을 뚫거나 넘는 무리. 도둑들을 가리킨다.
(6) 要領(요령): 허리와 목. '腰領'과 같다.
(7) 不汝問(불여문): 도둑들에게 죄를 따져 묻지 않는다는 말이다.
(8) 此(차): 도둑들이 칼을 보면 간담이 서늘해지고 자괴감이 드는 일을 가리킨다.
(9) 虎皮斑(호피반): 칼을 싼 호랑이 가죽을 가리킨다. 《禮記·樂記》에 "창과 방패를 뒤집어서 호랑이 가죽에 싸 두었다(倒載干戈, 包之以虎皮)"라는 말이 있다.

(10) 湛然(잠연): 평온하고 담담한 모양.

(11) 古井(고정): 孟郊의 시 〈列女操〉에 "정조 있는 부인은 남편 따라 죽기를 귀하게 여기나니, 목숨을 버리는 게 이와 같지요. 맹세코 제 마음에 파도가 안 일 것이니, 오래된 우물의 물과 같아요(貞婦貴殉夫, 舍生亦如此. 波瀾誓不起, 妾心古井水)"라고 한바, 여기서 비롯되어 '古井'은 외부의 사물에 동요되지 않는 굳은 마음을 비유하는 말로 쓰이게 되었다. 소식이 칼을 싸 둔 뒤로는 그 칼을 휘두르고 싶은 마음을 진정시킬 수 있었다는 말이다.

(12) 非其人(비기인): 呂虔에게 허리에 차는 칼이 하나 있었는데 대장장이가 보더니 삼공의 지위에 오를 사람이라야 이 칼을 찰 수 있다고 했다. 여건이 王祥에게 "이 칼을 찰 만한 사람이 아니면 칼이 해를 끼칠지도 모르는데 그대가 삼공의 도량을 지니고 있는지라 그대에게 주는 것이네"라고 했다. 아무리 사양해도 억지로 주는지라 할 수 없이 받았다. 죽음이 임박했을 때 왕상은 그 칼을 아들 王覽에게 주면서 "너는 후손이 틀림없이 흥기할 것이므로 이 칼을 차기에 어울릴 것이다"라고 했다. 과연 왕람의 후손 중에 훌륭한 인재가 많아 강동지방에서 세력을 떨쳤다.(《晉書·王覽傳》 참조)

(13) 非意干(비의간): 악의로 모함하다.

(14) 玄通(현통): 왕람의 字. 주 (12) 참조. 여기서는 소철을 가리킨다.

(15) 堦庭(계정): 섬돌 앞의 마당.

(16) 芝蘭(지란): 훌륭한 자제를 가리킨다. 楊炯의 〈唐恒州刺史建昌公王公神道碑〉에 "지초와 난초가 우뚝하게 서 있고, 새끼 양과 기러기가 줄을 지어 섰도다(芝蘭有秀, 羔鴈成行)"라고 했다.

(17) 子(자): 동생 소철을 가리킨다.

(18) 屠狗(도구): 개를 잡다. 蜀人 張雲이 補闕이 되었을 때 자신을 성품이 강직하여 조정 대신들을 무위도식하는 자들이라고 욕한 한나라 사람 朱雲에 비유했다. 그러자 宣徽使 景潤澄이 "옛날에 주운은 말 잡는 칼을 얻어 張禹의 허리를 베었지만 이제 尙方에 닭 잡는 칼밖에 없는데 그대는 쓸 것이오?"라고 하자 장운이 "닭 잡는 칼이 비록 작기는 하나 그래도 개 몇 마리는 잡을 수 있을 것이오"라고 했다.(張唐英, 《蜀檮杌》 참조)

(19) 六七刓(육칠완): 예닐곱 번 마모되다. 잡을 개가 많다는 뜻으로 가치 없는 일에 칼을 쓰지 말라는 말이다.

(20) 百鍊剛(백련강): 백 번 단련한 단단한 강철. '雙刀'를 가리킨다.

(21) 泥蟠(이반): 진흙 속에 똬리 틀다. 인고의 세월을 보낸다는 말이다.

## 0613. 作書寄王晉卿[1], 忽憶前年[2]寒食北城之遊, 走筆爲此詩

편지를 써서 왕진경에게 부치자니 문득 작년 한식날 함께 북성에서 놀던 일이 생각나기에 붓을 휘둘러 이 시를 짓는다

| | |
|---|---|
| 北城寒食烟火微, | 북성에 한식 맞아 불 기운이 식었는데 |
| 落花胡蝶作團飛. | 낙화와 나비가 무리 지어 날았었네. |
| 王孫出游樂忘歸,[3] | 왕손께선 노는 게 즐거워 돌아가길 잊었는데 |
| 門前驄馬紫金鞿.[4] | 문 앞의 청총마엔 자금 재갈 물렸었네. |
| 吹笙帳底烟霏霏, | 자욱한 안개 속에 휘장 밑에서 생을 부는데 |
| 行人擧頭誰敢睎. | 행인들이 아무도 감히 쳐다보지 못했네. |
| 扣門狂客君不麾,[5][6] | 문 두드리는 광객은 불청객이었건만 |
| 更遣傾城出翠帷.[7] | 미인까지 휘장 안에서 나오라고 불러냈네. |
| 書生老眼省見稀,[8][9] | 서생의 늙은 눈엔 보이는 게 희미하여 |
| 畫圖但覺周昉肥.[10] | 주방이 그린 풍만한 여인의 자태만 느껴졌네. |
| 別來春物已再菲, | 헤어진 뒤 봄철의 만물이 다시 향기를 풍기는데 |
| 西望不見紅日圍.[11] | 서쪽을 바라봐도 붉은 해가 안 보이네. |
| 何時東山歌采薇,[12][13] | 언제나 동산에서 〈채미〉를 노래하며 |
| 把盞一聽金縷衣.[14] | 술잔 들고 〈금루의〉를 한번 들을꼬? |

**[해설]**

소식은 서주지주로 부임해 가는 도중이던 희령 10년(1077) 3월 개봉 교외에 있는 범진의

별장 동원에서 지낸 적이 있는데 이때 몇 차례에 걸쳐 왕선의 초청을 받아 그와 함께 놀았다. 이 시는 이해 한식날 왕선과 함께 북성에서 논 일을 회상하여 지은 것이다.

**[주석]**

(1) 晉卿(진경): 친구 王詵(1036-1093? 또는 1048-1104?)의 字. 왕선은 북송 영종의 사위로 駙馬都尉·利州防禦使 등의 관직을 역임했다. 북송 산수화의 대가로 소식을 흠모하여 매우 가까이 지냈는데, 이로 인하여 나중에 烏臺詩案에 연루되어 곤욕을 치르기도 했다.

(2) 前年(전년): 王文誥의 《蘇軾詩集》에 "희령 10년(1077) 3월 2일 공과 왕선이 사조정에서 연회를 벌였다(熙寧十年三月二日, 公與王詵燕集四照亭)"라고 했다.

(3) 王孫(왕손): 왕선을 가리킨다.

(4) 紫金(자금): 진귀한 보석의 일종.

(5) 狂客(광객): 방탕하여 거리낌이 없는 사람. 소식 자신을 가리킨다.

(6) 麾(휘): 손짓하여 부르다.

(7) 傾城(경성): 경성지색, 즉 빼어난 미인이라는 뜻으로 왕선의 기녀를 가리킨다.

(8) 書生(서생): 소식 자신을 가리킨다.

(9) 省見(성견): 알아보다. 보다.

(10) 周昉(주방): 당나라 때의 화가로 인물화에 능했는데 특히 미인화를 잘 그렸다. 《歷代名畫記·唐朝下》에 "주방은 자가 경현으로 관직이 선주장사에 이르렀다(周昉, 字景玄, 官至宣州長史)"라고 했고, 《畫鑒·唐畫》에 "주방은 귀인들을 잘 그리고 또 귀한 집 여인들의 초상화를 잘 그렸는데 아리땁고 풍만한 면이 많아 부귀한 기상이 있었다(周昉善畫貴游人物, 又善寫眞作仕女, 多穠麗豊肥, 有富貴氣)"라고 했다.

(11) 紅日圍(홍일위): '붉은 해의 주위'라는 뜻으로 京畿 지역, 즉 開封을 가리킨다.

(12) 東山(동산): 동쪽으로 정벌을 나갔다가 돌아가는 병사의 심정을 노래한 《詩經·豳風·東山》에 "나는 머나먼 동산으로 끌려와서, 오랫동안 집으로 돌아가지 못했네(我徂東山, 慆慆不歸)"라는 구절이 있다. 여기서는 소식이 거주하고 있는 서주를 가리킨다.

(13) 采薇(채미): 《詩經·小雅·采薇》에 "고비 캐세 고비 캐세, 고비가 나왔다네. 돌아간다 돌아간다 말만 했을 뿐, 한 해가 또 이렇게 저물어가네(采薇采薇, 薇亦作止. 曰歸曰歸, 歲亦莫止)"라는 구절이 있다. '歌采薇'는 '돌아가누나' 하고 노래하는 것을 가리키는 것으로 보인다.

(14) 金縷衣(금루의): 당나라 기녀 杜秋娘의 시 〈金縷衣〉에 "금실로 지은 옷을 아까워하지 말고, 한창 좋은 젊은 시절 아까워하시어요. 꽃이 피어 꺾을 만할 때 바로 꺾을 일이지, 꽃이 진 뒤 가지만 꺾지 마셔요(勸君莫惜金縷衣, 勸君惜取少年時. 花開堪折直須折, 莫待無花空折枝)"라고 했다.

## 0614. 次韻田國博[1]部夫[2]南京[3]見寄[4]二絶

국자박사 전씨가 남경에서 공사 인부를 감독하는 도중에 부쳐 온 시에 차운하여

其一

| | |
|---|---|
| 歲月翩翩下坂輪,[5] | 훨훨 가는 세월은 내리막을 달리는 수레바퀴 |
| 歸來杏子已生人.[6] | 돌아오면 살구에 이미 행인이 생겼으리. |
| 深紅落盡東風惡, | 고약한 동풍으로 새빨간 꽃 다 지고 |
| 柳絮榆錢不當春.[7][8] | 버들개지 날고 느릅 꼬투리 생겨 이미 봄이 아니리. |

其二

| | |
|---|---|
| 火冷餳稀杏粥稠,[9][10] | 차게 식고 엿이 적은 빽빽한 살구죽을 |
| 青裙縞袂餉田頭.[11] | 푸른 치마 흰 소매가 밭둑으로 내갔으리. |
| 大夫行役家人怨,[12] | 대부께서 출장 가매 가족들이 원망했을 터 |
| 應羡居鄉馬少游.[13] | 고향에서 살고 있는 마소유가 부러웠으리. |

**[해설]**

서주통판으로 재임 중인 국자박사 전숙통이 남경에 가서 공사를 감독하다가 보낸 시에 차운한 것으로, 제1수는 그가 돌아왔을 때의 상황을 상상한 것이고, 제2수는 남경에 있는 동안에 일어난 일을 상상한 것이다.

**[주석]**

(1) 田國博(전국박): 당시 서주통판으로 재임 중이던 國子博士 田叔通을 가리킨다. 〈和田國博喜雪〉(0593) 주 (1) 참조.

(2) 部夫(부부): 공사하는 인부를 감독하다. 査愼行의 《蘇詩補註》에 "'部夫'는 부역에 동원된 인부를 감독하는 것이다(部夫, 督部夫役也)"라고 했다. 〈鹽官部役戲呈同事兼寄述古〉(0230) 주 (2) 참조.

(3) 南京(남경): 지금의 하남성 商丘.

(4) 見寄(견기): 나에게 부치다. 〈次韻王定國馬上見寄〉(0562) 주 (2) 참조.

(5) 翩翩(편편): 재빠르게 움직이는 모양.

(6) 人(인): 딱딱한 껍질 안에 들어 있는 핵과의 씨. '仁'과 같다. 여기서는 杏仁을 가리킨다.

(7) 楡錢(유전): 느릅나무 꼬투리. 보통 楡莢이라고 하는데 작은 동전처럼 생겼기 때문에 楡錢이라고도 한다.

(8) 不當(부당): ~라고 칠 수 없다.

(9) 餳稀(당희): 감미료가 충분하지 않아 맛이 별로 없다는 말이다.

(10) 杏粥(행죽): 살구씨를 갈아 넣어서 독특한 맛을 낸 보리죽. 《玉燭寶典》에 "한식에는 보리죽을 끓이는데 살구씨를 갈아서 타락을 만들고 별도로 엿당을 만들어 넣어서 윤을 낸다(寒食煮大麥粥, 硏杏仁爲酪, 別造餳沃之)"라고 했다.

(11) 靑裙縞袂(청군호메): 들에서 일하는 사람에게 줄 들밥을 내가는 여인의 옷차림을 가리킨다.

(12) 大夫行役(대부행역): 국자박사 전숙통이 남경으로 공사를 감독하러 나간 일을 가리킨다.

(13) 馬少游(마소유): 후한 사람 馬援이 交趾지방의 반란을 진압한 공으로 新息侯에 봉해져 식읍 3천호를 하사받고 나서 관원들에게 잔치를 베풀면서, "나의 사촌동생 馬少游는 내가 비분강개하여 큰 뜻을 품고 있는 것을 평소에 늘 안타깝게 생각하여 '선비가 한 세상 사는 데 입을 옷과 먹을 음식이 충분하고 자그마한 마차를 타고 느릿느릿한 말을 몰며 고을의 관리가 되어 선영을 지키면서 마을에서 좋은 사람이라는 소리를 들으면 그것으로 충분합니다. 차고 넘치기를 추구하기에 이르면 자신을 힘들게 할 뿐입니다'라고 했었다오. 내가 浪泊(지금의 베트남 북부)과 西里(지금의 운남성 永平縣 일대) 지방에 있을 때 적군은 아직 소탕되지 않았는데 길에는 빗물이 고여 있고 하늘에는 안개가 자욱한 채 열대지방의 독기 어린 공기가 푹푹 쪄서 하늘을 올려다보니 날아다니던 솔개가 비실비실하며 물속으로 떨어지더이다. 방에 드러누워서 가만히 생각하니 그제야 사촌동생이 평소에 늘 하던 말이 떠올랐지만 어쩔 수가 없었다오"라고 옛날 일을 회상했다.(《후한서·마원전》 참조) 관직에 뜻을 두지 않고 고향에서 지내는 사람을 가리킨다.

## 0615. 再次韻答田國博[1]部夫[2]還二首

다시 차운하여 국자박사 전씨가 공사 인부를 감독하고 돌아오며 지은 시에 화답한다

其一

西郊黃土沒車輪, 서쪽 교외의 황토에 수레바퀴를 빠뜨려 놓고
滿面風埃笑路人.[3] 얼굴에 먼지를 뒤집어쓴 채 행인들에게 웃겠네.
已放役夫三萬指,[4] 삼천 명의 인부를 이미 풀어 주었으니
從教積雨洗殘春.[5][6] 장맛비가 남은 봄빛을 씻어 내게 놔두겠네.

其二

枝上稀疏地上稠, 가지에는 드물고 땅 위에는 빽빽한데
忍看紅糝落牆頭.[7][8] 붉은 난알이 담장 위에 떨어지는 꼴을 보리.
風流別乘多才思,[9] 재기가 넘치시는 풍류스런 통판께선
歸趁西園秉燭遊. 돌아오면 서원에 가서 촛불 잡고 노시리.

**[해설]**

국자박사 전씨가 공사 인부를 감독하고 돌아오는 길에 지어서 보낸 시에 차운한 것으로, 제1수는 빗길이라 수레가 잘 나아가지 않는 귀환 도중의 모습을 상상하여 해학적인 필치로 묘사했고, 제2수는 그가 돌아와서 봄놀이 하는 광경을 상상하여 노래했다.

**[주석]**

(1) 田國博(전국박): 〈次韻田國博部夫南京見寄二絶〉(0614) 주 (1) 참조.

(2) 部夫(부부): 〈次韻田國博部夫南京見寄二絶〉(0614) 주 (2) 참조.

(3) 滿面風埃(만면풍애): 공사기간 동안에 먼지를 뒤집어쓰기도 하고 햇볕에 타기도 하여 얼굴이 가무잡잡해졌다는 말이다.

(4) 三萬指(삼만지): 3천 명의 일꾼을 가리킨다. 〈答呂梁仲屯田〉(0508) 주 (25) 참조. 이 구절은 공사가 끝났다는 말이다.

(5) 從教(종교): ~하게 놓아두다. 施肩吾의 시 〈春日宴徐君池亭〉에 "연못가에 있는 문을 닫지 마시고, 이 촌놈이 청산을 좀 보게 놓아두시오(池上有門君莫掩, 從教野客見青山)"라는 구절이 있다.

(6) 積雨(적우): 여러 날에 걸쳐서 내리는 비.

(7) 忍看(인간): 차마 보기 힘든 광경을 본다는 뜻이다.

(8) 紅糝(홍삼): 붉은색 낟알 모양의 물체. 살구꽃의 꽃잎을 가리킨다.

(9) 別乘(별승): 別駕. 지방장관의 보좌관. 서주통판인 전숙통을 가리킨다.

## 0616. 田國博[1]見示[2]石炭詩, 有"鑄劍斬佞臣"之句, 次韻答之

국자박사 전씨가 나에게 석탄을 읊은 시를 보여 주었는데 거기에 "칼을 만들어 간신배의 목을 베리라"라는 구절이 있는지라 차운하여 화답한다

楚山鐵炭皆奇物,[3] 초산에는 쇠와 석탄이 모두 진기한 물건이라
知君欲斫姦邪窟. 간사한 자의 소굴을 치려 하는 줄 알겠군요.
屬鏤無眼不識人,[4][5] 촉루검은 눈이 없어 사람을 못 알아보았고
楚國何曾斬無極.[6] 초나라가 언제 비무극의 목을 벤 적 있던가요?
玉川狂直古遺民,[7] 옥천자는 고지식한 옛날의 유민으로
救月裁詩語最眞. 달을 구하려고 시를 지어 언어가 가장 참됐지만
千里妖蟆一寸鐵,[8][9][10] 천 리를 삼킨 두꺼비를 찌를 한 치의 쇠꼬챙이가
地上空愁蟣蝨臣.[11] 지상에 있는 하찮은 신하를 공연히 근심하게 했지요.

### [해설]

국자박사 전숙통이 석탄을 노래한 시를 지어서 "칼을 만들어 간신배의 목을 베리라"라고 하자 그것에 화답하여 지은 것으로, 날카로운 칼로는 물론 풍자성이 강한 시로도 간신배를 처단하기 어려운 세상이니 함부로 나서지 말고 명철보신하라고 충고했다.

### [주석]

(1) 田國博(전국박): 〈次韻田國博部夫南京見寄二絶〉(0614) 주 (1) 참조.
(2) 見示(견시): 나에게 보여주다. 〈次韻王定國馬上見寄〉(0562) 주 (2) 참조.

(3) 楚山(초산): 초지방에 있는 산. 서주는 한때 초나라에 속했다. 〈與頓起・孫勉泛舟, 探韻得未字〉(0563) 주 (22) 참조.

(4) 屬鏤(촉루): 검의 이름. 《사기・오자서전》에 "오자서가 여러 차례 오왕에게 간언했으나 오왕이 듣지 않았다. 태재 비가 오자서와 사이가 나빠 그를 모함하자 오왕이 오자서에게 촉루검을 주며 죽으라고 했다(伍子胥數諫吳王, 王不用. 太宰嚭與子胥有隙, 因讒之, 吳王乃賜子胥屬鏤之劍以死)"라는 기록이 있다. 이 구절은 촉루검이 죄 없는 오자서를 죽였다는 말이다.

(5) 無眼不識人(무안불식인): 王十朋의 《百家註分類東坡先生詩》에 "'눈이 없어 사람을 알아보지 못한다'는 말은 '이 화살은 눈이 없어서 사람을 알아보지 못한다'라고 한 《국지》의 말을 넌지시 인용한 것이다('無眼不識人'字, 暗用《國志》云: '此箭無眼不識人'之語)"라고 했다.

(6) 無極(무극): 춘추시대 초나라 대부 費無極(일명 費無忌). 초나라 平王 때 태자 建의 부인을 맞이하기 위해 秦나라에 갔다가 그 여인의 미모가 출중한 것을 보고 평왕에게 자기 부인으로 삼으라고 권했고, 그 뒤로도 여러 차례 참소하여 평왕에게 태자 건을 죽이라고 하는 바람에 태자 건이 송나라로 도망갔다. 또 평왕에게 태자 건의 太傅인 오자서의 아버지 伍奢와 오자서의 형 伍尙을 죽이라고도 했고 평왕이 죽은 뒤에는 令尹 子常에게 참소하여 郤宛을 박해하게도 했으나 결국 자상에게 살해당했다.(《左傳・昭公二十七年》 참조) 여기서는 간사한 신하를 가리킨다.

(7) 玉川(옥천): 玉川子. 당나라 시인 盧仝의 호. 그가 당시의 정국을 풍자하여 지은 〈月蝕詩〉에 "지상에 있는 서캐 같고 이 같은 신하 노동이, 하늘에 계신 상제께 아뢰옵나니, 신의 마음 속에는 한 치짜리 쇠가 있어, 요사한 두꺼비의 창자를 도려낼 수 있습니다(地上蟣蝨臣仝, 告訴帝天皇. 臣心有鐵一寸, 可刳妖蟆痴腸)"라는 구절이 있다.

(8) 千里(천리): 달의 둘레를 가리킨다. 노동의 〈月蝕詩〉에 "둘레가 천 리인 물건을 너의 배에 넣었으니, 너의 이런 어리석음을 누가 만들었는가?(徑圍千里入汝腹, 汝此癡騃阿誰生)"라는 구절이 있다.

(9) 妖蟆(요마): 속설에 의하면 월식은 두꺼비가 달을 삼키는 것이라고 한다.

(10) 一寸鐵(일촌철): 주 (7) 참조.

(11) 蟣蝨臣(기슬신): 서캐나 이처럼 하찮은 신하라는 뜻으로 노동이 〈월식시〉에서 자기 자신을 지칭한 말이다.

## 0617. 答郡中同僚[1]賀雨

비가 내리는 것을 경하한 군청 동료의 시에 화답하여

| | |
|---|---|
| 水旱行十年, | 홍수와 가뭄이 십 년 동안 횡행하여 |
| 飢疫遍九土.[2] | 기아와 역병이 구주에 만연하니 |
| 奇窮所向惡,[3][4] | 곤란과 재앙이 가는 곳마다 지독하여 |
| 歲歲祈晴雨.[5] | 해마다 비가 그치거나 내리기를 빌었지요. |
| 雖非爲己求, | 자신을 위해 빈 것은 아닐지라도 |
| 重請終愧古.[6] | 신중히 빈 고인에게 부끄러운데 |
| 鬼神亦知我, | 귀신도 이 몸이 허리와 등에 |
| 老病入腰膂.[7] | 늙음과 질병이 파고든 줄 아나 봐요. |
| 何曾拜向人, | 일찍이 남을 향해 절한 적이 없으매 |
| 此意難不許. | 내 뜻을 외면하기 어려웠는지 |
| 重雲萋已合, | 쌓인 구름 뭉게뭉게 이미 한데 모이고 |
| 微潤先流礎.[8] | 미미한 습기가 먼저 주춧돌에 흘렀지요. |
| 蕭蕭止還作, | 쏴아쏴아 그쳤다가 다시 생기는 |
| 坐聽及三鼓.[9] | 그 소리를 앉아서 삼경까지 듣다가 |
| 天明將吏集, | 날이 새어 관리들을 불러 모으니 |
| 泥土滿靴屨. | 신발에 진흙이 잔뜩 묻어 있었지요. |
| 登城望麰麥,[10] | 성곽에 올라가서 보리를 바라보고 |

綠浪風掀舞.[11]　새파란 물결이 바람에 춤을 추자
愧我賢友生,　친구들이 다투어 새 시어를 찾아내어
雄篇鬪新語.[12]　멋진 시를 지어 주니 부끄럽군요.
君看大熟歲,[13]　대풍이 들 때에는 닷새마다 바람 불고
風雨占十五.[14]　열흘마다 비 내림을 그대들은 잘 아실 터
天地本無功,　천지는 본래부터 공을 세우지 않거늘
祈禳何足數.[15][16]　하늘에 비는 것이 어찌 말할 게 있으리오?
渡河不入境,[17][18]　호랑이가 강을 건너가거나 누리가 경내에 안 들어오는 것도
未若無蝗虎.[19]　누리와 호랑이가 없는 것만은 못하거늘
而况刑白鵝,[20]　하물며 흰 거위 잡아 희생으로 삼으니
下策君勿取.[21]　이와 같은 하책일랑 쓰지 마셔요.

**[해설]**

서주통판 전숙통이 기우제를 지낸 뒤 비가 내린 일을 경하하는 시를 짓자 그 시에 화답한 것으로, 기우제를 지내 비가 내리게 하는 것보다 덕을 쌓아 가뭄이 들지 않게 해야 하는데 자신은 그러지 못했다고 해학적인 필치로 자책하고 있다.

**[주석]**

(1) 郡中同僚(군중동료): 徐州通判 錢叔通을 가리킨다. 〈留別叔通・元弼・坦夫〉(0618) 주 (2) 참조.
(2) 九土(구토): 九州의 토지.
(3) 奇窮(기궁): 곤란과 재액. 액운.
(4) 所向(소향): 가는 곳. 도처.
(5) 祈晴雨(기청우): 查愼行의 《蘇詩補註》에 “선생은 항주통판으로 재임할 때 〈立秋禱雨〉와 〈捕蝗〉이라는 시를 지었고, 이어서 밀주지주로 재임할 때에도 〈禱雨〉와 〈雩泉記〉를 지었으며, 서주지주로 옮긴 뒤에도 부임하자마자 수재를 당했고, 얼마 지나서는 무저천에서 눈이 내리기를 비는 기우제를 지냈으며, 또 〈元豐元年春旱禱雨〉라는 시도 지었다(先生倅杭時, 有〈立秋禱雨〉及〈捕蝗〉詩; 繼守密州, 有〈禱雨〉及〈雩泉記〉; 及移徐州, 初至卽被水災, 旣而祈雪霧豬泉, 又有〈元豐元年春旱禱雨〉詩)”라고 했다.
(6) 重請(중청): 신중하게 빌다. 가뭄이나 홍수가 오래 지속된 뒤에야 기우제나 祈晴祭를 지낸다는 말이다. 《穀梁傳・定公元年》에 “기우제는 반드시 때가 막다른 지경에 이르고 사람의 힘이 다

하기를 기다려야 하는데 그것은 무엇 때문인가? 기우제는 가뭄 때문에 비는 것이고 비는 것은 청원하는 것이다. 옛날 사람들은 청원하는 일을 신중하게 했거니와 무엇 때문에 청원하는 일에 신중했는가? 사람이 사람인 까닭은 사양하기 때문인데 청원은 사양과 거리가 먼 것인즉 이는 사람이 되는 도리를 버리는 것이다. 이런 까닭에 청원하는 일을 신중하게 한다(雩之必待其時窮人力盡, 何也? 雩者, 爲旱求者也, 求者, 請也. 古之人重請, 何重乎請? 人之所以爲人者, 讓也, 請道去讓也, 則是舍其所以爲人也, 是以重之)"라는 말이 있다. 이 구절은 자신이 기우제나 기청제를 너무 많이 올렸음을 비판한 것이다.

(7) 腰膂(요려): 허리와 등골. 이 연은 자신이 허리가 아프고 등골이 쑤시도록 기우제나 기청제를 많이 지낸 것을 하늘이 안쓰럽게 여겨서 비를 내려 주었다는 말이다.

(8) 微潤先流礎(미윤선류초): 《山堂肆考·天文》에 "《회남자》에 '산 위에 구름이 피어나고 기둥의 주춧돌이 축축해지는 것은 모두 비가 올 징후이다'라는 기록이 있다(《淮南子》: '山雲蒸, 柱礎潤, 皆將雨之候也.')"라고 했다.

(9) 三鼓(삼고): 三更.

(10) 麰麥(모맥): 보리.

(11) 綠浪(녹랑): 바람에 흔들리는 보리를 가리킨다.

(12) 雄篇(웅편): 훌륭한 작품. 이 구절은 소식이 기우제를 지냄으로써 비가 내린 것을 경하하기 위해 전숙통을 비롯한 몇몇 동석자들이 온갖 멋진 시어를 다 구사하여 시를 지었다는 말이다.

(13) 熟歲(숙세): 풍년.

(14) 占十五(점십오): 京房의 《易候》에 "태평스러운 시절에는 닷새마다 한 번씩 바람이 불고 열흘마다 한 번씩 비가 내린다(太平之世, 五日一風, 十日一雨)"라고 했고, 《論衡·是應》에 "유학자들이 태평성세의 상서로운 조짐을 논할 때면 늘 '닷새마다 한 번씩 바람이 불고 열흘마다 한 번씩 비가 내린다'고 말한다(儒者論太平瑞應, 皆言: '五日一風, 十日一雨.')"라고 했다.

(15) 祈禳(기양): 기도를 올려서 복을 빌고 재앙을 물리치다.

(16) 數(수): 일컫다. 입에 올리다. 이 연은 천지는 인간세상을 위하여 애를 쓰는 것이 아니고 자연의 섭리에 따라 저절로 움직이는 것이기 때문에 하늘에 빌어서 비가 내렸다고 해도 칭송할 만한 가치가 없다는 말이다.

(17) 渡河(도하): 후한 사람 宋均이 九江(지금의 강서성 구강)태수로 부임할 무렵 그 고을에는 호랑이가 나타나 덫을 놓고 함정을 파도 여전히 다치는 사람이 많았다. 송균이 각 속현에 공문을 내려 보내 "무릇 호랑이와 표범은 산에 있어야 하고 자라와 악어는 물속에 있어야 하거늘, 이제 백성들에게 해를 끼치고 있으니 그 잘못은 관리들에게 있도다. 간악하고 탐욕스러운 무리를 물리치기에 힘쓰고 충성스럽고 선량한 사람을 추천한다면 덫과 함정을 치워 버려도 되리라"라고 했다. 그러자 호랑이들이 동쪽으로 가서 강을 건넜다고 한다.(《太平御覽·獸部》 참조) 또 《後漢書·劉昆傳》에도 "그가 홍농태수가 되자 호랑이들이 모두 새끼를 업고 강을 건너가 버렸다(爲弘農太守, 虎皆負子渡河)"라는 말이 있다.

(18) 不入境(불입경): 송균이 구강태수가 되었을 때 山陽·楚·沛 일대에 누리가 많았는데 구강의 경계에 이르자 갑자기 동서로 흩어져 버렸다.(《太平御覽·職官部》 참조)

(19) 蝗虎(황호): 누리와 호랑이. 민생에 해를 끼치는 존재를 가리킨다.

(20) 白鵝(백아): 기우제의 제물을 가리킨다.

(21) 下策(하책): 가장 나쁜 대책.

# 0618. 留別[1]叔通[2]・元弼[3]・坦夫[4]

숙통・원필・탄부와 작별하며

| | |
|---|---|
| 田三昔同僚,[5] | 전씨 집안 셋째는 옛날 동료로 |
| 向我每傾倒. | 나에게 번번이 경도됐나니 |
| 當年或齟齬,[6] | 한때는 마음이 안 맞기도 했지만 |
| 反覆看愈好. | 자꾸 보면 볼수록 더욱더 좋아졌네. |
| 寇三我部民,[7][8] | 구씨 집안 셋째는 우리 마을 사람으로 |
| 孝弟化鄰保.[9][10] | 효성과 공경심이 이웃을 교화하여 |
| 有如袁伯業,[11] | 그 옛날 원백업이 그랬던 것과 같이 |
| 苦學到衰老. | 노쇠해질 때까지 배우기에 힘쓰네. |
| 石生吾邑子,[12] | 석생은 우리 고향 사람으로서 |
| 勁立風中草. | 바람 앞에 꿋꿋하게 서 있는 들풀인데 |
| 宦遊甑生塵,[13] | 벼슬 따라 다니느라 시루에 먼지 앉고 |
| 菽水媚翁媼.[14][15] | 콩죽과 물로 노부모를 즐겁게 하네. |
| 我窮交舊絶, | 내가 곤궁해지자 옛 친구들은 왕래를 끊고 |
| 計拙集枯槁.[16] | 계책이 서투른 사람들이나 마른 나무에 앉았는데 |
| 三子尤見存,[17][18] | 세 분은 더욱이나 나를 잘 돌봐주어 |
| 往復紛紵縞.[19] | 모시 옷과 명주 띠를 분분히 주고받았네. |
| 迎我淮水北,[20] | 회수의 북쪽에서 나를 맞았고 |

送我睢陽道.[21]　　수양으로 뻗은 길로 나를 전송해 주니
願存金石契,[22]　　금석 같은 우정을 잘 보존하여
凜凜貫華皓.[23][24]　　꿋꿋하게 백발 된 뒤에도 지속되길 바라네.

**[해설]**

서주를 떠나게 되었을 때 그동안 친하게 지낸 전숙통・구원필・석탄부와의 석별의 정을 노래하고 아울러 세 사람과의 우정이 영원하기를 기원한 것이다.

**[주석]**

(1) 留別(유별): 떠나가는 사람이 남아 있는 사람에게 작별 인사를 하다.
(2) 叔通(숙통): 徐州通判 錢叔通을 가리킨다.
(3) 元弼(원필): 陳師道의 〈寇參軍集序〉에 "태상소경 구군의 아들들 가운데 막내는 이름을 원필이라고 하는데 일찍이 허주사호참군을 지낸 적이 있으며 서주 사람이다(太常少卿寇君之子, 其季曰元弼, 曾爲許州司戶參軍, 徐州人也)"라고 했다.
(4) 坦夫(탄부): 査愼行의 《蘇詩補註》에는 "석탄부는 어떤 사람인지 알 수가 없다(石坦夫, 不可考)"라고 했고, 王文誥의 《蘇軾詩集》에는 "탄부는 촉지방 사람으로 석양언과 석양휴의 후예인 것 같다(坦夫, 蜀人, 疑卽石揚言・揚休之後也)"라고 했다.
(5) 田三(전삼): 사신행의 《소시보주》에 "전삼은 바로 숙통이고 구삼은 바로 원필이며 석생은 바로 탄부이다. 숙통은 당시 서주통판이었기 때문에 동료라고 한 것이다(田三, 卽叔通; 寇三, 卽元弼; 石生, 卽坦夫也. 叔通時爲徐倅, 故稱同寮)"라고 했다.
(6) 齟齬(저어): 서로 어긋나다. 서로 마음이 맞지 않다.
(7) 寇三(구삼): 구원필을 가리킨다. 주 (5) 참조.
(8) 我部(아부): 우리 부락. 서주를 가리킨다.
(9) 孝弟(효제): 부모에 대한 효성과 연장자에 대한 공경. '孝悌'와 같다.
(10) 鄰保(인보): 이웃.
(11) 伯業(백업): 삼국 사람 袁遺의 字. 《三國志・魏志・武帝本紀》의 "산양태수 원유(山陽太守袁遺)"에 대한 주에 "원유는 자가 백업으로 원소의 사촌형이다(遺, 字伯業, 紹從兄)"라고 했고, 《典論・自序》에 "주상께서 일찍이 말씀하시기를 장대해진 뒤에도 부지런히 배우는 사람은 오직 나와 원백업뿐이라고 하셨다(上嘗言長大而能勤學者, 惟吾與袁伯業)"라고 했다.
(12) 吾邑(오읍): 소식의 고향인 사천지방을 가리키는 것으로 보인다. 주 (4) 참조.
(13) 甑生塵(증생진): 너무나 가난하여 떡을 쪄 먹을 여유가 없다는 말이다. 후한 사람 范丹은 字가 史雲으로 桓帝 때 萊蕪縣長을 지내다가 환관 세력에 밀려 관직을 그만두고 점을 치며 살았는데,

너무나 가난하여 때때로 양식이 떨어졌지만 태연자약했다. 이것을 보고 마을 사람들이 "떡시루에 먼지 앉은 범사운이요, 가마솥에 고기 생긴 범내무라네(甑中生塵范史雲, 釜中生魚范萊蕪)" 하고 노래했다.(《후한서 · 범단전》 참조)

(14) 菽水(숙수): 콩죽과 물만 먹고 산다는 뜻으로 생활이 청빈함을 가리킨다.

(15) 翁媼(옹온): 연로한 부모.

(16) 集枯槁(집고고): 권세가 없는 사람을 가까이한다는 뜻이다. 《莊子 · 天下》에 "올바른 도를 추구하여 얻지 못하면 비록 몸이 깡마르게 될지라도 그만두지 않을 것이니 그 사람은 재사일지로다(將求之不得也, 雖枯槁不舍也, 才士也夫!)"라고 했고, 《國語 · 晉語二》에 "남들은 다 무성한 나무에 내려앉는데, 나만 유독 마른 나무에 내려앉는구나(人皆集於菀, 予獨集於枯)"라는 말이 있다. 이 구절은 세상살이에 영악하지 않은 사람들이나 자신과 교유한다는 말이다.

(17) 三子(삼자): 제목에서 언급한 세 사람을 가리킨다.

(18) 見存(견존): 나를 돌아보다. 〈次韻王定國馬上見寄〉(0562) 주 (2) 참조.

(19) 紵縞(저호): 모시 옷과 명주 띠. 吳나라의 季札이 鄭나라에 가서 子產을 만나 마치 오래전부터 잘 아는 사이인 것처럼 명주 띠를 주었더니 자산이 그에게 모시 옷을 주었다.(《左傳 · 襄公二十九年》) 여기에서 비롯되어 '紵縞'는 친구 사이의 우의를 가리킨다.

(20) 迎我淮水北(영아회수북): 사신행의 《소시보주》에 "선생이 처음에 밀주에서 서주로 옮겼기 때문에 '회수의 북쪽에서 나를 맞았다'라고 하고, 이제 서주에서 남경으로 가기 때문에 '수양으로 뻗은 길로 나를 전송해 준다'라고 한 것이다(先生初自密移徐, 故云: '迎我淮水北', 今自徐往南京, 故云: '送我睢陽道')"라고 했다.

(21) 睢陽(수양): 지금의 하남성 商丘 남쪽.

(22) 金石契(금석계): 변함없는 우정을 가리킨다.

(23) 凜凜(늠름): 늠름하다.

(24) 華皓(화호): 백발.

## 0619. 罷徐州[1], 往南京[2], 馬上走筆寄子由[3]五首

서주지주의 임기를 마치고 남경으로 가는 길에 말 위에서 붓을 휘둘러 자유에게 부친다

### 其一

| | |
|---|---|
| 吏民莫扳援,[4] | 아전들과 백성들은 나를 붙잡지 말고 |
| 歌管莫淒咽. | 노랫소리와 피리 소리는 슬피 오열하지 마라. |
| 吾生如寄耳, | 우리네 인생은 하숙생과 같은 것 |
| 寧獨爲此別. | 어찌 유독 이번의 이별만 있겠는가? |
| 別離隨處有, | 이별이란 어디 가나 있는 것이고 |
| 悲惱緣愛結. | 슬픔과 괴로움은 사랑 때문에 생기는데 |
| 而我本無恩, | 나는 본래 사랑을 베푼 것이 없거늘 |
| 此涕誰爲設. | 이 눈물은 누굴 위해 흘리는 건가? |
| 紛紛等兒戲, | 어린아이 장난치듯 부산하게 구는 통에 |
| 鞭鐙遭割截.[5] | 말채찍과 등자가 다 부러졌네. |
| 道邊雙石人,[6] | 길가에 서 있는 저 한 쌍의 석인은 |
| 幾見太守發. | 태수가 떠나는 걸 몇 번이나 보았을까? |
| 有知當解笑,[7] | 그에게 지각이 있다면 틀림없이 웃을 줄 알아 |
| 撫掌冠纓絶. | 손뼉을 치며 갓끈이 끊어지게 웃겠네. |

## 其二

| | |
|---|---|
| 父老何自來, | 어르신들이 어디서 달려왔는지 |
| 花枝裊長紅.[8] | 꽃가지에 기다란 붉은 비단이 하늘하늘 |
| 洗盞拜馬前, | 잔을 씻어 말 앞에서 절을 하고는 |
| 請壽使君公. | "사또님 아무쪼록 오래오래 사셔요. |
| 前年無使君, | 재작년에 태수님이 안 계셨다면 |
| 魚鼈化兒童.[9] | 아이들이 물고기나 자라가 됐을 겁니다" 했네. |
| 擧鞭謝父老, | 채찍 든 채 어르신들께 감사 드리고 |
| 正坐使君窮.[10] | "그건 바로 태수가 복이 없어서 그렇지요. |
| 窮人命分惡,[11] | 복이 없는 사람은 팔자가 고약하여 |
| 所向招災凶.[12] | 가는 곳마다 재앙을 불러오는 법 |
| 水來非吾過, | 홍수가 닥친 것이 저의 죄가 아니듯 |
| 去亦非吾功. | 홍수가 물러간 것도 저의 공이 아니지요" 했네. |

## 其三

| | |
|---|---|
| 古汴從西來,[13] | 고변거는 서쪽에서 흘러내려와 |
| 迎我向南京. | 남경을 향해 가는 나를 맞아서 |
| 東流入淮泗,[14] | 동쪽으로 회수와 사수로 흘러들며 |
| 送我東南行. | 동남으로 떠나가는 나를 전송하는구나. |
| 暫別復還見, | 잠시 헤어졌다가 이렇게 또 만나니 |
| 依然有餘情. | 변함없이 넘치는 정이 남아 있구나. |
| 春雨漲微波, | 봄비가 내려서 물이 약간 불어난 채 |
| 一夜到彭城.[15] | 밤새도록 출렁출렁 팽성까지 흘러가 |
| 過我黃樓下,[16] | 내가 지은 황루를 지나갈 때면 |
| 朱欄照飛甍.[17] | 붉은 난간과 날아가는 용마루가 비칠 터 |
| 可憐洪上石,[18] | 그 멋진 백보홍 바위 위의 물소리는 |
| 誰聽月中聲. | 달이 밝게 비칠 때 그 누가 들으려나? |

## 其四

前年過南京,　　　　재작년에 남경을 지나갈 적엔
麥老櫻桃熟.　　　　보리가 여물고 앵두가 익었는데
今來舊遊處,　　　　옛날에 다녀간 곳 지금 다시 와 보니
櫻麥半黃綠.　　　　앵두도 보리도 반은 노랗고 반은 푸르네.
歲月如宿昔,[19]　　세월이 하도 빨라 어제 일만 같은데
人事幾反覆.　　　　세상사가 몇 번이나 엎치락뒤치락했나?
靑衫老從事,[20][21]　푸른색 적삼 입은 늙은 종사는
坐穩生髀肉.[22]　　넓적다리에 살이 찌도록 꼼짝 않고 앉아서
聯翩閱三守,[23][24]　연달아 세 분의 유수를 모셨으니
迎送如轉轂.　　　　마중하고 전송하는 게 수레바퀴 구르는 것 같았겠네.
歸耕何時決,　　　　언제나 귀농 계획 결행하려나?
田舍我已卜.　　　　땅과 집은 내가 이미 점쳐 뒀는데.

## 其五

卜田向何許,[25]　　어디에다 농사 지을 땅을 정했나?
石佛山南路.[26]　　석불산 남쪽의 길옆이라네.
下有爾家川,[27]　　그 아래에 집 앞을 지나는 시내가 있어
千畦種秔稌.　　　　천 두둑에 질펀하게 벼를 심을 수 있다네.
山泉宅龍蜃,[28]　　샘에 용과 이무기가 살고 있어서
平地走膏乳.[29]　　평지에 기름과 젖이 달리는지라
異時畝一金,[30]　　옛날에는 한 이랑에 값이 일금이었는데
近欲爲逃戶.[31]　　근래에는 도망자들의 마을이 되려 하니
逝將解簪紱,[32][33]　관리의 비녀와 인끈을 풀고
賣劍買牛具.[34]　　칼을 팔아 황소와 농기구를 사려네.
故山豈不懷,　　　　고향 산천이 어떻게 안 그립겠나
廢宅生蒿櫓.[35]　　폐가에 쑥과 돌벼 가득 돋았을 텐데?

便恐桐鄉人,(36) 벌써 동향인들이 너무나 흠모하여
長祠仲卿墓.(37) 길이길이 중경의 무덤에 제사 지낼까 걱정이네.

**[해설]**

서주지주에서 호주지주로 옮기라는 명을 받아 남경으로 가는 길에 말 위에서 지어 동생 소철에게 보낸 것으로, 정든 땅 서주를 떠나는 아쉬운 마음을 토로하고 아울러 동생과 함께 고향으로 돌아가 은거하기를 바라는 염원을 노래했다.

**[주석]**

(1) 徐州(서주): 지금의 강소성 서주.
(2) 南京(남경): 지금의 하남성 商丘.
(3) 子由(자유): 소식의 동생 蘇轍의 字.
(4) 扳援(반원): 붙잡다. 만류하다.
(5) 鞭䩸(편등): 각 판본에 다 '鞭䩸'으로 되어 있는데 '䩸'은 자전에 수록되어 있지 않으므로 정확한 의미를 알 수가 없다. 다만 《御定淵鑑類函·遺愛三》에는 '鞭鐙'으로 되어 있다. 어느 쪽이든 馬具를 가리키기는 마찬가지이다.
(6) 石人(석인): 무덤 가나 길가에 세워 놓는 사람 모양의 돌.
(7) 解笑(해소): 웃을 줄 알다. 초나라가 크게 군사를 일으켜 제나라를 치자 제나라 임금이 淳于髡을 趙나라에 보내 구원병을 청하려고 황금 100근과 거마 40필을 주었다. 그러자 순우곤이 너무 가소롭게 생각한 나머지 고개를 젖히고 웃느라 갓끈이 다 끊어졌다.(《史記·滑稽傳》 참조)
(8) 長紅(장홍): 꽃가지 위에 매단 붉은색 비단. 옛날 사람들이 다른 곳으로 떠나가는 관원을 송별할 때 썼다. 王十朋의 《百家註分類東坡先生詩》에 "어느 지방의 풍속에는 임기를 마치고 떠나가는 관원을 송별할 때 꽃가지에 비단을 걸었으니 이것을 장홍이라고 한다(方俗送官罷任, 以花枝掛綵, 謂之長紅)"라고 했다.
(9) 魚鼈(어별): 물고기와 자라. 이 연은 희령 10년(1077) 가을에 소식이 홍수를 막아 낸 일을 칭송한 것이다.
(10) 坐(좌): ~에 기인하다.
(11) 命分(명분): 운명.
(12) 所向(소향): 가는 곳. 도처.
(13) 古汴(고변): 古汴渠. 지금의 하남성 滎陽縣 동북쪽에서 황하로부터 갈라져 나와 동남쪽으로 흘러 개봉의 남쪽 및 상구의 북쪽을 지나 강소성 서주의 북쪽에서 泗水로 유입되던 강. 〈中秋見月和子由〉(0560) 주 (12) 참조.

(14) 淮泗(회사): 회수와 사수 일대.

(15) 彭城(팽성): 지금의 강소성 서주.

(16) 黃樓(황루): 소식이 홍수를 막아 낸 뒤 서주성을 개축하고 성문 위에 세운 누각. 〈答王鞏〉(0561) 주 (15) 참조.

(17) 飛甍(비맹): 높은 누각을 가리킨다.

(18) 洪(홍): 百步洪을 가리킨다. 서주 동남쪽의 사수에 있던 급류로 일명 서주홍이라고도 한다. 〈次韻子由與顔長道同遊百步洪相地築亭種柳〉(0482) 주 (3) 참조.

(19) 宿昔(숙석): 아침과 저녁. 朝夕. 지난번에 남경을 지나간 것이 얼마 안 된 것 같다는 말이다.

(20) 靑衫(청삼): 당나라 관제에서 8품・9품의 하급 관리가 입던 옷으로 널리 뜻을 이루지 못한 관리를 가리킨다.

(21) 從事(종사): 관직 이름. 漢나라 이후 三公이나 州郡의 장관들은 스스로 보좌관을 선발했는데 이들 보좌관을 통틀어 종사라고 했다. 왕십붕의 《백가주분류동파선생시》에 "자유를 말한다(言子由也)"라고 했다. 소철은 당시 南京留守 張方平의 보좌관인 簽書應天府判官을 맡고 있었다.

(22) 生髀肉(생비육): 너무 오랫동안 말을 타지 않고 가만히 앉아 있어서 넓적다리에 다시 살이 찌는 것을 '髀肉復生'이라고 한다. 이 연은 소철이 신법파의 미움을 받아 오랫동안 관직의 승진과 이동이 없었다는 말이다.

(23) 聯翩(연편): 연이은 모양.

(24) 三守(삼수): 세 사람의 南京留守. 査愼行의 《蘇詩補註》에는 "자유가 처음 진주에 도착했을 때 장안도(장방평)가 남경유수였고, 희령 7년(1074)에 이르러 진술고(진양)가 항주지주에서 응천부(남경)지부로 옮겼다. 나머지 한 사람은 누구인지 알 수 없다(子由初到陳州時, 張安道留守南都, 至熙寧七年, 陳述古自杭州移知應天府, 其一人無可考)"라고 했고, 馮應榴의 《蘇軾詩集合注》에는 "총 세 명의 유수 가운데 첫 번째가 진양이고 그다음이 등보이고 그다음이 장방평이다. 사씨는 '자유가 처음 진주에 도착했을 때 장안도가 남도유수였다'라고 했는데 그렇지 않다. 장안도가 가우(1056-1063) 연간에 두 차례 응천부지부를 역임한 것으로 말하자면 그때는 자유가 아직 그를 따라가지 않았기 때문에 이 일과 무관하다(合計三守中先陳襄, 次滕甫, 次張方平. 査云: '子由初到陳州, 張安道留守南都', 非也. 至安道於嘉祐中兩知應天, 其時子由幷未相隨, 與此無涉)"라고 했다. 남경은 도성인 개봉에서 가까운 중요한 고을이기 때문에 조정의 요직에 있던 고관을 파면할 때 일단 이곳으로 보냄으로써 명예만 주고 권력은 빼앗았을 가능성이 있다. 짧은 기간 동안에 남경유수가 세 사람이나 부임한 것은 그 때문일 것으로 보인다.

(25) 卜田(복전): 농사 지을 땅을 선정하다.

(26) 石佛山(석불산): 왕십붕의 《백가주분류동파선생시》에 "석불산은 미주 미산현의 남쪽에 있다(石佛山在眉州眉山縣之南)"라고 했고, 《九域志》에 "미산현에 석불진이 있다(眉山縣有石佛鎭)"라고 했다.

(27) 爾(이): 가깝다. '邇'와 같다. 《詩經・大雅・行葦》에 "친애하는 형제들, 멀리 떨어진 사람 없이

모두 가깝네(戚戚兄弟, 莫遠具爾)"라는 구절이 있다.

(28) 山泉(산천): 산속에 있는 샘. 《怪異記》에 "저룡천은 미산현 석불진에 있는데 일찍이 어린 저룡이 이곳에 숨어 있다가 두 마리의 잉어로 화했다(豬龍泉, 在眉山石佛鎭, 曾有乳豬伏於此, 化二鯉)"라고 했다.

(29) 膏乳(고유): 토지를 비옥하게 하는 성분을 함유하고 있는 유용한 물을 가리킨다.

(30) 畝一金(묘일금): 한 이랑에 일금이 나가다. 《漢書 · 東方朔傳》에 "풍호 일대는 옥토라고들 하는데 땅값이 한 이랑에 일금이다(酆鎬之間, 號爲土膏, 其賈畝一金)"라고 했다.

(31) 逃戶(도호): 세금과 부역을 피하기 위해 외지를 떠도느라 호적이 없는 사람.

(32) 逝將(서장): 장차 ~하려고 하다. '逝'는 의미 없는 조사로 發語詞 역할을 한다. 《詩經 · 魏風 · 碩鼠》에 "나는 이제 너를 떠나, 살기 좋은 저 낙원으로 찾아가련다(逝將去汝, 適彼樂土)"라는 구절이 있다.

(33) 簪紱(잠불): 비녀와 인끈. 관리들의 복식을 가리킨다.

(34) 牛具(우구): 소와 농기구. 한나라 사람 龔遂가 渤海太守로 부임하자 백성들 가운데 칼을 차고 다니는 사람이 있어서 "무엇 때문에 소와 송아지를 허리에 차고 다니는가?"라며 그들을 설득하여 큰 칼은 팔아서 소를 사고 작은 칼은 팔아서 송아지를 사서 성실하게 농사짓게 했다.(《漢書 · 循吏傳》 참조)

(35) 穭(여): 돌벼. 저절로 자라는 벼.

(36) 桐鄕(동향): 지금의 안휘성 桐城縣 서북쪽.

(37) 仲卿(중경): 한나라 사람 朱邑의 字. 그는 젊을 때 동향에서 嗇夫라는 말단 관리를 지냈는데 훌륭한 관리라는 칭송이 자자했다. 그 뒤 다른 곳으로 옮겨 다니며 관직생활을 하다가 병이 들어 죽게 되었을 때 아들에게 자기가 죽거든 동향에다 묻어 달라고 했다. 아들이 그의 유언대로 동향에 묻었더니 동향 사람들이 과연 그를 위해 사당을 세우고 제사를 지냈다.(《한서 · 순리전》 참조) 이 구절은 소철에게 남경 사람들이 흠모해 마지 않을 정도로 이미 오래도록 남경에서 선정을 베풀었으니 이제는 고향으로 돌아가자고 권유한 것으로 보인다.

# 0620. 書泗州[1]孫景山[2]西軒

사주에 있는 손경산의 서헌에 쓴다

| | |
|---|---|
| 落日明孤塔,[3] | 떨어지는 저녁 해에 외로운 탑이 훤하고 |
| 青山繞病身. | 사방의 푸른 산은 병든 몸을 에워쌌다. |
| 知君向西望, | 서헌에서 서쪽으로 바라보는 그대가 |
| 不愧塔中人.[4] | 저 탑 속의 사람에게 부끄럽지 않은 줄 알겠도다. |

**[해설]**

호주지주로 부임해 가는 도중 사주를 지날 때 그곳에 있는 손혁의 서헌에서 바라본 풍경을 묘사하고 그 속에서 욕심 없이 지내는 손혁의 초탈한 인품을 칭송했다.

**[주석]**

(1) 泗州(사주): 지금의 강소성 盱眙.

(2) 景山(경산): 孫奕의 字. 查愼行의 《蘇詩補註》에 "손경산은 이름이 혁이다. 《난성집》에 보인다(孫景山, 名奕. 見《欒城集》)"라고 했다.

(3) 孤塔(고탑): 王十朋의 《百家註分類東坡先生詩》에 "승가탑이다(僧伽塔也)"라고 했다. 승가는 당나라 때의 유명한 서역 승려로 사주 信義坊에 절을 세운 적이 있는 승가대사를 가리킨다. 소식은 희령 4년(1071) 10월 杭州通判으로 부임해 가는 도중에 이곳을 지나가며 〈泗州僧伽塔〉(0170)이라는 시를 지은 적이 있다. 제3구에서 '向西望'이라고 한 것을 보면 승가탑은 서헌보다 더 서쪽에 있었음을 알 수 있다.

(4) 塔中人(탑중인): 왕십붕의 《백가주분류동파선생시》에 "탑 속의 사람이란 승가대사를 말한다(塔中人言僧伽也)"라고 했다.

## 0621. 過泗上[1]喜見張嘉父[2]二首

사수 가를 지나가다가 장가보를 만난 것이 기뻐서

其一

| | |
|---|---|
| 眉間冰雪照淮明,[3] | 미간의 빙설이 회수를 훤히 비추고 |
| 筆下波瀾老欲平.[4] | 나이 들어 붓끝의 파란이 잠잠해지려 하네. |
| 直得全生如許妙,[5][6][7] | 이처럼 묘하게 삶을 보전할 줄만 알았지 |
| 不知形諜已多名.[8] | 드러난 인품으로 이미 이름난 줄은 모르네. |

其二

| | |
|---|---|
| 空翠娛人意自還,[9] | 푸른 하늘이 즐겁게 해 줘 기분이 절로 회복되매 |
| 明窗一榻共秋閑. | 밝은 창 앞 평상에서 한적한 가을을 함께한다. |
| 會知名利不到處,[10] | 명리가 닿지 않는 곳인 줄 틀림없이 잘 알 터 |
| 定把淸觴屬此山.[11] | 급기야 맑은 술잔을 이 산에게 권하나 보다. |

**[해설]**

호주지주로 부임해 가는 도중 사수 가에서 세속적인 욕심을 버리고 초연하게 살아가는 장대형을 만난 기쁨을 노래한 것이다.

**[주석]**

(1) 泗上(사상): 泗水의 가.

(2) 張嘉父(장가보): 施元之의 《施注蘇詩》에 "장가보는 이름이 대형이고 오흥 사람이다. 원풍 8년(1085)의 과거에 급제하여 춘추학을 연구했다.……건중정국(1101) 초에 남해에서 돌아와 맨 먼저 전제명에게 편지를 보내 장가보가 어디에 있는지 물었다(張嘉父, 名大亨, 吳興人. 登元豊八年第, 治春秋學.……建中靖國初, 還自南海, 首以書與錢濟明, 問嘉父今安在)"라고 한 것을 보면 소식이 매우 소중하게 여긴 친구였음을 알 수 있다.

(3) 冰雪(빙설): 희고 윤기 있는 피부를 가리킨다.

(4) 筆下波瀾(필하파란): 감정의 기복이 많은 격렬한 필치를 가리킨다.

(5) 直得(직득): 단지 ~할 수 있을 뿐이다.

(6) 全生(전생): 삶을 온전하게 하다.

(7) 如許(여허): 이와 같다.

(8) 形諜(형첩): 형해 즉 육체 바깥으로 새어 나온 것. 인품을 가리킨다. 《莊子 · 列禦寇》에 "마음속의 정성이 해이해지지 않으면 그것이 육신 밖으로 새어 나와 빛을 이룹니다(內誠不解, 形諜成光)"라는 말이 있다. '諜'은 '渫'과 같다.

(9) 空翠(공취): 푸른 하늘.

(10) 會(회): 틀림없이.

(11) 定(정): 마침내. 결국.

## 0622. 過淮[1]三首贈景山[2]兼寄子由

회수를 지나면서 세 수를 지어 손경산에게 드리고 아울러 자유에게 부친다

### 其一

| | |
|---|---|
| 好在長淮水,[3] | 기다란 회수야 잘 있었느냐? |
| 十年三往來. | 십 년에 세 번이나 여기를 왕래하네. |
| 功名眞已矣, | 공명은 이제 정말 끝장났는데 |
| 歸計亦悠哉. | 돌아갈 계책마저 까마득하네. |
| 今日風憐客,[4] | 오늘은 바람도 손님을 좋아하는지 |
| 平時浪作堆. | 평소에는 풍랑이 산더미를 이루는데 |
| 晚來洪澤口,[5] | 저녁이 다가오자 홍택호 어귀에 |
| 捍索響如雷.[6] | 배를 맨 밧줄이 우레같이 울리네. |

### 其二

| | |
|---|---|
| 過淮山漸好, | 회수를 지나노라니 산세가 점점 좋아지고 |
| 松檜亦蒼然. | 소나무와 노송나무도 푸릇푸릇 아름답다. |
| 靄靄藏孤寺,[7] | 외딴 절은 자욱한 안개 속에 숨어 있고 |
| 泠泠出細泉.[8] | 가느다란 샘물은 졸졸 흘러나온다. |
| 故人眞吏隱,[9] | 친구는 정말 벼슬하며 은거하나니 |

| | |
|---|---|
| 小檻帶巖偏. | 작은 난간이 기우뚱한 바위에 띠를 두르고 있는데 |
| 却望臨淮市,(10)(11) | 저만치 임회의 시가지를 돌아보니 |
| 東風語笑傳. | 담소하는 소리가 동풍에 전해 온다. |

其三

| | |
|---|---|
| 回首濉陽幕,(12) | 수양의 관아를 되돌아보면 |
| 簿書高沒人.(13) | 공문이 높게 쌓여 사람이 묻혔을 터 |
| 何時桐柏水,(14) | 언제나 동백산에서 흘러내려 온 저 물이 |
| 一洗庾公塵.(15) | 유공의 먼지를 말끔히 씻어 줄까? |
| 此去漸佳境, | 여기서 떠나가면 점점 풍경이 멋지련만 |
| 獨游長慘神. | 혼자 노니는지라 늘 마음이 슬플 테니 |
| 待君詩百首,(16) | 그대의 시 백 수가 |
| 來寫浙西春.(17) | 절서의 봄을 그려 주길 기다리려네. |

**[해설]**

회수 부근을 지나갈 때 지어서 손혁에게 주면서 아울러 동생 소철에게도 부친 것으로, 제1수에서는 자신의 처지와 심경을 토로했고, 제2수에서는 관직에 있으면서 정신적으로 은거의 즐거움을 만끽하는 손혁의 삶을 칭송했으며, 제3수에서는 소철과 멀리 떨어져 살아야 하는 아쉬움을 노래했다. 당시 사주에서 소식을 만난 손혁은 소식을 배웅하기 위해 그를 따라 회수까지 갔다가 거기서 둘이 함께 자신의 은거지인 회수 일대를 유람한 것으로 보인다.

**[주석]**

(1) 淮(회): 회수. 하남성 桐柏山에서 발원하여 안휘성을 거쳐 강소성에 있는 洪澤湖로 들어가는 강.
(2) 景山(경산): 孫奕의 字. 〈書泗州孫景山西軒〉(0620) 주 (2) 참조.
(3) 好在(호재): 무사하게 잘 있다.
(4) 風憐客(풍련객): 심한 풍랑을 일으키지 않는다는 말이다.
(5) 洪澤(홍택): 강소성 중서부에 있는 호수. 회하가 이 호수로 흘러든다.

(6) 捍索(한삭): 돛대 양쪽에 매어서 배가 운행 중일 때는 그냥 드리워 놓고 배가 정박할 때는 배가 떠내려가지 않도록 나무나 기둥에 매어 두는 밧줄. 이상의 네 구절은 풍랑이 심해서 배가 잘 못 들어오는 평소와 달리 오늘은 홍택호로 들어와서 정박하는 배가 많다는 말이다.

(7) 靄靄(애애): 안개가 짙게 낀 모양.

(8) 泠泠(영령): 소리가 맑은 모양.

(9) 吏隱(이은): 몸은 관직을 맡고 있으면서 심정적으로 은거하는 것을 말한다. 馮應榴의 《蘇軾詩集合注》에 "손경산을 가리킨다(指景山也)"라고 했다.

(10) 却望(각망): 돌아보다.

(11) 臨淮(임회): 지금의 강소성 홍택현 임회. 이 연은 손혁의 은거지가 속세에서 멀리 떨어져 있지 않다는 뜻으로 '眞吏隱'의 구체적인 모습을 형상적으로 표현한 것이다.

(12) 濉陽幕(수양막): 수양의 막부. 소철이 머물고 있는 南京(지금의 하남성 商丘)의 관아를 가리킨다. 《元和郡縣志》에 "춘추시대의 송나라가 진나라 때는 탕군이 되었고 한나라 때는 수양이라고 했으니 수수가 고을의 남쪽에 있기 때문이었다(春秋宋國, 秦碭郡, 漢曰濉陽, 以濉水在郡之南也)"라고 했다.

(13) 沒人(몰인): 사람을 매몰하다. 풍응류의 《소식시집합주》에 "이것은 자유을 말한 것이다(此言子由也)"라고 했다.

(14) 桐柏水(동백수): 회수를 가리킨다. 《尙書詳解》에 "동백산은 남양군 평씨현 동남쪽에 있는바 회수가 흘러나오는 곳이다(桐柏山在南陽平氏縣東南, 淮水所出)"라고 했다.

(15) 庾公塵(유공진): 庾亮이 일으킨 먼지라는 뜻으로 권세 있는 사람의 도도한 기세를 가리킨다. 유량은 외지로 나가 있을 때에도 조정의 권세를 쥐고 있었기 때문에 권세를 좇는 사람들이 다들 그에게 빌붙었다. 그러나 王導는 심기가 편할 수 없었는데, 한번은 유량이 있는 서쪽에서 거센 바람이 불어 먼지가 일어나자 부채로 먼지를 막으면서 "유량의 먼지가 사람을 다 더럽히는구나!"라고 했다.(《晉書 · 王導傳》 참조)

(16) 君(군): 소철을 가리킨다.

(17) 浙西(절서): 錢塘江의 동남쪽 지역을 절동이라고 하고 그 서북쪽 지역을 절서라고 한다. 여기서는 소식이 부임해 가는 호주를 가리킨다.

## 0623. 舟中夜起

배 안에서 밤에 일어나

| | |
|---|---|
| 微風蕭蕭吹菰蒲,[1] | 산들바람이 솨아솨아 줄과 부들 흔들기에 |
| 開門看雨月滿湖. | 문을 열고 비 오나 보니 달빛이 호수에 가득하다. |
| 舟人水鳥兩同夢, | 사공도 물새도 다 꿈나라로 들어가고 |
| 大魚驚竄如奔狐.[2] | 물고기는 여우처럼 깜짝 놀라 달아난다. |
| 夜深人物不相管,[3] | 사람도 만물도 죽은 듯이 고요한 밤 |
| 我獨形影相嬉娛.[4] | 나만 혼자 그림자를 벗하여 논다. |
| 暗潮生渚弔寒蚓,[5][6] | 밤 파도는 언덕에서 생겨 지렁이를 꾀어 내고 |
| 落月挂柳看懸蛛.[7] | 지는 달은 버들에 걸려 허공에 걸린 거미를 본다. |
| 此生忽忽憂患裏, | 인생이란 우환 속에 후딱 지나가는 것 |
| 清境過眼能須臾.[8][9] | 멋진 장면 보이는 것 순간이렷다. |
| 雞鳴鐘動百鳥散, | 닭 울고 종 울리니 온갖 새들 흩어지고 |
| 船頭擊鼓還相呼. | 뱃머리선 북을 치며 또 서로를 불러댄다. |

**[해설]**

호주지주로 부임해 가는 도중 호수 위에 정박한 배 위에서 하룻밤을 지낼 때 호수 위에 펼쳐진 야경을 묘사하고, 아울러 호수를 삶의 터전으로 삼아 열심히 살아가는 수향 백성들이 부산하게 새벽을 여는 광경을 그린 것이다.

**[주석]**

(1) 蕭蕭(소소): 초목이 흔들리는 소리.
(2) 奔狐(분호): 달아나는 여우.
(3) 相管(상관): 相關하다.
(4) 形影(형영): 형체와 그림자.
(5) 弔(조): 유인하다.
(6) 寒蚓(한인): 기온이 낮은 밤의 지렁이를 가리킨다.
(7) 懸蛛(현주): 거미줄에 매달려 있는 거미.
(8) 過眼(과안): 눈앞을 스쳐가다.
(9) 能(능): 바로 ~이다. '乃'와 같다.

## 0624. 余去金山[(1)]五年而復至, 次舊詩[(2)]韻, 贈寶覺長老[(3)]

금산을 떠난 지 5년 만에 다시 와서 옛날 시에 차운하여 보각장로께 드린다

| | |
|---|---|
| 誰能斗酒博西涼,[(4)(5)] | 누가 서량을 얻으려고 술 한 말을 줄 수 있으리? |
| 但愛齋廚法豉香.[(6)(7)] | 정재에서 나는 된장 향기나 만끽할 따름이네. |
| 舊事眞成一夢過, | 옛날 일은 참으로 스쳐간 일장춘몽이요 |
| 高譚爲洗五年忙.[(8)(9)] | 고담준론이 다섯 해 동안 바빴던 마음을 씻어 주네. |
| 淸風偶與山阿曲,[(10)] | 청풍은 가끔 굽이진 산모롱이를 따라 불어오고 |
| 明月聊隨屋角方.[(11)] | 명월은 잠시 각이 진 지붕 모서리를 따라 돌아가네. |
| 稽首願師憐久客,[(12)(13)] | 오랜 나그네 연민하라고 고개 숙여 스님께 비니 |
| 直將歸路指茫茫.[(14)(15)(16)] | 손가락으로 까마득한 귀로를 가리킬 뿐이네. |

**[해설]**

호주지주로 부임해 가는 길에 강소성 진강에 있는 금산사에 들러서 5년 만에 다시 만난 보각장로에게 지어 준 것이다.

**[주석]**

(1) 金山(금산): 강소성 鎭江에 있는 산. 이 산에 금산사가 있다.

(2) 舊詩(구시): 密州知州로 부임하기 위해 항주를 떠나 북상하는 도중이던 희령 7년(1074) 가을에 지은 〈留別金山寶覺 · 圓通二長老〉(0361)를 가리킨다.

(3) 寶覺長老(보각장로): 《金山志》에 "송나라 보각선사는 바로 육왕 연선사의 법통을 이어받은 후계자로 남악에서 열두 세대를 지냈으며 운문종을 전했다(宋寶覺禪師, 乃育王璉禪師法嗣, 南嶽下十二世, 傳雲門宗)"라고 했다. 馮應榴의 《蘇軾詩集合注》에 "이전의 시에서는 보각・원통 두 장로와 작별했는데 지금은 보각장로에게만 시를 주었으니, 아마도 원통장로는 당시에 이미 다른 곳으로 간 모양이다(前詩留別寶覺・圓通二長老, 今祗贈寶覺, 豈圓通時已他往耶)"라고 했다.

(4) 博(박): 얻다.

(5) 西涼(서량): 고을 이름. 涼州를 가리킨다. 《淵鑑類函・酒二》에 "《돈황장씨전》에 '부풍 사람 맹타는 포도주 한 말을 장양에게 주고 즉시 양주자사에 임명되었다'라는 말이 있다(《燉煌張氏傳》曰: '扶風孟佗, 以蒲萄酒一斗遺張讓, 卽拜涼州刺史.')"라고 했다. 이 구절은 보각장로에게 술을 바친 사람이 없어서 자기가 술을 얻어먹지 못한다는 뜻인 것으로 보인다.

(6) 齋廚(재주): 사원의 주방. 淨齋.

(7) 法豉(법시): 施元之의 《施注蘇詩》에 "금산사에서 옛날부터 전해 오는 전통적인 방식대로 담근 된장은 타의 추종을 불허하는데 손님이 올 때마다 스님이 작은 항아리에 담아서 나누어 준다(金山法製豆豉, 他處莫及, 山僧每以小罌饋遺賓客)"라고 했다.

(8) 高譚(고담): 고상한 이야기. '高談'과 같다.

(9) 爲(위): 나를 위하여. 목적어가 생략된 형태이다.

(10) 山阿曲(산아곡): 산모롱이의 굽이진 곳.

(11) 屋角方(옥각방): 지붕 모서리의 각이 진 곳.

(12) 稽首(계수): 이마가 땅에 닿도록 넙죽 절하다. 최대한의 예의를 갖춘다는 말이다.

(13) 久客(구객): 오랫동안 객지를 떠도는 나그네. 소식 자신을 가리킨다.

(14) 直(직): 단지. '只'와 같다.

(15) 將(장): ~을.

(16) 茫茫(망망): 아득히 먼 모양.

# 0625. 大風留金山[1]兩日

강풍으로 금산사에서 이틀 동안 머물며

| | |
|---|---|
| 塔上一鈴獨自語,[2] | 탑 꼭대기 풍경이 혼잣말로 말하기를 |
| 明日顚風當斷渡. | 내일은 광풍에 나룻길이 끊길 거라 하더니 |
| 朝來白浪打蒼崖, | 아침 되자 흰 물결이 푸른 언덕 마구 쳐서 |
| 倒射軒窗作飛雨.[3][4] | 창문에 거꾸로 뿌리는 빗방울이 되었다. |
| 龍驤萬斛不敢過,[5][6] | 만 섬들이 용양장군 배도 감히 지나가지 못하고 |
| 漁舟一葉從掀舞.[7] | 일엽편주 고깃배는 물결 따라 춤춘다. |
| 細思城市有底忙,[8] | 도시에 무슨 바쁜 일이 있을까 골똘하게 생각하다 |
| 却笑蛟龍爲誰怒.[9] | 도리어 교룡이 누구 때문에 성내느냐며 웃는다. |
| 無事久留童僕怪, | 일 없이 오래 머문다고 종놈이 괴이해 하지만 |
| 此風聊得妻孥許.[10] | 이번 바람엔 그런대로 처자의 허락도 받은 셈이다. |
| 灊山道人獨何事,[11] | 첨산도인은 유독 무슨 일이 있기에 |
| 夜半不眠聽粥鼓.[12] | 밤중에 잠 안 자고 죽고 소리 들을까? |

**[해설]**

호주지주로 부임해 가는 도중 강소성 진강에 있는 금산사에 이르렀을 때 강풍을 만나 배가 운항할 수 없게 되는 바람에 이틀 동안 머무는 심경을 노래한 것이다.

**[주석]**

(1) 金山(금산): 강소성 鎭江에 있는 산. 여기서는 이 산에 있는 금산사를 가리킨다.

(2) 一鈴獨自語(일령독자어): 石勒이 죽던 해에 하늘에 바람 한 점 없이 사방이 고요한데 오로지 탑 위에 매달린 풍경만이 혼자 울리고 있었다. 佛圖澄은 풍경 소리를 잘 알아들었는데 그 소리를 듣고 "풍경 소리가 '금년 안에 國喪이 있겠다'고 하는군" 했다.(《晉書·佛圖澄傳》 참조)

(3) 倒射(도사): 파도로 인하여 생긴 물보라가 위로 치솟아 창문에 뿌려지는 것을 거꾸로 뿌리는 비에 비유한 것이다.

(4) 軒窗(헌창): 창문.

(5) 龍驤(용양): 晉나라 龍驤將軍 王濬이 吳나라를 정벌하기 위해 만든 큰 배라는 뜻으로 보통의 큰 배를 가리킨다.

(6) 萬斛(만곡): 만 섬들이 배를 가리킨다.

(7) 掀舞(흔무): 번쩍 들려서 춤을 추다. 배가 높은 파도 위에서 흔들리는 것을 가리킨다.

(8) 底忙(저망): 무슨 바쁜 일.

(9) 蛟龍(교룡): 풍랑을 일으키는 존재를 가리킨다. 이 연은 부임지인 호주에 무슨 바쁜 일이 있을지 골똘하게 생각하다가 교룡이 일부러 풍랑을 일으켜 자신을 좀 쉬게 해 주는 모양이라고 생각하기에 이르렀다는 말이다.

(10) 妻孥(처노): 처자. 이 구절은 가족들을 진강 시내에 남겨 둔 채 참료 및 진관과 함께 놀기 위하여 자신만 장강 안에 있는 금산사로 갔는데 예상치 않은 풍랑 때문에 하루 더 머물게 되었으니 가족이 이해해 줄 것이라며 좋아한 것이다.

(11) 灊山道人(첨산도인): 王十朋의 《百家註分類東坡先生詩》에 "참료는 호를 첨산도인이라고 한다.……《동안지》에 '잠산은 사방으로 3백 리나 뻗어 있다'라는 기록이 있고 또 도은거가 '잠산은 잠현에 있다'라고 했다. '첨'은 '잠'과 같다(參寥號灊山道人.……按《同安志》: '潛山, 方三百里.' 又陶隱居云: '潛山在潛縣.' '灊'與'潛'同)"라고 했다. 査愼行의 《蘇詩補註》에 "선생은 서주에서 호주로 옮겨 가는 도중 고우를 지날 때 소유 및 참료와 동행했다(先生自徐移湖, 過高郵, 與少遊·參寥同行)"라고 했다.

(12) 粥鼓(죽고): 절에서 여러 사람에게 죽 먹는 시간을 알리기 위해 치는 북. 이 연은 첨산도인이 새벽까지 잠을 이루지 못했다는 뜻이지만 그 자리에 있던 사람들이 다 함께 밤새워 논 일을 해학적으로 표현한 것으로 보인다.

# 0626. 遊惠山[1]并敍

혜산에서 노닌 감회를 노래한 시와 그 서문

余昔爲錢塘倅[2], 往來無錫[3], 未嘗不至惠山. 旣去五年, 復爲湖州[4], 與高郵[5]秦太虛[6]·杭僧參寥[7]同至, 覽唐處士[8]王武陵·竇羣·朱宿所賦詩, 愛其語淸簡蕭然有出塵之姿, 追用[9]其韻, 各賦三首.(나는 옛날에 항주통판으로 있을 때 무석을 왕래했는데 그때마다 혜산에 가지 않은 적이 없었다. 떠난 지 5년 만에 다시 호주를 다스리게 되어 고우 사람 진태허 및 항주 스님 참료와 함께 이곳으로 왔다가 당나라 처사 왕무릉·두군·주숙이 지은 시를 보았는데 그 말이 청려하고 산뜻하여 홍진에서 벗어난 모습을 지니고 있는 것이 좋아서 그들의 운을 사용하여 각자 세 수씩 짓는다.)

## 其一

| | |
|---|---|
| 夢裏五年過, | 꿈속에 다섯 해가 후딱 지나가 버리고 |
| 覺來雙鬢蒼. | 깨어나니 두 살쩍이 희끗희끗해졌는데 |
| 還將塵土足,[10][11] | 다시금 흙먼지가 잔뜩 묻은 이 발로 |
| 一步漪瀾堂.[12] | 맑디맑은 의란당을 한번 밟아 보누나. |
| 俯窺松桂影, | 고개 숙여 소나무와 계수나무의 그림자를 들여다보고 |
| 仰見鴻鶴翔. | 고개 들어 기러기와 학의 비상을 바라보니 |
| 炯然肝肺間,[13][14] | 간과 폐의 사이가 훤해지더니 |
| 已作冰玉光. | 어느새 빙옥이 되어 빛나는구나. |
| 虛明中有色, | 해맑음 가운데 빛깔이 있고 |
| 淸淨自生香. | 청정함 속에서 절로 향을 풍기니 |
| 還從世俗去, | 하루빨리 세속에서 멀리 떠나가 |
| 永與世俗忘. | 영원히 세속에서 잊혀지고 싶구나. |

## 其二

| | |
|---|---|
| 薄雲不遮山, | 엷은 구름이 산을 덮지 않은 정도라 |

| | |
|---|---|
| 疎雨不濕人, | 성긴 비가 사람을 적시지 않는 때에 |
| 蕭蕭松徑滑,(15) | 쏴아쏴아 바람 부는 미끄러운 솔밭 길에 |
| 策策芒鞋新.(16) | 저벅저벅 새삼스레 짚신 소리가 나네. |
| 嘉我二三子,(17) | 함께 있는 친구들이 가상하나니 |
| 皎然無淄磷.(18) | 너무나 밝고 맑아 물들거나 닳지 않네. |
| 勝遊豈殊昔, | 멋진 유람 옛날과 다를 리가 없으매 |
| 淸句仍絶塵. | 산뜻한 시구가 옛날처럼 초연하네. |
| 弔古泣舊史,(19) | 옛 일을 애도하고 옛 역사에 눈물 짓고 |
| 疾讒歌小旻.(20) | 참소를 싫어하고 〈소민〉을 노래했으니 |
| 哀哉扶風子,(21) | 아아 애달프게도 부풍 사람은 |
| 難與巢許鄰.(22) | 소보나 허유와 이웃 되긴 어려웠겠네. |

其三

| | |
|---|---|
| 敲火發山泉,(23) | 부싯돌로 불 붙이고 산속의 샘을 길어 |
| 烹茶避林樾.(24) | 나무 그늘로 들어가 차를 끓여 가지고 |
| 明窗傾紫盞,(25) | 밝은 창에서 자줏빛 찻잔을 기울이니 |
| 色味兩奇絶. | 색깔과 맛이 둘 다 기이하고 절묘하네. |
| 吾生眠食耳, | 내 인생은 날마다 자고 먹을 뿐이라 |
| 一飽萬想滅. | 일단 배만 부르면 아무 생각 없기에 |
| 頗笑玉川子,(26) | 옥천자가 삼백 개의 월단차를 받아서 |
| 飢弄三百月.(27) | 굶주림 속에 즐겼다고 몹시 비웃었나니 |
| 豈如山中人,(28) | 이게 어찌 산속에 은거하는 사람이 |
| 睡起山花發. | 자다 깨면 산에 꽃이 피는 것과 같으리? |
| 一甌誰與共, | 향긋한 차 한 사발 누구와 함께하리? |
| 門外無來轍.(29) | 대문 밖에 찾아오는 수레가 없을 테니. |

**[해설]**

호주지주로 부임해 가는 도중 무석에 이르러 진관 및 참료와 함께 혜산을 유람하다가 당나라 처사 왕무릉·두군·주숙이 지은 시를 보고 그 시의 청려하고 산뜻한 맛을 좋아하여 이에 차운한 것이다. 제1수는 왕무릉의 시에 차운한 것으로 의란당 주변의 맑고 청정한 경색에 도취된 나머지 세속을 떠나고 싶어지게 된 심경을 노래했고, 제2수는 속세와 동떨어진 혜산에서 노니는 즐거움을 노래하고 이어서 두군의 위인을 회고했으며, 제3수는 일행이 함께 차를 마시다가 일어난, 세속적인 유력자들이 찾아오지 않는 깊은 산속에서 술을 마시고 또 차를 음미하는 초탈한 생활에의 동경심을 노래했다.

**[주석]**

(1) 惠山(혜산): 강소성 無錫의 서쪽에 있는 산.
(2) 錢塘倅(전당쉬): 杭州通判.
(3) 無錫(무석): 지금의 절강성 무석.
(4) 湖州(호주): 지금의 절강성 호주.
(5) 高郵(고우): 지금의 강소성 고우.
(6) 太虛(태허): 秦觀의 字.
(7) 參寥(참료): 절강성 於潛 출신의 스님으로 소식의 절친한 친구인 道潛의 字. 〈次韻僧潛見贈〉(0578) 주 (1) 참조.
(8) 處士(처사): 查愼行의 《蘇詩補註》에 "세 사람은 나중에 모두 간관의 반열에 올랐으나 혜산에서 시를 지을 때는 모두 아직까지 벼슬길에 나아가지 않은 상태였기 때문에 동파가 처사라고 한 것이다(三人後皆登諫列, 而題詩惠山日, 皆未仕也. 故東坡目以處士)"라고 했다.
(9) 追用(추용): 옛날 사람의 운자를 사용하여 시를 짓다.
(10) 將(장): ~으로.
(11) 塵土足(진토족): 세속에서 생활한 자신의 발을 가리킨다.
(12) 漪瀾堂(의란당): 무석의 천하제2천 위에 지은 건물. 사신행의 《소시보주》에 "주욱의 《비릉지》에 '의란당은 혜산의 제2천 위에 있다'라는 기록이 있다(朱昱《毘陵志》: '漪瀾堂, 在惠山第二泉上.')"라고 했다.
(13) 炯然(형연): 밝게 빛나는 모양.
(14) 肝肺(간폐): 간과 폐. 인체의 내부 기관, 더 나아가 내심을 가리킨다.
(15) 蕭蕭(소소): 나뭇잎이 바람에 흔들리는 소리.
(16) 策策(책책): 물체가 마찰하여 나는 소리.
(17) 二三子(이삼자): 몇몇 사람. 함께 간 사람들을 가리킨다.

(18) 無緇磷(무치린): 물이 들어서 검어지거나 닳아서 얇아지는 일이 없다. 지극히 고결하고 굳건하다는 말이다. 《論語 · 陽貨》에 "'워낙 견고하면 갈아도 닳지 않는다'고 하지 않더냐? '워낙 희면 검은 물을 들여도 검어지지 않는다'고 하지 않더냐?(不曰: '堅乎磨而不磷'? 不曰: '白乎涅而不緇'?)"라는 말이 있다.

(19) 舊史(구사): 반악의 〈馬汧督誄幷序〉에 "이 미천한 신하도 옛날 사관의 말직에 몸을 의탁하고 있는데 감히 애도하는 글을 짓지 않을 수 있겠는가? 그리하여 다음과 같은 뇌문을 짓는다(微臣託乎舊史之末, 敢闕其文哉? 乃作誄曰)"라고 한 바와 같이 '舊史'를 '옛날 사관'으로 볼 수도 있지만, 여기서는 관직에 나아간 뒤의 두군이 옛날의 부당한 역사적 사실에 대하여 몹시 슬퍼하고 분개하는 현실참여적인 태도를 취했다는 말로 보는 편이 더 나을 것 같다.

(20) 小旻(소민): 《詩經 · 小雅》의 편명. 〈毛詩序〉에 "대부가 유왕을 풍자한 것이다(大夫刺幽王也)"라고 했다. 이 구절은 두군이 관직에 있을 때 올곧은 정치를 했다는 말이다.

(21) 扶風子(부풍자): 소식의 자주에 "두군을 말한다(謂竇羣)"라고 했다. 그는 부풍 平陵 사람으로 毗陵(지금의 강소성 常州)에서 은거했는데 절개와 지조가 남다른 것으로 소문이 나 있었다. 《春秋》를 공부하여 《史記名臣疏》 34권을 지었으며 나중에는 左拾遺 · 御史中丞 등의 관직을 역임했다.(《구당서 · 두군전》 참조)

(22) 巢許(소허): 요임금 때의 은자 巢父와 許由. 사신행의 《소시보주》에 "그의 〈初入諫司喜家室至〉라는 절구에 '하루아침에 맹광을 보고 희비가 교차하나니, 십 년 동안 고생스레 풍랑과 짝하였네. 붓과 벼루가 벼슬 얻는 데 힘이 된 줄 모르고, 아직도 하루에 남을 위해 몇 줄이나 쓰는지 물어 보네'라고 한바, 속인의 형상에 가깝다. 이것이 소식의 시에 '소보나 허유와 이웃 되긴 어려웠겠네'라고 한 까닭이다(其〈初入諫司喜家室至〉絶句曰: '一旦悲歡見孟光, 十年辛苦伴滄浪. 不知筆硯緣封事, 猶問傭書日幾行.' 近于俗狀矣. 此蘇詩所以有'難與巢許鄰'之句也)"라고 했다.

(23) 敲火(고화): 부싯돌을 쳐서 불을 일으키다.

(24) 林樾(임월): 나무 그늘. 《玉篇》에 "초지방에서는 두 나무가 그늘을 교차시키는 곳을 '樾'이라고 한다(楚謂兩樹交陰之下曰樾)"라고 했다.

(25) 紫盞(자잔): 蔡襄의 《茶錄》에 "차의 색깔이 희면 검은 잔이 적합하다. 건안 지방에서 생산한 것은 감색을 띤 흑색이고 무늬가 토끼털 같으며, 다른 곳에서 생산한 것은 색깔이 간혹 보랏빛을 띠는지라 모두 이에 못 미친다(茶色白, 宜黑盞. 建安所造者, 紺黑, 紋如兎毫, 他處或色紫, 皆不及也)"라고 했다.

(26) 玉川子(옥천자): 당나라 시인 盧仝의 호. 그는 차를 무척 좋아했다. 그의 시 〈走筆謝孟諫議寄新茶〉에 "한 사발을 마시니 목과 입술이 촉촉해지고, 두 사발을 마시니 외로움과 번민이 사라지고, 세 사발을 마시니 메마른 창자를 뒤지는데, 오로지 오천 권의 문자밖에 없으며, 네 사발을 마시니 가벼운 땀이 나서, 평소의 불만스럽던 여러 가지 일들이, 털구멍을 통하여 깡그리 발산되고, 다섯 사발 마시니 온몸이 서늘하고, 여섯 사발 마시니 신선이 된 듯하며, 일곱 사발은 아무래도 다 마실 수 없는 일, 겨드랑이에서 솔솔 청풍이 이는 걸 느낄 뿐이네(一碗喉吻潤, 兩碗破

孤悶. 三碗搜枯腸, 唯有文字五千卷. 四碗發輕汗, 平生不平事, 盡向毛孔散. 五碗肌骨淸, 六碗通仙靈, 七碗吃不得也, 唯覺兩腋習習淸風生)"라는 구절이 있다.

(27) 三百月(삼백월): 3백 개의 月團. 월단은 團茶의 일종이다. 노동의 시 〈走筆謝孟諫議寄新茶〉에 "열어 보니 간의대부 얼굴이 완연히 보이는데, 손으로 세어 보니 월단이 삼백 개 있네(開緘宛見諫議面, 手閱月團三百片)"라는 구절이 있다. 주 (26) 참조.

(28) 山中人(산중인): 이백의 시 〈山中與幽人對酌〉에 "피어나는 산꽃 속에 둘이 앉아 대작하며, 한 잔 하고 한 잔 하고 또 한 잔 하다, '나 취하여 졸리니 일단 돌아 갔다가, 내일 생각 있으면 거문고 안고 오게' 하네(兩人對酌山花開, 一杯一杯復一杯. 我醉欲眠卿且去, 明朝有意抱琴來)"라고 한 바, '山中人'은 이백 시의 '幽人'처럼 산속에 은거하는 사람을 가리킨다.

(29) 來轍(내철): 찾아오는 고관대작의 수레를 가리킨다.

# 0627. 贈惠山[1]僧惠表[2]

혜산의 스님 혜표에게

|  |  |
|---|---|
| 行遍天涯意未闌, | 천애를 다 돌아다녀도 의욕이 식지 않아 |
| 將心到處遣人安.[3] | 마음으로 도처에 가서 남을 편안케 하셨네. |
| 山中老宿依然在,[4] | 산속의 늙은 스님은 변함없이 계시지만 |
| 案上楞嚴已不看.[5] | 책상 위의 《능엄경》은 이미 보지 않으시네. |
| 攲枕落花餘幾片, | 베개에 기대 있어도 꽃이 다 져서 |
| | 몇 조각만 남은 줄 잘도 아시고 |
| 閉門新竹自千竿. | 문을 닫아 놓아도 햇대나무 천 그루가 |
| | 절로 담을 뚫은 줄 잘도 아시네. |
| 客來茶罷空無有, | 손님이 와도 차 다 마시면 아무것도 없는데 |
| 盧橘楊梅尙帶酸.[6][7][8] | 비파와 양매는 익지 않아 아직 신맛을 띠고 있네. |

**[해설]**

가난한 생활 속에서도 청정한 기품을 잃지 않고 중생을 제도하기에 힘쓰는 혜산사 혜표 스님의 삶의 모습을 찬양한 것이다.

**[주석]**

(1) 惠山(혜산): 강소성 無錫의 서쪽에 있는 산. 이 산에 혜산사가 있다.

(2) 惠表(혜표): 구체적인 행적이 알려져 있지 않다.

(3) 將(장): 지니다. 이 구절은 혜표스님이 세속을 초월한 초연한 마음으로 중생들에게 설법을 베풀어서 그들의 마음을 편안하게 해 주었다는 뜻이다.

(4) 老宿(노숙): 나이가 지긋하고 덕행이 높은 스님.

(5) 楞嚴(능엄): 《능엄경》. 불교 경전의 하나로 선종 사상을 밝히고 선가의 수행 방법을 구체적으로 설명해 놓은 책이다. 이 연은 혜표스님이 이미 선정의 경지에 들어서 더 이상 불경을 읽을 필요도 없다는 말이다.

(6) 盧橘(노귤): 金橘. 중국의 영남지방에서는 枇杷를 가리킨다. 朱翌의 《猗覺寮雜記》에 "영남지방에서는 비파를 노귤 열매라고 하기 때문에 소동파가 '비파와 양매가 차례대로 새로 난다'라고 한 것이다(嶺外以枇杷爲盧橘子, 故東坡云: '盧橘梅梅次第新')"라고 했다. 여름 과일로 식용 또는 양조용으로 쓰인다.

(7) 楊梅(양매): 소귀나무의 열매. 여름에 구형의 자주색 열매가 열리는바 식용으로 쓰인다.

(8) 帶酸(대산): 덜 익었다는 말이다. 이 연은 더 이상 손님에게 대접할 것이 아무것도 없다는 말이다.

## 0628. 贈錢道人[1]
전도인에게

書生苦信書,
世事仍臆度.[2]
不量力所負,
輕出千鈞諾.[3]
當時一快意,
事過有餘怍.
不知幾州鐵,[4]
鑄此一大錯.[5]
我生涉憂患,
常恐長罪惡.
靜觀殊可喜,
脚淺猶容却.[6][7]
而況錢夫子,
萬事初不作.
相逢更何言,
無病亦無藥.[8]

이 서생은 참으로 책을 잘 믿어
세상사를 자꾸만 억측했나니
감당할 능력을 헤아리지 못하고
경솔하게 천 균짜리 승낙을 하였지요.
당시에는 한바탕 유쾌했지만
지나고 나서 보니 너무 부끄럽군요.
몇 고을의 무쇠를 긁어모아서
이 큰 칼을 빚었는지 모르겠군요.
제 인생은 우환에 발 담그고 있는지라
죄악을 조장할까 언제나 두렵지만
가만히 살펴보니 무척 기뻐할 만한 건
발을 살짝 담근 덕에 뺄 수 있는 것이지요.
하물며 전선생은
만사를 애당초에 시작하지 않았으니
둘이 서로 만난들 무슨 말을 더 하리오?
병이 들지 않았으니 약도 필요 없겠지요.

**[해설]**

자신이 관직에 나아가고 또 신법파와 정쟁을 벌인 일을 전도인이 산속에 은거하며 근심 걱정 없이 마음 편하게 사는 것과 비교하여, 전도인의 선택이 옳고 자신의 선택이 잘못되었다고 술회한 것이다. 자신의 방문을 받고도 별로 말을 하지 않는 전도인을 보고 특유의 장난기가 발동하여 해학적인 필치로 그 사실을 꼬집고자 하는 것이 창작 동기가 되었을 것으로 보인다.

**[주석]**

(1) 錢道人(전도인): 무석 사람 錢顗의 동생으로 당시 혜산에서 수도하고 있었다. 〈至秀州, 贈錢端公安道, 並寄其弟惠山老〉(0248) 주 (4) 및 〈惠山謁錢道人, 烹小龍團, 登絶頂, 望太湖〉(0339) 주 (2) 참조.

(2) 臆度(억탁): 근거도 없이 마음대로 생각하다. 억측하다.

(3) 千鈞諾(천균낙): 3만 근이나 될 정도로 막중한 승낙. 구체적으로 무엇을 가리키는지 분명하지 않은데, 紀昀은 "순전히 왕개보 일파로 인하여 한 말로 전적으로 송시의 격조를 사용했지만 스스로 일종의 마멸시킬 수 없는 글을 이루었다(純爲王介甫輩發, 全用宋格, 然自是一種不可磨滅文字)"라고 했다. 이 말에 의하면 관직에 나아가기로 한 일을 가리킬 가능성이 크다.

(4) 幾州鐵(기주철): 당나라 때 魏博(지금의 하북성 大名)의 장수 羅宏信이 죽고 아들 羅紹威가 그의 뒤를 이었더니 휘하 병사 8천 명이 더욱 교만해졌으므로 汴京 사람과 협의하여 모두 죽여 버렸다. 그리하여 평소에 마음 먹었던 것을 이루기는 했으나 梁祖의 제재를 더 많이 받게 되었다. 이에 나소위가 심복에게 6州 43縣의 무쇠를 다 긁어모아서 金錯刀를 만들라고 했으나 뜻을 이루지 못했다.(《北夢瑣言·神告羅宏信》 참조)

(5) 錯(착): 금착도. 칼과 자신의 착오를 동시에 가리키는 중의적인 표현이다. 사실상 자신의 착오를 가리키면서 해학적인 효과를 위하여 나소위의 전고를 인용한 것이다.

(6) 脚淺(각천): 정쟁의 소용돌이에 발을 깊이 들여놓지 않고 지방관으로 나와 버린 일을 가리키는 것으로 보인다.

(7) 容却(용각): 물러나는 것을 용인하다.

(8) 藥(약): 세속적인 일에서 비롯된 고통을 해소해 주는 수단을 가리킨다. 《傳燈錄》에 "백장회해선사가 말하기를 '부처님은 중생의 약이다. 병이 없으면 약을 먹을 필요가 없다. 병도 없고 약도 없는 것은 비유하자면 맑은 물과 같다'라고 하셨다(百丈懷海禪師云: '佛是衆生邊藥, 無病不要喫藥, 藥病俱消, 喻如清水.')"라는 말이 있다. 이 구절은 전도인이 처음부터 세속적인 일에 발을 들여놓지 않아 세속적인 일로 마음을 다치지 않았기 때문에 하소연할 필요도 없다는 말이다.

## 0629. 與秦太虛[1]・參寥[2]會於松江[3], 而關彥長[4]・徐安中[5]適至, 分韻得風字二首

진태허・참료와 송강에서 모였는데 마침 관언장・서안중이 왔기에 운자를 분배하여 시를 지을 때 '風'자를 배정받아

其一

吳越溪山興未窮,[6] 오월 땅의 산천에 대한 흥취가 끝나지 않아
又扶衰病過垂虹.[7] 늙고 병든 몸으로 또 수홍교를 지나네.
浮天自古東南水,[8][9] 천지에 찬 게 자고로 동남쪽의 물인데
送客今朝西北風.[10] 손님 보내려 이즈음에 서북풍이 불었네.
絶境自忘千里遠,[11][12] 천 리나 떨어진 먼 곳임을 스스로 잊었나니
勝游難復五人同. 다섯이 함께 멋진 놀이를 다시 하기 어려울 텐데
舟師不會留連意,[13] 뱃사공은 아쉬워하는 이 마음을 모르고
擬看斜陽萬頃紅. 붉게 물든 만경의 석양을 보여 주려고 하네.

其二

二子緣詩老更窮,[14] 두 분은 시 때문에 늙어서 더 궁하나니
人間無處吐長虹.[15][16] 이 세상 어디에도 무지개 토할 곳 없었겠네.
平生睡足連江雨,[17] 평소에 잠이 충분한데 강에 가득 비마저 내리고
盡日舟橫擘岸風.[18][19] 온종일 배가 뒹굴더니 급기야 거센 바람이 부네.
人笑年來三黜慣,[20] 사람들은 몇 년 사이에 세 번 쫓겨났다고 웃지만

天教我輩一樽同. 하늘은 우리더러 함께 한잔 하게 하네.
知君欲寫長相憶,[(21)(22)(23)] 언제나 그리워한 속마음을 전하고파
更送銀盤尾鬣紅.[(24)] 은쟁반에 또 고기를 보낸 줄을 알겠네.

**[해설]**

진관·참료·관경인·서안중과 함께 송강에서 노닐 때 '風'자를 운자로 배정받아서 지은 것이다. 제1수는 송강에서 다섯 사람이 함께 노는 즐거움을 노래했고, 제2수는 관경인과 서안중의 인품을 칭송함과 동시에 그들과의 교유를 즐거워했다.

**[주석]**

(1) 太虛(태허): 秦觀의 字.
(2) 參寥(참료): 절강성 於潛 출신의 스님으로 소식의 절친한 친구인 道潛의 字. 〈次韻僧潛見贈〉(0578) 주 (1) 참조.
(3) 松江(송강): 지금의 吳淞江 또는 蘇州河. 태호에서 흘러나와 상해를 거쳐 황해로 들어간다.
(4) 彦長(언장): 關景仁의 字. 《宋詩紀事》에 "관경인은 자가 언장이고 전당 사람으로 관로의 아들인데 가우 4년(1059)에 진사에 급제했다(關景仁, 字彦長, 錢塘人, 魯之子. 嘉祐四年進士)"라고 했다.
(5) 徐安中(서안중): 구체적인 행적이 알려져 있지 않다.
(6) 吳越(오월): 춘추시대의 오나라와 월나라 땅이었던 지금의 강소성과 절강성 일대.
(7) 垂虹(수홍): 송강에 놓인 다리 이름이기도 하고 그 다리 가운데에 있던 정자 이름이기도 하다. 《吳郡志》에 "수홍교는 오강의 동문 밖에 있는 다리의 이름으로 일명 장교라고도 한다. 경력 8년(1048) 현위 왕정견이 지었는데 동서로 100장이 넘으며 중간에 수홍정이 있다(垂虹, 吳江東門外橋名, 一名長橋. 慶曆八年, 縣尉王庭堅建, 東西百餘丈, 中間有垂虹亭)"라고 했다. 수홍정은 당시 사람들이 즐겨 연회를 벌이던 유명한 장소였다. 소식은 밀주지주로 부임해 가는 도중이던 희령 7년(1074) 9월에도 수홍정을 지나갔다. 〈九日黃樓作〉(0565) 주 (19) 참조.
(8) 浮天(부천): '浮天載地'의 준말로 천지에 가득 찼다는 뜻이다. 《郭氏玄中記》에 "천하에 많고 많은 것이 물이니 하늘을 띄우고 땅에 가득하다(天下之多者, 水焉, 浮天載地)"라고 했다.
(9) 東南(동남): 지금의 강소성과 절강성 일대를 가리킨다. 이 일대에는 물이 많기 때문에 江南水鄕이라고 불린다.
(10) 送客(송객): 자신을 서주에서 호주로 보내는 것을 가리킨다.
(11) 絶境(절경): 풍경이 절묘한 곳.
(12) 千里遠(천리원): 도성에서 멀리 떨어진 곳임을 뜻하는 것으로 보인다.

(13) 留連(유련): 미련이 남아서 선뜻 떠나지 못하다. 이 연은 뱃사공은 그곳의 석양이 볼 만하다며 구경시켜 주고 싶어 하지만 자신들은 거기서 오래오래 놀고 싶기 때문에 해가 지는 것이 오히려 아쉽다는 말이다.

(14) 二子(이자): 관경인과 서안중을 가리킨다.

(15) 人間(인간): 속세.

(16) 長虹(장홍): 수홍교를 가리킨다. 이 구절은 능력을 발휘할 곳이 없었겠다는 말이다.

(17) 連江(연강): 강에 가득하다.

(18) 舟橫(주횡): 배가 가로놓여 있다. 韋應物의 〈滁州西澗〉에 "봄 계곡에 빗물 섞여 저녁 되자 더 거센데, 나루터에 사람은 없고 배만 홀로 뒹군다(春潮帶雨晚來急, 野渡無人舟自橫)"라는 구절이 있다.

(19) 擘岸(벽안): 王十朋의 《百家註分類東坡先生詩》에 "남방에서는 바람이 불어서 배가 언덕에 부딪치는 것을 엄안이라고 하고, 바람이 불어서 배가 언덕에서 떨어져 나가는 것을 개안이라고 한다. 벽안은 바로 개안이라는 뜻이다(南中, 風吹舟拍岸, 謂之罨岸; 風吹舟離岸, 謂之開岸. 擘岸乃開岸之義也)"라고 했다. 이 연은 두 사람에게 할 일이 없다는 말이다.

(20) 三黜慣(삼출관): 세 번이나 쫓겨나서 쫓겨나는 것이 습관화되다. 여러 차례 지방관으로 전전한 것을 가리킨다. 《論語·微子》에 "유하혜는 사사가 되었다가 세 번이나 쫓겨났다. 사람들이 '당신은 떠나 버릴 수 없었습니까?'라고 하자 '도를 바르게 하여 남을 섬긴다면 어디에 간들 세 번 쫓겨나지 않겠소? 도를 굽혀서 남을 섬길 양이면 어찌 부모의 나라를 떠날 필요가 있겠소?'라고 했다(柳下惠爲士師, 三黜. 人曰: '子未可以去乎?' 曰: '直道而事人, 焉往而不三黜? 枉道而事人, 何必去父母之邦?')"라는 말이 있다.

(21) 君(군): 물고기를 가지고 온 관경인을 가리킨다. 〈次韻關令送魚〉(0631) 주 (1) 참조.

(22) 寫(사): 속마음을 토로하다.

(23) 長相憶(장상억): 한나라 蔡邕의 시 〈飮馬長城窟行〉에 "멀리서 온 손님이, 나에게 잉어를 한 쌍 주었네. 아이를 불러서 잉어를 삶았더니, 배 속에 한 자나 되는 편지가 들어 있네.……위에는 식사를 잘하라는 말이 있고, 밑에는 언제나 보고 싶다는 말이 있네(客從遠方來, 遺我雙鯉魚. 呼童烹鯉魚, 中有尺素書.……上有加餐飯, 下有長相憶)"라고 했다.

(24) 尾鬣紅(미렵홍): 꼬리와 등지느러미가 붉은 것. 물고기를 가리킨다. 이 연은 관경인이 물고기를 가져다준 일을 해학적으로 표현한 것이다.

## 0630. 次韻答參寥[(1)]

차운하여 참료에게 화답한다

| | |
|---|---|
| 我有方外客,[(2)] | 나에게는 탈속한 친구가 있어 |
| 顔如瓊之英.[(3)] | 얼굴이 옥석처럼 맑고 고운데 |
| 十年塵土窟, | 십 년 동안 먼지 속을 돌아다녀도 |
| 一寸冰雪淸.[(4)] | 한 치짜리 심장이 빙설처럼 맑다네. |
| 揭來從我遊, | 이곳저곳 오가며 나를 따라 노니는데 |
| 坦率見眞情. | 솔직하고 담백하여 진정을 보이나니 |
| 顧我無足戀, | 나는 돌아보아도 좋아할 데 없는 사람 |
| 戀此山水靑. | 푸르른 이 산수를 좋아하는 것이리라. |
| 新詩如彈丸, | 새 시를 짓는 것이 탄환 같나니 |
| 脫手不暫停.[(5)] | 손을 벗어날 때까지 잠시도 쉬지 않네. |
| 昨日放魚回, | 어제는 물고기를 방생하고 돌아와 |
| 衣巾滿浮萍. | 옷과 두건에 부평초가 가득하더니 |
| 今日扁舟去, | 오늘은 조그마한 배를 한 척 띄워서 |
| 白酒載烏程.[(6)] | 백주를 가득 싣고 오정으로 나가네. |
| 山頭見月出, | 산꼭대기에서 달 뜨는 것 보기도 하고 |
| 江路聞鼉鳴. | 강변 길에서 악어 소리 듣기도 하네. |
| 莫作孺子歌,[(7)] | 어린애의 노래를 지어 창랑의 물에 |

| | |
|---|---|
| 滄浪濯吾纓.(8) | 내 갓끈을 씻겠다고 하지 마시오. |
| 吾詩自堪唱, | 내 노래도 나름대로 부를 만하니 |
| 相子棹歌聲.(9) | 그대의 뱃노래에 화답할 만하다오. |

**[해설]**

승려 친구 참료의 시에 화답한 것으로 그의 초탈한 인품과 유유자적하는 생활을 찬양했다.

**[주석]**

(1) 參寥(참료): 절강성 於潛 출신의 스님으로 소식의 절친한 친구인 道潛의 字. 〈次韻僧潛見贈〉(0578) 주 (1) 참조.
(2) 方外客(방외객): 세속 밖에 사는 사람. 참료를 가리킨다.
(3) 瓊之英(경지영): 옥석. '瓊英'과 같다.
(4) 一寸(일촌): 심장 즉 마음을 가리킨다.
(5) 脫手(탈수): 시가 완성되는 것을 가리킨다. 이 연은 참료가 시를 매우 빠른 속도로 짓는다는 말이다.
(6) 烏程(오정): 지금의 절강성 湖州. 거기서 생산된 술을 가리키기도 한다.
(7) 孺子歌(유자가): 어린아이의 노래. 《孟子・離婁上》에 "한 어린아이가 '창랑의 물이 맑으면 내 갓끈을 씻을 수 있고, 창랑의 물이 흐리면 내 발을 씻을 수 있네'라고 노래했다(有孺子歌曰: '滄浪之水淸兮, 可以濯我纓; 滄浪之水濁兮, 可以濯我足)"라는 말이 있다.
(8) 滄浪(창랑): 강 이름. 漢水의 지류라는 설, 한수의 상류라는 설, 한수의 하류라는 설, 夏水라는 설 등 여러 가지 설이 있다. 이 밖에 강 이름이 아니라 푸른 물이라는 설도 있다.
(9) 相(상): 절구질을 할 때 주거니 받거니 하며 타령하다. 창화를 가리킨다. 《禮記・檀弓上》에 "이웃에 초상이 나면 절구질할 때 타령을 하지 않는다(鄰有喪, 舂不相)"라고 했다.

## 0631. 次韻關令[1]送魚[2]

관현령이 물고기를 보내오면서 함께 부친 시에 차운하여

擧網驚呼得巨魚,[3] 그물을 들어 대어를 잡았다 놀라 소리쳤겠고
饞涎不易忍流酥.[4][5] 방울방울 흐르는 침을 참기 쉽지 않았을 텐데
更煩赤脚長鬚老,[6] 더욱이 맨발에다 수염이 긴 늙은이에게
來趁西風十幅蒲.[7] 서풍에 맞춰 열 폭짜리 부들 돛도 올리게 했네.

**[해설]**

현령 관경인이 물고기를 보내면서 함께 보내온 시에 차운한 것이다.

**[주석]**

(1) 關令(관령): 査愼行의 《蘇詩補註》에 "관현령은 바로 앞 시의 제목에서 말한 관언장이다(關令卽前題中關彦長也)"라고 했다.
(2) 送魚(송어): 사신행의 《소시보주》에 "앞 시 제2수의 마지막 구절은 바로 물고기를 보낸 일을 가리킨다(前詩第二首結句, 卽指送魚事)"라고 했다.
(3) 驚呼(경호): 깜짝 놀라서 소리치다.
(4) 饞涎(참연): 군침이 흐르다.
(5) 流酥(유수): 채색 깃털이나 꼰 실 따위를 이삭 모양으로 엮어서 드리운 장식품. 주로 말이나 휘장의 장식에 쓰이며 '流蘇'라고도 한다. 여기서는 침이 방울방울 흐르는 현상을 가리킨다.
(6) 赤脚長鬚老(적각장수로): 늙은 하인을 가리킨다. 한유의 시 〈寄盧仝〉에 "긴 수염에 두건 안 쓴 하인이 하나 있고, 맨발에다 늙어서 이 없는 하녀가 하나 있네.……선생이 뜻이 있어 왕림을 허

락하고, 수염 긴 사람 편에 잉어 한 쌍을 보냈네(一奴長鬚不裹頭, 一婢赤脚老無齒.……先生有意許降臨, 更遣長鬚致雙鯉)"라는 구절이 있다.

(7) 十幅蒲(십폭포): 부들을 엮어서 만든 큰 돛을 가리킨다. 《國史補》에 "선박의 왕래는 서강이 가장 왕성하니 부들을 엮어서 돛을 만들었는데 큰 것은 간혹 수십 폭이나 되는 것도 있다. 백사장에서 거슬러올라 가느라 항상 동북풍을 기다리는데 이것을 조신풍이라고 한다(舟船之盛, 盡於西江, 編蒲爲帆, 大者或數十幅. 自白沙泝流而上, 常待東北風, 謂之潮信風)"라고 했다. 이 연은 관경인이 하인에게 시켜서 물고기를 배에 싣고 소식에게 갖다 주게 했다는 말이다.

## 0632. 次韻秦太虛[1]見戲[2]耳聾

귀가 어둡다고 나를 놀린 진태허의 시에 차운하여

君不見
詩人借車無可載,[3]
留得一錢何足賴.
晚年更似杜陵翁,[4]
右臂雖存耳先聵.
人將蟻動作牛鬪,[5][6]
我覺風雷眞一噫.
聞塵掃盡根性空,[7][8]
不須更枕淸流派.[9]
大朴初散失渾沌,[10][11]
六鑿相攘更勝敗.[12]
眼花亂墜酒生風,[13]
口業不停詩有債.[14]
君知五蘊皆是賊,[15]
人生一病今先差.[16]
但恐此心終未了,
不見不聞還是礙.

그대는 보지 못했는가
시인이 수레를 빌려도 실을 것이 없는 것을?
돈 한 푼을 남겨 둔들 어찌 의지할 만하리?
만년에는 더구나 두릉의 노인 같아
오른팔은 멀쩡하지만 귀가 먼저 먹었네.
어떤 이는 개미 소리를 소싸움으로 여겼다는데
나는 바람과 우레가 정말 트림 소리로 들리네.
문진을 말끔히 쓸어 버리면 본성이 텅텅 비니
더 이상 맑은 물을 베고 잘 것 없다네.
원시 대도가 없어지자 혼돈이 사라졌고
육정이 서로 다투자 승패가 거듭됐네.
안화가 마구 떨어지는 건 술로 바람이 생긴 탓이요
구업이 그치지 않는 것은 시 빚이 있기 때문이네.
오온이 다 해로운 줄 그대는 알 터
나는 인생의 한 가지 병이 먼저 나은 것이라네.
다만 하나 두려운 건 이 마음이 끝내 맑지 않아
못 보고 못 듣는 걸 여전히 장애로 여기는 것이네.

| | |
|---|---|
| 今君疑我特佯聾,(17) | 지금 그대는 내가 단지 귀먹은 척한다 의심하며 |
| 故作嘲詩窮嶮怪. | 조롱하는 시를 지어 온갖 험담을 다 하네. |
| 須防額癢出三耳,(18) | 이마가 가려워지며 귀 세 개가 나오는 걸 막아야 하니 |
| 莫放筆端風雨快. | 붓끝이 풍우처럼 빨리 움직이게 놔두지 말게. |

**[해설]**

소식이 귀가 어두워진 것을 보고 농담조로 지은 진관의 시에 차운한 것이다. 불교의 교리를 빌려 귀가 어두워진 것을 다행한 일이라고 역시 농담조로 응수했다.

**[주석]**

(1) 太虛(태허): 秦觀의 字.

(2) 見戲(견희): 나를 희롱하다. 〈次韻王定國馬上見寄〉(0562) 주 (2) 참조.

(3) 借車(차거): 孟郊의 시 〈借車〉에 "수레를 빌려서 가구를 실었더니, 가구가 수레에 다 차지 않네(借車載家具, 家具少於車)"라는 구절이 있다. 이 연은 시인이란 으레 가난한 법인 줄 알기 때문에 자신이 결코 돈을 아끼기 위해 병을 안 고치는 것이 아니라는 말이다.

(4) 杜陵翁(두릉옹): 두보를 가리킨다. 그의 시 〈清明〉에 "이 몸은 여기저기 떠돌아다니느라, 오른팔이 마비되고 귀도 반은 먹었네(此身飄泊苦西東, 右臂偏枯半耳聾)"라는 구절이 있다.

(5) 人(인): 晉나라 사람 殷仲堪의 부친을 가리킨다. 《진서 · 은중감전》에 "은중감의 부친은 일찍이 耳鳴症을 앓은 적이 있는데 침대 밑에 개미 기어가는 소리를 듣고 소가 싸우는 것이라고 했다(仲堪父嘗患耳聰, 聞床下蟻動, 謂之牛鬪)"라는 말이 있다.

(6) 將(장): ~을.

(7) 聞塵(문진): 귀로 들어서 일어나는 세속적인 마음을 가리킨다. 《圓覺經》에 "식이 청정하므로 문진이 청정하고, 문이 청정하므로 이근이 청정하고, 근이 청정하므로 안식이 청정하고, 식이 청정하므로 각진이 청정하다(識清淨故, 聞塵清淨; 聞清淨故, 耳根清淨; 根清淨故, 眼識清淨; 識清淨故, 覺塵清淨)"라고 했다.

(8) 根性(근성): 본성.

(9) 清流派(청류파): 맑은 물. 이 구절은 맑은 물로 귀를 씻을 필요가 없다는 뜻이다.

(10) 大朴(대박): 원시 상태의 大道.

(11) 渾沌(혼돈): 하늘과 땅이 아직 나뉘지 않은 자연 그대로의 상태. 남해의 제왕 儵과 북해의 제왕 忽이 중앙의 제왕 혼돈을 찾아가 융숭한 대접을 받고 그 은혜에 보답할 방법을 의논한 결과 "사람은 누구나 일곱 개의 구멍을 가지고 있어서 그것으로 보고 듣고 먹고 숨쉬고 하는데 이 사람만 유독 그것이 없으니 한번 뚫어 주기로 하세" 하고는 하루에 구멍을 하나씩 뚫어 주었는데 일

곱째 날 혼돈이 죽고 말았다.(《莊子 · 應帝王》 참조)

(12) 六鑿(육착): 육정, 즉 喜 · 怒 · 哀 · 樂 · 愛 · 惡의 여섯 가지 감정. 이 구절은 경우에 따라 번갈아 가며 각종 감정이 기승을 부린다는 말이다.

(13) 眼花(안화): 눈앞에 불똥 같은 것이 어른거리는 증상. 이 구절은 술을 많이 마셔서 건강에 이상이 생기는 바람에 안화가 심하게 발생한다는 말이다.

(14) 口業(구업): 입으로 짓는 죄업이라는 뜻의 불교 용어. 시 지을 일이 많아서 자꾸만 구업을 짓는다는 말이다.

(15) 五蘊(오온): 생멸 · 변화하는 모든 것을 구성하는 다섯 가지 요소, 즉 물질인 色蘊, 감각 인상인 受蘊, 지각 또는 표상인 想蘊, 마음의 작용인 行蘊, 마음인 識蘊을 가리킨다.

(16) 一病差(일병차): 한 가지 병이 낫다. 귀가 어두워진 것을 가리킨다. '差'는 '瘥'와 같다.

(17) 特(특): 단지.

(18) 額癢(액양): 이마가 가렵다. 수나라 사람 董慎이 冥府에서 일을 볼 때 張審通을 불러서 서기로 삼았다. 동신이 장심통에게 판결문을 쓰라고 했더니 天府에서 잘못되었다고 동신을 꾸짖었다. 동신이 大怒하여 고깃덩어리로 장심통의 귀를 막아 버리라고 했다. 장심통의 간청으로 다시 한 번 판결문을 쓰게 했더니 이번에는 제대로 썼다. 이에 동신이 기뻐하며 귀를 막은 고깃덩어리를 제거하게 하고 귀를 하나 조각하여 그의 이마에 붙여 주었다. 며칠이 지나자 이마가 가려워지더니 귀가 하나 생겼다. 이리하여 장심통은 귀가 더욱 밝아졌다.(張君房, 《脞說》 참조) 이 연은 진관에게 시를 너무 잘 지으면 장심통처럼 귀가 하나 더 생길지도 모르니 너무 잘 짓지 말라고 우스갯소리를 한 것으로 말조심을 권고한 것이기도 하다.

## 0633. 端午遍遊諸寺得禪字

단옷날 여러 절을 두루 돌아다니며 놀 때 '禪'자를 운자로 얻어

| | |
|---|---|
| 肩輿任所適, | 가마가 가는 대로 내맡겨 두다 |
| 遇勝輒流連.(1) | 멋진 곳을 만나면 곧 정신없이 놀았네. |
| 焚香引幽步,(2) | 분향을 하기 위해 한가한 걸음도 옮기고 |
| 酌茗開淨筵. | 차를 한잔 하기 위해 말끔한 자리도 폈네. |
| 微雨止還作, | 가랑비는 그치려다 다시 내리고 |
| 小窗幽更姸. | 작은 창은 어둑하여 더욱 멋졌네. |
| 盆山不見日,(3) | 사방에 산이 솟아 해가 아니 보이는데 |
| 草木自蒼然. | 풀과 나무 저절로 새파랗게 보였네. |
| 忽登最高塔,(4) | 갑자기 가장 높은 탑으로 올라가니 |
| 眼界窮大千.(5) | 눈앞에 대천세계가 다 펼쳐졌네. |
| 卞峰照城郭,(6) | 변산의 푸른 빛이 성을 비추고 |
| 震澤浮雲天.(7) | 태호에는 구름 낀 하늘이 떠 있었네. |
| 深沉旣可喜, | 깊숙하여 즐길 만했을 뿐만 아니라 |
| 曠蕩亦所便. | 넓게 트여 마음이 편안하기도 했네. |
| 幽尋未云畢, | 그윽한 곳 다 찾아다니지 못했는데 |
| 墟落生晩煙. | 마을에서 저녁 연기 피어 올랐네. |
| 歸來記所歷, | 돌아와도 다닌 곳이 눈에 선하여 |

| | |
|---|---|
| 耿耿淸不眠.[8] | 정신이 말똥말똥 잠을 이룰 수 없네. |
| 道人亦未寢,[9] | 도인도 나처럼 잠이 오지 않는지 |
| 孤燈同夜禪. | 외로운 등과 함께 참선하시네. |

**[해설]**

왕문고의 《소식시집》에 "이 시부터는 모두 호주에서 지은 것이다(自此首起, 以下皆湖州作)"라고 한 바와 같이 호주지주로 부임한 지 얼마 안 된 단옷날 호주 일대에 있는 여러 절을 유람한 감회를 노래한 것이다. 《동파지림》에 "나는 오흥에 살 때 비영사에 가서 노닐고 지은 시에서 '가랑비는 그치려다 다시 내리고, 작은 창은 어둑하여 더욱 멋졌네. 사방에 산이 솟아 해가 아니 보이는데, 풀과 나무 저절로 새파랗게 보였네'라고 했거니와 오월 땅에 가지 않고는 이런 경치를 볼 수 없다(僕寓吳興有游飛英詩, 云: '微雨止還作, 小窗幽更姸. 盆中不見日, 草木自蒼然.' 非至吳越, 不見此景也)"라고 한 것을 보면 이날 유람한 절 중에서 비영사가 특히 인상 깊었던 모양이다.

**[주석]**

(1) 流連(유련): 노는 데 정신이 팔려서 돌아갈 줄 모르다.
(2) 幽步(유보): 한가한 발걸음.
(3) 盆山(분산): 동이처럼 사방에 둘러서서 분지를 이룬 산.
(4) 最高塔(최고탑): 비영탑을 가리킨다. 《吳興志》에 "비영사는 호주 관청 소재지의 북쪽에 있는데 절 안에 비영탑이라는 탑이 있다(飛英寺在湖州府治北, 寺中有塔, 名飛英)"라고 했다.
(5) 大千(대천): 대천세계. 須彌山을 중심으로 이루어진 세계가 천 개 모여서 하나의 소천세계를 이루고, 소천세계가 천 개 모여서 중천세계를 이루며, 중천세계가 천 개 모여서 대천세계를 이룬다.
(6) 卞峰(변봉): 변산. 지금의 절강성 호주의 서북쪽에 있는 산. 《吳興統記》에 "변산은 오정현에서 북쪽으로 18리 되는 곳에 있다(卞山在烏程縣北一十八里)"라고 했다.
(7) 震澤(진택): 太湖. 호주의 북쪽에 있는 큰 호수. 《오흥통기》에 "구구수는 태호로 일명 진택이라고도 하는데 너비가 183리이다(具區藪, 太湖也, 一名震澤, 廣一百八十三里)"라고 했다.
(8) 耿耿(경경): 또렷한 모양.
(9) 道人(도인): 王文誥의 《蘇軾詩集》에 "참료를 말한다. 당시 진소유와 함께 호주에 있었다(謂參寥也. 時與少游同在湖州)"라고 했다. 이 연은 참료도 잠을 이루지 못한 채 묵묵히 생각에 잠겨 있는 것을 해학적으로 표현한 것이다.

## 0634. 送劉寺丞[(1)]赴餘姚[(2)]

여요로 가는 유시승을 전송하며

| | |
|---|---|
| 中和堂後石楠樹,[(3)(4)] | 중화당 뒤편의 석남수 아래에서 |
| 與君對牀聽夜雨.[(5)] | 그대와 마주 누워 밤비 소리 들었지. |
| 玉笙哀怨不逢人,[(6)] | 옥생을 슬피 타던 그 사람은 못 만나고 |
| 但見香烟橫碧縷. | 향 연기만 푸른 실을 마구 뿜어 댔었지. |
| 謳吟思歸出無計,[(7)] | 돌아가자 읊었지만 나갈 방도가 없어 |
| 坐想蟋蟀空房語.[(8)(9)] | 귀뚜리가 빈방에서 우는 거나 생각했지. |
| 明朝開鎖放觀潮,[(10)] | 이튿날 아침 문을 열어 조수를 보게 하자 |
| 豪氣正與潮爭怒.[(11)] | 다들 호기가 조수와 한창 웅장하기를 다투었건만 |
| 銀山動地君不看,[(12)] | 은빛 산이 땅을 흔드는 것 그대는 보지 않고 |
| 獨愛淸香生雲霧.[(13)] | 운무 속에 맑은 향이 피는 것만 좋아했지. |
| 別來聚散如宿昔,[(14)] | 떠난 뒤로 떨어져 지낸 것 어제 일만 같은데 |
| 城郭空存鶴飛去.[(15)] | 성곽만 휑하게 남고 학은 날아가 버렸네. |
| 我老人間萬事休, | 나는 늙어 세상만사 다 끝장났고 |
| 君亦洗心從佛祖.[(16)] | 그대도 마음 씻고 부처님을 따르느라 |
| 手香新寫法界觀,[(17)] | 손에 향내 피우며 《법계관》을 새로 쓰고 |
| 眼淨不覰登伽女.[(18)] | 눈이 맑아 등가녀는 더 이상 보지 않네. |
| 餘姚古縣亦何有, | 오래된 현 여요엔 또 무엇이 있으리오? |

龍井白泉甘勝乳.[19] 용정의 흰 샘물이 젖보다 달 것이니
千金買斷顧渚春,[20][21] 천금으로 고저춘을 몽땅 산다면
似與越人降日注.[22][23] 월인에게 일주차를 내리는 것과 같겠네.

**[해설]**

시승 유휘가 여요로 가는 것을 전송한 것이다. 항주통판으로 재임할 때 그와 함께 과거 시험을 관리하던 일을 회상하고, 아울러 그에게 여요로 간 뒤 그곳 백성들과 조화를 이루며 선정을 베풀어 줄 것을 당부했다.

**[주석]**

(1) 劉寺丞(유시승): 施元之의 《施注蘇詩》에 "유시승은 이름이 휘이고 자가 행보로 장흥 사람이며, 동생 의는 자가 의옹인데 모두 진사에 급제했다. 희령 5년(1072) 임자년에 행보는 항주 진사시험의 고관인 소동파에게 □□되었는데 이때부터 형제가 다 동파공을 따라다녔다(劉寺丞, 名撝, 字行甫, 長興人. 弟誼, 字宜翁. 皆擧進士. 熙寧壬子歲, 行甫爲杭州進士考官東坡□□, 自是兄弟皆從公遊)"라고 했다.

(2) 餘姚(여요): 지금의 절강성 여요. 항주에서 동남쪽으로 약 100km 정도 떨어져 있다. 《元和郡縣志》에 "순임금의 서자를 봉한 곳인데 순임금의 성이 요씨이기 때문에 여요라고 한다(舜後支庶所封, 舜姓姚, 故曰餘姚)"라고 했다. 시원지의 《시주소시》에 "그로부터 7년 뒤에 동파공이 호주지주가 되었을 때 행보가 장흥에서 출발하여 군성을 지나 여요로 갔다(後七載, 公守湖州, 行甫自長興道郡城, 赴餘姚)"라고 했다.

(3) 中和堂(중화당): 시원지의 《시주소시》에 "중화당은 과거시험 답안지를 채점한 곳일 것이다(中和堂, 蓋校士所也)"라고 했다. 王十朋의 《百家註分類東坡先生詩》에 "중화당은 항주에 있는데 동파선생이 항주통판으로 있을 때 이곳에서 추계시험을 감독했으므로 이 구절은 유시승도 고시관이었음을 뜻한다(中和堂在杭州, 先生爲倅日, 監秋試, 意劉寺丞爲試官也)"라고 했다.

(4) 石楠樹(석남수): 나무 이름. 꽃은 관상용으로 쓰이고 잎은 약용으로 쓰인다. 《述異記》에 "곡부고성에 안회의 무덤이 있고 무덤 위에 석남수 두 그루가 있는데, 둘레가 30~40뼘은 되는바 본토인들의 말에 의하면 안회가 손수 심은 나무라고 한다(曲阜古城有顔回墓, 墓上石楠二株, 可三四十圍, 土人云顔回手植之木)"라는 기록이 있다.

(5) 對牀聽夜雨(대상청야우): 소식 형제는 開封에서 制科를 준비할 때 韋應物의 시 〈示全眞元常〉의 "나는 군수 직을 그만두고 떠났는데, 그대들은 바깥 일에 끌려다니니, 어찌 알리오 바람 불고 비 오는 밤에, 또 이렇게 마주보고 잘 수 있을지?(余辭郡符去, 爾爲外事牽. 寧知風雨夜, 復此對牀眠?)"라는 구절에 감명을 받아서 자기 형제도 일찌감치 벼슬을 그만두고 고향으로 돌아가 침상

을 나란히 놓고 마주 누워서 밤비 소리를 들으며 정담을 나누다가 잠이 들기로 약속했다. 이것이 이른바 '對牀夜雨'의 약속이다. 소식은 항주에서 과거시험을 관리할 때 유시승과 함께 중화당에서 자면서 대상야우의 기분을 느꼈던 모양이다.

(6) 玉笙(옥생): 《風俗通》에 "한나라 장제 때 영릉문학 해경이 순임금의 사당 밑에서 생을 하나 주웠는데 피리가 백옥으로 만든 것이었다. 이로써 옛날에는 옥으로 생을 만들었는데 후인들이 대나무로 바꾸었음을 알 수 있다(漢章帝時, 零陵文學奚景, 於舜祠下得笙, 蓋白玉管也. 乃知古以玉爲笙, 後人易以竹耳)"라고 한 바와 같이, 옥으로 피리를 만든 생을 가리키기도 하지만 옥으로 장식한 생을 가리키기도 하고 보통 생의 미칭으로 쓰이기도 한다. 중화당에서 과거시험 답안지를 채점하던 시절에 지은 시 〈望海樓晩景五絶〉(0213)에 "누각 아래 뉘 집에서 밤에 향을 피우는가? 초가을에 생황 소리도 구슬프게 울린다(樓下誰家燒夜香, 玉笙哀怨弄初涼)"라는 구절이 있다.

(7) 思歸(사귀): 유휘가 과거시험 채점 장소인 중화당에서 집으로 돌아가는 것을 가리킨다.

(8) 坐(좌): 공연히.

(9) 蟋蟀(실솔): 귀뚜라미. 《詩經・唐風・蟋蟀》에 "귀뚜라미 방에 드니, 이해도 저무누나(蟋蟀在堂, 歲聿其莫)"라는 구절이 있다. 이 구절은 자기 집에서 일어날 일을 생각했다는 말이다.

(10) 觀潮(관조): 錢塘江이 바다로 들어가기 직전의 위치인 절강성 海寧 부근에는 매일 두 차례씩 밀물이 들어올 때면 바닷물이 강으로 밀려 올라와 강물을 역류시킨다. 이것을 錢塘潮 또는 해녕조라고 한다. 이러한 현상은 매년 음력 8월 15일에서 18일 사이에 가장 심하기 때문에 이때가 되면 수많은 사람들이 몰려들어 潮水가 밀려드는 장관을 구경한다. 이것을 觀潮 또는 看潮라고 한다. 왕십붕의 《백가주분류동파선생시》에 "선생은 항주에서 과거시험을 감독할 때 8월 16일에 방을 붙였다(先生監試杭州時, 以八月十六日放榜)"라고 했다. 〈催試官考較戲作〉(0218) 주 (7) 참조.

(11) 爭怒(쟁노): 맹렬한 정도를 다투다.

(12) 銀山(은산): 역류하는 조수가 일으키는 산더미 같은 파도를 가리킨다.

(13) 淸香(청향): 옥생을 타는 여인의 방에서 피어나던 향을 가리킨다. 주 (6) 참조.

(14) 宿昔(숙석): 아침저녁. 짧은 시간을 가리킨다.

(15) 鶴飛去(학비거): 한나라 때 遼東 사람 丁令威는 靈虛山에서 득도하여 학이 된 뒤 고향으로 돌아가 성문 앞의 華表柱에 앉아 있었는데 소년들이 보고 활로 쏘려고 하므로 공중으로 날아올라 빙빙 돌면서 "이 새는 이 새는 정영위라네. 집 떠난 지 천 년 만에 이제 돌아왔다네. 성곽은 그대론데 사람은 아니구나. 신선술을 왜 안 배워 무덤이 저리 많나?(有鳥有鳥丁令威, 去家千年今始歸. 城郭如故人民非, 何不學仙冢纍纍)" 하고 노래를 부르고는 하늘 높이 올라가 버렸다.(《搜神後記》 참조) 여기까지는 중화당에서 과거시험 답안지를 채점하던 시절에 생황 타는 한 여인을 보고 유휘가 그녀에게 연모의 정을 품었던 일을 회상한 것으로 보인다.

(16) 佛祖(불조): 석가모니. 성불하여 하나의 종파를 연 사람.

(17) 法界觀(법계관): 《華嚴經》에서 말하는 법계에 들어가는 觀法을 설파한 책. 소식의 자주에 "동생이 보내온 편지에 근래에 이 책을 보았다고 했는데 나는 아직 본 적이 없다(來書云近看此書, 余未嘗見也)"라고 했다.

(18) 登伽女(등가녀): 摩登伽女. 아난존자를 유혹하려고 한 음란한 여자. 옥생을 타던 여인을 가리킨다. 주 (6) 참조.

(19) 龍井白泉(용정백천): 《嘉泰會稽志》에 "여요현 비도산에서 서쪽으로 1리 되는 곳에 영서산이 있어서 남쪽으로 요강을 굽어보고 있는바 일명 서산이라고도 한다. 산허리에 작은 샘이 있는데 물이 고갈된 적이 없으니 이른바 용천이다(餘姚縣秘圖山之西一里, 有靈緖山, 南俯姚江, 亦名嶼山. 山腰有微泉, 未嘗竭, 所謂龍泉也)"라고 했다.

(20) 買斷(매단): 다 사다.

(21) 顧渚春(고저춘): 호주 장흥현의 고저산에서 생산되는 차. 勞鉞의 《湖州志》에 "장흥현의 고저산 옆에는 두 산이 마주 보고 있는데 큰 계곡이 그 사이로 흘러서 좋은 차가 생산된다. 금사천이라는 샘이 있는데 물이 늘 나오지는 않는다. 매년 봄 차를 만들 때가 되어 태수가 제사를 올리고 나면 곧 맑은 물이 넘치다가 차 만들기가 끝나면 즉시 물이 마른다(長興縣顧渚山旁, 有二山, 相對, 大澗中流, 產茶異品. 有泉曰金沙, 不常出. 每春將造茶, 太守致祭, 頃卽淸溢, 造畢卽涸)"라고 했고, 晁公武의 《郡齋讀書志》에 "육우가 교연·주방 등과 차를 논하여 고저춘을 으뜸으로 품평했다(陸羽與皎然·朱放輩論茶, 以顧渚春爲第一)"라고 했다.

(22) 越人(월인): 여요 사람들을 가리킨다.

(23) 日注(일주): 歐陽修의 《歸田錄》에 "차는 양절지방에서 많이 나는데 양절지방의 제품 가운데 일주가 으뜸이다(草茶盛於兩浙, 兩浙之品, 日注爲第一)"라고 했다. 이 연은 여요지방의 좋은 물로 유휘의 고향에서 사 간 고저춘 차를 끓이면 여요지방에서 나는 최고급 차인 일주차와 같은 맛을 낼 수 있을 것이라는 말이다.

卷19

# 古今體詩四十八首

## 고체시 및 근체시 48수

권19에는 상서사부원외랑직사관권지호주군주사(尙書祠部員外郎直史館權知湖州軍州事)로 근무 중이던 원풍 2년(1079) 5월부터 오대시안(烏臺詩案)으로 인하여 책수검교상서수부원외랑황주단련부사본주안치(責授檢校尙書水部員外郎黃州團練副使本州安置)의 유배령을 받고 어사대 감옥에서 나온 그해 12월까지의 작품 48수가 수록되어 있다.

## 0635. 霅(1)上訪道人不遇

삽계로 도인을 찾아갔다가 만나지 못하고

| | |
|---|---|
| 花光紅滿欄, | 꽃 빛은 벌겋게 난간에 가득하고 |
| 草色綠無岸. | 풀 색은 퍼렇게 언덕을 뒤덮었다. |
| 不逢青眼人,(2) | 청안시할 사람을 만나지 못해 |
| 長歌白石澗.(3) | 흰 돌 널린 계곡에서 길게 노래 부른다. |

### [해설]

호주의 삽계에 은거하는 한 도인을 찾아갔다가 만나지 못한 감회를 노래한 것으로 빨간색과 초록색, 파란색과 하얀색의 색채 대비가 두드러진다.

### [주석]

(1) 霅(삽): 霅溪. 절강성 湖州를 지나 북쪽으로 흘러 太湖로 들어가는 강.

(2) 青眼人(청안인): 阮籍이 눈을 바로 뜨고 검은자위로 대할 사람이라는 뜻으로 도인을 가리킨다. 《진서 · 완적전》에 "완적은 눈을 바로 떠서 검은자위로 사람을 대하거나 눈을 치켜 떠서 흰자위로 사람을 대하는 것을 조절할 수 있었는데, 예의와 습속을 중시하는 사람을 만나면 흰자위로 대했다(籍能爲青白眼, 見禮俗之士, 以白眼對之)"라고 했다.

(3) 白石(백석): 신선들이 양식으로 삼았다는 흰 돌. 劉向의 《列仙傳 · 白石生》에 "백석생은 중황장인의 제자인데 팽조 때 이미 2천 살이 넘었다……일찍이 흰 돌을 삶아서 양식으로 삼았다(白石生, 中黃丈人弟子, 彭祖時已二千餘歲……嘗煮白石爲糧)"라는 말이 있다.

## 0636. 李公擇[1]過高郵[2], 見施大夫[3]與孫莘老[4]賞花詩, 憶與僕去歲會於彭門[5]折花饋筍[6]故事, 作詩二十四韻見戲[7], 依韻奉答, 亦以戲公擇云

이공택이 고우에 들러 시대부가 손신로와 함께 꽃구경한 일을 읊은 시를 보고 작년에 나와 팽문에서 만났을 때 내가 작약꽃을 꺾어 주고 죽순을 나누어 준 일이 생각나서 24운짜리 시를 지어 나에게 농담을 하기에 그 운자에 의거하여 삼가 화답하면서 나 또한 이것으로 이공택에게 농담한다

| | |
|---|---|
| 汝陽眞天人,[8] | 여양왕은 참으로 천상 세계 사람이라 |
| 絹帽著紅槿.[9] | 비단 모자에 붉은 무궁화가 달라붙어 안 떨어졌고 |
| 纏頭三百萬,[10] | 전두를 삼백만 전 받을 솜씨였건만 |
| 不買一微哂.[11] | 단 한 번도 그의 미소를 산 적 없었고 |
| 共誇青山峰,[12] | 푸른 산이 끄떡없음을 다들 자랑했나니 |
| 曲盡花不隕. | 한 곡조가 다 끝나도 꽃이 아니 떨어졌네. |
| 當時謫仙人,[13] | 그 옛날에 하늘에서 귀양 온 신선은 |
| 逸韻謝封畛.[14][15] | 풍운이 표일하여 봉토 받기를 사양했고 |
| 詩成天一笑,[16] | 시가 다 지어지면 하늘이 한 번 웃어 |
| 萬象解寒窘.[17] | 만상이 얼어붙은 웅크린 자세를 풀었나니 |
| 驚開小桃杏, | 복사꽃과 살구꽃을 깜짝 놀라 피게 하지 |
| 不待雷發軫.[18] | 우레가 울리기를 기다릴 필요 없었네. |
| 餘波尙涓滴,[19] | 그 여파가 여전히 방울방울 떨어져 |
| 乞與居易稹.[20][21] | 백거이와 원진에게 주어졌을 뿐 |
| 爾來誰復見,[22] | 그 뒤로 더 이상은 아무도 안 나타나 |
| 前輩風流盡. | 선배들의 풍류가 그것으로 끝났네. |
| 寂寞兩詩人,[23] | 적막하게 지내는 두 사람의 시인은 |

| | |
|---|---|
| 殘紅對櫻筍.[24][25] | 시들어 버린 꽃 속에서 앵두와 죽순을 대하는데 |
| 飢腸得一醉, | 주린 창자에 술이 들어가 한 번 취하자 |
| 妙語傳不泯. | 절묘한 시어가 하염없이 쏟아지네. |
| 君來恨不與,[26] | 그대가 시를 보내 함께 못한 걸 한탄하며 |
| 更復相牽引. | 다시 나를 그 속으로 끌어넣는데 |
| 我老心已灰, | 나는 늙어 마음이 이미 재가 되었나니 |
| 空煩扇餘燼. | 남은 불씨 살리려고 괜히 애쓰는 것이네. |
| 天游照六鑿,[27][28] | 나는 육정을 꿰뚫어보아 하늘에서 노닐고 |
| 虛室掃充牣.[29] | 가득한 물건을 쓸어 내어 방을 텅텅 비웠나니 |
| 懸知色竟空,[30][31] | 물질세계가 결국에는 공허한 줄 알거늘 |
| 那復嗜烏吻.[32] | 어찌 더 이상 부자를 좋아하리오? |
| 蕭然一方丈,[33] | 쓸쓸하디쓸쓸한 작은 방에서 |
| 居士老龐蘊.[34] | 거사로 살아가는 늙은 방온은 |
| 散花從滿褫, | 뿌린 꽃이 가사를 뒤덮게 놓아두고 |
| 不答天女問.[35] | 천녀의 물음에는 대답도 하지 않는데 |
| 故人猶故目,[36][37] | 옛 친구는 여전히 옛 눈으로 나를 보고 |
| 怨句寫餘恨.[38] | 원망하는 시구로 여한을 그렸으니 |
| 疑我此心在,[39] | 나에게 이 마음이 아직도 남아 있어 |
| 遮防費欄楯.[40][41] | 그것을 막으려고 난간을 친다 의심하며 |
| 應虞已斃蛇, | 틀림없이 죽은 뱀의 끊어진 꼬리라도 |
| 折尾時一蠢.[42] | 이따금 한 번씩 꿈틀거릴 줄 알겠지만 |
| 仄聞孟光賢,[43] | 나는 맹광의 어진 말에 귀를 기울이느라 |
| 未學處仲忍.[44] | 왕처중의 잔인함을 배우지 못했다네. |
| 寄招應已足,[45] | 편지를 보내 불러 준 것으로 이미 만족했을 텐데 |
| 左右侍雲鬢.[46] | 좌우에 미인들이 모시고 있었다 놀렸으니 |
| 何時花月夜, | 언제나 꽃 피고 달 뜨는 밤에 |
| 羊酒謝不敏.[47] | 양고기와 술로 불민함을 사죄하려나? |
| 此生如幻耳, | 우리 인생 몽환처럼 허망할 따름이니 |

戲語君勿慍. 농담으로 한 말에 화를 내지 마시고
應同亡是公,(48) 무시공이 자허를 한 번 보고는
一對子虛听.(49)(50) 빙긋이 웃은 것과 똑같이 해야 하네.

**[해설]**

소식은 서주에서 이상을 만났을 때 그에게 작약꽃을 꺾어 주고 죽순을 나누어 준 적이 있었는데, 이상이 고우에서 시대부가 손각과 함께 꽃구경한 일을 읊은 시를 보고 옛날 일을 생각하며 농담 어린 시를 지어 소식에게 보냈다. 이 시는 이상의 시에 화답하여 농담으로 응수한 것이다. 이 시의 내용으로 미루어 보건대, 이상은 원시에서 아름다운 꽃도 구경하고 미인들과 즐겁게 놀기도 한 고우에서의 멋진 모임에 참석하지 못해서 불쌍하다고 소식을 놀린 것으로 보인다.

**[주석]**

(1) 公擇(공택): 李常의 字. 馮應榴의 《蘇軾詩集合注》에 "이공택은 당시 회남서로제점형옥을 맡고 있었다(李公擇時任淮南西路提刑)"라고 했다.
(2) 高郵(고우): 지금의 강소성 고우.
(3) 施大夫(시대부): 구체적인 행적이 알려져 있지 않다.
(4) 莘老(신로): 孫覺의 字. 그는 고우 사람으로 진사에 급제하여 가우(1056-1063) 연간에 昭文院의 서적을 편찬하고 교정하는 일을 맡았으며, 희령(1068-1077) 연간에 간언을 하다가 잘못되어 廣德軍知軍으로 나갔고 이듬해에는 湖州知州로 옮겼다.(《宋史·孫覺傳》 및 《東都事略·孫覺傳》 참조)
(5) 彭門(팽문): 지금의 강소성 徐州.
(6) 折花饋筍(절화궤순): 소식은 서주지주로 재임 중이던 원풍 원년(1078)에 고향 친구가 보내 준 죽순과 자기 정원에서 꺾은 작약을 이상에게 나누어 주면서 〈送筍芍藥與公擇二首〉(0533)를 지은 적이 있다.
(7) 見戱(견희): 나에게 농담하다. 〈次韻王定國馬上見寄〉(0562) 주 (2) 참조.
(8) 汝陽(여양): 여양왕 李璡을 가리킨다. 두보 〈八哀詩〉 중의 〈贈太子太師汝陽郡王璡〉에 "여양왕은 양황제의 아들이신데, 용모가 참으로 하늘나라 사람 같네(汝陽讓帝子, 眉宇眞天人)"라고 했다.
(9) 絹帽(견모): 비단 모자. 여양왕 이진은 현종이 특별히 총애하여 행차할 때마다 잠시도 떨어지지 않았다. 한번은 그가 매끈한 비단 모자를 쓰고 곡조를 연주하는데 황제가 친히 붉은 무궁화를

한 송이 꺾어서 모자에 얹었다. 모자와 꽃이 둘 다 매끄러운지라 한참 만에야 제대로 얹혔다. 그러나 여양왕이 〈山香〉 한 곡조를 연주하며 춤을 추었는데도 불구하고 꽃이 떨어지지 않았다. 이에 황제가 크게 웃으며 황금 그릇을 하사했다.(南卓, 《羯鼓錄》 참조) 이 연은 여양왕의 갈고 연주 솜씨가 워낙 숙련되어서 손만 움직이고 머리는 조금도 움직이지 않을 수 있었다는 말이다.

(10) 纏頭(전두): 옛날에 기녀들이 가무를 마치고 나면 상으로 주던 비단. 나중에는 기녀들에게 상으로 주는 물품을 통칭하는 말이 되었다. 현종이 〈紫雲回〉와 〈凌波曲〉이라는 곡조를 짓고 淸元小殿에서 연주회를 열어 寧王이 玉笛을 불고, 양귀비가 琵琶를 타고, 현종이 羯鼓를 두드리고, 馬仙期가 方響을 치고, 賀懷智가 拍을 치고, 張野狐가 箜篌를 타고, 李龜年이 觱篥을 불었다. 내로라하는 사람들이 다들 악기를 연주했는데 양귀비의 언니인 秦國婦人만 그것을 관람하고 있었다. 연주가 끝난 뒤 현종이 진국부인에게 "내 악대가 부인을 모셨으니 전두를 좀 주시오" 하고 우스갯소리를 하자, 진국부인이 "대당천자의 처형이 어찌 돈이 없겠습니까?" 하며 3백 만 전을 내놓았다.(《楊太眞外傳》 참조) '纏頭三百萬'은 현종이 여양왕에게 하사한 황금 그릇을 가리킨다. 주(9) 참조.

(11) 微哂(미신): 미소. 이 연은 여양왕이 탁월한 솜씨를 지녔지만 결코 물질적 대가에 만족하지는 않았다는 말이다.

(12) 靑山峰(청산봉): 施元之의 《施注蘇詩》에 "《갈고록》에 '송개부가 황상과 북에 관한 일을 논하다가 황상에게 말하기를 "머리가 파란 산봉우리와 같고 두 손이 하얀 빗방울과 같으면 갈고를 잘 칠 수 있습니다"라고 했다'는 기록이 있거니와 '산봉우리'는 움직이지 않는다는 의미를 취한 것이고 '빗방울'은 빠르다는 의미를 취한 것이다(《羯鼓錄》: '宋開府與上論鼓事, 謂上曰: "頭如靑山峰, 手如白雨點, 卽羯鼓之能事"', '山峰'取不動, '雨點'取碎急)"라고 했다.

(13) 謫仙人(적선인): 하늘에서 폄적된 신선이라는 뜻으로 이백을 가리킨다. 이백이 처음으로 長安에 들어갔을 때 賀知章이 그에 관한 소문을 듣고 여관으로 찾아가 그의 자태를 본 후 그에게 글을 보여 달라고 청했다. 이백이 자신의 시 〈蜀道難〉을 보여 주자 하지장이 다 읽기도 전에 '적선'이라고 찬탄했다(孟棨, 《本事詩 · 高逸》 참조).

(14) 逸韻(일운): 飄逸한 風韻.

(15) 封畛(봉진): 분봉된 영토의 경계 안, 즉 封土. 이 연은 이백이 관직에 연연하지 않았다는 말이다.

(16) 天一笑(천일소): 하늘 즉 천자가 한 번 웃다. 두보의 시 〈能畫〉에 "모연수는 그림을 참 잘 그렸고, 곽사인은 투호를 참 잘했나니, 던질 때마다 천자가 웃어 주셨고, 그릴 때마다 만물이 봄을 맞은 듯했네(能畫毛延壽, 投壺郭舍人. 每蒙天一笑, 復似物皆春)"라는 구절이 있다.

(17) 寒窘(한군): 추워서 몸을 웅크리다.

(18) 雷發軫(뇌발진): 우레가 수레를 출발시키다. 우레가 울리기 시작하는 봄이 된다는 뜻이다. 이상의 네 구절은 이백이 시를 지으면 천자가 웃어서 봄기운을 자아내기 때문에 굳이 계절상의 봄이 오지 않아도 꽃이 필 정도였다는 말이다.

(19) 涓滴(연적): 한 방울 한 방울씩 떨어지다.

(20) 乞與(기여): 주다.

(21) 居易稹(거이진): 당나라 시인 백거이와 원진을 가리킨다.

(22) 爾來(이래): 그 뒤로.

(23) 兩詩人(양시인): 王十朋의 《百家註分類東坡先生詩》에 "두 시인이란 손신로와 시대부를 가리켜서 한 말이다(兩詩人指言莘老·施大夫也)"라고 했는데, 시의 앞뒤 맥락으로 볼 때 손신로와 시대부를 가리킬 가능성보다는 신법파의 배척을 받아 지방관으로 떠도는 이상과 소식 자신을 가리킬 가능성이 더 커 보인다.

(24) 殘紅(잔홍): 아직 채 지지 않은 늦봄의 꽃.

(25) 櫻筍(앵순): 앵두와 죽순.

(26) 君(군): 이공택을 가리킨다.

(27) 天游(천유): 하늘에서 노닐다. 거리낌 없이 노니는 것을 가리킨다.

(28) 六鑿(육착): 육정. 즉, 喜·怒·哀·樂·愛·惡 등 여섯 가지의 인간적인 감정.

(29) 充牣(충인): 가득 채우다.

(30) 懸知(현지): 짐작하다. 추측하다.

(31) 色(색): 불교에서 말하는 五蘊의 하나로 눈에 보이는 現象世界, 즉 물질세계. 《般若心經》에 "색이 곧 공이요, 공이 곧 색이다(色卽是空, 空卽是空)"라는 말이 있다.

(32) 烏吻(오문): 附子의 별명. 양기를 돕고 체온이 낮은 병에 좋으나 극약이다. 《本草》에 "오두는 일명 오훼라고도 한다(烏頭, 一名烏喙)"라는 말이 있고, 《史記·蘇秦傳》에 "굶주린 사람이 배가 고파도 부자를 먹지 않는 것은 그것이 배를 채울수록 굶어 죽는 것과 마찬가지의 문제를 지니고 있기 때문이다(飢人飢而不食烏喙, 爲其愈充腹而與餓死同患也)"라고 했다. 여기서는 극약이라는 뜻으로 육정과 같이 사람의 본성을 해치는 세속적인 감정을 가리킨다.

(33) 方丈(방장): 사방 1장 되는 작은 방. 주지스님이 거처하는 방. 절.

(34) 龐蘊(방온): 당나라 衡陽 사람으로 字가 道玄이다. 禪門居士로 達摩가 동쪽으로 와서 선종을 연 이후의 '白衣居士第一人'이라고 불리기도 하고 '東土維摩'라고 불리기도 했으니, 일생을 거사로 지냈음에도 불구하고 독자적인 깨달음을 터득했기 때문이다. 《傳燈錄》에 "거사 방온은 어려서 세속의 번뇌를 깨닫고 진리를 추구하기로 뜻을 세웠다(居士龐蘊, 少悟塵勞, 志求眞諦)"라는 말이 있다.

(35) 天女(천녀): 《維摩經》에 "마침 그 안에 한 천녀가 있어서 하늘나라의 꽃을 여러 보살에게 뿌리자 모두 떨어지더니 대제자에 이르러서는 꽃이 몸에 달라붙어서 떨어지지 않았다. 그러자 천녀가 말하기를 '번뇌가 다 없어지지 않았기 때문에 꽃이 몸에 달라붙는 것이오. 번뇌가 다 없어지면 꽃이 몸에 달라붙지 않아요'라고 했다(會中有一天女, 以天花散諸菩薩, 悉皆墮落, 至大弟子, 便著不墮. 天女曰: '結習未盡, 故花著身. 結習盡者, 花不著身.')"라는 이야기가 기록되어 있다. 이 연은 방온거사가 일반적인 인식에 개의치 않고 자기 나름대로의 깨달음을 중시한 일을 차용하여 여인의 말에 현혹되지 않겠다는 자신의 의지를 천명한 것이다.

(36) 故人(고인): 馮應榴의 《蘇軾詩集合注》에 "고인 또한 이공택을 가리킨다(故人亦指公擇)"라고 했다.

(37) 故目(고목): 옛날에 나를 보던 눈.

(38) 餘恨(여한): 손각과 시대부가 고우에서 미인들을 불러 놓고 벌인 성대한 賞花會에 소식이 참석하지 못한 일을 가리킨다.

(39) 此心(차심): 미인들을 데리고 다니며 꽃구경하기를 좋아하는 세속적인 마음을 가리킨다.

(40) 遮防(차방): 막아서 보호하다.

(41) 欄楯(난순): 난간. 《阿彌陀經》에 "극락국의 땅은 주위에 일곱 겹의 난간이 에워싸고 있다(極樂國土, 七重欄楯, 周匝圍繞)"라는 말이 있는데, 이에 대한 주석에 "가로로 쳐진 것을 '欄'이라고 하고 세로로 쳐진 것을 '楯'이라고 한다(橫曰欄, 直曰楯)"라고 했다.

(42) 折尾(절미): 참매의 새끼를 잡아먹고 참매의 친구 송골매에게 응징을 당한 흰 뱀의 신세를 묘사한 두보의 시 〈義鶻行〉에 "잘린 꼬리는 아직 한 번 꿈틀댈 수 있지만, 배부른 창자는 도처에 구멍이 뚫렸도다(折尾能一掉, 飽腸皆已穿)"라는 구절이 있다.

(43) 孟光(맹광): 후한 은사 梁鴻의 부인. 양홍과 함께 霸陵에서 은거하다가 나중에 吳지방으로 가서 양홍이 품팔이하여 번 돈으로 겨우 생계를 유지했는데도 불구하고 양홍에 대한 경의의 표시로 식사 때마다 밥상을 눈썹에 닿도록 높이 들고 들어갔다.(《후한서·양홍전》 참조) 여기서는 소식 자신의 부인을 가리킨다.

(44) 處仲(처중): 晉나라 사람 王敦의 字. 그와 王導가 당시의 세도가인 王愷의 집에 갔더니 왕개가 잔치를 벌여 주었는데, 한 기녀가 피리를 불다가 실수하자 바로 죽여 버렸다. 좌중에 있던 사람들이 모두 아연실색했는데 왕돈만은 아무렇지도 않은 표정이었다. 다른 날 또 갔더니 기녀에게 술을 따르게 하고는 손님이 잔을 비우지 않으면 기녀를 죽여 버렸다. 한 기녀가 왕돈과 왕도가 있는 자리로 와서 왕돈에게 술을 따르는데 왕돈이 일부러 잔을 받지 않았다. 기녀가 두려움에 떨고 있는 것을 보고 평소 술을 마실 줄 모르는 왕도가 대신 받아서 잔을 비웠다. 그러고 나서 말했다. "처중이 집권하면 마음이 너무 잔인해서 끝까지 놓아두지 못하겠군." 왕돈이 여색에 빠져 건강이 나빠진 것을 보고 좌우에서 여색을 멀리하라고 충고했더니 婢妾 수십 명을 한꺼번에 쫓아내 버렸다.(《晉書·王敦傳》 참조) 여기서는 미인들을 희롱하며 그들과 함께 놀기를 좋아하는 사람을 가리킨다.

(45) 寄招(기초): 손각이 이상에게 편지를 보내 그를 賞花會에 초대한 일을 가리키는 것으로 보인다.

(46) 雲鬢(운진): 검고 윤기 있는 머리카락. 젊고 아리따운 여자를 가리킨다.

(47) 謝不敏(사불민): 불민함을 사죄하다. 한유의 시 〈寄盧仝〉에 "양을 사고 술을 사서 불민함을 사죄하려는데, 명월이 뜨면 복사꽃과 자두꽃이 훤하겠지요. 선생께서 왕림하실 의향이 있으시면, 텁석부리 시켜서 잉어 한 쌍 보내소서(買羊酤酒謝不敏, 偶逢明月曜桃李. 先生有意許降臨, 更遣長鬚致雙鯉)"라는 구절이 있다. 한유의 시에서 잉어 한 쌍은 한나라 蔡邕의 시 〈飮馬長城窟行〉에 "멀리서 온 손님이, 나에게 잉어를 한 쌍 주었네. 아이를 불러서 잉어를 삶았더니, 배 속에

한 자나 되는 편지가 들어 있네(客從遠方來, 遺我雙鯉魚. 呼童烹鯉魚, 中有尺素書)”라고 한 말에서 비롯되어 편지를 가리킨다. 이 연은 한유의 시구를 빌려 미인을 가까이하지 않는 자신의 고상한 취향을 모르고 그 자리에 참석하지 못해서 안됐다고 자신을 놀린 일에 대하여 사죄하라고 농담한 것이다.

(48) 亡是公(무시공): 司馬相如의 〈子虛賦〉에 등장하는 가상의 인물로 사실상 존재하지 않는 사람이나 사물을 가리킨다.

(49) 子虛(자허): 역시 사마상여의 〈자허부〉에 등장하는 가상의 인물로 허구적이거나 허황한 일을 가리킨다.

(50) 听(은): 웃는 모양. 사마상여의 〈上林賦〉에 “무시공이 빙긋이 웃으면서 ‘초왕은 실수를 한 것이고 제왕의 행위도 역시 옳다고 할 수는 없습니다’라고 했다(亡是公听然而笑曰 : ‘楚則失矣, 而齊亦未爲得也.’)”라는 말이 있다. 마지막 네 구절은 자신이 위에서 한 말은 모두 우스갯소리이니 마음에 새기지 말고 무시해 버리라는 말이다.

## 0637. 王鞏[1]淸虛堂[2]

왕공의 청허당

| | |
|---|---|
| 淸虛堂裏王居士, | 청허당 안에 계신 왕거사께선 |
| 閉眼觀心如止水. | 눈을 감고 고인 물 같은 마음을 보겠군요. |
| 水中照見萬象空, | 물속에 비춰 보면 만상이 다 공허한 법 |
| 敢問堂中誰隱几.[3] | 청허당 안에서 누가 안석에 기대 있을까? |
| 吳興太守老且病,[4] | 오흥 땅의 태수는 늙고 병들어 |
| 堆案滿前長渴睡.[5][6] | 책상에 공문이 쌓여 있어도 졸리기만 하지요. |
| 願君勿笑反自觀,[7] | 돌이켜 자신을 살펴보면 몽환 속의 왕래가 |
| 夢幻去來殊未已. | 도무지 끝이 안 난다고 웃지 마셔요. |
| 長疑安石恐不免,[8][9] | 안석이 졸장부를 못 면할까 늘 의아해하고 |
| 未信犀首終無事.[10] | 서수에게 끝내 일이 없을 거라 믿지 않아요. |
| 勿將一念住淸虛,[11] | 일념으로 청허함에 머무르진 말지니 |
| 居士與我蓋同耳. | 거사와 내가 아마 마찬가지일 게요. |

**[해설]**

왕공이 편지 또는 시로 자기가 청허당에서 세속에 대한 관심을 끊고 초연하게 산다고 자랑처럼 말한 것을 보고 그가 끝끝내 세상사에 무관심할 수 없을 것이라고 우스갯소리를 한 것이다.

## [주석]

(1) 王鞏(왕공): 소식의 절친한 친구. 〈答王鞏〉(0561) 주 (1) 참조.

(2) 淸虛堂(청허당): 《汴京遺迹志》에 "청허당은 개봉부성의 동쪽에 있다(淸虛堂在開封府城東)"라고 했다.

(3) 隱几(은궤): 안석에 기대앉다. 《莊子 · 齊物論》에 "남곽자기가 안석에 기대앉아 하늘을 쳐다보면서 숨을 내쉬고 있는데 멍한 것이 마치 자신의 존재를 잃은 것 같았다. 안성자유가 그 앞에서 모시고 있다가 '어쩐 일이십니까? 육체는 진실로 마른 나무와 같게 만들 수 있으며, 마음은 진실로 식은 재와 같게 만들 수 있습니까? 지금 안석에 기대앉아 계신 모습은 옛날에 안석에 기대앉아 계시던 그 모습이 아닙니다'라고 했다(南郭子綦隱机而坐, 仰天而噓, 荅焉似喪其耦. 顔成子游立侍乎前, 曰: '何居乎? 形固可使如槁木, 而心固可使如死灰乎? 今之隱机者, 非昔之隱机者也.')"라는 말이 있다. 이 구절은 지금 청허당에 앉아 있는 왕공의 모습이 본래의 모습과 전혀 다를 것이라는 말이다.

(4) 吳興太守(오흥태수): 湖州知州인 소식 자신을 가리킨다..

(5) 堆案(퇴안): 책상에 쌓이다. 문서가 매우 많음을 가리킨다.

(6) 渴睡(갈수): 수면에 갈증나다. 몹시 졸리다.

(7) 反自觀(반자관): 돌이켜 자신을 보다.

(8) 安石(안석): 晉나라 사람 謝安의 字.

(9) 恐不免(공불면): 《진서 · 사안전》에 "사안의 부인은 유담의 누이동생으로 가문의 부귀가 어떤 것인지 알고 있는 터인데 사안만은 유독 명리를 다투지 않고 벼슬에서 물러나 있는지라 '대장부는 이러지 않습니다'라고 했다. 그러자 사안이 코를 가리고 '아무래도 졸장부가 되는 것을 면할 수가 없겠구려'라고 했다(安妻, 劉惔妹也, 旣見家門富貴, 而安獨靜退, 乃謂曰: '丈夫不如此也.' 安掩鼻曰: '恐不免耳.')"라는 일화가 소개되어 있다. 이 구절은 사안에 비유된 왕공이 끝내 아무 일도 하지 않을 것이라고는 생각하지 않는다는 말이다.

(10) 犀首(서수): 《史記 · 陳軫傳》에 "서수가 진진을 만났더니 진진이 '공은 어째서 술 마시기를 좋아하시오' 하고 물었다. 서수가 '일이 없어서요' 하고 대답했다(犀首見之, 陳軫曰: '公何好飮也?' 犀首曰: '無事也.')"라는 기록이 있다. 이 구절은 서수에 비유된 왕공이 끝내 일 없이 지내지는 못할 것이라는 말이다.

(11) 將(장): ~으로.

## 0638. 和孫同年[1]卞山[2]龍洞[3]禱晴[4]

변산의 용동에서 기청제를 지낸 감회를 노래한 급제 동기 손씨의 시에 화답하여

| | |
|---|---|
| 吳興連月雨,[5] | 오흥 땅에 몇 달이고 궂은비가 내려서 |
| 釜甑生魚蛙. | 가마솥과 떡시루에 고기와 개구리 생겼네. |
| 往問卞山龍, | 변산의 용에게 달려가서 어찌하여 |
| 曷不安厥家.[6] | 자기 집에서 편안하게 안 지내나 물어봤네. |
| 梯空上巉絶,[7] | 허공에 사다리 놓고 가파른 곳에 올라가 |
| 俯視驚谽谺.[8] | 굽어보곤 골짜기가 휑해져서 놀랐네. |
| 神井湧雲蓋,[9] | 신령스런 우물에선 구름 일산 솟아나고 |
| 陰崖垂蘚花. | 그늘진 절벽에는 이끼 꽃이 드리웠네. |
| 交流百道泉, | 백 줄기의 샘물이 여기저기 흘러서 |
| 赴谷走群蛇. | 계곡으로 달려가는 뱀 무리를 이루었네. |
| 不知落何處, | 어디서 떨어지는지 알 수 없지만 |
| 隱隱如繅車.[10] | 물레가 돌아가듯 웅웅거렸네. |
| 我來叩石戶,[11] | 내가 와서 석문을 두드리자니 |
| 飛鼠翻白鴉.[12][13] | 쥐가 날아다니고 흰 까마귀가 날았네. |
| 寄語洞中龍, | 동굴 속의 용에게 말 전하나니 |
| 睡味豈不嘉. | 잠이 어찌 꿀맛이 아니겠는가? |
| 雨師少弭節,[14][15] | 우사도 수레를 잠시 세우고 |

雷師亦停撾.[16][17] 뇌사도 채찍질을 좀 멈춘다면
積水得反壑,[18] 고인 물이 계곡으로 되돌아갈 수 있고
稻苗出泥沙. 벼 싹이 진흙에서 고개를 내밀 것이네.
農夫免菜色,[19] 농부도 채소만 먹은 안색을 모면하고
龍亦飽豚豭.[20] 용도 돼지를 배불리 먹을 것이고
看君擁黃紬,[21] 그대가 노란 명주 이불을 안고
高臥放晚衙.[22] 누운 채로 저녁 조회 마치는 모습도 보겠네.

**[해설]**

장마가 너무 오래 지속되어 절강성 호주의 변산에 있는 용동에서 비가 그쳐 주기를 비는 기청제를 지낸 뒤 모인 사람들이 함께 시를 지을 때 과거급제 동기인 손 모씨가 지은 시에 화답한 것이다. 용동 주변의 자연경관을 묘사하고 용에게 비를 그치게 해 달라고 당부했다.

**[주석]**

(1) 孫同年(손동년): 구체적인 행적이 알려져 있지 않다. 시의 내용으로 미루어 볼 때 호주에 속하는 어느 현의 현령이었을 가능성이 크다.
(2) 卞山(변산): 절강성 호주의 서북쪽에 있는 산. 〈端午遍遊諸寺得禪字〉(0633) 주(6) 참조.
(3) 龍洞(용동): 《名勝志》에 인용된 《山墟名》에 "변산의 북쪽에 황룡동이 있으니 오월 때 상응궁을 세워서 황룡에게 제사를 지냈다(卞山之陰有黃龍洞, 吳越時立祥應宮以祀之)"라고 했고, 《吳興志》에 "황룡동은 성에서 북쪽으로 18리 되는 곳에 있으며 원래 이름이 금정이었는데, 後梁 정명(915-920) 초에 우물 속에 황룡이 나타나 지금의 이름으로 바꾸었다. 매년 5월 22일에 제사를 올린다(黃龍洞在城北十八里, 舊名金井, 梁貞明初, 有黃龍見於井中, 易今名. 歲以五月二十二日致祭)"라고 했다.
(4) 禱晴(도청): 날씨가 개어 주기를 기도하다. 祈晴祭를 지내는 것을 가리킨다.
(5) 吳興(오흥): 지금의 절강성 호주.
(6) 安厥家(안궐가): 용이 자기 집에서 편안하게 지낸다는 뜻으로 비를 그치게 한다는 말이다.
(7) 巉絶(참절): 가파르고 험준하다.
(8) 谽谺(함하): 계곡이 휑한 모양.
(9) 雲蓋(운개): 수레용 日傘처럼 생긴 구름.
(10) 隱隱(은은): 웅웅거리는 소리.

(11) 石戶(석호): 돌로 이루어진 문.

(12) 飛鼠(비서): 박쥐의 별명.

(13) 白鴉(백아): 박쥐를 가리킨다. 이 구절은 박쥐가 날아다니기도 하고 천장에 매달려 있기도 한 모양을 묘사한 것이다.

(14) 雨師(우사): 비의 신.

(15) 弭節(미절): 수레를 세우다. 비를 그치게 한다는 말이다.

(16) 雷師(뇌사): 우레의 신.

(17) 停撾(정과): 우레의 신이 탄 수레를 끄는 말에게 채찍질하기를 멈춘다는 뜻으로, 역시 비를 그치게 한다는 말이다.

(18) 得(득): ~할 수 있다. 이 구절은 한데 합쳐져서 질편해진 계곡들이 각자 원래의 물길을 회복한다는 말이다.

(19) 菜色(채색): 채소만 먹어서 영양상태가 좋지 않은 안색. 《禮記・王制》에 "30년을 통산하여 평균적으로 볼 때 가뭄이 들고 홍수가 날지라도 백성들에게 채소만 먹은 것 같은 굶주린 안색이 없게 된 뒤에야 천자의 식사 때 매일 음악을 연주하게 할 수 있다(以三十年之通, 雖有凶旱水溢, 民無菜色, 然後天子食, 日擧以樂)"라는 말이 있다.

(20) 豚猳(돈가): 백거이의 시 〈黑潭龍〉에 "해마다 돼지 잡아 여우에게 먹이니, 여우가 용왕인 양 돼지를 다 먹거늘, 구천 밑의 용왕은 아는지 모르는지(年年殺豚將喂狐, 狐假龍神食豚盡, 九重泉底龍知無)"라는 구절이 있다. 《오흥지》에 "매년 5월 22일에 제사를 올린다(歲以五月二十二日致祭)"라고 했거니와, 용이 신통력을 발휘하면 계속해서 제사를 지내겠지만 그렇지 않으면 제사를 중단할 수도 있다는 위협적이면서도 해학적인 표현이다.

(21) 黃紬(황주): 노란색의 명주 이불을 가리킨다. 《倦游錄》에 "문로공이 갓 유차현을 다스리게 되었을 때 새 관아의 북에 '망루에 놓아두고 마음대로 치게 할 뿐, 많이 치든 적게 치든 내 알 바가 아니로다. 이제 다행히 노란색 명주 이불이 있으니, 머리 내밀고 일과를 마친다 말하도록 애쓰련다'라는 시를 써 놓았다(文潞公初知榆次縣, 題詩於新衙鼓上, 云: '置向樵樓一任撾, 撾多撾少不知他. 如今幸有黃紬被, 努出頭來道放衙.')"라고 했다.

(22) 晩衙(만아): 저녁 조회. 이 연은 손동년이 게으름을 좀 피워도 좋을 만큼 공무가 적고 태평스러워질 것이라는 말이다.

## 0639. 乘舟過賈收[1]水閣[2], 收不在, 見其子, 三首

배를 타고 물가에 있는 가수의 누각에 들렀다가 가수는 없고 그의 아들만 있는 것을 보고

### 其一

| | |
|---|---|
| 愛酒陶元亮,[3] | 술을 좋아하기로는 도원량이요 |
| 能詩張志和.[4] | 시를 잘 짓기로는 장지화라네. |
| 青山來水檻,[5] | 푸른 산이 물가의 난간으로 다가오고 |
| 白雨滿漁蓑.[6] | 하얀 비가 고기잡이 도롱이를 적시겠네. |
| 淚垢添丁面,[7] | 눈물이 첨정의 얼굴을 얼룩지우고 |
| 貧低擧案蛾.[8] | 가난이 밥상 든 부인의 눈썹이 처지게 하는데 |
| 不知何所樂, | 무엇이 즐거워서 밤새도록 신이 나서 |
| 竟夕獨酣歌. | 혼자 노래 부르는지 모를 일이네. |

### 其二

| | |
|---|---|
| 嫋嫋風蒲亂,[9][10] | 하늘하늘 냇버들이 어지러이 흔들리고 |
| 猗猗水荇長.[11][12] | 군데군데 마름이 기다랗게 떠 있는데 |
| 小舟浮鴨綠,[13] | 오리처럼 푸른 물에 작은 배를 띄우고 |
| 大杓瀉鵝黃.[14] | 거위처럼 누런 술을 큰 국자로 따르리. |
| 得意詩酒社,[15] | 시와 술의 모임에서 의기양양 득의하며 |

終身魚稻鄉.[16] 고기와 벼의 고장에서 한평생을 지내리.
樂哉無一事, 아무 일도 없어서 즐거울 테니
何處不清涼. 상쾌하지 않은 곳이 어디 있으리?

其三

曳杖青苔岸, 푸른 이끼 낀 언덕에 지팡이 끌고
繫船枯柳根. 마른 버들 뿌리에 배를 매고 왔더니
德公方上冢,[17] 방덕공이 때마침 산소에 가고 없어
季路獨留言.[18] 자로가 혼자서 말을 남겼네.
已占蒲魚港, 부들에 싸인 어항을 이미 차지한 데다
更開松菊園.[19] 소나무와 국화가 있는 정원도 또 열었네.
從茲來往數, 이제부터 왕래가 잦을 터인데
兒女自膺門.[20] 아들 딸이 스스로 대문에서 맞겠네.

**[해설]**

호주에 있는 가수의 부휘각에 들렀다가 가수를 만나지 못한 감회를 노래한 것으로, 그곳에서 은거하는 가수의 생활상을 상상하며 가난 속에서도 초연하게 살아가는 그의 고고한 인품을 찬양했다.

**[주석]**

(1) 賈收(가수): 字가 耘老이며 烏程(지금의 절강성 湖州) 사람이다. 자신의 문집 이름을 《懷蘇集》이라고 했을 정도로 소식을 매우 흠모했다. 《苕溪漁隱叢話》에 "가운로는 옛날에 초계 가에 누각이 하나 있었다(賈耘老舊有水閣, 在苕溪之上)"라고 했다. 소식이 杭州通判 시절에 〈和邵同年戲贈賈收秀才三首〉(0243)라는 시를 지은 적이 있고 또 당시에 지은 시 〈吳中田婦歎〉(0244)의 자주에 "가수의 운에 맞추어(和賈收韻)"라고 한 것을 보면 소식과 가수의 교유가 꽤 오래되었음을 알 수 있다.

(2) 水閣(수각): 물가의 누각. 《吳興掌故集》에 "가수가 살던 곳으로 이름을 부휘각이라고 불렀다(賈收所居, 名浮暉閣)"라고 했다.

(3) 元亮(원량): 陶淵明의 字. 도연명은 팽택현령이 되었을 때 公田에 몽땅 술을 담글 찰벼를 심으라고 아전들에게 명했는데, 처자가 밥을 지을 메벼도 좀 심자고 간청하므로 할 수 없이 2경 50묘에 찰벼를 심고 50묘에는 메벼를 심으라고 했다.(《南史・陶潛傳》 참조)

(4) 張志和(장지화): 당나라 때의 시인으로 호주의 苕溪에 은거했는데 이때 지은 〈漁歌子〉는 널리 인구에 회자하는 詞이다. 많은 시인들 중에서 굳이 장지화를 언급한 것은 그가 초계에서 은거했기 때문이기도 하고 압운 문제를 해결할 수도 있었기 때문일 것이다.

(5) 水檻(수함): 가수의 집 난간을 가리킨다. 이 구절은 가수의 집 바로 옆에 청산이 있다는 말이다.

(6) 漁簑(어사): 가수가 평소 고기를 잡으면서 입는 도롱이를 가리킨다.

(7) 添丁(첨정): 가수의 아들. 王文誥의 《蘇軾詩集》에 "가수의 아들은 이름이 첨정이었다(賈收子, 名添丁)"라고 했고, 王十朋의 《百家註分類東坡先生詩》에 "첨정은 가수의 아들을 말한다. 노동의 아들은 이름을 첨정이라고 했는데 시에 '첨정 도령을 괴이하게 생각하지 마시라, 눈물이 흘러내려 얼굴의 때가 되었다고'라는 말이 있다(添丁, 以言賈之子. 盧仝兒名添丁, 詩云: '莫怪添丁郎, 淚下作面垢.')"라고 했다. 이 구절은 첨정의 얼굴에 가난한 시골 아이들에게서 흔히 볼 수 있는 흙먼지가 잔뜩 끼어 있었다는 뜻으로, 다음 구절과 함께 가수의 빈한한 생활상을 묘사한 것이다. 이 시의 제목에 '見其子'라고 한 것은 바로 첨정의 이런 모습을 보고 특별한 느낌이 일었다는 뜻일 것이다.

(8) 擧案(거안): 후한 은사 梁鴻의 부인은 양홍과 함께 霸陵에서 은거하다가 나중에 吳지방으로 가서 양홍이 품팔이하여 번 돈으로 겨우 생계를 유지했는데도 불구하고 양홍에 대한 경의의 표시로 식사 때마다 밥상을 눈썹에 닿도록 높이 들고 들어갔다.(《후한서・양홍전》 참조) 〈和邵同年戲贈賈收秀才三首〉(0243)의 자주에 "당시 가수는 재혼할 계획이었다(時賈欲再娶)"라고 했는데 이 구절을 보면 이때는 가수가 이미 재혼한 뒤임을 알 수 있다. 이 구절은 가난으로 인하여 마음이 울적한 나머지 가수 부인의 눈썹이 아래로 처졌다는 말이다.

(9) 嫋嫋(요뇨): 바람에 흔들리는 모양.

(10) 風蒲(풍포): 냇버들.

(11) 猗猗(의의): 아름답고 무성한 모양.

(12) 水荇(수행): 마름.

(13) 鴨綠(압록): 오리의 머리처럼 파란 물을 가리킨다.

(14) 鵝黃(아황): 거위 새끼의 깃털처럼 노르스름한 술을 가리킨다.

(15) 詩酒社(시주사): 시를 짓고 술을 마시기 위하여 조직한 동호회.

(16) 魚稻鄉(어도향): 물고기와 벼가 많이 나는 고장. 중국의 강남지방을 흔히 魚米之鄉이라고 한다.

(17) 德公(덕공): 龐統의 숙부. 후한 때의 양양 사람으로 한 번도 도시에 나가지 않고 峴山과 鹿門山에서 은거하며 劉表가 荊州에서 불러도 뜻을 굽히지 않았다. 諸葛亮은 그를 찾아뵐 때마다 침상 밑에서 절을 했다. 한번은 司馬徽가 그를 찾아갔는데, 그가 마침 산소에 가고 없었지만 곧장 그의 방으로 들어갔다. 사마휘는 방덕공의 처자를 불러 얼른 밥을 지으라고 하면서 "徐庶가 자기

하고 함께 방덕공 집에 가서 이야기를 나누자고 했다네"라고 했다. 그러자 그의 처자가 대청 밑에 늘어서서 사마휘에게 절을 하고는 서둘러 음식을 준비했다. 이윽고 방덕공이 돌아와서 방으로 들어가 이야기를 나누는데 누가 주인이고 누가 손님인지 모를 정도로 격의가 없었다.(《襄陽記》 참조) 여기서는 밖에 나가고 없는 가수를 가리킨다.

(18) 季路(계로): 공자의 제자. 子路라고도 한다. 여기서는 소식 자신을 가리킨다. 자로가 공자를 수행하던 도중 뒤에 처져서 가다가 한 노인을 만났는데, 그는 자로를 붙잡아 하룻밤 묵어 가게 하고는 닭을 잡고 기장밥을 지어 먹인 후 그의 두 아들을 불러서 그에게 인사를 시켰다. 이튿날 자로가 공자를 만나 얘기했더니 공자가 은자라며 되돌아가서 그를 만나게 했으나 그가 어디로 가고 없었다. 그러자 자로가 말하기를 "벼슬을 살지 않는 것은 의리가 없는 일이다. 어른과 아이 사이의 예절을 폐지할 수 없거늘, 임금과 신하 사이의 의리를 어떻게 폐지하겠는가? 그것은 자기 몸을 깨끗이 하려다가 중대한 인륜을 어지럽히는 것이다. 군자가 벼슬에 나아가는 것은 자기 의리를 실천하는 것이다. 도가 행해지지 않는 줄이야 이미 알고 있었다"라고 했다.(《論語·微子》 참조) 이 구절은 가수가 벼슬길에 나아가지 않고 은거하는 것을 두고 한 말이지만, 실제로 그의 아들에게 이런 말을 하지는 않았을 것이다.

(19) 松菊園(송국원): 도연명의 〈歸去來辭〉에 "세 갈래 오솔길은 황폐해져 가는데, 소나무와 국화는 아직도 남아 있네(三徑就荒, 松菊猶存)"라는 구절이 있다.

(20) 膺門(응문): 문에서 응대하다.

# 0640. 次韻孫秘丞[(1)]見贈[(2)]

비서성승 손씨가 지어준 시에 차운하여

感慨清哀似變風,[(3)] 감개가 맑고 구슬픈 게 변풍과 닮았나니
老於詩句耳偏聰.[(4)] 시구 속에서 늙었어도 귀가 몹시 밝구나.
迂踈自笑成何事,[(5)] 세사에 어두워 무슨 일을 이룰까 스스로를 비웃고
冷淡誰能用許功.[(6)] 만사에 냉담하니 누가 등용하여 공을 세우게 하겠나?
不怕飛蚊如立豹,[(7)] 표범이 서 있는 듯한 모기를 두려워 않고
肯隨白鳥過垂虹.[(8)(9)] 백조를 따라 기꺼이 수홍정으로 왔으니
吟哦相對忘三伏,[(10)(11)] 읊조리며 마주보고 삼복 더위를 잊고
擬泛冰溪入雪宮.[(12)] 서늘한 개울에 배를 띄워 설궁에 들어가세나.

**[해설]**

비서성승으로 재임 중인 손 모씨와 함께 수홍정으로 가서 놀다가 손씨가 자신에게 지어준 시에 차운하여 그의 고고한 인품과 고답적인 생활을 찬양한 시이다.

**[주석]**

(1) 孫秘丞(손비승): 秘書省丞 손씨. 구체적인 행적은 알려져 있지 않다. 《송사 · 직관지》에 "비서성승은 종7품으로 지위가 소감의 아래였다(秘書省丞, 從七品, 位次少監下)"라고 했다.

(2) 見贈(견증): 나에게 주다. 〈次韻王定國馬上見寄〉(0562) 주 (2) 참조.

(3) 變風(변풍): 《시경》의 변풍을 가리킨다. 〈毛詩序〉에 "왕도가 쇠퇴해지고 예의가 없어지며 정치와 교화가 잘못되어 큰 나라에는 정치가 변하고 작은 나라에는 풍속이 바뀌게 됨에 이르러 변풍과 변아가 생겨났다(至於王道衰, 禮儀廢, 政教失, 國異政, 家殊俗, 而變風變雅作矣)"라고 했다.

(4) 耳偏聰(이편총): 귀가 유난히 밝다. 이 연은 손씨가 평생 시만 지으며 살았지만 세상사에 대해서도 들은 바가 많아서 신법의 무리한 시행에 따른 당시의 암울한 정치상황이 그의 시에 잘 반영되어 있기 때문에 그의 시가 《시경》의 변풍과 비슷하다는 말이다.

(5) 迂疎(우소): 세상일에 어둡고 소홀하다.

(6) 冷淡(냉담): 일이나 사물에 흥미나 관심이 없다. 이 연은 손씨가 세상 물정에 어둡고 또 냉담하기 때문에 스스로 관심을 갖지 않을 뿐만 아니라 조정에서도 그에게 요직을 맡기지 않는다는 말이다.

(7) 立豹(입표): 소식의 자주에 "호주에는 모기가 많은데 표범의 다리를 한 것이 특히 독하다(湖州多蚊蚋, 豹脚尤毒)"라고 했고, 《齊東野語》에 "오흥(지금의 절강성 호주)에는 모기가 많으니 물 속에 사는 벌레가 변한 것일 것이다. 풀 속에 사는 것은 주둥이가 유독 날카로운데 다리에 무늬가 있어 표범다리라고 부른다(吳興多蚊, 蓋水蟲之所變. 生草中者吻尤利, 而足有文采, 號爲豹脚)"라고 했다.

(8) 白鳥(백조): 《大戴禮記·夏小正》에 "백조란 모기를 말한다(白鳥也者, 謂蚊蚋也)"라고 하여 모기의 별명으로 쓰이는바, 이 시에서도 모기를 가리키는 것으로 보기도 하지만, 査愼行의 《蘇詩補註》에 "시에서 말한 '백조'는 갈매기나 백로와 같은 종류의 새이다. 또다시 모기로 보면 의미가 중복된다(詩中所云'白鳥', 乃鷗鷺之類, 再作蚊蚋解, 於義重複)"라고 한 말이 더 타당해 보인다.

(9) 垂虹(수홍): 수홍정. 소식의 자주에 "수홍은 장교(즉 수홍교)에 있는 정자의 이름이다(垂虹, 長橋亭名)"라고 했다.

(10) 吟哦(음아): 시를 읊다.

(11) 三伏(삼복): 초복·중복·말복의 총칭으로 여름철의 가장 더운 기간을 가리킨다.

(12) 雪宮(설궁): 王十朋의 《百家註分類東坡先生詩》에 "세상 사람들이 호주를 수정궁이라고 부르는 것은 그것의 사방이 다 물이라는 말이다(世謂湖州爲水晶宮, 言其四面皆水)"라고 했다. 여기서는 추상적인 말로서 정신적으로 느끼는 시원한 경지를 가리킨다.

## 0641. 與客遊道場[1]·何山[2], 得鳥字

손님과 함께 도량산과 하산에서 노닐고 나서 '鳥'자를 운자로 얻어

|  |  |
|---|---|
| 淸溪到山盡, | 산에 이르니 맑은 개울이 보이지 않고 |
| 飛路盤空小. | 허공에 똬리 튼 나는 길이 작아지는데 |
| 紅亭與白塔,[3] | 붉은색 정자와 흰색 불탑이 |
| 隱見喬木杪.[4] | 교목의 꼭대기로 보이다 말다 하네. |
| 中休得小菴, | 도중에 쉬다 발견한 작은 암자는 |
| 孤絶寄雲表. | 외로이 구름 밖에 몸을 맡기고 있는데 |
| 洞庭在北戶,[5] | 동정호가 북문 앞에 펼쳐져 있고 |
| 雲水天渺渺. | 구름 덮인 호수에 하늘이 아련하네. |
| 菴僧俗緣盡,[6] | 암자의 그 스님은 속연이 다했건만 |
| 淨業洗未了.[7] | 청정한 선업을 아직도 못다 닦아 |
| 十年畫鵲竹,[8] | 십 년 동안 까치와 대나무를 그리고 |
| 益以詩自繞.[9] | 게다가 시로써 자신을 휘감았네. |
| 高堂儼像設,[10] | 높다란 법당에는 불상이 반듯하고 |
| 禪室各深窈. | 선실은 저마다 깊숙하고 그윽한데 |
| 奔泉何處來, | 샘물이 어디에서 흘러왔는지 |
| 華屋過溪沼. | 호화로운 집으로 시냇물이 지나가네. |
| 何山隔幽谷, | 하산은 깊은 계곡 건너편에 있는데 |

| | |
|---|---|
| 去路淸且悄. | 가는 길이 참으로 말끔하고 고요하며 |
| 長松度翠蔓, | 커다란 소나무에 푸른 덩굴 덮여 있고 |
| 絶壁挂啼鳥. | 깎아지른 절벽에는 우는 새가 매달렸네. |
| 我友自杭來, | 항주에서 여기까지 찾아온 내 친구는 |
| 尙歎所歷少. | 아직도 다닌 곳이 적다고 탄식하네. |
| 歸途風雨作, | 돌아오는 길에는 비바람이 일어서 |
| 一洗紅日燎. | 붉은 해를 깡그리 앗아 버렸네. |
| 我驚萬竅號,(11) | 나는야 구멍마다 소리가 나며 |
| 黑霧卷蓬蓼.(12) | 구름 속에 쑥대와 여뀌가 말려 놀라는데 |
| 舟人紛變色, | 뱃사공은 안색이 붉으락푸르락 변하며 |
| 坐羨輕鷗矯. | 손 놓고 앉아 날아가는 날렵한 갈매기를 부러워하네. |
| 我獨喚酒杯, | 나는 유독 술잔을 가져오라 했나니 |
| 醉死勝流殍.(13) | 술에 취해 죽는 것이 굶어 죽는 것보다 낫기 때문 |
| 書生例强狠,(14) | 서생이란 예로부터 강인한 법이거늘 |
| 造物空煩擾. | 조물주가 공연히 소란을 피우시네. |
| 更將掀舞勢,(15)(16) | 내가 다시 몸을 들어 춤을 추는 자세로 |
| 把燭畫風篠. | 촛불 잡고 바람 맞은 조릿대를 그리자 |
| 美人爲破顔, | 미인이 이로 인해 파안대소하면서 |
| 正似腰支嫋.(17) | 간들대는 자신의 사지와 꼭 같다네. |
| 明朝更陳迹, | 내일이면 또다시 묵은 자취가 되어 |
| 淸景墮空杳.(18) | 맑은 경치가 공허 속에 아스라이 떨어질 터 |
| 作詩記餘歡, | 시를 지어 넘치는 즐거움을 기록하네 |
| 萬古一昏曉. | 만고 속의 하루인 오늘의 일을. |

**[해설]**

호주 근교의 도량산과 하산에 가서 놀다가 돌아와서 일행과 함께 운자를 분배하여 시를 짓는 분운 놀이를 할 때 지은 것으로, 도량산과 하산 일대의 아름다운 풍광을 묘사하고 돌아오는 길에 심한 비바람을 만난 일과 돌아온 뒤 술에 취한 상태에서 대나무를 그린 일 등을 노래했다.

**[주석]**

(1) 道場(도량): 도량산. 《吳興統記》에 "정진사는 주에서 남쪽으로 16리 되는 곳에 있는데 거기에 도량산이라는 산이 있다(正眞寺在州南一十六里, 有山曰道場山)"라고 했다.
(2) 何山(하산): 《括地志》에 "하산은 본래 이름이 금개산이었는데 진나라 하해가 이곳에서 학업을 익혀 나중에 오흥태수가 되었기 때문에 하산으로 고쳤다(何山本名金蓋山, 晉何楷居此習業, 後爲吳興太守, 改爲何山)"라고 했다.
(3) 紅亭與白塔(홍정여백탑): 《오흥통기》에 "고을에 정자가 다섯 개 있으니 백빈정·집방정·산광정·조발정·벽파정이라고 한다. 또 백탑항이 있으니 거기에 하얀 석탑이 있어서 그렇게 명명한 것이다. 주에서 서쪽으로 3리 되는 곳에 있다(郡有五亭曰: 白蘋亭·集芳亭·山光亭·朝發亭·碧波亭, 又有白塔巷, 有白石塔在焉, 因而名之. 在州西三里)"라고 했다.
(4) 隱見(은현): 사라졌다 나타났다 하다.
(5) 洞庭(동정): 호주의 북쪽에 있는 太湖의 별명.
(6) 俗緣(속연): 세속과의 인연.
(7) 淨業(정업): 淸淨한 善業.
(8) 鵲竹(작죽): 까치와 대나무가 한데 어우러져 있는 모습. 이 구절은 스님에게 들은 말이다.
(9) 以詩自繞(이시자요): 자기 주위에 시를 잔뜩 늘어놓았다는 말이다.
(10) 像設(상설): 제사의 대상이 되는 사람이나 神佛의 상. 여기서는 불상을 가리킨다.
(11) 萬竅(만규): 바람 소리가 나는 수없이 많은 계곡과 동굴 따위를 가리킨다.
(12) 黑霧(흑무): 낮게 드리운 검은 구름을 가리킨다.
(13) 流殍(유표): 떠돌아다니다가 굶어서 죽다.
(14) 强狠(강한): 强暴하다. 《論語·衛靈公》에 "군자는 곤궁에 처해도 의연하지만, 소인은 곤궁하면 외람스러워진다(君子固窮, 小人窮斯濫矣)"라는 말이 있다.
(15) 將(장): ~으로.
(16) 掀舞(흔무): 몸을 치켜들고 춤추다. 술에 취해 비틀거리는 자신의 모습을 가리키는 것으로 보인다.
(17) 腰支(요지): '腰肢'와 같다. 이상의 네 구절은 《東坡續集》에 독립된 시로 수록되어 있고, 《詩話總龜·詠物門上》에 "자첨은 도량산과 하산에서 돌아오다가 심한 풍우를 만나 개울 가에 있는 가운로의 정자에서 쉬면서 관노에게 촛불을 들고 벼루를 받쳐들게 하여 비바람 속의 대나무를 한 가지 그리고 '내가 다시 몸을 들어 춤을 추는 자세로……'라는 시를 썼다(子瞻歸自道場·何山, 遇大風雨, 因憩耘老溪亭, 命官奴秉燭捧硯, 寫風雨竹一枝, 題詩云: '更將掀舞勢, …….')"라고 했다. 그러나 "'갱'자를 첫 구절로 삼아 네 구절로 한 편을 이루었을 리가 만무하다('更'字作起句,

四句成章, 萬無是理)"라고 한 翁方綱의 주장이 더 타당해 보인다.(王文誥, 《蘇軾詩集》 校勘記 참조)

(18) 空杳(공묘): 공허하고 아득하다. 이 연은 오늘 있었던 일이 금방 가물가물한 추억으로 변해 버릴 것이라는 말이다.

## 0642. 僕去杭五年，吳中(1)仍歲(2)大飢疫，故人往往逝去，聞湖(3)上僧舍不復往日繁麗，獨淨慈(4)本長老(5)學者益盛，作此詩寄之

나는 항주를 떠난 지 5년이 되었는데, 오중지방에 여러 해 동안 연이어 기근이 들고 역병이 돌아서 친구들 가운데 세상을 떠난 사람이 왕왕 생기고 서호 가의 절도 더 이상 옛날의 번창한 모습이 아니라는데, 유독 정자사의 본장로만은 배우러 가는 사람이 더욱 많다고 하기에 이 시를 지어서 부친다

| | |
|---|---|
| 來往三吳一夢間,(6) | 삼오 땅을 왕래한 것 꿈속 일만 같은데 |
| 故人半作冢纍然.(7)(8) | 친구의 반은 즐비하게 무덤이 되고 |
| 獨依舊社傳眞法,(9)(10) | 그대만 옛 절에서 참된 법도 전수하며 |
| 要與遺民度厄年.(11) | 이재민과 함께 재앙기를 넘기려고 하는군요. |
| 趙叟近聞還印綬,(12)(13) | 근래에 듣자하니 조옹은 인끈을 돌려주고 |
| 竺翁先已反林泉.(14) | 천축산의 늙은이는 먼저 임천으로 돌아갔다네요. |
| 何時策杖相隨去, | 언제나 지팡이 짚고 따라다니며 |
| 任性逍遙不學禪.(15) | 참선은 안 배우고 멋대로 돌아다닐까요? |

**[해설]**

자신이 통판으로 재임한 항주 지역에 기근과 역병이 돌아 친구들이 많이 세상을 떠났는데도 정자사의 본장로만은 더욱 많은 제자들에게 불법을 전수하면서 꿋꿋하게 지낸다는 소식을 듣고 그에게 부친 것이다.

**[주석]**

(1) 吳中(오중): 춘추시대에 오나라의 영토였던 지금의 강소성 및 절강성 일대.
(2) 仍歲(잉세): 여러 해 동안.
(3) 湖(호): 杭州 서호를 가리킨다.

(4) 淨慈(정자): 정자사. 항주 서호 남쪽의 南屛山 기슭에 있는 절. 《杭州圖經》에 "정자사는 후주 현덕 원년(954)에 세워 보은광효사라 했으며, 대중상부(1008-1016) 연간에 지금의 편액으로 바꾸었다(淨慈寺, 周顯德元年建, 爲報恩光孝寺, 大中祥符年改今額)"라고 했다. 〈病中獨遊淨慈, 謁本長老……〉(0293) 주 (1) 참조.

(5) 本長老(본장로): 나이가 많고 학덕이 높은 고승을 높여 부르는 말. 정자사에는 圓照禪師 宗本과 大通禪師 善本 등 두 사람의 본장로가 있었는바, 이 시에서 말하는 본장로가 누구를 가리키는지는 분명하지 않다. 〈病中獨遊淨慈, 謁本長老……〉(0293) 주 (2) 참조.

(6) 三吳(삼오): 吳興・吳郡・會稽를 가리키는 경우, 오흥・오군・丹陽을 가리키는 경우, 蘇州・常州・湖州를 가리키는 경우, 장강 하류 지역을 두루 가리키는 경우 등이 있다. 여기서는 소식이 항주통판으로 재임할 때 돌아다닌 항주 일대를 가리킨다.

(7) 故人(고인): 소식이 항주통판으로 재임할 때 교유한 친구들을 가리킨다.

(8) 纍然(누연): 아주 많은 모양.

(9) 舊社(구사): 옛날의 結社라는 뜻으로 본장로가 몸담고 있는 정자사를 가리킨다.

(10) 眞法(진법): 佛法을 가리킨다.

(11) 遺民(유민): 재앙을 당한 백성. 이재민. 기근과 역병을 당한 항주 백성을 가리킨다.

(12) 趙叟(조수): 施元之의 《施注蘇詩》에 "조씨 늙은이란 청헌공 조변을 말한다(趙叟, 謂趙淸獻公抃)"라고 했다.

(13) 印綬(인수): 관리들이 차던 도장의 끈. 관직을 가리킨다. 《咸淳臨安志》에 "희령 10년(1077) 5월 조변이 월주지주에서 자정전대학사 항주지주로 옮겼다(熙寧十年五月, 趙抃自知越州以資政殿大學士移知杭州)"라고 했고, 〈淸獻公神道碑〉에 "원풍 2년(1079) 2월 태자소보의 직을 추가한 후 관직에서 물러났다(元豐二年二月加太子少保致仕)"라고 했다.

(14) 竺翁(축옹): 天竺山의 늙은이. 변재법사를 가리킨다. 王十朋의 《百家註分類東坡先生詩》에 "축옹이란 정자사의 본장로를 말한다(竺翁指言淨慈本長老)"라고 했고, 시원지의 《시주소시》에도 "축옹이란 정자사의 본장로를 가리킨다(竺翁指淨慈本長老)"라고 했는데, 査愼行의 《蘇詩補註》에는 "변재를 가리킨다. 공은 서주에 있을 때 〈聞辯才法師復歸上天竺, 以詩戲問〉(0541)을 지었다(指辨才. 公在徐州, 有〈聞辨才復歸上天竺〉詩)"라고 한바, 사신행의 주장이 더 설득력이 있어 보인다. 제3-4구와 제5구・제6구에서 각각 본장로・조변・변재법사를 언급한 후 제7-8구에서 그들과 함께 항주 일대의 산천에서 노닐고 싶은 소망을 말한 것이다. 변재법사는 항주의 上天竺山에 있는 靈感觀音院에서 17년 넘게 수도했다. 그는 속명이 徐元淨(1011-1091)이고 字는 無象이며 항주 於潛 사람이다. 그는 막 태어났을 때 왼쪽 어깨에 가사 끈 모양으로 살갗이 불룩하게 솟아 있다가 81일이 지난 뒤에 없어졌는데 그는 여든한 살까지 살았다. 그는 태어난 지 10년 만에 출가하여 스물다섯 살 때 자주색 법의와 변재라는 법호를 하사받았다.(蘇轍, 〈龍井辯才法師塔碑〉 참조)

(15) 不學禪(불학선): 《傳燈錄》에 "복주의 대안선사가 말하기를 '위산에 30년 동안 머물면서 위산의

밥을 먹고 위산의 대변을 보았지만 위산의 참선은 배우지 않았다'라고 했다(福州大安禪師云: '在潙山三十年, 吃潙山飯, 屙潙山屎, 不學潙山禪)"라는 기록이 있는데, 이 구절은 이 말을 차용한 것으로 본장로나 변재법사 같은 고승들과 어울리고는 싶지만 본격적으로 불도에 몰입할 수는 없는 처지임을 해학적으로 표현한 것이다.

## 0643. 送表忠觀[1]錢道士[2]歸杭[3]幷引

항주로 돌아가는 표충관의 전도사를 전송한 시와 그 서문

熙寧十年, 詔以龍山[4]廢佛祠爲表忠觀. 元豐二年, 通教[5]自杭來, 見予於吳興[6]. 問: "觀亦卒工乎?" 曰: "未也. 杭人比歲不登, 莫有助我者." 余曰: "異哉. 杭人重施輕財, 是不獨爲福田[7]也, 將自託於不朽[8]. 今歲成矣, 子其行乎." 及還, 作詩送之.(희령 10년(1077) 용산의 폐허화된 불당에 표충관을 지으라는 조서가 내려왔는데, 원풍 2년(1079) 통교대사가 항주에서 오흥으로 나를 찾아왔다. 내가 "표충관은 역시 공사가 끝났지요?" 하고 묻자, "아닙니다. 항주 사람들이 해마다 흉년을 만나는 바람에 아무도 저를 도와 주지 않습니다"라고 대답했다. 내가 "이상하군요. 항주 사람들은 시주하기를 중시하고 재물을 경시하는데, 이는 비단 복전을 위해서만이 아니라 불후한 곳에 자신의 이름을 남기려는 것입니다. 올해는 풍년이 들었으니 계속 추진하시게 될 것입니다"라고 하고 그가 돌아갈 때 이 시를 지어서 전송했다.)

| | |
|---|---|
| 先王舊德在民心,[9] | 선왕의 옛날 은덕이 민심에 남아 있고 |
| 著令稱忠上意深.[10] | 어명으로 충성스럽다 했으니 황상의 생각이 깊었네. |
| 墮淚行看會祠下,[11][12] | 눈물 흘리며 사당 밑에 모이는 모습 곧 보게 될 터 |
| 挂名爭欲刻碑陰.[13][14] | 다투어 비석 뒤에 이름을 새기려 할 것이네. |
| 凄涼破屋塵凝坐, | 처량한 폐가에는 좌석에 먼지가 잔뜩 앉고 |
| 憔悴雲孫雪滿簪.[15][16] | 초췌한 후손은 비녀에 눈이 하얗게 내렸으니 |
| 未信諸豪容郭解,[17][18] | 항주의 여러 호족들이 다른 고을에서 온 곽해가 |
| 却從他縣施千金. | 천금을 시주하는 것을 용납할 거라고 믿지 않네. |

**[해설]**

나라를 바치고 송나라에 귀의한 오월왕 전씨 일족의 충성과 공덕을 기리고 선조의 선영을 관리하게 하기 위하여 조정에서 표충관이라는 도관을 짓게 했는데, 항주에 여러 해 동안 흉년이 드는 바람에 기금을 출연하는 사람이 없어서 공사가 잘 진척되지 않는다는 이야기를 듣고 공사 책임자인 도사 전자연에게 곧 일이 순조롭게 진척될 것이라고 격려해 준 것이다.

## [주석]

(1) 表忠觀(표충관): 杭州(지금의 절강성 항주) 湧金門 밖에 있던 사당으로 지금은 錢王祠라고 한다. 북송 희령(1068-1077) 연간에 杭州知州 趙抃이 吳越王 錢氏 일족의 충성과 공덕을 기리고 선조들의 선영을 관리하게 하기 위하여 조정에 건의하여 지은 道觀으로, 전씨의 후손인 도사 錢自然으로 하여금 그곳에 머물면서 관리하게 했다. 표충관의 건립 과정에 대해서는 소식의 〈表忠觀碑〉에 상세하게 기록되어 있다. 《杭州圖經》에 "표충관은 성 남쪽의 용산에 있는데 희령 10년(1077)에 지금의 편액이 하사되었다(表忠觀, 在城南龍山, 熙寧十年賜今額)"라고 했다.

(2) 錢道士(전도사): 施元之의 《施注蘇詩》에 "전도사는 이름이 자연이고 도호가 통교대사이다(錢道士, 名自然, 號通教大師)"라고 했다.

(3) 杭(항): 항주.

(4) 龍山(용산): 항주에 있는 산.

(5) 通教(통교): 도사 전자연의 도호. 주 (2) 참조.

(6) 吳興(오흥): 지금의 절강성 湖州.

(7) 福田(복전): 복을 거두는 밭이라는 뜻으로, 三寶 및 부모와 가난한 사람을 비유적으로 이르는 말. 삼보를 공양하고 부모의 은혜에 보답하며 가난한 사람에게 은혜를 베풀면 복이 생긴다고 한다.

(8) 自託於不朽(자탁어불후): 자신의 이름을 비석에 새겨 오래오래 전하게 한다는 말이다.

(9) 先王(선왕): 나라를 바치고 송나라에 귀순한 오월왕 錢俶을 가리킨다.

(10) 著令(착령): 명령하다.

(11) 行(행): 이제 곧.

(12) 祠(사): 표충관을 가리킨다.

(13) 挂名(괘명): 이름을 기록하다.

(14) 碑陰(비음): 비석의 뒷면. 이곳에 기리고자 하는 대상의 사적을 비롯하여 비석의 건립 과정, 기부금 출연자의 성명 등을 상세하게 밝힌다.

(15) 雲孫(운손): 자기부터 계산하여 제9대인 후손. 널리 후손을 가리킨다.

(16) 雪滿簪(설만잠): 전씨의 후손이 이미 머리가 하얗게 세었다는 말이다.

(17) 諸豪(제호): 항주에 사는 여러 호족들을 가리킨다.

(18) 郭解(곽해): 한나라 때의 협객. 洛陽에 서로 원수진 사람들이 있었는데 같은 고을의 유력 인사 수십 명이 나서서 중재하려고 했으나 말을 듣지 않았다. 식객들이 곽해에게 부탁하여 곽해가 밤에 와서 그들을 만나 강압적으로 이야기하자 마지못해 그의 말을 듣겠다고 했다. 그러자 곽해가 "낙양의 많은 유력 인사들의 말은 듣지 않더니 다행히 내 말은 들으려 하는구려. 그러나 다른 고을 사람인 내가 본고장 유력 인사들의 권능을 빼앗을 수 있겠소? 잠시 기다렸다가 내가 떠난 뒤에 그들로 하여금 중재하게 하여 그들의 말을 들으시오"라고 하고는 그날 밤 안으로 아무도 모르게 가 버렸다.(《사기 · 곽해전》 참조) 이 연은 다른 고을 사람들이 시주하기 전에 항주의 호족들이 먼저 시주하여 표충관을 건립하게 될 것이라고 전도사를 위로한 것이다.

## 0644. 舶趠風[1]幷引

박탁풍을 읊은 시와 그 서문

吳中[2]梅雨[3]既過，颯然清風彌旬，歲歲如此，湖人謂之舶趠風. 是時，海船初回，云此風自海上與舶俱至云爾.(오중지방에는 매우가 지나가고 나면 솨솨 하고 산들바람이 열흘에 걸쳐서 분다. 해마다 이렇게 부는 바람을 호주 사람들은 박탁풍이라고 한다. 이때가 되면 바다로 나갔던 배들이 막 돌아와서는 이 바람이 바다 위에서부터 배와 함께 왔다고 한다.)

| | |
|---|---|
| 三旬已過黃梅雨, | 한 달에 걸친 매우는 이미 다 지나가고 |
| 萬里初來舶趠風. | 만 리 밖에서 박탁풍이 불어오기 시작한다. |
| 幾處縈回度山曲, | 몇 군데서 빙빙 돌며 산굽이를 넘어왔나? |
| 一時清駛滿江東.[4] | 일시에 맑게 불어와 강동지역에 가득하다. |
| 驚飄蔌蔌先秋葉,[5] | 가을 전의 나뭇잎이 깜짝 놀라 우수수 날려 |
| 喚醒昏昏嗜睡翁.[6] | 몽롱한 이 잠꾸러기 늙은이를 깨운다. |
| 欲作蘭臺快哉賦,[7] | 난대의 상쾌한 바람을 읊는 부를 짓고 싶건만 |
| 却嫌分別問雌雄. | 웅풍과 자풍을 분별하여 따지고 싶진 않다. |

**[해설]**

호주에서 박탁풍이라는 장강 하류지역 특유의 폭풍이 부는 것을 보고 그 감회를 노래한 것으로, 끝부분에서 백성에 대한 사랑을 넌지시 드러내었다.

**[주석]**

(1) 舶趠風(박탁풍): 梅雨가 끝나고 여름이 시작되려고 할 무렵 강남지방에 부는 거센 바람.
(2) 吳中(오중): 춘추시대에 오나라의 영토였던 지금의 강소성 및 절강성 일대.
(3) 梅雨(매우): 매실이 노랗게 익어갈 무렵 강남지방에 내리는 장맛비. '黃梅雨'라고도 한다.

(4) 江東(강동): 長江의 동부. 안휘성 蕪湖에서 강소성 南京 사이의 구간에서 장강이 북북동 방향으로 흐르기 때문에 그 이하의 강남지방을 강동이라고 한다.

(5) 蔌蔌(속속): 나뭇잎 같은 것이 떨어지는 소리.

(6) 昏昏(혼혼): 정신이 혼미한 모양.

(7) 蘭臺(난대): 전국시대 초나라 궁중에 있던 누대. 옛터가 지금의 호북성 鍾祥縣 동쪽에 있다. 宋玉의 〈風賦〉에 "초나라 양왕이 난대의 궁에서 노닐 때, 송옥과 경차가 모시고 있었다. 그때 바람이 솨 하고 불어오자 양왕이 옷깃을 헤치고 바람을 맞으며 '상쾌하도다 이 바람은! 이것은 과인이 서민들과 함께 맞을 수 있는 것인가?'라고 했다.……송옥이 '……눈과 귀가 밝아지게 하고 몸과 마음이 편안해지게 합니다. 이것이 이른바 대왕의 웅풍입니다.……바람을 맞아 이를 덜덜 떨면서 어쩔 줄 몰라 합니다. 이것이 이른바 서민의 자풍입니다' 하고 대답했다(楚襄王遊於蘭臺之宮, 宋玉・景差侍. 有風颯然而至, 王乃披襟而當之, 曰: '快哉此風, 寡人所與庶人共者耶?'……宋玉對曰: '……發明耳目, 寧體便人, 此所謂大王之雄風也.……啗齰嗽獲, 死生不卒, 此所謂庶人之雌風也.')"라고 했다.

# 0645. 丁公默(1)送蝤蛑(2)

정공묵이 꽃게를 보내와서

溪邊石蟹小於錢,(3) 　　개울 가의 돌게들은 동전보다 작나니
喜見輪囷赤玉盤.(4)(5) 　　둥근 적옥 쟁반을 흐뭇하게 바라본다.
半殼含黃宜點酒,(6)(7) 　　반 껍데기의 노르스름한 알은 술안주로 알맞고
兩螯斫雪勸加餐.(8) 　　두 집게발에서 눈을 쪼개면 밥을 많이 먹게 한다.
蠻珍海錯聞名久,(9)(10) 　　남방의 진품과 해산물은 명성을 들은 지 오래인데
怪雨腥風入坐寒.(11)(12) 　　폭우와 비릿한 바람이 싸늘하게 좌중으로 파고든다.
堪笑吳興饞太守,(13)(14) 　　우습게도 오흥 땅의 식탐 많은 태수는
一詩換得兩尖團.(15) 　　시 한 수로 게 두 마리를 바꾸었도다.

**[해설]**

정공묵이 보낸 꽃게를 보고 그것의 생김새와 맛을 노래한 것이다.

**[주석]**

(1) 丁公默(정공묵): 구체적인 행적이 알려져 있지 않다.
(2) 蝤蛑(추모): 꽃게.
(3) 石蟹(석해): 개울 속의 돌 틈에 사는 게.
(4) 輪囷(윤균): 수레바퀴처럼 굽은 모양.
(5) 赤玉盤(적옥반): 게의 이름. 여기서는 등껍질이 붉고 둥근 꽃게를 가리킨다. 《大觀本草》에 "적

옥반은 남해에서 난다. 그것의 집게발은 무엇보다 날카로워서 낫으로 풀을 베듯이 물건을 자르는데 납작하고 아주 크다. 뒷발이 넓은 것을 꽃게라고 하는데 남방 사람들은 발도자라고 한다. 큰 것은 됫박이나 쟁반만 하고, 작은 것은 잔이나 접시만 하다. 두 집게발은 손과 같아서 다른 게들과는 다르다. 일명 집화라고도 하며 색깔이 빨갛다(赤玉盤, 生南海中. 其螯最銳, 斷物如芟刈, 扁而最大, 後足濶者名蝤蛑, 南人謂之撥棹子. 大者如升如盤, 小者如盞楪. 兩螯如手, 異于衆蟹. 一名執火, 其色赤)"라고 했다. 이 연은 작디작은 돌게를 보다가 큼지막한 꽃게를 보니까 기분이 좋다는 말이다.

(6) 半殼含黃(반각함황): 껍데기에 반쯤 찬 노르스름한 알. 꽃게의 알이 많이 모여 있는 모양을 가리킨다.

(7) 點酒(점주): 술을 따르다. 조선시대 문인 徐居正의 시 〈村廚八詠〉 중의 〈蟹鹽〉에 "등딱지 하나와 집게발 둘이 모두 맛이 있으니, 술안주로도 알맞고 밥도 많이 먹겠네(獨殼雙螯俱有味, 也宜點酒更加餐)"라는 구절이 있다.

(8) 斫雪(작설): 꽃게의 집게발 안에 있는 하얀 속살을 쪼갠다는 말이다.

(9) 蠻珍(만진): 남방에서 나는 진기한 물건.

(10) 海錯(해착): 각종 해산물.

(11) 怪雨(괴우): 폭우를 가리킨다. 한유의 〈南海神廟碑〉에 "질풍과 폭우가 수시로 일어서 사람들이 그 재해를 입는다(盲風怪雨, 發作無節, 人蒙其害)"라는 말이 있고, 道潛의 시 〈春晩〉에 "폭우와 질풍이 봄빛을 거두어 가, 난간 옆에 우수수 푸른 대만 흔들린다(怪雨盲風卷却春, 傍欄蕭瑟只青筠)"라는 구절이 있다.

(12) 腥風(성풍): 비릿한 바닷바람을 가리킨다. 이 연은 꽃게를 보니 바다 풍경이 떠오른다는 말이다.

(13) 吳興(오흥): 지금의 절강성 호주.

(14) 饞太守(참태수): 소식 자신을 가리킨다.

(15) 尖團(첨단): 뾰족한 배꼽과 둥근 배꼽이라는 뜻으로 게를 가리킨다. 王十朋의 《百家註分類東坡先生詩》에 "암게의 배꼽은 둥글고 수게의 배꼽은 뾰족하다. '尖'・'團'으로 게의 이름을 짓는 것은 통상적인 말이다(母蟹之臍團, 雄蟹之臍尖. 尖・團名蟹, 常語也)"라고 했다. 이 연은 귀한 음식을 받고도 답례로 줄 수 있는 것이 시 한 수밖에 없어서 미안하다는 말이다.

## 0646. 送孫著作[1]赴考城[2], 兼寄錢醇老[3]·李邦直[4]二君, 於孫處[5]有書見及[6]

고성으로 부임해 가는 저작랑 손씨를 전송하고 아울러 손씨의 처소에서 나에게 편지를 써 보낸 전순로와 이방직에게 부친다

| | |
|---|---|
| 使君閑如雲,[7][8] | 태수는 구름처럼 한가하건만 |
| 欲出誰肯伴. | 나가려 해도 함께 갈 사람 없는데 |
| 淸風獨無事, | 시원한 바람만은 아무 일도 없는지라 |
| 一嘯亦可喚.[9] | 휘파람만 한 번 불어도 부를 수가 있나니 |
| 來從白蘋洲,[10] | 개구리밥 무성한 백빈주에서 불어와 |
| 吹我明月觀.[11] | 나를 명월관으로 날려보내 주었네. |
| 門前遠行客,[12] | 대문 앞을 지나던 먼 길 가는 나그네는 |
| 靑衫流白汗. | 파란 적삼 밑으로 하얀 땀을 흘리나니 |
| 問子何悤悤, | 그대는 어찌하여 이리도 바쁘실까? |
| 王事不可緩. | 나랏일에 늑장을 부릴 수 없는 탓이리. |
| 故人錢與李, | 옛날의 정든 친구 전순로와 이방직은 |
| 淸廟兩圭瓚.[13][14] | 태묘에 꼭 필요한 두 개의 술잔으로 |
| 蔚爲萬乘器,[15] | 훌륭하기가 천자의 큰 그릇인데 |
| 尙記溝中斷.[16] | 아직도 도랑에 버려진 나무를 기억하네. |
| 子亦東南珍, | 그대는 역시 동남쪽의 진귀한 보배 |
| 價重不可算. | 헤아릴 수 없을 만큼 소중한 존재이니 |
| 別情何以慰, | 이별의 아쉬움을 무엇으로 달래리? |

| | |
|---|---|
| 酒盡對空案.(17) | 술 다 마신 빈 상만 대하고 있네. |
| 惟持一榻涼, | 가진 것이 시원한 평상 하나뿐인지라 |
| 勸子巾少岸.(18) | 두건을 살짝 젖혀 바람이나 쐬라 했나니 |
| 北風那復有, | 북풍이 어떻게 다시 생겨났는지 |
| 塵土飛灰炭. | 흙먼지가 일어나고 재가 나는데 |
| 欲寄二大夫,(19) | 두 대부께 이것을 부쳐 주고 싶어도 |
| 發發不可絆.(20) | 세차게 쌩쌩 불어 붙잡아 맬 수 없네. |

**[해설]**

고성으로 부임해 가는 길에 잠시 들른 저작랑 손씨를 전송하고, 아울러 전순로와 이청신이 손씨 편에 보내 준 편지에 대하여 답장을 쓰는 형식으로 지은 시이다.

**[주석]**

(1) 孫著作(손저작): 저작랑 손씨. 구체적인 행적이 알려져 있지 않다.

(2) 考城(고성): 지금의 하남성 民權縣 동북쪽에 있던 현.

(3) 錢醇老(전순로): 구체적인 행적이 알려져 있지 않다.

(4) 邦直(방직): 李淸臣(1032-1102)의 字. 施元之의 《施注蘇詩》에 "소공이 밀주지주로 있을 때 방직이 경동로제형으로서 관할구역을 순찰하다가 밀주에 간 적이 있었다. 동파는 7년 동안 장기 어린 남해에서 지내다가 겨우 살아서 돌아왔거니와, 그 재앙의 근원을 캐 보면 사실상 방직에서 비롯되었다(公守高密時, 邦直以京東提刑行部至密也. 東坡七年瘴海, 僅得生還, 推原禍本, 實自邦直發之云)"라고 한 것처럼, 나중에는 정치적 입장을 달리하여 정적이 되었지만 처음에는 소식과 상당히 가까이 지냈기 때문에 烏臺詩案에 연루되어 벌금형을 받기도 했다. 〈答李邦直〉(0437) 주 (1) 참조.

(5) 孫處(손처): 손저작이 호주에 오기 전에 머물렀던 곳을 가리킨다.

(6) 見及(견급): 나에게 보내 주다. 〈次韻王定國馬上見寄〉(0562) 주 (2) 참조.

(7) 使君(사군): 태수. 호주지주인 소식 자신을 가리킨다.

(8) 閑如雲(한여운): 백거이의 시 〈和裴侍中南園靜興見示〉에 "고요하기는 학을 벗으로 삼고, 한가하기는 구름과 비슷하구나(靜將鶴爲伴, 閑與雲相似)"라는 구절이 있다.

(9) 一嘯亦可喚(일소역가환): 후한 때의 도사 趙炳이 한번은 강에 이르러 배를 찾았으나 배가 없으므로 우산을 펴고 그 안에 앉아 길게 휘파람을 불어서 바람을 일으켜 강을 건넜다는 일화가 있다.(《後漢書·方術傳》 참조)

(10) 白蘋洲(백빈주): 양나라 시인 柳惲의 〈江南曲〉에 "물속의 모래섬에서 흰 개구리밥 따는데, 강남의 봄 풍경 속으로 해가 저무네(汀洲採白蘋, 日落江南春)"라는 구절이 있는데, 王十朋의 《百家註分類東坡先生詩》에 "백빈주는 호주에 있다. 양나라 유운이 오흥태수로 있을 때 이곳에서 시를 지었기 때문에 이렇게 부르는 것이다(白蘋洲在湖州, 因梁柳惲爲吳興太守, 賦詩於此, 因以名洲)"라고 했다. 또 《吳興統記》에 "백빈주는 초계에서 동남쪽으로 1리 되는 곳에 있다(白蘋洲, 在苕溪東南一里)"라고 했다.

(11) 明月觀(명월관): 명월루. 勞鉞의 《湖州志》에 "호주부 관청 소재지에 명월루가 있으니 자성의 서남쪽 모퉁이에 있다. 당나라 정원 13년(797)에 세웠다(府治有明月樓, 在子城西南隅. 唐貞元十三年建)"라고 했다.

(12) 遠行客(원행객): 저작랑 손씨를 가리킨다.

(13) 淸廟(청묘): 太廟. 제왕의 종묘.

(14) 圭瓚(규찬): 종묘의 제사 때 사용하는 술잔으로 홀 모양의 손잡이가 달려 있다. 이 연은 전순로와 이청신이 모두 조정에 없어서는 안 될 중요한 인물이라는 말이다.

(15) 萬乘器(만승기): 천자를 위해 사용되는 큰 그릇. '萬乘'은 천자가 보유하는 戰車의 수로 천자를 가리킨다.

(16) 溝中斷(구중단): 잘라진 채 도랑에 버려져 있는 나무토막. 《莊子・天地》에 "백 년 된 나무를 베어 제사에 사용할 술잔을 만드는데, 이것은 울긋불긋하게 칠하여 문채를 낸다. 그리고 잘려나간 나머지는 도랑에 버린다. 제사에 사용할 술잔은 잘려서 도랑에 버려진 나무토막과 비교하면 한쪽은 아름답고 한쪽은 그렇지 않다는 차이가 있기는 하지만, 본성을 잃었다는 면에서는 마찬가지이다(百年之木, 破爲犧樽, 靑黃而文之, 其斷在溝中. 比犧樽於溝中之斷, 則美惡有間矣, 其於失性一也)"라는 말이 있다. 馮應榴의 《蘇軾詩集合注》에 "이른바 '나에게 편지를 써 보냈다'는 것이다(所謂'有書見及'也)"라고 한 바와 같이, 이상의 네 구절은 전순로와 이방직처럼 대단한 인물들이 아직도 소식처럼 하찮은 존재를 기억하고 편지를 보내 주어서 감사하다는 말이다.

(17) 空案(공안): 술과 안주가 없는 술상. 이 연은 헤어지기 아쉬운 마음에 술을 있는 대로 다 마셨다는 말이다.

(18) 岸(안): 모자나 두건을 뒤로 젖혀서 이마를 드러내다.

(19) 二大夫(이대부): 전순로와 이청신을 가리킨다.

(20) 發發(발발): 바람이 세차게 부는 소리.

## 0647. 泛舟城南, 會者五人, 分韻賦詩, 得'人'·'皆'·'苦'·'炎'字四首

성 남쪽에서 배를 타고 놀다가 모인 사람 다섯 명이 운자를 나누어 시를 지을 때 '人'·'皆'·'苦'·'炎' 넉 자를 배정받아

### 其一

| | |
|---|---|
| 城中樓閣似魚鱗. | 성 안에 누각들이 물고기 비늘같아 |
| 不見淸風起白蘋.[(1)] | 백빈주에서 맑은 바람 이는 것이 안 보이매 |
| 試選苕溪最深處,[(2)] | 시험 삼아 초계에서 가장 깊은 곳을 골라 |
| 仍呼我輩不羈人. | 우리 가운데 남에게 안 매인 사람을 불렀다. |
| 窺船野鶴何曾下,[(3)] | 배를 엿보는 야생학은 배로 내려온 적 없고 |
| 見燭飛蟲空自馴. | 촛불을 본 날벌레만 배를 따라다닌다. |
| 遶郭荷花一千頃, | 성곽을 빙 둘러싼 연꽃 일천 경 |
| 誰知六月下塘春.[(4)] | 누가 알리 유월 달의 하당의 봄을? |

### 其二

| | |
|---|---|
| 苦熱誠知處處皆, | 폭염이 곳곳에 다 내리쬐는 줄 잘 아나니 |
| 何當危坐學心齋.[(5)] | 언제나 오똑 앉아 마음의 재계를 배우리? |
| 海螯要共詩人把,[(6)] | 게 다리를 시인들과 함께 집으려 하니 |
| 溪月行遭霧雨霾.[(7)] | 개울의 달이 안개비에 가리려 한다. |
| 鄕國飄零斷書信,[(8)] | 떠도느라 고향에선 소식이 끊어지고 |

弟兄流落隔江淮.[9] 객지생활로 형제는 장강과 회수 양쪽에 있다.
便應築室苕溪上,[10][11] 초계 가에 집이나 한 채 지어야 할 판
荷葉遮門水浸堦. 연잎이 대문을 덮고 물이 섬돌을 적시리.

其三

紫蟹鱸魚賤如土,[12] 보랏빛 게와 농어가 흙처럼 싸서
得錢相付何曾數.[13] 돈을 받곤 세지 않고 마구 퍼 주네.
碧筩時作象鼻彎,[14] 벽통배는 때때로 코끼리 코처럼 구부정한데
白酒微帶荷心苦. 백주는 연 줄기의 쓴맛을 살짝 띠고 있네.
運肘風生看斫鱠,[15] 팔을 놀려 바람을 내며 회치는 모습 보느라니
隨刀雪落驚飛縷. 칼을 따라 떨어지는 눈이 놀랍게도 날리는 실이 되네.
不將醉語作新詩,[16] 취중의 말로 새 시를 짓지 않으면
飽食應慚腹如鼓.[17] 포식으로 배가 북 같음을 부끄러워하게 될 것이네.

其四

橋上游人夜未厭,[18] 다리 위의 놀이꾼들 밤에도 싫증 내지 않고
共依水檻立風簷. 함께 난간에 기대고 바람 부는 처마 밑에 서 있네.
樓中煮酒初嘗芡. 누각 안에서 술을 데워 가시연을 막 맛보자니
月下新粧半出簾. 달빛 아래 새로 단장하고 발에서 반쯤 나오네.
南郭清游繼顔謝,[19] 남쪽 성에서 노니는 건 안씨와 사씨의 뒤를 잇고
北窗歸臥等羲炎.[20] 북쪽 창으로 돌아가 눕는 건 복희씨 염제 때와 맞먹네.
人間寒熱無窮事. 이 세상의 추위와 더위는 끝없이 반복되는 일
自笑疎頑不受痁.[21][22] 완고하여 학질을 안 받아들임에 스스로 웃네.

**[해설]**

다섯 명의 시인이 호주성 남쪽에 모여서 운자를 나누어 시를 짓는 분운 놀이를 할 때

‘人’·‘皆’·‘苦’·‘炎’의 네 글자를 운자로 배정받아서 지은 것이다. ‘人皆苦炎’은 ‘사람들이 모두 더위에 시달린다’는 뜻이니, 이러한 분운 놀이가 무더위를 잊어 보려는 노력의 일환이었음을 짐작할 수 있다. 제1수는 성 밖의 강가로 나가 더위를 피한 과정과 그 즐거움을 서술했고, 제2수는 초계 가에 집을 지어 은거하고 싶은 심정을 토로했으며, 제3수는 게와 농어회를 안주 삼아 거나하게 술을 마시고 시를 짓는 기분을 노래했고, 제4수에서는 지방관이기 때문에 여름을 시원하게 지낼 수 있는 역설적인 현실에 쓴웃음을 지었다.

**[주석]**

(1) 白蘋(백빈): 개구리밥. 여기서는 白蘋洲를 가리킨다. 〈送孫著作赴考城, 兼寄錢醇老·李邦直二君, 於孫處有書見及〉(0646) 주 (10) 참조.

(2) 苕溪(초계): 절강성에 있는 강. 원래는 절강성 安吉縣 서남쪽에서 발원하는 서초계만을 가리켰으나, 당나라 이후로는 절강성 臨安縣 서북쪽에서 발원하는 동초계도 초계라고 한다. 두 강은 湖州에서 합류하여 동북쪽으로 흘러 太湖로 들어간다. 《杭州圖經》에 “초수는 천목산에서 나오는데, 노인들이 전하는 말에 의하면 양쪽 언덕에 갈대가 많아서 가을바람이 불면 꽃이 흩날리는 눈처럼 하늘에 떠다니기 때문에 강 이름을 그렇게 부른다(苕水出天目山, 古老相傳, 夾岸多苕草, 秋風吹花, 浮如飛雪, 因以名溪)”라고 했다. ‘試~’라고 한 것은 확신할 수는 없지만 그곳으로 나가면 더위를 어느 정도 식힐 수 있을 것으로 기대했음을 뜻한다.

(3) 窺船(규선): 배로 바싹 다가와서 나는 것을 가리킨다. 이 구절은 학이 가끔씩 배로 다가와 날면서도 배에 내려앉을 만큼 경계를 늦추지는 않는다는 말이다.

(4) 下塘(하당): 施元之의 《施注蘇詩》에 “지금의 진택은 태호의 물을 나누어 남쪽으로 흘려보냄으로써 초계와 삽계를 다스려 배가 다닐 수 있게 했으니, 동쪽으로는 오흥에 이르고 서쪽으로는 여항에 이르는바 이것을 하당이라고 한다(今震澤以南派太湖之水, 亂苕·霅二谿, 以通舟楫, 東盡吳興, 西盡餘杭, 名曰下塘)”라고 했다. 이 연은 자신들이 놀고 있는 하당 일대는 사람들이 잘 알지 못하는 곳으로, 연꽃이 일망무제로 피어 있을 뿐만 아니라 시원한 강바람도 불고 있어서 마치 봄인 것처럼 느껴졌다는 말이다.

(5) 心齋(심재): 《莊子·人間世》에 “안회가 ‘심재가 무엇인지 여쭈어 보고 싶습니다’라고 하자 중니(공자)가 ‘너는 정신을 통일하여 귀로 듣지 말고 마음으로 들어라. 그런 다음에는 마음으로 듣지 말고 氣로 들어라. 귀는 소리를 듣는 데서 그치고 마음은 공감하는 데서 그치지만 기는 텅 빈 상태로 사물을 대하는 것이다. 도는 텅 빈 곳에 모이나니 비우는 것이 마음의 齋戒이다’ 하고 대답했다(回曰: ‘敢問心齋.’ 仲尼曰: ‘若一志, 無聽之以耳而聽之以心, 無聽之以心而聽之以氣. 耳止於聽, 心止於符. 氣也者, 虛而待物者也. 唯道集虛, 虛者, 心齋也.’)”라는 말이 있다. 이 연은 자신이 마음의 수양이 잘 되지 않아 더위에 대하여 초연할 수가 없기 때문에 더위를 식힐 수 있는 곳을

찾아가야겠다는 말이다.

(6) 海螯(해오): 바다에서 나는 게의 집게발. 게를 가리킨다. 이 구절은 게를 안주 삼아 술을 마신다는 뜻이다.

(7) 行(행): 장차.

(8) 鄉國(향국): 고향.

(9) 江淮(강회): 장강과 회수. 당시 소식이 있는 곳은 장강 남쪽이고, 소철이 있는 곳은 회수 북쪽이었다.

(10) 便(변): 단지.

(11) 築室(축실): 은거처를 마련한다는 말이다. 소식은 그의 시 〈六月二十七日望湖樓醉書五絶〉(0198) 제5수에서 "내 본시 집 없거늘 더 이상 어디로 가나, 고향에는 이리 좋은 호수와 산도 없는데?(我本無家更安往, 故鄉無此好湖山)"라고 했거니와, 이처럼 그는 은거를 추구하되 굳이 고향으로 돌아갈 것을 고집하지는 않고 자기가 마음 편하게 살 수 있는 곳이면 그곳이 바로 고향이라고 생각했다. 이 연은 초계가 은거지로 삼아 정착하고 싶을 정도로 마음에 들었다는 말이다.

(12) 賤如土(천여토): 白居易의 시 〈游坊口懸泉偶題石上時爲河南尹〉에 "쌀값은 흙처럼 싸고, 술맛은 엿보다 진하다(米價賤如土, 酒味濃於餳)"라는 말이 있다.

(13) 何曾(하증): 어찌 ~한 적이 있겠는가. 금액에 맞추어 게와 고기를 주는 것이 아니라 듬뿍 퍼 준다는 말이다. 소식의 〈漁父四首〉(0871) 제1수에 "어부는 술 마시러, 누구네 집에 가나? 잡아 온 고기와 게를 한꺼번에 맡겨 놓고, 술이야 얼마가 됐든 취할 때까지 마시고, 피차간에 금액은 따지지 않네(漁父飮, 誰家去, 魚蟹一時分付. 酒無多少醉爲期, 彼此不論錢數)"라고 했다.

(14) 碧筩(벽통): 碧筩杯. 위나라 정시(240-248) 연간에 鄭公慤은 삼복이 되면 빈객과 막료들을 데리고 歷城 북쪽에 있는 숲으로 피서를 가서 커다란 연잎에 술을 담고 비녀로 구멍을 뚫어 잎자루와 통하게 한 다음 코끼리의 코처럼 구부정해진 잎자루를 돌려 가며 술을 빨았는바, 이것을 벽통배라고 했는데 사람들이 너도나도 따라 했다. 이렇게 하면 술 맛이 연 맛과 섞여 있어서 다른 술보다 향기롭고 시원하다.(段成式, 《酉陽雜俎・酒食》 참조)

(15) 運肘風生(운주풍생): 《莊子・徐無鬼》에 "석수가 도끼를 휘둘러서 바람을 일으키며 마구 깎아내어 백토가 다 없어졌는데도 코에 상처 하나 나지 않았다. 그리고 영 땅의 사람은 가만히 선 채로 얼굴빛 하나 바꾸지 않았다(匠石運斤成風, 聽而斲之, 盡堊而鼻不傷, 郢人立不失容)"라고 했다. 이 구절은 이 이야기를 차용하여 회치는 솜씨를 찬양한 것이다.

(16) 將(장): ~으로.

(17) 腹如鼓(복여고): 高爽의 시 〈題鼓嘲孫挹〉에 "몸통은 둘레가 여덟 자인데, 배 안에 한 치의 창자도 없네. 낯가죽이 이렇게 두꺼운지라, 맞으면 그 소리가 금방 그치지 않네(身有八尺圍, 腹內無寸腸. 面皮如許厚, 受打未遽央)"라고 북의 특징으로 속없는 손읍을 풍자했고, 《莊子・馬蹄》에 "배를 두드리며 놀았다(鼓腹而遊)"라는 말이 있다. 이 연은 도도한 주흥을 시로 승화시키지 못하는 것은 부끄러운 일이기 때문에 참석자들이 이렇게 분운하여 시를 짓는다는 말이다.

(18) 橋上游人(교상유인): 자신들을 가리킨다.

(19) 顔謝(안사): 옛날에 호주의 남쪽 성 부근에서 노닐었던 안씨와 사씨를 가리키는데, 구체적으로 누구를 가리키는지는 분명하지 않다. 顧況의 〈湖州刺史廳壁記〉에 "진나라 때에는 사안 · 사만 · 왕희지 · 왕헌지 같은 사람이 있었고, 당나라 때에는 충렬이 넘친 안노공과 남달리 정직한 원고급사와 문사가 뛰어난 유전백 원외랑이 있었다(在晉則謝安 · 謝萬 · 王羲之 · 獻之, 國朝則顔魯公忠烈也, 袁給事高讜正也, 劉員外全白文翰也)"라고 했고, 邵迎의 〈吳興詩集序〉에 "동진 사람 왕희지 · 사안 등의 여러 분 가운데 이곳에 와서 노닐며 즐기지 않은 분이 없었거니와, 성안에서 가장 유람하기 좋은 곳은 바로 유운에게 발견된 물가의 집이다. 당나라 때에 이르러 이곳의 태수로 나온 사람 가운데 안진경 같은 사람은 충성스럽고 굳세었으며 시만 가지고 두드러진 사람이 아니었다(東晉王羲之 · 謝安諸公, 莫不游而樂之, 而城中觀游之最, 則水堂見於柳惲. 至唐出守者, 若顔眞卿之忠毅, 又不獨以篇詠著者也)"라고 했다. 그러나 이처럼 양상이 복잡할 것 같지는 않으므로 王十朋의 《百家註分類東坡先生詩》에 "사안과 안진경은 모두 오흥태수였다(謝安 · 顔眞卿, 皆爲吳興太守)"라고 한 말이 더 타당해 보인다.

(20) 羲炎(희염): 전설상의 제왕인 炎帝 神農氏와 太皞 伏羲氏의 시대를 가리킨다. 陶淵明의 〈與子儼等疏〉에 "오뉴월에 북쪽 창문 밑에 누워서 언뜻언뜻 불어오는 시원한 바람을 맞으며 자신을 일컬어 희황상인(욕심 없이 초연하게 산 복희씨 이전의 태곳적 사람이라는 뜻)이라고 했다(五六月中, 北窗下臥, 遇涼風暫至, 自謂是羲皇上人)"라고 했다.

(21) 疎頑(소완): 완고하다.

(22) 痁(점): 학질. 왕십붕의 《백가주분류동파선생시》에 "'痁'은 학질이다. 그 증상은 한 번 추웠다 한 번 더웠다 하는 것인데, 이제 '학질을 안 받아들인다'고 한 것은 추위와 더위의 침범을 그냥 놓아두지 않는다는 말이다('痁', 瘧疾也. 其爲狀, 一寒一熱, 今云: '不受痁', 則不聽寒熱之侵也)"라고 했다. 세상과 타협하지 못하는 성격으로 인하여 조정에서 밀려나 지방관으로 전전하는 신세가 되었지만, 오히려 그 덕분에 이렇게 더위를 잊을 수 있게 된 것이 우습다는 말이다.

# 0648. 與王郎[1]夜飮井水

왕랑과 함께 밤에 우물물을 마시고

吳興六月水泉溫,[2][3] 오흥 땅의 유월은 샘물이 따스하여
千頃菰蒲聚鬪蚊.[4][5] 줄과 부들 일천 경에 모기가 몰리는데
此井獨能深一丈, 이 샘만은 깊이가 열 자나 되어
凜然如我亦如君. 차갑기가 나 같고 그대 같구나.

**[해설]**

보통의 샘과는 비교가 안 될 정도로 유난히 시원한 어느 샘의 물을 마시고 느낀 감회를 노래한 것으로, 왕자립의 인품을 칭송하는 가운데 너도나도 권세를 붙좇는 당시의 개탄스러운 세태에 대한 풍자를 깃들여 놓았다.

**[주석]**

(1) 王郎(왕랑): 施元之의 《施注蘇詩》에 "왕랑은 바로 자유의 사위 자립이다. 이때 선생을 따라 오흥으로 갔다(王郎乃子由婿子立也. 是時從先生於吳興)"라고 했다. 子立은 王適의 字이다. 그는 趙州 臨城 사람으로 나중에 소철의 딸과 결혼했다. 소식은 徐州知州로 있을 때도 그와 함께 술을 마신 감회를 노래한 시 〈月夜與客飮杏花下〉(0609)를 지은 적이 있다.
(2) 吳興(오흥): 지금의 절강성 湖州.
(3) 水泉(수천): 강물과 샘물. 그중에서도 특히 샘물을 가리킨다.
(4) 菰蒲(고포): 줄과 부들. 줄은 못이나 물가에 나는 볏과의 여러해살이풀이고, 부들은 개울가나

연못가에 나는 부들과의 여러해살이풀이다.

(5) 鬭蚊(투문): 분분하게 날아다니는 모기. 王文誥의 《蘇軾詩集》에 "첫 두 구절은 사람들이 다들 권세를 좇아다니는 것이 마치 6월에 모기가 극성을 부리는 것과 같다는 말이다. 그 밑에 있는 '溫'자의 의미가 이렇다(首二句, 謂人皆趨炎, 如鬭蚊盛於六月也. 其下'溫'字之意如此)"라고 했다.

## 0649. 次韻李公擇[1]梅花

매화를 노래한 이공택의 시에 차운하여

| | |
|---|---|
| 詩人固長貧,[2] | 시인이란 본디 늘 가난한 법인지라 |
| 日午飢未動. | 한낮이 다 되도록 허기가 안 지지만 |
| 偶然得一飽, | 어쩌다가 배부르게 한 번 먹으면 |
| 萬象困嘲弄.[3] | 시인의 조롱으로 만상이 고단하지. |
| 尋花不論命,[4] | 꽃을 찾아 목숨을 돌보지 않고 |
| 愛雪長忍凍. | 눈이 좋아 언제나 추위를 견디나니 |
| 天公非不憐, | 하느님이 연민하지 않는 것이 아니라 |
| 聽飽卽喧鬨.[5][6] | 배부르게 놓아두면 시끄럽기 때문이지. |
| 君爲三郡守,[7] | 그대는 세 고을의 군수를 지내 |
| 所至滿賓從.[8] | 가는 곳마다 빈객과 종자가 가득 찼고 |
| 江湖常在眼, | 강호가 언제나 눈앞에 있어 |
| 詩酒事豪縱.[9] | 시와 술로 호방하게 놀기를 일삼았는데 |
| 奉使今折磨,[10][11] | 사명을 받드느라 이제는 고통당해 |
| 淸比於陵仲.[12] | 맑기가 어릉의 진중과 비등하네. |
| 永懷茶山下,[13] | 차를 심은 산 밑에서 기녀들을 데리고 |
| 攜妓修春貢.[14][15] | 봄 공물을 챙기던 일 언제나 생각하고 |
| 更憶檻泉亭,[16] | 함천정에서 묵직한 구름머리에 |

| | |
|---|---|
| 揷花雲髻重.[17] | 고운 꽃을 꽂던 일도 추억하련만 |
| 蕭然臥灊麓,[18] | 이제는 쓸쓸하게 첨산 밑에 누워서 |
| 愁聽春禽哢. | 근심에 빠진 채로 봄 새 소리 듣다가 |
| 忽見早梅花, | 갑자기 철 이른 매화를 보고 |
| 不飮但孤諷. | 술도 아니 마시고 홀로 시만 읊었나니 |
| 詩成獨寄我, | 시를 지어 오로지 나에게만 부쳤는데 |
| 字字愈頭痛.[19] | 한 글자 한 글자가 두통을 씻어 주네. |
| 嗟君本侍臣,[20] | 아아 그대는 본래 가까이서 모시던 신하로 |
| 筆槖從上雍.[21][22] | 붓과 주머니 손에 들고 임금님 따라 옹에도 가고 |
| 脫靴吟芍藥,[23] | 신발을 벗겨 주면 목작약도 읊조리고 |
| 給札賦雲夢.[24][25] | 목간을 주면 운몽택도 노래했건만 |
| 何人慰流落,[26] | 지금은 떠도는 그대를 그 누가 위로하나? |
| 嘉蔬天爲種.[27] | 그대 위해 하늘이 심은 아름다운 그 꽃이니 |
| 杯傾笛中吟,[28] | 피리 소리 울리는 속에 술잔 들고 읊조리고 |
| 帽拂果下鞚.[29] | 모자가 과하마의 재갈을 스치게 할 일이네. |
| 感時念羈旅,[30] | 시절에 대한 감개로 객지생활을 염려하는 |
| 此意吾儕共. | 이 마음은 우리가 한가지라네. |
| 故山亦何有,[31] | 고향의 산천엔들 또 무엇이 있으리? |
| 桐花集幺鳳.[32][33] | 오동 꽃에 꼬마 봉황이 앉아 있을 것이네. |
| 君亦憶匡廬,[34] | 그대 또한 광려산이 그리울 테니 |
| 歸掃藏書洞.[35] | 돌아가서 책 보관한 동굴이나 쓸 일이네. |
| 何當種此花,[36] | 언제나 이 꽃을 가득 심어서 |
| 各抱漢陰甕.[37] | 각자 한수 남쪽의 항아리를 안을거나? |

**[해설]**

회남서로제점형옥으로 재임 중인 이상이 매화를 읊은 시를 지어 보내자 그것에 차운한 것이다. 이상은 원시에서 한직으로 밀려난 자신의 처지를 비관한 것으로 보이는바, 소식은 그의 과거와 현재를 비교하며 그의 처지를 위로했다.

## [주석]

(1) 公擇(공택): 李常의 字. 〈李公擇過高郵, 見施大夫與孫莘老賞花詩……〉(0636) 주 (1) 참조.

(2) 長貧(장빈): 오래도록 가난하다. 《史記・陳丞相世家》에 "어찌 진평처럼 당당하면서 오래도록 빈천한 사람이 있겠는가?(人固有好美如陳平而長貧賤者乎?)"라는 말이 있다.

(3) 困嘲弄(곤조롱): 시인에 의해 다각적으로 묘사되는 것을 해학적으로 표현한 것이다.

(4) 不論命(불론명): 목숨을 따지지 않다. 위험을 무릅쓰고 꽃을 찾아간다는 말이다.

(5) 聽飽(청포): 배불리 먹게 놓아두다.

(6) 喧鬨(훤홍): 떠들다. 시를 많이 짓는다는 말이다.

(7) 三郡守(삼군수): 施元之의 《施注蘇詩》에 "이공택은 어사대에서 간언으로 인하여 도성을 떠난 뒤로 강하・오흥・제남 등 세 고을의 태수를 지내고 회남서로제점형옥이 되어 관서를 서주(지금의 안휘성 潛山縣)에 두었는데, 잠산이 서주 경내에 있었기 때문에 다 시 속에 보이는 것이다. 소동파가 일찍이 오흥과 제남으로 이공택을 찾아간 적이 있기 때문에 다산과 함천정을 언급한 구절이 있다. 함천정은 제남의 정원에 있던 정자이다(公擇自諫省言事去國, 守江夏・吳興・濟南三郡, 提點淮西刑獄, 置司舒州. 潛嶽在舒境內, 故皆見詩中. 東坡嘗過公擇于吳興・于濟南, 故有茶山檻泉之句. 檻泉, 濟南園亭)"라고 했다.

(8) 賓從(빈종): 빈객과 종자.

(9) 豪縱(호종): 호방하여 사소한 일에 얽매이지 않다.

(10) 奉使(봉사): 사명을 받들다. 이상이 회남서로제점형옥으로 재임 중인 것을 가리킨다.

(11) 折磨(절마): 괴롭히다.

(12) 於陵仲(어릉중): 어릉의 陳仲. 《高僧傳》에 "진중은 자가 자종인데 초나라로 가서 어릉에서 살았다(陳仲, 字子終. 適楚, 居於陵)"라고 했고, 《列女傳》에 "초왕이 자종을 재상으로 삼으려고 하매 자종이 들어가 아내에게 말했더니 아내가 '난세에는 해를 입을 일이 많습니다'라고 하므로 함께 도주하여 다른 사람을 위해 정원에 물 주는 일을 했다(楚王欲以子終爲相, 入告於妻, 妻曰: '亂世多害.' 於是相與逃而爲人灌園)"라고 했다. 이 구절은 이상의 경제사정이 아주 좋지 않은 것을 해학적으로 표현한 것이다.

(13) 茶山(다산): 차를 재배하는 산. 王十朋의 《百家註分類東坡先生詩》에 "차를 재배하는 산과 봄철의 공물은 호주에서 있었던 일이다(茶山・春貢, 湖州事也)"라고 했다.

(14) 修(수): 바치다. '羞'와 같다. 여기서는 준비한다는 뜻이다.

(15) 春貢(춘공): 봄철에 바치는 공물. 이상이 지주를 지낸 호주에서 나는 공물용 차를 가리킨다.

(16) 檻泉亭(함천정): 이상이 지주를 지낸 濟南에 있던 정자. 주 (7) 참조.

(17) 雲髻(운계): 구름 모양으로 높이 틀어 올린 머리카락.

(18) 灊麓(첨록): 灊山, 즉 潛山의 기슭. 잠산은 이상의 관서 소재지인 舒州에 있다. 주 (7) 참조. '灊'은 '潛'과 같다. 〈大風留金山兩日〉(0625) 주 (11) 참조.

(19) 愈頭痛(유두통): 두통을 낫게 하다.

(20) 侍臣(시신): 임금을 가까이에서 모시는 신하. 近臣. 이상은 右正言이라는 諫官을 역임했다.

(21) 筆橐(필탁): 임금의 명을 받아 적는 붓과 적은 종이를 담는 주머니. 근신들이 들고 다니는 물건을 가리킨다.

(22) 雍(옹): 지금의 섬서성 鳳翔 남쪽. 여기에 五帝에게 제사 지내는 제단이 있어서 한나라 무제가 자주 이곳에 와서 제사를 지냈다. 司馬遷의 〈報任少卿書〉에 "이제 그대는 결과를 예측할 수 없는 죄를 지어 한 달이 지나면 사형 집행 기일인 섣달이 다가오는데, 저는 또 임금님을 바짝 따라 옹지방으로 가게 되는지라 창졸지간에 사형을 면할 수 없을까 봐 두렵습니다(今少卿抱不測之罪, 涉旬月, 迫季冬, 僕又薄從上雍, 恐卒然不可爲諱)"라는 말이 있다. 이 구절은 이상을 사마천에 비유한 것이다.

(23) 芍藥(작약): 木芍藥, 즉 모란을 가리킨다. 당나라 현종이 어느 날 밤에 양귀비를 데리고 沈香亭으로 가서 모란을 구경하다가 翰林供奉 李白을 불러와서 시를 짓게 하라고 했는데, 이때 이백은 술을 마시고 잔뜩 취해 몸을 제대로 가누지 못했기 때문에 환관 高力士가 그의 신발을 벗겨 주었다고 한다. 이때 지은 시가 〈淸平調詞〉 3수이다.(《楊妃外傳》 참조) 이 구절은 이상을 이백에 비유한 것이다.

(24) 札(찰): 얇고 작은 木簡.

(25) 雲夢(운몽): 雲夢澤. 洞庭湖를 중심으로 지금의 호남성과 호북성에 걸쳐 있던 커다란 늪. 한나라 司馬相如는 천자의 사냥을 읊은 부를 지으라며 붓과 목간을 주자 〈子虛賦〉를 지어서 운몽택의 웅장한 모습을 묘사했다. 이 구절은 이상을 사마상여에 비유한 것이다.

(26) 流落(유락): 지방을 떠돌다.

(27) 嘉蘤(가위): 아름다운 꽃. 제목에서 언급한 매화를 가리킨다.

(28) 笛中吟(적중음): 옛날에 〈梅花落〉이라는 유명한 笛曲이 있었기 때문에 이런 말을 했다.

(29) 果下(과하): 과하마. 타고 과일나무 아래를 지나갈 수 있을 정도로 작은 말. 키가 약 석 자밖에 안 된다고 한다. 소식이 이상을 '短李'라고 부른 것을 보면 그는 키가 상당히 작았던 모양이다. 〈次韻秦觀秀才見贈, 秦與孫莘老·李公擇甚熟, 將入京應擧〉(0543) 주 (27) 참조. 그렇다면 이 구절은 모자가 과하마의 재갈에 닿을 정도로 키가 작은 이상이 말을 세워 놓고 매실나무 밑을 지나다니며 매화를 구경하는 모습을 해학적으로 묘사한 것이 된다. 이 연은 이상에게 혼자서 울적해하지만 말고 앞으로는 매화를 찾아가서 풍악을 울리며 술도 마시고 꽃도 구경하라고 충고한 것으로 보인다.

(30) 羈旅(기려): 객지를 떠돌다.

(31) 故山(고산): 소식의 고향을 가리킨다.

(32) 桐花(동화): 오동나무 꽃. 봉황은 오동나무가 아니면 깃들지 않는다는 속설이 있다.

(33) 幺鳳(요봉): 작은 봉황. 왕십붕의 《백가주분류동파선생시》에 "서촉에는 동화조가 있으니 봉황과 비슷한데 그보다 작다. 그리고 동파선생은 미산 사람이기 때문에 고향이라고 한 것이다. 사민첨이 말하기를 '도괘자라고들 한다. 동파공의 매화를 읊은 사에 "깃털 푸른 작은 봉황이 거꾸

로 매달렸네"라고 한 것이 바로 이것이다'라고 했다(西蜀有桐花鳥, 似鳳而小, 而先生眉人, 故稱故山也. 師民瞻曰: '人謂之倒掛子. 公梅詞所謂"倒掛綠毛么鳳", 是也.')"라는 주석이 있다.

(34) 匡廬(광려): 강서성 북부에 있는 산. 주나라 武王 때 匡俗 형제가 이 산에 오두막을 짓고 수도했기 때문에 廬山·匡山·匡廬山 등으로 불린다.

(35) 藏書洞(장서동): 이상은 南康 建昌 사람으로 젊을 때 여산 白石僧舍에서 공부했는데, 과거에 급제한 뒤에도 자기가 거기서 베껴 쓴 책 90권을 남겨 두고 승사를 李氏山房이라고 했다.(《송사·이상전》 참조)

(36) 何當(하당): 언제.

(37) 漢陰(한음): 한수의 남쪽. 子貢이 한수의 남쪽을 지나가다가 채소밭에 물을 주고 있는 한 노인을 만났는데, 그는 힘들게 항아리에 물을 담아서 밭에다 뿌리고 있었다. 자공이 두레박이라는 기계를 사용하라고 권하자, 노인은 기계를 사용하면 순수하고 결백한 마음을 잃어 정신과 본성이 불안정해지고 그리하여 결국 道를 터득할 수 없게 된다며 자공을 나무랐다.(《莊子·天地》 참조) 이 구절은 꽃에 물을 준다는 뜻이다.

# 0650. 送淵師[1]歸徑山[2]

경산으로 돌아가는 연대사를 전송하며

| | |
|---|---|
| 我昔嘗爲徑山客, | 나는 한때 경산의 유람객이 된 덕분에 |
| 至今詩筆餘山色. | 지금도 시를 쓰면 그 산빛이 넘치나니 |
| 師住此山三十年, | 스님은 이 산에서 삼십 년을 사셨으니 |
| 妙語應須得山骨.[3] | 절묘한 말이 산의 골수를 얻을 수밖에 없겠구려. |
| 溪城六月水雲蒸,[4][5] | 냇가의 성엔 유월이면 물안개가 피어나고 |
| 飛蚊猛捷如花鷹.[6] | 얼룩덜룩한 매처럼 모기가 사납고 날쌘데 |
| 羨師方丈冰雪冷,[7] | 빙설처럼 서늘한 스님의 좁은 방엔 |
| 蘭膏不動長明燈.[8][9] | 난초 기름 장명등이 고요할 게 부럽구려. |
| 山中故人知我至,[10][11] | 산속의 친구들이 내가 온 줄 알고는 |
| 爭來問訊今何似. | 다투어 찾아와 지금 어떻게 지내는지 물어볼 테니 |
| 爲言百事不如人,[12] | 온갖 일이 남들과 같지 않지만 |
| 兩眼獨能書細字.[13] | 두 눈만은 가는 글자를 쓸 수 있다 말해 주구려. |

**[해설]**

호주에 왔다가 경산으로 돌아가는 연대사를 전송하는 자리에서 지은 것으로, 이별의 슬픔은 전혀 드러내지 않고 오히려 연대사의 삶을 부러워하고 그와 가까이 지내는 경산의 여러 승려 친구들에 대한 그리움을 노래했다.

### [주석]

(1) 淵師(연사): 馮應榴의 《蘇軾詩集合注》에 "소흥(1131-1162) 연간에 이 시를 석각했는데 첫머리에 '이 시를 징혜대사에게 부친다'는 말이 있으며, 《함순임안지》에 이 시를 인용했는데 제목이 '징혜대사 연에게 부친다'였다(紹興間, 石刻此詩, 首云: '詩寄澄慧大師'之字. 《咸淳臨安志》採此詩, 題云: '寄澄慧大師淵.')"라고 했다.

(2) 徑山(경산): 李照의 《徑山山門事狀》에 "경산은 바로 천목산의 동북쪽 봉우리로 중간에 오솔길이 있어서 천목산으로 통하기 때문에 경산이라고 한다(徑山乃天目東北峰也, 中有徑路, 以通天目, 故謂之徑山)"라고 했다. 소식은 杭州通判으로 재임할 때 경산을 유람한 적이 있다. 〈遊徑山〉(0203) 참조.

(3) 山骨(산골): 산의 이면에 내재해 있는 신비로운 기운을 가리킨다.

(4) 溪城(계성): 개울 가의 성. 송별연을 벌이고 있는 호주의 성을 가리킨다.

(5) 水雲(수운): 물 위에 피는 안개를 가리킨다.

(6) 花鷹(화응): 얼룩덜룩한 모기를 사나운 매에 비유한 것이다. '花鷹'은 소식의 이 시에서 비롯되어 그 뒤로 얼룩덜룩한 모기를 가리키는 말로 쓰이게 되었다.

(7) 方丈(방장): 넓이가 사방 1장인 스님의 좁은 방.

(8) 蘭膏(난고): 澤蘭을 짜서 만든 기름. 등잔불을 켜는 데 쓰였다.

(9) 長明燈(장명등): 밤낮없이 항상 켜 두는 등. 주로 神佛을 모시기 위하여 쓴다. 이 연은 경산에 있는 연대사의 방에 등불을 흔들어 대는 모기가 없음을 부러워한 것으로 보인다. 주 (13) 참조.

(10) 山中故人(산중고인): 항주통판 시절에 사귄 경산의 승려들을 가리킨다.

(11) 我至(아지): 소식이 密州나 徐州처럼 멀리 떨어진 곳에서 지내다가 경산에서 멀지 않은 湖州로 부임해 간 것을 가리킨다.

(12) 爲言(위언): ~를 위해서 말하다. 자기를 위해 '山中故人'에게 말하라는 뜻이다.

(13) 細字(세자): 소식의 자주에 "경산에는 여름에도 모기가 없다. 나는 옛날 시에서 '용에게 물을 빌어 돌아가 눈을 씻고, 잔글씨나 보면서 여생을 보내련다' 하고 읊었다"(徑山夏無蚊. 余舊詩云: '問龍乞水歸洗眼, 欲看細字銷殘年.')"라고 했는데, 이 두 구절은 항주통판 시절에 경산에서 지은 〈遊徑山〉(0203)의 마지막 연이다. 그러므로 이 구절은 옛날에 자신이 경산에서 한 말을 아직 잊지 않았다는 뜻으로, 경산에 있는 옛날 친구들과의 교분이 아직도 식지 않았음을 강조한 것이다.

# 0651. 次韻周開祖[1]長官[2]見寄[3]

주개조 현령이 보내온 시에 차운하여

| | |
|---|---|
| 俯仰東西閱數州,[4] | 순식간에 동서로 몇 고을을 거치며 |
| 老於岐路豈伶優.[5][6] | 기로에서 늙었지만 어찌 연예인이리? |
| 初聞父老推謝令,[7] | 처음엔 어른들이 사현령을 떠미는 소리 들리다가 |
| 旋見兒童迎細侯.[8] | 이윽고 아동들이 세후를 맞는 모습 보였네. |
| 政拙年年祈水旱,[9] | 정치가 서툴러 해마다 수해와 가뭄으로 기도하고 |
| 民勞處處避嘲謳.[10] | 백성이 힘들어 가는 곳마다 풍자의 노래를 피해 다녔네. |
| 河呑巨野那容塞,[11] | 황하가 거야를 삼킬 때는 막을 수가 없었고 |
| 盜入蒙山不易搜.[12] | 도적이 몽산에 들었을 때는 수색하기 어려웠네. |
| 仕道固應慚孔孟, | 벼슬살이 참으로 공자 맹자께 부끄러워해야 하는지라 |
| 扶顚未可責由求.[13][14] | 쓰러지는 걸 안 붙잡았다고 자로와 염구를 못 나무라겠네. |
| 漸謀田舍猶懷祿,[15] | 점차 농지와 집을 구하며 여전히 봉록에 연연하여 |
| 未脫風濤且傍洲.[16] | 풍랑을 못 벗어나고 잠시 섬으로 다가왔네. |
| 惘惘可憐眞喪狗,[17][18] | 멍청하고 가련하여 참으로 집 잃은 개 |
| 時時相觸是虛舟.[19] | 때때로 빈 배가 와서 내 배에 부딪치네. |
| 朅來震澤都如夢,[20][21] | 태호를 오가던 일 모두 꿈만 같은데 |
| 只有苕溪可倚樓.[22] | 초계만이 누각에 올라 그곳을 바라볼 만하네. |
| 齋釀酸甛如蜜水,[23] | 새콤달콤한 관청 술은 꿀물 같았고 |

樂工零落似風鷗.[24] 몇 안 되는 악공들은 갈매기와 같았네.
遠思顔柳幷諸謝,[25][26] 멀리로는 안씨 유씨와 사씨들이 생각나고
近憶張陳與老劉.[27] 가까이론 장씨 진씨 유씨가 기억나네.
風定軒窗飛豹脚,[28][29] 바람 자자 창문에 표각이 날고
雨餘欄檻上蝸牛. 비 온 뒤라 난간으로 달팽이가 올라오네.
舊游到處皆蒼蘚, 옛날에 놀던 곳엔 온통 이끼 끼었을 텐데
同甲惟君尚黑頭. 동갑 중에 그대만이 아직 검은 머리라네.
憶昔湖山共尋勝, 옛날에 호수와 산으로 멋진 곳을 함께 찾고
相逢杯酒兩忘憂. 만나면 한잔 술로 둘 다 근심을 잊었었지.
醉看梅雪淸香過,[30] 매화 눈을 취해서 보면 맑은 향이 날아오고
夜棹風船駭汗流.[31] 바람 받은 배를 밤에 저으면 땀이 뻘뻘 났었지.
百首共成山上集, 시 백 수를 산 위에 모여서 짓고
三人同作月中遊. 세 사람이 달빛 아래 함께 놀았지.
海南未起垂天翼,[32] 바다 남쪽에서 하늘을 덮을 큰 날개를 못 펼치고
澗底仍依徑寸庥.[33] 계곡 밑에서 아직도 이렇게 작은 나무의 그늘에서 쉬네.
已許春風歸過我,[34][35] 돌아가다 봄바람이 들르기로 이미 허락했건만
預憂詩筆老難酬.[36][37] 늙어서 시 솜씨가 못 따라갈까 미리 걱정이네.
此生歲月行飄忽,[38][39] 이 인생에 세월은 장차 후딱 지나갈 것이고
晚節功名亦謬悠.[40][41] 만년에는 공명 역시 허황하게 되겠지.
犀首正緣無事飮,[42] 서수는 일이 없어 술을 마시려 하나니
馮驩應爲有魚留.[43] 풍환은 생선이 있어 머무르겠지.
從今更踏靑州麴,[44] 이제부터 다시 청주의 누룩을 만들어야 하나니
薄酒知君笑督郵.[45][46] 싱거운 술은 그대가 평원독우라 웃을 줄 안다네.

**[해설]**

항주통판 시절에 절친하게 지내던 주빈 현령이 보내온 시에 차운한 것이다. 회재불우한 주빈의 신세를 동정하고 위로하면서, 동시에 자신의 처지도 한탄하고 나아가 주빈과 함께했던 지난날의 아름다운 추억을 되새겼다. 주빈은 원시에서 곧 소식을 찾아가겠다고

말한 것으로 보인다.

### [주석]

(1) 開祖(개조): 周邠의 字. 査愼行의 《蘇詩補註》에 "이름이 빈인데 선생이 항주통판을 지낼 때 주씨가 전당현령이었기 때문에 창화시가 많다(名邠, 先生倅杭時, 周爲錢塘令, 多唱和詩)"라고 했다.

(2) 長官(장관): 현령. 〈病中獨遊淨慈, 謁本長老, 周長官以詩見寄……〉(0293) 주 (3) 및 〈次韻周邠寄雁蕩山圖二首〉(0459) 주 (1) 참조.

(3) 見寄(견기): 나에게 부치다. 〈次韻王定國馬上見寄〉(0562) 주 (2) 참조.

(4) 俯仰(부앙): 고개를 한 번 숙였다 드는 짧은 시간. 소식이 지방관으로 돌아다닌 지난 몇 년을 가리킨다.

(5) 歧路(기로): '험난한 벼슬길'과 '민간 연예인들의 공연 장소'를 동시에 가리키는 중의적 표현이다.

(6) 伶優(영우): 민간 연예인. 민간 연예인들은 주로 길거리에서 공연하기 때문에 '歧路人'이라고 불렀다. 이 구절은 민간 연예인도 아닌 자신이 지금까지 자기 의지대로 살지 못하고 마치 꼭두각시처럼 살았다는 말이다.

(7) 謝令(사령): 사현령. 백성들의 배척을 받는 악덕 관리를 가리킨다. 동진 사람 鄧攸는 吳郡을 다스릴 때 官庫를 열어 굶주리는 백성들을 구제하는 등 선정을 많이 베풀었고 떠날 때까지 돈을 한 푼도 받지 않을 정도로 청렴결백했다. 그가 오군을 떠날 때 백성 수천 명이 나와서 그의 배를 잡아당기며 못 가게 하므로 잠시 머물다가 밤에야 떠났다. 그 뒤 오군 사람들이 "오경을 알리는 북소리가 둥둥 나고, 닭이 울어 하늘이 밝으려 하네. 등태수는 붙잡아도 머물지 않고, 사현령은 밀어내도 떠나지 않네(紞如打五鼓, 鷄鳴天欲曙. 鄧侯拖不留, 謝令推不去)"라는 노래를 지어서 불렀다.(《진서 · 등유전》 참조)

(8) 細侯(세후): 후한 사람 郭伋의 자. 그가 幷州牧이 되어서 관할지역을 순시할 때 西河와 美稷에 이르자 아동 수백 명이 죽마를 타고 나와 연도에서 환영했다.(《후한서 · 곽급전》 참조)

(9) 政拙(정졸): 소식이 자책하여 한 말이다. 이 연은 자기가 한 고을의 지주로 임명되면 세상물정을 잘 아는 그 고을 어른들이 자신의 부임을 거부한다는 소문이 들리다가 막상 그 고을에 도착하면 세상물정 모르는 그 고을 아이들이 환영해 주었다는 뜻으로, 자신의 정치적 역량을 비하하여 한 말이다.

(10) 嘲謳(조구): 풍자하는 노래. 이 구절은 자신이 정치를 잘못하여 백성들의 비난을 받을 것이 뻔하기 때문에 늘 그것을 두려워했다는 말이다.

(11) 巨野(거야): 산동성에 있는 못 이름이기도 하고 현 이름이기도 하다. 사신행의 《소시보주》에 "황하가 거야를 삼킨 것은 공이 서주에 있을 때의 일이다(河呑巨野, 公在徐州事)"라고 한 바와 같이, 이 구절은 소식이 徐州知州로 부임했을 때 황하가 범람하여 서주까지 밀어닥친 일을 가리킨다.

(12) 蒙山(몽산): 산동성 蒙陰縣 서남쪽에 있는 산으로 일명 東蒙山이라고도 한다. 사신행의 《소시보주》에 "도적이 몽산에 든 것은 공이 밀주에 있을 때의 일이다(盜入蒙山, 公在密州事)"라고 했다.

(13) 扶顚(부전): 쓰러지는 것을 부축해 주다. 季氏가 장차 顓臾라는 나라를 정벌하려고 할 때 그의 가신인 冉求와 子路가 孔子를 찾아뵙고 이 사실을 알리자, 전유는 노나라의 선왕이 동몽산의 祭主로 삼았기 때문에 정벌해서는 안 된다며 이렇게 말했다. "求야! 周任의 말 가운데 '자신의 능력을 펼쳐서 벼슬아치의 대열에 나아가 일을 하되 능력이 닿지 않으면 그만둔다'라는 말이 있다. 위급한데도 잡아 주지 않고 쓰러지는데도 부축해 주지 않는다면 그 보좌관을 어디에 쓰겠느냐?"(《論語・季氏》 참조) 《烏臺詩案》에 "'顚'은 넘어진다는 말로 조정대신들이 넘어지는 것을 부축하여 바로잡지 못함을 풍자하려는 것이다(顚, 謂顚仆也, 意以譏諷朝廷大臣不能扶正其顚仆)"라고 했다.

(14) 由求(유구): 공자의 제자로 계씨의 가신이었던 仲由 즉 자로와 염구.

(15) 田舍(전사): 은거할 농지와 집.

(16) 未脫風濤(미탈풍도): 정치적 풍랑에서 벗어나지 못했다는 말이다. 이 구절은 자신이 정계에서 완전히 떠나 버리지 못하고 잠시 지방관으로 나와 있는 것을 자책한 것이다.

(17) 惘惘(망망): 뜻대로 되지 않아 멍청한 모양.

(18) 喪狗(상구): 喪家之狗. 집 잃은 개.

(19) 虛舟(허주): 《莊子・山木》에 "배를 나란히 하고 황하를 건널 때 빈 배가 와서 자기 배를 들이받는다면 비록 속이 좁은 사람이라고 할지라도 화를 내지 않을 것입니다(方舟而濟於河, 有虛船來觸舟, 雖有惼心之人, 不怒)"라는 말이 있다. 이 구절은 실속 없는 사람들이 자기가 앞으로 나아가는 것을 방해한다는 말이다.

(20) 朅來(걸래): 왕래하다.

(21) 震澤(진택): 太湖. 湖州의 북쪽에 있는 큰 호수.

(22) 苕溪(조계): 절강성에 있는 강. 〈泛舟城南, 會者五人, 分韻賦詩, 得'人'・'皆'・'苦'・'炎'字四首〉(0647) 주 (2) 참조.

(23) 齋釀(재양): 관청에서 빚은 술.

(24) 零落(영락): 온전하지 않다.

(25) 顔柳(안류): 옛날에 호주에서 노닌 顔眞卿과 柳惲을 가리키는 것으로 보인다. 〈泛舟城南, 會者五人, 分韻賦詩, 得'人'・'皆'・'苦'・'炎'字四首〉(0647) 주 (19) 참조.

(26) 諸謝(제사): 옛날에 호주에서 노닌 謝安과 謝萬을 가리키는 것으로 보인다. 〈泛舟城南, 會者五人, 分韻賦詩, 得'人'・'皆'・'苦'・'炎'字四首〉(0647) 주 (19) 참조.

(27) 張陳與老劉(장진여노류): 소식의 자주에 "장자야・진영거・유효숙을 말한다(謂張子野・陳令擧・劉孝叔也)"라고 했다. 자야・영거・효숙은 각각 張先・陳舜兪・劉述의 字이다. 杭州通判의 임기가 끝나고 密州知州로 부임해 가던 소식이 희령 7년(1074) 9월 호주에 이르렀을 때 호주지주 李常이 호주 부근에 있는 松江의 垂虹亭에 가서 소식을 위해 송별연을 벌여 주었다. 이 자리에

참석한 사람이 이상・소식・장선・진순유・유술・楊繪 등 여섯 명이었기 때문에 장선이 흔히 '六客詞'라고 하는 〈定風波令〉을 지었다. 〈至濟南, 李公擇以詩相迎, 次其韻二首〉(0468) 주 (12) 참조.

(28) 軒窗(헌창): 창문.

(29) 豹脚(표각): 다리에 표범 무늬가 있는 사나운 모기. 〈次韻孫秘丞見贈〉(0640) 주 (7) 참조.

(30) 梅雪(매설): 흐드러지게 피어 있는 하얀 매화를 가리킨다.

(31) 駭汗(해한): 놀라움이나 두려움으로 인하여 흘리는 땀.

(32) 垂天翼(수천익): 하늘을 뒤덮을 만한 큰 날개. 《莊子・逍遙遊》에 "붕새가 떨치고 날아오르면 그 날개가 하늘을 뒤덮은 구름과 같다. 이 새는 바닷물이 움직일 만큼 거센 바람이 불면 남쪽 바다로 옮기게 된다(鵬怒而飛, 其翼若垂天之雲. 是鳥也, 海運則將徙於南冥)"라는 말이 있다.

(33) 徑寸庥(경촌휴): 줄기의 직경이 한 치인 작은 나무의 그늘. 사신행의 《소시보주》에 "아마도 주씨가 전당에서 대궐로 들어갔다가 다시 나와서 낙청현령이 되었기 때문에 '바다 남쪽에서 하늘을 덮을 큰 날개를 못 펼치고, 계곡 밑에서 아직도 이렇게 작은 나무의 그늘에서 쉬네'라고 했을 것이다. 이는 그가 당시에 크게 쓰이지 못한 것을 애석해한 것이다(蓋周自錢塘赴闕, 復出宰樂淸, 故云: '海南未起垂天翼, 澗底仍依徑寸庥.' 惜其未大用于時也)"라고 했다.

(34) 春風(춘풍): 마음이 봄바람처럼 따스한 주빈을 가리킨다.

(35) 歸(귀): 전당 사람으로서 전당현령을 지낸 주빈이 개봉에서 근무하다가 다시 낙청(지금의 절강성 낙청)으로 부임해 가는 것을 가리킨다.

(36) 詩筆(시필): 시를 쓰는 붓. 시 짓는 솜씨를 가리킨다.

(37) 難酬(난수): 상대방의 시에 酬唱하기 어렵다.

(38) 行(행): 장차.

(39) 飄忽(표홀): 빨리 지나가다.

(40) 晩節(만절): 만년.

(41) 謬悠(유유): 공허하고 아득하다.

(42) 犀首(서수): 전국시대 사람으로 할 일이 없어서 술 마시기를 좋아했다고 한다. 〈王鞏淸虛堂〉(0637) 주 (10) 참조. 이 구절은 자신이 바쁜 일이 없기 때문에 주빈과 함께 술을 마시고 싶다는 말이다.

(43) 馮驩(풍환): '馮諼'과 같다. 전국시대 孟嘗君의 식객으로 지혜롭고 언변이 뛰어나 맹상군에게 많은 도움을 주었다. 풍환은 맹상군의 식객이 된 지 얼마 안 되었을 때 "긴 칼이여 돌아가자꾸나! 식사할 때 생선도 없으니" 하고 노래했다. 맹상군이 그의 식사에 생선을 주자 또 "긴 칼이여 돌아가자꾸나! 밖에 나갈 때 수레도 없으니" 하고 노래하므로 그에게 수레를 주었다.(《戰國策・齊策》 참조) 이 구절은 강남지방은 魚米之鄕이라고 불릴 만큼 물고기가 많기 때문에 생선 반찬을 얼마든지 줄 수 있으므로 주빈이 자기 집에 오래 머물러 주기 바란다는 뜻이다.

(44) 踏靑州麴(답청주국): 청주의 누룩을 밟다. 좋은 술을 담근다는 뜻이다. 누룩은 메주와 마찬가지

로 형틀에 넣고 꼭꼭 밟아서 형체를 만든 다음 말려서 발효시킨다. 좋은 술을 '靑州從事'라고 하고 나쁜 술을 '平原督郵'라고 한다. 〈九日次韻王鞏〉(0567) 주 (6) 참조.

(45) 薄酒(박주): 싱거운 술. 맛없는 술.

(46) 督郵(독우): 나쁜 술을 가리킨다. 주 (44) 참조.

## 0652. 林子中[1]以詩寄文與可[2]及余, 與可旣歿, 追和[3]其韻[4]

임자중이 문여가와 나에게 시를 부쳤는데 여가가 이미 세상을 떠났으므로 그의 시에 화답하여

| | |
|---|---|
| 斯人所甚厭,[5] | 이분이 무척이나 싫어한 것은 |
| 投畀每不受.[6] | 내던져도 아무도 받지 않는 것이었네. |
| 欲其少須臾,[7] | 이분이 좀 느긋하게 지내시길 바랐는데 |
| 奪去惟恐後.[8] | 하늘은 앗아감이 늦을까 걱정했나 보네. |
| 云誰尸此職,[9] | 그 누가 이 일을 주관하였나? |
| 無乃亦假守.[10][11] | 아무래도 일이 서툰 임시직이 했나 보네. |
| 賦才有巨細, | 천부적인 재주에는 대소가 있기 마련 |
| 無異斛與斗. | 섬과 말의 차이와 다를 바가 없거늘 |
| 胡不安其分, | 사람들은 어찌하여 안분지족 못하고 |
| 但聽物所誘. | 외물의 유혹에만 귀를 기울이는 것일까? |
| 時來各飛動, | 때가 오면 제각기 날아오를 것이고 |
| 意合無姸醜.[12][13] | 마음에 맞으면 좋은 일과 나쁜 일이 없는 법 |
| 坐令雞棲車,[14] | 그러기에 닭장만 한 작은 수레에 |
| 長載朱伯厚.[15] | 주백후를 늘 태우고 다니게 했네. |
| 平生無一旅,[16] | 평생에 거느린 무리라곤 없었건만 |
| 旣死咤萬口.[17] | 죽고 나니 만 사람이 슬픔에 혀를 차네. |
| 自聞與可亡, | 여가가 죽었다는 소문을 들은 뒤로 |

胸臆生堆阜.(18) 내 가슴에 언덕이 하나 생겼네.
懸知臨絶意,(19)(20) 죽음을 맞은 마음 짐작할 수 있나니
要我一執手. 내가 손을 한 번 잡아 주었으면 했을 텐데
相望五百里, 바라보면 거리가 오백 리나 되는지라
安得自其牖.(21)(22) 어찌 그의 창으로 손을 내밀 수 있었으리?
遺文付來哲,(23)(24) 남긴 글은 훗날의 현자에게 맡기고
後事待諸友.(25) 뒷일은 벗들의 도움을 기다리길.
伶俜嵇紹孤,(26)(27) 아들은 쓸쓸해도 혜소의 외로움이요
老病孟光偶.(28) 부인은 늙고 병들었어도 맹광의 짝이라네.
世人賤目見,(29) 세인들은 눈으로 보는 것을 천시하여
爭笑千金帚.(30) 천금짜리 빗자루라 너도나도 비웃지만
君詩與楚詞, 그대의 시와 초사는 대단히 훌륭하여
識者當有取. 아는 이라면 당연히 가져가야 할 것인데
但知愛墨竹, 사람들이 그대의 묵죽만 좋아하매
此歎吾已久.(31) 내가 이미 오래전에 이걸 한탄했다네.
故人多厚祿,(32) 친구들은 대부분 녹이 많아졌으니
能復哀君否. 더 이상 그대를 애도할 수 있으리?
不見林與蘇,(33) 임씨와 소씨는 기아와 추위 속에
飢寒自奔走. 스스로 뛰어다니는 게 안 보이는가?

**[해설]**

친구 임희가 문동과 자신에게 동시에 시를 지어 보냈는데 문동이 이미 세상을 떠나고 없기 때문에 그의 평소 인품과 다양한 재능을 회상하며 그의 죽음을 애도한 것이다.

**[주석]**

(1) 子中(자중): 林希의 字. 그는 소식의 開封府試 급제동기요 直史館 동료이며, 소식이 杭州 서호를 준설하고 쌓은 제방에 '蘇公堤'라는 이름을 붙여 준 사람이다. 《송사 · 임희전》에 "사신으로 삼아 고려로 보내려고 하자 두려운 안색을 하며 거절했다. 이에 신종이 화가 나서 그 책임을 물어

감항주누점무로 내보내 버렸다(遣使高麗, 懼形於色, 辭行. 神宗怒, 責監杭州樓店務)"라는 기록이 있다.

(2) 與可(여가): 소식의 친척 형으로 유명한 화가였던 文同의 字. 소식은 문동에게서 그림을 배웠다.

(3) 追和(추화): 오래전의 시에 소급해서 화답하다. 蘇轍의 〈追和陶淵明詩引〉에 인용된 소식의 말에 "옛날 사람의 시에 소급하여 화답하는 것은 나에게서 비롯되었다(追和古人, 則始於吾)"라고 한 바와 같이 '追和'는 일반적으로 옛날 사람의 시에 화답하는 것을 가리킨다. 소식이 지금까지 지은 시 중에서 생존 인물의 시에 '追和'라는 제목을 붙인 것으로는 〈追和子由去歲試擧人洛下所寄九首〉(0290)가 유일한 예인바, 이 경우는 소철이 오래전에 보낸 시에 화답했음을 뜻하는 것으로 보인다.

(4) 其韻(기운): 제목의 문맥으로 보면 임희(1035?-1101?)의 시를 가리키는 것으로 보이지만, 추화가 일반적으로 죽은 사람의 시에 화답하는 것을 가리킨다는 사실과 시의 내용으로 보면 문동(1018-1079)의 시에 화답한 것일 가능성이 크다. 다만 제목에 문동의 어느 시에 화답한 것인지가 밝혀져 있지 않아서 석연치 않은 점이 있다.

(5) 斯人(사인): 문동을 가리킨다.

(6) 投畀(투비): 내던지다. 《詩經 · 小雅 · 巷伯》에 "저 모함쟁이를 붙잡아 와서, 승냥이와 호랑이에게 던져 줄거나. 승냥이와 호랑이가 먹지 않으면, 차디찬 북방에다 내던질거나. 차디찬 북방에서 받지 않으면, 저 높은 하늘에다 내던질거나(取彼譖人, 投畀豺虎. 豺虎不食, 投畀有北. 有北不受, 投畀有昊)"라는 구절이 있다. 이 연은 문동이 남에게 배척받는 사람이 되지 않기 위해 노력했다는 말이다.

(7) 須臾(수유): 흡족한 마음으로 느긋하게 지내다.

(8) 奪去(탈거): 하늘이 인명을 앗아간다는 뜻이다. 이 연은 문동이 일찍 죽은 것을 안타까워한 것이다.

(9) 尸(시): 주관하다.

(10) 無乃(무내): 아마도.

(11) 假守(가수): 임시로 파견하는 비정식 지방관. 이 연은 문동의 생명을 거둔 것이 잘못된 처사라는 원망조의 말이다.

(12) 意合(의합): 마음에 맞다.

(13) 妍醜(연추): 아름다운 것과 추한 것. 美醜. 좋은 일과 나쁜 일을 가리킨다.

(14) 雞棲車(계서거): 닭장처럼 작은 수레.

(15) 伯厚(백후): 후한 사람 朱震의 字. 그는 친구 陳蕃이 충직한 말을 하다가 죽자 그의 아들을 숨겨 주고 모진 고문에도 발설하지 않았으며, 州從事라는 말단관직에 있으면서 濟陰太守 單匡의 수뢰죄를 上奏하고 그의 형인 中常侍車騎將軍 單超에게 죄를 물었다. 이리하여 三府에 "수레는 닭장 같고 말은 개만 하지만, 바람처럼 악을 싫어하는 주백후라네(車如鷄棲馬如狗, 疾惡如風朱伯厚)"라는 말이 유행했다.(《후한서 · 진번전》 참조) 이 연은 문동이 자기 능력에 어울리는 합당

한 대우를 받지 못하면서도 의기를 잃지 않고 당당하게 살았다는 말이다.

(16) 一旅(일려): 많지 않은 사람을 가리킨다. 《左傳 · 哀公元年》에 "무리 1려가 있었다(有衆一旅)"라는 말이 있는데, 이에 관하여 杜預가 "5백 명이 1려이다(五百人爲旅)"라고 했다.

(17) 咤(타): 슬퍼하다. 혀를 차다.

(18) 堆阜(퇴부): 언덕.

(19) 懸知(현지): 추측하여 알다.

(20) 臨絶(임절): 임종하다. 죽음을 맞다.

(21) 安得(안득): 어찌 할 수 있겠나.

(22) 自其牖(자기유): 문병한다는 뜻이다. 《論語 · 雍也》에 "백우가 병이 나자 공자께서 문병을 가셔서 창문에서 그의 손을 잡고 '이 사람을 잃다니 운명이로다! 이렇게 훌륭한 사람인데 이런 병이 생기다니! 이렇게 훌륭한 사람인데 이런 병이 생기다니!'라고 하셨다(伯牛有疾, 子問之, 自牖執其手曰: '亡之, 命矣夫! 斯人也而有斯疾也! 斯人也而有斯疾也!')"라는 말이 있다.

(23) 遺文(유문): 문동이 남긴 시문을 가리킨다.

(24) 來哲(내철): 미래의 賢者. 이 구절은 후인들이 문동의 문집을 만들어 줄 것이라는 말이다.

(25) 諸友(제우): 문동의 친구들을 가리킨다. 이 구절은 친구들이 뒷일을 잘 처리해 줄 것이라는 말이다.

(26) 伶俜(영빙): 외로운 모양.

(27) 嵇紹(혜소): 晉나라 사람 嵇康의 아들. 혜강이 죽게 되었을 때 그의 절친한 친구 山濤가 그의 아들 혜소에게 "내가 있으니 너는 외롭지 않다"라고 했다.(《진서 · 산도전》 참조) 이 구절은 문동의 아들이 결코 외롭지 않을 것이라는 말이다.

(28) 孟光(맹광): 후한 은사 梁鴻의 부인. 양홍과 함께 霸陵에서 은거하다가 나중에 吳지방으로 가서 양홍이 품팔이하여 번 돈으로 겨우 생계를 유지했는데도 불구하고 양홍에 대한 경의의 표시로 식사 때마다 밥상을 눈썹에 닿도록 높이 들고 들어갔다.(《후한서 · 양홍전》 참조) 이 구절은 문동의 부인이 맹광과 필적할 만한 양처라는 칭송을 들으며 잘 살 것이라는 말이다.

(29) 目見(목견): 자기 눈으로 직접 보다. 지금 것이라는 뜻으로 지금 사람인 문동의 작품을 가리킨다. 張衡의 〈東京賦〉에 "손님께서 말씀하시는 바와 같은 뿌리 없는 학문이나 천박한 견해는 남을 통하여 귀로 듣는 것을 중시하고 자기 눈으로 직접 보는 것을 경시하는 것입니다(若客所謂末學膚受, 貴耳而賤目者也)"라는 말이 있다.

(30) 千金帚(천금추): 객관적인 가치가 별로 없는 물건을 가리킨다. 曹丕의 《典論 · 論文》에 "대체로 사람이란 자신의 장점을 아는 데는 뛰어난데 문장은 한 가지 체재만 있는 것이 아닌지라 두루 잘하는 사람이 드물다. 그러므로 각자 자신의 장점을 가지고 다른 사람의 단점을 경시하는 것이다. '집안에 있는 몽당비를 천금짜리로 알고 좋아한다'라는 속담이 있거니와, 이는 자기 자신을 잘 알지 못하는 문제점을 말한 것이다(夫人善於自見, 而文非一體, 鮮能備善. 是以各以所長, 相輕所短. 里語曰: '家有弊帚, 享之千金.' 斯不自見之患也)"라고 했다.

(31) 此歎(차탄): 사람들이 문동의 그림만 좋아할 줄 아는 것에 대한 한탄을 가리킨다. 소식은 〈文與可畫墨竹屛風贊〉에서 "문여가의 문장은 그가 덕을 닦고 남은 찌꺼기요, 문여가의 시는 그 문장의 털끝이며, 시로도 재주를 다 드러내지 못하는지라, 그것이 넘쳐서 글씨가 되고 그것이 변하여 그림이 되었으니 모두 시의 잔재인데 그의 시와 문장은 좋아하는 사람이 더 적다. 그런데 그의 그림을 좋아하는 것만큼 그의 덕을 좋아하는 사람이 있는가? 슬프도다!(與可之文, 其德之糟粕; 與可之詩, 其文之毫末; 詩不能盡, 溢而爲書, 變而爲畫, 皆詩之餘, 其詩與文, 好者益寡. 有好其德如好其畫者乎? 悲夫!)"라고 했다. 이는 문동에게 있어서 가장 중요한 것이 덕이고 그다음이 차례대로 문장·시·글씨·그림인데, 세상 사람들이 그것을 모르고 그의 그림만 좋아하는 것을 한탄한 것이다.

(32) 厚祿(후록): 봉록을 많이 받는 고관이 되었다는 말이다.

(33) 林與蘇(임여소): 임희와 소식 자신을 가리킨다. 마지막 네 구절은 관직이 높은 친구들은 조정의 일이 바쁘다는 핑계로 더 이상 그의 죽음을 애도하며 그의 문집을 편찬하는 등의 뒷일을 돌보아 주려고 애쓰지 않을 것이고, 임희와 자신은 지방관으로 돌아다니느라 바쁘기 때문에 그럴 만한 여유가 없어서 안타깝다는 말이다.

## 0653. 與王郎昆仲(1)及兒子邁(2), 遶城觀荷花, 登峴山亭(3), 晚入飛英寺(4), 分韻得'月'·'明'·'星'·'稀'(5)四字

왕랑 형제 및 아들 매와 함께 성을 돌며 연꽃을 구경하고 현산정에 올라갔다가 저녁에 비영사에 들어가 운자를 나누어 시를 지을 때 '月'·'明'·'星'·'稀' 넉 자를 배정받아

其一

| | |
|---|---|
| 昨夜雨鳴渠, | 어젯밤에 빗방울이 도랑을 울리더니 |
| 曉來風襲月. | 새벽 되자 바람이 밝은 달을 엄습했네. |
| 蕭然欲秋意, | 으스스 가을 기운 생기려 하고 |
| 溪水清可啜. | 시냇물은 맑아서 마실 만했네. |
| 環城三十里, | 성곽은 둘레가 삼십 리인데 |
| 處處皆佳絶. | 곳곳이 하나같이 아름다웠네. |
| 蒲蓮浩如海, | 부들과 연이 바다처럼 넓게 자라 있는데 |
| 時見舟一葉. | 때때로 일엽편주 떠가는 것 보였네. |
| 此間眞避世, | 여기는 참으로 속세를 멀리한 곳 |
| 青蒻低白髮.(6) | 푸른 삿갓 밑으로 백발을 드리운 이 |
| 相逢欲相問, | 만나서 무엇인가 물어보려다 |
| 已逐驚鷗沒.(7) | 어느새 놀난 갈매기가 사라지는 것 좇아갔네. |

其二

| | |
|---|---|
| 淸風定何物,(8) | 청풍이란 도대체 무슨 물건이길래 |

| | |
|---|---|
| 可愛不可名. | 사랑할 순 있어도 형언할 순 없는 걸까? |
| 所至如君子, | 그것은 가는 곳마다 군자와 같아 |
| 草木有嘉聲. | 초목이 아름다운 소리를 냈네. |
| 我行本無事,(9) | 우리의 이번 걸음 본래 일이 없었기에 |
| 孤舟任斜横.(10) | 외로운 배 제멋대로 가도록 놔두었네. |
| 中流自偃仰, | 강 속에서 혼자서 드러누워 바라보며 |
| 適與風相迎. | 때마침 바람과 함께 달을 맞이하였네. |
| 擧杯屬浩渺,(11)(12) | 잔을 들어 드넓은 것에게 술을 권하며 |
| 樂此兩無情.(13) | 이 두 가지 무정한 걸 좋아하였네. |
| 歸來兩溪間,(14) | 두 갈래 개울의 언저리로 돌아오니 |
| 雲水夜自明. | 운무에 덮인 수면이 밤에도 절로 훤하네. |

其三

| | |
|---|---|
| 苕水如漢水,(15)(16) | 초계는 한수처럼 파도가 찰랑찰랑 |
| 鱗鱗鴨頭靑.(17)(18) | 오리 머리 모양으로 파르스름하도다. |
| 吳興勝襄陽,(19)(20) | 오흥이 양양보다 멋이 있어서 |
| 萬瓦浮靑冥.(21)(22) | 기와 만 장이 푸르고 아스라한 곳에 떠 있도다. |
| 我非羊叔子,(23) | 양숙자도 아닌 내가 이곳에 오르자니 |
| 愧此峴山亭. | 이 현산정 보기에 부끄럽지만 |
| 悲傷意則同, | 슬프고 상심하는 마음은 한가지니 |
| 歲月如流星. | 세월이 유성처럼 후딱 지나가도다. |
| 從我兩王子,(24) | 나를 따라다니는 왕씨 형제는 |
| 高鴻插修翮.(25) | 높이 나는 기러기가 화살을 맞은 모습 |
| 湛輩何足道,(26) | 추잠 같은 무리야 말할 것이 있으랴? |
| 當以德自銘. | 당연히 덕으로써 스스로 새길 일이로다. |

其四

| | |
|---|---|
| 吏民憐我懶, | 관리와 백성들이 나 게으른 걸 딱히 여겨 |
| 鬪訟日已稀.[27] | 쟁송이 나날이 줄어들었네. |
| 能爲無事飮,[28] | 일이 없어 술을 실컷 마실 수 있고 |
| 可作不夜歸.[29] | 밤중에 대낮처럼 돌아갈 수 있으매 |
| 復尋飛英游, | 다시 또 비영사로 찾아와 놀며 |
| 盡此一寸暉.[30] | 한 치밖에 안 남은 햇빛마저 다하려네. |
| 撞鐘履聲集, | 종을 치자 신발 소리 모여드는데 |
| 顚倒雲山衣.[31][32] | 법의를 거꾸로 걸쳐 입었네. |
| 我來無時節,[33] | 내가 괜히 불시에 여길 찾아와 |
| 杖屨自推扉.[34] | 지팡이에 짚신으로 사립문을 밀었네. |
| 莫作使君看,[35] | 부디 나를 태수로 보지 말지니 |
| 外似中已非. | 겉은 태수 같아도 속은 이미 아니라네. |

**[해설]**

왕적·왕휼 형제 및 자신의 장남 소매와 함께 호주성 주위에서 연꽃을 구경한 후 현산정에 갔다가 다시 비영사에 들어가서 조조 〈단가행〉의 한 구절인 '월명성희(月明星稀)'를 운자로 삼아 지은 것이다. 그날 있었던 자신들의 유람을 순차적으로 노래했다.

**[주석]**

(1) 王郞昆仲(왕랑곤중): 왕씨 형제. 王十朋의 《百家註分類東坡先生詩》에 "왕적과 왕휼을 말한다(謂王適·王遹也)"라고 했다. 이들 형제는 소식이 서주에 있을 때부터 그를 따라다녔다. 〈月夜與客飮杏花下〉(0609) 주 (1) 참조.

(2) 邁(매): 소식의 장남 소매.

(3) 峴山亭(현산정): 勞鉞의 《湖州誌》에 "진나라 태수 은강이 현산 위에 정자를 지어 현정이라고 불렀는데, 나중에 황실 사람의 이름을 피해서 개명했다. 수령들 가운데 떠난 뒤에 이곳 백성들의 사모를 받는 사람은 비석을 새겨 정자에 세웠기 때문에 양숙자의 현산에 비유한 것이다(晉太守殷康, 築亭於顯山上, 名曰顯亭, 後避廟諱改焉. 凡守令之去而見思者, 勒石峙亭, 以比羊叔子之峴山云)"라고 했다.

(4) 飛英寺(비영사): 勞鉞의 《湖州志》에 "비영사는 호주성 북문 안에 있다(飛英寺在府城北門內)"라고 했다.

(5) 月明星稀(월명성희): 曹操의 시 〈短歌行〉에 "달빛이 너무 밝아 별이 드문데, 까마귀와 까치가 남으로 난다(月明星稀, 烏鵲南飛)"라는 구절이 있다.

(6) 靑蒻(청약): '靑篛'·'靑箬'과 마찬가지로 푸른 대나무 껍질로 만든 삿갓을 가리킨다.

(7) 逐(축): 눈으로 좇아가다. 따라가며 본다는 뜻이다. 이 연은 도연명이 〈飮酒〉 제5수에서 말한 "이 속에 사람 사는 참된 의미 있으니, 분변하여 말하려다 이미 말을 잊었다(此中有眞意, 欲辨已忘言)"와 구조가 매우 유사하므로, 한 어부를 만나 그곳 생활에 대해 물어보려고 하다가 멀리 날아가는 갈매기를 보고는 이내 물어볼 필요도 없이 그곳 생활이 어떤지를 알게 되었다는 뜻으로 볼 수도 있고, 한 어부를 만나 그곳 생활에 대해 물어보려고 했는데 물어볼 틈도 없이 어부가 갈매기 날아간 곳으로 가 버렸다는 뜻으로 볼 수도 있는바, 굳이 어느 쪽이라고 단정할 필요가 없을 것이다.

(8) 定(정): 도대체.

(9) 我行(아행): 소식 일행이 호주성 주위를 돌아다니며 유람한 것을 가리킨다.

(10) 任斜橫(임사횡): 비스듬하게 놓이든 가로로 놓이든 관계하지 않고 제멋대로 가게 놓아두다.

(11) 屬(촉): 술을 권하다.

(12) 浩渺(호묘): 넓고 아득하다. 질펀하게 빛을 뿌리는 달과 그것을 향해 멀리 불어가는 바람을 가리키는 것으로 보인다.

(13) 兩無情(양무정): 감정을 지니고 있지 않은 두 가지의 자연물. 달과 바람을 가리키는 것으로 보인다. 이백의 시 〈月下獨酌〉에 "취하지 않았을 땐 즐거움을 나누더니, 취한 뒤엔 뿔뿔이 흩어졌구나. 영원히 감정 없는 교유를 맺어, 머나먼 은하수에서 다시 만나자꾸나(醒時同交歡, 醉後各分散. 永結無情遊, 相期邈雲漢)"라는 말이 있다.

(14) 兩溪間(양계간): 東苕溪와 서초계를 가리키는 것으로 보인다. 이 두 강은 湖州에서 합류한 뒤 북쪽으로 흘러 태호로 들어가는데 합류한 이후의 강을 霅溪라고 한다.

(15) 苕水(초수): 초계. 절강성에 있는 강. 〈泛舟城南, 會者五人, 分韻賦詩, 得'人'·'皆'·'苦'·'炎'字四首〉(0647) 주 (2) 참조.

(16) 漢水(한수): 섬서성 寧强縣 서북쪽의 嶓冢山에서 발원하여 호북성을 지나 漢陽에 이르러 장강으로 흘러드는 강.

(17) 鱗鱗(인린): 물고기 비늘처럼 늘어선 모양. 여기서는 파도치는 모양을 가리킨다.

(18) 鴨頭靑(압두청): 오리 머리처럼 파르스름하다.

(19) 吳興(오흥): 호주. 초계 가를 가리킨다.

(20) 襄陽(양양): 지금의 호북성 양양. 한수 가를 가리킨다.

(21) 萬瓦(만와): 조개구름 또는 잔잔한 파도를 가리킨다.

(22) 靑冥(청명): 푸르고 아득하다. 드넓은 하늘 또는 수면을 가리킨다.

(23) 叔子(숙자): 晉나라 羊祜의 字. 그는 산수를 좋아하여 양양을 鎭守할 때 풍경이 좋은 계절이 되면 꼭 현산에 오르곤 했는데, 한번은 주위 사람들을 돌아보면서 "우주가 생기면서부터 바로 이 산이 있었고 그 뒤로 어질고 통달한 저명인사들 가운데 여기에 올라 나와 그대들처럼 멀리 바라본 사람들이 많았을 텐데 모두 흔적도 없이 사라져 버리고 이름이 없으니 우리를 슬프게 하는구려. 만약 백 년 뒤에 나를 알아주는 사람이 있다면 나의 혼백이 이 산에 오를 것이오(自有宇宙, 便有此山, 由來賢達勝士, 登此遠望, 如我與卿者多矣, 皆湮滅無聞, 使人悲傷. 如百歲後有知, 魂魄猶應登此山也)"라고 했다. 양호가 죽은 뒤에 양양 백성들이 그가 평소 노닐던 곳에 비석을 세우고 해마다 제사를 지냈는데, 그 비석을 보는 사람들 가운데 눈물을 흘리지 않은 사람이 없었기 때문에 그 뒤에 부임해 온 杜預가 이 비석을 墮淚碑라고 불렀다고 한다.(《진서・양호전》 참조)

(24) 兩王子(양왕자): 왕적・왕흘 형제에 대한 존칭이다.

(25) 插修翎(삽수령): 기다란 깃이 달린 화살을 꽂는다는 뜻으로 화살에 맞는 것을 가리킨다. 張衡의 〈西京賦〉에 "포차가 활을 쏘아 높이 나는 큰 기러기를 맞힙니다(蒲且發, 弋高鴻)"라는 구절이 있다. 이 연은 왕적・왕흘 형제가 화살을 맞은 큰기러기처럼 큰 뜻을 펼쳐보지 못하는 것을 안타까워한 것이다.

(26) 湛輩(잠배): 양호를 따라 현산에 놀러다닌 鄒湛 같은 무리. 스스로 이름을 얻지 못하고 남이나 따라다니는 사람을 가리킨다. 《洪客齋題跋》에 "추잠의 성명은 양숙자로 인하여 전해지는바 그의 자는 윤보이다(鄒湛姓名, 因羊叔子而傳, 字曰潤甫)"라고 했고, 《元和郡縣志》에 "양숙자는 양양을 진수할 때 추윤보와 함께 현산에 올라간지라 세상에 추잠의 자도 일컫는 사람이 있게 되었다(羊叔子鎭襄陽, 與鄒潤甫同登峴山, 湛之字世亦有稱之者矣)"라고 했다.

(27) 鬪訟(투송): 다툼으로 인하여 발생하는 訟事. 爭訟.

(28) 無事飮(무사음): 할 일이 없어서 술을 마시는 행위. 《史記・陳軫傳》에 "서수가 진진을 만났더니 진진이 '공은 어째서 술 마시기를 좋아하시오' 하고 물었다. 서수가 '일이 없어서요' 하고 대답했다(犀首見之, 陳軫曰: '公何好飮也?' 犀首曰: '無事也.')"라는 기록이 있다.

(29) 不夜歸(불야귀): 달이 밝아서 不夜城을 이룬 가운데 돌아가는 행위.

(30) 一寸暉(일촌휘): 얼마 안 남은 낮 시간을 가리킨다.

(31) 顚倒(전도): 《詩經・齊風・東方未明》에 "동녘이 아직까지 밝아지지 않았는데, 허둥지둥 뒤집어 옷을 걸친다(東方未明, 顚倒衣裳)"라는 구절이 있다.

(32) 雲山衣(운산의): 속세에서 멀리 떨어진 곳에 사는 出家者들의 옷. 여기서는 비영사 스님들의 법의를 가리킨다.

(33) 無時節(무시절): 불시.

(34) 杖屨(장구): 지팡이를 짚고 천천히 걷다.

(35) 作使君看(작사군간): 태수로 보다. 이 연은 자신에게 태수에 대한 예를 갖추지 말고 허물없이 편안하게 대해 달라는 말이다.

# 0654. 次韻章子厚[(1)]飛英[(2)]留題[(3)]

비영사에 써 놓은 장자후의 시에 차운하여

款段曾陪馬少游,[(4)(5)] 느릿느릿 마소유를 모시고 다니더니
而今人在鳳麟洲.[(6)(7)] 지금은 그 사람 봉린주에 가 있네.
黃公酒肆如重過,[(8)] 황공주막에 다시 한 번 들르게 되면
杳杳白蘋天盡頭.[(9)(10)] 개구리밥이 아스라이 하늘 끝에 닿아 있겠네.

**[해설]**

진사급제 동기인 장돈이 호주지주로 재임할 때 써 놓은 시를 보고 그것에 차운한 것이다.

**[주석]**

(1) 子厚(자후): 친구 章惇의 字. 그는 소식과 진사급제 동기로, 처음에는 소식과 매우 절친하게 지냈으나 나중에는 소식을 불구대천의 정적으로 여겨 그를 惠州와 儋州로 유배 보내는 데 주도적인 역할을 했다. 《續資治通鑑長編·熙寧八年十月》에 "장돈이 호주지주가 되었다(章惇知湖州)"라고 한 것을 보면 그가 소식보다 먼저 호주에 거주했음을 알 수 있다.

(2) 飛英(비영): 비영사. 勞鉞의 《湖州志》에 "비영사는 호주성 북문 안에 있다(飛英寺在府城北門內)"라고 했다.

(3) 留題(유제): 글씨를 써서 남기다.

(4) 款段(관단): 말이 느릿느릿 걷는 모양.

(5) 馬少游(마소유): 후한 장군 馬援의 사촌동생. 마원이 交趾지방의 반란을 진압한 공으로 新息侯에 봉해져 식읍 3천 호를 하사받고 나서 관원들에게 잔치를 베풀면서, "나의 사촌동생 마소유는 평

소에 늘 내가 비분강개하여 큰 뜻을 품고 있는 것을 안타깝게 여겨서, '선비가 한 세상 사는 데 입을 옷과 먹을 음식이 충분하고 자그마한 마차를 타고 느릿느릿한 말을 몰며 고을의 관리가 되어 선영을 지키면서 마을에서 좋은 사람이라는 소리를 들으면 그것으로 충분합니다. 차고 넘치기를 추구하기에 이르면 자신을 힘들게 할 뿐입니다'라고 했었다오"라고 했다.(《후한서 · 마원전》 참조) 이 구절은 장돈의, 호주에 있을 때의 초연하고 느긋한 생활을 상상한 것이다.

(6) 而今(이금): 지금.

(7) 鳳麟洲(봉린주): 東方朔의 《十洲記》에 "봉린주는 서해 안에 있다(鳳麟洲在西海之中)"라고 했지만, 여기서는 봉황이나 기린처럼 걸출한 인재들이 모인 곳이라는 뜻으로 한림원을 가리킨다. 査愼行의 《蘇詩補註》에 "《송사 · 장돈전》에 '희령(1068-1077) 연간에 호주지주로 나갔다가 항주로 옮겼으며 조정으로 들어와 한림학사가 되었다가 원풍 3년(1080)에 참지정사에 임명되었다'라고 한바, 선생이 오흥으로 왔을 때는 마침 장자후가 한림학사일 때였다. 그렇기 때문에 '지금은 그 사람 봉린주에 가 있네'라고 읊었다(《宋史 · 章惇傳》: '熙寧中出知湖州, 徙杭州, 入爲翰林學士, 元豊三年拜參知政事.' 先生來吳興, 正子厚爲翰林學士時也. 故云: '而今人在鳳麟洲.')"라고 했다.

(8) 黃公酒肆(황공주사): 원래 魏晉시기에 王戎 · 阮籍 · 嵇康 등의 竹林七賢이 모여서 술을 마시던 곳인데, 나중에는 친구들이 모여서 술을 마시던 곳이라는 뜻으로 쓰이게 되었다. 王濬沖이 尙書令이 되어서 황공의 술집을 지나가다가 뒷수레에 탄 사람에게 "내가 옛날에 혜강 · 완적과 함께 이 술집에서 술을 마시다가 죽림칠현의 종말을 예견했었네. 혜강이 요절하고 왕적이 죽은 뒤로 시국의 통제를 받았다네. 오늘 이것을 보니 비록 가까이 있지만 멀기가 산하와 같네"라고 했다.(《世說新語 · 傷逝》 참조) 여기서는 장돈이 호주에 있을 때 친구들과 함께 다니던 술집을 가리킨다.

(9) 杳杳(묘묘): 그윽하고 먼 모양.

(10) 盡頭(진두): 끝. 이 구절은 장돈이 지금 호주로 와서 개구리밥 꽃이 흐드러지게 핀 장관을 구경하며 술을 한잔 마셨으면 좋겠다는 말이다.

## 0655. 城南縣尉[1]水亭[2]得長字

성 남쪽에 사는 현위의 물가 정자에서 '長'자를 운자로 배정받아

| | |
|---|---|
| 兩尉鬱相望,[3] | 두 현위가 몇 번이고 서로 바라보는 곳 |
| 東西百步場.[4] | 동서로 뻗어 있는 백 보짜리 연병장 |
| 揷旗蒲柳市,[5] | 부들과 버들의 도시에 깃발을 꽂아 놓고 |
| 伐鼓水雲鄕. | 물과 구름의 고장에서 북을 울린다. |
| 已作觀魚檻,[6] | 물고기를 구경하는 난간을 만든 데다 |
| 仍開射鴨堂.[7] | 오리를 쏘아 잡는 사압당도 열어 놨다. |
| 全家依畫舫, | 온 가족이 채색 배에 기대어 서면 |
| 極目亂紅妝.[8][9] | 붉게 단장한 미인이 눈에 가득하렷다. |
| 瀲瀲波頭細,[10] | 찰랑찰랑 흔들리는 물결이 잔잔한데 |
| 疎疎雨脚長. | 듬성듬성 내리는 빗발이 기다랗다. |
| 我來閑濯足, | 내가 와서 한가로이 발을 씻자니 |
| 溪漲欲浮牀. | 강물이 많이 불어 평상이 뜰 지경이다. |
| 澤國山圍裏,[11] | 수향은 뱅 둘러싼 산속에 있고 |
| 孤城水影傍. | 외로운 성은 물속의 그림자 옆에 있도다. |
| 欲知歸路處,[12] | 귀로가 어디인지 알고 싶으면 |
| 葦外記風檣. | 갈대 너머 바람 맞은 돛대를 기억하렷다. |

## [해설]

호주성 남쪽의 오정현에 있는 정자에서 그 주변의 아름다운 풍경과 그 속에서 노니는 흐뭇한 기분을 노래한 것이다. 전반부는 정자에 관하여 묘사했고, 후반부는 자신의 심경을 토로했다.

## [주석]

(1) 縣尉(현위): 관직 이름.

(2) 水亭(수정): 顔眞卿의 〈梁吳興太守柳惲西亭記〉에 "호주 오정현 남쪽의 물가 정자는 바로 양나라 때의 오흥 태수 유운의 서정이다. 먼 곳에는 산봉우리가 에워싸고 있고 밑에는 맑은 물이 있어서 기상의 오묘함을 다 갖추고 있으니, 실로 놀고 마시는 데 필요한 아름다움을 제공해 준다(湖州烏程縣南水亭, 卽梁吳興太守柳惲之西亭也. 繚以遠峯, 浮於淸流, 包括氣象之妙, 實資游宴之美)"라고 했고, 陸羽의 〈圖記〉에 "서정은 현에서 남쪽으로 60보 되는 곳에 있으며 초계에 걸쳐서 지었다(西亭在縣南六十步, 跨苕溪爲之)"라고 했다. 유운이 지은 서정을 당시 현위들이 병사들의 훈련 때 이용했던 것으로 보인다.

(3) 兩尉(양위): 烏程縣에서 분리된 오정현과 歸安縣의 현위를 가리킨다. 《唐六典》에 "여러 주의 상급 현은 현위가 각각 두 명이었다(諸州上縣, 尉各二人)"라고 했고, 《九域志》에 "태평흥국 7년(982)에 오정현을 나누어서 귀안현을 설치했는데 두 현이 모두 명망 있는 현이었으니 틀림없이 각각 현위를 두었을 것이다(太平興國七年, 析烏程置歸安, 二縣皆爲望縣, 則必各置尉也)"라고 했다. 귀안현은 오정현과 같은 성 안에 있었으며 북송 태평흥국 7년(982)에 분리되었다가 1912년에 다시 합쳐져서 吳興縣이 되었다.(魏嵩山 主編, 《中國歷史地名大辭典》, 廣東教育出版社, 1995년 제1판, 275쪽 참조)

(4) 百步場(백보장): 백 보짜리 마당. 王十朋의 《百家註分類東坡先生詩》에 "백 보짜리 마당은 아마 현위 관할 병력의 무술을 겨루거나 검열을 하던 장소일 것이다(百步場, 蓋言尉司較閱處也)"라고 했다. 한유의 시 〈汴泗交流贈張僕射建封〉에 "변수와 사수가 만나는 군성의 모퉁이에, 마당을 천 평 닦으니 깎은 듯이 평평하네(汴泗交流郡城角, 築場千步平如削)"라는 구절이 있다.

(5) 蒲柳市(포류시): 부들과 버들이 많은 도시. 왕십붕의 《백가주분류동파선생시》에 "기를 꽂고 북을 치는 것은 현위의 일을 말하고, 부들과 버들이 많은 도시 및 물과 구름이 맞닿은 고장은 호주를 말한다(揷旗·伐鼓, 以言尉之事; 蒲柳市·水雲鄕, 則言湖州也)"라고 했다.

(6) 觀魚檻(관어함): 물고기를 관찰하는 난간.

(7) 射鴨堂(사압당): 왕십붕의 《백가주분류동파선생시》에 "맹교는 율양현위가 되었을 때 사압당을 열었다(孟郊爲溧陽尉, 開射鴨堂)"라고 했다.

(8) 極目(극목): 시야에 가득히 들어오다.

(9) 紅妝(홍장): 紀昀의 《蘇文忠公詩集》에 "'홍장'은 연을 비유한다(紅妝, 比蓮也)"라고 했다.

(10) 瀲灩(염렴): 물결이 치는 모양.

(11) 澤國(택국): 沼澤이 많은 고장. 水鄕.

(12) 歸路處(귀로처): 자신이 돌아가서 쉴 곳을 가리키는 것으로 보인다. 그렇다면 이 연은 갈대숲 옆으로 배가 지나다니는 이곳을 잘 기억해 두었다가 나중에 다시 와서 은거하고 싶다는 말이 된다.

## 0656. 與胡祠部[1]游法華山[2]

호사부와 함께 법화산에서 노닐며

| | |
|---|---|
| 陂湖欲盡山爲界,[3] | 호수가 끝나가자 산이 경계를 이루어 |
| 始見寒泉落高派.[4] | 비로소 찬 샘물이 높은 데서 떨어지는 게 보인다. |
| 道人未放泉出山,[5] | 도인께선 샘물이 산에서 나가게 두지 않아 |
| 曲折虛堂瀉清快. | 굽이굽이 빈 법당을 돌아 시원하게 쏟아진다. |
| 使君年老尚兒戲, | 이 태수는 늙어서도 아직 애들 장난을 좋아하여 |
| 綠棹紅船舞澎湃.[6][7] | 녹색 노의 붉은 배가 부딪치는 파도에 춤추는데 |
| 一笑翻杯水濺裙,[8][9] | 잔이 넘어져 바지에 물이 뿌려지는 걸 웃어 넘기며 |
| 餘歡濯足波生隘.[10] | 기쁨이 넘쳐 발을 씻으니 좁은 곳에서 파도가 인다. |
| 長松攙天龍起立, | 하늘을 찌르는 키 큰 솔은 꼿꼿이 선 용이요 |
| 蒼藤倒谷雲崩壞. | 계곡에 드리운 등나무 덩굴은 구름이 무너져 내린 모습 |
| 仰穿蒙密得清曠,[11][12] | 밀림을 뚫고 올려다보다 문득 앞이 툭 트이매 |
| 一覽震澤吁可怪.[13] | 태호를 한 번 둘러보니 아아 기가 막힌다. |
| 誰云四萬八千頃,[14] | 사만팔천 경이라 누가 말했나? |
| 渺渺東盡日所曬.[15] | 아득히 동쪽 끝으로 가면 해가 뜨는 곳인데. |
| 歸途十里盡風荷,[16] | 십리 길 귀로에는 연꽃이 가득한데 |
| 清唱一聲聞露薤.[17] | 이슬 맞은 염교를 부르는 맑은 소리 들린다. |
| 嗟予少小慕眞隱, | 아아 나는 어릴 때 참 은자를 흠모했거늘 |

| | |
|---|---|
| 白髮靑衫天所械.(18) | 백발이 된 채 청삼을 입는 건 하늘이 내린 벌이로다. |
| 忽逢佳士與名山, | 홀연히 멋진 선비와 명산을 만났으나 |
| 何異枯楊便馬疥.(19) | 옴 오른 말이 마른 버들에 몸 긁는 것과 뭐 다르리? |
| 君猶鸞鶴偶飄墮,(20) | 그대는 난새나 학이 어쩌다 떨어진 것 같거늘 |
| 六翮如雲豈長鎩.(21)(22) | 구름 같은 깃 여섯 개가 어찌 오래 꺾여 있으리? |
| 不將新句紀玆游,(23) | 새 시로 이 유람을 읊어 두지 않으면 |
| 恐負山中淸淨債.(24) | 아마도 산속의 청정한 기운에 빚을 지리. |

**[해설]**

사부낭중 호씨와 함께 호주의 변산에 있는 법화사에 놀러 갔다가 드넓은 태호와 맑고 아름다운 변산을 본 감회를 노래한 것이다. 은거생활을 즐기는 호씨를 선망하고 그것을 동경하면서도 결행하지 못하는 자신을 못마땅해 하고 있다.

**[주석]**

(1) 胡祠部(호사부): 査愼行의 《蘇詩補註》에 "이름은 알려져 있지 않다. 《송사 · 직관지》에 '예부 소속의 사부낭중은 종육품이고 원외랑은 정칠품이다'라는 기록이 있다(名失考. 按《宋史 · 職官志》: '禮部所屬祠部郎中, 從六品, 員外郎, 正七品.')"라고 했다.

(2) 法華山(법화산): 《蘇州圖經》에 "법화산 흥복원은 오흥에서 서쪽으로 30리 되는 곳에 있다(法華山興福院, 在吳興西三十里)"라고 했고, 《湖州志》에 "변산의 다른 봉우리 가운데 석두산이 있는데 일명 법화산이라고도 하는바 그 밑에 법화사가 있다(卞山之別峰, 有石斗山, 又名法華山, 下有法華寺)"라고 했다.

(3) 陂湖(피호): 호수.

(4) 高派(고파): 높은 곳에서 떨어지는 支流.

(5) 道人(도인): 법화사의 스님을 가리킨다.

(6) 綠棹紅船(녹도홍선): 녹색 노를 단 붉은색 배. 王十朋의 《百家註分類東坡先生詩》에 "'녹색 노의 붉은 배'는 흐르는 물에 술잔을 띄워 보내는 놀이를 하는 것이다('綠棹紅船', 作流杯之戲)"라고 했다. '굽이굽이 빈 법당을 도는(曲折虛堂)' 샘물 위에 술잔을 띄우고 流觴曲水를 했다는 말이다.

(7) 澎湃(팽배): 물결이 서로 부딪치다.

(8) 翻杯(번배): 배 모양으로 만든 술잔이 뒤집어진다는 말이다.

(9) 水濺裙(수천군): 왕십붕의 《백가주분류동파선생시》에 "배경여는 이신 막부의 보좌관으로 있을 때 강에 나가 논 적이 있는데, 뱃사공이 잘못하여 가까이에서 모시던 사람의 옷에 물을 뿌렸다.

이공의 안색이 달라지자 배경여가 얼른 시를 지어 '이마의 반은 거위털이요 옷은 금루의로 변한 채, 취교는 흔들흔들 옥비녀는 대롱대롱. 비단 옷에 물 뿌려져 축축히 젖게 놔두나니, 무산신녀가 비를 뿌리고 돌아가는 것인 줄 안다네'라고 했다. 이에 이공이 크게 기뻐했다(裴慶餘佐李紳幕, 嘗游江, 舟子誤濺近侍衣. 公變色, 裴遽爲詩曰: '半額鵝黃金縷衣, 翠翹浮動玉釵垂. 從教水濺羅衣濕, 知是巫山行雨歸.' 公大悅)"라고 했다.

(10) 隘(애): 발을 담금으로 인하여 물길이 좁아진 곳을 가리킨다.

(11) 蒙密(몽밀): 무성하다. 하늘이 안 보일 정도로 무성한 상태를 가리킨다.

(12) 淸曠(청광): 청명하고 툭 트이다. 이 구절은 빽빽한 숲길을 지나 마침내 정상에 올랐다는 말이다.

(13) 震澤(진택): 太湖. 湖州의 북쪽에 있는 큰 호수.

(14) 四萬八千頃(사만팔천경): 태호의 넓이를 가리킨다. 盧雄의 《蘇州府志·太湖》에 인용된 顔眞卿의 〈石柱記〉에 "4만 8천 경이다(四萬八千頃)"라고 했다.

(15) 渺渺(묘묘): 아득히 먼 모양. 이 구절은 태호의 동쪽 끝이 바로 해가 뜨는 곳이라는 말로 태호가 엄청나게 넓다는 뜻이다.

(16) 風荷(풍하): 바람에 흔들리는 연꽃.

(17) 露薤(노해): '이슬 맞은 염교'라는 뜻으로 만가의 하나인 〈薤露〉를 가리킨다. 왕십붕의 《백가주분류동파선생시》에 "만가 가운데 〈호리〉와 〈해로〉라는 곡조가 있으니 염교 위에 내린 이슬을 말한다(挽歌有〈蒿里〉·〈薤露〉之曲, 言薤頭露也)"라고 했다. 소식의 자주에 "이날 이 가락을 뽑는 사람이 있었다(是日, 有作此聲者)"라고 했다.

(18) 靑衫(청삼): 하급 관리의 관복. 지방관 신세인 자신의 옷을 가리킨다.

(19) 便馬疥(편마개): 말의 옴을 시원하게 해 주다. 일시적인 즐거움에 불과하다는 말이다. 《五燈會元》에 "한 스님이 인악선사에게 '대장경의 가르침은 온통 명언뿐이니 이 명언을 떠나서는 어떻게 지시합니까?' 하고 묻자, 선사가 '옴 오른 말이 마른 버드나무에 몸을 문지르는 것이다'라고 했다(僧問仁岳禪師: '一大藏教盡是名言, 離此名言, 如何指示?' 師曰: '癩馬揩枯柳.')"라는 말이 있다.

(20) 飄墮(표타): 흔들려 떨어지다.

(21) 六翮(육핵): 새의 양쪽 날개에 달려 있는 여섯 개의 깃. 새를 가리킨다. 曹植의 〈七啓〉에 "쌓아놓은 짐승이 언덕과 같고, 흩날리는 깃털이 구름을 이룹니다(積獸如陵, 飛翮成雲)"라는 구절이 있다.

(22) 鎩(쇄): 잘리다. 부러지다. 顔延年의 시 〈嵇中散〉에 "난새의 깃도 때론 꺾인다지만, 용의 천성 그 누가 길들이리오?(鸞翮有時鎩, 龍性誰能馴?)"라는 구절이 있다.

(23) 將(장): ~으로.

(24) 淸淨債(청정채): 맑고 깨끗한 산수를 보고도 시를 짓지 않아서 생기는 미안한 마음을 가리킨다.

## 0657. 又次前韻贈賈耘老[1]

다시 앞의 시에 차운하여 가운로에게 준다

| | |
|---|---|
| 具區呑滅三州界,[2][3] | 태호는 세 고을의 경계를 삼켜 없애고 |
| 浩浩湯湯納千派. | 호호탕탕하게도 천 갈래 물을 받아들인다. |
| 從來不著萬斛船, | 만 섬들이 큰 배는 띄운 적이 없지만 |
| 一葉漁舟恣奔快. | 일엽편주 고깃배는 마음껏 씽씽 달린다. |
| 仙壇古洞不可到,[4] | 신선이 사는 옛 동굴엔 갈 수 없으매 |
| 空聽餘瀾鳴湃湃.[5] | 넘치는 물결이 철썩철썩 울리는 소리나 듣는다. |
| 今朝偶上法華嶺,[6] | 오늘 아침 우연히 법화산에 올라와 |
| 縱觀始覺人寰隘. | 거침없이 바라보니 이제야 세상이 좁은 줄 알겠다. |
| 山頭臥碣弔孤冢, | 산꼭대기엔 쓰러진 비가 외로운 무덤을 애도하는데 |
| 下有至人僵不壞.[7] | 그 밑에 한 지인이 멀쩡하게 누워 있다. |
| 空餘白棘網秋蟲,[8] | 백극나무가 남아서 가을 벌레를 잡을 뿐 |
| 無復青蓮出幽怪.[9] | 다시는 푸른 연이 기이한 사람에게서 안 나온다. |
| 我來徙倚長松下,[10][11] | 내가 여기 와 소나무 밑에서 배회하는 건 |
| 欲掘茯苓親洗曬.[12] | 복령을 캐 내 손으로 씻어 말리고 싶은 마음 |
| 聞道山中富奇藥,[13] | 듣건대 산속에는 기이한 약이 많아 |
| 往往靈芝雜葵薤. | 아욱과 염교 속에 왕왕 영지가 섞였단다. |
| 詩人空腹待黃精,[14][15] | 시인은 주린 배로 황정을 기다리는지라 |

| | |
|---|---|
| 生事只看長柄械.[16] | 생계를 단지 긴 자루 달린 농기구에 의존하는데 |
| 今年大熟期一飽, | 금년에는 대풍이라 포식 한번 기대하나니 |
| 食葉微蟲眞癬疥.[17] | 잎 갉아먹는 작은 벌레는 정말 옴에 불과하단다. |
| 白花半落紫穟香, | 흰 벼꽃은 반쯤 지고 자줏빛 이삭은 향긋하여 |
| 攘臂欲助磨鎌鎩.[18][19] | 팔을 걷고 도우려고 낫을 쓱쓱 가나니 |
| 安得山泉變春酒,[20] | 어찌하면 저 샘물을 봄 술로 바꿔 |
| 與子一洗尋常債.[21][22] | 그대에게 평소의 빚을 싹 갚을 수 있을까? |

**[해설]**

바로 앞의 시에서 사용한 운에 다시 차운한 것으로 법화산에 올라가서 둘러본 동정호 및 그 일대의 풍경을 묘사하고, 자신의 문집 이름을 《회소집(懷蘇集)》이라고 할 정도로 소식을 깊이 흠모하는 가수가 늘 궁핍하게 지내고 있는데도 불구하고 그에게 술을 사 주며 그와 함께하는 시간이 많지 않아서 안타까운 심정을 노래했다.

**[주석]**

(1) 耘老(운로): 賈收의 字. 〈乘舟過賈收水閣, 收不在, 見其子, 三首〉(0639) 주 (1) 참조.
(2) 具區(구구): 太湖의 다른 이름. 《周禮 · 夏官 · 職方氏》에 "동남쪽은 양주이니 그곳의 대표적인 산은 회계산이고 호수는 구구이다(東南曰揚州, 其山鎭曰會稽, 其澤藪曰具區)"라고 했다.
(3) 三州界(삼주계): 勞鉞의 《湖州志》에 "태호는 여러 강의 물이 다 모이는 큰 호수로 일명 진택이라고도 하는데 소주 · 상주 · 호주 등 세 고을의 경계에 걸쳐 있다(太湖歸墟, 一名震澤, 兼跨蘇 · 常 · 湖三州之界)"라고 했다.
(4) 仙壇古洞(선단고동): 신선의 거처인 옛날 동굴. 《玄中記》에 "동정호(즉 태호)는 옛날 사람들이 말하기를 신선이 사는 신령스러운 곳으로 용위동 · 임옥동 등의 동굴이 있다고 했다(洞庭, 古人謂仙壇之靈區, 有龍威 · 林屋等洞)"라고 했다.
(5) 湃湃(배배): 파도가 치는 소리. 이 연은 파도가 심하여 태호 안의 동정산에 있는 동굴에는 갈 수가 없기 때문에 태호 남쪽에 있는 법화산에 올라가서 멀리 태호를 내려다본다는 말이다.
(6) 法華(법화): 법화산. 〈與胡祠部游法華山〉(0656) 주 (2) 참조.
(7) 至人(지인): 사상이나 도덕이 극치에 이른 사람. 王象之의 〈碑目〉에 "오정현의 법화사에 당나라 태광화상의 신비롭고 기이한 일을 기록한 비가 있으니 이신이 쓴 것이다(烏程縣法華寺有唐太光和尚神異碑, 李紳書)"라고 했다. 이 구절은 법화사에 있는 비석을 보고 상상한 것이다.
(8) 白棘(백극): 나무 이름. 이 구절은 백극나무에 쳐진 거미줄에 벌레가 많이 걸려 있다는 말이다.

(9) 幽怪(유괴): 신비롭고 기이한 사람. 施元之의 《施注蘇詩》에 “옛날에 한 나무꾼이 호주의 법화산으로 들어갔다가 푸른 연 한 가지를 발견하여 땅을 파고 보았더니 밑에 돌 상자가 있고 그 안에 한 동자가 있는데 혀뿌리가 썩지 않아 그 혀에서 꽃이 나왔다. 이 사람은 생전에 《법화경》을 열심히 암송하여 이런 결과를 얻었기 때문에 그 산을 법화산이라고 한 것이다. 이 일은 절에 있는 비석에 상세하게 기록되어 있다(湖州法華山, 昔有樵夫入山, 得青蓮一枝, 掘地視之, 下有石匣, 中藏一童子, 舌根不壞, 花自舌出. 是人生持誦《法華經》, 致此勝果, 故以名其山. 事具寺碑)”라고 했다. 이 구절에 대하여 소식의 자주에 “사적이 본원의 비석에 보인다(事見本院碑)”라고 했다.

(10) 徙倚(사의): 배회하다.

(11) 長松(장송): 《吳興備志》에 “법화사 앞에는 솔밭 길이 수 리에 걸쳐 있다(法華寺前有松逕數里)”라고 했다.

(12) 茯苓(복령): 한약재로 쓰이는 버섯의 일종으로 땅속에서 소나무 따위의 뿌리에 기생한다.

(13) 聞道(문도): ~라고 하는 말을 듣다.

(14) 詩人(시인): 杜甫처럼 가난에 찌든 가수를 가리킨다.

(15) 黃精(황정): 약초 이름.

(16) 長柄械(장병계): 긴 자루가 달린 농기구. 황정 채취용 삽을 가리킨다. 소식의 자주에 “두자미의 시에 ‘긴 삽아 긴 삽아 흰 나무자루 달린 삽아, 나의 삶이 너에게 의탁해 목숨을 부지하는구나’라고 읊었다(杜子美詩云: ‘長鑱長鑱白木柄, 我生託子以爲命.’)”라고 했는데, 바로 뒤에 “산의 눈이 깊어서 황정 싹이 없는데, 짧은 옷 자꾸 잡아당겨도 정강이를 덮지 못하네(黃精無苗山雪盛, 短衣數挽不掩脛)”라는 구절이 이어지는 것을 통하여 알 수 있는 바와 같이 두보의 이 시는 긴 나무자루가 달린 삽으로 황정을 캐어서 생계를 유지하는 궁핍한 생활을 묘사한 것이다.

(17) 癬疥(선개): 옴. 옴벌레의 기생으로 생기는 전염성 피부병. 대수롭지 않은 피해를 가리킨다. 소식의 자주에 “가씨가 ‘금년에는 작은 벌레가 볏잎을 갉아먹지만 피해가 심하지는 않습니다’라고 말했다(賈云: ‘今歲有小蟲食稻葉, 不甚爲害.’)”라고 했다.

(18) 攘臂(양비): 소매를 걷어붙이다.

(19) 鎌鎩(겸쇄): 낫.

(20) 安得(안득): 어떻게 ~할 수 있는가.

(21) 子(자): 그대. 가수를 가리킨다.

(22) 尋常債(심상채): 평소에 술을 사 주지 못한 빚. 삼국시대의 孫濟는 孫權의 숙부인데 술을 좋아하여 돈도 없으면서 늘 술을 마셔 사람들의 비웃음을 샀다. 그러자 손제는 아무렇지도 않은 듯이 “평상시에 늘 다니는 곳에 술빚이 있으니 이 솜옷을 팔아서 갚아야겠소”라고 했다.(王十朋, 《百家註分類東坡先生詩》 참조)

## 0658. 趙閱道(1)高齋(2)

조열도의 고재

| | |
|---|---|
| 見公奔走謂公勞, | 공이 쫓아다니는 걸 보곤 공이 수고한다더니 |
| 聞公引退云公高. | 공이 물러났다는 말을 듣곤 공이 고상하다 하네. |
| 公心底處有高下,(3) | 공의 마음 어느 곳에 높고 낮음이 있으랴? |
| 夢幻去來隨所遭.(4) | 몽환 속에 왔다 갔다 운명을 따를 뿐이네. |
| 不知高齋竟何義, | 선생은 대체 고재가 무슨 뜻인지 모르지만 |
| 此名之設緣吾曹. | 이 이름은 우리 때문에 붙은 것이네. |
| 公年四十已得道, | 공은 나이 마흔에 이미 도를 터득했건만 |
| 俗緣未盡餘伊皐.(5) | 속연이 끝나지 않아 이윤과 고요의 일이 많았네. |
| 功名富貴皆逆旅,(6) | 부귀와 공명은 다 잠시 머무는 여관이요 |
| 黃金知繫何人袍. | 황금이 누구 도포에 매여 있는지 알 바 있으랴? |
| 超然已了一大事,(7) | 초연히 일대사를 이미 깨달았으니 |
| 挂冠而去眞秋毫.(8) | 관을 걸고 떠나는 게 정말 가을의 터럭 같았겠네. |
| 坐看猿猱落罝罔,(9) | 원숭이가 그물에 떨어지는 걸 앉아서 바라볼 뿐 |
| 兩手未肯置所操. | 원숭이를 잡는 일에 손을 대려 하진 않네. |
| 乃知賢達與愚陋, | 그래서 알겠나니 현명한 자와 어리석은 자가 |
| 豈直相去九牛毛.(10)(11) | 어찌 소 아홉 마리와 털 하나의 차이일 뿐이랴? |
| 長松百尺不自覺,(12) | 백 척짜리 키 큰 솔은 스스로 알지 못하지만 |

| | |
|---|---|
| 企而羡者蓬與蒿. | 쑥대는 부러워서 발돋음을 한다네. |
| 我欲贏糧往問道,[13] | 양식을 지고 가서 도에 관해 묻고 싶나니 |
| 未應擧臂辭盧敖.[14] | 팔을 들어 노오를 물리치지 않겠지. |

**[해설]**

조변이 지은 고재를 소재로 세속적인 욕심이 없이 벼슬할 만하면 벼슬하고 그렇지 않으면 물러나 은거하며 초연하게 살아가는 그의 인품을 찬양하고 사람들이 그의 서재를 고재라고 부르게 된 이유를 밝힌 시이다.

**[주석]**

(1) 閱道(열도): 趙抃의 字. 《송사 · 조변전》에 "조변은 자가 열도이며 구주 서안(지금의 절강성 衢縣) 사람이다. 진사급제 후 무안군절도추관이 되었다.(趙抃, 字閱道, 衢州西安人. 進士及第, 爲武安軍節度推官)"라고 했다.

(2) 高齋(고재): 조변의 서재. 《冷齋夜話》에 "조열도는 관직에서 물러나 삼구로 돌아가 만년을 보냈거니와 고재를 지어 놓고 거기서 지냈는데 종산의 불혜선사와 속세를 벗어난 교유를 했다(趙閱道休官, 歸老三衢, 作高齋而居之, 與鍾山佛慧禪師爲方外交)"라고 했다. 이 고재는 조변이 스스로 명명한 것이 아니라 그의 집을 드나드는 知人들이 명명한 것으로 보인다.

(3) 底處(저처): 어디.

(4) 所遭(소조): 사람이 살아가면서 맞닥뜨리는 상황.

(5) 伊皐(이고): 殷나라 湯王 때의 재상 伊尹과 舜임금 때의 법관 皐陶. 이윤과 고요가 한 것과 같은 세상을 구제하는 훌륭한 일을 가리킨다.

(6) 逆旅(역려): 여관.

(7) 一大事(일대사): 王十朋의 《百家註分類東坡先生詩》에 "일대사란 바로 선종에서 말하는 생사에 관한 설을 이해하는 것이다(一大事, 卽禪家所謂了死生之說)"라고 했다.

(8) 挂冠(괘관): 관리가 官帽를 벗어서 건다는 뜻으로 벼슬에서 물러나는 것을 가리킨다.

(9) 罝罔(저망): 그물. 이 연은 신법파의 몰락을 예견하고 가만히 때를 기다릴 뿐 그들을 축출하려고 무리하게 애쓰지 않는 것을 가리키는 것으로 보인다.

(10) 直(직): 단지. '只'와 같다.

(11) 九牛毛(구우모): 소 아홉 마리와 털 하나라는 뜻으로 차이가 아주 큼을 뜻한다. 《晉書 · 華譚傳》에 "어떤 사람이 화담에게 '속담에 사람이 소 아홉 마리와 털 하나의 차이가 있다고 하는데 어찌 이럴 수가 있습니까?' 하고 묻자, 화담이 '옛날에 허유와 소보는 천자라는 귀한 자리를 사양했고 시정의 소인배들은 반 전의 이익을 두고 다투니 이들의 차이가 어찌 소 아홉 마리와 털 하

나의 차이일 뿐이겠소?'라고 대답했다(或問譚曰: '諺言人之相去如九牛毛, 寧有此理乎?' 譚對曰: '昔者許由·巢父, 讓天子之貴; 市道小人, 爭半錢之利. 此之相去, 何啻九牛毛也?')"라는 말이 있다.

(12) 不自覺(불자각): 자신이 얼마나 큰지를 느끼지 못한다는 말이다.

(13) 贏糧(영량): 양식을 휴대하다. 《莊子·庚桑楚》에 "남영주가 양식을 짊어지고 7일 밤낮을 가서 노자의 처소에 이르렀다(南榮趎贏糧, 七日七夜至老子之所)"라는 말이 있다.

(14) 盧敖(노오): 소식 자신을 가리킨다. 노오는 북해에서 노닐다가 한 신선을 만났다. 노오가 자신이 六合의 바깥을 구경했다고 말하자 신선은 팔을 들고 몸을 솟구치더니 마침내 구름 속으로 들어갔다. 노오는 고개를 들고 시야에서 사라질 때까지 바라보고 나서 말했다. "나는 저 분에 비하면 고니와 뽕나무하늘소 같아 하루 종일 가도 한 자를 못 가면서 스스로 멀리 갔다고 여기니 어찌 슬프지 아니한가?"(《淮南子·道應訓》 참조)

## 0659. 送兪節推[(1)]

절도추관 유씨를 전송하며

| | |
|---|---|
| 吳興有君子,[(2)] | 오흥 땅에 군자가 있었거니와 |
| 淡如朱絲琴.[(3)] | 담담하기가 붉은 현의 거문고 같아 |
| 一唱三太息, | 한 번 울리면 세 사람이 크게 탄식했는데 |
| 至今有遺音. | 오늘날에 이르도록 그 여운이 남아 있네. |
| 嗟余與夫子,[(4)] | 아아 나와 그분은 |
| 相避如辰參.[(5)] | 진성과 삼성처럼 서로 피해 다녔지만 |
| 猶喜見諸郎,[(6)] | 그래도 도령들을 보게 되어 기쁘나니 |
| 窈然淸且深.[(7)] | 성품이 조용조용 맑고도 깊네. |
| 異時多良士, | 옛날에는 훌륭한 인사들이 많다가 |
| 末路喪初心.[(8)] | 막바지에 이르러선 초심을 다 잃었는데 |
| 我生不有命, | 우리 삶에 천명이 있는 것이 아니라면 |
| 其肯枉尺尋.[(9)(10)] | 여덟 자를 펴기 위해 어찌 한 자를 굽히리? |

**[해설]**

유온보를 전송하며 지은 것으로, 전반부에서는 유온보의 부친인 유여상의 고매한 인품을 칭송했고, 후반부에서는 공명을 얻기 위해 지조를 굽히려 들지 않는 유온보의 인품을 칭송했다.

### [주석]

(1) 兪節推(유절추): 節度推官 兪溫父를 가리킨다. 소식의 자주에 "여상의 아들이다. 여상은 자가 퇴옹이다(汝尙之子. 汝尙, 字退翁)"라고 했다. 그의 이름에 대하여 施元之의 《施注蘇詩》에는 "절도추관 유씨는 이름이 온보이며 호주 오정 사람이다(兪節推, 名溫父, 湖州烏程人)"라고 했고, 査愼行의 《蘇詩補註》에 인용된 《吳興掌故集》에는 "퇴옹의 아들 유절추는 이름이 유임이다(退翁之子兪節推, 名有任)"라고 했다.

(2) 吳興(오흥): 지금의 절강성 湖州.

(3) 朱絲琴(주현금): 《禮記・樂記》에 "〈청묘〉의 시를 연주하는 큰 거문고는 현이 붉고 밑바닥의 구멍으로 소리가 소통되어 한 번 울리면 세 사람이 찬탄하지만 모든 소리가 다 갖추어진 것은 아니고 빠진 것이 있다(〈淸廟〉之瑟, 朱弦而疏越, 壹倡而三歎, 有遺音者矣)"라고 했다. 여기에서 비롯되어 우아하고 여운이 넘치는 시문을 평하여 '一倡三歎'이라고 한다.

(4) 夫子(부자): 유온보의 부친 유여상을 가리킨다. 그는 따뜻한 성품에 예의가 바르고 말을 하면 논리가 분명했다. 진사시험에 급제하여 簽書劍南西川判官을 지냈다. 淸獻公 趙抃은 촉지방에서 태수로 재임할 때 자주 그와 만나 하루 종일 이야기를 나누곤 했다. 왕안석이 그의 인품을 알고 그를 도성으로 불렀으나 극구 사양했다. 고향으로 돌아갔으나 집안이 너무 가난하여 다시 조변을 따라 靑州로 갔다가 屯田郎中을 끝으로 마침내 관직을 떠났다.(시원지, 《시주소시》 참조)

(5) 辰參(진삼): 진성과 삼성. 진성은 동쪽 하늘에 있고 삼성은 서쪽 하늘에 있는데, 하나가 뜨면 하나가 지기 때문에 동시에 떠 있을 수가 없다. 소식의 자주에 "퇴옹이 촉지방에서 벼슬살이를 할 때에는 내가 경사에 있었고, 내가 돌아갔을 때에는 퇴옹이 떠났다. 내가 오흥에서 벼슬살이를 할 때에는 퇴옹이 이미 세상을 떠났다(退翁官於蜀, 余在京師, 余歸而退翁去. 及余官於吳興, 則退翁亡矣)"라고 했다.

(6) 諸郎(제랑): 유여상의 아들들을 가리킨다.

(7) 窈然(요연): 조용한 모양.

(8) 末路(말로): 관직생활의 말기를 가리킨다. 이 연은 현량한 관리들이 신법파의 압력으로 인하여 마침내 지조를 잃고 말았다는 말이다.

(9) 其肯(기긍): 어찌 ~하려고 하겠는가. '其'는 '豈'와 같다.

(10) 枉尺尋(왕척심): 陳代가 맹자에게 한 자를 굽혀서 여덟 자를 바로잡을 수 있다면 할 만한 일이 아니겠느냐고 설득하자 맹자가, "만약에 정당한 방법으로 부르기를 기다리지 않고 찾아간다면 어떻겠는가? 또 그 한 자를 굽혀서 여덟 자를 곧게 한다는 것도 이익을 가지고 한 말이다(如不待其招而往, 何哉? 且夫枉尺而直尋者, 以利言也)"라고 했다.(《孟子・滕文公下》 참조) 이 연은 고매한 사람이라면 대개 거스를 수 없는 운명이 아닌 한 지조를 꺾으려고 하지 않는 법인데 유온보가 그것을 잘 실행하고 있다며 그의 인품을 칭송한 것으로 보인다.

# 0660. 次韻答孫侔[1]

손모의 시에 차운으로 답한다

| | |
|---|---|
| 十年身不到朝廷,[2] | 십 년 동안 조정에 발을 들이지 않은 채 |
| 欲伴騷人賦落英.[3][4] | 〈이소〉 지은 사람과 짝해 떨어진 꽃을 읊고자 했네. |
| 但得低頭拜東野,[5] | 고개 숙여 맹동야께 절할 줄만 알았고 |
| 不辭中路伺淵明.[6] | 도중에 도연명을 기다리는 것도 불사했네. |
| 艤舟苕霅人安在,[7] | 초계와 삽계 사이에 배 대던 이 어디 있나? |
| 卜築江淮計已成.[8][9] | 장강과 회수 일대에 집 지을 계획 세워졌다네. |
| 千里論交一言足,[10] | 천 리 밖에서 사귀어도 말 한 마디면 족한 법 |
| 與君蓋亦不須傾.[11] | 그대와는 수레 붙이고 얘기할 필요도 없겠네. |

**[해설]**

손모가 보내온 시에 차운한 것으로, 자신이 맹교나 도연명처럼 인품이 고상한 사람을 보면 언제든지 기꺼이 찾아가 교유하곤 했는데 그러한 사람 중의 한 사람인 손모가 지금 호주에 있지 않아 직접 만나지 못하는 아쉬움이 있지만 정신적인 교유만으로도 만족이 클 것이라고 자위하는 방식으로 손모의 인품을 칭송했다.

**[주석]**

(1) 孫侔(손모): 施元之의 《施注蘇詩》에 "손모(1019-1084)는 자가 소술이고 호주인이다(孫侔, 字少

述, 湖州人)"라고 했다.

(2) 十年(십년): 소식이 조정을 떠난 희령 4년(1071)부터 이 시를 지은 원풍 2년(1079)까지를 가리킨다.

(3) 騷人(소인): 楚辭 〈離騷〉의 작자인 屈原. 굴원처럼 조정을 떠나 강호를 전전하는 시인들을 가리킨다.

(4) 落英(낙영): 굴원의 〈이소〉에 "아침에는 목란에 내린 이슬을 마시고, 저녁에는 가을 국화의 떨어진 꽃을 먹는다(朝飮木蘭之墜露兮, 夕餐秋菊之落英)"라는 구절이 있다.

(5) 東野(동야): 당나라 시인 孟郊의 字. 한유의 시 〈醉留東野〉에 "고개를 숙여서 동야에게 절하며, 駏驉와 蛩蛩처럼 시종 함께 있길 비니, 동야는 고개도 돌리지 않는 것이, 가는 대로 큰 종을 치는 것 같네(低頭拜東野, 願得終始如駏蛩. 東野不回頭, 有如寸筳撞鉅鐘)"라는 구절이 있다.

(6) 淵明(연명): 동진 시인 도연명. 도연명이 관직을 그만두고 고향으로 돌아가 전원생활을 하고 있을 때 刺史 王弘이 그를 찾아갔더니, 도연명이 아프다는 핑계로 만나 주지 않았다. 왕홍이 아랫사람에게 시켜서 몰래 지켜보게 한 후, 그가 廬山에 가려고 할 때 도연명의 친구 龐通之에게 부탁하여 술을 가지고 미리 가서 기다리다가 도중에 만나 함께 술을 마시게 했다. 도연명이 한창 술이 거나해졌을 때 왕홍이 다가가서 하루 종일 기분 좋게 마셨다.(《晉書·陶潛傳》 참조)

(7) 苕霅(초삽): 苕溪와 霅溪. 초계는 절강성 安吉縣 서남쪽에서 발원하는 서초계와 절강성 臨安縣 서북쪽에서 발원하는 동초계가 있는바, 두 강은 湖州에서 합류하여 동북쪽으로 흘러 太湖로 들어가는데 합류한 이후의 강을 삽계라고 한다. 당나라 시인 張志和는 이곳에서 은거하며 〈漁歌子〉 사 다섯 수를 지은 것으로 널리 알려져 있는데, 顔眞卿이 호주자사로 부임했을 때 장지화가 찾아가서 이야기를 나누다가 "배를 물위에 뜨는 집으로 삼아 초계와 삽계 사이를 왔다 갔다 하렵니다(願爲浮家泛宅, 往來苕霅間)"라고 했다.(《新唐書·隱逸傳》 참조) 이 구절은 호주 사람으로서 장지화처럼 초연하게 은거하던 손모가 지금 호주에 있지 않다는 말이다.

(8) 卜築(복축): 살 만한 터를 골라서 집을 짓다.

(9) 江淮(강회): 長江과 淮水 일대. 시원지의 《시주소시》에 "장강과 회수 일대에 객거했는데 사대부들이 그를 경외했다(客居江淮間, 士大夫敬畏之)"라고 하고, 王文誥의 《蘇軾詩集》에 "시에 의하면 손모는 한창 장강과 회수 일대에 객거하고 있어서 공이 아직 만나지 못한 상태였다(據詩, 侔方客居江淮, 而公且未與識面)"라고 한 바와 같이, 손모가 당시 강회지역에 가 있었기 때문에 만나지는 못하고 시만 주고받은 상태였다.

(10) 千里論交(천리논교): 후한 사람 范式은 張劭와 절친한 사이였는데 함께 관직에서 물러나 고향으로 돌아갔다. 이때 범식이 장소에게 "2년 뒤에 가서 자네 부모님도 뵙고 아이들도 만나 보겠네"라고 했다. 2년 뒤에 장소가 그의 어머니에게 범식을 맞이할 준비를 해 달라고 부탁하자 어머니가, "2년이나 헤어져 있었는 데다 천 리나 떨어진 사람들끼리 한 약속인데 너는 어찌 그리도 굳게 믿느냐?"라고 했다. 그러자 장소가 "범식은 신의가 있는 사람이기 때문에 틀림없이 약속을 어기지 않을 것입니다"라고 했다. 기일이 되자 범식이 과연 찾아왔다.(《후한서·범식전》 참조)

(11) 蓋亦不須傾(개역불수경): 《史記·魯仲連鄒陽傳》에 "속담에 '머리가 허옇게 되도록 사귀어도 처

음 사귀는 것 같은 사람이 있고, 지나가다가 수레용 일산을 기울여 붙이고 잠시 얘기를 나누어도 오래 사귄 친구 같은 사람이 있다'라고 했거니와 어째서 그런가? 서로가 상대방을 잘 아느냐 모르느냐의 차이이다(諺曰: '白頭如新, 傾蓋如故.' 何則? 知與不知也)"라고 했는데, 司馬貞의 《史記索隱》에 "수레용 일산을 기울여 붙인다는 것은 길을 가다가 서로 만나 수레를 맞대고 이야기를 나누노라면 두 수레의 일산이 가까이 붙은 채 약간 기울어지기 때문에 그렇게 말하는 것이다(傾蓋者, 道行相遇, 軿車對語, 兩蓋相切, 小敧之, 故曰傾)"라고 했다. 査愼行의 《蘇詩補註》에 "추양이 말하기를 '지나가다가 수레용 일산을 기울여 붙이고 잠시 얘기를 나누어도 오래 사귄 친구 같은 사람이 있다'라고 했거니와, 손모와 동파는 처음에 서로 알지 못했는데 손모가 동파에게 시를 부치자 동파가 '그대와는 수레 붙이고 얘기할 필요도 없겠네'라고 했으니 이것이 번안법이다(鄒陽云: '傾蓋如故.' 孫侔與東坡, 初不相識, 以詩寄坡, 坡和云: '與君蓋亦不須傾.' 此翻案法也)"라고 했다.

# 0661. 重寄
다시 부친다

凜然高節照時人, 높은 절개가 늠름하게 당시 사람을 비추나니
不信微官解涴君.(1)(2) 말단 관직이 그대를 더럽힐 수 있다고 믿지 않아요.
蔣濟謂能來阮籍,(3)(4) 장제는 완적이 자기한테 오게 할 수 있다 했고
薛宣眞欲吏朱雲.(5)(6) 설선은 참으로 주운을 보좌관으로 만들고 싶어 했지요.
好詩衝口誰能擇,(7) 멋진 시가 입에서 튀어나오니 누가 가릴 수 있으리오?
俗子疑人未遣聞.(8) 속인들은 사람을 의심하니 들려주지 마시오.
乞取千篇看俊逸,(9) 그대의 시 천 편을 얻어 준일함을 보려 하나니
不將輕比鮑參軍.(10) 경박하게 포참군에 빗대지는 않을게요.

**[해설]**

관직에 대하여 지극히 초연한 손모의 인품을 벼슬 받기를 거부한 완적이나 주운 같은 인물에 빗대어 칭송하고, 아울러 그의 시적 재능도 극구 찬양하며 서로 시를 주고받기를 희망했다.

**[주석]**

(1) 微官(미관): 미천한 관직.
(2) 解涴(해매): 모독할 수 있다. 이 구절은 孫倖가 자신의 높은 절개를 꺾고 작은 관직에 부임하지

않을 것이라는 말이다.

(3) 蔣濟(장제): 삼국시대 위나라 사람. 그는 太尉로 재임할 때 阮籍의 재주가 뛰어나다는 소문을 듣고 불렀는데 완적이 사절하는지라 크게 노했다.(《진서 · 완적전》 참조) 陸游의 《老學庵筆記》에 "손소술은 자를 정지라고도 하며 왕형공과 교분이 가장 두터웠다.……왕형공이 집정할 때 몇 년 동안 서로 소식을 듣지 못해 사람들이 두 사람의 교유가 마침내 틀어졌다고 했다(孫少述, 一字正之, 與荊公交最厚.……及荊公當國, 數年不復相聞, 人謂二公之交遂暌)"라고 한 바와 같이, 손모는 王安石과 절친한 사이였으면서도 그의 부름에 응하지 않았다.

(4) 阮籍(완적): 삼국시대 위나라의 시인. 죽림칠현의 한 사람으로 노장사상에 심취하였으며 관직에서 물러난 후 술과 淸談으로 세월을 보냈다.

(5) 薛宣(설선): 전한 사람으로 승상을 역임했다. 그가 승상이 되었을 때 朱雲이 그를 찾아가자 설선이 정중하게 예를 갖추고 나서 조용하게 말했다. "초야에 있으면 할 일이 없을 테니 잠시 우리 동각에 머무시면 사방의 훌륭한 인사들을 볼 수 있을 것이오." 그러나 주운이 "소생이 어찌 승상의 보좌관이 되고 싶겠습니까?"라고 했다. 설선이 더는 감히 말을 하지 못했다.(《한서 · 주운전》 참조)

(6) 朱雲(주운): 한나라 사람. 성품이 워낙 강직하여 조정 대신들이 하는 일 없이 국록만 축낸다고 비난하는 상소문을 여러 차례 올렸다. 성제 때에는 조정에서 승상 張禹를 간신배라고 욕하다가 황제의 노여움을 사서 죽을 뻔하기도 했다.(《한서 · 주운전》 참조)

(7) 擇(택): 위정자의 비위를 거스를 만한 말과 그렇지 않은 말을 골라서 시를 쓴다는 말이다.

(8) 俗子(속자): 비속한 사람.

(9) 俊逸(준일): 두보의 시 〈春日憶李白〉에 "시가 청신하기로는 유개부와 맞먹고, 시가 준일하기로는 포참군이네(淸新庾開府, 俊逸鮑參軍)"라는 구절이 있다.

(10) 鮑參軍(포참군): 鮑照를 가리킨다. 그는 臨川王 劉義慶의 인정을 받아 國侍郎이 된 뒤로 秣陵縣令 · 中書舍人 등의 관직을 역임했다. 임해왕 劉子頊이 荊州에 주둔할 때 前軍參軍이 되었기 때문에 포참군이라고도 불린다. 나중에 유자욱이 반란을 일으켰을 때 반란군에게 피살되었다. 여기서는 말단 관직에 나아갔다가 해를 당한 사람을 가리킨다.

## 0662. 次韻和劉貢父[1]登黃樓[2]見寄[3]幷寄子由[4]二首

유공보가 황루에 올라가서 지어 부친 시에 차운하여 화답하고 아울러 자유에게 부친다

### 其一

| | |
|---|---|
| 靑派連淮上,[5] | 시퍼런 물줄기가 회수로 드는 곳의 |
| 黃樓冠海隅.[6] | 황루가 바닷가에서 으뜸이라는 |
| 此詩尤偉麗, | 이 시가 특별히 웅장하고 고와서 |
| 夫子計魁梧.[7][8][9] | 선생의 몸집이 우람한 줄 알았네. |
| 世俗輕瑚璉,[10] | 세상이 호련을 가벼이 보고 |
| 巾箱襲武夫.[11][12] | 상자에 옥돌을 넣어 둔지라 |
| 坐令乘傳遽,[13] | 수레와 말을 타고 돌아다니며 |
| 奔走爲儲須.[14] | 양식을 비축하느라 분주하시네. |
| 邂逅我已失, | 만나려도 내가 이미 사라졌으니 |
| 登臨誰與俱. | 누구와 함께 황루에 올라가서 굽어보리? |
| 貧貪倉氏粟,[15] | 나는 집이 가난하여 국록이나 탐하니 |
| 身聽冶家橅.[16][17] | 몸이 대장장이의 거푸집을 따를 뿐이네. |
| 會合難前定, | 사전에 만날 것을 정하기는 어려우니 |
| 歸休試後圖.[18] | 돌아가 쉴 뒷일이나 꾀해 보는데 |
| 腴田未可買,[19] | 기름진 땅을 아직 살 수가 없었으니 |
| 窮鬼卻須呼.[20] | 여전히 가난 귀신을 불러야겠네. |

|  |  |
|---|---|
| 二水何年到,[21] | 두 강이 흐르는 곳에 언제 갈지 알 수 없고 |
| 雙洪不受艫.[22] | 두 여울이 내 배를 받아주지 않으니 |
| 至今淸夜夢, | 오늘날에 이르도록 맑은 밤의 꿈속에 |
| 飛轡策天吳.[23][24] | 천오의 나는 말에 채찍질을 가하네. |

其二

|  |  |
|---|---|
| 與子皆去國,[25][26] | 그대와 나 둘이 모두 도성을 떠나 |
| 十年天一隅. | 십 년 동안 하늘의 한구석에 있었으니 |
| 數奇逢惡歲,[27] | 운수가 사나워서 흉년을 만난 거고 |
| 計拙集枯梧.[28] | 계략이 서툴러서 마른 오동에 앉은 거네. |
| 好士餘劉表,[29] | 유표에겐 훌륭한 선비들이 넘쳐 나고 |
| 窮交憶灌夫.[30][31] | 궁핍한 친구들이 관부를 그리나니 |
| 不矜持漢節,[32] | 한나라 부절 지니는 일에 자긍심을 갖지 않고 |
| 猶喜攬桓須.[33] | 환이의 수염 쓰다듬는 걸 오히려 좋아하네. |
| 淸句金絲合,[34] | 맑은 구절이 금속 현과 어우러지는 가운데 |
| 高樓雪月俱.[35] | 높은 누각에 백설 같은 달빛도 함께한다고 |
| 吟哦出新意, | 읊조려서 참신한 생각을 토했거니와 |
| 指畫想前橅.[36][37] | 황루는 그대가 손짓하며 사전의 틀을 구상했네. |
| 自寫千言賦,[38] | 천 자짜리 〈황루부〉를 내 손으로 손수 쓰고 |
| 新裁六幅圖.[39] | 여섯 폭짜리 그림을 새로이 그려 |
| 傳看一座聳,[40] | 돌려가며 보느라니 온 좌중이 으쓱하며 |
| 勸著尺書呼.[41][42] | 편지 보내 부르라고 다들 권하니 |
| 莫使騷人怨,[43] | 사람들이 그대가 동쪽으로 놀러 올 때 |
| 東游不到吳.[44] | 오 땅으로 안 온다고 원망하게 하지 말게. |

**[해설]**

유반이 서주의 황루에 올라간 감회를 읊어서 소식에게 보낸 시에 차운한 것으로, 소식의 자주에 각각 "이 시는 유씨에게 부친 것이다(此詩寄劉)", "이 시는 자유에게 부친 것이다(此詩寄子由)"라고 한 바와 같이 제1수는 유반에게 보내고 제2수는 동생 소철에게 보냈다. 제2수는 제9련이 빠져 있는데, 이에 대하여 풍응류(馮應榴)의 《소식시집합주(蘇軾詩集合注)》에는 윗 연과 운율이 맞지 않기 때문에 후세 사람이 삭제한 것이라고 했고, 왕문고(王文誥)의 《소식시집(蘇軾詩集)》에는 원래 없는 것이라고 했는데, 후세 사람이 함부로 삭제했을 리도 없고 소식이 일부러 뺐을 리도 없다. 그보다는 후인들이 시집을 편찬할 때 실수로 빠뜨렸을 가능성이 크다고 생각된다.

## [주석]

(1) 貢父(공보): 劉攽(1023-1089)의 字. 臨江 新喩(지금의 강서성 新餘) 사람으로 호가 公非이다. 왕안석의 신법 시행을 반대하는 바람에 오랫동안 지방관으로 전전해야 했다. 희령 3년(1070) 3월에 泰州通判으로 임명되어 조정을 떠났으며 당시 京東轉運使로서 서주에 머물고 있었다.

(2) 黃樓(황루): 소식이 홍수를 막아낸 뒤 徐州城을 개축하고 성문 위에 세운 누각. 〈答王鞏〉(0561) 주 (15) 참조.

(3) 見寄(견기): 나에게 부치다. 〈次韻王定國馬上見寄〉(0562) 주 (2) 참조.

(4) 子由(자유): 소식의 동생 蘇轍의 字.

(5) 靑派(청파): 푸른 강. 황루 앞을 지나가던 古汴渠를 가리킨다. 고변거는 서주에서 泗水와 합류한 뒤 동남쪽으로 흘러 淮河로 들어간다. '派'는 강의 지류를 가리킨다.

(6) 海隅(해우): 바닷가. 서주를 비롯한 황해 주변 지역을 두루 가리킨다. 이 연은 유반이 보낸 원시의 내용을 인용하여 한 말로 보이는데, 경동전운사의 직책을 수행하기 위하여 배를 타고 회하 일대를 두루 돌아다녀 본 결과 소식이 지은 황루가 그 일대에서 가장 멋있는 경관이라는 뜻이다.

(7) 夫子(부자): 유반을 가리킨다.

(8) 計(계): 헤아리다. 추측하다.

(9) 魁梧(괴오): 크고 우람하다. 소식의 자주에 "유씨는 키가 작다(劉爲人短小)"라고 했고, 《漢書·張良傳贊》에 "장량의 지혜와 용기에 대해서 들으면 그의 용모가 우람하고 장대할 줄 알지만 사실은 도리어 여인네 같다(聞張良之智勇, 以爲其貌魁梧奇偉, 反若婦人女子)"라고 했다.

(10) 瑚璉(호련): 종묘에서 제사를 지낼 때 사용하던 禮器. 한 나라를 다스릴 棟梁之材를 가리키는바, 여기서는 유반을 가리킨다.

(11) 巾箱(건상): 원래 두건을 넣어 두던 작은 상자를 가리켰는데, 나중에는 가까이 두고 책이나 서류를 넣어 두는 작은 상자를 가리키게 되었다.

(12) 武夫(무부): 옥처럼 생긴 돌. 옥처럼 생겼지만 옥은 아니라는 말이다. '碔砆'와 같다. 이 구절은 조정이 무능한 인사를 중용한 것을 가리키는 것으로 보인다.

(13) 傳遽(전거): 옛날 驛站에서 사용하던 수레와 말.

(14) 儲須(저수): 필요할 때에 대비하여 저장해 두다. 또 그 양식을 가리키기도 한다. 이 연은 유반이 각지를 돌아다니며 곡물 등의 각종 물자를 운송하는 전운사의 임무를 수행하고 있다는 말이다.

(15) 倉氏粟(창씨속): 나라의 창고에 있는 곡식. 봉록을 가리킨다. 《史記 · 平準書》에 "관직에 있는 사람은 그것을 성씨로 삼는다(居官者以爲姓號)"라고 했는데 이에 대한 裴駰의 集解에 如淳의 말을 인용하여 "창씨나 유씨가 그것이다(倉氏 · 庾氏, 是也)"라고 했고, 王十朋의 《百家註分類東坡先生詩》에 "'창씨속'이란 관아의 창고에 있는 곡식이니 이것으로 봉록을 일컬은 것이다(倉氏粟則官倉之粟, 以言俸米也)"라고 했다.

(16) 冶家(야가): 야금하는 사람. 대장장이.

(17) 橅(무): 模型. 거푸집. '模'와 같다. 이 구절은 자기 몸이 관직의 이동에 따라 틀에 박힌 듯이 움직일 뿐 자유롭지 못하다는 말이다.

(18) 後圖(후도): 지금 이후의 계획.

(19) 腴田(유전): 비옥한 토지. 소식의 자주에 "본래 사수 가에 땅을 사 두려고 했으나 이미 뜻을 이루지 못하게 되었다(本欲買田於泗上, 近已不遂矣)"라고 했다.

(20) 窮鬼(궁귀): 가난을 몰고 오는 귀신. 六朝 이래의 풍속으로 민간에서 음력 정월에 詩文을 지어 궁귀를 쫓아 보냈으니 이것을 '送鬼'라고 했다. 한유의 〈送窮文〉에 "버들을 엮어 수레를 만들고 풀을 엮어 배를 만들어서 미숫가루와 양식을 실은 다음, 소에 멍에를 매고 배에 돛을 올린 상태에서 궁귀에게 세 번 읍한 뒤에 고한다(結柳作車, 縛草爲船, 載糗輿粻, 牛繫軛下, 引帆上檣, 三揖窮鬼而告之)"라는 말이 있다.

(21) 二水(이수): 고변거와 사수. 두 강이 지나가는 곳인 서주를 가리킨다.

(22) 雙洪(쌍홍): 서주에 있는 百步洪과 呂梁洪을 가리킨다. 이 구절은 자신이 다시 서주에 가기 어려운 현실에 처해 있음을 해학적으로 표현한 것이다.

(23) 飛轡(비비): 하늘을 나는 말에 매인 고삐. 빠르게 달리는 말을 가리킨다.

(24) 天吳(천오): 海神의 이름. 《山海經 · 大荒東經》에 "머리 여덟 개에 사람의 얼굴을 하고 있으며 호랑이 몸통에 꼬리가 열 개인 신인이 있으니 이름을 천오라고 한다(有神人, 八首人面, 虎身十尾, 名曰天吳)"라는 기록이 있다.

(25) 子(자): 동생 소철을 가리킨다.

(26) 去國(거국): 도성을 떠나다.

(27) 惡歲(악세): 흉년. 표면적으로는 한 해의 흉년을 가리키면서 이면적으로는 신법으로 인하여 백성들이 도탄에 빠진 당시의 시대상황을 가리키는 것으로 보인다.

(28) 枯梧(고오): 《列子 · 說符》에 "어떤 사람의 집에 마른 오동나무가 있었는데 이웃 사람이 마른 오동나무는 상서롭지 못하다고 했다(人有枯梧樹者, 其鄰父言, 枯梧之樹不祥)"라는 말이 있고, 《國語 · 晉語二》에 "남들은 다 무성한 나무에 앉아 있는데, 오로지 자기만 마른 나무에 앉아 있네(人皆集於菀, 已獨集於枯)"라는 말이 있다. 이 구절은 자신들의 처세가 능하지 못하다는 말

이다.

(29) 劉表(유표): 《후한서 · 유표전》에 "유표는 형주자사가 되어 한편으로 위세를 부리기도 하고 한편으로 회유하기도 하여 학사들 가운데 그에게 귀의한 사람이 천여 명이나 되었다(劉表爲荊州刺史, 威懷兼洽, 學士歸者千數)"라고 했다. 이 구절은 소철을 따르는 사람이 많다는 말이다.

(30) 窮交(궁교): 궁핍한 사람의 교유.

(31) 灌夫(관부): 《한서 · 관부전》에 "그보다 지위가 낮아 빈천한 선비일수록 더욱 예우하고 공경하여 그들과 대등한 관계를 유지했다. 이리하여 그에게 많은 사람들이 몰려오자 지위가 낮은 사람을 천거하고 총애하니 선비들이 이로 인하여 그를 더욱 칭송했다(士在己左, 愈貧賤, 尤益禮敬, 與鈞. 稠人廣衆, 薦寵下輩, 士亦以此多之)"라고 했다. 이 구절은 궁지에 몰린 친구들이 소철의 따뜻한 대우를 그리워한다는 말이다.

(32) 漢節(한절): 한나라의 符節. 왕십붕의 《백가주분류동파선생시》에 "한나라는 사자를 파견할 때 늘 부절을 주었다. '한나라 부절 지니는 일에 자긍심을 갖지 않는다'는 것은 유공보가 경동전운사가 된 것에 자긍심을 갖지 않는다는 말이다(漢凡遣使, 皆有節. '不矜持漢節', 言貢父不以爲使自矜耳)"라고 하여 이 구절이 유반에 관한 묘사라고 보았는데, 소식이 자주에서 "이 시(제2수)는 자유에게 부친 것이다(此詩寄子由)"라고 했으니 이것이 유반에 관한 묘사라고 보기는 어려울 것 같다.

(33) 桓須(환수): 桓伊의 수염. 東晉 장수 환이는 前秦의 苻堅이 남침해 왔을 때 謝玄 · 謝琰 등과 더불어 淝水에서 맞아 싸워 크게 이겼다. 그는 음악에도 능통하여 피리를 잘 불었는데, 〈梅花三弄〉이라는 유명한 琴曲은 바로 그의 笛曲 〈三調〉를 개편하여 만든 것이라고 알려져 있다. 당시 동진 孝武帝는 謝安의 사위 王國寶의 이간질로 인하여 재상인 사안을 못마땅하게 생각하고 있었는데, 하루는 사안과 함께 술을 마시는 자리에 환이를 불러 노래를 부르게 했다. 환이가 管叔과 蔡叔이 유언비어를 퍼뜨려 주공을 모함한 일을 인용하여 신하 노릇하기가 어렵다는 내용의 〈怨詩〉를 비분강개하게 노래하자, 사안이 눈물을 흘리며 자리에서 일어나 환이에게로 가서 수염을 쓰다듬으면서 "그대는 이토록 남다른 데가 있군요"라고 했다. 그러자 효무제가 자신의 잘못을 깨닫고 부끄럽게 여겼다.(《진서 · 환이전》 참조) 이 연은 소철이 막중한 임무를 띠는 높은 관직에 오르는 것보다 소식의 위로 받기를 더 좋아한다는 뜻인 것 같다.

(34) 金絲(금사): 금속으로 만든 현악기의 줄. 악기를 가리킨다.

(35) 高樓(고루): 서주의 황루를 가리킨다.

(36) 指畫(지획): 손가락으로 가리키다.

(37) 廡(무): 《漢書 · 劉向傳》에 "초릉의 모형은 공경과 대신들의 논의를 따름으로써 백성들을 편안하게 해야 한다(初陵之廡, 宜從公卿大臣之議, 以息衆庶)"라는 말이 있다. 소철은 소식이 서주로 부임해 갈 때 함께 갔다가 100여 일 뒤에 자신의 임지인 남경(지금의 하남성 商丘)으로 돌아갔거니와, 소식의 자주에 "자유가 막 남경으로 갈 때 그를 전송하기 위해 동문을 나갔는데 성 위에 올라가서 빼어난 산천을 둘러보며 말했다. '이곳은 누대를 지을 만하겠네요.' 이리하여 처음

으로 누대를 개축할 생각을 가졌다(子由初赴南京, 送之出東門, 登城上覽山川之勝, 云: '此地可作樓觀' 於是始有改築之意)"라고 한 것을 보면 서주에 황루를 짓게 된 것이 원래 소철의 생각이었음을 알 수 있다.

(38) 千言賦(천언부): 소철이 지은 〈黃樓賦〉를 가리킨다.

(39) 六幅圖(육폭도): 소식의 자주에 "근래에 비단에다 스스로 자유의 〈황루부〉를 쓰고 여섯 폭의 그림을 그렸더니 아주 절묘했다(近以絹自寫子由〈黃樓賦〉, 爲六幅圖, 甚妙)"라고 했다.

(40) 一座(일좌): 자리에 함께 있는 모든 사람. 이 구절은 소식과 함께 있던 사람들이 다들 소철의 〈황루부〉에 감탄했다는 말이다.

(41) 著(착): 의거하다. 南宋 石孝友의 사 〈西江月〉에 "아름다운 경치는 시로써 전송하고, 까닭 없는 근심은 술로써 씻어낸다(好景憑詩斷送, 閒愁著酒消除)"라는 구절이 있다.

(42) 尺書(척서): 한 자짜리 편지. 보통의 편지를 가리킨다. 이 연은 소식이 쓴 소철의 〈황루부〉를 본 사람들이 소철을 호주로 부르라고 한다는 말이다.

(43) 騷人(소인): 호주에 있는 문인들을 가리킨다.

(44) 吳(오): 호주를 가리킨다.

# 0663. 吳江岸(1)

오강안

| | |
|---|---|
| 曉色兼秋色, | 새벽 빛에 어우러져 가을 빛이 감도는데 |
| 蟬聲雜鳥聲. | 매미 소리 새 소리 한데 섞였다. |
| 壯懷銷鑠盡, | 장쾌하던 마음은 다 녹아 없어지고 |
| 回首尙心驚. | 돌아보며 아직도 깜짝 놀란다. |

**[해설]**

신법파의 신진 인사들이 소식의 시가 조정을 비방했다는 이유로 탄핵하여 마침내 그를 개봉에 있는 어사대로 압송해 갔다. 이른바 오대시안(烏臺詩案)이다. 이 시는 편년에 문제가 없다면 그가 어사대 관리 황보준(皇甫遵)에게 끌려갈 때 오송강과 태호의 사이에 있는 오강안을 지나면서 지은 것으로, 당시 그를 엄습한 극도의 공포심을 노래한 것이 된다. 그러나 이 시는 오대시안으로부터 상당히 긴 시간이 지난 뒤의 감회를 노래한 것으로 보이는바, 그렇다면 그가 항주지주(杭州知州)를 지낸 원우 4년(1089)에서 원우 6년(1091) 사이에 지었을 가능성이 있다.

**[주석]**

(1) 吳江岸(오강안): 오송강과 태호 사이에 있는 언덕. 소식의 상소문 〈錄單鍔吳中水利書〉에 "오강안은 오송강과 진택(태호)의 사이에 있는바, 언덕 동쪽은 오송강이고 언덕 서쪽은 진택이며 오송

강의 동쪽은 대해입니다(吳江岸, 界於吳松江 · 震澤之間, 岸東則江, 岸西則震澤, 江之東則大海也)" 라고 했다.

## 0664. 予以事繫御史臺獄, 獄吏稍見侵[(1)], 自度不能堪, 死獄中, 不得一別子由, 故作二詩授獄卒梁成[(2)], 以遺子由, 二首

내가 일로 인하여 어사대 감옥에 구속되어 있을 때 간수들이 나를 좀 괴롭혔다. 스스로 생각해 보니 견디지 못하고 옥중에서 죽으면 자유와 작별인사도 못할 것이기에 시 두 수를 지어 간수 양성에게 주어서 자유에게 전해 달라고 했다

### 其一

| | |
|---|---|
| 聖主如天萬物春, | 하늘 같은 성군 덕에 만물에 봄이 왔는데 |
| 小臣愚暗自亡身. | 이 몸은 어리석어 스스로 몸을 망쳤구나. |
| 百年未滿先償債,[(3)] | 백 년을 다 살기 전에 빚부터 갚을 일이거늘 |
| 十口無歸更累人.[(4)(5)] | 열 식구 갈 곳 없어 남에게 또 누를 끼치누나. |
| 是處青山可埋骨,[(6)] | 어디 가나 청산은 뼈를 묻을 만하건만 |
| 他時夜雨獨傷神.[(7)] | 훗날 밤비 내리면 혼자 상심하겠구나. |
| 與君今世爲兄弟, | 그대와 이 세상에서 형제가 되었으니 |
| 又結來生未了因. | 못다 한 인연일랑 내세에 또 맺으세나. |

### 其二

| | |
|---|---|
| 柏臺霜氣夜淒淒,[(8)] | 백대의 서릿발에 밤 공기가 으슬으슬 |
| 風動琅璫月向低.[(9)] | 바람은 방울을 흔들고 달은 낮은 데로 내려간다. |
| 夢繞雲山心似鹿, | 꿈에 구름 산을 맴돌자니 마음이 사슴 같고 |
| 魂驚湯火命如雞.[(10)(11)] | 열탕과 불에 놀랐나니 목숨이 닭과 같다. |
| 眼中犀角眞吾子,[(12)(13)] | 무소뿔 돋은 내 아들이 참으로 눈에 밟히고 |

| | |
|---|---|
| 身後牛衣愧老妻.(14)(15) | 나 죽은 뒤 거적에 누울 아내에게 부끄럽다. |
| 百歲神游定何處,(16)(17)(18) | 백 년토록 내 영혼이 대체 어디에서 노닐까? |
| 桐鄉知葬浙江西.(19)(20) | 절강 서쪽의 동향에 묻힐 줄을 알겠도다. |

**[해설]**

오대시안(烏臺詩案)이 일어나 어사대의 감옥에 수감되어 있을 때 간수들이 다들 소식을 괴롭혔지만 양성이라는 간수만은 소식에게 매우 호의적이었다. 당시 장남 소매(蘇邁)가 옥바라지를 하고 있었는데, 부자는 두 사람 사이에만 통하는 신호로 평소에는 야채나 고기를 넣다가 심상치 않은 상황이 발생하면 생선을 넣기로 했다. 그러던 어느 날 소매는 돈을 빌리기 위해 다른 지방으로 가면서 친척에게 자기가 없는 동안 아버지에게 음식을 좀 넣어달라고 부탁했다. 친척이 무심코 생선을 넣어 주었다. 소매가 깜박 잊고 그만 아버지와의 약속을 친척에게 일러 주지 않았던 것이다. 죽음이 임박했다고 생각한 소식은 양성의 도움을 받아 동생에게 몰래 이 시를 전했다. 소철은 양성이 전해 준 시를 읽어 본 뒤 통곡하며 되돌려 주었고, 양성은 수감자가 쓴 글은 모두 검열에 회부하게 되어 있는 당시의 규정에 따라 이 시를 검열에 회부했다. 결과적으로 이 시는 황제에게까지 전해져 신종황제가 이 시를 읽고 눈시울을 붉혔다고 한다. 그리고 나중에 신종이 소식의 죄를 감면시키라고 강력하게 지시한 데에는 이 시가 일조를 했다고 한다.

**[주석]**

(1) 見侵(견침): 나를 핍박하다. 〈次韻王定國馬上見寄〉(0562) 주 (2) 참조.
(2) 梁成(양성): 옥졸의 이름. 다른 간수들과 달리 소식에게 매우 호의적이었다고 한다.
(3) 百年未滿(백년미만): 인생 백 년이 다 차기 전이라는 뜻으로 죽기 전을 가리킨다.
(4) 十口(십구): 소식의 식구들을 가리킨다.
(5) 更累人(갱루인): 이전에 진 신세도 다 갚지 못한 상태에서 또 동생에게 누를 끼친다는 말이다. 소식의 〈王子立墓誌銘〉에 "내가 오흥에서 죄를 짓자 친척과 친구들이 모두 놀라서 흩어져 버렸는데 유독 두 왕씨만은 떠나지 않고 교외까지 나와서 나를 전송하고 말하기를, '생사와 화복은 천명입니다. 공께서 천명을 어떻게 하시겠습니까?'라고 했다. 그리고 돌아가서 나의 가족을 남도로 데려다 주었다(余得罪於吳興, 親戚故人皆驚散, 獨兩王子不去, 送余出郊, 曰: '死生禍福, 天也. 公其如天何?' 返取余家致之南都)"라고 했다.
(6) 是處(시처): 도처. '到處'로 된 판본도 있다.

(7) 夜雨(야우): 소식 형제는 開封에서 制科를 준비할 때 韋應物의 시 〈示全眞元常〉에 감명을 받아서 자기 형제도 일찌감치 벼슬을 그만두고 고향으로 돌아가 침상을 나란히 놓고 마주 누워서 밤비 소리를 들으며 정담을 나누다가 잠이 들기로 약속했다. 이것이 이른바 '對牀夜雨'의 약속이다. 〈送劉寺丞赴餘姚〉(0634) 주 (5) 참조. 이 구절은 대상야우의 약속을 지키지 못하게 됨에 따른 미안한 마음을 담은 것이다.

(8) 柏臺(백대): 어사대의 별칭. 한나라 때 어사대에 측백나무가 많이 심어져 있었는데 여기에 까마귀 수천 마리가 서식하고 있었기 때문에 어사대를 백대 또는 烏臺라고 불렀다.

(9) 琅璫(낭당): 방울.

(10) 湯火(탕화): 열탕과 불. 아주 위험한 상황을 가리킨다.

(11) 命如雞(명여계): 목숨이 부엌 안의 닭과 같다. 목숨이 경각에 달려 있다는 말이다. 소식의 〈書南史盧度傳〉에 "작년에 죄를 지어 감옥에 갇힌 뒤 처음에는 죽음을 면하지 못할 줄 알았는데 나중에 사지에서 벗어나게 되어 이때부터 마침내 더는 아무 동물도 죽이지 못했다. 어떤 사람이 나에게 게와 대합조개를 보냈는데 이것들을 모두 강 속에 놓아주었다. 대합은 강 속에서 살 리가 없는 줄 알지만 그래도 만에 하나의 가능성을 기대했고, 설사 살지 못한다고 할지라도 삶아 먹는 것보다는 나았다. 그것들이 살 것이라고 크게 기대를 건 것이 아니라, 다만 내가 몸소 환난을 겪는 것이 닭이나 오리가 부엌에 잡혀 와 있는 것과 다를 바가 없기 때문이다(自去年得罪下獄, 始意不免, 旣而得脫, 遂自此不復殺一物. 有見餉蟹蛤者, 皆放之江中. 雖知蛤在江中無活理, 然猶庶幾萬一, 便使不活, 亦愈於煎烹也. 非有所求覬, 但以親經患難, 不異鷄鴨之在庖廚, 不復以口腹之故)"라고 했다.

(12) 眼中犀角(안중서각): 눈에 자꾸 밟히는 무소뿔이라는 뜻으로, 이마에 불룩하게 튀어나온 뼈가 있는 둘째 아들 蘇迨를 가리킨다. 소식의 시 〈贈上天竺辯才師〉(0291)에 "나에게는 키가 삐죽한 아들이 하나 있는데, 뿔은 각지고 이마에는 옥이 우뚝 솟아 있지(我有長頭兒, 角頰峙犀玉)"라는 구절이 있다.

(13) 吾子(오자): 소식의 둘째 아들 소태를 가리킨다. 蘇轍의 〈龍井辯才法師塔碑〉에 "우리 자첨 형님의 차남 태는 태어난 지 3년이 되어도 걸음을 걷지 못했는데 변재법사를 초청하여 그 아이의 머리를 깎고 정수리를 어루만지며 축원하자 며칠이 안 지나서 다른 아이들처럼 걸을 줄 알았다(予兄子瞻中子迨, 生三年不能行, 請師爲落髮, 摩頂祝之, 不數日能行如他兒)"라고 한 것을 보면 소태는 정상적으로 성장하지 못했음을 알 수 있는바, 그렇기 때문에 이 아들을 두고 죽는 것이 특히 마음에 걸렸을 것이다.

(14) 身後(신후): 사후.

(15) 牛衣(우의): 추위를 막을 수 있도록 소의 등에 덮어 주는 거적때기. 극도로 가난한 사람은 병이 들었을 때에도 거적때기를 깔고 눕기 때문에 극도로 가난한 생활을 가리킨다.

(16) 百歲(백세): 오랜 시간을 가리킨다.

(17) 神游(신유): 마음이나 영혼이 노닐다.

(18) 定(정): 도대체.

(19) 桐鄕(동향): 지금의 안휘성 桐城縣 서북쪽에 있는 고을. 한나라 사람 朱邑은 젊을 때 동향에서 嗇夫라는 말단 관리를 지냈는데 훌륭한 관리라는 칭송이 자자했다. 그 뒤 다른 곳으로 옮겨 다니며 관직생활을 하다가 병이 들어 죽게 되었을 때 아들에게 자기가 죽거든 동향에다 묻어 달라고 했다. 아들이 그의 유언대로 동향에 묻었더니 동향 사람들이 과연 그를 위해 사당을 세우고 제사를 지냈다.(《漢書·循吏傳》 참조) 소식의 자주에 "옥중에서 들으니 항주·호주 백성들이 나를 위해 도량을 지어 놓고 재앙을 면하게 해 달라고 빈 것이 여러 달째라고 하기에 이 구절을 지었다(獄中聞杭·湖間民爲余作解厄道場者累月, 故有此句)"라고 한 것을 보면 소식이 항주와 호주를 주읍에게 있어서의 동향과 같은 곳으로 생각했음을 알 수 있다.

(20) 浙江(절강): 절강성 경내를 흐르는 강. 구간에 따라 錢塘江·富春江 등의 다른 이름으로도 불린다. 절강의 동남쪽을 절동이라고 하고 절강의 서북쪽을 절서라고 했는데 동향은 절서지방에 속한다. 이 연은 자기가 죽은 뒤에 후손들이 자신을 항주·호주 일대에 묻어 주어 오랫동안 영혼의 안식을 얻게 해 줄 것으로 기대한다는 말이다.

## 0665. 己未[(1)]十月十五日, 獄中恭聞太皇太后[(2)]不豫[(3)]有赦, 作詩

기미년 10월 15일 옥중에서 삼가 태황태후께서 몸이 불편하시기 때문에 사면령이 있을 것이라는 소문을 듣고

| | |
|---|---|
| 庭柏陰陰晝掩門,[(4)] | 마당의 측백이 어둑어둑 낮에도 문이 닫혔는데 |
| 烏知有赦鬧黃昏. | 특사가 있는 줄 까마귀가 알고 황혼녘에 왁자하다. |
| 漢宮自種三生福,[(5)(6)] | 한나라 황궁이 스스로 삼생의 복을 심으매 |
| 楚客還招九死魂.[(7)(8)] | 초나라 나그네 아직도 다 죽어가는 넋을 부른다. |
| 縱有鋤犁及田畝, | 호미와 쟁기 그리고 땅뙈기가 있다 해도 |
| 已無面目見丘園.[(9)] | 고향 땅을 다시 볼 면목이 이미 없으니 |
| 只應聖主如堯舜, | 요순처럼 성스러운 임금님이 아직도 |
| 猶許先生作正言.[(10)(11)] | 선생이 정언이 되는 것을 윤허하면 응할 뿐이로다. |

**[해설]**

오대시안으로 인하여 어사대 감옥에 수감되어 있을 때 태황태후 조씨의 병이 심해 조정에서 죄인들에게 사면령을 내릴 것이라는 소문을 들었을 때의 감회를 노래한 것이다. 시로써 조정의 실정을 비판하다가 투옥된 그에게도 사면령이 내려져 다시 바른말을 할 수 있기를 바라는 기대감이 드러나 있다.

**[주석]**

(1) 己未(기미): 원풍 2년(1079)을 가리킨다.

(2) 太皇太后(태황태후): 인종의 황후요 영종의 모후인 曹后를 가리킨다. 영종 때에는 수렴청정했으며 신종이 즉위한 뒤에는 태황태후가 되었다. 그녀는 소식의 재능을 아껴 烏臺詩案으로 소식이 사형에 처해질 위기에 놓였을 때 그를 위해 적극적으로 구명운동를 벌이기도 했다.

(3) 不豫(불예): 천자나 황후가 아픈 것을 가리킨다.

(4) 庭柏(정백): 어사대 마당에 있는 측백나무를 가리킨다. 한나라 때 어사대에 측백나무를 많이 심어 놓았는데 여기에 까마귀가 많이 서식했기 때문에 어사대를 柏臺 또는 烏臺라고 불렀다.

(5) 漢宮(한궁): 송나라 황실을 가리킨다.

(6) 三生(삼생): 전생·금생·내생을 가리킨다. 이 구절은 송나라 황실이 사면령을 내린다는 뜻이다.

(7) 楚客(초객): 억울하게 참소를 당해 타향을 떠돈 초나라의 충신 屈原을 가리키던 말인데, 나중에는 타향을 떠도는 나그네를 두루 가리키게 되었다.

(8) 招九死魂(초구사혼): 여러 차례 죽을 뻔한 고비를 넘긴 사람의 넋을 불러들이다. 객지를 떠돌다 죽은 사람의 넋을 고향 집으로 불러들이지 않으면 그 넋이 객지를 떠돌며 끊임없이 고통당하기 때문에 의식을 갖추어 그 넋을 불러들이는바 이것을 '招魂'이라고 한다. 그러나 초혼은 살아 있는 사람의 넋을 불러들이는 것을 가리키기도 했으니, 《楚辭·招魂》에 대한 王逸의 해제에 "〈초혼〉은 송옥이 지은 것이다.……송옥이 충성을 다했으면서도 조정에서 쫓겨나 산야를 떠돌며 근심 속에 지내다 넋이 나가 미구에 목숨이 끊어지게 된 굴원의 처지를 딱하게 여긴 나머지 〈초혼〉을 지어서 그의 정신을 회복하고 그의 수명을 늘이려고 한 것이다(〈招魂〉者, 宋玉之所作也.……宋玉憐哀屈原, 忠而斥棄, 愁懣山澤, 魂魄放佚, 厥命將落. 故作〈招魂〉, 欲以復其精神, 延其年壽)"라고 했다.

(9) 丘園(구원): 고향 마을.

(10) 先生(선생): 《漢書·夏侯勝傳》의 표현을 빌려 소식 자신을 가리킨다. 《한서·하후승전》에 "조정에 중대한 사안이 있을 때마다 황상께서 하후승이 평소에 강직한 줄을 아시고 그에게 '선생은 모두 바르게 말하시오. 지나간 일을 거리낌 없이 다 말하시오'라고 했다(朝廷每有大議, 上知勝素直, 謂曰: '先生通正言, 無懲前事.')"라는 기록이 있다.

(11) 正言(정언): 황제에게 바른말로 간언을 올리는 관직. 소식은 가우 6년(1061) 8월 賢良方正能直言極諫科라는 制科에 급제했다. 이 구절은 자신에게도 사면령이 내려져 다시 바른말을 할 수 있게 되기를 기대한 것이다.

## 0666. 十月二十日，恭聞太皇太后[1]升遐, 以軾罪人, 不許成服, 欲哭則不敢, 欲泣則不可, 故作挽詞[2]二章

10월 20일에 삼가 태황태후께서 승하하셨다는 소문을 들었지만 나는 죄인이라 상복을 입는 것이 허락되지 않으며 통곡을 하고 싶어도 감히 그럴 수 없고 소리 죽여 울려고 해도 그럴 수 없으므로 만사를 두 수 짓는다

### 其一

巍然開濟兩朝勳.[3][4][5]
태조 태종 두 대에 걸쳐 나라를 열고 백성을 구한
조씨 집안의 공훈이 참으로 우뚝하네.

信矣才難十亂臣.[6]
인재 얻기가 너무 어려워 무왕에게도 훌륭한 신하가
열 명밖에 안 됐다는 공자 말씀이 확실하네.

原廟固應祠百世,[7][8]
원묘에서 백 대에 걸쳐 제사 지내는 게 당연한 일

先王何止活千人,[9][10]
선왕이 살린 사람이 천 명에 그치지 않는다네.

和熹未聖猶貪位,[11]
화희황후는 어질지 않아 자리를 탐하였고

明德雖賢不及民.[12]
명덕황후는 어질었으나 백성에게 못 미쳤네.

月落風悲天雨泣,
달이 지고 바람 슬픈데 비가 눈물 흘리나니

誰將椽筆寫光塵.[13][14][15]
서까래 같은 붓으로 누가 빛나는 자취를 그릴꼬?

### 其二

未報山陵國士知,[16][17]
국사로 대해 주신 폐하의 은혜를 못 갚았는데

遶林松柏已猗猗.[18][19]
황릉 숲의 송백이 이미 무성하리라.

一聲慟哭猶無所,
한 마디 통곡조차 할 곳 없는 처지지만

萬死酬恩更有時. 만 번을 죽더라도 은혜 갚을 날은 또 있으리라.
夢裏天衢隘雲仗,[20][21] 꿈속에 도성 길이 구름 같은 의장으로 비좁은데
人間雨淚變彤帷.[22][23][24] 세상에서 눈물 쏟아 휘장이 붉게 변했네.
關雎卷耳平生事,[25][26] 태후께선 〈물수리〉와 〈도꼬마리〉 시에서 노래한 걸
평생 동안 실천할 일로 삼으셨는데
白首纍臣正坐詩.[27] 머리가 하얘진 채 감옥에 갇힌 나는
바로 그 시 때문에 이 모양이 되었네.

**[해설]**

어사대 감옥에서 인종황제의 황후인 조태후가 승하했다는 소식을 듣고 지은 것이다. 제1수에서는 조태후 친정 조부의 공훈과 조태후 자신의 인품을 칭송했고, 제2수에서는 인종황제와 조태후에게 크나큰 은총을 입었으면서도 그것을 갚기는커녕 상복조차도 입을 수 없는 죄인 신분이 된 자신의 신세를 한탄했다.

**[주석]**

(1) 太皇太后(태황태후): 〈己未十月十五日, 獄中恭聞太皇太后不豫有赦, 作詩〉(0665) 주 (2) 참조.
(2) 挽詞(만사): 죽은 사람을 애도하는 글.
(3) 巍然(외연): 높고 웅장한 모양.
(4) 開濟(개제): 나라를 열어 백성을 구제하다. 두보의 시 〈蜀相〉에 “세 번이나 찾아감은 천하를 얻을 계책, 두 대 동안 보필함은 늙은 신하의 마음(三顧頻繁天下計, 兩朝開濟老臣心)”이라는 구절이 있다.
(5) 兩朝(양조): 태황태후의 조부인 曹彬은 북송 태조와 태종 때의 공신으로 檢校太傅·樞密使·同平章事 등의 요직을 역임한 후 마침내 魯國公에 봉해졌으며 사후에는 濟陽郡王에 追封되었다.(《송사·조빈전》 참조)
(6) 十亂臣(십난신): 열 명의 훌륭한 신하. 《論語·泰伯》에 “무왕이 ‘나에게는 훌륭한 신하 열 명이 있다’라고 했는데 이에 대하여 공자께서 ‘인재를 얻기가 어렵다더니 과연 그렇지 아니한가?……’라고 했다(武王曰: ‘予有亂臣十人.’ 孔子曰: ‘才難, 不其然乎?…….’)”라는 말이 있다.
(7) 原廟(원묘): 본래의 종묘 이외에 별도로 세운 종묘. 《史記·高祖本紀》에 “효혜제 5년(기원전 190)에 이르러 고조가 패읍을 그리며 슬퍼하기도 하고 좋아하기도 하던 일을 생각하여 패궁을 고조의 원묘로 삼았다(及孝惠五年, 思高祖之悲樂沛, 以沛宮爲高祖原廟)”라고 했다. 이에 대하여 裴駰의 集解에 “‘原’이란 두 번째라는 뜻이다. 앞서서 이미 종묘를 세웠는데 지금 또다시 세우기

때문에 원묘라고 한 것이다(謂'原'者, 再也. 先旣已立廟, 今又再立, 故謂之原廟)"라고 했다.

(8) 祠百世(사백세): 《송사·조빈전》에 "8월에 조빈과 조보를 태조의 사당에 함께 모시고 제사 지내라는 조서를 내렸다(八月, 詔彬與趙普配饗太祖廟庭)"라고 했다.

(9) 先王(선왕): 제양군왕에 봉해진 조빈을 가리킨다.

(10) 活千人(활천인): 《漢書·元后傳》에 "천 명을 살리면 자손을 제후에 봉한다고 들었는데 내가 살린 사람이 만 명도 넘으니 나의 후손이 흥성하리라(吾聞活千人有封子孫, 吾所活者萬餘人, 後世其興乎!)"라는 말이 있다. 조빈은 蜀지방과 荊南지방을 정벌할 때 부하들에게 함부로 백성을 해치지 못하도록 엄명을 내려 현지 백성들의 환영을 받았다.(《송사·조빈전》 참조)

(11) 和熹(화희): 후한 和帝의 화희황후 鄧氏. 화제가 죽었을 때 화희황후는 태어난 지 겨우 100일 된 殤帝를 옹립한 후 황태후인 자신이 섭정했고, 상제가 죽자 安帝를 옹립한 후 또 섭정했다.(《後漢書·和熹鄧皇后紀》 참조)

(12) 明德(명덕): 후한 明帝의 명덕황후 馬氏. 伏波將軍 馬援의 딸로 처음 貴人이 되었으나 귀인들 가운데 덕이 가장 훌륭하여 황후가 되었다. 章帝 때 황태후가 되었으나 외삼촌들을 제후에 봉하려는 장제의 말을 들어주지 않았으며 옷과 음식을 간소하게 하여 아랫사람들에게 귀감이 되었다.(《後漢書·明德馬皇后紀》 참조)

(13) 將(장): ~으로. ~을 가지고.

(14) 椽筆(연필): 서까래만 한 붓. 晉나라 사람 王珣이 어떤 사람이 서까래만큼 큰 붓을 주는 꿈을 꾸었는데, 그로부터 얼마 뒤에 황제가 세상을 떠났을 때 그가 황제의 공덕을 기리는 운문인 哀策을 쓰게 되었다.

(15) 光塵(광진): 빛나는 발자취. 다른 사람의 풍채를 높여 부르는 말.

(16) 山陵(산릉): 황제나 황후의 무덤. 《水經注·渭水三》에 "진나라 때는 천자의 무덤을 산이라고 하고 한나라 때는 능이라고 했기 때문에 통칭하여 산릉이라고 부른다(秦名天子冢曰山, 漢曰陵, 故通曰山陵矣)"라고 했다. 여기서는 인종의 황릉인 소릉을 가리키고, 더 나아가 인종을 가리킨다. '昭陵'으로 되어 있는 판본도 있다.

(17) 國士(국사): 전국적으로 명망이 있는 선비. '國士知'는 국사를 대하는 것과 같은 대우를 가리킨다. 가우 6년(1061)의 제과에서 소식 형제를 선발한 뒤 인종은 조황후에게 "나는 오늘 또 자손을 위하여 태평성대를 이룩할 재상 두 사람을 얻었소(吾今日又爲子孫得太平宰相兩人)"라며 기뻐했을 정도로 소식 형제를 중시했다.(陳鵠, 《耆舊續聞》 참조)

(18) 遶林(요림): 황릉 주위에 조성한 숲.

(19) 猗猗(의의): 무성하고 멋진 모양.

(20) 天衢(천구): 원래 넓고 막히는 데가 없는 하늘을 대로에 비유한 것으로, 도성 또는 도성의 대로를 가리킨다.

(21) 雲仗(운장): 구름처럼 펼쳐진 儀仗. 웅장한 장례 행렬을 가리킨다.

(22) 人間(인간): 이 세상. 속세.

(23) 雨淚(우루): 눈물을 비처럼 뿌리다.

(24) 彤帷(동유): 붉은색 휘장. 이 구절은 백성들이 자기 집 창가에 서서 피눈물을 흘린다는 말이다.

(25) 關雎(관저): 《詩經 · 周南》의 편명. 〈毛詩序〉에 "〈關雎〉는 후비의 덕을 노래한 것이다(〈關雎〉, 后妃之德也)"라고 했다.

(26) 卷耳(권이): 《시경 · 주남》의 편명. 〈모시서〉에 "〈卷耳〉는 후비의 뜻을 노래한 것이다(〈卷耳〉, 后妃之志也)"라고 했다.

(27) 纍臣(누신): 죄를 지어 감옥에 갇혀 있는 신하. 소식 자신을 가리킨다.

## 0667. 御史臺楡・槐・竹・柏四首

어사대에 서 있는 느릅나무・홰나무・대나무・측백나무

### 0667-1. 楡

느릅나무

| | |
|---|---|
| 我行汴堤上,(1) | 나 옛날에 변하의 강둑 위를 걸어갈 때 |
| 厭見楡陰綠. | 느릅나무 녹음을 실컷 봤는데 |
| 千株不盈畝,(2) | 천 그루가 한 이랑을 못다 채우고 |
| 斬伐同一束. | 베어 놓으면 한 묶음밖에 안 될 지경이었네. |
| 及居幽囚中, | 죄를 지어 감옥에서 지내기에 이르러 |
| 亦復見此木. | 다시금 이 나무를 보게 됐는데 |
| 蠹皮溜秋雨, | 좀먹은 껍질에는 가을 비가 떨어지고 |
| 病葉埋牆曲. | 병든 잎은 담 모퉁이에 파묻혀 있네. |
| 誰言霜雪苦, | 그 누가 말하는가 눈서리가 매서워서 |
| 生意殊未足. | 살려는 의지가 너무 약해진 것이라고? |
| 坐待春風至, | 가만히 앉아서 춘풍 불길 기다리면 |
| 飛英覆空屋. | 흩날리는 꽃잎이 빈 집을 뒤덮으리. |

**[해설]**

좀이 쏠고 잎이 시든 어사대의 느릅나무를 보면서 지은 것으로, 봄이 되면 그것이 다시 무성하게 소생하는 것처럼 자신에게도 역경이 끝나고 다시 즐거운 날이 오기를 희망했다.

**[주석]**

(1) 汴堤(변제): 변하의 둑. 《元和郡縣志》에 "우임금이 변하를 파서 회수 및 사수와 통하게 했다. 한나라 영평(58-75) 초에 제방을 쌓았고, 수나라 양제가 다시 명령을 내려 판저에서 황하를 끌어다 변하의 입구로 들어가게 했으며, 또 대량의 동쪽에서 변하를 끌어와 회수와 황하에 이르게 하고 느릅나무와 버드나무를 심게 했다(禹開汴渠以通淮泗. 漢永平初築堤, 隋煬帝更令自板渚引河入汴口, 又從大梁之東引汴達淮河畔, 樹之以楡柳)"라고 했다.

(2) 不盈畝(불영묘): 정상적인 간격으로 심을 경우 천 그루가 1묘를 차지하지 않을 정도로 느릅나무가 가느다랗다는 말이다.

## 0667-2. 槐

회나무

| | |
|---|---|
| 憶我初來時, | 내가 처음 오던 때가 생각나나니 |
| 草木向衰歇. | 초목이 막 시들어 가고 있었네. |
| 高槐雖驚秋, | 높다란 홰나무가 가을 기운에 놀라건만 |
| 晚蟬猶抱葉. | 늦매미가 아직까지 잎을 안고 있었네. |
| 淹留未云幾,(1) | 이곳에 머문 지가 얼마 되지 않건만 |
| 離離見疎莢.(2) | 가지런히 늘어진 성긴 꼬투리가 보이네. |
| 棲鴉寒不去, | 둥지 튼 까마귀는 추워도 안 떠나고 |
| 哀叫飢啄雪. | 슬피 울며 배가 고파 눈을 톡톡 쪼고 있네. |
| 破巢帶空枝, | 다 부서진 둥지가 빈 가지를 감았는데 |
| 疎影挂殘月.(3) | 엉성한 그 모습에 지는 달이 걸려 있네. |
| 豈無兩翅羽, | 까마귀가 어떻게 두 날개가 없으랴만 |

伴我此愁絶.[4]　　내 옆에서 이렇게 근심에 겨워하네.

**[해설]**

어사대에 있는 홰나무를 보면서 지은 것으로, 거기에 둥지를 튼 채 날씨가 추워져도 홰나무를 떠나지 않는 까마귀에 대한 동병상련의 정을 노래했다.

**[주석]**

(1) 云(운): ~이다. 《墨子・耕柱》에 "무마자가 묵자에게 '그대는 천하를 두루 사랑하지만 그것을 이롭게 하는 것이 아니고, 나는 천하를 사랑하지 않지만 그것을 해치는 것이 아닙니다'라고 했다(巫馬子謂子墨子曰: '子兼愛天下, 未云利也; 我不愛天下, 未云賊也.')"라는 말이 있다.
(2) 離離(이리): 흔들리는 모양.
(3) 疎影(소영): 엉성한 모습. 부서진 까치의 둥지를 가리킨다.
(4) 愁絶(수절): 극도로 근심하다.

## 0667-3. 竹

대나무

今日南風來,　　오늘 남풍이
吹亂庭前竹.　　마당 앞의 대나무에 마구마구 불어 대
低昂中音會,[1][2]　　낮아졌다 높아졌다 가락에 어울리고
甲刃紛相觸.[3]　　갑옷과 칼날이 분분하게 부딪친다.
蕭然風雪意,[4]　　바람과 눈을 겪은 말쑥한 그 의기는
可折不可辱.　　꺾을 수는 있어도 능욕할 수는 없을 듯
風霽竹已回,　　바람 자자 대나무도 본래 모습 되찾아
猗猗散青玉.[5]　　여기저기 왕성하게 푸른 옥을 흩뿌린다.
故山今何有,　　나의 고향 산천에는 지금 무엇이 있으려나?
秋雨荒籬菊.　　낡은 울타리의 국화에 가을 비가 내리렷다.

此君知健否,(6) 이분이 아직도 건재하실까?
歸掃南軒綠.(7) 돌아가서 푸르른 남헌이나 쓸련다.

**[해설]**

어사대에 있는 대나무를 보면서 지은 것으로, 대나무의 곧은 절개를 칭송하기도 하고 고향으로 돌아가 대나무와 국화를 벗하며 초연하게 살고 싶은 심정을 노래하기도 했다.

**[주석]**

(1) 低昂(저앙): 낮아졌다 높아졌다 하다. 대나무 흔들리는 소리를 가리킨다.
(2) 中音會(중음회): 節奏에 맞다.
(3) 甲刃(갑인): 갑옷과 칼날. 대나무의 줄기와 잎을 가리킨다.
(4) 風雪意(풍설의): 바람과 눈을 겪은 의기.
(5) 猗猗(의의): 아름답고 왕성한 모양.
(6) 此君(차군): 대나무를 가리킨다. 소식의 시 〈於潛僧綠筠軒〉(0280)에 "이분을 바라보며 우적우적 씹는다니, 세상에 양주학이 어디 있다고?(若對此君仍大嚼, 世間那有揚州鶴)"라는 구절이 있다.
(7) 南軒(남헌): 소식의 고향집에 있던 건물. 《東坡志林·夢南軒》에 "남헌은 돌아가신 선친께서 '내풍헌'이라고 명명하신 것이다(南軒, 先君名之曰: '來風'者也)"라고 했다.

## 0667-4. 柏

측백나무

故園多珍木, 오래된 정원에는 진기한 나무가 많아
翠柏如蒲葦.(1) 푸른 측백나무가 부들 같고 갈대 같네.
幽囚無與樂, 이 죄수는 함께 즐길 사람이 없어
百日看不已. 백 일 동안 끊임없이 이걸 바라보았네.
時來拾流膠,(2) 사람들이 때로 와서 흐르는 아교를 땄는데
未忍踐落子. 떨어진 그 열매를 차마 밟지 못했나니

| | |
|---|---|
| 當年誰所種, | 그 당시에 그 누가 심은 것인지 |
| 少長與我齒.(3)(4) | 젊을 때도 늙을 때도 나하고 함께 있네. |
| 仰視蒼蒼幹, | 시퍼런 줄기를 쳐다보나니 |
| 所閱固多矣. | 살펴본 사람이 참으로 많았을 터 |
| 應見李將軍,(5) | 틀림없이 이장군이 |
| 膽落溫御史.(6) | 온어사 앞에서 간 떨어지는 것도 보았겠네. |

**[해설]**

개봉에서 근무한 젊은 시절부터 죄수로 수감되어 있는 지금까지 죽 보아 온 어사대의 측백나무를 보면서 지은 것으로, 은연중에 자신을 모함하여 오대시안을 일으킨 이정이 응분의 처벌을 받았으면 하는 기대감을 드러냈다.

**[주석]**

(1) 蒲葦(포위): 부들과 갈대. 지천으로 널린 많은 물건을 가리킨다.
(2) 流膠(유교): 측백나무의 끈적끈적한 수액을 가리킨다. 이 연은 개봉에서 근무하던 젊은 시절의 일을 회상한 것으로 보인다.
(3) 少長(소장): 젊을 때와 나이 들 때. 젊은 사람과 나이 든 사람. 王羲之의 〈蘭亭集序〉에 "여러 현인들이 다 오고, 젊은 사람과 나이 든 사람이 다 모였다(群賢畢至, 少長咸集)"라는 말이 있다.
(4) 齒(치): 함께 있다.
(5) 李將軍(이장군): 표면적으로 神武將軍 · 夏州刺史 · 御史大夫 등을 역임한 당나라 사람 李祐를 가리키면서, 비유적으로 소식을 탄핵하여 烏臺詩案을 일으킨 신법파의 신진인사 李定을 가리킨다.
(6) 溫御史(온어사): 당나라 사람 溫造를 가리킨다. 온조가 侍御史에 임명되었을 때 이우가 하주에서 조정으로 들어와 金吾將軍이 되었는데 이때 규정을 어기고 말 150필을 진상했다. 온조가 그를 탄핵하자 이우가 다리를 떨고 땀을 흘리며 다른 사람에게 "나는 밤에 蔡州城을 넘어가 吳元濟를 붙잡을 때도 심장이 뛴 적이 없었는데, 오늘 온어사 앞에 서 있으니 간이 다 떨어지네. 아이구 무서워라"라고 했다.(《구당서 · 온조전》 참조)

## 0668. 十二月二十八日，蒙恩[1]責授[2]檢校水部員外郎[3]黃州[4]團練副使[5]，復用前韻[6]二首

12월 28일 은혜를 입어 검교수부원외랑황주단련부사에 제수되었기에 다시 앞의 운을 사용하여

其一

百日歸期恰及春,[7][8] 백 일 만에 돌아오니 때마침 봄이로다.
餘年樂事最關身. 여생의 낙은 몸이나 돌보는 게 제일 좋겠다.
出門便旋風吹面,[9] 문을 나서 배회하자 바람이 얼굴을 치더니
走馬聯翩鵲啅人.[10][11] 늘어서서 말 달리자 까치가 사람을 쫀다.
却對酒杯疑是夢,[12] 다시 술잔을 대하니 꿈인 것만 같은데
試拈詩筆已如神. 붓을 들어 시를 써 보니 이미 신들린 것만 같다.
此災何必深追咎, 이 재앙이야 허물을 깊이 따질 것 있으랴?
竊祿從來豈有因. 국록을 축냄에 종래에 어찌 까닭이 있었으랴?

其二

平生文字爲吾累, 평생에 문자가 내게 누가 되었으니
此去聲名不厭低. 이제 가면 명성이 낮은 걸 싫어하지 않으련다.
塞上縱歸他日馬,[13] 변새에서 이전에 집 나간 말이 돌아와도
城東不鬪少年雞.[14] 성 동쪽에서 소년의 닭과 다투지는 않으련다.
休官彭澤貧無酒,[15] 관직을 그만둔 도팽택은 가난하여 술이 없었고

隱几維摩病有妻.[16] 안석에 기댄 유마힐은 병들어도 아내가 있었도다.
堪笑睢陽老從事,[17][18] 수양 땅의 늙은 종사가 나를 위해 관직을 버리고
爲余投檄向江西.[19][20] 강서 땅으로 가는 모습 참 우습도다.

**[해설]**

수감된 지 130일 만인 원풍 2년(1079) 12월 28일 어사대 감옥에서 나왔을 때의 감회를 노래한 것이다. 명성과 관직을 모두 버리고 가난하지만 마음 편하게 살고 싶어 하는 염원이 진하게 드러나 있다. 무척이나 의기소침해진 그의 모습이 눈에 보이는 듯하다.

**[주석]**

(1) 蒙恩(몽은): 사형에 처하지 않고 黃州 유배로 결정한 것을 뜻하기도 하지만 의례적인 표현이기도 하다.
(2) 責授(책수): 문책하여 除授하다. 문책인사를 한다는 말이다.
(3) 檢校水部員外郎(검교수부원외랑): 《唐會要 · 員外官》에 "원외 및 검교 · 시관 · 사봉관은 모두 신룡(705-707) 이후에 생겼으며, 개원(713-741) 연간에 이전 것을 대대적으로 개혁함으로써 대부분이 이미 없어져 황제의 친족이나 전공이 있는 사람 이외의 다른 사람은 제수하지 않았다. 지금은 폄적하여 책임을 묻는 사람이나 원외관에 제수한다(員外及檢校 · 試官 · 斜封官, 皆神龍已後有之, 開元大革前事, 多已除去, 唯皇親 · 戰功之外, 不復除授. 今則貶責者, 然後以員外官處之)"라고 했고, 《文獻通考 · 檢校官一十九》에 검교관 19종이 열거되어 있는데 맨끝에 수부원외랑이 있다.
(4) 黃州(황주): 지금의 호북성 黃岡市 黃州區.
(5) 團練副使(단련부사): 宋 孫逢吉의 《職官分紀 · 節度防禦團練副使》에 "지금 조정의 원우령에 의하면 절도방어단련부사는 종팔품이다(國朝元祐令: 節度防禦團練副使, 從八品)"라고 했다.
(6) 前韻(전운): 〈予以事繫御史臺獄……以遺子由, 二首〉(0664)를 가리킨다.
(7) 百日(백일): 소식이 어사대 감옥에 수감된 8월 18일부터 출옥한 12월 28일까지의 130일을 개략적인 숫자로 말한 것이다.
(8) 歸期(귀기): 감옥 밖의 세계로 돌아온 시기를 가리킨다.
(9) 便旋(편선): 배회하다.
(10) 聯翩(연편): 죽 이어진 모양.
(11) 啅人(탁인): 사람을 쫄 듯이 가까운 곳으로 다가와서 먹이를 쫀다는 말이다.
(12) 疑是(의시): 마치 ~인 것 같다.
(13) 他日馬(타일마): 塞翁之馬 고사에서 이전에 집을 나간 새옹의 말을 가리킨다. 이 연은 새옹지마,

즉 전화위복이 된다고 할지라도 관직을 위해 다투지는 않겠다는 뜻이다.

(14) 少年雞(소년계): 일곱 살 때 당나라 현종의 부름을 받아 雞坊小兒長이 된 賈昌이 소년 시절에 투계로 황제를 즐겁게 하여 황제가 그를 배우처럼 길러 주었다고 하는 〈東城老父傳〉의 이야기를 인용한 것이다.

(15) 彭澤(팽택): 팽택령을 지낸 陶淵明을 가리킨다. 이 구절은 도연명이 해낸 일이므로 자신도 그렇게 할 수 있다는 말이다.

(16) 維摩(유마): 維摩詰. 석가모니가 근처에서 설법할 때 그가 병을 이유로 참석하지 않자 석가모니가 제자들에게 문병을 가라고 했으나 제자들이 모두 유마의 의론에 진 경험이 있기 때문에 아무도 가려고 하지 않아 결국 文殊菩薩이 가서 불교의 진리에 대하여 그와 토론했다. 查愼行의 《蘇詩補註》에 "《유마경》에 '법희를 아내로 삼는다'라고 했는데 그 주석에 '법희란 불법을 터득하면 마음속에 기쁨이 생기는 것을 말한다. 세인들은 아내의 미색을 통하여 희열을 얻지만 보살은 법희를 통하여 희열을 얻는다'라고 말했다(《維摩經》: '法喜以爲妻.' 注云: '法喜謂見法內生喜也. 世人以妻色爲悅, 菩薩以法喜爲悅.')"라고 했다.

(17) 雎陽(수양): 남경, 즉 應天府(지금의 하남성 商丘)를 가리킨다.

(18) 從事(종사): 三公 및 州郡長官의 부하. 소철은 당시 南京留守 張方平의 천거로 簽書應天府判官을 맡아서 남경에 머물고 있었다.

(19) 投檄(투격): 관직에 임명하는 문서를 버리다. 관직을 버린다는 뜻이다. 소식이 사형에 처해질 위기에 빠져 있을 때 소철은 자신의 관직으로 소식의 속죄를 청원했다. 그 결과로 그는 監筠州鹽酒稅務로 좌천되었다.

(20) 江西(강서): 균주(지금의 강서성 高安)를 가리킨다.

卷20

# 古今體詩五十七首

## 고체시 및 근체시 57수

권20에는 검교상서수부원외랑황주단련부사본주안치(檢校尚書水部員外郎黃州團練副使本州安置)라는 유배령을 받고 개봉을 떠난 원풍 3년(1080) 1월부터 그해 12월까지의 작품 57수가 수록되어 있다.

# 0669. 陳州[1]與文郎逸民[2]飮別, 攜手河堤上, 作此詩

진주에서 문서방 일민과 전별연을 가진 뒤 강둑에서 손을 잡고

| | |
|---|---|
| 白酒無聲滑瀉油,[3] | 소리 없이 목구멍을 넘어가는 백주는 |
| | 쏟아 부은 미끄러운 기름이었네. |
| 醉行堤上散吾愁. | 잔뜩 취해 강둑을 거니노라니 |
| | 가슴을 짓누르던 내 근심이 사라지네. |
| 春風料峭羊角轉,[4][5] | 선득한 봄바람은 빙빙 도는 양의 뿔 |
| 河水渺綿瓜蔓流.[6][7] | 아득한 강물은 길게 뻗은 오이 덩굴 |
| 君已思歸夢巴峽,[8] | 돌아갈 생각에 그대는 이미 파협을 꿈꾸련만 |
| 我能未到說黃州.[9] | 안 가 봐도 말할 수 있는 황주로 나는 가네. |
| 此身聚散何窮已, | 만나고 헤어지는 것이 어찌 끝이 있으리? |
| 未忍悲歌學楚囚.[10] | 차마 초나라 죄수를 본받아 슬픈 노래를 못 부르겠네. |

**[해설]**

황주로 폄적되어 가는 도중 진주를 지날 때 문동의 아들이요 소철의 사위인 문무광을 만나 송별연을 가진 뒤 함께 강둑을 거닌 감회를 노래한 것이다.

**[주석]**

(1) 陳州(진주): 지금의 하남성 淮陽.

(2) 文郎逸民(문랑일민): 文同의 아들로 蘇轍의 사위가 된 文務光. '郎'은 사위를 가리키고 逸民은 그의 字이다. 《太平寰宇記》에 "문일민은 이름이 무광이다. 자유의 사위이기 때문에 문서방이라고 부른 것이다(文逸民, 名務光. 子由壻也. 故呼爲文郎)"라고 했다.

(3) 滑瀉油(활사유): 술이 목구멍으로 술술 넘어가는 모양을 기름이 병으로 미끄러져 들어가는 것에 비유한 것이다.

(4) 料峭(요초): 바람이 찬 모양.

(5) 羊角轉(양각전): 바람이 양의 뿔처럼 빙글빙글 돌며 회오리치다.

(6) 渺綿(묘면): 끝없이 멀다.

(7) 瓜蔓流(과만류): 오이의 덩굴이 뻗어 나가는 음력 5월의 강물을 '瓜蔓水'라고 한다. 여기서는 이 표현을 빌려서 강물이 중간중간에 가지를 쳐 가며 구불구불 뻗어 가는 가늘고 푸른 오이 덩굴처럼 흐르는 것을 가리킨다.

(8) 巴峽(파협): 長江三峽 중의 瞿唐峽과 巫峽을 가리키는 경우, 重慶 동북쪽의 장강에 있는 明月峽과 廣德峽을 가리키는 경우, 장강 삼협을 통칭하는 경우 등이 있다.(魏嵩山 主編, 《中國歷史地名大辭典》, 廣東教育出版社, 1995년 제1판, 203쪽 참조) 어느 쪽이든 문무광의 고향인 촉지방을 가리킨다. 옛날 중국 사람들은 사람이 죽은 즉시 장례를 치르지 않고 임시로 가매장을 해 두었다가 때를 보아서 정식 장례를 치르는 경우가 많았는데, 王文誥의 《蘇軾詩集》에 "문여가가 작년(1079년) 1월 20일 진주에서 죽어 아들들이 아직까지 진주에 살고 있었는바, 당시 곧 시신을 싣고 촉지방으로 돌아갈 참이었기 때문에 시에서 이런 말을 한 것이다(文與可以上年正月二十日卒於陳州, 故諸子尙家於陳, 時將載喪歸蜀, 故詩中及之也)"라고 한 것처럼, 문무광의 부친 문동(1018-1079)은 1년 전인 원풍 2년(1079) 1월 20일에 죽었지만 그동안 돈이 없어서 장례를 치르지 못하다가 이제야 고향인 촉지방으로 모셔 가서 장례를 치를 예정이었다.

(9) 黃州(황주): 소식의 유배지인 지금의 호북성 黃岡市 黃州區. 한유가 潮州로 폄적되어 갈 때 지은 시 〈題臨瀧寺〉에 "조주에 이르지 않아도 말할 수 있네, 바닷 내음 아련하고 물이 하늘을 칠 것이네(潮州未到吾能說, 海氣昏昏水拍天)"라는 구절이 있다. 이 연은 고향으로 돌아가는 문무광과 대비함으로써 얼마나 살기 힘든 곳인지 충분히 짐작할 만한 황주로 유배 가는 자신의 신세를 한탄한 것이다.

(10) 楚囚(초수): 초나라의 포로. 소식 자신을 가리킨다. 춘추시대 晉나라의 景公이 포로 수용소로 쓰이는 군용 창고를 시찰할 때 鍾儀라는 포로를 보고 "남방의 갓을 쓰고 묶여 있는 저 사람은 누구인가?" 하고 물었더니 담당자가 "초나라의 포로입니다" 하고 대답했다. 그가 초나라에서 거문고를 연주한 음악가라는 말을 듣고 경공이 그에게 거문고를 타 보라고 했더니 그는 초나라의 곡조를 연주했다. 경공은 范文子의 건의를 받아들여 그를 초나라로 돌려보냈다.(《左傳・成公九年》 참조) 이 구절은 종의처럼 자기 고향의 노래를 부르면 슬픔이 더 북받칠 것 같아서 그러지 못하겠다는 말이다.

## 0670. 子由[1]自南都[2]來陳[3]三日而別

남도에서 진주로 온 자유와 사흘 만에 헤어지고

| | |
|---|---|
| 夫子自逐客,[4][5] | 선생께선 자신도 쫓겨가는 신세면서 |
| 尙能哀楚囚.[6] | 오히려 초나라 죄수를 애달피 여길 줄 알아 |
| 奔馳二百里, | 이백 리 머나먼 길 달리고 달려 |
| 徑來寬我憂. | 곧장 와서 내 근심을 덜어 주시네. |
| 相逢知有得, | 만나 보니 터득한 게 있는 줄 알겠나니 |
| 道眼淸不流.[7] | 도통한 맑은 눈을 굴리지 않고 |
| 別來未一年,[8] | 헤어진 지 한 해도 채 안 됐는데 |
| 落盡驕氣浮. | 얼굴에 감돌던 거드름이 싹 가셨네. |
| 嗟我晩聞道,[9] | 아아 나는 도를 너무 늦게 깨달아 |
| 款啓如孫休.[10][11] | 견식이 좁기가 손휴와 같은지라 |
| 至言難久服,[12] | 지극한 말에 오래도록 따르기가 어려워 |
| 放心不自收.[13] | 잃어버린 마음을 스스로 찾지 못했네. |
| 悟彼善知識,[14] | 저 훌륭한 사람은 신통한 약을 |
| 妙藥應所投.[15] | 써야만 할 곳에다 쓰는 줄 알겠나니 |
| 納之憂患場, | 우환이 있는 곳에 약을 넣어서 |
| 磨以百日愁.[16] | 백 일간의 근심을 날려 버리네. |
| 冥頑雖難化, | 나는 어둡고 완고하여 교화되기 어려운데 |

| | |
|---|---|
| 鐫發亦已周.[17] | 그래도 두루두루 일깨워 주매 |
| 平時種種心, | 평상시에 갖고 있던 갖가지 마음들을 |
| 次第去莫留. | 차례대로 하나씩 모조리 다 없앴네. |
| 但餘無所還,[18] | 그렇지만 끄떡없는 마음만은 남아 있어 |
| 永與夫子游. | 길이길이 그대와 함께 지낼 것인즉 |
| 此別何足道, | 이번의 이별이야 어찌 말할 만하리 |
| 大江東西州.[19] | 대강의 동쪽과 서쪽 고을에 사는데? |
| 畏蛇不下榻,[20][21] | 뱀이 무서워 침대에서 내려가지 못하매 |
| 睡足吾無求. | 잠이 충분할 테니 더 구하는 게 없으리. |
| 便爲齊安民,[22] | 가자마자 제안의 백성이 될 터인데 |
| 何必歸故丘.[23] | 어찌 굳이 고향으로 돌아가야만 하리? |

**[해설]**

황주로 폄적되어 가는 도중 진주에 있는 문동의 집에서 만난 동생과 사흘 만에 다시 헤어지면서 지은 것이다. 남도에서 진주까지 찾아와 전송해 준 동생에게 감사의 마음을 전하고 황주에서의 유배생활을 초연하게 받아들임으로써 동생을 안심시켰다.

**[주석]**

(1) 子由(자유): 소식의 동생 蘇轍의 字.
(2) 南都(남도): 지금의 하남성 商丘. 南京 또는 應天府라고도 했다.
(3) 陳(진): 陳州. 지금의 하남성 淮陽.
(4) 夫子(부자): 소철을 가리킨다. 소철이 그 사이에 도를 많이 터득했다고 생각하여 일부러 이런 표현을 쓴 것으로 보인다.
(5) 逐客(축객): 당시 소철 자신도 烏臺詩案으로 인하여 監筠州鹽酒稅務로 좌천되어 균주(지금의 강서성 高安)로 쫓겨나게 되어 있었다.
(6) 楚囚(초수): 초나라의 포로. 소식 자신을 가리킨다. 〈陳州與文郎逸民飮別, 攜手河堤上, 作此詩〉 (0669) 주 (10) 참조.
(7) 道眼(도안): 도를 터득한 사람의 눈. 진리를 깨우친 사람의 눈. 이 구절은 소철에게 마음의 동요가 없다는 말이다.
(8) 未一年(미일년): 소식은 湖州知州로 부임해 가는 도중이던 원풍 2년(1079) 3월에 남도에 들러 동

생을 만났으니 약 10개월 전의 일이었다.

(9) 聞道(문도): 도를 터득하다. 《論語 · 里仁》에 “아침에 도를 깨우치면 저녁에 죽어도 괜찮다(朝聞道, 夕死可矣)”라는 孔子의 말이 있다.

(10) 款啓(관계): 견식이 좁다.

(11) 孫休(손휴): 《莊子 · 達生》에 “이제 저 손휴는 견식이 좁고 과문한 사람이다(今休, 款啓寡聞之民也)”라는 말이 있다.

(12) 至言(지언): 지극히 고답적인 말. 세속적인 일에 집착하지 말고 초연해야 한다는 식의 말을 가리키는 것으로 보인다.

(13) 放心(방심): 잃어버린 마음. 정도에서 벗어난 마음을 가리킨다. 《孟子 · 告子上》에 “인은 사람의 올바른 마음이고 의는 사람의 올바른 길이다. 그런데 자신의 올바른 길을 버리고 가지 않고 자신의 올바른 마음을 잃고 찾을 줄 모르니 슬프도다. 사람이 닭이나 개를 잃어버리면 찾을 줄 알면서 올바른 마음을 잃어버리면 찾을 줄 모른다. 학문의 길이란 다른 게 없고 잃어버린 자신의 올바른 마음을 찾는 것일 따름이다(仁, 人心也; 義, 人路也. 舍其路而不由, 放其心而不知求, 哀哉! 人有鷄犬放則知求之, 有放心而不知求. 學問之道, 無他, 求其放心而已矣)”라고 했다.

(14) 善知識(선지식): 불도를 잘 알고 덕이 높은 고승. 훌륭한 친구나 반려자. 여기서는 소철을 가리킨다.

(15) 所投(소투): 약을 투여할 곳. 이 연은 소철이 자신의 근심을 달래 주기 위해 아주 적절한 위로를 해 주었다는 말이다.

(16) 百日(백일): 소식이 어사대 감옥에 수감된 8월 18일부터 지금까지의 기간을 개략적인 숫자로 말한 것이다. 〈十二月二十八日, 蒙恩責授檢校水部員外郎黃州團練副使……〉(0668) 주 (7) 참조.

(17) 鐫發(전발): 계발하다. 깨우쳐 인도하다.

(18) 無所還(무소환): 돌아보는 바가 없는 것. 거리낌 없는 마음을 가리킨다. 이 연은 영원히 동생과 함께 지내고 싶은 마음은 어떤 상황에 처할지라도 변함이 없다는 말이다.

(19) 大江(대강): 長江. 소식의 유배지인 황주는 장강의 동북쪽이고, 소철이 좌천된 곳인 균주는 장강의 서남쪽이었다.

(20) 畏蛇(외사): 황주에는 무서운 뱀이 많아서 돌아다니기 어렵다는 말이다. 이 구절은 “침대에서 내려가자니 뱀이 무섭고 밥 먹을 땐 독이 있을까 두렵다(下床畏蛇食畏藥)”고 한 韓愈 〈八月十五夜贈張功曹〉의 詩句를 원용한 것이다.

(21) 榻(탑): 누울 수도 있도록 낮고 길게 만든 걸상.

(22) 齊安(제안): 황주의 다른 이름.

(23) 故丘(고구): 고향 산천.

## 0671. 正月十八日蔡州[(1)]道上遇雪, 次子由[(2)]韻二首

1월 18일 채주를 지나가는 도중에 눈을 만났을 때 자유의 시에 차운하여

### 其一

| | |
|---|---|
| 蘭菊有生意, | 난초와 국화는 생명력이 있어서 |
| 微陽回寸根. | 희미한 양기가 한 치의 얕은 뿌리로 돌아오네. |
| 方憂集暮雪, | 저녁 눈이 쌓일까 봐 한창 걱정스럽지만 |
| 復喜迎朝暾.[(3)] | 한편으론 아침 해를 맞이할 게 기쁘네. |
| 憶我故居室, | 옛날에 내가 살던 집이 생각나나니 |
| 浮光動南軒.[(4)(5)] | 반사된 빛이 남헌에 어른거릴 때 |
| 松竹半傾瀉, | 솔과 대는 반쯤 기울어 쌓인 눈이 쏟아지고 |
| 未數葵與萱. | 아욱과 원추리는 아직 칠 게 없었네. |
| 三徑瑤草合,[(6)] | 세 갈래 오솔길엔 고운 풀이 수북하고 |
| 一瓶井花溫.[(7)] | 병에 담긴 정화수는 따뜻했나니 |
| 至今行吟處, | 오늘날에 이르도록 거닐며 읊던 곳에 |
| 尙餘履舃痕.[(8)] | 아직도 신발 자국 남아 있을 것이네. |
| 一朝出從仕,[(9)] | 어느 날 갑자기 벼슬길로 나아가 |
| 永愧李仲元.[(10)] | 이중원 선생에게 길이 부끄러운데 |
| 晩歲益可羞, | 만년에 이르러서 더욱 부끄럽나니 |

| | |
|---|---|
| 犯雪方南奔. | 한창 눈을 맞으며 남쪽으로 달려가네. |
| 山城買廢圃, | 산성에다 황폐한 채마밭을 사 두고 |
| 槁葉手自掀. | 내 손으로 마른 잎을 솎아 내어서 |
| 長使齊安人,[11] | 길이길이 제안 고을 사람들로 하여금 |
| 指說故侯園.[12][13] | 옛 제후의 정원이라 말하게 하고 싶네. |

其二

| | |
|---|---|
| 鉛膏染髭鬚,[14][15] | 염색약으로 수염을 물들여 봐야 |
| 旋露霜雪根. | 눈서리 맞은 뿌리가 금방 다시 드러나니 |
| 不如閉目坐, | 눈을 감고 가만히 앉아 있으면 |
| 丹府夜自暾.[16] | 마음속이 밤중에도 절로 따스함만 못하리. |
| 誰知憂患中, | 그 누가 알리오 우환 중에도 |
| 方寸寓羲軒.[17][18] | 한 치짜리 심장에 복희와 헌원이 깃든 줄을? |
| 大雪從壓屋, | 큰 눈이 지붕을 짓누르게 놓아두라 |
| 我非兒女萱.[19] | 이 몸은 아녀자의 원추리가 아니니. |
| 平生學踵息,[20] | 평소에 발꿈치 호흡법을 배운지라 |
| 坐覺兩鞾溫.[21] | 앉아 있으니 두 등자가 따뜻해진다. |
| 下馬作雪詩, | 말에서 내려 눈에 관한 시를 지으니 |
| 滿地鞭箠痕. | 온 땅에 가득히 채찍 자국 나 있다. |
| 佇立望原野, | 우두커니 우뚝 서서 들판을 바라보며 |
| 悲歌爲黎元. | 백성들로 인하여 슬픈 노래 부른다. |
| 道逢射獵子, | 길에서 달려오는 사냥꾼을 만났더니 |
| 遙指狐兎奔. | 저 멀리로 여우 토끼 달아난 곳 가리킨다. |
| 蹤跡尙可原, | 그놈들의 발자취야 찾아갈 수 있겠지만 |
| 窟穴何足掀.[22] | 굴까지 파헤칠 필요야 뭐 있으리? |
| 寄謝李丞相,[23][24] | 그 옛날의 이승상께 말 전하노니 |
| 吾將反丘園. | 나는 장차 고향으로 돌아갈 것이외다. |

**[해설]**

황주로 가는 도중 채주를 지날 때 눈을 만난 감회를 노래한 것이다. 제1수에서는 눈 내린 고향 집의 정경을 떠올리면서 현재의 자기 처지를 한탄하고 아울러 황주에 가면 한 사람의 농부로 살고 싶은 소망을 노래했고, 제2수에서는 도가적 수양을 통해 상당히 안정된 심경이 된 채 고향으로 돌아가 욕심 없이 살고 싶은 소망을 노래했다.

**[주석]**

(1) 蔡州(채주): 지금의 하남성 汝南.

(2) 子由(자유): 소식의 동생 蘇轍의 字.

(3) 朝暾(조돈): 아침 해. 새하얀 설원 위에 눈부시게 떠오르는 아침 해를 가리킨다.

(4) 浮光(부광): 수면이나 물체의 표면에서 반사되는 빛.

(5) 南軒(남헌): 소식의 고향 집에 있던 건물. 《東坡志林·夢南軒》에 "남헌은 돌아가신 선친께서 '내풍헌'이라고 명명하신 것이다(南軒, 先君名之曰: '來風'者也)"라고 했다.

(6) 三徑(삼경): 은거지의 정원을 가리킨다. 《三輔決錄·逃名》에 "한나라 때 두릉의 蔣詡는 연주태수가 되었으나 왕망이 섭정하게 되자 병을 빙자하여 관직을 그만두고 고향집에 틀어박혀 문밖으로 나가지 않았다. 그는 집 안에 있는 대밭 아래에 오솔길 세 갈래를 내었는데 양중·구중만이 그를 따라다니며 놀았다. 양중·구중 두 사람은 모두 청렴결백하고 공명을 멀리하는 사람들이었다(漢杜陵蔣詡元卿爲兗州太守, 王莽居攝, 以病免官, 居鄕里, 臥不出戶. 於舍中竹下開三徑, 惟羊仲·求仲從之遊. 二仲皆挫廉逃名之士)"라고 했고, 陶淵明의 〈歸去來辭〉에 "세 갈래 오솔길은 황폐해 가도, 소나무와 대나무가 아직 남았네(三徑就荒, 松竹猶存)"라고 했다.

(7) 井花(정화): 井華水. 이른 새벽에 막 길어 온 우물물. 이 연은 남방에 있는 자기 고향은 이맘때쯤이면 이미 날씨가 상당히 따뜻하다는 말이다.

(8) 履舃痕(이석흔): 신발 자국. 孟郊의 시 〈送李翺習之〉에 "어릴 적에 다녔던 나막신 자국, 아직도 남은 곳이 틀림없이 있으리(小時屐齒痕, 有處應未銷)"라는 구절이 있다.

(9) 從仕(종사): 벼슬살이하다.

(10) 李仲元(이중원): 《揚子法言·淵騫篇》에 "어떤 사람이 '그대는 촉지방 사람이니 사람을 좀 추천해 주십시오'라고 하자 '이중원이라는 사람이 있는데 훌륭한 사람입니다'라고 했다. '그의 위인은 어떠합니까?' '자기 뜻을 굽히지 않고 자기 몸에 누를 끼치지 않습니다.' '伯夷나 柳下惠와 같은 사람입니까?' '백이도 아니고 유하혜도 아니며, 그렇다고도 할 수 있고 그렇지 않다고도 할 수 있는 중간쯤 되는 사람입니다.'……'중원은 세상의 스승입니다'(或問: '子蜀人也, 請人.' 曰: '有李仲元者, 人也.' '其爲人也, 奈何?' 曰: '不屈其意, 不累其身.' 曰: '是夷惠之徒歟?' 曰: '不夷不惠, 可否之間也.'……'仲元世之師也.')"라는 말이 있다. 촉지방 사람으로서 벼슬에 뜻을 두지 않은 사

람을 가리킨다.

(11) 齊安(제안): 黃州의 다른 이름.

(12) 指說(지설): 손가락으로 가리키면서 말하다.

(13) 故侯園(고후원): 東陵侯의 정원을 가리킨다. 《三輔黃圖·都城十二門》에 "광릉 사람 소평은 진나라 때의 동릉후였는데, 진나라가 망한 뒤에는 평민이 되어 청문 밖에다 오이를 심었더니 그 오이가 맛이 좋아서 당시 사람들이 '동릉과'라고 했다(廣陵人邵平爲秦東陵侯, 秦破, 爲布衣, 種瓜靑門外, 瓜美, 故時人謂之'東陵瓜')"라는 일화가 있다. 나중에는 동릉과를 고후과라고도 했다.

(14) 鉛膏(연고): 머리 염색약.

(15) 髭鬚(자수): 수염.

(16) 丹府(단부): 일편단심. 마음. 《文選》에 수록된 陸機의 〈辯亡論〉에 "선비를 맞아들일 때에는 덕 있는 儀禮를 다 베풀었고, 어진 이와 친하려고 할 때에는 일편단심의 애정을 모두 바쳤다(接士盡盛德之容, 親仁罄丹府之愛)"라는 말이 있는데, 劉良의 주에 "'단부'는 일편단심을 말한다(丹府, 謂赤心也)"라고 했다.

(17) 方寸(방촌): 사방 한 치 되는 것. 심장 즉 마음을 가리킨다.

(18) 羲軒(희헌): 태곳적의 황제인 伏羲氏와 軒轅氏. 태평성대를 가리킨다. 陶淵明의 〈與子儼等疏〉에 "오뉴월에 북쪽 창문 밑에 누워서 언뜻언뜻 불어오는 시원한 바람을 맞으며 자신을 일컬어 희황상인(욕심 없이 초연하게 산 복희씨 이전의 태곳적 사람이라는 뜻)이라고 했다(五六月中, 北窗下臥, 遇涼風暫至, 自謂是羲皇上人)"라고 했다.

(19) 兒女萱(아녀훤): 孟郊의 시 〈百憂〉에 "원추리는 아녀자의 근심을 없애는 꽃, 장사들의 근심은 풀지 못하네(萱草女兒花, 不解壯士憂)"라는 구절이 있는바, 맹교는 원추리가 아녀자들의 근심을 풀어 주는 풀이라고 여겼는데, 소식의 이 시에서는 원추리를 아녀자들이 좋아하는 연약한 풀이라는 뜻으로 사용되었다.

(20) 踵息(종식): 발꿈치를 이용한 숨쉬기. 느리고 깊게 호흡하는 도가의 수련법이다.

(21) 鞥(등): 鐙子. 말등자. 말을 타고 앉아 두 발로 디디게 되어 있는 물건. 안장에 달아 말의 양쪽 옆구리로 늘어뜨린다. 《漢語大字典》(四川辭書出版社·湖北辭書出版社, 1993年 1月 初版)에 "'鐙'과 같다. 말안장 양쪽의 디딤장치이다(同鐙. 馬鞍兩邊的脚踏)"라고 했다.

(22) 掀(흔): 파헤치다. '鍁'과 같다. 이 연은 사냥꾼에게 여우와 토끼의 발자국을 따라가 그것들의 굴까지 파헤치고 거기에 있는 여우와 토끼를 모조리 소탕할 정도로 잔인하게 굴 것은 없다고 당부한 말로, 조정에서 자신을 사형에 처하거나 자기 주변 인물들에게 더 이상 가혹하게 굴지 않은 것을 불행 중 다행으로 여기며 자위한 것이다.

(23) 寄謝(기사): 전하다. 알리다.

(24) 李丞相(이승상): 秦나라 승상 李斯를 가리킨다. 그는 上蔡 즉 채주 사람이었다. 《사기·이사전》에 "이사가 감옥에서 끌려 나와 그의 차남과 함께 묶여 있을 때 차남을 돌아보며 말하기를, '너와 함께 다시 한 번 누런 개를 끌고 상채(즉 채주)의 동문을 나가 꾀 많은 토끼를 쫓고 싶지

만 어찌 그럴 수 있겠느냐?'라고 했다(斯出獄, 與其中子俱執, 顧謂其中子曰: '吾欲與若復牽黃犬, 俱出上蔡東門逐狡兎, 豈可得乎?')"라는 기록이 있다. 이 연은 이 고을 출신인 이사의 일을 상기하며 적시에 물러나지 않아 화를 당한 이사와 달리 자신은 여기서 은퇴를 결행할 것이므로 그보다 현명하다고 우스갯소리를 한 것이다.

## 0672. 過新息[1]留示鄕人任師中[2]

신식을 지나가다 고향 사람 임사중에게 남겨서 보여 드린다

| | |
|---|---|
| 昔年嘗羨任夫子, | 옛날에 임선생이 신식에 집을 정해 |
| 卜居新息臨淮水.[3] | 회수 가에 사는 것을 부러워했었나니 |
| 怪君便爾忘故鄕,[4] | 선생이 쉬이 고향을 잊은 걸 의아하게 여겼는데 |
| 稻熟魚肥信淸美. | 벼가 여물고 고기가 살져 참으로 청아하고 아름답군요. |
| 竹陂雁起天爲黑,[5] | 대나무 비탈에 기러기 날아 하늘이 어둑해지려 하고 |
| 桐柏烟橫山半紫.[6] | 동백묘에 안개가 걸려 산이 반쯤 보랏빛이니 |
| 知君坐受兒女困,[7] | 선생이 아녀자에게 곤욕을 당해 |
| 悔不先歸弄淸泚.[8] | 그러기 전에 일찍 돌아가 맑은 물에서 |
| | 물장난이나 치지 않은 걸 후회하는 줄 알겠네요. |
| 塵埃我亦失收身,[9] | 저도 역시 티끌 속에서 발을 뺄 기회를 놓쳐 |
| 此行蹭蹬尤可鄙.[10] | 이번 걸음이 비틀비틀 더욱 초라하나니 |
| 寄食方將依白足,[11] | 발이 하얀 스님에게 얹혀살려 하는 터라 |
| 附書未免煩黃耳.[12] | 황이에게 부탁해 편지를 부치지 않을 수가 없겠지요. |
| 往雖不及來有年,[13] | 지난 일은 어쩌지 못해도 미래엔 좋은 때 있을 터 |
| 詔恩儻許歸田里.[14] | 전원으로 돌아가는 것 성은이 허락하면 |
| 却下關山入蔡州,[15] | 다시 산에서 내려와 채주로 들어가려고 |
| 爲買烏犍三百尾.[16] | 털이 검은 물소를 삼백 마리 사겠어요. |

**[해설]**

황주 유뱃길에 신식현을 지나가다 동향인으로 부친의 친구이기도 한 임급의 집에 들러 그를 위로함과 동시에 자신의 신세를 하소연했다. 제목으로 보건대 임급은 당시 집에 있지 않았던 것으로 보인다.

**[주석]**

(1) 新息(신식): 지금의 하남성 息縣으로 당시 蔡州의 속현이었다. 《太平寰宇記》에 "신식현은 채주에서 동남쪽으로 150리 되는 곳에 있는데 회수가 서쪽에서 유입하여 이 현의 남쪽으로 지나간다(新息縣, 在蔡州東南一百五十里, 淮水自西流入, 經縣南)"라고 했다.

(2) 師中(사중): 소식의 동향 사람인 任伋의 字. 秦觀의 〈濾州使君任公墓表〉에 "임공은 이름이 급이고 자가 사중이며 미주 미산 사람이다.……그의 형 임자와 함께 연달아 진사에 급제하여 당시에 이름이 났기 때문에 미주 사람들이 그들을 존경하여 이임이라고 불렀는데 소순 선생이 특히 그들과 잘 지냈다(任公, 諱伋, 字師中, 眉州眉山人.……與其兄孜, 相繼擧進士中第, 知名於時, 眉人敬之, 號二任, 而蘇先生洵, 尤與厚善)"라고 했다. 소철의 〈黃州師中庵記〉에 "사중은 성이 임씨이고 이름이 급인데 대대로 미산에서 살았으며 우리 선친의 친구였다.……처음에는 신식현령을 지냈으나 그곳 백성들이 자기를 좋아한다는 사실을 알고 땅을 사서 그곳에 살았다(師中, 姓任氏, 諱伋, 世家眉山. 吾先君子之友人也.……始爲新息令, 知其民之愛, 買田而居)"라고 했고, 소식의 자주에 "임씨는 당시 노주지주였는데 그도 역시 이번 일에 연루되어 심리를 받았다(任時知濾州, 亦坐事對獄)"라고 한 것을 보면 임급의 가족은 당시 신식에 살고 있었음을 알 수 있다.

(3) 淮水(회수): 회하. 신식현의 남쪽으로 지나간다.

(4) 便爾(편이): 쉬이. 가볍게.

(5) 竹陂(죽피): 소식의 자주에 "작은 대나무 비탈이 현의 북쪽에 있었다(小竹陂在縣北)"라고 했다.

(6) 桐柏(동백): 소식의 자주에 "동백묘가 현의 남쪽에 있었다(桐柏廟在縣南)"라고 했다. 동백산에 있던 사당인 것으로 보인다. 이 연에 대하여 紀昀의 《蘇文忠公詩集》에 "'竹陂' 이하의 두 구절은 임씨의 옥사를 빗대어 말한 것으로 기러기와 안개를 소인배에 비유했다. 그러나 표현이 그다지 빼어나지는 않다('竹陂'二句, 寓言任之獄事, 以雁與烟比小人也, 然其言不甚警切)"라고 했는데, 이 구절을 굳이 임급의 옥사와 관련 지어 읽는 것보다 신식 고을의 아름다운 풍경을 묘사한 것으로 읽는 편이 더 나을 듯하다. 이렇게 읽으면 이 연은 묘사가 아주 멋지다고 할 수 있다.

(7) 兒女困(아녀곤): 《史記·淮陰侯傳》에 "여후가 무사에게 한신을 포박하라고 하자 한신이 '괴통의 계책을 따르지 않아 아녀자의 농간에 넘어간 것이 후회스럽다'라고 했다(呂后使武士縛信, 信曰: '吾悔不用蒯通之計, 乃爲兒女子所詐.')"라는 기록이 있다. 임급은 노주지주로 재임 중이던 원풍 2년(1079) 1월에 羅苟村의 夷賊을 병력으로 토벌해야 한다는 梓州路轉運判官 程之才의 주장에 맞서서 그들을 회유해야 한다고 주장하다가 정지재에게 탄핵받아 감옥에 갇혔다.(《續資治通

鑑長編·元豊二年春正月》 참조)

(8) 弄清泚(농청차): 맑은 물을 가지고 장난치다. 산수에 은거하는 것을 가리킨다.

(9) 收身(수신): 관계에 매인 몸을 거두어 전원에서 은거한다는 말이다.

(10) 蹭蹬(층등): 비틀거리는 모양.

(11) 白足(백족): 《高僧傳》에 "석담시는 진나라 무제 때 사람인데 발이 얼굴보다 희었기 때문에 당시 사람들이 백족화상이라고 불렀다. 스님을 백족이라고 부르는 것은 아마도 여기서 비롯되었을 것이다(釋曇始者, 晉武時人, 足白於面, 時稱爲白足和尙. 謂僧爲白足, 蓋始於此)"라고 했다. 나중에는 고승을 뜻하는 말로 쓰이게 되었다.

(12) 黃耳(황이): 陸機에게는 黃耳라는 명견이 한 마리 있었다. 고향 집에서 오랫동안 소식이 없는지라 육기가 대나무 통에 편지를 넣어 황이의 목에 매달아 주었더니 황이가 육기의 고향 집으로 달려가서 편지를 전하고 답장을 받아 왔다.(《진서·육기전》 참조) 이 구절은 자신이 편지도 부치기 힘든 외진 곳에 살 것이라는 말이다.

(13) 有年(유년): 풍년이 들다. 좋은 때가 있다. 陶淵明의 〈歸去來辭〉에 "지난 일을 되돌릴 수 없는 줄을 알지만, 내일도 추구할 만한 줄 안다네(悟已往之不諫, 知來者之可追)"라는 구절이 있다.

(14) 詔恩(조은): 천자의 은혜.

(15) 關山(관산): 관문 부근의 험악한 산. 〈梅花二首〉(0676)에 대한 馮應榴 《蘇軾詩集合注》의 주에 "《일통지》에 '마성현에는 호두관·황토관·목릉관·백사관·대성관 등의 다섯 관문이 있다'라고 했으니 바로 선생의 시에서 말한 관산임에 틀림없다(《一統志》: '麻城縣有虎頭·黃土·木陵·白沙·大城五關'. 當卽先生詩所云關山也)"라고 했고, 王十朋의 《百家註分類東坡先生詩》에 "관산은 바로 채주에서 황주로 갈 때 거쳐 가는 길이다(關山則自蔡州所經由來黃州路)"라고 했다. 이 연은 언젠가 자신이 지금 가고 있는 길을 되돌아와 채주의 신식현에서 임금과 함께 농사를 짓고 싶다는 말이다.

(16) 烏犍(오건): 털이 검은 물소. 소식의 자주에 "황주에는 물소가 난다(黃州出水牛)"라고 했거니와, 물소는 주로 경작용이나 운반용으로 쓰인다.

# 0673. 過淮[1]

회수를 건너

| | |
|---|---|
| 朝離新息縣,[2] | 아침에 신식현을 떠나올 적에 |
| 初亂一水碧.[3] | 처음으로 푸른 강을 가로질러 건넜는데 |
| 暮宿淮南村, | 저녁에 회수 남쪽 마을에서 묵을 때는 |
| 已度千山赤. | 붉은 산 천 개를 이미 넘어왔구나. |
| 麏鼯號古戍,[4] | 노루와 날다람쥐가 옛 수루에서 울부짖고 |
| 霧雨暗破驛. | 안개비로 허물어진 역참이 어둑한데 |
| 回頭梁楚郊,[5] | 양나라와 초나라의 교외를 돌아보니 |
| 永與中原隔.[6] | 중원 땅과 아득히 떨어졌구나. |
| 黃州在何許,[7] | 황주가 어디 있나? |
| 想像雲夢澤.[8] | 머릿속에 운몽택을 상상하누나. |
| 吾生如寄耳, | 우리네 인생이란 하숙생과 같은지라 |
| 初不擇所適. | 본래부터 갈 곳을 안 가리는 법 |
| 但有魚與稻, | 오로지 물고기와 벼만 있으면 |
| 生理已自畢.[9] | 생계가 이미 절로 갖추어진 셈이리. |
| 獨喜小兒子,[10] | 특별히 기쁜 것은 어린 아들이 |
| 少小事安佚. | 어릴 때는 편안하게 노는 것을 일삼더니 |
| 相從艱難中, | 어려운 시기에 나를 따라와서는 |

肝肺如鐵石.(11) 간과 허파가 쇠와 돌처럼 단단해진 것이라
便應與晤語,(12) 마주 앉아 이야기를 나누게 될 터이니
何止寄衰疾.(13) 어찌 쇠약한 이 몸을 의지하는 데 그치리?

**[해설]**

황주 유뱃길에 회하를 건너 남쪽으로 가서 하룻밤 묵을 때의 감회를 노래한 것이다. 인생무상에 대한 깨달음을 바탕으로 낯선 땅으로 유배 가는 격절감과 고독감을 극복하고 애써 초연하고 의연하게 살려는 의지를 다지고 있다.

**[주석]**

(1) 淮(회): 회수. 회하.
(2) 新息(신식): 지금의 하남성 息縣. 〈過新息留示鄕人任師中〉(0672) 주 (1) 참조.
(3) 亂(난): 강을 가로질러 건너다.
(4) 麏鼯(균오): 노루와 날다람쥐.
(5) 梁楚(양초): 《元和郡縣志》에 "채주는 칠국 때 위나라에 속했고……신식현은 본래 식후국이었는데 초나라에게 멸망당했다(蔡州, 七國時屬魏……新息縣, 本息侯國, 爲楚所滅)"라고 한 바와 같이 이 일대는 위나라 즉 양나라에 속하기도 하고 초나라에 속하기도 했다.
(6) 中原(중원): 넓게는 황하 유역을 두루 가리키고 좁게는 지금의 하남성 일대를 가리키는데, 여기서는 후자의 의미로 쓰였다. 이 연은 자신이 조정에서 멀어져 가는 격절감을 토로한 것이다.
(7) 黃州(황주): 지금의 호북성 黃岡市 黃州區. 소식이 유배 가는 곳이다.
(8) 雲夢澤(운몽택): 동정호를 중심으로 지금의 호남성과 호북성에 걸쳐 있던 넓은 늪. 杜牧의 시 〈憶齊安郡〉에 "평소에 충분하게 잠을 잤던 곳, 운몽택 남쪽의 고을이었네(平生睡足處, 雲夢澤南州)"라는 구절이 있는데, 두목 시의 제목에서 말한 '齊安'은 바로 황주의 다른 이름이다.
(9) 生理(생리): 살아가는 길. 생계.
(10) 小兒子(소아자): 어린 아들. 장남 蘇邁를 가리킨다. 소식의 자주에 "당시 가족은 자유가 있는 곳에 있고, 아들 매만 데리고 남쪽으로 왔다(時家在子由處, 獨與兒邁南來)"라고 했다.
(11) 肝肺(간폐): 간과 허파. 내심을 가리킨다.
(12) 晤語(오어): 얼굴을 마주하고 이야기하다.
(13) 衰疾(쇠질): 쇠약하고 병들다. 이상의 여섯 구절은 철없던 아들이 이제 매우 의젓해져서 육체적으로뿐만 아니라 정신적으로도 크게 의지가 된다는 말이다.

# 0674. 書麐公[1]詩後幷引

논공의 시를 읽은 감회를 노래한 시와 그 서문

過加祿鎭[2]南二十五里大許店[3], 休馬於逆旅祁宗祥[4]家. 見壁上有幅紙題詩云: "滿院秋光濃欲滴, 老僧倚杖青松側. 只怪高聲問不贋, 嗔余踏破蒼苔色." 其後題云: "滏水[5]僧寶麐[6]". 宗祥謂余: "此光黃[7]間狂僧也. 年百三十, 死於熙寧十年, 旣死, 人有見之者." 宗祥言其異事甚多. 作是詩以識之. 麐公本名淸戒, 俗謂之戒和尙云.(가록진에서 남쪽으로 25리 되는 곳에 있는 대허점을 지나갈 때 여관 주인 기종상의 집에서 말을 쉬게 했는데, 그 집 벽에 붙어 있는 한 폭짜리 종이에 "뜨락에 찬 가을 빛이 뚝뚝 들을 듯 농염한데, 늙은 중이 푸른 솔 옆에 지팡이 짚고 서 있다. 큰 소리로 물어봐도 대꾸가 없어 괴이해하자니, 푸른 이끼 발로 밟아 망친다며 화를 낸다"라고 써 놓은 시를 보았다. 그 뒤에 "부수 승려 보논"이라고 적혀 있었다. 기종상이 나에게 "이 사람은 광주와 황주 일대에 사는 미친 스님입니다. 나이 백삼십 살로 희령 10년(1077)에 죽었는데 죽고 난 뒤에도 그를 본 사람이 있습니다"라고 했다. 기종상이 그에게 기이한 일이 아주 많다고 하기에 이 시를 지어서 기록한다. 논공은 본명이 청계이기 때문에 세상 사람들이 그를 계화상이라고 부른다.)

| | |
|---|---|
| 麐公昔未化,[8] | 옛날에 논공이 화하지 않았을 때 |
| 來往淮山曲.[9] | 회수 가의 산굽이를 왔다 갔다 했거니와 |
| 壽逾兩甲子,[10] | 나이가 두 갑자도 더 되었으니 |
| 氣壓諸尊宿.[11] | 기세가 고승들을 압도했겠다. |
| 但嗟濁惡世, | 혼탁하고 고약한 세상을 탄식할 뿐 |
| 不受龍象蹴.[12] | 용이나 코끼리에게 차이지 않았는데 |
| 我來不及見, | 내가 여기 왔을 때는 그가 이미 안 보여 |
| 悵望空遺躅.[13] | 하나 남긴 흔적만 슬프게 바라본다. |
| 霜顱隱白毫,[14][15] | 서리 맞은 머리에는 백호가 숨어 있고 |
| 鎖骨埋青玉.[16][17] | 쇠사슬뼈가 푸른 옥에 파묻혀 있었나니 |
| 皆云似達摩,[18] | 모두들 말하기를 달마를 닮아 |
| 隻履還西竺.[19] | 신발 한 짝 손에 들고 천축으로 갔다 한다. |

| | |
|---|---|
| 壁間餘淸詩, | 벽 위에 청아한 시를 한 수 남겼는데 |
| 字勢頗拔俗.[20][21] | 필치가 무척이나 초연한지라 |
| 爲吟五字偈,[22] | 다섯 자짜리 게송을 한 수 지어서 |
| 一洗凡眼肉.[23][24] | 범속한 눈의 어두움을 일소하련다. |

**[해설]**

소식은 가록진에서 남쪽으로 25리 되는 곳에 있는 대허점을 지나갈 때 여관 주인 기종상의 집 벽에 보논스님의 시가 붙어 있는 것을 보았다. 그것은 자신이 무르익은 가을빛에 정신이 팔려 있을 때 늙은 스님은 오히려 파란 이끼가 망가질 것을 걱정했다는 선문답 같은 경험을 시로 승화시킨 것이었다. 소식의 이 시는 보논스님의 시를 보고, 또 기종상에게서 그에 관한 이야기를 전해 듣고, 격식에 얽매이지 않은 그의 진정한 도심을 칭송한 것이다. 진정한 도심을 지녔으면서도 보통 스님과 다른 길을 갔다는 이유로 '미친 스님'이라는 소리를 들은 보논스님에게서 자신의 모습을 발견했을 법하다.

**[주석]**

(1) 黁公(논공): 보논스님을 가리킨다. 주 (6) 참조.
(2) 加祿鎭(가록진): 지명. 정확한 위치는 알려져 있지 않다.
(3) 大許店(대허점): 祁宗祥이 운영한 客店 이름인 것으로 보인다.
(4) 祁宗祥(기종상): 구체적인 행적이 알려져 있지 않다.
(5) 滏水(부수): 강 이름.
(6) 寶黁(보논): 승려 이름.
(7) 光黃(광황): 광주와 황주. 광주는 황주의 바로 북쪽이었다.
(8) 化(화): 죽는 것을 가리킨다. 소식은 죽기 전에 아들들에게 "나는 평생 악한 짓을 하지 않았으니 죽어서 틀림없이 지옥에 떨어지지 않을 것이다. 제발 통곡하여 형체가 변하는 것을 슬퍼하지 말아라(吾生無惡, 死必不墜. 愼無哭泣以怛化)"라고 한 바와 같이, 죽는 것을 '형체가 변하는 것'이라고 생각했다.
(9) 淮山(회산): 회수 부근에 있는 일반적인 산을 가리킨다.
(10) 甲子(갑자): 60년을 뜻한다.
(11) 尊宿(존숙): 나이가 많고 덕망이 높은 고승.
(12) 龍象(용상): 물속에서는 용의 힘이 가장 세고 육지에서는 코끼리의 힘이 가장 세기 때문에 불교에서 가장 용맹스럽게 수행하는 아라한을 가리킨다. 이 구절은 논공이 정식으로 불교적 수행을

받아들이지는 않고 파계승 노릇만 했다는 뜻인 듯하다.

(13) 空遺躅(공유촉): 오로지 남긴 자취. 서문에서 말한 보논의 시를 가리키는 것으로 보인다.

(14) 霜顱(상로): 백발.

(15) 白毫(백호): 부처의 두 눈썹 사이에 있는 희고 빛나는 가는 터럭. 이 광명이 무량세계를 비춘다고 한다. 이 구절은 논공이 죽기 전에 부처의 경지에 이르렀었다는 말이다.

(16) 鎖骨(쇄골): 鎖子骨. 온몸의 뼈가 쇠사슬처럼 연결되어 있다는 뜻으로, 이러한 보살을 鎖骨觀音이라고 한다. 수행이 깊은 사람의 뼈를 가리킨다. 《格致鏡原 · 身體類二》에 인용된 《鄴侯外傳》에 "이필은 도인법을 실시할 때마다 뼈마디에서 온통 잘그락잘그락 소리가 났기 때문에 사람들이 쇄자골이라고 했다(李泌每導引, 骨節皆珊然有聲, 時人謂之鎖子骨)"라는 말이 있다.

(17) 青玉(청옥): 《世說新語 · 傷逝》에 "유문강이 죽었을 때 하양주가 장례식에 참석하여 말하기를 '흙 속에 옥 나무를 묻는데 감정이 어떻게 없을 수 있겠는가?'라고 했다(庾文康亡, 何揚州臨葬云: '埋玉樹於土中, 使人情何能已.')"라는 말에서 비롯되어, 나중에는 다른 사람의 신체를 '청옥'이라고 부르게 되었다.

(18) 達摩(달마): 양나라 때의 승려. 중국 선종의 시조로 반야다라에게 불법을 배워 大乘禪을 제창했는데 그가 죽었을 때 熊耳山 吳城에 장사 지냈다. 3년 뒤에 魏나라 사자 宋雲이 서역에서 돌아오다가 葱嶺에서 달마를 보았는데, 손에 신발 한 짝을 들고 혼자 걸어가며 西天으로 돌아간다고 했다. 송운에게서 이 이야기를 들은 孝莊帝가 사람을 보내 탑을 헐고 관을 열어 보게 했더니 신발이 한 짝만 들어 있었다.(王十朋, 《百家註分類東坡先生詩》 참조)

(19) 西竺(서축): 서역에 있는 天竺이라는 뜻으로 천축을 가리킨다.

(20) 字勢(자세): 원래 筆勢를 가리키지만, 여기서는 文勢 또는 筆致를 가리킨다.

(21) 拔俗(발속): 脫俗하다. 세속을 초월하다.

(22) 偈(게): 불경 중에서 부처의 공덕과 교리를 찬송한 노랫말. 梵語 '偈佗(Gatha)'의 약칭으로 '偈頌'이라고도 한다. 1게는 대개 네 구절로 이루어져 있다. 흔히 불교도가 지은 빼어난 시를 가리키기도 하는바, '五字偈'는 자신의 이 시를 가리킨다.

(23) 一洗(일세): 완전히 쓸어 없애다. 一掃하다.

(24) 凡眼肉(범안육): 범속한 사람의 안목이 지닌 肉眼的 속성. 육안이란 불교에서 말하는 五眼 가운데 하나로 육신의 눈, 즉 가시적인 것만 볼 수 있는 凡人의 눈을 가리킨다. 육안은 가까이 있는 것만 보고 멀리 있는 것은 못 보며, 앞에 있는 것만 보고 뒤에 있는 것은 못 보며, 밝은 것만 보고 어두운 것은 못 본다.

# 0675. 游淨居寺[1]幷敍

정거사에서 노니는 감회를 노래한 시와 그 서문

淨居寺, 在光山縣[2]南四十里大蘇山[3]之南・小蘇山[4]之北. 寺僧居仁[5]爲余言: "齊天保[6]中, 僧惠思[7]過此, 見父老, 問其姓, 曰蘇氏, 又得二山名. 乃歎曰: '吾師告我, 遇三蘇則住.' 遂留結庵. 而父老竟無有, 蓋山神也. 其後僧智顗[8]見思於此山而得法焉, 則世所謂思大和尙[9]・智者大師[10]是也. 唐神龍[11]中, 道岸禪師[12]始建寺於其地. 廣明[13]庚子[14]之亂, 寺廢於兵火, 至乾興[15]中乃復, 而賜名曰梵天[16]云."(정거사는 광산현에서 남쪽으로 40리 되는 곳의 대소산 남쪽, 소소산 북쪽에 있다. 이 절의 거인스님이 나에게 "북제 천보(550-559) 연간에 혜사스님이 이곳을 지나가다 한 노인을 만나 성을 물었더니 소씨라고 하고 또 두 산의 이름에도 '소'자가 들어 있었다. 이에 감탄하여 '나의 스승께서 내게 길을 가다가 "소"자를 셋 만나거든 거기에 머물라고 하셨지'라고 하며 마침내 여기에 머물러 암자를 지었습니다. 그런데 그 노인은 끝내 존재하지 않았으니 아마도 산신이었나 봅니다. 그 뒤에 지의스님이 이 산에서 혜사스님을 만나 불법을 터득하였으니 이분들이 바로 세상에서 말하는 사대화상과 지자대사입니다. 당나라 신룡(705-707) 연간에 도안선사가 처음으로 이 땅에 절을 지었는데, 광명(880-881) 연간의 경자지란 때 병화로 인하여 절이 소실되었고, 건흥(1022) 연간에 다시 복구되어 범천사라는 이름을 하사받았습니다"라고 했다.)

| | |
|---|---|
| 十載遊名山,[17] | 십 년 동안 명산을 유람하느라 |
| 自製山中衣. | 산속에서 입을 옷을 손수 지어 입었나니 |
| 願言畢婚嫁,[18] | 아들딸 시집 장가 다 보낸 뒤에 |
| 攜手老翠微.[19] | 손 잡고 청산에서 늙고 싶을 뿐인데 |
| 不悟俗緣在, | 세속과의 인연이 남아 있는 줄 몰라 |
| 失身蹈危機. | 몸을 가누지 못하고 위기를 밟았나니 |
| 刑名非夙學,[20] | 일찍이 형명학을 배운 적이 없는지라 |
| 陷穽損積威.[21] | 함정에 빠져 위세가 점점 약해졌도다. |
| 遂恐生死隔, | 결국에는 생사의 갈림길에서 |
| 永與雲山違.[22] | 영원히 구름산과 어긋날까 겁냈는데 |

| | |
|---|---|
| 今日復何日,[23] | 오늘은 또 무슨 즐거운 날이기에 |
| 芒鞋自輕飛. | 짚신 신고 나 혼자 훨훨 날아다니는가? |
| 稽首兩足尊,[24] | 두 가지가 충족한 세존께 머리 조아리고 |
| 擧頭雙涕揮. | 고개 들어 두 줄기의 눈물을 뿌리니 |
| 靈山會未散,[25] | 영산회가 아직도 끝나지 않았는지 |
| 八部猶光輝.[26] | 팔부중이 여전히 번쩍번쩍 빛을 낸다. |
| 願從二聖往,[27] | 혜사스님 지의스님 두 성인을 따라가 |
| 一洗千劫非. | 천겁의 잘못을 말끔히 씻고 싶어 |
| 徘徊竹溪月,[28] | 대밭 속 개울가의 달 아래서 배회하니 |
| 空翠搖烟霏. | 푸른 하늘에 안개가 하늘거린다. |
| 鐘聲自送客, | 종소리가 스스로 나그네를 전송하여 |
| 出谷猶依依.[29] | 계곡에서 나왔건만 아직 자꾸 울린다. |
| 回首吾家山,[30] | 고개 돌려 집안 산을 바라보나니 |
| 歲晚將焉歸. | 해 저문데 어디로 돌아가려 하는가? |

**[해설]**

황주로 귀양 가는 도중 광산현에 있는 정거사에서 노닌 차분하고 담담한 기분을 노래한 것이다. 산속으로 들어가 조용히 은거하고 싶은 심경이 강하게 드러나 있다.

**[주석]**

(1) 淨居寺(정거사): 《名勝志》에 "정거산은 광산 서남쪽에 있는데 산 위에 정거사가 있다(淨居山, 在光山西南, 山上有淨居寺)"라고 했다.

(2) 光山縣(광산현): 지금의 하남성 광산현.

(3) 大蘇山(대소산): 하남성 商城縣 동남쪽에 있는 산. 일명 灌山이라고도 한다.(魏嵩山 主編, 《中國歷史地名大辭典》, 廣東教育出版社, 1995년 제1판, 44쪽 참조)

(4) 小蘇山(소소산): 정거산의 남쪽에 있는 산.

(5) 居仁(거인): 정거사에 있던 스님.

(6) 天保(천보): 북제 文宣帝의 연호(550-559).

(7) 惠思(혜사): 승려 이름.

(8) 智顗(지의): 승려 이름. 《續高僧傳》에 "지의는 자가 덕안이고 속성이 진씨이다. 열여덟 살에 상

주 과원사로 출가했다가 나중에 광주 대소산의 혜사선사에게 가서 수업했는데, 혜사선사가 매번 '옛날에 靈鷲山에서 함께 《법화경》 강론을 들었는데 이제 또 왔구나' 하고 감탄했다(智顗, 字德安, 姓陳氏. 年十八投相州果願寺出家, 後詣光州大蘇山惠思禪師受業. 思每歎曰: '昔在靈山同聽《法華》, 今復來矣.')"라고 했다.

(9) 思大和尙(사대화상): 혜사선사를 가리킨다.

(10) 智者大師(지자대사): 지의대사를 가리킨다.

(11) 神龍(신룡): 당나라 중종의 연호(705-707).

(12) 道岸禪師(도안선사): 승려 이름.

(13) 廣明(광명): 당나라 희종의 연호(880-881).

(14) 庚子(경자): 광명 원년(880)을 가리킨다. '廣明庚子之亂'은 黃巢의 난을 가리킨다.

(15) 乾興(건흥): 북송 진종의 연호(1022).

(16) 梵天(범천): 절 이름.

(17) 十載(십재): 소식이 도성을 떠나 杭州通判으로 부임한 희령 4년(1071)부터 이 시를 지은 원풍 3년(1080)까지의 약 10년을 가리킨다.

(18) 願言(원언): 간절하게 생각하는 모양.

(19) 翠微(취미): 푸른 빛이 감도는 산.

(20) 刑名(형명): 형명학. 법으로 나라를 다스려야 한다는 학문. 전국시대에 申不害・商鞅・韓非子 등이 제창하였다. 여기서는 신법파의 통치이념을 가리킨다.

(21) 積威(적위): 맹렬한 위세. 司馬遷의 〈報任少卿書〉에 "사나운 호랑이가 깊은 산속에 있을 때는 온갖 짐승들이 벌벌 떨면서 두려워하지만, 함정 속에 빠지게 되면 꼬리를 흔들며 먹이를 구하는 바, 이는 맹렬한 위세를 점점 억눌렀기 때문입니다(猛虎在深山, 百獸震恐, 及在檻穽之中, 搖尾而求食, 積威約之漸也)"라고 했다.

(22) 雲山(운산): 구름에 덮인 산. 은자나 출가한 사람의 거처를 거리킨다.

(23) 今日(금일): 《詩經・唐風・綢繆》에 "땔나무를 묶노라니, 하늘에 벌써 삼성이 걸려 있구나. 오늘 이 밤이 어떠한 밤이기에, 이 좋은 사람을 만나게 됐나?(綢繆束薪, 三星在天. 今夕何夕, 見此良人?)"라고 하여 '今夕'이 좋은 사람을 만난 즐거운 밤이라는 뜻으로 쓰였다. 이 구절의 '今日' 역시 이와 유사한 어감을 지니고 있다.

(24) 兩足尊(양족존): 두 가지가 충족한 如來世尊이라는 뜻으로 부처에 대한 존칭이다. 《法華經》에 "두 가지가 충족한 세존께 머리를 조아린다(稽首兩足尊)"라는 말이 있고, 《行集經》에 "여래세존께서는 복이 충족하고 지혜가 충족하시므로 두 가지가 충족한 여래세존이라고 한다(如來世尊福足, 慧足, 稱兩足尊)"라는 말이 있다.

(25) 靈山會(영산회): 석가모니가 일흔한 살의 나이로 靈鷲山에서 제자들에게 주로 《법화경》을 설교한 법회.

(26) 八部(팔부): 불교에서는 여러 하늘의 귀신과 용을 8부로 나눈다. 八部衆 또는 八部鬼衆이라고도

한다. 《翻譯名義集・八部》에 "첫째가 하늘, 둘째가 용, 셋째가 야차, 넷째가 건달바, 다섯째가 아수라, 여섯째가 가루라, 일곱째가 긴나라, 여덟째가 마후라가이다(一天, 二龍, 三夜叉, 四乾闥婆, 五阿脩羅, 六迦樓羅, 七緊那羅, 八摩睺羅伽)"라고 했다. 이 연은 불상 뒤의 벽에 그려져 있는 영산회 장면을 묘사한 것인 것 같다.

(27) 二聖(이성): 查愼行의 《蘇詩補註》에 "두 성인이란 혜사와 지의를 말한다(二聖, 謂惠思與智顗)"라고 했다.

(28) 竹溪月(죽계월): 대밭 속의 개울 위에 떠 있는 달.

(29) 依依(의의): 아쉬워서 선뜻 떠나지 못하고 미적거리는 모양. 종소리가 끊이지 않고 오래도록 울리는 것을 가리킨다.

(30) 吾家山(오가산): 서문에서 말한 대소산과 소소산을 가리킨다. 산 이름에 '蘇'자가 들어 있기 때문에 자기 집안 산이라고 우스갯소리를 한 것이다.

## 0676. 梅花二首
매화

### 其一

| | |
|---|---|
| 春來幽谷水潺潺, | 봄이 와서 깊은 계곡에 물소리가 졸졸 나자 |
| 的皪梅花草棘間.(1)(2) | 산뜻하게 매화가 풀숲 속에 피었더니 |
| 一夜東風吹石裂, | 밤새도록 동풍이 바위 틈에 불어대자 |
| 半隨飛雪度關山.(3) | 반은 나는 눈을 따라 관산을 넘어간다. |

### 其二

| | |
|---|---|
| 何人把酒慰深幽,(4) | 그 누가 술잔 들고 깊은 곳에 있는 걸 위로할까? |
| 開自無聊落更愁. | 피어도 워낙 무료하고 지면 더욱 시름겹네. |
| 幸有清溪三百曲, | 다행히도 맑은 계곡 삼백 굽이가 있어서 |
| 不辭相送到黃州. | 황주까지 따라오며 전송하길 마다 않네. |

**[해설]**

황주로 귀양 가는 도중 춘풍령을 지나갈 때 인적이 드문 외진 곳에 매화가 피어 있는 모습을 보고 지은 것이다.

**[주석]**

(1) 的皪(적력): 선명한 모양.

(2) 草棘(초극): 무더기로 서 있는 풀과 나무.

(3) 關山(관산): 蔡州(지금의 하남성 汝南)에서 황주(지금의 호북성 黃岡市 黃州區)로 넘어가는 길에 있는 험난한 산을 가리킨다. 〈過新息留示鄉人任師中〉(0672) 주 (15) 참조. 《齊安拾遺》에 "관산 앞에 나 있는 기정으로 가는 길에는 춘풍령이 있는데 소동파에게 이것을 읊은 〈매화〉 시가 있다(關山崎亭路, 有春風嶺, 東坡有〈梅花〉詩)"라고 했다.

(4) 深幽(심유): 깊숙하고 외진 곳에 피어 있는 매화를 가리키면서 비유적으로 자신의 마음을 가리킨다.

# 0677. 萬松亭幷敍

만송정을 읊은 시와 그 서문

麻城[(1)]縣令張毅[(2)], 植萬松於道周, 以芘[(3)]行者, 且以名其亭. 去未十年, 而松之存者十不及三四. 傷來者之不嗣其意也, 故作是詩.(마성현령 장의가 길가에 소나무 만 그루를 심어 행인들에게 그늘을 제공하고 또 그곳에 지은 정자의 이름으로도 삼았다. 그가 떠난 지 아직 10년이 채 안 되었는데 이 소나무들 중에서 살아남아 있는 것이 열 그루 가운데 서너 그루도 되지 않았다. 뒤에 온 사람들이 그의 뜻을 잇지 못하는 것을 상심하여 이 시를 짓는다.)

| | |
|---|---|
| 十年栽種百年規,[(4)] | 십 년을 위해 나무 심거늘 그는 백 년을 내다봤는데 |
| 好德無人助我儀.[(5)] | 덕을 좋아해 내 친구를 도와 준 사람이 없었네. |
| 縣令若同倉庾氏,[(6)] | 현령이 만약 창씨나 유씨 같다면 |
| 亭松應長子孫枝. | 정자 옆의 소나무에서 자손의 가지가 나오리. |
| 天公不救斧斤厄, | 하느님은 도끼의 화를 구제하지 않으시고 |
| 野火解憐冰雪姿.[(7)] | 들불은 빙설 같은 자태를 가련히 여길 줄 알았네. |
| 爲問幾株能合抱,[(8)] | 이 가운데 몇 그루나 아름드리가 될 수 있을까? |
| 殷勤記取角弓詩.[(9)(10)] | 모쪼록 〈각궁〉 시를 잘 기억해야 하리. |

**[해설]**

장의가 마성현령으로 있을 때 심은 소나무 만 그루가 10년도 채 안 된 사이에 거의 다 잘려 버린 것을 안타까워하며 남은 나무를 잘 키우라고 당부한 시이다.

**[주석]**

(1) 麻城(마성): 지금의 호북성 마성시.
(2) 張毅(장의): 당시의 마성현령. 구체적인 행적은 알려져 있지 않다.
(3) 芘(비): 그늘을 지우다.

(4) 百年規(백년규): 소식의 자주에 "'1년을 위한 계책으로는 곡식을 심고, 10년을 위한 계책으로는 나무를 심고, 100년을 위한 계책으로는 덕을 심는다'라는 옛날 말이 있다(古語云: '一年之計, 樹之以穀; 十年之計, 樹之以木; 百年之計, 樹之以德.')"라고 했거니와, 10년을 위한 계책으로 나무를 심는 이유는 심은 지 10년쯤 되면 그것을 베어서 땔감이나 목재로 사용할 수 있기 때문인데 장의는 행인들에게 그늘을 제공하기 위해 소나무를 심었으니 이는 100년을 위한 계책이라는 말이다. 왜냐하면 소나무는 성장 속도가 느려서 100년쯤 뒤에나 행인들에게 그늘을 제공할 수 있기 때문이다.

(5) 我儀(아의): 나의 짝. 《詩經 · 大雅 · 蒸民》에 "人亦有言, 德輶如毛, 民鮮克擧之. 我儀圖之, 維仲山甫擧之. 愛莫助之"라는 구절이 있는데 이 구절을 오늘날은 일반적으로 "사람들이 또 말하기를, 덕은 마치 깃털처럼 가볍디가벼운데, 그것을 들 줄 아는 이가 드물다 한다. 내가 가만히 생각해 보니, 그것을 드는 이는 중산보뿐이로다. 그를 사랑하건만 도와줄 이가 없도다"라는 뜻으로 읽는다. 그러나 鄭玄의 箋에는 "'輶'는 가볍다는 뜻이고 '儀'는 짝이다. 사람들의 말이 '덕이란 지극히 가벼운 것인데도 그것을 혼자 들고 갈 줄 아는 사람이 적다'라고 하는 것은, 정사란 쉬운 것인데도 사람들이 행할 줄 모르는 것은 의지가 없기 때문이라는 말이다. 나와 동료들은 그렇게 해 보려고 해도 할 수 없는 것이다.……'愛'는 애석하다는 뜻이다. 중산보는 이 덕을 혼자 들고 갈 수 있는데 그를 도와 줄 수 있는 사람이 없으니 애석하도다(輶, 輕; 儀, 匹也. 人之言云: '德甚輕, 然而衆人寡能獨擧之以行者', 言政事易耳而人不能行者, 無其志也. 我與倫匹圖之而未能爲也. ……愛, 惜也. 仲山甫能獨擧此德而行之, 惜乎莫能助之者)"라고 했으니 이는 오늘날의 일반적인 해석과 많이 다르다. 소식은 이 구절을 정현과 같이 읽은 것이다. 《시경》의 이 시에서는 '我儀'를 '나와 짝'으로 볼 수 있지만, 《시경》의 다른 시 〈鄘風 · 柏舟〉에는 또 "다팔머리 드리운 이가, 실로 나의 짝이니, 죽어도 딴마음 안 품으리라(髧彼兩髦, 實維我儀, 之死矢靡他)"라고 하여 '我儀'가 '나의 짝'이라는 뜻으로 쓰였다. 소식의 이 시에서도 '나의 짝'이라는 뜻으로 쓰여 장의를 가리킨다. 장의를 '나의 짝'이라고 한 것은 〈戲作種松〉(0678)에 묘사되어 있는 바와 같이 자기도 옛날에 소나무를 심었기 때문인 것으로 보인다.

(6) 倉庾氏(창유씨): 李覯의 《盱江集 · 官人第四》에 "한나라 문제와 경제로부터 무제 초기까지 나라에 일이 없어 아전이 된 사람은 같은 직책에 오래 머물러 한 자리에서 자손을 키웠고 고관을 맡은 사람은 그것을 성이나 호로 삼았으니 창씨나 유씨가 그 예이다(漢文景至武帝之初, 國家無事, 爲吏者長子孫, 居官者以爲姓號, 倉氏 · 庾氏, 是也)"라고 했다. 이 구절은 한 자리에 오래 머문다는 말이다.

(7) 冰雪姿(빙설자): 소나무를 가리킨다. 이 구절은 산불이 나지 않아 10분의 3~4 정도나마 남은 것이 불행 중 다행이라는 말이다.

(8) 合抱(합포): 아름드리. 행인들에게 그늘을 제공할 수 있을 만큼 큰 나무를 가리킨다.

(9) 殷勤(은근): 정이 깊다.

(10) 角弓(각궁): 《시경 · 소아》의 편명. 노나라 소공 2년(기원전 540) 晉나라 제후가 韓宣子를 노나

라로 보내왔을 때 소공이 잔치를 베풀어 주자 한선자가 〈각궁〉을 읊었다. 이어서 季武子의 집에서 또 잔치를 열었는데 그 집에 귀한 나무가 있는 것을 보고 한선자가 칭송하자 계무자가 "제가 감히 이 나무를 잘 키움으로써 〈각궁〉을 읊어 주신 뜻을 잊지 않도록 노력하지 않을 수 있겠습니까?"라고 했다.(《左傳·昭公二年》 참조) 〈각궁〉은 원래 형제간에 친하게 지낼 것을 권고한 시로 나무를 키우는 일과는 관계가 없다. 여기서는 한선자가 〈각궁〉을 읊어 준 일을 기억하며 나무를 잘 키우겠다고 다짐한 계무자의 말을 빌려 장의가 심은 소나무를 잘 키우라고 당부한 것이다.

## 0678. 戲作種松

소나무 심는 일을 두고 장난으로

| | |
|---|---|
| 我昔少年日, | 그 옛날 내가 아직 젊었을 적에 |
| 種松滿東岡. | 동쪽 언덕 가득히 소나무를 심었네. |
| 初移一寸根, | 처음에 한 치짜리 뿌리를 이식할 땐 |
| 瑣細如揷秧. | 모내기를 해 놓은 듯 가늘디가늘었네. |
| 二年黃茅下, | 이듬해엔 누런 띠풀 덤불 밑에서 |
| 一一攢麥芒.(1) | 하나하나 보리 까끄라기가 뚫고 나왔고 |
| 三年出蓬艾, | 삼 년째 되는 해엔 쑥대 위로 솟아 나와 |
| 滿山散牛羊. | 온 산에 소와 양이 흩어져 있었네. |
| 不見十餘年,(2) | 그 뒤로 십 년 넘게 못 보았으니 |
| 想作龍蛇長. | 용이 되고 뱀이 되어 훤칠해진 채 |
| 夜風波浪碎,(3) | 밤바람이 불어오면 물결이 부서지고 |
| 朝露珠璣香. | 아침 이슬 내리면 진주가 향긋하겠네. |
| 我欲食其膏,(4) | 나는 그 송진을 먹고 싶어서 |
| 已伐百本桑.(5) | 뽕나무 백 그루를 이미 베어 놓았는데 |
| 人事多乖迕,(6) | 세상사란 어긋나는 때가 많은 법 |
| 神藥竟渺茫. | 신통한 약이 결국 아득히 멀어졌네. |
| 朅來齊安野,(7)(8) | 제안의 들판으로 유배 오자니 |

夾路鬚髥蒼.[9]　　길을 끼고 푸른 수염 드리웠으니
會開龜蛇窟,[10]　　반드시 거북이와 뱀의 소굴 파헤치며
不惜斤斧瘡.　　도끼 자국 나는 것도 마다하지 않으리.
縱未得茯苓,　　복령을 캐지는 못한다고 할지라도
且當拾流肪.[11]　　흘러내린 송진은 틀림없이 주우리.
釜盎百出入,[12]　　가마솥과 시루에 백 번 넣었다 꺼내면
皎然散飛霜.　　흩날리는 서리가 하얗게 흩어지리.
槁死三彭仇,[13]　　원수 놈의 세 시충을 말려 죽이고
澡換五穀腸.　　오곡이 든 창자를 씻어 새것으로 바꾸리.
青骨凝綠髓,[14]　　푸른 뼈에 초록색 골수가 맺혀 있고
丹田發幽光.　　단전에서 은은한 빛이 나오리.
白髮何足道,　　백발이 없어지는 거야 말할 필요 뭐 있으리?
要使雙瞳方.[15]　　두 동자도 네모나게 변모시키리.
却後五百年,[16]　　그런 뒤에 오백 년이 다시 지나면
騎鶴還故鄉.[17]　　학을 타고 고향으로 되돌아가리.

**[해설]**

황주로 유배 가는 도중에 만송정 부근의 소나무를 보고 옛날에 자기가 부친의 산소 주위에 소나무를 심은 일을 회상하면서 도교적 전설에 근거하여 소나무에 엉겨 있는 송진이나 복령을 먹고 신선이 되는 환상에 젖어 본 것이다.

**[주석]**

(1) 麥芒(맥망): 뾰족뾰족한 솔잎을 보리 까끄라기에 비유한 것이다. 이 연은 소나무의 키가 띠풀만큼 커졌다는 말이다.
(2) 十餘年(십여년): 王文誥의 《蘇軾詩集》에 "공이 스스로 동쪽 선영에 소나무를 심은 지가 벌써 14년이 되었다(公自種松東塋, 已十四年矣)"라고 했거니와, 이는 영종 치평 3년((1066)에 소식이 부친의 장례를 치른 뒤 선영에 소나무를 심었음을 뜻한다.
(3) 波浪(파랑): 바람에 흔들리는 솔잎의 물결을 가리킨다.
(4) 其膏(기고): 소나무에서 나오는 끈끈한 액체, 즉 송진을 가리킨다. 《本草》에 "송진은 다른 이름

으로 송고라고도 한다(松脂, 別名松膏)"라는 말이 있다.

(5) 桑(상): 송진을 끓일 때 쓸 땔감을 가리킨다. 소식의 자주에 "송진을 끓일 때에는 뽕나무 땔감과 잿물을 쓴다(煮松脂法, 用桑柴灰水)"라고 했다. 이 구절은 송진을 많이 끓이고 싶다는 뜻이다.

(6) 乖迕(괴오): 어긋나다. 위배되다.

(7) 朅來(걸래): 오다.

(8) 齊安(제안): 黃州의 다른 이름. 萬松亭이 있는 麻城縣은 당시 황주의 속현이었다.

(9) 夾路(협로): 길을 끼다. 길 양쪽에 줄지어 서 있다는 말이다.

(10) 龜蛇(귀사): 복령의 형상을 거북이와 뱀에 비유한 것이다. 王十朋의 《百家註分類東坡先生詩》에 "송진이 흙 속으로 들어가서 천 년이 되면 복령이 되는데 거북이나 뱀 또는 새나 짐승같이 생긴 것이 좋다(松脂入土, 千年爲茯苓, 狀如龜蛇鳥獸者良)"라고 했다.

(11) 流肪(유방): 땅속으로 흘러 들어간 송진을 가리킨다. 《본초》에 "송진은 다른 이름으로 송방이라고도 한다(松脂, 別名松肪)"라고 했는데, 그 주에 "소나무 마디와 소나무 고갱이와 소나무 가지는 흙 속에서 썩지 않는데 흘러 들어간 송진이 오래되면 호박으로 변한다(松節 · 松心 · 松枝, 在土不朽, 流肪日久, 變爲琥珀)"라고 했다.

(12) 釜盎(부앙): 가마솥과 시루. 《본초》의 주에 "송진은 먼저 큰 가마솥에 물을 붓고 시루를 놓은 다음 시루 바닥에 흰 띠를 깔고 그 위에 얹어 뽕나무 땔감으로 끓여야 한다. 송진이 완전히 가마솥으로 들어갈 때까지 기다렸다가 꺼내어 찬물에 넣고 굳어지면 다시 쪄서 옥처럼 하얗게 된 다음에 먹는다(松脂, 先須用大釜, 加水, 置甑, 白茅藉甑底, 布松脂於上, 炊以桑薪. 候松脂盡入釜中, 乃出之, 投於冷水, 旣凝, 又蒸, 白如玉, 然後入用)"라고 했다.

(13) 三彭(삼팽): 도가사상에 의하면 사람의 몸속에 三尸 또는 三尸蟲이라고 하는 세 마리의 벌레가 살고 있는데, 이 벌레는 매 庚申日마다 그 사람의 죄를 옥황상제에게 보고한다고 한다. 이들의 이름이 각각 彭倨 · 彭質 · 彭矯이기 때문에 삼팽이라고도 한다. 청나라 西厓의 《談徵 · 三尸神》에 "도를 닦는 사람들은 이렇게 말한다. 몸속에 尸神이 셋 있어서 경신일이 되면 항상 그 사람의 죄과를 옥황상제에게 아뢰어 그의 복과 수명을 감축시킨다. 위에 있는 시신은 이름이 팽거이고, 가운데에 있는 것은 이름이 팽질이고, 아래에 있는 것은 이름이 팽교이다. 매번 경신일이 될 때마다 밤을 새우며 자지 않고 새벽까지 지키면 세 시신이 위에 보고할 수가 없다. 내가 생각하기에는 사람의 몸은 본래 텅텅 비어 있거늘 어떻게 세 시신이 안에 있을 수 있겠나 싶다(修眞家言身中有三尸神, 常以庚申日將本人罪過奏聞上帝, 減其祿命. 上尸名彭倨, 次名彭質, 下名彭矯. 每遇庚申日, 徹夜不臥, 守之至曉, 則三尸不得上奏. 余想此身本空洞洞地, 安得有三尸在內)"라고 했다. 또, 《宣室志》에 "팽은 삼시의 성이다. 신선술을 배우려는 사람은 먼저 삼시를 제거해야 한다(彭者三尸之姓. 學仙者當先絶三尸)"라고 했다.

(14) 青骨(청골): 도가의 수련을 오래 한 사람의 뼈. 《搜神記》에 "장자문은 광릉 사람이다. 주색을 좋아하고 방탕하기 짝이 없었는데, 언제나 자기는 뼈가 푸르기 때문에 죽으면 반드시 신이 될 것이라고 했다(蔣子文者, 廣陵人也. 嗜酒好色, 挑達無度, 常自謂已骨青, 死當爲神)"라는 말이 있

다. 나중에는 仙骨을 가리키게 되었다.

(15) 瞳方(동방): 눈동자가 네모지다. 옛날에는 이것이 장수하는 사람의 형상이라고 여겨졌다. 《神仙傳・李根》에 "두 눈의 동자가 모두 네모졌다(兩目瞳子皆方)"라는 말이 있고, 《拾遺記・周靈王》에 "노담은 주나라 말에 반경일실지산에 살며 세상과 담을 쌓고 지냈는데 머리카락이 노란 노인 다섯이 있었다……그들은 눈동자가 모두 네모지고 얼굴빛이 옥처럼 맑은데 손에 푸른 대나무 지팡이를 들고 노담과 함께 천지가 운행하는 이치에 대해서 이야기했다(老聃在周之末, 居反景日室之山, 與世隔絶, 有黃髮老叟五人.……瞳子皆方, 面色玉潔, 手握青筠之杖, 與聃共談天地之數)"라는 말이 있다.

(16) 却後(각후): 이후.

(17) 騎鶴(기학): 丁令威 이야기를 변형시킨 것이다. 한나라 때 요동 사람 정령위는 靈虛山에서 득도하여 학이 된 뒤 고향으로 돌아가 성문 앞의 華表柱에 앉아 있었는데, 소년들이 보고 활로 쏘려고 하므로 공중으로 날아올라 빙빙 돌면서 "이 새는 이 새는 정령위라네. 집 떠난 지 천 년 만에 이제 돌아왔다네. 성곽은 그대론데 사람은 아니구나. 신선술을 왜 안 배워 무덤이 저리 많나?(有鳥有鳥丁令威, 去家千年今始歸. 城郭如故人民非, 何不學仙冢纍纍?)" 하며 노래 부르고는 하늘 높이 올라가 버렸다.(《搜神後記》 참조)

# 0679. 張先生幷敍

장선생을 읊은 시와 그 서문

先生不知其名, 黃州[1]故縣[2]人, 本姓盧, 爲張氏所養. 陽狂垢汚, 寒暑不能侵. 常獨行市中, 夜或不知其所止. 往來者欲見之, 多不能致. 余試使人召之, 欣然而來. 旣至, 立而不言, 與之言, 不應, 使之坐, 不可. 但俯仰熟視傳舍堂中, 久之而去. 夫孰非傳舍者, 是中竟何有乎? 然余以有思[3]維心追躡[4]其意, 蓋未得也.(선생은 이름이 무엇인지 모르며 황주 고현 사람으로 본래 성은 노씨였는데 장씨에게 입양되었다. 미치광이를 가장하여 더럽게 하고 다녔지만 추위와 더위가 그에게 침범하지 못했다. 항상 혼자서 저잣거리를 돌아다니고 밤에는 간혹 아무도 모르는 곳에 머물기도 했다. 이곳을 오가는 사람들이 그를 한번 만나 보고 싶어했지만 대개는 그를 오게 할 수 없었다. 그런데 내가 사람에게 시켜서 그를 불러오게 했더니 흔쾌하게 왔다. 와서는 뻣뻣하게 서서 아무 말도 하지 않고 말을 붙여도 대꾸를 하지 않았으며 앉게 하고 싶어도 그럴 수가 없었다. 그는 다만 고개를 들었다 숙였다 하며 객사의 대청만 빤히 바라보다가 한참 뒤에 가 버렸다. 객사에 묵지 않는 사람이 그 누구이며 이 속에 도대체 무엇이 있으리오? 그러나 나는 이 일로 마음을 다잡고 그의 뜻을 본받을 생각이 생겼건만 아마도 뜻을 이루지 못할 것 같다.)

| | |
|---|---|
| 熟視空堂竟不言, | 빈집을 응시하며 끝내 입을 아니 여니 |
| 故應知我未天全. | 내가 천성이 온전해지지 않은 줄 아는 것이리. |
| 肯來傳舍人皆說, | 그가 객사로 오려 하자 사람들이 다 말하길 |
| 能致先生子亦賢. | "선생을 오게 할 줄 아니 그대도 대단하군요" 했네. |
| 脫屣不妨眠糞屋, | 신발 벗고 뒷간에서 자는 것 상관 않나니 |
| 流澌爭看浴冰川.[5] | 얼음 뜬 개울에서 목욕하는 것 다투어 봤네. |
| 士廉豈識桃椎妙,[6][7] | 고사렴이 어찌 주도추의 오묘한 생각을 알았으리? |
| 妄意稱量未必然.[8] | 제멋대로 짐작한 것일 뿐 꼭 그렇지는 않았으리. |

**[해설]**

황주 마성현에 사는 장선생이라는 사람의 기이한 행동을 보고 그 감회를 노래한 것이다.

**[주석]**

(1) 黃州(황주): 지금의 호북성 黃岡市 黃州區.

(2) 故縣(고현): 《九域志》에 "황주 마성현에는 기정 · 고현 등의 여섯 진이 있다(黃州麻城縣有岐亭 · 故縣等六鎭)"라고 했다.

(3) 有思(유사): 의향이 있다.

(4) 追躡(추섭): 따르다. 본받다.

(5) 流澌(유시): 해빙기에 녹아서 떠다니는 얼음.

(6) 士廉(사렴): 高士廉. 당나라 때 渤海 사람으로 益州大都督府長史를 지냈다.

(7) 桃椎(도추): 朱桃椎. 당나라 때 익주 成都 사람. 산속에 오두막집을 짓고 살았는데 다른 사람이 주는 것을 일체 받지 않았으며 짚신을 짜서 길가에 두고 사람들이 쌀과 바꿔 가게 하고 자신은 끝내 모습을 드러내지 않았다. 《欽定續通志 · 隱逸傳》에 "주도추는 익주 성도 사람인데 욕심이 없고 마음이 맑아 세상과 멀리 떨어져서 살았다. 가죽옷을 입은 채 새끼줄을 끌고 다녔는데 사람들이 그가 무슨 짓을 하는지 짐작하지 못했다.……고사렴이 장사가 되었을 때 예를 갖추어 청해 와서 계단 밑으로 내려가 말을 걸었지만 대답을 하지 않고 빤히 쳐다보다가 나가 버렸다. 고사렴이 절을 하며 '제주가 아마도 나로 하여금 무위로 촉을 다스리게 했나 보다'라고 하고는 법령을 간소화하고 세금을 적게 걷으니 고을이 크게 잘 다스려졌다(朱桃椎, 益州成都人, 澹泊絶俗, 被裘曳索, 人莫測其所爲.……高士廉爲長史, 備禮以請, 降階與之語, 不答, 瞪視而出. 士廉拜曰: '祭酒其使我以無事治蜀邪.' 乃簡條目, 薄賦斂, 州大治)"라고 했다.

(8) 稱量(칭량): 헤아리다. 짐작하다. 이 연은 고사렴이 사실상 주도추의 속마음을 완전히 알지 못한 것처럼, 자신도 짐작하는 바는 있지만 장선생의 깊은 뜻을 다 알지는 못한다는 말이다.

# 0680. 陳季常[1]所蓄〈朱陳村[2]嫁娶圖[3]〉二首

진계상이 소장한 〈주진촌가취도〉

## 其一

| | |
|---|---|
| 何年顧陸丹青手,[4][5] | 어느 때에 고개지와 육탐미 같은 화가가 |
| 畫作朱陳嫁娶圖. | 〈주진촌가취도〉를 그려 놓았나? |
| 聞道一村惟兩姓,[6] | 듣자하니 온 마을에 두 성씨만 살면서 |
| 不將門戶買崔盧.[7][8][9] | 집안 좋다고 최씨 노씨를 매수하지 않는다네. |

## 其二

| | |
|---|---|
| 我是朱陳舊使君,[10] | 이 몸은 주진촌의 옛날 태수로 |
| 勸農曾入杏花村.[11] | 농사를 독려하러 행화촌에 간 적 있네. |
| 而今風物那堪畫, | 지금이야 그곳 풍물 어찌 그릴 만하리? |
| 縣吏催租夜打門. | 관리들이 세금 내라고 밤에도 문을 두드릴 텐데. |

**[해설]**

황주로 유배 가는 도중 기정에서 은거하는 친구 진조를 만나 그의 집에 갔다가 그가 보여 준 혼인풍속도를 보고 그 감회를 노래한 것이다. 주진촌은 서주지주(徐州知州)로 재임할 때 자신의 관할 부락이었는데, 진조의 집에서 그 마을의 혼례 광경을 그린 그림을 보고 그림에 그려진 모습과는 달리 지금은 그곳 백성들이 도탄에 빠져 있을 것이라고 상상하는 방식으로 위정자들의 실정을 강도 높게 비판했다.

**[주석]**

(1) 季常(계상): 소식의 친구 陳慥의 字. 소식이 鳳翔府簽判으로 재임할 때 鳳翔知府로 재임한 陳希亮의 아들로 소식과 가까운 친구였는데, 어릴 때부터 朱家나 郭解 같은 협객을 좋아했으며 만년에는 光州・黃州 일대에서 은거했다. 소식은 나중에 그를 위하여 〈方山子傳〉을 지었다. 당시 황주 부근의 기정에서 은거하고 있었다.

(2) 朱陳村(주진촌): 소식의 자주에는 "주진촌은 서주 소현에 있다(朱陳村, 在徐州蕭縣)"라고 했고, 백거이의 시 〈朱陳村〉에는 "서주의 그 옛날 풍현 고을엔, 주진촌이라 부르는 마을이 있다(徐州古豊縣, 有村曰朱陳)"라고 하여 각각 다른 현에 소속된 것으로 말했다. 주진촌이 소현과 풍현의 접경지대에 위치하여 시대에 따라 속하는 현이 달랐기 때문일 것으로 보인다.

(3) 嫁娶圖(가취도): 혼례 장면을 그린 그림. 혼인풍속도.

(4) 顧陸(고륙): 동진 화가 顧愷之와 남조시대의 송나라 화가 陸探微를 가리킨다. 《歷代名畫記》에 "장회관이 '사람의 아름다움을 그리는 데 있어서 고씨는 그 사람의 정신을 잘 포착하고 육씨는 그 사람의 골격을 잘 그렸다'라고 했다(張懷瓘云: '像人之美, 顧得其神, 陸得其骨.')"라는 말이 있다. 〈주진촌가취도〉에 혼인 당사자의 모습이 강조되어 비교적 세밀하게 잘 묘사되어 있었기 때문에 이 그림의 화가를 고개지와 육탐미에 빗댄 것으로 보인다.

(5) 丹青手(단청수): 화가.

(6) 兩姓(양성): 주씨와 진씨를 가리킨다.

(7) 將(장): ~을 가지고. ~로써

(8) 門戶(문호): 최씨 집안과 노씨 집안의 훌륭함을 가리킨다.

(9) 崔盧(최로): 당시 전국적으로 명망이 높던 가문인데, 여기서는 보통의 명망 높은 가문을 가리킨다. 이 구절은 자신들의 사회적 지위를 격상시키기 위해 최씨나 노씨 같은 명문과 인척관계를 맺으려고 애쓰지 않는다는 말이다.

(10) 使君(사군): 태수. 소식은 희령 10년(1077)부터 원풍 2년(1079)까지 주진촌을 관할하는 서주의 지주를 지냈다.

(11) 杏花村(행화촌): 《名勝志》에 "주진촌은 소현 관아에서 동남쪽으로 100리 되는 곳에 있다. 행화촌은 주진촌과 붙어 있다(朱陳村, 距蕭縣東南百里. 杏花村, 與朱陳村相連)"라고 했다. 소식은 행화촌에만 가 보고 주진촌에는 가 보지 않은 것 같은데 두 마을이 이웃해 있기 때문에 상황이 비슷했을 것이다.

## 0681. 少年時, 嘗過一村院, 見壁上有詩, 云: "夜涼疑有雨, 院靜似無僧." 不知何人詩也. 宿黃州[(1)]禪智寺[(2)], 寺僧皆不在, 夜半雨作, 偶記此詩, 故作一絕

소년 시절에 어느 시골 절에 들러 벽에 "밤이 서늘한 것이 비가 올 것만 같고, 절이 고요한 것이 중이 없는 것 같네"라는 시가 있는 것을 보았는데 누구의 시인지 알지 못했다. 황주의 선지사에 묵노라니 스님은 아무도 없고 밤중이 되자 비가 내리는데 우연히 이 시가 생각나서 절구 한 수를 짓는다

| | |
|---|---|
| 佛燈漸暗飢鼠出,[(3)] | 불등이 점점 어둑해지고 굶주린 쥐가 나오는데 |
| 山雨忽來修竹鳴. | 갑자기 비가 내려 키 큰 대가 울어 댄다. |
| 知是何人舊詩句, | 그 누가 옛날에 써 놓은 시구인지 |
| 已應知我此時情. | 이 순간의 내 심정을 이미 알고 있었나 보다. |

**[해설]**

황주에 있는 선지사에서 묵을 때 고요한 절에 밤비가 내리는 모습을 보고 문득 어린 시절에 어느 시골 절의 벽에서 본 시구가 떠올라서 지은 것이다. 당시에 소식이 누구의 시인지 알지 못했다는 이 시는 바로 북송 시인 반랑(潘閬)의 〈여름날 서선원에 묵으며(夏日宿西禪院)〉이다.

**[주석]**

(1) 黃州(황주): 지금의 호북성 黃岡市 黃州區.
(2) 禪智寺(선지사): 황주에 있던 절.
(3) 佛燈(불등): 부처 앞에 켜 놓는 등불.

## 0682. 初到黃州(1)

막 황주에 도착하여

| | |
|---|---|
| 自笑平生爲口忙,(2) | 우습게도 평생 동안 입 때문에 바쁘다가 |
| 老來事業轉荒唐. | 늘그막에 일이 더욱 황당하게 되었지만 |
| 長江繞郭知魚美, | 장강이 성곽을 감싸고 흐르니 고기가 맛있겠고 |
| 好竹連山覺筍香. | 멋진 대가 산마다 있으니 죽순이 향긋하겠네. |
| 逐客不妨員外置,(3)(4) | 쫓겨난 몸이 원외랑 된 건 문제 될 게 없겠고 |
| 詩人例作水曹郞.(5) | 시인이 수부랑 된 건 옛날에도 있었지만 |
| 只慚無補絲毫事, | 나랏일엔 추호도 보탬이 안 되면서 |
| 尙費官家壓酒囊.(6) | 여전히 관가의 술주머니나 축내는 것이 부끄러울 뿐이네. |

**[해설]**

유배지인 황주에 막 도착했을 때의 감회를 노래한 것으로 해학과 자조를 곁들여 황주에 대한 첫인상을 서술했다.

**[주석]**

(1) 黃州(황주): 지금의 호북성 黃岡市 黃州區.

(2) 爲口忙(위구망): 생계 유지를 위하여 바쁘게 쫓아다녔다는 뜻이지만 구설수에 많이 올랐다는 뜻도 지닌 중의적 표현이다.

(3) 逐客(축객): 황주로 유배 온 소식 자신을 가리킨다.

(4) 員外(원외): 員外郎. 晉나라 武帝 때 처음 생긴 관직으로, 원래 정식 관원 이외의 郎官을 가리켰으나 시대에 따라 하는 일이 조금씩 달라졌다. 당시 소식의 정식 직함은 檢校尙書水部員外郎黃州團練副使였다.

(5) 水曹郎(수조랑): 水部에 속하는 낭관. 《御定全唐詩錄 · 孟賓于》에 "왕우칭이 말하기를 '옛날 시인들 가운데 수부 관원이 세 명 있었으니 하손 · 장적 및 맹빈우이다'라고 했다(王禹偁嘗云: '古詩人有三水部, 謂何遜 · 張籍及賓于也.')"라는 말이 있고, 王十朋의 《百家註分類東坡先生詩》에 "양나라 하손과 당나라 장적은 모두 수부랑이었는데 시로써 이름이 났다(梁何遜 · 唐張籍, 皆爲水部郎, 以詩知名)"라고 했다.

(6) 壓酒囊(압주낭): 술을 거르는 데 사용하는 주머니. 송나라 때에는 봉급의 일부를 현물로 지급하는 경우가 있었으니 이것을 折支라고 했다. 소식의 자주에 "검교관은 현물로 봉급을 지급하는 관례가 있었는데 관아에서 쓰고 남은 술 거르는 주머니를 받았다(檢校官例折支, 多得退酒袋)"라고 했다.

## 0683. 定惠院[1]寓居月夜偶出

정혜원에 우거할 때 달밤에 우연히 밖으로 나가

| | |
|---|---|
| 幽人無事不出門,[2] | 은자는 일이 없어 바깥 출입 안 하다가 |
| 偶逐東風轉良夜.[3] | 어쩌다가 동풍 따라 깊은 밤에 배회하니 |
| 參差玉宇飛木末,[4][5] | 높고 낮은 불당들이 가지 끝에 비상하고 |
| 繚繞香烟來月下.[6] | 빙빙 도는 향 연기가 달 아래에 날아온다. |
| 江雲有態淸自媚, | 자태 있는 강 위의 구름은 맑아서 절로 아름답고 |
| 竹露無聲浩如瀉. | 소리 없는 댓잎의 이슬은 쏟아지듯 흥건하다. |
| 已驚弱柳萬絲垂, | 가는 버들 만 가지가 드리운 것에 놀랐는데 |
| 尙有殘梅一枝亞.[7] | 남은 매화 한 가지가 아직도 나직이 처져 있다. |
| 淸詩獨吟還自和, | 혼자 시를 읊조리고 스스로 화답하나니 |
| 白酒已盡誰能借. | 백주가 다 떨어졌건만 누가 내게 빌려주리? |
| 不惜靑春忽忽過, | 청춘이 후딱 지나간 건 안타깝지 않지만 |
| 但恐歡意年年謝. | 기쁨이 해마다 사그라들까 그것만이 두렵다. |
| 自知醉耳愛松風, | 취한 귀가 솔바람을 좋아할 줄 스스로 아니 |
| 會揀霜林結茅舍.[8][9] | 서리 내린 숲에서 골라 초가집을 지어야 하리. |
| 浮浮大甑長炊玉,[10][11] | 큰 시루에서는 모락모락 언제나 옥을 찌고 |
| 溜溜小槽如壓蔗.[12][13] | 술통에서는 쪼르륵쪼르륵 사탕수수 짜는 것 같으리. |
| 飮中眞味老更濃, | 술 마시는 참맛이 늙어서 더 진하고 |

| | |
|---|---|
| 醉裏狂言醒可怕. | 취해서 하는 미친 소리는 깨고 난 뒤가 두려우니 |
| 閉門謝客對妻子, | 대문을 꽁꽁 닫아 손님을 사절하고<br>아내와 자식이나 바라보면서 |
| 倒冠落佩從嘲罵. | 모자를 뒤집어 쓰고 패물을 떨어뜨린 채<br>마음대로 조소하고 멋대로 험담하리. |

**[해설]**

황주의 정혜원에 머물 때 절 안팎을 산책하다가 느낀 감회를 노래한 것이다. 세속을 떠나 대자연 속에 은거하고 싶은 심경을 토로하는 가운데 막 유배 온 사람의 공포에 찬 모습을 내비치고 있다.

**[주석]**

(1) 定惠院(정혜원): 黃州 동남쪽에 있던 절.(魏嵩山 主編, 《中國歷史地名大辭典》, 廣東教育出版社, 1995년 제1판, 718쪽 참조) 원풍 3년(1080) 2월 1일 황주에 도착한 소식은 5월 29일 다른 가족들이 도착하여 함께 臨臯亭으로 옮길 때까지 4개월 동안 정혜원에서 지냈다.

(2) 幽人(유인): 세상에서 동떨어진 곳에 조용히 사는 사람이라는 뜻으로 흔히 은자를 가리키는데, 여기서는 유배객인 소식 자신을 가리킨다.

(3) 良夜(양야): 깊은 밤.

(4) 參差(참치): 높낮이가 일정하지 않고 들쑥날쑥하다.

(5) 玉宇(옥우): 옥으로 지은 집. 화려한 전당의 미칭으로 정혜원의 불당들을 가리킨다.

(6) 繚繞(요요): 빙빙 돌다.

(7) 亞(아): 드리워지다.

(8) 會(회): 반드시. 꼭.

(9) 霜林(상림): 소나무를 잘 분간할 수 있는 겨울철의 숲을 가리킨다. 《論語 · 子罕》에 "날씨가 추워진 뒤에야 소나무와 잣나무가 다른 나무보다 나중에 시드는 줄을 안다(歲寒, 然後知松栢之後彫也)"라는 공자의 말이 있다.

(10) 浮浮(부부): 증기가 피어오르는 모양.

(11) 玉(옥): 옥처럼 고운 것이라는 뜻으로 술밥의 재료로 사용되는 쌀을 가리킨다.

(12) 溜溜(유류): 액체가 흘러내리는 소리.

(13) 壓蔗(압자): 사탕수수를 압착하여 즙을 짜는 것을 가리킨다.

## 0684. 次韻前篇
앞의 시에 차운하여

| | |
|---|---|
| 去年花落在徐州,[(1)] | 작년에는 꽃이 질 때 서주에 있으면서 |
| 對月酣歌美淸夜.[(2)] | 달을 보고 노래하며 맑은 밤을 찬미했는데 |
| 今年黃州見花發,[(3)] | 금년에는 황주에서 꽃이 피는 것을 보니 |
| 小院閉門風露下. | 문 닫힌 작은 절에 바람 타고 이슬이 날아오네. |
| 萬事如花不可期, | 만사는 꽃과 같아 기약을 할 수 없고 |
| 餘年似酒那禁瀉.[(4)] | 여생은 술 같으니 쏟아지는 걸 어찌 금하리? |
| 憶昔扁舟泝巴峽,[(5)] | 옛날에 작은 배로 파협을 거슬러 올라갈 때 |
| 落帆樊口高桅亞.[(6)(7)] | 번구에서 돛 내리고 돛대도 눕혀 놨지. |
| 長江袞袞空自流, | 장강은 콸콸콸콸 절로 흐를 따름이고 |
| 白髮紛紛寧少借.[(8)] | 백발은 희끗희끗 사정없이 돋는데 |
| 竟無五畝繼沮溺,[(9)(10)] | 장저 걸닉 뒤를 이을 다섯 이랑 끝내 없고 |
| 空有千篇凌鮑謝.[(11)] | 포조 사령운 능가할 시 천 편만 괜히 있네. |
| 至今歸計負雲山,[(12)] | 이제껏 귀향 계획이 구름 산을 등진 채 |
| 未免孤衾眠客舍. | 객사에서 혼자 자는 신세를 못 면했나니 |
| 少年辛苦眞食蓼,[(13)] | 젊을 때에 참으로 여뀌 먹듯 고생하면 |
| 老境安閑如啖蔗. | 늘그막에 사탕수수 먹듯 편안하고 느긋하지. |
| 饑寒未至且安居, | 아직은 춥고 배고프지 않아 잠시 편안하게 지내지만 |

| | |
|---|---|
| 憂患已空猶夢怕.[14] | 우환 이미 없어졌어도 여전히 꿈속에 벌벌 떠니 |
| 穿花踏月飮村酒, | 꽃 사이로 달빛 밟으며 시골 술을 마시고 |
| 免使醉歸官長罵. | 취해서 돌아가 사또한테 야단맞게 하지 말길. |

**[해설]**

바로 앞의 시 〈정혜원에 우거할 때 달밤에 우연히 밖으로 나가(定惠院寓居月夜偶出)〉(0683)에 차운한 것으로, 죄인의 몸인지라 고향으로 돌아가고 싶어도 돌아갈 수조차 없게 된 신세를 한탄했다.

**[주석]**

(1) 徐州(서주): 지금의 강소성 서주. 이때 그는 〈月夜與客飮杏花下〉(0609)를 지었다.
(2) 酣歌(감가): 주흥이 도도해져서 즐겁게 노래하다.
(3) 黃州(황주): 지금의 호북성 黃岡市 黃州區.
(4) 餘年(여년): 여생. 만년. 이 구절은 얼마 안 남은 술이 술병에서 금방 없어지는 것처럼 남은 인생도 금방 지나간다는 말이다.
(5) 巴峽(파협): 사천성 巴郡의 長江에 있는 石洞峽 · 銅鑼峽 · 明月峽, 즉 파군삼협을 가리킨다. 이 구절은 치평 3년(1066)에 소식 형제가 부친의 영구를 모시고 開封에서 고향 眉山으로 돌아간 일을 가리킨다.
(6) 樊口(번구): 지금의 호북성 鄂州市 鄂城區 번구. 번수가 장강과 합류하는 곳이다. 소식의 자주에 "번구는 황주의 남쪽 언덕에 있다(樊口, 在黃州南岸)"라고 했다.
(7) 亞(아): 눕히다. 넘어뜨리다.
(8) 寧少借(영소차): 어찌 조금이라도 사정을 보아주겠는가. 이 구절은 머리카락이 가차없이 희어진다는 말이다.
(9) 五畝(오묘): 늙은 사람이 몸을 의탁할 수 있는 택지를 가리킨다. 《孟子 · 盡心上》에 "넓이가 다섯 이랑 되는 집의 담 밑에 뽕나무를 심어 놓고 한 아낙네가 누에를 치면 늙은 사람이 비단옷을 입기에 충분하다(五畝之宅, 樹牆下以桑, 匹婦蠶之, 則老者足以衣帛矣)"라는 말이 있다.
(10) 沮溺(저닉): 춘추시대의 은자 長沮와 桀溺. 《論語 · 微子》에 "장저와 걸닉이 나란히 서서 밭을 가는데 공자가 그들을 지나가게 되어 자로로 하여금 나루터가 어디에 있는지 물어보게 했다(長沮 · 桀溺耦而耕, 孔子過之, 使子路問津焉)"라는 말이 있다.
(11) 鮑謝(포사): 남조시대 시인 鮑照와 謝靈運.
(12) 雲山(운산): 구름에 덮인 산. 고향 산천을 가리킨다.
(13) 食蓼(식료): 여뀌를 먹다. 쓴맛을 본다는 뜻이다. 백거이의 〈自詠五首〉에 "어떻게 다르리오 여뀌

벌레가, 쓴 줄도 모르고 여뀌를 먹는 것과?(何異食蓼蟲, 不知苦是苦?)"라는 구절이 있다.

(14) 憂患(우환): 烏臺詩案으로 사형에 처해질 뻔한 일을 가리킨다.

## 0685. 安國寺[1]浴

안국사에서 목욕하고

| | |
|---|---|
| 老來百事懶, | 늙어서 만사에 다 게으르지만 |
| 身垢猶念浴. | 몸의 때는 그래도 씻을 마음이 난다. |
| 衰髮不到耳, | 노쇠한 머리카락 귀까지도 안 오지만 |
| 尙煩月一沐. | 한 달에 한 번 감는 수고는 한다. |
| 山城足薪炭, | 산성이라 땔감과 숯이 넉넉하기에 |
| 烟霧蒙湯谷.[2] | 안개가 자욱하게 양곡을 뒤덮었다. |
| 塵垢能幾何, | 먼지와 때야 있어 봐야 얼마나 되랴마는 |
| 翛然脫羈梏.[3][4] | 산뜻하게 속박에서 벗어났도다. |
| 披衣坐小閣, | 옷을 걸치고 작은 누각에 앉아 있다가 |
| 散髮臨修竹. | 머리를 풀어헤친 채 긴 대나무에 다가간다. |
| 心困萬緣空,[5] | 마음이 고달프던 온갖 인연 사라지자 |
| 身安一牀足. | 침대 하나로 몸이 한없이 편안하도다. |
| 豈惟忘淨穢,[6] | 어찌 깨끗함과 더러움을 잊는 데서 그치리? |
| 兼以洗榮辱. | 영예도 치욕도 모두 씻어 버리련다. |
| 默歸毋多談, | 말을 자꾸 하지 말고 조용히 돌아가자 |
| 此理觀要熟.[7] | 이 이치는 곰곰이 살펴봐야 하리로다. |

**[해설]**

바로 앞의 시에 이어서 같은 운자로 황주 안국사에서 목욕하고 난 뒤의 상쾌해진 기분과 이로 인해서 생긴 초연한 심경을 토로하고 나아가 세상 살아가는 이치를 설파한 것이다.

**[주석]**

(1) 安國寺(안국사): 黃州에 있는 절. 소식의 〈黃州安國寺記〉에 "안국사에는 무성한 숲과 키 큰 대나무, 그리고 연못과 정자가 있다.……절은 남당 보대 2년(944)에 건립되었는데, 처음에는 이름을 호국사라고 하다가 가우 8년(1063)에 지금의 이름이 하사되었다(安國寺有茂林修竹, 陂池亭榭……寺立於僞唐保大二年, 始名護國, 嘉祐八年賜今名)"라고 했다.

(2) 湯谷(양곡): '暘谷'과 같다. 옛날 전설에 의하면 해가 뜨는 곳이라고 한다.

(3) 翛然(소연): 구속이 없는 모양. 초탈한 모양.

(4) 羈梏(기곡): 속박. 이 연은 목욕을 하고 나니 기분이 날아갈 듯이 상쾌하다는 말이다.

(5) 萬緣空(만연공): 세상과의 갖가지 인연이 없어지다. 백거이의 시 〈山中獨吟〉에 "사람마다 고치기 힘든 버릇이 하나씩 있나니, 내 버릇은 글짓기를 좋아하는 것, 갖가지 인연들이 모두 없어졌건만, 이 병만은 아직까지 떠나지 않는구나(人各有一癖, 我癖在章句. 萬緣皆已消, 此病獨未去)"라는 구절이 있고, 그의 시 〈端居詠懷〉에 "이제부터 온갖 인연 모두 털어 버린 채, 처자만을 데리고 산을 사서 살고 싶다(從此萬緣都擺落, 欲攜妻子買山居)"라는 구절이 있다. 이 연은 세속적인 욕심을 다 버리고 나니 심신이 한없이 편안하다는 말이다.

(6) 淨穢(정예): 육신의 깨끗함과 더러움을 가리킨다.

(7) 此理(차리): 자신의 본성을 온전하게 지키려면 몸의 때를 씻는 데서 그칠 것이 아니라 마음의 때, 즉 세속적인 욕심도 씻어 버려야 한다는 이치를 가리킨다. 이 연은 이러한 이치를 생각나는 대로 횡설수설할 것이 아니라 스스로 심사숙고하여 먼저 체계적인 논리를 정립할 필요가 있다는 뜻으로, 시를 마무리 짓기 위한 소식 특유의 해학적 표현이다.

# 0686. 安國寺[1]尋春

안국사에서 봄빛을 찾아

| | |
|---|---|
| 臥聞百舌呼春風,[2] | 누워서 봄바람에 때까치 우는 소리 듣다 |
| 起尋花柳村村同. | 일어나 꽃과 버들을 찾으니 마을마다 똑같도다. |
| 城南古寺修竹合,[3] | 성 남쪽의 오래된 절엔 키 큰 대가 모여 있고 |
| 小房曲檻攲深紅. | 작은 선방의 굽은 난간에 새빨간 꽃이 기대서 있다. |
| 看花歎老憶年少, | 꽃을 보니 늙음이 한스러워 젊은 시절이 생각나고 |
| 對酒思家愁老翁.[4] | 술을 들고 집 생각하나니 이 늙은이를 걱정하렷다. |
| 病眼不羞雲母亂,[5] | 병든 눈에 운모가 어른거리는 걸 부끄러워하지 않고 |
| 鬢絲强理茶烟中. | 차 끓이는 연기 속에 실 같은 살쩍을 억지로 빗는다. |
| 遙知二月王城外,[6] | 멀리서도 알겠나니 이월 맞은 왕성 밖의 |
| 玉仙洪福花如海,[7][8] | 옥선관과 홍복사에 꽃이 바다 같으리. |
| 薄羅匀霧蓋新粧,[9][10] | 얇은 비단은 안개 낀 듯 갓 단장한 자태를 감싸고 |
| 快馬爭風鳴雜佩.[11] | 날랜 말은 바람과 다투며 장식품들을 울려 대리. |
| 玉川先生眞可憐,[12] | 옥천선생은 참으로 가련한 사람 |
| 一生耽酒終無錢, | 평생 술을 즐겼건만 끝내 돈이 없어서 |
| 病過春風九十日, | 병든 채 구십 일의 봄바람을 보내며 |
| 獨抱添丁看花發.[13] | 혼자서 첨정을 안고 꽃 피는 것 보았으리. |

## [해설]

황주에 있는 안국사에 놀러 나가 그 일대의 봄빛을 구경한 후 옛날에 개봉에서 봄놀이하던 일을 떠올리며 당나라 시인 노동의 처지를 안타까워하고 그에 비견될 만한 자신의 처지를 가련하게 여겼다.

## [주석]

(1) 安國寺(안국사): 호북성 黃岡市 黃州區에 있는 절. 〈安國寺浴〉(0685) 주 (1) 참조.

(2) 百舌(백설): 때까치. 개고마리. 까치보다 좀 작은 새로 입춘이 되면 울기 시작하여 하지가 되면 울기를 그치는데 소리를 바꾸어 가며 각종 새의 울음소리를 낼 줄 안다.

(3) 城南古寺(성남고사): 황주성 남쪽에 있는 오래된 절. 안국사를 가리킨다.

(4) 愁老翁(수노옹): 가족이 자신을 걱정한다는 말이다.

(5) 雲母(운모): 화강암 가운데 많이 들어 있는 규산염 광물의 하나로 대개 六角板 모양의 결정체인데 얇은 조각으로 잘 갈라지는 성질이 있다. 눈병으로 인하여 생긴 眼花를 가리킨다.

(6) 王城(왕성): 開封城을 가리킨다.

(7) 玉仙(옥선): 도교 사원인 玉仙觀. 《能改齋漫錄·造九鼎》에 "옥선관은 경성 동남쪽의 선화문 밖 7~8리 되는 곳에 있다(玉仙觀在京城東南宣化門外七八里)"라고 했다.

(8) 洪福(홍복): 홍복사. 개봉 서남쪽의 中牟縣(지금의 하남성 鄭州市 중모현) 동남쪽에 있던 절.(魏嵩山 主編, 《中國歷史地名大辭典》, 廣東教育出版社, 1995년 제1판, 845쪽 참조) 黃庭堅에게 〈同元明過洪福寺戲題〉라는 시가 있다.

(9) 勻霧(균무): 고르게 퍼져 있는 안개. 얇은 비단으로 지은 여인들의 옷을 가리킨다.

(10) 新粧(신장): 새로 치장한 여인을 가리킨다.

(11) 雜佩(잡패): 말에 부착한 장신구를 가리킨다.

(12) 玉川先生(옥천선생): 당나라 시인 盧仝의 號. 그의 시 〈歎昨日〉에 "천하의 천박한 이는 술에 몹시 탐닉하나니, 옥천선생도 술에 무척 탐닉한다네. 천박한 이는 돈 있으면 풍악을 울리나니, 선생은 돈이 없어 담박한 마음을 기른다네. 돈이 있어도 가련하고 없어도 가련하나니, 백 년이 냇물처럼 후딱 지나간다네(天下薄夫苦耽酒, 玉川先生也耽酒. 薄夫有錢恣張樂, 先生無錢養恬漠. 有錢無錢俱可憐, 百年驟過如流川)"라고 했다.

(13) 添丁(첨정): 노동의 아들. 〈乘舟過賈收水閣, 收不在, 見其子, 三首〉(0639) 주 (7) 참조. 마지막 네 구절은 병든 몸으로 장남 蘇邁만 데리고 곤궁하게 지내는 자신의 처지를 노동의 그것에 빗댄 것이다.

## 0687. 寓居定惠院[1]之東, 雜花滿山, 有海棠[2]一株, 土人不知貴也

우거하는 집인 정혜원의 동쪽에 갖가지 꽃이 온 산에 가득한데 그 속에 해당화 한 그루가 있건만 본토인들이 귀한 줄을 몰라서

| | |
|---|---|
| 江城地瘴蕃草木,[3] | 강가의 성은 땅이 축축해 온갖 초목이 무성한데 |
| 只有名花苦幽獨, | 이름 있는 이 꽃만은 무척이나 고독하다. |
| 嫣然一笑竹籬間,[4] | 대나무 울타리에서 생긋 한 번 웃으니 |
| 桃李漫山總麤俗. | 산을 덮은 복숭아와 자두가 다 조잡하고 저속해진다. |
| 也知造物有深意, | 나도 아나니 조물주가 깊은 뜻이 있어서 |
| 故遣佳人在空谷.[5] | 일부러 이 가인을 인적 없는 계곡에 보냈으렷다. |
| 自然富貴出天姿, | 자연스레 부귀한 기상이 타고난 자태에서 나오니 |
| 不待金盤薦華屋.[6] | 금쟁반에 담아 호화로운 집에 바칠 필요도 없겠다. |
| 朱唇得酒暈生臉,[7] | 붉은 입술이 술을 마셔 얼굴에 홍조가 생기고 |
| 翠袖卷紗紅映肉. | 푸른 소매가 살짝 걷혀 살결이 발그레해진 모습 |
| 林深霧暗曉光遲, | 숲이 깊고 안개 짙어 새벽이 더디 오는데다 |
| 日暖風輕春睡足.[8] | 날 따습고 바람 약해 봄잠을 깊이 잤나 보다. |
| 雨中有淚亦悽愴, | 빗속에 눈물 흘릴 때는 이 꽃도 역시 처량하더니 |
| 月下無人更淸淑. | 달 아래에 사람 없으니 더없이 말쑥하다. |
| 先生食飽無一事,[9] | 선생은 배부르고 할 일이 없어 |
| 散步逍遙自捫腹, | 이리저리 산보하며 스스로 배를 문지른다. |
| 不問人家與僧舍, | 인가든 절이든 따지지 않고 |

柱杖敲門看修竹. 지팡이 짚고 문 두드려 키 큰 대를 구경하다
忽逢絶艷照衰朽,(10)(11) 홀연히 절세미인이 노쇠한 이를 비추기에
歎息無言揩病目. 말없이 감탄하며 병든 눈을 닦는다.
陋邦何處得此花,(12) 머나먼 땅 어디에서 이 꽃을 만날 수 있으리?
無乃好事移西蜀.(13)(14) 호사가가 서촉에서 옮겨 온 것 아니리?
寸根千里不易致, 한 치짜리 뿌리가 천 리에 뻗기는 쉽지 않을 터
銜子飛來定鴻鵠. 틀림없이 홍곡이 씨앗을 물고 날아왔으리.
天涯流落俱可念,(15) 하늘 끝에서 떠도는 우리는 둘 다 가련한 신세
爲飮一樽歌此曲. 우리를 위해 술 한 잔 마시며 이 노래를 부르리.
明朝酒醒還獨來, 내일 아침 술이 깬 뒤 나 혼자 다시 오면
雪落紛紛那忍觸.(16) 흩날리는 눈일 텐데 차마 어찌 만지리?

**[해설]**

황주 정혜원의 동쪽에 있는 작은 산에 해당화 한 그루가 잡목들 틈에 끼여 있었다. 소식은 해당화가 필 때마다 매번 그 아래에 가서 술을 마시곤 했다. 해당화는 본래 그의 고향인 촉지방에서 많이 났기 때문에, 소식은 이 꽃도 자기처럼 타향에서 떠돌이 생활을 하고 있다고 여겨 그것에 자신의 감회를 깃들여 이 시를 지었다.

**[주석]**

(1) 定惠院(정혜원): 黃州 동남쪽에 있던 절. 〈定惠院寓居月夜偶出〉(0683) 주 (1) 참조.
(2) 海棠(해당): 해당화. 우리나라의 해당화는 장미과의 관목인 玫瑰가 와전된 것으로 중국의 해당화와는 다른 나무이다. 이 점에 관하여는 丁若鏞이 〈偶至溪上, 見玫瑰一樹, 嫣然獨開, 因憶東坡於定惠院賦海棠花, 遂次其韻〉이라는 시에서 명확하게 밝혀 놓았다. 이 시에서 그는 "잘 모르고 매괴 꽃을 해당화라 부르니, 질경이가 무단히 오족이 된 셈이로다(錯把玫瑰呼海棠, 陵舃無端爲烏足)"라고 읊은 후 스스로 주를 달아 "우리나라 사람들은 매괴를 해당화라고 여긴다(東俗以玫瑰爲海棠)"라고 했다.
(3) 瘴(장): 축축하고 더운 땅에서 생기는 독기, 즉 瘴氣가 일어나다.
(4) 嫣然(언연): 아리땁게 웃는 모양.
(5) 佳人(가인): 해당화를 가리킨다.
(6) 不待(부대): 필요 없다. 이 연은 해당화는 내재적인 아름다움이 빼어나기 때문에 외재적인 장식

이나 환경을 필요로 하지 않는다는 말이다.

(7) 暈(훈): 술기운으로 인하여 얼굴에 생기는 홍조를 가리킨다.

(8) 春睡足(춘수족): 《明皇雜錄》에 "상황이 한번은 침향정에 올라가서 양귀비를 불렀는데 그때 새벽 술이 아직 덜 깼으므로 고력사가 시녀들에게 부축하게 해서 데리고 왔다. 상황이 웃으면서 '어찌 귀비가 취한 것이겠는가? 해당화가 잠이 부족한 모습일 뿐이다'라고 했다(上皇嘗登沈香亭, 召妃子, 時卯酒未醒, 高力士從侍兒扶掖而至. 上皇笑曰: '豈是妃子醉耶? 海棠睡未足耳.')"라는 일화가 소개되어 있다.

(9) 先生(선생): 소식 자신을 가리키는 해학적인 표현이다.

(10) 絶艶(절염): 비할 데 없이 아름다운 사람. 해당화를 가리킨다.

(11) 衰朽(쇠후): 쇠락한 사람. 소식 자신을 가리킨다.

(12) 陋邦(누방): 중앙에서 멀리 떨어진 고장. 황주를 가리킨다.

(13) 無乃(무내): 바로 ~이 아닐까. 아마도 바로 ~일 것이다.

(14) 西蜀(서촉): 지금의 사천성을 가리킨다. 소식의 고향인 사천지방에는 잔가지가 많고 가지에 가시가 없으며 키가 꽤 큰 교목인 특수한 품종의 해당화가 있었는데 이것을 西府海棠이라고 했다.

(15) 可念(가념): 가련하다.

(16) 雪落(설락): 해당화의 꽃잎이 눈처럼 어지러이 떨어지는 것을 가리킨다.

## 0688. 次韻樂著作[1]野步

야외 산보를 노래한 저작좌랑 악씨의 시에 차운하여

| | |
|---|---|
| 老來幾不辨西東, | 늙어서 동쪽 서쪽도 거의 분간 못하지만 |
| 秋後霜林且强紅.[2] | 가을 되어 서리 맞은 숲이 잠시 억지로 붉어졌도다. |
| 眼暈見花眞是病,[3] | 눈이 흐려 꽃이 보이는 건 참으로 눈병이요 |
| 耳虛聞蟻定非聰.[4] | 귀가 허해 개미소리 들리는 건 틀림없이 귓병이로다. |
| 酒醒不覺春强半,[5] | 술이 깨면 부지중에 한봄이 지나 있고 |
| 睡起常驚日過中.[6] | 잠이 깨면 해가 정오를 지나 있음에 늘 놀란다. |
| 植杖偶逢爲黍客,[7][8] | 지팡이 짚고 이따금 기장밥 지어 준 은자도 만나고 |
| 披衣閑詠舞雩風.[9] | 옷을 걸치고 한가로이 무우의 바람도 노래한다. |
| 仰看落蕊收松粉,[10] | 올려다보며 송홧가루의 떨어지는 꽃술을 받기도 하고 |
| 俯見新芽摘杞叢. | 내려다보며 구기자의 새싹을 따기도 한다. |
| 楚雨還昏雲夢澤,[11] | 초 땅의 비는 또다시 운몽택을 어둡게 하는데 |
| 吳潮不到武昌宮.[12][13] | 오 땅의 조수는 무창궁까지 오지 못한다. |
| 廢興古郡詩無數, | 흥망을 거듭한 옛 고을에 시가 수없이 많으니 |
| 寂寞閑窗易粗通.[14] | 적막한 창가에서 《주역》이나 대충 알아 본다. |
| 解組歸來成二老,[15][16][17] | 인끈 풀고 돌아가 두 노인이 되어서 |
| 風流他日與君同. | 언젠가 그대와 풍류를 함께하리로다. |

**[해설]**

감황주주세로 재임 중인 악경의 시에 차운한 것으로, 황주에서 한가로이 지내는 자신의 생활을 담담한 필치로 묘사하고 아울러 관직에서 물러나 악경과 함께 전원에서 살고 싶은 심경을 토로했다.

**[주석]**

(1) 欒著作(악저작): 欒京을 가리킨다. 著作佐郎으로서 長葛縣令을 지내던 도중 助役法의 문제점을 지적하다가 탄핵된 적이 있으며, 소식이 황주에 유배되어 있을 당시 監黃州酒稅로 재직하고 있었다.(《續資治通鑑長編·熙寧四年十二月》 참조)

(2) 秋後霜林(추후상림): 가을이 든 뒤 서리를 맞아 나뭇잎이 발갛게 물든 숲. 술기운으로 잠시 붉어진 자신의 얼굴빛을 가리킨다.

(3) 眼暈見花(안훈견화): 눈이 침침해져서 꽃과 같은 환상이 보이는 증상을 말한다.

(4) 耳虛聞蟻(이허문의): 귀가 허약해져서 개미 지나가는 소리가 엄청 크게 들리는 증상을 말한다. 《晉書·殷仲堪傳》에 "은중감의 부친은 일찍이 耳鳴症을 앓은 적이 있는데 침대 밑에 개미 기어가는 소리를 듣고 소가 싸우는 것이라고 했다(仲堪父嘗患耳聰, 聞床下蟻動, 謂之牛鬪)"라는 말이 있다.

(5) 强半(강반): 절반을 지나다.

(6) 過中(과중): 중앙을 지나다. 정오를 지난다는 말이다.

(7) 植杖(식장): 지팡이를 꽂다. 지팡이를 짚다. 《論語·微子》에 "자로가 공자를 수행하던 도중 뒤에 처져서 가다가 한 노인을 만났는데 그는 지팡이로 삼태기를 메고 있었다. 자로가 '선생께서는 우리 선생님을 보셨는지요?' 하고 묻자, 노인은 '사지를 부지런히 놀리지 않고 오곡을 분별하지 못하는데 누가 선생이란 말이오?'라고 하고는 지팡이를 땅에 꽂아 놓고 김을 매었다. 자로는 공손하게 두 손을 마주 잡고 서 있었다. 그는 자로를 붙잡아 하룻밤 묵어 가게 하고는 닭을 잡고 기장밥을 지어서 먹이고 그의 두 아들을 불러서 그에게 인사를 시켰다. 이튿날 자로가 공자에게 가서 말씀드렸더니 공자가 '은자다'라고 했다(子路從而後, 遇丈人, 以杖荷篠. 子路問曰: '子見夫子乎?' 丈人曰: '四體不勤, 五穀不分, 孰爲夫子?' 植其杖而芸. 子路拱而立. 止子路宿, 殺鷄爲黍而食之, 見其二子焉. 明日, 子路行以告. 子曰: '隱者也.')"라는 일화가 소개되어 있다. 여기서는 자신이 지팡이를 짚고 다닌다는 뜻이다.

(8) 爲黍客(위서객): 기장밥을 짓는 사람. 자로에게 기장밥을 지어 먹였다는 은자로써 보통의 농부를 가리키는 해학적인 표현이다.

(9) 舞雩(무우): 산동성 曲阜의 沂水 가에 있는 제단으로 노나라가 기우제를 지내던 곳이다. 《論語·先進》에 "늦은 봄에 봄옷을 잘 차려 입고 갓을 쓴 어른 대여섯 명 및 아이들 예닐곱 명과 함께 기수에서 세수하고 무우에서 바람을 쐰 다음 노래를 읊조리며 돌아오겠습니다(莫春者, 春

服既成, 冠者五六人·童子六七人, 浴乎沂, 風乎舞雩, 詠而歸)"라고 한 曾點의 말이 있다.

(10) 松粉(송분): 송홧가루. 《本草》 註에 "소나무꽃 위에 있는 노란 가루는 제때에 따 두었다가 국을 끓일 때 뿌리면 아주 좋다(松花上黃粉, 及時拂取, 作湯點之甚佳)"라고 했다.

(11) 雲夢澤(운몽택): 동정호를 중심으로 지금의 호남성과 호북성에 걸쳐 있던 넓은 늪. 〈過淮〉(0673) 주 (8) 참조.

(12) 吳潮(오조): 錢塘潮를 가리킨다. 〈送劉寺丞赴餘姚〉(0634) 주 (10) 참조.

(13) 武昌(무창): 長江을 사이에 두고 黃州와 마주보고 있던 縣. 지금의 호북성 鄂州. 소식의 자주에 "황주 건너편의 무창현에 손권의 옛날 궁전이 있다(黃州對岸武昌縣, 有孫權故宮)"라고 했다.

(14) 易(역): 《周易》. 《易經》. 소식의 〈黃州上文潞公書〉에 "황주에 온 이후 마음 쓸 데가 없어서 《주역》과 《논어》를 곰곰이 생각해 보고……《역전》 9권을 지었습니다(到黃州, 無所用心, 輒復覃思於《易》·《論語》……作《易傳》九卷)"라고 했다. 《주역》에 관한 해설서인 이 책은 《東坡易傳》이라는 이름으로 오늘날까지 전해 온다. 이 연은 황주를 노래한 역대 시인의 시가 이미 많이 있기 때문에 자신은 시를 짓기보다 《주역》을 공부하여 어느 정도 이해하게 되었다는 말이다.

(15) 解組(해조): 官印을 묶는 인끈을 풀다. 관직을 그만둔다는 뜻이다.

(16) 歸來(귀래): 돌아가다. 《戰國策·齊策》에 "장검아 돌아가자 식사에 생선도 없는데(長鋏歸來乎! 食無魚)"라는 말이 있다.

(17) 二老(이로): 伯夷와 呂望 또는 백이와 叔齊처럼 이름을 나란히 하는 두 명의 덕망 높은 노인을 가리킨다. 《孟子·離婁上》에 "두 노인은 천하의 위대한 늙은이였다(二老者, 天下之大老也)"라고 했다.

## 0689. 王齊萬[1]秀才[2]寓居武昌[3]縣劉郎洑[4], 正與伍洲[5]相對, 伍子胥[6]奔吳所從渡江也

왕제만 수재가 우거하는 무창현의 유랑보는 오주와 정면으로 마주하고 있는데 오자서가 오나라로 도망갈 때 장강을 건넌 곳이다

| | |
|---|---|
| 君家稻田冠西蜀, | 그대 집은 벼 심은 논이 서촉에서 으뜸이라 |
| 擣玉揚珠三萬斛.[7][8] | 옥을 찧고 진주를 까불어 삼만 섬을 거두었네. |
| 塞江流柿起書樓,[9][10] | 강을 메우고 대팻밥을 흘리며 서재를 지어 |
| 碧瓦朱欄照山谷. | 푸른 기와와 붉은 난간이 골짜기를 비추었네. |
| 傾家取樂不論命,[11][12] | 가산을 기울여 즐거움을 취하며 먹고 살 일을 안 따지고 |
| 散盡黃金如轉燭.[13] | 황금을 다 써 버려 바람 앞의 등불 같았네. |
| 惟餘舊書一百車, | 오로지 옛날 책만 일백 수레 남아 있어 |
| 方舟載入荊江曲.[14][15] | 배 두 척에 나란히 싣고 형강 굽이로 들어왔네. |
| 江上青山亦何有, | 강가의 청산에 또 무엇이 있으리오? |
| 伍洲遙望劉郎藪.[16] | 오주에서 바라보면 유랑보가 멀리 있네. |
| 明朝寒食當過君, | 내일은 한식이라 그대 집에 들를 테니 |
| 請殺耕牛壓私酒.[17] | 농사 짓는 소를 잡고 가양주를 걸러 주오. |
| 與君飲酒細論文,[18] | 그대와 술 마시며 찬찬히 글을 논하다가 |
| 酒酣訪古江之濆.[19] | 술이 얼큰해지면 강가에서 고적을 찾으려오. |
| 仲謀公瑾不須弔,[20][21] | 손중모와 주공근은 애도할 필요 없을 테고 |
| 一酹波神英烈君.[22][23][24] | 파도의 신 영렬왕에게 술이나 한 잔 올리리라. |

**[해설]**

동향인인 왕제만이 강 건너 무창에 살고 있다는 사실을 알고 한식절인 내일 그를 한번 방문할 생각을 하면서 그의 집안과 인품을 칭송하고 그와 함께 술 마시며 정담을 나눌 일을 상상한 것이다.

**[주석]**

(1) 王齊萬(왕제만): 王文誥의 《蘇軾詩集》에 "왕제만은 자가 자변으로 가주 건위(지금의 사천성 건위) 사람이니 자가 문보인 왕제유의 동생이다. 査愼行의 《蘇詩補註》에는 같은 사람으로 잘못 보았고 馮應榴의 《蘇軾詩集合注》에는 《화만집》의 무창 왕수라는 설을 인용하였으니 역시 혼동한 것이다(王齊萬, 字子辯, 嘉州犍爲人, 乃齊愈字文甫之弟. 査註譌作一人, 合註引《畫墁集》武昌王叟, 亦混)"라고 했다.

(2) 秀才(수재): 과거에 응시할 자격을 갖춘 사람.

(3) 武昌(무창): 長江을 사이에 두고 黃州와 마주보고 있던 縣. 지금의 호북성 鄂州.

(4) 劉郎洑(유랑보): 《輿地紀勝》에 "유랑보는 무창 동쪽의 장강 위에 있으며 옛날 이름은 流浪이었는데 와전되어 劉郎이 되었다(劉郎洑, 在武昌東江上, 舊名流浪, 訛爲劉郎)"라고 했고, 《名勝志》에 "옛날부터 손권이 이곳에서 촉나라 선주를 맞았다고 전해 온다. 어떤 사람은 옛날 이름이 流浪이었는데 와전되어 劉郎이 되었다고 한다(舊傳孫權迎蜀先主於此. 或曰舊名流浪, 訛爲劉郎)"라고 했다.

(5) 伍洲(오주): 황주 서남쪽의 장강 안에 있는 섬. 춘추시대 초나라 사람 伍子胥가 吳나라로 도망갈 때 지나간 곳이다.

(6) 子胥(자서): 伍員의 字. 원래 춘추시대 楚나라 사람이었으나, 아버지와 형이 초나라 平王에게 피살된 뒤 오나라로 도망가서 오왕 闔閭를 도와 오나라를 강성하게 만들고 초나라로 쳐들어가 초나라 평왕의 시체에 300번이나 매질을 함으로써 아버지와 형의 원수를 갚았다. 그 뒤 오왕 夫差가 정적의 참소를 듣고 그를 죽여 버렸다. 죽기 전에 오자서는 오나라가 망하는 꼴을 보고 싶으니 자기가 죽고 난 뒤에 눈을 뽑아서 동문에 걸어 놓으라고 자신의 문객에게 부탁했다. 그가 죽은 지 9년 만에 오나라는 과연 월나라에게 망했다.

(7) 擣玉揚珠(도옥양주): 옥 같고 진주 같은 쌀을 방아에서 찧고 키로 까불러서 정제한다는 말이다.

(8) 斛(곡): 열 말. 섬.

(9) 流柹(유폐): 대팻밥. 대패질을 할 때 나오는 목재의 부스러기. 晉나라 무제가 오나라를 정벌할 계획을 세우자 王濬이 촉 땅에서 배를 만들었는데 대팻밥이 장강을 뒤덮은 채 떠내려갔다.(《진서·왕준전》 참조) 이 구절은 목재를 많이 사용했다는 말이다.

(10) 書樓(서루): 왕제만이 지은 서재를 가리킨다. 〈犍爲王氏書樓〉(0003) 참조.

(11) 傾家(경가): 家産을 다 투입하다.

(12) 不論命(불론명): 생존의 문제를 따지지 않다. 생계유지에 필요한 재산을 서루 짓는 데 다 써 버렸다는 말이다.

(13) 轉燭(전촉): 바람에 촛불이 흔들리다. 언제 소멸할지 모른다는 말이다.

(14) 方舟(방주): 배 두 척을 나란히 몰다.

(15) 荊江(형강): 호북성 荊州 일대를 지나는 장강을 일컫는 말. 여기서는 유랑보 일대의 장강을 가리킨다.

(16) 劉郎藪(유랑수): 유랑보를 가리킨다. 이 연은 도성에서 멀리 떨어진 고을인 황주에는 지인이 없어서 적적한데 다행히 유랑보에 동향인인 왕제만이 있어서 반갑다는 말이다.

(17) 耕牛(경우): 농사 짓는 데 사용하는 소. 동탁은 자신을 따르는 장수들에게 농사 짓는 소를 잡아 잔치를 벌여 주었다.(《後漢書・董卓傳》 참조)

(18) 論文(논문): 글을 논하다. 두보의 시 〈春日憶李白〉에 "언제나 한 동이 술을 마시며, 다시금 찬찬히 글을 논하리?(何時一樽酒, 重與細論文?)"라는 구절이 있다.

(19) 訪古(방고): 고적을 탐방하다.

(20) 仲謀(중모): 삼국시대 오나라 대제 孫權의 字.

(21) 公瑾(공근): 삼국시대 오나라 장수 周瑜의 字.

(22) 酹(뇌): 땅에 술을 뿌리다. 천지신명에게 제사를 지낸다는 말이다.

(23) 波神(파신): 파도의 신. 오자서를 가리킨다. 오자서는 여러 차례 오왕에게 간언을 올리다가 마침내 죽음을 맞게 되었다. 죽음을 앞두고 그는 "아침 저녁으로 조수를 타고 다니며 오나라가 망하는 꼴을 보리라"라고 했다. 이때부터 높이가 수백 자나 되는 조수가 강으로 밀려 올라왔는데 때때로 조수 꼭대기에서 수레를 타고 있는 오자서가 보였다고 한다.(《太平廣記・伍子胥》 참조)

(24) 英烈君(영렬군): 소식의 자주에 "항주 오자서묘는 영렬왕에 봉해진 오자서를 모신 사당이다(杭州伍子胥廟, 封英烈王)"라고 했다.

## 0690. 二月二十六日, 雨中熟睡, 至晚, 强起出門, 還作此詩, 意思殊昏昏(1)也

2월 26일에 비가 내리는 가운데 숙면을 취하고 저녁나절이 되어서야 억지로 일어나 바깥으로 나갔다가 돌아와서 이 시를 지었는데 정신이 몹시도 몽롱했다

| | |
|---|---|
| 卯酒困三杯,(2) | 묘시의 술 석 잔으로 몸이 나른해져서 |
| 午餐便一肉.(3) | 고기 반찬 한 가지로 점심을 때운 뒤에 |
| 雨聲來不斷, | 끊임없이 들려오는 빗소리를 들으며 |
| 睡味淸且熟. | 곤하게 자노라니 잠이 참 달콤했네. |
| 昏昏覺還臥, | 머리가 띵하여 깨었다 다시 누웠건만 |
| 展轉無由足.(4)(5) | 전전반측 뒤척일 뿐 흡족하게 잘 수 없어 |
| 强起出門行, | 억지로 일어나서 문을 나가 걷노라니 |
| 孤夢猶可續. | 외로운 꿈을 오히려 계속 꿀 수 있었네. |
| 泥深竹雞語,(6) | 진흙이 많다고 죽계가 투덜대고 |
| 村暗鳩婦哭.(7) | 마을이 어둡다고 암비둘기 통곡했네. |
| 明朝看此詩, | 내일 아침 이 시를 읽어 본다면 |
| 睡語應難讀. | 잠꼬대라 틀림없이 읽기 어려울 것이네. |

**[해설]**

낮잠에서 깨어난 뒤 밖으로 나가 비몽사몽 간에 산책을 하다가 본 비 온 뒤의 정경을 평이하고 자연스러운 언어로 담박하게 그린 시이다.

**[주석]**

(1) 昏昏(혼혼): 흐릿한 모양. 멍청한 모양.

(2) 卯酒(묘주): 卯時, 즉 이른 새벽에 마시는 술. 백거이의 시 〈卯時酒〉에 "불가에선 제호가 좋다고 찬양하고, 도가에선 감로를 자랑하지만, 모두 다 못하다네 묘시의 술이, 워낙 빨라 효험이 두 배인 것보다는(佛法贊醍醐, 仙方誇沆瀣. 未如卯時酒, 神速功力倍)"이라는 구절이 있고, 조선 문인 成俔의 《慵齋叢話》에 "'하루의 골칫거리는 묘시에 마시는 술이요, 한 해의 골칫거리는 비좁은 신발이요, 한평생의 골칫거리는 성질 나쁜 아내다'라는 속담이 있다(諺云: '一日之患卯時酒, 一年之患狹窄靴, 一生之患性惡妻.')"라는 말이 있다.

(3) 一肉(일육): 한 가지의 고기 반찬. 조촐한 식사를 가리킨다.

(4) 展轉(전전): 輾轉反側하다.

(5) 無由(무유): ~할 길이 없다.

(6) 竹雞(죽계): 닭의 일종. 모양이 자고새와 비슷하며 주로 대밭 안에서 생활한다. 《遯齋閒覽》에 "흰개미는 죽계의 소리를 들으면 모두 물로 변하는데 지금도 산림 속에 많이 있다. 스스로 '니활활' 하고 우는 것이 이 새이다(白蟻聞竹雞之聲, 盡化爲水, 今山林多有之. 其聲自呼爲'泥滑滑'者是也)"라고 했다. '泥滑滑'은 '진흙이 미끌미끌'이라는 뜻이다.

(7) 鳩婦(구부): 암비둘기. 歐陽修의 시 〈鳴鳩〉에 "날이 흐려지려 하면, 비둘기가 암컷을 쫓아 숲 속에서 우는데, 암비둘기가 화나서 울면 소리가 곱지 않네(天將陰, 鳴鳩逐婦鳴中林, 鳩婦怒啼無好音)"라는 구절이 있다.

## 0691. 雨晴後, 步至四望亭[1]下魚池上, 遂自乾明寺[2]前東岡上歸, 二首

비가 갠 뒤에 사망정 밑의 물고기 기르는 연못까지 걸어서 갔다가 마침내 건명사 앞의 동쪽 언덕 위에서 돌아와

其一

| | |
|---|---|
| 雨過浮萍合, | 봄비가 지난 뒤라 부평이 엉겨 있고 |
| 蛙聲滿四鄰. | 개구리 울음소리 사방에 가득하다. |
| 海棠眞一夢,[3][4] | 해당화는 참으로 한바탕의 꿈이 되고 |
| 梅子欲嘗新. | 매실은 새 맛을 보여주려고 한다. |
| 拄杖閑挑菜, | 지팡이 짚고 다니며 한가로이 나물을 캐니 |
| 鞦韆不見人. | 그네에는 사람이 아무도 안 보이고 |
| 殷勤木芍藥,[5] | 은근한 정을 품은 목작약만이 |
| 獨自殿餘春.[6][7] | 혼자서 남은 봄의 대미를 장식한다. |

其二

| | |
|---|---|
| 高亭廢已久,[8] | 높은 정자는 황폐해진 지 이미 오래되었는데 |
| 下有種魚塘.[9] | 그 아래에 고기 기르는 연못이 있다. |
| 暮色千山入, | 땅거미가 사방의 뭇 산으로 들어가고 |
| 春風百草香. | 봄바람이 온갖 풀의 향내를 실어 온다. |
| 市橋人寂寂,[10] | 시가지의 다리에는 인적이 적적하고 |

| | |
|---|---|
| 古寺竹蒼蒼.[(11)] | 오래된 절에는 대나무가 울창하다. |
| 鸛鶴來何處, | 황새와 학은 어디에서 날아왔는지 |
| 號鳴滿夕陽. | 석양 비친 하늘에 울음소리 가득하다. |

**[해설]**

황주에 있는 사망정이라는 정자와 건명사라는 절에 가서 노닐다가 느낀 감회를 노래한 것이다.

**[주석]**

(1) 四望亭(사망정): 《輿地紀勝·黃州》에 "사망정은 설당 남쪽의 높은 언덕 위에 있다. 당나라 태화(827-835) 연간에 자사 유사지가 세운 것으로 이신이 기문을 지었다(四望亭在雪堂南高阜之上, 唐太和中剌史劉嗣之所立, 李紳作記)"라고 했으므로 이를 통하여 사망정의 위치를 가늠해 볼 수 있다. 그러나 설당은 소식이 東坡라는 농장을 개간한 뒤 동파의 높은 곳에 지은 건물로 이때는 아직까지 지어지지 않았다.

(2) 乾明寺(건명사): 구체적인 사실이 알려져 있지 않다.

(3) 海棠(해당): 해당화. 우리나라의 해당화는 장미과의 관목인 玫瑰가 와전된 것으로 중국의 해당화와는 다른 나무이다. 〈寓居定惠院之東, 雜花滿山, 有海棠一株, 土人不知貴也〉(0687) 주 (2) 참조.

(4) 一夢(일몽): 한바탕의 꿈이었던 것처럼 해당화가 자취를 감추어 버렸다는 말이다.

(5) 木芍藥(목작약): 모란을 가리킨다. 《開元天寶遺事》에 "궁중에서는 목작약을 모란이라고 불렀다(禁中呼木芍藥爲牡丹)"라고 했다.

(6) 殿(전): 뒤에서 두각을 드러내다.

(7) 餘春(여춘): 남은 봄. 늦은 봄.

(8) 高亭(고정): 사망정을 가리킨다.

(9) 種魚塘(종어당): 물고기를 기르는 연못. 양어장.

(10) 市橋(시교): 시가지에 있는 다리.

(11) 古寺(고사): 건명사를 가리킨다.

## 0692. 雨中看牡丹三首

빗속에 모란을 보고

### 其一

| | |
|---|---|
| 霧雨不成點, | 방울을 이루지 못하는 안개비가 |
| 映空疑有無. | 하늘을 가린 채 있는 듯 없는 듯한데 |
| 時於花上見, | 이따금 꽃 위에 모습을 보여 |
| 的皪走明珠.(1) | 반짝반짝 아름다운 진주가 질주한다. |
| 秀色洗紅粉,(2) | 빼어난 그 자태는 갓 세수한 미인이요 |
| 暗香生雪膚.(3) | 백설 같은 살결에선 은은한 향이 난다. |
| 黃昏更蕭瑟,(4) | 황혼 되자 더욱더 처량해진 채 |
| 頭重欲相扶. | 머리가 무거워 기우뚱하니 붙들어 주고 싶다. |

### 其二

| | |
|---|---|
| 明日雨當止, | 내일이면 틀림없이 비가 그치고 |
| 晨光有松枝. | 소나무 가지 위에 새벽 빛이 비치리. |
| 淸寒入花骨, | 선득한 한기가 꽃 속으로 파고들면 |
| 肅肅初自持.(5)(6) | 비로소 반듯하게 자신을 추스르리. |
| 午景發濃艶,(7) | 한낮의 햇볕에 농염한 기운을 내뿜으며 |

一笑當及時. 제때에 즐기라며 한 번 웃으리.
依然暮還斂, 언제나처럼 저녁이면 다시 몸을 움츠리고
亦自惜幽姿. 그윽한 그 자태를 스스로 보중하리.

其三

幽姿不可惜, 그윽한 그 자태를 보중하지 못하리
後日東風起. 언젠가 동풍이 세차게 불면.
酒醒何所見, 술에서 깨어나면 무엇이 보이리?
金粉抱青子. 황금색 꽃가루가 푸른 열매를 안고 있으리.
千花與百草, 천 가지 꽃들과 백 가지 풀들
共盡無妍鄙.[8] 고운 것도 추한 것도 모두 지는 법
未忍污泥沙, 진흙에 더럽혀지는 걸 차마 볼 수 없으니
牛酥煎落蕊.[9] 연유로 떨어진 꽃잎을 부쳐 먹으리.

**[해설]**

빗속에 피어 있는 모란꽃을 보면서 일어난 갖가지 감회를 노래한 것이다. 비에 젖은 채 축 처져 있는 모란꽃에서 자신의 모습을 발견하고 더없이 안쓰럽게 여겼다.

**[주석]**

(1) 的皪(적력): 빛나는 모양. 이 구절은 꽃잎에 맺힌 안개비가 방울을 이루어 빠른 속도로 흘러내린다는 말이다.
(2) 紅粉(홍분): 연지와 분. 모란꽃을 화장한 미인에 비유한 것이다.
(3) 雪膚(설부): 눈처럼 새하얀 살갗. 꽃잎을 미인의 살결에 비유한 것이다.
(4) 蕭瑟(소슬): 처량하다.
(5) 肅肅(숙숙): 엄숙한 모양.
(6) 自持(자지): 자신의 몸을 부지한다는 뜻으로 빗물이 말라 꽃이 꼿꼿한 모습으로 돌아가는 것을 가리킨다.
(7) 午景(오경): 한낮의 햇볕. 劉辰翁의 《王狀元集百家註分類東坡先生詩》에 “모란은 오전에 보아야지 한낮을 지나면 축축 처진다(看牡丹法, 當在午前, 過午則離披矣)”라고 했다.

(8) 無姸鄙(무연비): 아름다운 것과 추한 것의 구별이 없다. 이 연은 모든 화초가 다 시든다는 말이다.

(9) 牛酥(우수): 우유를 달여서 만든 연유. 이 연은 모란꽃이 花煎을 부쳐 먹기에 적당하지 않지만 진흙에 묻혀 더럽혀지는 것을 보는 것보다는 차라리 낫겠다는 뜻으로 모란꽃에 대한 깊은 애정을 표현한 것이다.

## 0693. 次韻樂著作[1]送酒

저작좌랑 악씨가 술을 보내며 지은 시에 차운하여

少年多病怯杯觴,　　젊을 때는 병이 많아 술잔이 겁나더니
老去方知此味長.　　늙어서야 이 맛이 훌륭한 줄 알겠도다.
萬斛羈愁都似雪,[2]　　나그네 시름 만 섬이 다 눈 녹듯 하니
一壺春酒若爲湯.　　봄 술 한 주전자가 열탕인 듯하도다.

**[해설]**

저작좌랑 악경이 술과 함께 보내온 시에 차운한 것으로, 술의 효능을 극구 칭송하는 방법으로 그가 술을 보내준 일에 대한 감사의 마음을 표현했다.

**[주석]**

(1) 樂著作(악저작): 樂京을 가리킨다. 〈次韻樂著作野步〉(0688) 주 (1) 참조.
(2) 斛(곡): 섬. 열 말. 庾信의 〈愁賦〉에 “한 치짜리 심장 속에 만 섬의 근심이 들어 있는 줄을 누가 알리오?(誰知一寸心乃有萬斛愁?)”라고 했다.

## 0694. 次韻樂著作[(1)]天慶觀[(2)]醮[(3)]

천경관 제사를 노래한 저작좌랑 악씨의 시에 차운하여

濁世紛紛肯下臨,[(4)] 혼탁한 세상 분분하여 강림하려 아니하매
夢尋飛步五雲深.[(5)(6)(7)] 구름 깊은 곳 걷는 모습 몽환 속에 찾아갔네.
無因上到通明殿,[(8)] 위로 올라 통명전에 도달할 길은 없고
只許微聞玉佩音.[(9)] 옥패물 소리만 희미하게 들을 수가 있었겠네.

**[해설]**

저작좌랑 악경의 시에 차운하여 도교 사원에서 제례를 거행하는 일을 읊은 것으로, 은연중에 이러한 의식이 무의미함을 꼬집었다.

**[주석]**

(1) 樂著作(악저작): 樂京을 가리킨다. 〈次韻樂著作野步〉(0688) 주 (1) 참조.

(2) 天慶觀(천경관): 송나라 때의 도교 사원. 王文誥의 《蘇軾詩集》에 "송나라 때에는 모든 주와 군에 다 천경관이 있었으니, 대개 옛날 도교 사원을 개명하여 관계자가 성인께 축원하던 곳이다(宋時, 凡州軍皆有天慶觀, 多以舊道觀改名, 有司祝聖處也)"라고 했다.

(3) 醮(초): 도사가 제단을 차려 놓고 제사를 지내다.

(4) 肯(긍): 어찌 ~하려고 하겠는가. 이 구절은 옥황상제가 사람들에게 복을 주기 위해 인간세상에 내려오려고 하지 않는다는 말이다.

(5) 夢(몽): 도사가 몽환 속에 빠진 채 제사를 올리는 것을 가리키는 것으로 보인다.

(6) 飛步(비보): 신선이 하늘을 날아다니는 것을 말한다. '步虛'와 같은 뜻이다.

(7) 五雲(오운): 오색 구름.

(8) 通明殿(통명전): 옥황상제가 산다는 전설상의 궁전.

(9) 許(허): 허락되다. 용인되다.

## 0695. 杜沂[(1)]游武昌[(2)], 以酴醿[(3)]花・菩薩泉[(4)]見餉[(5)], 二首

두기가 무창을 유람하며 도미화와 보살천의 샘물을 보내 주어서

### 其一

| | |
|---|---|
| 酴醿不爭春, | 도미 꽃은 봄철을 다투지 않고 |
| 寂寞開最晚. | 적막 속에 가장 늦게 피어나는 꽃 |
| 青蛟走玉骨,[(6)(7)] | 푸른색 교룡이 옥골 사이로 달리고 |
| 羽蓋蒙珠幰.[(8)] | 비취 깃털 일산이 진주 휘장 덮었는데 |
| 不粧艷已絕, | 단장하지 않아도 더없이 아름답고 |
| 無風香自遠. | 바람이 안 불어도 향을 멀리 전하리. |
| 凄涼吳宮闕, | 지금은 처량해진 오나라의 궁궐에는 |
| 紅粉埋故苑.[(9)] | 붉은 분 바른 미인이 옛 동산을 덮었을 터 |
| 至今微月夜,[(10)] | 지금도 초승달이 뜨는 밤이면 |
| 笙簫來翠巘.[(11)] | 생황 소리 퉁소 소리가 푸른 봉우리에서 날아오고 |
| 餘姸入此花, | 넘치는 그 아름다움이 이 꽃으로 들어가 |
| 千載尙淸婉. | 천 년 지난 지금도 아직 맑고 고우리. |
| 怪君呼不歸, | 그대가 불러도 안 돌아오는 게 괴이했나니 |
| 定爲花所挽.[(12)] | 아무래도 이 꽃이 붙잡았기 때문일 터 |
| 昨宵雷雨惡, | 어젯밤에 뇌우가 세게 몰아쳤으니 |

花盡君應返. 꽃이 다 져 그대가 틀림없이 돌아오리.

其二

君言西山頂,(13) 그대는 말하기를 "서산의 꼭대기에
自古流白泉. 예로부터 희고 맑은 샘물이 흘러
上爲千牛乳,(14) 위에는 소 천 마리의 우유가 있고
下有萬石鉛.(15) 밑에는 만 섬의 분이 있어서
不愧惠山味,(16) 혜산천의 물맛보다 못할 것이 없건만
但無陸子賢.(17) 육선생의 현명함이 없을 뿐이니
願君揚其名, 원컨대 그대가 그 이름을 드날려
庶托文字傳. 문자로 후세에 전해 주길 바라오" 했네.
寒泉比吉士, 시원한 샘물은 현인과 같아
清濁在其源. 청탁이 그 원천에 달려 있는 법
不食我心惻,(18) 사람들이 안 먹어서 내 마음이 슬프지만
於泉非所患. 샘물에게 있어서는 문제될 것 없다네.
嗟我本何有, 내가 본래 무엇을 가지고 있었다고
虛名空自纏. 헛된 명예가 공연히 자신을 칭칭 감나?
不見子柳子,(19) 유선생이 넘쳐 나는 어리석음을 가지고
餘愚汚溪山. 산천을 더럽힌 걸 보지 못했나?

**[해설]**

두기가 무창을 유람하는 도중에 도미화와 보살천의 샘물을 보내 준 일을 읊은 것으로, 제1수는 도미화에 대해서 노래했고, 제2수는 보살천에 대해서 노래했다. 제2수는 두기가 보살천의 우수성을 강조하면서 소식에게 멋진 이름을 하나 짓고 그것을 더욱 효과적으로 선양하기 위해 글도 한 편 지으라고 당부한 것에 대하여, 누가 뭐라든 보살천은 그 본질이 우수하기 때문에 걱정할 것이 없는데 자신은 세상을 잘못 산 어리석은 사람이기 때문에 오히려 보살천의 명예를 더럽히는 부적절한 이름을 지을 가능성이 있다며 사양한

것으로 보인다.

**[주석]**

(1) 杜沂(두기): 杜叔元의 아들. 소식의 《東坡志林》에 "두숙원은 자가 군의인데 위인이 문아하다. 이건중에게 서예를 배웠으며 시도 볼 만하다. 그는 벼루를 하나 가지고 있었는데 '집안에서 대대로 전해 내려오는 것으로 허경종의 벼루입니다'라고 했다.……군의는 우리 선친과 잘 지냈는데 선친이 그 벼루를 손에 넣고자 했지만 허락하지 않았다. 군의가 죽자 그의 아들 두기가 벼루를 나에게 주면서 묘지명을 부탁했다(杜叔元, 字君懿, 爲人文雅. 學李建中書, 作詩亦有可觀. 蓄一硯, 云: '家世相傳, 是許敬宗硯'……君懿與吾先君善, 先君欲求其硯而不可. 君懿旣死, 其子沂以硯遺余求作墓銘)"라고 했다.

(2) 武昌(무창): 長江을 사이에 두고 황주와 마주보고 있던 縣. 지금의 호북성 鄂州.

(3) 酴醾(도미): 장미과에 속하는 낙엽 관목으로 여름에 황백색의 꽃이 핀다.

(4) 菩薩泉(보살천): 소식의 〈菩薩泉銘幷敍〉에 "한계에서 서쪽으로 수백 보 떨어진 곳에 서산사가 있고 그곳의 동굴에서 샘이 흘러나오는데 빛깔이 희고 물맛이 감미로워서 보살천이라고 한다(寒溪少西數百步, 爲西山寺, 有泉出於嵌竇間, 色白而甘, 號菩薩泉)"라고 했다.

(5) 見餉(견향): 나에게 보내다. 〈次韻王定國馬上見寄〉(0562) 주 (2) 참조.

(6) 靑蛟(청교): 도미나무의 줄기를 가리킨다.

(7) 玉骨(옥골): 도미나무의 가지를 가리킨다.

(8) 羽蓋(우개): 비취새의 깃털로 장식한 수레용 日傘. 이 구절은 축축 늘어진 여러 개의 가지에 매달린 채 피어 있는 도미 꽃을 푸른 도미 잎이 뒤덮고 있다는 말이다.

(9) 故苑(고원): 옛날 동산. 오나라의 궁중 동산을 가리킨다. 소식의 자주에 "무창에 손권이 만든 오래된 궁중 동산이 있다(武昌有孫權故宮苑)"라고 했다.

(10) 微月(미월): 초승달.

(11) 笙簫(생소): 생황과 퉁소. 이 연은 마치 그 땅에서 놀던 수많은 오나라 궁녀들의 넋이 달밤에 옛 동산에 나타나 악기를 연주하기라도 하듯, 도미 잎이 바람을 받아 요란한 소리를 낼 것이라는 뜻이다.

(12) 定(정): 필경. 틀림없이.

(13) 西山(서산): 무창현에서 서쪽으로 3리 되는 곳에 있는 산으로 일명 樊山이라고도 한다. 손권이 이 산에서 사냥할 때 한 할머니가 나타나서 "저는 樊噲의 어미입니다. 위나라가 오나라를 공격하면 일조를 하겠습니다"라고 했는데, 나중에 赤壁大戰에서 과연 오나라가 승리하자 그녀의 사당을 세워 제사를 지내고 그 산을 번산이라고 불렀다.(《名勝志》 참조)

(14) 千牛乳(천우유): 우유처럼 희고 맑은 물이 많이 흘러내리는 것을 가리킨다.

(15) 鉛(연): 粉. 바닥에 침전된 석회를 가리킨다.

(16) 惠山(혜산): 지금의 강소성 無錫에 있는 혜산천을 가리킨다. 혜산천은 물맛이 좋아 陸羽가 "무석현의 혜산사에 있는 샘물이 천하에서 두 번째로 좋다(無錫縣惠山寺泉第二)"라고 품평한 바 있고(《玉芝堂談薈 · 天下名水》 참조), 《常州圖經》에 "혜산 옆에 석산이 있는데 그 산에서 주석이 난다. 옛날부터 전해 오는 말 가운데 '주석이 있으면 전쟁이 나고 주석이 없으면 평화롭다'라는 말이 있기 때문에 현 이름을 무석이라고 한다(惠山之側有錫山, 其山出錫. 古謠云: '有錫兵, 無錫寧.' 故縣名無錫)"라고 했다.

(17) 陸子(육자): 당나라 사람 육우. 그는 字가 鴻漸이고 호가 桑苧翁 또는 東岡子였으며, 차를 좋아했을 뿐만 아니라 차에 관한 연구서인 《茶經》을 짓기도 하여 마침내 茶神이라는 소리를 들었다.

(18) 我心惻(아심측): 내 마음이 슬프다. 《易經 · 井卦》에 "우물이 깨끗하게 준설되었는데도 사람들이 먹지 않아서 내 마음을 슬프게 한다(井渫不食, 爲我心惻)"라는 말이 있으니, 고결한 인품을 지닌 훌륭한 인재가 등용되지 못하는 현실이 슬프다는 뜻이다. 이 연은 보살천이 석회 성분이 많아 혼탁해 보이기 때문에 사람들이 모르고 잘 안 마시지만, 그렇다고 훌륭한 본질이 달라지는 것은 아니니 걱정할 것 없다는 말이다.

(19) 子柳子(자류자): 당나라 시인 柳宗元을 가리킨다. 그는 永州에서 유배생활을 할 때 집 주변에 있는 개울을 愚溪로 개칭하고 그 일대에 있는 산수와 건축물에 모두 '愚'를 붙여 愚邱 · 愚泉 · 愚溝 · 愚池 · 愚堂 · 愚亭 · 愚島 등으로 명명한 후 "이것들이 모두 빼어난 산수인데 나 때문에 다 어리석은 것으로 모욕을 당했다(皆山水之奇者, 以余故, 咸以愚辱焉)"라고 했다.(〈愚溪詩序〉 참조) 이 연은 소식 자신이 보살천에 새로운 이름을 짓는다면 유종원처럼 보살천에 모욕적인 이름을 짓게 될 위험성이 있다는 뜻인 듯하다.

## 0696. 五禽言五首幷敍

다섯 가지 새의 말을 읊은 시와 그 서문

梅聖兪[1]嘗作〈四禽言〉. 余謫黃州[2], 寓居定惠院[3], 遶舍皆茂林修竹, 荒池蒲葦. 春夏之交, 鳴鳥百族, 土人多以其聲之似者名之, 遂用聖兪體作〈五禽言〉.(매성유가 일찍이 〈네 가지 새의 말〉을 지은 적이 있다. 나는 황주에 유배되어 정혜원에서 우거했는데 집 주위에 온통 무성한 숲과 키 큰 대나무가 둘러서 있고 황폐한 연못에는 부들과 갈대가 우거져 있었다. 봄이 가고 여름이 올 무렵이면 온갖 새들이 우는데 본토인들이 소리의 유사성으로 이름 지은 경우가 많아 내가 마침내 매성유의 체제로 〈다섯 가지 새의 말〉을 지었다.)

### 其一

| | |
|---|---|
| 使君向蘄州,[4][5] | 태수께서 기주로 옮겨 가실 때 |
| 更唱蘄州鬼.[6][7] | "기주귀!" 하고 연달아 울어 댔지요. |
| 我不識使君, | 우리는 태수를 잘 알지도 못했는데 |
| 寧知使君死. | 태수께서 돌아가실 줄 어찌 알았겠어요? |
| 人生作鬼會不免,[8] | 사람이 살다가 귀신이 되는 것은 |
| | 아무래도 피하기가 어려운 일이거늘 |
| 使君已老知何晚.[9] | 태수께선 그때 이미 늙었으면서 |
| | 이 이치를 아는 것이 어찌 그리 늦었나요? |

### 其二

| | |
|---|---|
| 昨夜南山雨, | 어젯밤에 남쪽 산에 밤비가 내려 |
| 西溪不可渡. | 서쪽의 개울을 건널 수가 없게 되자 |
| 溪邊布穀兒,[10] | 개울가의 뻐꾸기가 충고하기를 |
| 勸我脫破袴.[11] | 다 떨어진 바지를 벗으라 하는구나. |
| 不辭脫袴溪水寒, | 바지 벗길 불사하고 개울을 건너자니 |

| | |
|---|---|
| | 개울 물이 차가워서 온 몸이 떨리는데 |
| 水中照見催租瘢.[12] | 세금을 재촉하는 상처자국이 |
| | 물속에 선명하게 비쳐 있구나. |

其三

| | |
|---|---|
| 去年麥不熟,[13] | 작년에는 보리가 흉년이 들어 |
| 挾彈規我肉.[14][15] | 새총 끼고 우리 고기 도모하더니 |
| 今年麥上場,[16] | 금년에는 보리가 타작마당에 올라 |
| 處處有殘粟. | 곳곳에 곡식이 남아 있군요. |
| 豊年無象何處尋,[17] | 풍년은 형상 없으니 어디서 찾으리오? |
| 聽取林間快活吟.[18] | 숲속의 쾌활새 노랫소리 들으셔요. |

其四

| | |
|---|---|
| 力作, | 힘을 다해 일하여 |
| 力作, | 힘을 다해 일하여 |
| 蠶絲一百箔.[19][20] | 명주실이 백 잠박 되도록 하라 하네. |
| 壟上麥頭昂,[21] | 밭두둑에 보리가 고개를 들고 |
| 林間桑子落.[22] | 숲속에 오디가 떨어질 적에 |
| 願儂一箔千兩絲,[23][24] | 우리 잠박 하나에 실이 천 냥 쌓이면 |
| 繅絲得蛹飼爾雛.[25] | 고치 켠 번데기를 네 새끼에게 먹이리라. |

其五

| | |
|---|---|
| 姑惡,[26] | 시어머니가 나쁘다는데 |
| 姑惡. | 시어머니가 나쁘다는데 |
| 姑不惡, | 시어머니가 나쁜 것이 결코 아니요 |
| 妾命薄. | 쇤네의 팔자가 사나운 것이지요. |

| | |
|---|---|
| 君不見 | 그대는 보시지 못하였나요 |
| 東海孝婦死作三年乾,(27) | 동해 가의 효부가 죽고 난 뒤에<br>삼 년 동안 가뭄이 일어난 것이 |
| 不如廣漢龐姑去却還.(28) | 광한 땅의 방씨 부인이 쫓겨났다가<br>도로 돌아온 것만 못하다는 걸? |

**[해설]**

북송 시인 매요신의 〈네 가지 새의 말(四禽言)〉을 모방하여 황주에서 본 다섯 가지 새에 관하여 해학적인 필치로 묘사한 것이다. 제1수는 기주귀(蘄州鬼)라는 새가 왕우칭에게 이야기하는 형식으로 썼고, 제2수는 뻐꾸기 소리를 소재로 핍박받는 한 농부의 모습을 그렸고, 제3수는 쾌활(快活)이라는 새가 농부들에게 이야기하는 형식으로 썼고, 제4수는 잠사일백박(蠶絲一百箔)이라는 새의 소리를 소재로 양잠 농부의 심경을 노래했고, 제5수는 고악(姑惡)이라는 새의 소리를 소재로 시어머니에게 좋고 나쁜 차이가 있는 것이 아니라 며느리의 타고난 운명에 더 심하고 덜 심한 차이가 있음을 두 가지의 예로써 설파했다.

**[주석]**

(1) 聖兪(성유): 북송 시인 梅堯臣의 字.
(2) 黃州(황주): 지금의 호북성 黃岡市 黃州區.
(3) 定惠院(정혜원): 황주 동남쪽에 있던 절. 〈定惠院寓居月夜偶出〉(0683) 주 (1) 참조.
(4) 使君(사군): 태수. 황주지주에서 蘄州知州로 옮겨 간 王禹偁을 가리킨다. 그는 濟州 鉅野人으로 字가 元之인데, 함평(998-1003) 초에 황주지주로 나갔다가 4년 뒤에 기주지주로 옮겼다. 그가 황주지주로 재임하고 있을 때 호랑이 두 마리가 싸우다가 한 마리가 죽어 그것을 반쯤 먹었을 때 밤중인데도 닭들이 울고 한겨울인데도 우레가 쳤다. 이 일이 있은 뒤 황제가 그를 기주지주로 옮기게 했는데, 부임한 지 한 달이 안 되어서 48세의 나이로 세상을 떠났다.(《續資治通鑑長編·眞宗咸平四年六月》 참조) 소식의 자주에 "왕원지가 황주에서 기주로 옮겨 갈 때 새가 우는 소리를 듣고 이름을 물었더니 어떤 사람이 '이것은 기주귀라고 합니다' 하고 대답했다. 왕원지가 아주 불길하게 생각했는데 과연 기주에서 죽었다(王元之自黃州移蘄州, 聞啼鳥, 問其名, 或曰: '此名蘄州鬼.' 元之大惡之, 果卒於蘄)"라고 했다.
(5) 蘄州(기주): 지금의 호북성 蘄春 일대. 황주의 동남쪽에 위치하여 황주와 접경을 이루고 있었다.

(6) 更(경): 번갈아.

(7) 蘄州鬼(기주귀): 새 이름. 울음소리를 따서 지은 이름이지만 풀이하자면 '기주의 귀신'이라는 뜻이 되기 때문에 왕우칭이 불길하게 생각한 것이다. 《兩宋名賢小集》에 수록된 송나라 사람 王質의 《林泉結契》에 "기주귀는 몸이 검고 부리와 발이 모두 희며 소리가 맑고 급하다(蘄州鬼, 身黑, 嘴足俱白, 聲淸急)"라고 했다.

(8) 會(회): 틀림없이.

(9) 知何晩(지하만): 어째서 미리 알지 못하고 기주귀의 울음소리를 듣고 나서야 알았느냐는 해학적인 표현이다.

(10) 布穀兒(포곡아): 뻐꾸기. '兒'는 의미 없는 접미사이다.

(11) 脫破袴(탈파고): 울음소리를 따서 지은 뻐꾸기의 다른 이름으로, 풀이하자면 '떨어진 바지를 벗는다'는 뜻이 된다. 소식의 자주에 "본토인들은 뻐꾸기를 '탈각파고'라고 한다(土人謂布穀爲脫却破袴)"라고 했다.

(12) 催租瘢(최조반): 세금이 밀린 사람에게 빨리 내라고 매질을 가하여 생긴 흉터.

(13) 麥不熟(맥불숙): 소식의 자주에 "이 새는 '맥반숙즉쾌활' 하는 소리를 내며 운다(此鳥聲云: '麥飯熟卽快活.')"라고 한바, 풀이하자면 '보리밥이 익으면 즐겁다'라는 뜻이 된다. '麥不熟'은 이것을 변형시킨 표현으로 보리가 흉년이 들었다는 말이다.

(14) 挾彈(협탄): 새총 따위의 탄알을 지니다.

(15) 規我肉(규아육): 새를 잡아서 그 고기를 먹으려고 한다는 말이다.

(16) 麥上場(맥상장): 보리가 타작마당에 오르다. 수확할 보리가 있다는 말이다.

(17) 豊年無象(풍년무상): 당나라 문종이 "천하가 태평스러운지를 어떻게 알 수 있는가? 경들은 이것에 대하여 생각해 본 바가 있는가?" 하고 묻자, 牛僧孺가 "태평은 역시 형상이 없습니다만 지금 사방의 오랑캐들이 침범해 오지 않고 백성들이 객지를 떠돌지 않으니 이것 역시 웬만큼 평안한 모습이라 하겠습니다"라고 대답했다.(《구당서 · 우승유전》 참조)

(18) 快活(쾌활): 새 이름.

(19) 蠶絲(잠사): 누에고치에서 뽑은 명주실. 소식의 자주에 "이 새는 '잠사일백박' 하는 소리를 내며 운다(此鳥聲云: '蠶絲一百箔.')"라고 했다.

(20) 箔(박): 蠶箔. 누에채반. 누에를 칠 때 사용하는 대나무 용기.

(21) 麥頭昻(맥두앙): 보리 이삭이 고개를 들다. 보리가 익는다는 뜻이다.

(22) 桑子(상자): 누에의 양식으로 사용되는 뽕나무의 열매. 오디.

(23) 儂(농): 나.

(24) 兩(냥): 한 근의 16분의 1에 해당하는 중량 단위.

(25) 繅絲(소사): 고치를 켜다. 누에고치에서 명주실을 뽑다.

(26) 姑惡(고악): 새의 이름. 소식의 자주에 "고악은 물새이다. 세상에서 말하기를 며느리가 시어머니의 학대로 죽었기 때문에 그 소리가 이와 같다고 한다(姑惡, 水鳥也. 俗云婦以姑虐死, 故其聲

云)”라고 했다.

(27) 東海孝婦(동해효부): 한나라 때 동해군(지금의 강소성 連雲港 일대)에 한 효부가 있었는데 젊어서 남편을 잃고 아들마저 죽었지만 성심성의껏 시어머니를 모셨다. 그 뒤 시어머니가 목을 매어 자살하자 시누이가 며느리가 죽인 것이라며 관아에 고발했다. 于定國이라는 사람이 이 며느리가 효부라는 소문을 들었기에 태수에게 그녀가 죽였을 리가 없다고 말했으나 태수가 듣지 않고 효부를 사형에 처하고 말았다. 그러자 그로부터 3년 동안 심한 가뭄이 들었다.(《한서 · 우정국전》 참조)

(28) 廣漢龐姑(광한방고): 광한(지금의 사천성 광한 및 梓潼 일대) 땅의 방씨 부인. 이 '姑'는 부녀자에 대한 통칭이다. 후한 사람 姜詩의 아내를 가리킨다. 강시 부부는 모두 어머니에게 지극히 효성스러웠다. 강시의 어머니가 長江의 물을 좋아하여 그의 아내 방씨가 항상 6~7리나 떨어진 장강에 가서 물을 길어 왔는데, 하루는 강풍을 만나 제때 돌아오지 못하는 바람에 어머니가 갈증을 호소하자 강시가 아내를 책망하여 쫓아냈다. 아내는 이웃집에 머물면서 주야로 길쌈을 해서 번 돈으로 진수성찬을 마련하여 이웃집 아주머니로 하여금 시어머니에게 전해 주도록 했다. 나중에 시어머니가 이 사실을 알고 부끄러워하며 며느리를 다시 맞아들였다.(《後漢書 · 列女傳》 참조)

## 0697. 石芝[1]幷引

석지를 읊은 시와 그 서문

元豐三年五月十一日癸酉, 夜夢遊何人家. 開堂西門, 有小園・古井, 井上皆蒼石, 石上生紫藤如龍蛇, 枝葉如赤箭, 主人言, 此石芝也. 余率爾[2]折食一枝, 衆皆驚笑. 其味如雞蘇[3]而甘. 明日作此詩.(원풍 3년(1080) 5월 11일 계유일 밤의 꿈속에 어떤 사람의 집으로 갔다. 대청의 서쪽 문을 여니 작은 정원과 오래된 우물이 있는데 우물가가 온통 푸른 돌에 덮여 있고 돌 위에는 용과 뱀처럼 생긴 등나무가 자라 있어 가지와 잎이 붉은 화살 같았는데 주인이 말하기를 석지라고 했다. 내가 얼른 한 가지를 꺾어 먹었더니 사람들이 다들 깜짝 놀라며 웃었다. 그 맛이 계소와 같은데 달았다. 이튿날 이 시를 지었다.)

| | |
|---|---|
| 空堂明月淸且新,[4] | 빈 불당의 밝은 달이 맑고도 산뜻한데 |
| 幽人睡息來初匀.[5][6] | 잠든 은자의 숨소리가 막 고르게 되었을 때 |
| 了然非夢亦非覺,[7] | 분명 꿈도 아니고 깨어 있는 것도 아닌데 |
| 有人夜呼祁孔賓.[8] | 밤중에 어떤 이가 기공빈을 불렀네. |
| 披衣相從到何許, | 옷 걸치고 따라나서 어디론가 갔더니 |
| 朱欄碧井開瓊戶. | 문을 열자 난간 붉은 푸른 우물이 있는데 |
| 忽驚石上堆龍蛇, | 돌 위에 용과 뱀이 엉겨 있음에 놀났나니 |
| 玉芝紫筍生無數. | 옥색 지초의 자줏빛 죽순이 무수히 나 있었네. |
| 鏘然敲折靑珊瑚,[9][10] | 쨍그랑하고 푸른 산호를 두드려서 잘라내니 |
| 味如蜜藕和雞蘇.[11] | 꿀에 절인 연 뿌리에 계소를 섞은 맛인데 |
| 主人相顧一撫掌,[12] | 주인이 돌아보며 손뼉을 한 번 치자 |
| 滿堂坐客皆盧胡.[13] | 만당한 좌객들이 키득키득 웃었네. |
| 亦知洞府嘲輕脫,[14][15] | 신선들이 경박하다고 웃을 줄이야 나도 알지만 |
| 終勝嵇康羡王烈.[16][17] | 결국은 혜강이 왕렬을 선망하는 것보다는 나으리. |
| 神山一合五百年,[18] | 신산은 한 번 붙으면 오백 년 동안 안 열리고 |
| 風吹石髓堅如鐵.[19] | 바위의 정수에 바람이 불면 무쇠처럼 굳어지니. |

**[해설]**

황주에 있을 때 꿈속에 어떤 사람의 집에 가서 석지라는 기이한 식물을 먹어 본 과정과 그 감회를 노래한 것이다.

**[주석]**

(1) 石芝(석지): 돌 위에 나는 靈芝.
(2) 率爾(솔이): 재빠른 모양.
(3) 雞蘇(계소): 풀 이름. '水蘇'라고도 한다. 잎이 맵고 향긋하여 닭을 삶을 때 넣으면 좋다.
(4) 空堂(공당): 소식이 기거하던 정혜원의 불당을 가리킨다.
(5) 幽人(유인): 세상에서 동떨어진 곳에 조용히 사는 사람이라는 뜻으로 흔히 은자를 가리키는데, 여기서는 귀양객인 소식 자신을 가리킨다.
(6) 睡息(수식): 잠잘 때의 호흡.
(7) 了然(요연): 명백하다.
(8) 孔賓(공빈): 晉나라 사람 祁嘉의 字. 그는 가정 형편이 빈한했지만 공부를 좋아했는데 스물 몇 살 되던 해 어느 날 밤에 창문께에서 "기공빈! 기공빈! 은거하게. 은거해. 세상에서 사람들 비위 맞춰 가며 사노라면 고생만 심할 뿐 어울리지 못할 것이네. 얻는 것은 티끌만 하고 잃는 것은 산더미 같을 것이네"라고 하더니 아침이 되자 어디론가 사라졌다.(《진서·기가전》 참조) 여기서는 꿈을 꾸고 있는 소식 자신을 가리킨다.
(9) 鏘然(장연): 금속이나 옥이 부딪쳐서 나는 소리.
(10) 青珊瑚(청산호): 晉나라 무제는 늘 외삼촌인 王愷를 돕곤 했는데, 한번은 그에게 높이가 두 자쯤 되는 귀한 珊瑚樹를 주었다. 왕개가 그것을 석숭에게 보여주자 석숭이 보고 난 뒤 쇠로 만든 등긁이로 두드려서 깨어 버렸다.(《世說新語·汰侈》 참조) 두보의 시 〈哀王孫〉에 "허리에 찬 패옥은 푸른 산호 빛인데, 가련케도 왕손은 길 모퉁이에서 울고 있네(腰下寶玦青珊瑚, 可憐王孫泣路隅)"라는 구절이 있다. 여기서는 석지를 가리킨다.
(11) 蜜藕(밀우): 꿀에 절인 연뿌리.
(12) 撫掌(무장): 손뼉을 치다.
(13) 盧胡(노호): 웃음소리가 목구멍에 걸려 있는 모양.
(14) 洞府(동부): 도교에서 말하는 신선의 거처.
(15) 輕脫(경탈): 경박하다. 당나라 사람 許碏이 廬江 일대를 유람할 때 술에 잔뜩 취하여 "낭원의 꽃 앞이 나의 취향이었는데, 실수로 서왕모의 구하상을 엎었네. 신선들이 손뼉 치며 경박하다 나무라곤, 이 세상에 유배 보내 주정뱅이가 되게 했네(閬苑花前是醉鄉, 誤翻王母九霞觴. 羣仙拍手嫌輕脫, 謫向人間作酒狂)" 하고 읊었다.(《太平廣記·神仙四十》 참조)
(16) 嵇康(혜강): 삼국시대 위나라 사람. 竹林七賢의 한 사람이었다.

(17) 王烈(왕렬): 삼국시대부터 동진 사이에 살았다는 신선. 黃精과 煉丹을 먹고 신선이 되어 238세가 되어서도 동안이었다고 한다. 서생이던 젊은 시절에 혜강이 그를 따라다녔는데, 한번은 太行山으로 들어갔더니 산이 끊어져서 청석이 수천 자나 되게 갈라졌는데 그 가운데에 구멍이 하나 있어서 마치 骨髓처럼 진흙이 흘러나왔다. 왕렬이 진흙을 쥐고 동그랗게 뭉치자 금방 단단하게 굳어져 쌀밥과 같기에 씹어 먹었다. 혜강에게 조금 가져다 주자 혜강이 받아 들고 바라보는 사이에 벌써 청석으로 변해 버렸다. 그것을 두들기자 쨍그랑하고 구리와 같은 소리를 냈다. 혜강이 왕렬과 함께 그곳으로 가 보았더니 산이 다시 원래대로 붙어 있었다.(《神仙傳·王烈》 참조)

(18) 五百年(오백년): 神山이 닫혀 있다가 다시 열리는 데 걸리는 시간을 가리킨다. 《神仙傳》에 "왕렬이 제자들에게 '《신선경》에 "신산은 5백 년마다 한 번씩 열려 그 안에서 돌의 정수가 흘러나오는데 그것을 구하여 먹으면 수명이 천지와 같아진다"라는 말이 있다'라고 했다(烈語弟子曰: '《神仙經》云: "神山五百年輒一開, 其中石髓出, 得而服之, 壽等天地."')"라는 기록이 있다.

(19) 石髓(석수): 돌의 精髓. 마지막 두 연은 돌의 골수가 딱딱하게 굳어져서 못 먹게 되는 것보다 얼른 먹는 것이 나은 것처럼, 자기가 재빨리 석지를 잘라 먹은 것도 현명한 짓이었다는 말이다.

## 0698. 遊武昌(1)寒溪(2) · 西山寺(3)

무창의 한계와 서산사에서 노닐고

| | |
|---|---|
| 連山蟠武昌, | 무창에는 늘어선 산들이 똬리 틀고 |
| 翠木蔚樊口.(4) | 번구에는 푸르른 나무가 울창하네. |
| 我來已百日, | 내가 여기 온 지도 어느덧 백 일 |
| 欲濟空搔首. | 그 쪽으로 건너갈 생각에 괜히 머리 긁었네. |
| 坐看鷗鳥沒, | 앉아서 사라지는 갈매기를 바라보고 |
| 夢逐麏麚走. | 꿈속에 달려가는 노루 사슴 쫓다가 |
| 今朝橫江來, | 오늘 아침 강을 건너 이곳으로 오느라 |
| 一葦寄衰朽.(5) | 갈댓잎 하나에다 늙은 몸을 맡겼네. |
| 高談破巨浪, | 왁자한 이야기로 큰 물결을 잠재우고 |
| 飛屨輕重阜.(6) | 나는 신으로 겹겹의 언덕을 가벼이 여겼네. |
| 去人曾幾何,(7) | 사람 사는 데서 도대체 얼마나 떨어졌을까? |
| 絶壁寒溪吼. | 절벽에서 찬 개울이 사자후를 토했네. |
| 風泉兩部樂,(8) | 바람과 샘물은 좌부악과 입부악 |
| 松竹三益友.(9) | 소나무와 대나무는 유익한 친구였네. |
| 徐行欣有得, | 느릿느릿 걷다가 흔연히 얻은 게 있나니 |
| 芝朮在蓬莠. | 쑥과 강아지풀 사이에 있는 지초와 삽주였네. |
| 西上九曲亭,(10) | 서쪽으로 구곡정에 올라가 보니 |

| | |
|---|---|
| 衆山皆培塿.(11) | 뭇 산들이 나지막한 언덕일 따름이고 |
| 却看江北路, | 고개 돌려 강 북쪽의 길을 바라봤더니 |
| 雲水渺何有. | 구름 덮인 아득한 강에 아무것도 안 보였네. |
| 離離見吳宮,(12)(13) | 반듯반듯 오나라의 궁전들이 보이고 |
| 莽莽眞楚藪.(14)(15) | 울울창창 초지방의 수풀이 선명한데 |
| 空傳孫郎石,(16) | 손랑의 바위만 전하여 올 뿐 |
| 無復陶公柳.(17) | 도공의 버들은 다시 볼 수 없었네. |
| 爾來風流人,(18) | 근래에 와서는 풍류스러운 사람이 |
| 惟有漫浪叟.(19) | 오로지 매이지 않은 이 늙은이뿐이네. |
| 買田吾已決, | 여기에 땅 사기로 이미 결심했나니 |
| 乳水況宜酒.(20) | 더구나 젖 같은 물은 술 빚기에 좋겠네. |
| 所須修竹林, | 필요한 건 키 큰 대가 우거진 대숲 |
| 深處安井臼.(21) | 깊숙한 곳에 우물과 절구를 마련하려네. |
| 相將踏勝絶,(22) | 둘이 함께 절경을 찾아가려고 |
| 更裹三日糗.(23) | 함께 먹을 건량을 사흘어치 더 쌌네. |

**[해설]**

무창의 한계와 서산사 일대를 유람하고 난 뒤 그곳의 아름다운 경치를 묘사하고 나아가 그곳에서 은거하고 싶은 심경을 토로했다.

**[주석]**

(1) 武昌(무창): 長江을 사이에 두고 黃州와 마주보고 있던 縣. 지금의 호북성 鄂州.

(2) 寒溪(한계): 武昌에 있는 시내. 《太平寰宇記·鄂州》에 "번산은 악주에서 서쪽으로 173리 되는 곳에 있는데 산 아래에 있는 한계에는 한여름에도 한기가 서려 있다(樊山在鄂州西一百七十三里, 山下寒溪, 盛暑之月亦有寒氣)"라고 했다.

(3) 西山寺(서산사): 무창에 있던 절.

(4) 樊口(번구): 《水經注》에 "장강은 오른쪽으로 번구와 만난다(江水右得樊口)"라고 했고, 《名勝志》에 "번산 아래가 번구인데 번항이라고도 한다. 호수와 못 아흔아홉 개를 거느리고 남쪽으로 흘러서 장강으로 들어간다(樊山下爲樊口, 亦名樊港. 控湖澤九十九泉, 南滙入江)"라고 했다.

(5) 一葦(일위): 한 개의 갈댓잎과 같이 작은 배. 《詩經 · 衛風 · 河廣》에 "황하가 넓다고 누가 말했나? 갈댓잎 하나로도 건널 수가 있다네(誰謂河廣, 一葦杭之)"라는 구절이 있다.

(6) 飛屨(비구): 나는 신발. 걸음이 날 듯이 빠르다는 뜻이다.

(7) 曾(증): 결국. 도대체.

(8) 兩部樂(양부악): 옛날 악대 중의 坐部樂과 立部樂. 온갖 악기의 소리가 한데 어우러져서 조화를 이룬 악대를 가리킨다.

(9) 三益友(삼익우): 세 가지의 유익한 벗. 《論語 · 季氏》에 "유익한 교우도 세 가지 유형이 있고, 해로운 교우도 세 가지 유형이 있다(益者三友, 損者三友)"라고 했고, 元結의 〈丐論〉에 "옛날 사람들은 고을에 군자가 없으면 구름과 산을 벗으로 삼고, 마을에 군자가 없으면 소나무와 대나무를 벗으로 삼고, 좌중에 군자가 없으면 거문고와 술을 벗으로 삼았다(古人鄕無君子, 則與雲山爲友; 里無君子, 則與松竹爲友; 坐無君子, 則與琴酒爲友)"라고 했다.

(10) 九曲亭(구곡정): 호북성 鄂城 서쪽의 九曲嶺에 있는 정자.(魏嵩山 主編, 《中國歷史地名大辭典》, 廣東教育出版社, 1995년 제1판, 15쪽 참조) 소철에게 〈武昌九曲亭記〉가 있다.

(11) 培塿(부루): 작은 언덕.

(12) 離離(이리): 질서정연한 모양.

(13) 吳宮(오궁): 孫權이 세운 궁전. 《名勝志》에 "오왕의 피서궁은 한계 가에 있었으니 지금의 원통각이 그것이다(吳王避暑宮, 在寒溪上, 今圓通閣是也)"라고 했다.

(14) 莽莽(망망): 초목이 무성한 모양.

(15) 楚(초): 무창 일대는 옛날에 초나라 땅이었다.

(16) 孫郎(손랑): 孫策을 가리키기도 하고 孫權을 가리키기도 한다. 《江表傳》에 "손책은 당시 나이가 어렸기 때문에 비록 작위가 있었지만 사람들이 다들 손랑이라고 불렀다(策時年少, 雖有位號, 士民皆呼爲孫郎)"라고 한 것은 손책을 가리킨 경우이고, 소식의 사 〈江城子〉(老夫聊發少年狂)에 "태수를 따라온 온 성 사람들에게 보답키 위해, 내 손수 화살로 호랑이를 쏘아서, 손랑의 기개를 보여 주리라(爲報傾城隨太守, 親射虎, 看孫郎)"라고 한 것은 손권을 가리킨 경우이다. 손권은 건안 23년(218) 10월 吳郡으로 가는 도중 庱亭에서 말을 탄 채 호랑이에게 활을 쏘았는데 호랑이가 그의 말에게 달려들어 상처를 입히자 창을 던져서 호랑이를 잡은 일이 있었기(《삼국지 · 오지 · 손권전》 참조) 때문에 사에서 이 고사를 인용한 것이다.

(17) 陶公(도공): 晉나라 사람 陶侃을 가리킨다. 그는 무창을 지킬 때 각 병영에 명령을 내려 버드나무를 심으라고 했는데 都尉 夏施가 몰래 뽑아서 자기 집 대문 앞에다 심었다. 나중에 도간이 알고 추궁하자 황공해하며 사죄했다.(《진서 · 도간전》 참조)

(18) 爾來(이래): 근래.

(19) 漫浪叟(만랑수): 세속적인 일에 구애되지 않고 자기 마음대로 사는 늙은이라는 뜻으로, 원래 당나라 시인 元結을 '浪士' · '漫郎' · '聱叟' 등의 호칭으로 불렀는데(《신당서 · 원결전》 참조) 여기서는 소식 자신을 가리킨다.

(20) 乳水(유수): 鐘乳洞에서 흘러나오는 물. 菩薩泉의 물을 가리킨다. 〈杜沂游武昌, 以酴醾花・菩薩泉見餉, 二首〉(0695) 주 (4) 및 (14) 참조.

(21) 安(안): 마련하다.

(22) 相將(상장): 서로. 함께. 王文誥의 《蘇軾詩集》에 "당시 두도원이 처음으로 황주에 가서 공을 방문하여 함께 한계와 서산을 유람했기 때문에 시에 '둘이 함께 절경을 찾아가려고'라는 구절이 있는 것이니 이는 두도원과 함께한 것을 가리킨다(時杜道源首至黃州訪公, 因與同游寒溪・西山, 故詩有'相將踏勝絶'句, 指道源也)"라고도 했고, "이곳에 공의 자주가 탈락되었다. 그렇지 않다면 '둘이 함께'라는 말이 뜬금없어진다. 당시 두도원이 함께 유람한 일은 《동파전집》 중의 〈진계상에게 보내는 편지〉에 보인다(此處脫公自註, 否則'相將'字無着. 時杜道源同游, 見本集〈與陳季常書〉中)"라고도 했다. 소식의 〈與陳季常〉에 "며칠 전에 갑자기 두도원과 함께 장강을 건너가서 한계와 서산을 유람했는데 기이한 절경이 듣던 것보다 더 빼어났다오(數日前, 率然與道源, 過江游寒溪・西山, 奇勝殆過於所聞)"라는 말이 있다.

(23) 糗(후): 볶은 쌀. 乾糧. 이 연은 자신이 은거할 멋진 곳을 찾기 위해 두도원과 함께 사흘쯤 더 돌아다니고 싶었다는 말인 것으로 보인다.

# 0699. 武昌[1]銅劍歌幷引

무창의 동검을 노래한 시와 그 서문

供奉官[2]鄭文[3], 嘗官於武昌, 江岸裂, 出古銅劍. 文得之以遺余, 冶鑄精巧, 非鍛冶所成者.(공봉관 정문은 일찍이 무창에서 관직생활을 한 적이 있는데 강 언덕이 갈라지더니 오래된 동검이 하나 나왔다. 정문이 그것을 가져와서 나에게 주었는데 야금과 주조가 어찌나 정교한지 사람의 손으로 제련해서 만든 것이 아니었다.)

| | |
|---|---|
| 雨餘江淸風卷沙, | 비 온 뒤에 강이 맑고 모래가 흩날릴 제 |
| 雷公躡雲捕黃蛇.[4] | 뇌공이 구름을 타고 구렁이를 잡았네. |
| 蛇行空中如枉矢,[5] | 뱀이 마치 왕시처럼 공중에 떠다니자 |
| 電光煜煜燒蛇尾.[6] | 번갯불이 번쩍번쩍 뱀 꼬리를 태웠네. |
| 或投以塊鏗有聲, | 누군가가 돌멩이 던져 쟁그랑 소리 나자 |
| 雷飛上天蛇入水. | 우레는 하늘로 날아가고 뱀은 물로 들어갔네. |
| 水上靑山如削鐵, | 쇠를 깎아 놓은 듯한 강가의 청산 |
| 神物欲出山自裂.[7] | 신물이 나오려고 그 산이 절로 갈라졌네. |
| 細看兩脅生碧花,[8] | 자세히 보니 양 옆구리에 푸른 꽃이 피었는데 |
| 猶是西江老蛟血.[9] | 서강의 늙은 교룡 핏자국인 것만 같네. |
| 蘇子得之何所爲,[10] | 소자가 그걸 얻어 무엇을 하랴? |
| 蒯緱彈鋏詠新詩.[11][12] | 장검을 두드리며 새 시나 읊으려네. |
| 君不見 | 그대는 보지 못했는가 |
| 淩烟功臣長九尺,[13] | 능연각의 공신들 키가 아홉 자인데 |
| 腰間玉具高拄頤.[14][15] | 허리에 찬 옥구검이 턱을 찌르는 것을? |

**[해설]**

공봉관 정문이 검을 한 자루 얻어서 소식에게 주자 그때의 감회를 해학적인 필치로 노래한 것이다.

**[주석]**

(1) 武昌(무창): 長江을 사이에 두고 황주와 마주보고 있던 縣. 지금의 호북성 鄂州.

(2) 供奉官(공봉관): 천자 가까이에서 천자를 모시는 관직.

(3) 鄭文(정문): 구체적인 행적이 알려져 있지 않다.

(4) 雷公(뇌공): 우레의 신. 당나라 개원(713-741) 말기에 太原 사람 武勝之가 靜江軍을 다스릴 때 갑자기 여울에서 뇌공이 엷은 구름을 밟고 서서 작은 구렁이를 쫓는 것을 보았다. 구렁이가 여울에 똬리를 틀자 정강 사람들이 장난으로 돌을 던져 뱀을 맞혔다. 그러자 쟁그랑하는 금속성이 나고, 그 소리에 뇌공은 멀리 날아가 버렸다. 뱀이 있던 곳으로 가 보았더니 구리로 만든 검이 한 자루 있는데 '허정양이 교룡을 벤 세 번째 검(許旌陽斬蛟第三劍)'이라는 글씨가 있었다.(《太平廣記 · 器玩三》 참조)

(5) 枉矢(왕시): 굽은 화살. 별 이름. 《史記 · 天官書》에 "왕시는 큰 유성과 비슷한데 뱀처럼 움직이고 검푸른 색이며 멀리서 바라보면 깃털이 달린 것 같다(枉矢, 類大流星, 蛇行而倉黑, 望之如有毛羽然)"라고 했다.

(6) 煜煜(욱욱): 밝게 빛나는 모양.

(7) 神物(신물): 신령스러운 물건. 동검을 가리킨다.

(8) 碧花(벽화): 푸르스름한 빛이 번져 있는 동검의 녹을 가리킨다.

(9) 西江(서강): 장강의 중 · 상류를 가리키는바, 여기서는 旌陽縣令을 지낸 동진 때의 도사 許遜이 교룡을 베었다는 洪州 일대의 장강을 가리킨다. 王十朋의 《百家註分類東坡先生詩》에 "허정양이 홍주에서 교룡을 베었다(許旌陽斬蛟於洪州)"라고 했다.

(10) 蘇子(소자): 소식 자신을 가리키는 해학적인 표현이다.

(11) 蒯緱(괴구): 莎草로 칼자루를 감다. 사초로 꼰 새끼로 검의 자루를 감는다는 말이다.

(12) 彈鋏(탄협): 長劍을 두드리다. 전국시대의 제나라 사람 馮諼은 집안이 가난하여 孟嘗君의 식객이 되었다. 얼마 뒤에 그는 자루를 사초로 감싼 장검을 두드리며 "장검아 돌아가자꾸나! 식사에 고기도 없는데"라고 노래했다. 사람들이 이 사실을 맹상군에게 알리자 맹상군은 그에게 고기 반찬을 주라고 했다. 얼마 뒤에 풍훤이 또 "장검아 돌아가자꾸나! 외출할 때 탈 수레도 없는데"라고 노래하자 다른 사람들이 비웃으면서 또 맹상군에게 알렸더니 맹상군이 이번에도 그에게 수레를 한 대 주라고 했다. 얼마 뒤에 풍훤이 또다시 장검을 두드리며 "장검아 돌아가자꾸나! 살 집도 없는데"라고 노래했다.(《사기 · 맹상군전》 참조) 이 구절은 자신의 처량한 신세를 풍훤에 빗댄 것이다.

(13) 凌烟(능연): 凌烟閣. 정관 17년(643) 당나라 태종은 개국공신 24명의 초상화를 그려서 능연각에 걸어두라고 했다.(《舊唐書 · 太宗本紀》 참조)

(14) 玉具(옥구): 옥구검. 백옥으로 장식한 검.

(15) 拄頤(주이): 턱을 받치다. 검이 길어서 턱에 닿는다는 뜻이다. 이 연은 자신도 이 보검으로 나라를 위해 공을 세우고 싶지만 그럴 처지가 못 되는 것을 한탄한 것이다.

## 0700. 今年正月十四日, 與子由[1]別於陳州[2], 五月, 子由復至齊安[3], 以詩迎之

금년 정월 열나흗날 진주에서 자유와 헤어졌는데 5월에 자유가 다시 제안에 왔으므로 시로써 그를 맞이한다

| | |
|---|---|
| 驚塵急雪滿貂裘, | 놀란 먼지와 쏟아지는 눈이 담비 갖옷에 가득할 제 |
| 淚灑東風別宛丘.[4] | 동풍에 눈물 뿌리며 완구를 떠난 뒤로 |
| 又向邯鄲枕中見,[5][6] | 또다시 한단의 베개 위에서나 보았는데 |
| 却來雲夢澤南州.[7][8] | 급기야 네가 운몽택의 남쪽 고을로 왔구나. |
| 暌離動作三年計,[9][10] | 한 번 헤어졌다 하면 삼 년을 헤아리니 |
| 牽挽當爲十日留.[11] | 아무래도 열흘은 붙잡아야 되겠구나. |
| 早晩青山映黃髮,[12] | 아침저녁의 청산이 노랑머리에 비칠 때 |
| 相看萬事一時休.[13] | 서로 쳐다보기만 해도 만사가 일시에 그만이리. |

**[해설]**

소철은 원풍 3년(1080) 1월에 진주에서 형과 헤어진 뒤 다시 남도(南都)로 돌아가서 형수와 조카들을 데리고 황주로 갔다. 그해 5월 소철이 다 와 간다는 소식을 들은 소식은 파하(巴河)와 장강이 만나는 지점인 파하구(巴河口)까지 마중을 나갔다. 소철은 자기 가족과 소식의 가족을 함께 데리고 황주로 가다가 자기 가족을 강주(江州, 지금의 강서성 구강)에 머물게 한 뒤 형의 가족을 데리고 황주까지 갔다가 다시 자신의 임지인 균주(筠州)로 갔다. 이 시는 소식이 파하구로 동생을 맞이하러 갈 때의 감회를 노래한 것이다.

**[주석]**

(1) 子由(자유): 소식의 동생 蘇轍의 字.

(2) 陳州(진주): 지금의 하남성 淮陽.

(3) 齊安(제안): 黃州의 다른 이름. 지금의 黃岡市 黃州區.

(4) 宛丘(완구): 陳州의 屬縣으로 진주 관아가 있던 곳이다.

(5) 向(향): ~에서.

(6) 邯鄲枕(한단침): 꿈속을 가리킨다. 당나라 개원(713-741) 연간에 도인 呂翁은 늘 한단지방을 왕래했는데, 하루는 盧生이라는 사람이 같은 여관에 묵게 되었다. 주인이 기장을 삶고 있는 동안에 여옹이 노생에게 베개를 하나 주면서 그 베개를 베면 소원이 다 이루어질 것이라고 했다. 노생이 그 베개를 베자 곧 좋은 성적으로 과거에 급제하여 높은 관직에 올랐다. 그러다가 깨어나니 주인이 삶고 있던 기장이 아직 다 익지 않은 상태였다.(沈旣濟, 〈枕中記〉 참조)

(7) 却(각): 결국. 마침내.

(8) 雲夢澤南州(운몽택남주): 황주 일대를 가리킨다.

(9) 暌離(규리): 떨어지다.

(10) 動(동): 걸핏하면. 늘. 이 구절은 형제가 지금까지 한 번 헤어졌다 하면 대개 3년 동안 떨어져 지냈으므로 이제 헤어지면 또 3년 동안 만나지 못할 가능성이 크다는 말이다.

(11) 牽挽(견만): 붙잡다. 만류하다.

(12) 黃髮(황발): 노랑머리. 색이 바랜 노인의 머리카락을 가리킨다. 소식의 자주에 "유자후의 시 〈重別夢得〉에 '황은이 허락한다면 전원으로 돌아가, 노랑머리를 서로 보면 만사가 그만이리'라고 했다(柳子厚〈別劉夢得〉詩云: '皇恩若許歸田去, 黃髮相看萬事休.')"라고 했는데, 王十朋의 《百家註分類東坡先生詩》에 "선생의 자주는 아마도 원래 두 수인 것 같다. 유종원은 '황은이 허락한다면 전원으로 돌아가, 만년에 이웃 영감 되어야 하리'라고 했고, 유우석은 '밭갈이가 편하다면 명성을 다 버리고, 노랑머리를 서로 보면 만사가 그만이리'라고 했다(先生本注, 蓋自是兩詩. 柳云: '皇恩若許歸田去, 晚歲當爲鄰舍翁.' 劉云: '耦耕若便遺身世, 黃髮相看萬事休.')"라고 한 바와 같이, 소식의 자주는 유종원 〈重別夢得〉의 시구와 유우석 〈重答柳柳州〉의 시구가 뒤섞인 것이다.

(13) 休(휴): 원만하게 해결되다.

## 0701. 曉至巴河口[(1)]迎子由[(2)]

자유를 마중하러 새벽에 파하구로 가며

| | |
|---|---|
| 去年御史府, | 지난해에 어사대에 갇혀 있을 땐 |
| 擧動觸四壁. | 꿈쩍하면 사방의 벽에 닿았네. |
| 幽幽百尺井,[(3)] | 깊이가 백 자 되는 컴컴한 우물에서 |
| 仰天無一席.[(4)] | 하늘을 우러러봐도 돗자리보다 작았네. |
| 隔牆聞歌呼, | 담 너머 저만치서 노랫소리 들려오매 |
| 自恨計之失.[(5)] | 계획이 어긋난 걸 스스로 한탄했네. |
| 留詩不忍寫,[(6)] | 시를 지어 남기려니 차마 쓰기 어려워 |
| 苦淚漬紙筆. | 쓰라린 눈물이 종이와 붓을 적셨네. |
| 餘生復何幸, | 그랬는데 여생에 또 무슨 복으로 |
| 樂事有今日. | 오늘의 즐거운 일이 있을까? |
| 江流鏡面淨, | 강물은 거울처럼 맑기만 하고 |
| 烟雨輕冪冪.[(7)] | 가벼운 안개비는 자욱이 끼었는데 |
| 孤舟如鳧鷖,[(8)] | 외로운 내 배는 오리와 갈매기같이 |
| 點破千頃碧.[(9)] | 푸른 수면 천 경을 깨뜨리며 지나왔네. |
| 聞君在磁湖,[(10)] | 그대가 자호에 있다는 말을 듣고 |
| 欲見隔咫尺.[(11)] | 얼른 보고 싶건만 지척에서 발 묶였네. |
| 朝來好風色, | 아침 되자 바람이 부드러워지더니 |

旗脚西北擲.(12)　서북쪽을 향하여 깃발이 휘날렸네.
行當中流見,(13)　이제 곧 강 위에서 만나게 되면
笑眼淸光溢.　웃는 눈에 맑은 빛이 넘쳐 나겠네.
此邦疑可老,　이 고장은 노년을 보낼 만한 듯
修竹帶泉石.　샘 가에 키 큰 대가 띠를 둘렀네.
欲買柯氏林,(14)　가씨의 숲을 사서 은거하려 하는데
茲謀待君必.(15)(16)　이 계획은 그대의 지지가 필요하네.

**[해설]**

동생 소철이 소식의 가족을 데리고 오는 도중 풍랑을 만나 파하구에 묶여 있다는 말을 듣고 그를 마중하기 위하여 파하구로 가면서 느낀 감회를 노래한 것이다.

**[주석]**

(1) 巴河口(파하구): 파하의 어귀. 파구라고도 한다. 《水經注・江水》에 "장강의 왼쪽에서 파수가 흘러드나니 파수는 우루현 밑의 영산, 즉 대별산에서 흘러나온다. 이 산은 또 파산이라고도 한다.……남쪽으로 파수수를 지나 장강으로 흘러드는데 이곳을 파구라고 한다(江水左, 則巴水注之, 水出雩婁縣之下靈山, 卽大別山也, 亦或曰巴山.……南逕巴水戍南流, 注于江, 謂之巴口)"라고 했고, 《入蜀記》에 "파하구는 황주에서 20리 떨어져 있는 한 마을이다(巴河口, 距黃州二十里, 一市聚也)"라고 했다.
(2) 子由(자유): 소식의 동생 蘇轍의 字.
(3) 幽幽(유유): 깊고 어두운 모양.
(4) 一席(일석): 돗자리 하나만큼의 하늘을 가리킨다. 이 연은 감옥에서 지내는 것이 마치 깊고 좁은 우물 밑에 앉아 있는 것 같았다는 말이다.
(5) 計(계): 對牀夜雨의 계획을 가리킨다. 〈送劉寺丞赴餘姚〉(0634) 주 (5) 참조.
(6) 留詩(유시): 소식은 어사대 감옥에 있을 때 〈予以事繫御史臺獄……以遺子由, 二首〉(0664)를 지어 자신에게 호의적이던 옥졸 梁成을 통해 몰래 동생에게 보낸 적이 있었다.
(7) 冪冪(멱멱): 안개가 하늘을 뒤덮은 모양.
(8) 鳧鷖(부예): 오리와 갈매기. 보통의 물새를 두루 가리킨다.
(9) 點破(점파): 깨뜨리다. 이 연은 자신의 배가 마치 한 마리의 물새처럼 드넓은 장강 위를 달려가며 잔잔한 수면에 물결을 일으킨다는 말이다.
(10) 磁湖(자호): 黃州 동남쪽의 黃石市에 있는 호수. 《名勝志》에 "자산은 현에서 동쪽으로 40리 되

는 곳의 자호 옆에 있는바, 자호는 언덕에 자석이 많기 때문에 생긴 이름이다(磁山在縣東四十里磁湖側, 磁湖者, 以旁岸多磁石, 故名)"라고 했다.

(11) 隔咫尺(격지척): 가까운 거리에 떨어져 있다. 소철은 당시 자호에서 풍랑을 만나 이틀 동안 묶여 있었다고 한다. 소철에게 이 일을 노래한 시 〈舟次磁湖, 以風浪留二日不得進, 子瞻以詩見寄, 作二篇答之. 前篇自賦, 後篇次韻〉이 있다.

(12) 旗脚(기각): 깃발의 끝부분. 이 구절은 바람이 황주 방향으로 불었다는 말이다.

(13) 行當(행당): 곧 ~하려고 하다.

(14) 柯氏林(가씨림): 황주 일대에 있는 숲이었던 것으로 보인다. 王文誥의 《蘇軾詩集》에 "가씨의 구릉을 매입하려고 했다는 말이다. 이 계획은 끝내 이루어지지 않았지만 이를 통하여 설당을 지을 조짐을 엿볼 수 있다(謂欲買柯丘也. 然此計竟未成, 雪堂之作, 則兆於此矣)"라고 했다.

(15) 待(대): 필요로 하다.

(16) 必(필): 확고한 동의와 지지.

## 0702. 遷居臨皐亭[1]

임고정으로 이사하고

| | |
|---|---|
| 我生天地間, | 우리가 천지간에 살아가는 모습은 |
| 一蟻寄大磨. | 개미가 큰 맷돌에 붙어 있는 꼴이라 |
| 區區欲右行,[2][3] | 한사코 오른쪽으로 가려고 해도 |
| 不救風輪左.[4] | 지구가 왼쪽으로 도는 것을 못 막네. |
| 雖云走仁義,[5] | 인의를 향하여 달려왔건만 |
| 未免違寒餓.[6] | 추위와 기아에서 벗어남을 못 면한 채 |
| 劍米有危炊,[7] | 검 끝으로 인 쌀로 아슬아슬 밥을 짓고 |
| 針氈無穩坐.[8] | 담요에 바늘이 꽂혀 바로 앉을 자리가 없었네. |
| 豈無佳山水, | 아름다운 산수야 어찌 없었으랴만 |
| 借眼風雨過.[9] | 눈을 잠시 주노라면 비바람이 지나갔네. |
| 歸田不待老, | 늙기 전에 전원으로 돌아가기로 |
| 勇決凡幾箇.[10][11] | 용단을 내리는 이 몇이나 될까? |
| 幸玆廢棄餘,[12] | 이 몸은 다행히도 이곳에 내버려져 |
| 疲馬解鞍馱.[13] | 지친 말이 무거운 짐을 벗은 격 |
| 全家占江驛,[14] | 온 가족이 수역을 차지했으니 |
| 絶境天爲破.[15][16] | 하늘이 나를 위해 절경을 내려 준 것이네. |
| 飢貧相乘除,[17] | 기아랑 가난과 상쇄했으니 |

| | |
|---|---|
| 未見可弔賀. | 슬퍼할 일도 없고 축하할 일도 없네. |
| 澹然無憂樂, | 담담하여 근심도 즐거움도 없으니 |
| 苦語不成些.(18) | 쓰라린 말로 사부를 지을 일도 없겠네. |

**[해설]**

그동안 정혜원에서 혼자 지내다가 동생이 가족들을 데리고 옴으로써 좀 더 넓은 임고정으로 거처를 옮긴 뒤의 감회를 노래한 것이다. 지난 일을 되돌아보고 쓴웃음 지으며 초연해지려고 노력하는 그의 모습을 엿볼 수 있다.

**[주석]**

(1) 臨皐亭(임고정): 지금의 호북성 黃岡市 黃州區의 沿江路와 青雲塔 사이에 있는 황강중학 옛날 교정에 있던 驛亭. 王十朋의 《百家註分類東坡先生詩》에 "선생은 처음 황주에 도착하여 정혜원에 우거하다가 나중에 정혜원에서 임고정으로 이사했다. 본래 회거원이었기 때문에 '온 가족이 수역을 차지했다'라는 구절이 있는 것이다(先生始至黃, 寓居定惠院, 後自定惠遷臨皐. 本回車院, 故有'全家占江驛'之句)"라고 했고, 查愼行의 《蘇詩補註》에 "허단부의 《제안습유》에 '하오구의 옆은 본래 수역으로 임고정이라는 驛亭이 있었다'라고 했고, 《명승지》에 '임고관은 황주 조종문 밖에 있다'라고 기록되어 있다(許端夫《齊安拾遺》云: '夏澳口之側, 本水驛, 有亭曰臨皐.' 《名勝志》: '臨皐館在黃州朝宗門外.')"라고 했으며, 王文誥의 《蘇軾詩集》에 "바로 감사가 출장 갔을 때 집무하는 관아이다. 당시 자유가 송주(즉 南都, 지금의 하남성 商丘)에서 가솔들을 옮겨 왔기 때문에 임고정으로 이사한 것이다(卽監司行衙也. 時子由自宋移家累至, 因遷居臨皐)"라고 했다.

(2) 區區(구구): 전심전력하는 모양.

(3) 右行(우행): 《晉書 · 天文志》에 "하늘의 운행이 맷돌을 돌리는 것과 같이 왼쪽으로 움직이기 때문에 해와 달이 오른쪽으로 움직여도 하늘을 따라 왼쪽으로 돈다. 그렇기 때문에 해와 달이 사실은 동쪽으로 움직이지만 하늘이 끌어서 서쪽으로 지게 한다. 개미가 맷돌 위에서 움직이는 것에 비유하자면, 맷돌은 왼쪽으로 돌고 개미는 오른쪽으로 가는데 맷돌은 빨리 돌고 개미는 느리게 움직이기 때문에 맷돌을 따라서 왼쪽으로 돌지 않을 수 없다(天旁轉如推磨而左行, 日月右行, 隨天左轉. 故日月實東行, 而天牽之以西沒. 譬之於蟻行磨石之上, 磨左旋而蟻右去, 磨疾而蟻遲, 故不得不隨磨以左廻焉)"라고 했다.

(4) 風輪(풍륜): 사원 건물의 꼭대기에 있는 장식물로 바람에 움직여서 소리를 낸다. 천체를 가리킨다.

(5) 走仁義(주인의): 유가사상인 인의를 지향한다는 뜻이다.

(6) 違寒餓(위한아): 추위와 굶주림에서 벗어나다. 이 구절은 간신히 추위와 기아에서 벗어나는 정도에 머문다는 말이다.

(7) 危炊(위취): 위험하게 밥을 짓다. 殷仲堪이 마련한 연회석에서 桓玄이 그와 함께 위험한 일을 이야기하고 있었다. 환현이 먼저 "창 끝으로 쌀을 일어 검 끝으로 밥을 짓습니다"라고 하고 은중감이 "백 살 먹은 늙은이가 마른 나뭇가지를 붙잡고 올라갑니다"라고 응수하자, 듣고 있던 한 參軍이 "한 맹인이 눈 어두운 말을 타고 깊은 밤중에 연못 앞에 서 있습니다"라고 했다. 은중감이 깜짝 놀라며 "이 말이 정말로 실감 나는군" 했다.(《晉書·顧愷之傳》 참조)

(8) 針氈(침전): 담요에 바늘을 꽂다. 晉나라 太子舍人 杜錫이 愍懷太子에게 자꾸 간언을 하자 태자가 듣기 싫어서 두석이 늘 앉는 담요에 바늘을 꽂아 놓아 두석이 앉다가 피를 흘렸다.(《진서·두석전》 참조) 이 연은 자신이 곤경에 처해 있다는 말이다.

(9) 借眼(차안): 잠시 구경한다는 뜻이다. 이 연은 아름다운 산수가 있어도 그것을 구경할 여유가 없었다는 말이다.

(10) 勇決(용결): 용감하게 결단하다.

(11) 凡(범): 모두.

(12) 餘(여): ~한 나머지. ~한 뒤.

(13) 鞍馱(안태): 말의 등에 실은 짐.

(14) 江驛(강역): 강가에 지어 놓은 水驛. 임고정을 가리킨다.

(15) 絶境(절경): 풍경이 빼어난 곳. 絶景.

(16) 破(파): 안배하다.

(17) 乘除(승제): 상쇄하다. 이 구절은 황주에 유배 옴으로써 기아와 빈곤을 얻은 대신 절경을 마음껏 즐기게 되었다는 말이다.

(18) 些(사): 辭賦에서 즐겨 쓰던 조사. 사부를 가리킨다.

# 0703. 與子由[1]同游寒溪[2]·西山[3]

자유와 함께 한계와 서산을 유람하고

| | |
|---|---|
| 散人出入無町畦,[4][5] | 일 없는 사람 드나듦에 제약이 없어 |
| 朝游湖北暮淮西.[6][7] | 아침엔 호북에서 놀고 저녁엔 회서에서 노는데 |
| 高安酒官雖未上,[8][9] | 고안 땅의 주관은 부임도 하기 전에 |
| 兩脚垂欲穿塵泥.[10] | 두 다리로 먼지 속을 헤집고 다니기로 했네. |
| 與君聚散若雲雨,[11] | 그대와 만나고 헤어짐은 구름 같고 비 같은지라 |
| 共惜此日相提攜. | 이날 서로 손 잡은 것 함께 소중히 여겨 |
| 千搖萬兀到樊口,[12][13] | 천 번을 좌우로 흔들리고 만 번을 위로 솟구치며<br>마침내 번구에 이르렀나니 |
| 一箭放溜先鳧鷖.[14][15] | 화살 한 대가 강을 따라 가도록 버려두어<br>오리와 갈매기를 앞질러서 달렸네. |
| 層層草木暗西嶺,[16] | 층층의 초목이 서산에 어둠을 드리우고 |
| 瀏瀏霜雪鳴寒溪.[17][18] | 쿨쿨콸콸 눈서리가 한계를 울렸지만 |
| 空山古寺亦何有, | 텅 빈 산의 옛 절엔 역시 아무것도 볼 게 없고 |
| 歸路萬頃青玻璃.[19] | 귀로에는 드넓은 푸른 유리 일만 경 |
| 我今漂泊等鴻雁, | 나는 지금 떠도는 게 기러기 같아 |
| 江南江此無常棲. | 강남에도 강북에도 정해진 집이 없네. |
| 幅巾不擬過城市,[20] | 두건 쓴 채 도시를 지나려고 하지 않고 |

| | |
|---|---|
| 欲踏徑路開新蹊.[21] | 오솔길을 밟아서 새 길을 내려 했는데 |
| 却憂別後不忍到, | 우리 이제 헤어지면 다시 이곳에 |
| | 차마 오지 못할까 봐 외려 걱정 되나니 |
| 見子行迹空餘悽. | 지금 남긴 그대의 발자취를 보노라면 |
| | 공연히 슬픔이 북받칠 것이기 때문이네. |
| 吾儕流落豈天意, | 우리 이렇게 떠도는 게 어찌 하늘의 뜻이리? |
| 自坐迂闊非人擠.[22][23] | 스스로 물정에 어두운 죄지 남이 떠민 게 아니라네. |
| 行逢山水輒羞歎,[24] | 길을 가다가 산수를 만나면 문득 부끄러워 탄식하나니 |
| 此去未免勤鹽虀.[25] | 이제 가면 채소 절이기에 힘쓰지 않을 수 없을 터 |
| 何當一遇李八百,[26][27] | 언제나 이팔백을 한 번 만나리? |
| 相哀白髮分刀圭.[28] | 백발을 슬퍼하며 도규를 나누어 줄 텐데. |

**[해설]**

동생과 함께 무창의 한계와 서산을 구경하러 간 과정과 감회를 노래하고, 이제 곧 임지에 도착하여 바쁘고 궁핍하게 살아갈 동생의 모습을 상상하며 안타까워했다.

**[주석]**

(1) 子由(자유): 소식의 동생 蘇轍의 字.

(2) 寒溪(한계): 武昌에 있는 시내. 〈遊武昌寒溪・西山寺〉(0698) 주 (2) 참조.

(3) 西山(서산): 무창에 있는 산. 〈杜沂游武昌, 以酴醾花・菩薩泉見餉, 二首〉(0695) 주 (13) 참조.

(4) 散人(산인): 하는 일 없이 한산하게 지내는 사람. 소식 자신을 가리킨다.

(5) 町畦(정휴): 구속. 제약. 《莊子・人間世》에 "그 사람이 어린아이 짓을 하면 당신도 그와 함께 어린아이 짓을 하고, 그 사람이 거리낌 없는 짓을 하면 당신도 그와 함께 거리낌 없는 짓을 하십시오(彼且爲嬰兒, 亦與之爲嬰兒; 彼且爲無町畦, 亦與之爲無町畦)"라는 말이 있다.

(6) 湖北(호북): 王十朋의 《百家註分類東坡先生詩》에 "한계와 서산은 무창현에 있는바, 호북로에 속한다(寒溪・西山, 在武昌縣屬湖北路)"라고 했다.

(7) 淮西(회서): 왕십붕의 《백가주분류동파선생시》에 "황주는 회남서도에 있다(黃州在淮南西道)"라고 했다.

(8) 高安(고안): 지금의 강서성 고안. 소철의 폄적지인 筠州의 속현으로 균주 관아 소재지였다.

(9) 酒官(주관): 소철을 가리킨다. 당시 소철의 관직은 監筠州鹽酒稅務였다.

(10) 垂欲(수욕): 곧 ~하려고 하다. 이 연은 감균주염주세무의 직책을 수행하려면 각지를 돌아다니며 먼지를 뒤집어써야 할 텐데, 그러기 전에 먼저 먼지 속을 뚫고 다니며 자기와 함께 유람할 계획을 세웠다는 말이다.

(11) 雲雨(운우): 쉽게 흩어지는 속성이 있으므로 잦은 이별을 뜻한다.

(12) 千搖萬兀(천요만올): 배가 자꾸 상하좌우로 흔들리는 것을 말한다.

(13) 樊口(번구): 지금의 호북성 鄂州市 鄂城區 번구. 〈次韻前篇〉(0684) 주 (6) 참조.

(14) 一箭(일전): 좁고 빠른 배를 가리킨다.

(15) 放溜(방류): 배가 물을 따라 떠가도록 내버려 두다.

(16) 西嶺(서령): 서산을 가리킨다.

(17) 瀏瀏(유류): 물이 막힌 데 없이 잘 흐르는 모양.

(18) 霜雪(상설): 한계의 물을 가리킨다.

(19) 青玻璃(청파리): 長江의 드넓은 수면을 가리킨다.

(20) 幅巾(폭건): 온 폭 비단으로 만든 옛날 남자들의 두건.

(21) 徑路(경로): 오솔길. 지름길. 소식의 자주에 "무창을 거치지 않고 곧장 한계로 들어가는 길이 있었다(路有直入寒溪不過武昌者)"라고 했다.

(22) 坐(좌): 죄를 범하다.

(23) 人擠(인제): 남이 구렁텅이로 밀어 넣다. 韓愈의 〈柳子厚墓誌銘〉에 "일단 작은 이해관계에 맞닥뜨리게 되면 겨우 머리카락만한 작은 것일지라도 모르는 사이인 양 외면하며 몰래 파 놓은 구덩이로 떨어뜨리고는 손을 당겨 구해 주지 않을 뿐만 아니라 도리어 안으로 밀어 넣고 또 돌을 던져서 누른다(一旦臨小利害, 僅如毛髮比, 反眼若不相識, 落陷穽, 不一引手救, 反擠之, 又下石焉)"라는 말이 있다.

(24) 羞歎(수탄): 산수 속에 은거하지 못함을 부끄럽게 여기며 자탄한다는 말이다.

(25) 鹽虀(염제): 채소를 소금에 절이다. 이 구절은 가난하게 산다는 말이다.

(26) 何當(하당): 언제.

(27) 李八百(이팔백): 筠州에 살던 도사. 소식의 자주에는 "이팔백은 집이 균주에 있는데 노인네들이 전하는 말에 의하면 지팡이를 짚고 8백 리를 갈 수 있다고 한다(李八百宅在筠州, 古老相傳, 能拄拐八百里)"라고 했고, 왕십붕의 《백가주분류동파선생시》에는 "이팔백은 이름이 탈이고 촉지방 사람이다. 여러 세대에 걸쳐 보였는데 당시 사람들이 헤아려 보니 나이가 팔백 살이기 때문에 그것을 호로 삼았다(李八百, 名脫, 蜀人也. 歷世見之, 時人計之, 年八百歲, 因以爲號)"라고 했다. 그가 살던 거처의 구체적인 위치에 대하여는 《方輿勝覽》에 "미선동은 균주의 관청 채마밭께에 있는데 전하는 말에 의하면 여기가 바로 이팔백이 살던 동굴이라고 한다(迷仙洞在郡圃, 相傳卽李八百洞)"라고 했다.

(28) 刀圭(도규): 가루약을 뜰 때 사용하는 숟가락. 장생불사에 필요한 약 또는 의술을 가리킨다. '分刀圭'는 이팔백이 소철에게 장생불사의 약을 나누어 준다는 말이다.

# 0704. 次韻答子由[1]

차운으로 자유의 시에 화답하여

| | |
|---|---|
| 平生弱羽寄衝風,[2][3] | 평생토록 폭풍에 약한 날개 의지하다 |
| 此去歸飛識所從.[4] | 이제 떠나 돌아오매 해야 할 일을 아네. |
| 好語似珠穿一一,[5] | 진주같이 고운 말을 하나하나 엮어 내고 |
| 妄心如膜退重重. | 꺼풀 같은 망상을 한 겹 한 겹 벗겨 냈네. |
| 山僧有味寧知子,[6] | 산승은 불법의 맛을 지니고 있거늘<br>속되게 살아온 그대를 어찌 알리? |
| 瀧吏無言只笑儂.[7][8] | 낙창 땅의 관리는 아무 말 없이<br>나를 보며 싱긋이 웃을 따름이었네. |
| 尙有讀書淸淨業, | 독서라는 청정한 일도 있으니 |
| 未容春睡敵千鍾.[9] | 술 천 종과 맞먹는 봄잠을 용납지 않으리. |

**[해설]**

소철이 소식의 가족을 데리고 황주로 가는 도중 파하구(巴河口)에 이르러 풍랑으로 발이 묶여 있을 때, 소식이 동생을 맞이하러 가면서 〈금년 정월 열나흗날 진주에서 자유와 헤어졌는데 5월에 자유가 다시 제안에 왔으므로 시로써 그를 맞이한다(今年正月十四日, 與子由別於陳州, 五月, 子由復至齊安, 以詩迎之)〉(0700)를 지었다. 그러자 소철이 두 수를 지어서 소식에게 주었는데, 그 가운데 제2수는 소식의 시에 차운한 것이고, 제1수는 자신의 운으로 지은 것이었다. 소식의 이 시는 소철의 제1수에 차운한 것이다. 자기 형제가 지금까지 살아온 세속적인 삶을 지양하고 앞으로는 초탈한 삶을 추구하고자 하는 의지를 담고 있다.

**[주석]**

(1) 子由(자유): 소식의 동생 蘇轍의 字.
(2) 弱羽(약우): 나는 힘이 약한 깃털.
(3) 衝風(충풍): 폭풍.
(4) 歸飛(귀비): 돌아가는 방향으로 날다. 날아서 돌아가다. '弱羽'와 호응하게 하기 위하여 쓴 표현이다.
(5) 好語(호어): 소철의 원시를 가리킨다.
(6) 山僧(산승): 杜牧의 시 〈等第後過鄰居老僧〉에 "산승은 성명도 아직 알지 못하지만, 불법의 맛이 깊어 부럽기만 하구나(山僧尚未知名姓, 始羨空門氣味長)"라는 구절이 있다.
(7) 瀧吏(농리): 광동성 昌樂瀧 일대에 있는 樂昌縣의 관리를 가리킨다. 韓愈의 시 〈瀧吏〉에 "예순 날이 넘도록 남쪽으로 내려가, 비로소 창락롱에 도달하였다(南行逾六旬, 始下昌樂瀧)"라는 구절이 있는데, 歐陽修의 《集古錄 · 後漢桂陽周府君碑後本》에 "국자감직강 유중장이 그 비문을 꺼내어 나에게 말하기를 '예전에 낙창현령을 지냈습니다.……'라고 했다. 나는 처음에 한유의 문집에 '창락롱'이라고 한 것이 오류일 것이라고 여기고 고쳐서 '낙창롱'으로 썼는데, 유중장이 '그렇지 않습니다. 현은 낙창현이라고 부르고 여울은 창락롱이라고 부르니 그곳 민간인들 사이에 이렇게 전해 오고 있는 것입니다'라고 했다. 한유의 문집이 틀리지 않았던 것이다(後有國子監直講劉仲章者, 因出其碑而爲余言: '前爲樂昌令…….' 余初以韓集云'昌樂瀧'疑其誤, 乃改從'樂昌'. 仲章曰: '不然. 縣名樂昌, 而瀧名昌樂, 其舊俗所傳如是.' 韓集不誤也)"라고 했다.
(8) 笑儂(소농): 나를 비웃다. 한유의 시 〈瀧吏〉에 "낙창현의 관리에게 가까이 다가가서, '조주는 아직까지 몇 리나 남았나요? 언제쯤 그곳에 도착할 수 있으며, 풍속은 또 어떤가요?' 하고 물으니, 관리가 손을 털고 웃으면서 말하기를, '나리께선 어리석은 질문을 하시네요. 예컨대 도성에서 벼슬살이 한다면, 무슨 수로 동오 땅을 알 수가 있겠어요? 그러나 동오 땅이 근무지라면, 나리께선 저절로 알 수가 있겠지요. 조주가 어떠한 곳이냐고요? 죄를 짓고 귀양이나 가는 데지요. 다행히도 저는 죄를 안 지었거늘, 어떻게 가 보고 알겠어요?' 하였다(往問瀧頭吏, 潮州尚幾里. 行當何時到, 土風復何似. 瀧吏垂手笑, 官何問之愚. 譬如官京邑, 何由知東吳. 東吳游宦鄉, 官知自有由. 潮州底處所, 有罪乃竄流. 儂幸無負犯, 何由到而知)"라고 했다. 이 구절은 한유가 자신의 유배지인 조주를 사람이 살기 힘든 열악한 고장으로 생각하면서 무척이나 궁금해하는 것을 보고 그 지방 출신의 하급관리가 한유를 못마땅한 태도로 대했다는 말이다. 그가 한유를 못마땅한 태도로 대한 것은 그 지방에서 태어나 평생을 그곳에서 살아온 그로서는 그곳이 오히려 대도시보다 더

쾌적한 곳으로 여겨지기 때문이었다. 이 연은 자기 형제가 이제야 산승이나 농리의 삶이 얼마나 값진지를 깨달아 그런 삶을 영위하겠다는 말이다.

(9) 鍾(종): 술잔. 이 연은 술에 잔뜩 취한 것과 마찬가지의 효능이 있는 봄잠도 자지 않고 독서를 즐길 것이라는 말이다.

## 0705. 陳季常(1)自岐亭(2)見訪(3), 郡中及舊州諸豪爭欲邀致(4)之, 戲作陳孟公(5)詩一首

진계상이 기정에서 나를 찾아오자 본 고을과 부근에 있는 옛 고을의 여러 토호들이 다투어 그를 초청하려고 하므로 장난 삼아 진맹공을 읊은 시를 한 수 짓는다

| | |
|---|---|
| 孟公好飮寧論斗,(6) | 진맹공은 술을 좋아했으니 어찌 말로 따지리? |
| 醉後關門防客走. | 취한 뒤에 문을 닫아 손님이 못 가게 막았네. |
| 不妨閑過左阿君,(7) | 한가하게 좌아군을 찾는 것도 상관 없고 |
| 百謫終爲賢太守.(8) | 백 번 좌천되었어도 결국은 현명한 태수였네. |
| 老居閭里自浮沈,(9)(10) | 나이 들어 여항에 홀로 묻혀 지냈지만 |
| 笑問伯松何苦心.(11) | 백송에게 왜 고심하느냐고 웃으면서 물었네. |
| 忽然載酒從陋巷,(12) | 홀연히 술을 싣고 누항을 찾은 것은 |
| 爲愛揚雄作酒箴.(13)(14) | 양웅이 〈주잠〉을 지었기 때문이네. |
| 長安富兒求一過,(15) | 장안의 부자들이 한 번 찾아 달라며 |
| 千金壽君君笑唾.(16) | 천금으로 축수해도 웃으면서 침 뱉을 터 |
| 汝家安得客孟公,(17) | 그대들 집에서 어떻게 진맹공을 손님으로 맞으리? |
| 從來只識陳驚坐.(18) | 그대들은 지금까지 진경좌만 알아 왔거늘. |

**[해설]**

봉상부첨판(鳳翔府簽判) 시절부터 잘 알고 지내던 친한 친구로 당시 황주 부근의 기정에서 은거하고 있던 진조가 찾아오자 부근에 있는 부호들이 너도나도 그를 자기 집으로 초대하려고 애쓰는 것을 보고, 그를 한나라 때의 호걸 진준에 빗대면서 그가 진짜 진준 같

은 인물이라 세속적인 사람을 멀리하기 때문에 초대에 잘 응하지 않을 것이라고 우스갯소리를 한 것이다.

**[주석]**

(1) 季常(계상): 소식의 친구로 당시 黃州 부근의 岐亭에서 은거한 陳慥의 字. 〈陳季常所蓄朱陳村嫁娶圖二首〉(0680) 주 (1) 참조.

(2) 岐亭(기정): 지금의 호북성 麻城市 岐亭鎭. 당시 진조가 은거하던 곳이다.

(3) 見訪(견방): 나를 방문하다. 〈次韻王定國馬上見寄〉(0562) 주 (2) 참조.

(4) 邀致(요치): 초청하다. 招致하다.

(5) 孟公(맹공): 한나라 사람 陳遵의 字. 그는 술을 너무나 좋아하여 잔치가 벌어지는 날이면 늘 대문을 잠글 뿐만 아니라 손님들에게서 수레의 비녀장을 빼앗아 우물 속에 던져 버리기 때문에 설사 급한 일이 있어도 돌아갈 수가 없게 했다.(《한서 · 진준전》 참조)

(6) 寧論斗(영논두): 몇 말을 마시는지 따지지 않는다는 뜻으로, 말로 따질 수 없을 만큼 많이 마신다는 말이다. '斗'를 '말'로 보지 않고 '술 푸는 국자'로 보면 양이 훨씬 적어지지만, 어느 쪽으로 보든 詩意는 달라지지 않는다.

(7) 左阿君(좌아군): 진준은 河南太守가 되고 그의 동생 陳級은 荊州牧이 되어 부임해 가는 길에 함께 長安의 부호요 옛날 淮陽王의 외가인 左氏의 집에 들러 술을 마시고 풍악을 울렸다가, 司直 陳崇이 과부 좌아군의 집에 들러 술을 마시며 가무를 즐겼다고 탄핵하는 바람에 파면되었다.(《한서 · 진준전》 참조)

(8) 百謫(백적): 백 번 문책당하다. 진준은 三公의 관서에서 근무할 때 일은 잘 안 하고 날마다 나가서는 잔뜩 취하여 돌아오곤 했다. 관련 관원이 그에게 그가 이러이러한 사유로 문책당했다고 알려 주자 백 번을 채운 뒤에 알리라고 했다. 그가 문책을 백 번 당하여 당시의 규정에 따라 쫓겨나게 되었을 때 그를 매우 중시하던 大司徒 馬宮이 "이 사람은 도량이 넓은 사람인데 어찌 작은 규정을 가지고 쫓아내겠는가?"라고 했다.(《한서 · 진준전》 참조)

(9) 閭里(여리): 평민들이 모여 사는 마을. 여염. 여항.

(10) 浮沈(부침): 시속을 따라 살다. 민간인들 사이에 묻혀 산다는 뜻이다. 진준은 젊을 때 張竦과 친하게 지냈는데, 한번은 그에게 "자네는 경서를 읽고 애써 자제하여 실수를 하지 않지만, 이에 반해 나는 마음대로 행동하며 평민들 속에 묻혀 있으면서도 관직과 공명이 자네보다 못하지 않으니 이게 더 낫지 않은가?"라고 했다.(《한서 · 진준전》 참조)

(11) 伯松(백송): 한나라 사람 장송의 字. 주 (10) 참조.

(12) 陋巷(누항): 누추한 골목. 가난한 사람이 사는 동네. 揚雄을 가리킨다. 양웅은 술을 좋아했지만 집안이 가난하여 잘 마시지 못했는데 어떤 사람이 술을 싣고 찾아가서 배우기를 청했다.(《한서 · 양웅전》 참조) 소식이 나중에 儋州에서 유배생활을 할 때 후학을 양성하기 위해 지은 정자

를 載酒亭이라고 명명한 것도 양웅의 일화에서 비롯된 것이었다.

(13) 揚雄(양웅): 한나라 때의 문학가.

(14) 酒箴(주잠): 양웅이 지은 문장. 한나라 成帝를 諷諫한 이 문장에 "술이 무슨 잘못을 저지르리오? (酒何過乎?)"라는 말이 있어서 진준이 무척 좋아했다고 한다.(《한서 · 진준전》 참조)

(15) 長安(장안): 지금의 섬서성 西安. 널리 京城을 가리킨다.

(16) 千金壽君(천금수군): 平原君이 魯仲連에게 작위를 봉하려고 하자 노중련이 끝내 사양했다. 그러자 평원군이 술자리를 마련하고 노중련을 위해 祝壽하자 노중련은 그래도 웃으면서 사양했다. (《사기 · 노중련전》 참조) '君'은 진조를 가리킨다.

(17) 汝(여): 제목에서 말한 '郡中及舊州諸豪'를 가리킨다.

(18) 陳驚坐(진경좌): 진준은 가는 곳마다 사대부들의 환대를 받았는데 당시 진맹공이라는 동명이인이 있었다. 그가 찾아가면 사대부들은 진맹공이 온다는 말에 진준인 줄 알고 기대를 잔뜩 걸었다가 다른 사람이라는 사실을 알고 실망하곤 했다. 이로 인하여 그를 진경좌라고 불렀다.(《한서 · 진준전》 참조) '좌중을 놀라게 하는 진씨'라는 뜻으로 가짜 진준을 가리킨다.

## 0706. 定惠院[1]顒師[2]爲余竹下開嘯軒[3]

정혜원의 옹선사가 나를 위해 대밭에 소헌을 지어 주어서

| | |
|---|---|
| 啼鴂催天明, | 새벽을 재촉하는 두견이의 소리는 |
| 喧喧相詆譙.[4][5] | 왁자지껄 서로에게 욕을 해 대고 |
| 暗蛩泣夜永, | 밤이 길다 흐느끼는 귀뚜라미는 |
| 喞喞自相弔.[6] | 찌직찌직 안 시켜도 서로를 위로하고 |
| 飮風蟬至潔, | 바람 먹는 매미는 지극히 고결한데 |
| 長吟不改調. | 일정한 가락으로 길게 목청 돋우고 |
| 食土蚓無腸, | 흙을 먹는 지렁이는 창자도 없으면서 |
| 亦自終夕叫. | 저 혼자 밤새도록 소리 지르고 |
| 鳶貪聲最鄙,[7] | 솔개는 욕심 많아 소리가 가장 비루하고 |
| 鵲喜意可料.[8] | 까치가 기뻐하면 뜻을 알 수 있는데 |
| 皆緣不平鳴,[9] | 이 모두가 평형을 잃은 데서 나는 소리 |
| 慟哭等嬉笑. | 통곡이나 웃음이나 한가지라네. |
| 阮生已粗率,[10][11] | 완선생의 휘파람이 어슬플 뿐 아니라 |
| 孫子亦未妙.[12] | 손선생의 휘파람도 절묘하지 않았는데 |
| 道人開此軒, | 도인께선 이 소헌을 지어 두시고 |
| 淸坐默自照.[13] | 가만히 앉아 말 없이 자신을 비추어 보시네. |
| 衝風振河海,[14] | 하해를 뒤흔드는 폭풍이라도 |

| | |
|---|---|
| 不能號無竅.(15) | 구멍 없는 곳에서는 소리를 못 내는 법 |
| 累盡吾何言,(16) | 속연이 끝났으니 난들 무슨 말을 하리? |
| 風來竹自嘯.(17) | 바람 불자 대나무가 스스로 휘파람 부네. |

**[해설]**

황주에 있는 정혜원이라는 절의 옹선사가 소식을 위하여 소헌이라는 건물을 지었다. 소식이 거기서 완적이나 손등처럼 휘파람을 불며 유유자적하라는 것이 옹선사의 의도였을 터인데, 소식은 "모든 사물은 평형을 이루지 않으면 소리를 낸다"라고 한 한유의 말을 빌려 자신은 이제 거기서 휘파람을 불 필요조차 없을 만큼 마음의 평형을 잃을 일이 없어졌다고 우스갯소리를 하면서 동시에 자기 최면을 건 것이다.

**[주석]**

(1) 定惠院(정혜원): 黃州(지금의 호북성 黃岡市 黃州區) 동남쪽에 있던 절. 〈定惠院寓居月夜偶出〉(0683) 주 (1) 참조.
(2) 顒師(옹사): 승려의 이름. 구체적인 행적은 알려져 있지 않다.
(3) 嘯軒(소헌): 건물 이름.(魏嵩山 主編, 《中國歷史地名大辭典》, 廣東教育出版社, 1995년 제1판, 1018쪽 참조)
(4) 喧喧(훤훤): 왁자한 모양.
(5) 詆譙(저초): 나무라다. 욕하다.
(6) 喞喞(즉즉): 벌레가 우는 소리.
(7) 鳶貪(연탐): 《莊子 · 秋水》에, 봉황의 일종인 원추라는 새는 오동나무가 아니면 앉지 않고 대나무 열매가 아니면 먹지 않는 고결한 새인데, 어느 날 솔개가 썩은 쥐를 물고 가다가 원추를 보고는 빼앗길까 봐 깜짝 놀랐다는 우화가 실려 있다.
(8) 鵲喜(작희): 까치가 울면 기쁜 소식이 온다는 속설이 있기 때문에 까치를 '喜鵲'이라고 한다.
(9) 緣不平鳴(연불평명): 평평하지 않음으로 인하여 소리를 내다. 한유의 〈送孟東野序〉에 "세상 만물은 대개 평형을 잃으면 소리를 낸다(大凡物不得其平則鳴)"라는 말이 있다.
(10) 阮生(완생): 삼국시대 위나라의 사상가 겸 시인인 阮籍을 가리킨다. 그는 죽림칠현의 한 사람으로 老莊思想에 심취했다.
(11) 已(이): 다음 구절의 '亦'과 함께 쓰여서 '~한 데다 ~하기도 하다'라는 뜻이 된다.
(12) 孫子(손자): 삼국시대 위나라 사람 孫登을 가리킨다. 그는 가족도 없이 혼자 산속에 숨어서 책을 읽거나 거문고를 타며 살았는데 성품이 온화하여 화를 낼 줄 몰랐다. 완적이 어느 날 蘇門山에

서 그를 만나 道術에 대해서 물었으나 그는 거들떠보지도 않았다. 완적이 휘파람을 길게 불며 물러나 산에서 내려가는데, 중간쯤 갔을 때 산 위에서 마치 봉황이 우는 것과 같은 청아한 소리가 들려왔다. 바로 손등의 휘파람 소리였다.(《진서 · 완적전》 참조) 이 연은 완적은 물론 손등조차도 수행의 깊이가 옹선사에 못 미쳤다는 말이다.

(13) 默自照(묵자조): 아무 소리도 내지 않고 자성한다는 뜻이다. 이 구절은 옹선사가 휘파람도 불지 않고 조용히 자신을 돌아보기만 할 정도로 굳은 평정심을 견지하고 있다는 말이다.

(14) 衝風(충풍): 폭풍.

(15) 號無竅(호무규): 원인이 없이 소리를 낸다는 말이다.

(16) 累(누): 俗緣. 이 구절은 자신도 속세와의 인연이 끝났기 때문에 더 이상 말로써 평형 잃은 마음을 표출할 일이 없다는 말이다.

(17) 竹自嘯(죽자소): '竹軒'이라고 명명한 이유를 해학적으로 설명한 것이다.

## 0707. 和何長官[1]六言次韻五首

하현령의 육언시에 화답하여 차운한다

其一

| | |
|---|---|
| 作邑君眞伯厚,[2][3] | 고을을 다스리는 그대는 참으로 백후인데 |
| 去官我豈曼容.[4] | 벼슬 떠난 이 몸이야 어찌 만용이리오? |
| 一廛願託仁政,[5] | 집 한 채를 얻어서 인정에 의탁하고픈데 |
| 六字難賡變風.[6][7] | 육언으로 변풍의 뒤를 잇기가 어렵군요. |

其二

| | |
|---|---|
| 五噫已出東洛,[8][9] | 낙양에서 오래전에 〈오희가〉가 나왔는데 |
| 三復願比南容.[10] | '백규'를 세 번 반복하며 남용과 같길 바라지요. |
| 學道未逢潘盎,[11] | 도를 배움에 미치광이 반씨는 못 만났지만 |
| 草書猶似楊風.[12] | 초서는 그래도 양씨의 풍격과 비슷하지요. |

其三

| | |
|---|---|
| 石渠何須反顧,[13] | 석거각을 굳이 돌아볼 필요가 있으리오? |
| 水驛幸足相容.[14][15] | 물가의 역이 다행히도 함께 살기에 족한데요. |

長江大欲見庇,(16)　　장강이 나를 잘 비호해 주고 싶어
探支八月涼風.(17)　　팔월의 찬바람을 미리 보내 주지요.

其四

淸風初號地籟,(18)　　청풍은 막 지뢰를 울리기 시작하고
明月自寫天容.(19)　　명월은 스스로 타고난 용모를 그리네요.
貧家何以娛客,　　가난뱅이가 무엇으로 손님을 즐겁게 하리오?
但知抹月批風.(20)　　달을 썰고 바람을 깎을 따름이지요.

其五

靑山自是絶色,(21)　　청산은 본래부터 천하의 절색이나
無人誰與爲容.(22)　　보는 사람 없다면 누굴 위해 꾸미리오?
說向市朝公子,(23)　　시장과 조정의 공자들에게 얘기한들
何殊馬耳東風.(24)　　말 귀를 스치는 동풍과 무엇이 다르리오?

**[해설]**

황주의 속현인 황강현의 하현령이 '容'과 '風'을 운자로 삼아서 지어 보낸 육언시에 차운하여 같은 운자로 다섯 수를 지은 것이다. 세상사에 대한 관심을 끊고 현재의 삶에 만족하며 욕심을 버리고 초연하게 살려는 의지가 강하게 드러나 있다.

**[주석]**

(1) 長官(장관): 현령. 王文誥의 《蘇軾詩集》에 "이것은 황강현령에게 지어 준 시이다. 이름은 알 수 없다(此與黃岡縣詩也. 名失考)"라고 했다.
(2) 作邑(작읍): 고을을 다스리다. 현령 노릇을 한다는 뜻이다.
(3) 伯厚(백후): 후한 사람 朱震의 字. 그는 친구 陳蕃이 충직한 말을 하다가 죽자 그의 아들을 숨겨 주고 모진 고문에도 발설하지 않았으며, 州從事라는 말단관직에 있으면서 濟陰太守 單匡의 수뢰죄를 上奏하고 그의 형인 中常侍車騎將軍 單超에게 죄를 물었다. 이리하여 三府에 "수레는 닭장 같고 말은 개만 하지만, 바람처럼 악을 싫어하는 주백후라네(車如鷄棲馬如狗, 疾惡如風朱伯厚)"라는 말이 유행했다. 청렴하고 강직한 관리를 가리킨다.

(4) 曼容(만용): 한나라 사람 邴漢의 조카. 《漢書·兩龔傳》에 "낭야 사람 병한도 청렴한 행실을 인정받아서 등용되었다.……형의 아들 병만용도 초탈한 생각을 기르며 자신을 수양하여 벼슬길에서 6백 석이 넘는 녹봉을 받으려고 들지 않고 곧바로 자진하여 물러났다(琅邪邴漢, 亦以淸行徵用.……兄子曼容, 亦養志自修, 爲官不肯過六百石, 輒自免去)"라는 말이 있다. 자신과 병만용이 벼슬에서 물러났다는 면에서는 마찬가지이지만 그 이유는 전혀 다르다는 말이다.

(5) 一廛(일전): 집 한 채. 《孟子·滕文公上》에 "신농의 가르침을 실천하는 허행이라는 사람이 초나라를 떠나 등나라로 가서 대궐 문 앞에 이르러 문공에게 '먼 곳에 사는 사람이 임금님께서 인정을 베푸신다는 소문을 듣고 이렇게 왔습니다. 집 한 채를 받아 백성이 되기를 원합니다'라고 했다(有爲神農之言者許行, 自楚之滕, 踵門而告文公曰: '遠方之人, 聞君行仁政, 願受一廛而爲氓.')"라는 말이 있다.

(6) 六字(육자): 육언시를 가리킨다.

(7) 變風(변풍): 正風과 상반되는 말로 《詩經》의 국풍 가운데 주나라의 정치가 쇠퇴해진 뒤 정치적 비판과 풍자를 주된 내용으로 하여 지어진 시를 가리킨다. 〈毛詩序〉에 "왕도가 쇠퇴해지고 예의가 없어지고 정치와 교화가 잘못되어 큰 나라에는 정치가 변하고 작은 나라에는 풍속이 바뀌게 됨에 이르러 변풍과 변아가 생겨났다(至於王道衰, 禮儀廢, 政敎失, 國異政, 家殊俗, 而變風變雅作矣)"라고 했다. 이 구절은 변풍에 비길 만한 하현령의 풍자시에 창화하기 힘들다는 뜻인 것으로 보인다.

(8) 五噫(오희): 후한 초의 은자 梁鴻이 北邙山에 올라가서 洛陽에 있는 궁성을 내려다보며 백성들의 고통을 안쓰러워하는 시를 지었는데, 총 다섯 구절로 이루어진 이 시는 각 구절의 끝에 '噫'자가 들어 있기 때문에 〈오희가〉라고 한다.

(9) 東洛(동락): 낙양. 長安(지금의 섬서성 西安)은 서쪽에 있기 때문에 西京이라고 하고, 낙양은 장안의 동쪽에 있기 때문에 동경이라고 한다.

(10) 南容(남용): 노나라 사람으로 孔子의 제자였던 南宮括. 《論語·先進》에 "남용이 '백규' 부분을 세 번 반복하여 읊조리자 공자께서 자기 형님의 딸을 시집보내셨다(南容三復白圭, 孔子以其兄之子妻之)"라는 말이 있는바, 이는 남용이 《詩經·大雅·抑》 제5장의 "하얀 홀에 섞인 흠은 갈아 없앨 수 있지만, 이내 말에 섞인 흠은 그럴 수가 없다네(白圭之玷, 尙可磨也. 斯言之玷, 不可爲也)"라는 부분을 몇 번이고 반복해서 읊조리는 것을 보고 공자가 가상히 여겼다는 뜻으로 말을 조심스럽게 하는 것을 중요시한 것이다. 이 구절은 자신이 말을 너무 소심하게 하고 있음을 뜻하는 것으로 보인다.

(11) 潘盎(반앙): 미치광이 반씨라는 뜻으로 潘覓을 가리킨다. 소식의 자주에 "남해 지방에서는 미치광이를 '앙'이라고 한다. 반씨는 근세의 도를 터득한 사람이다(南海謂狂爲盎, 潘近世得道者也)"라고 했고, 그의 〈趙先生舍利記〉에 "남해 지방에 반면이라는 사람이 있는데 미친 척하고 다니므로 무슨 짓을 할지 모르는바 사람들이 반앙이라고 한다(南海有潘覓者, 陽狂不測, 人謂之潘盎)"라고 했다.

(12) 楊(양): 소식의 자주에 "양응식이다(楊凝植也)"라고 했다. 양응식(873-954)은 五代 때 사람으로 행서와 초서에 뛰어났다. 이 연은 자신이 도는 깨닫지 못하고 글씨나 조금 쓴다는 자조적인 표현이다.

(13) 石渠(석거): 석거각. 한나라 때의 황실 도서관으로 未央殿 북쪽에 있었다. 《三輔黃圖 · 閣》에 "석거각은 소하가 지었다. 그 밑에 돌을 갈아 도랑을 만들고 물을 끌어들인 것이 오늘날의 어구와 같기 때문에 누각의 이름으로 삼은 것이다.……성제 때에 이르러서는 또 여기에 비밀 문서를 보관하기도 했다(石渠閣, 蕭何造. 其下礱石爲渠以導水, 若今御溝, 因爲閣名.……至於成帝, 又於此藏祕書焉)"라고 했다. 여기서는 소식이 젊은 시절에 開封에서 근무했던 史館을 가리킨다. 사관은 역사를 편찬하던 기관으로 석거각과 기능이 비슷했다. 이 구절은 한창 촉망 받던 直史館 시절을 그리워할 필요가 없다는 뜻이다.

(14) 水驛(수역): 수로를 이용하는 관원들을 위해 설치한 驛站. 당시 소식의 가족들이 우거하고 있던 임고정을 가리킨다. 〈遷居臨皐亭〉(0702) 주 (1) 참조.

(15) 相容(상용): 서로를 포용하다. 함께 지내다.

(16) 見庇(견비): 나를 비호하다. 〈次韻王定國馬上見寄〉(0562) 주 (2) 참조.

(17) 探支(탐지): 대가를 미리 지불하다. 假拂하다. 이 연은 아직 여름인데도 불구하고 장강 가에 있는 임고정에는 시원한 가을 바람이 불어서 좋다는 말이다.

(18) 地籟(지뢰): 바람이 대지의 여러 洞穴을 울려서 나는 소리. 피리 소리나 퉁소 소리와 같은 인위적인 소리를 인뢰라고 하고, 새소리 · 빗소리와 같은 자연의 소리를 천뢰라고 한다.

(19) 天容(천용): 타고난 용모. 이 구절은 달이 산 위로 떠올라 조금씩 아름다운 모습을 드러낸다는 말이다.

(20) 抹月批風(말월비풍): 달을 잘게 썰고 바람을 깎는다는 뜻, 즉 달과 바람을 재료로 요리를 한다는 뜻으로 吟風弄月하는 것을 가리킨다.

(21) 自是(자시): 본래부터 ~이다.

(22) 爲容(위용): 용모를 가꾸다. 《詩經 · 衛風 · 伯兮》에 "우리 임이 동쪽으로 싸우러 간 뒤, 머리가 흩날리는 쑥대만 같네. 머리에 바를 기름 어찌 없으리오만, 누구에게 잘 보이려고 모양을 내리? (自伯之東, 首如飛蓬. 豈無膏沐, 誰適爲容?)"라는 구절이 있고, 《戰國策 · 趙策》에 "남자는 자기를 알아주는 사람을 위해 목숨을 내던지고, 여자는 자기를 좋아하는 사람을 위해 화장을 한다(士爲知己者死, 女爲悅己者容)"라는 말이 있다.

(23) 市朝(시조): 시장과 조정. 부귀와 공명의 각축장을 가리킨다.

(24) 馬耳東風(마이동풍): 이백의 시 〈答王十二寒夜獨酌有懷〉에 "북창에서 시를 읊고 부를 짓지만, 만 마디 말이 물 한 잔만 못할 것이오. 사람들이 그 말 듣고 모두 고개 젓는 것이, 말 귀에 동풍이 스친 것과 같을 게요(吟詩作賦北窗裏, 萬言不直一杯水. 世人聞此皆掉頭, 有如東風射馬耳)"라는 구절이 있다. 이 연은 청산의 아름다움을 알지 못하는 사람은 이야기해 주어도 소용이 없다는 말이다.

## 0708. 觀張師正[1]所蓄辰砂[2]

장사정이 소장한 진주 단사를 보고

| | |
|---|---|
| 將軍結髮戰蠻溪,[3][4] | 장군은 막 머리 묶고 남방에서 싸운지라 |
| 篋有殊珍勝象犀. | 상자에 상아나 무소뿔보다 진귀한 보배가 있네. |
| 漫說玉牀收箭鏃,[5][6][7] | 옥 같은 석상에서 화살촉을 거두었다 하지 말지니 |
| 何曾金鼎識刀圭.[8][9] | 금솥이 언제 도규를 알고 지낸 적 있었던가? |
| 近聞猛士收丹穴,[10] | 근래에 용감한 군사가 단사 굴에서 단사를 캐어 |
| 欲助君王鑄裹蹄.[11] | 임금님이 말발굽 빚는 걸 도우려 했단 말 들었나니 |
| 多少空巖人不見,[12] | 사람들 눈에 안 뜨이는 바위가 아직 많이 있어 |
| 自隨初日吐虹蜺.[13] | 스스로 아침 해 따라 무지갯빛을 토할 것이네. |

**[해설]**

진주수 장사정이 자신이 소장하고 있는 진주산 단사 가운데 일부를 소식에게 보내 주자 그것을 보고 느낀 감회를 노래한 것이다. 무인인 장사정이 도사들이나 하는 단약의 제조에는 관심이 없을 것이라는 사실을 전제로, 나랏일에 보탬을 주기 위해서 이렇게 품질이 좋은 단사를 더 알뜰히 캐라고 당부하는 형식으로 나라를 생각하는 그의 충정을 찬양했다.

**[주석]**

(1) 張師正(장사정): 字가 不疑이며 북송 인종 가우 4년(1059)에 진사에 급제했으나 나중에 무관으로

바뀌었다. 宜州知州 · 辰州帥 등의 관직을 역임했다.

(2) 辰砂(진사): 辰州(지금의 호남성 沅陵)에서 나는 丹砂. 북송 사람 蘇頌의 《圖經本草》에 "지금 진주 · 의주 · 계주에서 나는데 진주에서 나는 단사가 으뜸이다(今出辰州 · 宜州 · 階州, 而辰砂爲最)"라고 했다.

(3) 結髮(결발): 옛날 남자들은 성년이 되면 머리를 묶었기 때문에 막 성인이 된 젊은 시절을 가리킨다.

(4) 蠻溪(만계): 남방 오랑캐들이 사는 개울가라는 뜻으로 진주를 가리킨다.

(5) 漫說(만설): 말하지 말라.

(6) 玉牀(옥상): 《事實類苑》에 "바위 중에서 단사가 있는 곳에는 작은 구멍이 있고 그 안에 옥과 같이 하얀 석상이 있는데 바로 그 석상 위에 단사가 붙어 있는바, 작은 것은 화살촉만 하고 큰 것은 부용꽃만 하다(頑石有砂處, 卽有小龕, 中坐白石牀如玉, 牀上乃坐丹砂, 小者如箭鏃, 大者如芙蓉)"라고 했다.

(7) 箭鏃(전족): 화살촉처럼 작은 단사. 煉丹에 쓰는 단사를 두루 가리킨다. 주 (6) 참조.

(8) 金鼎(금정): 황금 솥. 도사들이 단사를 단련하여 단약을 만드는 솥을 가리킨다.

(9) 刀圭(도규): 가루약을 뜰 때 사용하는 숟가락. 이 구절은 장사정이 금솥으로 단사를 단련하여 단약을 만들지 않기 때문에 단약을 퍼내기 위해 금솥에 도규를 넣을 일이 없었을 것이라는 말이다.

(10) 丹穴(단혈): 단사가 나는 구덩이. 《史記 · 貨殖列傳》에 "파촉지방의 과부 청은 선조가 단사 구덩이를 발견하여 몇 세대에 걸쳐 그 이익을 향유했으니 그 가산이 또한 헤아릴 수 없을 만큼 많았다(巴寡婦淸, 其先得丹穴, 而擅其利數世, 家亦不訾)"라는 말이 있다. 이 구절은 장사정이 나랏일에 쓸 돈을 마련하기 위해 단사를 채취했다는 말이다.

(11) 褭蹄(요제): 금으로 만든 말발굽 모양의 동전을 가리킨다. '褭'는 '要褭'의 준말로 옛날 준마의 이름이다. 《漢書 · 武帝紀》에 "관원들이 논의하여 옛날에 짐이 하늘에 제사 지낼 때 천제를 보았고 서쪽으로 농수산에 올라가 흰색 기린을 잡아 종묘에 올렸으며 악와수에서 천마가 나왔고 태산에서 황금이 나타났기 때문에 동전의 이름을 바꾸어야 한다고들 하니, 이제 황금으로 기린의 발과 요뇨의 발굽을 만들어 상서로운 조짐에 호응하라(有司議曰: 往者朕郊見上帝, 西登隴首, 獲白麟以饋宗廟, 渥窪水出天馬, 泰山見黃金, 宜改故名. 今更黃金爲麟趾褭蹄以協瑞焉)"라는 기록이 있다.

(12) 空巖(공암): 깊숙한 곳에 있어서 인적이 닿지 않는 곳에 있는 石牀을 가리킨다.

(13) 虹蜺(홍예): 단사가 발하는 광채를 가리킨다. 이 연은 아직도 보이지 않는 곳 어딘가에 단사가 많이 남아 있을 것이니 알뜰하게 다 캐어서 나라에 더 많이 공헌하라는 말이다.

## 0709. 次韻子由[1]病酒肺疾發

술을 마셔서 폐병이 발작한 일을 읊은 자유의 시에 차운하여

| | |
|---|---|
| 憶子少年時, | 기억난다 그대는 소년 시절에 |
| 肺病疲坐臥.[2] | 앉으나 서나 폐병으로 고생했었지. |
| 喊呀或終日,[3] | 때로는 하루 종일 신음하는데 |
| 勢若風雨過. | 그 기세가 비바람이 지나가는 듯했지. |
| 虛陽作浮漲,[4][5] | 헛된 양기가 맥박을 빠르게 하고 |
| 客冷仍下墮.[6] | 냉기가 파고들어 온몸이 까라졌지. |
| 妻孥恐悵望, | 처자들은 그대가 못 먹고 슬피 바라볼까 봐 |
| 膾炙不登坐.[7] | 식사 자리에 고기를 올려 놓지 않았지. |
| 終年禁晚食, | 일 년 내내 저녁에는 금식한지라 |
| 半夜發淸餓. | 밤중이면 허기가 밀려왔지만 |
| 胃强鬲若滿, | 위가 든든해지면 횡격막이 꽉 찬 듯 더부룩하고 |
| 肺斂腹輒破. | 그래서 허파가 쪼그라들면 배가 찢어지곤 했지. |
| 三彭恣啖嚙,[8] | 삼팽은 마음대로 뜯어먹으며 |
| 二豎肯逋播.[9][10][11] | 두 아이는 도망가려 하지 않지만 |
| 寸田可治生,[12] | 한 치짜리 밭으로 사람을 살릴 수 있거늘 |
| 誰勸耕黃糯.[13] | 찹쌀 농사 지으라고 누가 권하리? |
| 探懷得眞藥,[14] | 품을 더듬어 참된 약을 얻을 수가 있는지라 |

| | |
|---|---|
| 不待君臣佐.[15][16] | 임금 신하 보좌관이 필요하지 않나니 |
| 初如雪花積, | 처음엔 눈송이가 쌓인 것만 하다가 |
| 漸作櫻珠大.[17] | 조금씩 커져서 작은 앵두만 해진다네. |
| 隔牆聞三嚥, | 그러면 담 너머 들리는 침을 세 번 삼키는 소리가 |
| 隱隱如轉磨. | 우르릉 우르릉 맷돌 도는 것 같다네. |
| 自玆失故疾, | 이로부터 묵은 병은 힘이 약해져 |
| 陽唱陰輒和.[18] | 양기가 먼저 돌아오고 음기도 따라온다네. |
| 神仙多歷試, | 신선의 경지에 오르려면 시험을 많이 거치는 법 |
| 中路或坎坷. | 도중에 어쩌면 시련이 있을 수도 있다네. |
| 平生不盡器, | 평생 동안 한 그릇을 다 마시지 않았나니 |
| 痛飮知無奈. | 통음하면 어쩔 수 없게 되는 줄을 안 것이네. |
| 舊人眼看盡,[19] | 옛 사람들 사라지는 것 바라만 볼 뿐이니 |
| 老伴餘幾箇. | 늙은 친구 몇 명이나 남아 있을까? |
| 殘年一斗粟,[20] | 늘그막에 조 한 말을 그대가 나와 함께 |
| 待子同舂簸.[21] | 절구에 찧고 키로 까불러 주기 바라네. |
| 云何不自珍,[22] | 뭣 때문에 자신을 귀하게 안 여기고 |
| 醉病又一挫. | 술병 나서 또 한 번 좌절하는가? |
| 眞源結梨棗,[23][24] | 근원에 배와 대추 열려 있을지라도 |
| 世味等糠莝.[25] | 세상 사는 맛이란 겨와 여물 먹는 것 같다네. |
| 耕耘當待穫, | 밭 갈고 김맸으면 수확을 기대할 일 |
| 願子勤自課.[26] | 그대 스스로 노력해서 잘 해내기 바라네. |
| 相將賦遠遊,[27][28] | 우리 함께 〈원유〉를 노래 부르되 |
| 仙語不用些.[29][30] | 신선들의 말일랑 쓰지를 마세. |

**[해설]**

동생 소철의 시 〈지나친 음주로 폐병이 재발하여(飮酒過量肺疾復作)〉에 차운한 것으로, 어릴 적부터 폐병을 앓던 동생이 술을 너무 많이 마셔서 폐병이 재발했다는 내용의 시를 보내자 한편으로 안타까운 심정을 노래하면서 한편으로 그에게 단전수련법으로 극복할 것을 당부했다. 세속적인 일에 대해 적당히 초연해질 필요가 있다고 생각하면서도 완전히 신선이 되는 것에 대해서는 유보적인 입장을 취하고 있음을 볼 수 있다.

**[주석]**

(1) 子由(자유): 소식의 동생 蘇轍의 字.

(2) 坐臥(좌와): 앉아 있거나 누워 있다. 일상생활을 가리킨다.

(3) 喊呀(함하): 신음하다.

(4) 虛陽(허양): 가짜 양기. 실질적인 양기가 아니라 기침이 발작할 때 얼굴이 붉어지는 등 마치 양기가 생긴 것처럼 보이는 일시적 현상을 가리킨다.

(5) 浮脹(부창): 빨리 뛰는 맥박을 가리킨다. 피부의 얕은 곳에서 뛰어 살짝 짚기만 해도 느낄 수 있는 비교적 빠른 맥박을 浮脈이라고 한다. 그리고 《素問·平人氣象論》에 "맥박이 왕성하고 빠른 것을 '脹'이라 한다(脈盛而緊曰脹)"라고 했다.

(6) 客冷(객랭): 외부에서 침투해 온 냉기.

(7) 膾炙(회자): 생고기와 구운 고기. 고기를 두루 가리킨다. 《孟子·盡心下》에 "고기와 고욤 가운데 어느 것이 더 맛있습니까?(膾炙與羊棗, 孰美?)"라는 말이 있다.

(8) 三彭(삼팽): 三尸. 도가에서 사람의 몸속에 살고 있어서 그 사람의 복과 수명을 감축시킨다는 彭倨·彭質·彭嬌 등 세 마리의 벌레. 〈戲作種松〉(0678) 주 (13) 참조.

(9) 二豎(이수): 《左傳·成公十年》에 "晉나라 景公이 병이 위중하여 秦나라 桓公에게 의사를 보내 달라고 청하므로 진나라 환공이 의완에게 치료하게 했다. 의완이 도착하기 전에 경공이 꿈을 꾸었는데 병이 두 아이로 변하여 그 가운데 한 아이가 '그 사람은 용한 의사라 우리에게 상해를 가할 텐데 어디로 숨지?'라고 하자, 다른 한 아이가 '황의 위, 고의 밑에 있는다면 우리를 어쩌겠나?'라고 했다(公疾病, 求醫于秦, 秦伯使醫緩爲之. 未至, 公夢疾爲二豎子, 曰: '彼良醫也, 懼傷我, 焉逃之?' 其一曰: '居肓之上, 膏之下, 若我何?')"라는 일화가 있다. 여기에서 비롯되어 심장의 아랫부분인 '고'와 횡격막의 윗부분인 '황'의 사이, 즉 고황에 병이 나면 낫기 어렵다고 여기고 病魔를 가리켜 '이수'라고 부르게 되었다.

(10) 肯(긍): 어찌 ~하겠는가. ~하지 않는다는 뜻이다.

(11) 逋播(포파): 도망가다.

(12) 寸田(촌전): 사방 한 치인 밭이라는 뜻으로 丹田을 가리킨다. 단전을 농사 짓는 밭에 비유한 것이다.

(13) 黃糯(황나): 찹쌀. 소식의 자주에 "신법 중의 방전법에서 찹쌀이 나는 땅을 가장 비옥한 땅으로 쳤다(新法方田謂黃糯爲上腴)"라고 했다.

(14) 眞藥(진약): 內丹을 가리킨다. 도가에서는 자신의 精氣를 단련하여 생기는 단을 내단이라고 하고, 金石을 단련하여 생기는 단을 외단이라고 한다.

(15) 不待(부대): 필요로 하지 않다.

(16) 君臣佐(군신좌): 한약의 등급. 약을 가리킨다. 《本草》에 "상등의 약 120가지는 임금으로서 주로 천명을 보양하고, 중등의 약 120가지는 대신으로서 주로 본성을 보양하며, 하등의 약 120가지는 보좌관으로서 주로 병을 치료한다. 약을 씀에 있어서는 반드시 임금과 대신과 보좌관이 조화를 이루게 해야 한다(上藥一百二十種爲君, 主養命; 中藥一百二十種爲臣, 主養性; 下藥一百二十種爲佐使, 主治病. 用藥須和君臣佐使)"라고 했다.

(17) 櫻珠(앵주): 작은 앵두. 《埤雅·釋木》에 "앵두는 알이 굵은 것은 탄환만 것도 있고 작은 것은 구슬만 한데 남방 사람들은 작은 것을 앵주라고 한다(櫻桃, 其顆大者或如彈丸, 小者如珠璣, 南人語其小者謂之櫻珠)"라고 했다.

(18) 陽唱(양창): 양이 먼저 제창하다. 〈毛詩序〉에 "혼인의 도가 어그러져서 양이 제창해도 음이 화답하지 않고 남자가 앞서 가도 여자가 따라가지 않는다(婚姻之道缺, 陽唱而陰不和, 男行而女不隨)"라는 말이 있다. 이 연은 몸의 음양이 조화를 이루어 병이 낫는다는 말이다.

(19) 眼看(안간): 빤히 바라보다. 일이 아주 짧은 시간에 일어나거나 어떻게 해 볼 수 없이 속수무책임을 가리킨다.

(20) 殘年(잔년): 만년. 文帝가 淮南王을 용납하지 않자 백성들 사이에 "베 한 자도 바늘로 꿰맬 수 있고, 조 한 말도 절구로 찧을 수가 있건만, 형과 아우 두 사람은 서로 용납지 않네(一尺布, 尙可縫; 一斗粟, 尙可舂, 兄弟二人不相容)"라고 노래했다.(《史記·淮南衡山傳》 참조)

(21) 舂簸(용파): 절구로 찧고 키로 까부르다.

(22) 云何(운하): 왜. 무엇 때문에.

(23) 眞源(진원): 본원. 본성.

(24) 梨棗(이조): 交梨火棗의 준말로 배와 대추. 도교에서 말하는 仙果이다. 《雲笈七籤·元氣論》에 "교리와 화조는 인체에서 생겨나는데 크기는 탄환만 하고, 색깔은 귤처럼 노랗고, 맛은 꿀처럼 몹시 달며, 멀리 있지도 않고 가까이 있지도 않나니 바로 심실에 있다(交梨火棗, 生在人體中, 如彈丸, 其黃如橘, 其味甚甘如蜜, 不遠不近, 在于心室)"라고 했고, 陶弘景의 《眞誥·運象篇第二》에 "화조나무와 교리나무는 이미 그대의 마음에 생겨나 있는데 마음속에 여전히 형극이 섞여 있어서 두 나무가 잘 안 보이는 것이다. 형극을 잘라 버릴 수 있다면 이 나무만 모습을 드러낼 것이다(火棗交梨之樹, 已生君心中也. 心中猶有荊棘相雜, 是以二樹不見不審. 可剪荊棘, 出此樹單生)"라고 했다.

(25) 糠莝(강좌): 쌀겨와 여물. 맛없는 음식을 가리킨다. 이 연은 도통한 사람에게도 세상 사는 맛은 씁쓸한 법이므로 세상일로 상심하여 과음하지 말라고 당부한 것이다.

(26) 自課(자과): 자신을 독려하다.

(27) 相將(상장): 함께.

(28) 遠遊(원유): 屈原의 楚辭 작품. 이 작품에 "슬프게도 시속이 못살게 하니, 훌쩍 떠나 먼 곳으로 가버리고 싶어라(悲時俗之迫阨兮, 願輕擧而遠遊)"라는 구절이 있다. 이 연은 신선이 되기보다는

함께 먼 곳의 전원으로 돌아가 평범한 사람으로 살아가자는 말이다.

(29) 仙語(선어): 신선들이 쓰는 말.

(30) 些(사): 어기조사.

## 0710. 鐵拄杖幷敍

지팡이를 노래한 시와 그 서문

柳眞齡字安期, 閩[(1)]人也. 家寶一鐵拄杖, 如楖栗木[(2)], 牙節[(3)]宛轉天成, 中空有簧[(4)], 行輒微響. 柳云: "得之浙中[(5)], 相傳王審知[(6)]以遺錢鏐[(7)], 鏐以賜一僧." 柳偶得之以遺余, 作此詩謝之.(유진령은 자가 안기이며 민지방 사람이다. 집안에서 쇠지팡이 하나를 보물로 여기고 있는데 재질이 마치 즐률목처럼 갈라진 부분과 마디진 부분의 곡절이 지극히 자연스러우며 속이 비고 피리혀가 달려 있어 걸음을 옮길 때마다 작은 소리가 났다. 유씨가 "절중지방에서 얻었는데 사람들 사이에 전하는 말에 의하면 왕심지가 그것을 전류에게 주고 전류가 그것을 한 승려에게 주었다고 합디다"라고 했다. 그런 것을 유씨가 우연히 손에 넣어서 나에게 주기에 이 시를 지어서 감사한다.)

| | |
|---|---|
| 柳公手中黑蛇滑, | 유공의 손 안에 검은 뱀이 미끌미끌 |
| 千年老根生乳節.[(8)] | 천 년 묵은 늙은 뿌리에 불룩한 마디가 생겼네. |
| 忽聞鏗然爪甲聲,[(9)] | 갑자기 쟁그랑하고 손톱 소리가 들리자 |
| 四坐驚顧知是鐵.[(10)] | 사방에서 놀라 돌아보며 그제야 쇠인 줄 알았네. |
| 含簧腹中細泉語, | 배 속에 혀가 있어 실개천 소리가 속삭이고 |
| 迸火石上飛星裂.[(11)] | 돌 위에 불꽃이 튀어 유성이 흩어지네. |
| 公言此物老有神, | 유공은 오래되어 신령스러운 이 물건이 |
| 自昔閩王餉吳越. | 옛날에 민왕이 오월왕에게 준 거라 하네. |
| 不知流落幾人手, | 몇 사람의 손으로 돌아다니며 |
| 坐看變滅如春雪. | 봄눈처럼 변화하고 소멸되는 걸 봤는지 모르겠네. |
| 忽然贈我意安在, | 갑자기 나에게 주니 그 의도가 어디에 있을까 |
| 兩脚未許甘衰歇.[(12)] | 두 다리가 아직 노쇠했다고 인정하지 않거늘? |
| 便尋轍迹訪崆峒,[(13)] | 지금 바로 수레자국 따라 공동산에도 가보고 |
| 徑渡洞庭探禹穴.[(14)(15)] | 곧장 동정호를 건너 우혈도 찾아가리. |
| 披榛覓藥採芝菌, | 덤불 헤치며 약초도 찾고 지초와 버섯도 캐고 |
| 刺虎鏦蛟擉蛇蠍. | 호랑이와 교룡도 찔러 보고 뱀과 전갈도 쑤셔 보리. |

| | |
|---|---|
| 會教化作兩錢錐,(16)(17)(18) | 그러다 보면 틀림없이 이 전짜리 송곳이 되련만 |
| 歸來見公未華髮.(19) | 돌아와서 공을 보면 백발이 아직 안 됐으리. |
| 問我鐵君無恙否,(20)(21) | 저에게 철군이 무탈하냐 물으시면 |
| 取出摩挲向公說.(22) | 꺼내어서 어루만지며 공에게 얘기하리. |

**[해설]**

민지방 사람 유진령이 소식에게 귀하고 유서 깊은 쇠지팡이를 하나 주자 그 감회를 노래한 것이다. 지팡이의 형상을 묘사하고 그것의 유래를 설명한 후 자신이 아직 평소에 지팡이를 짚고 다닐 만큼 늙지 않았기 때문에 그것을 짚고 여기저기 유람이나 다녀야 되겠다고 우스갯소리를 했다.

**[주석]**

(1) 閩(민): 원래 지금의 절강성 남부 및 복건성 일대에 거주하던 옛날 종족의 이름이었는데, 지금은 주로 그들이 거주하던 복건 지역을 가리킨다.
(2) 榔栗木(즐률목): 나무 이름. 지팡이의 재료로 많이 쓰이기 때문에 지팡이를 가리키기도 한다.
(3) 牙節(아절): 갈라진 부분과 마디진 부분.
(4) 簧(황): 피리 같은 목관 악기의 부리에 끼워 소리를 내는 얇고 갸름한 조각. 리드(reed).
(5) 浙中(절중): 지금의 절강성 일대.
(6) 王審知(왕심지): 오대 시기 십국의 하나인 閩國의 건국자.
(7) 錢鏐(전류): 오대 시기 십국의 하나인 吳越國의 건국자.
(8) 乳節(유절): 혹처럼 불룩하게 튀어나온 마디. '瘤節'이라고도 한다.
(9) 爪甲聲(조갑성): 손톱이 지팡이에 부딪혀서 나는 쇳소리를 가리킨다.
(10) 四坐(사좌): 사방의 좌석에 앉아 있던 사람들을 가리킨다.
(11) 飛星(비성): 流星. 별똥별.
(12) 甘衰歇(감쇠헐): 쇠락했다는 사실을 기꺼이 받아들인다는 말이다.
(13) 崆峒(공동): 공동산. 감숙성 平涼市 서쪽에 있는 산. 전설에 의하면 黃帝가 이곳에서 廣成子에게 도를 배웠다고 한다.
(14) 洞庭(동정): 동정호. 일반적으로 호남성과 호북성 사이에 있는 호수를 가리키지만, 강소성과 절강성 사이에 있는 太湖도 일명 동정호라고 하는데, 禹穴은 태호의 남쪽에 있다.
(15) 禹穴(우혈): 하나라 우임금의 무덤. 절강성 紹興의 會稽山에 있다. 우임금이 남방을 순수하다가 회계산에서 죽자 그곳에 장사 지냈다. 《史記 · 太史公自序》에 "스무 살이 되어서 남쪽으로 장

강과 회하 일대를 유람하고 회계산에 올라가 우혈을 탐방했다(二十而南遊江淮, 上會稽, 探禹穴)"라는 기록이 있다.

(16) 會(회): 꼭. 틀림없이.

(17) 敎(교): ~로 하여금 ~하게 하다.

(18) 兩錢錐(양전추): 2전짜리 송곳. 아주 작은 송곳을 가리킨다. '錢'은 한 근의 16분의 1로 37.5그램이다. 이 구절은 하도 많이 짚고 다녀서 쇠지팡이가 다 닳아 버렸을 것이라고 우스갯소리를 한 것이다.

(19) 未華髮(미화발): 시간이 많이 지나지 않았음을 가리킨다.

(20) 鐵君(철군): 쇠지팡이를 가리킨다.

(21) 無恙(무양): 탈이 없다. 무사하다. 《桂苑叢談》에, 李德裕가 한 승려에게 약간 네모난 대나무로 만든 지팡이 즉 方竹丈을 주었는데, 나중에 다시 만나서 지팡이가 무탈하냐고 물었더니 그럴듯하게 칠을 해 놓았다고 하여 이덕유가 한참 동안 한탄했다는 일화가 실려 있다.

(22) 摩挲(마사): 어루만지다.

卷21

# 古今體詩八十六首

## 고체시 및 근체시 86수

권21에는 검교상서수부원외랑황주단련부사본주안치(檢校尙書水部員外郎黃州團練副使本州安置)라는 유배령을 받고 황주에서 지낸 원풍 4년(1081) 1월부터 원풍 5년(1082) 12월까지의 작품 86수가 수록되어 있다.

## 0711. 正月二十日，往岐亭[1]，郡人潘・古・郭[2]三人送余於女王城[3]東禪莊院[4]

정월 스무날에 기정으로 가려니 고을 사람인 반씨・고씨・곽씨 등 세 사람이 나를 여왕성 동쪽의 선장원까지 배웅하기에

| | |
|---|---|
| 十日春寒不出門， | 열흘에 걸친 봄추위로 문밖출입 안 했더니 |
| 不知江柳已搖村. | 어느 사이 냇버들이 온 마을을 뒤흔드네. |
| 稍聞決決流冰谷，[5][6][7] | 얼음 풀린 계곡에서 물소리가 졸졸 나고 |
| 盡放青青沒燒痕.[8][9] | 온 들판이 파릇파릇 들불 흔적 사라졌네. |
| 數畝荒園留我住， | 황폐한 동산 몇 이랑이 나의 발을 붙잡고 |
| 半瓶濁酒待君溫.[10] | 탁주 반병이 그대들이 데워 주기를 기다렸네. |
| 去年今日關山路，[11][12] | 지난해의 오늘은 관문 앞의 산길에 |
| 細雨梅花正斷魂. | 가랑비 속의 매화가 애간장을 끊었었네. |

**[해설]**

원풍 4년(1081) 1월 20일 소식이 옛날 친구 진조를 방문하기 위하여 기정으로 갈 때 반병・고경도・곽구 등 황주 친구 세 사람이 여왕성 동쪽의 선장원까지 따라와서 송별연을 벌여 주었다. 이 시는 유배되어 오던 도중인 작년 이맘때 본 그곳의 풍경을 생각하면서 이제는 상당히 담담해진 심경으로 만물이 소생하는 이른 봄의 정경을 그린 것이다.

**[주석]**

(1) 岐亭(기정): 지금의 호북성 麻城市 岐亭鎭. 당시 그의 친구 陳慥가 은거하던 곳이다.

(2) 潘·古·郭(반·고·곽): 黃州(지금의 호북성 黃岡市 黃州區)에 있을 때 친하게 지낸 현지인 친구 潘丙·古耕道·郭遘를 가리킨다.(王文誥, 《蘇軾詩集》 참조)

(3) 女王城(여왕성): 《隋書·地理志》에 "황주는 옛날의 영안군이다(黃州, 古永安郡)"라고 했고, 《名勝志》에 "황주에서 10리 떨어진 곳에 영안성이 있는데 사람들이 여왕성이라고 부른다. 옛날에 춘신군이 초나라의 재상을 지내고 회하 이북의 열두 현을 봉지로 하사받았는바 지금의 여왕성은 초왕성의 와전일 것이다. 당나라 때는 선장원이 되었다(去黃州十里有永安城, 俗謂之女王城. 初, 春申君相楚, 受淮北十二縣之封, 今之女王城, 蓋楚王城之訛耳. 在唐爲禪莊院)"라고 했다.

(4) 禪莊院(선장원): 황주 부근에 있던 절. 주 (3) 참조.

(5) 稍聞(초문): 희미하게 들리다.

(6) 決決(결결): 물이 흐르는 소리.

(7) 流冰(유빙): 얼음 조각이 물 위에 떠다니다.

(8) 盡放(진방): 있는 대로 다 방출하다.

(9) 燒痕(소흔): 병충의 알을 태워 없애기 위해 농작물의 수확이 끝난 늦가을에 논두렁이나 밭두렁에 있는 풀을 다 불태우는 이른바 들불의 흔적. 이 구절은 봄이 되어 새까맣게 타 버린 잿더미 속에서 새 풀이 돋아나는 모습을 묘사한 것이다.

(10) 待君溫(대군온): 현지 친구 세 사람이 데워서 함께 마셔 주기를 기다렸다는 말이다.

(11) 去年今日(거년금일): 작년 오늘. 원풍 3년(1080) 정월에 소식은 이 길을 지나서 황주로 갔다.

(12) 關山路(관산로): 황주와 蔡州(지금의 하남성 汝南) 사이에 있는 험난한 산길을 가리킨다. 〈梅花二首〉(0676) 주 (3) 참조.

## 0712. 岐亭[1]道上見梅花, 戲贈季常[2]

기정으로 가는 길에 매화를 보고 장난삼아 진계상에게

| | |
|---|---|
| 蕙死蘭枯菊亦摧,[3] | 혜초도 죽고 난초도 시들고 국화도 꺾인 지금 |
| 返魂香入嶺頭梅.[4] | 반혼향이 고갯마루의 매화에 들어갔다. |
| 數枝殘綠風吹盡,[5] | 몇 가지의 남은 잎은 바람 불어 다 떨어지고 |
| 一點芳心雀啅開.[6] | 향기로운 봉오리는 참새가 쪼아 벌어졌다. |
| 野店初嘗竹葉酒,[7] | 들판의 주막에서 막 죽엽주를 맛보는데 |
| 江雲欲落豆稭灰.[8] | 강가의 구름이 콩대 재를 내리려 하니 |
| 行當更向釵頭見,[9][10] | 곧 다시 비녀 끝에 보이기 시작하여 |
| 病起烏雲正作堆.[11] | 병석에서 일어나면 검은 구름에 무더기를 이루고 있겠다. |

**[해설]**

기정에 있는 친구 진조의 집으로 가는 도중에 매화가 피어 있는 것을 보고 농담조로 지어서 진조에게 준 것이다. 당시 마중 나온 진조와 함께 주막에서 술을 마시고 있었던 것으로 보인다.

**[주석]**

(1) 岐亭(기정): 지금의 호북성 麻城市 岐亭鎭. 당시 그의 친구 陳慥가 은거하던 곳이다.
(2) 季常(계상): 소식의 친구로 당시 황주 북쪽의 기정에서 은거한 陳慥의 字. 〈陳季常所蓄朱陳村嫁

娶圖二首〉(0680) 주 (1) 참조.

(3) 蕙(혜): 혜초. 향초 이름. 소식의 시 〈題楊次公蕙〉(1139)에 "혜초는 본래 난초의 겨레붙이라, 아련한 향기가 서로 같다(蕙本蘭之族, 依然臭味同)"라고 했다.

(4) 返魂香(반혼향): 피우면 죽은 사람의 영혼이 되돌아온다는 향. 王十朋의 《百家註分類東坡先生詩》에 "이부인이 죽자 한나라 무제가 그리움을 이기지 못해 도사에게 반혼향을 만들어 사르게 했더니 부인의 영혼이 강림했다(李夫人死, 漢武帝念之不已, 乃令方士作返魂香燒之, 夫人乃降)"라고 했다. 여기서는 매화의 향기를 가리킨다.

(5) 殘綠(잔록): 떨어지고 남은 매화나무의 잎. 이 구절은 매화가 피기 전의 모습을 상상한 것이다.

(6) 芳心(방심): 매화의 봉오리를 가리킨다. 이 구절은 매화가 핀 가지에 참새가 앉아 있는 모습을 묘사한 것이다.

(7) 竹葉酒(죽엽주): 竹葉青酒. 중국 술의 일종이다.

(8) 豆稭灰(두개회): 콩대가 타서 생긴 재. 1차적으로 눈을 비유하고, 2차적으로 매화를 비유한다.

(9) 行當(행당): 곧 ~하려고 하다.

(10) 向(향): ~에.

(11) 烏雲(오운): 일반적으로 여인의 검푸른 머리카락을 가리키지만 여기서는 진조의 머리카락을 가리킨다. 왕십붕의 《백가주분류동파선생시》에 "오운이란 귀밑털을 말한다(烏雲, 謂鬢也)"라고 했다. 이 연은 진조의 머리에 처음에는 매화가 조금 떨어지다가 점점 많아져서 마침내 수북이 쌓이는 것을 흰머리가 많아지는 것에 비유한 것이다.

## 0713. 東坡[1]八首

동파

余至黃州二年, 日以困匱. 故人馬正卿[2]哀余乏食, 爲於郡中請故營地數十畝, 使得躬耕其中. 地旣久荒爲茨棘瓦礫之場, 而歲又大旱, 墾闢之勞, 筋力殆盡. 釋耒而歎, 乃作是詩, 自愍其勤, 庶幾來歲之入以忘其勞焉.(내가 황주에 도착한 이듬해에 날마다 살기가 어려워지자 친구 마정경이 내가 밥도 제대로 못 먹는 것을 슬퍼하여 나를 위해 군청에 부탁하여 옛날 군사 주둔지 수십 묘를 얻어 주어 그 안에서 몸소 농사지을 수 있게 해 주었다. 그 땅은 오랫동안 버려져 있어서 가시덤불에 덮인 자갈땅이 된데다 큰 가뭄까지 들어 개간하느라 근력이 거의 다 소진되고 말았다. 이에 쟁기를 놓고 탄식하며 이 시를 지어 스스로 자신의 수고를 위로하고 내년의 수입을 기대함으로써 노고를 잊으려 한다.)

### 其一

| | |
|---|---|
| 廢壘無人顧,[3] | 거들떠보는 이 없는 황폐해진 보루터 |
| 頹垣滿蓬蒿. | 쑥대가 가득 돋은 무너진 담장 |
| 誰能捐筋力, | 그 누구라 쓸데없이 근력만 소모하고 |
| 歲晩不償勞. | 세밑에 일한 보람 거두려고 아니할까? |
| 獨有孤旅人, | 오로지 외로운 나그네만이 |
| 天窮無所逃. | 천운이 다하여 도망갈 곳 없으매 |
| 端來拾瓦礫, | 마침내 와서 기왓조각과 자갈을 치우는데 |
| 歲旱土不膏.[4] | 날씨가 가물어서 흙마저 메마르네. |
| 崎嶇草棘中,[5] | 가시덤불 풀숲에서 갖은 고생 다하는 건 |
| 欲刮一寸毛.[6] | 난쟁이 곡식이나마 거두려는 것이네. |
| 喟然釋耒歎,[7] | 후유 하며 쟁기 놓고 탄식하나니 |
| 我廩何時高. | 내 창고는 언제나 그득히 찰까? |

### 其二

荒田雖浪莽,[8]　　황폐한 밭 울퉁불퉁 제멋대로 생겼지만
高庳各有適.[9]　　높은 곳과 낮은 곳이 나름대로 쓰일 테니
下隰種秔稌,[10]　　낮고 습한 곳에는 볍씨를 심고
東原蒔棗栗.　　동쪽 둔덕엔 밤 대추를 모종하리라.
江南有蜀士,[11][12]　　장강의 남쪽에 촉에서 온 사람 있어
桑果已許乞.[13]　　뽕나무의 씨앗을 주기로 했고
好竹不難栽,　　멋진 대를 심는 것도 어려울 게 없지만
但恐鞭橫逸.　　대 뿌리가 아무 데나 뻗어갈까 두렵네.
仍須卜佳處,　　그리고 또 좋은 자리 골라잡아서
規以安我室.　　아담한 집도 한 채 지어야 되겠는데
家僮燒枯草,　　아이놈이 마른 풀을 불태우다가
走報暗井出.[14]　　우물이 나왔다고 달려와서 얘기하니
一飽未敢期,　　배불리 먹는 것은 기약할 수 없어도
瓢飮已可必.[15]　　물 하나는 마음껏 마시게 됐네.

### 其三

自昔有微泉,[16]　　옛날부터 가느다란 개울이 있어
來從遠嶺背.　　먼 산의 등성이에서 흘러오는데
穿城過聚落,　　성곽을 꿰뚫고 부락을 지나가며
流惡壯蓬艾.[17]　　나쁜 기운 흘려보내 쑥대를 튼튼히 했네.
去爲柯氏陂,[18]　　흘러가서 가씨의 못을 이루어
十畝魚蝦會.　　십 묘에 고기와 새우가 모여 있는데
歲旱泉亦竭,　　날씨가 가물자 개울도 말라 버려
枯萍黏破塊.[19]　　갈라진 흙덩이에 마른 부평초가 붙어 있었네.
昨夜南山雲,　　어젯밤에 남산에 구름이 끼었더니
雨到一犂外.[20]　　쟁기 하나 들어가고 남을 만큼 비가 오매

泫然尋故瀆,[21]　졸졸대는 오래된 도랑을 찾아가 보고
知我理荒薈.[22]　내가 황무지를 손질해 놓은 줄을 알았네.
泥芹有宿根,[23][24]　진흙 속의 미나리에는 묵은 뿌리가 있는데
一寸嗟獨在.　아아 한 치짜리만 남아 있을 뿐이네.
雪芽何時動,[25]　눈처럼 하얀 싹이 언제나 돋으려나?
春鳩行可膾.[26][27]　봄철의 비둘기는 회 칠 만해지려 하는데.

其四

種稻清明前,[28]　청명이 되기 전에 볍씨를 파종하면
樂事我能數.　무슨 즐거운 일 있을지 손꼽을 수 있나니
毛空暗春澤,[29]　가랑비가 하늘에 자욱하여 봄철의 못이 어둑해지면
針水聞好語.　물에 침을 놓았다는 유쾌한 말이 들리리.
分秧及初夏,[30]　초여름에 때맞추어 모를 옮겨 심으면
漸喜風葉擧.　날리는 잎이 고개를 들어서 차츰차츰 기뻐지고
月明看露上,　달 밝을 때 이슬 내리는 볏잎 위를 보노라면
一一珠垂縷.　하나하나 진주가 실오리를 드리우리.
秋來霜穗重　가을에 서리 맞은 이삭이 무거우면
顚倒相撐拄.　거꾸로 매달린 채 서로서로 지탱하고
但聞畦隴間,[31]　여기저기 황금빛 논두렁에서
蚱蜢如風雨.[32]　비바람이 치듯이 메뚜기 소리만 들리리.
新春便入甑,　벼를 갓 찧어서 바로 시루에 넣으면
玉粒照筐筥.[33][34]　하얀 옥 알갱이가 광주리를 비추리.
我久食官倉,[35]　나는 오래 관아의 곡식을 먹었나니
紅腐等泥土.[36][37]　색이 붉게 변한 것이 진흙과 같았는데
行當知此味,[38][39]　이제 곧 이 맛을 알게 된지라
口腹吾已許.[40]　입과 배가 벌써부터 기대에 찼네.

## 其五

| | |
|---|---|
| 良農惜地力,[41] | 훌륭한 농부는 지력을 귀하게 여기는 법 |
| 幸此十年荒. | 요 십 년을 묵힌 것을 다행이라 여기네. |
| 桑柘未及成,[42] | 뽕나무는 아직까지 다 자라지 않았지만 |
| 一麥庶可望.[43] | 보리 하나는 다행히 가망이 있네. |
| 投種未逾月, | 씨앗을 뿌린 지 한 달이 안 됐는데 |
| 覆塊已蒼蒼. | 흙덩이를 뒤덮고 이미 파릇파릇하네. |
| 農父告我言, | 농부가 나에게 일러 주기를 |
| 勿使苗葉昌. | “싹과 잎이 웃자라게 하지 마셔요. |
| 君欲富餅餌,[44] | 떡과 경단 풍부하게 하고 싶으면 |
| 要須縱牛羊. | 소와 양을 풀어 놔야 합니다” 하네. |
| 再拜謝苦言,[45][46] | 재배하고 이 고언에 감사하나니 |
| 得飽不敢忘.[47] | 배불리 먹게 되면 잊지 못할 것이네. |

## 其六

| | |
|---|---|
| 種棗期可剝,[48] | 대추나무를 심으면 대추를 딸 수 있고 |
| 種松期可斲.[49] | 소나무를 심으면 깎아서 기둥을 만들 수 있지만 |
| 事在十年外,[50] | 이런 일은 십 년 뒤에 성과가 나타날 일 |
| 吾計亦已慤.[51] | 내 계획은 역시 너무 융통성이 없다 해도 |
| 十年何足道, | 십 년이야 어찌 말할 필요 있겠나? |
| 千載如風雹.[52] | 천 년도 풍우처럼 지나갈 텐데. |
| 舊聞李衡奴,[53][54] | 이형의 노비 얘기 옛날에 들었나니 |
| 此策疑可學. | 이 계책이 아마도 배울 만한 것 같구나. |
| 我有同舍郎,[55] | 나에게는 동료가 한 사람 있어 |
| 官居在灊岳.[56] | 벼슬 따라 첨산 밑에 살고 있는데 |
| 遺我三寸甘,[57] | 나에게 세 치짜리 감귤을 보내 |
| 照座光卓犖.[58] | 그 빛이 좌중을 훤하게 비추누나. |

百栽倘可致,(59) 혹시 묘목 백 그루를 구할 수가 있다면
當及春冰渥.(60) 얼음 녹아 촉촉이 땅 적실 때 심을 일
想見竹籬間,(61) 대 울타리 사이로 파랗게 또 노랗게
靑黃垂屋角.(62) 집 모퉁이에 자리잡고 드리워져 있으리.

其七

潘子久不調,(63)(64) 반자는 오랫동안 벼슬을 받지 못해
沽酒江南村.(65) 장강 남쪽 마을에서 술이나 팔고 있고
郭生本將種,(66)(67) 곽생은 본래 장군의 후예이건만
賣藥西市垣.(68) 서쪽 저자 담 밑에서 약초를 팔고 있네.
古生亦好事,(69) 고생 또한 일 벌이기 좋아하는 사람이니
恐是押牙孫.(70) 어쩌면 고압아의 후손인가 싶은데
家有一畝竹, 집안에 한 이랑의 대밭이 있어
無時容叩門. 무시로 대문을 두들기게 놓아두네.
我窮交舊絶, 내가 가난해져서 옛 친구는 다 절교하고
三子獨見存.(71)(72) 세 사람만 마음에 나를 담아 두어서
從我於東坡, 내가 손수 개간한 이곳 동파로
勞餉同一飧. 음식을 들고 나를 찾아와서 함께 먹네.
可憐杜拾遺,(73) 부러워할 만한 두습유께선
事與朱阮論.(74) 일 있으면 주씨 완씨와 의논했다 하거니와
吾師卜子夏,(75) 나 또한 복자하를 스승으로 여기나니
四海皆弟昆.(76) 세상 사람 모두가 내 형제라네.

其八

馬生本窮士,(77) 마생은 본래부터 가난한 선비인데
從我二十年.(78) 스무 해 동안이나 나를 따라다니며
日夜望我貴, 밤낮으로 내가 꼭 귀하게 되어

求分買山錢.[79]　　자신에게 산 살 돈을 나눠 주길 바랐네.
我今反累君,　　그런데 나는 지금 되려 누를 끼쳐서
借耕輟兹田.　　버려둔 이 땅을 빌려 농사짓나니
刮毛龜背上,[80][81]　　거북이의 등에서 털을 깎는 셈
何時得成氈.[82]　　언제나 담요를 짤 수 있으리?
可憐馬生癡,　　가련케도 마생은 어리석어서
至今夸我賢.　　지금토록 아직 내가 똑똑하다 자랑하며
衆笑終不悔,　　사람들이 웃어도 끝내 후회 않으니
施一當獲千.[83]　　하나를 뿌려 천 개를 얻어야 하리.

**[해설]**

소식은 〈진태허에게 보내는 답장(答秦太虛)〉에서 "처음 황주에 왔을 때 봉급은 끊어지고 식구는 적지 않아 속으로 매우 걱정이 컸다오. 통렬하게 결심하여 아끼고 또 아껴서 하루에 쓰는 돈이 150전을 넘지 못하도록 하고 매월 초하룻날에 4,500전을 서른 뭉치로 나누어 천장에 매달아 놓고 아침에 끝이 갈라진 장대로 한 뭉치씩 집어 내리고는 곧 장대를 숨겨 버린다오(初到黃, 廩入既絶, 人口不少, 私深憂之. 但痛自節儉, 日用不得過百五十, 每月朔便取四千五百錢, 斷爲三十塊, 掛屋梁上, 平旦用畫叉挑取一塊, 即藏去叉)"라고 하여 당시의 생활이 얼마나 곤궁했는지를 여실히 묘사했거니와, 이처럼 곤궁한 그를 위해 친구 마몽득이 황주 관아에 부탁하여 황무지를 좀 얻어 주었다. 이 시는 이 황무지를 개간하여 농사를 지으면서 느낀 감회를 노래한 것이다. 제목을 보면 여덟 수를 한꺼번에 지은 것 같지만 내용을 보면 상당한 기간에 걸쳐 몇 차례로 나누어서 지은 것으로 보인다.

**[주석]**

(1) 東坡(동파): 소식이 원풍 4년(1081) 2월에 黃州城 동쪽에 있는 황무지를 개간하여 만든 농장. 이듬해에 그는 자신의 호를 東坡居士라고 했다.
(2) 正卿(정경): 馬夢得의 字. 그는 황주 관아에 부탁하여 황주성 동쪽에 묵혀져 있던 옛날 군사 주둔지를 얻어서 소식이 개간할 수 있도록 주선해 주었다.
(3) 廢壘(폐루): 묵혀져 있는 堡壘. 옛날 군영을 가리킨다.
(4) 不膏(불고): 기름지지 않다. 메마르다.

(5) 崎嶇(기구): 길이 험난하다. 고생스럽다.
(6) 刮一寸毛(괄일촌모): 키가 아주 작은 곡식을 수확한다는 말이다.
(7) 喟然(위연): 탄식하는 모양.
(8) 浪莽(낭망): 제멋대로 생긴 모양.
(9) 有適(유적): 適所가 있다.
(10) 秔稌(갱도): 메벼와 찰벼. 벼를 가리킨다.
(11) 江南(강남): 장강의 남쪽인 武昌(지금의 호북성 鄂州)을 가리킨다.
(12) 蜀士(촉사): 王文甫를 가리킨다. 그는 嘉州 犍爲(지금의 사천성 건위) 사람으로 당시 무창에 살고 있었다.
(13) 桑果(상과): 뽕나무 씨앗.
(14) 暗井(암정): 풀숲에 가려져 있어서 잘 안 보이는 우물.
(15) 瓢飮(표음): 한 바가지의 물. 《論語・雍也》에 "한 그릇의 밥과 한 바가지의 물로 가난한 마을에서 살게 되면 다른 사람들은 그 근심을 견디지 못하는데, 안회는 그렇게 살면서도 자신의 즐거움을 바꾸지 않으니 훌륭하도다 안회는(一簞食, 一瓢飮, 在陋巷, 人不堪其憂, 回也不改其樂. 賢哉回也)"이라는 말이 있다. 이 연은 우연히 우물을 발견한 사실을 단서로 顔回의 고사를 연상하고 다시 해학적인 필치로 안빈낙도의 의지를 밝힌 것이다.
(16) 微泉(미천): 가느다란 개울을 가리킨다.
(17) 流惡(유악): 나쁜 기운을 씻어서 흘려보낸다는 말이다.
(18) 柯氏陂(가씨피): 《名勝志》에 "가산은 적벽의 고한정 동쪽에 있다(柯山在赤壁高寒亭之東)"라고 했다. 가씨피는 가산 밑에 있는 못인 듯하다.
(19) 破塊(파괴): 말라서 갈라진 흙덩이.
(20) 一犁外(일려외): 쟁기 하나가 흙 속으로 들어가고 남을 만큼 내린 비의 양. 施元之의 《施注蘇詩》에 인용된 당나라 王泂의 시 〈雨〉에 "쟁기 하나 흙에 꽂혀 농부가 기뻐하고, 밤새도록 꽃을 망쳐 미인이 근심하리(入土一犁農父喜, 損花終夜美人愁)"라고 한 것을 보면 충분한 강우량임을 알 수 있다. '外'는 '餘'와 마찬가지로 수량사 뒤에 붙어서 여분이 있음을 표시한다.
(21) 泫然(현연): 물이 흐르는 모양.
(22) 荒薈(황회): 손질을 하지 않아서 초목이 무성한 땅.
(23) 泥芹(이근): 진흙에서 자라는 미나리.
(24) 宿根(숙근): 2년생 또는 다년생 풀의 뿌리 가운데 지난해에 난 것.
(25) 雪芽(설아): 뿌리에 가까운 미나리의 싹. 눈처럼 희기 때문에 이렇게 부른다.
(26) 春鳩(춘구): 봄철의 비둘기. 소식의 자주에 "촉지방 사람들은 미나리 싹으로 만든 회를 귀하게 여기는데 비둘기 고기를 섞어서 만든다(蜀人貴芹芽膾, 雜鳩肉爲之)"라고 했다.
(27) 行(행): 장차. 곧.
(28) 淸明(청명): 이십사절기의 하나로 춘분과 곡우의 중간인 양력 4월 5일경에 든다. 이 구절은 못자

리에 볍씨를 뿌린다는 말이다. 보리나 밀의 수확이 끝난 뒤 그 논에 물을 대고 쟁기로 간 다음 못자리에서 자란 모를 옮겨 심는다. 이것이 모내기이다.

(29) 毛空(모공): 가랑비가 내리는 하늘. 소식의 자주에 "촉지방 사람들은 가랑비를 우모라고 한다. 벼가 처음 나올 때 농부들은 벼의 침이 나왔다고들 한다(蜀人以細雨爲雨毛. 稻初生時農夫相語稻針出矣)"라고 했다.

(30) 分秧(분앙): 모를 옮겨 심다. 모내기하는 것을 가리킨다.

(31) 畦隴(휴롱): 논두렁. 논을 가리킨다.

(32) 蚱蜢(책맹): 벼메뚜기. 소식의 자주에 "촉지방에는 벼가 익을 때 벼메뚜기가 논에 떼를 지어 나는데, 모양이 작은 누리와 같지만 벼를 해치지는 않는다(蜀中稻熟時, 蚱蜢羣飛田間, 如小蝗狀, 而不害稻)"라고 했다.

(33) 玉粒(옥립): 윤기가 흐르는 쌀알을 가리킨다.

(34) 筐筥(광거): 광주리.

(35) 官倉(관창): 관아의 창고. 관아의 곡식을 가리킨다.

(36) 紅腐(홍부): 벼를 너무 오래 보관하여 색깔이 빨갛게 변한 것을 가리킨다.

(37) 泥土(이토): 찰기가 없는 쌀을 가리킨다. 이 구절은 군량미 등의 용도로 쓰기 위해 오랫동안 비축해 둔 나머지 찰기가 없어진 쌀로 지은 밥을 먹으면 마치 모래를 씹는 것과 같다는 말이다.

(38) 行當(행당): 곧 ~하려고 하다.

(39) 此味(차미): 자기가 직접 재배한 쌀, 즉 '玉粒'으로 지은 밥의 맛을 가리킨다.

(40) 許(허): 기대를 걸다.

(41) 地力(지력): 농작물을 길러 내는 땅의 힘. 거르지 않고 해마다 농사를 지으면 지력이 약해진다. 이 연은 자신이 개간한 땅이 오랫동안 묵혀 둔 황무지이기 때문에 오히려 지력이 더 좋을 것이라는 해학적인 표현이다.

(42) 未及成(미급성): 제2수에서 말한, 강남의 蜀士에게 씨앗을 얻어서 심은 뽕나무가 아직까지 별로 자라지 못했다는 말이다.

(43) 庶(서): 다행히.

(44) 餠餌(병이): 떡과 경단. 곡식으로 만든 음식을 가리킨다. 이 구절은 풍성한 수확을 올린다는 말이다.

(45) 再拜(재배): 두 번 절하다. 지극한 공경심이나 감사의 뜻을 표시할 때 쓰던 옛날 예절의 하나이다.

(46) 苦言(고언): 쓴소리. 듣기에는 거슬리나 도움이 되는 말.

(47) 得(득): ~할 수 있다.

(48) 剝(박): 두드려서 떨어뜨리다. '撲'과 같다. 《詩經 · 豳風 · 七月》에 "팔월이면 대추 따고, 시월이면 벼를 베네(八月剝棗, 十月穫稻)"라는 구절이 있다.

(49) 斲(착): 나무를 깎아서 기둥 따위를 만드는 것을 가리킨다.

(50) 十年(십년): 《管子 · 權修》에 "1년짜리 계책으로는 곡식을 심는 것보다 나은 것이 없고, 10년짜리 계책으로는 나무를 심는 것보다 나은 것이 없으며, 평생의 계책으로는 사람을 심는 것보다 나은 것이 없다(一年之計, 莫如樹穀; 十年之計, 莫如樹木; 終身之計, 莫如樹人)"라고 했다.

(51) 慤(각): 너무 진지하기만 하고 융통성이 없어서 원칙에 집착하는 것을 가리킨다.

(52) 風雹(풍박): 바람과 우박. '風雨'와 같은 뜻인데 압운을 위하여 '雹'자를 썼다. 이 연은 시간이 금방 지나간다는 말이다.

(53) 李衡(이형): 삼국시대 오나라 때 丹陽太守를 지낸 사람. 裴松之의 《三國志註》에 인용된 晉나라 習鑿齒의 《襄陽記》에 의하면, 이형은 家產을 좀 마련하려고 했으나 아내가 말을 듣지 않아 나중에 몰래 사람을 보내 武陵 龍陽의 泛洲에 집을 짓고 감귤 천 그루를 심게 하고는 죽기 전에 아들에게 "네 어머니가 내가 가산을 좀 마련하는 것을 싫어하여 이처럼 가난하게 되었다. 그러나 우리 고을에 나무 노비 천 명이 있는데 너에게 옷과 음식을 달라고 하지도 않고 해마다 비단을 한 필씩 바칠 것이니 이것만 해도 쓰기에 모자람이 없을 것이다"라고 했다고 한다.

(54) 奴(노): 木奴. 나무 노비라는 뜻으로 감귤을 가리킨다.

(55) 同舍郎(동사랑): 같은 館舍에서 지내는 郎官. 널리 동료를 가리키는바 여기서는 소식의 친구 李常을 가리킨다. 소식의 자주에 "이공택이다(李公擇也)"라고 했다.

(56) 灊岳(첨악): 灊山, 즉 潛山. 이상의 관서 소재지였던 舒州(지금의 안휘성 潛山縣)에 있다. 〈大風留金山兩日〉(0625) 주 (11) 참조.

(57) 三寸甘(삼촌감): 크기가 세 치나 되는 감귤. 두보의 시 〈卽事〉에 "한 쌍의 뱅어는 낚시를 물지 않고, 세 치짜리 감귤은 아직도 푸르구나(一雙白魚不受釣, 三寸黃甘猶自靑)"라는 구절이 있다.

(58) 卓犖(탁락): 빼어나다.

(59) 倘(당): 혹시 ~한다면.

(60) 春冰渥(춘빙악): 봄철의 눈이 녹아서 땅을 촉촉이 적시는 때를 가리킨다.

(61) 想見(상견): 미루어 알다.

(62) 靑黃(청황): 덜 익은 감귤과 잘 익은 감귤이 섞여 있는 것을 가리킨다.

(63) 潘子(반자): 황주에 있을 때 친하게 지낸 현지인 친구 潘丙을 가리킨다. 〈正月二十日, 往岐亭……〉(0711) 주 (2) 참조. 소식의 〈答秦太虛書〉에 "또 반생이 번구에다 주점을 차려 놓아서 작은 배를 저어 곧장 주점 아래까지 간다오(又有潘生者, 作酒店樊口, 棹小舟, 徑至店下)"라는 말이 있다.

(64) 不調(부조): 관직을 異動시키지 않다. 여기서는 관직에 등용하지 않은 것을 가리킨다.

(65) 江南村(강남촌): 반병이 주점을 연 번구는 장강 남쪽의 武昌에 있었다.

(66) 郭生(곽생): 황주에 있을 때 친하게 지낸 현지인 친구 郭遘를 가리킨다. 〈正月二十日, 往岐亭……〉(0711) 주 (2) 참조.

(67) 將種(장종): 장군의 후예. 당나라 장군 郭子儀는 安思의 난을 평정한 공로로 汾陽郡王에 봉해졌는데, 施元之의 《施注蘇詩》에 "곽생은 이름이 구이고 분양 사람이다(郭生名遘, 汾陽人)"라고

했다.

(68) 賣藥(매약): 王文誥의 《蘇軾詩集》에 "곽구가 약을 팔았다는 사실은 고찰된 바가 없다(賣藥無考)"라고 했다.

(69) 古生(고생): 황주에 있을 때 친하게 지낸 현지인 친구 古耕道를 가리킨다. 〈正月二十日, 往岐亭……〉(0711) 주 (2) 참조.

(70) 押牙(압아): 劉震의 딸 無雙은 王先客에게 시집가기로 했는데 나중에 일이 잘못되어 궁녀로 들어가게 되었다. 이때 古押牙가 왕선객의 부탁으로 도사에게서 묘약을 얻어 그녀가 마시고 자살한 것처럼 꾸민 뒤 시체를 빼돌렸다가 3일 후에 다시 깨어나 왕선객과 부부가 되어 백년해로하게 했다.(薛調, 〈劉無雙傳〉 참조)

(71) 三子(삼자): 반병 · 곽구 · 고경도를 가리킨다. 〈正月二十日, 往岐亭……〉(0711) 주 (2) 참조.

(72) 見存(견존): 나를 보존하다. 〈次韻王定國馬上見寄〉(0562) 주 (2) 참조.

(73) 杜拾遺(두습유): 당나라 시인으로 좌습유를 역임한 두보를 가리킨다.

(74) 朱阮(주완): 주씨와 완씨. 두보가 成都의 浣花草堂에 은거할 때의 친구들이다. 두보의 시 〈絶句四首〉 其一에 "매실이 익으면 주씨 노인과 함께 맛보고, 소나무가 높으면 완씨와 마주보고 얘기하리(梅熟許同朱老喫, 松高擬對阮生論)"라는 구절이 있다.

(75) 子夏(자하): 공자의 제자 卜商의 字.

(76) 四海(사해): 온 천하. 세계. 《論語 · 顔淵》에 "군자는 매사에 조심스럽고 실수가 없으며, 다른 사람에게 공손하고 예의가 있어서 온 천하 사람들이 모두 다 형제이다(君子敬而無失, 與人恭而有禮, 四海之內, 皆兄弟也)"라는 자하의 말이 있다.

(77) 馬生(마생): 마정경을 가리킨다. 주 (2) 참조. 소식의 《東坡志林 · 命分》에 "마몽득은 나와 같은 해 같은 달에 태어났는데 나보다 8일 늦다. 이해에 태어난 사람 중에는 부귀한 사람이 없는데 그중에서도 나와 몽득이 가장 가난하다. 그리고 우리 두 사람을 볼 것 같으면 몽득을 으뜸으로 쳐야 할 것이다(馬夢得與僕同歲月生, 少僕八日. 是歲生者無富貴人, 而僕與夢得爲窮之冠, 卽吾二人而觀之, 當推夢得爲首)"라고 했다.

(78) 二十年(이십년): 왕문고의 《소식시집》에 "가우 연간의 신축년(1061)에 공이 봉상부첨판으로 부임할 때부터 마몽득은 이미 공을 따라다녔으므로 지금까지 20년인 것이다(嘉祐辛丑, 公簽判鳳翔, 馬夢得已從公游, 故至是二十年也)"라고 했다.

(79) 買山錢(매산전): 은거하는 데 필요한 산을 매입할 돈.

(80) 刮毛(괄모): 키가 아주 작은 곡식을 수확하는 것을 가리킨다. 주 (6) 참조.

(81) 龜背(귀배): 날이 가물어서 거북이 등처럼 갈라진 토지를 가리킨다.

(82) 成氈(성전): 완성된 담요. 王十朋의 《百家註分類東坡先生詩》에 "거북이 등에서 담요 짤 털을 깎아 낸다는 말은 바로 속담이다(龜背刮氈毛, 乃諺語也)"라고 했다. 왕문고의 《소식시집》에 "이 열 자는 공이 지극히 좋아한 나머지 발췌하여 왕정국에게 보내며 '이 구절은 만 리 안에 있는 사람의 웃음을 자아낼 만합니다'라고 말했다(十字, 公極自賞, 嘗摘寄王定國云: '此句可以發萬里

一笑也.')"라고 했다. 이 연은 속담을 이용한 중의적 표현으로 농지가 척박함을 익살스럽게 묘사한 것이다.

(83) 獲千(획천): 천 배의 수확을 얻는다는 뜻이다. 마지막 네 구절은 자신의 능력을 믿고 황주 관아에 황무지를 빌려주도록 주선해 준 마몽득의 호의에 보답하기 위해 힘껏 농사지어 많은 수확을 올리겠다는 결의를 밝힌 것이다.

## 0714. 武昌[1]酌菩薩泉[2]送王子立[3]

무창에서 보살천을 따라 왕자립을 전송하며

| | |
|---|---|
| 送行無酒亦無錢, | 길 가는 이 전송함에 술도 없고 돈도 없어 |
| 勸爾一杯菩薩泉.[4] | 보살천 물이나 한 잔 권하네. |
| 何處低頭不見我,[5] | 어디 간들 고개 숙이면 자신이 안 보이리? |
| 四方同此水中天.[6] | 사방이 이처럼 물속 하늘이라네. |

**[해설]**

가을철에 각 지방에서 실시하는 향시(鄕試)에 응시하기 위해 서주로 갔다가 다시 균주로 돌아가는 길에 들른 조카사위 왕적을 전송하면서 지은 시이다. 어디를 가든 항상 수면에 비쳐 있는 자신의 얼굴을 들여다보면서 자중자애하고 매사를 대범하게 생각하라고 충고했다.

**[주석]**

(1) 武昌(무창): 長江을 사이에 두고 黃州와 마주보고 있던 縣. 지금의 호북성 鄂州.

(2) 菩薩泉(보살천): 무창의 西山에 있는 샘. 〈杜沂游武昌, 以酴醾花 · 菩薩泉見餉, 二首〉(0695) 주 (4) 참조.

(3) 子立(자립): 蘇轍의 사위 王適의 字. 〈與王郎夜飮井水〉(0648) 주 (1) 참조. 王文誥의 《蘇軾詩集》에 "당시 왕자립은 균주에서 서주로 돌아가 가을철에 각 지방에서 실시하는 과거시험에 응시하고 막 황주에 도착했다(時王子立自筠州回徐秋試, 始至黃州)"라고 했다.

(4) 爾(이): 너. 그대. 이인칭대명사.

(5) 我(아): 수면을 들여다보는 사람의 自我를 가리킨다.

(6) 水中天(수중천): 수면에 비친 하늘. 당나라 승려 布袋和尙에게 “푸른 모를 손에 들고 논에 가득 심다가, 고개를 숙이면 곧 물속의 하늘이 보인다네. 심지가 청정해야 도를 닦을 수 있는 법, 뒤로 물러나는 것이 원래 전진이라네(手把靑秧插滿田, 低頭便見水中天. 心地淸淨方爲道, 退步原來是向前)”라는 禪詩가 있는바, 이 구절은 보살천 물을 권한다는 사실에 착안하여 행간에 이 시의 뜻을 담아 향시에 낙제한 왕적을 위로한 것으로 보인다.

## 0715. 任師中(1)挽詞(2)

임사중을 애도하는 만사

| | |
|---|---|
| 大任剛烈世無有,(3) | 대임은 꼿꼿하기가 세상에 짝이 없고 |
| 疾惡如風朱伯厚.(4) | 바람처럼 악을 싫어하는 게 주백후의 풍도였지요. |
| 小任溫毅老更文, | 온화하고도 굳센 소임은 늙을수록 더욱 우아한데 |
| 聰明慈愛小馮君.(5) | 총명하고 자애롭기가 작은 풍군이었지요. |
| 兩任才行不須說, | 두 임씨의 재주와 행실은 말할 필요가 없는데 |
| 疇昔並友吾先人.(6) | 옛날에 두 분이 다 우리 선친의 벗이었지요. |
| 相看半作晨星沒, | 둘러보자 반은 이미 새벽별처럼 스러지고 |
| 可憐太白配殘月.(7) | 가련한 샛별만이 지는 달을 짝했지요. |
| 大任先去冢未乾, | 대임이 먼저 간 뒤 무덤의 흙도 마르기 전에 |
| 小任相繼呼不還. | 소임이 뒤따라가 불러도 안 돌아오시네요. |
| 强寄一樽生死別, | 억지로 한 잔 올려 이별을 고하나니 |
| 樽中有淚酒應酸. | 잔 속에 눈물이 섞여 있어 술이 시큼할 거예요. |
| 貴賤賢愚同盡耳,(8)(9)(10) | 귀인 천인 현인 우인 모두 사라지는데 |
| 君今不盡緣賢子.(11) | 선생 집안이 지금도 건재하는 건 훌륭한 자손 덕이지요. |
| 人間得喪了無憑,(12)(13) | 인간 세상의 득실은 근거가 전혀 없고 |
| 只有天公終可倚. | 하느님만이 끝내 의지할 만하지요. |

**[해설]**

고향 사람으로서 부친의 친구이기도 했던 임급의 부음을 듣고 그의 죽음을 애도한 만사로, 임급 형제의 인품과 덕망을 동시에 칭송하고 나아가 그의 자손까지 칭송함으로써 그의 영혼을 위로했다.

**[주석]**

(1) 師中(사중): 소식의 동향 사람인 任伋의 字. 施元之의 《施注蘇詩》에 "임사중은 신식령이 되었을 때 백성들이 그를 경애하므로 토지를 사서 그곳에서 살았다. 나중에 황주통판과 노주지주를 지내고 수주(지금의 사천성 遂寧)에서 죽었다. 그는 제안(즉 황주)에 있을 때 늘 정혜원에 가서 노닐었기 때문에 그가 떠난 뒤 고을 사람들이 그곳의 정자를 임공정이라고 불렀다(師中爲新息令, 民愛之, 買田而居. 後通判黃州, 知瀘州, 沒於遂州. 其在齊安常遊於定惠院, 旣去, 郡人名其亭曰任公)"라고 했다. 〈過新息留示鄕人任師中〉(0672) 주 (2) 참조.

(2) 挽詞(만사): 죽은 사람을 애도하는 글.

(3) 大任(대임): 임급의 형 任孜를 가리킨다. 시원지의 《시주소시》에 "임사중은 이름이 급이고 형 임준성은 이름이 자인데 미주 사람들이 그들을 존경하여 이임이라고 불렀다. 대임은 충민공의 부친이고 소임은 바로 임사중이다(任師中, 名伋; 兄遵聖, 名孜, 眉人敬之, 號二任. 大任, 忠敏公之父也; 小任卽師中)"라고 했고, 《東都事略》에 "임자는 자가 준성이며 미산 사람으로 학문과 기개가 고을에서 두드러져 그 명성이 소순과 어금버금했다(任孜, 字遵聖, 眉山人. 以學問氣節雄鄕閭, 名聲與蘇洵相上下)"라고 했다. 〈京師哭任遵聖〉(0473) 주 (1) 참조.

(4) 伯厚(백후): 후한 사람 朱震의 字. 〈林子中以詩寄文與可及余, 與可旣歿, 追和其韻〉(0652) 주 (15) 참조.

(5) 小馮君(소풍군): 한나라 사람 馮立을 가리킨다. 馮奉世의 두 아들 馮野王과 馮立은 형제가 서로 대를 이어 上黨太守를 지냈는데, 처사가 매우 공정하고 청렴하였기 때문에 백성들이 이들을 칭송하여 "대풍군과, 소풍군은, 형제가 대를 이어 다스리는데, 총명하고 현명하여 아전과 백성에게 은혜롭네(大馮君, 小馮君, 兄弟繼踵相因循, 聰明賢知惠吏民)"라고 노래했다.

(6) 吾先人(오선인): 소순을 가리킨다. 秦觀의 〈瀘州使君任公墓表〉에 "미주 사람들이 그들을 존경하여 이임이라고 불렀는데 소순 선생이 특히 그들과 잘 지냈다(眉人敬之, 號二任, 而蘇先生洵, 尤與厚善)"라고 했다.

(7) 太白(태백): 金星. 계명성 또는 장경성이라고도 한다. 이 구절은 최근에는 친구들 가운데 임급만이 생존해 있었다는 말이다.

(8) 貴賤(귀천): 고귀한 사람과 미천한 사람.

(9) 賢愚(현우): 현명한 사람과 어리석은 사람.

(10) 同盡(동진): 다 함께 죽다. 白居易의 시 〈浩歌行〉에 "현인 우인 귀인 천인 모두 다 돌아가매, 북

망산의 무덤이 우뚝 솟아 있다네(賢愚貴賤同歸盡, 北邙冢墓高嵯峨)”라는 구절이 있다.

(11) 賢子(현자): 훌륭한 자손. 시원지의 《시주소시》에 “임사중의 손자 임량은 열네 살에 수석으로 향시에 급제한 후 우수한 성적으로 과거에 급제하여 용도각직학사가 되어 국사를 편찬했다. ……증손자 임희이는 자가 백기이고 임도남은 자가 백후인데 모두 대대로 과거에 급제한 집안의 전통을 이었다(師中之孫諒, 年十四, 冠鄕書, 登高第, 爲龍圖閣直學士, 修國史.……曾孫希夷, 字伯起; 圖南, 字伯厚, 皆踵世科)”라고 했다.

(12) 人間(인간): 이 세상. 속세.

(13) 得喪(득상): 득실. 생명을 얻거나 잃는 것을 가리킨다. 이 연은 사람이 살고 죽는 것은 하늘에 달려 있는 것이지 인력으로 어쩔 수 있는 것이 아니라고 유족들을 위로한 것이다.

## 0716. 樂全[1]先生生日, 以鐵拄杖[2]爲壽[3], 二首

낙전선생의 생신에 쇠지팡이로써 장수를 빌며

### 其一

| | |
|---|---|
| 先生眞是地行仙,[4] | 선생은 참으로 땅 위의 신선 |
| 住世因循五百年.[5] | 이 세상에서 섭리에 따라 한 오백 년 사시며 |
| 每向銅人話疇昔,[6] | 항상 구리 사람을 향해 옛날 얘기 하실 것이라 |
| 故敎鐵杖鬪淸堅.[7][8] | 쇠지팡이에게 누가 더 단단한지 겨루게 하나이다. |
| 入懷冰雪生秋思,[9][10] | 끼고 다니면 서늘하여 가을을 생각게 하고 |
| 倚壁蛟龍護晝眠.[11] | 기대 놓으면 교룡이 되어 낮잠 자는 모습을 지켜 주리다. |
| 遙想人天會方丈,[12][13][14] | 중생이 절에서 선생을 만나는 모습이 상상되나니 |
| 衆中驚倒野狐禪.[15] | 신도들 틈에서 야호선이 놀라 자빠지리다. |

### 其二

| | |
|---|---|
| 二年相伴影隨身,[16][17] | 두 해 동안 그림자처럼 저와 함께 다녔나니 |
| 踏遍江湖草木春. | 강호를 두루 다니다 보니 초목에 봄이 왔지요. |
| 擿石舊痕猶在眼,[18] | 돌을 들춘 옛 자국이 아직 눈에 선한데 |
| 閉門高節欲生鱗.[19][20] | 문 닫고 걸어 두니 불룩한 마디에 비늘이 생기려 하네요. |
| 畏途自衛眞無敵,[21] | 무서운 길에서 지켜 주기로는 참으로 적수가 없지만 |

捷徑爭先却累人.(22) 지름길에서 앞을 다툴 땐 오히려 누가 되지요.
遠寄知公不嫌重, 무겁다고 싫어하지 않을 줄 알고 보내나니
筆端猶自斡千鈞.(23)(24) 공께서는 붓끝으로 천 균을 끌어당기니까요.

**[해설]**

장방평의 생일을 맞이하여 자기가 작년에 유진령에게 받은 쇠지팡이를 선물로 주면서 해학적인 표현으로 그것을 선물로 보내는 이유와 그것의 효용을 설명했다.

**[주석]**

(1) 樂全(낙전): 張方平의 호. 그는 한 번 본 책은 평생 잊어버리지 않는 천부적인 재주를 지닌 사람이었다. 집안이 가난하여 다른 사람에게 책을 빌려서 읽었는데 三史를 빌려 열흘 만에 다 읽고 돌려주면서 "이미 상세한 내용을 다 파악했습니다"라고 한 적이 있는가 하면, 十七史를 빌려 한 달 만에 다 읽고 돌려준 적도 있었다. 그는 또 知制誥·翰林學士·御史中丞 등의 요직을 두루 역임한 정치적 거물이기도 했는데, 益州知州로서 成都에 머물 때 처음으로 소씨 삼부자를 보고 이후 이들에게 커다란 지지자가 되어 주었다.(《송사·장방평전》 참조) 《續資治通鑑長編·元豊二年七月》에 "장방평이 관직에서 물러났다(張方平致仕)"라고 했다.

(2) 鐵拄杖(철주장): 소식이 閩人 柳眞齡에게 얻은 것이다. 〈鐵拄杖幷敍〉(0710) 서문 참조.

(3) 爲壽(위수): 祝壽하다.

(4) 地行仙(지행선): 땅 위를 걸어다니는 신선이라는 뜻으로 장수하는 사람을 가리킨다.

(5) 因循(인순): 자연에 순응하다.

(6) 銅人(동인): 구리로 만든 사람. 《後漢書·薊子訓傳》에 "사람들이 장안 동쪽의 패성에서 그를 보았는데 한 노인과 함께 구리로 만든 사람을 어루만지며 '옛날에 어쩌다가 이것을 만드는 것을 보았는데 이제 벌써 5백 년이 다 돼 가는군요'라고 했다(人於長安東霸城見之, 與一老翁共摩挲銅人, 相謂曰: '適見鑄此, 今已近五百歲矣.')"라는 기록이 있다. 이 구절은 장방평을 후한 때의 도인 계자훈에 비유한 것이다.

(7) 教(교): ~로 하여금 ~하게 하다.

(8) 淸堅(청견): 맑고 단단하다. 이 구절은 장방평이 이 쇠지팡이를 보면서 이것만큼 건강하게 살기를 바라는 마음에서 드린다는 말이다.

(9) 冰雪(빙설): 쇠지팡이의 서늘한 기운을 가리킨다.

(10) 秋思(추사): 일반적으로 가을을 맞아 일어나는 쓸쓸한 생각을 가리키지만, 여기서는 가을철의 시원한 날씨에 대한 생각을 가리키는 것으로 보인다. 그렇다면 이 구절은 서늘한 쇠지팡이를 품에 끼고 다니면 가을이 온 것 같은 상쾌한 기분이 들 것이라는 뜻으로 쇠지팡이의 효용을 찬양한

것이 된다.

(11) 蛟龍(교룡): 쇠지팡이를 가리킨다. 후한 사람 費長房이 한 노인이 병 하나를 걸어 둔 채 약초를 팔다가 약초를 다 팔면 병 속으로 들어가곤 하는 모습을 보고 하루는 노인을 따라 병 속으로 들어갔더니 그곳 사람들이 호화로운 집에서 아쉬운 것 없이 풍요롭게 지내는 것을 보고 그에게 도술을 배웠다. 나중에 그 노인이 주는 대나무 지팡이를 타고 고향으로 돌아간 뒤 지팡이를 葛陂湖에 던져 버렸는데 그 지팡이가 용으로 변하여 멀리 날아가 버렸다.(《후한서・비장방전》 참조) 이것이 이른바 擲杖成龍 고사이다.

(12) 遙想(요상): 먼 곳의 일을 상상하다.

(13) 人天(인천): 불교에서 중생이 해탈을 얻을 때까지 생사를 반복한다고 하는 天道・人道・阿修羅道・畜生道・餓鬼道・地獄道 등의 六道 가운데 人道와 天道. 널리 중생을 가리킨다.

(14) 方丈(방장): 넓이가 사방 1丈인 스님의 좁은 방. 스님의 거처나 절을 가리킨다.

(15) 野狐禪(야호선): 禪宗에서 말로는 깨달음을 얻었다고 하지만 사실은 악의 구렁텅이에 빠져 있는 사람을 일컫는 말. 이 연은 스님이 柱杖子를 내리치는 줄 알고 야호선이 기겁할 만큼 장방평의 쇠지팡이 소리가 우렁찰 것이라는 말이다.

(16) 二年相伴(이년상반): 소식이 철주장을 들고 다닌 것이 햇수로 2년째라는 말이다.

(17) 影隨身(영수신): 그림자가 몸을 따르다. 李白의 시 〈月下獨酌〉에 "달이 술을 마실 줄 모르는 데다, 그림자도 내 몸을 따를 뿐이네(月既不解飮, 影徒隨我身)"라는 구절이 있다.

(18) 擿石(적석): 지팡이로 짚어서 돌을 들추어내는 것을 가리킨다.

(19) 高節(고절): 지팡이의 불룩한 마디를 가리킨다. 〈鐵拄杖幷敍〉(0710)에 "천 년 묵은 늙은 뿌리에 불룩한 마디가 생겼네(千年老根生乳節)"라는 구절이 있다.

(20) 生鱗(생린): 비늘 달린 용이 된다는 말이다. 주 (11) 참조. 이 구절은 東坡를 개간하여 농사를 짓느라 최근에는 한동안 지팡이 짚고 유람하지 못했다는 뜻이다.

(21) 畏途(외도): 위험하고 무서운 길. '畏塗'라고도 한다. 《莊子・達生》에 "위험하고 무서운 길에서 열 사람 가운데 한 사람이 죽게 된다면, 부자와 형제가 서로 경계하면서 반드시 무리를 지은 뒤에야 길로 나설 것인즉, 이 또한 지혜로운 일이 아닙니까?(夫畏塗者, 十殺一人, 則父子兄弟相戒也, 必盛卒徒而後敢出焉, 不亦知乎?)"라는 말이 있다.

(22) 累人(누인): 사람에게 누를 끼치다. 이 구절은 좁은 길에서 빨리 가고자 할 때는 너무 무거워서 오히려 방해가 되는 면도 있다는 말이다.

(23) 猶自(유자): 오히려.

(24) 斡千鈞(알천균): 천 균을 끌다. 묵직한 글을 쓴다는 뜻이다. 歐陽修의 시 〈馬上默誦聖俞詩有感〉에 "흥이 나면 붓의 힘이 천 균이나 나가고, 취한 뒤엔 세상만사 아무것도 없었네(興來筆力千鈞重, 醉後人間萬事空)"라는 구절이 있고, 《詩話總龜・評論門五》에 "조이도가 말하기를 '근래에 소동파를 만났더니 "사람이 문장을 지을 때는 반드시 붓끝으로 수만 근을 끌어당길 수 있어야 문장이라고 할 수 있다"고 하더군'이라고 했다(晁以道言: '近見東坡說: "凡人作文字, 須是筆頭上

挽得數萬斤起, 可以言文字已.")"라는 말이 있다. 이 연은 장방평이 묵직한 글을 많이 써서 무거운 것을 다루는 데 익숙하기 때문에 무거운 쇠지팡이도 무겁게 느껴지지 않을 것이라는 해학적인 표현이다.

## 0717. 與潘三[(1)]失解[(2)]後飮酒

반삼이 향시에 낙제한 후 그와 함께 술을 마시며

千金敝帚人誰買,[(3)] 천금짜리 몽당비를 그 누가 사리?
半額蛾眉世所姸.[(4)] 세인들이 반 이마의 아미를 곱게 여기거늘.
顧我自爲都眊矂,[(5)(6)(7)] 나 자신을 돌아보니 스스로 한 일이 온통 번뇌장인데
憐君欲鬪小嬋娟.[(8)] 그대는 가련케도 작은 아름다움을 다투려 하네.
靑雲豈易量他日,[(9)] 훗날 청운에 오르는 일이야 어떻게 속단하리?
黃菊猶應似去年.[(10)] 국화는 틀림없이 작년과 같을 것이거늘.
醉裏未知誰得喪,[(11)] 취중이라 누가 득 보고 손해 보는지 모를 테지만
滿江風月不論錢.[(12)] 강에 가득한 청풍명월은 돈을 따지지 않는다네.

**[해설]**

황주에 있을 때 친하게 지낸 현지 친구 반병의 동생 반원이 향시에 낙제하여 실의에 젖어 있는 것을 보고 함께 술을 마시면서 위로해 준 시로, 자신의 능력을 제대로 알아주지도 않는 과거시험에 너무 연연하지 말고 대자연 속에서 청풍명월을 벗삼아 유유자적하면서 다시 때를 기다리라고 충고했다.

**[주석]**

(1) 潘三(반삼): 반씨 집안 셋째 아들. 黃州에 있을 때 친하게 지낸 현지 친구 潘丙의 동생 潘原을

가리킨다. 소식의 〈與朱康叔〉에 "저는 향시에서 1등으로 급제한 그의 형 반병과 지극히 친숙한 바 그는 문장과 덕행이 누구보다도 뛰어납니다. 그리고 반원도 본래 훌륭한 선비입니다(某與其兄潘丙解元至熟, 最有文行, 原自是佳士)"라고 했고, 王文誥의 《蘇軾詩集》에 "나중에 쓴 〈반언명에게〉라는 편지 속의 말로써 입증하건대 이 반언명은 반창언의 동생이고 반원은 또 반언명의 동생이므로 반원이 곧 반삼이 된다. 동파공이 황주를 떠났을 때 설당을 반언명에게 주어서 손질하게 한바 공이 있을 때와 마찬가지였으니 이것 또한 지극히 친숙했다는 증거이므로 반병이 곧 반언명임을 알 수 있다(據此以後〈與潘彥明書〉之語證之, 是彥明爲昌言之弟, 而原又爲彥明之弟, 卽潘三也. 公旣去, 以雪堂付彥明葺治, 如公存日. 此又至熟之證, 可見丙卽彥明也)"라고 했다.

(2) 失解(실해): 鄕試에 낙제하다.

(3) 千金敝帚(천금폐추): 소중하고 값진 물건이지만 다른 사람들이 경시하는 물건을 가리킨다. 〈林子中以詩寄文與可及余, 與可旣歿, 追和其韻〉(0652) 주 (30) 참조. 王十朋의 《百家註分類東坡先生詩》에 "몽당비를 천금에 비긴 것은 스스로 빗자루의 실용성이 크다고 여긴 것이지만 다른 사람들이 사지 않는 것을 어쩌겠는가? 이것은 자기가 다른 사람과 어울리지 못함을 말한 것이다(敝帚而比之千金, 則自謂帚之適用, 然奈人之不買何? 此言己不合於人矣)"라고 했다. 이 구절은 다른 사람들이 반원의 재능을 인정하지 않는 것을 안타까워한 것이다.

(4) 半額蛾眉(반액아미): 이마의 반을 덮도록 넓게 그린 눈썹. 후한 때 長安에 "성안 사람들이 높은 상투를 좋아하면 사방에서 한 자나 되게 높이 틀고, 성안 사람들이 넓은 눈썹을 좋아하면 사방에서 또 이마를 반쯤 가리게 한다(城中好高髻, 四方高一尺; 城中好廣眉, 四方且半額)"라는 말이 있었다고 한다.(《後漢書・馬廖傳》 참조) 이 구절은 세상 사람들이 시류를 잘 좇는다는 말이다.

(5) 我(아): 소식 자신을 가리킨다.

(6) 自爲(자위): 스스로 한 일을 가리킨다.

(7) 眊矂(모소): 번뇌. '毷氉'와 같다. 이 구절은 과거에 급제하여 관계에 들어선 것을 비롯하여 자신이 한 일이 모두 번뇌를 일으키는 것, 즉 煩惱障이라는 말이다.

(8) 小嬋娟(소선연): 작은 아름다움. 과거시험에서 발휘하는 文才를 가리킨다.

(9) 靑雲(청운): 높은 관직을 가리킨다. 이 구절은 훗날 과거에 급제할지 못할지는 가벼이 판가름할 수 없으니 미리 좌절할 필요가 없다는 말이다.

(10) 黃菊(황국): 추위에 잘 견디는 존재를 가리킨다. 이 구절은 반원에게 국화처럼 굳세고 의연하라고 격려한 것이다.

(11) 得喪(득상): 얻거나 잃다.

(12) 不論錢(불론전): 돈을 따지지 않다. 이 연은 관직이 없는 가난뱅이도 청풍명월을 즐길 수 있기 때문에 그것을 마음껏 즐기는 것이 오히려 득이 될 수 있다는 말이다.

## 0718. 太守徐君猷(1)·通守(2)孟亨之(3), 皆不飮酒, 以詩戲之

태수 서군유와 통판 맹형지가 둘 다 술을 마시지 않기에 시로써 농담한다

| | |
|---|---|
| 孟嘉嗜酒桓溫笑,(4)(5) | 맹가가 술을 좋아하여 환온이 웃음 지었고 |
| 徐邈狂言孟德疑.(6)(7) | 서막이 미치광이 소리를 하여 조맹덕이 의아해했는데 |
| 公獨未知其趣爾,(8) | 공들은 유독 그 운치를 모르시지만 |
| 臣今時復一中之.(9)(10) | 저는 항상 그것에 한 번씩 취한다오. |
| 風流自有高人識,(11) | 풍류가 있었으니 자연히 고수가 알아봤고 |
| 通介寧隨薄俗移.(12) | 변함없고 곧았으니 어찌 경박한 세속을 따랐으리오? |
| 二子有靈應撫掌,(13)(14) | 두 분에게 혼령이 있다면 틀림없이 손뼉치리 |
| 吾孫還有獨醒時.(15) | 우리 후손에게도 정신 맑을 때 있다고. |

**[해설]**

술자리에서 황주지주 서대수와 황주통판 맹진이 술을 마시지 않는 것을 보고 그들과 성이 같으면서 술을 좋아하기로 유명한 서막과 맹가의 고사를 인용하여 우스갯소리를 한 것이다.

**[주석]**

(1) 君猷(군유): 당시 黃州知州로 재임 중이던 徐大受의 字. 송나라 王明淸의 《揮麈後錄》에 "군유 서득지는 양적 사람으로 한강공의 사위이다. 황주지주로 재임할 때 동파선생이 그 고을에 유배

되었는데 군유가 있는 힘을 다해 잘 돌보아 주었다. 그 뒤 군유가 황주에서 죽자 동파가 제문과 만사를 지었는데 몹시 슬펐다. 또 그의 동생에게 보낸 편지에서 '내가 처음 황주에 유배되었을 때 주위에 친한 사람이라고는 눈에 띄지 않았는데 군유가 한 번 보고는 골육처럼 대해 주었으니 그 마음을 어찌 잊을 수 있으리오?'라고 했다(徐得之君猷, 陽翟人, 韓康公壻也. 知黃州日, 東坡先生遷謫於郡, 君猷周旋之, 不遺餘力. 其後君猷死於黃, 東坡作祭文・挽詞甚哀. 又與其弟書云: '軾始謫黃州, 擧眼無親, 君猷一見, 相待如骨肉, 此意豈可忘?')"라는 기록이 있는바, 왕명청은 君猶가 徐得之의 字인 줄로 여겼는데 得之는 서대수의 동생 徐大正의 字이다.(張撝之 等 主編, 《中國歷代人名大辭典》, 上海: 上海古籍出版社, 1999, 1943쪽 참조) 施元之의 《施注蘇詩》에 "서대정은 자가 득지이다. 그의 형 군유가 황주지주를 지냈기 때문에 비로소 동파공과 교유했다(徐大正, 字得之. 因其兄君猶守黃州, 始從公游)"라고 했다.(〈徐大正閑軒〉(0845) 주 (1) 참조)

(2) 通守(통수): 通判. 태수 즉 지주 바로 아래의 관직이었다.

(3) 亨之(형지): 당시 황주통판으로 재임 중이던 孟震의 字.

(4) 孟嘉(맹가): 동진 사람으로 征西大將軍 桓溫의 參軍으로 있을 때 환온이 중양절을 맞아 龍山에서 벌인 연회에서 바람에 모자가 날아가는 것도 모를 정도로 술에 잔뜩 취해 즐겁게 놀았다. 〈與頓起・孫勉泛舟, 探韻得未字〉(0563) 주 (23) 참조.

(5) 桓溫(환온): 주 (4) 참조.

(6) 徐邈(서막): 삼국시대 위나라 사람. 그는 尙書郎으로 재임하고 있을 때 금주령이 내려져 있음에도 불구하고 몰래 술을 마시고는 취하여 "성인에 취했습니다(中聖人)"라고 했다. 曹操가 버럭 화를 내자 鮮于輔가 나서서 "평소 취객들이 술 중에서 맑은 것을 성인이라고 하고 탁한 것을 현인이라고 합니다. 서막은 성품이 조심스러운 사람인데 오늘 어쩌다가 취해서 한 말입니다(平日醉客謂酒淸者爲聖人, 濁者爲賢人. 邈性脩愼, 偶醉言耳)"라고 해명을 해 줌으로써 처벌을 면했다. 나중에 문제가 즉위하여 "요즘도 자주 성인에 취하시오?(頗復中聖人否?)" 하고 묻자 "자신을 징계하지 못하고 요즘도 때때로 그것에 취합니다(不能自懲, 時復中之)"라고 대답했다.(《삼국지・위지・서막전》 참조)

(7) 孟德(맹덕): 조조의 字.

(8) 其趣(기취): 취중의 흥취를 가리킨다. 환온이 맹가에게 "술 속에 무슨 좋은 것이 있기에 그대가 그토록 좋아하는가?" 하고 묻자 맹가가 "공께서는 아직까지 술의 흥취를 모르시는군요" 하고 대답했다.(《진서・맹가전》 참조)

(9) 時復(시부): 항상. 늘.

(10) 中之(중지): 그것, 즉 성인에 취하다. 주 (6) 참조.

(11) 高人(고인): 식견이 뛰어난 사람. 동진 사람 褚裒를 가리킨다. 庾亮이 크게 연회를 벌였을 때 저부가 유량에게 맹가라는 사람이 어디 있느냐고 물었다. 유량이 이 자리에 와 있으니 알아맞혀 보라고 하자 저부가 여러 사람의 행색을 한 번 둘러보고는 금방 맹가를 찾아냈다. 유량이 두 사람의 만남을 기뻐했다.(《진서・맹가전》 참조)

(12) 通介(통개): 변함이 없고 곧다. 盧欽이 서막을 칭송하여 말했다. "어떤 사람이 나에게 말하기를 '위나라 무제 시절에 서공은 변함이 없다고들 여겼는데 涼州에 있을 때부터 京師로 귀환할 때까지는 곧다고들 여겼으니 어찌 된 일입니까?' 하고 물어서 내가 '그 옛날에 毛孝先과 崔季珪가 집정하여 청아하고 소박한 인사를 귀하에 여기자 다들 수레와 복식을 바꾸어 고상하다는 이름을 얻으려고 했지만 서공은 평상시의 모습을 바꾸지 않았기 때문에 사람들이 변함없다고 여겼고, 근래에 천하 사람들이 다 사치스럽고 화려한 것을 좋아하자 서로 다른 사람을 본받았는데 서공은 조금도 흔들림이 없이 우아하고 고상함을 견지하여 속인들과 같지 않으니 지난날의 변함없음이 곧 지금의 곧음입니다. 이것은 세상 사람들에게는 恒常心이 없고 서공에게는 항상심이 있기 때문입니다' 하고 대답했다."(《삼국지 · 위지 · 서막전》 참조)

(13) 二子(이자): 맹가와 서막을 가리킨다.

(14) 撫掌(무장): 손뼉을 치다. 보통 기쁘거나 만족스러움을 뜻하지만 여기서는 어이없음을 뜻한다.

(15) 吾孫(오손): 우리의 후손. 이 연은 서대수와 맹진이 서막 및 맹가와 성이 같다는 사실을 이용하여 우스갯소리를 한 것이다.

## 0719. 聞捷

승전보를 듣고

元豊四年十二月二十二日, 謁王文父[(1)]於江南[(2)]. 坐上, 得陳季常[(3)]書報[(4)]: 是月四日, 种諤[(5)]領兵深入, 破殺西夏[(6)]六萬餘人, 獲馬五千匹. 衆喜忭[(7)]唱樂, 各飮一巨觥.(원풍 4년(1081) 12월 22일 장강 남쪽으로 왕문보를 찾아갔다가 그 자리에서 진계상이 보낸 편지를 받았는데, 이달 초나흗날에 충악이 군사를 이끌고 적진 깊숙이 들어가 서하 군사 6만여 명을 무찔러 죽이고 말 5천 필을 끌고 왔다고 했다. 좌중에 있던 사람들이 기뻐서 노래를 부르며 각자 큰 술잔으로 한 잔씩 마셨다.)

| | |
|---|---|
| 聞說官軍取乞誾,[(8)(9)] | 관군이 걸은을 취했단 말 들었나니 |
| 將軍旂鼓捷如神. | 장군의 기와 북이 귀신처럼 빨랐으리. |
| 故知無定河邊柳,[(10)] | 그래서 알겠나니 무정하 가의 버드나무도 |
| 得共中原雪絮春.[(11)(12)] | 버들개지 나는 중원의 봄을 함께할 수 있으리. |

**[해설]**

원풍 4년(1081) 12월 22일 장강 남쪽으로 왕제유를 찾아갔다가 관군이 서북쪽 오랑캐를 물리치고 걸은 땅을 빼앗았다는 첩보를 듣고 기쁜 마음을 노래한 것이다. 후반부에 소식의 중화사상이 드러나 있다.

**[주석]**

(1) 文父(문보): 王齊愈의 字. 嘉州 犍爲(지금의 사천성 건위) 사람으로 당시 長江 건너편의 武昌에서 살고 있었다. 〈王齊萬秀才寓居武昌縣劉郎洑, 正與伍洲相對, 伍子胥奔吳所從渡江也〉(0689) 주 (1) 참조.

(2) 江南(강남): 장강 건너편의 무창을 가리킨다.

(3) 季常(계상): 소식의 친구로 당시 黃州 부근의 歧亭에서 은거한 陳慥의 字. 〈陳季常所蓄朱陳村嫁娶圖二首〉(0680) 주 (1) 참조.

(4) 書報(서보): 서면 통보. 어떤 사실을 알리는 편지를 가리킨다.

(5) 种諤(충악): 북송 洛陽 사람으로 西夏 군사를 물리치는 데 큰 공을 세웠다.

(6) 西夏(서하): 북송의 서북쪽에 있던 나라. 자주 북송을 침공하여 북송을 위협했다.

(7) 喜忭(희변): 기뻐하다.

(8) 聞說(문설): ~라고 하는 말을 듣다. 듣자하니.

(9) 乞誾(걸은): 鮮卑語로 말이라는 뜻이다. '乞銀'과 같다. 馮應榴의 《蘇軾詩集合注》에 "'乞誾'은 '乞銀'으로 써야 한다('乞誾'當作'乞銀'也)"라고 했다. 지금의 섬서성 米脂縣 서남쪽에 銀乞谷이 있고(魏嵩山 主編, 《中國歷史地名大辭典》, 廣東教育出版社, 1995년 제1판, 72쪽 참조), 《元和郡縣志》에 "은주는 한나라 때의 은음현으로 북주 보정 2년(562)에 은주를 설치했으니 계곡의 이름을 따서 명명한 것이다(銀州, 漢圁陰縣, 周保定二年置銀州, 因谷爲名)"라고 했으므로 여기서 '乞誾' 즉 '乞銀'은 걸은곡 또는 은주를 가리킬 가능성이 크다.

(10) 無定河(무정하): 섬서성 북부에서 남쪽으로 흘러 黃河로 들어가는 강. 당나라 陳陶의 시 〈隴西行〉에 "가련하게도 무정하 가의 저 백골들이, 아직까지 봄 규방의 꿈속 사람이겠지(可憐無定河邊骨, 猶是春閨夢裏人)"라는 구절이 있다.

(11) 得(득): ~할 수 있다.

(12) 雪絮(설서): 눈처럼 하얀 버들개지. 謝安이 집안 사람들을 모아 놓고 이야기를 나누고 있는데 함박눈이 펑펑 쏟아졌다. 사안이 "흰 눈이 흩날리는 모양이 무엇 같으냐?(白雪紛紛何所似?)"라고 하자 형의 아들 謝朗이 "하늘에 소금을 뿌리는 것에 비겨 볼 수 있겠습니다(撒鹽空中差可擬)"라고 했다. 이 말을 들은 형의 딸 謝道韞이 "버들개지가 바람에 흩날린다고 하는 편이 더 낫겠습니다(未若柳絮因風起)"라고 했다.(《晉書·王凝之妻謝氏傳》 참조) 그 뒤로 '雪絮'는 '柳絮', 즉 버들개지를 가리키게 되었다. 이 연은 무정하 가에 있는 버드나무가 중원에 있는 버드나무와 함께 봄 정취를 뽐낼 수 있게 되었다는 뜻으로, 걸은 지방의 백성들이 중원문화를 향유하게 되었다는 말이다.

## 0720. 聞洮西[1]捷報

조수 서쪽에서 이겼다는 첩보를 듣고

漢家將軍一丈佛,[2][3] 한나라의 장군은 십 척 장신 부처님
詔賜天池八尺龍.[4][5] 천지에 팔 척 용을 하사하라 명하셨네.
露布朝馳玉關塞,[6][7] 아침에 격문이 옥문관으로 날아갔는데
捷烽夜到甘泉宮.[8][9] 저녁에 승전보가 감천궁에 다다랐네.
似聞指揮築上郡,[10] 상군에 성 쌓는 일 지휘하는 소리 들리나 싶더니
已覺談笑無西戎.[11] 담소하는 사이에 오랑캐가 없어진 줄 벌써 알겠네.
放臣不見天顔喜,[12][13] 쫓겨난 신하는 용안이 기뻐하시는 건 못 보고
但驚草木回春容.[14] 초목이 봄빛을 회복함에 놀랄 뿐이네.

**[해설]**

지금의 감숙성에 있는 조수 서쪽의 전선으로부터 오랑캐에게 승리했다는 소식을 듣고 기쁜 마음을 노래하면서 은연중에 오랫동안 조정을 떠나 있는 쓸쓸한 심정을 드러냈다.

**[주석]**

(1) 洮西(조서): 洮水 서쪽 지역. 조수는 감숙성을 지나 黃河로 들어가는 강이다.
(2) 漢家將軍(한가장군): 송나라 장군을 가리킨다. 陸游의 《老學庵筆記》에 "소동파가 황주에 있을 때 〈聞洮西捷報〉(0720)라는 시를 지어 '한나라의 장군은 십 척 장신 부처님……'이라고 했는데

십 척 장신 부처님이란 왕중정이다. 이 시가 소동파의 작품이 아니라고 한다면 기개와 풍격이 이와 같은 작품을 누가 지을 수 있겠는가? 과연 소동파의 작품이라고 한다면 이 노인네가 어째서 왕중정을 칭송했겠는가? 아마도 그를 풍자한 것이리라(東坡在黃州時作〈西捷〉詩, 曰: '漢家將軍一丈佛……', 一丈佛者, 王中正也. 以此詩爲非東坡作耶, 氣格如此, 孰能辦之? 以爲果東坡作耶, 此老豈譽王中正者? 蓋刺之也)"라고 했다. 왕중정(약 1029-1099)은 開封 사람으로 字가 希烈이며 西夏와의 전쟁에서 공을 세웠다. 육유가 이렇게 말한 이유가 무엇인지는 확인하기 어렵다. 한편 馮應榴의 《蘇軾詩集合注》에는 "이 시는 바로 원풍 4년(1081)에 충악이 승리한 것을 가리킨다(此詩自係卽指元豊四年种諤之捷也)"라고 했다.

(3) 一丈佛(일장불): 키가 열 자나 되는 불상. 昆耶王이 休屠王을 죽이자 그의 무리가 투항해 오므로 그들이 가진 황금빛 불상을 얻어서 甘泉宮에 안치했는데 황금빛 불상은 모두 키가 열 자 남짓 되었다.(《漢武故事》 참조)

(4) 天池(천지): 산꼭대기에 있는 못. 천지는 여러 개가 있는데 洮水와의 위치 관계로 보건대 여기서는 감숙성 文縣 북쪽에 있는 洋湯池를 가리키는 것으로 보인다.(魏嵩山 主編, 《中國歷史地名大辭典》, 廣東教育出版社, 1995년 제1판, 109쪽 참조) 이 경우 천지는 '漢家將軍'의 주둔지를 가리킨다. 천지를 용이 나오는 곳으로 볼 수도 있는데, 이 경우에는 '天池八尺龍'이 '천지에서나 나올 만큼 비범한 말'이라는 뜻이 된다.

(5) 八尺龍(팔척룡): 준마를 가리킨다. 《儀禮 · 覲禮》의 "천자가 용을 타면 큰 기를 싣는다(天子乘龍, 載大旆)"라는 구절에 대한 鄭玄의 주에 "말 가운데 여덟 자가 넘는 것은 용이라고 한다(馬八尺以上爲龍)"라고 했다.

(6) 露布(노포): 봉하지 않은 문서. 적을 토벌하라는 격문을 가리킨다.

(7) 玉關塞(옥관새): 옥문관 요새. 감숙성 敦煌의 서북쪽에 있던 옥문관을 가리킨다.

(8) 捷烽(첩봉): 첩보를 전하기 위해서 올리는 봉화를 가리키는 것으로 보인다. '捷書'로 된 판본도 있다.

(9) 甘泉宮(감천궁): 秦나라 한나라 때의 궁전 이름. 여기서는 송나라의 황궁을 가리킨다.

(10) 上郡(상군): 군 이름. 지금의 섬서성 綏德. 《漢書 · 武帝紀》에 "인우장군 공손오를 보내 요새 밖에 수항성을 쌓게 했다(遣因杅將軍公孫敖築塞外受降城)"라는 기록이 있다.

(11) 西戎(서융): 중국 서북쪽에 있는 오랑캐들의 총칭.

(12) 放臣(방신): 추방된 신하. 황주에 폄적된 소식 자신을 가리킨다.

(13) 天顔(천안): 임금의 얼굴. 龍顔.

(14) 春容(춘용): 봄 경색. 춘색. 이 연은 임금과 멀리 떨어진 채 세월만 자꾸 간다는 말이다.

## 0721. 杭州[1]故人[2]信至齊安[3]

항주 친구들의 편지가 제안에 도달하여

| | |
|---|---|
| 昨夜風月淸, | 어젯밤에 바람과 달이 맑아서 |
| 夢到西湖上.[4] | 꿈속에 서호로 달려갔는데 |
| 朝來聞好語, | 아침에 반가운 소리가 들리더니 |
| 扣戶得吳餉.[5] | 방문을 두드리며 오지방의 선물이 왔네. |
| 輕圓白曬荔,[6][7] | 가볍고 동그란 하얗게 말린 여지 |
| 脆釅紅螺醬.[8][9] | 연하고 맛있는 홍라로 담근 젓갈 |
| 更將西菴茶,[10][11] | 게다가 서암에서 만든 차를 가지고 |
| 勸我洗江瘴.[12] | 강에서 나는 장기를 씻으라 하네. |
| 故人情義重, | 친구들은 인정과 의리가 깊어 |
| 說我必西向.[13] | "우리가 꼭 서쪽으로 |
| 一年兩僕夫, | 한 해에 두 번씩 심부름꾼을 보내 |
| 千里問無恙.[14] | 천 리 밖으로 무고한지 묻겠습니다" 하네. |
| 相期結書社,[15] | 동아리를 만들기로 약속했다니 |
| 未怕供詩帳.[16] | 시 장부를 바치는 게 아직 두렵지 않은 모양 |
| 還將夢魂去,[17] | 나도야 꿈속의 혼을 따라서 |
| 一夜到江漲.[18] | 밤새도록 달려서 강창교로 가려네. |

**[해설]**

소식의 〈진사중에게 보내는 답장(答陳師仲書)〉에 "제가 전당 사람들에게 무슨 은정을 베풀었다고 그곳 사람들이 지금도 저를 생각하고 저도 한 해에 통상 너댓 번은 서호로 가는 꿈을 꾸니, 이것이 아마도 세상에서 말하는 전생의 인연이라는 것인가 봅니다(軾於錢塘人有何恩意, 而其人至今見念, 軾亦一歲率常四五夢至西湖上, 此殆世俗所謂前緣者)"라고 한 바와 같이 소식은 3년 동안 통판을 지낸 항주를 늘 잊지 못했다. 그것은 그곳의 아름다운 풍광 때문이기도 하겠지만, 그보다는 그곳에서 함께 지낸 친구들이 있다는 사실이 더 큰 요인일 것이다. 이 시는 항주 친구들이 보낸 편지와 선물을 받은 기쁨과 그것으로 인해 촉발된 그리움을 노래한 것이다.

**[주석]**

(1) 杭州(항주): 지금의 절강성 항주. 소식이 3년 동안 通判으로 재임하며 많은 친구를 사귀었던 곳이다.
(2) 故人(고인): 친구. 王文誥의 《蘇軾詩集》에 "이는 곧 왕복・장필・변재・무택 등의 여러 사람이다(此卽王復・張弼・辯才・無擇諸人也)"라고 했다.
(3) 齊安(제안): 黃州의 다른 이름.
(4) 西湖(서호): 항주의 서쪽에 있는 호수. 항주통판 시절에 소식이 자주 가서 노닐던 곳이다.
(5) 吳餉(오향): 오지방에서 선물로 보내 준 식품.
(6) 輕圓(경원): 가볍고 둥글다.
(7) 白曬荔(백쇄려): 하얗게 말린 荔支. 여지는 중국 원산의 상록교목으로 복건성과 광동성에서 많이 나는데, 구형 또는 계란형의 자주색 과일은 겉에 혹 모양의 돌기가 있으며 수분이 많고 맛이 달다.
(8) 脆釅(취엄): 잘 씹히고 맛이 진하다.
(9) 紅螺(홍라): 소라의 일종. 껍데기가 얇고 붉다.
(10) 將(장): ~을 가지고. ~로써
(11) 西菴茶(서암차): 서암에서 만든 차. 서암에 대해서는 《富陽縣圖經》에 "연수원은 현에서 북쪽으로 4리 되는 곳에 있는데 절 앞에 동암과 서암의 두 암자가 있다(延壽院, 在縣北四里, 院前有東西二菴)"라고 했고, 《咸淳臨安志》에 "대명원은 현에서 북쪽으로 4리 되는 곳에 있는데 네 봉우리가 에워싸고 있으며 앞으로는 벽을 이어 놓은 것 같아 속칭 이암이라고 하니 여기가 바로 소동파가 말한 동암과 서암의 두 암자이다. 옛날 이름은 보명으로 건덕 3년(965)에 세웠으며, 치평 2년(1065)에 다시 지금의 편액으로 바꾸었다(大明院在縣北四里, 四峰環繞, 前如連壁, 俗號裏菴, 卽東坡所謂東西二菴是也. 舊名普明, 乾德三年建, 治平二年改今額)"라고 했다.

(12) 江瘴(강장): 남방의 강에서 나는 瘴氣.

(13) 西向(서향): 항주의 서쪽에 있는 황주로 향한다는 뜻이다.

(14) 無恙(무양): 별 탈이 없다. 무고하다.

(15) 書社(서사): 여러 사람이 한데 모여 책을 읽고 시를 짓는 동아리. 소식의 자주에 "친구들이 돈을 갹출하여 심부름꾼을 고용해서 한 해에 두 번씩 황주로 보내기로 약속했다(故人相約醵錢僱僕夫, 一歲再至黃)"라고 했다.

(16) 詩帳(시장): 시를 기록한 帳簿. 소식의 자주에 "내가 최근에 시 때문에 죄를 지어 담당관이 항주로 가서 경내에 남아 있던 시를 수집하였는데 항주에서 수백 수를 제공했다. 이것을 시 장부라고 한다(僕頃以詩得罪, 有司移杭取境內所留詩, 杭州供數百首, 謂之詩帳)"라고 했다. 이 연은 내가 시 때문에 이렇게 황주로 유배 와 있는 것을 보고도 아직 겁을 내지 않으니 간이 참 크다는 뜻으로, 우스갯소리를 한 것이다.

(17) 將(장): 따르다. ~와 함께.

(18) 江漲(강창): 강창교. 항주 지역을 가리킨다. 소식의 자주에 "강창은 항주에 있는 다리 이름이다(江漲, 杭州橋名)"라고 했는데, 《九域志》에 "인화현에 강창교진이 있다(仁化縣有江漲橋鎭)"라고 했고, 《함순임안지》에 "강창교는 여항문 바깥의 강창세무서 동쪽에 있다(江漲橋在餘杭門外江漲稅務東)"라고 했다.

## 0722. 送牛尾貍(1)與徐使君(2)

서태수에게 우미리를 보내며

風捲飛花自入帷,(3) 바람이 흩날리는 꽃잎을 말아 올려
시키지도 않았는데 휘장 안에 넣어 줄 제
一樽遙想破愁眉.(4) 술 한 그릇 앞에 놓고 아련히 생각하니
수심에 찼던 두 눈썹이 활짝 펴지는군요.
泥深厭聽鷄頭鶻,(5) 진흙이 깊어 죽계 소리 귀 아프게 들릴 제
酒淺欣嘗牛尾貍.(6) 술 조금 마시며 우미리를 즐겁게 먹고 싶군요.
通印子魚猶帶骨,(7) 숭어는 뼈가 있어 먹기 귀찮고
披綿黃雀漫多脂.(8) 황작은 기름기가 너무 많지요.
殷勤送去煩纖手,(9) 정성 들여 보내오니 고운 손을 움직여
爲我磨刀削玉肌.(10) 저를 위해 칼을 갈아 옥살결을 자르게 해 주셔요.

**[해설]**

어느 눈 오는 날 황주지주 서군유에게 우미리를 보내 태수의 요리사에게 요리하게 하여 함께 먹자고 부탁하면서 지은 시이다.

**[주석]**

(1) 牛尾貍(우미리): 살쾡이의 일종. 段成式의 《酉陽雜俎續集·支動》에 "홍주에 우미리가 있는데

고기가 아주 맛있다(洪州有牛尾貍, 肉甚美)”라고 했다. 《本草綱目・貍》에 “살쾡이는 여러 가지 품종이 있다.……남방에는 머리가 희고 꼬리가 소와 같은 것이 있으니 이것이 우미리로 옥면리라고도 한다. 나무에 올라가서 온갖 과실만 따 먹는데 겨울이 되면 극도로 살이 찐다. 사람들이 지게미로 절여서 진품을 만드는데 술을 깨우는 데 효능이 아주 좋다(貍有數種.……南方有白面而尾似牛者, 爲牛尾貍, 亦曰玉面貍. 專上樹木食百果, 冬月極肥. 人多糟爲珍品, 大能醒酒)”라고 했다.

(2) 使君(사군): 태수. 당시의 黃州知州 徐大受를 가리킨다.

(3) 飛花(비화): 눈송이를 흩날리는 꽃잎에 비유한 것이다. 소식의 자주에 “당시 눈이 많이 내린 상태였다(時大雪中)”라고 했다.

(4) 愁眉(수미): 근심으로 인하여 찌푸려진 눈썹. 이 구절은 서대수 태수에게 우미리의 요리를 부탁할 수 있다는 생각에 안심이 되었다는 말이다.

(5) 鷄頭鶻(계두골): 竹鷄. 소식의 자주에 “촉지방 사람들은 죽계를 계두골이라고 한다(蜀人謂泥滑滑謂鷄頭鶻)”라고 했다. 또 《本草》에 “죽계는 일명 출균자라고도 한다(竹雞, 一名出菌子)”라고 했는데, 이에 대한 주에 “촉지방 사람들은 계두골이라고 부르고 남방 사람들은 이활활이라고 부른다(蜀人呼爲鷄頭鶻, 南人呼爲泥滑滑)”라고 했다. 죽계는 닭의 일종으로 모양이 자고새 비슷하며 주로 대밭 안에서 생활한다. 《遯齋閒覽》에 “흰개미는 죽계의 소리를 들으면 모두 물로 변하는데 지금도 산림 속에 많이 있다. 스스로 ‘니활활’ 하고 우는 것이 이 새이다(白蟻聞竹雞之聲, 盡化爲水, 今山林多有之. 其聲自呼爲‘泥滑滑’者是也)”라고 했다. ‘泥滑滑’은 ‘진흙이 미끌미끌’이라는 뜻이 된다. 이 구절은 눈이 많이 내려서 길이 미끄럽다고 죽계가 울어댄다는 말이다.

(6) 酒淺(주천): 술을 조금밖에 안 마신다는 말이다.

(7) 通印子魚(통인자어): 숭어. 鯔魚. 通應子魚라고도 하고 그냥 子魚라고도 한다.

(8) 披綿黃雀(피면황작): 황작. 참새과에 속하는 철새로 목에 황갈색 반점이 있다. 施元之의 《施注蘇詩》에 “황작은 강서 임강군에서 나는데 본토인들은 지방층이 두꺼운 것을 ‘피면’이라고 한다(黃雀出江西臨江軍, 土人謂脂厚爲披綿)”라고 했다. 宋 胡繼宗의 《書言故事・禽獸比喩》에 “황작을 피면이라고 한다(黃雀曰披綿)”라고 했다.

(9) 纖手(섬수): 서대수의 요리사를 가리킨다.

(10) 玉肌(옥기): 우미리 고기를 가리킨다.

## 0723. 四時詞四首

사시의 노래

### 其一

| | |
|---|---|
| 春雲陰陰雪欲落, | 봄 구름이 어둑어둑 금방 눈이 내릴 듯 |
| 東風和冷驚簾幙. | 동풍이 냉기 머금어 발과 장막 놀랜다. |
| 漸看遠水綠生漪, | 바야흐로 먼 강물엔 푸른 기운이 생겨나고 |
| 未放小桃紅入萼. | 덜 핀 복숭아엔 붉은 기운이 꽃받침으로 들어간다. |
| 佳人瘦盡雪膚肌, | 가인은 눈 같은 살결이 여윌 대로 여윈 채 |
| 眉斂春愁知爲誰. | 누구 때문에 근심하느라 눈썹을 찌푸릴까? |
| 深院無人剪刀響, | 사람 없는 깊은 뜰에 가위 소리 재깍재깍 |
| 應將白紵作春衣.(1) | 틀림없이 흰 모시로 봄옷을 지으렷다 |

### 其二

| | |
|---|---|
| 垂柳陰陰日初永, | 버드나무 어둑하고 해가 막 길어질 때 |
| 蔗漿酪粉金盤冷.(2)(3) | 사탕수수즙과 분유가 서늘한 금쟁반에 담겼다. |
| 簾額低垂紫燕忙,(4)(5) | 발 나직이 드리운 곳에 제비는 분주하고 |
| 蜜脾已滿黃蜂靜.(6) | 벌집이 이미 꽉 차 노랑벌은 잠잠하다. |
| 高樓睡起翠眉嚬, | 누각에서 자고 난 이는 푸른 눈썹을 찡그리는데 |

枕破斜紅未肯勻.[7][8] 베개에 사홍이 뭉개져서 얼룩덜룩해졌다.
玉腕半揎雲碧袖,[9] 백옥 같은 팔뚝에서 푸른 소매 반쯤 걷으니
樓前知有斷腸人. 누각 앞에 마음 설레며 애태우는 이 있으렷다.

其三

新愁舊恨眉生綠,[10] 새로운 근심 묵은 한으로 파랗게 변한 눈썹
粉汗餘香在蘄竹.[11] 분 섞인 땀의 남은 향이 기죽 돗자리에 배어 있다.
象牀素手熨寒衣, 상아 걸상에서 하얀 손이 겨울옷을 다리고
爍爍風燈動華屋.[12] 반짝반짝 호화로운 집에서 바람에 등이 흔들린다.
夜香燒罷掩重扃, 밤에 향이 다 탄 뒤 겹빗장을 거는데
香霧空濛月滿庭.[13] 향긋한 안개 자욱하고 달이 뜨락에 가득하다.
抱琴轉軸無人見,[14] 보는 사람 없이 거문고 안고 줄감개를 돌려 대더니
門外空聞裂帛聲.[15] 대문 밖에 공연히 비단 찢는 소리가 들린다.

其四

霜葉蕭蕭鳴屋角,[16] 집 모퉁이에서 우수수 서리 맞은 나뭇잎이 울더니
黃昏斗覺羅衾薄.[17] 황혼 되자 갑자기 비단 이불이 얇게 느껴진다.
夜風搖動鎭帷犀,[18] 밤바람이 휘장에 단 무소뿔을 흔들어
酒醒夢回聞雪落. 술도 깨고 꿈도 깨니 눈 내리는 소리 들린다.
起來呵手畫雙鴉,[19][20] 일어나 손을 호호 불며 아황을 한 쌍 그리고
醉臉輕勻襯眼霞.[21][22][23] 취한 뺨에 고루 화장해 눈가의 노을을 강조한다.
眞態生香誰畫得,[24] 꾸밈없는 자태에서 나는 향이야 누가 그릴 수 있으리?
玉如纖手嗅梅花. 옥 같은 고운 손에서 매화 향이 나는데.

**[해설]**

각각 봄·여름·가을·겨울의 정취를 노래한 시이다. 창작 시기를 가늠할 단서도 없고 네 수가 일시에 지어졌다고 단정할 근거도 없다. 더구나 소식의 시풍과 많이 달라서 과

연 소식의 시가 맞을까 하는 의구심마저 든다.

**[주석]**

(1) 將(장): ~으로.
(2) 蔗漿(자장): 사탕수수즙.
(3) 酪粉(낙분): 우유를 달여서 만든 가루. 분유.
(4) 簾額(염액): 발의 상단. 발을 가리킨다.
(5) 紫燕(자연): 중국의 강남지방에 많이 서식하는 제비로 '越燕'이라고도 한다. 문틀 위에 둥지를 틀며 소리를 많이 내는데 턱 아래에 자줏빛 깃털이 있다.
(6) 蜜脾(밀비): 꿀을 빚는 방. 모양이 지라와 비슷하게 생겼다.
(7) 斜紅(사홍): 여인들이 얼굴에 붉게 그리는 화장. 삼국시대의 위나라 문제가 薛夜來라는 새 궁녀를 들였는데 그 궁녀가 문제의 방에 있는 수정 병풍에 받혀 얼굴에 불그스름한 상처가 두 줄 났는데도 문제가 변함없이 총애하자 다른 궁녀들이 연지로 얼굴에 상처자국을 그리기 시작함으로써 마침내 사홍이라는 하나의 화장법이 생겼다.(張泌, 《妝樓記》 참조)
(8) 未肯勻(미긍균): 일그러져서 반듯한 상태를 유지하지 못한다는 말이다.
(9) 雲碧袖(운벽수): 청록색의 소매.
(10) 眉生綠(미생록): 눈물로 인해 눈썹 화장이 지워져서 푸르죽죽하게 번지는 것을 말한다.
(11) 蘄竹(기죽): 黃州 동남쪽의 蘄春(지금의 호북성 기춘)에서 나는 대나무. 그 대나무로 만든 자리를 가리킨다.
(12) 爍爍(삭삭): 빛나는 모양.
(13) 空濛(공몽): 안개나 비가 자욱한 모양.
(14) 軸(축): 현악기 현의 장력을 조절하는 장치. 줄감개.
(15) 裂帛聲(열백성): 비단 찢는 소리. 날카로운 거문고 소리를 가리킨다.
(16) 霜葉(상엽): 서리를 맞아 단풍이 든 나뭇잎.
(17) 斗(두): 갑자기. '陡'와 같다.
(18) 鎭帷犀(진유서): 휘장이 흩날리지 않도록 휘장 모서리에 다는 무소뿔.
(19) 呵手(가수): 언 손을 녹이기 위하여 입김을 불다.
(20) 雙鴉(쌍아): 두 개의 鴉黃. 옛날에 여자들이 이마에 바른 노란 분을 아황이라고 했다.
(21) 輕勻(경균): 얇고 고르게 화장하는 것을 가리킨다.
(22) 襯(친): 다른 사물의 밑에서 받쳐 줌으로써 그것을 부각시키다.
(23) 眼霞(안하): 눈가에 있는 노을처럼 불그스름한 기운을 가리키는 것으로 보인다.
(24) 得(득): 동사 뒤에 붙어서 가능을 표시하는 조사이다.

## 0724. 姪安節[1]遠來夜坐三首

조카 안절이 멀리서 왔기에 밤에 함께 앉아서

### 其一

| | |
|---|---|
| 南來不覺歲崢嶸,[2] | 남으로 와서 후딱후딱 세월 가는 줄 모르고 |
| 坐撥寒灰聽雨聲.[3] | 가만히 앉아 식은 재 뒤적이며 빗소리나 듣는단다. |
| 遮眼文書原不讀,[4] | 남의 눈이나 속이는 글은 워낙 읽지 않는데 |
| 伴人燈火亦多情. | 함께 있는 등불도 다정스럽다. |
| 嗟予潦倒無歸日,[5] | 아아 나는 실의한 채 돌아갈 기약 없고 |
| 今汝蹉跎已半生.[6] | 지금 너는 실족한 채 반평생이 지났도다. |
| 免使韓公悲世事,[7] | 한공에게 세상일을 비탄케 하지 않으려고 |
| 白頭還對短燈檠.[8] | 머리가 허연 지금도 낮은 등을 대하고 있단다. |

### 其二

| | |
|---|---|
| 心衰面改瘦崢嶸,[9] | 마음은 쇠하고 얼굴은 변해 앙상하게 말랐지만 |
| 相見惟應識舊聲.[10] | 서로 만나니 목소리만은 알아들을 수 있으렷다. |
| 永夜思家在何處,[11] | 긴긴 밤에 우리 집이 어디쯤일까 생각했나니 |
| 殘年知汝遠來情.[12][13] | 세모에 멀리서 온 네 심정을 알겠도다. |
| 畏人默坐成癡鈍,[14] | 사람이 두려워서 말없이 앉아 |

| | |
|---|---|
| | 어리석고 아둔한 바보가 돼 지냈는데 |
| 問舊驚呼半死生.[15] | 그 옛날의 고향 친구 소식을 물어보곤 |
| | 반이나 죽었단 말에 놀라 소리 지른다. |
| 夢斷酒醒山雨絶, | 꿈도 깨고 술도 깨니 산속의 비도 끊겼는데 |
| 笑看飢鼠上燈檠. | 굶주린 쥐가 등잔걸이에 오르는 걸 보며 웃는다. |

## 其三

| | |
|---|---|
| 落第汝爲中酒味,[16] | 낙제한 너는 술에 취한 심정이 되고 |
| 吟詩我作忍飢聲. | 시 짓는 나는 허기 참는 소리를 낸다. |
| 便思絶粒眞無策,[17][18] | 곡기를 끊으려 해도 정말 대책이 없고 |
| 苦說歸田似不情.[19] | 극구 귀농하자는 것도 인정이 아닌 것 같나니 |
| 腰下牛閑方解佩,[20][21] | 허리춤의 소가 한가해져야 패물을 떼어 내고 |
| 洲中奴長足爲生.[22][23] | 모래섬의 종이 자라야 생계를 꾸리기에 족하단다. |
| 大弨一弛何緣彀,[24] | 큰 활이 한 번 느슨해지면 어떻게 다시 당기리? |
| 已覺翻翻不受檠.[25][26] | 그런데 이미 흔들흔들 도지개를 안 받아 들인단다. |

### [해설]

과거에 낙제한 뒤 멀리 황주까지 당숙인 자신을 찾아온 조카와 이야기를 나누면서 그를 위로한 것이다. 자신의 처량한 신세를 가감 없이 보여 줌으로써 넌지시 과거급제만이 능사가 아니라고 말해 주고 있다.

### [주석]

(1) 安節(안절): 소식의 사촌형 蘇不疑의 아들. 王文誥의 《蘇軾詩集》에 "안절은 바로 공의 사촌형 불의의 아들이다.……중도공에게는 아들이 셋 있는데 차남 불의는 술을 잘 마셨다(安節, 乃公堂兄不疑之子也.……中都公有三子, 次名不疑, 能飮酒)"라고 했다. 중도공은 바로 소식의 백부 蘇渙이다.

(2) 崢嶸(쟁영): 세월이 가는 모양. 이 구절은 開封을 등지고 黃州로 와서 세월 가는 줄 모르고 지낸다는 말이다.

(3) 撥寒灰(발한회): 부젓가락으로 식어 가는 화로의 재를 뒤적이는 것을 가리킨다.

(4) 遮眼文書(차안문서): 남의 눈을 속이는 글과 책. 글이나 책은 읽어도 소용이 없다는 냉소적인 표현이다. 辛棄疾의 사 〈西江月〉(醉裏且貪歡笑)에 "근래에 비로소 옛사람의 책이란, 믿어 봐야 좋은 점이 전무함을 깨달았네(近來始覺古人書, 信着全無是處)"라는 구절이 있다.

(5) 潦倒(요도): 실의에 젖다.

(6) 蹉跎(차타): 실족하다. 과거에 급제하지 못한 것을 가리킨다.

(7) 韓公(한공): 당나라 시인 韓愈로써 소식 자신을 가리킨 것이다. 그는 〈短燈檠歌〉라는 시에서 낮고 작은 등불로 공부한 빈한한 선비가 과거에 급제하여 부귀해지면 낮은 등잔걸이를 버리고 긴 등잔걸이를 쓰는데 세상사가 다 그렇다며 슬퍼했다.

(8) 燈檠(등경): 등잔걸이. 이 연은 모처럼 찾아온 조카를 후하게 대접하지 못하고 희미한 등불 밑에서 이야기나 나눌 수밖에 없는 자신의 처지를 한유의 시를 빌려 해학적으로 해명한 것이다.

(9) 崢嶸(쟁영): 심하게 여윈 모양.

(10) 舊聲(구성): 옛날 목소리. 宦官의 모함을 받아 망명 생활을 하게 된 후한 사람 夏馥은 성명을 바꾸고 수염을 잘라 자신의 모습을 감춘 채 대장간에서 일했는데, 그의 동생 夏靜이 얼굴에 그을음이 시커멓게 앉은 형을 눈앞에 두고도 알아보지 못하다가 그의 목소리를 듣고 나서야 알아보았다.(《後漢書·黨錮傳》 참조)

(11) 永夜(영야): 겨울밤을 가리킨다. 이 구절은 자신이 평소에 고향이 어느 방향으로 얼마나 떨어져 있을까를 생각하며 다시는 그곳으로 돌아가지 못할 것 같은 절망감에 빠져 있었다는 말이다.

(12) 殘年(잔년): 歲暮. 만년. 조카가 찾아온 시기가 세모임과 자신의 나이가 많음을 동시에 가리킨다.

(13) 遠來情(원래정): 멀리서 찾아온 심정. 한유의 시 〈左遷至藍關示侄孫湘〉에 "네가 멀리서 찾아온 건 뜻한 바 있는 줄 아나니, 장기 어린 강가에서 내 뼈를 잘 거두어 다오(知汝遠來應有意, 好收吾骨瘴江邊)"라는 구절이 있다.

(14) 癡鈍(치둔): 어리석고 둔하다.

(15) 半死生(반사생): 친구 가운데 살아 있는 사람과 죽은 사람이 반반이라는 말이다.

(16) 中酒味(중주미): 술에 취한 氣味. 당나라 시인 李廓의 시 〈落第〉에 "기분은 마치 술에 취한 것 같고, 심정은 꼭 이별한 것만 같구나(氣味如中酒, 情懷似別人)"라는 구절이 있다.

(17) 便(변): 설사 ~한다고 할지라도.

(18) 絶粒(절립): 곡기를 끊다. 곡식 대신 솔잎·대추·밤 등을 먹고 사는 도가적 양생술을 실행한다는 말이다.

(19) 不情(부정): 정리에 부합하지 않다.

(20) 腰下牛閑(요하우한): 사회가 태평스러워서 검을 차고 다니는 사람이 없다는 말이다. 한나라 사람 龔遂가 渤海太守로 부임하자 백성들 가운데 칼을 차고 다니는 사람이 있어서 "무엇 때문에 소와 송아지를 허리에 차고 다니는가?"라며 그들을 설득하여 큰 칼은 팔아서 소를 사고 작은 칼은 팔아서 송아지를 사서 성실하게 농사짓게 했다.(《漢書·循吏傳》 참조) 이 구절은 은거하고 싶어도 그럴 수 있는 사회적 여건이 갖추어져 있지 않다는 말이다.

(21) 解佩(해패): 관복에 단 패물을 떼어 낸다는 뜻으로 관직에서 물러나는 것을 가리킨다.

(22) 洲中奴(주중노): 감귤을 가리킨다. 〈東坡八首〉(0713) 주 (53) 및 (54) 참조.

(23) 爲生(위생): 생계를 꾸리다. 이 구절은 은거할 수 있는 개인적 여건이 갖추어져 있지 않다는 말이다.

(24) 何緣(하연): 무슨 수로. 어떻게.

(25) 翻翻(번번): 흔들흔들하는 모양.

(26) 檠(경): 도지개. 틈이 나거나 뒤틀린 활을 바로잡는 틀.

## 0725. 雪後到乾明寺[1]遂宿

눈이 내린 뒤 건명사에 갔다가 마침내 거기서 묵으며

| | |
|---|---|
| 門外山光馬亦驚,[2] | 문밖의 산빛으로 말도 깜짝 놀라매 |
| 階前屐齒我先行.[3] | 섬돌 앞에 발자국 남기며 남 먼저 걸어가니 |
| 風花誤入長春苑,[4][5] | 바람에 날리는 꽃송이가 장춘원에 잘못 들고 |
| 雲月長臨不夜城.[6] | 구름과 달이 오래도록 불야성을 굽어봤네. |
| 未許牛羊傷至潔,[7] | 소와 양이 지극한 결백을 손상시키기 전에 |
| 且看鴉鵲弄新晴. | 까막까치가 날 맑다고 좋아라 짖는 것 잠시 본 뒤 |
| 更須攜被留僧榻,[8] | 다시금 이불 들고 선탑에 남아 있다 |
| 待聽摧簷瀉竹聲. | 처마에서 떨어지고 대나무에서 쏟아지는 그 소리를 들으려네. |

**[해설]**

눈에 덮인 아름다운 풍경을 구경하러 건명사에 갔다가 그 일대의 설경에 도취된 나머지 이튿날 눈이 살짝 녹을 때의 정경도 보기 위해 하룻밤 묵게 된 경위와 그 감회를 노래한 시이다.

**[주석]**

(1) 乾明寺(건명사): 黃州 동쪽에 있던 절.(魏嵩山 主編, 《中國歷史地名大辭典》, 廣東教育出版社, 1995년 제1판, 991쪽 참조) 王文誥의 《蘇軾詩集》에 "송나라 때에는 모든 주군에 다 건명사가

있었으니 옛날 절을 이렇게 개칭하고 승려들이 나라를 위하여 축원했다(宋時, 凡州軍皆有乾明寺, 以舊院寺改名, 浮屠祝國也)"라고 했다.

(2) 馬亦驚(마역경): 韋莊의 시 〈和同年韋學士華下途中見寄〉에 "문밖의 산이 살아 있는 것 같아 말이 놀라고, 술잔 앞의 길손이 곤드레 취해 꽃이 웃는다(馬驚門外山如活, 花笑尊前客似泥)"라는 구절이 있다.

(3) 屐齒(극치): 나막신의 굽. 그것이 눈 위에 찍은 자국을 가리킨다.

(4) 風花(풍화): 바람에 날리는 눈을 가리킨다.

(5) 長春苑(장춘원): 王十朋의 《百家註分類東坡先生詩》에 "오왕에게 장춘원이 있었다(吳王有長春苑)"라고 했는데, 여기서는 겨울에도 꽃이 피는 '늘 봄인 동산'이라는 뜻에서 그 명칭만 빌려 쓴 해학적 표현인 것으로 보인다.

(6) 不夜城(불야성): 등불이 밝아서 밤인데도 불구하고 대낮처럼 훤한 도시. 여기서는 도처에 등불이 훤하게 켜져 있는 건명사 경내를 가리킨다.

(7) 至潔(지결): 눈이 내린 뒤 아무도 밟은 적이 없는 깨끗한 상태를 가리킨다.

(8) 僧榻(승탑): 승려가 좌선하는 걸상. 禪榻.

## 0726. 冬至日贈安節[(1)]

동짓날 안절에게

| | |
|---|---|
| 我生幾冬至, | 나 태어난 뒤 동지가 몇 번이나 지났나? |
| 少小如昨日. | 어렸던 그 시절이 어제만 같네. |
| 當時事父兄, | 당시에는 어른들을 잘 섬기려고 |
| 上壽拜脫膝.[(2)(3)] | 장수 빌며 절 하느라 무릎뼈가 다 빠졌네. |
| 十年閱彫謝,[(4)] | 십 년 사이 시드는 모습 많이도 보았나니 |
| 白髮催衰疾. | 백발이 노쇠와 병을 재촉했기 때문이네. |
| 瞻前惟兄三,[(5)] | 이제는 앞을 보면 형만 세 분 남아 있고 |
| 顧後子由一.[(6)] | 뒤를 돌아다보면 자유 하나뿐이네. |
| 近者隔濤江,[(7)] | 가까운 사람은 파도치는 장강 너머에 있고 |
| 遠者天一壁.[(8)] | 먼 사람은 하늘 한쪽 구석에 계시는데 |
| 今朝復何幸, | 오늘 아침엔 또 무슨 행운이 있어 |
| 見此萬里姪. | 만 리 밖의 이 조카를 만나게 됐나? |
| 憶汝總角時,[(9)] | 머리 묶은 네 어릴 적 기억나나니 |
| 啼笑爲梨栗.[(10)] | 배와 밤을 찾아서 울고 웃고 했었는데 |
| 今來能慷慨,[(11)] | 이제는 비분강개할 줄도 알고 |
| 志氣堅鐵石. | 의지와 기개도 철석같이 단단하네. |
| 諸孫行復爾,[(12)(13)] | 손자들도 이제 곧 또 이처럼 될 것이니 |

| | |
|---|---|
| 世事何時畢. | 세상사야 그 언제 끝이 나겠나? |
| 詩成却超然, | 시를 다 쓰고 나니 오히려 초연해져 |
| 老淚不成滴.(14) | 늙은이의 눈물이 방울을 못 이루네. |

**[해설]**

황주에 유배 중이던 원풍 4년(1081) 11월 조카 소안절과 함께 동지를 쇠면서 자기 집안에 있었던 그동안의 일들을 회상한 것이다.

**[주석]**

(1) 安節(안절): 소식의 사촌형 蘇不疑의 아들. 〈姪安節遠來夜坐三首〉(0724) 주 (1) 참조.
(2) 上壽(상수): 장수를 빌다.
(3) 脫膝(탈슬): 무릎뼈가 脫臼하다.
(4) 彫謝(조사): 시들다. 집안 어른들이 늙어 죽은 일을 가리킨다.
(5) 兄三(형삼): 사촌형 세 명, 즉 백부 蘇渙의 아들 不欺·不疑·不危를 가리킨다.(蘇轍, 〈伯父墓表〉 참조)
(6) 子由(자유): 소식의 동생 蘇轍의 字.
(7) 濤江(도강): 파도치는 강. 이 구절은 동생 소철이 바로 長江 건너편의 筠州(지금의 강서성 高安)에 있다는 말이다.
(8) 一壁(일벽): 한쪽. '一邊'과 같다. 이 구절은 사촌형들이 멀리 떨어져 있다는 말이다.
(9) 總角(총각): 옛날에 어린아이들이 양쪽 머리카락을 뿔처럼 묶은 데서 비롯되어 어린 시절을 가리킨다.
(10) 梨栗(이율): 陶淵明의 시 〈責子〉에 "통이는 아홉 살이 다 돼 가는데, 오로지 배와 밤만 찾고 있구나(通子垂九齡, 但覓梨與栗)"라는 구절이 있다.
(11) 今來(금래): 지금. '來'는 시간을 나타내는 접미사이다.
(12) 行(행): 이제 곧.
(13) 爾(이): 이와 같다. 이 연은 세상이 이처럼 끝없이 순환한다는 초연한 생각을 표명한 것이다.
(14) 不成滴(불성적): 눈물이 별로 안 나온다는 말이다.

## 0727. 伯父[1]送先人[2]下第歸蜀詩云: "人稀野店休安枕, 路入靈關[3]穩跨驢[4]." 安節[5]將去, 爲誦此句, 因以爲韻, 作小詩十四首送之

백부가 과거에 낙제하고 촉지방으로 돌아가는 선친을 전송하여 지은 시에 "인적 드문 주막에선 편안하게 자지 말고, 길이 영관으로 접어들면 나귀 고삐를 꽉 잡게나"라고 했는데, 안절이 떠나려고 할 때 그에게 이 구절을 낭송해 주고 이 일로 인해 이것을 운자로 삼아 짧은 시 열네 수를 지어서 전송한다

### 其一

| | |
|---|---|
| 索漠齊安郡,[6] | 이곳 제안 고을은 삭막하기 짝이 없어 |
| 從來著放臣.[7] | 지금까지 쫓겨난 신하들이 살았거늘 |
| 如何風雪裏, | 어찌하여 몰아치는 눈바람 속에 |
| 更送獨歸人.[8] | 혼자서 돌아가는 사람마저 보내나? |

### 其二

| | |
|---|---|
| 瘦骨寒將斷, | 여윈 뼈는 시려서 부러질 것만 같고 |
| 衰髯摘更稀. | 센 수염은 자꾸 뽑아 더 적어졌네. |
| 未甘爲死別,[9] | 네가 아직 사별을 감수할 수 없을 텐데 |
| 獨恐得生歸.[10] | 내가 살아 돌아갈 수 있을지 걱정이네. |

### 其三

| | |
|---|---|
| 日上氣暾江,[11] | 해가 솟아 대기가 따스해진 강 |
| 雪晴光眩野. | 눈이 개어 밝은 빛이 눈부신 들판 |

| | |
|---|---|
| 記取到家時, | 기억해라 네가 집에 도착할 때면 |
| 鋤耰吾正把.[12] | 내가 한창 호미와 곰방메 잡고 있다는 걸. |

其四

| | |
|---|---|
| 月明穿破裘, | 달빛은 다 해어진 갖옷으로 파고들고 |
| 霜氣澀孤劍.[13][14] | 서릿기운은 외로운 검을 녹슬게 하겠구나. |
| 歸來閉戶坐, | 집으로 돌아가서 문 닫고 앉아 |
| 默數來時店. | 말없이 올 때 묵은 주막을 세겠구나. |

其五

| | |
|---|---|
| 諸兄無可寄, | 형님들께 보낼 것이 아무것도 없으니 |
| 一語會須酬.[15] | 말 한 마디로 보답할 수밖에 없겠네. |
| 晩歲俱黃髮,[16] | 만년에 다 같이 노랑머리로 |
| 相看萬事休. | 마주 보면 만사가 그만이겠네. |

其六

| | |
|---|---|
| 故人如念我, | 친구들이 만약에 나를 생각하거든 |
| 爲說瘦欒欒.[17] | 그들에게 앙상하게 말랐다고 말해 주게. |
| 尙有身爲患,[18] | 아프게 할 육신은 아직 있지만 |
| 已無心可安. | 편하게 할 마음은 이미 없다 말해 주게. |

其七

| | |
|---|---|
| 吾兄喜酒人,[19] | 우리 형도 술 마시길 좋아하는 분이고 |
| 今汝亦能飮. | 이제 너도 술을 좀 마실 줄 아니 |
| 一杯歸誦此, | 돌아가서 한잔하며 이걸 낭송해 드리게. |
| 萬事邯鄲枕.[20] | 세상만사 모두가 한단의 꿈이라네. |

其八

東阡在何許,[21] 동쪽의 두렁길이 어디에 있나?
寒食江頭路.[22] 한식 맞은 강가의 길에 있으리.
哀哉魏城君,[23] 슬프도다 위성군은
宿草荒新墓.[24][25] 묵은 풀이 새 무덤을 황량하게 덮었으리.

其九

臨分亦泫然,[26] 이별을 앞두고 또 눈물이 나지만
不爲窮途泣.[27] 막다른 길에 다다랐다고 우는 것은 아니라네.
東阡時一到, 동쪽 두렁에 이따금 한 번씩 가서
莫遣牛羊入. 소와 양이 들어가지 못하게 하게.

其十

我夢隨汝去, 꿈속에 너를 따라 고향으로 갔더니
東阡松柏青. 동쪽 두렁에 소나무와 잣나무가 푸르렀네.
却入西州門,[28] 그런데 나는 오히려 서주문으로 들어왔으니
永愧北山靈.[29] 길이길이 북산의 신령님께 부끄럽네.

其十一

乞墦何足羡,[30] 무덤에서 얻어먹는 거야 부러울 게 무엇이리?
負米可忘艱.[31] 멀리서 쌀을 지고 오면 어려움을 잊을 수 있으리.
莫爲無車馬, 좋은 수레 멋진 말이 없다고 해서
含羞入劍關.[32] 부끄러워하며 검문관으로 들어갈 것 없으리.

其十二

我坐名過實, 나는 명성이 실상을 능가했기 때문에

譊譁自招損. 떠들썩하여 스스로 손해를 초래했지만
汝幸無人知, 너는 다행히 아는 사람이 별로 없으니
莫厭家山穩. 고향에서 평온하게 지내는 걸 싫어 말게.

其十三

竹笥與練裙,(33) 대나무 상자와 누인 명주 치마로
隨時畢婚嫁. 때맞추어 시집 장가 다 보낸 뒤에
無事若相思, 할 일이 없어서 내가 보고 싶으면
征鞍還一跨.(34) 그때나 다시 한 번 먼 길 가는 말을 타게.

其十四

萬里却來日,(35) 만 리 밖의 나에게 다시 오는 날
一菴仍獨居.(36) 여전히 오두막에서 혼자 살고 있겠지.
應笑謀生拙, 먹고 사는 방법이 너무 서툴러
團團如磨驢.(37)(38) 맷돌 돌리는 나귀처럼 뱅뱅 돈다 웃을 테지.

**[해설]**

멀리서 찾아온 조카 소안절이 고향으로 돌아가려 할 때 옛날에 백부 소환이 과거에 낙제하여 돌아가는 자기 부친 소순을 전송하면서 지은 시 가운데 한 연을 떠올리고는 그 연에 사용된 열네 글자를 운자로 삼아서 지은 송별시이다.

**[주석]**

(1) 伯父(백부): 蘇洵의 형 蘇渙으로 蘇安節의 조부이다.
(2) 先人(선인): 선친. 소순을 가리킨다.
(3) 靈關(영관): 사천성 寶興 남쪽에 있는 산. 孔德紹의 시 〈送蔡君知入蜀〉에 "영관은 구절양장 몹시 험하오(靈關九折險)"라는 구절이 있다.
(4) 穩跨驢(온과려): 나귀를 단단히 타다.
(5) 安節(안절): 소식의 사촌형 蘇不疑의 아들. 〈姪安節遠來夜坐三首〉(0724) 주 (1) 참조.

(6) 齊安(제안): 黃州의 다른 이름.

(7) 著放臣(착방신): 쫓겨난 신하가 살다. 王十朋의 《百家註分類東坡先生詩》에 "쫓겨난 신하가 살았다는 것은 당나라 때의 두목지와 송나라 때의 왕원지 같은 사람이 산 것을 말한다(著放臣則在唐如杜牧之, 在本朝如王元之也)"라고 했다.

(8) 獨歸人(독귀인): 소안절을 가리킨다. 王文誥의 《蘇軾詩集》에 "안절도 과거에 낙제하여 촉지방으로 돌아갔다(安節亦以下第歸蜀)"라고 했다.

(9) 死別(사별): 자기가 황주에서 죽는 것을 가리킨다.

(10) 得(득): ~할 수 있다.

(11) 江(강): 황주 앞의 長江을 가리킨다. 왕문고의 《소식시집》에 "이 두 구절은 임고정 위에서 볼 수 있는 풍경이며 시내에서는 보이지 않는 것이다(二句是臨皐亭上景狀, 城市中所不見也)"라고 했다.

(12) 鉏耰(서우): 호미와 곰방메. 둘 다 농기구의 일종이다.

(13) 澀(삽): 녹슬다. 元稹의 시 〈三嘆〉에 "외로운 검은 칼날에 녹이 슬어도, 여전히 신비로운 광채가 난다(孤劍鋒刃澀, 猶能神彩生)"라는 구절이 있다.

(14) 孤劍(고검): 원진의 표현을 빌려서 소안절의 검을 가리킨다.

(15) 會須(회수): ~해야 하다.

(16) 黃髮(황발): 흰색에서 다시 노란색으로 변한 장수 노인의 머리카락.

(17) 欒欒(난란): 수척한 모양.

(18) 有身爲患(유신위환): 병을 일으키는 몸이 있다. 《老子·恥第十三》에 "나에게 큰 아픔이 있는 까닭은 나에게 몸이 있기 때문이다. 나에게 몸이 없게 된다면 나에게 무슨 아픔이 있으리?(吾所以有大患者, 爲吾有身. 及吾無身, 吾有何患?)"라는 말이 있다.

(19) 吾兄(오형): 소식의 사촌형이요 소안절의 부친인 소불의를 가리킨다. 〈姪安節遠來夜坐三首〉(0724) 주 (1) 참조.

(20) 邯鄲枕(한단침): 盧生이 한단에 있는 한 여관에서 도사 呂翁을 만났더니 여옹이 그에게 베개를 하나 주면서 베어 보라고 했다. 노생이 시키는 대로 했더니 잠이 들어 꿈에 온갖 부귀영화를 다 누렸다. 그러다가 깨어 보니 여관 주인이 짓고 있던 기장밥이 아직 익지도 않았다.(沈旣濟, 〈枕中記〉 참조) 이 연은 고향으로 돌아가 아버지와 함께 술을 한잔 마시면서 옛날에 조부 소환이 종조부 소순에게 읊어 준 시구를 들려 주고, 또 소순처럼 과거에 낙제한 소안절 자신에게 소식이 다시 이 시구를 읊어 준 일을 이야기하면서 인생이 일장춘몽임을 상기시키고 과거에 낙제한 일로 너무 낙심하지 않게 해 드리라는 말이다.

(21) 東阡(동천): 동쪽에 있는 두렁길. 先塋으로 통하는 두렁길 또는 그 끝에 있는 선영을 가리킨다. 韓愈의 〈孔戣墓志〉에 "친척 가운데 벼슬을 하지 않은 사람이나 벼슬에 싫증이 나서 돌아온 사람은 동쪽 두렁길 아니면 북쪽 두렁길에서 지팡이 짚고 왔다 갔다 할 만했다(親戚之不仕與倦而歸者, 不在東阡卽北陌, 可杖屨來往也)"라는 말이 있다.

(22) 寒食(한식): 동지로부터 105일째 되는 날로 양력 4월 5일이나 6일쯤에 드는데, 이날 조상의 산소를 찾아 제사를 지내고 莎草하는 풍속이 있다. 두보의 시 〈寒食〉에 "한식을 맞이한 강마을 길에, 오르락내리락 꽃잎이 바람에 난다(寒食江村路, 風花高下飛)"라는 구절이 있다.

(23) 魏城君(위성군): 소식의 첫 번째 부인 王弗을 가리킨다. 왕십붕의 《백가주분류동파선생시》에 "위성군은 공의 부인 왕씨이다(魏城君, 公之配王氏也)"라고 했고, 《古今姓氏書正辨》에 "경조 왕씨는 필공고의 후손으로 위군에 봉해졌다(京兆王氏, 畢公高之後, 封魏)"라고 했다.

(24) 宿草(숙초): 해묵은 풀. 작년에 난 무덤 위의 풀을 가리킨다.

(25) 新墓(신묘): 왕불은 치평 2년(1065) 5월 28일에 죽어 고향의 선산에 묻혔다.

(26) 泫然(현연): 눈물이 흐르는 모양.

(27) 窮途泣(궁도읍): 晉나라 사람으로 竹林七賢의 한 사람이었던 阮籍은 정쟁이 극심한 당시의 시대 상황에서 화를 당하지 않기 위해 미치광이 노릇을 하곤 했는데, 그는 길을 가다가 막다른 골목에 다다르면 통곡하면서 돌아갔다고 한다.(《진서·완적전》 참조) 이 구절은 "군자는 곤궁에 처해도 의연하다(君子固窮)"(《論語·衛靈公》)는 의미를 담고 있는 것으로 보인다.

(28) 西州門(서주문): 東晉의 도성인 建康(지금의 강소성 南京)에 있던 城門. 謝安은 벼슬에 나아간 뒤에도 東山에서 은거하려는 마음이 변하지 않아 그것이 늘 말투와 안색에 드러났다. 新城 지방을 다스리게 되었을 때 그는 온 가족을 데리고 바다에 배를 띄울 만반의 준비를 한 뒤 정사가 어느 정도 안정되면 즉시 동산으로 돌아가려고 했다. 그러나 평소의 소원을 이루지 못한 채 마침내 중병에 걸리고 말았다. 이에 황제가 그를 다시 조정으로 불러들였다. 그가 탄 수레가 서주문으로 들어가고 있다는 말을 듣고 그는 평소의 소원을 이루지 못한 것을 크게 개탄했다.(《진서·사안전》 참조)

(29) 北山(북산): 강소성 남경의 동북쪽에 위치한 鍾山(지금의 紫金山)을 가리킨다. 제나라 孔稚珪는 〈北山移文〉을 지어서 북산에 은거하다가 관직이 내려지자 얼른 그곳을 떠나 버린 제나라 사람 周顒을 질책했다. 이 연은 결연히 관직을 버리고 전원으로 돌아가지 못하는 것을 자책한 것이다.

(30) 乞墦(걸번): 무덤에 가서 제사 지낸 음식을 얻어먹는다는 뜻이다. 어떤 제나라 사람이 날마다 밖에 나갔다가 배불리 먹고 돌아와서는 부귀한 사람에게서 대접을 받았다고 했다. 하루는 아내가 뒤를 밟아 보았더니 그는 무덤으로 가서 제사 지내고 남은 음식을 얻어먹고 있었다. 그 사람은 그 사실을 모르고 돌아와서는 또 아내와 첩에게 허풍을 떨었다.(《孟子·離婁下》 참조)

(31) 負米(부미): 부모를 극진히 모신다는 말이다. 孔子의 제자 子路는 양친을 모시고 있을 때 항상 명아주 열매와 콩을 먹으면서도 양친을 위해 백 리 밖에서 쌀을 지고 왔다. 나중에 진수성찬을 늘어놓고 먹을 정도로 잘 살게 되었는데, 이때는 양친이 이미 돌아가신 뒤라 명아주 열매와 콩을 먹으며 양친을 위해 쌀을 지고 오던 때가 그리웠지만 다시는 그렇게 할 수가 없었다.(《孔子家語·致思第八》 참조) 이 연은 관직에 나아가 남의 눈치를 보며 사는 것보다 가난하더라도 고향에서 부모를 모시고 사는 것이 더 낫다는 말이다.

(32) 劍關(검관): 검문관. 섬서지방과 사천지방 사이에 있는 험악한 관문. 한나라 사람 司馬相如는 고

향 成都를 떠나 검문관을 나갈 때 촉지방에 있는 昇仙橋에다 "대장부가 네 마리 말이 끄는 붉은 색 수레를 타지 않고는 너 밑으로 지나가는 일이 없을 것이다"라고 했다. 나중에 마침내 사명을 받들고 촉지방으로 들어갔다.(《華陽國志》 참조)

(33) 竹笥(죽사): 대나무로 만든 네모난 상자. 이 구절은 혼수가 변변치 않다는 말이다.

(34) 征鞍(정안): 멀리 가는 말의 안장. 소식을 찾아가기 위해서 타는 말을 가리킨다.

(35) 却來(각래): 다시 오다. 돌아오다. 소안절이 다시 소식에게 오는 것을 가리킨다.

(36) 菴(암): 초가집.

(37) 團團(단단): 뱅뱅 도는 모양.

(38) 磨驢(마려): 맷돌을 돌리는 나귀. 이 구절은 다람쥐 쳇바퀴 돌 듯 매일 같은 생활을 반복한다는 말이다.

## 0728. 次韻陳四[1]雪中賞梅

눈 속에 매화를 감상한 진사의 시에 차운하여

臘酒詩催熟,[2] 납주는 시 짓기가 원숙하길 재촉하고
寒梅雪鬪新.[3] 찬 매화는 눈과 함께 산뜻하길 다투네.
杜陵休歎老,[4][5] 두릉노인은 늙게 한다 한탄하지 말지니
韋曲已先春.[6] 위곡에 이미 먼저 봄이 찾아왔다네.
獨秀驚凡目,[7][8] 혼자 곱게 피어서 뭇사람의 눈을 놀라게 하고
遺英臥逸民.[9][10] 떨어진 꽃잎 위에 은자가 누운 모습
高歌對三白,[11] 소리 높여 노래하며 세 번 내린 백설을 보니
遲暮慰安仁.[12][13] 저녁에 이 안인을 위로해 주네.

**[해설]**

황주에 있을 때 친구 진조가 눈 속에 핀 매화를 읊어서 보낸 시에 차운한 것이다.

**[주석]**

(1) 陳四(진사): 진씨 집안의 넷째 아들인 陳慥를 가리킨다. 施元之의 《施注蘇詩》에 "진사는 바로 진계상이다(陳四, 卽季常)"라고 했다.

(2) 臘酒(납주): 음력 12월, 즉 납월에 담근 술.

(3) 寒梅雪鬪新(한매설투신): 추운 날의 매화가 눈과 산뜻하기를 다투다. 송나라 盧梅坡의 시 〈雪梅〉 其一에 "매화와 눈이 지지 않고 봄빛을 다퉈, 시인이 붓을 놓고 시 구상에 골몰한다. 매화

는 눈보다 좀 덜 흴 수밖에 없고, 눈은 향이 없어서 매화를 못 이긴다(梅雪爭春未肯降, 騷人擱筆費評章. 梅須遜雪三分白, 雪却輸梅一段香)"라고 하고, 其二에 "매화만 있고 눈이 없으면 생기발랄하지 않고, 눈이 있어도 시가 없으면 사람을 속되게 한다. 저녁에 시가 완성되자 하늘에서 눈도 내려, 매화와 함께 온전한 봄을 이룬다(有梅無雪不精神, 有雪無詩俗了人. 日暮詩成天又雪, 與梅幷作十分春)"라고 했다.

(4) 杜陵(두릉): 섬서성 서안의 남쪽에 있는 마을. 두보의 선조가 살던 곳이기 때문에 두보는 자신을 杜陵野老·杜陵野客·杜陵布衣 등으로 불렀다. 여기서는 두보를 가리킨다.

(5) 歎老(탄로): 두보의 시 〈和裴迪登蜀州東亭送客逢早梅相憶見寄〉에 "강가의 한 그루가 조금씩 꽃을 피워, 조석으로 머리를 희게 하누나(江邊一樹垂垂發, 朝夕催人自白頭)"라는 구절이 있다. 이 구절은 매화를 보면 늙는다고 한탄할 것이 아니라 일찍 찾아온 봄빛을 즐기라는 말이다. 진조의 원시에 두보의 시구를 인용한 구절이 있었던 것으로 보이는바, 그렇다면 '두릉'은 진조를 가리킨다.

(6) 韋曲(위곡): 섬서성 서안의 남쪽에 있는 마을. 당나라 때의 명승지로 위씨가 대대로 이곳에 살았기 때문에 생긴 이름이다. 두보의 시 〈奉陪鄭駙馬韋曲〉에 "위곡에는 제멋대로 꽃이 피어서, 집집마다 사람을 몹시 번뇌하게 하네(韋曲花無賴, 家家惱殺人)"라는 구절이 있다.

(7) 獨秀(독수): 매화가 홀로 아름다운 자태를 뽐낸다는 말이다.

(8) 凡目(범목): 凡人의 눈. 俗眼. 뭇사람의 눈을 가리킨다.

(9) 遺英(유영): 낙화. 눈을 가리킨다.

(10) 逸民(일민): 은자라는 뜻으로 후한 사람 袁安을 가리킨다. 원안이 아직 벼슬에 나아가지 않았을 때 洛陽에 눈이 한 길이 넘도록 쌓여 굶어 죽는 사람이 생겼다. 낙양 현령이 아랫사람에게 시켜 눈 속에 길을 내고 그의 집으로 가 보라고 했더니 그는 침대 위에서 오들오들 떨고 있었다. 왜 친척 집에 가서 도움을 요청하지 않느냐고 물었더니 남들도 다 어려울 텐데 어떻게 남을 귀찮게 하겠느냐고 했다. 낙양 현령이 그의 인품을 높이 사 그를 孝廉으로 천거했다.(《후한서·원안전》 참조) 이 일화에서 유래한 '袁安困雪'이라는 성어는 고결한 선비가 곤궁에 처해 있으면서도 지조를 잃지 않는 것을 가리킨다. 王十朋의 《百家註分類東坡先生詩》에 "매화의 자태가 고고하기 때문에 그것을 은자에 비유했다(以梅之標格孤高, 譬逸民也)"라고 했다.

(11) 三白(삼백): 한 해에 백설이 세 번 내리는 것을 가리킨다. 금나라 元好問의 시 〈雪後招鄰舍王贊子襄飮〉에 "하남 땅에 겨울 들어 백설이 세 번 내려, 기름기 도는 땅이 벌집처럼 불룩하다(河南冬來已三白, 土膏墳起如蜂房)"라고 한 바와 같이, 겨울에 눈이 많이 내리면 이듬해에 보리 풍년이 든다.

(12) 遲暮(지모): 저녁. 만년.

(13) 安仁(안인): 진나라 사람 潘岳의 字. 반악처럼 벼슬길이 순탄하지 않았던 자신을 가리킨다. 반악의 〈閑居賦〉에 "약관의 나이로부터 천명을 알 나이에 이르도록 모두 관직을 여덟 번 옮겨 다녔는데, 한 차례 승진하고 두 번 면직당하고 한 번 제명당했으며 한 차례 관직을 배수받지 못하였

고 세 차례 관직을 옮겼다. 비록 통하고 막히는 것에 운명이 있다고 하나 이것 또한 내가 어리석은 사람이라는 증거이다(自弱冠涉乎知命之年, 八徙官, 一進階, 再免, 一除名, 一不拜職, 遷者三而已矣. 雖通塞有遇, 抑亦拙者之效也)"라고 했다. 이 연은 눈이 자주 내리는 모습을 보니 내년에는 풍년이 들 것 같아서 위안이 된다는 말이다.

## 0729. 記夢回文[1]二首幷敍

꿈속의 일을 적은 회문시와 그 서문

十二月二十五日, 大雪始晴. 夢人以雪水烹小團茶[2], 使美人歌以飮. 余夢中爲作回文詩, 覺而記其一句云: "亂點[3]餘花[4]唾碧衫[5]." 意用飛燕唾花故事也. 乃續之, 爲二絶句云.(12월 25일에 대설이 막 개었는데 꿈에 어떤 사람이 눈 녹인 물로 소단차를 끓여 미인에게 노래를 부르게 해 놓고 마시는 것을 보았다. 내가 꿈속에 이 일을 두고 회문시를 지었는데 깨어나서도 그 가운데 "마구 점 찍은 꽃잎은 푸른 적삼에 침 뱉은 것"이라는 한 구절이 기억나는바, 이것은 조비연이 꽃을 뱉은 고사의 의미를 원용한 것이다. 이에 이 구절을 보충하여 절구 두 수를 짓는다.)

### 其一

酡顔玉盌捧纖纖,[6] 섬섬옥수로 옥주발 든 홍안의 미인
亂點餘花唾碧衫. 마구 점 찍은 꽃잎은 푸른 적삼에 침 뱉은 것
歌咽水雲凝靜院,[7] 노랫소리 흐느끼자 지나가던 구름이
고요한 정원에 꼼짝 않고 멈추었는데
夢驚松雪落空巖. 소나무에 쌓인 눈이 인적 없는 바위에
떨어지는 소리에 놀라 꿈이 깨었네.

### 其二

空花落盡酒傾缸,[8] 하늘의 꽃 다 떨어진 뒤 항아리에서 술을 기울였나니
日上山融雪漲江. 해 뜨면 산에 눈이 녹아 강물이 불어날 지경이었네.
紅焙淺甌新火活,[9][10][11] 붉은 화덕의 얕은 사발에 새 불이 활활
龍團小碾鬪晴窗.[12][13][14] 작은 맷돌로 용단을 갈아 창가에서 투차했네.

**[해설]**

원풍 4년(1081) 12월 25일 대설이 막 갠 뒤 술을 마시고 잠이 들어 꿈속에 어떤 사람의

집에서 함께 차를 마시며 즐긴 일을 떠올리고는 그때 지은 시구를 토대로 지은 것이다.

**[주석]**

(1) 回文(회문): 회문시. 바로 읽어도 뜻이 통하고 거꾸로 읽어도 뜻이 통하는 시.

(2) 小團茶(소단차): 송나라 때 궁중에 진상하던 조그만 덩어리 모양의 고급차. 歐陽修의 《歸田錄》에 “차의 품종 중에서 용봉차보다 귀한 것이 없으니 이것을 단차라고 한다. 경력(1041-1048) 연간에 채군모가 복건로전운사가 되어서 처음으로 찻잎을 조그만 덩어리로 압착하고 그 위에 용 무늬를 찍은 용차를 만들어 진상했는데 그 품질이 기가 막히게 좋았다. 이것을 소단이라고 하는 바, 스무 덩어리의 무게가 한 근인데 그 값어치는 금 두 냥 값과 같았다(茶之品莫貴於龍鳳, 謂之團茶. 慶曆中, 蔡君謨爲福建路轉運使, 始造小片龍茶以進, 其品絶精, 謂之小團, 凡二十餠重一斤, 其價値金二兩)”라고 했다.

(3) 亂點(난점): 점을 찍듯이 여기저기에 마구 떨어지다.

(4) 餘花(여화): 아직 지지 않고 남아 있는 꽃. 殘花. 미인 소매 위의 눈송이를 가리키는 것으로 보인다.

(5) 唾碧衫(타벽삼): 趙飛燕이 황후가 되었을 때 여동생인 趙合德이 婕妤로서 그녀를 모셨다. 황후가 조첩여와 함께 앉아 있다가 실수로 조첩여의 소매에 침을 뱉었다. 그러자 조첩여가 말하기를 “언니가 감색 소매에 침을 뱉으니 꼭 바위 위에 꽃이 핀 것 같네요. 상방(황족의 옷을 만드는 관서)에서 만든다고 해도 이 옷 위의 꽃과 같을 수는 없을 거예요”라고 했다.(《趙飛燕外傳》 참조)

(6) 酡顔(타안): 원래 취기가 올라서 벌겋게 된 얼굴을 가리키지만, 보통의 붉은 얼굴을 두루 가리키기도 한다.

(7) 水雲(수운): 물 위에 낀 구름. 薛譚이 秦青을 찾아가서 노래를 배우다가 도중에 떠나려고 하자 진청은 말리지 않고 보내 주려고 했다. 진청은 교외에까지 따라 나가 거기서 송별회를 열고 설담을 위해 노래를 한 곡 불렀는데 지나가던 구름이 멈추어서 그 소리에 귀를 기울였다. 설담이 사죄하고 다시는 떠나겠다는 말을 하지 않았다.(《列子 · 湯問》 참조) 이 구절은 미인이 매우 감동적으로 노래를 부른다는 말이다.

(8) 空花(공화): 하늘의 꽃. 눈송이를 가리킨다.

(9) 焙(배): 화덕. 차를 끓일 때 사용하는 도구의 하나. 陸羽의 《茶經 · 茶之具》에 “화덕은 깊이가 두 자, 너비가 두 자 다섯 치, 길이가 열 자 되게 땅을 파고 위에 높이가 두 자 되는 짤막한 담을 쌓아 진흙을 바른다(焙, 鑿地深二尺, 闊二尺五寸, 長一丈, 上作短牆, 高二尺, 泥之)”라고 했다.

(10) 甌(구): 사발. 차를 끓일 때 사용하는 도구의 하나.

(11) 新火(신화): 막 붙여서 화력이 센 불을 가리킨다.

(12) 龍團(용단): 찻잎을 덩어리 모양으로 압착하고 그 위에 용 무늬를 찍은 차. 송나라 때 황제에게 바치는 공물로 쓰였다. 주 (2) 참조.

(13) 鬪(투): 누가 차를 잘 끓이는지 겨루는 鬪茶를 가리킨다.
(14) 晴窗(청창): 눈이 갠 뒤의 창.

## 0730. 三朶花[1]幷敍

삼타화를 읊은 시와 그 서문

房州[2]通判[3]許安世[4], 以書遺予言: "吾州有異人, 常戴三朶花, 莫知其姓名, 郡人因以三朶花名之. 能作詩, 皆神仙意. 又能自寫眞[5], 人有得之者." 許欲以一本見惠[6], 乃爲作此詩.(방주통판 허안세가 나에게 편지를 보내 "저희 고을에 이인이 있어 항상 꽃을 세 송이 꽂고 다니는데 아무도 그의 성명을 알지 못하기 때문에 고을 사람들이 삼타화라고 부릅니다. 그는 시를 잘 짓는데 시가 모두 신선의 정조를 지니고 있습니다. 그는 또 자기 초상화를 잘 그리는데 그것을 손에 넣은 사람이 있습니다"라고 하면서 나에게 한 폭을 주려고 하기에 이 일로 인하여 이 시를 짓는다.)

| | |
|---|---|
| 學道無成鬢已華, | 도를 배워도 이룬 것 없이 머리가 이미 허옇나니 |
| 不勞千劫漫烝砂.[7] | 힘을 안 써 천겁토록 공연히 모래만 찌는 꼴이네. |
| 歸來且看一宿覺,[8][9] | 돌아와서 일숙각은 잠시 봤지만 |
| 未暇遠尋三朶花. | 먼 곳으로 삼타화를 찾아갈 틈은 없었네. |
| 兩手欲遮甁裏雀,[10] | 두 손으로 병 속에 든 참새를 막고 싶고 |
| 四條深怕井中蛇.[11] | 우물 속의 뱀 네 마리가 몹시도 무서워서 |
| 畫圖要識先生面,[12] | 그림으로 선생 얼굴 알아보려고 |
| 試問房陵好事家.[13] | 방릉 땅의 호사가에게 탐문해 보네. |

**[해설]**

방주통판 허안세가 그곳에 사는 이인 삼타화의 초상화를 보내려고 한다는 편지를 받고 지은 것이다. 도를 제대로 터득하지 못해 죽음에 대한 공포를 떨쳐 버리지 못하고 있으니 도인 삼타화의 초상화를 보면 깨달음을 얻는 데 도움이 되지 않을까 하는 기대 심리가 드러나 있다.

**[주석]**

(1) 三朶花(삼타화): 세 송이의 꽃이라는 뜻으로 당시 房州에 살던 異人의 이름이다. 《夷堅志》에

"방주의 이인은 성이 이씨라고 하는 사람도 있는데 언제나 종이꽃 세 송이를 꽂고 시내로 들아가므로 고을 사람들이 삼타화선생이라고 부른다(房州異人, 或云姓李氏, 常戴紙花三朶, 入市, 郡人稱三朶花先生)"라고 했다.

(2) 房州(방주): 지금의 호북성 房縣 일대. 《元和郡縣志》에 "방산은 방주에서 서남쪽으로 43리 되는 곳에 있는데, 그 산의 서남쪽에 방처럼 생긴 석실이 있다(房山在房州西南四十三里, 其山西南有石室如房)"라고 했다.

(3) 通判(통판): 知州의 보좌관.

(4) 許安世(허안세): 《續資治通鑑長編·熙寧五年三月》에 "권운주관찰추관 허안세가 저작좌랑집현교리검정중서이방공사가 되었다(權鄆州觀察推官許安世, 爲著作佐郎集賢校理檢正中書吏房公事)"라고 했고, 《宋詩紀事》에 "안세는 양읍인으로 도관원외랑을 지내고 황주에서 죽었다(安世, 襄邑人, 爲都官員外郎, 卒於黃州)"라고 했다.

(5) 寫眞(사진): 초상화를 그리다.

(6) 見惠(견혜): 나에게 은혜를 베풀다. 나에게 준다는 뜻이다. 〈次韻王定國馬上見寄〉(0562) 주 (2) 참조.

(7) 烝砂(증사): 모래를 찌다. 《楞嚴經》에 "부처님이 말씀하시기를 '음심을 버리지 않고 선정하는 것은 모래를 찌는 것과 같아서, 밥을 지으려고 하지만 백 겁 천 겁이 지나도 뜨거운 모래일 뿐이다'라고 하셨다(佛云: '若不斷淫, 修禪定者, 如烝砂石, 欲其成飯, 經百千劫, 只是熱砂.')"라는 말이 있다.

(8) 歸來(귀래): 관직에서 벗어나 전원인 黃州로 온 것을 가리킨다.

(9) 一宿覺(일숙각): 六祖 慧能이 감동하여 하룻밤 묵고 가라고 붙잡을 만큼 깊은 깨달음을 얻은 사람, 즉 玄覺法師를 가리킨다. 당나라 永嘉(지금의 절강성 溫州) 지방의 현각법사가 처음으로 曹溪로 가서 육조 혜능을 만나 그의 주위를 세 바퀴 돌고는 우뚝 서 있다가 이내 작별을 고했다. 육조가 "너무 빨리 돌아가가는 게 아닌가?" 하자 현각법사가 "본래 움직인 것이 아닌데 어찌 빠르고 말고 할 것이 있겠습니까?" 했다. 육조가 감탄하며 "잠시 머물며 하룻밤 주무시게나" 했다. 당시 사람들이 이것을 '일숙각'이라고 했다.(《傳燈錄·溫州永嘉玄覺法師》 참조) 여기서는 당시 황주에 있던 고승을 가리키는 것으로 보인다.

(10) 甁裏雀(병리작): 사람의 육신에 깃들어 있는 영혼을 가리킨다. 바라문의 일곱 딸이 많은 시체를 보고 각자 偈를 지었는데, 둘째 딸이 "병 속에 참새가 들어 있는데, 주둥이를 막아 놓아, 날아가지 못하더니, 이제 병이 이미 깨져, 참새가 날아갔네(雀在甁中, 覆蓋其口, 不能出飛. 今甁已破, 雀飛而去)"라고 했다.(《佛說七女經》 참조) 《法句經》에도 "정신이 육신 안에 머무는 것은 참새가 병 속에 숨어 있는 것과 같아서 병이 깨지면 참새가 날아가 버린다(精神居形內, 猶雀藏甁中, 甁破則雀飛去矣)"라는 말이 있다. 여기서 병은 사람의 육신을 가리키고, 참새는 사람의 영혼을 가리킨다. 따라서 참새가 병에서 날아가는 것은 사람이 죽는 것을 가리킨다.

(11) 井中蛇(정중사): 王十朋의 《百家註分類東坡先生詩》에 "불서에 '죽음으로부터 도망가려는 어떤

사람이 우물로 들어가자니 뱀 네 마리가 다리를 물려고 해서 내려갈 수 없고, 나무에 올라가자니 쥐 두 마리가 등나무 덩굴을 갉고 있어서 올라갈 수 없었다'라는 말이 있다. 뱀 네 마리는 사시를 비유하고 쥐 두 마리는 일월을 비유하는바, 사시와 일월이 죽음을 재촉하여 도망갈 곳이 없다는 말이다(佛書: '人有逃死者, 入井, 則遇四蛇傷足, 而不能下; 上樹, 則逢二鼠齩藤, 而不能升.' 四蛇以喩四時, 二鼠以譬日月, 言四時日月, 迫促大限, 無所逃耳)"라고 했다. 이 연은 자신이 죽음에 대한 공포에서 벗어나지 못하고 있다는 말로 수련과 호응한다.

(12) 畫圖(화도): 삼타화의 초상화를 가리킨다. 두보의 시 〈詠懷古跡〉에 "그림으론 춘풍 같은 고운 얼굴 잘 몰라, 패물 차고 공연히 달밤에 혼이 돌아오네(畫圖省識春風面, 環佩空歸月夜魂)"라는 구절이 있다.

(13) 房陵(방릉): 방주의 관청 소재지. 지금의 호북성 방현.

## 0731. 正月二十日與潘·郭二生[1]出郊尋春, 忽記去年是日同至女王城[2]作詩, 乃和前韻

정월 스무날에 반생 · 곽생과 교외로 나가 봄놀이를 하자니 문득 작년 이날 함께 여왕성에 가서 시를 지은 일이 기억나 이전의 시에 화운한다

| | |
|---|---|
| 東風未肯入東門, | 동풍이 아직 동문으로 들어오려 아니할 때 |
| 走馬還尋去歲村. | 말을 타고 지난해의 그 마을을 또 찾았네. |
| 人似秋鴻來有信,[3] | 사람은 가을 기러기마냥 어김없이 오건만 |
| 事如春夢了無痕.[4] | 우리 일은 봄꿈인 양 흔적이 전혀 없네. |
| 江城白酒三杯釅, | 강가 성의 진한 백주 석 잔을 먹고 |
| 野老蒼顔一笑溫.[5] | 시골 노인의 파리한 얼굴에 온화한 웃음이 피네. |
| 已約年年爲此會, | 해마다 이런 모임 가지기로 했으니 |
| 故人不用賦招魂.[6] | 친구여 〈초혼〉일랑 지을 필요 없다네. |

**[해설]**

황주성에는 아직까지 봄이 채 오지 않은 원풍 5년(1082) 1월 20일 현지 친구 반병 · 곽구와 함께 봄 경치를 찾아 황주성의 동쪽 교외에 있는 여왕성으로 갔다가 문득 작년 이날 그들이 기정(岐亭)으로 가는 자신을 여왕성 동쪽의 선장원(禪莊院)까지 따라와서 전송해 주던 일이 생각나 그때 지은 시에 차운하여 지은 것이다.

**[주석]**

(1) 二生(이생): 黃州에 있을 때 친하게 지낸 현지인 친구 潘丙과 郭遘 두 사람을 가리킨다. 〈正月二

十日, 往岐亭……〉(0711) 주 (2) 참조.

(2) 女王城(여왕성): 황주 교외에 있던 성. 〈正月二十日, 往岐亭……〉(0711) 주 (3) 참조.

(3) 來有信(내유신): 오는 데에 신의가 있다. 소식은 원풍 3년(1080) 1월 20일 황주로 유배되어 가는 도중에 이곳을 지났고, 1년 뒤인 원풍 4년(1081) 같은 날 역시 이 곳에서 潘丙·古耕道·郭遘의 송별연을 받았으며, 금년에 또다시 찾아왔으니 매년 같은 날 어김없이 찾아온 셈이다.

(4) 事(사): 자신들이 그곳에 시를 써 둔 일 따위를 가리킨다.

(5) 野老(야로): 소식 자신을 가리킨다.

(6) 招魂(초혼): 屈原이 조정에서 쫓겨난 것을 슬퍼하여 宋玉이 지은 楚辭 작품. 이 구절은 친구들이 자신을 안쓰럽게 생각하며 위로해 줄 필요가 없을 정도로 황주 생활에 만족하고 있다는 말이다.

## 0732. 是日, 偶至野人汪氏[1]之居, 有神降於其室, 自稱天人[2]李全, 字德通. 善篆字, 用筆奇妙, 而字不可識, 云天篆[3]也. 與予言, 有所會者. 復作一篇, 仍用前韻

이날 우연히 시골 사람 왕씨의 집에 갔더니 그 방에 신이 강림했다며 자기가 바로 신인 이전으로 자가 덕통이라고 했다. 그는 전서를 잘 써서 붓놀림이 기묘하나 글자를 알아볼 수 없었는데 그것을 천전이라고 했다. 나에게 말한 것 가운데 사실과 부합하는 것이 있었다. 이에 다시 한 수를 지으면서 또 이전의 운를 사용했다

| | |
|---|---|
| 酒渴思茶漫扣門,[4][5] | 주갈로 차 생각나 남의 대문을 두드렸나니 |
| 那知竹裏是仙村. | 대밭 속이 신선의 마을일 줄 어떻게 알았으리? |
| 已聞龜策通神語,[6] | 거북 껍질과 시초로 신에게 하는 말도 듣고 |
| 更看龍蛇落筆痕.[7] | 용과 뱀이 붓끝으로 떨어지는 것도 보았네. |
| 色瘁形枯應笑屈,[8] | 안색이 초췌하고 몸이 말라 굴씨를 비웃겠지만 |
| 道存目擊豈非溫.[9] | 한눈에 보아도 도가 있나니 어찌 온씨가 아니리? |
| 歸來獨掃空齋臥, | 돌아와 홀로 빈 서재를 쓸고 누우니 |
| 猶恐微言入夢魂.[10] | 미묘한 말이 꿈속으로 들어올 것만 같네. |

**[해설]**

여왕성에서 술을 마시고 돌아가는 길에 갈증을 풀기 위해 차를 얻어 마시려고 부근에 있는 왕약곡의 집에 들어갔다가 그에게 천인 이전이라는 신이 들렸다는 사실을 알고 바로 앞 시의 운자를 다시 써서 지은 것으로 왕씨의 예사롭지 않은 신통력을 칭송했다.

**[주석]**

(1) 汪氏(왕씨): 소식의 〈天篆記〉에 "금년에는 황주 사람 왕약곡 집의 신령이 특히 기이하여 젓가락으로 입을 만들고 입안에 붓을 넣어 주면 사람과 문답을 나누는 것이 마치 소리 내어 말하는 것

같다. 그가 '나는 천인으로 이름은 전이고 자는 덕통이며 성은 이씨이다'라고 했다(今年黃人汪若谷家, 神尤奇, 以箸爲口, 置筆口中, 與人問答如響, 曰: '吾天人也. 名全, 字德通, 姓李氏.')"라는 말이 있다.

(2) 天人(천인): 우주와 인생에 통달한 사람. 神人.

(3) 天篆(천전): '천인의 篆書'라는 뜻으로 부적의 글씨와 같이 일반인이 알아 볼 수 없는 괴상한 글씨를 가리킨다.

(4) 酒渴(주갈): 술을 마셔서 나는 갈증.

(5) 扣門(구문): 도중에 있는 남의 집 문을 두드리고 들어간다는 말이다. 소식의 사 〈浣溪沙〉(簌簌衣巾落棗花)에도 "술에 취해 노곤하고 길은 멀어 잠만 오는데, 해 높이 떠 목마르매 차나 실컷 마시고파, 시골 집에 문 두드려 차 있는지 물어본다(酒困路長惟欲睡, 日高人渴謾思茶, 敲門試問野人家)"라는 말이 있다.

(6) 龜策(귀책): 거북이의 등껍질과 蓍草. 옛날에 길흉을 점칠 때 사용하던 도구들이다.

(7) 龍蛇(용사): 신들린 왕씨가 쓴 전서의 모양을 가리킨다.

(8) 屈(굴): 屈原을 가리킨다. 《楚辭·漁父》에 "굴원이 쫓겨나서, 강가를 유랑하고, 못가에서 읊조릴 때, 안색은 초췌하고, 모습이 깡말랐다(屈原旣放, 游於江潭, 行吟澤畔, 顔色憔悴, 形容枯槁)"라고 했다. 이 구절은 왕씨가 굴원보다 더 초췌하고 여위었다는 말이다.

(9) 溫(온): 溫伯雪子를 가리킨다. 孔子는 오랫동안 온백설자를 만나고 싶어 했는데 막상 그를 만나서는 아무 말도 하지 않았다. 子路가 그 까닭을 묻자 공자가 "저런 사람은 눈으로 보기만 해도 도를 지니고 있음을 알 수 있으니 말을 할 필요가 없다(若夫人者, 目擊而道存矣, 亦不可以容聲矣)"라고 했다.(《莊子·田子方》 참조)

(10) 微言(미언): 미묘하고 심오한 말. 신들린 왕씨의 말을 가리킨다.

# 0733. 浚井

우물을 준설하고

| | |
|---|---|
| 古井沒荒萊, | 잡초 더미에 묻혀 있는 오래된 우물 |
| 不食誰爲惻.[1] | 마실 수가 없지만 그 누가 슬퍼할까? |
| 瓶罌下兩綆, | 두레박 줄 두 가닥에 두레박을 내려보내니 |
| 蛙蚓飛百尺.[2] | 개구리와 지렁이가 백 자 아래로 날았네. |
| 腥風被泥滓,[3] | 비릿한 바람이 진흙을 뒤덮었고 |
| 空響聞點滴.[4] | 우물을 울리는 물방울 소리 들렸네. |
| 上除青青芹, | 위에는 파릇파릇한 미나리를 잘라 내고 |
| 下洗鑿鑿石.[5] | 아래에는 선명한 돌을 씻었네. |
| 沾濡愧童僕,[6] | 옷이 흠뻑 젖어서 아이에게 창피한데 |
| 杯酒暖寒栗.[7] | 한잔 술로 한기 드는 몸을 덥히노라니 |
| 白水漸泓渟,[8] | 맑은 물이 흘러들어 수위가 높아지고 |
| 青天落寒碧.[9] | 파란 하늘이 맑고 푸른 수면 위에 떨어지네. |
| 云何失舊穢,[10] | 어찌하여 옛날의 더러움은 사라지고 |
| 底處來新潔.[11] | 어디에서 새로운 깨끗함이 오는 걸까? |
| 井在有無中,[12] | 우물은 있을 때도 있고 없을 때도 있나니 |
| 無來亦無失.[13] | 늘 나오는 것도 아니고 사라지는 것도 아니라네. |

**[해설]**

〈동파(東坡八首)〉(0713) 제2수에 "아이놈이 마른 풀을 불태우다가, 우물이 나왔다고 달려와서 얘기하니, 배불리 먹는 것은 기약할 수 없어도, 물 하나는 마음껏 마시게 됐네(家僮燒枯草, 走報暗井出. 一飽未敢期, 瓢飮已可必)"라는 구절이 있거니와, 이 시는 《주역》 정괘(井卦)의 괘사와 효사를 차용하여 바로 이 우물을 준설한 감회를 노래한 것으로 보인다. 전반부에서는 두레박으로 바닥에 쌓여 있는 진흙을 퍼 올려 우물을 준설한 일을 묘사했고, 후반부에서는 우물을 준설하고 난 뒤의 감회를 노래했다.

**[주석]**

(1) 不食(불식): 마실 수 없다. 《周易・井》의 初六 爻辭에 "우물에 진흙이 끼어 마실 수 없다(井泥不食)"라고 하고, 九三 爻辭에 "우물을 준설해도 먹지 못하니 이 때문에 내 마음이 슬프다(井渫不食, 爲我心惻)"라고 했다.

(2) 蛙蚓(와인): 우물 속에 살던 개구리와 지렁이를 가리킨다. 이 구절은 두레박에 담겨서 올라오던 개구리와 지렁이가 다시 깊은 우물 바닥으로 떨어지는 모습을 형용한 것이다.

(3) 泥滓(이재): 진흙의 앙금.

(4) 空響(공향): 빈 우물을 울리는 소리를 가리킨다.

(5) 鑿鑿(착착): 선명한 모양.

(6) 童僕(동복): 사내아이 종. 〈東坡八首〉(0713) 其二에서 말한 '家僮' 또는 그와 유사한 아이를 가리킨다.

(7) 寒栗(한률): 추워서 몸을 떨다. '寒慄'과 같다.

(8) 泓渟(홍정): 물이 깊은 모양.

(9) 寒碧(한벽): 차고 푸른 것. 우물의 수면을 가리킨다. 이 연은 준설이 끝난 우물에 맑은 물이 고이자 거기에 하늘이 비친다는 말이다.

(10) 云何(운하): 어찌하여. 무엇 때문에.

(11) 底處(저처): 어느 곳. 어디.

(12) 有無中(유무중): 때로는 있고 때로는 없다는 말이다. 잡초에 묻힌 채 버려져 있을 때는 없는 셈이고 준설하여 사용하면 있는 셈이다.

(13) 無來亦無失(무래역무실): "고을은 개량하되 우물은 바꾸지 않으니 잃는 것도 없고 얻는 것도 없다(改邑不改井, 無喪無得)"라는 《주역・정》 卦辭의 표현을 차용한 것이다. 이 구절은 표현방식 면에서나 내용 면에서나 모두 그의 사 〈定風波〉(莫聽穿林打葉聲)의 "비바람만 있지도 않고 갠 날만 있지도 않도다(也無風雨也無晴)"와 유사하다.

# 0734. 紅梅[1]三首

홍매

## 其一

| | |
|---|---|
| 怕愁貪睡獨開遲,[2] | 근심은 무섭고 잠은 좋아 홀로 늦게 피어서 |
| 自恐冰容不入時.[3] | 얼음같이 찬 얼굴은 시의에 맞지 않을세라 |
| 故作小紅桃杏色, | 일부러 불그레한 복숭아꽃과 살구꽃 색을 내지만 |
| 尙餘孤瘦雪霜姿.[4] | 아직도 눈서리의 고고한 자태가 남았구나. |
| 寒心未肯隨春態, | 싸늘한 마음이 봄 자태를 따르려 하지는 않을 텐데 |
| 酒暈無端上玉肌.[5][6][7] | 취기가 까닭 없이 옥 살갗에 올랐구나. |
| 詩老不知梅格在,[8] | 노시인은 매화의 품격이 있는 줄 모르고 |
| 更看綠葉與青枝.[9] | 어찌하여 푸른 잎과 가지만을 보았나? |

## 其二

| | |
|---|---|
| 雪裏開花却是遲, | 눈 속에 꽃 피워도 오히려 늦을 바엔 |
| 何如獨占上春時.[10] | 혼자서 이른 봄을 차지함이 어떠리? |
| 也知造物含深意, | 알겠도다 조물주가 깊은 생각이 있어 |
| 故與施朱發妙姿.[11] | 일부러 연지 발라 멋진 자태 지었으리. |
| 細雨裛殘千顆淚,[12] | 가랑비에 젖어 맺힌 눈물 천 방울 |

| | |
|---|---|
| 輕寒瘦損一分肌.[13] | 약한 추위에 그게 얼어 피부가 좀 상할지라도 |
| 不應便雜妖桃杏, | 요염한 복숭아와 살구에 섞여 |
| | 함께 피어 있기가 마음 편할 리 없을 터 |
| 數點微酸已著枝.[14] | 신맛이 조금 나는 열매가 몇 개 |
| | 지금 벌써 가지에 열려 있도다. |

其三

| | |
|---|---|
| 幽人自恨探春遲,[15] | 은자는 봄을 찾아 나선 것이 너무 늦어 |
| 不見檀心未吐時.[16] | 붉은 꽃술 토하기 전에 못 본 것을 스스로 한탄하나니 |
| 丹鼎奪胎那是寶,[17][18] | 연단 솥에서 탈태한 거야 어떻게 보물이리? |
| 玉人頩頰更多姿.[19][20] | 옥 같은 사람의 화난 얼굴이 더욱 다채롭다네. |
| 抱叢暗蕊初含子, | 꽃잎에 싸인 칙칙한 꽃술이 열매를 머금기 시작하고 |
| 落盞穠香已透肌. | 잔에 떨어진 진한 향이 이미 몸에 흠뻑 뱄네. |
| 乞與徐熙畫新樣,[21][22] | 서희에게 주어서 새로운 모습 그리게 하면 |
| 竹間璀璨出斜枝.[23] | 대나무 사이로 훤하게 비스듬한 가지가 삐져나오리. |

**[해설]**

매화에는 황매(黃梅) · 백매(白梅) · 홍매가 있는데 음력 섣달에 핀다고 하여 납매(臘梅)라는 별명을 가진 황매가 가장 먼저 피고 홍매가 가장 늦게 핀다. 이 시는 원풍 5년(1082) 봄에 다른 매화가 다 지고 난 다음 뒤늦게 피어난 홍매의 화사하면서도 고고한 자태와 그 속에 깃든 고매한 품격을 찬미한 것이다.

**[주석]**

(1) 紅梅(홍매): 붉은색 매화. 꽃잎이 붉고 다른 매화보다 늦게 피는 특성이 있다.

(2) 怕愁(파수): 잠이 깨면 근심이 엄습할까 봐 두려워한다는 말이다. 이 구절은 홍매를 홍안 미인에 비유하여 그것이 백매보다 늦게 피는 사실을 해학적으로 묘사한 것이다.

(3) 冰容(빙용): 얼음처럼 싸늘한 용모. 이 구절은 늦게 핀 주제에 백매처럼 싸늘한 느낌을 주면 무르익어 가는 봄기운과 조화를 이루지 못한다는 말이다.

(4) 孤瘦(고수): 고고하고 수척하다. 이 구절은 홍매화가 겉으로는 붉게 보이지만 바탕에 은은한 흰색도 띠고 있기 때문에 얼핏 보면 화사한 것 같으면서도 은연중에 고고한 품격을 지니고 있다는 말이다.

(5) 酒暈(주훈): 취기로 인해 생긴 홍조.

(6) 無端(무단): 까닭 없이.

(7) 玉肌(옥기): 옥 같은 살결. 홍매의 바탕을 이루는 백옥처럼 희고 깨끗한 기운을 가리킨다.

(8) 詩老(시로): 시 짓는 늙은이. 북송 시인 石延年(994-1041)을 가리킨다. 소식의 자주에 "석만경의 시 〈홍매〉에 '복숭아꽃으로 보자니 초록색 잎이 없고, 살구꽃과 다르나니 푸른 가지가 있다네'라는 구절이 있다(石曼卿〈紅梅〉詩云: '認桃無綠葉, 辨杏有青枝')"라고 했다. 이것은 홍매화가 복숭아꽃이나 살구꽃과 비교할 때 녹색 잎과 푸른 가지가 없거나 있는 외형상의 차이가 있음을 지적했을 뿐, 홍매의 내면에 존재하는 매화 본연의 고매한 품격은 그려내지 못한 석연년 시를 비판한 것이다.

(9) 更(갱): 어찌하여.

(10) 上春(상춘): 孟春. 봄 석 달 가운데 첫 번째 달로 음력 1월에 해당한다. 이 연은 홍매가 백매처럼 눈 속에 피기는 어려우므로 차라리 조금 더 기다렸다가 이른 봄에 피어서 홀로 자태를 뽐낸다는 뜻이다.

(11) 施朱(시주): 붉은색을 바르다. 연지를 바른다는 말이다.

(12) 裛殘(읍잔): 빗물이 꽃잎을 다 적시고 남아서 꽃잎에 맺혀 있다는 말이다.

(13) 瘦損(수손): 상하게 하다. 이 구절은 홍매의 꽃잎이 봄 추위로 인하여 조금 손상되었다는 말이다.

(14) 微酸(미산): 약간 신 것. 매실을 가리킨다. 馮應榴의 《蘇軾詩集合注》에 "하작이 '마지막 구절은 바로 치광(韓偓의 字)의 "재상이 어찌 재주 없는 사람을 쓴 적 있으리?"와 같은 뜻이다'라고 말했다(何焯曰: '落句, 正致光"調鼎何曾用不材"之意?')"라고 풀이했다. 이는 옛날에는 매실이 신맛을 내는 데 사용되는 천연 조미료로서 음식의 맛을 조절하는 데 없어서는 안 될 소중한 존재였기 때문에 복숭아나 살구보다 가치가 높았다는 점을 지적한 것이다. 그러나 시의 전체적인 맥락과 '獨占上春時'·'輕寒瘦損'·'已著枝' 등의 표현이 갖는 어감을 고려할 때, 소식은 홍매가 복숭아나 살구보다 조금 일찍 꽃을 피우며 따라서 복숭아나 살구가 꽃을 피울 때쯤에는 이미 열매를 맺기 시작한다고 생각하고, 요염하기만 한 복숭아꽃이나 살구꽃과 달리 홍매는 매화의 일종으로서 추위를 무릅쓰는 늠름한 기개가 있다고 찬미한 것일 가능성이 크다.

(15) 幽人(유인): 세상에서 동떨어진 곳에 조용히 사는 사람이라는 뜻으로 흔히 은자를 가리키는데, 여기서는 유배객인 소식 자신을 가리킨다.

(16) 檀心(단심): 옅은 홍색의 꽃술.

(17) 丹鼎(단정): 煉丹에 사용하는 솥.

(18) 奪胎(탈태): 본래의 바탕을 바꾸어 새로운 자태를 이루다. 소식이 자주에서 "단사와 홍은은 탈태하지 않은 색깔이라고 한다(朱砂紅銀, 謂之不奪胎色)"라고 한 것을 보면, '奪胎'는 단사가 단련을

거쳐 새빨간 색으로 바뀌는 것을 가리키는 듯하다.

(19) 玉人頩頰(옥인병협): 화가 나서 벌겋게 상기된 미인의 뺨. 王十朋의 《百家註分類東坡先生詩》에 "《박아》에 "'頩'은 화난 기색이다'라고 했다. 옥같이 고운 사람이 화가 나면 뺨이 붉어지기 때문에 이것을 홍매에 비유한 것이다(《博雅》: "'頩", 怒色也.' 玉人怒則頰紅, 故以比紅梅也)"라고 했다. 이 연은 활짝 핀 상태의 진홍색 홍매화보다 분홍색의 봉오리가 더 아름답다는 뜻인 듯하다.

(20) 多姿(다자): 다채롭다. 화려하다. 흔히 자태가 아름다운 것을 가리킨다.

(21) 乞與(기여): ~에게 주다.

(22) 徐熙(서희): 五代 때의 화가. 後蜀 화가 黃筌과 함께 '황서'로 병칭되었다. 沈括의 《夢溪筆談》에 "건국 초기에 강남지방의 벼슬하지 않은 선비 서희는 꽃과 대나무를 잘 그렸다(國初江南布衣徐熙, 長於畫花竹)"라고 했다.

(23) 璀璨(최찬): 찬란하게 빛나다.

## 0735. 次韻子由[1]寄題[2]孔平仲[3]草菴[4]

멀리서 공평중의 초가를 읊어서 부쳐 보낸 자유의 시에 차운하여

| | |
|---|---|
| 逢人欲覓安心法,[5] | 사람을 만나 안심법을 찾아내고자 |
| 到處先爲問道菴.[6] | 가는 곳마다 도를 묻는 암자를 먼저 짓나니 |
| 盧子不須從若士,[7][8] | 노자도 이 사람을 따를 필요 없었겠고 |
| 蓋公當自過曹參.[9][10] | 개공도 스스로 조참에게 들렀겠다. |
| 羨君美玉經三火,[11] | 부럽나니 그대는 사흘 견딘 미옥이요 |
| 笑我枯桑困八蠶.[12] | 우습나니 나는 여덟 번이나 누에 친 마른 뽕이로다. |
| 猶喜大江同一味,[13] | 그래도 기쁘나니 물맛이 같은 장강이라 |
| 故應千里共淸甘. | 천 리 밖에서나마 맑고 단 그 맛을 함께하렷다. |

**[해설]**

동생 소철의 시 〈공평중 저작이 강주 관사에 지은 작은 초가(孔平仲著作江州官舍小菴)〉에 차운한 것으로 공평중의 초연한 삶의 태도를 찬양했다.

**[주석]**

(1) 子由(자유): 소식의 동생 蘇轍의 字.

(2) 寄題(기제): 멀리 있는 건축물이나 정원 따위를 현지에 가서 직접 보지 않고 들은 바에 근거하여 읊은 뒤 그것을 현지로 부쳐 보내 다른 사람에게 쓰게 하는 것을 가리킨다. 蘇轍에게 〈寄題密州

新作快哉亭二首〉가 있다.

(3) 孔平仲(공평중): 당시 江州(지금의 강서성 九江)에서 화폐 주조를 감독하는 관직을 맡고 있었다. 《東都事略》에 "공평중은 자가 의보이고 신유 사람이다(孔平仲, 字毅父, 新喩人)"라고 했고, 査愼行의 《蘇詩補註》에 "황산곡의 시에 '분포의 화롯가에서 돈 몇 푼을 감독하네'라는 구절이 있는데 사용의 주에 '당시 공평중은 강주전감으로 재임 중이었다'라고 하고, 또 '며칠 전에 의보가 나에게 들렀는데 이 사람은 전감에서 다른 관직으로 교체되어 경사로 들어가야 한다'라고 한 소동파의 서첩도 인용했다(黃山谷詩有'湓浦爐邊督數錢'之句, 史容注云: '時平仲監江州錢監.' 又引東坡帖云: '數日前, 毅父見過. 此人錢監得替, 當入京.')"라고 했다.

(4) 草菴(초암): 작은 초가집.

(5) 安心(안심): 근심 걱정 없이 마음을 편안하게 가지다.

(6) 問道(문도): 도에 대해서 묻다. 도에 대해서 가르침을 청하다.

(7) 盧子(노자): 전국시대 말기의 燕나라 도사로 진시황 때 博士가 된 盧敖를 가리킨다.

(8) 若士(약사): 원래 '이 사람'이라는 뜻인데 신선을 가리킨다. 《神仙傳》에 "이 사람은 옛날 신선이다. 연나라 사람 노오가 몽곡지산에 가서 이 사람을 보았는데 한창 거북이 껍데기를 구부려서 게와 대합을 먹고 있었다(若士者, 古之仙人也. 燕人盧敖至蒙谷之山, 而見若士言, 方踡龜殼, 而食蟹蛤)"라는 말이 있다.

(9) 蓋公(개공): 前漢 때의 학자. 曹參은 제나라의 승상이 되었을 때 膠西 사람 개공을 초빙하여 정치적 자문을 얻었는데, 이때 그는 개공을 존경하여 그에게 자기 집의 안채를 내주어 머물게 했다. 黃老之術을 중시하여 청정함을 귀하게 여기는 개공의 治道를 수용하여 조참은 마침내 제나라를 태평하게 만들었다.(《한서·조참전》 참조)

(10) 曹參(조참): 전한 초기 사람으로 劉邦을 도와 천하를 평정하는 데 공을 많이 세워 제나라의 승상이 되었다.(《한서·조참전》 참조) 이 연은 이런 정도의 암자라면 노오도 굳이 신선을 찾아갈 필요 없이 거기서 수도했겠고, 개공도 스스로 찾아와 거기서 자신의 도를 펼쳤겠다는 말이다.

(11) 三火(삼화): 사흘 밤낮 동안 지속되는 불. 《淮南子·俶眞訓》에 "비유하자면 종산의 옥과 같아서 숯불로 사흘 밤낮을 가열해도 빛깔이 변하지 않는 것과 같다(譬若鍾山之玉, 炊以鑪炭, 三日三夜而色澤不變)"라고 했다. 白居易의 시 〈答友問〉에 "커다란 옥 홀은 잘라도 안 잘리고, 날카로운 검은 아무리 써도 이지러지지 않네. 그러나 말의 목을 벨 때가 되면, 고운 옥은 아무래도 쇠만 못하네. 커다란 화로에 쇠를 넣으면, 쇠는 마치 눈처럼 스러지지만, 고운 옥은 그 속에 함께 넣어서, 사흘 동안 태워도 뜨거워지지 않네(大圭廉不割, 利劍用不缺. 當其斬馬時, 良玉不如鐵. 置鐵在洪爐, 鐵消易如雪. 良玉同其中, 三日燒不熱)"라고 했다.

(12) 八蠶(팔잠): 1년에 여덟 번 거두는 蠶絲. 左思의 〈吳都賦〉에 "나라에 내는 조세는 한 해에 두 번 익는 벼요, 고을에서 바치는 공물은 한 해에 여덟 번 거두는 잠사다(國稅再熟之稻, 鄕貢八蠶緜)"라는 구절이 있고, 劉欣期의 《交州記》에 "한 해에 잠사를 여덟 번 수확하는 습속은 일남 지역에서 나왔다(一歲八蠶, 出日南)"라는 말이 있다. 이 구절은 자신이 기력이 쇠진한 뽕나무처럼 매

우 의기소침한 상태라는 말이다.

(13) 大江(대강): 長江. 이 연은 소식이 사는 황주와 공평중이 사는 강주가 모두 장강 가에 있음을 말한 것으로, 그와 함께 장강 물을 마실 수는 있다는 동류의식을 드러낸 것이다.

## 0736. 二蟲

두 벌레

| | |
|---|---|
| 君不見, | 그대는 보지 못했는가 |
| 水馬兒,(1) | 소금쟁이가 |
| 步步逆流水. | 걸음마다 강물을 거스르는 걸? |
| 大江東流日千里,(2) | 장강은 하루 천 리 동쪽으로 흐르는데 |
| 此蟲趯趯長在此.(3) | 이 벌레는 팔짝팔짝 늘 여기에 머무는 걸? |
| 君不見, | 그대는 보지 못했는가 |
| 鷃濫堆,(4) | 메추라기가 |
| 決起隨衝風.(5)(6) | 훌쩍 날아 폭풍을 따라가는 걸? |
| 隨風一去宿何許,(7) | 바람을 따라가며 묵을 곳을 찾는데 |
| 逆風還落蓬蒿中. | 역풍 만나 또 쑥대밭에 떨어지는 걸? |
| 二蟲愚智俱莫測, | 두 벌레 가운데 어느 것이 어리석고 |
| | 어느 것이 똑똑한지 아무도 모르는 일 |
| 江邊一笑無人識. | 이 생각에 강가에서 한 번 웃는데 |
| | 왜 웃는지 아는 사람 아무도 없네. |

**[해설]**

강물을 거슬러 올라가느라 언제나 제자리걸음만 하고 있는 소금쟁이와 순풍을 타고 빠른 속도로 잘 날아가다가 갑자기 역풍을 만나 한순간에 추락하고 마는 메추라기에 빗대어 과연 어떻게 사는 것이 더 현명한가에 대하여 의문을 제기한 우화적 성격의 철리시이다.

**[주석]**

(1) 水馬兒(수마아): 소금쟁이.
(2) 大江(대강): 長江.
(3) 趯趯(적적): 뛰어다니는 모양.
(4) 鴳濫堆(안람퇴): 메추라기.
(5) 決起(결기): 잽싸게 날아오르다.
(6) 衝風(충풍): 폭풍.
(7) 何許(하허): 어디.

## 0737. 陳季常[(1)]見過[(2)]三首

진계상이 왔기에

### 其一

| | |
|---|---|
| 仕宦常畏人, | 벼슬하면 언제나 사람이 두렵지만 |
| 退居還喜客. | 은퇴하면 역시나 손님이 반가운 법 |
| 君來輒館我, | 그대 나를 찾아와 우리 집에 묵는데 |
| 未覺雞黍窄.[(3)] | 닭고기와 쌀밥이 부족한 줄 모르겠네. |
| 東坡有奇事,[(4)] | 동파에 기이한 일이 있나니 |
| 已種十畝麥. | 열 이랑의 보리를 이미 심어 놨다네. |
| 但得君眼青,[(5)] | 그대의 청안시를 받을 수만 있다면 |
| 不辭奴飯白.[(6)] | 종이 쌀밥 먹는 것 마다하지 않겠네. |

### 其二

| | |
|---|---|
| 送君四十里, | 사십 리 바깥까지 그대를 배웅함에 |
| 只使一帆風. | 단지 돛에 가득한 바람이나 부리나니 |
| 江邊千樹柳,[(7)] | 강가에 줄지어 선 버드나무 천 그루가 |
| 落我酒杯中. | 나의 술잔 속으로 떨어져 들어오네. |
| 此行非遠別, | 이번에 가는 것은 먼 이별이 아닌지라 |

此樂固無窮. 이 즐거움 진실로 끝이 없도다.
但願長如此, 오로지 바라는 건 언제나 이와 같이
來往一生同. 왔다 갔다 평생토록 함께하는 것이네.

其三

聞君開龜軒,(8) 듣자하니 그대가 귀헌을 열었다니
東檻俯喬木.(9) 동쪽 난간 위에서 교목을 굽어보리.
人言君畏事, 사람들은 그대가 세상사를 두려워해
欲作龜頭縮.(10) 거북이처럼 머리를 움츠리려 한다지만
我知君不然, 그런 것이 아니라 아침 식사로
朝飯仰暘谷.(11) 양곡을 쳐다보는 줄을 나는 안다네.
餘光幸分我,(12) 남은 빛을 나에게도 나눠 주길 바라나니
不死安可獨. 장생불사를 어떻게 독점할 수 있으리?

**[해설]**

황주 부근의 기정에서 은거하는 친구 진조가 찾아온 일을 노래한 것으로, 진조와의 만남에 대한 반가움과 그의 초탈한 삶에 대한 동경이 진하게 드러나 있다.

**[주석]**

(1) 季常(계상): 소식의 친구로 당시 黃州 부근의 岐亭에서 은거한 陳慥의 字. 〈陳季常所蓄朱陳村嫁娶圖二首〉(0680) 주 (1) 참조.
(2) 見過(견과): 나에게 들르다. 나를 방문하다. 〈次韻王定國馬上見寄〉(0562) 주 (2) 참조.
(3) 雞黍(계서): 닭고기 반찬과 기장밥. 번듯한 음식을 가리킨다. 孟浩然의 시 〈過故人莊〉에 "친구가 닭고기와 기장밥을 차려 놓고, 자기 시골 집으로 나를 불렀네(故人具雞黍, 邀我至田家)"라는 구절이 있고, 陸游의 시 〈遊山西村〉에 "농가의 납주가 텁텁하다 웃지 마오, 풍년이라 손님 대접할 닭고기 돼지고기 풍족하다오(莫笑農家臘酒渾, 豊年留客足雞豚)"라는 구절이 있다.
(4) 東坡(동파): 소식이 원풍 4년(1081) 2월에 황주성 동쪽에 있는 황무지를 개간하여 만든 농장.
(5) 君眼青(군안청): 진조가 청안시하는 것을 가리킨다. 진나라 사람 阮籍은 예법을 중시하는 속된 사람은 백안시하고 세속적인 구속에서 벗어나 초탈하게 사는 사람은 청안시했다.(《진서 · 완적

전》 참조)

(6) 奴飯白(노반백): 종이 하얀 쌀밥을 먹는다는 뜻이다. 두보의 시 〈入奏行贈西山檢察使竇侍御〉에 "그대 위해 술을 사와 눈에 가득하게 하고, 종에게 쌀밥을 주고 말에게 푸른 풀을 주리다(爲君酤酒滿眼酤, 與奴白飯馬青芻)"라는 구절이 있다. 아까워하지 않고 융숭하게 대접한다는 뜻이다.

(7) 千樹柳(천수류): 천 그루의 버드나무. 수없이 많은 버드나무를 가리킨다. 이 연에 대하여 王文誥의 《蘇軾詩集》에 "구법이 기발하여 머리를 짜낸다고 해서 될 일이 아니요, 초지방을 많이 다녀 본 사람만이 알 수 있는 바이다(句法奇幻, 非意匠所及, 此惟熟游三楚者知之)"라고 했으니, 이는 황주 일대에 버드나무가 특히 많은 사실을 지적한 것이다. 제2수의 전반부는 진조를 전송하기 위해 그와 함께 배를 타고 술잔을 기울이면서 황주에서 40리 떨어진 곳까지 가노라니 강가에 늘어선 버드나무에서 수없이 많은 버들개지가 하얗게 떨어져 술잔으로 떨어지는 모습을 묘사한 것이다.

(8) 龜軒(귀헌): 진조가 지은 건물의 이름.

(9) 俯喬木(부교목): 귀헌이 높은 곳에 지어졌음을 암시한다.

(10) 龜頭縮(귀두축): 진조가 세상사에 무관심한 것을 거북이가 머리를 껍데기 안으로 집어넣어서 안전을 도모하는 것에 비유한 것이다.

(11) 暘谷(양곡): 동쪽의 해 돋는 곳. 王十朋의 《百家註分類東坡先生詩》에 "양곡은 해가 뜨는 곳이다. 거북이가 해의 기운을 마시고 오래 살기 때문에 양생하는 사람들이 햇살을 먹는 것은 그것을 본뜨는 것이다(暘谷, 日所出也. 龜嚥日氣而壽, 故養生者服日華, 所以效之)"라고 했다.

(12) 幸(행): 바라다.

## 0738. 謝人惠雲巾[1]・方舄[2]二首

어떤 사람이 구름 모양의 두건과 네모난 신을 준 것에 감사하여

### 其一

| | |
|---|---|
| 燕尾稱呼理未便,[3][4] | 연미라는 호칭은 이치에 맞지 않고 |
| 剪裁雲葉却天然. | 구름 송이를 오렸다는 게 되려 자연스럽겠네. |
| 無心只是靑山物,[5] | 무심하니 청산에나 어울리는 물건이요 |
| 覆頂宜歸紫府仙.[6][7] | 꼭대기를 덮었으니 신선에게 줘야겠네. |
| 轉覺周家新樣俗,[8][9] | 후주의 새 양식이 오히려 속되게 느껴지고 |
| 未容陶令舊名傳.[10][11] | 도현령의 옛 명성이 전해지게 놔두지 않네. |
| 鹿門佳士勤相贈,[12][13] | 녹문산의 은사가 애써 보내 주었나니 |
| 黑霧玄霜合比肩.[14][15] | 검은 안개 검은 서리에 비견할 만하겠네. |

### 其二

| | |
|---|---|
| 胡韡短靿格麤疎,[16][17][18] | 오랑캐의 신은 목이 짧고 모양새가 엉성하나 |
| 古雅無如此樣殊. | 고아하기가 이토록 특수한 것이 없네. |
| 妙手不勞盤作鳳,[19] | 절묘한 솜씨로 똬리 틀어 봉황을 만들려 애쓰지 않고 |
| 輕身只欲化爲鳧.[20] | 몸이 가벼워 물오리로 변하기만 바랐네. |
| 魏風褊儉堪羞葛,[21][22] | 위풍의 편협하고 검소함은 칡신을 부끄러워할 만하고 |

楚客豪華可笑珠.(23) 초나라 식객의 호화로움은 주옥을 보고 웃을 만했네.
擬學梁家名解脫,(24) 양나라 무제를 본떠서 해탈이라 부르려 하나니
便於禪坐作跏趺.(25) 좌선하는 자리에서 가부좌 틀기 편하겠네.

**[해설]**

어떤 사람에게 구름 모양의 두건과 네모난 신을 받은 감회를 읊은 것으로, 제1수는 두건의 모양과 운치를 노래했고, 제2수는 네모난 신의 수수하면서도 실용적이고 편한 면을 노래했다.

**[주석]**

(1) 雲巾(운건): 구름 모양의 두건.

(2) 方舃(방석): 네모난 신. '舃'은 원래 나무 밑창을 덧댄 신을 가리키지만 보통의 신을 두루 가리키기도 한다. 崔豹의 《古今注·輿服》에 "'舃'은 신 밑에 나무를 댄 것으로 늘 말라 있고 진흙에 젖을 걱정이 없다(舃, 以木置履下, 乾腊不畏泥濕也)"라고 했고, 《炙轂子》에 "홑밑창인 것을 '履'라고 하고 겹밑창인 것을 '舃'이라고 한다(單底曰履, 重底曰舃)"라고 했다.

(3) 燕尾(연미): 제비 꼬리처럼 두 갈래로 갈라진 두건을 가리킨다.

(4) 未便(미편): 적당하지 않다. 타당하지 않다.

(5) 無心(무심): 陶淵明의 〈歸去來辭〉에 "구름은 무심하게 바위 틈에서 나온다(雲無心以出岫)"라는 구절이 있다.

(6) 覆頂(복정): 《南史·齊和帝紀》에 "백성들이 낮은 뚜껑의 흰 깁 모자를 쓰며 모자 가장자리의 밑으로 드리우는 얇은 망사를 뒤집어서 꼭대기를 덮자, 東昏侯가 '가장자리의 망사는 아래에 있어야 하는데 이제 도리어 위에 있으니 상서롭지 못하다'라며 그것을 끊어 버리라고 명했다(百姓皆著下屋白紗帽, 而反裙覆頂, 東昏曰: '裙應在下, 今更在上, 不祥.' 命斷之)"라고 했다.

(7) 紫府(자부): 도교에서 말하는 신선의 거처. 馮應榴의 《蘇軾詩集合注》에 馮景의 주를 인용하여 "밑을 감싸는 망사를 뒤집어서 꼭대기를 덮는 것은 이제 도사들의 두건 착용 방식이 되었기 때문에 '신선에게 줘야겠네'라고 한 것이다(按, 反裙覆頂, 今道士巾式, 故云: '宜歸紫府仙'也)"라고 했다.

(8) 周家(주가): 후주(951-960)를 가리킨다. 소식의 자주에 "두건을 쓰는 것은 후주 때 시작되었다(頭巾起後周)"라고 했고, 《北堂書鈔》에도 "두건을 쓰는 법도는 후주 때 시작되었다(頭巾之制, 始於後周)"라고 했다. 두건은 이전에도 있었는데 후주 때에 이르러 격식이 갖추어진 새로운 양식이 생겼다는 말이다. 皮日休의 시 〈以紗巾寄魯望因而有作〉에 "주나라의 새 양식이 三梁冠을 대체했다(周家新樣替三梁)"라는 구절이 있다.

(9) 新樣(신양): 새로운 양식의 두건을 가리킨다.

(10) 陶令(도령): 도현령. 彭澤縣令을 지낸 陶淵明(352?-427)을 가리킨다.

(11) 舊名(구명): 도연명이 대범하게 칡베 두건으로 술을 걸러서 생긴 명성을 가리킨다. 그가 고향으로 돌아가 가난하게 지내던 어느 날 그 고을 군수가 그의 집을 방문했는데 마침 술이 잘 익은지라 그가 쓰고 있던 칡베 두건을 벗어서 술을 거른 후 다시 썼다.(《南史·陶潛傳》 참조)

(12) 鹿門佳士(녹문가사): 자칭 鹿門子라고 부르며 호북성 襄陽의 녹문산에서 은거한 피일휴를 가리킨다.

(13) 相贈(상증): 피일휴가 魯望, 즉 陸龜蒙에게 두건을 준 일을 가리킨다. 주 (8) 참조.

(14) 黑霧玄霜(흑무현상): 소식의 자주에 "피습미의 시 〈以紗巾寄魯望因而有作〉에 '잘 안 보여 검은 안개로 만들었나 의아하더니, 가볍고 밝아 온통 검은 서리를 맞은 것 같네'라는 말이 있다(皮襲美〈贈天隨子〉詩云: '掩斂乍疑裁黑霧, 輕明渾似帶玄霜.')"라고 했다.

(15) 合(합): ~해야 하다.

(16) 韡(화): 신. '靴'와 같다.

(17) 靿(요): 신의 목.

(18) 麤疎(추소): 정교하지 않고 엉성하다.

(19) 盤作鳳(반작봉): 똬리를 틀어서 봉황을 만들다. 소식의 자주에 "진나라 영가(307-313) 연간에 신코를 봉황 머리처럼 만든 신이 있었다(晉永嘉中, 有鳳頭鞋)"라고 했다.

(20) 化爲鳧(화위부): 후한 사람 王喬는 葉縣의 현령으로 있을 때 신선술을 부려서 매월 초하루와 15일에 두 차례씩 도성으로 천자를 뵈러 갔는데, 그가 타고 온 수레가 보이지 않으므로 천자가 太史에게 몰래 지켜보라고 했다. 태사가 숨어서 지켜보자, 그가 올 때 동남쪽에서 물오리 한 쌍이 날아오므로 그물을 쳐서 잡아 보았더니 신발만 한 켤레 들어 있었다.(《후한서·왕교전》 참조)

(21) 魏風(위풍): 《詩經·魏風》의 〈葛屨〉를 가리킨다. 〈毛詩序〉에 "〈葛屨〉는 편협한 것을 풍자한 것이다. 위나라는 땅이 좁아서 백성은 잔꾀를 잘 부리고 이익을 좇으며, 임금은 인색할 정도로 검소하고 편협한지라 덕으로 다스리지 않는다(〈葛屨〉, 刺褊也. 魏地陿隘, 其民機巧趨利, 其君儉嗇褊急, 而無德以將之)"라고 했다.

(22) 褊儉(편검): 편협하고 검소하다. 마음의 여유가 없고 지나칠 정도로 검소하다는 말이다.

(23) 楚客(초객): 초나라 春申君의 식객을 가리킨다. 趙나라의 사신들이 초나라 사람들에게 자랑하기 위해 玳瑁로 비녀를 만들고 주옥으로 칼집을 장식하여 춘신군을 만났더니 춘신군의 식객들이 진주로 만든 신을 신고 맞이하는지라 조나라 사신들이 부끄러워서 어쩔 줄을 몰랐다.(《사기·춘신군전》 참조)

(24) 梁家(양가): 양나라. 남조의 양나라 무제를 가리킨다. 王十朋의 《百家註分類東坡先生詩》에 "양나라 무제가 해탈리를 만들었다(梁武帝作解脫履)"라고 했다.

(25) 跏趺(가부): 가부좌를 틀다. 좌선할 때 책상다리를 하고 앉는 것을 가리킨다.

## 0739. 寒食雨二首

한식날의 비

### 其一

自我來黃州,[1] 내가 이곳 황주에 오고 난 뒤로
已過三寒食.[2] 한식이 이미 세 번 지나갔는데
年年欲惜春, 해마다 봄빛을 아끼려고 했지만
春去不容惜. 봄빛이 가 버려서 아낄 수가 없었네.
今年又苦雨,[3] 올해도 또 궂은비가 하염없이 내려서
兩月秋蕭瑟. 두 달 동안 가을처럼 쌀쌀하였네.
臥聞海棠花,[4] 누워서 듣자하니 해당화 꽃이
泥汚燕脂雪.[5] 진흙에 연지빛 눈을 더럽혔다네.
暗中偸負去, 어둠 속에 몰래 살짝 지고 갔으니
夜半眞有力.[6] 밤중에 참 힘 있는 자 있었나 보네.
何殊病少年,[7] 무엇이 다르리 병든 소년이
病起頭已白. 병이 나아 일어나자 머리 이미 센 것과.

### 其二

春江欲入戶, 봄 강은 출렁출렁 문으로 들려 하고

| | |
|---|---|
| 雨勢來不已, | 봄비는 추적추적 그칠 줄을 모른다. |
| 小屋如漁舟, | 조그만 우리 집은 고깃배인 듯 |
| 濛濛水雲裏.(8)(9) | 가물가물 비구름 속에 묻혔다. |
| 空庖煮寒菜,(10) | 휑뎅그렁한 부엌에는 봄 채소가 익고 있고 |
| 破竈燒濕葦, | 허물어진 아궁이에는 눅눅한 갈대가 타고 있다. |
| 那知是寒食, | 지금이 한식인 줄 어찌 아는가? |
| 但見烏銜紙.(11) | 지전 물고 다니는 까마귀만 보인다. |
| 君門深九重, | 임금님의 궁문은 아홉 겹으로 깊숙하고 |
| 墳墓在萬里. | 조상님의 산소는 만 리 밖에 있도다. |
| 也擬哭途窮,(12) | 막다른 골목에서 나도 울어 보려는데 |
| 死灰吹不起.(13) | 꺼진 재라 불어도 불이 일지 않는다. |

**[해설]**

유배지 황주에서 세 번째로 맞이한 원풍 5년(1082)의 한식 때 을씨년스럽게 내리는 봄비를 보면서 자신의 신세와 결부시켜 지은 시이다. 조정으로 돌아가기도 힘들고 고향으로 돌아가지도 못하는 채 객지에 몸이 묶여 있어야 하는 자신의 처지를 한탄하면서도 어느 정도는 세속적인 생각에서 자유로워진 초탈한 심경을 드러내고 있다.

**[주석]**

(1) 黃州(황주): 지금의 호북성 黃岡市 黃州區.
(2) 三寒食(삼한식): 소식은 원풍 3년(1080) 2월 1일에 황주에 도착했기 때문에 도착한 첫해를 포함하여 올해(1082)로 세 번째 한식을 맞았다.
(3) 苦雨(고우): 오랫동안 계속해서 내리는 비. 궂은비.
(4) 海棠花(해당화): 해당화. 우리나라의 해당화는 장미과의 관목인 玫瑰가 와전된 것으로 중국의 해당화와는 다른 나무이다. 〈寓居定惠院之東, 雜花滿山, 有海棠一株, 土人不知貴也〉(0687) 주 (2) 참조.
(5) 燕脂雪(연지설): 떨어지는 해당화 꽃잎을 붉은색 눈에 비유한 것이다. 이 구절은 해당화가 떨어져서 진흙에 묻혀 버렸다는 말이다.
(6) 有力(유력): 힘 있는 사람. 대자연처럼 변화를 주관하는 존재를 가리킨다. 《莊子 · 大宗師》에 "계곡에 배를 숨겨 놓고 못에 어망을 숨겨 놓으면 든든하다고 할 것이다. 그러나 밤중에 힘 있

는 자가 둘러메고 달아나도 어리석은 자들은 알지 못한다(夫藏舟於壑, 藏山於澤, 謂之固矣. 然而夜半有力者負之而走, 昧者不知也)"라는 말이 있다.

(7) 殊(수): 다르다. 이 연은 세월이 몹시 빨리 흐른다는 말이다.

(8) 濛濛(몽몽): 가랑비나 안개 따위가 자욱한 모양.

(9) 水雲(수운): 비를 뿌릴 것 같은 구름.

(10) 寒菜(한채): 겨울을 지난 채소.

(11) 紙(지): 紙錢, 즉 종이로 만든 가짜 돈을 가리킨다. 옛날 중국에는 제사를 지낼 때나 한식날 성묘할 때 돌아가신 조상이 쓸 수 있도록 지전을 태우는 풍속이 있었다. 《封氏聞見記》에 "지전을 태우는 일은 위진시대 이후에 생겼다(紙錢, 魏晉以來, 始有其事)"라고 했다.

(12) 哭途窮(곡도궁): 진나라 사람으로 竹林七賢의 한 사람이었던 阮籍은 정쟁이 극심한 당시의 시대 상황에서 해를 당하지 않기 위해 미치광이 노릇을 하곤 했는데 그는 길을 가다가 막다른 골목에 다다르면 통곡하면서 돌아갔다고 한다.(《진서 · 완적전》 참조) 이 구절은 일시적이나마 자신의 인생이 막다른 골목에 다다랐다는 절망감을 느꼈다는 말이다.

(13) 死灰(사회): 자신의 초탈하고 차분한 심경을 식은 재에 비유한 것이다. 소식의 시 〈自題金山畫像〉(1824)에 "마음은 식어 버린 재처럼 차분하고, 육신은 매이지 않은 배처럼 자유롭네(心似已灰之木, 身如不繫之舟)"라는 구절이 있다.

# 0740. 徐使君[1]分新火[2]

서태수가 새 불을 나누어 주어서

| | |
|---|---|
| 臨皐亭中一危坐,[3][4] | 임고정에 한 번 오뚝 앉은 이래로 |
| 三見淸明改新火.[5] | 청명절에 새 불로 바꾸는 것 세 번 보나니 |
| 溝中枯木應笑人,[6] | 도랑의 시든 나무가 틀림없이 비웃으며 |
| 鑽斫不然誰似我.[7][8][9] | “비벼도 불이 안 일기야 누가 나와 같으리?” 하겠다. |
| 黃州使君憐久病,[10][11] | 황주태수가 오래 앓은 이 사람을 연민하여 |
| 分我五更紅一朶. | 오경에 쓸 꽃 한 송이 나누어 주셨건만 |
| 從來破釜躍江魚,[12] | 예로부터 깨진 솥에 물고기가 뛰놀고 |
| 只有淸詩嘲飯顆.[13] | 반과산에서 조롱당할 시나 있을 뿐이라 |
| 起攜蠟炬遶空室, | 일어나 촛불 들고 빈방을 뱅뱅 돌며 |
| 欲事烹煎無一可. | 요리를 하려 해도 할 만한 게 하나도 없으니 |
| 爲公分作無盡燈,[14] | 공을 위해 불을 나눠 무진등을 만들어 |
| 照破十方昏暗鎖.[15] | 어둠에 갇힌 시방세계를 두루두루 밝히리다. |

**[해설]**

한식이 지난 뒤에 황주태수 서대수가 불을 일으켜 나누어 주자 자신은 너무 가난하여 그 불을 요리하는 데 사용할 수는 없으므로 불교에서 말하는 무진등이나 만들어 태수의 덕을 전파하겠다며 익살을 부린 것이다.

**[주석]**

(1) 徐使君(서사군): 당시의 黃州知州 徐大受를 가리킨다.

(2) 新火(신화): 한식 때 껐다가 한식이 지난 뒤에 새로 일으킨 불을 가리킨다. 《周禮・夏官》에 "사철마다 나라의 불을 다시 피워 질병을 구제했다(四時變國火, 以救時疾)"라고 했는데, 司馬光의 《迂叟詩話》에 "당나라 때에는 청명절에만 느릅나무와 버드나무로 불을 일으켜서 가까운 신하들에게 하사했는데 우리 송나라가 그것을 계승했다(唐時惟清明取楡柳之火, 以賜近臣, 本朝因之)"라고 했다.

(3) 臨皐亭(임고정): 황주에서 소식의 가족들이 머물던 집. 〈遷居臨皐亭〉(0702) 주 (1) 참조.

(4) 危坐(위좌): 오뚝하게 앉다.

(5) 淸明(청명): 이십사절기의 하나로 한식과 같은 시기인 양력 4월 5일경에 든다.

(6) 溝中枯木(구중고목): 비를 맞아 축축하게 젖어 있는 나무. 마찰해도 불을 일으키기 힘든 나무를 가리킨다.

(7) 鑽斫(찬작): 베어 놓은 나무에 구멍을 뚫어 막대기를 넣고 비빔으로써 그 마찰열로 불을 일으키는 것을 가리킨다.

(8) 然(연): 타다. 불을 일으킨다는 뜻이다.

(9) 我(아): '溝中枯木'을 가리킨다. 이 연은 한식날 비가 많이 왔기 때문에 한식이 지난 뒤에 새 불을 일으키기가 몹시 힘들다는 말이다.

(10) 黃州使君(황주사군): 황주지주 서대수를 가리킨다.

(11) 久病(구병): 오랫동안 앓았던 소식 자신을 가리킨다.

(12) 破釜(파부): 깨어진 가마솥. 후한 사람 范丹은 字가 史雲으로 일찍이 萊蕪縣長을 지낸 적이 있는데 집에 밥 지을 양식이 없을 정도로 가난했지만 언제나 태연자약했다. 그러자 마을 사람들이 노래를 지어 "시루에 먼지 앉는 범사운이요, 가마솥에 물고기 생기는 범내무라네(甑中生塵范史雲, 釜中生魚范萊蕪)"라고 했다.(《후한서・범단전》 참조)

(13) 飯顆(반과): 반과산. 호북성 慈利縣 서쪽에 있는 산.(魏嵩山 主編, 《中國歷史地名大辭典》, 廣東教育出版社, 1995년 제1판, 544쪽 참조) 이백의 시 〈戲贈杜甫〉에 "반과산 꼭대기에서 두보를 만났더니, 머리에 삿갓 쓴 채 정오를 맞이했네. 헤어진 뒤 이토록 수척해진 까닭은, 아무래도 시 짓느라 너무 힘든 탓이겠네(飯顆山頭逢杜甫, 頂戴笠子日卓午. 借問別來太瘦生, 總爲從前作詩苦)"라고 했다. 이 연은 자신이 너무 가난하여 태수가 보내 준 불로 익혀 먹을 음식이 없다는 말이다.

(14) 無盡燈(무진등): 불교에서 하나의 등불이 다른 등에 불을 붙여 나가 마침내 수없이 많은 등에 불을 밝힌다는 뜻에서 불법이 무수한 중생을 제도하는 것을 비유하는 말이다.

(15) 十方(십방): 시방세계. 온 세계.

## 0741. 次韻答元素[1]幷引

차운하여 양원소의 시에 화답한 시와 그 서문

余舊有贈元素詞[2]云: "天涯同是傷流落." 元素以爲今日之先兆, 且悲當時六客[3]之存亡[4]. 六客蓋張子野[5]·劉孝叔[6]·陳令擧[7]·李公擇[8]及元素與余也.(내가 옛날에 양원소에게 지어 준 사가 있었는데 거기에 "하늘 끝에서 떠도는 것 우리 함께 상심하네"라는 구절이 있었다. 양원소가 이 말이 오늘의 전조가 되었다고 여기고 또 당시 함께 노닐었던 여섯 사람의 존망을 두고 슬퍼했다. 그 여섯 사람은 장자야·유효숙·진영거·이공택, 그리고 양원소와 나이다.)

| | |
|---|---|
| 不愁春盡絮隨風, | 봄이 다 가 버들개지가 바람에 나는 것 걱정 않고 |
| 但喜丹砂入頰紅.[9] | 단사가 뺨으로 스며들어 홍안인 것만 좋아하겠네. |
| 流落天涯先有讖, | 하늘 끝에서 떠도는 것 미리 조짐이 있었나니 |
| 摩挲金狄會當同.[10][11][12] | 동상을 어루만지며 옛날이나 한가지겠네. |
| 蘧蘧未必都非夢,[13] | 인생이 꿈일 수도 있음에 깜짝 놀랐다기에 |
| 了了方知不落空.[14][15] | 비로소 인생이 헛된 게 아닌 줄 잘 알았네. |
| 莫把存亡悲六客, | 육객의 존망으로 슬퍼하지 마소서 |
| 已將地獄等天宮.[16][17] | 이미 지옥을 천당과 동일시할 테니까. |

**[해설]**

소식은 희령 7년(1074) 9월 항주를 떠나 밀주지주로 부임해 갔는데 이때 친한 친구 여섯 명이 호주에서 만나 함께 놀았다. 이 시는 그때 함께 논 여섯 명 가운데 한 사람인 양회가 보내온 시에 차운한 것이다.

**[주석]**

(1) 元素(원소): 楊繪(1027-1088)의 字. 綿竹(지금의 사천성 면죽) 사람으로 인종 황우 5년(1053)에 급제하여 신종 때 御史中丞을 지냈으나 면역법의 폐해를 간언하다가 조정에서 쫓겨나 亳州知州·

應天府知府·杭州知州 등의 지방관을 역임했다. 당시에는 荊南節度副使로 좌천되어 있었다.(馮應榴, 《蘇軾詩集合注》 참조)

(2) 贈元素詞(증원소사): 양원소에게 지어 준 사 〈醉落魄〉(分攜如昨)을 가리킨다.

(3) 六客(육객): 희령 7년(1074) 9월 소식이 杭州通判의 임기를 마치고 密州知州로 부임해 가는 도중 湖州를 지나갈 때 그곳 지주이던 친구 李常이 송별연을 벌여 주었는데 이때 참석한 여섯 명을 가리킨다.

(4) 存亡(존망): 아직 생존해 있는 사람과 죽은 사람. 풍응류의 《소식시집합주》에 "당시 장선·유술·진순유는 모두 죽었다(時張先·劉述·陳舜兪皆卒)"라고 했다.

(5) 子野(자야): 張先의 字. 육객 가운데 최연장자로 〈定風波令〉(西閣名臣奉詔行)을 지어 당시의 일을 노래했다. 이것이 이른바 〈육객사〉이다.

(6) 孝叔(효숙): 劉述의 字.

(7) 令擧(영거): 陳舜兪의 字.

(8) 公擇(공택): 李常의 字.

(9) 丹砂(단사): 불로장생의 묘약을 만드는 煉丹의 재료. 양회는 당시 세속적인 번민을 씻기 위해 연단을 시도하고 있었던 것으로 보인다.

(10) 摩挲(마사): 어루만지다.

(11) 金狄(금적): 銅人. 진시황 때 주조한 거인 12명의 동상을 가리킨다. 《後漢書·薊子訓傳》에 "사람들이 장안 동쪽의 패성에서 그를 보았는데 한 노인과 함께 구리로 만든 사람을 어루만지며 '어쩌다가 이것을 만드는 것을 보았는데 이제 벌써 5백 년이 다 돼 가는군요'라고 했다(人於長安東霸城見之, 與一老翁共摩挲銅人, 相謂曰: '適見鑄此, 今已近五百歲矣.')"라는 기록이 있다.

(12) 會當(회당): 반드시 ~하다.

(13) 蘧蘧(거거): 깜짝 놀라는 모양. 양회가 원시에서 평소에는 인생이 꿈이 아니라고 생각하고 있었는데 최근에 문득 꿈일 수도 있음을 깨달았다고 한 것으로 보인다.

(14) 了了(요료): 분명하다. 소식은 평소에 인생이 꿈이라고 생각하고 있었는데 양회의 시를 보고 문득 허망한 꿈이 아닐 수도 있다는 데에 생각이 미친 것으로 보인다.

(15) 落空(낙공): 허망하게 되다. 헛일이 되다.

(16) 將(장): ~을

(17) 天宮(천궁): 하늘나라의 궁전. 천당을 가리킨다. 이 구절은 지옥과 천당을 동일시하고 나아가 삶과 죽음마저도 동일시하는 관점을 드러내고 있다.

## 0742. 蜜酒[1]歌幷敍

밀주를 노래한 시와 그 서문

西蜀[2]道士楊世昌[3], 善作蜜酒, 絶醇釅[4]. 余旣得其方, 作此歌以遺之.(서촉 도사 양세창은 밀주를 잘 담그는데 맛이 아주 진하다. 내가 그 방법을 터득하였기에 이 노래를 지어서 그에게 준다.)

| | |
|---|---|
| 眞珠爲漿玉爲醴, | 진주로 음료를 만들고 옥으로 단술을 만들려고 |
| 六月田夫汗流泚. | 유월에 농부가 땀을 줄줄 흘리는 것은 |
| 不如春甕自生香, | 봄철의 독에서 저절로 향내 나고 |
| 蜂爲耕耘花作米.[5] | 벌이 농사지어 주어 꽃이 쌀이 되는 것만 못하네. |
| 一日小沸魚吐沫,[6] | 첫째 날에는 약간 끓어올라 물고기가 거품을 토하고 |
| 二日眩轉淸光活.[7] | 둘째 날에는 뱅뱅 돌며 맑은 빛이 번득이고 |
| 三日開甕香滿城, | 셋째 날에는 독을 열면 향기가 성에 가득한데 |
| 快瀉銀缾不須撥. | 은병에 술술 쏟아지니 독을 흔들 필요 없네. |
| 百錢一斗濃無聲, | 소리 없이 나오는 한 말에 백 전인 진한 술 |
| 甘露微濁醍醐淸.[8] | 약간 탁한 감로수요 맑아진 제호라네. |
| 君不見 | 그대는 보지 못했는가 |
| 南園采花蜂似雨, | 남쪽 뜰의 꽃에서 꿀 따는 벌이 비 같은 것을? |
| 天敎釀酒醉先生.[9] | 하늘이 술을 빚어 선생을 취하게 하는 거라네. |
| 先生年來窮到骨, | 선생은 몇 년 동안 가난이 뼈에 사무쳐 |
| 問人乞米何曾得. | 남에게 쌀을 빌었지만 어찌 얻은 적 있으리? |
| 世間萬事眞悠悠,[10] | 세상만사 참으로 알 수 없나니 |
| 蜜蜂大勝監河侯.[11] | 꿀벌이 감하후보다 훨씬 더 낫네. |

**[해설]**

벌꿀을 재료로 밀주를 담그는 방법을 터득한 뒤 밀주 담그는 방법을 간단하게 설명하고 해학적인 필치로 밀주의 효용을 극구 찬양한 것이다.

**[주석]**

(1) 蜜酒(밀주): 벌꿀로 담근 술. 소식의 《東坡志林・蜜酒法》에 "내가 밀주를 빚으면 풍격과 맛이 진일주와 구분이 잘 안 된다. 쌀 한 말당 찐 밀가루 반죽과 누룩을 각각 두 냥 반씩 넣어서 보통 술 담그는 방법과 마찬가지로 술을 떠내고, 다시 찐 밀가루 반죽과 누룩을 한 냥씩 넣고 빚는다. 사흘이 지난 뒤에 맛을 보면 매우 맵고 얼얼할 것인데 이때 쌀 두 말로 밥을 지어 넣어서 만약 맛이 달고 부드러우면 누룩과 찐 밀가루 반죽을 각각 반 냥씩 넣는다. 다시 이틀이 지난 뒤에 재차 넣고 익힌다. 구체적인 것은 전적으로 빚는 사람이 짐작하여 적절히 가감한다. 물은 적게 넣는 것이 좋다(予作蜜酒, 格味與眞一相亂. 每米一斗, 用蒸餠麵二兩半, 如常法取醅液, 再入蒸餠麵一兩釀之. 三日嘗看, 味當極辣且硬, 且以二斗米炊飯投之, 若甛軟, 則每投更入麴與餠各半兩. 又二日, 再投而熟. 全在釀者斟酌增損也. 入水少爲妙)"라고 했다. 그러나 이 글은 판본에 따라 내용의 차이가 많아서 의구심을 갖게 하거니와, 밀주를 만드는 데 꿀을 사용한다는 말이 없어 더욱 신빙성이 낮아 보인다. 이 시와 바로 다음 시 〈又一首答二猶子與王郎見和〉(0743)의 내용에 비추어 볼 때 밀주는 꿀을 주원료로 삼았음에 틀림없다.

(2) 西蜀(서촉): 지금의 사천성 일대를 가리킨다. 옛날에 촉나라의 영토였고 서쪽에 있기 때문에 서촉이라고 했다.

(3) 楊世昌(양세창): 查愼行의 《蘇詩補註》에 "자가 자경이며 면죽의 무도산에 사는 도사였다(字子京, 綿竹武都山道士)"라고 했다.

(4) 醇釅(순엄): 진하다.

(5) 花作米(화작미): 쌀 대신 꽃이 술의 원료가 된다는 뜻이다. 이상의 네 구절은 농부가 농사지은 쌀로 담근 술보다 꽃에서 채취한 꿀로 담근 술이 더 낫다는 말이다.

(6) 魚吐沫(어토말): 술독에서 작은 거품이 이는 것을 가리킨다.

(7) 眩轉(현전): 어지럽게 뱅뱅 돌다.

(8) 醍醐(제호): 버터 위에 엉겨 있는 기름 모양의 액체.

(9) 先生(선생): 소식 자신을 가리킨다.

(10) 悠悠(유유): 어두워서 잘 안 보이는 모양.

(11) 監河侯(감하후): 장자가 가난하여 감하후에게 곡식을 빌리러 갔더니 감하후가 자기 영지의 세금을 거두어서 三百金을 빌려주겠다고 했다. 그러자 장자가 화를 내며 물을 잃은 붕어에게는 당장 한 말이나 한 되의 물을 주어야지 때가 다 지난 뒤에는 온 강의 물을 다 끌어대 주어도 아무 소용이 없다고 비판했다.(《莊子・外物》 참조)

## 0743. 又一首答二猶子[1]與王郎[2]見和[3]

또 한 수를 더 지어 두 조카와 왕랑이 내게 화답해 온 시에 화답한다

| | |
|---|---|
| 脯青苔,[4] | 새파란 이끼로 포를 만들고 |
| 炙青蒲,[5] | 시퍼런 부들로 적을 만들며 |
| 爛蒸鵝鴨乃瓠壺,[6] | 푹 익힌 거위 오리는 다름 아닌 호리병박 |
| 煮豆作乳脂爲酥. | 콩을 삶아 두유 만들고 지방으로 연유 만들어 |
| 高燒油燭斟蜜酒, | 기름 등불 높이 켜고 밀주를 따르나니 |
| 貧家百物初何有. | 가난한 집에 애당초에 무엇이 있었으리? |
| 古來百巧出窮人,[7] | 예로부터 온갖 재주는 가난뱅이에게서 나왔나니 |
| 搜羅假合亂天眞.[8] | 찾아 모아 대충 조합하니 진짜가 뭔지 헛갈린다. |
| 詩書與我爲麴糵,[9][10] | 《시경》과 《서경》이 나에게 누룩이 되어 |
| 醞釀老夫成搢紳.[11][12] | 이 늙은이를 관리로 빚어냈지만 |
| 質非文是終難久, | 실질은 없고 무늬만 그럴듯하면 결국 오래 못 가는 법 |
| 脫冠還作扶犁叟. | 관을 벗고 또다시 쟁기 잡은 늙은이 됐으니 |
| 不如蜜酒無燠寒, | 차라리 밀주처럼 더위와 추위를 가리지 않아 |
| 冬不加甛夏不酸. | 겨울이라 더 달지 않고 여름이라 시지 않은 게 낫겠다. |
| 老夫作詩殊少味, | 늙은이가 지은 시는 너무 맛이 없는지라 |
| 愛此三篇如酒美.[13] | 술처럼 맛이 좋은 이 세 편이 좋도다. |
| 封胡羯末已可憐,[14] | 봉과 호와 갈과 말이 이미 사랑스러운데 |

不知更有王郎子.(15)　　　게다가 왕도령도 있는 줄을 몰랐도다.

**[해설]**

조카 소지・소괄과 조카사위 왕적이 자신의 시에 화답해 오자 그것에 대하여 다시 화답한 것이다. 더운 날씨에도 잘 시어지지 않는 밀주의 장점을 찬양하고 아울러 조카와 조카사위가 보내 준 시를 칭송했다.

**[주석]**

(1) 猶子(유자): 조카. 蘇轍의 아들인 蘇遲와 蘇适을 가리킨다. 王文誥의 《蘇軾詩集》에 "소지・소괄 및 왕자립을 말한다(謂遲・适及王子立也)"라고 했다.

(2) 王郎(왕랑): 소철의 사위인 王適을 가리킨다. 〈與王郎夜飮井水〉(0648) 주 (1) 참조.

(3) 見和(견화): 나에게 화답하다. 〈次韻王定國馬上見寄〉(0562) 주 (2) 참조.

(4) 脯(포): 포육. 얇게 저며서 말린 고기. 潘岳의 〈抒情賦〉에 "들판의 부들이 육포로 변하고, 동산의 사슴이 말로 변했네(野蒲變而成脯, 苑鹿化以爲馬)"라는 구절이 있는데, 李善의 주에 《風俗通》을 인용하여 "진나라 승상 조고가 사슴을 가리켜 말이라고 하고 부들을 묶어서 육포라고 해도 이세가 깨닫지 못했다(秦相趙高指鹿爲馬, 束蒲爲脯, 二世不覺)"라고 했고, 王十朋의 《百家註分類東坡先生詩》에 "남방 사람들은 푸른 이끼를 포라고 한다(南人以靑苔爲脯)"라고 했다.

(5) 炙(적): 구운 고기. 우리나라에서는 온갖 양념을 바른 뒤 꼬챙이에 꿰어서 구운 어육을 '적'이라고 하고 그중에서도 쇠고기 따위를 길쭉길쭉하게 썰어 양념을 바른 뒤 꼬챙이에 꿰어서 구운 것을 '散炙'이라고 하는바, 이 시에 있어서의 '炙'은 우리나라의 산적과 유사했을 것으로 보인다.

(6) 瓠壺(호호): 호리병박. 《盧氏雜說》에 "정여경이 친구들을 불러서 식사를 하는데 하인에게 '푹 삶아서 털을 뽑아 버리고 목을 꺾지 마라'라고 하므로 손님들이 틀림없이 거위나 오리일 것이라고 여겼는데, 한참이 지나자 한 사람 앞에 조밥 한 사발과 삶은 호리병박 하나가 나왔다(鄭餘慶召親朋食, 敕家人曰: '爛蒸去毛, 勿拗折項.' 客謂必鵝鴨也, 良久, 每人前粟飯一甌, 蒸壺盧一枚)"라는 일화가 있다.

(7) 百巧(백교): 이끼로 육포를 만들고, 부들로 산적을 만들고, 거위고기나 오리고기 대신 호리병박을 삶아 먹고, 콩으로 젖을 만들고, 지방으로 연유를 만들고, 촛불 대신 기름 등불을 켜고, 벌꿀로 밀주를 만드는 따위의 여러 가지 잔재주를 가리킨다.

(8) 假合(가합): 임시로 구차하게 조합하다.

(9) 詩書(시서): 《시경》과 《서경》. 일반적인 책을 두루 가리킨다.

(10) 麴櫱(국얼): 누룩.

(11) 醞釀(온양): 술을 빚다.

(12) 搢紳(진신): 선비의 옷에 달린 긴 띠에 笏을 꽂다. 선비나 벼슬아치를 가리킨다.

(13) 此三篇(차삼편): 조카 소지 · 소괄과 조카사위 왕적이 화답해 보낸 시를 가리킨다.

(14) 封胡羯末(봉호갈말): 진나라 사람 謝奕의 딸 謝道韞은 王凝之에게 시집갔는데 친정으로 돌아와서 기분이 매우 울적했다. 숙부 謝安이 "왕랑은 王羲之의 아들로 괜찮은 사람인데 너는 무엇을 한탄하느냐?" 하고 묻자, 사도온이 "우리 집안에는 큰숙부님이나 작은숙부님 같은 분도 계시고 封 · 胡 · 羯 · 末 같은 훌륭한 사촌형제들도 있는지라 천지간에 王郎 같은 사람이 있을 줄은 생각지도 못했습니다"라고 했다. 封은 謝韶, 胡는 謝朗, 羯은 謝玄, 末은 謝川의 어릴 적 이름이다. (《晉書 · 列女傳》 참조)

(15) 王郎子(왕랑자): 왕도령. 왕적을 가리킨다. 이 연은 사도온의 고사를 약간 변형시켜서 소철의 아들 소지와 소괄뿐만 아니라 사위 왕적까지도 재주가 뛰어나다고 말한 것이다.

## 0744. 謝陳季常[(1)]惠[(2)]一揞巾[(3)]

진계상이 머리 감싸는 두건을 하나 보내 준 것에 감사하며

| | |
|---|---|
| 夫子胸中萬斛寬, | 선생은 가슴속이 만 섬들이나 되거늘 |
| 此巾何事小團團. | 이 두건은 무슨 일로 이리 작고 둥그오? |
| 半升僅漉淵明酒,[(4)] | 반 되들이나 되는 것이 도연명의 술이나 거르겠고 |
| 二寸纔容子夏冠.[(5)] | 높이가 두 치나 되는 것이 자하의 갓에나 어울릴 듯하오. |
| 好戴黃金雙得勝,[(6)] | 황금 고리에 띠가 둘 달린 득승환 두건을 즐겨 쓰되 |
| 休教白苧一生酸.[(7)(8)] | 백저건도 평생토록 처량하게 하지 마오. |
| 臂弓腰箭何時去, | 언제나 팔에 활을 끼고 허리에 화살을 찬 채 떠나 |
| 直上陰山取可汗.[(9)(10)] | 곧장 음산에 올라가서 가한의 목을 베려오? |

### [해설]

친구 진조에게 두건을 하나 받고 그 감회를 노래한 것으로, 전반부에서 두건의 모양을 묘사하고 후반부에서 진조의 무인 기질을 칭송하면서 그가 그것을 발휘하여 적을 무찔러 줄 것을 염원했다.

### [주석]

(1) 季常(계상): 소식의 친구로 당시 黃州 부근의 岐亭에서 은거한 陳慥의 字. 〈陳季常所蓄朱陳村嫁娶圖二首〉(0680) 주 (1) 참조.

(2) 惠(혜): 은혜를 베풀다. 선사하다.

(3) 揞巾(암건): 머리를 감싸는 두건.

(4) 淵明酒(연명주): 도연명이 쓰고 있던 칡 두건을 벗어서 거른 술이라는 뜻으로 얼마 안 되는 술을 가리킨다. 〈謝人惠雲巾・方舄二首〉(0738) 주 (11) 참조.

(5) 子夏(자하): 한나라 사람 杜欽의 字. 茂陵 사람 杜鄴과 두흠은 둘 다 재주가 뛰어나 京師에서 칭송을 받았는데, 두 사람의 성과 자가 모두 같아 혼란스럽자 두흠이 한쪽 눈이 실명한 것을 들어 그를 '盲杜子夏'라고 불렀다. 이것을 싫어한 두흠이 높이가 두 치쯤 되는 작은 갓을 쓰고 다니자 '小冠杜子夏'라고 고쳐 불렀다.(《한서・두흠전》 참조)

(6) 得勝(득승): 施元之의 《施注蘇詩》에 "세상 사람들의 두건은 황금으로 큰 고리를 만들고 띠를 두 줄 매는데 이것을 득승환이라고 하는바 아마도 이 일을 인용한 것 같다(世人巾裹, 以黃金爲大環, 雙繫其帶, 謂之得勝環, 疑用此事)"라고 했다.

(7) 休教(휴교): ~로 하여금 ~하게 하지 말라.

(8) 白苧(백저): 백저건. 王十朋의 《百家註分類東坡先生詩》에 "진계상은 문재도 지니고 있고 무예도 지니고 있었다. 황금득승은 바로 전쟁에서 이긴 사람이 쓰던 것이다. 오지방에는 백저건이 있었다(季常有文事, 而又有武備. 黃金得勝, 乃戰陣得捷之人所戴也. 吳有白紵巾)"라고 했다. 그러나 이 연은 진계상에게 언제까지나 득승환을 쓰고 산속에 은거하지만 말고 한 번쯤 암건을 쓰고 전장에 나가 큰 공을 세워 달라고 당부하는 형식으로, 그의 뛰어난 무인 기질을 찬양한 것으로 보는 편이 더 나을 것 같다.

(9) 陰山(음산): 內蒙古自治區에 있는 산. 옛날에 흉노와 접경을 이루는 산이었다.

(10) 可汗(가한): 옛날 鮮卑族・突厥族・回紇族・蒙古族 등의 최고 통치자에 대한 칭호. 《新唐書・突厥傳》에 "아사나씨는 옛날 흉노 가운데 북부에 살던 민족인 것 같다. 금산의 남쪽에 살면서 연연족에게 칭신했는데 후손이 번창했다. 토문 때에 이르러 마침내 강대해져서 가한으로 칭호를 바꾸었으니 선우와 같다(阿史那氏, 蓋古匈奴北部也. 居金山之陽, 臣於蠕蠕, 種裔繁衍. 至吐門, 遂强大, 更號可汗, 猶單于也)"라고 했다.

## 0745. 贈黃山人[1]
황산인에게

面頰照人元自赤,[2] 사람을 비추는 얼굴과 뺨은 본래부터 붉었고
眉毛覆眼見來烏.[3] 눈을 덮은 눈썹은 참으로 까맣군요.
倦遊不擬談玄牝,[4] 다니기에 지쳐 오묘한 도를 얘기하려 하지 않지만
示病何妨出白鬚.[5] 병든 모습 보이는데 흰 수염이 난들 어떠리오?
絶學已生眞定慧,[6][7] 배우지 않고도 이미 참된 선정과 지혜가 생긴지라
說禪長笑老浮屠.[8][9] 선을 설하는 늙은 스님을 항상 비웃는군요.
東坡若肯三年住,[10] 동파에 만약 삼 년 동안 머물려고 하신다면
親與先生看藥爐.[11] 제가 손수 선생을 위해 단약 화로를 살피지요.

**[해설]**

여기저기로 돌아다니며 수도하는 황산인이 소식을 찾아 황주에 들렀을 때, 심오한 도에 관하여 말로 설명하지는 않지만 득도의 깊이가 예사롭지 않은 그의 모습을 보고 느낀 바가 있어서, 그를 스승으로 모시며 도를 닦고 싶은 자신의 심경을 노래한 것이다.

**[주석]**

(1) 山人(산인): 산속에 은거하는 사람.
(2) 元自(원자): 본래부터. 워낙. 두보의 시 〈寒雨朝行視園樹〉에 "바위를 뒤덮은 등나무는 원래 밑으

로 드리웠고, 하늘에 기대선 소나무는 참으로 많이 말랐다(鎖石藤梢元自落, 倚天松骨見來枯)"라고 했다. 이 구절은 황산인이 반짝반짝 빛날 정도로 건강한 홍안을 유지하고 있다는 말이다.

(3) 見來(견래): 참으로.

(4) 玄牝(현빈): 도교에서 말하는 만물의 근원. 오묘한 道를 가리킨다. 《老子 · 成象第六》에 "곡신은 죽지 않나니 이것을 현빈이라고 하고, 현빈의 문을 일러 천지의 근원이라고 한다(谷神不死, 是謂玄牝, 玄牝之門, 是謂天地根)"라고 했다. 이 구절은 황산인이 돌아다니느라 지쳤다는 것을 핑계로 자연이나 인생에 대한 심오한 이야기를 들려주려고 하지 않는다는 말이다.

(5) 示病(시병): 병든 모습을 보이다. 불교에서 보살이나 고승이 병이 나는 것을 가리킨다. 그렇게 함으로써 反面教師의 방법으로 불제자를 가르치려는 것이다. 이 구절은 해학적인 필치로 황산인에게 자신을 제자로 삼아 헌신적인 태도로 도를 전수하면 어떻겠느냐고 제안한 것이다.

(6) 絶學(절학): 배우기를 그만두다. 남에게 배우지 않고 스스로 터득한다는 말이다. 《老子 · 異俗第二十》에 "배우기를 그만두면 근심이 없어진다(絶學無憂)"라고 했다.

(7) 定慧(정혜): 禪定과 智慧. 《法華經 · 序品》에 "불자는 선정의 깊이와 지혜가 다 충분하다(佛子定慧具足)"라고 했다.

(8) 說禪(설선): 선을 강설하다. 絶學과 상반된 개념으로 선을 가르쳐 배우게 하는 것을 가리킨다.

(9) 浮屠(부도): 승려.

(10) 三年(삼년): 연단하는 데 걸리는 시간을 가리킨다. 白居易의 시 〈天壇峰下贈杜錄事〉에 "납을 아홉 번 단련해야 잘 정련되고, 연단의 공이 삼 년은 가야 보기 좋다네(河車九轉宜精鍊, 火候三年在好看)"라는 구절이 있다.

(11) 藥爐(약로): 丹藥을 단련하는 화로.

## 0746. 問大冶[1]長老[2]乞桃花茶[3]栽東坡[4]

대야장로에게 도화사의 차를 얻어 동파에 심고

| | |
|---|---|
| 周詩記荼苦,[5] | 주나라 시에 씀바귀의 쓴맛은 적혀 있지만 |
| 茗飮出近世. | 차 음료는 근세에야 비로소 나왔나니 |
| 初緣厭粱肉,[6] | 처음에는 쌀밥과 고깃국에 물려서 |
| 假此雪昏滯.[7] | 이걸 빌려 찝찝한 속을 씻었네. |
| 嗟我五畝園, | 아아 다섯 이랑의 우리 동산에 |
| 桑麥苦蒙翳. | 뽕과 보리 몹시도 우거졌나니 |
| 不令寸地閑, | 한 치의 땅이라도 안 놀리는데 |
| 更乞茶子蓺. | 또다시 차의 씨를 얻어 와서 심었네. |
| 飢寒未知免, | 기한을 면할지도 모르는 터에 |
| 已作太飽計. | 포식할 계책을 이미 세워 놓았네. |
| 庶將通有無,[8] | 있는 것과 없는 것을 융통하기 바라나니 |
| 農末不相戾.[9] | 농사와 장사가 상치되지 않는다네. |
| 春來凍地裂, | 봄이 오면 얼었던 땅이 갈라져 |
| 紫筍森已銳.[10] | 자순차가 뾰족뾰족 빽빽하게 돋으리라. |
| 牛羊煩呵叱,[11][12] | 소와 양은 자꾸만 꾸짖는지라 |
| 筐筥未敢睨.[13] | 광주리를 감히 한번 넘겨다보지 못하리라. |
| 江南老道人,[14] | 강남 땅에 살고 있는 늙은 도인은 |

| | |
|---|---|
| 齒髮日夜逝. | 이와 머리카락이 밤낮으로 빠지니 |
| 他年雪堂品,(15) | 언젠가 설당에서 차 맛을 품평하고 |
| 空記桃花裔.(16) | 도화차의 후예나 기억하리라. |

**[해설]**

호북성 대야현의 도화사에 있는 어느 스님에게 차의 씨를 얻어 와서 동파에 심은 감회를 노래한 것이다.

**[주석]**

(1) 大冶(대야): 지금의 호북성 대야현. 王十朋의 《百家註分類東坡先生詩》에 "대야현은 흥국군에 속한다(大冶縣屬興國軍)"라고 했다.

(2) 長老(장로): 나이가 많고 학덕이 높은 고승을 높여 부르는 말.

(3) 桃花茶(도화차): 도화사에서 나는 차나무. 《名勝志》에 "도화사는 흥국주에서 남쪽으로 15리 되는 곳의 도화첨 아래에 있는데 그 절에 물맛이 참 좋은 샘이 하나 있다. 이 물로 차를 끓이면 다른 곳의 물로 끓이는 것보다 훨씬 좋은바 이것을 도화절품이라고 한다. 송나라 때 그 고을 태수 왕기의 시 〈桃花茶〉에 '매화가 땅을 쓸 듯 축 늘어지고, 복숭아꽃 발그레 홍조를 띠었도다. 북쪽의 동산에서 바람이 일어, 산들산들 차밭으로 불어오도다'라는 구절이 있다(桃花寺在興國州南十五里桃花尖之下, 寺有泉, 甘美, 用以造茶, 勝他處, 號曰桃花絶品. 宋時知軍事王琪〈桃花茶〉詩云: '梅花旣掃地, 桃花露微紅. 風從北苑來, 吹入茶隖中.')"라고 했다.

(4) 東坡(동파): 소식이 원풍 4년(1081) 2월에 黃州城 동쪽에 있는 황무지를 개간하여 만든 농장.

(5) 周詩(주시): 주나라 때의 시. 《詩經 · 邶風 · 谷風》을 가리킨다. 이 시에 "그 누가 씀바귀가 쓰다고 했나? 나에게는 냉이처럼 달기만 하네(誰謂荼苦, 其甘如薺)"라는 구절이 있고, 《詩經 · 大雅 · 緜》에 "주나라의 들판은 아름답고 기름져, 쓰디쓴 씀바귀도 엿과 같이 달다네(周原膴膴, 堇荼如飴)"라는 구절이 있다.

(6) 粱肉(양육): 기장밥과 고기. 진수성찬을 가리킨다.

(7) 昏滯(혼체): 뒤얽혀서 막히다.

(8) 通有無(통유무): 자기가 가진 것을 남에게 주고 자기가 가지지 않은 것을 남에게서 얻는다는 뜻으로, 자기가 재배한 차를 주고 대신에 쌀과 고기를 얻는 것을 가리킨다.

(9) 農末(농말): 농업과 상업. 이 구절은 자기가 차를 많이 생산할 경우 대가를 받고 그것을 다른 사람에게 주는 것이 정리에 어긋나는 일이 아니라는 말이다.

(10) 紫筍(자순): 고급 차의 일종. 《唐國史補》에 "호주에는 고저산의 자순이 있고 상주에는 의흥의 자순이 있는데 모두 차이다(湖州有顧渚之紫筍, 常州有義興之紫筍, 皆茶也)"라고 했다. 여기서는

도화사에서 씨를 얻어 와서 심은 차를 가리킨다.

(11) 煩(번): 번다하다.

(12) 呵叱(가질): 큰소리로 꾸짖다.

(13) 筐筥(광거): 찻잎을 따 담는 광주리. 《茶經》에 "다구에는 첫째 바구니가 있고, 둘째 삼태기가 있고, 셋째 광주리가 있나니, 대나무로 짜서 등에 지고 다니며 차를 따는 것이다(茶具, 一曰籃, 二曰籠, 三曰筥, 以竹織之, 負以採茶者也)"라고 했다. 이 연은 풀밭 여기저기에 심어 놓은 차나무에서 채취하여 광주리에 담아 놓은 찻잎을 소와 양이 집어먹지 못하도록 자꾸 소리 지르며 쫓는다는 말이다.

(14) 江南(강남): 장강의 남쪽에 있는 대야현을 가리킨다. 이 연은 스님이 오래 살지 못할 것이라는 말이다.

(15) 雪堂(설당): 소식이 원풍 5년(1082) 2월에 자신이 개간한 농장 동파에 지은 다섯 칸짜리 건물. 눈이 많이 내릴 때 완공되었기 때문에 모든 벽에 손수 설경을 그려 넣어 고개만 돌리면 눈이 보이도록 해 놓고 설당이라고 명명했다.

(16) 桃花裔(도화예): 대야장로에게 얻어 와서 동파에 심은 도화사의 차를 가리킨다.

## 0747. 西山[1]戲題武昌[2]王居士幷引

서산에서 장난으로 무창의 왕거사를 읊은 시와 그 서문

予往在武昌, 西山九曲亭[3]上有題一句云: "玄鴻橫號黃槲峴". 九曲亭, 卽吳王峴山, 一山皆槲葉. 其旁卽元結[4]陂湖[5]也, 荷花極盛. 因爲對云: "皓鶴下浴紅荷湖". 座客皆笑, 同請賦此詩.(내가 옛날에 무창에 있을 때 서산의 구곡정에 "누런 떡갈나무 늘어선 산에 검은 기러기 울며 가네"라는 한 구절이 쓰여 있었다. 구곡정이 있는 곳은 바로 오왕의 현산인데 산이 온통 떡갈나무 잎에 덮여 있다. 그 옆은 바로 원결이 노닐던 호수인데 연꽃이 아주 많은지라 이에 대구를 지어 "붉은 연꽃 핀 호수에 흰 학이 내려와 목욕하네"라고 했다. 그러자 좌객들이 모두 웃으며 이 시를 지으라고 했다.)

| | |
|---|---|
| 江干高居堅關扃,[6][7] | 강가의 고당에서 빗장을 굳게 걸고 |
| 犍耕躬稼角挂經.[8][9] | 소뿔에 경전 건 채 몸소 농사 짓는데 |
| 篙竿繫舸菰茭隔,[10] | 삿대를 배에 매어 줄풀 너머에 세워 두고 |
| 笳鼓過軍雞狗驚.[11] | 호드기와 북으로 군사를 위로하니 닭과 개가 놀라네. |
| 解襟顧景各箕踞,[12] | 옷깃을 열고 풍경을 보며 각자 다리를 뻗고 앉아 |
| 擊劍賡歌幾擧觥.[13] | 검을 치면서 창화하며 몇 번이나 잔을 드는데 |
| 荊笄供膾愧攪聒,[14][15] | 가시 비녀가 회를 쳐 주매 떠드는 것을 부끄러워하며 |
| 乾鍋更戛甘瓜羹.[16] | 빈 솥을 다시 긁어 오이국을 달게 먹네. |

**[해설]**

성모(聲母), 즉 첫소리가 같은 글자만으로 지은 시를 '끽어시(喫語詩)'라고 하는데, 이 시는 평소 혼자서 조용하게 지내는 왕거사 집에 친구들이 몰려가서 왁자하게 술판을 벌인 일을 묘사한 끽어시이다.

**[주석]**

(1) 西山(서산): 무창에 있는 산.
(2) 武昌(무창): 長江을 사이에 두고 황주와 마주보고 있던 縣. 지금의 호북성 鄂州.

(3) 九曲亭(구곡정): 호북성 악주 서쪽의 九曲嶺에 있던 정자.(魏嵩山 主編, 《中國歷史地名大辭典》, 廣東教育出版社, 1995년 제1판, 15쪽 참조) 蘇轍에게 〈武昌九曲亭記〉가 있다.

(4) 元結(원결): 당나라 때의 시인. 《一統志》에 "번산은 바로 서산이다. 그 산에 구곡령이 있고 원결의 한계가 그 아래에 있다. 그곳에 오왕의 피서궁이 있었다고 전해 온다(樊山, 卽西山也. 山有九曲嶺, 元結寒溪在其下. 相傳有吳王避暑宮)"라고 했다.

(5) 陂湖(피호): 호수.

(6) 江干(강간): 강가. 강변.

(7) 高居(고거): 다른 사람의 거처에 대한 존칭.

(8) 犍耕(건경): 거세한 소로 밭을 갈다.

(9) 角挂經(각괘경): 당나라 사람 李密은 책 읽기를 좋아하여 소의 뿔에 《漢書》 한 帙을 걸어 놓고 길을 가면서 읽었다고 한다.(《구당서 · 이밀전》 참조)

(10) 菰茭(고교): 줄풀. 볏과의 여러해살이풀로 못이나 물가에서 자란다. 열매와 어린싹은 식용하고 잎은 도롱이나 자리를 만드는 데 쓴다.

(11) 過軍(과군): 음식을 주며 군사를 위로하다. 자신들이 술과 음식을 먹으며 왁자지껄하게 풍악을 울리는 것을 가리킨다.

(12) 箕踞(기거): 키(곡식을 까부르는 데 쓰는 농기구)처럼 앉다. 두 다리를 쭉 뻗은 채 두 손으로 무릎을 짚고 땅바닥에 앉는 것을 가리킨다.

(13) 賡歌(갱가): 서로 시를 주고받다.

(14) 荊笄(형계): 가시나무 가지로 만든 가난한 여자의 비녀. 왕거사의 아내를 가리킨다.

(15) 攪聒(교괄): 소란을 피우며 떠들다.

(16) 乾鍋(건과): 마른 솥. 국이 없는 솥을 가리킨다. 한나라 고조 유방이 아직 미미한 존재였을 때 골치 아픈 일을 피하기 위해 손님들을 데리고 큰형 집에 가서 식사를 했는데 형수가 이를 매우 싫어했다. 한번은 형수가 국자로 솥을 긁어 솥에 남은 국이 없다는 표시를 했다. 손님들이 돌아간 후 유방이 솥에 국이 남아 있는 것을 보고 형수를 원망하게 되었다.(《史記 · 楚元王世家》 참조)

## 0748. 次韻孔毅父[1]久旱已而甚雨三首

오래 가문 뒤에 비가 심하게 많이 내린 일을 노래한 공의보의 시에 차운하여

### 其一

| | |
|---|---|
| 飢人忽夢飯甑溢,[2] | 배고픈 이 갑자기 밥솥이 넘치는 꿈 꾸었나니 |
| 夢中一飽百憂失. | 꿈속에 한 번 포식하니 온갖 근심 사라졌네. |
| 只知夢飽本來空, | 다만 꿈속의 포식은 본래 공허한 줄 알 뿐이요 |
| 未悟眞飢定何物.[3] | 진정한 배고픔이 도대체 뭔지는 아직 모르네. |
| 我生無田食破硯,[4] | 이내 인생 농토가 없어 깨진 벼루로 먹고 사는데 |
| 爾來硯枯磨不出.[5] | 근래에는 벼루가 말라 먹을 갈 수 없어졌네. |
| 去年太歲空在酉,[6][7][8] | 작년에는 태세가 공연히 유에 있어 |
| 傍舍壺漿不容乞. | 이웃에서 음료 한 병도 얻을 수가 없었네. |
| 今年旱勢復如此, | 금년에도 가뭄이 또 이와 같으니 |
| 歲晚何以黔吾突.[9] | 연말에 무슨 수로 굴뚝을 검게 하리? |
| 青天蕩蕩呼不聞,[10] | 넓디넓은 푸른 하늘에 소리쳐도 안 들리거늘 |
| 況欲稽首號泥佛.[11] | 하물며 머리 조아려 불상에 호소하려 하다니! |
| 甕中蜥蜴尤可笑,[12] | 독 안의 도마뱀은 더욱 가소롭나니 |
| 跂跂脈脈何等秩.[13][14][15] | 꿈틀거리며 응시하는 모습이야 얼마나 질서정연했나? |
| 陰陽有時雨有數, | 음양에는 때가 있고 비에는 운수가 있는 법 |

| | |
|---|---|
| 民是天民天自卹.[16] | 백성은 하늘이 낳았으니 하늘이 스스로 구제하리. |
| 我雖窮苦不如人, | 나는 가난하기가 남들보다 덜하지만 |
| 要亦自是民之一. | 결국은 나도 역시 백성의 하나라네. |
| 形容可似喪家狗,[17] | 내 모습은 참으로 집 잃은 개와 같아 |
| 未肯弭耳爭投骨.[18] | 귀를 늘어뜨리려 하지 않고 던져 준 뼈를 다투네. |
| 倒冠落幘謝朋友,[19] | 관모를 벗어 버리고 친구를 사절한 채 |
| 獨與蚊雷共圭蓽.[20][21] | 왱왱대는 모기하고나 오두막집을 함께하려네. |
| 故人嗔我不開門, | 친구는 문 안 연다고 내게 화를 내겠지만 |
| 君視我門誰肯屈.[22] | 그대가 보기에 우리 문에 누가 허리를 굽히겠나? |
| 可憐明月如潑水, | 아름다운 명월은 물을 뿌린 듯 |
| 夜半淸光翻我室. | 한밤중에 맑은 빛이 내 방에서 번득였네. |
| 風從南來非雨候,[23] | 남쪽에서 바람 부니 비 올 징조 아니건만 |
| 且爲疲人洗蒸鬱.[24] | 지친 사람 위하여 무더위는 잠시 씻어 주었네. |
| 褰裳一和快哉謠,[25][26] | 바지 걷고 시원하다 읊은 노래에 창화했나니 |
| 未暇飢寒念明日. | 내일의 춥고 배고픔은 생각할 겨를이 없었네. |

其二

| | |
|---|---|
| 去年東坡拾瓦礫,[27] | 작년에 동파에서 기와와 자갈을 줍고 |
| 自種黃桑三百尺. | 스스로 누런 뽕나무를 삼백 자나 심었도다. |
| 今年刈草蓋雪堂,[28] | 올해는 풀을 베고 설당을 짓느라 |
| 日炙風吹面如墨. | 햇볕 쬐고 바람 불어 얼굴이 먹과 같다. |
| 平生懶惰今始悔, | 평소에 게으름 피운 것 이제야 후회가 되지만 |
| 老大勸農天所直.[29] | 늘그막에 농사지으라 하니 하늘이 옳게 여기는 것이리. |
| 沛然例賜三尺雨,[30][31] | 언제나 그렇듯 주룩주룩 비를 석 자나 퍼부으니 |
| 造物無心怳難測.[32] | 조물주의 무심함은 알쏭달쏭 알기 어렵다. |
| 四方上下同一雲, | 동서남북 상하가 한가지로 구름이라 |
| 甘霔不爲龍所隔.[33][34] | 비 오는 곳이 용에 의해 나누어지지 않았도다. |

蓬蒿下濕迎曉耒,　　낮고 습한 쑥대밭은 새벽 쟁기를 맞이하고
燈火新涼催夜織.　　시원해진 등잔불은 밤에 베 짜기를 재촉한다.
老夫作罷行甘寢,[35][36]　　늙은이가 일 끝내고 단잠을 자려는데
臥聽牆東人響屐.[37]　　누워서 들으니 담 동쪽에 나막신 소리 들린다.
奔流未已坑谷平,　　빗물이 아직 흐르고 있어 도랑과 계곡이 평평한데
折葦枯荷恣漂溺.　　부러진 갈대와 마른 연잎이 막 떠다니다 물에 잠긴다.
腐儒麤糲支百年,[38][39]　　케케묵은 선비는 현미로 백 년을 버티려고
力耕不受衆目憐.　　힘써 농사지어도 사람들의 연민을 못 받는다.
破陂漏水不耐旱,[40]　　무너진 못은 물이 새어 가뭄을 견디지 못했나니
人力未至求天全.　　인력으로 못하고 하늘이 보전해 주길 바랐도다.
會當作塘徑千步,[41][42]　　지름이 천 보 되는 못을 만들어
橫斷西北遮山泉.[43]　　서북쪽을 가로막아 계곡 물을 가둬야 하리.
四鄰相率助舉杵,[44][45]　　온 이웃이 너도나도 달구질을 도와 주리
人人知我囊無錢.　　내 주머니에 돈 없는 줄 사람들이 다 아니까.
明年共看決渠雨,[46]　　내년엔 함께 도랑을 터서 비 내린 듯한 걸 볼 터인즉
飢飽在我寧關天.　　잘 먹고 못 먹는 게 나에게 달렸지 하늘이 무슨 상관이리?
誰能伴我田間飲,[47]　　누가 나와 논두렁에서 술을 마실 수 있을까?
醉倒惟有支頭磚.[48]　　취하여 쓰러지면 머리 받치는 벽돌뿐이리.

其三

天公號令不再出,[49]　　하느님의 호령은 다시 나오지 않고
十日愁霖倂爲一.[50]　　장맛비가 한꺼번에 열흘 동안 내리매
君家有田水冒田,[51]　　그대 집엔 논이 있어 물이 논을 뒤덮었고
我家無田憂入室.　　우리 집엔 논이 없어 근심이 방으로 들어오니
不如西州楊道士,[52][53]　　이것은 서주의 양도사에게
萬里隨身惟兩膝.　　만리 길 따라다니는 게 두 다리뿐인 것만 못하네.
沿流不惡泝亦佳,　　그는 물 따라 내려가도 좋고 물을 거슬러 올라가도 좋아

一葉扁舟任飄突.(54)　일엽편주가 이리저리 떠다니게 놔두는데
山芎麥麴都不用,(55)(56)　궁궁이도 누룩도 쓰지 않지만
泥行露宿終無疾.　진흙 속을 걷다 한뎃잠 자도 끝내 병이 안 나네.
夜來飢腸如轉雷,　밤이 되자 주린 배에서 우레 같은 소리가 나니
旅愁非酒不可開.　나그네 시름 술이 아니면 풀 길 없는데
楊生自言識音律,(57)　양생이 스스로 음률을 좀 안다며
洞簫入手淸且哀.　퉁소를 손에 들자 소리가 맑고 구슬퍼
不須更待秋井塌,(58)　더 이상 무덤이 무너지기를 기다려
見人白骨方銜杯.　백골을 보고 나서야 잔을 물 필요 없네.

**[해설]**

오랫동안 가문 끝에 마침내 큰비가 내리는 것을 보고 지은 친구 공평중의 시에 차운한 것이다. 날이 한창 가물 때의 참혹한 모습을 묘사하고 아울러 비가 오고 난 뒤의 상황을 노래했다.

**[주석]**

(1) 毅父(의보): 孔平仲의 字. 〈次韻子由寄題孔平仲草菴〉(0735) 주 (3) 참조.
(2) 飯甑(반증): 옹기・나무・대나무 등으로 만든 밥 찌는 도구.
(3) 定(정): 도대체.
(4) 食破硯(식파연): 깨진 벼루를 먹다. 文筆로 먹고 산다는 말이다.
(5) 爾來(이래): 근래.
(6) 去年(거년): 작년. 원풍 4년(1081)을 가리킨다.
(7) 太歲(태세): 그해의 干支. 고대 천문학에 있어서의 가상의 歲星. 고대 천문학에서는 세성, 즉 목성이 12년에 한 번씩 하늘을 일주한다는 사실을 알고 黃道를 12등분하여 12간지와 대응시켰다. 그러나 세성은 황도를 12등분하여 12간지로 명명한 것과 정반대 방향으로 운행하기 때문에 그것과 같은 방향으로 운행하는 가상의 세성을 설정하여 이것을 태세라 하고 매년 태세가 머무는 위치에 따라 해당 간지로 연도를 표시했다.
(8) 在酉(재유): 酉方, 즉 황도를 12등분하여 12간지로 명명한 것 가운데 '酉'의 위치에 있다. 원풍 4년(1081)은 辛酉年이었다. 施元之의 《施注蘇詩》에 "마총의 《의림》에 인용된 원준의 《정서》에 '태세가 유의 위치에 있으면 음료와 술을 얻을 수 있고, 태세가 사의 위치에 있으면 처자를 팔아

먹는다'라고 했으니 재앙을 당하고 복을 받는 데에 자연의 이치가 있음을 알 수 있다(馬總《意林》引袁準《正書》: '太歲在酉, 乞漿得酒; 太歲在巳, 販妻鬻子', 則知災祥有自然之理)"라고 했다. 그러나 소식의 시 〈東坡八首〉(0713)의 서문에 "또 큰 가뭄까지 들었다(歲又大旱)"라고 한 것처럼 원풍 4년(1081)은 신유년임에도 불구하고 이 말과 달리 흉년이 들었기 때문에 '공연히 유에 있었다'고 한 것이다.

(9) 黔吾突(검오돌): 우리 굴뚝을 검게 하다. 연기로 굴뚝을 그을리면서 밥을 짓는다는 뜻이다. 班固의 〈答賓戲〉에 "공자의 자리는 따뜻해지지 않고, 묵자의 굴뚝은 검어지지 않았다(孔席不煖, 墨突不黔)"라는 말이 있다.

(10) 呼不聞(호불문): 소리쳐도 들리지 않다. 하소연해도 소용이 없다는 말이다. 《後漢書·張奐傳》에 "사람의 감정이란 원통하면 하늘에다 소리치고 궁지에 몰리면 가슴을 치는 법인데, 이제 하늘에다 소리쳐도 들리지 않고 가슴을 쳐도 도움이 안 되니 참으로 애통하다(凡人之情, 寃則呼天, 窮則扣心, 今呼天不聞, 扣心無益, 誠自傷痛)"라고 했다.

(11) 泥佛(이불): 진흙으로 만든 불상. 보통의 불상을 가리킨다.

(12) 蜥蜴(석척): 못 안에 사는 도마뱀의 일종. 비가 내리게 하는 능력을 지니고 있는 것으로 알려져 있었다. 《楊文公談苑》에 "위상이 말하기를 '옛날에 관중지방의 절에 놀러 갔다가 스님 가운데 오랑캐의 비법에 능한 사람이 있어서 석척을 독 안에 넣고 사내아이와 계집아이 수십 명에게 푸른색 옷을 입혀서 이구동성으로 "석척아! 석척아! 구름을 일으키고 안개를 토해 내라. 비가 지금 주룩주룩 내려야 너를 놓아줄 것이다"라고 말하며 빌게 했더니 가뭄에 효험이 나타나는 것을 보았다'라고 했다(魏庠言: '昔游關中佛寺, 見沙門有善胡法者, 置蜥蜴甕中, 使童男女數十, 衣青衣同聲呪, 曰: "蜥蜴! 蜥蜴! 興雲吐霧, 雨今滂沱, 放汝歸去." 歲旱爲之頗有應.')"라는 기록이 있다.

(13) 跂跂(기기): 벌레가 기어가는 모양.

(14) 脈脈(맥맥): 서로 바라보는 모양. 이 연은 영험하다는 도마뱀이 푸른 하늘이나 불상보다 더 비가 내리게 하는 능력이 없다는 말이다.

(15) 何等(하등): 얼마나.

(16) 卹(휼): 가엾이 여기다. 救恤하다. '恤'과 같다.

(17) 喪家狗(상가구): 공자가 鄭나라에 갔을 때 제자들과 길이 어긋나 혼자 外城의 동문 앞에 서 있었다. 이것을 본 정나라 사람이 子貢에게 "동문에 어떤 사람이 있는데 이마는 堯임금 같고 목은 皐陶 같고 어깨는 子産 같은데 허리 아랫부분은 禹임금보다 세 치 짧고 지칠 대로 지쳐 있는 것이 마치 '喪家之狗'와 같습디다"라고 했다. 나중에 자공이 공자에게 이야기했더니 공자가 "형상은 꼭 그렇다고 할 수 없지만 '喪家之狗'와 같다는 말은 과연 그럴 듯하구나"라고 했다.(《孔子家語·困誓》 참조) '喪家之狗'에 대하여 裴駰은 《史記·孔子世家》에서 王肅의 말을 인용하여 주인이 슬픔에 빠져 밥을 챙겨 주지 못하기 때문에 기력이 쇠진한 상갓집의 개라고 풀이했지만, 집을 잃어버려서 음식을 못 얻어먹는 바람에 기력이 쇠진한 개라고 풀이하고 '忘家狗'·'亡家狗'·'亡家犬' 등으로 바꾸어 표현하기도 하는바, 후자가 더 타당해 보인다.

(18) 輒耳(접이): 귀를 편안하게 늘어뜨리다. 유순한 자세를 취한다는 말이다.

(19) 倒冠落幘(도관낙책): 관리들이 쓰는 官帽를 벗다. '幘'도 '冠'을 가리킨다. 벼슬에서 물러나 은거한다는 말이다.

(20) 蚊雷(문뢰): 수많은 모기가 내는 우레 같은 소리. 수많은 모기를 가리킨다.

(21) 圭蓽(규필): 위가 뾰족하고 아래가 네모져서 홀처럼 생긴 조그만 방문과 나뭇가지나 대나무를 엮어서 만든 사립문. 초라한 집을 가리킨다. '圭篳'과 같다.

(22) 屈(굴): 몸을 굽혀 낮은 문으로 들어간다는 뜻으로 상종하는 것을 가리킨다.

(23) 雨候(우후): 비가 올 징후. 《史記·天官書》에 "바람이 남쪽에서 불면 큰 가뭄이 든다(風從南方來, 大旱)"라고 했다.

(24) 蒸鬱(증울): 찌는 듯한 무더위.

(25) 褰裳(건상): 하의를 걷다.

(26) 快哉謠(쾌재요): 宋玉의 〈風賦〉를 가리킨다. 이 부에 "초나라 양왕이 난대궁에서 노닐 때 송옥과 경차가 옆에서 모셨다. 그때 바람이 쏴 하고 불어오자 양왕이 옷깃을 풀어헤치고 바람을 맞으며 '시원하도다 이 바람은!' 하고 말했다(楚襄王遊於蘭臺之宮, 宋玉·景差侍. 有風颯然而至, 王乃披襟而當之曰: '快哉此風!')"라는 구절이 있다. 이 연은 가뭄을 해소해 줄 비를 머금고 있지 않았는데도 불구하고 남풍이 무더위를 씻어 준다고 좋아한 자신의 생각 없는 짓을 해학적인 필치로 자책한 것이다.

(27) 東坡(동파): 소식이 원풍 4년(1081) 2월에 黃州城 동쪽에 있는 황무지를 개간하여 만든 농장.

(28) 雪堂(설당): 소식이 원풍 5년(1082) 2월에 자신이 개간한 농장 동파에 지은 다섯 칸짜리 건물. 〈問大冶長老乞桃花茶栽東坡〉(0746) 주 (15) 참조.

(29) 天所直(천소직): 하늘이 바르다고 여기는 것. 《漢書·高五王傳》에 "나는 스스로 기꺼이 들판에서 살겠으니, 푸른 하늘이 내가 바르다고 믿어 주기를!(自快中野兮, 蒼天舉直!)"이라는 말이 있다.

(30) 沛然(패연): 성대한 모양. 《孟子·梁惠王上》에 "하늘에 뭉게뭉게 구름이 피어 주룩주룩 비가 내리면 싹이 무럭무럭 자랄 것입니다(天油然作雲, 沛然下雨, 則苗浡然興之矣)"라고 했다.

(31) 例賜(예사): 관례에 따라 하사하다. 하늘이 비를 내려 준 것을 가리킨다.

(32) 無心(무심): 아무런 생각이 없다. 배려심이 없다.

(33) 甘霪(감음): 오랫동안 내리는 비.

(34) 爲龍所隔(위용소격): 용에 의해서 나누어지다. 비를 관장하는 용에 따라서 어떤 지역은 비가 오고 어떤 지역은 비가 오지 않는 것을 가리킨다. 소식의 자주에 "세상에 분룡일이라는 것이 있다(俗有分龍日)"라고 했는데, 분룡일은 分龍雨라고도 하는바 이에 대하여 《埤雅·釋天》에 "오늘날 세상에서 5월에 내리는 비를 분룡우라고도 하고 격철이라고도 하나니, 여름철에는 비가 갑자기 내리는 경우가 많은데 이것은 용이 각각 구역을 나누어서 강우를 담당하기 때문에 비 오는 곳과 맑은 곳이 왕왕 수레바퀴 자국 하나 차이로 달라지는 것이다(今俗五月謂之分龍雨, 曰隔

轍, 言夏雨多暴至, 龍各有分域, 雨暘往往隔一轍而異也)"라고 설명했다. 이 연은 모든 지역에 다 비가 많이 내린다는 말이다.

(35) 作罷(작파): 그만두다. 끝내다.

(36) 行(행): 장차 ~하려고 하다.

(37) 屐(극): 나막신. 옛날에 나무를 파서 만든 신으로, 비가 올 때 또는 비가 온 뒤의 진 땅에서 신었다.

(38) 腐儒(부유): 사고방식이 낡고 융통성이 없는 선비.

(39) 麤糲(추려): 현미. 품질이 나쁜 쌀을 가리킨다. 이 연은 자신이 동파를 개간하여 열심히 농사를 짓고 있지만 주위 사람들이 자신을 고운 시선으로 보지 않을 것이라는 자조적 표현이다.

(40) 耐旱(내한): 가물 때에도 물이 마르지 않아 가뭄을 이겨 낸다는 뜻이다.

(41) 會當(회당): 반드시 ~하다.

(42) 步(보): 길이 단위의 하나로 다섯 자에 해당한다.

(43) 山泉(산천): 산속에서 흘러나온 계곡의 물.

(44) 相率(상솔): 번갈아. 한 사람 한 사람씩 연이어.

(45) 擧杵(거저): 달구를 들다. 이 연은 소식이 자신의 농장 동파에 저수지를 만들려고 하자 주민들이 너도나도 나와서 땅 다지는 일을 도와주었다는 말이다.

(46) 決渠雨(결거우): 도랑을 터서 논에 물을 댐으로써 비가 흡족하게 내린 것과 같게 한다는 말이다. 班固의 〈西都賦〉에 "도랑을 터서 논에 물을 대는 것이 비가 쏟아져 내리는 것 같고, 삽을 메고 치수하러 가는 사람이 구름 떼같이 몰려갑니다(決渠降雨, 荷插成雲)"라는 구절이 있다.

(47) 田間飮(전간음): 농지 사이에서 술을 마신다는 뜻이다.

(48) 支頭甎(지두전): 머리를 받치는 벽돌. 베고 자는 벽돌을 가리킨다.

(49) 天公號令(천공호령): 하느님의 호령. 바람을 가리킨다. 《後漢書·蔡邕傳》에 "바람은 하늘의 호령이다(風者, 天之號令也)"라고 했다. 이 연은 바람이 그치고 비가 한꺼번에 열흘 동안 내리 내렸다는 말이다.

(50) 愁霖(수림): 너무 오래 내려서 사람을 근심스럽게 하는 비. 장마.

(51) 君家(군가): 공평중의 집을 가리킨다. 王十朋의 《百家註分類東坡先生詩》에 "그대의 집이란 공의보의 집을 가리키고, 우리 집이란 선생 자신의 집을 말한다. 한 사람은 논밭이 있고 한 사람은 방이 있는데, 양도사 같은 사람은 논밭도 없고 방도 없이 몸뚱이만 하나 달랑 있으므로 걱정할 것이 없다(君家, 指孔毅父; 我家, 先生自言. 一則有田, 一則有室. 若楊道士無田則無室, 空手一身, 無所憂也)"라고 했다.

(52) 西州(서주): 西蜀 지방, 즉 지금의 사천성 일대를 가리킨다. 〈蜜酒歌幷敍〉(0742) 주(2) 참조.

(53) 楊道士(양도사): 楊世昌을 가리킨다. 〈蜜酒歌幷敍〉(0742) 주(3) 참조.

(54) 飄突(표돌): 물결을 따라 여기저기 떠다니다.

(55) 山芎(산궁): 산에서 나는 궁궁이. 한약재의 일종이다.

(56) 麥麴(맥국): 누룩. 밀, 즉 소맥으로 만든다. 궁궁이와 누룩은 모두 風濕을 막는 약이다. 《左傳·宣公十二年》에 "申叔展이 '누룩이 있습니까?' 하자 '없습니다'라고 했다. '산궁궁이가 있습니까?' 하자 '없습니다'라고 했다. 그러자 신숙전이 '風濕病이 나면 어쩌지요?'라고 했다(叔展曰: '有麥麴乎?' 曰: '無.' '有山鞠窮乎?' 曰: '無.' '河魚腹疾, 奈何?')"라는 기록이 있는데, 이에 대한 杜預의 주에 "누룩과 궁궁이는 풍습을 막는 데 쓰인다. 신숙전의 말은 풍습을 막는 약이 없으면 병이 들 것이라는 뜻이다(麥麴·鞠窮, 所以禦濕. 叔展言無禦濕藥將病)"라고 했다.

(57) 楊生(양생): 도사 양세창을 가리킨다.

(58) 秋井(추정): 가을철의 무덤. '井'은 墓穴이라는 뜻에서 비롯되어 무덤을 가리킨다. 두보의 시 〈蘇端薛復筵簡薛華醉歌〉에 "갑자기 비 오는 가을날 무덤 무너지던 일 생각나나니, 고인의 백골에 푸른 이끼가 자랐었지. 어떻게 술 안 마셔 마음을 슬프게 하리?(忽憶雨時秋井塌, 古人白骨生青苔. 如何不飲令心哀)"라는 구절이 있는데, 이에 대한 仇兆鼇의 주에 張綖의 말을 인용하여 "'井'이란 귀인의 무덤이다. 오늘날 '金井'이라고 하는 것과 같다. 초나라 사람들은 모두 초왕의 무덤을 '井上'이라고 했다('井'是貴者之墓, 猶今言'金井'也. 楚人皆謂楚王墳爲'井上')"라고 했다. 이 연은 죽은 사람의 백골을 볼 것도 없이 지금 이미 무척 슬프다는 말이다.

# 0749. 魚蠻子[1]

어부

| | |
|---|---|
| 江淮水爲田,[2] | 장강 회수 일대에선 강물이 곧 논밭이요 |
| 舟楫爲室居. | 작은 배가 다름 아닌 사람 사는 집이네. |
| 魚蝦以爲糧, | 고기와 새우를 양식으로 삼는지라 |
| 不耕自有餘. | 밭을 갈지 않아도 절로 여유가 있네. |
| 異哉魚蠻子, | 기이하다 어부는 본래 옷깃을 |
| 本非左衽徒.[3] | 왼쪽으로 여미는 사람이 아니건만 |
| 連排入江住,[4] | 뗏목 엮어 장강 안에 들어가서 사나니 |
| 竹瓦三尺廬.[5] | 대나무 기와로 지붕을 인 석 자 높이의 오두막이네. |
| 於焉長子孫,[6] | 여기서 자식과 손자를 키워 |
| 戚施且侏儒.[7][8] | 모두가 꼽추요 난쟁이지만 |
| 擘水取魴鯉, | 물을 갈라 방어와 잉어를 잡는데 |
| 易如拾諸途. | 길에서 줍듯이 손쉽게 잡네. |
| 破釜不著鹽, | 깨진 솥에 소금도 치지 않은 채 |
| 雪鱗芼青蔬. | 백설 비늘의 물고기와 푸성귀를 섞어 삶아 |
| 一飽便甘寢, | 배부르게 먹고는 곧 단잠을 자니 |
| 何異獺與狙. | 수달이나 원숭이와 다를 것이 무엇이랴? |
| 人間行路難,[9] | 속세에선 살 길이 너무 험난해 |

| | |
|---|---|
| 踏地出賦租.(10) | 땅 밟으면 세금을 내야만 하니 |
| 不如魚蠻子, | 차라리 어부가 파도를 타며 |
| 駕浪浮空虛. | 허공에 떠 있는 것만 못하네. |
| 空虛未可知,(11) | 허공을 어떻게 할 줄은 모르지만 |
| 會當算舟車.(12)(13) | 틀림없이 배와 수레엔 세금을 부과할 터 |
| 蠻子叩頭泣,(14) | 어부가 머리 조아리고 흐느끼나니 |
| 勿語桑大夫.(15) | 상대부에겐 말하지 말길 바라네. |

**[해설]**

육유(陸游)의 《노학암필기(老學菴筆記)》에 "장운수가 〈어부(漁父)〉라는 시를 지어 '우리 집은 뇌강 가에 살고 있어서, 대문 앞에 푸른 물이 넘실거리네. 작은 배는 말보다 더 훌륭하고, 큰 그물은 논밭에 해당된다네. 보갑에는 원래 적을 두지 않았고, 청묘전은 가까이하지도 않네. 무릉의 도원은 어디에 있나? 이곳에 신선이 살고 있다네'라고 했는데, 아마도 원풍(1078-1085) 연간에 동정호와 상강 일대에 폄적되어 있을 때의 작품인 듯하다. 소동파가 이 시의 내용을 취하여 〈어부(魚蠻子)〉를 지었다(張芸叟作〈漁父〉詩曰: '家住耒江邊, 門前碧水連. 小舟勝養馬, 大罟當耕田. 保甲元無籍, 青苗不著錢. 桃源在何處, 此地有神仙.' 蓋元豐中謫官湖湘時所作. 東坡取其意爲〈魚蠻子〉云)"라고 하고, 왕문고(王文誥)의 《소식시집(蘇軾詩集)》에 "당시 장운수가 황주에 가자 공이 그를 위해 이 시를 지었다(時張芸叟至黃州, 公爲作此詞)"라고 한 바와 같이, 장순민(張舜民, 즉 장운수)이 황주로 소식을 찾아갔을 때 그의 시 〈어부(漁父)〉를 바탕으로 새로운 시를 지어서 어부의 삶을 노래한 것이다. 그러나 가난하지만 마음 편했던 옛날과 달리 지금은 어부도 세금에 시달리는 고달픈 삶을 살고 있음을 지적함으로써 넌지시 신법의 문제점을 풍자했다.

**[주석]**

(1) 魚蠻子(어만자): 어부. '蠻子'는 원래 戎蠻 부락의 수령을 지칭하던 말인데 이로써 널리 남방인을 가리키기도 한다.

(2) 江淮(강회): 장강과 회수 일대.

(3) 左衽(좌임): 옷깃을 왼쪽으로 여미다. 옷을 입을 때 오른쪽 섶이 왼쪽 섶의 위로 가게 여미는 것을 가리키는바, 이는 오랑캐의 옷 입는 방식이다. 《論語·憲問》에 "관중이 없었다면 나는 아마

머리를 풀어서 늘어뜨리고 옷자락을 왼쪽으로 여미는 오랑캐의 통치하에 살고 있을 것이다(微管仲, 吾其被髮左衽矣)"라고 했다.

(4) 連排(연배): 나무나 대나무를 엮어서 만든 뗏목. 王十朋의 《百家註分類東坡先生詩》에 "강남지방에서는 대개 대나무와 나무로 뗏목을 만들어 물 위에 띄우고 뗏목 위에 갈대와 대나무기와로 집을 짓는다(江南多以竹木爲排, 浮水中, 排上以葦竹瓦爲屋)"라고 했다.

(5) 竹瓦(죽와): 대나무를 쪼개어서 만든 기와. 《黃州竹樓記》에 "황강 땅에는 큰 대나무가 많아서 죽공들이 마디를 잘라 내어 기와 대신 사용한다(黃岡之地多大竹, 竹工刳去其節, 用代陶瓦)"라고 했다.

(6) 於焉(어언): 여기에서.

(7) 戚施(척시): 꼽추.

(8) 侏儒(주유): 난쟁이. 이 연은 지붕이 너무 낮아서 자손들이 꼽추처럼 등을 구부리거나 난쟁이처럼 키를 낮추어서 드나든다는 말이다.

(9) 人間(인간): 속세. 보통 사람들이 사는 세상을 가리킨다.

(10) 踏地(답지): 땅을 밟는다는 뜻으로 보통 사람들의 일상적인 삶을 가리킨다.

(11) 空虛(공허): 배를 타고 다니는 수면을 가리키킨다. 이 구절은 수면에 세금을 부과하는 법은 아직 모른다는 말이다.

(12) 會當(회당): 응당. 틀림없이.

(13) 算舟車(산주거): 배와 수레의 대수를 계산하여 세금을 부과하는 것을 가리킨다.

(14) 叩頭(고두): 머리를 조아리다. 옛날 사람들이 무릎을 꿇고 엎드려서 머리가 땅에 닿도록 절을 하던 가장 정중한 예절이었다.

(15) 桑大夫(상대부): 한나라 때 어사대부를 지낸 桑弘羊을 가리킨다. 상인의 아들인 그는 재물을 늘리는 데 탁월한 능력이 있어, 전국적으로 물가를 평준화함으로써 상인들이 부당하게 많은 이득을 취하지 못하게 하기도 하고, 소금과 철을 국가가 전매하게 함으로써 국가의 재정수입을 크게 확충하기도 했다.(《史記·平準書》 참조) 史書에서 명확한 기록을 찾기는 어렵지만 이 시의 마지막 부분을 보면 상홍양이 舟車稅도 징수했음을 짐작할 수 있다.

## 0750. 夜坐與邁[1]聯句[2]

밤에 앉아 매와 함께 지은 연구

清風來無邊,
明月翳復吐.(自)
松聲滿虛空,
竹影侵半戶.(邁)
暗枝有驚鵲,
壞壁鳴飢鼠.(自)
露葉耿高梧,
風螢落空廡.(邁)
微涼感團扇,[3]
古意歌白紵.(自)[4]
樂哉今夕遊,
獲此陪杖屨.(邁)[5]
傳家詩律細,[6]
已自過宗武.[7]
短詩膝上成,
聊以感懷祖.(自)[8]

부드럽고 맑은 바람 한없이 불어오고
밝은 달은 가려졌다 다시 나온다.(나)
솔바람 소리는 허공에 가득하고
대나무 그림자는 문을 반쯤 침범했다.(매)
컴컴한 가지에는 놀란 까치 퍼덕이고
허물어진 벽에는 굶주린 쥐가 운다.(나)
이슬 맞은 잎이 높은 오동나무에서 빛나고
바람에 날리는 반딧불이가 빈 집에 떨어진다.(매)
저녁 공기 서늘하여 부채 신세가 느껴지매
예스럽게 흰 모시옷을 노래 부른다.(나)
오늘 저녁 이 놀이는 참으로 즐겁나니
이렇게 연세 많은 아버지를 모시도다.(매)
집안에 전해 오는 시율이 엄한 덕에
이미 스스로 두종무를 능가했도다.
무릎 위에 앉아서 짧은 시를 완성하니
그런대로 왕회조가 된 느낌이 들도다.(나)

**[해설]**

어느 날 밤에 장남 소매와 두 구절씩 주고받다가 마지막으로 자신이 네 구절을 지어서 완성한 연구시이다. 아들이 장성하여 서로 시구를 주고받을 수 있게 된 것을 흐뭇하게 여기는 부정(父情)이 잘 나타나 있다.

**[주석]**

(1) 邁(매): 소식의 장남 蘇邁를 가리킨다.

(2) 聯句(연구): 두 사람 또는 그 이상의 사람들이 한 구절씩 또는 여러 구절씩 번갈아 가며 읊어서 한 편의 시를 이루는 작시 방법. 한나라 무제가 여러 신하들과 함께 지은 〈柏梁臺〉가 시초인 것으로 알려져 있다.

(3) 團扇(단선): 둥근 부채. 趙飛燕에게 은총을 빼앗긴 한나라 성제의 后妃 班婕妤가 자신을 부채에 비유하여 지은 시 〈怨歌行〉(일명 〈團扇歌〉)에 "언제나 두렵나니 가을철이 다가와, 서늘한 바람이 더위를 앗아 가면, 대나무 상자에 내팽개쳐져, 사랑이 도중에 끊어지고 말세라(常恐秋節至, 涼飆奪炎熱. 棄捐篋笥中, 恩情中道絕)"라는 구절이 있다. 이 구절은 은연중에 자신의 신세를 반첩여의 그것에 빗댄 것이다.

(4) 白紵(백저): 흰 모시옷. 공명을 이루지 못한 선비가 입는 옷을 가리킨다. 陸遊의 시 〈貧病〉에 "나이 일흔에 아직도 호미를 드니, 가난하고 초췌하기가 흰 모시옷 입은 초년 같다(行年七十尙攜鋤, 貧悴還如白紵初)"라는 구절이 있다.

(5) 杖屨(장구): 지팡이와 신발이라는 뜻으로 나이 많은 사람을 가리키는바, 여기서는 소매의 부친인 소식을 가리킨다. 옛날 예법에 의하면 50세 이상의 노인은 지팡이를 짚을 수 있었으며, 방에 들어갈 때는 먼저 신발을 벗어야 하지만 노인은 방에 들어간 뒤에 신발을 벗어도 되었다.

(6) 詩律(시율): 시를 짓는 데 요구되는 격률. 두보의 시 〈遣悶戲呈路十九曹長〉에 "만년에 점점 더 시의 격률에 세심하다(晩節漸於詩律細)"라는 구절이 있다.

(7) 宗武(종무): 두보의 아들. 두보의 시 〈宗武生日〉에 "이 아이는 어느 때 나타났는가? 하늘 높은 가을철의 이날에 태어났네(小子何時見, 高秋此日生)"라고 했다.

(8) 懷祖(회조): 진나라 사람 王述의 字. 그는 아들 王坦之를 너무나 사랑하여 아들이 다 큰 뒤에도 무릎 위에 앉히곤 했다.(《진서 · 왕술전》 참조)

## 0751. 次韻和王鞏[1]六首

차운으로 왕공의 시에 화답하여

### 其一

| | |
|---|---|
| 君談陽朔山,[2] | 그대는 양삭산을 얘기하지만 |
| 不作一錢直. | 그것은 한 푼의 가치도 없으렷다. |
| 巖藏兩頭蛇,[3] | 바위 틈에는 무서운 양두사가 숨어 있고 |
| 瘴落千仞翼.[4][5] | 천 길 위의 새에서는 장기가 떨어지렷다. |
| 雅宜驩兜放,[6][7] | 환두를 쫓아내기에 딱 적합한 곳이라 |
| 頗訝虞舜陟.[8] | 순임금이 순수했다는 사실이 몹시 의아하다. |
| 暫來已可畏, | 잠시만 와 있어도 이미 두려워할 만하여 |
| 覽鏡憂面黑. | 거울을 보며 얼굴이 까매질까 걱정하는데 |
| 況子三年囚,[9] | 하물며 그대는 삼 년 된 죄수이니 |
| 苦霧變飮食.[10] | 짙은 안개 속인 데다 음식도 달라졌겠지만 |
| 吉人終不死,[11] | 선량한 사람은 끝내 죽지 않는 법 |
| 仰荷天地德.[12][13] | 천지의 큰 덕을 입으리로다. |
| 我來黃岡下,[14] | 나는 이 황강산 밑으로 와서 |
| 攲枕江流碧. | 푸르른 장강에서 베개에 기대나니 |
| 江南武昌山,[15] | 강 남쪽에 늘어선 무창의 산이 |

向我如咫尺.　　지척에서 나를 향해 손짓하는 것 같네.
春蔬黃土軟,　　부드러운 황토에는 봄 채소가 돋아나고
凍筍蒼崖坼.　　갈라진 벼랑에는 얼었던 죽순이 나오네.
玆行我累君,[16]　　이번 걸음은 내가 누를 끼친 것인데
乃反得安宅.　　뜻밖에도 도리어 편안한 집을 얻었다 하니
遙知丹穴近,[17]　　연단하는 동굴이 가까이 있어
爲劚勾漏石.[18]　　구루산의 돌을 깎아 내는 줄을 알겠네.
他年分刀圭,[19]　　언젠가 나에게도 불사약을 나눠 주면
名字挂仙籍.　　신선의 명부에 내 이름이 있겠네.

其二

少年帶刀劍,　　한창 젊은 시절에는 허리에 칼을 차고
但識從軍樂.　　오로지 종군의 즐거움만 알았는데
老大服犁鋤,[20]　　늙어서는 쟁기와 호미에다 힘 쏟느라
解佩付鎔鑠.[21]　　차고 있던 칼을 풀어 녹이라고 주었네.
雖無獻捷功,　　전리품을 바친 공은 비록 없어도
會賜力田爵.[22]　　역전관 한자리는 하사하실 터
敲冰春搗紙,[23][24]　　봄이면 얼음 깨어 종이 만들고
刈葦秋織箔.　　가을이면 갈대 베어 발을 엮을 것이네.
櫟林斬冬炭,　　상수리나무 잘라 겨울에 쓸 숯 만들고
竹塢收夏籜.[25]　　대밭에서 여름 죽순 거둘 것이라
四時俯有取,　　사시사철 허리만 굽히면 얻을 것이 있나니
一飽天所酢.　　하늘이 준 대가로 배부르게 먹을 것이네.
君生紈綺間,[26]　　그대는 비단 사이에서 태어났으니
欲學非其脚.[27]　　이런 일은 배우려 해도 잘하는 일이 아닐 테고
左右玉纖纖,[28]　　좌우에 옥처럼 고운 손들이 있겠지만
束薪誰爲縛.　　그대 위해 땔감을 묶어 줄 사람 그 누구리?

| | |
|---|---|
| 勿令聞此語, | 그들에겐 이 말을 듣게 하지 말지니 |
| 翠黛頻將惡.(29)(30) | 미인들이 발끈하여 패악 부리며 |
| 笑我一間茅, | 초가집 한 칸에서 며느리와 시어머니가 |
| 婦姑紛六鑿.(31) | 육정이 뒤얽힌 채 사는 나를 비웃으리. |

其三

| | |
|---|---|
| 欲結千年實,(32) | 천 년 만에 맺히는 열매를 원한다면 |
| 先摧二月花.(33) | 이월의 꽃을 먼저 꺾어 버려야 하는 법 |
| 故敎窮到骨,(34) | 일부러 가난이 뼈에 사무치게 하여 |
| 要使壽無涯. | 목숨이 끝이 없게 해야 하렷다. |
| 久已逃天網,(35) | 하늘의 그물에서 이미 벗어났거늘 |
| 何須服日華.(36) | 태양의 정화를 받을 필요 뭐 있으리? |
| 賓州在何處,(37) | 그대 계신 빈주 땅은 어디쯤에 있을까? |
| 爲子上棲霞.(38) | 그대가 그리워서 서하루에 오른다. |

其四

| | |
|---|---|
| 鄰里有異趣,(39) | 이웃에 기이한 취향이 있다 해도 |
| 何妨傾蓋新.(40) | 수레 붙이고 얘기하여 새로 사귄들 어떠리? |
| 殊方君莫厭,(41) | 낯선 곳이라 싫어하지는 말아야 할 것이니 |
| 數面自成親. | 몇 차례 보다 보면 자연히 친해지리. |
| 默坐無餘事,(42) | 지금은 일이 없어 말 없이 앉았으매 |
| 回光照此身.(43) | 되비치는 햇빛이 몸을 비추겠지만 |
| 他年赤墀下,(44) | 언젠가는 황궁의 계단 밑에서 |
| 玉立看垂紳.(45)(46) | 옥처럼 서서 드리워진 큰 띠를 보리. |

其五

| | |
|---|---|
| 平生我亦輕餘子,(47) | 평소에 나도 다른 사람을 경시했으니 |

晚歲人誰念此翁.　만년에 누가 이 늙은이를 생각하리오?
巧語屢曾遭薏苡,[48]　교묘한 말로 몇 번이나 참소를 당한 뒤에
廋詞聊復託芎藭.[49][50]　말을 삼가며 구차하게 궁궁이에 의탁하네.
子還可責同元亮,[51]　아들은 그래도 꾸짖을 만하니 도원량과 맞먹고
妻却差賢勝敬通.[52]　아내는 오히려 조금 어질어 경통보다 낫다네.
若問我貧天所賦,　내 가난이 하늘이 준 것이냐고 묻는다면
不因遷謫始囊空.　유배 때문에 비로소 주머니가 빈 건 아니라 하겠네.

其六

君家玉臂貫銅青,[53][54]　푸른 구리를 꿰뚫는 그대 집의 백옥 팔뚝
下客何時見目成.[55][56]　이 하찮은 손님과 언제 눈이 맞으려나?
勤把鉛黃記宮樣,[57][58]　분과 노란 곤지 들고 궁중 양식 열심히 기억하고
莫教弦管作蠻聲.[59]　관현악기로 남만의 소리를 내게 하지는 말게나.
熏衣漸歎衙香少,[60][61]　훈향할 아향이 적어진다고 점점 많이 탄식할 터
擁髻遙憐夜語清.[62]　머리 잡고 밤에 옛얘기하는 것 멀리서 안쓰러워하누나.
記取北歸攜過我,　북쪽으로 돌아갈 때 데리고 나에게 들를 걸 기억하게나
南江風浪雪山傾.[63]　남강의 풍랑이 무너진 설산이 될지라도.

**[해설]**

왕십붕(王十朋)의 《백가주분류동파선생시(百家註分類東坡先生詩)》에 "왕정국이 빈주에 유배되었을 때 선생에게 부쳐 보낸 시가 있기 때문에 선생이 이에 화답한 것이다(王定國謫賓州, 有詩寄先生, 先生和之)"라고 한 바와 같이, 친구 왕공이 오대시안에 연루되어 빈주에서 유배생활을 할 때 보내 온 시에 화답한 것이다.

**[주석]**

(1) 王鞏(왕공): 소식의 절친한 친구. 烏臺詩案에 연루되어 監賓州鹽稅로 폄적되었다. 빈주는 지금의 광서장족자치구 賓陽이다. 〈答王鞏〉(0561) 주 (1) 참조.
(2) 陽朔山(양삭산): 빈양 동북쪽의 양삭에 있는 산. "계림의 산수는 천하에서 으뜸이요, 양삭의 산

수는 계림에서 으뜸이다(桂林山水甲天下, 陽朔山水甲桂林)"라는 말이 있을 정도로 풍광이 빼어나다. 날씨가 무더운 남방이기 때문에 유배지로나 쓰이던 빈양 일대의 산수를 가리킨다. 楊蘧가 영남지방으로 가서 양삭 일대의 산수를 보고 돌아와 입에 침이 마르도록 칭송했다. 한번은 侍郎 王贊에게 "시랑께서는 양삭의 산수를 보신 적이 있습니까?" 하고 물었다. 그러자 왕찬이 웃으면서 "나는 남을 때려서 입술이 터지거나 이가 빠지게 만든 적이 없는데 어떻게 그것을 보겠소?" 라고 했다. 이 일화는 이 지역이 유배령을 받지 않으면 가지 않는 곳이라는 뜻이다.(《北夢瑣言》 참조)

(3) 兩頭蛇(양두사): 머리가 두 개 달린 뱀. 옛날에는 이것을 보면 죽는다는 속설이 있었다.

(4) 瘴(장): 瘴氣. 축축하고 더운 땅에서 생기는 독한 기운. 瘴毒.

(5) 千仞翼(천인익): 천 길 높이의 공중에서 나는 새의 날개.

(6) 雅(아): 매우.

(7) 驩兜(환두): 堯舜 시기 부락의 수령으로 四凶 가운데 한 사람이었다는 전설적인 인물. 《書經・舜傳》에 "공공을 유주로 귀양 보내고, 환두를 숭산으로 귀양 보내고, 삼묘를 삼위로 귀양 보내고, 곤을 우산으로 귀양 보냈다(流共工于幽洲, 放驩兜于崇山, 竄三苗于三危, 殛鯀于羽山)"라는 말이 있다.

(8) 虞舜陟(우순척): 순임금의 남방 巡狩를 가리킨다. 《서경・순전》에 "50년 되던 해에 남방 순수 길에 올랐다가 세상을 떠났다(五十載, 陟方乃死)"라고 한 바와 같이 순임금은 남방을 순수하는 도중 蒼梧의 들판에서 세상을 떠났다. 紀昀의 《蘇文忠公詩集》에 "'頗訝……'라는 구절은 이해가 잘 안 된다('頗訝'句未甚解)"라고 했다.

(9) 三年囚(삼년수): 유배된 지 3년째 되는 죄수라는 뜻으로 왕공을 가리킨다.

(10) 苦霧(고무): 짙은 안개.

(11) 吉人(길인): 선량한 사람.

(12) 仰荷(앙하): 받다. 은덕을 입다.

(13) 天地德(천지덕): 천지의 덕. 만물을 생존하게 하는 기능을 가리킨다. 《易經・繫辭下》에 "천지의 큰 덕은 만물을 살리는 것이다(天地之大德曰生)"라고 했다.

(14) 黃岡(황강): 황강산. 황주 동쪽에 있다.(魏嵩山 主編, 《中國歷史地名大辭典》, 廣東教育出版社, 1995년 제1판, 998쪽 참조)

(15) 武昌(무창): 長江을 사이에 두고 황주와 마주 보고 있던 縣. 지금의 호북성 鄂州.

(16) 玆行(자행): 이번의 발걸음. 왕공이 빈주로 간 일을 가리킨다.

(17) 丹穴(단혈): 단사를 단련하며 수도하는 동굴.

(18) 勾漏(구루): 구루산. 도가에서 신선들이 산다고 하는 三十六洞天 가운데 스물두 번째 동천으로 광서장족자치구 北流縣의 동북쪽에 있다.(《중국역사지명대사전》, 179쪽 참조) 《晉書・葛洪傳》에 "나이가 많아지자 단사를 단련하여 장수를 빌고 싶었는데 교지 지역에 단사가 난다는 소문을 듣고 구루현령으로 보내 달라고 청했다(以年老, 欲鍊丹以祈遐壽, 聞交阯出丹, 求爲勾漏令)"라

고 했다.

(19) 刀圭(도규): 가루약을 뜰 때 사용하는 숟가락. 장생불사에 필요한 약 또는 의술을 가리킨다. '分刀圭'는 자신에게 장생불사의 약을 나누어 준다는 말이다. 소식의 자주에 "왕군이 계주 단사를 좀 주기로 했다(君許惠桂州丹砂)"라고 했다.

(20) 服犁鋤(복이서): 쟁기와 호미에 힘을 쓰다. 농사에 힘쓴다는 말이다.

(21) 解佩(해패): 허리에 찬 칼을 푼다는 뜻으로 농사짓는 것을 가리킨다. 한나라 사람 龔遂가 渤海太守로 부임하자 백성들 가운데 칼을 차고 다니는 사람이 있어서 "무엇 때문에 소와 송아지를 허리에 차고 다니는가?"라며 그들을 설득하여 큰 칼은 팔아서 소를 사고 작은 칼은 팔아서 송아지를 사서 성실하게 농사짓게 했다.(《漢書·循吏傳》 참조) 그 뒤로 소를 사서 농사에 힘쓰는 것을 '解佩'라고 한다.

(22) 力田(역전): 농사에 힘쓴다는 뜻으로 한나라 때의 農官의 명칭이기도 하기 때문에 여기서는 중의적으로 썼다.

(23) 敲冰(고빙): 얼음을 깨고 그 밑에 있는 물을 긷는다는 말이다. 《浙江通志·物產》에 인용된 《嵊志》에 "섬등지는 천하에 이름이 났는바 그 규격은 모두 다섯 가지가 있었으니, 등나무 껍질을 나무 망치로 찧어서 견고하고 매끄럽고 하얀 광택이 난 것을 추전이라고 하고, 옥처럼 맑고 윤택한 것을 옥판전이라고 하고, 남당 징심당지의 양식을 사용한 것을 징심당전이라고 하고, 촉지방 사람들의 어자전 제조법을 쓴 것을 분운라전이라고 하고, 겨울철의 차가운 물을 쓰는 것이 좋기 때문에 얼음을 깨고 만든 것을 고빙지라고 했는데, 지금은 그 기술이 전해지는 것이 아무것도 없다(剡藤紙名擅天下, 式凡五, 藤用木椎椎治, 堅滑光白者曰硾箋, 瑩潤如玉者曰玉版箋, 用南唐澄心堂紙樣者曰澄心堂箋, 用蜀人魚子箋法者曰粉雲羅箋, 造用冬水佳, 敲冰爲之曰敲冰紙, 今莫有傳其術者)"라고 했다.

(24) 擣紙(도지): 나무껍질을 절구에 넣고 죽처럼 되도록 잘 찧어서 종이를 만드는 것을 가리킨다.

(25) 籜(탁): 죽순의 껍질. 죽순을 가리킨다.

(26) 紈綺間(환기간): 비단이 쌓여 있는 곳이라는 뜻으로 부유한 집안을 가리킨다. 왕공은 북송 초에 재상을 지낸 王旦의 손자이다. 〈答王鞏〉(0561) 주 (9) 참조.

(27) 非其脚(비기각): 잘하는 일이 아니다. 王十朋의 《百家註分類東坡先生詩》에 "일 중에는 평소에 잘할 줄 아는 것이 아닌데도 할 줄 아는 척하고 하는 것이 있으니 세상에서 '잘하는 일이 아니다'라고 한다(事有非所諳習而謾爲之. 諺云: '不是脚.')"라고 했다.

(28) 玉纖纖(옥섬섬): 옥처럼 곱고 가늘다. 왕공이 데리고 있는 미인들을 가리킨다.

(29) 翠黛(취대): 눈썹을 그리는 데 사용하는 검푸른 색의 먹. 미인을 가리킨다.

(30) 頩(병): 화가 나서 안색이 변하는 모양.

(31) 六鑿(육착): 喜·怒·哀·樂·愛·惡의 여섯 가지 감정. 이 구절은 소식의 아내와 며느리가 고부간의 갈등을 일으킨다는 말이다.

(32) 千年實(천년실): 오랜 기간에 걸쳐서 결실한 귀한 열매를 가리킨다.

(33) 摧(최): 꺾다. 이 구절은 꽃을 꺾어 버림으로써 단번에 열매가 맺히지 않도록 한다는 말이다.

(34) 教(교): ~로 하여금 ~하게 하다.

(35) 天網(천망): 하늘이 친 그물. 조정의 통치 또는 法網을 가리킨다.

(36) 日華(일화): 햇빛. 도가에서 말하는 태양의 精華. 이 연은 왕공이 가 있는 빈주는 이 세상 바깥이라고 할 수 있으므로 이미 속세가 아니라는 해학과 자조를 겸한 표현이다.

(37) 賓州(빈주): 왕공의 유배지로 지금의 광서장족자치구 賓陽.

(38) 棲霞(서하): 서하루. 황주에 있는 누각. 소식의 자주에 "누각 이름이다(樓名)"라고 했고, 그의 사 〈水龍吟〉(小舟橫截春江)의 서문에 "대부이신 공현 여구효종께서 일찍이 황주지주로 계실 때 서하루를 지어 그것이 이 고을의 절경이 되었다(閭丘大夫孝終公顯, 嘗守黃州, 作棲霞樓, 爲郡中絶勝)"라고 했다. 《齊安拾遺》에 "서하루는 군성의 가장 높은 곳에 있는데 장강과 회하 일대에서 경치가 빼어난 곳이다(棲霞樓在郡城最高處, 江淮絶境也)"라고 했고, 소식의 〈與王定國書〉에 "중양절에 서하루에 올라 그대를 바라보며 쓸쓸하게 〈천추세〉를 불렀더니 자리에 있던 사람들이 그대를 알건 모르건 간에 모두 그대를 생각했다오(重九日, 登棲霞樓, 望君凄然歌〈千秋歲〉, 滿坐識與不識, 皆懷君)"라고 했다.

(39) 鄰里(인리): 같은 마을에 사는 사람.

(40) 傾蓋(경개): 수레용 日傘을 기울인다는 뜻으로 수레를 바짝 붙이고 이야기를 나누는 것을 가리킨다. 〈臺頭寺送宋希元〉(0604) 주 (3) 참조.

(41) 殊方(수방): 낯선 곳. 타향. 班固의 〈西都賦〉에 "곤륜산을 넘고 큰 바다를 건너서 타지방의 기이한 짐승들이 3만 리밖 까지 온 것입니다(逾昆侖, 越巨海, 殊方異類, 至於三萬里)"라는 말이 있다.

(42) 餘事(여사): 본업 이외의 일.

(43) 回光(회광): 태양이 지평선 밑으로 떨어지기 전에 반사작용으로 인하여 잠시 하늘을 되비추는 빛. 석양을 가리킨다.

(44) 赤墀(적지): 황궁 계단 위의 붉게 칠한 공지. 조정을 가리킨다.

(45) 玉立(옥립): 옥처럼 서다. 맑고 꼿꼿하게 선다는 뜻이다.

(46) 紳(신): 고관들이 예복에 매는 긴 띠. 허리에 매고 남은 부분은 길게 늘어뜨려 장식용으로 삼는다.

(47) 餘子(여자): 여타의 사람들. 소식의 《東坡志林》에 "옛날에 내가 鳳翔府簽判이 되어 장안을 지나갈 때 유원보를 만났더니 나를 붙잡아 놓고 여러 날에 걸쳐 술을 많이 먹였다. 술이 얼큰해지자 그가 나에게 말했다. '옛날에 진계필이 진원룡에게 "듣자하니 먼 곳에 있는 사람과 가까운 곳에 있는 사람이 다 태수께서 교만하고 자긍심이 강하다고 하더군요"라고 하자, 진원룡이 "저는 집안이 화목하고 덕행이 있기로는 진원방 형제를 존경하고, 청렴결백하고 예법이 있기로는 화자어를 존경하며, 덕을 잘 닦아 악을 싫어하고 유식하며 의리가 있기로는 조원달을 존경하고, 견문이 넓고 기억력이 좋으며 남달리 기이하고 비범하기로는 공문거를 존경하며, 웅장한 자태가

걸출하여 제왕의 지략이 있기로는 유현덕을 존경합니다. 이처럼 남을 존경하는데 무슨 교만함이 있겠습니까? 나머지 인사들이야 시시하기 짝이 없으니 어찌 거론할 만하리오?"라고 했다네.' 그러고는 하늘을 우러러보며 크게 탄식했으니 이 또한 유원보의 아취이다. 나는 나중에 황주에서 시를 지어 '평소에 나도 다른 사람을 경시했으니, 만년에 누가 이 늙은이를 생각하리오?'라고 했으니 대체로 유원보의 일을 기록한 것이다(昔爲鳳翔幕, 過長安, 見劉原父, 留吾劇飮數日. 酒酣, 謂吾曰: '昔陳季弼告陳元龍曰: "聞遠近之論, 謂明府驕而自矜." 元龍曰: "夫閨門雍穆, 有德有行, 吾敬陳元方兄弟; 淵清玉潔, 有禮有法, 吾敬華子魚; 淸修疾惡, 有識有義, 吾敬趙元達; 博聞强記, 奇逸卓犖, 吾敬孔文擧; 雄姿傑出, 有王霸之略, 吾敬劉玄德. 所敬如此, 何驕之有? 餘子瑣瑣, 亦安足錄哉!"' 因仰天太息, 此亦原父之雅趣也. 吾後在黃州作詩云: '平生我亦輕餘子, 晩歲誰人念此翁.' 蓋記原父語也)"라는 말이 있다.

(48) 薏苡(의이): 율무. 후한 때의 伏波將軍 馬援은 交趾에 있을 때 율무를 먹음으로써 몸을 가볍게 하고 욕심을 없애 瘴氣를 이겨 냈다. 그 때문에 교지에서 돌아올 때 율무 열매를 수레에 싣고 왔는데 사람들이 그가 남방의 진귀한 물건을 싣고 온 줄 알았다. 그러나 그가 살아 있을 때는 그의 권세에 눌려 말을 못하다가 그가 죽고 난 뒤에 그가 明珠와 고급 무소뿔을 싣고 왔었다고 상소문을 올려 그를 참소했다.(《후한서 · 마원전》 참조) 이것을 '薏苡之讒' 또는 '薏苡之謗'이라고 한다. 그 뒤로 '薏苡'는 다른 사람의 참소를 가리킨다.

(49) 廋詞(유사): 말을 숨기다. 隱語를 쓰다.

(50) 芎藭(궁궁): 궁궁이. 〈次韻孔毅父久旱已而甚雨三首〉(0748) 주 (56) 참조. 이 구절은 궁궁이로 風濕을 막으며 저습한 지역에서 산다는 말이다.

(51) 元亮(원량): 동진 시인 陶淵明의 字. 그에게 〈責子〉라는 시가 있다.

(52) 敬通(경통): 후한 辭賦家 馮衍의 字. 《후한서 · 풍연전》에 "풍연은 북지 임씨의 딸을 아내로 맞았는데, 그녀는 성질이 사납고 투기가 심해 풍연이 첩을 둘 수 없었다(衍娶北地任氏女爲妻, 悍忌, 不得畜媵妾)"라고 했다.

(53) 玉臂(옥비): 옥으로 이루어진 팔뚝. 왕공 첩의 팔뚝을 가리킨다.

(54) 銅靑(동청): 구리에 생기는 푸른색 녹. 그런 색깔의 옷소매를 가리킨다. 査愼行의 《蘇詩補註》에 "매요신 시의 자주에 '동청은 옷의 색깔을 말한다'라는 말이 있다(梅堯臣詩自注: '銅靑謂衣色也.')"라고 했다.

(55) 下客(하객): 하등의 빈객. 소식 자신을 가리킨다.

(56) 目成(목성): 눈길을 주고받아서 친해지다. 屈原의 〈九歌 · 少司命〉에 "온 방에 가득한 미인들이여, 홀연히 나하고만 눈길이 마주치네(滿堂兮美人, 忽獨與予兮目成)"라는 구절이 있다. 만나서 서로 반기는 것을 가리킨다.

(57) 鉛黃(연황): 분과 額黃. 액황은 옛날 여자들이 이마에 바르던 노란색 화장품이다. 馮應榴의 《蘇軾詩集合注》에 "연황은 분과 눈썹먹과 액황을 말한다(鉛黃, 言鉛黛額黃也)"라고 했다.

(58) 宮樣(궁양): 궁중에서 유행하는 화장법.

(59) 蠻聲(만성): 南蠻의 소리. 왕공의 유배지인 빈주 사람들이 좋아하는 악기 소리를 가리킨다. 이 연은 머지않아 북쪽으로 돌아올 테니 북방 문화를 잊어버리지 말라는 말이다.

(60) 熏衣(훈의): 향을 피워 옷에 그 향이 스며들게 하다.

(61) 衙香(아향): 향의 일종.

(62) 擁髻(옹계): 머리카락을 잡고 옛날 이야기를 하며 슬픔에 빠지다. 한나라 伶玄의 〈趙飛燕外傳自敍〉에 "첩 통덕이 옷소매를 살펴보고 촛불 그림자를 돌아보며 손으로 머리를 잡고 쓸쓸하게 눈물을 흘렸다(通德占袖, 顧視燭影, 以手擁髻, 淒然泣下)"라고 했다.

(63) 南江(남강): 소식의 자주에 "왕군은 남강에 부임한 이래로 한 번도 나에게 들른 적이 없다(君自南江赴任, 不一過我)"라고 했는데, '南江'이 '江南'으로 된 판본도 있다.

## 0752. 弔李臺卿[1]幷敍

이대경을 애도하는 시와 그 서문

李臺卿, 字明仲, 廬州[2]人. 貌陋甚, 性介不群, 而博學强記, 罕見其比. 好《左氏[3]》, 有《史學考正同異》, 多所發明. 知天文律曆, 千歲之日可坐數也. 軾謫居黃州[4], 臺卿爲麻城[5]主簿[6], 始識之. 旣罷居於廬, 而曹光州[7]演甫[8], 以書報其亡. 臺卿, 光州之妻黨也.(이대경은 자가 명중으로 여주 사람이다. 생김새가 아주 못나고 성격이 유별나서 다른 사람과 잘 어울리지 못했지만, 학식이 넓고 기억력이 좋기로는 그에게 비길 만한 사람이 드물었다. 《춘추좌씨전》을 좋아하여 《사학고정동이》라는 저서가 있는데 새로운 사실을 밝힌 것이 많다. 천문과 율력을 잘 알아 천 년 뒤의 날짜를 앉아서 헤아릴 수 있었다. 내가 황주에서 유배생활을 할 때 이대경이 마성현 주부였기 때문에 처음으로 알게 되었다. 관직에서 물러난 뒤에는 여주에서 살았는데 광주지주 조연보가 편지로 그의 죽음을 알려 주었다. 이대경은 광주지주 조씨의 처족이다.)

| | |
|---|---|
| 我初未識君, | 내가 처음 그대를 잘 알지 못했을 때 |
| 人以君爲笑. | 사람들이 그대를 우습다고 여겼지요. |
| 垂頭老鸛雀,[9][10] | 고개 숙여 늙은 황새 모양을 하매 |
| 烟雨霾七竅.[11][12] | 안개비에 일곱 구멍이 가려졌지요. |
| 敝衣來過我, | 다 떨어진 옷을 입고 나를 찾아와서는 |
| 危坐若持釣.[13] | 낚싯대를 잡은 듯 반듯이 앉아 있었지요. |
| 褚裒半面新,[14][15] | 저부에게도 반쪽 얼굴론 낯설었지만 |
| 鬷蔑一語妙.[16] | 종멸처럼 말 한 마디가 절묘했지요. |
| 徐徐涉其瀾, | 서서히 물결을 건너가면서 |
| 極望不可徼.[17][18] | 한껏 바라보아도 제대로 볼 수 없었지요. |
| 却觀元嫵媚,[19][20][21] | 물러나서 보면 그대는 원래 잘생긴 사람 |
| 士固難輕料. | 선비는 참 경솔하게 헤아릴 게 아니지요. |
| 看書眼如月, | 책을 볼 땐 눈이 마치 달과 같아서 |
| 罅隙靡不照.[22] | 안 비추는 틈이 없이 구석구석 비췄지요. |
| 我老多遺忘, | 나는 늙어 잊어버린 것이 많은데 |

| | |
|---|---|
| 得君如再少. | 그대를 만나면 다시금 젊어진 것 같았지요. |
| 從橫通雜藝,(23) | 여러 가지 재주에 두루두루 정통하여 |
| 甚博且知要. | 매우 해박한 데다 요점도 잘 알았지요. |
| 所恨言無文,(24) | 한탄스러운 것은 말에 문채가 없어 |
| 至老幽不耀. | 늙도록 어두컴컴 빛이 나지 않았지요. |
| 其生世莫識, | 살았을 때 세상에 아는 사람 없었거늘 |
| 已死誰復弔. | 이미 죽은 지금에야 더 이상 누가 애도하리오? |
| 作詩遺故人, | 이 시를 지어서 친구에게 드리며 |
| 庶解俗子譙. | 세인들의 비난이 해소되길 빌어요. |

**[해설]**

황주에 있을 때 알게 된 기인 이대경이 고향인 여주에서 죽었다는 소문을 듣고 지은 시로, 그의 자태와 인품과 학식에 대해서 묘사하고 그의 죽음을 애도했다.

**[주석]**

(1) 李臺卿(이대경): 黃州 유배 시절에 알고 지낸 소식의 친구.
(2) 廬州(여주): 지금의 안휘성 合肥.
(3) 左氏(좌씨): 春秋左氏傳. 左丘明이 지은 《춘추》 해설서.
(4) 黃州(황주): 지금의 호북성 黃岡市 黃州區.
(5) 麻城(마성): 지금의 호북성 마성으로 당시 황주의 속현이었다.
(6) 主簿(주부): 관직 이름. 현령의 보좌관.
(7) 光州(광주): 지금의 하남성 光山·潢川 일대. 남쪽으로 황주와 접경을 이루고 있었다.
(8) 演甫(연보): 曹九章의 字. 조구장은 蘇轍의 사위 曹煥의 부친으로 光州知州를 지냈다. 소철의 〈祭曹演父文〉에 "처음에는 친구였는데 저에게 혼인을 청하셨거니와 제가 공을 알았던 것이 아니라 실은 저의 형이 공을 잘 알았지요(始於朋友, 求我婚姻. 匪我知公, 我兄實知)"라고 했다.
(9) 垂頭(수두): 고개를 숙이다.
(10) 鸛雀(관작): 황새. 이 구절은 이대경이 하얀 머리를 숙이고 다닌다는 말이다.
(11) 霾(매): 가리다. 막다.
(12) 七竅(칠규): 일곱 구멍. 눈·코·귀·입을 가리킨다. 이 구절은 이대경이 늘 머리카락을 드리우고 다니기 때문에 얼굴이 가려져서 잘 안 보인다는 뜻이다.
(13) 持釣(지조): 낚싯대를 잡다. 《莊子·秋水》에 "장자가 복수에서 낚시질을 하고 있는데 초나라 임

금이 대부 두 사람을 보내 먼저 자기 생각을 전하여 '나랏일로 번거롭게 해드리고자 합니다'라고 했다. 장자는 낚싯대를 잡은 채 돌아보지도 않은 채, '듣자하니 초나라에 신령스러운 거북이가 있었는데 죽은 지가 3천 년이 지났지만 아직도 임금이 천으로 싸서 상자에 넣은 다음 종묘에 보관하고 있다고 하더군요. 이 거북이는 죽어서 뼈를 남겨 존귀하게 되는 것이 낫겠소? 아니면 살아 가지고 진흙 속에서 꼬리를 끄는 것이 낫겠소?'라고 했다(莊子釣於濮水, 楚王使大夫二人往先焉, 曰: '願以境內累矣!' 莊子持竿不顧, 曰: '吾聞楚有神龜, 死已三千歲矣, 王以巾笥而藏之廟堂之上. 此龜者, 寧其死爲留骨而貴乎? 寧其生而曳尾於塗中乎?')"라는 말이 있다.

(14) 褚裒(저부): 동진 사람 저부가 豫章太守로 재임 중이던 어느 해 정월 초하루에 庾亮을 찾아갔더니, 마침 연회가 벌어져 내로라하는 인사들이 다 모여 있었다. 孟嘉도 먼 발치에 앉아 있었다. 저부가 유량에게 "江州에 맹가라는 사람이 있다던데 어느 사람이오?" 하고 물었다. 유량이 가르쳐 주지 않고 직접 찾아보라고 했다. 저부가 좌중을 한 바퀴 둘러보고는 금방 맹가를 알아보았다.(《진서 · 맹가전》 참조) 사람을 잘 알아보는 사람을 가리킨다.

(15) 半面(반면): 얼굴을 반쪽만 본다는 말이다. 후한 사람 應奉이 스무 살 때 袁賀를 찾아갔더니, 그 집에서 수레를 만드는 기술자가 얼굴이 반만 보일 정도로 문을 조금 열고 내다보며 원하가 출타 중이라고 하므로 금방 걸음을 돌려 떠났다. 그로부터 수십 년이 지났을 때 응봉이 길에서 수레 만드는 기술자를 보고는 알아보고 그를 불렀다.(《후한서 · 응봉전》 참조) 이 구절은 이대경이 생각이 많고 표정이 다양하여 금방 알아볼 수 없는 면모가 있다는 말인 듯하다.

(16) 鬷蔑(종멸): 춘추시대에 叔向이 鄭나라에 갔을 때, 얼굴이 추악하게 생긴 정나라 사람 종멸이 그를 한번 만나 보고 싶어서, 술상을 들고 가는 하인을 따라 대청 밑으로 가서 이야기를 한 마디 했는데 그 말이 매우 훌륭했다. 숙향이 술을 마시려고 하다가 그의 말을 듣고는 "틀림없이 종멸일 것이다" 하며 뛰어 내려가서 그의 손을 잡고 대청으로 올라가 마침내 오래 사귄 친구처럼 지냈다.(《左傳 · 昭公二十八年》 참조) 이 구절은 이대경을 종멸에 비유한 것이다.

(17) 極望(극망): 시력이 닿는 데까지 최대한 멀리 바라보다.

(18) 徼(요): 끝. 끝에 이르다. 이 연은 이대경의 학문이 너무 넓고 깊어서 따라가기 어렵다는 뜻인 것 같다.

(19) 却(각): 다시.

(20) 元(원): 원래. '原'과 같다.

(21) 嫵媚(무미): 자태가 아름답다.

(22) 罅隙(하극): 틈. 이 연은 책의 내용을 빠짐없이 다 이해했다는 말이다.

(23) 從橫(종횡): 종횡으로. '縱橫'과 같다.

(24) 言無文(언무문): 말에 문채가 없다. 말이 정교하지 않고 투박하다는 말이다. 《左傳 · 襄公二十五年》에 "말을 함에 문채가 없으면 멀리 가지 않는다(言之無文, 行而不遠)"라는 孔子의 말이 인용되어 있다.

## 0753. 曹[1]既見和[2]復次韻

조씨가 벌써 내 시에 화답해 왔기에 다시 차운하여

| | |
|---|---|
| 造物本兒嬉, | 조물주는 본래부터 어린아이 장난질 |
| 風噫雷電笑. | 바람으로 숨 내뿜고 번개로 웃네. |
| 誰令妄驚怪,[3] | 누가 괜히 놀라고 괴이하게 여기게 하나? |
| 失匕號萬竅.[4][5] | 숟가락을 떨어뜨리게 하고 온갖 구멍을 다 울리네. |
| 人人走江湖, | 사람들이 너도나도 강과 호수로 달려가 |
| 一一操網釣. | 한 사람 한 사람이 다 그물과 낚시를 손에 잡네. |
| 偶然連六鼇,[6] | 어쩌다가 자라 여섯 마리가 한꺼번에 잡히면 |
| 便謂此手妙. | 이 사람의 솜씨가 절묘하다 칭송하네. |
| 空令任公子,[7] | 공연히 임나라의 공자로 하여금 |
| 三歲蹲海徼.[8] | 삼 년 동안 바닷가에 쭈그리고 있게 했네. |
| 長貧固不辭, | 안빈낙도하며 오래 가난한 것도 정말 불사했기에 |
| 一死實未料. | 그가 죽을 줄 진실로 헤아리지 못했네. |
| 難將蓍草算,[9][10] | 그것을 시초로 점치기는 어려웠고 |
| 除用佛眼照. | 부처님의 눈으로나 비춰 볼 수 있었네. |
| 何人嗣家學, | 그 집안의 학문을 누가 계승하려나? |
| 恨子兒尙少. | 아이들이 아직 너무 어린 것이 안타깝네. |
| 嗟我與曹君,[11] | 아아 나와 조군은 |

| | |
|---|---|
| 衰老世不要. | 노쇠하여 세상에 필요하지도 않네. |
| 空言今無救,(12) | 공허한 말이 지금은 도움이 안 되겠지만 |
| 奇志後必耀. | 그의 비범한 생각은 나중에 반드시 빛날 것이네. |
| 吟君五字詩,(13) | 그대의 오언시를 읊조려 보니 |
| 義重千金弔. | 그 뜻이 천금으로 조문하는 것보다 낫네. |
| 收藏愼勿出, | 감춰 두고 아무쪼록 내놓지 말게 |
| 免使群兒譙.(14) | 아이들이 트집을 잡지 못하게. |

**[해설]**

조구장이 이대경(李大卿)의 죽음을 애도하여 지은 자신의 시에 화답해 온 것을 보고 앞 시에 차운하여 다시 지은 것이다. 뛰어난 재주를 지니고 있으면서도 때를 만나지 못한 채 갑자기 죽은 이대경의 삶을 안타까워하고 그의 유족들을 위로했다. 조구장이 보내온 시에 당시의 정치 현실과 결부시켜 이대경의 죽음을 한탄함으로써 신법파의 심기를 건드릴 만한 내용이 있었던 것으로 보인다.

**[주석]**

(1) 曹(조): 曹九章을 가리킨다. 〈弔李臺卿幷敍〉(0752) 주 (8) 참조.

(2) 見和(견화): 나에게 화답하다. 〈次韻王定國馬上見寄〉(0562) 주 (2) 참조.

(3) 驚怪(경괴): 놀랍고 괴이하게 여기다.

(4) 失匕(실시): 숟가락을 떨어뜨리다. 《三國志 · 蜀志 · 先主傳》에 "이때 조공(曹操)이 조용하게 선주(劉備)에게 말하기를, '지금 천하의 영웅은 오로지 그대와 나 둘뿐이오. 본초(袁紹) 같은 무리는 칠 것도 없소'라고 했다. 선주가 한창 식사를 하고 있다가 수저를 떨어뜨렸다(是時曹公從容謂先主曰: '今天下英雄, 唯使君與操耳. 本初之徒, 不足數也.' 先主方食, 失匕箸)"라고 했다.

(5) 萬竅(만규): 땅 위에 있는 모든 구멍. 《莊子 · 齊物論》에 "대지가 기운을 내뿜으니 그 이름이 바람이다. 이것이 안 일어나면 그만이지만, 일어났다 하면 모든 구멍이 다 성난 듯이 소리 지른다(夫大塊噫氣, 其名爲風. 是唯無作, 作則萬竅怒呺)"라고 했다.

(6) 六鼇(육오): 중국 신화에서 신선들이 사는 산 다섯 개를 떠받치고 있다는 여섯 마리의 자라. 《列子 · 湯問》에 "용백국에 대인이 있는데 발을 들어 몇 걸음 안 가서 다섯 산이 있는 곳에 이르러 한 번의 낚시질로 연달아 여섯 마리의 자라를 낚았다(龍伯之國有大人, 擧足不盈數步, 而暨五山之所, 一釣而連六鼇)"라고 했다.

(7) 任公子(임공자): 임나라 공자. 《莊子 · 外物》에 "임나라 공자가 큰 낚싯바늘과 굵은 낚싯줄을 만들고 거세한 소 50마리를 미끼로 삼아 회계산에 쭈그리고 앉아 동해에 낚싯대를 던져 놓고 날마다 낚시질을 했지만 1년 동안 고기를 잡지 못했다(任公子爲大鉤巨緇, 五十犗以爲餌, 蹲乎會稽, 投竿東海, 旦旦而釣, 期年不得魚)"라고 했다.

(8) 海徼(해요): 바닷가. 이상의 여섯 구절은 우연히 대어를 낚아 사람들의 칭송을 듣는 사람이 있는가 하면 오래도록 전혀 고기를 못 낚는 사람도 있는 낚시질에 비유하여 이대경이 끝내 뜻을 이루지 못한 것을 안타까워한 것이다.

(9) 將(장): ~을 가지고. ~로써

(10) 蓍草(시초): 다년생 초본식물로 그 줄기가 점치는 데 자주 사용되었다.

(11) 曹君(조군): 조구장을 가리킨다.

(12) 空言(공언): 유족에게 하는 말로 바로 다음 구절을 가리킨다. 《史記 · 太史公自序》에 "내가 추상적인 내 이야기를 기록하는 것보다 이미 행해진 역사적 사실을 통해 보여 줌으로써 절실하고 분명하게 하는 편이 더 낫다(我欲載之空言, 不如見之於行事之深切著明也)"라는 孔子의 말이 인용되어 있다.

(13) 君(군): 조구장을 가리킨다.

(14) 群兒(군아): 아이들. 신법파의 신진인사들을 가리킨다.

## 0754. 弔徐德占[1]幷引

서덕점을 애도하는 시와 그 서문

余初不識德占, 但聞其初爲呂惠卿[2]所薦, 以處士[3]用. 元豊五年三月, 偶以事至蘄水[4]. 德占聞余在傳舍[5], 惠然見訪[6], 與之語, 有過人者. 是歲十月, 聞其遇禍, 作詩弔之.(나는 처음에 서덕점을 알지 못하고 다만 그가 여혜경의 천거를 받아 처사로 있다가 등용되었다는 소문만 들었다. 원풍 5년(1082) 3월에 우연히 일이 있어서 기수에 갔는데, 서덕점이 내가 객사에 있다는 말을 듣고 고맙게도 찾아 주어서 그와 이야기를 나누어 보았더니 보통 사람보다 뛰어난 면이 있었다. 이해 10월에 그가 화를 입었다는 소문을 듣고 시를 지어서 애도한다.)

| | |
|---|---|
| 美人種松柏, | 미인이 소나무와 잣나무를 심는 것은 |
| 欲使低映門. | 나직이 문에 그 모습을 드리우게 하려는 것 |
| 栽培雖易長, | 심어서 기르면 비록 잘 자라지만 |
| 流惡病其根.[7] | 나쁜 기운이 흐르면 그 뿌리가 병드네. |
| 哀哉歲寒姿,[8] | 슬프도다 추위에도 잘 견디는 그 모습 |
| 骯髒誰與論.[9][10] | 그 꼿꼿함이야 짝할 자가 누구리오? |
| 竟爲明所誤,[11] | 그런데 결국 관솔불 밝히려 자기 몸을 그르쳐 |
| 不免刀斧痕. | 칼자국과 도끼 자국을 면할 수가 없었네. |
| 一遭兒女汚, | 아녀자에게 능욕을 당한 뒤에야 |
| 始覺山林尊. | 비로소 산림 속이 귀한 줄을 알았네. |
| 從來覓棟梁, | 예로부터 들보와 마룻대를 찾을 때는 |
| 未省傍籬藩.[12] | 집 부근의 울타리 옆은 살펴보지 않았네. |
| 南山隔秦嶺,[13][14] | 진령 저 너머의 종남산에는 |
| 千樹龍蛇奔. | 천 그루가 용과 뱀이 달리는 모습이네. |
| 大廈若畏傾, | 큰 집이 쓰러질까 겁이 난다면 |
| 萬牛何足言.[15] | 어찌 소 만 마리로 끌고 온다 하리오? |
| 不然老巖壑, | 그렇지 않으면 바위 계곡에서 늙어 |

| | |
|---|---|
| 合抱枝生孫.(16) | 한 아름 되는 가지에서 손자가 나오겠네. |
| 死者不可侮,(17) | 죽은 사람을 업신여겨선 안 되겠기에 |
| 吾將遺後昆.(18) | 내가 이것을 후손에게 주려고 하네. |

**[해설]**

신법파 인사로 황주에서 잠시 만난 적이 있는 서희가 죽었다는 소문을 듣고 그를 애도하여 지은 것이다. 풍응류(馮應榴)의 《소식시집합주(蘇軾詩集合注)》에 "전편이 덕점이 총명하여 자신을 그르치고 작은 재목이 큰 일을 맡아서 이런 지경에 이르렀음을 마음 아파한 것이다(通首傷德占之聰明自誤, 小材大任, 以致此也)"라고 했고, 사신행의 《소시보주》에 "공은 덕점의 죽음에 있어서 변방의 일에 대해서는 한 마디도 언급하지 않았지만 그가 군사를 잃고 나라를 욕되게 한 죄가 참으로 은연중에 행간에 나타나 있다(公於德占之沒, 不一及邊事, 其喪師辱國之罪, 固隱然於言外矣)"라고 하여, 서희의 죽음을 애도하는 가운데 그가 작은 재주로 큰일을 하려고 욕심을 부리다가 결국 자신도 죽고 나라도 망신시키는 결과를 초래한 일을 넌지시 꼬집었다. 그러나 마지막 연을 보면 소식이 여혜경은 비판하고 서희는 변호해 주려는 입장이었음을 알 수 있다.

**[주석]**

(1) 德占(덕점): 徐禧의 字. 신법파 인사로 王安石(1021-1086)과 呂惠卿(1032-1111)의 후광을 많이 입었다. 원풍 5년(1082) 5월 沈括이 永樂城을 쌓으려고 논의를 시작하자 种諤 등이 극력 반대했는데, 서희가 여러 장수들을 지휘하여 마침내 성을 쌓았다. 성이 완공된 후에는 米脂砦로 돌아갔는데, 그해 9월에 西夏 군사가 갑자기 영락성을 공격하는 바람에 서희가 가서 항전했으나 결국 성이 함락되고 말았다. 이 일로 인하여 서희를 포함한 장교 수백 명과 사졸 30여 만 명이 죽었다.(《東都事略·徐禧傳》 및 《宋史·夏國趙秉常傳》 참조) 査愼行의 《蘇詩補註》에 "서덕점은 황산곡의 외형이다. 나이 마흔에 천명이 다하여 사람들을 상심하게 했다(徐德占, 黃山谷外兄也. 年四十, 大命殞傾, 令人短氣)"라고 했다.

(2) 呂惠卿(여혜경): 왕안석에 버금가는 신법파의 핵심 인물로 參知政事까지 역임했다.

(3) 處士(처사): 관직에 나아가지 않고 초야에 묻혀 사는 선비.

(4) 蘄水(기수): 지금의 호북성 浠水. 황주의 속현으로 당시의 황주 관청소재지에서 동쪽으로 100리 정도 떨어져 있었다.

(5) 傳舍(전사): 객사. 여관.

(6) 見訪(견방): 나를 방문하다. 〈次韻王定國馬上見寄〉(0562) 주 (2) 참조.

(7) 流惡(유악): 惡氣가 흐르다. 이상의 네 구절은 소나무는 깊은 산에서 자연스럽게 자라도록 놓아 두어야지 문 앞에다 옮겨 심으면 안 된다는 뜻으로, 여혜경이 처사로 있던 서희를 천거하여 官界로 불러들인 것을 비판한 것이다.

(8) 歲寒姿(세한자): 추운 날씨에도 잘 견디는 꿋꿋한 자태. 《論語・子罕》에 "날씨가 추워진 뒤에야 소나무와 잣나무가 다른 나무보다 나중에 시드는 줄을 안다(歲寒, 然後知松栢之後彫也)"라고 했다.

(9) 骯髒(항장): 강직한 모양.

(10) 誰與論(수여론): 누가 그와 짝을 이루겠는가. 짝이 될 만한 사람이 없다는 말이다. '論'은 '倫'과 같다.

(11) 明(명): 관솔불. 松明. 柳宗元의 시 〈商山臨路有孤松, 往來斫以爲明, 好事者憐之, 編竹成楥, 遂其生植, 感而賦詩〉에 "외로운 소나무가 비취 일산 우뚝 세우고, 널찍한 길가에 뿌리내리고 서 있네. 험난한 데서 자기 몸을 지키지 않아, 마침내 관솔불 밝히려 자기 몸을 그르쳤네(孤松停翠蓋, 託根臨廣路. 不以險自防, 遂爲明所誤)"라고 했다. 이 연은 소나무가 산림 속에 있지 않고 길가에 있으면 화를 입게 된다는 뜻으로, 서희가 관계에 나갔다가 화를 당한 것을 안타까워한 것이다.

(12) 籬藩(이번): 울타리. 가까운 곳을 가리킨다.

(13) 南山(남산): 終南山. 섬서성 西安의 남쪽에 있는 산으로 秦嶺山脈의 주봉이다.

(14) 秦嶺(진령): 섬서성 서안의 남쪽에 있는 산맥.

(15) 萬牛(만우): 재목을 끌고 올 수많은 소를 가리킨다. 두보의 시 〈古柏行〉에 "큰 집이 기울어지면 들보와 마룻대가 필요한데, 소 만 마리가 산처럼 무겁다 고개를 돌리겠네(大廈如傾要梁棟, 萬牛回首丘山重)"라는 구절이 있다. 이 집은 집을 떠받치는 재목으로는 종남산 같은 산림 속의 나무를 써야 한다는 말이다.

(16) 合抱(합포): 한 아름.

(17) 死者(사자): 서희를 가리킨다.

(18) 後昆(후곤): 후사. 자손. 후세 사람을 가리킨다. 이 연은 서희가 여혜경으로 인하여 전쟁에서 지고 나라를 치욕스럽게 했지만 본래 훌륭한 인물이었음을 후세에 알리기 위하여 이 시를 짓는다는 말이다.

## 0755. 李委[1]吹笛并引

이위가 피리 부는 모습을 읊은 시와 그 서문

元豊五年十二月十九日, 東坡生日, 置酒赤壁磯[2]下, 踞高峰, 俯鶻巢. 酒酣, 笛聲起於江上. 客有郭·古二生[3], 頗知音, 謂坡曰: "笛聲有新意, 非俗工也." 使人問之, 則進士李委, 聞坡生日, 作新曲曰〈鶴南飛〉以獻. 呼之使前, 則青巾紫裘腰笛而已. 旣奏新曲, 又快作數弄, 嘹然有穿雲裂石之聲. 坐客皆引滿醉倒. 委袖出嘉紙一幅, 曰: "吾無求於公, 得一絶句足矣." 坡笑而從之.(원풍 5년(1082) 12월 19일 동파의 생일에 적벽기 밑에다 술자리를 마련하고 높은 봉우리에 웅크리고 앉아 송골매의 둥지를 내려다보았다. 술이 얼큰해지자 강가에서 피리 소리가 들려왔다. 좌객 중에 곽씨와 고씨가 있었는데, 음악을 잘 아는지라 나에게 말하기를 "피리 소리에 새로운 맛이 있으니 범속한 악공이 아닐 것입니다"라고 했다. 사람을 보내 물어보라고 했더니 진사 이위가 동파의 생일이라는 말을 듣고 〈학남비〉라는 신곡을 지어서 바친 것이라고 했다. 그를 불러 앞으로 오게 했더니 푸른색 두건에 자주색 가죽옷을 입고 허리에 피리를 차고 있을 뿐이었다. 신곡을 다 불고 나서 또 몇 곡을 상쾌하게 부는데 구름을 뚫고 바위를 깨뜨릴 듯 낭랑한 소리가 났다. 좌객들이 다들 술잔을 당겨 가득 따라 마시고는 취하여 쓰러졌다. 그러자 이위가 소매에서 질 좋은 종이 한 폭을 꺼내 들고 "저는 공께 특별히 바라는 것이 없습니다. 절구 한 수를 얻을 수 있다면 그것으로 족합니다"라고 했다. 내가 웃으면서 그의 청에 따랐다.)

| | |
|---|---|
| 山頭孤鶴向南飛, | 남쪽으로 날아가는 산꼭대기의 외로운 학이 |
| 載我南游到九疑.[4] | 나를 태워 남으로 가 구의산에 데려다주네. |
| 下界何人也吹笛,[5] | 하계에서 누가 또 피리를 부나? |
| 可憐時復犯龜茲.[6][7] | 멋들어지게도 때때로 또 구자악이 섞여 드네. |

**[해설]**

소식의 생일에 황주 진사 이위가 신곡을 지어서 불어 준 후 절구 한 수를 지어 달라고 요구하므로 이에 응하여 지은 것이다.

## [주석]

(1) 李委(이위): 黃州 출신의 진사.

(2) 赤壁磯(적벽기): 황주의 長江 가에 있는 붉은색 바위 절벽. 소식이 이 절벽 밑의 장강에 배를 띄우고 놀며 〈赤壁賦〉를 지었는데, 1954년의 대홍수 때 장강의 물길이 바뀌는 바람에 지금은 적벽기와 장강 사이에 폭이 1km 정도 되는 둔치가 형성되어 있다.

(3) 二生(이생): 황주에 있을 때 친하게 지낸 현지인 친구 郭遘와 古耕道를 가리킨다. 〈正月二十日, 往岐亭……〉(0711) 주 (2) 참조.

(4) 九疑(구의): 호남성 寧遠縣에 있는 산으로 舜임금을 장사 지낸 곳이다. 이위가 지은 〈鶴南飛〉의 가사에 이런 말이 있었을 것으로 보인다.

(5) 下界(하계): '天上'과 상반된 개념으로 속세를 가리킨다. 査愼行의 《蘇詩補註》에 "정우의 시 〈진양문〉의 주에 '섭법선이 명황을 모시고 월궁으로 들어가서 음악을 듣고 돌아왔는데 그 가운데 절반만 기억하여 피리로 묘사했다'라는 말이 있다(鄭嵎〈津陽門〉詩註: '葉法善引明皇入月宮, 聞樂歸, 但記其半, 以笛寫之.')"라고 했다.

(6) 犯(범): 성격이 다른 음악을 섞어 넣는 것을 가리킨다.

(7) 龜茲(구자): 서역에 있던 나라. 《太平寰宇記》에 "동쪽으로 장안까지 7천 5백 리이다(東去長安七千五百里)"라고 했다. 여기서는 그 나라의 음악, 즉 구자악을 가리킨다.

## 0756. 蜀僧明操[1]思歸書龍丘子[2]壁

촉지방 승려 명조가 고향으로 돌아가고 싶어 하기에 용구자의 벽에 쓴다

| | |
|---|---|
| 久厭勞生能幾日, | 고단한 인생 오랫동안 싫증 냈지만<br>길어 봐야 며칠이나 살 수가 있겠어요? |
| 莫將歸思擾衰年.[3] | 고향으로 돌아가고 싶은 맘으로<br>쇠약해진 만년을 어지럽히지 마셔요. |
| 片雲會得無心否,[4][5] | 조각구름이 무심한 줄을 깨달았나요? |
| 南北東西只一天.[6] | 동서남북 어디 가나 한 하늘일 뿐이지요. |

**[해설]**

촉지방에서 온 승려 명조가 향수에 젖어 있는 것을 보고 이 세상 어디에 있으나 다 같은 하늘 아래에 있는 것이라는, 명조보다 더 초탈한 말로 그를 위로해 준 것이다.

**[주석]**

(1) 明操(명조): 촉지방에서 온 승려의 이름. 구체적인 행적은 알려져 있지 않다.

(2) 龍丘子(용구자): 당시 黃州 부근의 岐亭에서 은거한 소식의 친구 陳慥의 별명.

(3) 將(장): ~을 가지고. ~으로.

(4) 片雲(편운): 조각구름. 《傳燈錄》에 "혜충국사는 말이나 글로 전수하지 않고 마음에서 마음으로 직접 전수하여 깨닫게 하는 심인을 좋아했다. 숙종 상원 2년(761)에 서울로 갔더니 황제가 '국사께서는 조계에서 무슨 불법을 터득하셨습니까?' 하고 물으므로 국사가 '폐하께서는 공중에 있는

조각구름 하나가 보이십니까?' 하고 대답했다(惠忠國師, 自愛心印. 肅宗上元二年赴京, 帝問: '師在曹溪得何法?' 師曰: '陛下見空中一片雲麽?')"라는 말이 있다.

(5) 會得(회득): 이해하다.

(6) 南北東西(남북동서): 사방을 가리킨다. 《禮記 · 檀弓》에 "내가 들은 바에 의하면 옛날에는 묘를 쓰되 봉분은 만들지 않았다고 한다. 그런데 이제 나 공구는 동서남북으로 돌아다니는 사람이니 표지를 해 놓지 않을 수 없다(吾聞之, 古也墓而不墳. 今丘也, 東西南北之人也, 不可以弗識也)"라고 한 공자의 말이 있다.

卷22

# 古今體詩四十一首

## 고체시 및 근체시 41수

권22에는 검교상서수부원외랑황주단련부사본주안치(檢校尙書水部員外郎黃州團練副使本州安置)라는 유배령을 받고 황주에서 지낸 원풍 6년(1083) 1월부터 원풍 7년(1084) 3월까지의 작품 41수가 수록되어 있다.

## 0757. 正月三日點燈會客

정월 초사흗날 등불을 켜서 손님들을 모아 놓고

| | |
|---|---|
| 江上東風浪接天, | 강 위에 동풍 불어 물결이 하늘에 닿고 |
| 苦寒無賴破春姸. | 맹추위가 무뢰하게 봄빛을 깨뜨릴 제 |
| 試開雲夢羔兒酒,(1)(2) | 운몽 고을 양고주를 시험 삼아 개봉하여 |
| 快瀉錢塘藥玉船.(3)(4) | 전당 고을 약옥선에 콸콸 따른다. |
| 蠶市光陰非故國,(5)(6) | 잠시의 풍경이나 고향 땅은 아니요 |
| 馬行燈火記當年.(7) | 마시장의 등불이라 그 옛날이 기억난다. |
| 冷烟濕雪梅花在, | 찬 안개와 젖은 눈 속에 매화가 피어 있어 |
| 留得新春作上元.(8) | 신춘을 남겨 두어 대보름 분위기 짓는다. |

**[해설]**

날씨가 춥고 눈 속에 매화가 피어 있어 꼭 정월 대보름인 것만 같은 원풍 6년(1083) 초의 어느 날 밤에 자기 집에 등불을 켜서 대보름 분위기를 연출해 놓고 손님들을 초대하여 연회를 열면서 고향에서 보았던 잠시 풍경과 개봉에서 보았던 마시장 풍경을 추억한 것이다. 이 시 제목 중의 '정월(正月)'은 왕십붕의 《백가주분류동파선생시》, 시원지의 《시주소시》, 사신행(查愼行)의 《소시보주(蘇詩補註)》, 《동파전집(東坡全集)》 등 대부분의 판본에 '이월(二月)'로 되어 있는데 왕문고가 시의 내용을 근거로 '정월(正月)'로 고친 것이다. 그러나 시의 내용으로 볼 때 음력 1월 3일의 일이라고 보기는 어려운 면이 있다.

**[주석]**

(1) 雲夢(운몽): 雲夢澤. 洞庭湖를 중심으로 호남성과 호북성에 걸쳐 있던 거대한 늪. 이 일대를 가리킨다.

(2) 羔兒酒(고아주): 술 이름. 王十朋의 《百家註分類東坡先生詩》에 "바로 지금의 양고주이다(卽今之羊羔酒)"라고 했다.

(3) 錢塘(전당): 지금의 절강성 杭州.

(4) 藥玉船(약옥선): 약물 처리를 거침으로써 옥처럼 매끈하고 윤기 있는 돌로 만든 배 모양의 술잔.

(5) 蠶市(잠시): 옛날에 촉지방에서 양잠에 필요한 도구를 중심으로 각종 물품을 교역하던 시장. 소식의 시 〈和子由蠶市〉(0089)에 "작년에 서리 내릴 때 물억새를 베어 두어, 금년에 잠박이 산더미처럼 쌓여 있다(去年霜降斫秋荻, 今年箔積如連山)"라고 했다. 王文誥의 《蘇軾詩集》에 "《구역지》에 '재주(지금의 사천성 三台)에 잠사산이 있는데 매년 정월 초이렛날 남녀 백성들이 이곳에 모여들어 잠사가 잘되기를 빈다'라고 한바, 이에 의하면 촉지방 풍속에 다들 인일 즉 정월 초이렛날에 잠시를 열었음을 알 수 있다(《九域志》云: '梓州有蠶絲山, 每歲上春七日, 士女游此以祈蠶絲.' 據此, 則蜀中風俗, 皆以人日作蠶市也)"라고 했다.

(6) 光陰(광음): 광경. 모습. 이 구절은 黃州의 잠시를 보면서 자기 고향의 잠시를 추억한 것이다.

(7) 馬行(마항): 馬市場. 왕문고의 《소식시집》에 "마시장은 동경(지금의 하남성 開封)의 번화가로 야시장의 등불이 가장 성대했다(馬行者, 東京繁華之處, 夜市燈火最盛)"라고 했고, 施元之의 《施注蘇詩》에 "마시장은 변경(지금의 하남성 개봉) 옛성의 동북쪽 모퉁이에 있는데, 아마도 말을 팔던 구역으로 온갖 장사치들이 다 모이는 장소였던 것 같다(馬行在汴京舊城之東北隅, 蓋鬻馬之區, 百賈所會也)"라고 했다. 이 구절은 황주의 마시장을 보면서 도성 개봉의 마시장을 추억한 것이다.

(8) 上元(상원): 정월 대보름. 이 연은 날씨가 추워서 눈이 덜 녹고 매화도 피어 있어서 2월 3일인데도 불구하고 아직까지 대보름의 기분이 난다는 말이다. 이것이 '點燈會客'한 이유일 것이다.

## 0758. 六年正月二十日, 復出東門, 仍用前韻

원풍 6년(1083) 정월 스무날 다시 동문을 나갔을 때 또 이전의 운을 써서

| | |
|---|---|
| 亂山環合水侵門, | 산은 빙 둘러싸고 물은 대문을 치는데 |
| 身在淮南盡處村.(1) | 이 몸은 회남 땅이 끝난 마을에 있네. |
| 五畝漸成終老計,(2)(3) | 다섯 이랑이 차츰차츰 노후 대책이 되고 |
| 九重新埽舊巢痕.(4) | 구중궁궐엔 최근에 옛 둥지를 쓸어 버렸네. |
| 豈惟見慣沙鷗熟, | 어찌 백사장의 갈매기만 눈에 익도록 봤으리? |
| 已覺來多釣石溫. | 자주 와서 낚싯터도 이미 데워진 것 같네. |
| 長與東風約今日, | 오랫동안 동풍과 오늘을 기약했나니 |
| 暗香先返玉梅魂.(5) | 은은한 향으로 옥매의 혼을 먼저 돌려보내네. |

**[해설]**

원풍 6년(1083) 1월 20일에 황주성 동문을 나가 봄놀이할 때 작년과 재작년에 지은 시의 운자를 다시 한 번 사용하여 지은 것으로, 황주에서 만년을 보내도 좋다는 초탈한 심경이 나타나 있다. 그는 원풍 4년(1081)과 원풍 5년(1082) 1월 20일에도 여왕성에서 노닐며 각각 〈정월 스무날에 기정으로 가려니 고을 사람인 반씨·고씨·곽씨 등 세 사람이 나를 여왕성 동쪽의 선장원까지 배웅하기에(正月二十日, 往岐亭, 郡人潘·古·郭三人送余於女王城東禪莊院)〉(0711)와 〈정월 스무날에 반생·곽생과 교외로 나가 봄놀이를 하자니 문득 작년 이날 함께 여왕성에 가서 시를 지은 일이 기억나 이전의 시에 화운한다(正

月二十日與潘・郭二生出郊尋春, 忽記去年是日同至女王城作詩, 乃和前韻〉(0731)를 지었는데 모두 같은 운자를 사용했다.

**[주석]**

(1) 淮南盡處村(회남진처촌): 淮南西路의 서남쪽 끝이었던 黃州를 가리킨다.

(2) 五畝(오묘): 늙은 사람이 몸을 의탁할 수 있는 택지를 가리킨다. 《孟子・盡心上》에 "넓이가 다섯 이랑 되는 집의 담 밑에 뽕나무를 심어 놓고 한 아낙네가 누에를 치면 늙은 사람이 비단옷을 입기에 충분하다(五畝之宅, 樹牆下以桑, 匹婦蠶之, 則老者足以衣帛矣)"라는 말이 있다. 여기서는 자신이 개간한 농장인 東坡를 가리킨다.

(3) 終老計(종로계): 노년을 보낼 계책.

(4) 舊巢(구소): 소식이 開封에 있을 때 근무하던 史館을 가리킨다. 施元之의 《施注蘇詩》에 "육유가 시원지의 《시주소시》에 서문을 지어 '옛 둥지'를 매우 상세하게 풀이했으니, '……동파는 직사관을 지냈지만 폄적되어 하는 일이 없는 관리가 된 뒤로 사관이라는 직함을 삭탈한 지 오래되었다. 이때에 이르러 사관 역시 폐지되었기 때문에 "최근에 옛 둥지를 쓸었다네"라고 한 것이다'라고 했다(按陸游作施氏注東坡詩序, 解'舊巢'字甚詳, 云: '……東坡蓋嘗直史館, 然自謫爲散官, 削去史館之職, 久矣. 至于是史館亦廢, 故云: "新埽舊巢痕".')"라는 설명이 있다.

(5) 玉梅(옥매): 백매화를 가리킨다. 이 연은 동풍이 부는 1월 20일이 되면 이곳을 찾아오기로 다짐했는데, 오늘도 어김없이 은은한 향을 풍기며 앙상하던 가지에 백매화가 다시 피어났다는 말이다.

## 0759. 次韻孔毅父[1]集古人句見贈[2]五首

공의보가 옛날 사람들의 시구를 모아서 지은 집구시를 보내 왔기에 그것에 차운하여

### 其一

| | |
|---|---|
| 羨君戲集他人詩, | 장난 삼아 남의 시를 한데 모아서 |
| 指呼市人如使兒.[3][4] | 애 부리듯 세상 사람 부린 것이 부럽군요. |
| 天邊鴻鵠不易得,[5] | 하늘 끝의 홍곡은 얻기 쉽지 않은데 |
| 便令作對隨家雞. | 짝을 지어 집닭을 따라다니게 했군요. |
| 退之驚笑子美泣,[6][7] | 퇴지가 놀라 웃고 자미가 눈물을 흘리며 |
| 問君久假何時歸.[8] | 오래 빌려 언제나 돌려줄지 묻는데 |
| 世間好句世人共, | 이 세상의 명구란 세인들의 공유물 |
| 明月自滿千家墀.[9] | 달빛이 천 집의 계단에 가득한 것과 같지요. |

### 其二

| | |
|---|---|
| 紫駝之峰人莫識,[10] | 낙타 등으로 만든 요리를 사람들이 모르고 |
| 雜以雞豚眞可惜. | 닭고기 돼지고기와 섞어 놓아 참으로 안타까운데 |
| 今君坐致五侯鯖,[11] | 이제 그대는 가만히 앉아서 오후정을 끌어들여 |
| 盡是猩脣與熊白.[12][13] | 모두 성성이 입술과 곰 등으로 만든 요리네. |
| 路傍拾得半段槍,[14] | 길가에서 반 토막짜리 창을 하나 주웠으니 |

何必開爐鑄矛戟. 용광로 열고 창을 만들 필요가 뭐 있으리?
用之如何在我耳, 그것을 어떻게 쓸지는 오직 나에게 달렸으니
入手當令君喪魄.[15] 손에 넣으면 사람들이 넋이 나가게 해야 하네.

其三

天下幾人學杜甫,[16] 천하에서 몇 사람이 두보를 배웠으리?
誰得其皮與其骨.[17] 그의 가죽과 뼈인들 그 누가 얻었으리?
劃如太華當我前,[18][19] 태화산이 우뚝하게 눈앞으로 다가오매
跛牂欲上驚崦崒.[20][21] 절름발이 양이 오르려다 험준함에 놀라는 격이네.
名章俊語紛交衡,[22] 명문과 멋진 말을 분분하게 얽어 놓아도
無人巧會當時情.[23] 그 당시의 감정을 잘 아는 사람 없고
前生子美只君是, 전생의 두자미는 오직 그대뿐이라
信手拈得俱天成.[24] 닥치는 대로 집어도 모두 자연스럽네.

其四

詩人雕刻閑草木,[25] 시인들이 조용한 초목을 아로새기느라
搜抉肝腎神應哭.[26][27] 간과 콩팥을 다 뒤져 귀신이 통곡할지라도
不如默誦千萬首, 말없이 천 수 만 수를 외우고 있다
左抽右取談笑足.[28] 좌우에서 뽑아내어 담소하며 짓는 것만 못하네.
夜吟石鼎聲悲秋,[29] 밤에 돌솥을 읊느라 가을에 슬픈 소리가 났나니
可憐好事劉與侯.[30] 일 벌이기 좋아한 유씨와 후씨가 가련하네.
何當一醉百不問, 언제나 술에 취해 만사를 안 따지고
我欲眠矣君歸休.[31] 그만 자고 싶으니 돌아가서 쉬게나 하리?

其五

膏明蘭臭俱自焚, 기름의 밝음과 난초의 향기가 모두 자신을 태우고

| | |
|---|---|
| 象牙翠羽戕其身.(32) | 코끼리 이빨과 비취새 깃털이 자기 몸을 해치나니 |
| 多言自古爲數窮,(33) | 말이 많으면 예로부터 자주 궁지에 빠지지만 |
| 微中有時堪解紛.(34) | 은미한 말이 사리에 맞으면 때로 분란을 푼다네. |
| 癡人但數羊羔兒,(35) | 어리석은 사람은 양이나 헤아릴 뿐 |
| 不知何者是左慈.(36) | 어느 것이 좌자인지 알지 못하네. |
| 千章萬句卒非我, | 천 문장 만 구절이 아무래도 자기 것 아니니 |
| 急走捉君應已遲. | 급히 달려가 붙잡아도 이미 때가 늦으리. |

**[해설]**

공평중이 옛날 시인의 시구를 모아서 지은 집구시(集句詩) 다섯 수를 보내 오자 그것에 차운하여 지은 것이다. 각종 비유를 동원하여 집구시의 특징을 형상적으로 묘사하고 공평중 집구시의 장점을 찬양했다.

**[주석]**

(1) 毅父(의보): 孔平仲의 字. 〈次韻子由寄題孔平仲草菴〉(0735) 주 (3) 참조.

(2) 見贈(견증): 나에게 주다. 〈次韻王定國馬上見寄〉(0562) 주 (2) 참조.

(3) 指呼(지호): 부리다. 이 구절은 다른 사람의 시구를 자유자재로 구사하여 자기 시구로 만든다는 말이다.

(4) 市人(시인): 世人들을 가리킨다. 아이들처럼 말을 잘 듣지도 않고 행동에 통일성이 없어서 일사불란하게 움직이지도 않는 사람을 가리킨다.

(5) 鴻鵠(홍곡): 큰기러기와 고니. 이 연은 웅장하고 호방한 시구와 온화하고 청아한 시구를 조화롭게 잘 운용했다는 의미일 가능성이 커 보이지만 너무 모호하여 여러 가지 해석이 가능하다.

(6) 退之(퇴지): 중당 시인 韓愈의 字.

(7) 子美(자미): 성당 시인 杜甫의 字. 이 구절은 공평중이 한유와 두보의 시에서 集句했다는 말이다.

(8) 久假(구가): 오랫동안 빌리다. 《孟子·盡心上》에 "요임금과 순임금은 그것(仁)을 본성으로 타고났고, 탕왕과 무왕은 그것을 몸소 체험하여 터득했으며, 오패는 그것을 빌렸다. 오랫동안 빌리고 돌려보내지 않으면 자기가 가지고 있지 않다는 사실을 어떻게 알겠는가?(堯舜, 性之也; 湯武, 身之也; 五霸, 假之也. 久假而不歸, 惡知其非有也?)"라는 말이 있다. 이 구절은 공평중이 다른 사람의 시구를 빌려서 마치 자기 시구인 것처럼 자연스럽게 쓴 것을 해학적으로 말한 것이다.

(9) 墀(지): 계단 위에 있는 공터. 계단을 가리킨다. 이 연은 달빛이 모든 사람의 공유물인 것처럼 멋진 명구도 누구나 다 활용할 수 있다는 뜻으로, 공평중이 남의 시구를 모아 시를 지은 일을 정

당화해 준 것이다.

(10) 紫駝之峰(자타지봉): 자줏빛 나는 낙타의 등. 그것으로 만든 맛있는 요리를 가리킨다. 두보의 시 〈麗人行〉에 “낙타 등으로 만든 요리가 비췻빛 솥에서 나오고, 수정으로 만든 쟁반에는 하얀 생선이 줄지어 놓였다(紫駝之峰出翠釜, 水精之盤行素鱗)”라는 구절이 있다. 이 연은 보통의 시에는 대개 훌륭한 시구가 하찮은 시구와 섞여 있어서 진가를 발휘하지 못한다는 말이다.

(11) 五侯鯖(오후정): 한나라 때 婁護가 다섯 제후의 집에서 보내 준 고급 요리를 한데 섞어서 만든 珍味. 맛있는 요리를 가리킨다.

(12) 猩脣(성순): 성성이의 입술. 팔진미의 하나이다.

(13) 熊白(웅백): 곰의 등에 있는 백색의 지방으로 만든 진미.

(14) 半段槍(반단창): 반 토막의 창. 《談賓錄》에 “당나라 가서한이 토번을 막고 있을 때 도적의 무리가 세 갈래로 길을 나누어 침입하는데 산 위에서 연달아 내려왔다. 가서한이 부러진 반 토막짜리 창을 들고 앞으로 나아가 공격하니 쓰러지지 않는 자가 없었다(唐哥舒翰捍吐蕃, 賊衆三道, 從山相續而下. 翰持半段折槍, 當前擊之, 無不披靡)”라고 했다. 이 연은 길에서 주운 창으로도 능히 적을 물리칠 수 있는 것처럼, 남의 시구를 잘 모아서 쓰면 훌륭한 시를 지을 수 있다는 말이다.

(15) 喪魄(상백): 깜짝 놀라서 넋을 잃다.

(16) 杜甫(두보): 당나라 시인. 이 연은 시인들 가운데 두보 시의 거죽이라도 제대로 배운 사람이 없다는 말이다.

(17) 其皮與其骨(기피여기골): 두보 시의 거죽을 가리킨다. 《傳燈錄》에 “달마가 서쪽으로 천축에 돌아가려고 할 때 도부에게 ‘너는 나의 거죽을 얻었다’라고 하고, 이총지에게 ‘너는 나의 살을 얻었다’라고 하고, 도육에게 ‘너는 나의 뼈를 얻었다’라고 하고, 마지막으로 혜가가 자리에 기댄 채 서 있는 것을 보고 ‘너는 나의 정수를 얻었다’라고 하면서 그에게 불법을 전수했다(達摩欲西返天竺, 謂道副曰: ‘汝得吾皮.’ 謂尼總持曰: ‘汝得吾肉.’ 謂道育曰: ‘汝得吾骨.’ 最後慧可依位而立, 師曰: ‘汝得吾髓.’ 乃付法)”라고 했다. 여기서는 ‘皮’와 ‘骨’이 모두 정수가 아닌 것, 즉 거죽을 가리킨다.

(18) 劃如(획여): 분명하게 경계를 짓는 모양.

(19) 太華(태화): 태화산. 서악 화산의 다른 이름이다. 섬서성 華陰의 남쪽에 있는데 이 산의 서쪽에 少華山이 있기 때문에 이것과 구분하기 위하여 태화산이라고 한다.

(20) 跛牂(파장): 절름발이 암양.

(21) 崷崒(추줄): 높고 험준하다. 이 연은 두보의 시는 너무 수준이 높아서 따라가기 어렵다는 말이다.

(22) 交衡(교형): 종횡으로 얽다.

(23) 巧會(교회): 잘 이해하다.

(24) 信手(신수): 손이 가는 대로 하다. 이 연은 공평중이 두보의 시구를 모아 집구시를 자연스럽게 잘 지었다는 말이다.

(25) 雕刻(조각): 아로새기다. 묘사하는 것을 가리킨다.

(26) 搜抉肝腎(수결간신): 간과 콩팥을 찾아서 들추어내다. 고심하여 시를 짓는 것을 가리킨다.

(27) 神應哭(신응곡): 귀신이 틀림없이 울겠다. 시구가 훌륭하다는 말이다. 《古詩話》에 "하지장이 이백의 〈오서곡〉을 보고 말하기를 '이 시는 귀신도 울게 할 수 있겠다'라고 했다(賀知章見李白〈烏栖曲〉曰: '此詩可泣鬼神矣.')"라는 말이 있다.

(28) 左抽右取(좌추우취): 왼쪽에서 뽑아내고 오른쪽에서 골라내다. 남의 시를 많이 외우고 있다가 그 가운데 멋진 구절을 골라 집구시를 짓는 것을 가리킨다.

(29) 石鼎(석정): 돌솥. 劉師服과 侯喜가 도사 軒轅彌明과 함께 잘 때 후희가 유사복과 함께 시에 대해서 이야기하며 헌원미명은 무시하고 거들떠보지도 않았다. 그러자 헌원미명이 화로 위의 돌솥을 가리키며 '그대들이 시를 잘 짓는다고 하니 나와 함께 이것을 한번 읊어 보겠소?' 하고 제의했다. 유사복이 붓을 당겨 첫 구절을 짓고는 후희에게 붓을 넘겼다. 후희가 다음 구절을 완성하자 도사가 웃으면서 팔짱을 끼고 큰 소리로 읊었다. 유사복과 후희는 시상을 입 밖으로 내려고 할 때마다 소리가 점점 더 슬퍼질 뿐 아무리 애를 써도 멋진 구절이 나오지 않았다.(韓愈, 〈石鼎聯句序〉 참조)

(30) 劉與侯(유여후): 유사복과 후희를 가리킨다.

(31) 我欲眠矣(아욕면의): 陶淵明은 집에 손님이 찾아오면 술상을 차려 함께 마시다가 취하면 손님에게 거리낌 없이 "내가 취해 잠이 오니 그만 돌아가시지요(我醉欲眠, 卿可去)"라고 했다.(《남사·도연명전》 참조)

(32) 戕其身(장기신): 자기 몸을 해치다. 吳筠의 〈玄猿賦〉에 "작은 것으로는 비취새가 깃털로 죽음을 맞고, 큰 것으로는 무소와 상아가 이빨과 가죽으로 몸을 해치네(小則翡翠, 殞於毛羽; 大則犀象, 殘於齒革)"라는 말이 있다.

(33) 數窮(삭궁): 자주 궁지에 빠지다. 《老子·虛用第五》에 "말이 많으면 자주 궁지에 빠지니 자연스러운 상태를 지키는 것이 낫다(多言數窮, 不如守中)"라고 했다.

(34) 微中(미중): 隱微하면서도 사리에 맞다. 《史記·滑稽列傳》에 "말을 하는 것이 은미하면서도 사리에 맞으면 이것으로 분규를 풀 수도 있다(談言微中, 亦可以解紛)"라고 했다.

(35) 羊羔兒(양고아): 양의 새끼. 양을 가리킨다.

(36) 左慈(좌자): 후한 말기의 도사. 曹操가 좌자를 잡아서 죽이려고 陽城山 꼭대기에서 그를 만났더니 그가 양 떼 사이로 들어가 버렸다. 조조가 붙잡지 못할 줄 알고 양 떼 사이에 들어가서 "다시는 죽이지 않을 것이다. 본래 그대의 도술을 시험해 보려는 것이었다"라고 말하게 했다. 그러자 갑자기 늙은 숫양 한 마리가 두 무릎을 꿇고 사람처럼 서서 "갑자기 이렇게 되었네"라고 말하고 뛰어가니 양 수백 마리가 모두 숫양으로 변하여 "갑자기 이렇게 되었네"라고 했다. 결국 아무도 그를 잡을 방도를 알지 못했다.(《후한서·좌자전》 참조) 이 연은 집구시에 활용된 많은 타인의 시구들 중에서 어느 것이 시인의 생각을 담은 것인지 알 수 없다는 말이다.

## 0760. 食甘[1]

감귤을 먹으며

一雙羅帕未分珍,[2][3]　　비단 수건 두 장에다 진미를 나눠 주기도 전에
林下先嘗愧逐臣.[4][5]　　숲속에서 먼저 맛보니 쫓겨난 신하가 무안하네.
露葉霜枝剪寒碧,　　싸늘하고 시퍼런 잎과 가지를 잘라 내고
金盤玉指破芳辛.[6]　　금쟁반에 담아 백옥손으로 향긋하고 알싸한 걸 쪼개니
淸泉蔌蔌先流齒,[7][8]　　맑은 샘이 졸졸 이 사이로 먼저 흐르고
香霧霏霏欲噀人.[9]　　향기로운 안개를 자욱하게 뿜을 듯하네.
坐客殷勤爲收子,　　좌객이 은근하게 날 위해 씨를 모으지만
千奴一掬奈吾貧.[10]　　한 손에 움켜쥔 노비 천 명이 내 가난을 어찌하리?

**[해설]**

황주에 있을 때 조정에 공물로 바치기 전에 산지에서 먼저 감귤을 먹은 감회를 해학적인 필치로 노래한 것이다.

**[주석]**

(1) 甘(감): 柑子. 귤. 감귤.
(2) 羅帕(나파): 얇은 비단으로 만든 수건. 王十朋의 《百家註分類東坡先生詩》에 “선례에 의하면 가까운 신하에게 감귤을 하사할 때는 노란색 비단으로 싸서 한 사람에게 두 개씩 주었다(故事, 賜

近臣黃柑, 以黃羅包之, 人賜二枚)”라고 했다. 두 개씩 주었기 때문에 ‘一雙羅帕’라고 했다.

(3) 分珍(분진): 진귀한 물건인 감귤을 가까운 신하에게 나누어 주는 것을 가리킨다.

(4) 林下(임하): 조정과 상반되는 개념으로 감귤이 생산 된 시골, 즉 黃州를 가리킨다.

(5) 逐臣(축신): 유배 중인 소식 자신을 가리킨다. 이 연은 자기가 조정의 황제와 대신들보다 먼저 감귤을 먹는다는 말이다.

(6) 芳辛(방신): 향긋하면서도 알싸한 맛이 있는 감귤을 가리킨다.

(7) 淸泉(청천): 입안의 침을 가리킨다.

(8) 蔌蔌(속속): 침이 흐르는 모양.

(9) 霏霏(비비): 안개가 많이 낀 모양.

(10) 奴(노): 木奴라는 뜻으로 감귤을 노비에 비유한 것이다. 삼국시대 오나라 사람 李衡은 家産을 좀 마련하려고 해도 아내가 말을 듣지 않으므로 나중에 몰래 사람을 보내 武陵 龍陽의 泛洲에 집을 짓고 감귤 천 그루를 심게 하고는 죽기 전에 아들에게 “네 어머니가 내가 가산을 좀 마련하는 것을 싫어하여 이처럼 가난하게 되었다. 그러나 우리 고을에 나무 노비 천 명이 있는데 너에게 옷과 음식을 달라고 하지도 않고 해마다 비단을 한 필씩 바칠 것이니 이것만 해도 쓰기에 모자람이 없을 것이다”라고 했다고 한다. 〈東坡八首〉(0713) 주 (53) 및 (54) 참조. 이 연은 좌객들이 감귤의 씨앗을 한데 모으는 것을 보고 우스갯소리를 한 것이다.

## 0761. 大寒[1]步至東坡[2]贈巢三[3]

대한 때 동파로 걸어가서 소삼에게

| | |
|---|---|
| 春雨如暗塵, | 어둑한 먼지인 듯 봄비 내리고 |
| 春風吹倒人. | 사람이 쓰러지게 봄바람이 부는데 |
| 東坡數間屋,[4] | 동파의 몇 칸짜리 초가집에 머무는 |
| 巢子誰與鄰. | 소선생은 누구와 이웃하는가? |
| 空牀斂敗絮,[5] | 빈 침대엔 다 떨어진 솜이불을 개어 놨고 |
| 破竈鬱生薪.[6] | 무너진 부엌에는 생나무가 쌓였는데 |
| 相對不言寒, | 나를 봐도 춥다고 말하지 아니하니 |
| 哀哉知我貧. | 아아 내가 가난한 줄 알기 때문이라네. |
| 我有一瓢酒, | 나에게 한 바가지 술이 있는데 |
| 獨飮良不仁. | 혼자 마시면 참으로 인정머리 없을 터 |
| 未能赬我頰, | 내 뺨을 빨갛게 물들이진 못하고 |
| 聊復濡子脣. | 아쉬운 대로 또 그대의 입술이나 적시네. |
| 故人千鍾祿,[7][8] | 친구는 봉록이 천 종이나 되는지라 |
| 馭吏醉吐茵.[9] | 그 마부가 취하여 자리에 토할 정도건만 |
| 那知我與子, | 어떻게 알리오 나와 그대가 |
| 坐作寒螿呻.[10] | 앉아서 매미같이 신음소리 내는 줄을? |
| 努力莫怨天, | 하늘을 원망하지 않도록 노력하세 |

| | |
|---|---|
| 我爾皆天民. | 나와 그대 모두 다 하늘이 낸 백성이니. |
| 行看花柳動,(11) | 이제 곧 꽃과 버들 싹이 날 테니 |
| 共享無邊春. | 우리 함께 가없는 봄빛이나 즐기세. |

**[해설]**

한 해 중에서 가장 추운 절기인 대한을 맞이하여 땔감도 변변찮고 이불도 닳아 빠진 자신의 설당에서 쓸쓸하게 지내고 있는 고향 친구 소곡을 찾아가서 함께 술을 마시며 지은 것이다.

**[주석]**

(1) 大寒(대한): 이십사절기 중의 마지막 절기. 小寒과 立春의 중간으로 1년 중 가장 추운 때인 양력 1월 20일경에 든다.

(2) 東坡(동파): 소식이 원풍 4년(1081) 2월에 黃州城 동쪽에 있는 황무지를 개간하여 만든 농장. 여기서는 巢谷이 머물고 있던 東坡의 雪堂을 가리킨다.

(3) 巢三(소삼): 소씨 집안의 셋째 아들. 이름이 谷이고 字가 元修이며 眉山 사람이다. 원래 이름은 巢穀이었는데 나중에 개명했다. 그는 옛날에 공부한 학문을 버리고 기마와 활쏘기를 익혔다. 韓存寶에게 兵書를 배웠는데 한존보가 그를 熙河名將이라고 불렀을 정도로 무예가 뛰어났다. 한존보가 죄를 지어 스스로 사형에 처해질 것임에 틀림없다고 여기고 소곡에게 "죽는 것은 안타깝지 않으나 처자가 추위와 기아를 면하지 못할 것이네. 주머니 안에 은 수백 냥이 있는데 자네 말고는 줄 사람이 없네"라고 했다. 소곡이 즉시 이름을 바꾸고 은을 한존보의 아들에게 가져다 준 뒤 江淮 지방으로 도망갔다가 나중에 사면받았다. 이때 소식이 黃州에서 유배생활을 하고 있다가 동향인으로 어릴 때 본 적이 있는 그를 만나 함께 지냈다.(《송사・소곡전》 참조) 王文誥의 《蘇軾詩集》에 "그가 황주에 간 것은 바로 변성명했을 때이다. 공은 그를 설당에 묵게 하고 태・과 등 두 아들에게 가르침을 받게 했는데 그는 1년 뒤에 촉으로 돌아갔다(其至黃, 正在變姓名時也. 公館之雪堂, 使迨・過二子受業, 逾年歸蜀)"라고 했다.

(4) 數間屋(수간옥): 다섯 칸짜리 초옥인 설당을 가리킨다.

(5) 敗絮(패서): 닳아 빠진 솜. 그것을 속에 넣어서 만든 이불을 가리킨다.

(6) 生薪(생신): 벤 지 얼마 안 되어 아직 마르지 않은 땔나무. 杜荀鶴의 시 〈山中寡婦〉에 "때때로 야채 캐어 뿌리째 삶고, 이윽고 생나무 베어 이파리째 태우네(時挑野菜和根煮, 旋斫生柴帶葉燒)"라는 구절이 있다.

(7) 故人(고인): 蒲宗孟을 가리킨다. 포종맹은 소식의 친구로 집안이 매우 부유하고 천성이 사치스러워 매일 목욕을 두 번씩 했는데, 매번 끓인 물을 다섯 섬씩 사용하고 시녀 10여 명이 시중들

게 했으며, 날마다 양 열 마리와 돼지 열 마리를 잡고 초를 3백 개씩 켰다. 다른 사람이 좀 절약하라고 충고하면 화를 냈다. 소식도 그에게 좀 인자하고 검소하게 살라고 충고한 적이 있었다.(《송사 · 포종맹전》 참조) 黃庭堅의 〈跋東坡嘲巢三〉에 "소동파의 이 시는 아마도 포전정을 조롱한 것인 것 같다(東坡此詩, 蓋嘲蒲傳正)"라고 했거니와, 이하의 네 구절은 낭비가 심한 포종맹이 극도로 궁핍한 소식과 소곡에게는 너무 무심하다고 우스갯소리를 한 것이다.

(8) 鍾(종): 도량형 단위. 64말에 해당한다.

(9) 馭吏(어리): 마부. 한나라 승상 丙吉의 마부는 술을 매우 좋아했는데, 한번은 병길을 따라갔다가 술에 취해 승상의 수레에 토했다. 주위 사람들이 그를 쫓아내라고 했으나, 병길은 과음하여 승상의 자리를 좀 더럽혔다고 해서 쫓아낸다면 어떤 사람을 용납할 수 있겠느냐며 용서해 주었다.(《한서 · 병길전》 참조)

(10) 寒螿(한장): 쓰르라미.

(11) 行(행): 장차.

## 0762. 元修(1)菜幷敍

원수채를 노래한 시와 그 서문

菜之美者, 有吾鄉之巢(2). 故人巢元修嗜之, 余亦嗜之. 元修云: "使孔北海(3)見, 當復云吾家菜耶." 因謂之元修菜. 余去鄉十有五年, 思而不可得. 元修適自蜀來, 見余於黃(4). 乃作是詩, 使歸致其子, 而種之東坡(5)之下云.(채소 가운데 맛있는 것으로 우리 고향의 '소'라는 채소가 있는데 친구 소원수가 그것을 좋아하고 나도 그것을 좋아한다. 소원수가 말하기를 "공북해가 본다면 또 우리 집안 채소냐고 묻겠네"라고 했다. 이로 인하여 그것을 '원수채'라고 부른다. 나는 고향을 떠난 지 15년이라 그 맛을 그리워하면서도 얻을 수가 없던 터에 원수가 마침 촉지방에서 황주로 나를 만나러 왔기에 이 시를 지어 그로 하여금 고향에 돌아가 그 씨를 보내 주게 하여 그것을 동파의 기슭에 심으려고 한다.)

| | |
|---|---|
| 彼美君家菜, | 저 맛있는 그대 소씨 집안 채소가 |
| 鋪田綠茸茸.(6) | 밭에 가득 펼쳐져 파릇하릇했나니 |
| 豆莢圓且小, | 콩 같은 깍지는 조그만 게 동그랗고 |
| 槐芽細而豊. | 홰나무 같은 싹은 가늘고 풍성했네. |
| 種之秋雨餘, | 가을비 내린 뒤에 심어 놓으면 |
| 擢秀繁霜中. | 자욱한 서리 속에 무성하게 자라는데 |
| 欲花而未萼, | 꽃이 필 무렵에도 꽃받침이 아직 없어 |
| 一一如青蟲. | 하나하나가 마치 푸른 벌레 같았네. |
| 是時青裙女,(7) | 이때쯤이면 푸른 치마 입은 여인이 |
| 採擷何悤悤.(8) | 무척이나 바쁘게 캐어 냈나니 |
| 烝之復湘之,(9) | 그것을 찌고 또 삶아 놓으면 |
| 香色蔚其饛.(10) | 향긋하고 고운 것이 그릇에 가득했네. |
| 點酒下鹽豉,(11)(12) | 술 몇 방울 떨어뜨리고 된장을 넣고 |
| 縷橙芼薑葱.(13)(14) | 실처럼 썬 등자 채에 생강과 파를 섞으면 |
| 那知雞與豚, | 어떻게 알리오 닭과 돼지가 |

| | |
|---|---|
| 但恐放箸空.[15] | 젓가락을 자꾸 놀려 접시가 빌까 겁내는 것을? |
| 春盡苗葉老, | 봄이 다 지나가면 어리던 잎이 쇠어 |
| 耕翻烟雨叢.[16] | 가랑비 속의 무더기를 갈아엎나니 |
| 潤隨甘澤化,[17] | 그 윤기가 단비를 따라 변하고 |
| 暖作青泥融. | 그 온기가 푸른 흙을 무르게 하여 |
| 始終不我負, | 끝까지 내 수고를 저버리지 아니하고 |
| 力與糞壤同. | 그 힘이 거름 준 흙과 같았네. |
| 我老忘家舍, | 이 몸은 늙어서 집을 잊었고 |
| 楚音變兒童.[18] | 아이들은 초지방 말로 바뀌었는데 |
| 此物獨嫵媚, | 그런데 이 물건은 유독 이뻐서 |
| 終年繫余胸.[19] | 한 해 내내 내 가슴에 매달려 있네. |
| 君歸致其子, | 그대 집에 돌아가면 그 씨앗을 보내되 |
| 囊盛勿函封.[20] | 상자에 넣어 봉하지 말고 주머니에 담기 바라네. |
| 張騫移苜蓿,[21][22] | 장건이 거여목을 옮겨 온 뒤로 |
| 適用如葵菘. | 아욱과 배추처럼 적절하게 이용하고 |
| 馬援載薏苡,[23][24] | 마원이 율무를 수레에 싣고 온 뒤 |
| 羅生等蒿蓬.[25] | 쑥과 같이 여기저기 지천으로 자라나매 |
| 懸知東坡下,[26] | 짐작하여 알겠나니 동파 기슭의 |
| 塉鹵化千鍾.[27][28] | 척박한 땅이 천 종의 원수채에 뒤덮여 |
| 長使齊安民,[29] | 길이길이 제안의 백성들로 하여금 |
| 指此說兩翁.[30] | 이걸 두고 두 늙은이 얘기하게 하겠네. |

**[해설]**

황주로 자신을 찾아온 고향 친구 소곡에게 고향에 돌아가면 동파 기슭에 심을 원수채 씨앗을 좀 보내 달라고 부탁하며 지은 것이다. 원수채의 생태와 효용을 묘사하고 그것이 황주에 널리 퍼지기를 희망했다.

## [주석]

(1) 元修(원수): 巢谷의 字.

(2) 巢(소): 채소 이름. 완두와 비슷하다. 陸游의 시 〈巢菜幷序〉에 "촉지방의 채소 가운데 두 가지의 소채(巢菜)가 있으니, 대소는 완두 중에서 열매를 맺지 않는 것이고, 소소는 논에서 자라는 것으로 소동파가 노래한 원수채가 그것이다. 오중지방에 아주 많아 이름을 표요초 또는 야잠두라고 하는데 사람들이 먹을 줄을 모른다(蜀蔬有兩巢: 大巢, 豌豆之不實者; 小巢, 生稻畦中, 東坡所賦元修菜是也. 吳中絶多, 名漂搖草, 一名野蠶豆, 但人不知取食耳)"라고 했다.

(3) 孔北海(공북해): 후한 때의 문학가 孔融(153-208). 北海相을 역임했기 때문에 공북해라고 부른다. 梁나라 楊씨의 아들은 어릴 때부터 무척 총명했는데, 그가 아홉 살 되던 해에 孔君平(즉 孔坦)이 그의 부친을 찾아갔더니 마침 부친이 집에 없는지라 그의 아들을 불러내어서 이야기를 시켜 보았다. 그 집에서 그에게 楊梅라는 과일을 대접하자, 공군평이 그의 아들에게 "이것은 너희 집안 과일이로구나" 했다. '楊'자가 들어가기 때문에 한 우스갯소리였다. 그러자 양씨의 아들이 "孔雀이 공씨 집안 새라는 말을 들어 본 적이 없습니다"라고 대답했다.(《世說新語 · 言語》 참조) 소곡은 공군평을 공북해로 여긴 것이다.

(4) 黃(황): 황주. 지금의 호북성 黃岡市 黃州區.

(5) 東坡(동파): 소식이 원풍 4년(1081) 2월에 황주성 동쪽에 있는 황무지를 개간하여 만든 농장.

(6) 茸茸(용용): 무성하게 우거진 모양.

(7) 靑裙(청군): 평민 여자의 치마. 평민 여자를 가리킨다.

(8) 悤悤(총총): 서두르는 모양. '怱怱'과 같다.

(9) 湘(상): 삶다. '鬺'과 같다.

(10) 饛(몽): 음식을 수북이 담은 모양.

(11) 點酒(점주): 술을 한 방울씩 떨어뜨리다. 술을 조미료로 쓴다는 말이다.

(12) 鹽豉(염시): 된장.

(13) 縷橙(누등): 실처럼 가늘게 썬 橙子. 《大業拾遺》에 "오군에서 송강의 농어회를 헌상하는 것은 반드시 8~9월의 서리가 내릴 때였다. 눈처럼 하얀 농어 가운데 석 자 이하인 것을 골라서 만들며 향채를 꽃과 잎이 섞이게 놓고 실처럼 가늘게 썬 금빛 등자로 맛을 내어 먹나니, 이것이 이른바 금제옥회라는 것으로 동남지방의 일미이다(吳郡獻松江鱸魚膾, 須八九月霜下之時. 鱸魚白如雪, 取三尺以下者作之, 以香菜花葉相間, 和以細縷金橙食之, 所謂金虀玉膾, 東南之佳味也)"라고 했다. 〈和蔣夔寄茶〉(0434) 주 (3) 참조. 여기서는 원수채 나물에 곁들여 먹는 등자 채를 가리킨다.

(14) 芼(모): 섞다. 나물과 고기를 섞어 넣고 끓인 국을 芼羹이라고 한다. 韓愈의 시 〈初南食貽元十八協律〉에 "짠 것과 신 것으로 간을 맞추고, 산초와 등자를 아울러 넣네(調以鹹與酸, 芼以椒與橙)"라는 구절이 있다.

(15) 放箸(방저): 거리낌 없이 젓가락질을 하다. 맛이 있어서 자꾸자꾸 먹는다는 뜻이다. 杜甫의 시 〈閿鄉姜七少府設鱠, 戲贈長歌〉에 "도마에 떨어져도 백지를 안 적셨나니, 젓가락을 마구 놀려

금쟁반이 빈 줄 몰랐네(落砧何曾白紙濕, 放箸未覺金盤空)"라는 구절이 있다. 이 연은 음식이 정말 맛있어서 닭이나 돼지에게 줄 찌꺼기도 남기지 않고 깨끗이 다 먹는다는 말이다.

(16) 耕翻(경번): 갈아엎다. 이 연은 쇤 원수채를 갈아엎어서 거름으로 만든다는 말이다.

(17) 甘澤(감택): 단비. 이 연은 원수채를 갈아엎은 밭에 비가 내려서 그것이 퇴비로 바뀌는 모습을 묘사한 것으로 보인다.

(18) 楚(초): 황주 일대를 가리킨다.

(19) 繫余胸(계여흉): 내 가슴에 매여 있다. 잊히지 않는다는 말이다.

(20) 函封(함봉): 상자에 넣어서 봉하다. 〈與蜀郡守朱書〉라는 王羲之의 書帖에 "청리 · 능금 · 앵두 · 일급 · 등자 등의 씨앗은 모두 주머니에 담는 것이 좋으며 상자에 넣어서 봉하면 싹이 나지 않는 경우가 많습니다(青李 · 來禽 · 櫻桃 · 日給 · 藤子, 皆囊盛爲佳, 函封多不生)"라고 했다.

(21) 張騫(장건): 《本草綱目 · 苜蓿》에 "거여목은 원래 대완국에서 났는데 한나라 사자 장건이 중국으로 돌아올 때 가지고 왔다(苜蓿原出大宛, 漢使張騫帶歸中國)"라고 했다.

(22) 苜蓿(목숙): 거여목. 콩과의 두해살이풀로 개자리라고도 한다.

(23) 馬援(마원): 후한 때의 伏波將軍. 그는 交趾에 있을 때 율무를 먹음으로써 몸을 가볍게 하고 욕심을 없애 瘴氣를 이겨 냈기 때문에 교지에서 돌아올 때 율무 열매를 수레에 싣고 왔다.(《후한서 · 마원전》 참조) 〈次韻和王鞏六首〉(0751) 주 (48) 참조.

(24) 薏苡(의이): 율무. 볏과의 한해살이풀로 타원형의 열매를 맺는다.

(25) 羅生(나생): 여기저기 흩어져서 나다. 이상의 네 구절은 장건과 마원이 들여온 거여목과 율무가 중국에 널리 퍼져 있는 것처럼, 소곡이 씨앗을 보내 줄 원수채도 황주 땅에 가득해질 것이라는 말이다.

(26) 懸知(현지): 짐작하다.

(27) 瘠鹵(척로): 척박한 황무지.

(28) 鍾(종): 도량형 단위. 64말에 해당한다. 이 구절은 척박한 땅이 드넓은 원수채 밭으로 변할 것이라는 말이다.

(29) 齊安(제안): 황주의 다른 이름.

(30) 兩翁(양옹): 나이 많은 소식과 소곡을 가리킨다.

## 0763. 日日出東門[1]
날마다 동문을 나가

| | |
|---|---|
| 日日出東門, | 날마다 날마다 동문 밖으로 |
| 步尋東城游.[2] | 걸어서 동성을 찾아가 노닐자니 |
| 城門抱關卒,[3] | 성문에 서 있던 문지기 병사가 |
| 笑我此何求. | 여기서 뭘 찾느냐고 나를 비웃네. |
| 我亦無所求, | 나 또한 아무것도 찾는 게 없고 |
| 駕言寫我憂.[4] | 수레를 몰고 가서 내 근심을 토하는 것 |
| 意適忽忘返, | 마음 맞으면 갑자기 돌아올 것을 잊고 |
| 路窮乃歸休. | 더 갈 길이 없어야 돌아와서 쉰다네. |
| 懸知百歲後,[5] | 알겠나니 앞으로 백 년이 지난 뒤에 |
| 父老說故侯.[6] | 노인네들 옛 제후를 이야기할 터 |
| 古來賢達人,[7] | 예로부터 현명하고 통달한 사람 중에 |
| 此路誰不由. | 이 길을 안 간 사람 누가 있을까? |
| 百年寓華屋, | 백 년토록 호화로운 집에 살아도 |
| 千載歸山丘.[8] | 천 년토록 구릉에 귀의하나니 |
| 何事羊公子,[9] | 무슨 일로 동진의 양공자께선 |
| 不肯過西州.[10] | 서주문을 지나가길 거부했을까? |

### [해설]

날마다 황주성의 동문 밖으로 나가서 노니는 감회를 노래한 것이다. 인생무상의 감개가 짙게 드러나 있다.

### [주석]

(1) 東門(동문): 황주성 동문을 가리킨다. 王十朋의 《百家註分類東坡先生詩》에 "《동파도》에 '동문은 동파에 가까운 문으로 건명사 앞 50보 되는 곳에 있었는데 지금은 없어졌다'라고 기록되어 있다(《東坡圖》云: '東門, 近東坡之門也. 在乾明寺前五十步, 今無矣.')"라고 했다.

(2) 東城(동성): 황주성의 동쪽을 가리킨다.

(3) 抱關卒(포관졸): 문지기.

(4) 駕言(가언): 수레를 타다. '言'은 의미 없는 조사이다. 《詩經·邶風·泉水》에 "수레 타고 밖에 나가, 이내 근심 풀어 본다(駕言出遊, 以寫我憂)"라는 구절이 있다. 《東坡志林》에 "나에게 '……걸어서 동성을 찾아가 노닐자니……수레를 몰고 가서 내 근심을 토하는 것'이라고 한 시가 있는데, 장자후가 참료에게 '앞에서는 걸어서 간다고 하고 뒤에서는 수레를 몰고 간다고 했군요. 어째서 위아래가 뒤죽박죽인가요?'라고 했다. 내가 그 말을 듣고 '나는 엉덩이를 바퀴로 삼고 마음을 말로 삼거늘 어찌 위아래를 따진 적이 있으리오?'라고 했다(吾有詩云: '……步尋東城游……駕言寫我憂', 章子厚謂參寥曰: '前步而後駕, 何其上下紛紛也?' 僕聞之曰: '吾以尻爲輪, 以神爲馬, 何曾上下乎?')"라는 말이 있다.

(5) 懸知(현지): 짐작하다.

(6) 故侯(고후): 원래 한나라 제후 召平을 가리키는 말이었는데 나중에는 고급관리를 두루 가리키게 되었다. 여기서는 소식 자신을 가리킨다. 〈正月十八日蔡州道上遇雪, 次子由韻二首〉(0671) 주 (13) 참조.

(7) 賢達人(현달인): 현명하고 사리에 통달한 사람.

(8) 山丘(산구): 무덤을 가리킨다.

(9) 羊公子(양공자): 동진 사람 羊曇을 가리킨다. 謝安은 벼슬에 나아간 뒤에도 東山에서 은거하려는 마음이 변하지 않아 그것이 늘 말투와 안색에 드러났다. 新城 지방을 다스리게 되었을 때 그는 온 가족을 데리고 바다에 배를 띄울 만반의 준비를 한 뒤, 정사가 어느 정도 안정되면 즉시 동산으로 돌아가려고 했다. 그러나 평소의 소원을 이루지 못한 채 마침내 중병에 걸리고 말았다. 이에 황제가 그를 다시 조정으로 불러들였다. 그가 탄 수레가 西州門으로 들어가고 있다는 말을 듣고 그는 평소의 소원을 이루지 못함을 크게 개탄했다. 평소 사안의 총애를 받던 양담은 그가 죽고 난 뒤에 서주문에 발길을 끊었다. 그러다가 하루는 몹시 취하여 자기도 모르게 서주문에 갔는데 뒤늦게 그 사실을 알고는 "살아서 호화로운 집에 살아도, 죽으면 구릉으로 돌아간다네(生存華屋處, 零落歸山丘)"라는 曹植의 시 〈箜篌引〉을 한 번 읊고는 통곡하며 떠났다.(《진서·

사안전》 참조)

(10) 西州(서주): 서주문. 동진의 도성인 建康(지금의 강소성 南京)에 있던 성문.

## 0764. 寄周安孺[1]茶

주안유에게 차를 부치며

| | |
|---|---|
| 大哉天宇內,[2] | 광대한 이 천하의 |
| 植物知幾族. | 몇 가지나 되는지 알 수 없는 식물 중에 |
| 靈品獨標奇,[3][4] | 이 영물은 저 홀로 빼어나고 기이하여 |
| 迥超凡草木. | 평범한 초목들을 훌쩍 뛰어넘었네. |
| 名從姬旦始,[5] | 그 이름은 일찍이 희단에서 시작되어 |
| 漸播桐君錄.[6] | 차츰차츰 《동군록》에 전파됐나니 |
| 賦咏誰最先, | 이것을 누가 가장 먼저 읊었나? |
| 厥傳惟杜育.[7] | 그 사람은 두육이라 전하여 오네. |
| 唐人未知好,[8] | 당나라 사람들은 아직 좋은 줄 몰랐는데 |
| 論著始於陸.[9] | 육우가 처음으로 차에 관해 논저를 내니 |
| 常李亦清流,[10] | 상씨와 이씨 또한 청아한 사람이라 |
| 當年慕高躅.[11] | 고상한 그 행적을 당시에 흠모했네. |
| 遂使天下士, | 마침내 온 천하의 선비들로 하여금 |
| 嗜此偶於俗.[12] | 이걸 좋아해 세속에서 짝하게 하였나니 |
| 豈但中土珍, | 어떻게 중원 땅의 보배였을 뿐이리? |
| 兼之異邦鬻.[13] | 중원과 더불어 타국에서도 팔았다네. |
| 鹿門有佳士,[14] | 녹문산에 멋쟁이 선비가 있었으니 |

博覽無不矚.　　책을 두루 다 읽어서 안 본 것이 없었는데
邂逅天隨翁,[15]　　천수옹을 만나서
篇章互賡續.[16]　　시를 서로 창화했네.
開園頤山下,[17]　　천수옹은 이산 기슭에 정원 만들고
屛跡松江曲.[18][19]　　송강의 굽이에서 자취를 감췄는데
有興卽揮毫,　　흥이 나면 붓 휘둘러
粲然存簡牘.[20]　　깔끔한 글이 있네.
伊予素寡愛,[21]　　아아 나는 평소에 좋아하는 것이 적고
嗜好本不篤.　　좋아하는 것도 본래 독실하지 못했는데
粤自少年時,[22]　　한창 젊은 시절부터
低徊客京轂.[23][24]　　어정어정 서울에서 나그네로 살았네.
雖非曳裾者,[25]　　나는 왕의 문에서 옷자락을 끈 사람은 아니지만
庇蔭或華屋.[26]　　호화로운 집에서 가끔 비호를 받은지라
頗見紈綺中,[27]　　비단옷 입은 부귀한 사람들 중에
齒牙厭粱肉.[28]　　쌀밥과 고기 먹기에 질린 사람 많이 봤네.
小龍得屢試,[29]　　소룡차를 여러 번 마셔 볼 수 있었는데
糞土視珠玉[30]　　그들은 그 썩은 흙을 주옥으로 여겼고
團鳳與葵花,[31][32]　　단봉차와 규화차엔
碔砆雜魚目.[33]　　무부와 고기 눈이 섞여 있었네.
貴人自矜惜,　　귀인들은 스스로 애지중지하면서
捧玩且緘櫝.　　들고 놀다 상자에 넣어 뒀나니
未數日注卑,[34]　　일주차가 하찮다고 손꼽지 않았으니
定知雙井辱.[35]　　쌍정차가 욕된 줄을 틀림없이 알 것이네.
於玆事硏討,　　이에 내가 연구와 탐구를 일삼아서
至味識五六.　　지극한 맛에 대해 대여섯 가지 알았나니
自爾入江湖,　　이로부터 강이랑 호수로 들어가서
尋僧訪幽獨.　　스님을 찾아가고 그윽한 곳을 찾았는데
高人固多暇,[36]　　고상한 이는 원래부터 여가가 많아

探究亦頗熟. 탐구를 하는 일도 무척 익숙하였네.
聞道早春時,[37] 듣자하니 이른 봄에
擕籯赴初旭.[38] 아침 해 뜰 때 광주리를 들고 나가면
驚雷未破蕾,[39] 우렁찬 우레에도 싹이 아직 덜 트매
采采不盈掬. 따고 따도 한 움큼이 채 안 되는데
旋洗玉泉蒸,[40] 곧바로 옥천에 씻어서 찌노라면
芳馨豈停宿.[41] 은은한 그 향기가 멎을 줄 모른다네.
須臾布輕縷,[42][43] 지체 없이 가벼운 비단 위에 펼쳐 놓고
火候謹盈縮.[44][45] 불기운을 조심스레 조절하는데
不憚頃間勞, 경각간의 노고를 마다하지 않나니
經時廢藏蓄.[46][47] 시간이 경과하면 간수를 망친다네.
髹筒淨無染,[48] 깨끗한 대롱에 넣어 단차 만들어
箬籠匀且復.[49][50] 대바구니에 고르게 두 줄로 담나니
苦畏梅潤侵,[51] 장마철의 습기가 스미는 걸 무척 겁내
暖須人氣燠. 사람의 온기만큼 덥혀 줘야 한다네.
有如剛耿性,[52][53] 성격이 강직하고 꼿꼿한 사람 같아
不受纖芥觸.[54] 지푸라기가 닿는 것도 허용치 않고
又若廉夫心, 또 청렴한 대장부의 마음과 같아
難將微穢瀆.[55] 조그마한 오물로 더럽히기도 어렵네.
晴天敞虛府, 맑은 날 빈집을 활짝 열어젖혀 놓고
石碾破輕綠. 맷돌로 연녹색 차를 가나니
永日遇閑賓, 기나긴 날 한가로운 손님을 만나면
乳泉發新馥.[56] 젖 같은 찻물에서 새로운 향이 나네.
香濃奪蘭露,[57] 진한 향은 난초의 이슬을 압도하고
色嫩欺秋菊. 연한 색은 곱기가 가을 국화 능가하매
閩俗競傳誇,[58] 민인들이 다투어 자랑하나니
豐腴面如粥.[59] 풍성하고 살진 표면이 죽과 같다네.
自云葉家白,[60] 스스로 말하기를 섭가백 차는

| | |
|---|---|
| 頗勝中山醁.[61] | 중산의 천일주보다 훨씬 나아서 |
| 好是一杯深,[62] | 참으로 이 차를 한 잔 가득 마시면 |
| 午窗春睡足. | 봄날 낮에 창가에서 푹 잔 것과 같다네. |
| 淸風擊兩腋,[63] | 청풍이 겨드랑이에 솔솔 불어와 |
| 去欲凌鴻鵠. | 기러기와 고니도 넘어갈 것 같았나니 |
| 嗟我樂何深, | 아아 나의 즐거움이 어찌 깊은지 |
| 水經亦屢讀.[64] | 《수경》도 여러 차례 읽어 보았네. |
| 陸子咤中泠,[65][66] | 육선생은 중령천의 샘물을 칭송하고 |
| 次乃康王谷.[67] | 다음으로 친 게 바로 강왕곡의 물이지만 |
| 蟆培頃曾嘗,[68] | 나는 요즘 하마배의 물을 맛본 뒤 |
| 甁罌走僮僕. | 동복에게 병을 들고 달려가게 했다네. |
| 如今老且嬾, | 지금은 늙은 데다 게으르기까지 하여 |
| 細事百不欲. | 작은 일은 만사가 다 하고 싶지 않은지라 |
| 美惡兩俱忘, | 좋은 것과 나쁜 것 두 가지 다 잊었으니 |
| 誰能强追逐.[69] | 그 누가 억지로 몰아붙일 수 있으리? |
| 薑鹽拌白土,[70][71] | 생강과 소금과 백토를 섞는 것은 |
| 稍稍從吾蜀.[72] | 우리 촉 땅 풍속을 좀 따르는 것 |
| 尙欲外形骸,[73] | 여전히 외물을 외면하려 하거늘 |
| 安能徇口腹.[74] | 어떻게 입과 배를 도모할 수 있으리? |
| 由來薄滋味, | 종래에 맛있는 걸 가볍게 여겨 |
| 日飯止脫粟.[75] | 날마다 먹는 것이 현미밥일 뿐이요 |
| 外慕旣已矣,[76] | 외물 추구하는 것이 이미 다 끝났거늘 |
| 胡爲此羈束.[77] | 뭣 때문에 이렇게 구속받으리? |
| 昨日散幽步,[78] | 어제 내가 한가로이 산보하다가 |
| 偶上天峰麓.[79] | 우연히 천봉의 기슭에 올랐더니 |
| 山圃正春風, | 산속의 차밭에 마침 춘풍 부는데 |
| 蒙茸萬旂簇.[80][81] | 기와 살촉 만 개가 더부룩했네. |
| 呼兒爲招客, | 아이 불러 손님을 초청하기 위하여 |

采製聊亦復. 예전처럼 찻잎을 따 차를 만들었지만
地僻誰我從, 땅이 편벽되거늘 누가 나와 상종하리?
包藏置廚簏.(82) 잘 싸서 궤짝과 대상자에 넣어 뒀네.
何嘗較優劣, 어찌 차의 우열을 따진 적이 있으리?
但喜破睡速. 졸음 빨리 쫓는 것을 좋아할 따름인데
況此夏日長, 더구나 이 여름날은 길기도 하여
人間正炎毒.(83) 세상이 때마침 혹독하게 무덥네.
幽人無一事,(84) 이 은자는 할 일이 하나도 없어
午飯飽蔬菽. 점심으로 채소와 콩을 배불리 먹고
困臥北窗風,(85) 북쪽 창의 바람 앞에 노곤하게 누웠으면
風微動窗竹. 미풍이 창문 앞의 대나무를 흔든다네.
乳甌十分滿,(86) 우유 사발에 가득하게 채워 놓으면
人世眞局促.(87) 이 세상이 참으로 답답하기만 할 때
意爽飄欲仙, 기분이 상쾌한 게 훨훨 등선할 듯하고
頭輕快如沐. 머리가 산뜻한 게 감은 듯하네.
昔人固多癖,(88) 옛사람은 확실히 벽이 많았거니와
我癖良可贖.(89)(90) 나의 벽도 참으로 보아줄 만하나니
爲問劉伯倫,(91) 나를 위해 유백륜에게 물어봐 주게
胡然枕糟麴.(92)(93) 어째서 지게미와 누룩을 베었는지.

**[해설]**

기윤(紀昀)의 《소문충공시집(蘇文忠公詩集)》에 "이것은 소동파의 최고 장편이다(此東坡第一長篇)"라고 한 바와 같이 소식의 시 가운데 가장 긴 120구 600자짜리 시로, 주안유에게 차를 보내면서 차의 역사와 차에 얽힌 일화를 서술하고, 차의 효능을 찬양하는 방법으로 주안유에게 차 마시기를 권유했다.

**[주석]**

(1) 周安孺(주안유): 구체적인 행적이 알려져 있지 않다.

(2) 天宇(천우): 천하.

(3) 靈品(영품): 영험한 물품. 上品. 차를 가리킨다.

(4) 標奇(표기): 준수하고 기이하다.

(5) 姬旦(희단): 주나라 문왕의 성명. 그가 중국 최초의 사전인 《爾雅》를 지었다는 설이 있는데 이 책에 "'檟'는 쓴 차이다(檟, 苦荼)"라고 하여 이미 차에 관해서 언급했다.

(6) 桐君錄(동군록): 陸羽의 《茶經·七茶之事》에 인용된 《동군록》에 "파동 지역에는 이와 별도로 정말 좋은 차가 있는데, 달여서 마시면 잠이 안 오게 한다(巴東別有眞茗茶, 煎飮, 令人不眠)"라고 했다.

(7) 杜育(두육): 晉나라 사람으로 차를 읊은 〈荈賦〉가 있다. 皮日休의 〈茶經序〉에 "진나라 두육에게 〈천부〉가 있다(晉杜育有〈荈賦〉)"라고 했다.

(8) 唐人(당인): 陸羽 이전의 당나라 사람들을 가리킨다.

(9) 陸(육): 육우를 가리킨다. 차에 관한 전문적 저술인 《茶經》을 지었다.

(10) 常李(상리): 常白熊과 李季卿을 가리킨다. 육우가 《다경》을 지어 차의 기원, 차의 제조 방법, 차를 끓여 마시는 데 필요한 기구 등에 대하여 상세하게 설명하자 천하 사람들이 차 마시는 법을 잘 알게 되었다. 이때 차를 파는 사람들은 심지어 도자기로 육우의 형상을 만들어서 걸어 놓고 그를 茶神으로 삼아 제사 지냈다. 상백웅이라는 사람이 육우의 말을 바탕으로 더욱 확대하여 차의 효능을 서술했는데, 어사대부 이계경이 臨淮 지방을 시찰할 때 상백웅이 차를 잘 끓인다는 사실을 알고 그를 불렀더니 그가 다구를 들고 앞으로 나아갔다. 그러자 이계경이 그에게 두 번이나 잔을 들어 보이며 경의를 표시했다. 그가 다시 강남지방을 시찰할 때 육우를 추천하는 사람이 있어서 그를 불렀더니 육우가 평민의 복장으로 다구를 들고 들어갔다. 그러자 이계경이 예를 갖추지 않았다. 육우가 이 일을 부끄럽게 여기고 다시 〈毁茶論〉을 지었다. 그 뒤로 차를 숭상하는 기풍이 형성되었다.(《신당서·육우전》 참조)

(11) 高躅(고촉): 고상한 행적. 육우의 행적을 가리킨다.

(12) 俗(속): 세속에서의 생활, 즉 속인들의 일상생활을 가리킨다.

(13) 異邦(이방): 중국 이외의 다른 나라를 가리킨다. 常魯公이 사신이 되어 吐藩으로 나갔을 때 자기 장막에서 차를 끓이고 있노라니 토번 왕이 보고 무엇이냐고 물었다. 번뇌를 씻어 주고 갈증을 풀어 주는 차라고 하자, 문득 생각난 듯 자기 나라에도 차가 있다며 가져오게 하더니 "이것은 壽州에서 난 것이고, 이것은 舒州에서 난 것이고, 이것은 顧渚에서 난 것이고, 이것은 蘄門에서 난 것이고, 이것은 昌明에서 난 것이고, 이것은 㴩湖에서 난 것입니다"라고 했다.(李肇, 《唐國史補》 참조)

(14) 鹿門(녹문): 녹문산. 호북성 襄陽에 있는 산. 만당 시인 皮日休는 양양 사람으로 華亭(지금의 上海市 松江) 사람인 陸龜蒙과 친하게 지냈는데, 한때 自號를 間氣布衣라 하고 녹문산에 은거한 적이 있다.(孫光憲, 《北夢瑣言·皮日休獻書》 참조)

(15) 天隨翁(천수옹): 호가 天隨子였던 당나라 시인 육구몽을 가리킨다. 송강 甫里에 은거했기 때문에

보리선생이라고도 했다.

(16) 賡續(갱속): 뒤를 잇다. 시를 주고받는 것을 가리킨다. 《松陵集》은 피일휴와 육구몽이 주고받은 시를 모아서 편찬한 시집으로 《松陵唱和集》이라고도 한다.

(17) 頤山(이산): 《名勝志》에 "이산은 의흥현 동남쪽에 영동봉 등의 여러 봉우리와 연결되어 있으며 촉산에 속한다(頤山在宜興縣東南, 連靈洞諸峰, 屬於蜀山)"라고 했다.

(18) 屛跡(병적): 자취를 감추다. 은거한다는 뜻이다.

(19) 松江(송강): 太湖에서 나와 上海를 거쳐 황해로 들어가는 강으로 지금은 吳淞江 또는 蘇州河라고 한다. 지금의 상해시에 속하는 현 이름이기도 하다.

(20) 簡牘(간독): 옛날에 글씨를 쓰는 데 사용하던 나뭇조각. 글이나 책을 가리킨다. 이상의 네 구절은 육구몽의 일을 서술한 것이다.

(21) 伊(이): 의미 없는 조사이다.

(22) 粵(월): 의미 없는 조사이다.

(23) 低徊(저회): 배회하다.

(24) 京轂(경곡): 都城을 가리킨다. '京輦'이라고도 한다.

(25) 曳裾(예거): 옷자락을 끌다. '曳裾王門'의 약칭으로 왕이나 귀족의 집에서 식객 노릇 하는 것을 가리킨다. 《漢書·鄒陽傳》에 "고루한 마음을 잘 다스린다면 어느 왕의 문 앞에서 긴 옷자락을 끌지 못하리오?(飾固陋之心, 則何王之門不可曳長裾乎?)"라는 말이 있다.

(26) 庇廕(비음): 비호를 받다. 이 구절은 부귀한 사람의 대접을 받은 적이 있다는 말이다.

(27) 紈綺(환기): 비단. 부귀한 사람의 고급 옷을 가리킨다.

(28) 粱肉(양육): 기장밥과 고기반찬.

(29) 小龍(소룡): 團茶의 일종. 아주 작은 덩어리로 위에 용무늬가 찍혀 있다. 歐陽修의 《歸田錄》에 "차의 품종 중에서 용봉차보다 귀한 것이 없으니 이것을 단차라고 한다. 경력(1041-1048) 연간에 채군모가 복건로전운사가 되어서 처음으로 찻잎을 조그만 덩어리로 압착하고 그 위에 용무늬를 찍은 용차를 만들어 진상했는데 그 품질이 기가 막히게 좋았다. 이것을 소단이라고 하는데 스무 덩어리의 무게가 한 근이며 그 값어치는 금 두 냥 값과 같았다(茶之品, 莫貴於龍鳳, 謂之團茶. 慶曆中, 蔡君謨爲福建路轉運使, 始造小片龍茶以進, 其品絶精, 謂之小團, 凡二十餠重一斤, 其價值金二兩)"라고 했다.

(30) 糞土(분토): 썩은 흙. 소룡차를 가리킨다. 《左傳·僖公二十八年》에 "죽어서 나라를 이롭게 할 수 있다면 목숨도 버릴 수 있거늘, 하물며 옥이야 아낄 것이 무엇입니까? 그것은 썩은 흙일 뿐입니다(死而利國, 猶或爲之, 況瓊玉乎? 是糞土也)"라는 말이 있다.

(31) 團鳳(단봉): 단차의 일종. 위에 봉황 무늬가 찍혀 있다.

(32) 葵花(규화): 복건성 建溪에서 나는 단차의 일종. 둥그렇게 생겼다.

(33) 碔砆(무부): 옥처럼 생긴 돌. 옥처럼 생겼지만 옥이 아닌 가짜를 가리킨다. 《參同契》에 "고기 눈이 어떻게 주옥이 되리? 쑥은 결코 檟茶가 될 수 없다(魚目豈爲珠, 蓬蒿不成檟)"라고 했다. 진

짜와 가짜가 뒤섞인 것을 魚目混珠 또는 碔砆混玉이라고 한다. 이 연은 단봉차와 규화차에 가짜가 섞여 있었다는 말이다.

(34) 日注(일주): 차 이름. 절강성 紹興에 있는 일주산에서 생산된 차. '日鑄'와 같다. 歐陽修의 《歸田錄》에 "납차는 검건에서 나고 초차는 양절지방에서 성행하는데 양절지방의 제품 중에 일주차가 으뜸이다. 경우(1034-1038) 이후로는 홍주의 쌍정차와 백아차가 점점 성행하기 시작했는데 근년에는 더욱 정교하게 제작되었다(臘茶出於劍建, 草茶盛於兩浙, 兩浙之品, 日注爲第一. 自景祐以後, 洪州雙井·白芽漸盛, 近歲製作尤精)"라고 했다.

(35) 雙井(쌍정): 송나라 때 洪州(지금의 강서성 南昌) 雙井鄕에서 생산되던 차. 주 (34) 참조.

(36) 高人(고인): 심지와 품행이 고상한 사람. 은자를 가리킨다.

(37) 聞道(문도): ~라고 하는 말을 듣다.

(38) 初旭(초욱): 막 떠오를 때의 해. 《東溪試茶錄》에 "차의 채취는 반드시 새벽에 일어나자마자 해야지 해가 돋고 난 뒤에 하면 안 된다. 해가 돋아 이슬이 마르면 차가 산뜻하지 않다(凡採茶, 必以晨興, 不以日出, 日出露晞, 茶不鮮明)"라고 했다.

(39) 驚雷(경뢰): 사람을 깜짝 놀라게 할 만큼 우렁찬 우레 소리. 《救荒本草·茶樹》에 "또 이와 별도로 몽산 가운데 꼭대기인 상청봉의 차가 있다. 춘분 전후에 일꾼을 많이 모아 우레 소리가 처음으로 울리기를 기다렸다가 힘을 모아서 일제히 채취한다. 만약 네 냥을 먹으면 지상의 신선이 된다(又別有一種蒙山中頂上淸峰茶云. 春分前後, 多聚人力, 候雷初發聲, 併手齊採. 若得四兩服之, 即爲地仙)"라고 했다.

(40) 玉泉(옥천): 옥처럼 맑은 샘물.

(41) 停宿(정숙): 그치다. 멈추다.

(42) 須臾(수유): 잠깐.

(43) 輕縷(경루): 가벼운 비단.

(44) 火候(화후): 화력의 강약과 불 때는 시간.

(45) 盈縮(영축): 키웠다 줄였다 하다. 가감하다.

(46) 經時(경시): 긴 시간이 지나다.

(47) 藏蓄(장축): 저장하다. 간수하다.

(48) 髹筒(휴통): 옻칠한 대롱.

(49) 箬籠(약롱): 차를 담아 두는 대바구니. 《茶錄·藏茶》에 "차는 댓잎과 잘 어울리고 향료를 두려워한다. 따뜻하고 건조한 것을 좋아하며 축축하고 차가운 것을 싫어한다. 그러므로 수장가들이 댓잎으로 싸서 배롱에 넣어 두는데, 2~3일에 한 번씩 불로 사람의 몸처럼 따뜻하게 덥혀 주면 축축해지는 것을 막을 수 있다. 만약 불을 너무 많이 쬐면 차가 너무 말라서 먹을 수 없다(茶宜蒻葉而畏香藥, 喜溫燥而忌濕冷. 故收藏之家, 以蒻葉封裹入焙中, 兩三日一次, 用火常如人體, 溫溫則禦濕潤. 若火多, 則茶焦, 不可食)"라고 했다.

(50) 復(복): 중복하다. 겹치다.

(51) 梅潤(매윤): 梅雨 시절의 축축한 기운.

(52) 有如(유여): 마치 ~인 듯하다.

(53) 剛耿(강경): 강직하고 꼿꼿하다.

(54) 纖芥(섬개): 아주 작은 물체. 草芥. 지푸라기.

(55) 將(장): ~을 가지고. 이상의 네 구절은 단차의 모양을 묘사한 것이다.

(56) 乳泉(유천): 감미롭고 맑은 물. 말차의 젖빛 찻물을 가리킨다.

(57) 奪(탈): 압도하다. 능가하다.

(58) 閩俗(민속): 민지방(지금의 복건성 일대)의 일반인들, 즉 閩人들을 가리킨다.

(59) 面如粥(면여죽): 《東溪試茶錄》에 "차는 산음에서 나는데 그 맛은 감미롭고 향긋하며 그 색은 청백색이다. 물기를 흡수하면 광택이 나서 그 표면을 보면 조 알갱이처럼 흩어져 있는바, 이것을 식은 죽의 표면이라고 한다(茶生山陰, 厥味甘香, 厥色青白. 及受水, 則光澤, 視其面, 渙散如粟, 謂之冷粥面)"라고 했다.

(60) 葉家白(섭가백): 복건성 建溪에서 나는 명차의 일종. 《茶錄》에 "건주 섭씨는 차나무 산이 많아 해마다 공물로 바쳤다(建州葉氏多茶山, 每歲貢焉)"라고 했고, 《北苑拾遺錄》에 "북원 땅에서는 개울 동쪽의 섭포가 으뜸이고, 섭응언이 그다음이며, 섭국이 또 그다음이다. 명부에 기록되어 있는 가구가 모두 1천여 호이다(北苑之地, 以谿東葉布爲首稱, 葉應言次之, 葉國又次之. 凡隸籍者, 一千餘戶)"라고 했다.

(61) 中山醁(중산록): 중산(지금의 하북성 定州) 지방에서 생산된 名酒. 중산주 또는 千日酒라고도 한다. 《搜神記》에 "적희는 중산 사람으로 천일주를 담글 줄 알았는데, 이것을 마시면 천 일 동안 취했다(狄希, 中山人也, 能造千日酒, 飮之千日醉)"라는 말이 있다.

(62) 好是(호시): 바로. 참으로.

(63) 清風(청풍): 盧仝의 시 〈走筆謝孟諫議寄新茶〉에 "일곱 사발은 아무래도 다 마실 수 없는 일, 겨드랑이에서 솔솔 청풍이 이는 걸 느낄 뿐이네(七碗吃不得也, 唯覺兩腋習習淸風生)"라는 구절이 있다. 〈遊惠山幷敍〉(0626) 주 (26) 참조.

(64) 水經(수경): 중국의 주요 하천에 관하여 설명한 책. 한나라 桑欽이 지은 것으로 알려져 있으나 확실하지 않다.

(65) 陸子(육자): 육우를 가리킨다.

(66) 中泠(중령): 中泠泉. 강소성 鎭江에 있는 샘. 당나라의 다성 육우에게 천하제칠천이라는 품평을 받고 역시 당나라의 차 전문가였던 유백추에게 천하제일천이라는 품평을 받은 바 있다. 육우가 중령천의 물맛을 품평한 다음과 같은 일화가 있다. 당나라 代宗(763-779) 때 李季卿이 湖州刺史로 부임해 가는 길에 揚州에서 다성 육우를 만났다. 그는 평소에 육우의 이름을 익히 듣고 있던 터였으므로 반가운 마음에 그에게 중령천의 물맛을 한번 품평해 달라고 부탁했다. 이계경이 사람을 보내 파도를 헤치고 장강 안에 있는 중령천으로 가서 길어 오게 한 물을 육우가 한 번 맛보더니, 그것은 장강의 물이기는 하지만 중령천의 물이 아니라 장강 기슭의 물이라고 했다. 물

을 길어 온 사람이 배를 타고 들어가서 직접 길어 온 중령천의 물이라고 했지만 육우는 아무 말도 하지 않고 계속해서 동이에 든 물을 한 바가지씩 떠서 맛보고는 중령천의 물이 아니라며 버리기를 반복했다. 동이의 물이 절반쯤 남았을 때 육우가 마침내 "이것은 중령천의 물인 것 같소"라고 했다. 그러자 물을 길어 온 사람이 깜짝 놀라며 엎드려 사죄했다. 사실인즉 중령천의 물을 길어서 돌아오는 도중에 배가 흔들려서 동이의 물이 반쯤 쏟아지는 바람에 강기슭의 물을 퍼서 채웠다는 것이다. 이계경을 비롯하여 좌중에 있던 사람들이 모두 육우의 감별력에 혀를 내둘렀다.(張又新, 《煎茶水記》 참조)

(67) 康王谷(강왕곡): 강서성 九江 남쪽의 廬山에 있는 계곡. 여기에 谷簾泉이라는 폭포가 있는데 육우가 이 물을 천하제일천이라고 품평했다. 소식은 육우가 중령천을 으뜸으로 품평하고 곡렴천을 그다음으로 품평했다고 생각한 것으로 보인다.

(68) 蟆培(마배): 蝦蟆背. 호북성 宜昌 동쪽에 위치한 夷陵縣의 石鼻山 기슭에 있는 바위. 생김새가 두꺼비와 닮았는데 등의 오톨도톨한 부분이 특히 많이 닮았다. 물이 두꺼비의 등을 타고 흘러내려 코와 입 사이로 떨어져 長江으로 들어간다. 소식은 가우 4년(1059)에 모친상을 마치고 부친 및 동생과 함께 開封으로 돌아가는 도중에 이곳을 구경하고 〈蝦蟆背〉(0033)라는 시를 지었는데, 이 시에 "이 물이 어찌 차 끓이기에만 좋으랴? 술을 빚는 데도 이 물의 적수가 없으리라(豈惟煮茶好, 釀酒應無敵)"라는 구절이 있다.

(69) 追逐(추축): 몰다.

(70) 薑鹽(강염): 생강과 소금. 〈和蔣夔寄茶〉(0434)에 대한 王十朋 《百家分類東坡先生詩》의 주석에 "생강과 소금을 넣고 차를 끓이는 것 역시 촉지방 풍속이다(薑鹽煎茶, 亦蜀中風俗)"라고 했다. 〈和蔣夔寄茶〉(0434) 주 (29) 참조.

(71) 白土(백토): 白堊. 석회암의 일종. 〈和蔣夔寄茶〉(0434)에 대한 왕십붕 《백가분류동파선생시》의 주석에 "촉지방 사람들은 참깨와 백토를 넣고 차를 끓인다(蜀人以脂麻白土煎茶)"라고 했다. 〈和蔣夔寄茶〉(0434) 주 (15) 참조.

(72) 稍稍(초초): 조금. 약간.

(73) 外形骸(외형해): 외형적인 것, 즉 外物을 도외시하다.

(74) 徇口腹(순구복): 입과 배의 즐거움을 도모하다. 먹고 마시는 즐거움을 추구한다는 말이다.

(75) 脫粟(탈속): 겨우 껍질만 벗긴 쌀. 현미.

(76) 外慕(외모): 외물에 대한 흠모.

(77) 羈束(기속): 구속하다.

(78) 幽步(유보): 한가로운 걸음.

(79) 天峰(천봉): 어느 봉우리인지 알려져 있지 않다.

(80) 蒙茸(몽용): 초목이 무성하게 자란 모양.

(81) 旂簇(기족): 뾰족뾰족한 찻잎을 드리워진 깃발과 화살촉에 비유한 것이다. 장우신의 《전다수기》에 "창과 깃발을 분말로 만드는 데 난초와 계수나무를 땔감으로 쓴다(粉槍末旂, 蘇蘭薪桂)"

라고 했다.

(82) 廚簏(주록): 책을 넣는 궤짝과 대나무 상자.

(83) 炎毒(염독): 더위가 혹독하다.

(84) 幽人(유인): 은자. 소식 자신을 가리킨다.

(85) 北窗(북창): 북쪽 창. 陶淵明의 〈與子儼等疏〉에 "오뉴월에 북쪽 창문 밑에 누워서 언뜻언뜻 불어오는 시원한 바람을 맞으며 자신을 일컬어 희황상인(욕심 없이 초연하게 산 복희씨 이전의 태곳적 사람이라는 뜻)이라고 했다(五六月中, 北窗下臥, 遇涼風暫至, 自謂是羲皇上人)"라고 했다.

(86) 乳甌(유구): 젖빛 말차를 담은 사발을 가리킨다. 주 (56) 참조.

(87) 局促(국촉): 구속이 심한 모양.

(88) 癖(벽): 성벽. 병적일 정도로 심한 嗜好를 가리킨다.

(89) 我癖(아벽): 지나칠 정도로 차를 좋아하는 자신의 기호를 가리킨다.

(90) 贖(속): 재물을 바치거나 공을 세움으로써 죄를 면제받다. 속죄하다. 죄를 묻지 않고 보아준다는 뜻이다.

(91) 伯倫(백륜): 진나라 사람 劉伶의 字. 竹林七賢 가운데 한 사람으로 술을 몹시 좋아했다.

(92) 胡然(호연): 어찌하여. 무엇 때문에.

(93) 糟麴(조국): 지게미와 누룩. 유영의 〈酒德頌〉에 "수염을 털고 다리 뻗고 앉으며, 누룩을 베고 지게미를 깔고 앉는다. 아무런 생각도 없고 걱정도 없이 즐거움이 도도하다(奮髯箕踞, 枕麴藉糟. 無思無慮, 其樂陶陶)"라고 했다. 이 연은 차의 효능이 술의 효능을 능가한다는 말이다.

## 0765. 南堂[1]五首

남당

### 其一

| | |
|---|---|
| 江上西山半隱堤, | 강가의 서산은 둑에 반쯤 가려졌고 |
| 此邦臺館一時西.[2] | 이 고장의 건물들은 일제히 서향인데 |
| 南堂獨有西南向, | 남당만은 저 홀로 서남향이라 |
| 臥看千帆落淺溪.[3] | 얕은 시내에 돛대 천 개가 내려오는 것 누워서 본다. |

### 其二

| | |
|---|---|
| 暮年眼力嗟猶在, | 아아 만년에 시력이 아직도 남아 있고 |
| 多病顛毛却未華.[4] | 병 많아도 머리카락 희어지지 않았기에 |
| 故作明窗書小字, | 일부러 밝은 창을 내어 작은 글씨를 쓰고 |
| 更開幽室養丹砂.[5] | 또 아늑한 방을 열어 단사를 단련한다. |

### 其三

| | |
|---|---|
| 他時夜雨困移牀,[6] | 언젠가 밤비가 하염없이 내릴 때 |
| | 끙끙대며 침대를 옮겨다 놓고 |

坐厭愁聲點客腸.(7)(8)(9)　　을씨년스러운 비가 나그네의 애간장에
　　방울방울 듣는 소리 앉아서 실컷 들었나니
一聽南堂新瓦響,　　남당의 새 기와가 울리는 소리 듣노라니
似聞東塢小荷香.　　동쪽 마을 연꽃 향이 나는 것 같네.

其四

山家爲割千房蜜,(10)(11)　　은자는 내게 천 칸짜리 벌집의 꿀을 따 주고
稚子新畦五畝蔬.　　어린 아들은 새 밭에서 다섯 이랑의 채소를 키운다.
更有南堂堪著客,　　게다가 남당이 있어 손님을 붙들 수 있으니
不憂門外故人車.(12)　　문밖에 친구의 수레가 와도 걱정이 없다.

其五

掃地焚香閉閣眠,　　땅을 쓸고 향 피우고 문을 닫고 잤더니
簟紋如水帳如烟.(13)　　대자리 무늬는 물결 같고 휘장은 안개 같다.
客來夢覺知何處,　　손님이 와서 꿈이 깨니 여기가 어디인가?
挂起西窗浪接天.　　서쪽 창을 걸어 놓으니 파도가 하늘에 닿는다.

**[해설]**

과거급제 동기인 채승희가 소식을 위해 장강 가에 지어 준 남당에서 지내는 여러 가지 즐거움을 노래한 것이다.

**[주석]**

(1) 南堂(남당): 黃州에 있던 건물. 《東坡圖》에 "남당은 황주 관아에서 남쪽으로 1리 되는 곳에 있어 장강을 굽어본다(南堂在州治南一里, 俯臨大江)"라고 했다. 施元之의 《施注蘇詩》에 《齊安拾遺》를 인용하여 "하오구 옆은 본래 수역으로 임고정이라는 정자가 있었다. 고을 사람들이 역의 높은 고개에 남당을 지어 선생이 휴식을 취할 수 있게 했다(夏澳口之側, 本水驛, 有亭曰臨皐. 郡人以驛之高陂上築南堂, 爲先生游息)"라고 했는데, 王文誥의 《蘇軾詩集》에는 "남당은 바로 공의 과거급제 동기로 전운사인 채승희가 지은 것이다. 시원지의 주석은 잘못되었다(南堂, 乃公同年

轉運蔡承禧所建. 施註誤)"라고 했다. 소식이 채승희에게 보낸 편지 〈與蔡景繁〉 제9수에 "임고정 남쪽에 마침내 집을 세 칸 증축했는데 매우 넓고 툭 트여서 여름을 나기에 편하니 혜택을 적지 않게 입었습니다(臨皐南畔, 竟添却屋三間, 極虛敞, 便夏, 蒙賜不淺)"라고 하고, 제11수에 "근래에 작은 집을 하나 지어 어울리지 않게도 남당이라고 부르는데 여름철 지내기가 좀 편안하니 매우 두터운 은덕을 입었습니다. 짤막한 절구 다섯 수는 다른 사람에게 보여 주지 마시기 바랍니다(近葺小屋, 强名南堂, 暑月少舒, 蒙德殊厚. 小詩五絶, 乞不示人)"라고 했는데, 이에 대하여 왕문고는 "'마침내 집을 세 칸 증축했다'는 말은 바로 경번(즉 채승희)이 담당관에게 증축하게 했다는 확증이다. 그렇기 때문에 '혜택을 적지 않게 입었습니다'라고 한 것이다('竟添却屋三間'之語, 乃景繁使有司增葺之確證. 故云'蒙賜不淺')"라고 했다.

(2) 臺館(대관): 누대와 客館. 보통의 건물을 가리킨다.

(3) 千帆(천범): 수많은 돛을 가리킨다.

(4) 顚毛(전모): 머리카락.

(5) 丹砂(단사): 소식의 〈與王定國書〉에 "근래에 어떤 사람이 단사를 조금 주었는데 광채가 매우 기이한지라 감히 복용하지 못하고 있었더니 그 사람이 불기운을 유지하는 방법을 가르쳐 주기에 그것이 변화하는 모습을 관찰하면서 그럭저럭 즐거운 마음으로 세월을 보냅니다(近有人惠大丹砂少許, 光彩甚奇, 固不敢服, 然其人教以養火, 觀其變化, 聊以悅神度日)"라고 했다.

(6) 移牀(이상): 지붕이 새기 때문에 빗방울이 떨어지지 않는 곳으로 침대를 옮긴다는 말이다.

(7) 厭(염): 물리도록 겪다. 실컷 맛보다.

(8) 愁聲(수성): 근심을 자아내는 소리. 빗방울 떨어지는 소리를 가리킨다.

(9) 點(점): 빗방울이 떨어지다.

(10) 山家(산가): 은자. 흔히 산속에 은거하는 스님이나 도사를 가리킨다.

(11) 千房蜜(천방밀): 천 칸 정도 될 만큼 큰 벌집에 저장되어 있는 꿀. 두보의 시 〈秋野五首〉 제3수에 "바람에 떨어지면 솔방울 줍고, 날씨가 추워지면 벌집을 딴다(風落收松子, 天寒割蜜房)"라는 구절이 있다.

(12) 故人車(고인거): 나를 찾아온 친구의 수레. 陶淵明의 시 〈讀山海經〉에 "궁벽한 골목이라 큰 수레가 못 들어가매, 찾아온 친구의 수레가 다 돌아갔네(窮巷隔深轍, 頗迴故人車)"라는 구절이 있다.

(13) 簟紋(점문): 대자리의 무늬. 李商隱의 시 〈偶題〉에 "물결무늬 대자리에 놓여 있는 호박 베개(水紋簟上琥珀枕)"라는 구절이 있다.

## 0766. 次韻子由[1]種杉竹

자유가 삼나무와 대나무를 심고 지은 시에 차운하여

| | |
|---|---|
| 吏散庭空雀噪簷, | 관리들 가고 마당이 비어 처마에 참새가 왁자한데 |
| 閉門獨宿夜厭厭.[2] | 문을 닫고 혼자 자면 밤이 무척 고요하리. |
| 似聞梨棗同時種, | 배나무와 대추나무를 동시에 심었단 말 들은 듯하니 |
| 應與杉篁刻日添.[3][4] | 삼나무와 대나무를 기일을 정해 보태야 했으리. |
| 糟麴有神熏不醉,[5][6] | 술을 담그면 신령스러워 얼큰히 마셔도 취하지 않고 |
| 雪霜誇健巧相沾.[7][8] | 눈서리 자태가 굳셈을 뽐내며 멋지게 서로 얽히리. |
| 先生坐待淸陰滿,[9] | 선생은 앉아서 시원한 그늘이 가득 차길 기다리며 |
| 空使人人歎滯淹.[10] | 공연스레 사람들더러 막힌다고 탄식케 하리. |

**[해설]**

동생 소철이 삼나무와 대나무를 심고 난 뒤 그 감회를 노래한 시에 차운하여 지은 것이다.

**[주석]**

(1) 子由(자유): 소식의 동생 蘇轍의 字. 현전하는 소철의 《欒城集》에 수록된 시 가운데 이 시와 운자가 일치하는 것은 〈予初到筠, 卽於酒務庭中, 種竹四叢, 杉二本, 及今三年, 二物皆茂, 秋八月, 洗竹培杉, 偶賦短篇呈同官〉뿐이다. 소식의 이 시는 내용으로 미루어 보건대 소철이 삼나무와 대

나무를 심은 지 3년째 되는 해에 지은 것이 아니라 나무를 심은 직후에 지은 것으로 보인다. 나무를 심은 직후에도 같은 운자로 지은 시가 있었는데 망실되었을 가능성이 있다.

(2) 厭厭(염염): 고요한 모양.

(3) 與(여): ~을.

(4) 刻日(각일): 기일을 정하다. 이 연은 소철이 응당 유실수로서 실익을 안겨 주는 배나무·대추나무만 심을 것이 아니라, 상록수로서 곧은 절개를 상징하는 삼나무와 대나무도 추가로 심어야 한다고 생각했을 것이라는 말이다.

(5) 糟麴(조국): 술. 삼나무로 담근 술을 가리킨다.

(6) 熏(훈): 술기운으로 얼굴이 벌겋게 되다. '醺'과 같다.

(7) 雪霜(설상): 눈서리같이 곧은 자태를 지닌 대나무를 가리킨다.

(8) 沾(첨): 엉겨 붙다. 대나무가 무성해져서 가지가 서로 얽히는 것을 가리킨다.

(9) 先生(선생): 소철을 가리킨다.

(10) 滯淹(체엄): 막히다. 소철의 벼슬길이 막혀서 계속 筠州에 머무는 것을 가리킨다. 이 연은 현지인들이 삼나무와 대나무가 무성해져서 짙은 그늘을 이루도록 소철이 오랫동안 균주에 머무는 것보다 빠른 시일 내에 영전하여 다른 곳으로 가기를 기원할 것이라는 말이다.

## 0767. 孔毅父[1]妻挽詞[2]

공의보의 부인을 애도하는 만사

| | |
|---|---|
| 結褵記初歡,[3] | 앞치마 매고 시집오던 당초 기쁨 잊지 않고 |
| 同穴期晩歲.[4] | 한 구덩이에 묻히기로 만년에 기약했네. |
| 擇夫得溫嶠,[5] | 남편을 골라서 온교를 만나 |
| 生子勝王濟.[6] | 아들을 낳았더니 왕제보다 나았네. |
| 高風相賓友,[7] | 고상한 풍도로써 서로 손과 벗이었고 |
| 古義仍兄弟.[8] | 예스러운 의리로써 변함없이 형제였네. |
| 從君吏隱中,[9] | 한직에 은거하는 그대를 따라 |
| 窮達初不計.[10] | 처음에는 궁달을 따지지 아니했네. |
| 云何抱沈疾,[11][12] | 뭣 때문에 중병을 안고 있었나? |
| 俯仰便一世.[13] | 고개를 숙였다 드는 사이에 한세상이 지났네. |
| 幽陰凄房櫳,[14][15] | 그윽하고 침침한 그대 방은 쓸쓸한데 |
| 芳澤在巾袂.[16][17] | 머릿기름 향내가 두건과 소매에 배어 있네. |
| 百年縱得滿, | 비록 인생 백 년을 다 채울 수 있다 해도 |
| 此路行亦逝.[18] | 그래도 이 길은 역시 가게 될 것이네. |
| 那將有限身,[19] | 어떻게 유한한 몸을 가지고 |
| 長瀉無益涕. | 언제나 무익한 눈물을 쏟아 내리? |
| 君文照今古, | 그대의 문장은 고금에 빛나나니 |

不比山石脆.[20] 곧잘 바스러지는 산석과는 다르네.
當觀千字誄,[21] 천 자에 달하는 애도사를 보아야지
寧用百金瘞.[22][23] 어떻게 백금으로 장사 지내리?

**[해설]**

친구 공평중의 아내가 죽었을 때 한편으로 그녀의 죽음을 애도하면서 한편으로 아내의 장례식을 멋지게 치러 주지 못해서 안타까워하는 공평중을 위로한 것이다.

**[주석]**

(1) 毅父(의보): 孔平仲의 字. 〈次韻子由寄題孔平仲草菴〉(0735) 주 (3) 참조.
(2) 挽詞(만사): 죽은 사람을 애도하는 글.
(3) 結褵(결리): 딸이 시집갈 때 어머니가 행주치마처럼 손 닦는 데 쓰는 수건을 허리에 매어 주던 혼인 의식의 하나. 혼인을 가리킨다.
(4) 同穴(동혈): 같은 墓穴에 묻히는 것을 가리킨다. 《詩經 · 王風 · 大車》에 "살아 있을 때에는 다른 집에 살지라도, 죽어서는 한 구덩이에 파묻히리라(穀則異室, 死則同穴)"라는 구절이 있다.
(5) 溫嶠(온교): 동진 때의 정치인. 온교가 상처하여 혼자 지낼 때 그의 종고모가 자기 딸의 혼처를 좀 알아봐 달라고 부탁했다. 종고모의 딸이 매우 예쁘고 총명했기 때문에 온교는 자신이 그녀와 혼인하고 싶은 욕심이 나는지라 종고모에게 슬쩍 물어보았다. "훌륭한 사윗감은 구하기 어렵습니다. 저 정도면 되겠습니까?" 그러자 종고모가 "어찌 감히 너만 한 사람을 바라겠느냐?"라고 했다. 며칠 뒤에 온교가 사윗감을 구했다며 정표로 玉鏡臺를 내놓았더니 종고모가 매우 기뻐했다. 그 옥경대는 바로 온교가 劉琨의 長史로 劉聰을 정벌하고 난 뒤에 받은 것이었다.(《世說新語 · 假譎》 참조) 여기서는 자기 마음에 드는 남편을 가리킨다.
(6) 王濟(왕제): 晉나라 대장군 王渾의 아들. 왕혼이 부인과 함께 앉아 있는데 아들 왕제가 마당을 지나갔다. 왕혼이 부인을 돌아보며 "아들이 이와 같으니 마음이 든든하지 않소?"라고 했다.(《世說新語 · 排調》 참조)
(7) 賓友(빈우): 손님이나 벗으로 대하다. 《後漢書 · 龐公傳》에 "부부가 서로 공경하는 것이 손님을 대하는 것 같았다(夫妻相敬如賓)"라는 말이 있고, 《晉書 · 何曾傳》에 "늙어서는 아내와 만날 때 함께 의관을 바루고 서로 손님처럼 대했다. 자기는 남쪽을 향해 서고 아내는 북쪽을 향해 서서 두 번 절한 뒤에 술을 따라 올리는데, 한 잔씩 주고받는 일이 끝나면 곧 나갔다(年老之後, 與妻相見, 皆正衣冠, 相待如賓. 已南向, 妻北面, 再拜上酒, 酬酢既畢便出)"라고 했다.
(8) 兄弟(형제): 오빠와 동생. 《詩經 · 邶風 · 谷風》에 "그대 신혼 즐기느라, 오누이와 같겠군요(宴爾新婚, 如兄如弟)"라는 구절이 있다.

(9) 吏隱(이은): 하급 관리가 한직을 맡아 한가하게 지내는 것을 은거에 비유한 말이다.
(10) 窮達(궁달): 빈궁과 영달.
(11) 云何(운하): 무엇 때문에.
(12) 沈疾(침질): 중병.
(13) 俯仰(부앙): 아래를 한 번 내려다보고 위를 한 번 올려다보는 짧은 시간.
(14) 幽陰(유음): 깊숙하고 어두컴컴하다.
(15) 房櫳(방롱): 창문. 방을 가리킨다.
(16) 芳澤(방택): 옛날에 여자들이 머리카락을 윤택하게 하기 위하여 바르던 香油.
(17) 巾袂(건메): 두건과 소매.
(18) 行(행): 장차.
(19) 將(장): ~을 가지고.
(20) 山石(산석): 무덤 앞에 세우는 비석을 가리킨다. 이 연은 아내의 무덤에 비석을 세워 주지 못해서 안타까워하는 공평중을 위로한 것이다.
(21) 誄(뇌): 생전의 덕행을 서술하여 죽은 사람을 애도하는 弔辭.
(22) 百金(백금): 값비싼 부장품을 가리킨다.
(23) 瘞(예): 묻다. 장사 지내다. 마지막 네 구절은 비용을 많이 들여서 화려하게 장례식을 치르는 것보다 뛰어난 문장력으로 멋진 조사를 지어 주는 것이 더 값지다는 말이다.

## 0768. 初秋寄子由[1]

초가을에 자유에게

| | |
|---|---|
| 百川日夜逝,[2] | 시내라는 시내는 다 밤낮없이 흘러가고 |
| 物我相隨去. | 만물과 내가 모두 그걸 따라가건만 |
| 惟有宿昔心, | 오로지 옛날 일을 생각하는 마음만은 |
| 依然守故處.[3] | 여전히 그 옛날의 그곳에서 맴도네. |
| 憶在懷遠驛,[4] | 그 옛날에 우리는 회원역에서 |
| 閉門秋暑中. | 가을 더위 속에서 대문을 닫아건 채 |
| 藜羹對書史,[5][6] | 명아줏국 먹고 나서 책을 읽으며 |
| 揮汗與子同. | 그대와 둘이 함께 땀을 뿌렸지. |
| 西風忽淒厲,[7] | 서풍이 갑자기 쌀쌀히 불어 |
| 落葉穿戶牖. | 낙엽이 방문과 창을 뚫고 날아오자 |
| 子起尋裌衣,[8] | 그대가 일어나 겹옷을 찾아 |
| 感歎執我手. | 내 손을 꼭 잡고 탄식했었지. |
| 朱顏不可恃, | "젊은 시절 홍안이란 믿을 수가 없다는 |
| 此語君莫疑. | 이 말을 형님은 의심하지 마시오. |
| 別離恐不免, | 이별은 아마도 면할 길이 없을 테고 |
| 功名定難期. | 공명은 정녕코 기대하기 힘들 게요." |
| 當時已悽斷,[9] | 당시에도 이미 극히 처량했거늘 |

況此兩衰老. 하물며 둘 다 늙고 쇠약해진 지금에랴!
失途旣難追,(10) 길을 잃어 다시 찾기 어려울 뿐 아니라
學道恨不早.(11) 도를 배우는 것도 때가 늦어 한스럽네.
買田秋已議,(12) 밭 사는 건 가을에 이미 의논하였고
築室春當成. 집 짓는 건 봄이면 틀림없이 낙성될 터
雪堂風雨夜,(13) 설당에 비바람이 몰아치는 밤이면
已作對牀聲.(14) 침상 맞댄 소리가 이미 들려온다네.

**[해설]**

가을을 맞아 동생과 함께 개봉에서 제과시험을 준비하던 젊은 시절을 회상하며 동생에 대한 그리움을 토로하고 동생과 함께 지내고 싶은 심정을 노래한 것이다.

**[주석]**

(1) 子由(자유): 소식의 동생 蘇轍의 字.

(2) 逝(서): 흘러가다. 변화하는 것을 가리킨다. 《論語 · 子罕》에 "공자께서 냇가에 계실 때 말씀하셨다. '흘러가는 것이 이와 같구나! 밤낮으로 쉬지 않고 흐르는구나!'(子在川上, 曰: '逝者如斯夫! 不舍晝夜.')"라는 말이 있다. 또 소식의 〈赤壁賦〉에 "물이 이처럼 밤낮없이 흐르지만 한 번도 가버린 적이 없고, 달이 저처럼 찼다가 기울지만 끝내 없어지거나 자라지 않았다오. 변한다는 관점에서 볼라치면 천지는 한순간도 변하지 않을 수 없지만, 변하지 않는다는 관점에서 볼라치면 만물과 내가 모두 끝이 없다오(逝者如斯, 而未嘗往也, 盈虛者如彼, 而卒莫消長也. 蓋將自其變者而觀之, 則天地曾不能以一瞬; 自其不變者而觀之, 則物與我皆無盡也)"라고 했다. 이 연은 자신을 포함한 천지간의 만물이 다 끊임없이 변한다는 말이다.

(3) 守故處(수고처): 옛날에 살던 곳, 즉 다음 구절에서 말한 懷遠驛을 떠나지 않고 고수한다는 말이다.

(4) 懷遠驛(회원역): 開封의 汴河 남쪽에 있던 驛舍. 진사시험에 급제한 소식과 소철은 가우 6년(1061) 1월 회원역으로 거처를 옮겨 制科를 준비했다.

(5) 藜羹(여갱): 명아주 잎으로 끓인 국. 저급한 음식을 가리킨다.

(6) 書史(서사): 經書와 역사책. 책을 가리킨다.

(7) 淒厲(처려): 찬바람이 쌀쌀하게 부는 모양.

(8) 裌衣(겹의): 겹옷.

(9) 悽斷(처단): 극도로 처량하다. '斷'은 형용사 · 동사 뒤에 붙어서 정도가 지극함을 나타낸다.

(10) 失途(실도): 벼슬길에서 뜻을 잃는 것을 가리킨다.

(11) 學道(학도): 仙道나 佛道를 배우는 것을 가리킨다.

(12) 買田(매전): 田地를 사다. 소식의 《東坡志林·游沙湖》에 "황주에서 동남쪽으로 30리 되는 곳이 사호인데 나사점이라고도 한다. 나는 그 일대에 농지를 좀 사기로 하여 땅을 보러 갔다가 병을 얻었다(黃州東南三十里爲沙湖, 亦曰螺師店. 予買田其間, 因往相田, 得疾)"라고 했다.

(13) 雪堂(설당): 소식이 원풍 5년(1082) 2월에 자신이 개간한 농장 東坡에 지은 다섯 칸짜리 건물. 〈問大冶長老乞桃花茶栽東坡〉(0746) 주 (15) 참조.

(14) 對牀(대상): 침상을 마주하고 자는 것을 가리킨다. 소식 형제는 개봉에서 제과를 준비할 때 韋應物의 시 〈示全眞元常〉에 감명을 받아서 자기 형제도 일찌감치 벼슬을 그만두고 고향으로 돌아가 침상을 나란히 놓고 마주 누워서 밤비 소리를 들으며 정담을 나누다가 잠이 들기로 약속했다. 이것이 이른바 '對牀夜雨'의 약속이다. 〈送劉寺丞赴餘姚〉(0634) 주 (5) 참조. 마지막 네 구절은 동생과 함께 지낼 준비를 하고 있다는 말이다.

## 0769. 和黃魯直[1]食筍次韻

황노직의 〈죽순을 먹으며〉에 화답하여 차운한다

| | |
|---|---|
| 飽食有殘肉, | 배부른 사람에겐 남는 고기가 있고 |
| 飢食無餘菜. | 배고픈 사람에겐 남는 나물도 없지. |
| 紛然生喜怒, | 기쁨과 분노가 막 번갈아 생겨나니 |
| 似被狙公賣.[2][3] | 저공에게 우롱당한 원숭이와 다름없지. |
| 爾來誰獨覺, | 그런데 근래에 누가 혼자 깨달았나? |
| 凜凜白下宰.[4] | 늠름한 백하의 현령님이네. |
| 一飯在家僧,[5] | 그는 하루 한 끼 먹는 재가승이건마는 |
| 至樂甘不壞. | 달콤한 지락이 깨지지 않네. |
| 多生味虀簡,[6][7] | 여러 번의 전생에 좀 쓴 죽간 먹었나니 |
| 食筍乃餘債.[8] | 죽순을 먹는 것은 남은 빚을 갚는 것이네. |
| 蕭然映樽俎,[9][10] | 죽순은 고고하게 술잔과 도마를 비추면서 |
| 未肯雜菘芥. | 배추나 겨자와는 섞이려고 하지 않지. |
| 君看霜雪姿, | 그대여 보시게나 눈서리 같은 자태가 |
| 童稚已耿介.[11] | 어릴 적부터 벌써 저리 꼿꼿하다네. |
| 胡爲遭暴横,[12] | 어찌하여 횡포한 사람을 만났는가? |
| 三嗅不忍嘬.[13] | 세 번 냄새 맡아 보곤 차마 먹지 못했거늘. |
| 朝來忽解籜, | 아침 되어 홀연히 껍질 벗고 나오면 |

| | |
|---|---|
| 勢迫風雷噫.(14) | 바람과 우레가 휘몰아칠 기세일 걸. |
| 尙可餉三閭,(15) | 또한 삼려대부에게 밥을 주기 위하여 |
| 飯筒纏五采.(16) | 대밥통에 오색 실을 묶을 수도 있을 것을. |

**[해설]**

황정견의 시 〈죽순을 먹으며(食筍十韻)〉를 보고 그것에 차운한 것이다. 죽순을 좋아하는 황정견의 모습을 해학적인 필치로 묘사했다.

**[주석]**

(1) 魯直(노직): 黃庭堅의 字.

(2) 狙公(저공): 원숭이를 잘 길렀다는 옛날 사람으로 朝三暮四 고사의 주인공이다.

(3) 賣(매): 희롱하다. 우롱하다. 이상의 네 구절은 보통 사람들이 먹을 것이 많고 적음에 따라 웃고 울고 한다는 말이다.

(4) 白下(백하): 吉州 太和縣의 옛날 이름. 소식의 자주에 "태화는 옛날의 백하이다(太和, 古白下)"라고 했다. 황정견은 당시 태화현령이었다.

(5) 在家僧(재가승): 속세에 있는 자기 집에서 불법을 닦는 승려. 먹을 것이 넉넉하지 않은 황정견을 가리킨다.

(6) 多生(다생): 불교에서 六道를 윤회하면서 차례로 태어나는, 헤아릴 수 없이 많은 생애를 가리킨다.

(7) 蠹簡(두간): 좀이 쏜 죽간, 즉 책을 가리킨다. 이 구절은 황정견이 언제나 책을 읽는 책벌레라는 말이다.

(8) 餘債(여채): 못다 갚은 옛날 빚. 비유적으로 옛날에 완수하지 못한 임무를 가리킨다. 이 구절은 옛날에 다 먹지 못한 죽간이 있어서 지금 죽순을 먹는다는 해학적인 표현이다.

(9) 蕭然(소연): 쓸쓸하고 孤高한 모양. 죽순의 모양을 가리킨다.

(10) 樽俎(준조): 술그릇과 도마. 이 연은 죽순은 고고하기 때문에 배추나 갓 같은 보통 음식과 함께 먹지 않고 따로 먹는다는 말이다.

(11) 耿介(경개): 곧아서 굽힐 줄 모르다. 이 구절은 죽순의 모양이 꼿꼿한 것을 묘사한 것이다.

(12) 暴橫(횡포): 횡포한 사람. 고고한 죽순을 잘라 먹는 황정견을 가리킨다. 《論語·鄕黨》에 "꿩들은 자로가 수상한 표정을 지으면 곧 날아올라 하늘에서 빙빙 돈 뒤에 다시 내려와 앉았다. 이것을 보고 공자께서 '산속 다리목의 까투리들은 때를 잘 타는구나 때를 잘 타!'라고 하시자 자로가 꿩을 잡아 가지고 구워서 바쳤더니, 세 번 냄새를 맡고는 일어나 가 버리셨다.(色斯擧矣, 翔而後集. 曰: '山梁雌雉, 時哉時哉!' 子路共之, 三嗅而作)"라는 일화가 있다.

(13) 三嗅(삼후): 세 번 냄새 맡다. 이 연은 냄새를 세 번 맡았을 뿐 꿩고기를 먹지 않은 공자와 대비시킴으로써 죽순을 잘라 먹은 황정견을 나무라는 해학적인 표현이다.

(14) 噫(희): 기운을 내뿜다. 《莊子・齊物論》에 "저 대지가 기운을 내뿜는바 그 이름이 바람이다(夫大塊噫氣, 其名爲風)"라고 했다.

(15) 三閭(삼려): 삼려대부. 전국시대 초나라의 관직 이름으로 屈原이 이 관직을 역임했기 때문에 흔히 굴원을 가리킨다.

(16) 飯筒(반통): 안에 밥을 넣은 대나무 통. 吳均의 《續齊諧記》에 "굴원이 5월 5일 날 멱라강에 빠졌는데, 초나라 사람들이 그를 애도하여 이날이 되면 대나무 통에 쌀을 담아 물속에 던져서 제사 지냈다(屈原五月五日投汨羅水, 楚人哀之, 至此日, 以竹筒子貯米, 投水以祭之)"라는 기록이 있다. 마지막 네 구절은 죽순을 마구 먹어 버리지 않고 그냥 두면 금방 굵은 대가 되어서 더 가치 있게 쓰일 수도 있다는 해학적인 표현이다.

## 0770. 聞子由[1]爲郡僚所捃[2]恐當去官

자유가 군청 관료에게 탄핵받아 관직에서 밀려날까 두려워한다는 소문을 듣고

少學不爲身, 어릴 때에 일신을 위하지 않는 도리를 배웠고
宿志固有在. 진실로 오랫동안 품은 뜻도 있었지만
雖然敢自必, 그래도 감히 스스로 꼭 이루어질 거라 믿었으리?
用舍置度外.[3][4] 등용되고 말고는 안중에도 없었네.
天初若相我, 하늘이 처음에는 우리를 도와준 듯
發跡造宏大.[5] 공 세우고 이름 날려 큰 사람이 되었나니
豈敢負所付, 우리에게 맡겨진 걸 어찌 감히 저버렸으리?
捐軀欲投會.[6][7] 나라 위해 헌신하며 의기투합하자 했네.
寧知事大謬, 일이 크게 잘못되어 걸음을 뗄 때마다
擧步得狼狽.[8] 이리를 만날 줄을 어떻게 알았으리?
我已無可言, 나는 이미 그대에게 해 줄 말이 없나니
墮甑難追悔.[9][10] 시루를 깨뜨리고 후회한들 무엇 하리?
子雖僅自免, 그대 겨우 스스로 큰 재앙을 면했지만
雞肋安足賴.[11] 닭갈비야 어찌 의지할 수 있으리?
低回畏罪罟,[12][13] 쭈뼛쭈뼛 법망에 저촉될까 겁내는데
黽勉敢言退.[14] 과감하게 물러난다 말하도록 애쓰게나.
若人疑或使,[15] 이 사람이 아마도 남에게 사주받아

爲子得微罪. 그대에게 작은 죄를 지은 것만 같구나.
時哉歸去來, 전원으로 돌아갈 때가 됐구나
共抱東坡耒.[16] 우리 함께 동파의 쟁기를 잡자꾸나.

**[해설]**

동생 소철이 다른 관료의 탄핵을 받았다는 소문을 듣고 이참에 아예 관직에서 물러나 함께 전원생활을 하자고 권유한 것이다.

**[주석]**

(1) 子由(자유): 소식의 동생 蘇轍의 字.
(2) 捃(군): 자료를 긁어모아 다른 사람을 공격하다. 탄핵하다.
(3) 用舍(용사): 등용되는 것과 버려지는 것. 《論語・述而》에 "공자가 안연에게 '자신을 써 주면 자신의 주장을 실행하고 자신을 버리면 자신의 주장을 감추어 두는 이러한 태도는 오직 나와 너만이 가지고 있으리라!'라고 말씀하셨다(子謂顔淵曰: '用之則行, 舍之則藏, 惟我與爾有是夫!')"라는 말이 있다.
(4) 置度外(치도외): 내버려 두고 문제 삼지 않다. 置之度外하다.
(5) 發跡(발적): 공을 세워서 이름을 떨치다.
(6) 捐軀(연구): 국가나 정의를 위해 헌신하다.
(7) 投會(투회): 의기투합하다.
(8) 狼狽(낭패): 이리. 악인 또는 곤경을 가리킨다.
(9) 墮甑(타증): 시루를 떨어뜨리다. 후한 사람 孟敏이 太原에 있을 때 시루를 지고 가다가 땅에 떨어뜨렸는데 뒤도 돌아보지 않고 가 버렸다. 林宗이 의아하여 그 이유를 물어보았더니, 그는 "이미 깨진 시루인데 뒤를 돌아본들 무슨 소용이 있겠습니까?" 하고 대답했다.(《후한서・맹민전》 참조)
(10) 追悔(추회): 후회하다. 이 구절은 이미 엎질러진 물은 후회해도 되담을 수 없다는 말이다.
(11) 雞肋(계륵): 닭의 갈비뼈. 아주 힘없는 존재를 가리킨다. 진나라 사람 劉伶이 술을 마시다가 다른 사람의 비위를 건드렸다. 그 사람이 주먹으로 유령을 때리려고 하자 유령이 "나는 여위어서 닭의 갈비와 같으니 때릴 데가 없습니다"라고 했다. 그러자 그 사람이 웃으면서 그만 두었다. (《진서・유령전》 참조) 이 구절은 자신이 동생에게 아무런 의지도 되어 주지 못한다는 말이다.
(12) 低回(저회): 배회하다.
(13) 罪罟(죄고): 법망. 범죄를 막기 위한 법적 규제와 수단을 그물에 비유한 말이다.
(14) 黽勉(민면): 힘쓰다. 힘을 다하다.

(15) 若人(약인): 이 사람. 소철을 탄핵한 사람을 가리킨다. 이 연은 소철을 탄핵한 군의 관료 뒤에 더 큰 적대 세력이 있을 것이라 더욱 위험하다는 말이다.

(16) 東坡(동파): 소식이 원풍 4년(1081) 2월에 黃州城 동쪽에 있는 황무지를 개간하여 만든 농장. 동파와 같은 전원을 가리킨다.

## 0771. 次韻王鞏[1]南遷[2]初歸二首

남방으로 폄적되었다가 막 돌아온 감회를 읊은 왕공의 시에 차운하여

### 其一

| | |
|---|---|
| 問君謫南賓,[3] | 그대는 남방의 빈주로 폄적되어 |
| 野葛食幾尺.[4] | 야갈을 몇 자나 잡수셨나요? |
| 逢人瘴髮黃,[5] | 사람 만나면 장기 어린 머리카락이 노랗고 |
| 入市胡眼碧.[6] | 시장에 가면 오랑캐 눈이 파랬겠지요. |
| 三年不易過, | 삼 년을 지내기가 결코 쉽지 않았을 터 |
| 坐睨倚天壁.[7] | 앉아서 하늘에 기댄 절벽을 봤겠지요. |
| 歸來貌如故, | 그런데 돌아와도 옛날 모습 그대로요 |
| 妙語仍破鏑.[8] | 오묘한 말은 여전히 핵심을 찌르겠지요. |
| 那能廢詩酒, | 어떻게 시와 술을 없앨 수 있었으랴만 |
| 亦未妨禪寂.[9] | 그건 역시 선정에 방해가 되지 않았겠지요. |
| 願爲尙書郎,[10] | 바라나니 그대여 상서랑이 되어서 |
| 還賜上方舃.[11] | 상방의 신발을 다시 하사받으셔요. |

### 其二

| | |
|---|---|
| 江家舊池臺,[12] | 강씨네 집 연못가의 오래된 누대 |

修竹圍一尺.(13) 둘레가 한 자 되는 키 큰 대나무
歸來萬事非, 돌아오니 만사가 다 뒤틀어지고
惟見秦淮碧.(14) 오로지 시퍼런 진회하만 보였으리.
平生痛飮處, 평소에 통쾌하게 술 마시던 곳에는
遺墨鴉棲壁.(15) 먹 자국이 남아서 까마귀가 벽에 살았으리.
西來故父客,(16) 서쪽에서 찾아온 선친의 손님 중에
金印雜鳴鏑.(17)(18) 금도장과 소리 나는 화살 찬 사람이 섞였으리.
三槐老更茂,(19) 홰나무 세 그루는 늙어서 더 무성하고
花絮春寂寂.(20) 버들개지 날리는 봄날은 적적하리.
中微未可料,(21) 뜻밖에도 중도에 쇠락했지만
家廟藏赤舃.(22) 사당에 붉은 신이 보관되어 있으리.

**[해설]**

오대시안에 연루되어 빈주로 폄적되었다가 돌아온 친구 왕공이 지어 보낸 시에 차운한 것이다. 남방에서 고생스럽게 지냈을 왕공의 생활을 상상하여 묘사하고, 개봉으로 돌아왔을 때 주인을 잃고 폐허화되어 있었을 옛날 집의 상황을 묘사함으로써 그의 처지에 대한 안타까운 심경을 토로했다.

**[주석]**

(1) 王鞏(왕공): 소식의 절친한 친구. 烏臺詩案에 연루되어 監賓州鹽稅로 폄적되었다. 빈주는 지금의 광서장족자치구 賓陽이다. 〈答王鞏〉(0561) 주 (1) 참조.
(2) 南遷(남천): 빈주로 폄적된 일을 가리킨다.
(3) 南賓(남빈): 빈주를 가리킨다.
(4) 野葛(야갈): 식물 이름. 상록 관목으로 뿌리·줄기·잎에 모두 강한 독성이 있다. '冶葛'이라고도 한다. 嵇含의 《南方草木狀》에 "야갈은 독초다(冶葛, 毒草也)"라고 했다. 이 구절은 먹기 힘든 음식을 많이 먹었을 것이라는 말이다.
(5) 瘴髮(장발): 축축하고 더운 땅에서 생기는 독한 기운인 瘴氣가 배어 있는 머리카락.
(6) 胡眼(호안): 王十朋의 《百家註分類東坡先生詩》에 "영남지방 사람들은 장기에 감염되면 살쩍과 머리카락이 다 노랗게 변하고 눈이 모두 오랑캐처럼 파랗게 되는바, 이는 풍토가 그렇게 만드는 것이다(嶺南人, 瘴癘所感, 則鬢髮皆黃, 其眼, 皆作胡人碧色, 風土使然也)"라고 하여 장기에 병든

사람의 눈을 가리키는 것으로 보았지만, 당시에 이미 서역 즉 중동 지역 사람들이 그 일대를 왕래했을 가능성도 있다.

(7) 倚天壁(의천벽): 지극히 높은 절벽을 가리킨다. 왕십붕의 《백가주분류동파선생시》에 "하늘에 기댄 절벽이란 시골의 산봉우리를 가리킨다(倚天壁, 謂村嶺也)"라고 했다.

(8) 破鏑(파적): 과녁을 꿰뚫다. 적중하다. 말이 핵심을 찌르는 것을 가리킨다.

(9) 禪寂(선적): 禪定의 경지에 들다.

(10) 尙書郎(상서랑): 벼슬 이름. 후한 사람 王喬를 가리킨다. 그는 葉縣의 현령으로 있을 때 신선술을 부려서 매월 초하루와 15일에 두 차례씩 도성으로 천자를 뵈러 갔는데, 그가 타고 온 수레가 보이지 않으므로 천자가 太史에게 몰래 지켜보라고 했다. 태사가 숨어서 지켜보자 그가 올 때 동남쪽에서 물오리 한 쌍이 날아오므로 그물을 쳐서 잡아 보았더니 신발만 한 켤레 들어 있었다. 그 신발은 바로 상서성 관원들에게 하사한 것이었다.(《후한서 · 왕교전》 참조)

(11) 上方(상방): 황실에서 사용하는 기물을 만드는 관서. '尙方'과 같다.

(12) 江家(강가): 강씨의 집. 남조의 양나라와 진나라에 걸쳐서 벼슬살이를 하고 진나라가 망한 뒤 수나라에 들어가 벼슬살이를 하다가 돌아온 江總의 집을 가리킨다. 《名勝志》에 "양나라의 강총은 청계 가에 살았는데 정원과 가옥이 한 시대의 으뜸이었다(梁江總居淸溪旁, 園林第宅, 冠於一時)"라고 했고, 劉禹錫의 시 〈金陵五題 · 江令宅〉에 "남조의 문신이 북쪽으로 갔다가, 돌아오니 시퍼런 진회하만 보였네. 연못가에 세 이랑 넘는 대나무가 서 있는 곳, 지금도 사람들이 강씨의 집이라네(南朝詞臣北朝客, 歸來唯見秦淮碧. 池臺竹樹三畝餘, 至今人道江家宅)"라고 했다.

(13) 圍一尺(위일척): 둘레가 한 자나 되게 굵다는 뜻이다. 유우석의 시 〈裴祭酒尙書見示春歸城南靑松塢別墅, 寄王左丞 · 高侍郎之什, 命同作〉에 "푸른 솔은 울창하여 병풍림을 이루고, 키 큰 대는 둘레가 한 자나 된다(靑松鬱成塢, 修竹盈尺圍)"라는 구절이 있다.

(14) 秦淮(진회): 진회하. 강소성 南京을 지나가는 강. 이상의 네 구절은 개봉에 있는 왕공의 집을 강총의 집에 비유한 것이다.

(15) 鴉棲壁(아서벽): 까마귀가 벽에 깃들다. 벽에 먹이 묻어 있는 모습을 까마귀에 비유한 것이다.

(16) 故父客(고부객): 돌아가신 아버지의 門客. 왕공의 부친으로 시종과 장수를 역임한 王素가 살아 있을 때 개봉성 동쪽에 있는 왕씨네 집에서 왕소와 교유하던 문객들로 지금은 조정에서 관직생활을 하고 있는 사람들을 가리키는 것으로 보인다.

(17) 金印(금인): 고급 관료들이 차던 도장. 《漢書 · 百官表》에 "상국과 승상은 황금 도장에 보라색 인끈을 찼다(相國丞相, 金印紫綬)"라고 했다.

(18) 鳴鏑(명적): 날아갈 때 소리를 내는 화살. 이 연은 선친의 문객으로 조정에서 근무하는 고위 문관과 무관이 찾아와 왕공의 귀환을 축하해 주었을 것이라는 말이다.

(19) 三槐(삼괴): 홰나무 세 그루. 《周禮 · 秋官 · 朝士》에 "홰나무 세 그루를 향하여 삼공이 늘어섰다(面三槐, 三公位焉)"라고 한 바와 같이, 주나라 때 삼공이 홰나무 세 그루를 향하여 늘어선 채 천자를 배알했기 때문에 나중에는 '삼괴'로 삼공을 가리키게 되었다. 소식의 〈三槐堂銘幷敍〉에

"옛날 병부시랑 진국 王公은……일찍이 마당에 홰나무 세 그루를 심어 놓고 '우리 자손 중에 틀림없이 삼공이 되는 사람이 있을 것이다'라고 말한 적이 있었다. 얼마 뒤에 그의 아들 위국 문정공이 진종황제의 재상이 되어……18년 동안 복록과 영예를 누렸다.……그의 아들 의민공은 직간으로 인종황제를 섬기고 30여 년 동안 조정으로 들어왔다 밖으로 나갔다 하며 시종과 장수를 지냈다(故兵部侍郎晉國王公……嘗手植三槐於庭曰: '吾子孫必有爲三公者.' 已而其子魏國文正公相眞宗皇帝……享其福祿榮名者十有八年.……其子懿敏公以直諫事仁宗皇帝, 出入侍從將帥三十餘年)"라고 했다. 三槐堂은 王鞏 집안의 전당으로 開封城 동문 밖에 있었다.

(20) 花絮(화서): 희고 부드러운 꽃. 주로 柳絮, 즉 버들개지를 가리킨다. 이 연은 왕공이 개봉에 있는 자기 집으로 돌아갔을 당시의 모습을 상상한 것으로, 은연중에 유서 깊은 왕씨 집안은 더욱 번영하고 일시적으로 국정을 전단하고 있는 신법파는 곧 쇠망할 것이라는 생각을 내비치고 있다.

(21) 中微(중미): 중도에 쇠미해지다. 왕공이 빈주로 유배 간 것을 가리킨다.

(22) 赤舃(적석): 붉은 신. 옛날에 천자나 제후같이 지체 높은 사람들이 신던 신이다. 여기서는 왕공의 선조들이 신던 신을 가리킨다.

## 0772. 孔毅父[(1)]以詩戒飮酒, 問買田, 且乞墨竹[(2)], 次其韻

공의보가 시로써 술 마시는 것을 경계하고 땅을 사는 일에 대하여 물으면서 묵죽을 요구하기에 그의 시에 차운한다

| | |
|---|---|
| 酒中眞復有何好,[(3)] | 술 속에 참으로 뭐 좋은 게 더 있으리? |
| 孟生雖賢未聞道.[(4)] | 맹생이 비록 현명했으나 이 이치는 못 깨쳤네. |
| 醉時萬慮一埽空, | 취했을 땐 만 가지 근심이 쓸어 낸 듯 없어지지만 |
| 醒後紛紛如宿草.[(5)] | 깨고 나면 해묵은 풀처럼 분분해지네. |
| 十年揩洗見眞妄,[(6)(7)] | 십 년 동안 닦고 씻어 진위를 보았나니 |
| 石女無兒焦穀槁.[(8)] | 석녀에게 애가 없고 탄 곡식이 마른 격이네. |
| 此身何異貯酒瓶, | 이 몸이 술 담는 병과 다를 것이 무엇이리? |
| 滿輒予人空自倒.[(9)] | 속이 차면 남에게 주고 비면 스스로 넘어지네. |
| 武昌痛飮豈吾意,[(10)] | 무창에서 통쾌하게 한잔했지만<br>그것이 어찌 나의 본의였으리? |
| 性不違人遭客惱. | 천성이 남의 마음 거역하지 못하여<br>손님을 만나면 고뇌한다네. |
| 君家長松十畝陰, | 그대 집의 키 큰 솔은 그늘이 열 이랑이니 |
| 借我一庵聊洗心.[(11)] | 내게 암자를 빌려주어 마음이나 씻게 해 주면 되네. |
| 我田方寸耕不盡,[(12)] | 사방 한 치인 내 밭도 다 갈지 못하거늘 |
| 何用百頃糜千金. | 백 경을 위해 천금을 낭비할 필요 뭐 있으리? |
| 枕書熟睡呼不起, | 책을 베고 깊이 잠들어 불러도 안 일어나는 나는 |

好學憐君工雜擬.(13)　　배우길 좋아해 의고에 능한 그대가 어여쁘네.
且將墨竹換新詩,(14)(15)　　이 묵죽을 새 시와 교환하려 하거니와
潤色何須待東里.(16)(17)　　동리 사람 기다려서 윤색할 것 뭐 있으리?

**[해설]**

친구 공평중이 소식에게 시를 보내 술을 좀 조심하라고 충고하면서 아울러 그의 농지매입 상황에 대하여 묻고 또 묵죽을 한 폭 그려 달라고 부탁하자 그 시에 화답한 것이다.

**[주석]**

(1) 毅父(의보): 孔平仲의 字. 〈次韻子由寄題孔平仲草菴〉(0735) 주 (3) 참조.
(2) 墨竹(묵죽): 먹으로 그린 대나무 그림.
(3) 何好(하호): 무슨 좋은 점. 桓溫이 孟嘉에게 "술에 무슨 좋은 점이 있기에 그대는 그것을 그렇게 좋아하는가?" 하고 물었더니 맹가가 "공께서는 아직까지 술 속의 흥취를 터득하지 못하셨군요" 하고 대답했다.(《진서 · 맹가전》 참조)
(4) 孟生(맹생): 맹가를 가리킨다.
(5) 宿草(숙초): 해묵은 풀.
(6) 揩洗(개세): 문지르고 씻어 내다. 이치를 궁구하는 것을 가리키는 것으로 보인다.
(7) 眞妄(진망): 진실된 것과 망령된 것.
(8) 石女(석녀): 아이를 낳지 못하는 여자. 능력을 발휘하지 못한다는 말이다. 이상의 여섯 구절은 술을 마시면 잠시 동안 근심을 잊을 수는 있지만 근본적으로 해결할 수는 없다는 이치를 오랜 경험과 성찰을 통하여 깨달았다는 말이다.
(9) 滿輒予人(만첩여인): 남에게 줄 것이 있으면 얼른 준다는 말이다.
(10) 武昌(무창): 長江을 사이에 두고 황주와 마주 보고 있던 縣. 지금의 호북성 鄂州. 이 연은 무창에서 술을 많이 마신 사실을 알고 공평중이 조심하라고 충고한 것에 대하여 자신을 위해서가 아니라 남을 위해서 마셨다고 해명한 것으로 보인다.
(11) 庵(암): 지붕이 둥근 오두막집. 〈次韻子由寄題孔平仲草菴〉(0735) 주 (4) 참조.
(12) 我田(아전): 자신의 마음을 가리킨다. 이 연은 땅 사는 일에 대한 물음에 안 산다고 대답한 것이다.
(13) 雜擬(잡의): 古詩의 일종. 옛날 사람의 작품을 본떠서 지은 각종 擬古體詩.
(14) 且(차): ~하려고 하다.
(15) 將(장): ~을. ~으로. 이 구절은 묵죽을 보내면서 공평중의 제화시를 요구한다는 말이다.
(16) 潤色(윤색): 글 따위를 다듬어서 훌륭하게 만들다.

(17) 東里(동리): 춘추시대 鄭나라의 대부 公孫僑, 즉 子產이 살았던 마을. 윤색 잘하는 사람을 가리킨다. 《論語 · 憲問》에 "정나라에서 외교사령을 작성할 때는 비심이 기초하고, 세숙이 검토하고, 행인 자우가 수식하고, 동리의 자산이 윤색했다(爲命, 裨諶草創之, 世叔討論之, 行人子羽修飾之, 東里子產潤色之)"라는 공자의 말이 있다. 이 연은 공평중이 자신의 묵죽을 보고 난 뒤에 다른 사람의 윤색을 거칠 필요도 없는 훌륭한 솜씨로 멋진 제화시를 지어 줄 것을 기대한다는 말이다.

## 0773. 子由[1]作二頌[2], 頌石臺[3]長老[4]問公[5]手寫《蓮經[6]》, 字如黑蟻, 且誦萬遍, 脇不至席二十餘年, 予亦作二首

자유가 송시를 두 수 지어 석대산 장로 문공이 검은 개미같이 《묘법연화경》을 손수 써서 그것을 만 번 낭송하려고 옆구리를 자리에 대지 않은 것이 20여 년인 사실을 칭송했기에 나도 두 수를 짓는다

### 其一

| | |
|---|---|
| 眼前擾擾黑蚍蜉,[7][8] | 눈앞에는 꼬물꼬물 검은 왕개미 |
| 口角霏霏白唾珠.[9][10] | 입꼬리에는 줄줄 하얀 침방울 |
| 要識吾師無礙處,[11][12] | 우리 스님의 무애한 면을 알고 싶으면 |
| 試將燒却看瞋無.[13][14] | 시험 삼아 불태우고 성내나 안 내나 보게나. |

### 其二

| | |
|---|---|
| 眼睛心地兩虛圓,[15][16] | 눈과 마음 두 가지 다 해맑고 둥글둥글 |
| 脇不沾牀二十年. | 옆구리가 침대에 안 붙은 지 스무 해 |
| 誰信吾師非不睡, | 우리 스님 안 잔 것이 아니라고 누가 믿으랴만 |
| 睡蛇已死得安眠.[17] | 잠자는 뱀이 이미 죽어 편히 잘 수 있었으리. |

**[해설]**

동생 소철이 석대산 장로 문공의 덕을 칭송하는 시를 두 수 지었다는 말을 듣고 자신도 이 시를 지어서 석대산 장로를 칭송했다.

## [주석]

(1) 子由(자유): 소식의 동생 蘇轍의 字.

(2) 二頌(이송): 칭송하는 시문 두 수. 소철의 시 〈贈石臺問長老二絶〉을 가리킨다.

(3) 石臺(석대): 석대산. 지금의 강서성 宜豐縣 남쪽에 있다.(魏嵩山 主編, 《中國歷史地名大辭典》, 廣東教育出版社, 1995년 제1판, 236쪽 참조)

(4) 長老(장로): 나이가 많고 학덕이 높은 고승을 높여 부르는 말.

(5) 問公(문공): 소철의 시 〈贈石臺問長老二絶〉의 서문에 "석대장로 문공은 본래 성도 오씨의 아들이었는데 세속을 버리고 출가했다. 손수 《법화경》을 썼는바 글자가 섬세하여 검은 개미 같은데 앞뒤가 한결같았다. 그것을 만 번 읽기로 작정하고 늙도록 게으름 피우지 않고 정진하여 옆구리가 자리에 닿지 않은 것이 23년이었다(石臺長老問公, 本成都吳氏子, 棄俗出家. 手書《法華經》, 字細如黑蟻, 前後若一. 將誦之萬遍, 雖老而精進不倦, 脇不至席者, 二十有三年)"라고 했다.

(6) 蓮經(연경): 《妙法蓮華經》의 약칭으로 《法華經》이라고도 한다.

(7) 擾擾(요요): 어지러운 모양.

(8) 蚍蜉(비부): 왕개미.

(9) 霏霏(비비): 왕성하고 많은 모양.

(10) 唾珠(타주): 진주를 뱉다. 침 뱉는 것을 가리킨다. 《莊子・秋水》에 "당신은 저 침 뱉는 모양을 보지 못했습니까? 침을 뱉으면 큰 것은 진주 같고 작은 것은 안개 같습니다(子不見夫唾者乎? 噴則大者如珠, 小者如霧)"라는 말이 있다.

(11) 吾師(오사): 우리 禪師. 문공을 가리킨다.

(12) 無礙(무애): 불교 용어로 포용력이 크고 自在하게 통달하여 마음속에 거리낌이 없는 것을 가리킨다.

(13) 將(장): ~을. 뒤에 필사본 《묘법연화경》을 가리키는 말이 생략되어 있다.

(14) 無(무): 문장 끝에 붙어서 의문을 표시하는 부사이다. '否'와 기능이 같다.

(15) 心地(심지): 불교 용어로 마음을 가리킨다.

(16) 虛圓(허원): 눈의 경우 투명할 정도로 맑고 둥근 것을, 마음의 경우 虛心하고 원만한 것을 가리킨다.

(17) 睡蛇(수사): 잠자는 뱀. 번뇌가 많고 어수선하여 편안하지 않은 정신상태를 가리킨다. 《佛遺教經》에 "번뇌의 독사가 네 마음속에서 잠자고 있다. 이는 검은 뱀이 네 방에서 잠자고 있는 것과 같다. 계율을 지키는 갈고리로 빨리 몰아내야 한다. 잠자는 뱀이 나가야 편안하게 잘 수 있다(煩惱毒蛇, 睡在汝心. 譬如黑蛇, 在汝室睡. 汝當以持戒之鉤早併除之. 睡蛇既出, 乃可安眠)"라고 했다. 이 연은 문공의 修道가 매우 높은 수준에 이르렀기 때문에 육신은 안 잤지만 정신적으로는 잔 것과 마찬가지로 편안하다는 말이다.

## 0774. 鄧忠臣[(1)]母周氏挽詞[(2)]
등충신의 모친 주씨를 애도하는 만사

| | |
|---|---|
| 微生眞草木, | 미미한 우리 인생 참으로 초목인데 |
| 無處謝天力.[(3)] | 하늘의 힘에 감사하는 경우가 없네. |
| 慈顔如春風, | 자애로운 모습이 봄바람과 같았건만 |
| 不見桃李實.[(4)] | 복숭아와 자두의 결실을 못 보셨네. |
| 古今抱此恨,[(5)] | 옛날이나 지금이나 이 한을 안고 있나니 |
| 有志俯仰失.[(6)(7)] | 마음이야 있지만 금방 때를 놓친다네. |
| 公子豈先知,[(8)] | 그런데 공자께선 어떻게 미리 알았는지 |
| 戰戰常惜日. | 전전긍긍 언제나 세월 가는 걸 애석해했네. |
| 吾君日月照,[(9)(10)] | 우리 태군은 하늘의 해와 달이 비치는 격 |
| 委曲到肝鬲.[(11)(12)] | 훈육이 구석구석 폐부까지 미쳤네. |
| 哀哉人子心, | 슬프도다 아들 된 사람의 마음이여 |
| 吾何愛一邑.[(13)(14)] | 어떻게 한 고을을 좋아했으리? |
| 家庭拜前後,[(15)] | 마당에 앞뒤로 늘어서서 절하자 |
| 粲然發笑色.[(16)] | 환하게 얼굴에 웃음을 띄우셨네. |
| 豈比黃壤下,[(17)] | 어떻게 비기리 누런 땅 밑에 |
| 焚瘞千金璧.[(18)] | 천금짜리 둥근 옥을 파묻는 것에. |
| 若人道德人,[(19)] | 이분은 도와 덕이 있는 분이라 |

| | |
|---|---|
| 視此亦戲劇.(20) | 이것도 하나의 유희라고 보셨네. |
| 聊償曾閔意,(21)(22) | 증씨 민씨 마음으로 보답하려 했는데 |
| 遽與仙佛寂.(23) | 갑자기 신선과 부처같이 입적했네. |
| 孤纍臥江渚,(24) | 외로이 갇힌 이는 강가에 드러누워 |
| 永望墳墓隔.(25)(26) | 먼 곳으로 조상님의 산소를 바라보네. |
| 作詩相楚挽,(27)(28) | 시를 지어 쓰라리게 상여 끄는 것 돕노라니 |
| 感動淚再滴.(29) | 감동으로 눈물이 다시 흐르네. |

**[해설]**

등충신이 모친 주씨의 영구를 모시고 고향인 상음으로 돌아가는 도중 황주를 지나갈 때 주씨를 위하여 지은 만사로 자신의 어머니에 대한 그리움을 함께 노래했다.

**[주석]**

(1) 鄧忠臣(등충신): 施元之의 《施注蘇詩》에 "등충신은 자가 신사이며 담주 상음(지금의 호남성 상음) 사람이다(鄧忠臣, 字脊思, 潭州湘陰人)"라고 했고, 馮應榴의 《蘇軾詩集合注》에 "소식문집의 〈跋鄧愼思石刻〉에 '나는 황주에 있을 때 등신사 학사가 돌아가신 모친의 영구를 모시고 장례를 치르러 장사로 돌아가는 것을 보았다'라는 말이 있다(本集〈跋鄧愼思石刻〉云: '軾在黃州, 見鄧愼思學士扶護先太夫人喪歸葬長沙.')"라고 했다.

(2) 挽詞(만사): 죽은 사람을 애도하는 글.

(3) 天力(천력): 孟郊의 시 〈遊子吟〉에 "누가 말했나 한 치짜리 풀의 마음이, 봄 석 달의 햇볕에 보답할 수 있다고?(誰言寸草心, 報得三春暉)"라는 구절이 있는바, 이 연은 아들인 등충신을 초목에 비유하고 모친 주씨를 하늘에 비유한 것이다.

(4) 桃李實(도리실): 아들이 성공하는 것을 가리킨다. 이 연은 등충신의 모친이 일찍 죽었다는 말이다.

(5) 此恨(차한): 부모를 여의는 한을 가리킨다.

(6) 志(지): 부모를 잘 모시고자 하는 의지를 가리킨다.

(7) 俯仰(부앙): 고개를 한 번 숙였다 드는 짧은 시간. 이 구절은 부모가 금방 돌아가시기 때문에 모시고 싶어도 모실 기회가 없다는 말이다.

(8) 先知(선지): 다른 사람보다 먼저 알다. 《孟子·萬章上》에 "하늘이 이 백성들을 내실 때 먼저 안 사람으로 하여금 뒤늦게 아는 사람을 깨우쳐 주게 하고, 먼저 깨달은 사람으로 하여금 뒤늦게 깨닫는 사람을 깨우쳐 주게 했다(天之生此民也, 使先知覺後知, 使先覺覺後覺也)"라는 말이 있다.

(9) 吾君(오군): 우리 태군. 등충신의 모친 주씨는 永壽縣太君에 봉해졌으니 王安石에게 〈永壽縣太

君周氏挽詞二首〉가 있다.

(10) 日月照(일월조): 《莊子・天道》에 "순이 말하기를 '하늘의 덕으로 다스리면 나라에 편안한 모습이 나타나고, 해와 달이 비치면 사계절이 운행됩니다. 밤과 낮이 규칙적으로 순환하고 구름이 지나가면 비가 내리는 것과 같습니다'라고 했다(舜曰: '天德而出寧, 日月照而四時行. 若晝夜之有經, 雲行而雨施矣.')"라는 말이 있다.

(11) 委曲(위곡): 끊이지 않고 구불구불 길게 이어지다.

(12) 肝鬲(간격): 肺腑. 내심을 가리킨다.

(13) 吾(오): 등충신을 가리키는 것으로 보인다.

(14) 一邑(일읍): 등충신의 모친이 태군에 봉해진 영수현을 가리킨다.

(15) 拜前後(배전후): 등충신이 아들들을 데리고 앞뒤로 늘어서서 영수현태군에 봉해진 주씨에게 하례를 드린 일을 가리킨다.

(16) 粲然(찬연): 밝게 웃는 모양. 이상의 네 구절은 모친이 영수현태군에 봉해진 사실 자체보다 하례를 드리는 자손들의 모습을 보고 모친이 흐뭇해해서 등충신의 마음이 즐거웠다는 말이다.

(17) 黃壤(황양): 황토.

(18) 焚瘞(분예): 죽은 사람을 위하여 물건을 태워 주거나 순장하는 것을 가리킨다. 이상의 네 구절은 주씨가 생전에 영수현태군에 봉해진 것이 죽은 뒤 성대한 장례식을 받는 것보다 훨씬 더 영예롭다는 말이다.

(19) 若人(약인): 이 사람. 주씨를 가리킨다.

(20) 此(차): 주씨가 영수현태군에 봉해진 일을 가리킨다.

(21) 償(상): 보답하다.

(22) 曾閔(증민): 공자의 제자로 효행이 뛰어났던 曾參과 閔子騫을 가리킨다. 《孟子・離婁上》에 "증자는 부친 증석을 봉양할 때 언제나 술과 고기를 차려 드렸다.……어버이를 섬기는 것이 증자와 같으면 된다(曾子養曾晳, 必有酒肉……事親若曾子者, 可也)"라는 말이 있고, 《論語・先進》에 "효성스럽도다 민자건이여! 사람들이 그의 부모 형제의 말에 대하여 이의를 제기하지 않는구나(孝哉閔子騫! 人不間於其父母昆弟之言)"라는 말이 있다.

(23) 與(여): ~와 같다.

(24) 孤纍(고루): 외롭게 구속되다. 이 구절은 황주에 유배 중인 소식 자신의 신세를 한탄한 것이다.

(25) 永望(영망): 멀리 바라보다.

(26) 墳墓(분묘): 고향에 있는 조상의 선영을 가리킨다.

(27) 相(상): 돕다.

(28) 楚挽(초만): 비통한 마음으로 상여를 끌다.

(29) 淚再滴(누재적): 눈물이 다시 흐르다. 풍응류의 《소식시집합주》에 "선생은 이에 앞서 성국태부인의 상을 당했는바, 이 시의 처음과 끝은 등씨의 모친으로 인해 자기 모친에 대한 감회가 일어서 읊은 것 같다. 그렇기 때문에 마지막 구절이 이런 것이다(先生先丁成國太夫人艱, 此詩首尾, 似因鄧母而感觸也. 故末句云然)"라고 했다. 성국태부인은 소식의 모친 程氏를 가리킨다.

# 0775. 和蔡景繁[(1)]海州[(2)]石室[(3)]

해주의 석실을 노래한 채경번의 시에 화답하여

| | |
|---|---|
| 芙蓉仙人舊遊處,[(4)] | 부용성의 신선이 옛날에 노닐던 곳 |
| 蒼藤翠壁初無路. | 푸른 등나무 퍼런 절벽 처음엔 길이 없었네. |
| 戲將桃核裹黃泥,[(5)(6)] | 장난 삼아 복숭아씨를 노란 진흙에 싸 가지고 |
| 石間散擲如風雨. | 풍우처럼 여기저기 바위 틈에 던졌네. |
| 坐令空山出錦繡, | 이로 인해 빈 산에 비단 수가 나오게 하자 |
| 倚天照海花無數.[(7)] | 무수한 꽃이 하늘에 기댄 채 바다를 비추었네. |
| 花間石室可容車, | 꽃 사이의 석실에는 수레가 들어갈 수 있어 |
| 流蘇寶蓋窺靈宇.[(8)(9)(10)] | 유소와 일산이 달린 수레가 신령스러운 집을 엿보았네. |
| 何年霹靂起神物,[(11)] | 어느 해에 벼락이 신기한 물건을 만들어 |
| 玉棺飛出王喬墓.[(12)] | 왕교의 무덤에서 옥 관이 날아 나왔나? |
| 當時醉臥動千日,[(13)(14)] | 당시에 취해 누우면 늘 천 일을 갔다더니 |
| 至今石縫餘糟醑.[(15)] | 지금도 바위 틈에 지게미와 술이 남아 있네. |
| 仙人一去五十年,[(16)] | 신선 한 번 떠난 뒤로 오십 년이 지났는데 |
| 花老室空誰作主. | 꽃은 시들고 석실은 비었으니 그 누가 주인인가? |
| 手植數松今偃蓋,[(17)] | 손수 심은 솔 몇 그루 지금은 누워 있어 |
| 蒼髯白甲低瓊戶.[(18)(19)] | 푸른 수염 흰 갑옷이 고운 문으로 내려와 있네. |
| 我來取酒酹先生,[(20)] | 내가 와서 술을 따라 선생에게 올리려고 |

後車仍載胡琴女.[21][22] 호금 타는 여인도 뒷 수레에 태웠네.
一聲冰鐵散巖谷,[23] 얼음 위의 수레 소리와 철갑 입은 말 소리가
바위에 덮인 계곡으로 흩어져 가자
海爲瀾翻松爲舞. 바다에 이로 인해 파도가 뒤집히고
소나무가 이로 인해 춤을 추었네.
爾來心賞復何人,[24] 근래에 마음속으로 좋아한 이가 또 누구였나?
持節中郎醉無伍.[25][26] 함께 취할 벗이 없는 부절을 든 중랑장이네.
獨臨斷岸呼日出, 가파른 언덕에 혼자 올라 해가 뜬다 소리치자
紅波碧巘相呑吐. 붉은 파도와 푸른 산이 서로 삼켰다 토했겠네.
徑尋我語覓餘聲,[27][28] 곧바로 내 말을 찾고 호금의 여운을 찾아
拄杖彭鏗叩銅鼓.[29] 지팡이로 땡그랑 구리 북을 울렸겠네.
長篇小字遠相寄, 장편 시를 작은 글씨로 써서 멀리까지 보냈나니
一唱三歎神悽楚.[30][31] 일창삼탄할 정도로 처량하고 비통하네.
江風海雨入牙頰, 강바람과 바닷비가 이와 뺨에 파고들어
似聽石室胡琴語. 석실에서 호금 울리는 소리를 듣는 것 같네.
我今老病不出門, 나는 지금 늙고 병들어 대문 밖에 안 나가니
海山巖洞知何許. 바닷가 산의 바위 동굴이 어디 있는지 알겠나?
門外桃花自開落, 대문 밖의 복사꽃은 절로 피었다 절로 지고
牀頭酒甕生塵土. 침대맡의 술단지엔 먼지가 앉았다네.
前年開閤放柳枝,[32] 작년에는 문을 열어 유지를 내보내고
今年洗心歸佛祖.[33] 금년에는 마음 씻고 부처님께 귀의했네.
夢中舊事時一笑,[34] 꿈속의 옛날 일로 때때로 한 번씩 웃나니
坐覺俯仰成今古.[35][36][37] 마침내 순식간에 옛날이 됨을 깨달았네.
願君不用刻此詩, 이 시를 돌에다 새기지 말기 바라나니
東海桑田眞旦暮.[38][39] 상전벽해가 참으로 하루아침의 일이라네.

**[해설]**

과거급제 동기인 채승희가 해주 석실을 유람하고 지은 시에 화답한 것으로, 해주 석실과

관련이 있는 석연년의 일을 서술하고 옛날에 자신이 그곳을 찾아갔던 일을 회상한 후 채승희의 시를 극구 칭송했다. 마지막 부분에서는 자신의 현재 상황과 심경을 노래했다. 마지막 연을 보면 채승희가 지난번에 보낸 편지에서 소식의 시를 해주 석실에 새기겠다고 한 것으로 보인다.

### [주석]

(1) 景繁(경번): 소식의 과거급제 동기인 蔡承禧(1035-1084)의 字. 《撫州舊志》에 "채승희는 자가 경번이고 무주 임천 사람인데 가우 2년(1057)에 진사시험에 급제했다(蔡承禧, 字景繁, 臨川人, 嘉祐二年進士)"라고 했다.

(2) 海州(해주): 지금의 강소성 連雲港市. 施元之의 《施注蘇詩》에 "소동파가 황주에 있을 때 쓴 〈答景繁帖〉에 '구산의 바닷가에 있는 석실은 정말 이야기해 준 바와 같은데 이전에 내가 가족을 데리고 한 번 놀러 갔었지요. 당시 호금을 연주하는 계집종이 하나 있어서 석실에 들어가 〈濩索〉과 〈涼州〉를 연주하자 위엄이 있는 것이 얼음 위를 달리는 수레나 철갑 입은 말의 소리였다오. 그 계집종이 떠나간 지 오래인 지금 공 때문에 다시 한 번 생각나나니, 만약 과연 이곳을 유람했다면 틀림없이 새로 지은 시가 있을 터인즉 내가 격률에 안 맞는 시를 지어서라도 화답해야 되겠지요'라고 했거니와, 채경번은 당시 회남전운부사로 초주(지금의 강소성 회안)에 사무실을 두고 있었는데 초주는 해주의 구산과 마주 보고 있어 갈댓잎 만한 작은 배로도 건너갈 수 있다. 채경번이 거기에 가서 유람한 뒤 시를 지었고 소동파가가 이에 화답했다(東坡在黃, 有〈答景繁帖〉云: '朐山臨海石室, 信如所諭, 前某嘗攜家一遊. 時有胡琴婢, 就室中作〈濩索〉·〈涼州〉, 凜然有冰車鐵馬之聲. 婢去久矣, 因公復起一念, 若果遊此, 必有新篇, 當破戒奉和也.' 景繁時爲淮南轉運副使, 置司楚州, 楚與海之朐山相對, 一葦可航. 景繁往遊, 旣賦詩, 坡爲屬和)"라고 했다.

(3) 石室(석실): 돌로 만든 墓室. 돌로 된 방. 바위 동굴을 가리킨다.

(4) 芙蓉仙人(부용선인): 부용성의 주인 노릇을 했던 신선 石延年(994-1041)을 가리킨다. 소식의 자주에 "석만경이다(石曼卿也)"라고 했고, 歐陽修의 〈六一詩話〉에 "석만경은 젊을 때부터 시와 술을 즐기면서 호방하고 당당하게 살았는데, 그 풍모가 출중하고 시의 풍격이 웅건하였으며 글씨에도 능하여 필획에 힘이 있었는바, 顔眞卿과 柳公權의 필체를 겸비하여 세상 사람들의 중시를 받았다.……석만경이 죽은 뒤 그의 친구 중에 그를 보았다는 사람이 있어 말하기를, '마치 꿈속인 듯 황홀한데 그가 말하기를 "나는 지금 신선이 되었다네. 내가 주인으로 있는 부용성에 친구를 불러서 함께 가서 놀고 싶네"라고 하더니, 그렇게 할 수 없자 화가 나서 하얀 나귀를 타고 날 듯이 가 버렸어요'라고 했다(石曼卿自少以詩酒豪放自得, 其氣貌偉然, 詩格奇峭, 又工於書, 筆畫遒勁, 體兼顔柳, 爲世所珍.……曼卿卒後, 其故人有見之者, 云: '恍惚如夢中, 言: "我今爲鬼仙也. 所主芙蓉城, 欲呼故人往遊", 不得, 忿然騎一素驢去如飛')"라는 일화가 수록되어 있다. 〈芙蓉城幷敍〉(0525) 주 (6) 참조.

(5) 將(장): ~을.

(6) 桃核(도핵): 복숭아의 씨. 《全芳備祖前集·花部》에 "석만경이 해주통판으로 재임 중일 때 산길이 너무 높아 사람이 다닐 수 없고 주위를 훤하게 비추어 주는 화초가 전혀 없으므로 아랫사람에게 시켜 진흙으로 복숭아씨를 싸서 산에다 던지게 했더니 한두 해 사이에 온 산에 꽃이 만발하여 비단으로 수를 놓은 것처럼 찬란했다(石曼卿通判海州, 以山路高岐, 人路不通, 略無花卉點綴照映, 使人以泥裹桃仁, 抛擲於山嶺上. 一二歲間, 花發滿山, 爛如錦繡)"라는 《談園》의 이야기가 수록되어 있다.

(7) 倚天(의천): 하늘에 기대다. 아주 높은 곳에 있다는 말이다.

(8) 流蘇(유소): 알록달록한 깃털이나 실을 곡식의 이삭처럼 엮어서 늘어뜨린 장식품. 주로 수레나 창문에 단다.

(9) 寶蓋(보개): 자루가 길고 지붕이 둥글며 주위에 流蘇를 드리운 儀仗用 日傘.

(10) 靈宇(영우): 신령스러운 집. 해주 석실을 가리킨다.

(11) 神物(신물): 신령스럽고 괴이한 물건. 해주 석실에 형성된 기이한 모습을 가리킨다.

(12) 王喬(왕교): 후한 사람. 왕교가 葉縣의 현령으로 재임할 때 하늘에서 옥으로 만든 棺이 하나 대청 앞에 내려왔는데 아전들이 아무리 밀어도 끝내 움직이지 않았다. 왕교가 "하느님이 나를 부르시는 것인가?"라고 하고는 목욕재계한 후 그 안에 누웠더니 관 두껑이 저절로 닫혔다. 밤에 성 동쪽에다 장사 지내니 흙이 저절로 덮여서 봉분을 이루었다.(《후한서·왕교전》 참조) 〈謝人惠雲巾·方舄二首〉(0738) 주 (20) 참조. 이 구절은 해주 석실이 벼락을 맞아 부서지면서 안에 있던 관 모양의 바위가 드러난 것을 가리키는 것으로 보인다.

(13) 動(동): 왕왕. 늘.

(14) 千日(천일): 옛날에 劉元石이 中山의 술집에서 술을 샀는데 주인이 千日酒를 주고는 깜빡 잊고 그 사실을 일러 주지 않았다. 집으로 돌아가서 마신 후 깨어나지 않자 가족들이 죽은 줄 알고 장사 지내 버렸다. 술집 주인이 천 일째 되는 날 찾아가서 보고 관을 열자 비로소 깨어났다.(《博物志·雜說下》 참조)

(15) 糟醑(조서): 지게미와 술. 석실의 바위 틈에 그런 형상이 있었을 수도 있고 유람객들이 남긴 흔적일 수도 있다.

(16) 仙人(선인): 신선. 석연년을 가리킨다.

(17) 蓋(개): 수레용 日傘 모양으로 생긴 소나무 잎, 즉 소나무를 가리킨다.

(18) 蒼髯白甲(창염백갑): 소나무의 잎과 껍질을 수염과 갑옷에 비유한 것이다.

(19) 瓊戶(경호): 옥으로 장식한 문. 王十朋의 《百家註分類東坡先生詩》에 "첫 구절에서 여기까지는 모두 석만경에 대해서 이야기한 것이다(自首句至此, 皆以言石曼卿也)"라고 했다.

(20) 先生(선생): 석연년을 가리킨다.

(21) 後車(후거): 뒤따라가는 수레. 수행하는 사람의 수레를 가리킨다.

(22) 胡琴(호금): 비파와 같은 북방 또는 서북방에서 들어온 악기를 가리키는데 비파를 가리키는 경

우가 많다.

(23) 冰鐵(빙철): 얼음 위를 달리는 수레와 철갑 입은 말. 시원지의 《시주소시》에 인용된 소식의 〈答景繁帖〉에 "위엄이 있는 것이 얼음 위를 달리는 수레나 철갑 입은 말의 소리였다오(凜然有冰車鐵馬之聲)"라는 말이 있는바, 이 중의 '冰車鐵馬'를 약칭한 것이다.

(24) 爾來(이래): 근래.

(25) 持節(지절): 使者의 증빙인 符節을 지니다. 채승희는 당시 회남전운부사로 파견되었다.

(26) 中郎(중랑): 성이 같기 때문에 채승희를 한나라 사람으로 左中郎將을 지낸 蔡邕에 비유한 것이다. 왕십붕의 《백가주분류동파선생시》에 "채옹은 좌중랑장을 지낸 적이 있다(蔡邕嘗爲左中郎將)"라고 했다.

(27) 我語(아어): 해주 석실을 유람한 뒤 거기에 써 놓은 소식의 시를 가리키는 것으로 보인다.

(28) 餘聲(여성): 胡琴女가 연주한 호금 소리의 여운을 가리킨다.

(29) 彭鏗(팽갱): 금속이 울리는 소리를 나타내는 의성어. 이 구절은 채승희가 지팡이를 짚고 석실을 찾아가느라 구리 북을 울리는 것 같은 소리를 내었을 것이라는 말이다.

(30) 一唱三歎(일창삼탄): 노래가 너무 고상하여 한 사람이 부르면 겨우 세 사람이 알아듣고 감탄한다는 말이다. 《荀子·禮論》에 "태묘에서 부르는 노래는 한 사람이 부르면 세 사람이 감탄한다(淸廟之歌, 一倡而三歎也)"라고 했다.

(31) 悽楚(처초): 처량하고 비통하다.

(32) 柳枝(유지): 白居易에게는 樊素라는 家妓가 있었는데 10년 만에 그의 곁을 떠났다. 번소는 〈楊柳枝〉라는 노래를 잘 불렀기 때문에 사람들이 〈양지〉라고 불렀다.(백거이, 〈不能忘情吟幷序〉 참조) 소식은 이 번소를 유지라고 고쳐 부른바, 자신이 해주 석실로 데리고 간 호금녀를 가리킨다.

(33) 佛祖(불조): 불교의 창시자인 석가모니를 가리킨다.

(34) 夢中舊事(몽중구사): 호금녀를 태우고 석실에 갔던 일이 꿈속의 일만 같다는 말이다.

(35) 坐(좌): 마침내.

(36) 俯仰(부앙): 고개를 한 번 숙였다 드는 짧은 시간.

(37) 成今古(성금고): 옛날과 지금의 차이가 생긴다는 말이다.

(38) 東海桑田(동해상전): 동해가 뽕밭으로 변하고 뽕밭이 동해로 변한다는 뜻으로 桑田碧海와 같은 말이다.

(39) 旦暮(단모): 朝夕. 짧은 시간을 가리킨다.

## 0776. 喜王定國(1)北歸第五橋(2)

왕정국이 북쪽으로 제오교에 돌아간 것이 기뻐서

| | |
|---|---|
| 白露凄風洗瘴烟,(3)(4) | 맑은 이슬 찬 바람이 장기를 씻어 줄 제 |
| 夢回相對兩淒然.(5) | 악몽에서 깨어 마주 앉자 쌍방이 다 쓸쓸했으리. |
| 雀羅廷尉非當日,(6) | 참새 그물 친 그 옛날의 정위 꼴이 아니라 |
| 鳩杖先生愈少年.(7)(8) | 비둘기 지팡이 짚은 선생이 소년보다 나으리. |
| 世事飽諳思縮手, | 세상사를 알 대로 알아 손을 떼고 싶어도 |
| 主恩未報恥歸田. | 임금님 은혜 다 갚지 못해 귀향하는 게 부끄러우리. |
| 誰憐第五橋邊水, | 제오교 주변의 물을 그 누가 좋아하리? |
| 獨照台州老鄭虔.(9)(10) | 태주의 늙은 정건이나 얼굴을 비춰 보리. |

**[해설]**

오대시안(烏臺詩案)에 연루되어 빈주로 폄적되었던 친구 왕공이 북쪽으로 돌아가 제오교 일대에서 지내는 모습을 상상하여 지은 것이다.

**[주석]**

(1) 定國(정국): 소식의 절친한 친구 王鞏의 字. 〈答王鞏〉(0561) 주 (1) 참조.

(2) 第五橋(제오교): 開封에 있던 다리인 것으로 보인다.

(3) 白露(백로): 맑고 흰 이슬. 제오교 부근의 이슬을 가리킨다.

(4) 瘴烟(장연): 왕공이 賓州(지금의 광서장족자치구 賓陽)에 폄적되어 있을 때 맞은, 장기가 어려 있는 안개.

(5) 夢回相對(몽회상대): 빈주에서 개봉으로 돌아가 옛날 사람과 마주 앉은 것을 가리키는 것으로 보인다.

(6) 廷尉(정위): 刑獄을 담당한 관직으로 九卿의 하나였다. 한나라 사람 翟公을 가리킨다. 《漢書 · 鄭當時傳》에 "이에 앞서 하규의 적공이 정위가 되었을 때는 빈객이 대문을 메우더니, 그가 벼슬을 그만두자 문밖에 참새 잡는 그물을 칠 수 있을 정도였다(先是下邽翟公爲廷尉, 賓客塡門, 及廢, 門外可設爵羅)"라고 했다.

(7) 鳩杖(구장): 머리에 비둘기를 새긴 지팡이. 《漢書 · 禮儀志》에 "지팡이 끝에는 비둘기 모양을 새겼다. 비둘기는 목이 막히지 않는 새이므로 노인이 목이 막히지 않기를 바란 것이다(杖端刻鳩形. 鳩者, 不噎之鳥, 欲老人不噎)"라는 말이 있다.

(8) 愈少年(유소년): 《續資治通鑑長編 · 元祐六年六月丙申》에 "유지가 일찍이 왕공의 일을 서술하여 '……옛날에 어떤 일에 연루되어 남방의 황량한 땅으로 3년 동안 유배되었지만, 환난을 편안하게 받아들이고 마음속으로 조금도 슬퍼하지 않아 돌아왔을 때 안색이 화락하고 기상이 더욱 강건했던바, 이는 그가 다른 사람을 훨씬 능가하는 것이니 득도의 경지에 들어가지 않았다고 할 수 없다'라고 했다(劉摯嘗敍鞏事云: '……昔坐事, 竄南荒三年, 安患難, 一不戚于懷, 歸來, 顔色和豫, 氣益剛實, 此其過人遠甚, 不得謂無入於道也.')"라는 말이 있다. 이 구절은 나이가 많은 왕공이 실제로는 매우 젊을 것이라는 뜻인 것 같다.

(9) 台州(태주): 천태산의 남쪽에 있는 고을. 지금의 절강성 臨海.

(10) 鄭虔(정건): 安祿山이 반란을 일으켰을 때 정건에게 거짓으로 水部郎中이라는 관직을 주었기 때문에 반란이 평정된 뒤에 그는 台州司戶參軍으로 폄적되었다.(《신당서 · 정건전》 참조) 杜甫의 시 〈有懷台州鄭十八司戶虔〉에 "천태산은 세 강을 끼고 있으니, 새벽에도 저녁에도 풍랑이 치리. 정공이 돌아올 수 있게 되어도, 늙은 데다 병도 들어 길을 알지 못하리(天台隔三江, 風浪無晨暮. 鄭公縱得歸, 老病不識路)"라는 구절이 있다. 이 연은 왕공이 자주 제오교에 나가 그 주변의 수면에 비친 자기 얼굴을 들여다볼 것이라는 말이다.

## 0777. 徐君猷[1]挽詞[2]

서군유를 애도하는 만사

一舸南游遂不歸,[3]　　남으로 간 배 한 척이 결국 아니 돌아오매
清江赤壁照人悲.[4]　　맑은 강의 적벽이 슬픔에 빠진 사람을 비추네요.
請看行路無從涕,[5][6]　　길에서 제바람에 우는 모습 보셔요
盡是當年不忍欺.[7]　　모두 옛날에 차마 속이지 못한 사람이지요.
雪後獨來栽柳處,[8]　　버드나무 심은 곳에 눈 내린 뒤 혼자 오고
竹間行復采茶時.　　찻잎 딸 때면 대 사이를 왔다갔다 할 거예요.
山城散盡樽前客,　　산성에서 술 마시던 사람들 다 흩어지고
舊恨新愁只自知.　　저 혼자만 옛날 한과 새 근심을 아네요.

**[해설]**

황주에서 유배생활을 할 때 친하게 지낸 황주지주 서대수가 호남지방으로 부임해 가는 도중에 죽자 그를 위해서 지은 만사이다.

**[주석]**

(1) 君猷(군유): 黃州知州로 재임하다가 얼마 전에 호남지방으로 떠난 徐大受의 字. 소식의 〈遺愛亭記(代巢元修)〉에 "동해 사람 서군유는 조산랑으로서 황주를 다스렸다.……해마다 봄이 되면 미양 사람 자첨과 함께 안국사에 가서 놀면서 죽간정에서 술을 마셨다.……서공이 이 고을을 떠난

뒤 안국사의 스님 계련이 정자의 이름을 지어 달라고 청하므로 자첨이 유애정이라고 명명했다(東海徐君猷, 以朝散郞爲黃州.……每歲之春, 與眉陽子瞻遊於安國寺, 飮酒於竹間亭.……公旣去郡, 寺僧繼連請名, 子瞻名之曰遺愛)"라고 했다.

(2) 挽詞(만사): 죽은 사람을 애도하는 글.

(3) 南游(남유): 남쪽에 있는 호남지방으로 가는 것을 가리킨다. 소식의 사 〈醉蓬萊〉(笑勞生一夢) 서문에 "나는 황주에서 폄적생활을 하면서 중양절을 세 번 맞았는데, 해마다 서군유 태수와 함께 서하루에서 연회를 벌였다. 금년에는 서공이 이곳을 떠나게 되어 있어서 호남지방의 군수로 보내 달라고 청원해 놓은지라, 이것을 생각하니 마음이 울적해서 이 사를 짓는다(余謫居黃州, 三見重九, 每歲與太守徐君猷會於棲霞樓. 今年公將去, 乞郡湖南, 念此惘然, 故作是詞)"라고 했고, 王文誥의 《蘇文忠公詩編注集成總案 · 元豐六年十一月》에 "서대수가 도중에 죽어 그 장례 행렬이 황주를 지나가자 공이 관을 어루만지며 통곡한 후 글을 지어서 제사 지냈다(徐大受卒於道, 喪過黃州, 公拊棺一慟, 爲文祭之)"라고 했다.

(4) 淸江赤壁(청강적벽): 장강 가에 있는 황주의 동파적벽을 가리킨다.

(5) 行路(행로): 길에 있는 황주 사람들을 가리킨다.

(6) 無從涕(무종제): 남을 따라서 눈물을 흘리지 않고 스스로가 정말 슬퍼서 눈물을 흘린다는 말이다.

(7) 不忍欺(불인기): 어진 정치를 베풀었다는 말이다. 《史記 · 滑稽傳》에 "자산이 정나라를 다스릴 때는 백성들이 속일 수가 없었고, 자천이 단부를 다스릴 때는 백성들이 차마 속이지 못했고, 서문표가 업지방을 다스릴 때는 백성들이 감히 속이지 못했다(子產治鄭, 民不能欺; 子賤治單父, 民不忍欺; 西門豹治鄴, 民不敢欺)"라는 말이 있다.

(8) 栽柳(재류): 버드나무를 심다. 소식의 사 〈醉蓬萊〉(笑勞生一夢)에 "서릿바람에 흔들려 떨어지는 건, 태수께서 손수 심은 한 쌍의 버드나무(搖落霜風, 有手栽雙柳)"라는 구절이 있다.

# 0778. 橄欖[1]

감람

紛紛青子落紅鹽,[2]　　홍염으로 어지러이 떨어지는 푸른 열매
正味森森苦且嚴.[3][4]　　순수한 그 맛이 쓰고도 독하지만
待得微甘回齒頰,[5]　　달착지근한 맛이 이와 뺨에 감돌면
已輸崖蜜十分甛.[6][7]　　달디단 벌꿀 맛을 이미 능가한다네.

**[해설]**

남방 과일로 처음에는 쓰다가 오래 씹으면 단맛이 나는 감람을 먹어 본 뒤 독특한 그 맛을 노래한 것이다.

**[주석]**

(1) 橄欖(감람): 감람나무의 열매. 푸른빛이 나는 타원형의 핵과로 처음에는 맛이 좀 쓰고 떫으나 씹을수록 단맛이 난다.

(2) 紅鹽(홍염): 식염의 일종. 《類說 · 王直方詩話》에 "감람은 나무가 높아서 따기 어려운데 소금으로 몸통을 문지르면 열매가 저절로 떨어진다(橄欖木高難採, 以鹽擦本身, 則其實自落)"라고 했다. 그러나 胡仔의 《漁隱叢話前集 · 東坡四》에는 "나는 7년 동안 영남지방에서 살며 현지인들이 감람 따는 모습을 다 보았는데, 그들이 소금으로 나무의 몸통을 문지른 적은 아예 없었고 역시 사다리를 놓고 올라가서 따거나 장대로 두들겨서 딸 뿐이었다. 홍염으로 열매가 떨어졌다는 소동파의 말은 틀림없이 소설류의 이야기에서 나왔을 것이다(余居嶺外七年, 備見土人採橄欖, 初未嘗

以鹽擦樹身, 亦只以梯採之, 或以杖擊之. 而東坡落紅鹽之語, 當自別出小說也)"라고 하여 나무에 소금을 발라서 감람을 딴다는 설을 부인했다.

(3) 正味(정미): 純正한 맛.

(4) 森森(삼삼): 맛이 순수하고 진한 모양.

(5) 待得(대득): ~할 때까지 기다리다. ~할 때가 되면.

(6) 輸(수): 패퇴시키다. 물리치다.

(7) 崖蜜(애밀): 야생벌이 산속의 벼랑에 모아 둔 자연산 꿀. 석청.

# 0779. 東坡(1)
동파

| | |
|---|---|
| 雨洗東坡月色淸, | 비가 동파를 씻어 주니 달빛이 해맑은데 |
| 市人行盡野人行.(2)(3) | 도시인들 다 간 뒤에 시골 사람 지나간다. |
| 莫嫌犖确坡頭路,(4) | 울퉁불퉁 돌이 많은 비탈길을 싫어 마라. |
| 自愛鏗然曳杖聲.(5) | 딸그락딸그락 지팡이 끄는 그 소리가 좋단다. |

**[해설]**

사람들이 모두 집으로 돌아가 적막하기 짝이 없는 어느 달밤에 비가 내려 온갖 초목이 다 산뜻하게 빛나는 동파를 혼자 지팡이 끌고 지나가는 한적한 정취를 노래한 것이다.

**[주석]**

(1) 東坡(동파): 소식이 원풍 4년(1081) 2월에 黃州城 동쪽에 있는 황무지를 개간하여 만든 농장.
(2) 市人(시인): 황주성 안에 사는 사람들을 가리킨다.
(3) 野人(야인): 시골 사람. 은자. 소식 자신을 가리킨다.
(4) 犖确(낙각): 돌이 많은 모양.
(5) 鏗然(갱연): 소리가 낭랑하다.

## 0780. 生日, 王郎[1]以詩見慶[2], 次其韻, 幷寄茶二十一片

생일날 왕랑이 시로써 경하하기에 그의 시에 차운하고 아울러 차 스물한 조각을 부친다

| | |
|---|---|
| 折楊新曲萬人趨,[3] | 만인이 다 〈절양〉의 새 곡조를 좋아하는데 |
| 獨和先生于蔿于.[4][5] | 혼자만이 현인의 〈우위우〉에 화답하네. |
| 但信櫝藏終自售,[6] | 궤짝에 보관하다 결국 자신을 팔 것으로 믿을 뿐 |
| 豈知盌脫本無橅.[7][8] | 아예 원칙도 없이 마구 쓸 줄 어찌 알리? |
| 揭從冰叟來游宦,[9][10][11] | 얼음 같은 늙은이 따라와 벼슬살이를 하는데 |
| 肯伴臞仙亦號儒.[12][13][14] | 여윈 신선과 짝하려 하면서 또 유생도 부르네. |
| 棠棣幷爲天下士,[15] | 형제가 모두 다 천하의 명사인데 |
| 芙蓉曾到海邊郛.[16] | 일찍이 연꽃을 보러 바닷가 성으로 갔었네. |
| 不嫌霧谷霾松柏,[17] | 안개 낀 계곡의 먼지에 덮인 송백이기를 마다 않지만 |
| 終恐虹梁荷棟桴.[18][19][20] | 결국은 마룻대 받치는 둥근 들보가 되리. |
| 高論無窮如鋸屑,[21] | 고매한 담론은 톱밥처럼 끝없이 줄줄 이어지고 |
| 小詩有味似連珠.[22] | 짧은 시는 맛이 있어 연이어진 진주 같네. |
| 感君生日遙稱壽,[23] | 그대가 내 생일에 멀리서 장수하라며 |
| 祝我餘年老不枯. | 내가 여생에 늙도록 안 시들기를 빌어 줘 고맙네. |
| 未辦報君靑玉案,[24] | 그대에게 보답할 청옥 소반을 마련하지 못해서 |
| 建溪新餠截雲腴.[25][26][27] | 건계에서 만든 새 떡차의 구름 같은 살을 나눠 준다네. |

**[해설]**

소식의 생일을 맞아 동생 소철의 사위인 왕적이 장수를 비는 시를 지어 보내자 그 시에 차운하여 화답한 것이다.

**[주석]**

(1) 王郎(왕랑): 소철의 사위인 王適을 가리킨다. 〈與王郎夜飮井水〉(0648) 주 (1) 참조.
(2) 見慶(견경): 나를 경하하다. 〈次韻王定國馬上見寄〉(0562) 주 (2) 참조.
(3) 折楊(절양): 옛날 俗曲의 이름.
(4) 先生(선생): 유식한 사람.
(5) 于蔿于(우위우): 곡조 이름. 《新唐書 · 元德秀傳》에 "악공 수십 명이 손에 손을 잡고 〈우위우〉를 노래했다. 〈우위우〉는 원덕수가 지은 노래이다. 황제가 듣고는 색다르게 여기며 '현인의 말이로다'라고 했다(惟樂工數十人, 聯袂歌〈于蔿于〉. 〈于蔿于〉者, 德秀所爲歌也. 帝聞異之, 歎曰: '賢人之言哉.')"라는 기록이 있다. 이 연은 왕적의 품행이 고상하다는 말이다.
(6) 櫝藏(독장): 궤짝에 보관하다. 재주를 지니고 있다는 말이다. "자공이 '여기에 아름다운 옥이 있다면 그것을 궤짝에 넣어서 보관하시겠습니까, 좋은 장사꾼을 찾아서 파시겠습니까?'라고 하자, 공자께서 '팔아야지! 팔아야지! 나는 살 장사꾼을 기다리는 사람이다'라고 하셨다(子貢曰: '有美玉於斯, 韞櫝而藏諸? 求善賈而沽諸?' 子曰: '沽之哉! 沽之哉! 我待賈者也.')"라는 말이 있다.
(7) 盌脫(완탈): 주발이 模型에서 튀어나온다는 뜻으로 量産한다는 말이다.
(8) 橅(모): '模'와 같다. 이 구절은 조정에서 제대로 된 원칙도 없이 마구 관리를 등용한다는 말이다.
(9) 揭(걸): 의미 없는 조사이다.
(10) 冰叟(빙수): 장인을 가리킨다. '冰翁'이라고도 한다. 《衛玠別傳》에 "악광의 딸을 아내로 맞이하자 배숙도가 말하기를 '장인은 얼음처럼 맑은 자태를 지니고 있고 사위는 옥처럼 아름다운 명망을 지니고 있구나'라고 했다(娶樂廣女, 裴叔道曰: '妻父有冰淸之姿, 壻有璧潤之望')"라고 했다.(《世說新語 · 言語》 劉孝標注 참조)
(11) 游宦(유환): 타향에서 벼슬살이를 하다.
(12) 肯(긍): ~하려고 하다.
(13) 臞仙(구선): 여윈 신선. 소식 자신을 가리킨다.
(14) 號儒(호유): 儒生을 부르다. 이 구절은 왕적이 도가사상과 유가사상을 다 포용한다는 말이다.
(15) 棠棣(당체): 《詩經 · 小雅》의 편명. 형제간의 우애를 강조한 시이다. 이 시에서 비롯되어 형제를 가리키는바, 여기서는 왕적의 형제들을 가리킨다.
(16) 海邊郛(해변부): 바닷가의 성. '水邊郛'로 되어 있는 판본도 있는바, 소식에게 〈與王郎昆仲及兒子邁, 遶城觀荷花, 登峴山亭, 晩入飛英寺, 分韻得'月' · '明' · '星' · '稀'四字〉(0653)라는 시가 있는 것을 보면 이들이 호주성 주변에서 연꽃을 구경했음을 알 수 있다. 따라서 '海邊郛'보다 '水邊郛'가

더 적절하다.

(17) 霾(매): 흙먼지에 뒤덮이다.

(18) 終恐(종공): 결국 ~할 것이다.

(19) 虹梁(홍량): 무지개처럼 둥그스럼하게 생긴 들보.

(20) 棟桴(동부): 용마루와 마룻대. 이 구절은 왕적의 형제들이 나라를 위한 棟梁之材가 될 것이라는 말이다.

(21) 鋸屑(거설): 톱밥. 톱질할 때 쓸려 나오는 가루.

(22) 連珠(연주): 길게 꿰어 놓은 진주.

(23) 稱壽(칭수): 장수를 빌다.

(24) 靑玉案(청옥안): 푸른 옥으로 만든 小盤. 답례품을 가리킨다.

(25) 建溪(건계): 武夷山에서 발원하여 복건성 경내를 흐르는 강. 建茶라는 명차가 생산되는 곳이다.

(26) 新餠(신병): 새로 만든 떡차.

(27) 雲腴(운유): 차의 별칭.

## 0781. 和秦太虛[1]梅花

매화를 읊은 진태허의 시에 화답하여

| | |
|---|---|
| 西湖處士骨應槁,[2] | 서호처사는 뼈가 다 말랐을 텐데 |
| 只有此詩君壓倒. | 오로지 이 시가 있어 그대가 그분을 압도하네. |
| 東坡先生心已灰,[3] | 동파선생은 마음이 이미 재가 됐는데 |
| 爲愛君詩被花惱. | 그대 시가 좋아서 꽃 때문에 고뇌하네. |
| 多情立馬待黃昏,[4] | 정이 많아 말 세우고 황혼 들길 기다리면 |
| 殘雪消遲月出早. | 잔설은 더디 녹고 달은 일찍 떠올랐네. |
| 江頭千樹春欲闇, | 강 어귀의 천 그루는 봄볕에 어둑해지려 하고 |
| 竹外一枝斜更好. | 대숲 밖의 한 가지는 기울어져 더 좋았네. |
| 孤山山下醉眠處,[5] | 고산 아래 술에 취해 잠들던 곳에 |
| 點綴裙腰紛不掃.[6][7] | 치마 허리 점철한 채 분분해도 안 쓸었네. |
| 萬里春隨逐客來,[8] | 만 리에 펼쳐진 봄빛은 쫓겨난 이를 따라오고 |
| 十年花送佳人老.[9][10] | 십 년 동안 이 꽃은 가인에게 늙음을 줬네. |
| 去年花開我已病, | 작년에 꽃 피었을 땐 내가 이미 병들었더니 |
| 今年對花還草草.[11] | 금년에 꽃을 볼 땐 마음 아직 뒤숭숭했네. |
| 不知風雨捲春歸, | 풍우가 봄빛을 말아서 돌아가며 |
| 收拾餘香還畀昊.[12][13] | 여향을 걷어 하늘에 돌려준 줄 몰랐네. |

**[해설]**

매화를 읊은 진관의 시 〈건계의 매화를 추억한 황법조의 시에 화답하여(和黃法曹憶建溪梅花)〉에 화답한 것이다.

**[주석]**

(1) 太虛(태허): 북송 문인 秦觀의 字. 蘇門四學士의 한 사람이다.
(2) 西湖處士(서호처사): 절강성 杭州의 서호에서 은거한 북송 초기의 시인 林逋를 가리킨다. 매화를 노래한 〈山園小梅〉라는 시가 널리 알려져 있다. 이 연은 임포가 죽은 지 오래되었지만 매화를 읊은 시 중에서 그의 시를 능가하는 것이 없었는데 진관의 이 시만이 그의 시를 능가한다는 말이다.
(3) 東坡先生(동파선생): 소식 자신을 가리킨다.
(4) 黃昏(황혼): 임포의 〈山園小梅〉에 "성긴 가지 기운 곳에 얕은 물이 맑은데, 은은한 향기 번져 올 제 달빛이 침침하다(疏影橫斜水淸淺, 暗香浮動月黃昏)"라는 구절이 있다.
(5) 孤山(고산): 항주 서호 안에 있는 섬. 임포가 은거한 곳이다.
(6) 點綴(점철): 점철하다. 매화의 꽃잎이 무수히 많은 점을 찍은 것처럼 죽 이어져 있는 것을 가리킨다.
(7) 裙腰(군요): 치마의 허리 부분. 흔히 좁고 긴 길을 가리키는바, 여기서는 고산 기슭의 오솔길을 가리킨다.
(8) 逐客(축객): 황주에 유배 와 있는 자신을 가리킨다.
(9) 十年(십년): 소식이 조정을 떠나 항주통판으로 나간 희령 4년(1071)부터 지금까지의 10여 년을 가리킨다.
(10) 佳人(가인): 소식 자신의 부인을 가리키는 것으로 보인다.
(11) 草草(초초): 뒤숭숭하고 불안한 모양.
(12) 餘香(여향): 남아 있는 꽃의 향기.
(13) 畀昊(비호): 하늘에게 주다.

## 0782. 再和潛師(1)

다시 도잠선사의 시에 화답하여

化工未議蘇群槁,(2) 조화옹은 마른 초목들을 소생시킬 논의는 않고
先向寒梅一傾倒. 먼저 차가운 매화에게 경도되었네.
江南無雪春瘴生,(3) 강남에는 눈이 없어 봄 장기가 생기기에
爲散冰花除熱惱.(4)(5) 얼음꽃을 뿌려서 열로 인한 번뇌를 없애 주네.
風淸月落無人見, 바람 맑고 달 질 무렵 보는 사람 없어도
洗妝自趁霜鐘早.(6)(7) 단장하여 스스로 종 울릴 시각에 맞추네.
惟有飛來雙白鷺, 오로지 한 쌍의 백로만이 날아와
玉羽瓊枝鬪淸好. 옥 깃털과 구슬 가지가 맑고 고움을 다투네.
吳山道人心似水,(8)(9) 오산의 도인은 마음이 물 같은데
眼淨塵空無可埽. 눈이 맑고 티끌이 없어 쓸어낼 것도 없네.
故將妙語寄多情,(10)(11) 일부러 오묘한 말로 깊은 정을 깃들여
橫機欲試東坡老.(12) 넘치는 기지로 동파 노인을 시험해 보려 하네.
東坡習氣除未盡,(13) 동파는 버릇을 아직 다 없애지 못해
時復長篇書小草. 때때로 또 장편을 작은 초서로 쓰네.
且撼長條餐落英,(14) 잠시 긴 가지를 흔들어 떨어진 꽃잎을 먹지만
忍飢未擬窮呼昊.(15) 허기를 참으며 곤궁해도 하늘을 향해 외치려 않네.

**[해설]**

진관의 시에 차운한 도잠선사의 시 〈자리의 매화 시에 화답한 소유의 시에 차운하여(次韻少游和子理梅花)〉에 차운한 것이다. 《어선송시(御選宋詩)》에 진관 시의 제목이 〈건계의 매화를 추억한 황법조의 시에 화답하여 참료와 함께 짓는다(和黃法曹憶建溪梅花同參寥賦)〉로 되어 있는 것을 보면 진관과 도잠선사가 함께 황자리의 시에 차운하되 진관이 먼저 짓고 도잠선사는 진관의 시를 본 뒤에 지었음을 알 수 있는바, 소식은 진관의 시에 차운하여 〈매화를 읊은 진태허의 시에 화답하여(和秦太虛梅花)〉(0781)를 짓고 도잠선사의 시에 차운하여 이 시를 지었다.

**[주석]**

(1) 潛師(잠사): 道潛禪師. 절강성 於潛 출신의 스님으로 字가 參寥이다. 〈次韻僧潛見贈〉(0578) 주 (1) 참조.
(2) 化工(화공): 조화옹. 조물주.
(3) 春瘴(춘장): 무더운 지방에서 봄에 생기는 瘴氣.
(4) 冰花(빙화): 얼음이 처음 얼 때 생기는 꽃 모양의 결정체. 원래 얼음을 꽃에 비유한 말인데 여기서는 다시 얼음처럼 차가운 느낌을 주는 하얀 매화를 가리킨다.
(5) 熱惱(열뇌): 열로 인한 번뇌.
(6) 洗妝(세장): 세수하고 화장하다. 수나라 개황(581-600) 연간에 趙師雄이 羅浮山 지역으로 폄적되었는데, 하루는 소나무 숲속에서 쉬고 있자니 한 여인이 옅게 화장하고 나와서 맞이했다. 함께 술집을 찾아가서 술을 마시다가 여인은 취하여 잠이 들고 조사웅도 정신이 몽롱했다. 한참이 지난 뒤에 일어나 보니 커다란 매화나무 밑에 있었다.(柳宗元, 〈龍城錄〉 참조)
(7) 霜鐘(상종): 종. 종소리. 《山海經·中山經》에 "풍산에 아홉 개의 종이 있는데 서리를 알아보고 울린다(豊山有九鍾焉, 是知霜鳴)"라고 했는데, 이에 대한 郭璞의 주에 "서리가 내리면 종이 울리기 때문에 안다고 한 것이다(霜降則鍾鳴, 故言知也)"라고 했다. 또 李賀의 시 〈追賦畫江潭苑〉에 "오늘 아침 눈썹을 일찍이 그렸나니, 경양궁의 종소리를 기다리지 않았네(今朝畫眉早, 不待景陽鐘)"라는 구절이 있다. 이 연은 매화가 아무도 안 보는 이른 새벽에 핀다는 말이다. 陸游의 시 〈梅花絶句〉에 "매화는 새벽 바람에 핀다고 들었거니와, 산마다 가득가득 하얀 눈이 쌓였네(聞道梅花坼曉風, 雪堆遍滿四山中)"라는 구절이 있다.
(8) 吳山(오산): 杭州 西湖의 동남쪽에 있는 산.
(9) 道人(도인): 스님. 도잠선사를 가리킨다.
(10) 將(장): ~을 가지고.
(11) 妙語(묘어): 도잠선사의 시를 가리킨다.

(12) 横機(횡기): 충만한 機智.

(13) 東坡(동파): 소식은 원풍 4년(1081) 2월에 黃州城 동쪽에 있는 황무지를 개간하여 만든 농장을 동파라고 명명하고 이듬해에 자신의 호를 東坡居士라고 했는데, 이 구절의 '東坡'는 위 구절의 '東坡老'와 마찬가지로 동파거사, 즉 자기 자신을 가리킨다.

(14) 落英(낙영): 떨어진 꽃잎. 屈原의 〈離騷〉에 "아침이면 목란 위에 떨어진 이슬을 마시고, 저녁이면 가을 국화의 떨어진 꽃잎을 먹누나(朝飮木蘭之墜露兮, 夕餐秋菊之落英)"라는 구절이 있다.

(15) 窮呼昊(궁호호): 궁지에 빠져 하늘에 호소하다. 《사기 · 굴원전》에 "사람이 궁지에 빠지면 근본으로 돌아가는 법이기 때문에 고생스럽고 극도로 피곤하면 하늘에 호소하지 않은 적이 없다(人窮則反本, 故勞苦倦極, 未嘗不呼天也)"라고 했다.

# 0783. 海棠(1)
해당화

東風嫋嫋泛崇光,(2)　　동풍이 한들한들 숭고한 빛을 띄우는데
香霧空濛月轉廊.(3)　　향긋한 안개 자욱한 밤에 달이 낭하를 돌아간다.
只恐夜深花睡去,(4)　　밤 깊으면 꽃이 잠들까 그것만이 걱정되어
故燒高燭照紅妝.(5)　　일부러 긴 촛불 들고 단장한 미인을 비춘다.

**[해설]**

소식은 처음 황주에 갔을 때 거주했던 정혜원(定惠院) 동쪽의 잡목 틈에 해당화 한 그루가 있는 것을 보고 그것이 마치 자신의 모습 같아 자주 그곳을 찾았다. 이 시는 어느 봄날 밤늦도록 해당화를 구경한 감회를 노래한 것이다. 해당화에 대한 시인의 진한 애정이 해학적인 필치로 묘사되어 있다.

**[주석]**

(1) 海棠(해당): 해당화. 우리나라의 해당화는 장미과의 관목인 玫瑰가 와전된 것으로 중국의 해당화와는 다른 나무이다. 〈寓居定惠院之東, 雜花滿山, 有海棠一株, 土人不知貴也〉(0687) 주 (2) 참조.
(2) 嫋嫋(요뇨): 날렵하고 날씬한 모양. 해당화의 자태를 가리킨다.
(3) 空濛(공몽): 안개가 끼어 흐릿한 모양.
(4) 花睡去(화수거): 당나라 현종이 沈香亭에 올라가서 양귀비를 데려오라고 하므로 술에 취해 잠을 자고 있던 양귀비를 깨워서 데리고 갔더니, 술이 덜 깨 몸을 가누지 못하는 양귀비의 자태를 보

고 현종이 "이게 어찌 왕비가 취한 것이랴! 이건 바로 졸고 있는 해당화로다!"라고 했다.(《太眞外傳》 참조) 이 연은 해당화를 양귀비에 비유하여 둘이 함께 밤을 지내기 위해 꽃이 잠들지 못하도록 짓궂은 짓을 한다고 함으로써 꽃에 대한 사랑이 얼마나 깊은지를 해학적으로 표현했다.

(5) 紅妝(홍장): 곱게 화장한 미인. 양귀비에 비유된 해당화를 가리킨다.

## 0784. 次韻曹九章[1]見贈[2]

조구장이 보내 온 시에 차운하여

| | |
|---|---|
| 蘧瑗知非我所師,[3] | 거원이 잘못을 안 것은 내가 본받을 점이거니와 |
| 流年已似手中蓍.[4] | 흘러가는 세월은 이미 수중의 시초 같다. |
| 正平獨肯從文擧,[5][6] | 정평은 문거만을 따르려 했고 |
| 中散何曾靳孝尼.[7][8][9] | 중산은 효니를 거절한 적 없었도다. |
| 賣劍買牛眞欲老,[10] | 칼을 팔아 소를 사서 정말 촌에서 늙고 싶나니 |
| 得錢沽酒更無疑. | 돈 생기면 술 사는 것 더 이상 의심의 여지가 없다. |
| 雞豚異日爲同社,[11] | 닭고기 돼지고기 차려 놓고 훗날 이웃이 되리니 |
| 應有千篇唱和詩. | 틀림없이 창화시가 천 편에 달하리라. |

**[해설]**

이 시는 마흔아홉 살 되던 해인 원풍 7년(1084)에 소철의 사돈인 조구장이 보내 온 시에 차운하여 지은 것이다. 그와 함께 전원에서 만년을 보내고 싶은 심정이 드러나 있다.

**[주석]**

(1) 曹九章(조구장): 蘇轍의 사위 曹煥의 부친으로 光州知州를 지냈다. 〈弔李臺卿幷敍〉(0752) 주 (8) 참조.

(2) 見贈(견증): 나에게 주다. 〈次韻王定國馬上見寄〉(0562) 주 (2) 참조.

(3) 蘧瑗(거원): 춘추시대 衛나라의 대부. 성이 蘧, 이름이 瑗, 자가 伯玉이기 때문에 흔히 蘧伯玉이

라고 부른다. 《論語 · 衛靈公》에 "군자답도다 거백옥은! 나라에 도가 있으면 벼슬살이를 하고, 나라에 도가 없으면 자신의 재주를 걷어서 가슴 속에 감추어 둘 수 있으니(君子哉蘧伯玉! 邦有道則仕, 邦無道則可卷而懷之)"라는 공자의 말이 있다. 《淮南子 · 原道》에 "거백옥은 쉰 살이 되었을 때 지나간 49년이 잘못된 것을 알았다(蘧伯玉年五十, 而知四十九年非)"라는 말이 있다.

(4) 手中蓍(수중시): 王十朋의 《百家註分類東坡先生詩》에 "손안의 시초란 마흔아홉을 말한다(手中蓍, 謂四十九也)"라고 했다. 시초는 다년생 초본식물로 그 줄기를 점치는 데 사용한바, 《乾坤鑿度 · 分上下屬》에 "백 년이 지나야 비로소 마흔아홉 개의 줄기가 나는데 천지의 운명을 받들기에 족하다(一百歲方生四十九莖, 足承天地數)"라고 했다.

(5) 正平(정평): 후한 사람 禰衡의 字. 孔融이 그의 재주를 아껴 망년지교를 맺고 상소문을 써서 그를 천거해 주었다.(《후한서 · 예형전》 참조) 馮應榴의 《蘇軾詩集合注》에 "정평과 효니는 조구장을 가리키고 문거와 중산은 자신을 말한다. 조구장이 자신에게 배우려고 하자 가르치는 데 인색하지 않았다는 말이다(正平 · 孝尼指曹, 文擧 · 中散自謂. 言九章願從學, 自不吝敎也)"라고 했다.

(6) 文擧(문거): 공융의 字.

(7) 中散(중산): 삼국시대 魏나라의 중산대부를 지낸 嵇康을 가리킨다. 그가 처형되게 되었을 때 태학생 3천 명이 찾아가서 스승이 되어 달라고 간청했으나 허락하지 않고 거문고를 타면서 말했다. "옛날에 遠淮가 나에게 〈廣陵散〉을 가르쳐 달라고 하는 것을 내가 인색하게 굴며 안 가르쳐 준지라 이제 〈광릉산〉이 전해지지 않게 되었구나"라고 했다.(《진서 · 혜강전》 참조)

(8) 靳(근): 인색하게 굴다. 거절하다.

(9) 孝尼(효니): 원회의 字. 주 (5) 및 (7) 참조. 이 연은 소식과 조구장이 서로 상대방을 따르고 받아들이며 잘 지냈다는 말이다.

(10) 賣劍買牛(매검매우): 칼을 팔아서 소를 사다. 한나라 사람 龔遂가 渤海太守로 부임하자 백성들 가운데 칼을 차고 다니는 사람이 있어서 "무엇 때문에 소와 송아지를 허리에 차고 다니는가?"라며 그들을 설득하여 큰 칼은 팔아서 소를 사고 작은 칼은 팔아서 송아지를 사서 성실하게 농사짓게 했다.(《漢書 · 循吏傳》 참조)

(11) 同社(동사): 同鄕. 옛날에 스물다섯 집이 1社였던 데서 비롯되어 같은 마을 사람을 가리킨다.

# 0785. 上巳日[1], 與二三子[2]攜酒出游, 隨所見輒作數句, 明日集之爲詩, 故辭無倫次

삼짇날 두어 사람과 함께 술을 가지고 나가 놀면서 눈에 뜨이는 대로 몇 구절씩 지어 놓았다가 이튿날 그것을 모아 시를 만든지라 말에 두서가 없다

| | |
|---|---|
| 薄雲霏霏不成雨,[3] | 엷은 구름 오락가락 비를 이루지 못할 제 |
| 杖藜曉入千花塢.[4][5] | 지팡이 짚고 새벽에 꽃밭으로 들어간다. |
| 柯丘海棠吾有詩,[6] | 가구의 해당화는 내가 읊은 시가 있거니와 |
| 獨笑深林誰敢侮. | 깊은 숲에서 혼자 웃는다 누가 감히 얕보리? |
| 三杯卯酒人徑醉,[7] | 아침 술 석 잔에 금방 취하여 |
| 一枕春眠日亭午. | 베개에 누워 봄잠을 잤더니 해가 중천이로다. |
| 竹間老人不讀書, | 대밭 속의 늙은이는 책을 읽지도 않을 텐데 |
| 留我閉門誰教汝.[8] | 나를 붙잡아 문을 닫으니 누가 시킨 것일까? |
| 出簷藜枳十圍大,[9] | 처마 위로 솟은 탱자나무는 둘레가 열 아름인데 |
| 寫眞素壁千蛟舞.[10] | 실물을 그려 하얀 벽에 천 마리 교룡이 춤을 춘다. |
| 東坡作塘念幾尺,[11][12] | 동파에 몇 자짜리 연못을 만들까 생각하나니 |
| 攜酒一勞農工苦.[13] | 술을 들고 농부들의 노고를 한 번 위로하련다. |
| 却尋流水出東門, | 흐르는 물을 찾아 다시 동문을 나서니 |
| 壞垣古塹花無主. | 무너진 담 오래된 도랑에 주인 없는 꽃이 피어 있다. |
| 臥開桃李爲誰妍, | 누워서 핀 도리꽃은 누굴 위해 저리 고울까? |
| 對立鵁鶄相媚嫵.[14][15] | 마주 보고 선 해오라기는 서로를 사랑한다. |
| 開樽藉草勸行路,[16][17] | 술동이 열고 풀밭에 앉아 행인들에게 권하며 |

| | |
|---|---|
| 不惜春衫汚泥土. | 봄 적삼에 흙 묻는 것 아까워하지 않는다. |
| 褰裳共過春草亭,[18] | 바지 걷어 춘초정을 함께 지나고 |
| 扣門却入韓家圃.[19] | 문 두드려 한가포에도 들어가 본다. |
| 轆轤繩斷井深碧,[20] | 도르래 줄 끊어진 우물은 몹시 푸르고 |
| 秋千挂索人何所. | 그네는 줄이 걸렸는데 사람은 어디 갔을까? |
| 映簾空復小桃枝, | 작은 복숭아 가지가 발을 덮고 있을 뿐 |
| 乞漿不見膺門女.[21] | 물을 얻어 마시려니 문에서 맞던 여인이 안 보인다. |
| 南上古臺臨斷岸, | 남쪽으로 오래된 누대 위에 올라가 |
| | 깎아지른 언덕에서 내려다보니 |
| 雪陣翻空迷仰俯.[22][23] | 눈보라가 허공에서 회오리치는지라 |
| | 넋을 놓고 아래위를 번갈아 본다. |
| 故人饋我玉葉羹,[24] | 친구가 나에게 옥엽갱을 주었는데 |
| 火冷烟消誰爲煮. | 불기운 식고 김이 없으니 누가 날 위해 데워 줄까? |
| 崎嶇束縕下荒徑,[25][26] | 울퉁불퉁 솜 횃불 들고 황량한 길을 내려오니 |
| 婭姹隔花聞好語.[27] | 조잘조잘 꽃밭 너머 정겨운 말소리 들린다. |
| 更隨落影盡餘樽, | 해가 떨어짐에 따라 남은 술동이도 비우고 |
| 却傍孤城得僧宇.[28] | 외로운 성에 다가가 절에도 한번 가 본다. |
| 主人勸我洗足眠, | 주인은 우리에게 발 씻고 자라고 권하지만 |
| 倒牀不必聞鐘鼓.[29] | 침대에 쓰러져 누우니 종소리 북소리도 못 들을 것 같다. |
| 明朝門外泥一尺, | 내일 아침 문밖에 진흙이 한 자나 쌓이면 |
| 始悟三更雨如許.[30] | 그제야 삼경의 비가 이와 같은 줄 알렷다. |
| 平生所向無一遂, | 평생 뜻한 일 가운데 이룬 게 하나도 없거늘 |
| 玆游何事天不阻.[31] | 이번 유람은 무슨 일로 하늘이 막지 않은 걸까? |
| 固知我友不終窮, | 내 벗이 끝내 궁핍하지 않을 줄 잘 알거니와 |
| 豈弟君子神所予.[32] | 온화하고 점잖은 군자는 신이 내려 준 존재로다. |

**[해설]**

삼진날 친구들과 함께 황주성 주변에 나가 여기저기 돌아다니며 논 감회를 노래한 것이다.

**[주석]**

(1) 上巳日(상사일): 삼짇날. 음력 3월 3일. 옛날 사람들은 겨우내 집 안에서 생활하다가 이날 야외로 나가 꽃놀이를 하고 새 풀을 밟으며 봄을 즐겼다.

(2) 二三子(이삼자): 두세 사람. 《論語 · 述而》에 "너희들은 내가 숨긴다고 생각하느냐? 나는 숨기는 것이 없느니라! 나는 너희들과 함께하지 않은 일이 없다. 이것이 바로 나 공구라는 사람이다(二三子以我爲隱乎? 吾無隱乎爾! 吾無行而不與二三子者, 是丘也)"라는 공자의 말이 있다.

(3) 霏霏(비비): 흩날리는 모양.

(4) 杖藜(장려): 명아주 지팡이를 짚다.

(5) 千花塢(천화오): 꽃이 천 그루 있는 화단. '塢'는 사방이 약간 높고 가운데가 조금 낮은 지형을 가리킨다.

(6) 柯丘(가구): 柯山. 《東坡圖》에 "가산에서 사방으로 바라보면 정남쪽에 높은 언덕이 있기 때문에 가구라고도 한다(柯山四望, 直南高丘, 故亦名柯丘)"라고 했고, 《名勝志》에 "가산은 적벽의 고한정 동쪽에 있다(柯山在赤壁高寒亭之東)"라고 했다.

(7) 卯酒(묘주): 묘시(아침 5~7시), 즉 이른 아침에 마시는 술. 이 연은 해당화를 얼굴에 취기가 오른 楊貴妃에 비유한 것이다. 〈海棠〉(0783) 주 (4) 참조.

(8) 閉門(폐문): 吳中 지역의 한 사대부 집에 멋진 대나무가 있다는 소문을 듣고 王徽之가 수레를 타고 그 대나무 아래로 가서 오랫동안 읊조리고 있노라니 주인이 청소를 깨끗이 해 놓고 그에게 앉으라고 했다. 왕휘지는 대꾸를 하지 않았다. 그가 그 집에서 나오려고 하자 주인이 대문을 닫고 못 가게 하는지라 마침내 대나무를 실컷 구경하며 즐기다가 돌아갔다.(《진서 · 왕휘지전》 참조) 이 연은 주인이 책을 보고 왕휘지의 일을 아는 것도 아닐 텐데 자기를 붙잡는다는 말이다.

(9) 藂枳(총지): 떨기를 이룬 탱자나무. '藂'은 '叢'과 같다. 《동파도》에 "가구 남쪽의 상씨 집에 매우 큰 탱자나무 떨기가 있어 공이 자신을 위해 그것을 그린 적이 있다(柯丘南尙氏家, 有叢枳甚大, 公嘗自爲圖之)"라고 했다.

(10) 寫眞(사진): 진짜 모습을 그리다. 이 연은 벽에 탱자나무 떨기의 그림자가 드리워져 있는 모습을 묘사한 것이다.

(11) 東坡(동파): 소식이 원풍 4년(1081) 2월에 黃州城 동쪽에 있는 황무지를 개간하여 만든 농장.

(12) 塘(당): 王十朋의 《百家註分類東坡先生詩》에 "연못은 동파 설당 밑에 있다(塘在東坡雪堂下)"라고 했다.

(13) 農工(농공): 농부.

(14) 鵁鶄(교청): 해오라기.

(15) 媚嫵(미무): 좋아하다.

(16) 藉草(자초): 풀을 깔고 앉다.

(17) 行路(행로): 길에 있는 사람. 이 연은 동파 옆 길가의 풀밭에 퍼질러 앉아서 지나가는 농부들에게 술을 권하며 노고를 위로한다는 말이다

(18) 春草亭(춘초정): 정자 이름. 《동파도》에 "춘초정과 한가포는 모두 동문 밖에 있다(春草亭·韓家圃, 皆在東門外)"라고 했다.

(19) 韓家圃(한가포): 주 (18) 참조.

(20) 轆轤(녹로): 도르래.

(21) 乞漿(걸장): 음료를 얻다. 당나라 사람 崔護가 청명절을 맞아 교외로 소풍을 갔다가 물을 좀 얻어 마시려고 어느 시골집에 갔더니, 그 집 아가씨가 물을 들고 와서 복숭아 나무 밑에 서 있는데 복숭아꽃과 아가씨의 얼굴이 다투어 발갛게 빛났다. 이듬해 청명절에 다시 찾아갔더니 복숭아꽃은 화사하게 피어 있는데 아가씨는 어디로 갔는지 보이지 않았다. 이에 최호가 "지난해 오늘은 이 대문 안에, 인면과 도화가 서로 붉게 비추더니, 사람은 어디 갔는지 알 수가 없고, 도화는 봄바람에 작년처럼 웃고 있네(去年今日此門中, 人面桃花相映紅. 人面不知何處去, 桃花依舊笑春風)"라는 시를 지어서 문에다 써 놓았다.(孟棨, 《本事詩·情感》 참조)

(22) 翻空(번공): 허공에서 춤추다.

(23) 仰俯(앙부): 올려다보다 내려다보다 하다. 이 구절은 눈처럼 흩날리는 꽃잎을 구경한다는 말이다.

(24) 玉葉羹(옥엽갱): 査愼行의 《蘇詩補註》에 "소식문집의 〈잡기〉에 '걸어서 성의 동쪽으로 나가 하씨·한씨의 정원으로 들어가서 마침내 대나무 그늘 밑에다 술자리를 마련했다. 유당년 주부가 기름으로 지진 떡을 보내온바 그 이름이 위심수인데 맛이 아주 좋았다'라는 말이 있다(本集〈雜記〉云: '步出城東, 入何氏·韓氏園, 遂置酒竹陰下. 有劉唐年主簿者, 餽油煎餅, 其名爲甚酥, 味極美.')"라고 한바, 이것은 옥엽갱이 바로 위심수라는 뜻이지만 풀처럼 빽빽한 국물이 있는 음식인 '羹'을 떡(餅)과 동일시하기는 어려워 보인다. 그렇다면 옥처럼 고운 채소 잎을 넣고 끓인 빽빽한 나물죽일 가능성이 크다.

(25) 崎嶇(기구): 지세나 도로가 평탄하지 않은 모양.

(26) 束縕(속온): 묶은 솜. 헌 솜을 뭉쳐서 만든 횃불을 가리킨다.

(27) 婭姹(아차): 새가 지저귀는 소리. 이야기하는 소리를 가리킨다.

(28) 僧宇(승우): 절.

(29) 不必聞(불필문): 반드시 듣지는 않다. 杜甫의 시 〈偪側行贈畢四曜〉에 "새벽녘에 비가 급하고 바람이 미친 듯 불었건만, 단잠을 자느라 종소리 북소리 듣지 못했습니다(曉來急雨春風顚, 睡美不聞鐘鼓傳)"라는 구절이 있다. 이 구절은 너무 피곤해서 종소리와 북소리도 못 들을 것 같다는 말이다.

(30) 如許(여허): 이와 같다.

(31) 玆游(자유): 이번 유람.

(32) 豈弟(개제): 온화하고 점잖다. '愷悌'와 같다.

## 0786. 劉監倉[(1)]家煎米粉作餠子, 余云: "爲甚酥?" 潘邠老[(2)]家造逡巡酒[(3)], 余飮之, 云: "莫[(4)]作醋, 錯著水來[(5)]否?" 後數日, 攜家飮郊外, 因作小詩戲劉公, 求之

유감창의 집에서 쌀가루를 지져 떡을 만들었기에 내가 "무엇 때문에 이렇게 바삭바삭하오?"라고 했다. 반빈로의 집에서 준순주를 빚었기에 내가 마시고 나서 "이러다가는 초가 되겠소. 물을 잘못 탄 것이 아니오?"라고 했다. 며칠 뒤에 가족을 데리고 교외에 가서 술을 마시게 되었기에 짧은 시를 지어서 유공에게 우스갯소리를 하며 좀 달라고 청한다.

| | |
|---|---|
| 野飮花間百物無, | 야외로 나가 꽃밭에서 아무것도 없이 술을 마셔 |
| 杖頭惟挂一葫蘆. | 지팡이 끝에 호리병만 하나 걸려 있다오. |
| 已傾潘子錯著水,[(6)(7)] | 반선생의 착착수를 이미 기울였기에 |
| 更覓君家爲甚酥.[(8)] | 다시금 그대 집의 위심수를 찾는다오. |

**[해설]**

가족들과 함께 교외로 나가 반대림이 보내 준 술인 착착수를 마시다가 유당년에게 그 집에서 만든 전병을 좀 달라고 부탁하기 위하여 지은 해학적인 시이다.

**[주석]**

(1) 監倉(감창): 창고를 감시하는 관리. 査愼行의 《蘇詩補註》에 "창고지기 유씨는 이름이 당년인데 당시 황주주부였다(劉監倉, 名唐年, 時爲黃州主簿)"라고 했다. 〈上巳日, 與二三子攜酒出游, 隨所見輒作數句, 明日集之爲詩, 故辭無倫次〉(0785) 주 (24) 참조.

(2) 邠老(빈로): 현지 친구 潘大臨의 字. 張耒의 〈潘大臨文集序〉에 "대림은 자가 빈로이다. 옛날에는 민지방 사람이었는데 나중에 황주에서 살았다(大臨, 字邠老. 故閩人, 後家黃州)"라고 했다.

(3) 逡巡酒(준순주): 신선이 즉석에서 빚었다는 전설적인 술로 '頃刻酒'라고도 한다. 여기서는 즉석에서 물을 타서 급조한 술을 가리키는 것으로 보인다. 殷七七이라는 사람은 즉석에서 술을 빚을 줄도 알고 제철이 아닌 꽃을 피울 줄도 알았다고 한다.(《太平廣記》 참조)

(4) 莫(막): 아마. 어쩌면. 이 구절은 이런 식으로 시어지면 술이 아니라 초가 되고 말겠다고 우스갯소리를 한 것이다.

(5) 來(래): 문장 끝에 붙어서 진술의 어기를 표시하는 조사이다. '咧'과 같다.

(6) 潘子(반자): 반대림을 가리킨다.

(7) 錯著水(착착수): 반대림의 집에서 빚은 술의 이름이다. 소식과 거의 같은 시대 사람인 周紫芝(1082-1155)의 《竹坡詩話》에 "반 현령은 소동파가 술을 잘 못 마시기 때문에 매번 그를 위해 단술을 차렸다. 소동파가 웃으면서 '이것은 필시 물을 잘 못 탄 게로군요'라고 했다(潘長官以東坡不能飮, 每爲設醴. 坡笑曰: '此必錯著水也.')"라는 말이 있다. 이 말과 이 시의 서문을 종합해 보면, 착착수란 물을 너무 많이 탄 나머지 알코올 농도가 낮아서 약간 시큼한 맛만 나고 술맛은 거의 안 나는 묽은 술을 가리키는 것으로 보인다.

(8) 爲甚酥(위심수): 유당년의 집에서 기름으로 지져서 만든 떡, 즉 煎餠의 이름이다. 《竹坡詩話》에는 "동파가 황주에 있을 때 하수재의 모임에 간 적이 있었는데 기름과자를 먹었더니 매우 바삭바삭한지라 주인에게 '이것은 이름이 무엇이오?' 하고 묻자 주인이 이름이 없다고 대답했다. 동파가 또 '어째서 이렇게 바삭바삭하오?' 하고 물었더니 좌객들이 다들 '이것을 이름으로 삼을 만합니다'라고 했다(東坡在黃州時, 嘗赴何秀才會, 食油果甚酥, 因問主人: '此名爲何?', 主人對以無名. 東坡又問: '爲甚酥?' 坐客皆曰: '是可以爲名矣.')"라고 한바, 이 글은 얼핏 보면 위심수를 만든 사람이 '하수재'인 것처럼 묘사되어 있지만, 소식의 〈記游定惠院〉에 "저녁 무렵에 걸어서 성 동쪽으로 나가니 큰 나무 동이를 팔기에 맑은 샘물을 받아서 오이나 자두를 씻으면 되겠다 싶어서 하나 사고 마침내 작은 도랑을 따라 하씨·한씨의 대밭 속 정원으로 들어갔다. 당시 하씨가 한창 대나무 사이에 초당을 짓느라 이미 땅을 파헤쳐 놓은 상태이기에 마침내 대나무 그늘 아래에다 술자리를 마련했다. 유당년이라는 주부가 있어서 기름으로 지진 음식을 보내온바 그 이름이 위심수인데 맛이 아주 좋았다(晩乃步出城東, 鬻大木盆, 意者謂可以注淸泉, 瀹瓜李, 遂夤緣小溝, 入何氏·韓氏竹園. 時何氏方作堂竹間, 旣闢地矣, 遂置酒竹飮下. 有劉唐年主簿者, 餽油煎餌, 其名爲甚酥, 味極美)"라고 한 것을 보면, 소식이 하수재의 대밭 속 정원에서 연회를 벌이고 있을 때 黃州主簿로서 창고지기의 직책을 맡고 있던 유당년이 위심수를 보내준 것임을 알 수 있다.

## 0787. 贈楊耆[1]幷引

양기에게 주는 시와 그 서문

西蜀[2]楊耆, 二十年前, 見之甚貧, 今見之亦貧. 所異於昔者, 蒼顏華髮耳. 女無美惡, 富者姸; 士無賢不肖, 貧者鄙. 使其逢時遇合, 豈減當世之士哉? 頃宿扶風[3]驛舍, 聞泣者甚怨, 問之, 乃昔富而今貧者, 乃作一詩. 今以贈楊君.(서촉의 양기는 20년 전에 보았을 때 몹시 가난했고 지금 보아도 역시 가난하다. 옛날과 다른 점은 창백한 얼굴과 흰머리뿐이다. 여자는 고운 사람과 미운 사람이 따로 없고 부유하면 예쁘며, 선비는 잘난 사람과 못난 사람이 따로 없고 가난하면 초라하다. 그가 만약 때를 만나 마음이 흡족하다면 어찌 이 시대 최고의 선비에 뒤지리오? 옛날에 부풍의 역사에서 묵을 때 어떤 사람이 몹시 원망스럽게 우는 소리를 듣고 그 까닭을 물어보았더니 바로 옛날에는 부유하게 살다가 지금은 가난해진 사람인지라 이에 시를 한 수 지었다. 이제 그것을 양군에게 준다.)

| | |
|---|---|
| 孤村微雨送秋涼, | 외딴 마을에 가랑비 내려 서늘한 가을 기운을 보내올 제 |
| 逆旅愁人怨夜長. | 여관에서 근심하는 이는 밤이 길다 원망했지. |
| 不寐相看惟櫪馬, | 자지 않고 바라보는 것은 구유 옆의 말뿐이요 |
| 悲歌互答有寒螿. | 슬픈 노래에 화답하는 것으로는 쓰르라미가 있었지. |
| 天寒滯穗猶橫畝,[4] | 추운 날씨에 버려둔 이삭이 논에 아직 가득하고 |
| 歲晚空機任倚牆. | 세모에 빈 베틀이 벽에 붙어 있는 꼴이었지. |
| 勸爾一杯聊復睡, | 그대에게 권하노니 한잔하고 좀 자게나 |
| 人間貧富海茫茫.[5][6] | 이 세상의 빈부란 바다처럼 아득하니. |

**[해설]**

봉상부첨판(鳳翔府簽判)으로 재임한 약 20년 전의 어느 날 부풍 일대를 순시하는 도중에 부유하게 살다가 가난해진 한 남자를 만나 그를 격려하기 위해 지어 준 시를 다시 정리하여 양기에게 줌으로써 그를 위로한 것이다.

**[주석]**

(1) 楊耆(양기): 구체적인 행적이 알려져 있지 않다.

(2) 西蜀(서촉): 지금의 사천성 일대. 옛날의 촉나라 땅이고 서쪽에 있기 때문에 이렇게 부른다.

(3) 扶風(부풍): 지금의 섬서성 부풍. 査愼行의 《蘇詩補註》에 "석각에 제목이 '나는 30년 전에 빗속에 부풍을 지나갔는데 밤중에 여관에 노래를 부르는 사람이 있어 그 소리가 몹시 슬펐다. 일어나서 물어보니 아마도 옛날에는 부유하게 살다가 지금은 가난해진 사람인 것 같아 나도 마음이 슬퍼졌다. 그래서 그에게 술을 먹이고 이 시를 지었다. 오늘 찬 비가 그치지 않으매 문득 이 일이 생각나고 또 양군의 처량함이 그 여관의 그 사람과 무엇이 다르랴 싶어서 이것을 써서 그에게 준다'로 되어 있다(石刻題云: '余三十年前, 雨過扶風, 夜半, 逆旅有歌者, 其聲悲甚. 起問之, 蓋昔富今貧者, 予亦爲悽然. 飮之以酒, 而作此詩. 今日寒雨不止, 忽憶此事, 且念楊君之悽屑, 與逆旅者何異. 故書以與之.')"라고 했다.

(4) 滯穗(체수): 아직까지 수확하지 않아 논에 서 있는 벼를 가리킨다. 이 연은 양기가 아직 때를 만나지 못한 것일 뿐이므로 언젠가는 능력을 발휘할 날이 올 것이라는 말이다.

(5) 人間(인간): 이 세상. 속세.

(6) 茫茫(망망): 넓고 먼 모양. 이 구절은 미래의 빈부란 예측할 수 없는 아득한 일이라는 말이다.

卷23

# 古今體詩四十四首

## 고체시 및 근체시 44수

권23에는 책수검교상서사부원외랑여주단련부사본주안치(責授檢校尙書祠部員外郎汝州團練副史本州安置)의 명을 받고 황주를 떠나기 직전인 원풍 7년(1084) 3월부터 황주를 떠나 금릉에 도착한 그해 7월까지의 시 44수가 수록되어 있다.

# 0788. 別黃州(1)

황주와 작별하며

病瘡老馬不任鞿,(2) 병들고 늙은 말이 굴레를 견디지 못하면서
猶向君王得敝幃.(3) 그래도 임금님께 해진 휘장을 받았네.
桑下豈無三宿戀,(4) 뽕나무 밑에서 사흘 묵은 정이 어찌 없으랴만
樽前聊與一身歸.(5) 술동이 앞에서 잠시 혼자 돌아가는 걸 허락하길.
長腰尙載撑腸米,(6) 창자 지탱할 장요미를 여전히 실어 놨고
闊領先裁蓋癭衣.(7) 혹을 덮을 깃이 넓은 옷을 먼저 지어 놨네.
投老江湖終不失,(8) 강호에서 늙을 생각 끝내 버리지 않을 테니
來時莫遣故人非.(9) 다시 올 때 친구들이 잘못되게 하지 말길.

**[해설]**

유배지를 황주에서 여주로 옮기게 되어 황주를 떠나는 감회를 노래한 것으로 나중에 기회가 오면 다시 황주로 돌아오겠다는 의지를 표명했다.

**[주석]**

(1) 黃州(황주): 지금의 호북성 黃岡市 黃州區.
(2) 病瘡(병창): 상처를 입어서 병이 나다.
(3) 敝幃(폐위): 해진 휘장. 《禮記 · 檀弓下》에 "해진 휘장을 버리지 않나니 말을 묻을 때 사용하고,

해진 거적을 버리지 않나니 개를 묻을 때 사용한다(敝帷不棄, 爲埋馬也; 敝蓋不棄, 爲埋狗也)"는 말이 있다. 이 구절은 황제의 은총을 입어 유배지를 황주에서 汝州로 옮기게 되었다는 말이다.

(4) 三宿戀(삼숙련): 3일 동안 묵음으로 인하여 생기는 애정. 《後漢書 · 襄楷傳》에 "부처님은 같은 뽕나무 밑에서 3일 동안 묵지 않았고 오래 머물러서 애정이 생기기를 바라지 않았으니 정성이 지극했습니다(浮屠不三宿桑下, 不欲久生恩愛, 精之至也)"라는 말이 있다. 이 구절은 황주에 오래 머물러서 이미 정이 들었다는 말이다.

(5) 與(여): 許與하다. 이 연은 나중에 다시 황주로 돌아오겠다는 의지를 표명한 것이다.

(6) 長腰(장요): 쌀의 품종 이름. 낟알이 길쭉하고 곱다. 여주에 가서도 황주에 있을 때 먹던 쌀을 계속 먹겠다는 말이다.

(7) 癭(영): 목에 나는 혹. 《韻語陽秋》에 "여주 사람 중에는 혹으로 고통받는 사람이 많다(汝人多苦癭)"라고 했다. 소식이 유배지를 여주로 옮기게 되었기 때문에 한 말이다.

(8) 投老(투로): 노년을 맞이하다. 늙다.

(9) 非(비): 존재하지 않다. 이 구절은 자기가 돌아올 때까지 친구들이 건강하게 살아 있기를 바란 것이다.

## 0789. 和參寥[(1)]

참료에게 화답하여

芥舟只合在坳堂,[(2)(3)] 풀잎 배는 구덩이에 띄우기에나 적합할 뿐이라
紙帳心期老孟光.[(4)(5)] 종이 장막 밑의 늙은 맹광을 마음으로 바라는데
不道山人今忽去,[(6)(7)] 뜻밖에도 산골 사람 이제 갑자기 떠나가니
曉猿啼處月茫茫.[(8)] 새벽 원숭이 우는 곳에 달빛이 질펀하겠다.

**[해설]**

이 시는 도잠(道潛)의 시 〈설당을 떠나며 자첨에게 드린다(留別雪堂呈子瞻)〉에 차운한 것이다. 도잠 시의 제목으로 미루어 볼 때 두 사람이 창화할 때는 소식이 아직 여주로 옮기라는 명을 받기 전이었음에 틀림없다. 그리고 소식의 시도 도잠이 황주를 떠나 항주로 돌아가는 모습을 상상한 것으로 보인다. 그렇다면 도잠이 황주를 떠나기 며칠 전에 송별회를 벌이고 그 자리에서 두 사람이 창화했는데 도잠이 아직 떠나기 전에 여주로 옮기라는 명이 내려왔을 가능성이 크다. 그러므로 사신행(査愼行)이 《소시보주(蘇詩補註)》에서 "선생이 황주에 있을 때 참료가 항주에서 찾아왔었는데 이때는 이미 떠나려고 했다. 생각건대 그가 아직 떠나기 전에 마침 유배지를 여주로 옮기라는 명이 내려왔다는 말을 듣고 출발하지 않고 있다가 마침내 함께 여산을 유람한 후 구강에 이르러서야 비로소 헤어진 것으로 생각된다. 이 시 두 수는 황주에서 창화한 작품이다(先生居黃, 參寥自杭來訪, 旣將別矣. 意其未行之先, 適聞汝州之命而不遽發, 遂與同遊廬山, 至九江始別. 此二詩乃在

黃唱和之什)"라고 한 말이 더 설득력이 있다. 자기 마음대로 다닐 수 있는 도잠에 대한 선망의 정이 깃들여져 있다.

**[주석]**

(1) 參寥(참료): 절강성 於潛 출신의 스님으로 소식의 절친한 친구인 道潛의 字. 〈次韻僧潛見贈〉(0578) 주 (1) 참조.

(2) 芥舟(개주): 작은 풀잎을 배에 비유한 것이다. 여기서는 소식 자신을 가리킨다. 《莊子 · 逍遙遊》에 "또 물이 고인 것이 깊지 않으면 그것은 큰 배를 띄울 힘이 없다. 물 한 잔을 구덩이에 부어 놓으면 작은 풀잎은 배가 되겠지만 거기에 잔을 놓으면 땅에 달라붙어 버리는바 물은 얕고 배는 크기 때문이다(且夫水之積也不厚, 則其負大舟也無力. 覆杯水於坳堂之上, 則芥爲之舟, 置杯焉則膠, 水淺而舟大也)"라고 했다.

(3) 坳堂(요당): 축대 위의 움푹하게 팬 곳.

(4) 紙帳(지장): 종이처럼 납작하게 편 등나무 껍질이나 누에고치 따위를 기워 붙여서 만든 장막.

(5) 孟光(맹광): 후한 은사 梁鴻의 부인. 양홍과 함께 霸陵에서 은거하다가 나중에 吳지방으로 가서 양홍이 품팔이하여 번 돈으로 겨우 생계를 유지했는데도 불구하고 양홍에 대한 경의의 표시로 식사 때마다 밥상을 눈썹에 닿도록 높이 들고 들어갔다.(《후한서 · 양홍전》 참조) 가난하게 살면서도 의연한 마음을 잃지 않는 자기 부인을 가리킨다. 이 연은 자신이 무능한 줄 알기 때문에 욕심 없이 살려고 했다는 말이다.

(6) 不道(부도): 예상하지 못하다. 모르다.

(7) 山人(산인): 산속에 은거하는 사람. 도잠을 가리킨다.

(8) 茫茫(망망): 넓고 먼 모양.

## 0790. 過江夜行武昌[1]山, 聞黃州[2]鼓角

장강을 건너 밤에 무창의 산을 걸어가다가 황주에서 나는 북소리와 뿔피리 소리를 듣고

| | |
|---|---|
| 淸風弄水月銜山, | 산들바람은 물장난 치고 달은 산에 물렸는데 |
| 幽人夜度吳王峴.[3][4] | 은자는 밤중에 오왕현을 넘어간다. |
| 黃州鼓角亦多情, | 황주의 북소리와 피리 소리도 다정하게 |
| 送我南來不辭遠. | 멀다고 마다 않고 남쪽으로 나를 전송한다. |
| 江南又聞出塞曲,[5] | 장강의 남쪽에서 〈출새곡〉을 또 듣노라니 |
| 半雜江聲作悲健.[6] | 강물 소리 반쯤 섞여 비장함을 자아낸다. |
| 誰言萬方聲一槩,[7][8] | 만방의 소리가 다 같다고 누가 말했나? |
| 鼉憤龍愁爲余變.[9] | 악어가 분노하고 용이 근심하는 건 내가 변한 탓이로다. |
| 我記江邊枯柳樹, | 강가의 마른 버드나무를 기억하고 있거니와 |
| 未死相逢眞識面. | 죽지 않고 만난다면 정말 알아보렷다. |
| 他年一葉泝江來,[10] | 훗날 내가 일엽편주로 강을 거슬러 올라올 때 |
| 還吹此曲相迎餞.[11] | 이 곡을 다시 불어 나를 맞고 또 보내렷다. |

**[해설]**

장강을 건너 밤에 무창 지방의 산을 지나가다가 문득 들려온 황주의 북소리와 뿔피리 소리를 듣고 떠나기 싫은 아쉬운 마음과 다시 돌아오고 싶은 마음을 노래한 것이다.

**[주석]**

(1) 武昌(무창): 長江을 사이에 두고 황주와 마주 보고 있던 縣. 지금의 호북성 鄂州.

(2) 黃州(황주): 지금의 호북성 黃岡市 黃州區.

(3) 幽人(유인): 세상에서 동떨어진 곳에 조용히 사는 사람이라는 뜻으로 흔히 은자를 가리키는데 여기서는 유배객인 소식 자신을 가리킨다.

(4) 吳王峴(오왕현): 지금의 호북성 鄂州 서쪽에 있는 고개. 王十朋의 《百家註分類東坡先生詩》에 "오왕현은 무창 서쪽의 구곡정 밑에 있다(吳王峴在武昌西九曲亭下)"라고 했다. 삼국시대에 오나라의 孫權이 판 것으로 알려져 있다.(《東坡志林 · 古迹》 참조)

(5) 出塞曲(출새곡): 한나라 橫吹曲의 하나. 《樂府解題》에 "한나라 횡취곡은 28곡이었는바 이연년이 지었다. 위진 이래로 10곡만 전하니 첫째 〈황곡〉, 둘째 〈농두〉, 셋째 〈출관〉, 넷째 〈입관〉, 다섯째 〈출새〉, 여섯째 〈입새〉, 일곱째 〈절양류〉, 여덟째 〈황담자〉, 아홉째 〈적지양〉, 열째 〈망행인〉이다(漢橫吹曲, 二十八解, 李延年造. 魏晉已來, 唯傳十曲: 一曰〈黃鵠〉, 二曰〈隴頭〉, 三曰〈出關〉, 四曰〈入關〉, 五曰〈出塞〉, 六曰〈入塞〉, 七曰〈折楊柳〉, 八曰〈黃覃子〉, 九曰〈赤之揚〉, 十曰〈望行人〉)"라고 했다.

(6) 悲健(비건): 비장하다.

(7) 萬方(만방): 천하 각지. 모든 곳.

(8) 一槩(일개): 일률적이다. 마찬가지다. '一概'와 같다.

(9) 鼉憤(타분): 악어가 분노하다. 악어의 울음소리가 북 치는 소리와 비슷하기 때문에 황주에서 들려오는 북소리를 악어 울음소리에 비유한 것이다. 이 구절은 황주의 북소리와 뿔피리 소리를 자신이 황주를 떠나기 때문에 악어가 울고 용이 근심하는 것에 비유한 것이다.

(10) 一葉(일엽): 일엽편주를 가리킨다.

(11) 迎餞(영전): 맞이하기도 하고 전송하기도 하다. 소식이 무창으로 오는 것을 맞이하고 무창에서 다시 황주로 가는 것을 전송하는 것을 가리킨다.

# 0791. 岐亭[1]五首幷敍

기정을 읊은 시와 그 서문

元豐三年正月, 余始謫黃州[2]. 至岐亭北二十五里山上, 有白馬靑蓋來迎者, 則余故人陳慥季常[3]也. 爲留五日, 賦詩一篇而去. 明年正月, 復往見之, 季常使人勞余於中途. 余久不殺, 恐季常之爲余殺也, 則以前韻作詩, 爲殺戒以遺季常. 季常自爾不復殺, 而岐亭之人多化之, 有不食肉者. 其後數往見之, 往必作詩, 詩必以前韻. 凡余在黃四年, 三往見季常, 季常七來見余, 蓋相從百餘日也. 七年四月, 余量移[4]汝州[5], 自江淮徂洛, 送者皆止慈湖[6], 而季常獨至九江[7]. 乃復用前韻, 通爲五首以贈之.(원풍 3년(1080) 정월에 나는 처음으로 황주에 폄적되었다. 기정에서 북쪽으로 25리 되는 곳의 산 위에 이르렀을 때 흰말이 끄는, 푸른 일산이 달린 수레를 타고 나를 맞이하러 오는 사람이 있었으니 나의 친구 계상 진조였다. 그를 위해 5일 동안 머문 뒤 시 한 수를 지어 주고 떠났다. 이듬해 정월에 다시 가서 그를 만났는데 이때 계상은 아랫사람에게 시켜 중도에서 나를 위로하게 했다. 나는 오랫동안 살생을 하지 않았는데 계상이 나를 위해 살생을 할까 두려워 이전의 운자로 살생을 경계하는 시를 지어 계상에게 주었다. 계상은 이로부터 다시는 살생을 하지 않았고, 많은 기정 사람들이 그에게 감화를 받아 고기를 먹지 않는 사람이 있었다. 그 뒤로 여러 차례 찾아가서 그를 만났는데 가면 꼭 시를 짓고 시를 지을 때는 꼭 이전의 운을 썼다. 내가 황주에 머문 4년 동안 내가 계상을 찾아간 것이 세 번이고 계상이 나를 찾아온 것이 일곱 번으로 아마 함께 지낸 시간이 백여 일은 될 것이다. 원풍 7년(1084) 4월에 내가 유배지를 여주로 옮기게 되어 장강·회수 지역에서 낙수 지역으로 갈 때 전송하는 사람들이 다들 자호에서 걸음을 멈추었는데 계상만은 혼자서 구강까지 왔다. 이에 다시 이전의 운을 써서 총 다섯 수를 지어 그에게 준다.)

## 其一

| | |
|---|---|
| 昨日雲陰重,[8] | 어제는 구름이 자욱하게 끼었더니 |
| 東風融雪汁.[9] | 동풍에 눈물이 녹아 내리네. |
| 遠林草木暗, | 먼 곳의 숲속에는 초목이 어둑하고 |
| 近舍烟火濕. | 가까운 집엔 밥 짓는 연기가 축축하네. |
| 下有隱君子,[10] | 그 아래에 은거하는 군자가 있어 |

嘯歌方自得. 휘파람 불고 노래하며 한창 스스로 흡족하네.
知我犯寒來, 내가 추위를 무릅쓰고 온 줄을 알고
呼酒意頗急. 술 가져오라 외치는데 마음이 다급하네.
撫掌動鄰里,(11) 손뼉을 쳐 이웃을 불러들이고
遶村捉鵝鴨. 마을을 돌며 거위와 오리를 잡네.
房櫳鏘器聲,(12) 방 안에서 그릇 소리 쟁그랑 나고
蔬果照巾冪.(13) 채소와 과일이 보자기 안에서 빛나네.
久聞蔞蒿美,(14) 물쑥이 맛있단 말 옛날에 들었지만
初見新芽赤. 새싹이 붉은 것은 처음 보게 되었네.
洗盞酌鵝黃,(15) 잔을 씻어 노르스름한 술을 따르고
磨刀削熊白.(16) 칼을 갈아 웅백을 잘라서 먹네.
須臾我徑醉, 얼마 안 있어 내가 곧 취하는 통에
坐睡落巾幘. 앉아서 졸다가 두건을 떨구었네.
醒時夜向闌,(17) 술이 깨니 밤이 벌써 다 새 가는데
唧唧銅瓶泣.(18) 찌직찌직 구리 병이 울음소리 내고 있네.
黃州豈云遠, 황주야 어떻게 멀다 하랴만
但恐朋友缺. 친구가 없을까 봐 걱정하였네.
我當安所主, 나도 으레 주인을 편안하게 여기겠지만
君亦無此客.(19) 그대에게도 이런 손님이 없을 것이네.
朝來靜菴中,(20) 밤이 가고 정암에 아침이 찾아오면
惟見峰巒集. 사방에 모여 있는 봉우리만 보이겠네.

其二

我哀籃中蛤,(21) 바구니 속 대합이 애처롭나니
閉口獲殘汁. 입을 꾹 다물고 남은 수분을 지키네.
又哀網中魚, 그물 속 물고기도 애처롭나니
開口吐微濕. 입을 열고 얼마 안 되는 물기를 토해 내네.

刳腸彼交病,[22][23]
창자를 도려낼 땐 그것들이 더욱 아플 터

過分我何得.
내가 어찌 지나치게 굴 수 있으리?

相逢未寒溫,[24]
서로 만나 날씨를 묻는 인사도 나누기 전에

相勸此最急.[25]
이것들을 권하는 게 가장 급하네.

不見盧懷愼,[26]
그대는 알지 못하는가 당나라 때 노회신이

烝壺似烝鴨.[27]
오리를 삶듯이 표주박을 찐 것을?

坐客皆忍笑,
좌객들이 모두 다 웃음을 참고 있는데

髡然發其冪.[28]
맨질맨질한 물건이 보자기에서 나온 것을?

不見王武子,[29]
그대는 알지 못하는가 진나라 때 왕무자가

每食刀几赤.[30]
식사 때마다 식칼과 도마가 빨갰던 것을?

琉璃載烝㹠,
유리그릇에 찐 돼지를 담아냈는데

中有人乳白.
그 안에 하얀 사람 젖이 있었던 것을?

盧公信寒陋,
노공은 참 빈한하고 초라했지만

衰髮得滿幘.[31]
노쇠한 머리가 두건을 채울 수가 있었고

武子雖豪華,
왕무자는 비록 호화롭게 잘 살았지만

未死神已泣.
죽기도 전에 이미 신이 울었네.

先生萬金璧,[32]
그대가 갖고 있는 만금짜리 둥근 옥으로

護此一蟻缺.[33]
개미 코만 한 작은 흠을 가려 주시게.

一年如一夢,
한 해는 한바탕의 꿈과 같을 뿐이고

百歲眞過客.[34]
백 년은 정말 나그네가 지나가는 꼴이라네.

君無廢此篇,
그대여 이 시를 버리지 말게.

嚴詩編杜集.[35][36]
엄씨 시가 두보 시집에 편입되어 있다네.

## 其三

君家蜂作窠,[37]
그대 집은 벌이 집을 지은 꼴이라

歲歲添漆汁.
해마다 옻 진액이 늘어나는데

我身牛穿鼻,[38]
이 몸은 소가 코를 뚫린 꼴이라

卷舌聊自濕.[39] 혀나 말아 스스로 목을 축이네.
二年三過君, 두 해에 세 차례 그대에게 들렀는데
此行眞得得.[40] 오늘의 이 걸음이 참으로 흡족하네.
愛君似劇孟,[41] 극맹 같은 그대를 좋아하나니
扣門知緩急.[42] 대문을 두드리면 급한 일인 줄 아네.
家有紅頰兒,[43] 집안에 뺨이 발간 아이가 있어
能唱綠頭鴨.[44] 〈녹두압〉 곡조를 잘도 부르네.
行當隔簾見,[45][46] 발 너머에 모습을 곧 드러내려고
花霧輕冪冪.[47] 향기로운 안개가 은은하게 번지네.
爲我取黃封,[48] 그대는 나를 위해 황봉주를 꺼내어
親拆官泥赤.[49] 주둥이 봉한 관청의 붉은 흙을 친히 뜯네.
仍須煩素手, 또 굳이 번거롭게 하얀 손을 움직여
自點葉家白.[50][51] 맛있는 섭가백을 친히 끓이네.
樂哉無一事, 아무런 일도 없이 즐겁게 지내느라
十年不蓄幘.[52] 십 년 동안 예모를 모으지 못하였네.
閉門弄添丁,[53] 문을 닫고 첨정을 데리고 노느라면
哇笑雜呱泣. 웃음과 울음이 번갈아 터졌겠네.
西方正苦戰, 서방에선 지금 한창 힘들게 싸울 텐데
誰補將帥缺. 부족한 장수를 누가 메우리?
披圖見八陣,[54] 그림을 펼쳐서 팔진을 살펴보며
合散更主客.[55] 모았다 흩었다 주객을 교대하네.
不須親戎行,[56] 그대는 몸소 군대에 갈 것도 없이
坐論教君集.[57][58] 앉아서 병법을 논하며 후군집을 가르치네.

其四

酸酒如虀湯,[59] 시큼한 술은 마치 절인 나물국 같고
甛酒如蜜汁.[60] 달콤한 술은 마치 꿀물과 같았나니

三年黃州城, 삼 년 동안 황주성에 머무르면서
飮酒但飮濕. 술이라곤 물처럼 묽은 것만 마셨네.
我如更揀擇, 내가 만약 술을 더욱 골라서 마셨다면
一醉豈易得. 한 번인들 어찌 쉽게 취할 수 있었으리?
幾思壓茅柴,(61) 몇 번이나 모시주를 거르고 싶었지만
禁網日夜急.(62) 금주의 법망이 밤낮으로 옥죄었나니
西鄰椎甕盎,(63) 서쪽 이웃집에선 몽둥이로 술독을 깨
醉倒猪與鴨. 돼지와 오리가 술에 취해 쓰러졌네.
君家大如掌, 그대 집은 크기가 주먹만 하고
破屋無遮冪.(64) 그나마 다 무너져 몸 가릴 곳도 없는데
何從得此酒, 어디서 이 술을 구해 왔는지
冷面妒君赤.(65) 찬 얼굴이 그대의 붉은 얼굴을 시기하네.
定應好事人,(66) 틀림없이 일 벌이기 좋아하는 사람이
千石供李白.(67) 이백에게 술 천 섬을 보내 줬으리.
爲君三日醉, 그대와 사흘 동안 취해 있느라
蓬髮不暇幘. 쑥대머리에 두건을 씌울 겨를 없었는데
夜深欲踰垣,(68) 밤이 깊자 또 담장을 넘고 싶나니
臥想春甕泣.(69) 누워서 보글거리는 술독을 생각하네.
君奴亦笑我, 그대 집 하인도 나를 보고 웃으리
鬢齒行禿缺.(70)(71) 머리와 이가 다 빠져 가는 노인네라고.
三年已四至,(72) 삼 년 동안 내가 벌써 네 번이나 왔으니
歲歲遭惡客.(73) 해마다 고약한 손님을 만났지만
人生幾兩屐,(74) 우리 인생 나막신을 몇 켤레나 신을까?
莫厭頻來集. 자주 만나러 온다고 싫어하지 마시게.

其五

枯松强鑽膏, 마른 솔에 구멍을 뚫어 억지로 송진을 뽑고

| | |
|---|---|
| 槁竹欲瀝汁. | 마른 대에서 수액을 짜내려고 하는 꼴의 |
| 兩窮相値遇, | 궁핍한 두 사람이 서로 만나서 |
| 相哀莫相濕.(75) | 서로 슬퍼하면서도 목을 못 축여 주네. |
| 不知我與君, | 나와 그대 두 사람이 교유해 본들 |
| 交游竟何得. | 대체 무얼 얻을지 알 수 없지만 |
| 心法幸相語,(76) | 다행히 심법으로 얘기할 수 있어서 |
| 頭然未爲急.(77) | 꽁지에 불붙은 듯한 초미지급은 아니니 |
| 願爲穿雲鶻, | 구름 뚫고 날아가는 송골매 되길 원해야지 |
| 莫作將雛鴨.(78) | 새끼 데리고 다니는 오리는 되지 마세나. |
| 我行及初夏, | 내가 곧 떠나려는 이 초여름에 |
| 煮酒映疏冪. | 데운 술이 엉성한 보자기에 덮여 있네. |
| 故鄕在何許, | 그리운 고향 땅은 어디에 있나? |
| 西望千山赤. | 서쪽을 바라보니 산들이 다 벌겋네. |
| 玆游定安歸, | 이번에는 떠돌다가 대체 어디로 갈거나? |
| 東泛萬頃白. | 동쪽으로 만경창파에 배를 띄울 것이네. |
| 一歡寧復再, | 이 한 번의 기쁨이 어찌 다시 있으리? |
| 起舞花墮幘. | 일어나서 춤을 추자 두건에서 꽃이 떨어지네. |
| 將行出苦語,(79) | 이제 곧 떠날 테니 쓴소리나 할 것이지 |
| 不用兒女泣. | 아녀자처럼 눈물을 흘릴 필요는 없다네. |
| 吾非固多矣, | 내 잘못이 참으로 많고 많지만 |
| 君豈無一缺. | 그댄들 어찌 한 가지의 결점이야 없겠나? |
| 各念別時言, | 우리 각자 이별할 때의 말을 잘 생각하며 |
| 閉戶謝衆客. | 문을 닫고 손님들을 사절하세나. |
| 空堂淨掃地,(80) | 깨끗하게 빈방의 바닥을 쓸어 놓을 일 |
| 虛白道所集.(81) | 빈 곳의 깨끗함은 도가 모이는 곳이라네. |

**[해설]**

왕문고의 《소식시집》에 "공의 이 서문 및 제5수는 막 구강에 도착했을 때 지은 것이다.

사신행(査愼行)의 《소시보주(蘇詩補註)》에 편년을 바꾼 것은 아주 당연하다(公此敍及第五詩, 作於初至九江, 査註改編甚當)"라고 한 바와 같이, 앞의 네 수는 옛날에 진조가 사는 기정을 왕래하면서 지었고 제5수는 여주로 옮겨 가는 도중 구강에 이르렀을 때 자호까지만 전송한 다른 사람들과 달리 그곳까지 전송해 준 친구 진조를 위해 지었는데, 나중에 다섯 수를 한데 묶어 놓은 것이다.

**[주석]**

(1) 岐亭(기정): 지금의 호북성 麻城市 岐亭鎭. 당시 소식의 친구 陳慥가 은거하던 곳이다.
(2) 黃州(황주): 지금의 호북성 黃岡市 黃州區.
(3) 季常(계상): 진조의 字.
(4) 量移(양이): 헤아려서 옮기다. 주로 멀리 폄적된 죄인의 정상을 참작하여 폄적지를 가까운 곳으로 옮겨 주는 것을 가리킨다.
(5) 汝州(여주): 지금의 하남성 여주.
(6) 慈湖(자호): 지금의 호북성 黃石市 서북쪽의 長江 가에 있는 鎭.
(7) 九江(구강): 지금의 강서성 구강.
(8) 昨日(작일): 옛날. 황주로 유배 가는 도중이던 원풍 3년(1080) 1월 기정에서 진조를 만나기 바로 전날을 가리킨다.
(9) 雪汁(설즙): 눈이 녹은 물.
(10) 隱君子(은군자): 진조를 가리킨다.
(11) 鄰里(인리): 한 마을에 사는 사람.
(12) 房櫳(방롱): 방. '房籠'과 같다.
(13) 巾冪(건멱): 음식을 덮는 보자기.
(14) 蔞蒿(누호): 물쑥. 다년생 초본식물로 물속에서 자라며 어린 싹은 먹을 수 있다.
(15) 鵝黃(아황): 빛깔이 거위의 깃털처럼 노르스름한 술을 가리킨다. 아황주라는 이름의 술도 있다.
(16) 熊白(웅백): 곰의 등에 있는 백색의 지방으로 만든 珍味.
(17) 向闌(향란): 곧 끝나려고 하다.
(18) 喞喞(즉즉): 물이 끓는 소리. 이 구절은 차 끓이는 소리를 묘사한 것이다.
(19) 此客(차객): 소식 자신을 가리킨다. 이상의 네 구절은 황주가 그다지 편벽된 곳은 아니지만 그래도 친구가 없을 것이라 걱정스러워하던 차에 갑자기 옛날 친구를 만난 기쁨과 앞으로 허물없이 더 친하게 지내고 싶은 소망을 말한 것이다.
(20) 靜菴(정암): 王文誥의 《蘇軾詩集》에 "정암은 바로 진계상이 살던 집의 이름이다(靜菴, 乃季常所居之名也)"라고 했다.

(21) 蛤(합): 대합조개. 소식의 《東坡志林》에 "나는 젊을 때 살생을 좋아하지 않았지만 그때는 아직 단호하게 실행하지 못했다. 그러다가 근년에 이르러서야 비로소 돼지와 양을 잡지 않을 수는 있게 되었으나, 천성이 게와 대합조개를 좋아하기 때문에 그것을 잡지 않을 수는 없었다. 그런데 작년에 죄를 지어 감옥에 갇혔을 때 사형을 면하지 못할 줄로 알았다가 얼마 안 있어서 풀려난 뒤로 마침내 다시는 아무것도 죽이지 않았다. 나에게 게와 대합조개를 보내 주는 사람이 있으면 모두 강 속에 방생했다. 비록 대합조개가 강에서 살 리가 없는 줄 알지라도 만에 하나의 가능성을 기대했으며, 설령 살지 못한다고 할지라도 역시 끓이고 삶는 것보다는 낫다고 생각했다(予少不喜殺生, 時未能斷也. 近年始能不殺猪羊, 然性嗜蟹蛤, 故不免殺. 自去年得罪下獄, 始意不免. 旣而得脫, 遂自此不復殺一物. 有見餉蟹蛤者, 皆放之江中. 雖知蛤在江中無活理, 然猶庶幾萬一, 便使不活, 亦愈於煎烹也)"라는 말이 있다.

(22) 刳腸(고장): 배를 갈라서 창자를 끄집어내다.

(23) 交病(교병): 더욱 아프다. 陶淵明의 〈歸去來辭序〉에 "굶주리고 추위에 떠는 것이 비록 절박하다고 할지라도 자기 자신의 본심을 어기는 것은 마음이 더욱 아프다(飢凍雖切, 違己交病)"라고 했다.

(24) 寒溫(한온): 추운지 더운지를 묻는다는 뜻으로 서로 인사를 나누는 것을 가리킨다.

(25) 此(차): 대합조개와 물고기를 가리킨다.

(26) 盧懷愼(노회신): 당나라 때의 范陽(지금의 北京 서남쪽) 사람으로 관직이 재상에 이르렀다. 그는 너무나 청렴하고 검소하여 금이나 옥으로 장식한 옷과 그릇을 사용하지 않았으며 봉록을 친구와 친척에게 아낌없이 나눠 주었기 때문에 높은 관직에 재임 중일 때에도 처자가 飢寒에 허덕였다. 그런 그가 과거시험을 관리하기 위해 洛陽에 가 있을 때 심한 병에 걸렸다. 宋璟과 盧從願이 문후를 드리러 갔다가 그가 발도 치지 않은 방에서 다 떨어진 대자리에 누워서 자는 것을 보았다. 비바람이 들이치자 그는 대자리를 들어서 막았고, 저녁 때가 되자 삶은 콩 두 그릇과 채소 몇 접시만 내놓았다.(《신당서 · 노회신전》 참조)

(27) 烝壺(증호): 표주박을 찌다. '蒸瓠'와 같다. 《盧氏雜說》에 의하면, 검소하기로 소문난 당나라 때의 재상 鄭餘慶이 어느 날 갑자기 동료들을 초대하여 사람들을 놀라게 했다. 그가 손님들에게 "푹 삶아서 털을 제거하고 목을 부러뜨리지 않게 하라고 주방에 일러두었네"라고 했다. 손님들이 서로 돌아보며 틀림없이 거위나 오리를 삶을 것이라고 생각했다. 얼마 뒤 각자에게 쌀밥 한 그릇과 삶은 표주박 한 개씩이 나왔다.(《太平廣記》 참조) 王十朋의 《百家註分類東坡先生詩》에는 이 연에 대하여 "《노씨잡설》에 의하면 이것이 정여경의 일인데 동파선생은 이것을 가리켜 노회신의 일이라고 했으니, 아마도 노회신의 일이 이와 같고 별도로 출처가 있는 모양이다(據《盧氏雜說》是鄭餘慶, 而先生指爲盧懷愼, 豈懷愼事同此, 而別有出處耶)"라고 했다. 그러나 소식이 노회신의 일화와 정여경의 일화를 혼동했을 가능성을 배제할 수 없다. 이 연은 대합조개나 물고기를 먹지 말고 채식을 했으면 좋겠다는 말이다.

(28) 髡然(곤연): 머리카락이 없는 모양. 매끈하게 손질한 표주박의 모양을 가리킨다.

(29) 武子(무자): 晉나라 王濟의 字. 진나라 武帝의 사위로 벼슬이 侍中에 이르렀는데, 천성이 사치스

러운 것을 좋아하여 화려한 옷을 입고 맛있는 음식을 먹었다. 무제가 그의 집을 방문했을 때 그는 돼지 새끼를 삶아서 유리그릇에 담아 주었다. 하도 맛이 있어서 무제가 어떻게 요리했는지 물었더니 사람의 젖을 넣고 쪘다고 했다. 그 말을 듣고 무제가 식사를 하다 말고 가 버렸다.(《世說新語 · 汰侈》 참조)

(30) 刀几赤(도궤적): 식칼과 도마가 붉다. 고기를 써느라 피를 묻힌다는 말이다.

(31) 衰髮(쇠발): 노쇠하여 부스스해진 머리카락. 왕십붕의 《백가주분류동파선생시》에 "'노쇠한 머리가 두건을 채웠다'는 것은 그가 장수했다는 말인데 《신당서》와 《구당서》에 결코 그가 죽었을 때의 나이가 보이지 않으며 다만 정여경에 대해서만은 죽었을 때 나이가 일흔여섯 살이었다고 했다('衰髮滿幘'言其壽也, 而新舊唐史幷不見其死之年齡, 惟鄭餘慶則云: 死年七十六)"라고 했다. 이상의 여덟 구절은 좋은 음식을 먹어도 일찍 죽을 수 있고 좋지 않은 음식을 먹어도 오래 살 수 있다는 말이다.

(32) 璧(벽): 둥글고 납작하며 가운데에 구멍이 있는 옥. 아름다운 옥을 가리킨다. 이 연은 진조에게 자신이 지닌 훌륭한 인품으로 식사를 검소하게 함으로써 살생이라는 한 가지 결점을 해소하라고 충고한 것이다.

(33) 蟻缺(의결): 개미 코만큼 작은 결점. 《抱朴子 · 論仙》에 "이것이 이른바 한 푼이나 한 치밖에 안 되는 작은 티 때문에 한 자나 되는 야광주를 버리는 것이요, 개미 코만 한 작은 결함 때문에 값을 매길 수 없을 만큼 귀한 옛날 劍인 순균검을 버리는 것이다(此所謂以分寸之瑕, 棄盈尺之夜光; 以蟻鼻之缺, 損無價之淳鈞)"라고 했다.

(34) 過客(과객): 이백의 〈春夜宴從弟桃花園序〉에 "천지는 만물이 묵다 가는 여관이요, 광음은 백대의 과객이다(天地者, 萬物之逆旅也; 光陰者, 百代之過客也)"라는 말이 있다.

(35) 嚴(엄): 두보가 成都의 浣花草堂에 있을 때 그를 적극 지원해 준 嚴武를 가리킨다.

(36) 杜集(두집): 두보의 시집. 여기에 엄무의 시도 附記되어 있다. 이 연은 소식의 이 시가 진조의 시집에 수록되기를 희망한다는 말이다.

(37) 蜂作窠(봉작과): 벌이 집을 짓다. 《物類相感志》에 "벌집 중에서 아주 큰 것은 둘레가 한두 자 되는데 그것이 붙어 있는 모습은 작은 줄에 커다란 물건이 매달려 있는 형상에 불과하다. 이것은 십고수즙이라고 하는바 옻 종류와 같아서 단단하게 붙어 있다(蜂窠極大者, 圍一二尺, 其綴不過小索許大, 云是十姑樹汁, 猶漆類, 故綴牢耳)"라고 했다. 이 연은 벌집이 점점 커져 벌집을 매다는 줄이 점점 굵어지듯이 진조의 식구가 해마다 늘어난다는 말이다.

(38) 牛穿鼻(우천비): 소에 코를 뚫다. 구속한다는 말이다. 《莊子 · 秋水》에 "소와 말에게 발이 네 개 달린 것을 천연적이라고 하고, 말 머리에 굴레를 씌우거나 소의 코를 뚫는 것을 인위적이라고 합니다(牛馬四足, 是謂天; 落馬首, 穿牛鼻, 是謂人)"라고 했다.

(39) 卷舌(권설): 소가 혀로 자기 코와 얼굴을 핥는 것을 가리킨다.

(40) 得得(득득): 마음에 매우 흡족한 모양.

(41) 劇孟(극맹): 한나라 때 洛陽의 豪俠. 그가 한번은 강직하기로 소문난 爰盎을 찾아갔더니 원앙이

그를 후하게 대접했다. 安陵에 사는 한 부자가 원앙에게 "극맹은 노름꾼인데 장군께서는 어찌하여 그 사람과 왕래하십니까?"라고 하자 원앙이 "극맹이 비록 노름꾼이지만 그의 모친이 죽었을 때 장례식에 참석한 조문객의 수레가 천여 대나 되었으니 이것 역시 남다른 면이오. 또 누구에게나 위급한 일이 있는 법인데 급한 일이 생겨 문을 두드렸을 때 친하다는 이유로 더 잘 처리해 주지도 않고 집에 있으면서 없다고 핑계 대지도 않을 것으로 천하가 다 기대를 거는 사람은 오직 季心과 극맹뿐이오. 그런데 지금 공께서는 말을 여러 필 몰고 다니지만 일단 위급한 일이 생기면 어찌 믿을 만하겠소?"라고 했다.(《한서·원앙전》 참조)

(42) 緩急(완급): 느긋한 일과 위급한 일. 위급한 일을 가리킨다. 이 연은 진조의 의협심을 칭송한 것이다.

(43) 紅頰兒(홍협아): 홍안 미인을 가리킨다.

(44) 綠頭鴨(녹두압): 왕십붕의 〈〈백가주분류동파선생시〉〉에 "〈녹두압〉은 곡조 이름이다(〈綠頭鴨〉, 曲名)"라고 했다. 송나라 때 詞의 곡조 가운데 하나인 〈多麗〉의 별명으로 〈鴨頭綠〉이라고도 했다.

(45) 行當(행당): 곧 ~하려고 하다.

(46) 隔簾(격렴): 발 안에서 연주하는 것을 가리킨다. 夏侯亶은 기녀 10여 명을 데리고 있었지만 아름다운 옷도 없고 아리따운 용모도 없어 손님이 올 때면 매번 발을 쳐 놓고 그 안에서 연주했다.(《남사·하후단전》 참조)

(47) 冪冪(멱멱): 안개에 뒤덮인 모양.

(48) 黃封(황봉): 황봉주. 송나라 때 관청에서 담근 고급 술. 병의 주둥이를 노란색의 종이나 비단 천으로 봉했기 때문에 이렇게 불렀다. 나중에는 널리 술을 가리키게 되었다.

(49) 官泥(관니): 관청에서 술병 주둥이에 바른 진흙.

(50) 點(점): 차를 우리다.

(51) 葉家白(섭가백): 복건성 建溪에서 나는 명차의 일종. 〈寄周安孺茶〉(0764) 주 (60) 참조.

(52) 幘(책): 禮帽. 관직이 달라질 때마다 받는 새로운 예모를 가리키는 것으로 보인다.

(53) 添丁(첨정): 당나라 시인 盧仝의 아들. 여기서는 진조의 아들을 가리킨다. 〈乘舟過賈收水閣, 收不在, 見其子, 三首〉(0639) 주 (7) 참조.

(54) 八陣(팔진): 옛날 진법의 하나.

(55) 更主客(경주객): 번갈아 가며 공격하거나 수비하는 것을 가리킨다.

(56) 戎行(융행): 군대에 가다.

(57) 坐論(좌론): 앉아서 군사를 논하는 것을 가리킨다. 《周禮·考工記》에 "어떤 사람은 앉아서 방도를 논하고, 어떤 사람은 일어나서 실행한다(或坐而論道, 或作而行之)"라는 말이 있다.

(58) 君集(군집): 侯君集. 당나라 때의 명장으로 凌烟閣二十四功臣 가운데 한 사람이다. 당나라 태종이 李靖에게 명하여 후군집에게 병법을 가르쳐 주도록 했는데 얼마 안 있어서 후군집이 아뢰기를 "이정이 장차 모반하려고 병법 중의 중요한 부분은 저에게 가르쳐 주지 않습니다"라고 했다. 태종이 이정을 나무라자 이정이 "지금은 중원이 무사하여 제가 가르쳐 준 병법만으로도 사방의

오랑캐를 제압할 수 있는데 그가 저의 병법을 다 알려고 하는 것은 그에게 모반할 생각이 있기 때문입니다"라고 했다.(《신당서·후군집전》 참조) 마지막 여덟 구절은 진조가 수많은 자기 아들들에게 편을 짜서 싸우는 놀이를 가르친다는 말이다.

(59) 酸酒(산주): 신맛이 나는 술. 潘大臨의 집에서 빚은 錯著水를 가리키는 것으로 보인다. 〈劉監倉家煎米粉作餠子,……因作小詩戲劉公, 求之〉(0786) 주(7) 참조.

(60) 甛酒(첨주): 단맛이 나는 술. 벌꿀로 담근 술인 蜜酒를 가리키는 것으로 보인다. 〈蜜酒歌幷敍〉(0742) 주 (1) 참조.

(61) 茅柴(모시): 푸르르 타올랐다 금방 꺼져 버리는 띠풀처럼 효능이 오래 지속되지 않는 저급한 술을 가리킨다. 왕십붕의 《백가주분류동파선생시》에 "남방에 모시주가 있다(南方有茅柴酒)"라고도 하고 "모시는 바로 촌락에서 빚은 싱거운 술이다(茅柴乃村落所釀醨薄酒也)"라고도 했으며, 왕문고의 《소식시집》에는 "마시면 한 번 후끈 달았다가 이내 끝나 버려서 띠풀처럼 금방 꺼진다는 말이다(謂飮之一熱便過, 遽熄如茅柴也)"라고 했다.

(62) 禁網(금망): 禁酒의 法網을 가리킨다.

(63) 椎甕盎(추옹앙): 망치로 술독을 깨다. 금령을 어기고 몰래 담근 술을 감독관이 발각하여 폐기처분했다는 말이다.

(64) 遮冪(차멱): 비바람이나 햇볕으로부터 몸을 가리는 것을 가리킨다. 陶淵明의 〈五柳先生傳〉에 "사방의 작은 벽이 휑뎅그렁하여 차가운 바람과 뜨거운 햇볕을 가리지 못한다(環堵蕭然, 不蔽風日)"라는 말이 있다. 이 연은 진조의 집이 가난하여 술을 담글 여유도 없고 담근다고 해도 그것을 숨겨 둘 공간도 없다는 두 가지 뜻을 내포하고 있다.

(65) 冷面(냉면): 취기가 오르지 않은 얼굴을 가리킨다. 施元之의 《施注蘇詩》에 "속담에 '술 마실 돈이 없으면 남의 얼굴 붉은 것도 시기한다'라는 말이 있다(俗諺有'無錢喫酒, 妒人面赤'之語)"라고 했다.

(66) 好事人(호사인): 호사가. 도연명의 시 〈飮酒〉 其十八에 "양자운은 천성이 술을 좋아했지만, 집안이 가난하여 얻을 길이 없었는데, 때때로 호사가가 의혹을 풀러, 술을 싣고 그의 집을 찾아왔다네(子雲性嗜酒, 家貧無由得. 時賴好事人, 載醪祛所惑)"라는 구절이 있다.

(67) 李白(이백): 당나라 시인. 그의 시 〈江夏贈韋南陵冰〉에 "근심이 찾아올 때 술 이천 섬을 마시면, 식은 재가 다시 데워져 봄기운이 생기네(愁來飮酒二千石, 寒灰重暖生陽春)"라는 구절이 있다. 여기서는 진조를 가리킨다.

(68) 踰垣(유원): 담을 넘다. 남의 집으로 들어가서 술을 훔쳐 먹는다는 말이다. 진나라 사람 畢卓은 술을 하도 좋아하여 이웃집에 술이 익자 밤에 몰래 들어가서 훔쳐 먹다가 붙잡혔다. 날이 밝아 얼굴이 확인된 뒤에 풀려나자 주인을 불러 취하도록 마셨다.(《진서·필탁전》 참조) 이 연은 진조와 함께 술을 더 마시고 싶은 심정이 간절하다는 말이다.

(69) 春甕泣(춘옹읍): 봄철의 술이 익어 보글보글 소리를 내는 것을 가리킨다.

(70) 行(행): 장차. 곧.

(71) 禿缺(독결): 머리카락이 빠지고 이가 빠지다.

(72) 四至(사지): 진조를 네 번 찾아갔다는 말이다. 왕문고의 《소식시집》에 "공은 원풍 연간의 경신년(1080)부터 임술년(1082)까지 총 네 번 기정에 갔는데 모두 진조의 부인이 생존해 있을 때였다. 이듬해인 계해년(1083)에 유씨가 병사하고 공도 마침 병이 들어 이때부터 다시는 기정에 가지 않았다(公自元豊庚申至壬戌, 凡四至岐亭, 皆其妻存日也. 下年癸亥, 柳氏病沒, 而公適有疾, 自此亦不更至)"라고 했다.

(73) 惡客(악객): 고약한 손님. 술을 지나치게 좋아하는 사람이라는 뜻으로 소식 자신을 가리킨다.

(74) 兩(양): 신발을 세는 단위명사. 켤레. 祖約은 천성이 재물을 좋아하고 阮孚는 천성이 나막신을 좋아했다. 두 가지 다 문제인데 어느 쪽이 더 큰 문제인지는 판가름하기 어려웠다. 어떤 사람이 조약에게 갔다가 마침 그가 재물을 헤아리고 있는 모습을 보았는데, 손님이 가자 얼른 치웠지만 대나무 상자 두 개 분량이 남아 자기 등 뒤로 밀어 놓고 몸을 기울여서 가리려고 했다. 또 어떤 사람은 완부에게 갔다가 그가 나막신에 초를 칠하고 있는 모습을 보았는데, 그가 말하기를 "평생에 나막신을 몇 켤레나 신어야 될지 모르겠네(未知一生當著幾兩屐)"라고 하며 느긋한 표정을 지었다. 이리하여 비로소 승부가 갈라졌다.(《진서・완부전》 참조)

(75) 相濕(상습): 《莊子・大宗師》에 "샘이 마르면 물고기들이 함께 땅 위에 살면서 서로 물기를 불어 주고 거품으로 서로를 적셔 준다(泉涸, 魚相與處於陸, 相呴以濕, 相濡以沫)"라는 말이 있다. 이상의 네 구절은 소식과 진조가 둘 다 늙고 궁핍하여 서로에게 도움을 못 준다는 말이다.

(76) 心法(심법): 불교에서 物質을 뜻하는 色法과 대비하여 사물을 인식하는 정신, 즉 마음을 이르는 말.

(77) 頭然(두연): 머리에 불이 붙다. 焦眉之急이라는 말이다.

(78) 將雛(장추): 새끼를 거느리다. 이 연은 너무 세속적인 현실생활에 안주하지 말고 높은 이상을 가지고 초연하게 살자는 말이다.

(79) 苦語(고어): 쓴소리. 이별을 앞두고 각자 상대방에게 해 주는 충고를 가리킨다. 이에 대하여 紀昀의 《蘇文忠公詩集》에 "이것은 옛날 사람들이 이별에 즈음하여 상대방에게 충고를 해 주었다는 뜻으로, 후세 사람들이 단지 듣기 좋은 말로 기분이나 좋게 해 주는 것과는 다르다(此古人臨別贈言之義, 不似後人但以好語相媚)"라고 했다.

(80) 淨掃地(정소지): 白居易의 시 〈閑居〉에 "대발 속의 사립문을 꼭 닫아 놓고, 소나무 밑의 땅을 깨끗이 쓴다(深閉竹間扉, 淨掃松下地)"라는 구절이 있다.

(81) 虛白(허백): 빈 곳에 생기는 깨끗함. 《莊子・人間世》에 "저 비어 있는 것을 보면 빈방, 즉 빈 마음에서 깨끗함이 생겨 상서로움이 머문다(瞻彼闋者, 虛室生白, 吉祥止止)"라고 했다.

# 0792. 初入廬山[1]三首

여산에 갓 들어가서

其一

| | |
|---|---|
| 青山若無素,[2] | 청산은 평소에 친분 없는 사이인 듯 |
| 偃蹇不相親.[3] | 우뚝 서서 나에게 친하게 안 굴지만 |
| 要識廬山面,[4] | 여산의 얼굴을 알아 둬야 하나니 |
| 他年是故人. | 훗날에 내 친구가 될 것이라네. |

其二

| | |
|---|---|
| 自昔懷淸賞,[5] | 옛날부터 여산의 청아한 경치가 보고 싶어 |
| 神游杳靄間.[6] | 마음이 아득한 노을 속에 노닐었는데 |
| 如今不是夢, | 이제 꿈이 아니고 |
| 眞箇在廬山.[7] | 참으로 여산에 들어와 있네. |

其三

| | |
|---|---|
| 芒鞋青竹杖, | 발에는 짚신 신고 손엔 푸른 대지팡이 |
| 自挂百錢游. | 스스로 돈 백 전을 지팡이에 걸고 다니는데 |

可怪深山裏,　　　　정말 괴이하게도 이 깊은 산속에서
人人識故侯.(8)　　　　너도나도 옛날의 제후를 알아보네.

**[해설]**

유배지를 여주로 옮겨 가는 도중 처음으로 여산에 올라갔을 때의 감회를 노래한 것이다. 왕십붕(王十朋)의 《백가주분류동파선생시(百家註分類東坡先生詩)》에 "(동파)선생의 시화에 '처음 여산에 들어가자 산골짜기가 기이하고 수려한 것이 평소에 보지 못하던 것이었다. 아름다운 경치가 하도 많아서 이루 다 감상할 수 없을 지경인지라 마침내 구경만 하고 시를 짓지 않기로 마음먹었다. 그런데 얼마 지나지 않아 산속의 스님과 속인이 다들 "소자첨이 오셨다"라고 하는 바람에 나도 모르게 절구를 한 수 지어 "발에는 짚신 신고 손엔 푸른 대지팡이……" 하고 읊조리고 말았다. 그러고 나서 얼마 안 있어서 아까 한 말이 잘못임을 깨닫고 웃으면서 다시 절구 두 수를 지어 "청산은 평소에 친분 없는 사이인 듯……" 하고 읊조렸다'라고 했다. 시화에 의하면 지금의 제3수가 첫 번째 시였던 것이다(先生詩話云: '僕初入廬山, 山谷奇秀, 平日所未見. 殆應接不暇, 遂發意不欲作詩. 已而見山中僧俗皆云: "蘇子瞻來矣." 不覺作一絶云: "芒鞋青竹杖, 云云." 旣而哂前言之謬, 復作兩絶句云: "青山若無素, 云云."' 按詩話, 則今第三篇爲首篇矣)"라고 했다. 제1수와 제2수의 경우 시상은 먼저 떠올랐지만 시를 짓지 않기로 했기 때문에 정리하지 않고 있다가 제3수를 먼저 짓고 난 뒤에야 정리하여 완성한 것으로 보인다.

**[주석]**

(1) 廬山(여산): 강서성 九江 남쪽에 있는 산. 《元和郡縣志》에 "여산은 본래 심양현(지금의 강서성 구강)에서 동쪽으로 32리 되는 곳에 있었으며 이름이 장산이었다. 옛날에 자가 자효인 광속이 이곳에서 은거했다(廬山本在潯陽縣東三十二里, 名鄣山. 昔匡俗, 字子孝, 隱淪於此)"라고 했고, 《太平寰宇記》에 "광속이 이 산에 오두막을 짓고 살다가 신선이 되어서 떠나갔는데 그가 살던 빈 오두막이 아직도 남아 있기 때문에 여산이라고 한다(匡俗結廬於此山, 仙去, 空廬尙在, 故曰廬山)"라고 했다.
(2) 素(소): 평소의 交分.
(3) 偃蹇(언건): 높이 솟은 모양. 이 구절은 산이 높고 길이 험해서 다니기 힘들다는 말이다.
(4) 山面(산면): 산의 얼굴. 소식의 자주에 "산의 남쪽이 산의 얼굴이다(山南, 山面也)"라고 한바, 산의 남쪽을 얼굴에 비유한 것이다. 소식은 구강에서 가까운 여산의 북쪽으로 올라가 남쪽으로 돌

아갈 계획이었는데 산이 높고 험악하여 가기가 쉽지 않았던 것으로 보인다.

(5) 淸賞(청상): 청아한 감상. 청아한 경치.

(6) 神游(신유): 몸은 가지 않고 마음만 가서 노니는 것을 가리킨다.

(7) 眞箇(진개): 참으로. 진실로.

(8) 故侯(고후): 옛날 제후. 고급 관리를 역임한 적이 있는 소식 자신을 가리킨다.

0793. 世傳徐凝[1]〈瀑布〉詩云: "一條界破青山色." 至爲塵陋. 又僞作樂天[2]詩稱美此句, 有"賽不得[3]"之語. 樂天雖涉淺易, 然豈至是哉! 乃戲作一絶

세상에 서응의 시 〈폭포〉에 "한 줄기가 청산 빛을 둘로 가른다"라는 구절이 있다고 전해 오는바 지극히 속되고 비루하다. 또 백낙천의 시라고 알려진 위작에 이 구절을 칭송하여 "겨룰 수 없다"라고 한 말이 있는데 백낙천이 시를 비록 천근하고 쉽게 썼다고 하나 어찌 이 지경에 이르렀겠는가? 이에 장난 삼아 절구 한 수를 짓는다

| | |
|---|---|
| 帝遣銀河一派垂,[4] | 천제가 은하에게 한 줄기를 드리우게 했나니 |
| 古來惟有謫仙詞.[5] | 예로부터 멋진 것은 적선의 시뿐이었네. |
| 飛流濺沫知多少, | 물줄기가 뿌리는 거품이 얼마나 되는지 아는가? |
| 不與徐凝洗惡詩.[6][7] | 그래도 서응이 고약한 시를 씻게 하지 못했네. |

**[해설]**

여산에 있는 황암폭포의 거대한 물줄기를 구경하다가 문득 당나라 시인 서응의 〈여산폭포(廬山瀑布)〉라는 시가 생각나서 지은 것이다.

**[주석]**

(1) 徐凝(서응): 당나라 때의 시인. 그의 시 〈廬山瀑布〉에 "허공에서 물이 수직으로 천 길이나 떨어져, 쉬지 않고 우레같이 강으로 달려간다. 고금에 걸쳐 언제나 흰 명주가 나는 듯, 한 줄기가 청산 빛을 둘로 가른다(虛空落泉千仞直, 雷奔入江不暫息. 今古長如白練飛, 一條界破青山色)"라고 했다.

(2) 樂天(낙천): 당나라 시인 白居易의 字.

(3) 賽不得(새부득): 시합할 수 없다. 서응의 시를 능가할 수 없다는 뜻으로 지극히 구어적이고 통속적인 표현이다.

(4) 帝(제): 天帝 또는 上帝를 가리킨다.

(5) 謫仙詞(적선사): 당나라 시인 李白의 시 〈望廬山瀑布〉를 가리킨다. 이 시에 "물줄기 날아 수직으로 삼천 자나 떨어지니, 은하수가 구천에서 떨어진 것 같구나(飛流直下三千尺, 疑是銀河落九天)"라는 구절이 있다. 여산에는 수많은 폭포가 있는데 이백이 이 시에서 묘사한 폭포는 秀峰景區에 있는 黃岩瀑布를 가리킨다. 이 폭포 상단의 바위에 '廬山瀑布源頭'라고 새겨져 있고 올라가는 길에 이백의 석상이 세워져 있어서 이 사실을 확인시켜 준다. 1996년 10월에 갔을 때는 이 폭포의 이름이 黃崖瀑布였는데, 2006년 8월에 갔을 때는 황암폭포로 바뀌어 있었다. 뜻과 발음이 비슷하면서 읽고 쓰기에 편리한 글자로 바뀐 것이다.

(6) 與(여): 돕다. ~로 하여금 ~하게 하다.

(7) 惡詩(악시): 속되고 비루한 시를 가리킨다. 이 연은 서응이 힘차게 쏟아지는 여산폭포의 맑디맑은 물줄기를 보고 비루한 시를 지었다고 비판한 것이다.

0794. 圓通禪院[(1)], 先君[(2)]舊游也. 四月二十四日晚, 至, 宿焉. 明日, 先君忌日也. 乃手寫寶積[(3)]獻蓋頌佛一偈[(4)], 以贈長老[(5)]僊公[(6)]. 僊公撫掌笑曰: "昨夜夢寶蓋[(7)]飛下, 著處輒出火, 豈[(8)]此祥乎!" 乃作是詩. 院[(9)]有蜀僧宣逮[(10)], 事訥[(11)]長老, 識先君云

원통선원은 선친께서 옛날에 노니신 곳이다. 4월 24일 저녁에 도착하여 거기서 잤다. 이튿날은 선친의 기일이라 손수 보적보살이 보개를 바치고 부처님을 찬송한 게송 한 수를 써서 장로 가선공에게 드렸다. 가선공은 손뼉을 치고 웃으면서 "어젯밤 꿈에 보개가 공중에서 날아 내려와 땅에 닿자 불꽃이 나는 것을 보았는데 아마도 이런 상서로운 일이 있으려고 그랬나 봅니다"라고 하므로 이 시를 지었다. 절에는 촉지방에서 온 승려 선체가 거눌장로를 모시고 있었는데 그는 선친을 안다고 했다

| | |
|---|---|
| 石耳峰頭路接天,[(12)] | 석이봉 꼭대기엔 길이 하늘에 닿아 있고 |
| 梵音堂下月臨泉.[(13)] | 범음당 밑에는 달이 샘을 굽어본다. |
| 此生初飮廬山水,[(14)] | 내 평생에 처음으로 여산 물을 마셨더니 |
| 他日徒參雪竇禪.[(15)] | 지난날에 공연히 설두선을 했나 싶다. |
| 袖裏寶書猶未出,[(16)] | 소매 안의 귀한 글씨 아직 꺼내기도 전에 |
| 夢中飛蓋已先傳. | 꿈속에 보개가 날아와 이미 소식 전했단다. |
| 何人更識嵇中散,[(17)] | 그 누가 더 이상 혜중산을 알리오? |
| 野鶴昂藏未是仙.[(18)] | 야생 학은 출중해도 아직 신선이 아니로다. |

**[해설]**

옛날에 선친이 노닌 여산의 원통사에 들렀을 때 마침 선친의 기일이 다가온지라 손수 보적보살의 게송을 한 수 써서 주지 스님인 가선선사에게 주자 그가 꿈속에 소식이 찾아올 징조를 보았다고 했다. 또 촉지방에서 온 선체스님이 소순을 잘 알고 있다고 했다. 이 시는 그때의 감회를 노래한 것이다.

**[주석]**

(1) 圓通禪院(원통선원): 원통사. 《廬山紀事》에 "감천구 서쪽이 원통산인데 그 산의 남쪽에 원통사가 있다. 본래 심양 사람 후씨의 거처였는데 이후주가 손에 넣어 공덕을 쌓는 사원으로 만들었는바, 처음에는 이름이 숭승사였는데 송나라 태조 때 원통숭승선사라는 이름을 하사했다(甘泉口西爲圓通山, 山南有圓通寺. 本潯陽人侯氏之居, 李後主取爲功德院, 初名崇勝寺, 宋太祖朝, 賜名圓通崇勝禪寺)"라고 했다.

(2) 先君(선군): 선친. 소식의 부친 蘇洵을 가리킨다.

(3) 寶積(보적): 보적보살. 부처님이 비사리성에 계실 때 長者의 아들 보적이 500장자의 아들과 함께 七寶로 장식한 寶蓋를 들고 부처님 계신 곳으로 가서 부처님을 모셨다.(《維摩經·佛國品》 참조)

(4) 偈(게): 불경 중에서 부처의 공덕과 교리를 찬송한 노랫말. 梵語 '偈佗(Gatha)'의 약칭으로 '偈頌'이라고도 한다. 1게는 대개 네 구절로 이루어져 있다.

(5) 長老(장로): 나이가 많고 학덕이 높은 고승을 높여 부르는 말.

(6) 僊公(선공): 당시 원통사의 주지였던 可僊을 가리킨다. 《圓通勝紀集》에 "가선선사는 이름이 진각이고 영남 사람이다. 동파선생이 그를 방문하기 하루 전날 저녁에 선사는 공중에 보개 하나가 나타나 노을빛이 대지를 에워싸다가 다시 선사 앞에서 맴도는 것을 보았는데, 이튿날 과연 공이 와서 시를 지었다(可僊禪師, 諱眞覺, 嶺南人. 東坡先生訪之, 師先一夕, 見空現一寶蓋, 霞光匝地, 繞獻師前. 次日, 公果至, 作詩)"라고 했다.

(7) 寶蓋(보개): 불교에서 의장용으로 사용하는 日傘.

(8) 豈(기): 아마도. 뒤에 감탄의 어기를 나타내는 조사를 동반하여 강한 추측을 표시한다. '其'와 같다.

(9) 院(원): 규모가 작은 절. 송나라 사람 趙彦衛의 《雲麓漫鈔》에 "수나라 때는 '도량'이라고 했고, 당나라 때는 '사'라고 했으며, 송나라 때는 큰 것은 '사'라고 하고 작은 것은 '원'이라고 한다(隋曰道場, 唐曰寺. 本朝則大曰寺, 次曰院)"라고 했다.

(10) 宣逮(선체): 구체적인 행적이 알려져 있지 않다.

(11) 訥(눌): 居訥을 가리킨다. 《寶僧傳》에 "거눌은 재주 동천 건씨의 아들로 출가하여 여산에서 노닐었다(居訥, 梓州東川蹇氏子, 出家, 游廬山)"라고 했고, 蘇轍의 시 〈贈景福順長老二首〉의 서문에 "나는 어려서 선친을 모시고 있을 때 선친께서 일찍이 여산에 가서 노닐다가 원통사에 들러 거눌선사를 만나 오래 머무르셨다는 이야기를 들었다(轍幼侍先君, 聞嘗遊廬山, 過圓通, 見訥禪師, 留連久之)"라고 했다.

(12) 石耳峰(석이봉): 여산의 여러 봉우리 가운데 하나. 《廬山志》에 "마이봉 서남쪽이 석이봉인데 봉우리가 가파르고 험준하며 그 뒷산은 더욱 높이 솟아 있다(馬耳峰西南, 爲石耳峰, 其峰峭厲, 後山尤聳拔)"라고 했다. 이 구절은 원통사가 지극히 높은 곳에 있다는 말이다.

(13) 梵音堂(범음당): 《江西通志·九江府》에 "《원통사실》에 '절 안에 야화정과 청음정이 있으니 구양영숙과 거눌이 도를 담론하던 곳이다'라는 기록이 있다(《圓通事實》: '寺中有夜話亭·淸陰亭,

歐陽永叔與居訥談道處.')"라고 했는데, 査愼行의 《蘇詩補註》에 "범음당이 바로 청음정이라고 하는 사람도 있다(或云梵音堂卽淸陰亭)"라고 했다.

(14) 廬山(여산): 강서성 九江 남쪽에 있는 산.

(15) 雪竇(설두): 산 이름이기도 하고 절 이름이기도 하다. 설두산은 四明山의 여러 봉우리 가운데 하나로 절강성 奉化에 있다. 송나라 高僧 重顯禪師가 이곳에서 참선하여 설두선사라고 불렸으며, 황우(1049-1054) 연간에 입적할 때는 明覺大師라는 법호를 하사받았다.(《續傳燈錄》 참조) '雪竇禪'은 보통의 참선 또는 불교적 수행을 두루 가리키며, 나아가 일반적인 정신 수양을 가리키기도 한다.(趙德坤, 〈千古誰參雪竇禪—雪竇禪考論〉, 《宜春學院學報》 第34卷第6期, 宜賓: 宜賓學院文學與新聞傳媒學院編, 2012. 6, 48쪽 참조) 이 연은 여산의 물을 마시니 저절로 세속적인 욕심이 없어지고 마음이 초연해져서 참선한 것 이상의 효과가 있다는 말이다.

(16) 寶書(보서): 소식이 손수 써서 가선선사에게 준 보적보살의 게송을 가리킨다.

(17) 嵇中散(혜중산): 삼국시대에 위나라의 中散大夫를 지낸 嵇康을 가리킨다. 죽림칠현의 한 사람인 그는 老莊思想을 좋아하여 벼슬을 버리고 대자연 속에 은거했다.

(18) 昂藏(앙장): 헌걸차다. 출중하다. 혜강의 아들 嵇紹가 처음으로 洛陽에 갔을 때 어떤 사람이 王戎에게 "어제 여러 사람들 틈에서 혜소를 보았는데 매우 헌걸찬 것이 마치 야생 학이 닭 무리에 끼어 있는 것 같았습니다"라고 하자 왕융이 "그대는 그의 부친을 보지 못했나 보군요"라고 했다.(《진서·혜소전》 참조) 이 연은 선체스님이 소식에게 한 말로, 소순을 신선의 풍모를 지닌 혜강에 비유하고 소식을 혜강의 아들 혜소에 비유하여, 소식도 풍모가 빼어나지만 소순은 그보다 더 출중했는데 그 사실을 아는 사람이 자기밖에 없다는 뜻이다.

0795. 子由[1]在筠[2]作〈東軒記[3]〉, 或戲之爲東軒長老. 其壻曹煥[4]往筠, 余作一絶句送曹以戲子由. 曹過廬山[5], 以示圓通[6]愼長老[7]. 愼欣然亦作一絶, 送客出門, 歸入室, 趺坐化去[8]. 子由聞之, 乃作二絶, 一以答余, 一以答愼. 明年余過圓通, 始得其詳. 乃追次[9]愼韻

자유가 균주에서 〈동헌기〉를 짓자 어떤 사람이 장난으로 그를 동헌장로라고 불렀다. 그의 사위 조환이 균주로 가기에 내가 절구 한 수를 지어 그를 전송하고 이로써 자유를 희롱했다. 조군이 여산을 지나다 나의 시를 원통사의 지신장로에게 보여 주자 지신장로도 흐뭇한 마음으로 절구 한 수를 지어서 문밖까지 손님을 전송하고 돌아와 방 안에서 가부좌를 틀고 앉아서 입적했다. 자유가 이 소식을 듣고 절구 두 수를 지어 한 수로써 나에게 화답하고 다른 한 수로써 지신장로에게 화답했다. 이듬해에 내가 원통사에 들렀을 때 비로소 상세한 내막을 알게 되었으므로 옛날 지신장로의 시에 차운한다

其一

| | |
|---|---|
| 君到高安幾日回,[10] | 그대 고안에 갔다가 언제 돌아오려나? |
| 一時斗擻舊塵埃.[11][12] | 잠시 묵은 진애를 털어 버리겠구나. |
| 贈君一籠牢收取, | 바구니 하나 줄 테니 단단히 들고 있다 |
| 盛取東軒長老來. | 동헌장로를 담아서 돌아오게나. |

其二

| | |
|---|---|
| 大士何曾有生死,[13] | 대사야 어찌 삶과 죽음의 구분이 있었으랴만 |
| 小儒底處覓窮通.[14][15][16] | 미천한 선비는 이제 어디서 궁달을 탐구하리? |
| 偶留一吷千山上,[17] | 어쩌다가 이 산 저 산에 작은 소리를 남겼는데 |
| 散作人間萬竅風.[18] | 흩어져서 뭇 구멍에서 나는 세상의 바람이 되었네. |

**[해설]**

제1수는 소식의 자주에 "내가 조군을 전송한 시이다(予送曹詩)"라고 했고, 제2수는 자주에 "내가 지신의 시에 차운한 것이다(予次愼韻)"라고 했다. 소식 · 소철 및 지신선사의 시를 살펴보면 먼저 소식이 이 시 제1수를 지었고, 두 번째로 조환을 통해 소식의 시를 본 지신선사가 이 시에 화답하는 시를 지었으며, 세 번째로 소철이 소식과 지신선사의 시를 보고 이들에게 화답하는 시를 각각 한 수씩 지었음을 알 수 있다. 그리고 이 시 제2수는 소식이 여산의 원통사에 들렀을 때 비로소 지신선사가 자신의 시에 화답했다는 사실을 알고 그의 시에 화답한 것이다.

**[주석]**

(1) 子由(자유): 소식의 동생 蘇轍의 字.
(2) 筠(균): 균주. 지금의 강서성 高安. 당시 監筠州鹽酒稅로 재임 중인 소철이 머물던 곳이다.
(3) 東軒記(동헌기): 소철이 지은 문장.
(4) 曹煥(조환): 光州知州를 지낸 曹九章의 아들로 蘇轍의 사위가 되었다.
(5) 廬山(여산): 강서성 九江 남쪽에 있는 산.
(6) 圓通(원통): 원통사. 〈圓通禪院, 先君舊游也.……〉(0794) 주 (1) 참조.
(7) 長老(장로): 나이가 많고 학덕이 높은 고승을 높여 부르는 말. 신장로는 知愼禪師를 가리킨다. 소철의 시 〈東軒長老二絶并序〉에 "내가 막 관사에다 동헌을 지었을 때, 팽성 사람으로 자가 자문인 조환 군이 부광에서 고안으로 나를 찾아왔는데, 도중에 황강을 지나자 우리 형님 자첨이 '그대 고안에 갔다가 언제 돌아오려나?……'라는 시를 지어서 전송했다. 조군은 여산을 지나다 원통사의 지신선사를 만났을 때 그 시를 꺼내 그에게 보여 주었다.……(始余於官舍營東軒, 彭城曹君煥子文, 自浮光訪余於高安, 道過黃岡, 家兄子瞻以詩送之, 曰: '君到高安幾日迴,…….' 君過廬山, 見圓通知愼禪師, 出詩示之.……)"라고 했다.
(8) 化去(화거): 사망하다.
(9) 追次(추차): 옛날 사람의 시에 차운하다.
(10) 高安(고안): 균주의 다른 이름.
(11) 一時(일시): 즉시. 잠시. 이 구절은 조환이 '동헌장로'라고 불릴 정도로 초연하게 살고 있는 소철을 만나면 금방 세속의 먼지를 털어 버리고 자신도 초연해지겠지만 돌아오면 오래지 않아 또 원래 상태로 되돌아갈 것이라는 말이다.
(12) 斗擻(두수): 흔들어서 떨어내다. '抖擻'와 같다.
(13) 大士(대사): 원래 부처나 보살을 일컫는 말인데 고승에 대한 경칭으로도 썼다. 王十朋의 《百家註分類東坡先生詩》에 "지신장로를 가리켜서 한 말이다(指言愼長老)"라고 했다. 이 구절은 지신

선사가 늘 생사에 대하여 초연했기 때문에 죽었다고 해서 특별히 다를 것도 없다는 말이다.

(14) 小儒(소유): 식견이 천박한 선비. 문인들이 자신을 겸손하게 일컫던 말이다. 이 구절은 지신선사가 죽어 버렸기 때문에 자신이 궁달의 문제에 대해서 물어볼 사람이 없어졌다는 말이다.

(15) 底處(저처): 어디.

(16) 窮通(궁통): 곤궁과 榮達.

(17) 吷(혈): 퓨 하고 나는 작은 소리. 《莊子・則陽》에 "피리를 불면 아름다운 소리가 나지만 칼 끝에 있는 구멍을 불면 퓨 하는 작은 소리가 날 뿐입니다. 요임금과 순임금은 사람들이 칭찬하는 분이지만 대진인 앞에서 그들과 비교하여 이야기한다면 퓨 하는 작은 소리가 나는 것과 같습니다(夫吹筦也, 猶有嗃也. 吹劍首者, 吷而已矣. 堯舜, 人之所譽也, 道堯舜於戴晉人之前, 譬猶一吷也)"라고 했다.

(18) 人間(인간): 속세. 이 연은 지신선사가 예사로 한 말이 많은 속인들에게 큰 의미로 받아들여졌다는 뜻인 것으로 보인다.

## 0796. 余過溫泉(1), 壁上有詩云: "直待(2)衆生總無垢, 我方淸冷混常流." 問人, 云: "長老(3)可遵(4)作." 遵已退居圓通(5), 亦作一絶

내가 온천사에 들렀더니 벽에 "중생이 다 때가 없이 깨끗해져야, 내가 맑고 차가워져 보통 물에 섞이리"라는 시가 있는지라 옆에 있는 사람에게 물었더니 "가준장로가 지었습니다"라고 했다. 가준장로는 이미 물러나 원통사에 거주하고 있는 터라 나도 절구를 한 수 지었다.

| | |
|---|---|
| 石龍有口口無根,(6)(7) | 석룡은 입이 있다지만 입에 근원이 없다면 |
| 自在流泉誰吐呑.(8) | 자유자재로 흐르는 샘을 누가 토하고 삼키리? |
| 若信衆生本無垢,(9) | 중생이 본래부터 무구하다 믿었다면 |
| 此泉何處覓寒溫.(10)(11) | 이 샘물이 어디서 온랭을 따졌으리? |

**[해설]**

여산에 있는 온천사에 들러서 벽에 쓰여 있는 가준장로의 시를 보고 지은 것이다. 가준장로는 시에서 중생의 때를 씻어 주기 위해 따뜻한 물이 끊임없이 흘러나올 것이라고 했는데, 소식은 중생은 본래 청정무구하다는 관점에서 따뜻한 물이 계속 흘러나오는 것이 결코 중생의 때를 씻어 주기 위해서가 아니라 따뜻한 물이 나오는 수원이 있기 때문이라고 반박했다.

**[주석]**

(1) 溫泉(온천): 온천사를 가리킨다. 《廬山紀事》에 "온천사에는 스님들이 바위를 깎아 용의 머리 모양으로 만들어서 그곳으로 샘물이 나오게 했었는데 지금은 없어졌다(溫泉寺, 僧嘗鑿石爲龍首以出泉, 今廢)"라고 했다.

(2) 直待(직대): ~할 때까지 죽 기다리다.

(3) 長老(장로): 나이가 많고 학덕이 높은 고승을 높여 부르는 말.

(4) 可遵(가준): 여산의 온천사에 있던 스님. 구체적인 행적이 알려져 있지 않다.

(5) 圓通(원통): 원통사. 〈圓通禪院, 先君舊游也.……〉(0794) 주 (1) 참조.

(6) 石龍(석룡): 용의 머리 모양으로 조각한 바위. 주 (1) 참조.

(7) 根(근): 물이 나오는 근원을 가리킨다.

(8) 吐呑(토탄): 수량이 많아지고 적어짐에 따라 물이 나오다 말다 하는 것을 가리킨다. 이 연은 중생의 때를 씻으라고 따뜻한 물이 흘러나오는 것이 아니라 온천의 水源이 있기 때문에 흘러나오는 것이라는 말이다.

(9) 無垢(무구): 마음이 청정무구한 것을 가리킨다.

(10) 此泉(차천): 온천사에서 나오는 온천 물, 즉 詩題 중의 '我'를 가리킨다.

(11) 寒溫(한온): 샘물의 온도를 가리킨다. 이 연은 중생에게 때가 없어져야 온천 물이 차가워질 것이라고 한 가준장로의 시는 중생이 본래 청정무구하다는 사실을 알지 못한 데서 비롯된 잘못된 인식이라는 말이다.

# 0797. 書李公擇[1]白石山房[2]

이공택의 백석산방에 쓴다

| | |
|---|---|
| 偶尋流水上崔嵬,[3] | 물을 찾아 우연히 높은 산에 오르니 |
| 五老蒼顔一笑開.[4] | 다섯 노인이 웃으면서 창백한 얼굴을 활짝 펴고 |
| 若見謫仙煩寄語,[5] | "적선을 만나거든 말씀 전해 주시오 |
| 匡山頭白早歸來.[6] | 광산이 백발이 다 됐으니 일찍 돌아오라고" 하네. |

**[해설]**

친구 이상이 젊은 시절에 공부하던 백석산방 부근의 여산에 올라가 오로봉을 바라보고 느낀 감회를 노래한 것이다.

**[주석]**

(1) 公擇(공택): 소식의 친구 李常의 字.

(2) 白石山房(백석산방): 廬山의 含鄱口 서쪽에 있던 이상의 공부방. 소식의 〈李氏山房藏書記〉에 "내 친구 이공택은 젊은 시절에 여산의 오로봉 밑에 있는 백석암의 승려 거처에서 공부했다. 그 뒤 이공택은 이미 그곳을 떠났지만 산속 사람들이 그를 그리워하여 그가 거처하던 곳을 가리켜 이씨산방이라고 했으니 장서가 총 9천여 권이나 되었다(余友李公擇, 少時讀書於廬山五老峯下白石庵之僧舍. 公擇既去而山中之人思之, 指其所居爲李氏山房, 藏書凡九千餘卷)"라고 했고, 《廬山紀事》에 "함파구 서쪽은 보타암인데 그곳에 능가원이라는 절이 있고 절 안에 백석암이 있으니 거기가 바로 이공택이 공부하던 곳이다(含鄱口西爲寶陀巖, 有僧舍曰楞伽院, 院內有白石菴, 即李

公擇讀書處也)"라고 했다.

(3) 崔嵬(최외): 높고 험한 돌산.

(4) 五老(오로): 오로봉을 의인화한 것이다. 오로봉은 여산에 있는 산봉우리로 다섯 개가 나란히 붙어 있는 것이 다섯 명의 노인과 같다고 하여 붙여진 이름이다. 《太平寰宇記》에 "오로봉은 여산의 동쪽에 있는데 높다란 낭떠러지가 우뚝 솟아 있는 것이 마치 다섯 사람이 늘어서 있는 것 같은 형상이다(五老峯在廬山東, 懸崖突出, 如五人羅列之狀)"라고 했다.

(5) 謫仙(적선): 천상에서 지상으로 폄적 온 신선. 원래 李白을 가리키는 말인데 여기서는 이백과 성이 같고 이백과 마찬가지로 여산에서 공부한 적이 있는 이상을 가리킨다. 杜甫의 시 〈不見〉은 自註에서 "근래에 이백의 소식이 없다(近無李白消息)"라고 한 바와 같이 夜郎으로 유배 간 이백을 그린 것인데, 이 시의 尾聯에 "그대가 책을 읽던 광산의 공부방은, 머리가 하얄 때 돌아오기 좋다오(匡山讀書處, 頭白好歸來)"라는 구절이 있다.

(6) 匡山(광산): 여산의 다른 이름. 匡俗이 은거한 산이기 때문에 붙여진 이름이다. 《여산기사》에 "옛날에는 광려산이라고 불렀는데 송나라 태종의 이름을 피하여 강산으로 고쳤다(舊名匡廬山, 避宋太祖諱, 改康山)"라고 했다.

## 0798. 廬山[1]二勝幷敍

여산의 두 명승을 읊은 시와 그 서문

余游廬山, 南北得十五六奇勝, 殆不可勝紀, 而懶不作詩, 獨擇尤佳者作二首.(나는 여산을 유람하여 남쪽과 북쪽에서 열대여섯 군데의 명승을 본지라 이루 다 기록할 수가 없을 지경이지만 게을러서 시를 짓지 않고 오직 특별히 아름다운 곳 두 군데만 골라서 두 수를 지었다.)

### 0798-1. 開先[2]漱玉亭[3]

개선사의 수옥정

| | |
|---|---|
| 高巖下赤日, | 높다란 바위 위에 붉은 해가 내려가고 |
| 深谷來悲風. | 깊숙한 계곡 안에 슬픈 바람 부는데 |
| 擘開青玉峽,[4] | 둘로 쪼개 이루어진 청옥협에서 |
| 飛出兩白龍.[5] | 두 마리의 백룡이 날아오른다. |
| 亂沫散霜雪, | 어지러운 물거품은 눈서리를 흩날리고 |
| 古潭搖淸空. | 오래된 못에는 맑은 하늘이 흔들리는데 |
| 餘流滑無聲, | 넘친 물이 소리 없이 매끄럽게 흘러서 |
| 快瀉雙石谼. | 한 쌍의 바위 계곡에 빠르게 쏟아진다. |
| 我來不忍去, | 내가 왔다 차마 떠나지 못하는 사이 |
| 月出飛橋東. | 나는 다리 동쪽에 달이 나오니 |
| 蕩蕩白銀闕,[6][7] | 백은 대궐이 아득하게 펼쳐져 있고 |
| 沈沈水精宮.[8] | 수정궁이 깊숙하게 잠겨 있도다. |
| 願隨琴高生,[9] | 바라건대 금고생을 따라다니며 |
| 脚踏赤鯶公.[10] | 두 발로 적혼공을 밟고 섰다가 |

手持白芙蕖,[11] 한 손에 새하얀 연꽃을 들고
跳下清泠中.[12] 청령연 속으로 뛰어내려 가고 싶다.

**[해설]**

여산의 개선사에 있는 수옥정에서 그 일대의 기이한 풍경과 그것에 도취한 자신의 심경을 노래한 것이다.

**[주석]**

(1) 廬山(여산): 강서성 九江 남쪽에 있는 산.
(2) 開先(개선): 절 이름. 黃庭堅의 〈南康軍開先禪院修造記〉에 "여산의 개선화장선원은 강남의 이중주가 지은 것이다(廬山開先華藏禪院, 江南李氏中主所作也)"라고 했다. 황정견의 이 글에 의하면, 五代 시기 南唐의 中主 李璟이 젊은 시절에 글 읽기를 좋아하고 세상을 다스리는 데에는 생각이 없어 여산의 五老峰 밑에 집을 한 채 마련하려고 하자 한 촌사람이 그에게 땅을 바치는지라, 만금을 주고 사서 거기다 서당을 지었다가 그가 중주로 즉위한 뒤에 그것을 절로 만들었는데, 촌사람이 땅을 바친 것이 자기가 황제가 될 상서로운 조짐을 연 것이라고 여겨서 개선사라고 했다고 한다.
(3) 漱玉亭(수옥정): 여산의 개선사에 있던 정자.
(4) 青玉峽(청옥협): 여산에 있는 협곡.
(5) 白龍(백룡): 긴 폭포를 가리킨다.
(6) 蕩蕩(탕탕): 광대한 모양.
(7) 白銀闕(백은궐): 신선 또는 天帝가 사는 하늘나라의 궁궐.
(8) 水精宮(수정궁): 용왕이 산다는 전설상의 궁궐.
(9) 琴高生(금고생): 周나라 말기의 趙나라 사람으로 나중에 신선이 되었다. 그는 거문고를 잘 탔는데 宋나라 康王의 舍人이 되어 冀州 涿郡에서 노닐다가 涿水에 들어가서 용 새끼를 잡아 오겠다고 제자들과 약속했다. 그가 돌아오기로 한 날 제자들이 강가에서 기다리노라니 과연 그가 잉어를 타고 나와서 한 달 동안 머물다가 다시 물속으로 들어갔다.(《列仙傳 · 琴高》 참조) 금고라고도 한다.
(10) 赤鯶公(적혼공): 잉어를 가리킨다. 《酉陽雜俎》에 "우리 당나라의 법률에 잉어를 잡으면 방생해야 하는바 이것을 적혼공이라고 부른다. 이것을 파는 사람은 곤장 60대의 형벌을 가하니 '鯉(잉어)'를 '李(당나라 황족의 성)'로 여긴다는 말이다(國朝律, 取得鯉魚, 卽宜放, 號赤鯶公, 賣者杖六十, 言鯉爲李也)"라고 했다.
(11) 芙蕖(부거): 연꽃.

(12) 淸泠(청령): 못 이름. 청령연처럼 맑고 깨끗한 계곡의 沼를 가리킨다. 《莊子 · 讓王》에 "순임금이 천하를 그의 친구인 북방 사람 무택에게 양도하려고 하자, 북방 사람 무택이 '기이하도다 임금의 위인이여! 밭고랑 사이에서 살다가 요임금의 문하에 가서 노닐었을 뿐만 아니라 또 그 욕된 행동으로 나를 더럽히려고 하는구나. 나는 그를 보는 것이 부끄럽다'라고 하고는 청령연에 자기 몸을 던져 버렸다(舜以天下讓其友北人无擇, 北人无擇曰: '異哉后之爲人也! 居於畎畝之中而遊堯之門, 不若是而已, 又欲以其辱行漫我. 吾羞見之.' 因自投淸泠之淵)"라는 말이 있다. 마지막 네 구절은 금고생처럼 신선 같은 생활을 하고 싶다는 말이다.

## 0798-2. 棲賢[(1)]三峽橋[(2)]

서현곡의 삼협교

吾聞太山石,[(3)] 나는 들었거니와 태산의 돌도
積日穿線溜.[(4)] 나날이 세월 쌓이면 가느다란 물에 뚫린다는데
況此百雷霆,[(5)] 그렇거늘 하물며 천둥소리 백 개가
萬世與石鬪. 만세토록 바위와 다투는 이곳이랴!
深行九地底,[(6)] 깊숙하게 대지의 밑바닥을 다니니
險出三峽右.[(7)] 험하기가 삼협보다 훨씬 더하고
長輸不盡溪,[(8)] 흘러도 흘러도 끝이 없는 계곡물은
欲滿無底竇.[(9)] 밑 빠진 독을 메우려는 기세로구나.
跳波翻潛魚, 솟구치는 파도는 물속의 고기를 번드치고
震響落飛狖. 벼락 치는 소리는 나는 원숭이를 떨구는데
淸寒入山骨,[(10)] 싸늘한 기운이 산의 뼈에 파고들어
草木盡堅瘦. 초목이 다 단단하고 앙상하구나.
空濛烟靄間,[(11)] 자욱한 안개와 노을 속에서
澒洞金石奏.[(12)(13)] 악기 연주 소리가 웅장하게 울리는데
彎彎飛橋出,[(14)] 날아가는 다리가 구부정하게 나타나
瀲瀲半月彀.[(15)] 차츰차츰 반달 꼴로 활을 당기는구나.

玉淵神龍近,[16][17] 옥연담이 있어서 신룡이 가까우매
雨雹亂晴晝. 우박을 내려서 맑은 낮을 어지럽히는데
垂瓶得淸甘, 병을 드리워 맑고 단 물을 길어 올리니
可嚥不可漱. 삼킬 수는 있어도 양치질할 수는 없구나.

**[해설]**

여산의 서현곡, 즉 삼협간에 있는 삼협교(일명 관음교)에서 그 일대의 빼어난 풍경을 묘사하고 그것을 본 자신의 감회를 노래한 것이다.

**[주석]**

(1) 棲賢(서현): 여산에 있는 계곡. 《廬山紀事》에 "칠첨산 동북쪽에 커다란 계곡이 하나 있으니 이것이 서현곡이다(七尖山東北有大谷, 是爲棲賢谷)"라고 했다.
(2) 三峽橋(삼협교): 棲賢谷, 즉 三峽澗에 놓여 있는 다리. 서현교 또는 觀音橋라고도 한다. 《여산기사》에 "옥연의 남쪽에 서현교가 있으니 이것이 바로 삼협교이다. 대중상부(1008-1016) 연간에 지어진 것으로 큰 계곡을 가로질러 웅장하게 뻗어 있는데 다리 위에서 계곡 바닥을 내려다보면 백여 자는 되는 것 같다(玉淵之南有棲賢橋, 卽三峽橋也. 作於祥符間, 橫絶大壑, 締構偉壯, 從橋上俯視澗底, 可百餘尺)"라고 했다. 2006년 8월에 실시한 현지답사에 의하면, 관음교는 너비가 4.83m이고 길이가 19.4m로 위는 평평하고 아래는 하중을 견디기 좋도록 반원형으로 설계되어 있었다. 그것은 또 다른 연결용 재료를 전혀 쓰지 않고 넙적한 바위를 서로 각이 어긋나게 연결하여 만든 점이 특징이라고 했다.
(3) 太山(태산): 泰山.
(4) 線溜(선류): 실처럼 가느다란 낙숫물. '溜'는 '霤'와 같다. 《漢書・枚乘傳》에 "태산의 낙숫물이 바위를 뚫고 닳아 빠진 두레박줄이 우물 난간을 자른다. 물은 바위를 뚫는 끌이 아니고 밧줄은 나무를 자르는 톱이 아니지만 조금씩 삭이고 갉아서 그렇게 만드는 것이다(太山之霤穿石, 單極之綆斷幹. 水非石之鑽, 索非木之鋸, 漸靡使之然也)"라고 했다.
(5) 百雷霆(백뢰정): 백 개의 천둥소리. 서현곡의 물소리를 가리킨다.
(6) 九地(구지): 九泉. '九天'과 상반되는 말로 대지 중에서 가장 낮은 곳을 가리킨다. 여기서는 서현곡의 바닥을 가리키는 과장된 표현이다.
(7) 三峽(삼협): 長江의 삼협을 가리킨다. 삼협간이라는 명칭은 장강 삼협처럼 험준한 지형에서 비롯된 것으로 보인다.
(8) 輸(수): 흘러들다.
(9) 無底竇(무저두): 밑바닥이 빠져서 생긴 구멍. 이 연은 계곡 물이 한없이 자꾸 흘러가는 모습을

묘사한 것이다.

(10) 山骨(산골): 산속의 바위를 가리킨다.

(11) 空濛(공몽): 연기나 안개 따위가 잔뜩 끼어서 흐릿한 모양.

(12) 澒洞(홍동): 기세등등하다.

(13) 金石(금석): 종과 磬을 가리키고, 나아가 모든 악기를 두루 가리킨다.

(14) 彎彎(만만): 굽은 모양.

(15) 瀲瀲(염렴): 점점 가까워지는 모양. 이 구절은 반달이 떠오르는 모습을 묘사한 것일 수도 있고 아치형의 다리를 묘사한 것일 수도 있다.

(16) 玉淵(옥연): 玉淵潭. 서현곡, 즉 삼협간의 삼협교 상류에 있는 못. 《여산기사》에 "서현사 동쪽은 옥연담으로 삼협간 안에 있다. 여러 갈래의 물이 이 못으로 흘러 들어가 놀란 듯이 허공을 향해 용솟음치는데 못가에 흰색 바위가 가로놓여 있기 때문에 옥연담이라고 한다(棲賢寺東爲玉淵潭, 在三峽澗中. 諸水奔注潭中, 驚涌噴空, 潭上有白石, 橫亘中流, 故名玉淵)"라고 했다.

(17) 神龍(신룡): 용. 용은 변화무쌍한 모습을 띠고 있기 때문에 이렇게 부른다. 左思의 〈吳都賦〉에 "옥연을 엿보지 않은 사람은 흑룡이 서리고 있는 모양을 모른다(不窺玉淵者, 未知驪龍之所蟠也)"라고 했다.

## 0799. 贈東林[(1)]總長老[(2)]

동림사의 상총장로에게

| | |
|---|---|
| 溪聲便是廣長舌,[(3)] | 개울물 소리가 다름 아닌 넓고 긴 혀이거늘 |
| 山色豈非淸淨身.[(4)] | 산색인들 어찌 청정한 법신이 아니리오? |
| 夜來八萬四千偈,[(5)(6)] | 밤 사이에 팔만사천 게송을 들었는데 |
| 他日如何擧似人.[(7)(8)] | 훗날에 어떻게 다른 사람에게 말해 줄까? |

**[해설]**

《오등회원(五燈會元) · 동림총선사법사(東林總禪師法嗣)》의 “한림학사를 지낸 동파거사 소식은 자가 자첨인데 동림사에 묵게 되어 조각선사와 무정물의 설법에 대하여 토론하다가 깨달은 바가 있어서 여명에 게송을 바쳐 말하기를 ‘개울물 소리가 다름 아닌 넓고 긴 혀이거늘……’라고 했다(內翰東坡居士蘇軾, 字子瞻, 因宿東林, 與照覺論無情話, 有省, 黎明獻偈曰: ‘溪聲便是廣長舌,…….’)”라는 기록을 통하여 알 수 있는 바와 같이, 여산의 서쪽 기슭에 있는 동림사에서 주지인 조각선사 상총과의 토론을 통해 무정물인 대자연이 모두 다름 아닌 불법이요 법신이라는 사실을 깨달아 상총에게 지어 준 시이다. 이 시는 우리나라 불교계에도 널리 알려져 승려들의 입에 회자되고 있다.

**[주석]**

(1) 東林(동림): 동림사. 여산의 서쪽 기슭에 있는 절. 서림사의 동쪽에 있기 때문에 동림사라고 하

며, 晉나라 때 慧遠이 수도한 곳으로 유명하다.

(2) 總長老(총장로): 동림사의 주지인 照覺禪師 常總을 가리킨다.

(3) 廣長舌(광장설): 넓고 긴 혀. 흔히 부처님의 혀를 가리키는데 여기서는 개울물 소리를 가리킨다. 《大智度論》에 "이때 부처님이 넓고 긴 혀를 내밀었는데 얼굴을 덮고 머리카락에 닿았다(是時佛出廣長舌, 覆面上至髮際)"라는 말이 있다.

(4) 清淨身(청정신): 맑고 깨끗한 몸. 흔히 부처님의 法身을 가리키는데 여기서는 산색을 가리킨다.

(5) 八萬四千(팔만사천): 불교에서 지극히 많은 사물을 가리키는 숫자.

(6) 偈(게): 불경 중에서 부처의 공덕과 교리를 찬송한 노랫말. 梵語 '偈佗(Gatha)'의 약칭으로 '偈頌' 이라고도 한다. 1게는 대개 네 구절로 이루어져 있다.

(7) 擧(거): 말하다.

(8) 似(사): ~에게. 《傳燈錄·省念禪師傳》에 "가는 곳마다 다른 사람에게 말한다(到處擧似人)"라는 말이 있고, 羅鄴의 시 〈宮中〉에 "오늘 아침엔 특별히 은총 입은 곳 있다고, 앵무새가 날아와서 사람에게 말해 주네(今朝別有承恩處, 鸚鵡飛來說似人)"라는 구절이 있다.

## 0800. 題西林[(1)]壁

서림사의 벽에

橫看成嶺側成峰, 가로로 보면 산줄기 옆으로 보면 봉우리
遠近高低總不同. 원근과 고저에 따라 각기 다른 그 모습
不識廬山眞面目,[(2)] 여산의 진면목을 알 수 없는 건
只緣身在此山中. 이 몸이 이 산 속에 있는 탓이리.

**[해설]**

원풍 7년(1084) 4월 여산을 두루 돌아본 뒤에 그 소감을 읊어 서림사의 벽에 써 놓은 것이다. 여산 안에서 보면 보는 각도에 따라 각각 다르게 보이기 때문에 여산의 진면목을 알 수 없다는 개인적 경험을 통하여 하나의 보편적 이치를 추출해 낸 대표적인 철리시이다. '여산진면목(廬山眞面目)'이라는 성어는 바로 이 시에서 비롯되었다.

**[주석]**

(1) 西林(서림): 여산의 서쪽 기슭에 있는 절. 동림사의 맞은편에 있다. 《廬山紀事》에 "원공탑 서북쪽에 향곡이 있고 그 남쪽 기슭에 서림사가 있는바, 이곳은 옛날 승려 축담현의 선실이었다. 축담현이 죽은 뒤 그의 제자 혜영이 태항산에서 심양으로 옮겨 와 이곳에서 지내자, 도범이 그를 위해 절을 세워 서림사라고 불렀다(遠公塔西北爲香谷, 南下爲西林寺, 故沙門竺曇現之禪室也. 竺死, 其徒惠永自太行山至潯陽就居之, 陶範爲立寺, 曰西林)"라고 했고, 《廬山記》에 "건명사는 옛날에 서림사라고 했는데, 태평흥국(976-984) 연간에 지금의 편액을 하사했다(乾明寺, 舊名西林,

興國中賜今額)"라고 했다.

(2) 廬山(여산): 강서성 九江 남쪽에 있는 산.

## 0801. 自興國[(1)]往筠[(2)], 宿石田驛[(3)]南二十五里野人舍

흥국에서 균주로 갈 때 석전역에서 남쪽으로 25리 되는 곳의 농부 집에 묵으며

| | |
|---|---|
| 溪上青山三百疊, | 개울 가의 삼백 겹 중첩된 청산 속을 |
| 快馬輕衫來一抹.[(4)] | 빠른 말과 얇은 적삼으로 단숨에 지나오니 |
| 倚山修竹有人家, | 산 밑의 키 큰 대숲에 인가가 있고 |
| 橫道淸泉知我渴. | 길을 가로지르는 맑은 물이 내가 목마른 줄을 안다. |
| 芒鞋竹杖自輕軟, | 짚신과 대지팡이가 절로 가볍고 푹신하고 |
| 蒲薦松牀亦香滑. | 부들 돗자리와 소나무 침대도 향긋하고 매끈하다. |
| 夜深風露滿中庭, | 밤이 깊자 바람과 이슬이 뜰 안에 가득한데 |
| 惟見孤螢自開闔. | 외로운 반딧불이만 스스로 깜박인다. |

**[해설]**

동생과 작별 인사를 하기 위해 균주로 가는 도중 석전역 남쪽의 한 농가에서 묵으며 그 일대의 고즈넉한 야경을 노래한 것이다.

**[주석]**

(1) 興國(흥국): 興國軍. 지금의 호북성 陽新.
(2) 筠(균): 균주. 지금의 강서성 高安. 소철이 監筠州鹽酒稅로 재임한 곳이다.
(3) 石田驛(석전역): 역참 이름. 《名勝志》에 "석전역은 흥국군 관청 소재지의 남쪽에 있다(石田驛,

在興國州治南)"라고 했다.

(4) 一抹(일말): 붓을 한 번 휘두르는 짧은 시간.

## 0802. 過建昌[1]李野夫[2]・公擇[3]故居

건창에 있는 이야부와 이공택의 옛집에 들러

彭蠡東北源,[4]　팽려호는 이 고을의 동북쪽 수원
廬阜西南麓.[5]　이 고을은 여산의 서남쪽 기슭
何人修水上,[6]　그 누가 수수 가에
種此一雙玉.[7]　이 옥 한 쌍 심었나?
思之不可見,　그분들이 그립지만 볼 수는 없고
破宅餘修竹.　무너진 집에 키 큰 대만 남아 있나니
四鄰戒莫犯,[8]　이웃들이 대나무를 못 해치게 경계하여
十畝森似束.　열 이랑이 묶은 듯이 빽빽하게 서 있구나.
我來仲夏初,[9]　내가 온 게 한여름이 시작될 때라
解籜呈新綠.　죽순이 껍질 벗고 신록을 보이는데
幽鳥向我鳴,　깊은 숲의 새들은 나를 향해 울고 있고
野人留我宿.　촌사람은 자고 가라 나를 붙잡는구나.
徘徊不忍去,　차마 떠날 수 없어 머뭇머뭇하자니
微月挂喬木.　키 큰 나무 꼭대기에 초승달이 걸려 있어
遙想他年歸,　훗날에 돌아올 일 멀리 생각하나니
解組巾一幅.[10]　인끈 풀고 한 폭짜리 두건 쓰고 다니겠지.
對牀老兄弟,[11]　침대를 마주한 늙은 두 형제

夜雨鳴竹屋. 밤비가 대나무 집을 울리는 속에
臥聽鄰寺鐘, 누워서 인근 절의 종소리를 듣노라면
書窗有殘燭. 서재 창에 촛불이 가물가물하겠지.

**[해설]**

건창을 지나가다가 이신 · 이상 형제의 옛집에 들러서 지은 것으로, 그곳 풍경을 묘사하고 벼슬에서 물러나 그곳에 은거할 형제의 정겨운 생활을 상상했다.

**[주석]**

(1) 建昌(건창): 지금의 강서성 永修縣 서북쪽에 있던 현. 당시 南康軍의 속현으로 지금의 九江과 筠州 사이에 있었으며, 균주 동남쪽에 있던 建昌軍(지금의 강서성 南城)과는 별개의 고을이다.

(2) 野夫(야부): 李常의 형 李莘의 字. 黃營의 《山谷年譜 · 元豊八年 · 送舅氏野夫之宣城二首》에 "이신은 자가 야부로 역시 선생의 외숙부이다(李莘, 字野夫, 亦先生母舅)"라고 했다.

(3) 公擇(공택): 이상의 字.

(4) 彭蠡(팽려): 鄱陽湖. 건창의 동북쪽에서 동남쪽에 걸쳐 길게 뻗어 있다.

(5) 廬阜(여부): 여산.

(6) 修水(수수): 강서성 경내를 흐르는 강. 건창 부근에서 贛江과 합류하여 파양호로 들어간다.

(7) 一雙玉(일쌍옥): 이신 · 이상 형제를 가리킨다. 楊伯雍은 無終山에 살았는데, 산의 높이가 80리나 되는지라 주위에 물이 없었다. 양백옹이 행인들에게 음료를 제공한 지 3년째 되는 때에, 어떤 사람이 음료를 마시고는 돌멩이를 한 말 돌 틈에 심으면 그 속에서 옥이 날 것이라고 했다. 그가 시키는 대로 돌멩이를 심어 놓고 몇 년 동안 수시로 가서 관찰했더니 돌에서 옥의 싹이 돋아났다.(《搜神記》 참조)

(8) 犯(범): 해치다. 이 구절은 이신 · 이상 형제가 살던 집의 대나무를 해치지 못하도록 이웃 사람들이 서로 경계했다는 말이다.

(9) 仲夏初(중하초): 한여름의 초순. 음력 5월 상순.

(10) 解組(해조): 인끈을 풀다. 벼슬을 그만둔다는 말이다. 이신 · 이상 형제가 벼슬에서 물러나는 것을 가리킨다.

(11) 對牀(대상): 침상을 마주하고 누워서 정담을 나눈다는 말이다. 〈送劉寺丞赴餘姚〉(0634) 주 (5) 참조. 이 연은 이신 · 이상 형제의 대상야우를 상상하며 부러워한 것이다.

## 0803. 將至筠[1], 先寄遲[2]·适[3]·遠[4]三猶子[5]

균주에 다 가 갈 때 먼저 지·괄·원 등 세 조카에게 부친다

露宿風餐六百里, 이슬과 바람 속에 먹고 자기 육백 리
明朝飮馬南江水.[6] 내일이면 말에게 남강 물을 먹이겠네.
未見豊盈犀角兒,[7][8] 무소뿔이 불룩한 아이들을 보기 전에
先逢玉雪王郎子.[9] 백설 같은 왕도령을 먼저 만났네.
對牀欲作連夜語,[10] 침상을 마주 놓고 밤새워 얘기하고 싶었지만
念汝還須戴星起.[11] 너희를 생각하며 또 별을 이고 일어나야 했네.
夜來夢見小於菟,[12] 어젯밤 꿈속에 작은 범을 보았더니
猶是髧髦垂兩耳.[13] 아직도 다팔머리가 두 귀에 드리웠네.
憶過濟南春未動,[14] 제남을 지날 때에 봄기운 아직 덜 동했는데
三子出迎殘雪裏. 세 조카가 잔설 속에 마중 나온 일 생각나네.
我時移守古河東,[15] 나는 당시 옛 하동의 태수로 옮기게 되어
酒肉淋漓渾舍喜.[16] 술과 고기 넘쳐 나고 온 집에 기쁨이 가득했네.
而今憔悴一羸馬, 지금은 초췌해져 여윈 말 한 필 탄 신세
逆旅擔夫相汝爾.[17] 여관의 짐꾼들이 나와 너나들이하네.
出城見我定驚嗟, 성에서 나와 나를 보면 틀림없이 놀랄 테지만
身健窮愁不須恥. 일신이 건강하니 가난하다 부끄러워할 것 없네.
我爲乃翁留十日, 나는 너희 아비를 위해 열흘 동안 머물 터

| | |
|---|---|
| 掣電一歡何足恃.[18] | 순식간의 기쁨이야 어찌 믿을 만하리? |
| 惟當火急作新詩, | 화급히 새 시나 지어야 할 일이니 |
| 一醉兩翁勝酒美.[19] | 두 늙은이를 취하게 하면 맛있는 술보다 나을 것이네. |

**[해설]**

동생의 임지인 균주에 도착하기 직전에 지·괄·원 등 세 조카에게 보낸 시이다. 제남에서 만났던 옛날과는 상황이 달라졌으니 멋진 시를 지어서 자신을 위로해 달라고 당부했다.

**[주석]**

(1) 筠(균): 균주. 지금의 강서성 高安.
(2) 遲(지): 소철의 장남.
(3) 适(괄): 소철의 둘째 아들.
(4) 遠(원): 소철의 셋째 아들.
(5) 猶子(유자): 조카.
(6) 南江(남강): 《尙書·禹貢》에서 말한 三江의 하나로 강소성의 吳淞江을 가리킨다는 설, 강서성의 贛江을 가리킨다는 설, 호북성 江陵 상류의 長江을 가리킨다는 설 등 여러 가지 설이 있는데(魏嵩山 主編, 《中國歷史地名大辭典》, 廣東教育出版社, 1995년 제1판, 760쪽 참조), 여기서는 贛江의 지류로서 균주를 지나 감강 본류와 합류하여 鄱陽湖로 들어가는 錦江(일명 蜀水)을 가리키는 것으로 보인다. 이것은 장강의 상류인 금강과는 이름만 같을 뿐 별개의 강이다.
(7) 豊盈(풍영): 풍만하다.
(8) 犀角(서각): 이마의 머리카락에 가까운 부분이 무소의 뿔처럼 불룩하게 튀어나온 것을 가리킨다. 骨相學에 의하면 귀하게 될 상이라고 한다.
(9) 王郎子(왕랑자): 소철의 사위 王適을 가리킨다. 소식의 자주에 "당시 건창에서 왕랑을 만났는데 그는 막 북쪽으로 가는 중이었다(時道逢王郎於建昌, 方北行也)"라고 했다.
(10) 對牀(대상): 침상을 마주 놓고 누워서 정담을 나눈다는 말이다. 〈送劉寺丞赴餘姚〉(0634) 주 (5) 참조.
(11) 戴星(대성): 별이 지기 전에 일어나거나 별이 뜬 뒤에 귀가하는 것을 가리킨다.
(12) 於菟(오토): 호랑이의 별칭. 어릴 적 이름이 虎兒인 셋째 조카 蘇遠을 가리킨다. 소식의 자주에 "원이는 어릴 적 이름이 호아이다(遠, 小名虎兒)"라고 했다.
(13) 髧髦(담모): 다팔머리.
(14) 濟南(제남): 지금의 산동성 제남. 이 구절은 河中府知府로 부임해 가는 중이던 희령 10년(1077) 1월 소철의 임지인 제남을 지나갈 때의 일을 회상한 것이다. 당시 소철은 開封으로 들어가고 없

고 제주지주로 재임 중이던 친구 이상과 자신의 세 조카가 나와서 반가이 맞아 주었다.

(15) 古河東(고하동): 하중부를 가리킨다. 하중부는 관청소재지가 하동(지금의 산서성 永濟 서쪽)에 있었다.

(16) 淋漓(임리): 풍성하다.

(17) 相汝爾(상여이): 너나들이하다. 이 구절은 여관에서 일하는 짐꾼들이 소식을 알아보지 못하여 깍듯이 존대하지 않고 함부로 말한다는 뜻이다.

(18) 掣電(체전): 번개가 치다. 아주 짧은 시간을 가리킨다.

(19) 一醉(일취): 조카들이 지은 시에 취하는 것을 가리킨다.

## 0804. 端午游眞如[1], 遲[2]·适[3]·遠[4]從, 子由[5]在酒局[6]

단옷날 진여사를 유람할 때 지·괄·원이 따라가고 자유는 주세 감독 관청에 있었다

| | |
|---|---|
| 一與子由別, | 자유와 한 번 헤어져 지내기 시작한 뒤 |
| 却數七端午.[7] | 마침내 단오를 일곱 번 헤아리나니 |
| 身隨綵絲繫, | 몸은 비단실을 묶는 풍속을 따랐지만 |
| 心與昌歜苦.[8][9] | 마음은 창포절임처럼 쓰기만 했네. |
| 今年匹馬來, | 금년에는 필마로 찾아오면서 |
| 佳節日夜數. | 명절을 밤낮으로 손꼽았나니 |
| 兒童喜我至, | 아이들이 내가 온 걸 기뻐하면서 |
| 典衣具雞黍.[10] | 옷을 잡혀 닭고기와 기장밥을 마련하고 |
| 水餠旣懷鄕,[11] | 국수로 고향 생각 자아내더니 |
| 飯筒仍愍楚.[12] | 밥통으로 초나라 사람을 애도하기도 했네. |
| 謂言必一醉, | 그대는 우리가 반드시 한 번 취해 |
| 快作西川語.[13] | 기분 좋게 사천 얘기 하자 했지만 |
| 寧知是官身, | 어떻게 알았으리 벼슬에 매인 몸이라 |
| 糟麴困熏煮.[14][15] | 지게미와 누룩과 소금 굽기에 괴롭힘을 당할 줄을? |
| 獨攜三子出, | 할 수 없이 세 조카만 데리고 나가 |
| 古刹訪禪祖.[16] | 오래된 사찰로 스님이나 방문하여 |
| 高談付梁羅,[17] | 고담준론은 양이와 나에게 하게 하고 |

詩律到阿虎.[18]　　시 짓기는 아호에게도 하게 했나니
歸來一調笑,[19]　　돌아와서 한바탕의 우스갯소리로써
慰此長齟齬.[20]　　늘 이가 안 맞는 이 사람을 위로하네.

**[해설]**

모처럼 동생과 함께 단오를 쇠고 싶은 마음에 서둘러 균주로 갔으나 동생이 공무 때문에 함께 지낼 수 없게 되어 조카 세 명만 데리고 근처에 있는 진여사에 다녀온 소감을 해학적인 필치로 노래한 것이다.

**[주석]**

(1) 眞如(진여): 진여사. 강서성 高安에 있는 절. 大愚寺라고도 한다.
(2) 遲(지): 蘇轍의 장남.
(3) 适(괄): 소철의 둘째 아들.
(4) 遠(원): 소철의 셋째 아들.
(5) 子由(자유): 소식의 동생 소철의 字.
(6) 酒局(주국): 소철이 監筠州鹽酒稅로 근무한 관청을 가리킨다. 소식의 〈與王定國帖〉에 "자유는 균주에 있을 때 몹시 고생스럽고 관청의 일이 번쇄하여 늙은 형의 안일한 생활을 매우 부러워했다오(子由在筠, 甚苦, 局事煩碎, 深羨老兄之安逸也)"라는 구절이 있다.
(7) 却(각): 마침내. 이 구절은 서주지주로 부임한 희령 10년(1077)에 자신을 따라 서주까지 온 동생과 함께 단오를 쇤 이후 지금까지 7년 동안 함께 단오를 쇤 적이 없음을 한탄한 것이다.
(8) 與(여): ~와 같이.
(9) 昌歜(창촉): 창포의 뿌리를 절여서 만든 음식. '菖歜'과 같다. 《藥性論》에 "창포는 맛이 맵고 쓰다(昌蒲味辛苦)"라고 했다.
(10) 雞黍(계서): 닭고기와 기장밥. 孟浩然의 시 〈過故人莊〉에 "친구가 닭고기와 기장밥을 차려 놓고, 자기 시골집으로 나를 초대하였네(故人具鷄黍, 邀我至田家)"라는 구절이 있다.
(11) 水餅(수병): 국수. '水引餅'·'水引'·'水引麵'이라고도 한다.
(12) 楚(초): 초나라 사람인 屈原을 가리킨다. 5월 5일날 汨羅水에 빠져 죽은 굴원의 영혼을 위로하기 위하여 초지방에는 해마다 단옷날이 되면 대나무 통에 쌀을 담아 강 속에 던져 넣는 풍속이 있는데, 이 구절은 균주에 사는 조카들도 그런 풍속을 따랐다는 말이다.
(13) 西川(서천): 成都를 중심으로 하는 사천성 서부 지역을 가리킨다. 당나라 때는 이곳에 劍南西川節度使를 설치했고, 송나라 때는 西川路를 설치했다. 이 연은 소철이 형과 함께 술을 마시고 기분 좋게 고향 이야기를 나누자고 했다는 말이다.

(14) 糟麴(조국): 지게미와 누룩. 술을 가리킨다.

(15) 熏煮(훈자): 소금을 굽다. 고려 문인 安軸의 시 〈鹽戶〉에 "뜨거운 열로 태워서 그을음을 피우며, 소금을 굽느라 눈썹과 눈이 시커멓네(酷熱燒煙煤, 熏煮眉目黑)"라는 구절이 있다. 이 구절은 소철이 監筠州鹽酒稅의 직무 때문에 바빴다는 말이다.

(16) 禪祖(선조): 고승에 대한 존칭. 진여사의 장로인 大愚禪師 照公을 가리킨다.

(17) 梁羅(양라): 소식의 자주에 "양과 라는 지와 괄의 어릴 적 이름이다(梁·羅, 遲·适小名也)"라고 했다.

(18) 阿虎(아호): 어릴 적 이름이 虎兒인 蘇遠에 대한 애칭. 〈將至筠, 先寄遲·适·遠三猶子〉(0803) 주 (12) 참조. 이 구절은 막내인 소원도 시 짓는 대열에는 동참할 줄 알았다는 말이다.

(19) 調笑(조소): 우스갯소리를 하다.

(20) 齟齬(저어): 아랫니와 윗니가 서로 맞지 않다. 서로 시간이 어긋나 동생과 함께 단오를 쇠지 못한 자신을 가리킨다. 이 연은 조카들의 재주를 보는 재미가 컸다며 그것을 보지 못한 동생에게 약을 올린 것이다.

## 0805. 別子由[1]三首兼別遲[2]

자유와 작별하고 아울러 지와도 작별하며

其一

| | |
|---|---|
| 知君念我欲別難, | 그대는 내가 염려되어 보내기 힘든 줄 알지만 |
| 我今此別非他日. | 나는 지금 이 이별이 지난날과 달라서 |
| 風裏楊花雖未定, | 바람 속의 버들개지 아직 멎지 않았지만 |
| 雨中荷葉終不濕. | 빗속에도 연잎은 끝내 젖지 않는다네. |
| 三年磨我費百書,[3] | 삼 년간 편지를 백 통 써서 나를 단련시킨 덕에 |
| 一見何止得雙璧.[4] | 이렇게 한 번 보니 쌍벽을 얻은 것 이상이네. |
| 願君亦莫嗟留滯,[5] | 그대도 앞길 막힌다고 한탄하지 말기 바라나니 |
| 六十小劫風雨疾.[6] | 육십 소겁이 풍우처럼 빨리 지나갈 것이네. |

其二

| | |
|---|---|
| 先君昔愛洛城居,[7] | 선친께서 옛날에 낙양에 살길 좋아했는데 |
| 我今亦過嵩山麓.[8] | 나도 지금 숭산의 기슭을 지나가네. |
| 水南卜築吾豈敢,[9] | 낙수 남쪽에 집 짓는 거야 내가 어찌 감행하리? |
| 試向伊川買修竹.[10] | 시험 삼아 이천에다 키 큰 대나 사 두려네. |
| 又聞緱山好泉眼,[11][12] | 또 듣기에 구씨산엔 멋진 샘물도 있어 |

| | |
|---|---|
| 傍市穿林瀉冰玉.(13) | 시장을 지나 숲을 뚫으며 언 옥을 쏟는다네. |
| 遙想茅軒照水開,(14) | 훗날 물에 비친 채 열려 있는 초가집에서 |
| 兩翁相對清如鵠.(15) | 두 늙은이가 고니처럼 청아하게 마주 보리. |

其三

| | |
|---|---|
| 兩翁歸隱非難事, | 두 늙은이가 은퇴하는 건 어려운 일이 아니니 |
| 惟要傳家好兒子.(16) | 집안일을 넘겨줄 좋은 아들만 있으면 되지. |
| 憶昔汝翁如汝長,(17) | 옛날에 네 아비가 너만 할 때가 생각나나니 |
| 筆頭一落三千字. | 붓끝이 한 번 닿으면 삼천 자를 썼었지. |
| 世人聞此皆大笑, | 세인들이 이 말 들으면 다들 크게 웃을 테지 |
| 愼勿生兒兩翁似. | 두 늙은이 닮은 아들일랑 부디 낳지 말라고. |
| 不知樗櫟薦明堂,(18)(19) | 모를레라 못난 재목이 조정에 천거되는 것이 |
| 何似鹽車壓千里.(20)(21) | 어떻게 천리마가 소금 수레 끄는 것과 같은지. |

**[해설]**

동생 및 조카와 헤어지면서 지은 것이다. 앞의 두 수는 동생 소철에게 한 말이고 마지막 한 수는 큰조카 소지에게 한 말로, 설사 소금 수레나 끄는 천리마처럼 뛰어난 능력을 인정받지 못하는 한이 있더라도 무능한 인재가 외람되이 권좌를 차지하고 앉아서 나라와 백성에게 해를 끼치는 것보다는 나으니 열심히 능력을 기르라고 당부했다.

**[주석]**

(1) 子由(자유): 소식의 동생 蘇轍의 字.
(2) 遲(지): 소철의 장남.
(3) 三年(삼년): 구체적인 시간이 아니라 막연하게 긴 시간을 가리킨다.
(4) 雙璧(쌍벽): 뛰어난 형제를 가리킨다. 이 연은 동생이 그동안 수많은 편지로 자신을 격려해 준 덕분에 마음이 매우 초연하고 의연해져서 그를 한 번 보는 것만으로도 더없이 즐겁다는 말이다.
(5) 留滯(유체): 정체되다. 막히다. 관운이 막히는 것, 즉 관직생활이 순탄하지 않은 것을 가리킨다.
(6) 小劫(소겁): 사람의 목숨이 8만 살부터 100년마다 한 살씩 줄어서 열 살이 되기까지의 동안, 또는 열 살에서 100년마다 한 살씩 늘어서 8만 살에 이르는 동안. 매우 긴 시간을 가리킨다. 이 구

절은 《法華經·序品》의 "60소겁 동안 자리에서 일어나지 않았다(六十小劫, 不起於座)"라는 표현을 차용한 것으로 길지만 짧게 느껴지는 시간을 가리킨다.

(7) 洛城(낙성): 지금의 하남성 洛陽. 蘇轍의 〈卜居賦〉에 "옛날에 우리 선친께서 평민의 신분으로 여기저기 돌아다니며 공부하실 때, 낙양에 들렀다가 그곳의 산천을 좋아하여 그곳에 집을 짓고 살려는 마음이 간절했었는데, 집안이 가난하여 뜻을 이루지 못하셨다(昔予先君, 以布衣學四方, 嘗過洛陽, 愛其山川, 慨然有卜居意, 而貧不能遂)"라는 말이 있다.

(8) 嵩山(숭산): 낙양 동남쪽의 登封에 있는 산. 五嶽 중의 중악이다.

(9) 水南(수남): 낙양의 남쪽을 지나가는 洛河의 남쪽을 가리킨다.

(10) 伊川(이천): 伊河. 낙하의 남쪽에 있는 강으로 하남성 偃師에서 낙하와 합류하여 북쪽으로 흘러 황하로 들어간다.

(11) 緱山(구산): 하남성 언사에 있는 산으로 緱氏山이라고도 한다. 《河南志》에 "구씨산에는 불광사가 있고 감미로운 샘물도 있다(緱氏山有佛光寺, 又有甘泉)"라고 했고, 《元和郡縣志》에 "구씨산은 왕자 진이 득도하여 신선이 된 곳이다(緱氏山, 王子晉得仙處)"라고 했다.

(12) 泉眼(천안): 샘물이 솟는 구멍. 샘구멍. 샘물을 가리킨다.

(13) 冰玉(빙옥): 차고 맑은 물을 가리킨다.

(14) 茅軒(모헌): 초가집.

(15) 兩翁(양옹): 소식·소철 형제를 가리킨다.

(16) 傳家(전가): 집안일을 자손에게 넘겨주다.

(17) 汝翁(여옹): 너의 아버지. 소지의 아버지 소철을 가리킨다.

(18) 樗櫟(저력): 가죽나무와 상수리나무. 쓸모가 별로 없는 재목을 가리킨다.

(19) 明堂(명당): 임금이 조회를 받고 정사를 돌보던 곳. 조정을 가리킨다.

(20) 何似(하사): 어찌 ~와 같겠는가. ~만 못하다는 뜻이다. 이 연은 비록 소금 수레나 끄는 천리마처럼 뛰어난 능력을 인정받지 못하는 한이 있더라도 무능한 사람이 요직을 차지하고 앉아서 나라와 백성에게 해를 끼치는 것보다는 낫다는 뜻으로, 소철이 당시 균주에서 鹽稅를 관리하고 있었기 때문에 해학적인 맛을 더해 준다.

(21) 千里(천리): 천리마를 가리킨다.

## 0806. 初別子由[1]至奉新[2]作

막 자유와 헤어진 후 봉신에 도착하여

| | |
|---|---|
| 雙鵲先我來, | 한 쌍의 까치가 나보다 먼저 와서 |
| 飛上東軒背.[3] | 동헌의 뒤쪽으로 날아올라 갔다지. |
| 書隨好夢到, | 길몽에 이어서 편지가 도착하고 |
| 人與佳節會. | 명절에 때맞추어 우리가 상봉했지. |
| 一歡難把玩,[4][5] | 한바탕의 기쁨은 오래 누리기 어려운 법 |
| 回首了無在. | 고개를 돌려 보니 아무것도 없도다. |
| 却渡來時溪, | 올 때 건넌 나루를 다시 건너니 |
| 斷橋號淺瀨. | 끊어진 다리 밑에 얕은 여울이 흐느낀다. |
| 茫茫暑天闊, | 더운 여름 하늘이 아득하게 펼쳐졌고 |
| 靄靄孤城背.[6][7] | 외로운 성이 안개 속에 돌아앉았다. |
| 青山眊矂中,[8] | 푸른 산이 실의에 빠져 있더니 |
| 落日凄涼外. | 지는 해가 처량함의 바깥에 있다. |
| 盛衰豈我意, | 흥망성쇠야 내가 어찌 개의하리오? |
| 離合非所礙. | 헤어지고 만나는 건 거리끼는 바 아니로다. |
| 何以解我憂, | 무엇으로 내 근심이 다 풀렸는가? |
| 粗了一事大.[9] | 한 가지 큰일이 대충 끝난 덕이로다. |

### [해설]

균주를 떠나 봉신에 이르렀을 때 지은 것으로, 동생을 잠깐 만나고 금방 헤어진 아쉬움을 극복하고 머지않아 곧 다시 만날 것이라고 자위했다.

### [주석]

(1) 子由(자유): 소식의 동생 蘇轍의 字.
(2) 奉新(봉신): 지금의 강서성 봉신. 筠州(지금의 강서성 高安)에서 북쪽으로 100리가량 떨어진 곳에 있다.
(3) 東軒(동헌): 소철이 균주의 관사에 지은 건물. 이 연은 소식이 오기 직전에 소철이 본 꿈속의 광경이었던 것 같다.
(4) 一歡(일환): 소철과의 짧은 상봉을 가리킨다. 〈將至筠, 先寄遲・适・遠三猶子〉(0803)에 "나는 너희 아비를 위해 열흘 동안 머물 터, 순식간의 기쁨이야 어찌 믿을 만하리?(我爲乃翁留十日, 掣電一歡何足恃?)"라고 했다.
(5) 把玩(파완): 가지고 놀다. 오랫동안 즐긴다는 뜻이다.
(6) 靄靄(애애): 구름이나 안개가 짙게 낀 모양. 흐릿한 모양.
(7) 背(배): 등지다. 외면하다.
(8) 眊瞍(모소): 실의에 빠져 번민하다. 이 연은 동생과 헤어져서 여기까지 오는 동안에는 청산이 실의에 빠진 것처럼 보일 정도로 울적했는데, 잠시 졌다가 내일 아침에 다시 뜰 석양을 바라보니 처량한 심경이 해소되었다는 뜻인 것으로 보인다.
(9) 一事大(일사대): 한 가지의 큰일. '一事'의 어감을 고려하건대 오랜 숙원이었던 동생과의 만남을 가리키는 것으로 보인다. 黃州에서 汝州로 유배지를 옮기게 된 일을 가리키는 것으로 보면 시의 전체적인 분위기와 부합하지 않는다.

## 0807. 白塔鋪[1]歇馬
백탑포에 말을 세우고

| | |
|---|---|
| 甘山廬阜鬱相望,[2][3] | 감산과 여산이 울창하게 서로 바라보는데 |
| 林隙熹微漏日光. | 숲 틈으로 희미하게 햇빛이 새 나온다. |
| 吳國晩蠶初斷葉,[4] | 오나라의 늦누에는 뽕잎을 막 끊었고 |
| 占城蚤稻欲移秧.[5] | 점성의 올벼는 모내기를 하려 한다. |
| 迢迢澗水隨人急,[6] | 기다란 골짝 물은 사람을 따라 급히 흐르고 |
| 冉冉巖花撲馬香.[7] | 한들한들 바위 위의 꽃은 말로 향기를 보내온다. |
| 望眼儘從飛鳥遠,[8] | 나는 새를 따라가며 한껏 멀리 바라보나니 |
| 白雲深處是吾鄕. | 흰 구름 깊은 곳이 나의 고향이렷다. |

**[해설]**

백탑포에서 잠시 쉬며 여름을 맞이한 그곳의 정경을 묘사하고 그로 인해 일어난 고향 생각을 토로한 것이다.

**[주석]**

(1) 白塔鋪(백탑포): 査愼行의 《蘇詩補註》에 "백탑포에 대해서는 고증된 것이 없다(白塔鋪無考)"라고 했고, 《名勝志》에 "강서 남강부 성자현성에서 서쪽으로 25리 되는 곳에 귀종사가 있다. 왕희지가 여산의 남쪽에 터를 잡아 살 때 서역에서 야사존자가 오자 왕희지가 집을 희사하여 살

게 했으니 이것이 바로 귀종사이다. 야사존자가 입적한 뒤 철탑사에서 장례를 치렀는데 사리의 흰 광채가 나타났으므로 세속에서 이것을 백탑이라고 불렀는바, 틀림없이 이것이 바로 이 백탑포일 것이다(江西南康府星子縣城西二十五里, 有歸宗寺. 王羲之卜居廬山之南, 時耶舍尊者來自西域, 羲之捨宅處之, 卽歸宗也. 耶舍歸寂後, 葬於鐵塔寺, 現舍利白光, 俗呼白塔, 當卽此白塔鋪也)"라고 했다.

(2) 甘山(감산): 馮應榴의 《蘇軾詩集合注》에 "감산에 대해서는 고증된 것이 없다(甘山無考)"라고 했다.

(3) 廬阜(여부): 여산.

(4) 晩蠶(만잠): 여름철에 치는 누에. 옛날 오나라 땅에서 누에를 많이 치기 때문에 누에를 흔히 吳蠶이라고 한다. 이 구절은 누에가 첫잠을 자기 시작했다는 말이다.

(5) 占城(점성): 지금의 베트남 중부에 있던 옛날 나라. 《一統志》에 "점성은 옛날 월상씨와의 경계에 있다. 진나라 때에는 상군 임읍현이었고, 한나라 때에는 상림현으로 바꾸어 일남군에 속하게 했으며, 당나라 때에 점성이라고 했다. 그 지방 사람들은 쌀을 양식으로 삼는다(占城, 古越裳氏界. 秦爲象郡林邑縣, 漢改象林縣, 屬日南郡, 唐曰占城. 其俗粒食稻米)"라고 했다.

(6) 迢迢(초초): 길게 이어진 모양.

(7) 冉冉(염염): 연약하게 드리워져 있는 모양.

(8) 望眼(망안): 멀리 바라보는 눈.

## 0808. 同年[1]程筠[2]德林[3]求先墳二詩

과거급제 동기인 덕림 정균이 선조의 무덤에 걸 시를 두 수 청하기에

### 0808-1. 思成堂[4]

사성당

| | |
|---|---|
| 宰樹連山谷,[5] | 산소에 심은 나무가 계곡까지 이어지고 |
| 祠堂照路隅. | 번듯한 사당이 길 모퉁이에서 빛나네. |
| 養松無觸鹿,[6] | 소나무를 기르는데 들이받는 사슴이 없고 |
| 助祭有馴烏.[7] | 길이 잘 든 까마귀가 제사를 돕네. |
| 歸夢先寒食,[8][9] | 한식이 되기 전에 돌아갈 꿈을 꾸고 |
| 兒啼到白鬚.[10] | 백발이 되도록 아이 울음을 울었네. |
| 遙知鄰里化,[11] | 안 보아도 알겠나니 이웃들이 감화되어 |
| 醉叟道爭扶.[12] | 술 취한 늙은이를 길에서 다투어 부축하겠네. |

**[해설]**

정균 집안의 선영에 지어 놓은 사성당이라는 건물을 소재로 정균 및 그 집안 사람들의 효성을 칭송한 것이다.

**[주석]**

(1) 同年(동년): 과거급제 동기.

(2) 程筠(정균): 《江西通志 · 人物 · 饒州府》에 "정균은 자가 덕림으로 정절의 동생이다. 가우(1056-1063) 연간에 진사시험에 급제하여 현령으로 임명되었다(程筠, 字德林, 節弟. 嘉祐進士, 授縣令)"라고 했다.

(3) 德林(덕림): 정균의 字.

(4) 思成堂(사성당): 정균의 선영에 지어 놓은 사당인 것으로 보인다. 〈毛詩序〉에 商나라 中宗에게 제사 지낼 때 사용한 시라고 한 《詩經 · 商頌 · 烈祖》에 "맑은 술을 차렸으니, 복을 내려 주시겠네(旣載淸酤, 賚我思成)"라는 구절이 있다.

(5) 宰樹(재수): 무덤에 심어 놓은 나무.

(6) 養松(양송): 무덤 가에 일부러 심어 놓은 소나무를 가리킨다. 진나라 사람 許孜는 양친이 돌아가셨을 때 아내를 버리고 무덤에 가서 양친을 지켰다. 그가 심은 소나무가 5~6리에 뻗어 있었는데, 사슴이 내려와서 소나무 묘목을 다 망가뜨리는지라 "사슴아 어찌 나를 생각해 주지 않느냐?" 하고 탄식했다. 이튿날 보니 맹수가 사슴을 죽여서 소나무 묘목 밑에 버려두었다. 그 뒤로 아무것도 해치지 않아 소나무가 무성하게 잘 자랐다.(《진서 · 허자전》 참조)

(7) 馴烏(순오): 길든 까마귀. 北齊 사람 蕭祗가 죽었을 때 그의 아들 蕭放은 효성을 다하여 삼년상을 치렀다. 그의 집 앞에 까마귀가 두 마리 날아와서 둥지를 틀고 살았는데, 나무에 내려앉을 때 날개를 펴고 슬프게 우는 것이 꼭 통곡하는 것 같았다. 집안 사람들이 그것을 본보기로 삼아 예를 빠뜨린 적이 없었다.(《북사 · 소지전》 참조) 이 구절은 까마귀가 길들여져서 제사를 지내는 동안에는 요란하게 짖어 대지 않고 얌전하게 있는다는 말이다.

(8) 歸夢(귀몽): 귀향의 꿈. 이 구절은 객지에서 벼슬살이하느라 한식날 고향으로 돌아가 성묘를 할 수 없는 후손이 마음속으로 미리 걱정한다는 말이다.

(9) 寒食(한식): 동지로부터 105일째 되는 날로 양력 4월 5일경에 드는데, 이날 조상의 산소를 찾아 제사를 지내고 성묘를 하는 풍속이 있다.

(10) 兒啼(아제): 자식이 부모 앞에서 어리광 부리는 것을 가리킨다. 老萊子는 부모님을 즐겁게 해 드리기 위하여 일흔 살의 나이에 색동옷을 입고 어린아이 울음소리를 내었다.(《高士傳》 참조)

(11) 遙知(요지): 멀리서도 알다.

(12) 醉叟(취수): 같은 마을에 사는 취한 노인을 가리킨다. 이 연은 정균 집안 후손들의 효성에 감화되어 같은 마을 사람들이 노인을 잘 공경할 것이라는 말이다.

## 0808-2. 歸眞亭(1)

귀진정

舊笑桓司馬,(2) 옛날에는 석곽 만든 환사마를 비웃었고
今師鄭大夫.(3) 지금은 무덤이 검소한 정대부를 본받네.
不知徂歲月, 세월이 가는 줄은 알지 못하고
空覺老楸梧.(4) 개오동과 벽오동이 늙은 것만 깨달았네.
祭禮傳家法, 제례를 위해 가문의 법도가 전해 오고
阡名載版圖.(5) 선영의 이름이 지도에 실려 있네.
會看千字誄,(6) 반드시 천 자짜리 비문을 읽어 보고
木杪見龜趺.(7) 나뭇가지 끝에 있는 귀부를 봐야 하리.

**[해설]**

정균 집안의 선영에 지어 놓은 귀진정이라는 정자를 소재로 무덤이 검소하면서도 예에 맞는 점을 칭송한 것이다.

**[주석]**

(1) 歸眞亭(귀진정): 정균의 선영에 지어 놓은 정자. 광동성 惠州西湖 가의 孤山에 소식의 시첩인 朝雲의 무덤이 있는데 그 바로 앞에 六如亭이라는 사각 정자가 세워져 있다. 이것은 그녀의 덕을 기리고 그녀의 무덤을 관리하기 위하여 세운 것이다. 귀진정도 이런 목적에서 세워진 정자인 것으로 보인다. '귀진'은 참된 상태로 돌아간다는 뜻으로 불교에서 사람의 죽음을 가리키는 말이다.

(2) 桓司馬(환사마): 춘추시대의 송나라 사람으로 司馬를 역임한 桓魋를 가리킨다. 공자가 曹나라에서 송나라로 가는 길에 제자들과 함께 큰 나무 밑에서 예법을 연습하고 있을 때 그가 공자를 죽이려고 그 나무를 뽑았다는 일화가 있다.(《史記·孔子世家》 참조) 《禮記·檀弓上》에 "옛날에 선생님께서 송나라에 계실 때 환사마가 스스로 석곽을 만드는데 3년이 지나도 완성되지 않는 것을 보시고는 '이처럼 사치스럽게 구는구나. 죽으면 빨리 썩는 것이 더 나은데'라고 하셨다(昔者夫子居於宋, 見桓司馬自爲石槨, 三年而不成. 夫子曰: '若是其靡也. 死不如速朽之愈也.')"라는 일화가 있다.

(3) 鄭大夫(정대부): 춘추시대 정나라의 대부 祭仲 혹은 子産을 가리킨다. 진나라 사람 杜預가 공무

로 인하여 密縣에 있는 邢山을 지나갈 때 형산에 무덤이 하나 있어서 그곳 농부에게 누구의 무덤인지 물었더니 정나라 대부 제중의 무덤이라는 사람도 있고 자산의 무덤이라는 사람도 있었다. 두예가 수행원들을 데리고 제사를 지내면서 살펴보았더니 무덤은 뒤쪽만 막고 앞쪽은 터 놓아서 안에 보물이 없음을 표시했다. 그리고 산에 아름다운 돌이 많았지만 그것을 캐지 않고 땅위에 널려 있는 보통의 돌로 무덤을 쌓았으니 인력을 낭비하지 않기 위해서였다. 이에 군자들은 이 무덤의 의리를 칭송하고 소인들은 이 무덤에서 취할 이익이 없기 때문에 천 년이 지나도록 훼손되지 않은 것이었다.(《진서·두예전》 참조)

(4) 楸梧(추오): 개오동나무와 벽오동나무. 이 연은 부지불식간에 세월이 많이 흘러 정씨의 후손들이 훼손된 선영을 보호하기 위해 귀진정을 지은 일을 가리키는 것으로 보인다.

(5) 版圖(판도): 戶籍과 지역 지도. 이 구절은 정씨 집안의 선영이 검소하면서도 예에 맞아 다른 사람들이 한 번 보기를 원하기 때문에 그 지방의 지도에 표시되어 있을 정도라는 말이다.

(6) 誄(뇌): 죽은 사람을 애도하는 글. 비석에 새겨진 글을 가리킨다.

(7) 龜趺(귀부): 거북이 모양으로 조각한 비석 받침돌. 이 구절은 정씨의 선영이 산 중턱에 있어서 나뭇가지 위에 있는 것처럼 보인다는 말이다.

## 0809. 陶驥子駿[1]佚老堂[2]二首

자준 도기의 일로당

### 其一

| | |
|---|---|
| 文擧與元禮,[3][4] | 공문거와 이원례도 오히려 몇 대에 걸쳐 |
| 尙得稱世舊.[5] | 오랫동안 교유해 온 집안이라 할 수 있었거늘 |
| 淵明吾所師,[6] | 도연명은 내가 스승으로 삼는 분이요 |
| 夫子乃其後.[7] | 선생은 바로 그분의 후손임에랴! |
| 挂冠不待年,[8][9] | 늙을 때까지 안 기다리고 관모를 거셨으니 |
| 亦豈爲五斗.[10] | 역시 어찌 쌀 다섯 말을 위해 벼슬할 수 있었으리오? |
| 我歌歸來引,[11] | 나는 전에 〈귀래인〉을 불렀거니와 |
| 千載信尙友.[12] | 참으로 천 년 전 사람을 벗한 게지요. |
| 相逢黃卷中,[13] | 노란색 책 속에서 만나는 것도 좋지만 |
| 何似一杯酒. | 그것이 어떻게 한 잔 술과 같으리오? |
| 君醉我且歸,[14] | 그대가 취했으니 내 잠시 돌아갔다 |
| 明朝許來否. | 내일 아침에 다시 와도 괜찮을까요? |

### 其二

| | |
|---|---|
| 我從廬山來,[15] | 이 사람이 여산을 지나오면서 |

| | |
|---|---|
| 目送孤飛雲. | 외로이 날아가는 구름을 전송하고 |
| 路逢陸道士,[16] | 도중에 우연히 육도사를 만나서 |
| 知是千歲人. | 그분이 천 년 전의 사람인 줄로 알고 |
| 試問當時友, | 그 당시의 친구에 대해 물어봤더니 |
| 虎溪已埃塵.[17] | 호계에 이미 진애가 쌓였다고 하더군요. |
| 似聞佚老堂, | 그분에게 듣기를 일로당에 사는 분은 |
| 知是幾世孫. | 도연명의 몇 세대 후손인 줄 아는데 |
| 能爲五字詩, | 오언시를 잘 짓고 |
| 仍戴漉酒巾.[18] | 술 거르는 두건도 쓰고 있기에 |
| 人呼小靖節,[19] | 사람들은 소정절이라 부르고 있고 |
| 自號葛天民.[20] | 스스로는 갈천민이라 부른다 한 것 같군요. |

**[해설]**

구강 사람 도기의 일로당에 부쳐서 지은 것이다. 도기가 도연명과 성이 같다는 사실에 착안하여 도연명을 흠모하는 자신의 심경을 토로하고 그것으로 다시 도연명의 후예답게 욕심 없고 초연한 도기의 인품을 칭송했다.

**[주석]**

(1) 子駿(자준): 九江 사람 陶驥의 字. 송나라 사람 郭祥正에게 〈寄題九江陶子駿佚老堂〉이라는 시가 있다.

(2) 佚老堂(일로당): 도기의 초당.

(3) 文擧(문거): 후한 사람 孔融의 字. 그가 열 살 때 부친을 따라 京師에 갔더니 당시 河南尹 李膺은 매우 위엄 있고 중후하여 당시의 저명 인사나 대대로 교유해 온 사람만 만나 주고 다른 사람은 만나 주지 않았다. 공융이 이응의 집으로 가서 문지기에게 "나는 이선생과 대대로 교유해 온 집안의 자제라네"라고 했다. 이응이 그를 만나 어째서 대대로 교유해 왔다고 했는지 묻자 공융이 "저희 선조 孔子와 선생의 선조 老子(본명 李耳)가 서로 만나 교유했으니 저희 집안과 선생의 집안은 대대로 교유해 온 셈이지요"라고 했다. 자리에 있던 사람들이 이 말을 듣고는 찬탄하지 않는 사람이 없었다.(《후한서·공융전》 참조)

(4) 元禮(원례): 이응의 字.

(5) 世舊(세구): 대대로 교유해 온 오래된 知己.

(6) 淵明(연명): 동진 때의 시인. 彭澤縣令으로 재임할 때 郡에서 감독관이 나오니 의관을 갖추고 나가서 맞이하라고 아전이 권하자, 그는 쌀 다섯 말의 녹봉 때문에 시골 소인배에게 허리를 굽힐 수 없다며 즉시 관직을 버리고 고향으로 돌아갔다.(《晉書 · 陶潛傳》 참조)

(7) 夫子(부자): 남자에 대한 존칭. 도기를 가리킨다.

(8) 挂冠(괘관): 관리가 官帽를 벗어서 건다는 뜻으로 벼슬에서 물러나는 것을 가리킨다.

(9) 待年(대년): 나이가 많아져서 퇴직하기를 기다리다.

(10) 五斗(오두): 녹봉으로 받는 쌀 다섯 말을 가리킨다. 주 (6) 참조.

(11) 歸來引(귀래인): 소식의 자주에 "내가 도연명의 〈귀거래〉를 가감함으로써 음률에 맞추고 〈귀래인〉이라고 했다(余增損淵明〈歸去來〉, 以就聲律, 謂之〈歸來引〉)"라고 한바, 소식이 도연명의 〈歸去來辭〉를 개작하여 만든 詞 〈哨徧〉(爲米折腰)를 가리킨다. 이 사의 서문에 "도연명이 〈귀거래사〉를 지었는데 그 가사만 있고 그 곡조가 없다. 내가 동파를 개간한 뒤 그 위에 설당을 지었더니 사람들이 모두 누추하다고 웃는데 유독 파양 사람 동의부만은 들러서 보고 좋아하면서 이웃이 될 생각을 가졌다. 이에 내가 〈귀거래사〉에 약간의 수정을 가함으로써 음률에 맞게 한 뒤 동의부에게 주어서 가동으로 하여금 노래하게 해 놓고 때때로 동파에서 서로 어울려 쟁기를 놓고 따라 부르면서 쇠뿔을 두들겨 박자를 맞추니 이 또한 즐겁지 않은가!(陶淵明賦〈歸去來〉, 有其詞而無其聲. 余治東坡, 築雪堂於上, 人俱笑其陋, 獨鄱陽董毅夫過而悅之, 有卜鄰之意. 乃取〈歸去來詞〉, 稍加檃括, 使就聲律, 以遺毅夫, 使家僮歌之, 時相從於東坡, 釋耒而和之, 扣牛角而爲之節, 不亦樂乎!)"라고 했다.

(12) 尙友(상우): 시대를 거슬러 올라가서 옛날 사람과 벗하다.

(13) 黃卷(황권): 노란색 종이로 만든 책. 도연명의 시문집을 가리킨다. 이 연은 책을 통하여 도연명을 만나는 것보다 도기와 함께 술을 마시는 것이 더 낫다는 말로, 도기가 도연명 못지않게 훌륭한 사람이라고 극찬한 것이다.

(14) 且歸(차귀): 잠시 돌아가다. 도연명은 집안이 매우 가난했지만 손님이 오면 귀천을 막론하고 술을 대접했는데, 만약 자기가 손님보다 먼저 취하면 "제가 취했으니 이제 그만 돌아가시지요"라고 했으니 그의 위인이 얼마나 진실하고 솔직한지 알 수 있다.(《송서 · 도잠전》 참조) 도기를 도연명에 빗댄 것이다.

(15) 廬山(여산): 강서성 九江 남쪽에 있는 산.

(16) 陸道士(육도사): 도사 陸修靜을 가리키는데 여기서는 소식이 도중에 만난 늙은 도사를 가리키는 것으로 보인다. 여산 東林寺의 慧遠大師는 원래 친구가 많았으나 두문불출하고 수행에 전념했다. 손님이 왔다가 돌아가는 경우에도 그는 절 앞에 있는 작은 개울인 虎溪 너머까지 배웅하지 않았다. 그런 상태가 지속되자 나중에는 그가 개울을 건너가려 하면 절을 지키는 호랑이가 포효하기에 이르렀다. 그런데 어느 날 그가 시인 도연명과 도사 육수정을 배웅하면서 넋을 놓고 이야기를 나누느라 그만 개울을 건너고 말았다. 호랑이가 포효하는 바람에 개울을 건넜음을 깨닫고 세 사람이 크게 웃었다. 이것이 이른바 '虎溪三笑'이다.(陳舜兪, 《廬山記》 참조) 2006년 8월

에 현장을 직접 답사해 본 바에 의하면 호계는 동림사 정문 바로 앞에 있었다. 그러니까 혜원대사가 호계를 건너지 않았다는 것은 그가 절을 벗어나지 않았음을 뜻하는 것이었다. '호계삼소' 이야기는 아마도 일념으로 수도에 임하는 혜원대사의 태도를 강조하느라 많이 과장된 것이 아닌가 싶다.

(17) 虎溪(호계): 여산 동림사 앞에 있는 개울. 주 (16) 참조.

(18) 漉酒巾(녹주건): 술 거르는 두건. 도연명이 고향으로 돌아가 가난하게 지내던 어느 날 그 고을 군수가 그의 집을 방문했는데, 마침 술이 잘 익은지라 도연명이 쓰고 있던 칡베 두건을 벗어서 술을 거른 후 다시 썼다.(《남사 · 도잠전》 참조)

(19) 靖節(정절): 도연명의 諡號.

(20) 葛天民(갈천민): 전설상의 황제인 갈천씨 시대의 순박한 백성을 가리킨다. 도연명의 〈五柳先生傳〉에 "술잔을 입에 물고 시를 지어서 자기 마음을 즐겁게 하니, 무회씨의 백성인가 갈천씨의 백성인가?(銜觴賦詩, 以樂其志, 無懷氏之民歟? 葛天氏之民歟?)"라는 말이 있다.

## 0810. 和李太白[1]幷敍

이태백의 시에 화답한 시와 그 서문

李太白有〈潯陽[2]紫極宮[3]感秋〉詩. 紫極宮, 今天慶觀[4]也. 道士胡洞微[5]以石本示余, 蓋其師卓玘[6]之所刻. 玘有道術, 節義過人, 今亡矣. 太白詩云: "四十九年非, 一往不可復." 予亦四十九, 感之, 次其韻. 玉芝[7]一名瓊田草[8], 洞微種之七八年矣, 云: "更數年可食." 許以遺余. 故幷記之.(이태백에게 〈심양의 자극궁에서 가을을 맞아〉라는 시가 있다. 자극궁은 지금의 천경관이다. 도사 호동미가 석각본을 나에게 보여 주었는데 아마도 그의 스승 탁기가 새긴 것인 것 같다. 탁기는 도술을 지니고 있고 절개와 의리가 남달랐는데 지금은 세상을 떠났다. 이태백의 시에 "지난 마흔아홉 해가 잘못됐는데, 한 번 지나가고 나니 돌이킬 수가 없네"라고 했거니와 나도 마흔아홉 살이 되어 이 시에 느낀 바가 있어 그 시에 차운한다. 옥지는 일명 경전초라고도 하거니와 호동미가 그것을 심은 지 7~8년이 되었는데, "몇 년이 지나면 먹을 수 있을 것이오"라고 하며 나에게 주겠다고 하기에 이 사실을 함께 기록한다.)

| | |
|---|---|
| 寄臥虛寂堂, | 텅텅 비어 적막한 초당에 누웠으니 |
| 月明浸疏竹. | 듬성듬성한 대숲에 밝은 달이 스미기에 |
| 泠然洗我心, | 시원하게 내 마음을 씻어 보려고 |
| 欲飮不可掬. | 들이마시려 해도 움킬 수 없다. |
| 流光發永歎,[9] | 흘러가는 세월에 길게 탄식하는 것 |
| 自昔非余獨. | 예로부터 나 혼자만 그런 것은 아니렷다. |
| 行年四十九,[10] | 내 나이 올해로 마흔아홉이 되어 |
| 還此北窗宿.[11] | 이백처럼 또 이렇게 북창에 누워 잔다. |
| 緬懷卓道人, | 아득히 탁도인을 그려 보나니 |
| 白首寓醫卜. | 백발이 되어 의술과 점술로 살았것다. |
| 謫仙固遠矣,[12] | 폄적 온 신선은 참으로 멀어졌고 |
| 此士亦難復. | 이 도사도 돌아오기 어렵게 되었도다. |
| 世道如弈棋,[13] | 세상 돌아가는 이치가 바둑판처럼 |
| 變化不容覆. | 천변만화하여서 되돌릴 수 없으니 |

惟應玉芝老, 다만 늙은 옥지의 효험을 보아
待得蟠桃熟.(14)(15) 반도가 익을 때나 기다리련다.

### [해설]

구강에 있는 천경관이라는 도교 사원에서 도사 호동미가 석각본을 보여 준 이백의 시 〈심양의 자극궁에서 가을을 맞아(潯陽紫極宮感秋)〉에 차운한 것으로, 옛날에 이곳에 머문 적이 있는 이백과 탁도사를 그리고 옥지를 주기로 한 호동미의 호의에 감사했다.

### [주석]

(1) 太白(태백): 李白의 字.
(2) 潯陽(심양): 지금의 강서성 九江.
(3) 紫極宮(자극궁): 당나라 때의 도교 사원.
(4) 天慶觀(천경관): 송나라 때의 도교 사원. 〈次韻樂著作天慶觀醮〉(0694) 주 (2) 참조.
(5) 胡洞微(호동미): 도사 이름.
(6) 卓玘(탁기): 도사 이름.
(7) 玉芝(옥지): 靈芝의 일종. 白芝라고도 한다.
(8) 瓊田草(경전초): 옥지의 별명. 옛날 사람들은 이것을 먹으면 장생불사한다고 믿었다.
(9) 流光(유광): 흘러가는 시간.
(10) 行年(행년): 살아 온 햇수. 이백의 원시에 "지난 마흔아홉 해가 잘못됐는데, 한 번 지나가고 나니 돌이킬 수가 없네(四十九年非, 一往不可復)"라는 구절이 있다.
(11) 北窗(북창): 북쪽 창. 이백의 원시에 "어디에서 가을 소리 들려오는가? 사각사각 북쪽 창의 대나무로다(何處聞秋聲, 翛翛北窗竹)"라는 구절이 있다.
(12) 謫仙(적선): 하늘에서 속세로 폄적된 신선이라는 뜻으로 이백을 가리킨다.
(13) 弈棋(혁기): 바둑. 다른 사람이 바둑을 두다가 잘못되어 바둑판이 헝클어지지자 옆에 있던 왕찬이 원래 상태로 복구했다. 바둑 두던 사람이 믿어지지 않아서 수건으로 바둑판을 덮어 놓고 다른 바둑판에 새로 복원해 보라고 하여 양자를 맞추어 보니 하나도 잘못 놓이지 않았다.(《三國志·魏志·王粲傳》 참조) 이 일화는 왕찬 같은 사람이나 바둑판을 복원할 수 있지 일반인은 복원할 수 없다는 뜻이다. 또 杜甫의 시 〈秋興八首〉 其四에 "듣자하니 장안은 바둑판과 같다는데, 한평생의 세상사가 슬프기 그지없다(聞道長安似奕棋, 百年世事不勝悲)"라고 했다. 이 연은 세상 돌아가는 이치가 바둑을 두는 것처럼 변화무상하여서 천경관에서 지낸 적이 있는 이백·탁기 등의 과거사가 재연될 수 없음을 한탄한 것으로 보인다.
(14) 待得(대득): ~할 때까지 기다리다.

(15) 蟠桃(반도): 중국 신화에서 3천 년에 한 번씩 결실한다는 仙桃. 7월 7일날 西王母가 내려와서 漢武帝에게 선도 네 개를 주었더니, 한무제가 먹고 나서 그 씨를 모아 두었다. 서왕모가 까닭을 묻자 나중에 심으려고 그런다고 대답했다. 그러자 서왕모가 "이 복숭아는 3천 년마다 한 번씩 열매를 맺고 중국은 땅이 척박하기 때문에 심어도 안 납니다"라고 했다.(《漢武帝內傳》 참조) 《論衡 · 訂鬼篇》에 《山海經》을 인용하여 "창해 가운데에 도삭지산이 있는데 그 위에 커다란 복숭아나무가 있어 구불구불하게 3천 리에 뻗어 있다(滄海之中, 有度朔之山, 上有大桃木, 其屈蟠三千里)"라고 했다. 이 연은 호동미가 주는 옥지나 먹고 오래오래 신선적인 삶이나 영위하겠다는 해학적인 표현이다.

## 0811. 次韻道潛[1]留別[2]

떠나가는 심경을 노래한 도잠의 시에 차운하여

| | |
|---|---|
| 爲聞廬岳多眞隱,[3] | 여산에는 진정한 은자가 많다기에 |
| 故就高人斷宿攀.[4][5] | 고인을 찾아가 오랜 속심을 끊어 낸지라 |
| 已喜禪心無別語,[6] | 선심으로 작별 인사도 없을 거라 이미 좋아했는데 |
| 尙嫌剃髮有詩斑.[7][8][9] | 삭발에 시 반점이 생길 문제가 아직 있네. |
| 異同更莫疑三語,[10] | 이동에 관한 세 마디를 더는 의심치 말지니 |
| 物我終當付八還.[11] | 물아가 결국 제자리로 돌아게 될 것이네. |
| 到後與君開北戶, | 오신 뒤에 그대와 북쪽 문을 열어 놓고 |
| 擧頭三十六靑山.[12] | 고개 들어 서른여섯 청산이나 보려네. |

**[해설]**

황주로 소식을 찾아와서 함께 지내다가 항주로 돌아가는 도잠이 작별 인사로 써 준 시에 차운한 것이다.

**[주석]**

(1) 道潛(도잠): 절강성 於潛 출신의 스님으로 소식의 절친한 친구. 字가 參寥였다.
(2) 留別(유별): 떠나가는 사람이 남아 있는 사람에게 작별 인사를 하다.
(3) 廬岳(여악): 여산. 강서성 九江 남쪽에 있는 산.

(4) 高人(고인): 심지와 품행이 고상한 사람. 은자를 가리킨다.

(5) 宿攀(숙반): 평소에 늘 지니고 있는 세속적인 마음. 오랫동안 간직해 온 俗心. 王十朋의 《百家註分類東坡先生詩》에 "'숙반'은 평소에 매달리고 흠모하는 것이다('宿攀', 宿願所攀慕也)"라고 했다.

(6) 禪心(선심): 불교 용어로 淸靜하고 안정된 심경을 가리킨다.

(7) 嫌(혐): 싫어하다. 문제가 있다.

(8) 剃髮(체발): 삭발. 빡빡 깎은 스님의 머리를 가리킨다.

(9) 詩斑(시반): 시의 얼룩. 시를 짓느라 힘이 들어서 생긴 백발을 가리킨다. 스님은 머리카락이 너무 짧아서 백발이 생기면 반점처럼 보이기 때문에 한 말인 것으로 보인다. 이 연은 참료가 세속적인 작별 인사를 하지 않는 것이 오히려 더 좋았을 텐데 애써 시를 지었다는 말이다.

(10) 三語(삼어): 세 마디의 말. 진나라 사람 王戎이 阮瞻에게 "성인은 명분을 위주로 하는 禮敎를 중시하고 老莊은 자연을 숭상하는데 양자의 취지가 서로 다른가 같은가?" 하고 묻자, 완첨이 "어찌 다르겠습니까?(將無同?)" 하고 대답했다. 왕융이 이 말을 듣고 한참 동안이나 찬탄하다가 즉시 그를 불러 보좌관으로 삼았다. 당시 사람들이 이것을 '三語掾'이라고 했다.(《진서·완첨전》 참조) 이 연은 소식 자신과 도잠이 각자 가는 길이 다르다고 할지라도 궁극적인 귀착점은 같다는 말이다.

(11) 八還(팔환): 불교 용어로 여덟 가지의 變化相이 각자 그것이 본래 나왔던 곳으로 돌아가는 것을 가리킨다. 이 구절은 모든 존재가 다 제 갈 곳으로 돌아간다는 말이다.

(12) 三十六靑山(삼십륙청산): 汝州의 북쪽에 있는 嵩山을 가리킨다. 査愼行의 《蘇詩補註》에 "서른여섯 청산이란 숭산의 소실산을 가리킨다(三十六靑山, 指少室也)"라고 했고, 王文誥의 《蘇軾詩集》에 "이 구절은 참료가 당연히 다시 여주에 갈 것이라는 말이다(句謂參寥當更至汝州也)"라고 했다. 참료의 원시에 이런 말이 있었던 것으로 보인다.

## 0812. 郭祥正[1]家, 醉畫竹石壁上, 郭作詩爲謝, 且遺二古銅劍

곽상정의 집에서 술에 취해 벽에다 대나무와 바위를 그렸더니 곽씨가 시를 지어서 감사하고 또 옛날 동검을 두 자루 주어서

| | |
|---|---|
| 空腸得酒芒角出,[2] | 빈 창자에 술 들어가자 까끄라기가 나오고 |
| 肝肺槎牙生竹石.[3] | 간과 허파에 삐죽삐죽 대와 돌이 생기더니 |
| 森然欲作不可回,[4][5] | 불쑥 그리고 싶어져서 되돌릴 수 없기에 |
| 吐向君家雪色壁.[6] | 백설 같은 그대 벽에 토해 놨지요. |
| 平生好詩仍好畫, | 평소에 시를 좋아하고 그림도 좋아하여 |
| 書牆涴壁長遭罵. | 담장에 쓰고 벽을 더럽혀 항상 욕을 먹는데 |
| 不瞋不罵喜有餘, | 성내지 않고 욕하지 않고 오히려 기쁨이 넘치니 |
| 世間誰復如君者.[7] | 이 세상에 누가 또 그대와 같으리오? |
| 一雙銅劍秋水光, | 구리로 만든 검 한 쌍이 가을 물빛을 발하는데 |
| 兩首新詩爭劍鋩.[8] | 새로 지은 시 두 수가 칼날과 서슬을 다투니 |
| 劍在牀頭詩在手, | 침대맡에 있는 검과 손에 든 시 가운데 |
| 不知誰作蛟龍吼.[9] | 어느 것이 교룡 소리를 낼지 모르겠네요. |

**[해설]**

여주(汝州)로 유배지를 옮겨 가는 도중이던 원풍 7년(1084) 6월 당도(當塗, 지금의 안휘성 당도)에 이르러 곽상정 집의 벽에 그림을 그려 놓았더니 곽상정이 보고 사의를 표하므로 그것에 호응하여 지은 것이다.

**[주석]**

(1) 郭祥正(곽상정): 《東都事略 · 文藝傳》에 "곽상정은 자가 공보인데 그의 어머니가 꿈에 이태백을 보고 낳았다. 벼슬에 나아가기를 좋아하지 않고 스스로 사공산인이라 불렀으며, 매성유는 그를 적선의 후예라고 불렀다. 고안군 태수를 지내다 노령으로 사직하고 고향으로 돌아갔는데, 거처에 취음암이 있는지라 소동파가 들러서 벽에다 시를 쓰고 대나무와 바위를 그렸다. 시문 30권이 있으니 《청산집》이라고 한다. 옛날 집이 당도성 안의 수준방에 있다(郭祥正, 字功甫, 其母夢太白而生. 不樂仕進, 自號謝公山人, 梅聖俞呼爲謫僊後. 知高安郡, 請老歸, 所居有醉吟菴, 東坡過而題詩畫竹石於壁. 有詩文三十卷名《青山集》. 故宅在當塗城內壽俊坊)"라고 했다.

(2) 芒角(망각): 까끄라기. 이 구절은 竹石을 그리고 싶은 마음이 생기기 시작했다는 말이다.

(3) 槎牙(사아): 가지런하지 않은 모양. 이 구절은 그리고자 하는 마음속의 죽석이 제법 커졌다는 말이다.

(4) 森然(삼연): 왕성한 모양.

(5) 回(회): 회수하다. 거두어들이다. 이 구절은 죽석을 그리고 싶은 욕심을 억제할 수 없었다는 말이다.

(6) 吐(토): 죽석 그리고 싶은 마음을 토한다는 뜻으로 그림을 그린다는 말이다. 이상의 네 구절은 자신이 곽상정의 벽에 죽석을 그리게 된 이유를 설명한 것이다.

(7) 者(자): 문장 끝에 붙어서 의문의 어기를 표시하는 조사이다.

(8) 劍鋩(검망): 칼날. 이 연은 곽상정의 시도 동검만큼이나 예리하다는 말이다.

(9) 蛟龍吼(교룡후): 교룡의 울부짖음. 이 연은 곽상정의 시와 동검이 모두 사람을 압도하는 힘을 지니고 있다는 말이다.

## 0813. 龍尾硯[1]歌幷引

용미연을 읊은 노래와 그 서문

余舊作〈鳳咮石硯[2]銘〉, 其略云: "蘇子[3]一見名鳳咮, 坐[4]令龍尾[5]羞牛後." 已而求硯於歙[6], 歙人云: "子自有鳳咮, 何以此爲[7]?" 蓋不能平也. 奉議郎[8]方君彦德[9], 有龍尾大硯, 奇甚. 謂余若能作詩少解前語者[10], 當奉餉, 乃作此詩.(내가 옛날에 〈봉주석연명〉을 지어 대략 "소자가 한 번 보고는 봉주연이라고 불렀나니, 용미연으로 하여금 소꼬리라고 부끄러워하게 했네"라고 했다. 나중에 흡현에서 벼루를 구하자 흡현 사람이 "그대는 스스로 봉주연을 가지고 계시는데 어째서 이것을 쓰십니까?"라고 했으니 아마도 마음이 평온할 수 없었던 모양이다. 봉의랑 방언덕 군이 커다란 용미연을 가지고 있는데 아주 기이했다. 그가 나에게 시를 지어서 이전에 한 말을 좀 해명할 수 있다면 그 벼루를 꼭 나에게 주겠다고 하기에 이 시를 지었다.)

| | |
|---|---|
| 黃琮白琥天不惜,[11][12] | 하늘은 황종과 백호를 아까워하지 않지만 |
| 顧恐貪夫死懷璧.[13] | 욕심쟁이가 옥을 안고 죽을까 봐 겁냈네. |
| 君看龍尾豈石材, | 그대 보게나 용미연이 어찌 석재이리오? |
| 玉德金聲寓於石. | 옥의 덕과 금의 소리가 돌에 깃들어 있다네. |
| 與天作石來幾時,[14][15] | 하늘을 위해 돌이 된 지 얼마나 됐나? |
| 與人作硯初不辭. | 사람을 위해 벼루가 되는 것 워낙 사양치 않았네. |
| 詩成鮑謝石何與,[16][17] | 포조 사령운이 시를 짓는 데 돌이 무슨 기여를 했나? |
| 筆落鍾王硯不知.[18] | 종요 왕희지가 붓 놀리는 걸 벼루는 몰랐다네. |
| 錦茵玉匣俱塵垢,[19][20][21] | 비단 깔개 옥 상자가 먼지와 때에 덮여 있고 |
| 擣練支牀亦何有.[22][23][24] | 명주를 다듬고 침상을 받친들 무슨 상관 있으리? |
| 況瞋蘇子鳳咮銘, | 그런데 하물며 소선생이 〈봉주석연명〉에서 |
| 戲語相嘲作牛後.[25] | 우스개로 소꼬리라고 놀린 것에 화내다니! |
| 碧天照水風吹雲, | 푸른 하늘이 물에 비치고 구름이 바람에 날리는데 |
| 明窗大几淸無塵.[26] | 밝은 창가의 큰 책상이 먼지 한 점 없이 맑네. |
| 我生天地一閑物,[27] | 나는 천지에 태어나 한가히 지내는 물건이요 |

| | |
|---|---|
| 蘇子亦是支離人.(28) | 소선생도 망가져서 쓸모없는 사람이네. |
| 麤言細語都不擇,(29) | 거친 말과 고운 말을 가리지 않고 |
| 春蚓秋蛇隨意畫.(30) | 봄 지렁이와 가을 뱀을 닥치는 대로 그리네. |
| 願從蘇子老東坡,(31) | 소선생 따라 동파에서 늙고 싶으니 |
| 仁者不用生分別.(32)(33) | 인자여 이러쿵저러쿵 따질 필요 없다네. |

**[해설]**

〈봉주석연명〉에서 봉주연을 높이 평가하려다 결과적으로 용미연을 낮게 평가한 적이 있는 소식이 흡현에서 벼루를 구하는 것을 보고 방언덕이 시로써 이 사실을 해명하면 자신이 가지고 있는 멋진 용미연을 주겠다고 하여 지은 것이다. 벼루의 입을 빌려 소식의 입장을 해명하고 벼루를 소식에게 넘겨줄 것을 촉구했다.

**[주석]**

(1) 龍尾硯(용미연): 강서성 婺源縣의 용미산에서 나는 용미석으로 만든 고급 벼루.
(2) 鳳咮石硯(봉주석연): 복건성 建甌縣의 龍焙山에서 나는 검푸른 돌로 만든 벼루. 소식의 〈鳳咮硯銘幷敍〉에 "북원의 용배산은 비상하던 봉황이 내려와서 물을 마시는 형상이다. 그 산의 주둥이 부분에 검푸른 돌이 있는데 옥처럼 곱다. 희령(1068-1077) 연간에 태원 사람 왕이가 그것으로 벼루를 만들었는데 내가 봉주연이라고 명명했다(北苑龍焙山, 如翔鳳下飮之狀. 當其咮, 有石蒼黑, 緻如玉. 熙寧中, 太原王頤以爲硯, 余名之曰鳳咮)"라는 말이 있다. '鳳咮'는 봉황의 주둥이이다.
(3) 蘇子(소자): 소선생. 소식 자신을 가리키는 해학적인 표현이다.
(4) 坐(좌): 이리하여. 마침내.
(5) 龍尾(용미): 용미연을 가리킨다.
(6) 歙(흡): 지금의 안휘성 흡현.
(7) 爲(위): 문장 끝에 붙어서 의문의 어기를 표시하는 조사이다.
(8) 奉議郎(봉의랑): 관직 이름.
(9) 方君彦德(방군언덕): 방언덕 군. 구체적인 행적이 알려져 있지 않다. 郭祥正의 시 〈送方奉議彦德倅保德〉에 "천태 출신 시인은 추위를 겁내지 않고, 가족을 끌고 병주의 북쪽으로 곧장 가네(天台詞人不畏寒, 攜家直赴幷州北)"라고 했다.
(10) 者(자): 문장 끝에 붙어서 가정이나 조건을 표시하는 조사이다.
(11) 黃琮(황종): 제사 지낼 때 사용하던 상서로운 노란색 옥. 王十朋의 《百家註分類東坡先生詩》에 "황종과 백호는 바로 벼루를 옥에 빗댄 것이다(黃琮白琥, 正以比硯爲玉也)"라고 했고, 王文誥의

《蘇軾詩集》에 "황종과 백호는 봉주연과 용미연을 비유한다(黃琮白琥, 以比鳳咮龍尾也)"라고 했다.

(12) 白琥(백호): 제사 지낼 때 사용하던 호랑이 모양을 조각한 백옥.

(13) 懷璧(회벽): 벽을 지니다. 재물이 많아서 재앙을 초래하는 것을 가리킨다. 《左傳·桓公十年》에 "주나라 속담에 '필부는 죄가 없는데 벽을 품으면 죄가 된다'라는 말이 있다(周諺有之: '匹夫無罪, 懷璧其罪.')"라고 했다. 이 연은 하늘이 자신의 지나친 탐욕을 우려하여 자신에게 玉器에 비견될 만한 고급 벼루를 주지 않았다는 말이다.

(14) 與(여): ~을 위하여. ~에게. '爲'와 같은 뜻이다.

(15) 來(내): ~한 이래. 이 연은 용미연이 탄생한 지 매우 오래된 진귀한 돌임에도 불구하고 벼루가 되는 것을 마다하지 않았다는 말이다.

(16) 鮑謝(포사): 鮑照와 謝靈運 또는 포조와 謝朓. 세 명 다 南朝 시기의 저명한 시인이다.

(17) 與(여): 기여하다. 원조하다. 이 구절은 포조와 사령운이 좋은 벼루 덕분에 시를 잘 지은 것이 아니라는 말이다.

(18) 鍾王(종왕): 鍾繇와 王羲之. 각각 삼국시대 위나라 및 동진 때의 저명한 서예가이다. 이 구절은 종요와 왕희지가 좋은 벼루 때문에 글씨를 잘 쓴 것이 아니라는 말이다.

(19) 錦茵(금인): 비단 천으로 만든 벼루 깔개.

(20) 玉匣(옥갑): 옥으로 만든 벼루 상자.

(21) 塵垢(진구): 먼지와 때.

(22) 擣練(도련): 명주를 다듬이질하다.

(23) 支牀(지상): 침대 다리를 받치다. 이 연은 벼루가 대개 먼지 속에 방치되어 있거나 글씨 쓰기 이외의 다른 용도로 하찮게 사용되는 경우가 많지만 그래도 상관하지 않는다는 말이다.

(24) 何有(하유): 개의치 않는다는 말이다.

(25) 牛後(우후): 소의 꼬리. 소의 꼬리보다 닭의 머리가 낫다는 관점에서 보면 '봉황 주둥이'라는 뜻을 지닌 '봉주'연이 '용꼬리'라는 뜻의 '용미'연보다 낫다는 말이 된다. 이 연은 소식이 봉주연을 찬양하려다 상대적으로 용미연을 폄하한 일이 결코 벼루를 화나게 할 일이 아니라는 말이다.

(26) 几(궤): 원래 사람이 앉을 때 기대거나 여러 가지 물건을 얹어 두는 작은 탁자를 가리키는데, 여기서는 글씨를 쓰는 책상을 가리킨다. 이 구절은 벼루를 자주 사용하지 않고 골동품처럼 고이 간직하고 있다는 뜻인 것으로 보인다.

(27) 我(아): 벼루가 자신을 가리킨 것이다.

(28) 支離人(지리인): 이지러져서 쓸모없는 사람.

(29) 麤言細語(추언세어): 거칠고 투박한 말과 나지막하고 고운 말.

(30) 春蚓秋蛇(춘인추사): 봄철의 지렁이와 가을철의 뱀. 힘이 없고 졸렬한 글씨를 가리킨다.

(31) 東坡(동파): 소식이 원풍 4년(1081) 2월에 黃州城 동쪽에 있는 황무지를 개간하여 만든 농장. 여기서는 소식이 은거하는 곳을 가리킨다.

(32) 仁者(인자): 불교 용어로 다른 사람에 대한 존칭이다. 여기서는 방언덕을 가리킨다.
(33) 分別(분별): 불교 용어로 쓸데없이 따지고 비교하는 것을 가리킨다.

## 0814. 張近幾仲[1]有龍尾[2]子石[3]硯，以銅劍易之

기중 장근이 용미자석연을 가지고 있어서 동검을 주고 바꾸며

| | |
|---|---|
| 我家銅劍如赤蛇,[4] | 우리 집의 동검은 붉은 뱀 같고 |
| 君家石硯蒼璧橢而窪.[5] | 그대 집의 벼루는 푸르고 우묵한 타원형의 벽 |
| 君持我劍向何許, | 그대는 내 검 들고 어디로 갈까? |
| 大明宮裏玉佩鳴衝牙.[6][7] | 대명궁에서 옥패가 충아를 울리리라. |
| 我得君硯亦安用, | 나는 또 그대의 벼루를 얻어 어디에 쓸까? |
| 雪堂窗下爾雅箋蟲鰕.[8][9][10] | 설당의 창문 밑에서 《이아》에 주석을 달리라. |
| 二物與人初不異,[11] | 두 물건은 애초 사람과 다르지 않아 |
| 飄落高下隨風花.[12] | 바람 따라 흩날리다 어떤 것은 높은 곳에 |
| | 어떤 것은 낮은 곳에 떨어지는 꽃이라네. |
| 蒯緱玉具皆外物,[13][14][15] | 새끼줄 검과 백옥 검이 모두 다 외물이요 |
| 視草草玄無等差.[16][17] | 조서를 쓰나 《태현경》을 쓰나 차이가 없네. |
| 君不見秦趙城易璧,[18] | 그대는 보지 못했는가 진나라와 조나라가 |
| | 열다섯 성과 화씨벽을 서로 바꿀 때 |
| 指圖睨柱相矜誇. | 지도를 가리키고 기둥을 노려보며 서로 자랑하는 것을? |
| 又不見二生妾換馬,[19] | 또 보지 못했는가 두 사람이 첩과 말을 바꿀 때 |
| 驕鳴啜泣思其家.[20][21] | 소리 내 울고 흐느껴 울며 제 집을 생각하는 것을? |
| 不如無情兩相與, | 차라리 감정 없이 둘을 서로 주어서 |

永以爲好譬之桃李與瓊華.[22][23]복숭아나 자두와 아름다운 옥처럼
오래도록 사이좋게 지냈으면 좋겠네.

**[해설]**

자신의 동검과 장근의 용미자석연을 교환한 감회를 노래한 것이다.

**[주석]**

(1) 幾仲(기중): 張近의 字. 施元之의 《施注蘇詩》에 "기중 장근은 개봉 사람으로 진사시험에 급제하여 현모각직학사가 되었다가 태원부지부로 옮겼다(張近幾仲, 開封人, 第進士, 爲顯謨閣直學士, 徙知太原)"라고 했다.

(2) 龍尾(용미): 강서성 婺源縣의 용미산에서 나는 돌.

(3) 子石(자석): 큰 돌 속에 들어 있는 돌의 精髓. 歐陽修의 《硯譜》에 "단석은 단계(광동성 高要縣 동남쪽)에서 나는데 색깔과 결이 밝고 윤택한바, 본래 子石을 상품으로 친다. 자석은 큰 돌 속에서 생기니 아마도 돌의 정수일 텐데 세상에서 와전되어 마침내 紫石을 상품으로 치기에 이르렀으며, 또 물을 담아 놓아도 줄어들지 않는 것을 좋은 것으로 친다(端石出端溪, 色理瑩潤, 本以子石爲上. 子石者, 在大石中生, 蓋精石也. 而流俗傳訛, 遂以紫石爲上, 又以貯水不耗爲佳)"라고 했다.

(4) 赤蛇(적사): 붉은 뱀. 옛날 사람들에게 상서로운 동물로 여겨졌다.

(5) 璧(벽): 둥글납작하고 가운데에 둥근 구멍이 있는 옥.

(6) 大明宮(대명궁): 당나라 때의 궁전 이름. 여기서는 북송의 황궁을 가리킨다.

(7) 衝牙(충아): 패옥 부품의 일종. 이 연은 장근이 자기가 준 동검을 차고 황궁을 활보하는 요직에 오를 것이라는 말이다.

(8) 雪堂(설당): 소식이 원풍 5년(1082) 2월에 자신이 개간한 농장 東坡에 지은 다섯 칸짜리 건물. 〈問大冶長老乞桃花茶栽東坡〉(0746) 주 (15) 참조. 여기서는 자신의 거처를 가리킨다.

(9) 爾雅(이아): 옛날 사전 이름. 韓愈의 시 〈讀皇甫湜公安園池詩書其後二首〉 其一에 "《이아》는 벌레와 고기에 주석을 달았으니, 아무래도 기개 있는 사람은 아니로다(《爾雅》注蟲魚, 定非磊落人)"라는 구절이 있다.

(10) 箋蟲鰕(전충하): 벌레와 새우에 대해서 註解하다. 한유의 '注蟲魚'를 변형시킨 것이다.

(11) 二物(이물): 벼루와 동검을 가리킨다.

(12) 隨風花(수풍화): 바람을 따라 날리는 꽃. 《南史 · 范縝傳》에 "사람이 사는 것은 나무의 꽃이 함께 피어서 바람을 따라 떨어지는데 발과 휘장을 스쳐 돗자리에 떨어지는 것이 있는가 하면, 울타리와 담장을 지나 뒷간에 떨어지는 것도 있는 것과 같습니다. 돗자리에 떨어진 것은 전하 같

은 분이고 뒷간에 떨어진 것은 하급 관리들입니다(人生如樹花同發, 隨風而墮, 自有拂簾幌墜於茵席之上, 自有關籬牆落於糞溷之中. 墜茵席者, 殿下是也; 落糞溷者, 下官是也)"라는 말이 있다.

(13) 蒯緱(괴구): 칼자루에 새끼줄을 감은 하찮은 검을 가리킨다.

(14) 玉具(옥구): 玉具劍의 약칭. 칼날과 칼자루의 사이에 끼워서 손을 보호하는 테, 즉 날밑을 백옥으로 만든 고급 검.

(15) 外物(외물): 身外之物. 명예 · 지위 · 재산과 같은 신체 이외의 물건을 가리킨다.

(16) 視草(시초): 詔書를 起草하거나 수정하다.

(17) 草玄(초현): 《太玄經》을 기초하다. 《漢書 · 揚雄傳》에 "애제 때 정 · 부 · 동현이 집권하자 이들을 추종하는 사람들 가운데 어떤 사람은 집안을 일으켜 녹봉이 2천 석에 달했다. 당시 양웅은 한창 《태현경》을 기초하고 있어서 자신의 지조를 지킬 수 있었기 때문에 심경이 담담했다(哀帝時, 丁 · 傅 · 董賢用事, 諸附離之者或起家至二千石. 時, 雄方草《太玄》, 有以自守, 泊如也)"라고 했다. 이 구절은 조정에서 요직을 맡고 있으나 野人으로 지내나 다를 바가 없다는 말이다.

(18) 城易璧(성역벽): 성과 벽을 바꾸다. 전국시대에 趙나라 惠文王이 和氏璧을 얻자 秦나라 昭王이 성 열다섯 개와 바꾸자고 했다. 藺相如가 화씨벽을 들고 진나라로 갔더니 진나라 소왕이 화씨벽만 받고 성을 주려고 하지 않았다. 인상여가 화씨벽에 있는 흠을 가르쳐 주겠다고 속여 화씨벽을 돌려받은 뒤 기둥을 노려보면서 강제로 빼앗으면 자기 머리와 화씨벽을 함께 기둥에 부딪쳐서 깨어 버리겠다고 했다. 인상여가 화씨벽을 깨어 버릴까 봐 걱정한 소왕이 담당 관리를 불러 성 열다섯 개를 조나라에 주라고 지시하고 지도에다 표시했다. 인상여는 그래도 믿지 않고 소왕에게 5일 동안 재계해야 한다고 하여 시간을 번 뒤 부하들에게 화씨벽을 가지고 몰래 진나라에서 빠져나가 조나라로 돌아가게 했다.(《史記 · 廉頗藺相如傳》 참조)

(19) 二生(이생): 鮑生과 韋生을 가리킨다. 포생은 노래 잘 부르는 첩을 많이 두고 있고 위생은 말 타기를 좋아하여 각자 사방으로 다니며 자기가 좋아하는 것을 찾았다. 그러던 어느 날 두 사람이 만나 술을 마시다가 비파 잘 타는 첩과 준마인 紫叱撥을 서로 바꾸었다. 그러자 첩이 "연잎의 물은 바람에 흔들려 잠시도 둥글기 어렵고, 정은 많건만 참으로 인연이 짧네. 오늘 밤 삼경에 서쪽 누각에 뜬 달은, 또 이별한 사람이 눈물 흘리며 현 끊는 것 비추겠네(風颭荷珠難暫圓, 多情信有短因緣. 西樓今夜三更月, 還照離人泣斷絃)" 하고 노래했다.(李玫, 《異聞實錄》 참조)

(20) 驕鳴(교명): 말이 우는 것을 가리킨다.

(21) 啜泣(철읍): 첩이 우는 것을 가리킨다.

(22) 永以爲好(영이위호): 오래도록 그것으로 잘 지내다. 《詩經 · 衛風 · 木瓜》에 "나에게 모과를 보내 주길래, 아름다운 패옥으로 보답하였네. 아니 그건 보답을 하자는 게 아니고, 오래도록 친하게 지내려는 것이네. 나에게 복숭아를 보내 주길래, 아름다운 구슬로 보답하였네. 아니 그건 보답을 하자는 게 아니고, 오래도록 친하게 지내려는 것이네. 나에게 자두를 보내 주길래, 아름다운 옥돌로 보답하였네. 아니 그건 보답을 하자는 게 아니고, 오래도록 친하게 지내려는 것이네(投我以木瓜, 報之以瓊琚. 匪報也, 永以爲好也. 投我以木桃, 報之以瓊瑤. 匪報也, 永以爲好也. 投

我以木李, 報之以瓊玖. 匪報也, 永以爲好也)"라는 구절이 있다.

(23) 瓊華(경화): 아름다운 옥. 《시경》에서 말한 '瓊瑤'와 '瓊玖'를 가리킨다. 이 연은 인간적인 감정이 개입된 성과 화씨벽의 교환이나 첩과 말의 교환과 달리 우리는 인간적인 감정에서 벗어나 초연하게 생각하자는 뜻으로, 장근이 줄 용미자석연은 자기가 줄 동검보다 가치가 훨씬 높지만 이해타산을 하지 말고 우호적인 마음으로 자신에게 달라는 말이다.

## 0815. 張[1]作詩送硯反劍, 乃和其詩, 卒以劍歸之

장씨가 시를 지어 벼루를 주고 검은 돌려보냈기에 그의 시에 화답하고 끝내 검을 그에게 돌려주며

| | |
|---|---|
| 贈君長鋏君當歌,[2] | 이 장검을 드리니 노래 불러야 해요. |
| 每食無魚歎委蛇.[3] | 끼니마다 생선 없다 길게 탄식하셔요. |
| 一朝得見暴公子,[4] | 그러다가 어느 날 아침 포공자를 만나게 되면 |
| 櫑具欲與冠爭峨.[5] | 뇌구검이 진현관과 위엄을 다투겠지요. |
| 豈比杜陵貧病叟,[6] | 그러니 어찌 두릉의 가난하고 병든 노인이 |
| 終日長鑱隨短蓑.[7] | 하루 종일 자루가 긴 보습을 잡고<br>짧은 도롱이를 따라가는 것에 비할 수 있으리오? |
| 斬蛟刺虎老無力, | 교룡을 베고 범을 찌르기엔 늙어서 힘이 없고 |
| 帶牛佩犢吏所訶.[8] | 소와 송아지를 허리에 찬다 관리에게 야단맞을 게요. |
| 故將換硯豈無意, | 그래서 벼루와 바꾸려 하니 어찌 의미가 없겠어요? |
| 恐君雕琢傷天和.[9][10] | 그대의 조탁이 자연의 순리를 손상시킬까 두려운데 |
| 作詩反劍亦何謂, | 시를 지어 검을 돌려주니 이건 또 무슨 말인가요? |
| 知君欲以詩相磨. | 시로써 서로 연마하자고 그러는 줄 알겠어요. |
| 報章苦恨無好語,[11] | 화시에 좋은 말이 없어 정말 한탄스럽기에 |
| 試向君硯求餘波.[12] | 그대가 준 벼루를 향해 여파를 구해 보았지만 |
| 詩成劍往硯應笑,[13] | 시 다 지어 검을 보내면 벼루가 웃을 게요 |
| 那將屋漏供懸河.[14][15][16] | 어찌 지붕에서 새는 물이 폭포에 보탬이 되겠냐고요. |

**[해설]**

장근에게 그가 가진 용미자석연이라는 좋은 벼루를 자신의 동검과 바꾸자고 했는데 장근이 벼루를 주고 동검은 반환하면서 지어 보낸 시에 화답한 것이다.

**[주석]**

(1) 張(장): 張近을 가리킨다. 〈張近幾仲有龍尾子石硯, 以銅劍易之〉(0814) 주 (1) 참조.

(2) 長鋏(장협): 長劍. 馮驩(즉 馮諼)이 처음 孟嘗君의 식객이 되었을 때 맹상군이 그에게 하급의 객실을 주고 대우도 소홀히 했다. 10일 뒤에 풍환이 자루에 새끼줄을 감은 자기 장검을 두드리며 "장검아 돌아가자 식사에 생선도 없는데" 하고 노래하자 맹상군이 이 사실을 알고 그를 중급의 객실로 옮겨 주고 생선도 주었다. 5일 뒤에 또 "장검아 돌아가자 외출할 때 수레도 없는데" 하고 노래하자 맹상군이 그를 상급의 객실로 옮겨 주고 수레도 한 대 주었다. 다시 5일 뒤에 또 "장검아 돌아가자 가족 부양할 길도 없는데" 하고 노래하자 맹상군이 불쾌하게 생각했다.(《사기 · 맹상군전》 참조) 이 연은 풍환이 그랬던 것처럼 자신의 능력을 인정해 주지 않는 사회에 대하여 마음껏 불만을 토로하라는 말이다.

(3) 委蛇(위이): 구불구불 길게 이어진 모양. 압운 때문에 여기서는 '위사'로 읽어야 한다.

(4) 暴公子(포공자): 暴勝之를 가리킨다. 한나라 때 渤海 사람 雋不疑는 《春秋》에 정통하여 명성이 높았다. 武帝 말에 포승지가 直指使者가 되어 발해에 갔을 때 전불의를 불렀더니, 그가 進賢冠을 쓰고 복장을 갖출 대로 다 갖춘 뒤 櫑具劍을 차고 포승지를 찾아갔다. 문지기가 그에게 검을 내려놓으라고 하자 전불의가 "검은 군자가 일신을 보호하기 위해 지니고 다녀야 할 무기이기 때문에 내려놓을 수 없소이다. 검을 차는 것이 허락되지 않는다면 물러가겠소이다"라고 했다. 문지기가 포승지에게 이 사실을 알리자 그냥 들여보내라고 했다.(《한서 · 전불의전》 참조)

(5) 櫑具(뇌구): 옛날 장검의 이름. 주 (4) 참조. 자신이 준 동검을 뇌구검에 비유한 것이다. 이 연은 장근이 어느 날 갑자기 때를 만날 것이라는 말이다.

(6) 杜陵貧病叟(두릉빈병수): 두릉의 가난하고 병든 늙은이라는 뜻으로 杜甫를 가리킨다. 두보는 선조가 섬서성 서안 동남쪽의 두릉에 살았고 자신도 두릉에 산 적이 있기 때문에 자신을 杜陵野老 · 杜陵野客 · 杜陵布衣 등으로 불렀다. 두보의 시 〈乾元中寓居同谷縣作歌七首〉 其二에 "긴 보습아 긴 보습아 흰 나무자루 달린 긴 보습아, 내 인생이 너에게 의지해 목숨을 부지하는구나(長鑱長鑱白木柄, 我生託子以爲命)"라는 구절이 있다.

(7) 長鑱(장참): 긴 보습. 보습이란 쟁기나 극젱이의 술바닥에 맞추는 삽 모양의 쇳조각으로 땅을 갈아서 흙덩이를 일으키는 데 쓴다. 이 구절은 도롱이 입은 사람이 앞에서 끌고 두보가 자루 긴 보습을 잡고 따라가며 밭을 가는 모습을 묘사한 것이다. 이 연은 장근의 처지가 두보와 비슷한 소식 자신의 처지보다는 훨씬 낫다는 말이다.

(8) 帶牛佩犢(대우패독): 한나라 사람 龔遂가 渤海太守로 부임하자 백성들 가운데 칼을 차고 다니는

사람이 있어서 "무엇 때문에 소와 송아지를 허리에 차고 다니는가?"라며 그들을 설득하여 큰 칼은 팔아서 소를 사고 작은 칼은 팔아서 송아지를 사서 성실하게 농사짓게 했다.(《漢書·循吏傳》 참조) 이 연은 자신은 동검을 그저 허리에 차고 있을 뿐 그것으로 할 수 있는 일이 없기 때문에 장근이 갖는 것이 옳다고 설득한 것이다.

(9) 雕琢(조탁): 장근이 동검을 사절하기 위해 미사여구를 동원하여 정성껏 시를 지은 일을 가리키는 것으로 보인다.

(10) 天和(천화): 자연스럽고 순리롭다.

(11) 報章(보장): 화답하여 쓰는 시문. 장근의 시에 화답하여 쓴 자신의 이 和詩를 가리킨다.

(12) 餘波(여파): 남아도는 영향력. 장근이 시를 쓰고 난 뒤 벼루에 남은 재주를 가리킨다.

(13) 詩成劍往(시성검왕): 동검을 다시 장근에게 돌려보내는 이유를 설명한 이 시가 완성된 뒤에 시와 함께 동검이 반송되는 것을 가리킨다.

(14) 將(장): ~을. ~으로.

(15) 屋漏(옥루): 지붕에서 새는 누수. 자신의 하찮은 시를 가리킨다.

(16) 懸河(현하): 폭포. 이 연은 동검 반송을 명분으로 삼아 서로 시를 주고받는다고 해도 자신의 시는 장근의 시에 훨씬 못 미쳐서 장근이 위대한 시 세계를 이룩하는 데 이바지하지 못할 것이므로 더 이상 소식 자신의 시를 통해 작시 능력을 발전시키려는 무의미한 짓을 하지 말고 그냥 동검을 받아 두라는 말이다.

## 0816. 去歲九月二十七日, 在黃州[1], 生子遯[2], 小名幹兒, 頎然穎異. 至今年七月二十八日, 病亡於金陵[3], 作二詩哭之

작년 9월 27일에 황주에서 아들 둔이를 낳아 아명을 간아라고 했거니와 헌걸차고 영특했는데 금년 7월 28일에 금릉에서 병사했기에 시를 두 수 지어서 애도한다

### 其一

| | |
|---|---|
| 吾年四十九, | 내 나이 올해로 마흔아홉 살 |
| 羈旅失幼子. | 여기저기 떠돌다가 막둥이를 잃었네. |
| 幼子眞吾兒, | 막둥이는 참으로 내 아들이라 |
| 眉角生已似. | 눈썹 끝이 날 때부터 이미 나를 닮았네. |
| 未期觀所好, | 첫돌 전에 이 아이가 좋아하는 걸 보았더니 |
| 蹁躚逐書史.[4][5] | 뒤뚱뒤뚱 서책을 좇아다녔네. |
| 搖頭却梨栗,[6] | 머리를 내저으며 배와 밤을 물리쳤으니 |
| 似識非分恥. | 분에 넘치는 짓은 수치인 줄 안 듯하네. |
| 吾老常鮮歡, | 나는 늙어 언제나 기쁜 일이 적었는데 |
| 賴此一笑喜. | 이 덕분에 한 번 웃고 기뻐하였네. |
| 忽然遭奪去, | 그런데 홀연 이 아이를 빼앗기고 말았으니 |
| 惡業我累爾. | 악업으로 내가 네게 누를 끼쳤네. |
| 衣薪那免俗,[7][8] | 섶에 싸서 묻었으니 풍속에서 못 벗어난 것 |
| 變滅須臾耳. | 순식간에 변화하여 사라지고 말 것이네. |
| 歸來懷抱空, | 돌아오니 가슴이 텅 비었는데 |
| 老淚如瀉水. | 늙은이의 눈물이 물을 쏟은 듯하네. |

## 其二

我淚猶可拭, 내 눈물은 그래도 닦을 수 있고
日遠當日忘. 시일이 멀어지면 날로 차츰 잊으련만
母哭不可聞, 어미의 통곡 소리 들어 낼 수 없나니
欲與汝俱亡. 차라리 너와 함께 죽어 버리려 하네.
故衣尙懸架, 옛날 옷이 아직도 횃대에 걸려 있고
漲乳已流牀. 불은 젖이 어느새 침대에 떨어지자
感此欲忘生, 이에 비감이 일어 살고 싶지 않은 듯
一臥終日僵. 한 번 드러눕더니 종일 쓰러져 있네.
中年忝聞道,[9] 중년에 외람되이 불도를 깨우쳐서
夢幻講已詳. 몽환에 대해 이미 상세하게 말했고
儲藥如丘山, 약을 쌓아 놓은 것이 산더미와 같은데
臨病更求方. 병이 나자 또다시 처방을 찾아 봤네.
仍將恩愛刃,[10] 자꾸만 사랑의 칼을 가지고
割此衰老腸. 쇠약하고 늙은 이 애간장을 끊으니
知迷欲自反, 길을 잘못 든 줄 알고 자신을 돌아보며
一慟送餘傷. 통곡 한 번 하고 나서 남은 아픔 떨치려네.

**[해설]**

황주에 유배 중이던 원풍 6년(1083) 9월 27일 시첩 왕조운이 막내아들 둔을 낳았는데, 이듬해에 유배지를 여주로 옮겨 가느라 서너 달 동안 쉬지 않고 무더운 배 안에서 지낸 탓에 병마가 엄습하여 끝내 세상을 떠나고 말았다. 이 시는 이때의 비통한 심정을 노래한 것이다.

**[주석]**

(1) 黃州(황주): 지금의 호북성 黃岡市 黃州區.
(2) 遯(둔): 侍妾 王朝雲이 낳은 소식의 막내아들로 아명을 幹兒라고 했다.
(3) 金陵(금릉): 지금의 강소성 南京.

(4) 蹁躚(편선): 걸음걸이가 바르지 않은 모양.

(5) 書史(서사): 經書·史書 따위의 책.

(6) 却梨栗(각이율): 자기가 먹지 못할 것을 먹으려고 하지 않았다는 말이다. 한나라 사람 孔融은 네 살 때 형제들과 함께 배를 먹으면 늘 작은 것을 먹었다. 그 까닭을 묻자 자기가 가장 어리기 때문에 작은 것을 먹는 것이 당연하다고 대답했다.(張隱, 《文士傳·孔融》 참조) 陶淵明의 시 〈責子〉에 "通佟이는 나이가 아홉 살이 되었건만, 오로지 배와 밤만 찾을 줄 아네(通子雖九齡, 但覓梨與栗)"라는 구절이 있다.

(7) 衣薪(의신): (시체를) 섶이나 풀로 싸다.

(8) 免俗(면속): 세간의 풍속에 구애되지 않다.

(9) 忝(첨): 자신의 행위를 낮추어 일컫는 겸사이다.

(10) 將(장): ~으로. ~을 가지고.

## 0817. 葉濤致遠[1]見和[2]二詩, 復次其韻

치원 섭도가 나의 시에 두 수를 화답했기에 다시 그의 시에 차운하여

### 其一

| | |
|---|---|
| 平生無一女, | 평생에 딸자식이 하나도 없었으니 |
| 誰復歎耳耳.[3] | 그 누가 또 딸이나 낳았다 탄식을 했으리오? |
| 滞留生此兒,[4] | 그런데 객지에 머물며 이 아이를 낳았으니 |
| 足慰周南史.[5] | 주남의 사관을 위로하기에 족했지요. |
| 那知非眞實,[6] | 그렇거늘 진실이 아니라 조화옹이 잠시 동안 |
| 造化聊戲爾.[7][8] | 장난쳤을 뿐인 줄을 어찌 알았으리오? |
| 煩惱初無根, | 번뇌는 애초부터 뿌리가 없고 |
| 恩愛爲種子. | 사랑이 곧 번뇌의 씨앗이지요. |
| 煩公爲假說,[9] | 공에게 번거롭게 근거 없는 말을 지어 |
| 反覆相指似.[10][11] | 이런 일 저런 일 예로 들어 위로하게 했군요. |
| 欲除苦海浪, | 고통의 바다에서 물결을 없애려면 |
| 先乾愛河水.[12] | 사랑의 강물을 먼저 말릴 일이지요. |
| 棄置一寸鱗,[13] | 한 치짜리 비늘을 던져 버리며 |
| 悠然笑侯喜.[14] | 빙그레 후희를 비웃겠지요. |
| 爲公寫餘習,[15] | 공을 위해 남은 버릇 토해 보지만 |

| | |
|---|---|
| 甁罍一時恥.(16)(17) | 병과 독의 차이라 문득 부끄럽군요. |

其二

| | |
|---|---|
| 聞公少已悟, | 공께서는 젊을 때 이미 깨달음을 얻어서 |
| 拄杖久倚牀.(18) | 지팡이 짚고 오랫동안 침대에 붙어 서 있었다니 |
| 笑我老而癡, | 내가 늙고 어리석어 건고를 등에 지고 |
| 負鼓欲求亡.(19)(20) | 잃어버린 아들을 찾는다고 웃겠지요. |
| 庶幾東門子,(21) | 동문자가 되기는 바랄 수 있겠지만 |
| 柱史安敢望.(22) | 기둥 밑의 어사야 어찌 감히 바라리오? |
| 嗜毒戲猛獸,(23) | 독약을 좋아하고 맹수를 희롱하며 |
| 慮患先不詳. | 우환이 될 거라는 생각은 미리 하지 못했지요. |
| 囊破蛇已走, | 주머니가 찢어져서 뱀이 달아났건만 |
| 尙未省齧傷.(24) | 물려서 다친 줄을 아직 알지 못하는데 |
| 妙哉兩篇詩,(25) | 절묘하디절묘한 두 편의 시가 |
| 洗我千結腸. | 꼬이고 꼬인 제 창자를 씻어 주네요. |
| 黠蠶不作繭, | 영리한 누에는 고치를 짓지 않고 |
| 未老輒自僵. | 늙기 전에 갑자기 쓰러져 버려 |
| 永謝湯火厄,(26) | 뜨거운 물에 삶기는 재앙 영원히 멀리하고 |
| 泠然超無方.(27)(28) | 사뿐히 초월하여 구속에서 벗어나지요. |

**[해설]**

소식의 자주에 "섭도가 원운의 순서를 바꾸었다(濤顚倒原韻)"라고 한 바와 같이, 섭도가 소식의 시 〈작년 9월 27일에 황주에서 아들 둔이를 낳아 아명을 간아라고 했거니와 헌걸차고 영특했는데 금년 7월 28일에 금릉에서 병사했기에 시를 두 수 지어서 애도한다(去歲九月二十七日, 在黃州, 生子遯, 小名幹兒, 頎然穎異. 至今年七月二十八日, 病亡於金陵, 作二詩哭之)〉(0816)의 운자를 그대로 사용하되 순서를 바꾸어 쓰는 이른바 '용운(用韻)'의 방식으로 화운(和韻)하자 소식이 섭도의 시에 차운한 것이다. 다만 제2수의 경우 소식은 원래 제2구에 '忘'을 썼는데 섭도는 제6구에 '望'으로 바꾸어 썼다.

**[주석]**

(1) 致遠(치원): 葉濤의 字. 施元之의 《施注蘇詩》에 "섭치원은 이름이 도이며 처주 용천 사람으로 진사에 급제했다. 평보 왕안국의 사이위다(葉致遠, 名濤, 處州龍泉人, 擧進士. 王平甫安國之壻)"라고 했다.

(2) 見和(견화): 나에게 화답하다. 〈次韻王定國馬上見寄〉(0562) 주 (2) 참조.

(3) 耳耳(이이): 崔琰이 曹操에게 楊訓을 천거하자 조조가 예를 갖추어 그를 불렀다. 그 뒤 조조가 魏王이 되었을 때 양훈이 상소문을 올려 조조의 공덕을 치하했는데, 당시 사람 중에 양훈을 위선적이고 경박하다고 비웃는 사람이 있었다. 최염이 양훈에게 상소문 원고를 받아서 읽어 본 뒤 그에게 편지를 보내 "상소문을 살펴보니 처사가 훌륭할 따름이네. 때가 되었네 때가 되었어. 틀림없이 변화의 시기가 올 것이네(省表, 事佳耳! 時乎時乎, 會當有變時)"라고 했다. 어떤 사람이 이 편지에는 오만과 비방이 깃들어 있다고 하자, 조조가 격노하여 "세간에 '딸을 낳았을 따름이다'라는 말이 있는데 따름이라는 말은 고운 말이 아니다. 틀림없이 변화의 시기가 올 것이라는 말은 의도가 불손하다(諺言: '生女耳', 耳非佳語. 會當有變時, 意指不遜)"라고 하고는 최염을 노예로 삼았다.(《삼국지 · 위지 · 최염전》 참조) 이 일로 인하여 '耳耳'는 부족한 면이 있음을 표시하는 말로 쓰인다.

(4) 此兒(차아): 이 아들. 막내아들 遯을 가리킨다. 이상의 네 구절은 소식이 딸이나 한 명 낳아도 좋았을 텐데 아들 둔이를 낳아서 더욱 기뻤다는 말이다.

(5) 周南史(주남사): 주남의 史官. 《史記 · 太史公自序》에 "이해에 천자가 한나라 때의 封禪祭를 거행하기 시작했는데 태사공(司馬遷의 부친 司馬談)은 사정이 있어서 천자와 함께 봉선제를 지내지 못하고 주남에 남아 분발하다가 병이 들어서 죽게 되었다. 이때 아들 사마천이 마침 사명을 완수하고 돌아와 황하 · 낙하 일대에서 부친을 만났다(是歲, 天子始建漢家之封, 而太史公留滯周南, 不得與從事, 故發憤且卒. 而子遷適使反, 見父於河洛之間)"라고 했는데, 集解에 "옛날의 주남은 지금의 낙양이다(古之周南, 今之洛陽)"라고 했다. 여기서는 앞으로 낙양 부근의 여주에 체류할 소식 자신을 가리킨다. 그는 치평 2년(1065) 2월 直史館에 임명되었다.

(6) 眞實(진실): 참된 마음.

(7) 造化(조화): 천지의 창조자. 조물주.

(8) 爾(이): ~일 뿐이다.

(9) 假說(가설): 허구적인 말. 섭도가 소식을 위로하기 위하여 한 듣기 좋은 말을 가리킨다.

(10) 反覆(반복): 비슷한 내용의 말을 자꾸 하는 것을 가리킨다.

(11) 指似(지사): 지시하다. 지적하다. 이 구절은 섭도가 시에서 온갖 듣기 좋은 말로 소식을 위로한 것을 가리킨다.

(12) 愛河(애하): 정욕. 애정. 불교에서 그 害가 강물이 사람을 빠뜨리는 것과 같기 때문에 하는 말이다.

(13) 一寸鱗(일촌린): 한 치짜리의 작은 물고기를 가리킨다. 韓愈의 시 〈贈侯喜〉에 "우리 고을 후생은 자를 숙기라 하는데, 낚싯대 들고 온수에서 낚시하자 날 불렀네.……낚싯대 올리고 낚싯줄 당겨 홀연 한 마리 잡았더니, 한 치짜리라 겨우 비늘과 지느러미가 나뉘었네(吾黨侯生字叔起, 呼我持竿釣溫水.……擧竿引線忽有得, 一寸才分鱗與鬐)"라는 구절이 있다. 여기서는 소식 자신의 보잘것없는 시를 가리키는 것으로 보인다.

(14) 侯喜(후희): 사람 이름. 주 (13) 참조. 이 연은 섭도가 소식의 시를 보고 웃을 것이라는 말이다.

(15) 餘習(여습): 고치지 못한 버릇. 시 짓는 습관을 가리킨다.

(16) 甁罍(병뢰): 병과 독. 병으로 물을 길어 독에다 저장하기 때문에 병이 비는 것은 독의 수치가 된다. 《詩經 · 小雅 · 蓼莪》에 "병이 텅 비는 것은, 독의 수치네(缾之罄矣, 維罍之恥)"라는 구절이 있다. 자신의 시재를 병에 비유하고 섭도의 시재를 독에 비유한 겸사이다.

(17) 一時(일시): 갑자기.

(18) 拄杖(주장): 지팡이를 짚다. 子夏는 자기 아들이 죽었을 때 슬픔을 못 이겨 너무 많이 운 나머지 失明하고 말았다. 曾子가 찾아가서 위로하자 자하가 "아아! 천명이란 말인가? 나는 아무 죄도 없는데"라고 했다. 그 말을 들은 증자가 그에게 세 가지 죄가 있다고 지적해 주었다. 첫째, 孔子를 모시다가 은퇴하여 西河 일대에 살면서 서하 사람들로 하여금 그를 공자로 오인하게 한 것이고, 둘째, 부친이 돌아가셨을 때 사람들에게 모범적인 모습을 보이지 못한 것이고, 셋째, 아들이 죽었다고 해서 실명한 것이라고 했다. 그러자 자하가 짚고 있던 지팡이를 던져 버리고 증자에게 절하면서 "내가 잘못했네. 내가 잘못했네. 내가 친구들과 떨어져 혼자 산 지가 역시 오래되었나 보네"라고 했다.(《禮記 · 檀弓上》 참조) 馮應榴의 《蘇軾詩集合注》에 "'지팡이를 짚는다'거나 '침대에 붙어 선다'고 한 말은 무슨 뜻인지 분명하지 않다. 어쩌면 《예기 · 단궁상》의 자하가 지팡이를 던지고 증자에게 절했다는 이야기를 인용하여 아들 잃은 일을 절실하게 표현한 것일 수도 있겠다('拄杖' · '倚牀', 未詳. 或卽用《禮記 · 檀弓上》'子夏投杖而拜', 而切喪子事)"라고 했다.

(19) 負鼓(부고): 建鼓를 등에 지다. 공자가 老子를 만나 仁義에 대하여 이야기하자 노자가 눈에 겨가 들어가면 천지 사방이 거꾸로 보이고 모기에게 물리면 밤새도록 잠을 못 자는 법인데 인의는 잔혹한 것이어서 우리의 마음을 어지럽히므로 이보다 더 혼란스러운 것이 없다며, 천하 사람들로 하여금 소박함을 잃지 않게 하고 자신도 바람을 따라 자연스럽게 행동해야지 건고를 등에 진 채 두드리고 다니면서 잃어버린 자식을 찾듯 해서는 안 된다고 했다.(《莊子 · 天運》 참조)

(20) 求亡(구망): 잃어버린 것을 찾다. 이상의 네 구절은 섭도는 아들을 잃는다고 해도 의연할 것이라는 말이다.

(21) 東門子(동문자): 東門吳를 가리킨다. 魏나라의 동문오는 아들이 죽었는데도 걱정하지 않고 "나는 옛날에 아들이 없었는데 아들이 없을 때는 걱정이 없었다. 이제 아들이 죽어 아들이 없을 때와 같아졌거늘 내가 무엇을 걱정하리오?"라고 했다.(《列子 · 力命》 참조)

(22) 柱史(주사): 柱下史의 약칭. 周나라와 秦나라 때의 관직으로 漢나라 이후의 御史에 해당한다. 항상 궁전의 기둥 밑에 서 있었기 때문에 이런 명칭이 생겼다. 노자가 이 관직을 맡은 적이 있어서 노자를 가리키는 경우가 많다. 《後漢書·張衡傳》에 "이전의 훈시를 파고들 수 있기를 바라며, 주사를 맡아 조정에서 은거했습니다(庶前訓之可鑽, 聊朝隱乎柱史)"라는 말이 있는데, 이에 대한 李賢의 주에 應劭의 말을 인용하여 "노자는 주나라의 주하사였던바, 조정에 있으면서 은거하는 것과 같은 생활을 했기 때문에 종신토록 우환이 없었다(老子爲周柱下史, 朝隱終身無患)"라고 했다. 이 구절은 노자처럼 사는 것과 죽는 것을 동일시하기는 어렵다는 말이다.

(23) 嗜毒戲猛獸(기독희맹수): 枚乘의 〈七發〉에 "월나라 여자가 앞에서 모시고 제나라 미녀가 뒤에서 모시는 상태에서, 왔다 갔다 노닐며 연회를 벌이고 후미진 방이나 밀실 안에서 방종한 짓을 하고 있으니, 이것은 독약을 달게 먹는 것이고 맹수의 발톱과 이빨을 가지고 장난치는 것입니다(越女侍前, 齊姬奉後, 往來遊燕, 縱恣於曲房隱間之中, 此甘餐毒藥, 戲猛獸之爪牙也)"라고 했다. 막내아들에게 애정을 많이 쏟은 일을 가리키는 것으로 보인다.

(24) 齧傷(설상): 물어서 상처를 내다. 어떤 사람이 두 마리의 코끼리를 피하여 등나무 덩굴을 타고 우물로 들어가노라니 검은 쥐 한 마리와 흰 쥐 한 마리가 등나무 덩굴을 갉아서 곧 끊어질 지경인데, 옆에는 뱀 네 마리가 독을 뿜으려 하고 밑에서는 용 세 마리가 불을 뿜고 있었다. 고개를 들어 보니 코끼리 두 마리가 벌써 우물에 다가온지라 근심과 두려움을 떨쳐 버릴 길이 없는데, 마침 벌이 지나가다가 꿀을 흘리기에 그것을 먹었더니 모든 두려움이 다 사라졌다.(《翻譯名義集·增數譬喩》 참조) 馮應榴의 《蘇軾詩集合注》에는 이 연을 이 불교 고사와 관련지어 "불교의 게송 '뱀 네 마리가 명줄을 재촉해 대고, 쥐 두 마리가 등나무를 갉아서 끊네'를 인용한 듯하다(疑用佛偈'四蛇催命促, 二鼠齧藤傷.')"라고 했지만, 이 불교 고사는 이 시와 별로 관련이 없어 보인다. 이 연은 막내아들이 죽어서 애정 전선에 문제가 생겼지만 그것이 아직 실감 나지 않는다는 뜻인 것으로 보인다.

(25) 兩篇詩(양편시): 섭도가 보내온 시 2수를 가리킨다.

(26) 湯火厄(탕화액): 뜨거운 물과 불의 災厄. 누에가 고치를 틀면 실을 뽑아내기 위해 뜨거운 물에 넣고 삶는 것을 가리킨다.

(27) 泠然(영연): 시원한 모양.

(28) 無方(무방): 얽매이지 않다. 이상의 네 구절은 막내아들의 죽음이 고통에서 해방된 것이라는 말이다.

# 작품 색인

* '시제목 / 작품번호' 식으로 표시하였다.

## 【ㄱ】



## 【ㄴ】



## 【ㄷ】

**【ㄹ】**



**【ㅁ】**



**【ㅂ】**

【ㅅ】



【ㅇ】

【ㅈ】

**【ㅊ】**

**【ㅌ】**



**【ㅍ】**



**【ㅎ】**

## 독회 참여자 명단

강민호(서울대학교 기초교육원 강의교수)
강　영(서울대학교 중문과 박사과정 재학)
김동진(서울대학교 중문과 석사과정 수료)
김민우(清華大學 언론정보학과 박사과정 수료)
김보경(명지대학교 중문과 교수)
김수희(서울대학교 중문과 강사, 문학박사)
김시내(런던대학교 종교학과 박사과정 재학)
김지현(서울대학교 중문과 강사, 문학박사)
김태순(北京師範大學 대외한어전공 박사과정 졸업, 문학박사)
김하늬(서울대학교 중문과 박사과정 수료)
김해민(서울대학교 중문과 박사과정 재학)
김현녀(서울대학교 중문과 박사과정 수료)
노현리(서울대학교 중문과 석사과정 졸업)
류소진(서울대학교 중문과 강사, 문학박사)
민선영(서울대학교 중문과 박사과정 수료)
박신순(수원대학교 교양학부 CSL 교수)
서연주(서울대학교 중문과 박사과정 수료)
옥민지(서울대학교 중문과 석사과정 졸업)
오세범(서울대학교 중문과 석사과정 졸업)
우나영(서울대학교 중문과 박사과정 재학)
윤지양(서울대학교 중문과 강사, 문학박사)
이수현(서울대학교 중문과 박사과정 재학)
이신우(서울대학교 중문과 석사과정 수료)
이욱진(서울대학교 중문과 박사과정 수료)
이재혁(서울대학교 중문과 박사과정 재학)
이주현(서울대학교 중문과 강사, 문학박사)

이현정(서울대학교 중문과 박사과정 수료)
임도현(서울대학교 중문과 강사, 문학박사)
정세진(서울대학교 중문과 강사, 문학박사)
최석원(서울대학교 중문과 강사, 문학박사)

## 원저자 소개

원저자 소식(蘇軾, 1036-1101)은 미주(眉州) 미산(지금의 사천성 眉山) 사람으로 자(字)가 자첨(子瞻) 또는 화중(和仲)이고 호(號)가 동파거사(東坡居士)이다. 밀주(密州)・서주(徐州)・호주(湖州)・항주(杭州)・영주(潁州)・양주(揚州)・정주(定州) 등 여러 지방의 태수와 중서사인(中書舍人)・한림학사(翰林學士)・병부상서(兵部尙書)・예부상서(禮部尙書) 등의 중앙관직을 역임했다. 그는 다양한 재능을 두루 타고나 시・사(詞)・산문・서예・회화 등 각 방면에서 모두 빼어난 성취를 이루었다. 《동파칠집(東坡七集)》, 《동파악부(東坡樂府)》, 《동파지림(東坡志林)》, 《구지필기(仇池筆記)》, 《동파서전(東坡書傳)》, 《동파역전(東坡易傳)》 등의 많은 저서를 남겼다.

## 역주자 소개

역주자 류종목(柳種睦)은 서울대학교 중어중문학과를 졸업하고 동 대학원에서 문학박사 학위를 취득했으며, 대구대학교 중어중문학과 교수를 거쳐 현재 서울대학교 중어중문학과 교수로 재직 중이다. 저서 및 역서로 《소식사연구(蘇軾詞硏究)》, 《당송사사(唐宋詞史)》, 《여산진면목(廬山眞面目)》, 《논어의 문법적 이해》, 《송시선(宋詩選)》, 《한국의 학술연구—인문사회과학편 제2집》, 《범성대시선(范成大詩選)》, 《팔방미인 소동파》, 《육유시선(陸游詩選)》, 《소동파시선(蘇東坡詩選)》, 《소동파사선(蘇東坡詞選)》, 《소동파사(蘇東坡詞)》, 《당시삼백수(唐詩三百首) 1・2》, 《중국고전문학정선—시가 1・2》, 《정본완역 소동파시집 1・2》, 《중국고전문학정선—시경 초사》, 《소동파산문선》, 《중국고전문학정선—사곡(詞曲)》, 《소동파 문학의 현장 속으로 1・2》, 《송사삼백수 천 줄 읽기》 등이 있다.

與僧拄杖敲門看

脩竹

子瞻

소식의 친필 | 0687. 寓居定惠院之東, 雜花滿山, 有海棠一株, 土人不知貴也

君不見詩人借車無可載留
得一錢何足賴晚年更似杜
陵翁右臂雖存耳先聵人將
蟻動作牛鬪我覺風雷眞一
噫閑塵掃盡根性空不須更枕
清流派大朴初散失混沌六鑿